BASTEI
LÜBBE

Über die Autorin:
Julia Edenhofer, 1946 in München geboren, gestaltete und moderierte nach dem Studium der Werbewissenschaften für den Bayerischen Rundfunk Pop- und Rockmusiksendungen. Für das Fernsehen moderierte sie zusammen mit Thomas Gottschalk die Jugendsendung »Szene '76«. Seit 1979 ist sie beim Bayerischen Rundfunk als Programmgestalterin und Musikredakteurin angestellt.

Von Julia Edenhofer sind außerdem bei Bastei-Lübbe lieferbar:
60 218 Rock & Pop von A bis Z
61 113 Madonna
61 116 Bruce Springsteen

JULIA EDENHOFER

DAS GROSSE OLDIE LEXIKON

MIT HITPARADEN-ÜBERSICHT
ENGLAND, USA, DEUTSCHLAND

BASTEI LÜBBE

BASTEI-LÜBBE-TASCHENBUCH
Band 60 288

Originalausgabe

Printed in Germany, Oktober 1991
Umschlaggestaltung: Roberto Patelli
Titelfotos: dpa (4), Sipa-Press (1),
Syndication-International (1)
Satz: ICS Communikations-Service
GmbH, Bergisch Gladbach
Druck und Bindung: Ebner Ulm
ISBN 3-404-60288-9

Der Preis dieses Bandes versteht sich
einschließlich der gesetzlichen Mehrwertsteuer

Vorwort

Seit fast 20 Jahren mache ich für den Bayerischen Rundfunk in München Oldie-Sendungen. Und seit fast 20 Jahren werde ich immer wieder von meinen Hörern gefragt, wo ich denn die Informationen her hätte und wo man sie nachlesen könnte. Natürlich gab es auch schon vor 20 Jahren und in der Zeit dazwischen Lexika, die heute Oldie-Lexika sind. Aber gerade in den höchst interessanten 60er Jahren sind die meisten dieser internationalen Lexika in Deutschland nicht herausgekommen. Ein Lexikon, das auf den deutschen Markt abgestellt war, gab es eigentlich nicht, und was man heute aus den 60er Jahren käuflich erwerben kann, ist in erster Linie in englischer Sprache. Und so habe ich mit dem vorliegenden Oldie-Lexikon versucht, diese Lücke zu schließen. Es enthält fast alle populären Interpreten und Gruppen der 60er Jahre, zusammen mit einer Top-20-Hitparaden-Auflistung nach Amerika (USA), Großbritannien (UK) und Deutschland (BRD). Dabei sind durchaus Künstler, die bereits in den 50er Jahren erfolgreich waren, und andere, die sich auch noch in den 70ern in den Hitparaden tummelten. Wichtig war für mich, daß sie in den 60er Jahren Stars waren. Auch wenn sie manchmal nur einen einzigen Hit hatten, der aber heute vielleicht bereits zu den sogenannten Klassikern gehört, wie zum Beispiel → ? & THE MYSTERIANS mit ihren *96 Tears*.

Wie schon in meinem Lexikon »Rock und Pop von A bis Z« gibt die Druckart diverse Hinweise: LPs, Songs, Filme und Musicals sind im Text – zur besseren Unterscheidung – kursiv geschrieben. Bands, Musiker, Produzenten etc. sind jeweils in Kapitälchen gesetzt. Wenn darüber hinaus den Namen – wie zum Beispiel bei CREAM – → ERIC CLAPTON und → JACK BRUCE – ein → vorgestellt ist, heißt das, daß die beiden auch noch mit einem eigenen Eintrag vertreten sind.

Die alphabetische Zuordnung der Künstler und Gruppen erfolgt nach dem Familien- bzw. Hauptnamen. Eric Clapton ist also unter C zu finden, The Hollies unter H.

Die Suche nach bestimmten Musikern und Bands wird durch das ausführliche Personenregister am Ende dieses Buches erleichtert.

Da dieses Lexikon von Menschen gemacht worden ist, bitte ich jetzt schon um Entschuldigung, wenn sich irgendwo der Fehlerteufel eingeschlichen haben sollte. Über einen entsprechenden Hinweis an den Verlag wäre ich dankbar.

Wer sich auf Grund dieses Buches eine Oldie-Sammlung zulegen möchte, dem sei gesagt, daß heute bereits fast jede größere Plattenfirma diverse Oldie-Sampler herausbringt. So gibt es bei den Firmen WEA (unter der Bezeichnung »Memory Time«), EMI (unter der Bezeichnung »Music For Pleasure«) und Line (unter der Bezeichnung »Rockfile – The Backline Rock Classic Series«) ganz hervorragende Oldie-Sampler mit etlichen Raritäten, und auch bei Teldec sind eine ganze Anzahl Original-LPs wiederveröffentlicht worden. Die Platten gibt es sowohl als LP, CD und Musicassette. Vorsichtig muß man bei sehr billigen Oldie-Samplern sein, da man darauf oft später nachgespielte Versionen und meist keine Originale findet, teilweise sind es nicht einmal die Original-Interpreten.

Wer in erster Linie Rock'n'Roll- und Country-Oldies sucht, der wird sicher bei Bear Family Records fündig werden. Und natürlich sind die Alben bzw. CDs von Superstars wie → ELVIS PRESLEY (RCA) oder den → BEATLES (EMI) immer erhältlich.

Und jetzt viel Vergnügen beim Wühlen in der popmusikalischen Vergangenheit!

Julia Edenhofer

Abkürzungen

acc	Akkordeon
as	Altsaxophon
b	Baß
bg	Baßgitarre
bj	Banjo
bs	Baßsaxophon
cl	Klarinette
C & W	Country and Western Music
dr	Schlagzeug (Trommel, Pauke, Becken)
fl	Querflöte
flh	Flügelhorn
g	Gitarre
harm	Mundharmonika
keyb	Keyboards (alle Instrumente mit einer manualen Tastatur, wie Klavier, Orgel, Clavichord, Clavinet, Mellotron)
LP	Langspielplatte
MOR	Middle of the Road (Bezeichnung für gemäßigte trendunabhängige Unterhaltungsmusik)
org	Orgel
p	Piano, Klavier
perc	Percussion (Schlag- und Rhythmusinstrumente, wie Congas, Maracas, Triangel, Tamtam, Tambourin usw.)
R & B	Rhythm and Blues
sax	Saxophon
ss	Sopransaxophon
synth	Synthesizer
tb	Posaune
tp	Trompete
ts	Tenorsaxophon
vi	Violine
vib	Vibraphon
voc	Gesang
UK	United Kingdom, Großbritannien
US	United States of America

A

Adamo

Salvatore Adamo, geb. 31. 10. 1943 auf Sizilien/Italien voc, g

Geboren wurde der kleingewachsene Sänger zwar auf Sizilien, doch als Kind kam er bereits nach Belgien, wo er seitdem auch lebt. Als Sänger wurde Adamo 1960 bei einem Nachwuchswettbewerb von Radio Luxemburg entdeckt. Er machte dann eine Reihe von recht erfolglosen Platten, bis ihm 1963 mit *Sans toi Mamie* der große Durchbruch gelang und er in Belgien als »Entdekkung des Jahres« gefeiert wurde. Innerhalb kürzester Zeit eroberte der Sänger mit der zärtlichen, leicht heiseren Stimme die Französisch sprechenden Länder und anschließend auch Holland und vor allen Dingen Deutschland. Adamo schrieb auch erfolgreich seine Lieder selbst, wie das engagierte *Inch'Allah* und den Millionenseller *Petit bonheur*. Der Interpret, der auch recht gut Gitarre spielt, singt nicht nur in Französisch, sondern auch in Spanisch, Italienisch und vor allen Dingen Deutsch. In Deutschland veröffentlicht Adamo auch immer noch mit schöner Regelmäßigkeit Platten, die sich ganz gut verkaufen.

Salvatore Adamo Foto: Archiv

Jahr	*Titel*	*USA*	*UK*	*D*
1967	Inch-Allah			18
1968	Es geht eine Träne auf Reisen			2
1969	Du bist so wie die Liebe			14
1970	Petit bonheur			21
1970	Ein kleines Glück (deutsche Version von »Petit bonheur«)			6
1970	Komm in mein Boot			11

Jewel Akens

geb. 1940 in Texas/USA, voc

Zu seinem ungewöhnlichen Namen kam der Sänger, weil seine Mutter eigentlich gerne eine Tochter gehabt hätte, der sie diesen Namen geben wollte. Als statt dessen ein Sohn auf die Welt kam, beschloß sie, ihn trotzdem so zu nennen. Jewel wuchs mit neun Geschwistern auf und fing im Alter von elf Jahren mit dem Singen in der Kirche an. Er ist ein sehr vielseitiger Sänger, der nicht nur im Rock'n'Roll, sondern auch im Folk, Gospel und Rhythm & Blues zu Hause ist. Sein Millionenseller *The birds and the bees* war 1965 sein einziger großer Hit. Recht erfolgreich war auch die deutsche Version von → DRAFI DEUTSCHER, die *Heute male ich dein Bild, Cindy Lou* hieß und 1965 in der deutschen Hitparade bis Platz 3 kam.

Jahr	*Titel*	*USA*	*UK*	*D*
1965	The birds and the bees	3	29	32

Steve Alaimo

geb. 6. 12. 1940 in Rochester, New York/USA, voc, g

Der gutaussehende junge Mann hätte eigentlich Medizin studieren sollen, entschloß sich dann aber, Sänger zu werden. Auf der Universität von Miami gründete er seine erste eigene Gruppe, die er THE REDCOATS nannte. Seinen ersten Durchbruch hatte er bei DICK CLARK'S »American Bandstand«, wo er mit seiner Band andere Interpreten begleitete. Dort spielte er auch seinen ersten kleineren Hit *I want you to love me*, bekam jedoch erst 1962 einen Plattenvertrag. Die Zeit dazwischen arbeitete er in einem Plattengeschäft, um alles über Platten zu lernen, und spielte abends in Nightclubs. 1962 veröffentlichte er *Mashed potatoes*, einen Song, der heute noch zum Repertoire diverser Rockbands gehört. Mitte der 60er Jahre war sein Stern am Verblassen. Ein Comeback-Versuch Anfang der 70er Jahre mit Titeln wie *When my little girl is smiling* oder *American music* verlief im Sand. Heute arbeitet Steve Alaimo in Jamaica als Produzent.

Jahr	*Titel*	*USA*	*UK*	*D*
1962	Mashed potatoes	81		
1963	Every day I have to cry	46		

Arthur Alexander

geb. 10. 5. 1940 in Sheffield, Alabama/USA, voc

Arthur Alexander begann seine musikalische Karriere als Sieger eines Amateurwettbewerbs im Jahr 1957. Der Sieg brachte ihm zwar keinen Plattenvertrag, aber Alexander sang weiter und fing an, Lieder zu schreiben. 1961 winkte dem Künstler, der gerade als Page in einem Hotel arbeitete, das Glück: Er durfte seine erste Platte veröffentlichen, die Eigenkomposition *You better move on.* Der Song sollte sein einziger ganz großer Erfolg bleiben. 1964 veröffentlichten die → Rolling Stones eine Version davon. 1975 startete er mit *Every day I have to cry some* ein Comeback, das allerdings im Sande verlief.

Jahr	*Titel*	*USA*	*UK*	*D*
1962	You better move on	24		
1962	Where have you been all my life	58		

Peter Alexander

Peter Alexander Neumayer, geb. 30. 6. 1926 in Wien/Österreich, voc

Der charmante Peter ist ein Phänomen: Auch 1989, über 35 Jahre nach seinen ersten Hits wie *Das machen nur die Beine von Dolores, Die süßesten Früchte* und *Nicolo, Nicolo, Nicolino*, füllt er noch die Konzertsäle, verkauft er seine LPs an eine große Fangemeinde und erfreuen sich seine Fernseh-Shows hoher Einschaltquoten. Der Sohn eines Bankbeamten sollte eigentlich Mitglied der Wiener Sängerknaben werden und später mindestens Medizin studieren. Doch nach dem Schulabschluß 1944 mußte Peter zum Militär und geriet 1945 in englische Kriegsgefangenschaft. Nach seiner Rückkehr entschloß er sich, das Max-Reinhardt-Seminar in Wien zu besuchen. 1948 bestand er mit Auszeichnung und wurde sofort als Buffo ans Wiener Bürgertheater engagiert. 1952 entdeckte der Film den staatlich geprüften Schauspieler, und fortan drehte der fröhliche, sympathische Sänger mit der warmen Stimme einen Musikfilm nach dem anderen. Bis 1970 war er der Mittelpunkt in 40 Filmen, darunter wahre Kassenknüller wie *Die Abenteuer des Grafen Bobby, Schweijks Flegeljahre, Das Liebeskarussell, Zum Teufel mit der Penne* und *Hurra, die Schule brennt.* Dazwischen fand er immer noch Zeit, in Operettenfilmen wie *Im weißen Rößl, Die Fledermaus* oder *Die lustige Witwe* mitzuwirken. Von 1955 bis 1981 war er ständig in der deutschen Hitparade auf oberen Plätzen vertreten. Seine Lieder, teilweise schwungvoll, meistens sehr zärtlich, brachten ihm auch etliche Auszeichnungen wie den »Goldenen Löwen« und den »Bronzenen Löwen« von Radio Luxemburg und die »Goldene Europa« vom Saarländischen Rundfunk. Erfolgreich war er auch im Duett mit anderen Stars, wie zum Beispiel Bibi Johns. Ab 1969 wurden dann im Fernsehen Peter-Alexander-Shows ausgestrahlt, die mit schöner Regelmäßigkeit Traum-Einschaltquoten von fast 80% erhielten.

Obwohl Peter Alexanders Hitparaden-Präsenz im Laufe der 80er Jahre etwas nachgelassen hat, erfreuen sich seine Lieder immer noch großer Beliebtheit beim Publikum, und er ist immer noch ein gern gesehener Gast bei diversen Fernseh-Shows.

Jahr	*Titel*	*USA*	*UK*	*D*
1955	Der Mond hält seine Wacht			1
1955	Das süße Mädi			10
1956	Tango ohne Pause			13
1956	Schon wieder mal (mit Bibi Johns)			6
1956	Mamma di Mandolin (mit Peter Hinnen)			12

Jahr	*Titel*	*USA*	*UK*	*D*
1956	Auf der Piazza von Milano			3
1956	Im Hafen unserer Träume			10
1956	Ich weiß, was dir fehlt			1
1957	Rocky Tocky Baby			14
1957	Kleines Haus auf der Sierra Nevada			14
1957	Ein bißchen mehr			4
1957	Das tu ich alles aus Liebe			3
1958	Das ist alles längst vorbei			9
1958	Das ganze Haus ist schief			16
1958	Probier dein Glück mit mir			13
1958	Bambina			2
1958	O Josefin			6
1958	Wunderbares Mädchen			13
1959	Mandolinen und Mondschein			3
1959	Ein kleines Haus am blauen See (mit Margit Imlau)			20
1960	Ich zähle täglich meine Sorgen			2
1960	Komm bald wieder			19
1960	Schaukellied			17
1961	Bist du einsam heut' nacht			4
1961	Missouri-Cowboy (mit → Bill Ramsey)			10
1963	Wenn erst der Abend kommt			6
1963	Nachts hör' ich immer alle Uhren schlagen			8
1964	Was Frauen träumen			15
1964	Seide und Samt			7
1965	Schenk mir ein Bild von dir			2
1965	Fräulein Wunderbar			7
1965	Jingle Bells			18
1966	Aba Heidschi Bum Beidschi			10
1966	Wenn das geschieht			12
1966	Müssen Frauen einsam sein			18
1966	Moderne Romanzen			4
1967	Spanisch war die Nacht			1
1967	Verbotene Träume			1
1967	Der letzte Walzer			1
1968	Schön muß es sein, dich zu lieben			13
1968	Delilah			3
1968	Komm und bedien' dich			9
1969	Liebesleid			1
1970	Oh, Lady Mary			5
1970	Das Wunder bist du			18
1970	Hier ist ein Mensch			2
1971	Leben heißt lieben			19
1972	Unser täglich Brot ist die Liebe			8
1973	Pedro (Mandolinen um Mitternacht)			13
1973	Irgendwo brennt für jeden ein Licht			9
1976	Die kleine Kneipe			2
1979	Und manchmal weinst du sicher ein paar Tränen			9
1979	Schwarzes Gold			11
1981	Der Papa wird's schon richten			3

Alexandra

Doris Nefedov, geb. 19. 5. 1944 in Heydekrug (jetzt: Schilute/Litauische SSR), voc
gest. 31. 7. 1969 in Heide

Wer ihre dunkle, kehlige, ungemein ausdrucksstarke Stimme einmal gehört hat, wird sie so schnell nicht wieder vergessen.
Als Alexandra drei Wochen alt war, floh ihre Mutter mit ihr und den beiden anderen Töchtern auf einem Pferdefuhrwerk in den Westen. Alexandra wuchs in Kiel auf, sang im Kirchenchor, lernte mit elf Jahren Klavier und erhielt Russischunterricht. Später sang die sprachbegabte junge Frau nicht nur in Deutsch, sondern auch in Russisch, Hebräisch, Englisch und Französisch. Sie besuchte in Hamburg die Meisterschule für Mode und bildete sich nebenbei auch noch auf diversen anderen Gebieten aus: Sie absolvierte eine Ausbildung in Gesang, Pantomime, Ballett, Theatergeschichte, Fechten und besuchte sogar noch die Schauspielschule. Ihre Ehe hielt nicht lange, das einzige, was übrig blieb, war ihr heißgeliebter Sohn Alexander. Durch Zufall lernte sie 1967 den Produzenten Fred Weyrich kennen, der mit ihr gleich eine ganze LP produzierte. Ab 1968 war sie in der deutschen Hitparade vertreten, sie feierte Erfolge bei einer Rußlandtournee mit Hazy Osterwald, bei Fernsehauftritten mit → Chris Howland, → Gilbert Becaud und → Vico Torriani. Doch die attraktive Sängerin mit dem dunklen Pagenkopf und dem slawischen Touch konnte sich nur knappe zwei Jahre an ihrem Erfolg freuen. Dieser gerade begonnenen Karriere wurde ein jähes Ende gesetzt, als Alexandra am 31. Juli 1969 bei einem Autounfall in der Nähe der holsteinischen Stadt Heide tödlich verunglückte. Doch ihre schwermütigen, sehnsuchtsvollen Lieder erfreuen sich auch heute noch großer Beliebtheit, und ihr Lied *Mein Freund, der Baum* hat in den letzten Jahren noch an Aktualität gewonnen.

Jahr	*Titel*	*USA*	*UK*	*D*
1968	Zigeunerjunge			22
1968	Sehnsucht			12
1969	Erstes Morgenrot			17

Rex Allen

geb. 31. 12. 1924 in Willcox, Arizona/USA, voc, g

Rex Allen ist ein echter Cowboy. Bereits in jungen Jahren lernte er, Pferde zuzureiten und Kälber einzufangen. Und abends spielte er natürlich am Lagerfeuer Gitarre und sang dazu. Anfang der 40er Jahre war ihm das zu anstrengend, und er bewarb sich bei einer Rundfunkstation in Trenton/New Jersey. Mit seiner warmen, sympathischen Stimme wurde er bald zum lokalen Star. Seine nächste Station war die »National Barn Dance« Radioshow in Chicago, und 1950 hatte er bereits eine eigene Fernseh-Show. Fast gleichzeitig interessierten sich dann die Film- und die Plattenindustrie für den begabten jungen Mann. In den 50er Jahren drehte Rex Allen etliche Filme als »singender Cowboy« und war mit seinen Country-Songs in den Country-Charts recht erfolgreich. Seinen einzigen Pop-Hit veröffentlichte Rex Allen 1962: *Don't go near the Indians*, die tragische Geschichte eines Indianermischlings, der sich, trotz der Warnungen seines Vaters, aus Unwissenheit in die eigene Schwester verliebt. Gunnar Wiklund brachte davon 1963 die deutsche Version *Geh nicht zu den Indios* heraus, die in der Hitparade bis Platz 14 kam. Heute tritt Rex Allen noch ab und zu bei Rodeos auf und ist ansonsten mit der Leitung seines Hotels in Acapulco beschäftigt.

Jahr	*Titel*	*USA*	*UK*	*D*
1962	Don't go near the Indians	17		

The Allisons

John Brian Alford, geb. 31. 12. 1939 in London/England, voc
Bob Colin Day, geb. 21. 2. 1942 in Trowbridge/England, voc

Die beiden Interpreten wuchsen zusammen in London auf und machten ihre ersten musikalischen Gehversuche im Kirchenchor. Sie hatten beide Spaß am Singen und Komponieren und vervollkommneten ihren Stil durch Auftritte in Bars und kleinen Lokalen. 1960 gewannen sie einen Talentwettbewerb, und 1961 bekamen sie die große Chance, für England am Grand Prix d'Eurovision teilzunehmen. Mit ihrem Song *Are you sure* kamen sie bei dieser internationalen Ausscheidung auf den 2. Platz. Das folk-artige Lied entwickelte sich bald zu einem Millionenseller, dem einzigen, den das Duo hatte. Die Nachfolgesingles *Words* (1961) und *Lessons in love* (1962) waren keine großen Erfolge mehr.

Jahr	*Titel*	*USA*	*UK*	*D*
1961	Are you sure		2	11

The Allman Brothers Band

Gregory Lenoir »Gregg« Allman, geb. 8. 12. 1947 in Nashville, Tennessee/USA, org, g, voc
Howard Duane Allman, geb. 20. 11. 1946 in Nashville, Tennessee/USA, leadg/gest. 29. 10. 1971 in Macon, Georgia/USA
Raymond Berry Oakley, geb. 4. 4. 1948 in Chicago, Illinois/USA, bg/gest. 11. 11. 1972 in Macon, Georgia/USA
Dicky Betts, geb. 12. 12. 1943 in West Palm Beach, Florida/USA, g
Jai Johnny »Jaimoe« Johanson, geb. 8. 7. 1944 in Ocean Springs, Mississippi/USA, dr
Claude Hudson »Butch« Trucks, geb. in Jacksonville, Florida/USA, dr

Die beiden Brüder Gregg und Duane Allman verließen Mitte der 60er Jahre ihre Heimatstadt, um in Los Angeles ihr Glück als Musiker zu versuchen. Ihre ersten eigenen Bands Allman Joys (1965) und Hourglass (1967) erwiesen sich als nicht sonderlich erfolgreich. Also gingen die Brüder nach Florida und versuchten sich als Studiomusiker. Duane Allman machte sich bald einen Namen als einer der weltbesten Slide-

Gitarristen. Duane spielte bei Aufnahmen von → Wilson Pickett, King Curtis, → Aretha Franklin und → Arthur Conley mit. Aber die Allmans wollten immer noch eine eigene Band. Da trafen sie auf die Gruppe The Second Coming, die von Dickie Betts und Berry Oakley geleitet wurde. Sie taten sich alle zusammen, und es entstand die Allman Brothers Band. 1969 erschien das erste Album, das sofort ein Bestseller wurde. Ihre geniale rockige Mischung aus schwarzem Country-Blues und weißer Country-Musik setzte sich weltweit durch. 1971 traf die Gruppe der erste schwere Schlag: Duane starb bei einem Motorradunfall in Macon. Trotzdem stellte die Band das Album *Eat a peach* fertig, in dem auf drei Seiten Duane noch zu hören ist. Die LP erschien 1972 und wurde ein Millionenseller. Im Oktober 1972 stieß der Pianist Chuck Leavell zu der Band. Dann starb, ein Jahr nach Duanes Tod, auch Berry Oakley bei einem Motorradunfall in Macon. Für ihn kam Lamar Williams. Die Gruppe war zu diesem Zeitpunkt gerade bei den Vorbereitungen für ein neues Album, das »Lightnin' rod« – Blitzableiter – heißen sollte. Als dann auch noch zur gleichen Zeit drei Techniker der Band bei diversen Unfällen verunglückten, beschloß die Formation, den schicksalsträchtigen Namen in *Brothers and sisters* umzuwandeln. Die LP wurde eines der stärksten Blues-Rock-Alben überhaupt und entwickelte sich ebenfalls innerhalb kürzester Zeit zu einem Millionenseller. Es enthielt auch den Singlehit *Ramblin' man* und das oft gespielte Instrumental *Jessica*.

Ab Mitte der 70er Jahre machten sich Gregg Allman und Dickie Betts immer mehr selbständig, die Gruppe versank allmählich in Bedeutungslosigkeit, auch wenn immer noch mit schöner Regelmäßigkeit Alben erscheinen. 1974 hatte Gregg Allman mit dem Song *Midnight rider* einen Nr.-19-Hit in USA. Dann machte Gregg noch einmal 1975 von sich reden, als er die Sängerin → Cher heiratete und mit ihr den Sohn Elijah Blue hatte. Die Ehe hielt jedoch nicht sehr lange.

Jahr	*Titel*	*USA*	*UK*	*D*
1973	Ramblin' man	2		

Herb Alpert and the Tijuana Brass

Herb Alpert, geb. 31. 3. 1937 in Los Angeles, Kalifornien/USA, tp, voc

Mit seinem eigentümlich »singenden« Trompetensound brachte er die sonst eher stiefmütterlich behandelte Instrumentalmusik zu Hit-Ehren, mit seiner Plattenfirma A & M bot er Newcomern eine Chance, die ausnahmslos internationale Stars wurden: der Trompeter, Songwriter und gelegentliche Sänger Herb Alpert. Schon als Kind spielte er begeistert Trompete, war auch bei der Armee im Musikcorps und tat sich anschließend mit dem ehemaligen Versicherungsagenten Lou Adler als Songwriter-Team zusammen. Die beiden betätigten sich eine ganze Weile ziemlich erfolglos als Lohnschreiber für diverse Firmen, bis ihnen 1960 mit dem Song *Alley-oop* ein Nr.-1-Hit und Millionenseller für die → Hollywood Argyles gelang. Leider bekamen die beiden dafür kein Geld, da ihre Firma vorher Pleite ging.

Alpert trennte sich von Adler, versuchte sich als Schauspieler und Sänger seiner eigenen Titel und probierte vor allen Dingen in seiner Garage mit dem Tonbandgerät und seiner Trompete neue Effekte aus. Dann lernte er 1962 den Promotion-Mann JERRY MOSS kennen. Sie stellten ihre gemeinsame Liebe zur Musik fest und gründeten kurzentschlossen mit 1000 Dollar ein eigenes Plattenlabel (Alpert & Moss). Alpert hatte inzwischen herausgefunden, daß sein Trompetensound richtig »spanisch« klang, wenn er seine Soli etwas höher overdubbte. *Twinkle star* hieß die erste Aufnahme in dieser Art. Als er danach zum ersten Mal in seinem Leben einem mexikanischen Stierkampf beiwohnte, war er zum einen begeistert von der ganzen Atmosphäre, dem »Olé« der Zuschauer, der Mariachi-Kapelle, und zum anderen hatte er die glänzende Idee, diese Atmosphäre mit seinem *Twinkle star* zu vermischen. Also nahm er auf einem Tonband original in der Arena die Töne auf, setzte die »Olés« und die Mariachi-Kapelle an den Anfang und an den Schluß seines Instrumentalstücks und nannte das Ganze *The lonely bull*. Die Aufnahme wurde 1962 innerhalb kürzester Zeit ein Millionenseller. Er hatte damit einen Sound erfunden, der als »Ameriachi« in die Geschichte einging: eine gekonnte Mischung aus ein bißchen Jazz, viel »heißen« Mariachi-Klängen und einem Schuß Rock. Auf Grund dieser quasi mexikanischen Musik nannte Herb Alpert von da an seine Begleitband The Tijuana Brass.

Seitdem ist Herb Alpert ein internationaler Star, dem es mit schöner Regelmäßigkeit gelingt, immer wieder mit seinen Stücken ganz oben in den Charts zu landen. Seine Alben verkauften und verkaufen sich grundsätzlich millionenfach. Als er sich 1968 wieder einmal als Sänger versuchte – mit der Softnummer *This guy's in love with you* –, wurde auch daraus ein Millionenerfolg. Ein ebenso glückliches Händchen hatte Herb Alpert mit den Interpreten, die er für seine Firma A & M einkaufte: → SERGIO MENDES & BRAZIL '66, → THE FLYING BURRITO BROTHERS, → BURT BACHARACH, → JOE COCKER, → THE CHECK-MATES, → IKE & TINA TURNER → THE FREE, → SPOOKY TOOTH, → JIMMY CLIFF begannen in den 60er Jahren ihre Karrieren bei A & M. Dann kamen → CAROLE KING, → CAT STEVENS, THE CARPENTERS, QUINCY JONES und PAUL WILLIAMS. Heute erscheinen auf dem A & M-Label Superstars wie JOAN ARMATRADING, BRYAN ADAMS, SUPERTRAMP, CHRIS DE BURGH und RITA COOLIDGE.

Jahr	*Titel*	*USA*	*UK*	*D*
1962	The lonely bull	6	22	
1965	Taste of honey	7		33
1965	Zorba the Greek	11		
1965	Tijuana Taxi	38	37	
1966	Spanish flea	27	3	
1966	The work song	18		
1966	Mame	19		
1967	Casino Royal	27	27	
1968	A Banda	35		22
1968	This guy's in love with you	1	3	37
1979	Rise	1	13	
1979	Rotation	30	46	
1987	Diamonds (mit JANET JACKSON)		27	15

Amboy Dukes

Ted Nugent, geb. 13. 12. 1948 in Detroit, Michigan/USA, g

Die amerikanische Punk-Rock-Band wurde 1965 von Ted Nugent gegründet. Die Besetzung der Formation wechselte ständig, deshalb ist es auch praktisch unmöglich, weitere »feste« Mitglieder anzugeben. Der bekannteste Mitspieler, außer Nugent, dürfte wohl Rusty Day von → Cactus gewesen sein. Die seltsame Garagen-Band hatte lediglich 1968 einen Hit mit dem psychedelisch beeinflußten Titel *Journey to the center of the mind*. Anschließend machte die Gruppe vor allen Dingen mit allerlei verrückten Bühnenshows und ziemlich uninteressanten Alben von sich reden. Ab 1975 betätigte sich Nugent als Solist und gehört heute zu den bekanntesten Heavy-Metal-Gitarristen.

Jahr	*Titel*	*USA*	*UK*	*D*
1968	Journey to the center of the mind	16		

Amen Corner

Andrew »Andy« Fairweather-Low, geb. 2. 8. 1950 in Cardiff/England, voc
Neil Jones, geb. in Cardiff/England, g
Alan Jones, geb. in Cardiff/England, ts
John »Blue« Weaver, geb. 11. 3. 1947 in Cardiff/England, keyb
Mike Smith, geb. in Cardiff/England, sax
Clive Taylor, geb. in Cardiff/England, g, p
Dennis Byron, geb. in Cardiff/England, dr

1966 gründeten die sieben Schulfreunde in ihrer Heimatstadt die Band, die vor allen Dingen in Teenagerkreisen viel Erfolg hatte. Oberhaupt war Andy Fairweather-Low, der mit seiner nasalen Art zu singen auch den charakteristischen Sound der Band formte. Sie machten nicht nur höchst erfolgreich zusammen Musik, sie wohnten auch zusammen in einem feudalen Landhaus und hatten auch alle dieselben feudalen Hobbies wie Reiten und teure Autos.
Von 1967 bis 1969 leuchtete der Stern der Amen Corner, die mit eigenen Fernsehshows wie »A night with Amen Corner« oder »Stars in their eyes« die Fans bis in die Wohnzimmer begleiteten. 1970 löste sich die Gruppe auf, und Andy Fairweather-Low gründete die »progressive« Band Fairweather, die im selben Jahr mit *Natural sinner* einen englischen Nr.-6-Hit hatte. Dann ruhte sich Mr. Fairweather-Low zunächst einmal auf seinen Lorbeeren aus und kehrte erst Mitte der 70er Jahre in die Hitparaden zurück, mit *Reaggae tune* (1974 # 10 UK) und *Wide eyed and legless* (1975 # 6 UK). Blue Weaver schloß sich nach seinem Weggang von der Amen Corner den Strawbs an.

Jahr	*Titel*	*USA*	*UK*	*D*
1967	Gin house blues		12	
1968	Bend me, shape me		3	
1968	High in the sky		6	
1969	(If paradise is) Half as nice		1	12
1969	Hello, Suzie		4	14

American Breed

Al Ciner, geb. 14. 5. 1947 in Chicago, Michigan/USA, g
Gary Liozzo, geb. 16. 8. 1945 in Chicago, Michigan/USA, g, leadvoc
Lee Anthony Graziano, geb. 9. 11. 1943 in Chicago, Michigan/USA, dr, tp
Charles »Chuck« Colbert, geb. 30. 8. 1944 in Chicago, Michigan/USA, b

Die vier Freunde taten sich Anfang der 60er Jahre in Chicago zusammen, um bei lokalen Tanzveranstaltungen zu spielen. Sie nannten sich Gary And The Nite Lights und waren in ihrer Heimatstadt bald ziemlich populär. Ihre Entdeckung fand auf Grund mehrerer Zufälle statt: »Zufällig« wurde ein Plattenboß wegen eines Schneesturms in Chicago festgehalten; »zufällig« besuchte er ein Plattenstudio, um sich die Zeit zu vertreiben, »zufällig« legte der Tonigenieur ein Demoband von Gary And The Nite Lights auf, das ihm »zufällig« zwischen die Aufnahmen einer anderen neuen Band geraten war, die er dem Plattenboß vorspielen wollte. Das Endergebnis war ein Plattenvertrag, die Single *I don't think you know me* und ein neuer Name für das Quartett: American Breed. Doch es dauerte vier Singles lang, ehe American Breed erfolgreich wurde. Aber dann knallte es gleich richtig: *Bend me, shape me,* veröffentlicht im Dezember 1967, wurde ein Millionenseller. In England hatte die Gruppe → Amen Corner mit diesem Song einen Hit. Ende der 60er Jahre geriet die American Breed allmählich in Vergessenheit, daran konnten auch diverse personelle Umbesetzungen nichts ändern. Schließlich entstand aus den Überresten von American Breed die Gruppe Ask Rufus, aus der sich dann Mitte der 70er Jahre die höchst erfolgreiche Soul-Funk-Truppe Rufus mit Chaka Khan als Leadsängerin entwickelte.

Jahr	*Titel*	*USA*	*UK*	*D*
1967	Bend me, shape me	5	24	9

Ed Ames

geb. 9. 7. 1927 in Malden, Massachusetts/USA, voc

Ed Ames war einer der Ames Brothers, einer Vokalgruppe, die von Ende der 40er bis Ende der 50er Jahre in Amerika etliche Superseller wie *The naughty lady of Shady Lane* (1954 # 3), *Tammy* (1957 # 5), *Melodie d'amour* (1957 # 5) gehabt hatten. 1959 löste sich die Formation auf, und Ed beschloß, künftig auf Solopfaden zu wandeln, aber nicht als Sänger, sondern als Schauspieler. Er spielte in Stücken mit wie Arthur Millers *The Crucible*, in *Fantasticks*, *Carnival* und *Einer flog über's Kuckucksnest*. Besonders populär wurde er dann durch eine Rolle in der TV-Serie *Daniel Boone*. 1964 trat seine alte Plattenfirma an ihn heran mit der Bitte, ein Album mit Broadway-Songs zu machen. Ed stimmte zu, und mit der ersten Single *Try to remeber* (1965) konnte er sich wieder in den US-Charts plazieren, wenn auch nur auf Rang 73. Sein größter Hit als Solist war 1967 *My cup runneth over* aus dem Musical *I do, I do*. Heute lebt Ed Ames mit seiner Frau und seinen drei Kindern in Los Angeles und tritt immer noch regelmäßig in Nachtclubs und in Fernseh-Shows auf.

Jahr	*Titel*	*USA*	*UK*	*D*
1967	My cup runneth over	8		
1967	Who will answer?	19		

Amon Düül II

Dieter Serfas, dr, perc
Peter Leopold, dr
Schrat, bongos, vi, voc
Renate Knaup, voc, perc
John Weinzierl, b, bg
Chris Karrer, vi, g, sax
Falk U. Rogner, rog
Dave Anderson, bg

1968 wurde in einer Münchener Kommune die Gruppe Amon Düül gegründet, benannt nach dem ägyptischen Sonnengott Amon und einer türkischen Phantasiefigur. Bereits im September 1968 teilte sich die Formation in Amon Düül und Amon Düül II. Während Amon Düül weiterhin strikten ideologisch gefärbten Polit-Rock machte, entwickelte sich Amon Düül II zu einer international anerkannten Underground-Band. Zunächst kopierte die Formation in erster Linie andere Gruppen wie → Pink Floyd, → Mothers Of Invention und → Jefferson Airplane. Doch Anfang der 70er Jahre hatte sich die Band, die in häufig wechselnder Besetzung spielte, zu der zeitweise auch Lothar Meid gehörte, freigeschwommen. 1972 bescheinigte sogar die englische Fachzeitschrift »Melody Maker« der Band, sie wäre »die erste deutsche Gruppe, die einen eigenen Beitrag zur internationalen Musikszene geliefert« habe. Wichtigste Alben: *Phallus dei* (1969), *Yeti* (1970), *Dance of the lemmings* (1971), *Carnival in Babylon* (1972), *Wolf City* (1972). Mitte der 70er Jahre verschwand Amon Düül II in der Versenkung, und Dave Anderson ging zu Hawkwind.

Christian Anders

Antonio Schinzel, geb. 15. 1. 1945 in Mur/Österreich, voc

Er war der bleiche, ständig verzweifelt aussehende Sänger mit der hellen klagenden Stimme, der eigentlich immer haarscharf neben den richtigen Tönen lag. Seine Jugend verbrachte der Österreicher international: Er wuchs in Sardinien, Frankreich und zuletzt in Bayern auf. Von 1969 bis 1979 war er mit schöner Regelmäßigkeit mit seinen Liedern in der deutschen Hitparade vertreten, manchmal auf vorderen, meistens jedoch auf mittleren Plätzen. Er war nicht nur der Sänger, sondern auch der Komponist, Produzent und Verleger seiner Songs, die er auf einem eigenen Plattenlabel herausbrachte. Mit seinem ersten Hit *Geh nicht vorbei* konnte er sich 1969 insgesamt 34 Wochen in der deutschen Hitparade halten. Ende der 70er Jahre verschwand Christian Anders dann wieder sang- und klanglos in der Versenkung. Auch seine Versuche, sich als Filmschauspieler, Schriftsteller und Produzent für andere zu profilieren, blieben ergebnislos.

Jahr	Titel	USA	UK	D
1969	Geh nicht vorbei			2
1970	Nie mehr allein			12
1970	Du gehörst zu mir			14
1971	Ich laß' dich nicht geh'n			19
1972	Es fährt ein Zug nach Nirgendwo			1
1972	6 Uhr früh in den Straßen			13
1973	In den Augen der anderen			11
1973	Das Schiff der großen Illusionen			15
1974	Einsamkeit hat viele Namen			13
1975	Der letzte Tanz			16
1976	Der Brief			12

Chris Andrews

Christopher Frederick Andrews, geb. 15. 10. 1942 in Romford, Essex/England, voc, g

Die Karriere des Engländers war genau das, was man gemeinhin als Bilderbuchkarriere bezeichnen kann: Mit elf Jahren begann Chris mit dem Singen, Gitarrespielen und Komponieren. Mit 15 Jahren absolvierte er seinen ersten professionellen Auftritt im Palais de Dance in Ilford, kurz danach hatte er seinen ersten Fernsehauftritt in »Oh, Boy«. Ende 1963, mit 21 Jahren, gründete er seine eigene Gruppe namens Chris Ravell And The Ravers, die nicht zu den Bands gehörte, die nur die Hitparaden rauf und runter spielten, sondern die auch die Eigenkompositionen von Chris aufführten. Die unbekannten Ravers traten des öfteren mit einer ebenso unbekannten und ebenso ambitionierten Band auf – mit den → Beatles. Schließlich lernte Andrews Evelyn Taylor kennen, die Managerin der britischen Popstars → Adam Faith und → Sandie Shaw. Alle drei waren begeistert vom Talent des jungen Mannes. Adam Faith nahm Chris Andrews Song *The first time* auf und hatte einen Hit damit. Sandie Shaw nahm die Andrews-Songs *Long live love, Girl don't come* und *Message understood* auf und hatte ebenfalls Bestseller damit. 1965 ging Chris Andrews selbst ins Studio und sang seine Eigenkomposition *Yesterday man.* Die Platte wurde ein Millionenseller, zwei Monate nach Veröffentlichung waren allein in Deutschland bereits 500 000 Stück davon verkauft. Der Song wurde nicht nur in Deutschland, sondern auch in Österreich und in der Schweiz die Nr. 1 der Hitparaden. Wiederholen konnte Chris Andrews diesen überwältigenden Erfolg allerdings nicht mehr.

Jahr	Titel	USA	UK	D
1965	Yesterday man	94	3	1
1966	To whom it concerns		13	3
1969	Pretty Bellinda			5
1969	Carol OK			18

The Angels

LINDA JANSEN – 1962 ersetzt durch PEGGY SANTIGLIA, geb. 4. 5. 1944 in Bellville, New Jersey/USA, voc
BARBARA ALLBUT geb. 24. 9. 1940 in Orange, New Jersey/USA, voc
PHYLLIS »JIGGS« ALLBUT, geb. 24. 9. 1942 in Orange, New Jersey/USA, voc

Die hübschen Schwestern Barbara und Phyllis Allbut erwarben sich ihre ersten Meriten als Sängerinnen im Schulchor. Und weil die Sache ihnen Spaß machte, beschlossen sie daraufhin, eine Gruppe zu gründen. Dazu holten sie sich ihre Freundin Linda Jansen aus dem Nachbarort Hillside und nannten sich fortan STARLITS. 1961 ging das Trio nach New York, um sich als Chorsängerinnen zu versuchen, und bekam auch prompt einen Plattenvertrag. *Til* und *Cry Baby, cry* hießen ihre ersten Singles, die sich sofort in den US-Charts plazieren konnten. Danach verließ Linda die Gruppe,

Jahr	*Titel*	*USA*	*UK*	*D*
1961	Til	14		
1962	Cry Baby, cry	38		
1963	My boyfriend's back	1	50	
1963	I adore him	25		

und Peggy wurde die neue Leadsängerin. Im Zuge dessen wurde auch gleich der Name geändert. Die Mädels warfen etliche Zettel mit Vorschlägen in einen Hut, und herausgezogen wurde BLUE ANGLES, das später in The Angels verkürzt wurde. In der neuen Besetzung nahm das Trio 1963 den Song *My boyfriend's back* auf, der sich zu einem 3-wöchigen Nr.-1-Hit in USA entwickelte und zum größten Erfolg der Gruppe wurde. Barbara, Peggy und Jiggs treten auch heute noch als The Angels in diversen Shows auf.

The Animals

ERIC VICTOR BURDON, geb. 11. 5. 1941 in Newcastle-on-Tyne/England, voc
ALAN PRICE, geb. 19. 4. 1942 in Fatfield. Co. Durham/England, org; ersetzt 1966 durch BARRY JENKINS, geb. 22. 12. 1944, dr
BRYAN »CHAS« CHANDLER, geb. 19. 12. 1938 in Heaton, Newcastle-on-Tyne/England, b
HILTON STUART PATTERSON VALENTINE, geb. 2. 5. 1943 in North Shields, Northumberland/England, g
JOHN STEEL, geb. 4. 2. 1941 in Gateshead/England, dr

Die berühmte R & B-Band kam aus der Gegend von Newcastle. Angefangen hatten die fünf als ALAN PRICE COMBO. Auf Grund ihrer wilden »tierischen« Musik bekamen sie bald von ihrem Publikum den Beinamen The Animals, und den übernahmen sie dann auch. Alle Mitglieder der Band hatten sich das Musizieren selbst beigebracht: Alan Price war Angestellter beim Finanzamt, Bryan fertigte Instrumente für Schiffe an, Hilton war Maschinist, Eric Designer und Postbote und John technischer Zeichner und Verkäufer.

→ RAY CHARLES, → BO DIDDLEY, → CHUCK BERRY und BILL DOGGETT waren die großen Vorbilder der Animals, und Eric Burdons »schwarze« Stimme paßte

Eric Burdon (Animals) Foto: Archiv

hervorragend zu den R & B-Songs, die sie in erster Linie interpretierten. 1964 hatten die Animals ihren ersten Millionenerfolg mit dem Blues *House of the rising sun*. Im Original war der Song über den Puff namens »Haus der aufgehenden Sonne«, der so vielen Männern Unglück gebracht hatte, ein Erfolg für den alten Folksänger JOSH WHITE gewesen. Alan Price bearbeitete den Song und entschärfte vor allen Dingen den sehr rüden Originaltext. Weltweit verkaufte sich diese Single über 5 Millionen Mal.

Innerhalb kürzester Zeit entwickelte sich die Formation zu einem weltweiten Top-Act. Der Sänger Eric Burdon, damals fünfundzwanzig Jahre alt, wurde immer mehr zum Mittelpunkt der Gruppe. 1966 zog Alan Price daraus die Konsequenzen, verließ die Animals und gründete seine höcht erfolgreiche Band ALAN PRICE SET. Für Alan Price kam Barry Jenkins. Von 1965 bis 1967 hatten die Animals zahllose Tophits, sowohl Singles als auch LPs (u. a. *Animal cracks* 1965, *Animalization* 1966, *Eric is here* 1967). Ab Ende 1966 firmierte die Formation als ERIC BURDON & THE ANIMALS. Doch bereits 1966 zeichnete sich die Auflösung ab, vor allen Dingen wegen zwischenmenschlicher Schwierigkeiten. Fast alle Bandmitglieder nahmen Drogen. Den Leadgitarristen Hilton Valentine hatte LSD sogar so weit gebracht, daß er sich für Jesus hielt und sein Zimmer nicht mehr verließ. Ende der 60er Jahre kam dann das Aus für die Animals. Eric Burdon ging nach Kalifornien und gründete die Jazz-Rock-Band WAR. 1970 hatte er mit dieser Formation mit dem Song *Spill the wine* einen Millionenseller. Während War danach den Sound zu einer Art von Latin-Jazz-Funk verfeinerte und mit den Songs *Slippin' into darkness* (1972), *The world is a ghetto* (1972), *The Cisco Kid* (1973), *Why can't we be friends* (1975) und *Summer* (1976) fünf Millionenseller hatte, verließ Eric Burdon die Gruppe. Seine Solokarriere, sowohl als Sänger als auch als Schauspieler, wurde mehr oder weniger ein Flop. Erst Anfang 1988 feierte Eric Burdon ein Comeback, zumindest in der deutschen Hitparade, mit dem Song *Good times*. Dieses Lied aus dem Jahr 1967 war nämlich der Titelsong des Kino-Krimis *Die Katze* mit Götz George alias Schimanski und Gudrun Landgrebe in den Hauptrollen.

Jahr	*Titel*	*USA*	*UK*	*D*
1964	Baby let me take you home		21	
1964	The house of the rising sun	1	1	10
1964	I'm crying	19	8	
1965	Don't let me be misunderstood	15	3	
1965	Bring it on home to me	32	7	
1965	We've gotta get out of this place	13	2	31
1965	It's my life	23	7	
1966	Inside looking out	34	12	39
1966	Don't bring me down	12	6	17
1966	See see, Rider	10		
1966	Help me, Girl	29	14	
1967	When I was young	45	15	31
1967	Good times		20	
1967	San Franciscan nights	9	7	20
1967	Monterey	15		
1968	Sky pilot	14	40	
1969	Ring of fire		35	19

Paul Anka

geb. 30. 7. 1941 in Ottawa/Kanada, voc

Er war einer der jüngsten Plattenmillionäre im Showbusiness. Paul Anka war gerade 16 Jahre alt, als er 1957 seinen Song *Diana* herausbrachte. Geboren wurde er als Sohn von Restaurant-Besitzern. Bereits mit 12 Jahren formierte er seine erste Gruppe, ein Trio, und trat praktisch in ganz Kanada auf. Er überredete seinen Vater, ihn zu einem Onkel nach Hollywood gehen zu lassen, um dort professioneller Sänger zu werden. Sein erstes Lied *Blau wildebeeste faunrain* war ein Flop, von dem nur 3000 Exemplare verkauft wurden. Dann traf er auf Don Costa, der nahm ihn unter seine Fittiche und nahm mit ihm *Diana* auf, ein Lied, das Paul Anka bereits mit 14 Jahren geschrieben hatte. Weltweit wurden damals über neun Millionen Exemplare des Songs verkauft. Danach folgte eine lange Reihe von Bestsellern. Von 1957 bis 1964 war Paul Anka praktisch ständiger Gast in den internationalen Charts. Auf Grund seiner sehr großen Popularität in Deutschland und Italien nahm er auch in diesen Sprachen erfolgreich Lieder auf, z. B. *Zwei Mädchen aus Germany* und *Ogni volta*, beide 1964.

Nach 1964 wurde es ruhiger um ihn. Er machte zwar immer noch Platten, aber er nutzte die Zeit in erster Linie dafür, um ein Imperium, bestehend aus Platten- und Musikverlagen, aufzubauen. 1974 war er dann wieder an der Spitze der amerikanischen Charts mit dem Lied *You're having my baby*, das er im Duett mit Odia Coates aufnahm. Diese Hymne

auf die Schwangerschaft, eine Eigenkomposition, wurde natürlich ein Millionenerfolg.
Paul Anka schrieb im Laufe der Zeit weit über zweihundert Songs und diverse Filmmelodien. Aus seiner Feder stammt auch der einzige Nr.-1-Hit, den → Buddy Holly in England hatte. Das war posthum 1959 *It doesn't matter anymore*. Bemerkenswert ist auch sein Talent als Texter. Für den Song *My way*, der 1969 für → Frank Sinatra ein Millionenseller war (im Original stammt das Lied aus Frankreich und heißt *Comme d'habitude*), schrieb Paul Anka den englischen Text. Diversen Comeback-Versuchen in den 80er Jahren war allerdings kein großer Erfolg beschieden.

Jahr	*Titel*	*USA*	*UK*	*D*
1957	Diana	1	1	2
1957	I love you, Baby		3	
1958	You are my destiny	7	6	
1958	Crazy love	15	26	
1958	Let the bells keep ringing	18		
1959	All of a sudden my heart sings	15	10	7
1959	Lonely boy	1	3	8
1959	Put your head on my shoulder	2	7	25
1959	It's time to cry	4	28	
1960	Puppy love	2	33	
1960	My home town	8		
1960	Summer's gone	11		
1961	The story of my love	16		
1961	Tonight my love, tonight	13		
1961	Dance on little girl	10		
1962	Love me warm and tender	12	19	45
1962	A steel guitar and a glass of wine	13	41	35
1962	Eso beso	19		7
1964	Zwei Mädchen aus Germany			4
1965	Elisabeth			17
1974	(You're having) My baby (mit Odia Coates)	1	6	15
1974	One man woman/ One woman man	7		
1975	I don't like to sleep alone	8		
1975	(I believe) There's nothing stronger than our love	15		
1975	Times of your life	7		

Annette

Annette Funicello, geb. 22. 10. 1942 in Utica, New York/USA, voc

Annettes Karriere begann, als sie 1955 in Kalifornien von der Disney Organisation zum Mouseketeer gemacht wurde. Sie hatte bei den Teenagern soviel Erfolg, daß die Verantwortlichen sie eine Platte machen ließen, die sofort ein Erfolg wurde. Bis 1961 war Annette mit ihren unkomplizierten Sommer-Sand-Sonnenschein-Songs in den US-Charts vertreten. Heute ist Annette mehr im Werbefernsehen zu sehen und bei diversen Nostalgie-TV-Shows.

Jahr	*Titel*	*USA*	*UK*	*D*
1959	Tall Paul	7		
1959	First name initial	20		
1960	O Dio mio	10		
1960	Pineapple princess	11		

Richard Anthony

RICHARD ANTHONY BTESH, geb. 13. 1. 1938 in Ägypten, voc

Richard Anthony wurde zwar in Ägypten geboren, wuchs aber in Frankreich auf und lebt auch heute noch dort. Er war der erste französische Sänger, der eine Rock'n'Roll-Platte aufnahm, nämlich 1959 → BUDDY HOLLYS *Peggy Sue*. Und er war der erste französische Sänger, der einen Millionenseller hatte, und zwar mit einer sogenannten Cover-Version. Aus BOBBY BARES *500 Miles away from home* wurde bei ihm *J'entends siffler le train*, und diese französische Version verkaufte sich 1962 millionenfach. Jahrelang war Richard Anthony dann der größte Konkurrent des französischen Rock-Stars → JOHNNY HALLYDAY. Monsieur Anthony nahm auch erfolgreich in Deutsch und Englisch Platten auf.

Jahr	*Titel*	*USA*	*UK*	*D*
1964	Cin cin			18
1964	If i loved you		18	

Aphrodite's Child

VANGELIS PAPATHANASSIOU, geb. 29. 3. 1943 in Valos/Griechenland, org, dr, vib, flu
DEMIS ROUSSOS, geb. 15. 6. 1946 in Alexandria/Ägypten, voc, tp, b, org, bouzouki
LUCAS SIDERAS, geb. 5. 12. 1944 in Athen/Griechenland, dr

Aphrodite's Child dürfte wohl die einzige griechische Gruppe sein, die mit einem englischen Lied die französischen, deutschen und englischen Charts eroberte. Begonnen hatte alles 1963, als die Formation in Griechenland entstand und damit begann, englische und amerikanische Hits zu spielen. Doch das war den drei Musikern zu wenig, die alle

Vangelis (Aphrodites Child) Foto: Archiv

eine fundierte Ausbildung hinter sich hatten. Vangelis, der Sohn eines Malers und einer Sängerin, studierte Kunst und klassische Musik; Demis Roussos, der Sohn eines klassischen Gitarristen und einer Sängerin, studierte zunächst im zarten Alter von acht Jahren in Ägypten Musik, später dann in Athen; Lucas Sideras, der Sohn einer Musiklehrerin und klassischen Pianistin, erhielt ebenfalls eine umfassende Musikausbildung.
Das Trio wollte sein Glück in England versuchen, blieb aber wegen eines Transportarbeiterstreiks in Paris hängen, wurde von den richtigen Leuten gehört und erhielt prompt einen Plattenvertrag. Doch diesmal hängten sich Aphrodite's Child nicht an anglo-amerikanische Musiktrends an, sondern griffen weit in die Vergangenheit zurück. Vangelis grub ein Stück des deutschen Komponisten JOHANN PACHELBEL aus dem 17. Jahrhundert aus, arrangierte es neu, und ließ einen englischen Text dazu schreiben. Es entstand *Rain and tears*, das sich 1968 bereits drei Tage nach Erscheinen in den französischen Charts plazieren konnte und kurz danach die Nr. 1 wurde. Von da aus trat der getragene Song, unverwechselbar durch Demis Roussos helle Stimme, den Siegeszug durch andere Länder an. Diesen Erfolg konnte das Trio nicht mehr wiederholen. Anfang der 70er Jahre löste sich Aphrodite's Child auf. Vangelis wurde zu einem äußerst erfolgreichen Instrumentalmusiker; für sein *Chariots of fire* aus dem Film *Die Stunde des Sieges* erhielt er 1981 den Oscar für die beste Filmmusik. Ebenso erfolgreich war Vangelis in seiner Arbeit mit JOHN ANDERSON von der Gruppe → YES. Demis Roussos betätigte sich ab 1971 ebenfalls erfolgreich als Solist in deutscher und englischer Sprache.

Jahr	*Titel*	*USA*	*UK*	*D*
1968	Rain and tears		30	28
DEMIS ROUSSOS				
1973	Good-bye, my love, good-bye			1
1973	My friend the wind			7
1973	Schönes Mädchen aus Arkadia			6
1975	Schön wie Mona Lisa			6
1975	Happy to be on an island in the sun		5	
1976	The Roussos phenomenon		1	
1976	When forever has gone		2	
VANGELIS				
1981	Chariots of fire	1	12	
JON & VANGELIS				
1980	I hear you now		8	
1981	I'll find my way home		6	

The Archies

RON DANTE, geb. 22. 8. 1945 in Staten Island, New York/USA, voc

Die Archies waren nie eine Gruppe im herkömmlichen Sinn, denn The Archies waren die Hauptdarsteller einer Cartoon-Serie im amerikanischen Frühstücksfernsehen. Diese Zeichentrickfilme basierten auf einer Zeitungsserie, ähnlich den Peanuts, die der berühmte amerikanische Cartoonist JOHN L. GOLDWATER bereits 1942 entwickelt hatte. DON KIRSHNER, der schon bei den → MONKEES ein goldenes Händchen im Zusammenstellen von Phantomgruppen bewiesen

hatte, war für die Musik in der TV-Serie verantwortlich. Es wurde ein Sound entwickelt, der später dann unter der Bezeichnung »Bubblegum« einen weltweiten Siegeszug antrat. Für das Einspielen der Songs wurden Studiomusiker geholt, lediglich der Leadsänger blieb immer derselbe. Es war Ron Dante, damals einer der berühmtesten Studiosänger, der später auch anderen Phantomgruppen wie → The Detergents und → The Cuff Links seine Stimme lieh. Weitere Mitwirkende beim Erfolg der Archies waren die hervorragenden Songwriter Jeff Barry und Ellie Greenwich, → Andy Kim und → Ray Stevens.
Zum ersten Mal tauchten die Archies 1968 in den US-Charts auf, und zwar mit dem Titel *Bang-shang-a-lang*, der es allerdings nur bis Platz 22 schaffte. Der ganz große Erfolg kam dann 1969 mit dem weltweiten Multimillionenseller *Sugar sugar*, der sich in Amerika 4 Wochen an der Spitze der Charts halten konnte. Geschrieben hatte ihn Andy Kim, und Ray Stevens steuerte das berühmte Händeklatschen bei. Ende 1970 waren die Archies bereits wieder von der Bildfläche verschwunden.

Jahr	*Titel*	*USA*	*UK*	*D*
1969	Sugar sugar	1	1	1
1970	Jingle jangle	10		7
1970	Who's your baby	40		21

Argent

Rodney Terence Argent, geb. 14. 6. 1945 in St. Albans, Herts/England, keyb, voc
Russell Ballard, geb. 31. 10. 1947 in Waltham Cross, Herts/England, g, voc – ersetzt 1974 durch John Verity geb. 2. 5. 1944, g, voc, und John Grimaldi, geb. 25. 5. 1955, g
James Rodford, geb. 7. 7. 1945 in St. Albans, Herts/England, b
Robert Henrit, geb. 2. 5. 1946 in Boxbourne, Herts/England, dr

Mitte 1967 hatte Rod Argent seine Supertruppe → The Zombies wegen diverser Schwierigkeiten aufgelöst und anschließend seine neue Band Argent gegründet. Die neue Gruppe gab ironischerweise 1969 ihr Debüt, in dem Jahr, in dem plötzlich das alte *Time of the season* der Zombies die Charts eroberte.

Jahr	*Titel*	*USA*	*UK*	*D*
1972	Hold your head up	5	5	
1973	God gave rock & roll to you		18	

Mit vorzüglichen Rockalben wie *Ring of hands* (1971) oder *All together now* (1972) und den Singles *Hold your head up* und *God gave rock & roll to you* eroberte die Formation die internationalen Charts. Als der Erfolg nachließ, verließ Russ Ballard die Formation 1974. Für ihn kamen John Verity und John Grimaldi. Doch das brachte auch keine Hits, und so löste Rod Argent die Gruppe Ende 1976 auf.

Louis Armstrong

geb. 4. 7. 1900 in New Orleans, Lousianna/USA, tp, voc
gest. 6. 7. 1971 in New Orleans

Die Karriere des berühmten farbigen Musikers begann mit einem Aufenthalt im Knast. In der Silvesternacht 1913 feierte er das neue Jahr mit einem Schuß aus einem Gewehr und wurde prompt wegen unerlaubten Waffenbesitzes eingesperrt. Ein Jahr dauerte sein Aufenthalt in der Besserungsanstalt, und während dieser Zeit fing er an, sich für Musik zu interessieren. Er bekam ein Horn und eine Trompete, und bei seiner Entlassung hatte der begabte Junge eine eigene Band gegründet und beschlossen, Musiker zu werden. Er feilte weiter an seinem Trompetenspiel, verdiente sich seinen Lebensunterhalt u. a. als Zeitungsverkäufer und schaffte es schließlich, daß ihn sein großes Vorbild Joseph »King« Oliver als Schüler annahm. Unter Olivers Anleitung entwickelt Louis Armstrong auch seinen einzigartigen Trompetenstil. 1935 bekam er seinen ersten Plattenvertrag und wurde zum internationalen Jazz-Star. Seine größten Plattenerfolge hatte er allerdings nicht mit Jazz-Nummern, sondern mit Musical-Songs (*Hello, Dolly* aus dem gleichnamigen Musical; *Theme from the Threepenny Opera* und *Mack the knife* aus der *Dreigroschenoper*; *High society calypso* aus dem Film *Die oberen Zehntausend*) und softigen Popsongs (*Uncle Satchmos lullaby*, gesungen im Duett mit der kleinen Gabriele, *What a wonderful world*), die er mit seiner eigentümlich kratzigen, swingenden Stimme zu Welthits machte. Als Louis Armstrong, von seinen Fans zärtlich »Uncle Satchmo« genannt, am 6. Juli 1971 im Schlaf an einer Herzattacke starb, war er bereits eine Legende geworden. Den Spitznamen »Satchmo« bekam er wegen seines großen Mundes, den er so gerne zu einem gewaltigen Grinsen verzog. Satchmo ist eine Verballhornung von »Satchel-Mouth«, was so viel heißt wie »ein Mund so groß wie eine Schultasche«. 1989 wurde Satchmos *What a wonderful world* für einen Werbefilm für eine Autofirma verwendet und entwickelte sich dadurch abermals zu einem Bestseller.

Jahr	*Titel*	*USA*	*UK*	*D*
1952	Takes two to tango		6	
1956	Theme from the Threepenny Opera		8	
1956	Mack the knife	20		17
1957	High society calypso			16
1959	Uncle Satchmos lullaby			9
1964	Hello, Dolly	1	4	8
1968	What a wonderful world		1	8
1989	What a wonderful world			6

Eddy Arnold

Richard Edward Arnold, geb. 15. 5. 1918 in Henderson, Tennessee/USA, voc, g

Eddy Arnold ist ein gutes Beispiel für den amerikanischen Traum »Vom Tellerwäscher zum Millionär«. Auf einer Farm geboren, lernte Eddy das Singen und Gitarrespielen von seiner Mutter. Er spielte bei Tanzveranstaltungen, bis er dann 1943 die Mistgabel für immer in die Ecke stellte und künftig nur noch die Gitarre und das Mikrophon in die Hand nahm. Innerhalb kurzer Zeit wurde er zum führenden Country- und Folkmusik-Star von ganz Amerika. 1947 bekam er seine erste goldene Platte für den Titel *I'll hold you in my heart*, bis 1969 hatte er innerhalb von 25 Jahren über 60 Millionen Platten verkauft. Viele seiner Country-Songs wurden die Nr. 1 der US-Country-Charts. Etliche seiner Songs schafften auch den Sprung in die Pop-Hitparaden, seinen größten Erfolg hatte der Sänger und Songschreiber 1965/66 mit *Make the world go away*.

Jahr	*Titel*	*USA*	*UK*	*D*
1965	Make the world go away	6	8	
1966	I want to go with you	36	46	

The Association

Russ Giguere, geb. 18. 10. 1943 in Portsmouth, New Hampshire/USA, g, voc, ersetzt durch Richard Thompson, geb. 18. 10. 1945, g
Gary Alexander, geb. in Chattanooga, Tennessee/USA, g, ersetzt durch Larry Ramos
Jim Yester, geb. in Birmingham, Alabama/USA, keyb, voc
Terry Kirkman, geb. in Salinas, Texas/USA, keyb, woodwinds, voc
Brian Cole, geb. 1944 in Tacoma, Washington/USA, b; gest. 2. 8. 1972
Ted Bluechel Jr, geb. San Pedro, Kalifornien/USA, dr

Gründer des Sextetts waren Terry Kirkman, der auch die meisten Songs der Formation schrieb, und Gary Alexander, der schon in diversen Rockgruppen Erfahrungen gesammelt hatte. Anfang 1965 stellten die beiden die Gruppe in Kalifornien zusammen und fingen an, sich durch ihre Auftritte in Nachtclubs, bei Collegeveranstaltungen und in Folkclubs einen Namen zu machen. Anfang 1966 erschien ihre erste Platte, eine Version von → Bob Dylans *One too many mornings*, die allerdings ein Flop wurde. Erst die zweite Single 1966, der drogenbeeinflußte Song *Along comes Mary*, wurde ein Bestseller. Bis 1968 lieferte die Association einen Hit nach dem anderen ab, darunter auch die Millionenseller *Cherish*, *Windy* und *Never my love*. In den folgenden Jahren schwand allmählich der Erfolg, da half auch das permanente Auswechseln von Mitgliedern nichts. 1972 starb der Gitarrist Brian Cole an Drogenvergiftung. 1982 fand sich die übrige Formation noch einmal in Originalbesetzung zusammen und tourte durch die Lande.

Jahr	*Titel*	*USA*	*UK*	*D*
1966	Along comes Mary	7		
1966	Cherish	1		
1967	Windy	1		
1967	Never my love	2		
1968	Everything that touches you	10		
1968	Time for livin'	39	23	

Brian Auger

geb. 18. 7. 1939 in London/England, p, org

Brian Auger begann seine musikalische Karriere in den frühen 60er Jahren als Leader eines Jazztrios, das er 1964 zu einem Quintett erweiterte, zu dem → JOHN MCLAUGHLIN als Gitarrist gehörte. Ende 1964 löste er diese Formation auf und gründete mit RICK BROWN (b) und MICKEY WALLER (dr) die BRIAN AUGER TRINITY. Dazu stieß im nächsten Jahr → JOHN BALDRY, der froh war, den Schwierigkeiten seiner eigenen Band, den HOOCHIE COOCHIE MEN, zu entkommen. Baldry brachte als zweiten Sänger ROD STEWART mit. Dann kamen noch der Gitarrist VIC BRIGGS und → JULIE DRISCOLL, die Sekretärin von Augers Manager dazu, und fertig war die Band namens STEAMPACKET. Bis 1966 existierte diese Formation, die eine Mischung aus R & B, Jazz, Soul, Motown-Sound und Blues spielte. Dann verließen Baldry und Stewart die Gruppe, und Auger stellte eine neue Trinity auf die Beine, mit Julie Driscoll als Sängerin. 1968 hatte diese Band einen internationalen Bestseller mit → BOB DYLANS *This wheel's on fire*. Doch die nächste Single, *Road to Cairo*, wurde ein Flop, und Jools, wie Julie Driscoll mit Spitznamen heißt, ließ Auger mitten in einer Amerika-Tournee sitzen. 1970 löste sich die Trinity auf, und Brian Auger versuchte es mit einer neuen Band namens OBLIVION EXPRESS. STEVE FERRONE von der AVERAGE WHITE BAND war zeitweise Mitglied. Doch auch diese Gruppe blieb ohne größeren Erfolg, und Brian Auger taucht heute in erster Linie immer mal wieder als Gastmusiker bei anderen Bands auf.

Jahr	*Titel*	*USA*	*UK*	*D*
1968	This wheel's on fire		5	

Frankie Avalon

FRANCIS AVALLONE, geb. 18. 9. 1940 in Philadelphia, Pennsylvania/USA, voc, tp

Der hübsche Frankie war eines der ersten Teenager-Idole Amerikas. Eigentlich wollte er ja Boxer werden, aber nachdem er den Film *Young man with a horn* sechs oder sieben Mal gesehen hatte, beschloß er, Trompeter zu werden. Sein Vater kaufte ihm eine Trompete, und schon bald spielte Frankie in einer Gruppe namens ROCCO AND THE SAINTS. Der minderjährige Trommler dieser Band war übrigens niemand anderer als → BOBBY RYDELL. Frankie durfte aber auch ein paar gesungene Platten aufnehmen, u. a. *Teacher's pet* und *Cupid*, die allerdings floppten. Erst als sich Frankie 1957 bei der Aufnahme zu *Dede*

Frankie Avalon Foto: Polydor

Dinah beim Singen aus Spaß die Nase zuhielt, kam der Erfolg, und der Näsel-Rock wurde ein Hit. Bis 1962 war Frankie Avalon dann mit schöner Regelmäßigkeit in den Charts vertreten. Heute lebt er mit seiner Familie in Los Angeles und tritt immer noch auf.

Jahr	*Titel*	*USA*	*UK*	*D*
1958	Dede Dinah	7		
1958	Ginger bread	9	30	
1958	I'll wait for you	15		
1959	Venus	1	16	
1959	Bobby sox to stokkings	8		
1959	A boy without a girl	10		
1959	Just ask your heart	7		
1959	Why	1	20	
1960	Don't throw away all those teardrops	22	37	

Hoyd Axton

geb. 25. 3. 1938 in Oklahoma/USA, voc, g

Er ist der berühmte Sohn einer berühmten Mutter: Seine Mama hatte nämlich für → Elvis Presley den Superseller *Heartbreak Hotel* geschrieben. Obwohl Hoyd in Amerika ein recht erfolgreicher Country-Sänger ist, kennt man ihn international doch mehr als Schreiber von Bestsellern für andere. Seinen ersten Erfolg auf diesem Gebiet hatte er mit dem Lied *Greenback Dollar*, das das → Kingston Trio 1963 zum Hit machte. Dann hatte → Steppenwolf 1967 einen Bestseller mit dem Axton-Song *The Pusher*. → Three Dog Night sangen 1971 den Axton-Song *Joy to the world* und hatten damit einen 6-wöchigen Nr.-1-Hit in Amerika. 1972 nahm das Trio dann den Axton-Song *Never been to Spain* auf und hatte einen Nr.-5-Hit damit. Auch Ringo Starr profitierte vom musikalischen Einfallsreichtum Hoyd Axtons: Mit seinem *No No Song* hatte Ringo 1975 einen Nr.-3-Erfolg in Amerika. In Deutschland kennt man Hoyd Axton eher mit sanften Country-Songs wie *Della and the dealer*.

Charles Aznavour

geb. 22. 5. 1924 in Paris/Frankreich, voc

Der kleine drahtige Franzose mit der unverwechselbaren Stimme ist nicht nur ein erfolgreicher Sänger, sondern ein ebenso erfolgreicher Komponist und Schauspieler. Seine Eltern sind Armenier. Nach der Schule begann Charles mit dem Theaterspielen, 1942 packte ihn auch die Liebe zur Musik, und er begann Lieder zu schreiben. Diese beiden Karrieren läßt er bis heute sehr erfolgreich nebeneinander laufen. Seinen ersten Millionenseller hatte Charles Aznavour 1964 mit dem selbstkomponierten Lied *La Mama*, das Anfang 1965 in der deutschen Version von → Corry Brokken erschien und für sie ein Nr.-9-Erfolg in der deutschen Hitparade wurde. Aznavour sang auch in Deutsch und hatte damit 1962 bei uns großen Erfolg mit dem herrlich süffisanten *Du läßt dich geh'n*. Der nächste internationale Bestseller glückte ihm 1974 mit dem ebenfalls selbstkomponierten *She*, dem Titelsong der englischen Fernsehserie *The seven faces of woman*.

Jahr	*Titel*	*USA*	*UK*	*D*
1962	Du läßt dich geh'n			14
1974	She		1	

B

Burt Bacharach

geb. 12. 5. 1928 in Kansas City, Missouri/USA, p, voc

Der Sohn eines populären amerikanischen Kolumnisten war schon von kleinauf musikbegeistert. Er lernte Klavier spielen, gründete als Teenager seine erste Band, schrieb seine ersten Songs und studierte Musik auf der Music Academy of the West in Santa Barbara. 1950 mußte er zur Army, 1952 wurde er entlassen und fand Arbeit als Arrangeur und Orchesterleiter bei diversen Plattenfirmen. Zu seinen »Kunden« zählten damals bereits Stars wie Vic Damone, → Steve Lawrence und die Ames Brothers. Drei Jahre lang tourte er auch als musikalischer Begleiter von Marlene Dietrich mit ihrer Nightclub-Show durch die Lande. Ende der 50er Jahre begann dann Burt Bacharachs Laufbahn als einer der erfolgreichsten Pop-Komponisten der Welt.

Seine zahllosen Songs entstanden größtenteils zusammen mit → Hal David, der die Texte dafür schrieb. Aus Bacharachs Feder stammte der Song *The story of my life*, der 1958 für → Michael Holliday in England ein Nr.-1-Hit wurde, ebenso → Perry Comos Nr.-1-Hit *Magic moments*; 1962 hatte → Gene Pitney einen Millionenseller mit der Bacharach-Komposition *The man who shot Liberty Valance*, 1963 mit Bacharachs *24 hours from Tulsa*. Ab 1963 setzte sich dann die farbige Sängerin → Dionne Warwick mit Bacharach-Songs an die Spitze der US-Charts, darunter internationale Bestseller wie *Anyone who had a heart*, *Walk on by*, *I say a little prayer*, *I'll never fall in love again*. Anfang der 60er Jahre begann Burt Bacharach auch viele Songs für Filme zu schreiben, so auch 1964 für den Streifen *What's new pussycat*. Mit dem Titelsong daraus konnte sich → Tom Jones als Star etablieren.

Zwei Oscars bekam Mr. Bacharach 1969 für den Streifen *Butch Cassidy and the Sundance Kid*, und zwar für den Soundtrack insgesamt und für den Titelsong *Raindrops keep falling on my head*, der für → B.J. Thomas ein 4-wöchiger Nr.-1-Hit in USA wurde. Bereits ein Jahr vorher, 1968, hatte Burt Bacharach das Musical *Promises, promises* herausgebracht, das wieder in Zusammenarbeit mit Hal David entstanden war. Das Musical, das nach der Neil-Simon-Komödie *The Apartment* entstanden war, lief jahrelang erfolgreich am Broadway. Ebenfalls 1968 hatte der Star-Trompeter Herb Alpert einen Millionenseller mit dem Bacharach-Song *This guy's in love with you.* 1970 bescherte der Bacharach-Song *One less bell to answer* der 5TH DIMENSION einen Millionenerfolg, im gleichen Jahr verkaufte sich auch der Bacharach-Song *(They long to be) Close to you* in der Version der CARPENTERS millionenfach. Obwohl Burt Bacharach ein versierter Bühnenkünstler ist, der bei seinen spärlichen Auftritten Zehntausende von Karten regelmäßig innerhalb ein paar Stunden verkaufte, war er nur einmal selbst in den internationalen Charts zu finden: 1968 in England mit *Trains and boats and planes*.

Jahr	*Titel*	*USA*	*UK*	*D*
1965	Trains and boats and planes		4	

The Bachelors

CON CLUSKEY, geb. 18. 11. 1941 in Dublin/Irland, voc, p, g, bj
DECLAN CLUSKEY, geb. 12. 12. 1942 in Dublin/Irland, voc, p, g, bj, harm
JOHN JAMES STOKES, geb. 13. 8. 1940 in Dublin/Irland, voc, g, b, harm

Die drei jungen Männer kannten sich bereits von der Schule her. Con und Declan spielten Klavier, und John hatte Musik studiert. 1953 beschlossen sie, zusammen Musik zu machen, und gründeten das Harmonika-Trio THE HARMONICHORDS. Sie traten bei Tanzveranstaltungen in Dublin und im irischen Fernsehen auf und erlangten bald soviel Berühmtheit, daß sie sogar in die berühmte amerikanische »Ed Sullivan Show« eingeladen wurden. 1959 gingen die drei mit dem bekannten irischen Sänger PATRICK O'HAGAN auf Tour, der ihnen empfahl, doch nicht nur Instrumentalmusik zu machen, sondern es auch einmal mit Singen zu versuchen. Das Trio versuchte es, war erfolgreich damit und änderte den Namen in The Bachelors. 1962 wurde eine Plattenfirma auf sie aufmerksam, sie bekamen einen Vertrag, und von 1963 bis 1967 war das hervorragende Vokal-Trio ständig in den internationalen Charts vertreten.

Jahr	*Titel*	*USA*	*UK*	*D*
1963	Charmaine		6	
1963	Whispering		18	
1964	Diane	10	1	
1964	I believe	33	2	
1964	Ramona		4	
1964	I wouldn't trade your for the World		4	
1964	No arms can ever hold you	27	7	
1965	Marie	15	9	
1965	In the chapel in the moonlight	32	27	
1966	The sound of silence		3	
1967	Marta		20	

Gus Backus

DONALD EGAN BACKUS, geb. 12. 9. 1937 in Southampton, Long Island/USA, voc, g

Gus studierte nach seinem Schulabschluß ein paar Semester Medizin, ehe er zur Army mußte. Er kam nach Pittsburgh in Pennsylvania zur Air Force, und dort tat er sich mit vier anderen

Soldaten zu einer Gruppe namens THE DEL VIKINGS zusammen, einer der ersten gemischtrassigen Formationen. Mit dem von Gruppen-Mitglied CLARECNE QUICK geschriebenen *Come go with me* hatten die Del Vikings 1957 einen Nr.-4-Hit in Amerika.

Nach ihrer Entlassung teilte sich die Gruppe. Gus Backus und drei weitere Mitglieder nahmen weiterhin unter dem Namen Del Vikings Platten auf wie *Cool shake* und *Sunday kind of love* (beide 1957). Der fünfte Mann, KRIPP JOHNSON, gründete eine neue Gruppe, ein rein farbiges Quartett, das er ebenfalls DEL VIKINGS nannte. Und so trat 1957 der merkwürdige Fall ein, daß sich in den US-Charts zwei Gruppen namens Del Vikings tummelten, die beide nichts miteinander zu tun hatten. Die ersten waren auf Platz 12 mit *Cool Shake*, die zweiten auf Platz 9 mit *Whispering bells*, wobei dieser Song wiederum von Quick geschrieben worden war, der zu den ersten Del Vikings gehörte.

Beide Gruppen lösten sich Ende der 50er Jahre auf, und Gus Backus ging nach Deutschland. Er heiratete hier und fing an, in Deutsch zu singen, mit einem typisch amerikanischen Akzent. Das gefiel den Leuten, und von 1960 bis 1964 war der jungenhafte Amerikaner mit dem unwiderstehlichen Lächeln ständiger Gast in der deutschen Hitparade. Er spielte auch in diversen Filmen mit. Dann wurde es still um den Sänger. Mitte der 80er Jahre versuchte er ein Comeback, das allerdings wenig erfolgreich war.

Jahr	*Titel*	*USA*	*UK*	*D*
1960	Brauner Bär und weiße Taube			16
1960	Muß i denn			4
1961	Da sprach der alte Häuptling			3
1961	Auf Wiedersehn			15
1961	I bin a stiller Zecher			11
1961	Der Mann im Mond			1
1962	Sauerkraut-Polka			2
1962	Alle Schotten sparen			12
1962	No Bier, no Wein, no Schnaps			7
1962	Das Lied vom Angeln			4
1962	Linda			4
1962	Das kleine Wunder vom großen Glück			20
1963	Ein bißchen Denken beim Schenken			19
1963	Er macht mich krank, der Mondschein an der Donau			8
1963	Mein Schimmel wartet im Himmel			12
1964	Wenn doch jede Woche mal der Erste wär'			20

Badfinger

PETE HAM, geb. 27. 4. 1947 in Swansea, Wales/England, g, keyb, org,
gest. 24. 4. 1975 in Woking, Surrey/England

MICHAEL GIBBONS, geb. 12. 3. 1949 in Swansea, Wales/England, dr, g

THOMAS EVANS, geb. 21. 6. 1947 in Liverpool/England, b, g, p

RONALD GRIFFITHS, geb. in Liverpool/England, g, ersetzt 1969 durch JOSEPH

Molland, geb. 12. 6. 1948 in Liverpool/England, g

Das Quartett begann Ende der 60er Jahre unter dem Namen The Iveys Musik zu machen. 1968 schickte ihr Manager ein Demoband an die berühmten Apple-Studios, Paul McCartney hörte es sich an und beschloß, die Formation unter seine Fittiche zu nehmen. Die Gruppe bekam einen Vertrag und veröffentlichte Anfang 1969 die wenig erfolgreiche Single *Maybe tomorrow*. Der Erfolg stellte sich erst ein, als McCartney die Band unter dem neuen Namen Badfinger den Soundtrack für den Ringo-Starr-Film *The magic Christian* aufnehmen ließ. McCartney schrieb und produzierte mit der Gruppe dafür den Titel *Come and get it*, der 1970 ein weltweiter Millionenseller wurde. Anschließend entwickelte sich Pete Ham zum Kopf und Schreiber der Formation. Seine Lieder wurden auch gerne von anderen nachgesungen. *Without you* wurde in der Version von → Harry Nilsson 1972 ein Nr.-1-Hit und Millionenerfolg. Bis 1972 veröffentlichte Badfinger erfolgreich Alben und Singles und nahm auch 1971 an George Harrisons »Concert for Bangladesh« teil. Dann erfolgte wegen vertraglicher Schwierigkeiten eine zweijährige Pause. Das Comeback-Album *Badfinger* 1974 wurde ebenfalls wieder ein Erfolg, die daran anschließende Amerika-Tournee 1975 jedoch nicht. Das war auch vermutlich der Grund, warum sich Pete Ham am 26. April 1975 das Leben nahm. Seitdem ist es um die Gruppe sehr still geworden.

Jahr	*Titel*	*USA*	*UK*	*D*
1970	Come and get it	7	4	34
1971	No matter what	8	5	32
1971	Day after day	4	10	25
1972	Baby blue	14		30

Joan Baez

geb. 9. 1. 1941 in Staten Island, New York/USA, voc, g

Sie wurde als die »Königin des Protestsongs« gerühmt. Wegen ihrer diversen politischen Aktivitäten war sie noch häufiger in den Schlagzeilen zu finden als wegen ihrer meist ebenfalls sehr politischen Songs. Joan ist die Tochter eines mexikanischen Physikers und einer irischen Schauspiellehrerin. Sie wuchs in der sehr konservativen Gegend von Redlands/Kalifornien auf. Da sie schwarzes Haar und eine dunkle Hautfarbe hat, lernte sie schon bald kennen, was unter Rassendiskriminierung zu verstehen ist. Die Ukulele, und später die Gitarre, war ein Ausweg für sie. Sie fing an, mit ihrer klaren, vibrierenden Stimme in ortsansässigen Chören zu singen und sich Ende der 50er Jahre für die Folk-Bewegung zu engagieren. Ihren ersten großen Erfolg hatte sie 1959 mit einem Auftritt beim Newport Folk Festival, daraus resultierte ein Plattenvertrag. Ihre LP *Joan Baez* erschien 1960 und wurde zur meistverkauften Folklore-LP von Amerika.

Immer wieder machte die zierliche Interpretin mit spektakulären Aktionen von sich reden. So weigerte sie sich, Steuern zu zahlen, weil damit Bomber und Panzer finanziert würden. Sie organisierte Demonstrationsmärsche gegen Rassendiskriminierung und für Gewaltlosigkeit, gegen den Vietnamkrieg und für den Frieden. Wegen einer Anti-Vietnam-Demonstration saß sie auch 100 Tage im Gefängnis. Sie heiratete den Kriegsdienstverweigerer David Harris, von dem sie ihren Sohn hat und von dem sie inzwischen wieder geschieden ist. Ihre diversen Alben verkauften und verkaufen sich immer noch hervorragend. Ihr erster Single-Hit war 1963 ihre Version von *We shall overcome*, der Hymne der Bürgerrechtsbewegung, ihr größter ihre Version von Robbie Robertsons *The night they drove old dixie down*. In Deutschland kam dieser Song in der deutschen Version von Juliane Werding in die Hitparade und hieß *Am Tag, als Conny Kramer starb*.

Jahr	*Titel*	*USA*	*UK*	*D*
1965	We shall overcome		26	
1965	There but for fortune		8	
1965	It's all over now, Baby blue		22	
1971	The night they drove old dixie down	3	6	

George Baker Selection

Johannes Bouwens »George Baker«, geb. 8. 12. 1944 in Holland, voc
Jan Hop
Jacobus Anthonius Greuter
Jan Gerbrand Visser
George The

Die Gruppe gehört zur sog. holländischen Invasion, die Ende der 60er, Anfang der 70er Jahre mit Bands wie The Tee Set oder → Shocking Blue den Weltmarkt überschwemmte. In den Niederlanden waren George Baker und seine Mannen schon relativ bekannt, als sie 1969 den von Baker und Vissen selbst geschriebenen Song *Little green bag* veröffentlichten und damit in die internationalen Charts vordrangen. Den ganz großen Durchbruch erlebte die Band dann 1975 mit der fröhlichen Mitklatsch-Nummer *Paloma blanca*, der bis heute noch viele Songs in ähnlichem Strickmuster folgten. *Little green bag* und *Paloma blanca* waren Millionenseller. Ende der 70er Jahre kam die Sängerin Lida Jonkman-Bont hinzu, doch an die großen Erfolge konnte die Formation nicht mehr anknüpfen.

Jahr	*Titel*	*USA*	*UK*	*D*
1970	Little green bag	21		
1975	Paloma blanca	26	10	1
1975	Morning sky			2
1976	Wild bird			7

Ginger Baker

Peter Edward »Ginger« Baker, geb. 19. 8. 1939 in Lewisham, London/England, dr. perc, vib, voc

Als Kind spielte der weltberühmte Trommler zunächst Trompete, bis er sich dann fürs Schlagzeug entschied. Dem Jazz galt seine große Liebe, und so spielte er als Teenager in etlichen Jazzbands wie Terry Lightfoot's und → Acker Bilk's. 1962 ersetzte er dann Charly Watts bei → Alexis Korner's

Baker Gurvitz Army Foto: Phonogram

Blues Inc. Das war aber nur ein kurzes Gastspiel, denn bereits 1963 tat er sich mit → Graham Bond und → Jack Bruce zum Graham Bond Trio zusammen, aus dem später dann die Graham Bond Organization entstand. Drei Jahre später, 1966, stieg er, zusammen mit Jack Bruce, auch dort wieder aus. Die beiden taten sich mit → Eric Clapton zusammen und gründeten → Cream. Doch auch die Supergruppe Cream, die Baker gegen Ende als »Geldmaschine« beschimpfte, hielt nur zwei Jahre. 1968 löste sie sich wegen zwischenmenschlicher Probleme auf. Doch bereits 1969 sah man Baker und Clapton schon wieder gemeinsame Wege beschreiten – zusammen mit Rick Grech und Stevie Windwood riefen die beiden die Gruppe → Blind Faith ins Leben – die kurzlebigste von allen. Nach nicht einmal einem Jahr löste sie sich auf – und Ginger Baker gründete 1970 fröhlich die nächste Formation, Ginger Bakers Air Force. Dazu gehörten seine alten Freunde Steve Winwood, Graham Bond, Rick Grech, Denny Laine und Chris Wood. Doch auch dieser Band war keine Langlebigkeit beschieden, nach zwei Alben (*Air Force I* 1970 und *Air Force II* 1970) löste sie sich ebenfalls auf. Inzwischen hatte Ginger Baker Geschmack an afrikanischer Musik gefunden, kaufte sich in Nigeria ein Stück Land und baute dort sein eigenes Studio, das er im Januar 1973 eröffnete. Im selben Jahr nahm Paul McCartney dort seine Wings-LP *Band on the run* auf. Nach einem kurzen Ausflug in eine nigerianische Gruppe namens Salt hatte Ginger Baker 1974 bereits wieder eine neue Band: die Baker Gurvitz Army. Sie entstand aus der Three Man Army der beiden Brüder Adrian und Paul Gurvitz. Adrian (g) und Paul (b) hatten 1967 zu Gun gehört, die mit der Single *Race with the devil* einen Nr.-1-Hit gehabt hatte. Adrian war auch schon mit GRAEME EDGE von den → MOODY BLUES im Studio gestanden. Weiter Mitglieder der Baker Gurvitz Army waren SNIPS (voc), der von den SHARKS kam, und der jazzbeeinflußte PETER LEMER (keyb) von SEVENTH WAVE. Viele sahen in dieser gitarrenbetonten Heavy-Rock-Band eine Fortführung von Cream, aber auch die Baker Gurvitz Army hielt nicht, was sie anfänglich versprach, und löste sich nach drei Alben 1976 auf.

1977 versuchte sich Ginger Baker als Solist auf der LP *Eleven sides of Ginger Baker* – sie wurde ein Flop für den einstigen Trommler-König. Danach schloß er sich sehr viel erfolgreicher der Rock-Band HAWKWIND an, doch auch da gefiel es ihm auf die Dauer nicht, und so gründete er schließlich das Hardrock-Trio BAKERANDBAND mit KARL HILL am Bass und DOUG BROCKIE an der Gitarre. Die Debüt-LP *From humble oranges* (1982) wurde zwar hochgelobt, aber ansonsten geriet auch dieses Baker-Trio schnell in Vergessenheit.

Long John Baldry

geb. 12. 1. 1940 in London/England, voc, g

Der »Lange Hans« hat seinen Spitznamen tatsächlich von seiner Körpergröße: Er ist runde 2 m groß. Zunächst wurde er Werbegraphiker, ab 1956 sang er mit Begeisterung Folksongs, 1958 lernte er → ALEXIS KORNER kennen und ab 1961 gehörte er zu dessen BLUES INCORPORATED. Seine kräftige, ausdrucksstarke Reibeisenstimme eignete sich vorzüglich für schwarzen Blues und Rhythm & Blues. Anschließend gehörte Long John Baldry zu CYRIL DAVIES und seinen ALL STARS. Und als Davies 1964 starb, übernahm Baldry die Band und taufte sie in HOOCHIE COOCHIE MEN um. Er holte sich auch einen neuen zweiten Sänger, der heute selbst zu den internationalen Stars gehört: ROD STEWART. 1965 formierten die beiden eine neue Band namens STEAMPACKET; Gründungsmitglieder waren auch → JULIE DRISCOLL, → BRIAN AUGER, VIC BRIGGS und MIKE WALLER. Ein Jahr später gab's wieder eine neue Baldry-Band, die BLUESOLOGY. Weitere Mitglieder dieser Formation waren ELTON DEAN und ein ganz unbekannter dicklicher junger Mann namens REG DWIGHT, der heute unter seinem Künstlernamen → ELTON JOHN zu den internationalen Megastars gehört. Den Nachnamen John gab er sich übrigens aus Verehrung für Long John Baldry, den Vornamen Elton aus Verehrung für den Saxophonisten Elton Dean.

1967 hatte Baldry dann allerdings die Nase voll: Seit Jahren sang er sich mit seinem hinreißenden R & B fast die Kehle aus dem Leib, gründete eine Superformation nach der anderen, lieferte vorzügliche Alben ab – aber Geld verdiente er keines. Der Kern seiner Fans war zwar fein, aber leider auch ziemlich klein. Also ging der Bluessänger ins Studio und nahm eine zu Herzen gehende Edelschnulze auf: *Let the heartaches begin*. Das Lied wurde ein Bestseller. Leider konnte Baldry diesen Erfolg nicht mehr wiederholen. Und seine Blues-Fans waren über diesen unverzeihlichen »Ausrutscher« mehr als nur sauer. Obwohl Baldry auch in den 70er Jahren hervorragende Alben wie *It ain't easy*

(1971) veröffentlichte, gelang ihm kein großes Comebak mehr.

Jahr	Titel	USA	UK	D
1967	Let the beartaches begin		1	
1968	Mexico		15	
1969	It's too late now		21	

Kenny Ball and his Jazz Band

Kenneth Daniel Ball, geb. 22. 5. 1931 in Ilford, Essex/England, tp, voc

Diese Formation, bestehend aus Trompete, Trombone, Klarinette, Piano, Schlagzeug und Banjo, machte mit traditionellem Dixieland Anfang der 60er Jahre weltweit Karriere. Zunächst betrieb Kenny Ball das Trompetespielen nur nebenbei. Er arbeitete als Verkäufer und in einer Werbeagentur. Doch ab 1954, mit 23 Jahren, widmete er sich ganz der Musik. Er spielte in diversen Bands, trat bei Festivals und im Fernsehen auf. Ende 1958 stellte er seine eigene Combo auf die Beine, reiste mit ihr erfolgreich durch die Lande, darunter waren auch Auftritte in Deutschland, bis er die Aufmerksamkeit von → Lonnie Donegan erregte, der ihm einen Plattenvertrag beschaffte. 1961 veröffentlichte Kenny Ball mit seiner Jazz-Band die erste Single *Samantha*, gleich darauf anschließend folgte sein Millionenseller *Midnight in Moscow*. Im Original stammt diese Melodie aus Rußland und heißt »Padmeskoveeye Vietchera«. Kenny Ball schrieb dafür ein neues Arrangement und hatte damit einen weltweiten Hit.

Jahr	Titel	USA	UK	D
1961	Samantha		13	
1961	Midnight in Moscow	2	2	29
1962	The march of the Siamese Children		4	
1962	The green leaves of summer		7	
1962	So do I		14	
1963	Sukiyaki		10	

Hank Ballard

geb. 18. 11. 1936 in Detroit, Michigan/USA, voc

Der farbige Interpret und Songschreiber wurde Anfang der 50er Jahre von Johnny Otis entdeckt. Kurz danach schloß er sich einer Band namens The Royals an, die sich bald in The Midnighters umbenannte. 1954 nahm die Gruppe den Ballard-Song *Work with me, Annie* auf, der einer der ersten Songs mit eindeutig sexuellem Inhalt war. Natürlich wurde der Song von den Radio-Stationen nicht gespielt, aber in den Plattengeschäften entwickelte er sich zum Millionenseller. Genauso wie die beiden nächsten Midnighters-Singles *Sexy ways* (aus der Feder von Hank Ballard) und *Annie had a baby* (aus der Feder von Henry Glover), die ebenfalls beide 1954 erschienen. Ende 1958 trennte sich Hank von den Midnighters und begann eine Solo-

Karriere. 1959 schrieb er sich ein Lied namens *The twist*, das auf der B-Seite seiner Single *Teardrops on your letter* erschien. *The twist* wurde der Renner schlechthin, vor allen Dingen ab 1960, nachdem ihn → Chubby Checker mit seiner Version zum internationalen Millionenseller gemacht hatte. Auch 1960 war Hank Ballard weiter erfolgreich mit Titeln wie *Finger poppin' time* und *Let's go, let's go, let's go*. Danach schwand allmählich sein Erfolg, und heute lebt Hank Ballard in Miami, Florida, wo er immer noch neue Songs schreibt und ab und zu in Rock'n'Roll-Shows auftritt.

Jahr	*Titel*	*USA*	*UK*	*D*
1960	Finger poppin' time	7		
1960	The twist	28		
1960	Let's go, let's go, let's go	6		

Russ Ballard

geb. 31. 10. 1947 in England, voc, g

Der gutaussehende Künstler ist Sänger, Produzent, Gitarrist und vor allen Dingen Songwriter. Er begann seine Karriere Anfang der 60er Jahre bei den Roulettes, der Begleitband vom damaligen Star → Adam Faith. Dann wechselte er zu → Unit Four Plus Two, die 1965 den Hit *Concrete and clay* gehabt hatte. Nächste Station war dann 1969 die Gruppe → Argent, die er zusammen mit Rod Argent gründete und für die er einen Großteil der Lieder schrieb, so auch den Bestseller *Hold your head up*. Dann wurden andere Interpreten auf ihn aufmerksam, und Russ versorgte sie fleißig mit Hits: → Three Dog Night mit *Liar*, America mit *You can do magic*, Frida von Abba mit *There is something going on*, → Santana mit *Nowhere to run*. Für ebenso viele Stars fungierte Ballard auch als begehrter Produzent und Studiomusiker. Seine eigenen, perfekt gemachten Alben verkauften sich zwar immer recht gut, der ganz große Durchbruch blieb ihm aber bis heute versagt.

The Band

Jaime Robbie Robertson, geb. 5. 7. 1944 in Toronto/Kanada, g
Richard Manuel, geb. 3. 4. 1943 in Ontario/Kanada, keyb
Rick Danko, geb. 9. 12. 1943 in Ontario/Kanada, b
Garth Hudson, geb. 2. 8. 1937 in Ontario/Kanada, keyb
Levon Helm, geb. 26. 5. 1943 in Marvell, Arkansas/USA, dr

Die Band verdankt ihr Entstehen dem amerikanischen Rock'n'Roll-Star Ronnie Hawkins. Er fuhr 1960 zu Auftritten nach Kanada und stellte dort eine Begleitband aus kanadischen Musikern, die sich für amerikanische Country-Musik interessierten, zusammen. Levon Helm war ein alter Freund von Hawkins, sie stammen beide aus Arkansas, und folgte ihm als Trommler nach Kanada. Die Gruppe nannte sich Levon & The Hawks, war jahrelang Hawkins Begleitband und absolvierte auch diverse Soloauftritte. 1965 bekamen sie bei einem

Auftritt in Atlantic City das Angebot von → Bob Dylan, künftig als seine Begleitband zu fungieren. Sie nahmen natürlich an. Dann hatte Bob Dylan seinen Motorradunfall und zog sich zur Regenerierung nach Woodstock zurück. Die Gruppe folgte ihm und nahm mit ihm in Woodstock in dem berühmten Pink House zwei Alben auf: Dylans berühmte *Basement tapes*, die erst 1975 veröffentlicht wurden, und das eigene Album *Music from the big pink*, das im Herbst 1968 herauskam und mit *The weight* den ersten Single-Hit der Formation enthielt. Inzwischen nannten sie sich bereits The Band. Auch die folgenden Alben *The Band* (1969), *Stage Fright* (1970), *Cahoots* (1971) zeigten das große Potential dieser Formation. Die besten teils melodiösen Lieder mit traditionellem Folklore-Einschlag stammten fast alle aus der Feder von Robbie Robertson, von dem auch der → Joan-Baez-Bestseller *The night they drove old dixie down* stammte. Als sich Bob Dylan 1968 wieder erholt hatte, ging die Band mit ihm wie früher auf Tournee und ins Studio, spielte mit ihm 1969 beim umjubelten Auftritt auf der Isle of Wight und auf der ebenso erfolgreichen USA-Tournee 1974, die später auf dem Live-Album *Before the flood* verewigt wurde. Die drei nächsten Band-LPs waren 1972 *Rock of ages*, 1973 *Moondog matinee* und 1975 *Northern lights – Southern cross*, Alben, die die Formation immer noch in Höchstform zeigten. Doch am Erntedankfest des Jahres 1976 gab The Band im Winterland in San Francisco ihr spektakuläres Abschiedskonzert. Die Mitglieder zogen es vor, sich lieber ihren Familien zu widmen und weniger aufreibende Berufe auszuüben. Robbie Robertson z. B. produzierte 1976 ein Album für → Neil Diamond.

Jahr	*Titel*	*USA*	*UK*	*D*
1968	The weight		21	
1969	Up on cripple creek	25		
1970	Rag, Mama, rag		16	

Bar-Kays

James King, geb. in Memphis, Tennessee/USA, g, gest. 10. 12. 1967
Ronald Caldwell, geb. in Memphis, Tennessee/USA, keyb, gest. 10. 12. 1967
Phalon Jones, geb. in Memphis, Tennessee/USA, sax, gest. 10. 12. 1967
Carl Cunningham, geb. in Memphis, Tennessee/USA, tp, gest. 10. 12. 1967
James Alexander, geb. in Memphis, Tennessee/USA, tp
Benjamin Cauley, geb. in Memphis, Tennessee/USA, tp

Die Geschichte der originalen Bar-Kays gehört zu den traurigen der Musikgeschichte. Die sechs farbigen Mitglieder taten sich Mitte der 60er Jahre in ihrer Heimatstadt Memphis zusammen, um Musik zu machen. Alle sechs waren noch Teenager, alle waren sie vom Gospel beeinflußt, und so war es nur natürlich, daß sie sich im ortsansässigen Stax-Studio, dem führenden Studio für echte schwarze Musik, bewarben. Sie wurden zunächst Sessionmusiker, bekamen dann einen Plattenvertrag und veröffentlichten 1967 die Single *Soul finger*, die ein Hit wurde. Der Soul-Star → Otis Redding wurde auf sie aufmerksam und erkor sie zu seiner Begleitband für seine Winter-Tournee des Jahres 1967/68. Auch am 10. Dezember 1967 bestiegen

sie zusammen mit Otis Redding ein Flugzeug, um zum nächsten Auftrittsort zu kommen. Lediglich James Alexander wollte eine spätere Maschine nehmen. Das rettete ihn das Leben, denn die Chartermaschine stürzte bei dichtem Nebel in den Monona-See. Einziger Überlebender war Benjamin Cauley, der sich aus eigener Kraft aus den Trümmern befreien konnte.
1968 beschlossen Alexander und Cauley, eine neue Gruppe namens The Bar-Kays ins Leben zu rufen. Die weiteren Mitglieder waren Harvey Henderson (ts), Barry Wilkins (g), Willie Hall (dr), Winston Stewart (org) und Larry Dotson (voc). Die Gruppe wurde zur Begleitband vieler anderer Stax-Künstler, darunter auch → Isaac Hayes. Mit ihm spielten sie die LPs *Hot buttered soul*, *Isaac Hayes movement*, *To be continued* und den Millionenseller *Shaft* für den gleichnamigen Film mit Richard Roundtree ein. Heute gehören die »neuen« Bar-Kays zu den führenden Studio-Musikern in Memphis.

Jahr	*Titel*	*USA*	*UK*	*D*
1967	Soul finger	17	33	
1976	Shake your rump to the Funk	23	41	

Len Barry

Leonard Borisoff, geb. 12. 6. 1942 in Philadelphia, Pennsylvania/USA, voc

Als Kind war Len Barry sehr sportbegeistert und wollte eigentlich professioneller Baseballspieler werden. Doch dann kam er zur Army, sang mit diversen Armeebands und hatte damit so viel Erfolg, daß er nach seiner Entlassung 1960 beim Singen blieb. Nach seiner Heimkehr tat er sich mit ein paar Freunden zusammen und gründete → The Dovells, die mit Songs wie *Bristol stomp* und *You can't sit down* zwischen 1961 und 1963 etliche Hits zu verzeichnen hatten. 1965 beschritt Len Barry, der große Blonde mit den blauen Augen, Solopfade. Seine erste Single *Lip sync* war zwar noch kein Hit, aber die zweite, *1-2-3*, wurde ein Millionenseller. 1966 fing der Erfolg des Sängers zu verblassen an. Heute lebt Len Barry in einem Vorort von Philadelphia und arbeitet als Barkeeper.

Jahr	*Titel*	*USA*	*UK*	*D*
1965	1-2-3	2	3	38
1966	Like a baby	27	10	

Fontella Bass

geb. 3. 7. 1940 in St. Louis, Missouri/USA, voc

Auch Fontella Bass gehört zu den farbigen Interpreten, die über den Kirchenchor zu Starruhm kamen. Sie stammt aus einer musikalischen Familie. Ihre Mutter war Mitglied des berühmten Clara Ward Gospel Chores. Klein-Fontella spielte bereits im zarten Alter von fünf Jahren Klavier im Kirchenchor von St. Louis und sang auch kräftig dazu. Nach ihrem College-Abschluß war sie sowohl Chefin dieses Chors als auch dessen Pianistin und Organistin. In dieser Kirche wurde sie 1960 vom Blues-Star

Little Milton gehört und von ihm sofort als Pianistin für seine Band engagiert. Nach ein paar Jahren war sie auch Sängerin dieser Band. 1964 verschaffte ihr Mentor Little Milton auch einen Plattenvertrag. Zusammen mit dem Sänger Bobby McClure nahm sie die Songs *Don't mess up a good thing* und *You'll miss me* auf, die beim farbigen Publikum sehr gut ankamen. Den Durchbruch schaffte die farbige Sängerin dann 1965 mit dem R & B-Millionenseller *Rescue me*. Später wendete sich Fontella Bass mehr dem Jazz zu, schließlich ist sie auch mit dem Jazz-Trompeter Lester Bowie verheiratet.

Jahr	*Titel*	*USA*	*UK*	*D*
1965	Rescue me	4	11	
1966	Recovery	37	32	

Shirley Bassey Foto: Liberty

Shirley Bassey

geb. 8. 1. 1937 in Tiger Bay, Cardiff, Wales/England, voc

Die ungemein attraktive, dunkelhäutige Shirley Bassey war das jüngste von sieben Geschwistern. Ihr Vater starb, als sie zwei Jahre alt war. Schon früh begann sie auf Partys und bei kleinen öffentlichen Veranstaltungen zu singen. Um Geld zu verdienen, arbeitete sie in einer Emaille-Fabrik. 1955, mit 18 Jahren, wurde sie Mitglied eines Ensembles, das mit der Show »Memories of Al Jolson« durch England zog. Dabei wurde sie entdeckt, erhielt einen Plattenvertrag und hatte 1957 mit dem *Banana boat song* ihren ersten Bestseller. In Amerika war ja Harry Belafonte mit diesem Lied erfolgreich. Von da an war Shirley Bassey bis Mitte der 70er Jahre ein permanenter Gast in den Hitparaden. Gleichzeitig machte sie sich mit ständigen Auftritten in Las Vegas oder Hollywood einen großen Namen als Entertainerin. Ihren größten Hit hatte sie 1964 mit *Goldfinger*, dem Titelsong des gleichnamigen James-Bond-Filmes mit Sean Connery in der Hauptrolle. Auch heute noch sorgt der Name Shirley Bassey in aller Welt für ausverkaufte Häuser. 1987 holte das Schweizer Duo Yello (Boris Blank und Dieter Meier) Shirley Bassey ins Studio und machte mit ihr (ähnlich den Pet Shop Boys und → Dusty Springfield in *What have I done to deserve this*) den Soft-Song *The rhythm divine*.

Jahr	*Titel*	*USA*	*UK*	*D*
1957	Banana boat song		8	
1958	Kiss me honey, hones, kiss me		3	
1959	As I love you		1	
1960	As long as he needs me		2	
1961	You'll never know		6	
1961	Reach for the stars/ Climb ev'ry mountain		1	
1961	I'll get by		10	
1962	What now my love		5	
1963	I (Who have nothing)		6	
1964	Goldfinger	8	21	8
1970	Something		4	
1971	For all we know		6	
1973	Never never never		8	48
1987	The rhythm divine (mit Yello)		54	47

B. Bumble And The Stingers

William »Billy« Bumble, geb. in Ada, Oklahoma/USA, g
Ron Brady, geb. in Kalifornien/USA, dr
Red Richard, geb. in Kalifornien/USA, p

Billy Bumble begann seine musikalische Karriere in der Band seines älteren Bruders. Mit der spielte er vor allen Dingen bei Tanzveranstaltungen der Highschool. 1960 rief er sein eigenes Trio ins Leben und bekam kurz danach einen Plattenvertrag. *Bumble boogie* hieß 1961 sein erster Instrumentalhit, sein größter war 1962 Ken Fowleys *Nut rocker*. Mit einer Wiederveröffentlichung des *Nut rocker* konnten sich B. Bumble And The Stingers 1972 abermals in den UK-Charts plazieren.

Jahr	*Titel*	*USA*	*UK*	*D*
1961	Bumble boogie	21		
1962	Nut rocker	23	1	
1972	Nut rocker		19	

Beach Boys

Carl Wilson, geb. 21. 12. 1946 in Hawthorne, Kalifornien/USA, g, voc
Brian Wilson, geb. 20. 6. 1942 in Hawthorne, Kalifornien/USA, key, b, voc
Dennis Wilson, geb. 4. 12. 1944 in Hawthorne, Kalifornien/USA, dr, voc, gest. 28. 12. 1983
Mike Love, geb. 15. 3. 1941 in Hawthorne, Kalifornien/USA, voc, s
David Marks, g, 1963, ersetzt durch Al Jardine, geb. 3. 9. 1942 in Hawthorne, Kalifornien/USA, g

Es waren einmal ein paar sonnige, kalifornische Knaben: die drei Brüder Carl, Dennis und Brian Wilson, ihr Cousin Mike Love und der Nachbarssohn David Marks. Die fünf spielten auf der Highschool in Gruppen wie Carl And The Passions und Kenny And The Cadets die üblichen Tageshits nach. Doch das war ihnen auf die Dauer zu wenig, sie wollten einen eigenen Song über den kalifornischen Lieblingssport, das Surfen, machen. Also setzte sich Mike Wilson hin, schrieb das Lied namens *Surfin*. Vater

Wilson, ein Gelegenheitskomponist, besorgte den Plattenvertrag dafür, das Quintett nahm das Lied auf – und damit begann eine musikalische Karriere, die bis heute noch nicht zu Ende ist. Nach dem ersten Erfolg von *Surfin* im Jahr 1963 mußte David Marks gehen, und für ihn kam Al Jardine. Und ab der zweiten Single *Surfin safari* profilierte sich Brian Wilson als künftiger Songwriter der Gruppe. Von 1963 bis 1965 ließ er sich einen schier endlosen Strom an freundlich-fröhlichen, unkomplizierten Wellenreiter-Songs einfallen (auch wenn er sich z. B. bei *Surfin' USA* mehr als nur ein wenig an → Chuck Berrys *Sweet little sixteen* anlehnte).
Auch andere profitierten von seinem Surfer-Einfallsreichtum: für → Jan & Dean verfaßte er 1963 den Nr.-1-Hit *Surf City*. Doch der große Erfolg und das ständige Touren war für den sensiblen Brian zu viel, er bekam 1965 einen Nervenzusammenbruch und überließ seinen Platz auf der Bühne Bruce Johnston. Brian wollte den Sound seiner Band künftig anspruchsvoller gestalten, Beispiele dafür waren Songs wie *Good vibrations*, das in mühevoller Kleinarbeit in sechs Monaten aufgenommen wurde, und *Heroes and villains*. Doch Ende der 60er Jahre hatte sich der Musikgeschmack gewandelt, Flower-Power und Psychedelic waren in, die Beach Boys waren zunächst einmal out. Doch Mitte der 70er Jahre hatte sich die Gruppe wieder einigermaßen gefangen und begann abermals in den Hitparaden aufzutauchen. 1983 traf die Formation ein schwerer Schlag: Dennis Wilson, der einzige Surfer und Sonnyboy der Gruppe, der bereits seit längerer Zeit an Depressionen litt, kam vom Schwimmen nicht mehr zurück. Trotzdem veröffentlichen die kalifornischen Strandjungs bis heute immer wieder hörenswerte Songs und Alben. 1989 waren sie mit einer Neuveröffentlichung ihrer 64er-Songs *Don't worry, Baby* in den Hitparaden zu finden, den sie zusammen mit den → Everly Brothers aufgenommen hatten, und mit *Kokomo*, einem Lied aus dem Soundtrack des Films *Cocktail*.

Jahr	*Titel*	*USA*	*UK*	*D*
1962	Surfin' safari	14	34	
1963	Surfin' U.S.A.	3		
1963	Surfer girl	7		
1963	Little deuce coupe	15		
1963	Be true to your school	6		
1964	Fun, fun, fun	5		49
1964	I get around	1	7	38
1964	When I grow up (To be a man)	9	27	
1964	Dance, dance, dance	8	24	
1965	Do you wanna dance	12		
1965	Help me, Rhonda	1	27	10
1965	California girls	3	26	
1965	The little girl I once knew	20		
1966	Barbara Ann	2	3	2
1966	Sloop John B	3	2	1
1966	Wouldn't it be nice	8		
1966	God only knows	39	2	22
1966	Good vibrations	1	1	8
1967	Then I kissed her		4	
1967	Heroes and villains	12	8	34
1968	Darlin'	19	11	
1968	Do it again	20	1	4
1969	I can hear music	24	10	13
1969	Break away		6	29
1970	Cottonfields		5	
1976	Good vibrations		18	
1976	Rock and roll music	5	36	
1979	Lady Lynda		6	

Jahr	*Titel*	*USA*	*UK*	*D*
1981	The Beach Boys medley	12	47	
1981	Come go with me	18		

The Beatles

→ JOHN WINSTON LENNON, geb. 9. 10. 1940 in Liverpool/England, voc, g, gest. 8. 12. 1980 in New York, N.Y./USA
JAMES PAUL MCCARTNEY, geb. 18. 6. 1942 in Liverpool/England, voc, g
GEORGE HARRISON, geb. 25. 2. 1943 in Liverpool/England, voc, g
PETE BEST, dr, ersetzt 1962 durch RICHARD STARKEY »RINGO STARR«, geb. 7. 7. 1940 in Liverpool/England, dr, voc
STUART SUTCLIFF, g, gest. 10. 4. 1962 in Hamburg

Die berühmten vier aus Liverpool sind die einflußreichste Band, die die Popmusik jemals hervorgebracht hat. Ihr Einfluß war und ist so gewaltig, daß man die Popmusik-Geschichte in die Vor-Beatles-Zeit und Nach-Beatles-Zeit einteilt. Selbst heute in den 80er Jahren, fast 20 Jahre nach ihrer Auflösung, werden noch ganze Legionen von Bands von den musikalischen Stilrichtungen, die die Beatles geprägt haben, und den von ihnen entwickelten Produktionstechniken beeinflußt.
Begonnen hatte alles 1955, als John Lennon, beeinflußt durch den Skiffle-Star → LONNIE DONEGAN, eine Skiffle-Gruppe namens THE QUARRYMEN gründete. 1956 kam sein Schulfreund Paul McCartney und 1957 George Harrison dazu. Später wechselte das Trio dann praktisch bei jedem Auftritt den Namen, je nach Stimmung, und darunter waren so phantasievolle Namen wie JOHNNY & THE MOON DOGS, THE MOONSHINERS, LONG JOHN & THE SILVER BEATLES. 1960 blieb es dann zunächst bei SILVER BEATLES, mit von der Partie waren dabei der Trommler Pete Best und der Gitarrist Stu Sutcliff. Unter diesem Namen machte sich das Quintett sowohl in der Gegend von Liverpool als auch bei ihren ausgedehnten Trips ins deutsche Hamburg einen ausgezeichneten Namen als Beat-Band.
In Hamburg lernten sie auch den Trommler Ringo Starr kennen, der damals bei der Band RORY STORM AND THE HURRICANS die Stöcke schwang. Ab 1962 gehörte Ringo ganz zur Band und ersetzte den ewig kränkelnden Pete Best. (Sutcliff war bereits ein Jahr vorher ausgestiegen, weil er in Hamburg ein Mädchen kennengelernt hatte und bei ihr bleiben wollte. Er starb 1962 an einem Gehirntumor.) Damit war das Quartett komplett, das unter dem Namen The Beatles die Welt erobern sollte. Eine große Rolle spielte bei diesem Vorhaben ihr Manager BRIAN EPSTEIN, der aus den etwas schmuddeligen Silver Beatles die fröhlichen und sauberen Pilzköpfe machte und der ihnen mit viel Geduld einen Plattenvertrag verschaffte, denn zunächst wollte die Vier keiner haben. Aber bereits mit der ersten Single *Love me do* wurde etwas ausgelöst, das später als Beatle-Mania in die Geschichte der Popmusik eingehen sollte.
Ab 1964 eroberten die Beatles auch Amerika und lösten etwas aus, das man anschließend als »Britische Invasion« bezeichnete: Auch andere Bands und Interpreten der britischen Insel wurden plötzlich zu Top-Stars in USA. Ende

1963 kam mit *I want to hold your hand* die erste Beatles-Single in USA heraus. Ende April 1964 hatten sich die Vier bereits mit sage und schreibe 15 Singles in den US-Charts plazieren können. Zu dieser Zeit stammten 60 Prozent aller Singles, die in USA verkauft wurden, von den Beatles. Durchschnittlich gingen pro Monat 2,5 Millionen Stück über den Ladentisch. Ab 1964 gingen die Beatles auch ins Filmgeschäft. *A hard day's night*, *Help* und *Let it be* hießen die ungemein erfolgreichen Streifen; ebenso erfolgreich war auch der Beatles-Zeichentrick-Film *Yellow submarine*.

Mitte der 60er Jahre fing das Songwriter-Team Lennon/McCartney an, den Sound der Gruppe zu verändern, anspruchsvoller, aussagekräftiger zu machen. Ihre Produktionstechniken wurden so kompliziert, daß die Beatles am 29. August 1966 in San Francisco ihr letztes Konzert gaben, da sie künftig nicht mehr imstande waren, den Sound der LPs auf der Bühne zu reproduzieren. Krönung dieser neuen Produktionstechniken war 1967 das wegweisende Album *Sergeant Pepper's lonely hearts club band*, das eine höchst artifizielle Mischung aus Klassik und Rock'n'Roll bot. 1967 traf sie aber auch ein schwerer Schlag: Ihr langjähriger Manager Brian Epstein starb. Die Beatles nahmen ihr Management selbst in die Hand – ziemlich erfolglos. Sie drehten den Film *Magical mystery tour* fürs Fernsehen – er wurde ein Flop. Drogenprobleme wurden publik, die berühmten Vier gerieten immer häufiger mit der Polizei in Konflikt. Nach einem seelenstärkenden Meditationsaufenthalt in Indien schienen sie dann zunächst wieder zu ihrer alten Form zurückgefunden zu haben, doch Gerüchte über eine Auflösung dieser weltberühmten Band wurden immer lauter. George Harrison wollte gerne mehr an den Liedern mitschreiben, LINDA MCCARTNEY und John Lennons Neuerwerbung YOKO ONO konnten sich nicht ausstehen, auch die anderen waren von der vehementen Einmischung der exzentrischen Japanerin nicht gerade begeistert, und Paul und John gerieten sich immer häufiger aus »künstlerischen« Motiven in die Haare. 1970 erschien *Let it be*, das letzte gemeinsame Album der Beatles, am 11. April 1970 trennte sich das Quartett. Alle vier schlugen in den 70er Jahren erfolgreiche Solokarrieren ein. Doch Gerüchte über eine mögliche Wiedervereinigung hielten sich hartnäkkig, bis am 8. Dezember 1980 der geistesgestörte MARK DAVID vor dem Dakota-Haus in New York John Lennon niederschoß.

(Anmerkung zur Hitparaden-Auflistung: Das Jahr bezeichnet das Veröffentlichungsjahr in England. Die ersten Singles sind in Amerika und Deutschland teilweise erst ein Jahr später in die Charts gekommen, was nicht extra vermerkt wird, da sonst die Aufstellung zu lang ist.)

Jahr	*Titel*	*USA*	*UK*	*D*
1962	Love me do	1	17	
1963	Please please me	3	2	20
1963	From me to you		1	
1963	She loves you	1	1	7
1963	Twist and shout	2		10
1963	I want to hold your hand	1	1	1
1964	I saw her standing there	14		
1964	Komm, gib mir deine Hand			5
1964	Sie liebt dich			7
1964	Can't buy me love	1	1	24

Jahr	*Titel*	*USA*	*UK*	*D*
1964	Do you want to know a secret	2		34
1964	P.S. I love you	10		
1964	A hard day's night	1	1	2
1964	Ain't she sweet	19		
1964	And I love her	12		
1964	Matchbox	17		
1964	Long tall Sally			7
1964	I should have known better			6
1964	I feel fine	1	1	3
1964	She's a woman	4		
1965	Rock and roll music			2
1965	Ticket to ride	1	1	2
1965	Eight days a week	1		7
1965	No reply			11
1965	Help	1	1	2
1965	Kansas City			18
1965	Day tripper	5	1	
1965	We can work it out	1	1	2
1965	Yesterday	1		6
1966	Michelle			6
1966	Nowhere Man	3		3
1966	Paperback writer	1	1	1
1966	Yellow submarine	2	1	1
1966	Eleanor Rigby	11	1	
1967	Penny Lane	1	2	1
1967	Strawberry fields forever	8	1	
1967	All you need is love	1	1	1
1967	Hello, goodbye	1	1	1
1968	Lady Madonna	4	1	2
1968	Hey, Jude	1	1	1
1968	Revolution	12		
1969	Ob-la-di, ob-la-da			1
1969	Get back	1	1	1
1969	The ballad of John and Yoko	8	1	1
1969	Something	1	1	10
1969	Come together	1	1	3
1970	Let it be	1	2	2
1970	The long and winding road	1		
1976	Got to get you into my life	7		
1976	Yesterday (Re-release)		8	
1976	Hey, Jude (Re-release)		12	
1976	Back in the U.S.S.R.		19	
1982	Beatles-movie-medley	12	10	
1982	Love me do (Re-release)		4	

The Beau Brummels

RONALD CHARLES ELLIOTT, geb. 21. 10. 1943 in Healdsburgh, Kalifornien/USA, g
RONALD MEAGHER, geb. 2. 10. 1941 in Oakland, Kalifornien/USA, b
JOHN LOUIS PETERSON, geb. 8. 1. 1942 in Rudyard, Michigan/USA, dr
SALVATORE WILLARD SPANPINATO »SAL VALENTINO«, geb. 8. 9. 1942 in San Francisco, Kalifornien/USA, voc
DECLAN MULLIGAN, geb. in County Tipperary/Irland, g

Die Gruppe war als amerikanische Antwort auf die »Englische Invasion« gedacht und erfüllte diesen Zweck auch ein Jahr lang zu aller Zufriedenheit. Leadsänger war Salvatore Spanpinato. Von Kindheit an war sein Traum gewesen, Sänger zu werden, und deshalb legte er auch seinen zungenbrecherischen Namen ab und nannte sich nur noch kurz Sal Valentino. Eine Zeitlang war er Mitglied in diversen Gruppen, die alle in San Francisco ansässig waren und dort auch des öfteren im Fernsehen auftraten. Dann tat er sich im Sommer 1964 mit seinem Schulfreund Ron Elliott zusammen und gründete die Beau Brummels. Ein Discjockey namens Tom Donahue hörte die Band, und da er gerade vorhatte, eine eigene Plattenfirma zu gründen, nahm er die fünf Jungs kurzentschlossen unter Vertrag. Mit einem Herrn namens Sylvester Stewart, der später als → Sly Stone in die Popmusikgeschichte eingehen sollte, produzierte er *Laugh, laugh*, die erste Single der Beau Brummels, die prompt ein Hit wurde. Nach dieser Aufnahme mußte der Gitarrist Dec Mulligan wegen arbeitsrechtlicher Schwierigkeiten gehen, und die Formation machte als Quartett weiter. Doch bereits 1966 war der Stern der Beau Brummels wieder erloschen.

Jahr	*Titel*	*USA*	*UK*	*D*
1965	Laugh, laugh	15		
1965	Just a little	8		
1965	You tell me why	38		

Gilbert Bécaud

geb. 24. 10. 1927 in Toulon/Frankreich, voc, g

»Monsieur 100000 Volt« gehört zu den Songschreibern und Interpreten, deren Lieder fast jeder kennt, auch wenn sie nur selten auf den vordersten Plätzen der internationalen Hitparaden zu finden waren. Der französische Chansonnier mit dem überwältigenden Temperament besuchte das Konservatorium, ehe er 1942 mit seinen Eltern nach Paris zog. Zunächst arbeitete er als Klavierbegleiter von Jacques Pills, bis er dann anfing, selbst zu komponieren und ab 1953 auch selbst zu singen. Zu seinen berühmtesten Liedern gehören *Et maintenant*, *Nathalie* und *L'important c'est la rose*. Die Sängerin → Dalida hatte 1959 in Deutschland einen Nr.-1-Hit mit dem Bécaud-Lied *Am Tag, als der Regen kam*. Den Spitznamen »Monsieur 100000 Volt« erhielt er wegen seiner hervorragenden Bühnen-Shows.

Jahr	*Titel*	*USA*	*UK*	*D*
1965	Nathalie			17
1975	A little love and understanding		10	

Jeff Beck

geb. 24. 6. 1944 in Surrey/England, g, voc

Jeff Beck wurde einst als weltbester Gitarrist gehandelt, doch in den letzten Jahren tat er eigentlich fast alles, um diesen Ruf zu zerstören. Er studierte auf der Kunstakademie in Wimbledon und gehörte einer halbprofessionellen Band namens The Tridents an, ehe er 1965 → Eric Clapton bei den → Yardbirds ersetzte. Bis 1966 gehörte er den Yardbirds an, und in dieser Zeit erspielte er sich seine hervorragende Reputation als Gitarrist. 1966 verließ Jeff Beck die Top-Formation und versuchte es als Solist. Drei völlig untypische Singles veröffentlichte er mit *Hi-ho silver lining*, das sowohl 1967 als auch 1972 ein Hit wurde, *Tallyman*, das lediglich Platz 30 er-

Jeff Beck Foto: CBS

reichte, und *Love is blue*, das 1968 zumindest bis Rang 23 kam. Dann machte sich Jeff Beck ans Gruppengründen, und das blieb bis heute offensichtlich seine Lieblingsbeschäftigung. Die erste war die Jeff Beck Group, zu der als Sänger Rod Stewart, als Bassist Ron Wood, als Trommler Mick Waller und als Pianist Nicky Hopkins gehörten. Die Formation spielte bluesigen Hard-Rock, und das, was Rod Stewart und Jeff Beck zusammen schufen, kann man nur mit dem vergleichen, was später Jimmy Page und Robert Plant bei → Led Zeppelin vollbrachten.

1969 löste sich die Gruppe durch Becks Unzuverlässigkeit auf, und Wood und Stewart gingen zu den Faces. Der nächsten Gruppengründung mit Tim Bogert (bs) und Carmine Appice (dr) stand erst einmal ein Unfall entgegen, den der Autofan Beck verursachte und der ihn für fast zwei Jahre außer Gefecht setzte. 1971 rief Jeff Beck eine neue Jeff Beck Group ins Leben, die er aber nach zwei für ihn unbefriedigenden Alben wieder auflöste. Dann folgte 1973 seine Traumformation Beck, Bogert, Appice. Doch was das Trio fabrizierte, war alles andere als traumhaft, es zerbrach. Bis 1984 spielte Jeff Beck dann so herum, machte mit wechselnden Musikern eine Reihe ziemlich schlechter Alben und war dabei, mit Akribie seinen Ruf zu ruinieren, bis er dann 1984 mit dem Soloalbum *Flash* und dem Trio The Honeydrippers wieder Hervorragendes aufnahm. Zu den Honeydrippers gehörten – außer Jeff Beck – Robert Plant und Jimmy Page von Led Zeppelin. Ihre LP und die Single *Sea of love*, eine Cover-Version des 59er Hits von Phil Phillips, wurden Millionenseller.

Jahr	*Titel*	*USA*	*UK*	*D*
1967	Hi-ho silver lining		14	
1972	Hi-ho silver lining		17	

The Bee Gees

Barry Gibb, geb. 1. 9. 1946 auf der Isle of Man/England, voc, g
Robin Gibb, geb. 22. 12. 1949 in Manchester/England, voc
Maurice gibb, geb. 22. 12. 1949 in Manchester/England, voc, g

Die weltberühmten Brüder begannen ihre musikalische Karriere praktisch schon in den Windeln. Bereits Mitte der

Bee Gees Foto: Archiv

50er Jahre waren sie in ihrer Heimatstadt Manchester unter dem Namen The Blue Cats die Stars diverser Talentshows. 1958 beschloß ihr Vater, ein Bandleader, sein Glück in Australien zu versuchen, und wanderte mit der ganzen Familie nach Brisbane aus. Auch im »Land down under« machten die drei Brüder Musik, nannten sich fortan Bee Gees (die Anfangsbuchstaben von Brothers Gibb) und hatten nach kurzer Zeit bereits soviel Erfolg, daß sie eine eigene Fernseh-Show bekamen. Ihre sanftschmeichelnden Melodien, die sie alle selbst schrieben, und ihr unverwechselbarer Falsettgesang katapultierten fast alle Veröffentlichungen auf Platz 1 der australischen Hitparaden. 1965 und 1966 wurde das Trio sogar mit dem Award als »Australiens beste Gruppe des Jahres« ausgezeichnet. Dann machten sich die Bee Gees auf, den Rest der Welt zu erobern.

Mit der ersten Single *Spicks and specks* klappte es noch nicht so ganz, aber bereits die zweite *New York mining disaster 1941* wurde ein internationaler Millionenseller – der erste von sehr, sehr vielen. Zunächst waren sie von 1967 bis 1971 ständig auf den oberen Plätzen der internationalen Hitparaden zu finden. Dann gab's Streit unter den drei Brüdern, und bis 1975 hörte man nicht mehr viel von den Dreien. 1975 meldeten sie sich dann mit dem Superalbum *Main course* zurück, in dem sie den damals aktuellen Discosound perfektionierten, als hätten sie nie etwas anderes getan. Für den Disco-Film *Saturday night fever* mit John Travolta in der Hauptrolle ließen sie sich 1977 die Millionenseller *Night fever* und *Stayin' alive* einfallen. Für den Film *Grease* sang → Frankie Valli von den → Four Seasons 1978 den Bee-Gees-Song *Grease*, der sich millionenfach verkaufte. Von Anfang an hatten die Bee Gees ja erfolgreich auch für andere geschrieben. Die → Ofarims hatten z. B. 1967 in Deutschland einen Nr.-2-Hit gehabt mit dem Bee-Gees-Song *Morning of my life*, 1968 waren die Marbles mit dem Bee-Gees-Song *Only one woman* in England auf Platz 5 gelandet. Ab 1980 setzten die Gebrüder Gibb diese Erfolgssträhne fort: Für → Barbara Streisand schrieben und produzierten sie den Nr.-1-Hit und Millionenseller *Woman in love*, 1982 folgte der Superhit *Heartbreaker* für → Dionne Warwick, 1983 der Millionenerfolg *Islands in the stream* für Dolly Parton und → Kenny Rogers. Zwischendurch war Robin Gibb 1983 auf Solopfaden gewandelt und hatte mit *Juliet* in Deutschland einen Nr.-1-Hit gehabt. Dann wurde es wieder ein paar Jahre still um die kreativen Drei – bis sie 1987 mit dem Album *E.S.P.* und der Single *You win again* ein überwältigendes Comeback feierten.

Jahr	*Titel*	*USA*	*UK*	*D*
1967	New York mining disaster 1941	14	12	10
1967	To love somebody	17	41	19
1967	Holiday	16		
1967	Massachusetts	11	1	1
1967	World		9	1
1968	Words	15	8	1
1968	Jumbo			5
1968	I've gotta get a message to you	8	1	3
1969	I started a joke	6		
1969	First of May	37	6	3
1969	Tomorrow, tomorrow		23	6
1969	Don't forget to remember		2	9
1970	I.O.I.O.		49	6
1970	Lonely days	3	33	24
1971	How can you mend a broken heart	1		
1972	My world	16	16	41
1972	Run to me	16	9	
1975	Jive talkin'	1	5	23
1975	Nights on Broadway	7		17
1976	Fanny	12		42
1976	You should be dancing	1	5	16
1976	Love so right	3	41	38
1977	Boogie child	12		
1977	How deep is your love	1	3	21
1977	Stayin' alive	1	4	2
1978	Night fever	1	1	2
1978	Too much heaven	1	3	10
1979	Tragedy	1	1	2
1979	Love you inside out	1	13	21
1980	Spirits (Having flown)		16	
1987	You win again	1	1	1
1987	E.S.P.		51	13
Robin Gibb				
1969	Saved by the bell		2	5
1970	One million years			14
1970	August October		45	15
1978	Oh! Darling	15		
1983	Juliet			1
1983	Another lonely night in New York		71	16
1984	Boys do fall in love	37		21
Barry Gibb				
1984	Shine, shine	37		45

Peter Beil

geb. 9. 7. 1937 in Hamburg/Deutschland, voc, tp

Peter Beil ist ein »gelernter« Musiker: Er studierte an der Musikhochschule und am Konservatorium und verdiente sich zunächst seinen Unterhalt als Trompeter. Dann kam 1958 ein Auftritt als Sänger in Peter Frankenfelds Talentshow »Toi toi toi« – und Peter Beils Karriere als Solosänger kam ins Rollen. Von 1961 bis 1970 war er immer wieder in der deutschen Hitparade zu finden, auch wenn er in den letzten Jahren nur mehr gute Mittelplätze belegte. Erfolgreich war Peter Beil auch als Ricky Boys: Unter diesem Namen hatte er 1961 in Deutschland einen Nr.-9-Hit mit *Hello, Mary-Lou*.

Jahr	*Titel*	*USA*	*UK*	*D*
1961	Corinna, Corinna			6
1962	Carolin, Carolina			20
1963	Dein Zug fährt durch die Nacht			11
1963	Kleine Nervensäge Monika			11
1963	Nummer eins in meinem Herzen			14

Archie Bell & The Drells

Archie Bell, geb. 1. 9. 1944 in Henderson, Texas/USA, voc
James Wise, geb. 1. 5. 1948 in Houston, Texas/USA, voc
Willie Pernell, geb. 12. 4. 1945 in Houston, Texas/USA, voc
Lee Bell, geb. 14. 1. 1946 in Houston, Texas/USA, voc

Das Quartett war in USA *die* Tanzband der späten 60er Jahre. Die Mitglieder trafen sich – bis auf Lee Bell – Mitte der 60er Jahre auf der Highschool, nahmen an diversen Talentwettbewerben teil und bekamen 1966 einen Plattenvertrag, aus dem aber lediglich die wenig erfolgreiche Single *She's my woman* resultierte. Der große Erfolg kam erst 1968 bei einer neuen Plattenfirma mit dem Dancehit *Tighten up*, den Archie Bell selbst geschrieben hatte. Der Song wurde nicht nur ein Nr.-1-Hit, sondern auch ein Millionenseller. 1969 kam Lee Bell zur Band, ab 1970 erfreute sich das Quartett nur noch in England einer gewissen Beliebtheit, ihr *There's gonna be a showdown* kam dort erst 1973 in die Charts.

Jahr	*Titel*	*USA*	*UK*	*D*
1968	Tighten up	1		
1968	I can't stop dancing	9		
1969	There's gonna be a showdown	21		
1972	Here I go again		11	
1973	There's gonna be a showdown		36	
1976	Soul city walk		13	

The Belmonts

ANGELO D'ALEO, geb. 3. 2. 1940 in New York, N.Y./USA, voc
FRED MILANO, geb. 22. 8. 1939 in New York, N.Y./USA, voc
CARLO MASTRANGELO, geb. 5. 10. 1938 in New York, N.Y./USA, voc, ersetzt 1962 durch FRANK LYNDON

Die Band holte sich ihren Namen von der Belmont Avenue in der New Yorker Bronx, wo sie alle herstammen. Gegründet wurde die Gruppe 1957 auf der Roosevelt Highschool. Damals gehörte noch → DION DIMUCCI als Leadsänger dazu. Mit ihm zusammen hatten sie von 1958 bis 1960 etliche Hits wie *I wonder why*, *A teenager in love* und *Where or when*. 1960 nahmen sie *In the still of the night* auf, das letzte Lied, bei dem Dion der Leadsänger war. Dion schlug anschließend eine Solokarriere ein, die Belmonts versuchten es als Trio, doch außer *Tell me why* konnten sie keinen größeren Hit mehr verzeichnen.

Jahr	*Titel*	*USA*	*UK*	*D*
1961	Tell me why	18		
1962	Come on little angel	28		

Ralf Bendix

KARL-HEINZ SCHWAB, geb. 16. 8. 1924 in Dortmund, voc

Ralf Bendix kam durch Zufall zur Karriere eines Schlagersängers. Eigentlich hatte er ja schon einen Beruf, er war nämlich Direktor der Fluggesellschaft TWA, aber trotzdem machte er zum Spaß 1955 bei einem Talentwettbewerb mit – den er mit seiner warmen, dunklen Stimme prompt gewann. Da er als Dr. Karl-Heinz Schwab schlecht als Schlagersänger auftreten konnte, legte sich der sprachbegabte Interpret (er spricht mehrere Sprachen) flugs einen Künstlernamen zu und machte als Ralf Bendix von 1956 bis 1964 einen Hit nach dem anderen. Ein Comeback-Versuch Ende der 70er Jahre mit Liedern wie *Mein Freund Meier, mein Freund Lehmann und auch ich* und *Ich schaff' die Kohlen schon ran* klappte nicht. Seinen größten Erfolg hatte Ralf Bendix 1961 mit dem Nr.-1-Hit *Babysitter-Boogie*, der im Original als *Baby sittin' boogie* ebenfalls 1961 für → BUZZ CLIFFORD in Amerika ein Nr.-6-Hit gewesen war.

Jahr	*Titel*	*USA*	*UK*	*D*
1956	Sie hieß Mary Ann			2
1956	Minne minne haha			8
1957	Wo meine Sonne scheint			8
1958	Buona sera			5
1958	At the hop			16
1959	Bambina			8
1959	Come prima			5
1959	Trinidad			14
1959	Tschau tschau, Bambina			12
1959	Kriminal-Tango			13
1959	Wenn die Glocken hell erklingen			15
1961	Babysitter-Boogie			1
1962	Striptease-Susi			9
1962	Mama, hol den Hammer			10

1964	Schaffe, schaffe, Häusle baue			11

Brook Benton

BENJAMIN FRANKLIN PEAY, geb. 19. 9. 1931 in Camden, Südkalifornien/USA, voc

Der farbige Sänger mit der samtigen Stimme begann seine musikalische Karriere als Mitglied eines herumreisenden Spiritual-Quartetts. Er hatte damals schon begonnen, selbst Songs zu schreiben, und als er den Songwriter CLYDE OTIS kennenlernte, zahlte sich seine Begabung allmählich aus. Zusammen verfaßten die beiden *Looking back*, das 1958 ein Nr.-5-Hit für → NAT KING COLE wurde, und *Lover's question*, das ebenfalls 1958 ein Nr.-6-Erfolg wurde, und zwar für CLYDE MCPHATTER. 1959 bekam Brook Benton dann selbst einen Plattenvertrag und nahm im Laufe der Zeit eine Reihe höchst erfolgreicher Scheiben auf, von denen etliche Millionenseller wurden. Dazu gehörten sein *It's just a matter of time*, der witzige *Boll weevil song* und das von → TONY JOE WHITE geschriebene *Rainy night in Georgia*. Ebenfalls höchst erfolgreich war Brook Benton als Sangespartner von → DINAH WASHINGTON. Im Laufe der Zeit schrieb Brook Benton für sich und andere über 300 Songs, für die er achtzehn Goldene Schallplatten bekam. Heute lebt er mit seiner Familie in New York und hat sein Interesse der religiösen Musik zugewendet.

Jahr	*Titel*	*USA*	*UK*	*D*
1959	It's just a matter of time	3		
1959	Endlessly	12	28	
1959	Thank you, pretty baby	16		
1959	So many ways	6		
1960	Kiddio	7	41	
1960	The same one	16		
1961	Think twice	11		
1961	The boll weevil song	2	30	
1961	Frankie and Johnny	20		
1961	Revenge	15		
1962	Shadrack	19		
1962	Lie to me	13		
1962	Hotel Happiness	3		
1970	Rainy night in Georgia	4		
BROOK BENTON mit DINAH WASHINGTON				
1960	Baby (You've got what it takes)	5		
1960	A Rockin' good way	7		

Chuck Berry

CHARLES EDWARD ANDERSON BERRY, geb. 18. 10. 1926 in Wentzville, Missouri/USA, voc, g

Chuck Berry gehört zweifellos zu den einflußreichsten Persönlichkeiten der Rock- und Popmusik. Seine Eltern gehörten dem Kirchenchor an, seine drei Schwestern und zwei Brüder und er selbst natürlich auch. Später kaufte er sich dann eine sechssaitige spanische Gitarre und übte fleißig darauf. 1952 gründete er seine erste Band, die CHUCK

Berry Combo, und fing an, in kleinen Lokalen recht erfolgreich zu spielen. Doch seine berufliche Zukunft stand für ihn noch nicht so recht fest. Er hatte auch eine Frisörausbildung erhalten und interessierte sich ebenfalls für Fotografie. Der Schubs in Richtung Musik kam dann 1955 bei einem Urlaub in Chicago. Er lernte den Blues-Star Muddy Waters kennen, der war von ihm begeistert und verschaffte ihm einen Plattenvertrag. Als ertes Lied bot Chuck Berry seine Eigenkomposition *Ida Red* an. Der Song gefiel zwar der Plattenfirma, aber der Titel behagte ihr ganz und gar nicht. Berry erinnerte sich an den Namen einer Kuh aus einer drittklassigen Geschichte – und taufte sein Lied kurzerhand in *Maybelline* um. Und damit war der Anfang einer Superkarriere und einer Legende gelegt.

Berrys großer Vorteil war, daß seine rockigen, aber dennoch unkomplizierten Songs sowohl die farbigen als auch die weißen Teenager begeisterten. Seine Lieder handelten von Dingen, die Teenager interessierten: die erste große Liebe, Probleme in der Schule, Autofahrten mit dem Freund, Begeisterung für Rockstars. Dazu kam, daß der stets freundliche und verschmitzt aussehende Sänger auch auf der Bühne viel hergab – er erfand z. B. den »Duck walk«, den »Entengang«, mit dem er ungeheuer komisch über die Bühne watschelte. Und seine ganz spezielle Art, die Gitarre zu spielen, beeinflußte fast alle Gitarristen der 60er und 70er Jahre. Dazu kommt, daß viele Stars große Erfolge mit Berry-Songs feierten. Die → Beatles und das Electric Light Orchestra mit seinem *Roll over Beethoven*, die → Stones mit *Come on* und *Carol*, Linda Ronstadt mit *You never can tell*, die → Beach Boys mit seinem *Rock & roll music*, → Johnny Rivers und → Dave Berry mit seinem *Memphis Tennessee*, um nur ein paar zu nennen. Chuck Berry reißt auch heute noch bei seinen Auftritten das Publikum jedesmal zu Beifallsstürmen hin. *My ding-a-ling*, sein einziger Nr.-1-Hit, wurde übrigens bei einem Konzert aufgenommen, nämlich 1972 beim Lancaster Arts Festival. Fans, und solchen die es werden wollen, sei der Film *Hail! Hail! Rock'n'roll* empfohlen, der anläßlich eines Konzertes zu seinem 60. Geburtstag im Fox Theatre in St. Louis gedreht wurde und in dem außer dem Geburtstagskind selbst auch andere Superstars wie Little Richard, → Bo Diddley, Keith Richard, → Eric Clapton und Linda Ronstadt mitwirken.

Jahr	*Titel*	*USA*	*UK*	*D*
1955	Maybelline	5		
1957	School day	3	24	
1957	Rock & roll music	8		
1958	Sweet little sixteen	2	16	
1958	Johnny B. Goode	8		
1958	Carol	18		
1963	Let it rock/Memphis Tennessee		6	
1964	Nadine (Is it you?)	23	27	
1964	No particular place to go	10	3	
1964	You never can tell	14	23	
1972	My ding-a-ling	1	1	40
1973	Reelin' and rockin'	27	18	

Dave Berry

Dave Grundy, geb. 6. 2. 1941 in Sheffield/England, voc

Der gutaussehende Dave legte sich den Künstlernamen Berry aus Verehrung für sein großes Idol → Chuck Berry zu. Dann stellte er seine vierköpfige Begleitband namens The Cruisers zusammen und nahm natürlich ein Lied aus der Feder seines Idols Chuck auf: *Memphis Tennessee*. Es wurde sein erster Charts-Erfolg. Allerdings trat er nur bei *Memphis Tennessee* und der nächsten Single *My baby left me* unter dem Namen Dave Berry & The Cruisers auf. 1964 hängte er den Rhythm & Blues und seine Cruisers an den Nagel und trat nur noch als Solist auf. Er kleidete sich vorzugsweise in schwarze Lederhosen und Lederjacketts, trug manchmal sogar schwarze Lederhandschuhe, und sang dabei reinrassige Pop-Songs und erstklassige Schnulzen wie z. B. *The crying game*, das übrigens von Geoff Stevens, dem Kopf der → New Vaudeville Band, geschrieben worden war. (Das schwarze Leder-Outfit wurde übrigens Anfang der 70er Jahre mit Erfolg von Alvin Stardust übernommen). Bis Ende 1966 war Dave Berry immer wieder in den Charts zu finden. Dann startete er eine erfolgreiche Karriere als Nachtclub- und Cabaret-Sänger.

Jahr	*Titel*	*USA*	*UK*	*D*
1963	Memphis Tennessee		19	
1964	The crying game		5	
1965	Little things		5	
1966	Mama		5	

Fred Bertelmann

geb. 7. 10. 1925 in Duisburg/Deutschland, voc, tp, g

Sein Markenzeichen ist eine warme, zärtliche Stimme, die ihm sicher auch bei seinem eigentlich angestrebten Beruf zugute gekommen wäre. Fred Bertelmann wollte nämlich zunächst Kinderarzt werden. Doch als gleich seine ersten Platten Top-10-Hits wurden, entschloß er sich, beim Singen zu bleiben. Sein größter Hit war 1957 eine Cover-Version. Aus Rusty Drapers *Gambler's guitar* wurde bei ihm der Nr.-1-Hit *Der lachende Vagabund*. Fred Bertelmann sang auch erfolgreich im Duett: Mit Bibi Johns sang er 1956 *Im Hafen unserer Träume*, mit → Chris Howland nahm er 1959 *Der Dumme im Leben ist immer der Mann* auf und kam bis Platz 33. Ab 1960 erreichten Fred Bertelmanns Lieder zwar nur noch gute Mittelplätze,

Jahr	*Titel*	*USA*	*UK*	*D*
1955	Tina Marie			5
1956	Meine kleine süße Susi			3
1956	Im Hafen unserer Träume (mit Bibi Johns)			12
1957	Marie mit dem frechen Blick			15
1957	Bene bene tanto			13
1957	Der lachende Vagabund			1
1958	Ich bin ja nur ein Troubadour			6
1958	Aber du heißt Pia			7
1959	Ihr zartes Lächeln			6

aber von seiner in den 50er Jahren erworbenen Popularität lebt er auch heute noch recht gut.

Big Brother & The Holding Company

→ Janis Joplin, geb. 19. 1. 1943 in Port Arthur, Texas/USA, voc, gest. 4. 10. 1970 in Hollywood
Peter Albin, geb. 6. 6. 1944 in San Francisco, Kalifornien/USA, b
Sam Andrew, geb. 18. 12. 1941 in Taft, Kalifornien/USA, g
James Gurley, geb. 1941 in Detroit, Michigan/USA, g
David Getz, geb. 1938 in Brooklyn, New York/USA, dr

Die Formation begann Anfang der 60er Jahre als Quartett und spielte zunächst als ständige Kapelle im Avalon Ballroom in San Francisco. Peter Albin war damals der Leadsänger. 1966 begann die Band auch zu touren, und ihr Manager schlug ihnen vor, es der erfolgreichen → Jefferson Airplane nachzumachen und ebenfalls eine Leadsängerin zu engagieren. Er hatte auch schon jemand an der Hand, die junge, unbekannte Janis Joplin aus Texas mit der gewaltigen Bluesstimme. Das Quartett stimmte zu, Janis übernahm die Vocalparts, und bald war die Formation die Sensation in San Francisco.
Der große internationale Durchbruch kam dann 1967 mit dem Auftritt beim Monterey Pop Festival: Von da an waren Janis Joplin und Big Brother & The Holding Company die großen Stars. Das danach entstandene Album *Cheap Thrills* konnte sich acht Wochen lang an der Spitze der US-LP-Charts halten und verkaufte sich millionenfach. 1969 traten die ersten Schwierigkeiten zwischen der Band und ihrem Sangesstar Janis Joplin auf. Janis trennte sich von Big Brother und gründete zusammen mit Sam Andrew ihre eigene Gruppe, die Full Tilt Boogie Band. Nach ihrem Fortgang kämpfte Big Brother & The Holding Company zwar noch einige Zeit ums Überleben, doch der Dampf war raus, und so löste sich die Band schließlich auf.

Jahr	*Titel*	*USA*	*UK*	*D*
1968	Piece of my heart	12		

Mr. Acker Bilk

Bernard Stanley Bilk, geb. 28. 1. 1929 in Somerset/England, cl

Der Jazzklarinettist, der stets mit Bowler und geblümter Weste aufzutreten pflegte, stammt aus einer musikalischen Familie: Sein Vater war Methodisten-Prediger, seine Mutter Organistin. Seine Schläfrigkeit brachte Acker Bilk zum Klarinettespielen: 1947 war er als Soldat in Ägypten, schlief auf Wache ein und kam dafür drei Monate in den Bau. Um sich diese Zeit zu vertreiben, fing Acker Bilk mit dem Klarinettespielen an. Nach seiner Entlassung aus der Armee übte er zwar noch für kurze Zeit seinen eigentlichen Beruf eines Schmieds aus, entschloß sich dann aber doch, Musiker zu werden. Mehrere Jahre spielte Acker Bilk bei der Ken Colyer Group, bis er dann 1958 seine eigene Band, THE PARAMOUNT JAZZ BAND, gründete. Sie tourten viel durch England und Deutschland und machten sich bald einen Namen. Plattenaufnahmen folgten, und 1960 hatte Bilk einen ersten Hit mit *Summer set*, eine Instrumental-Nummer, die sein früherer Pianist DAVE COLLETT geschrieben hatte. Seinen größten Erfolg hatte Mr. Acker Bilk dann 1961/62 mit dem Millionenseller *Stranger on the shore*. Ursprünglich hatte Acker Bilk das selbstgeschriebene Instrumental *Jenny* genannt, nach einem seiner Kinder. Doch dann wurde das Stück als Erkennungsmelodie für eine Kinder-Fernsehserie namens *Stranger on the shore* verwendet und umgetauft.

Jahr	*Titel*	*USA*	*UK*	*D*
1960	Summer set		5	24
1960	Buona sera		7	
1961	That's my home		7	
1961	Stranger on the shore	1	2	17
1962	Lonely		14	
1963	A taste of honey		16	
1963	Moonlight tango			18
1964	Harem			17
1976	Aria		5	

Billy Joe & The Checkmates

BILLY JOE HUNTER, voc

1961 dachte sich Mr. Hunter ein Lied aus, in dem ein Xylophon das Tropfen einer Kaffeemaschine, eines Percolators, darstellte. Und da 1961/62 der Twist die ganz große Tanzmasche war und das Lied mit einem twist-fähigen Tanzbeat unterlegt war, wurde es kurzerhand *Percolator twist* genannt und entwickelte sich schnell zu einem Hit. Dem einzigen für Billy Joe und seine Checkmates.

Jahr	*Titel*	*USA*	*UK*	*D*
1962	Percolator twist		10	39

Jane Birkin & Serge Gainsbourg

JANE BIRKIN, geb. 14. 12. 1947 in London/England, voc
SERGE GAINSBOURG, geb. 1929 in Frankreich, voc; gest. 2. 3. 1991 in Paris/Frankreich

Das ungleiche Pärchen sorgte 1969 für einen Skandal im internationalen Musikgeschäft. Jane und Serge lernten sich 1967 kennen und lieben, als Jane für Filmaufnahmen nach Frankreich kam. Serge, der Sohn eines russischen Pianisten, sah damals schon ziemlich zerknittert und verlebt aus, hatte sich allerdings auch bereits als Sänger, Schauspieler und Komponist von Popsongs und Filmtiteln etabliert. Die zierliche, hübsche Jane war gerade dabei, sich als Schauspielerin einen Namen zu machen. 1969 schrieb Serge Gainsbourg für den damaligen Sexstar BRIGITTE BARDOT das Lied *Je t'aime . . . moi non plus*. Brigitte nahm es auch auf, doch als sie sich die Aufnahme anhörte, entschied sie, daß der Song viel zu erotisch sei, um ihn zu veröffentlichen. Also holte sich Serge seine Freundin Jane Birkin ins Studio, nahm mit ihr zusammen den Stöhn-Song auf – und die beiden hatten einen internationalen Millionenseller. Die Tatsache, daß das eindeutig zweideutige Lied von den meisten Radiostationen verboten wurde, erhöhte den Umsatz nur noch. Innerhalb von einem Jahr avancierte Jane Birkin zum neuen Sexstar von Frankreich. In den englischsprachigen Ländern wurde der Song auch unter dem Titel *Love at first sight* bekannt. Am 2. März 1991 starb Serge Gainsbourg an einem Herzleiden.

Jahr	*Titel*	*USA*	*UK*	*D*
1969	Je t'aime . . . moi non plus	58	1	3

Bill Black

geb. 17. 9. 1926 in Memphis, Tennessee/USA, b, gest. 21. 10. 1965 in Memphis, Tennessee/USA

Bill Blacks Name ist in erster Linie mit dem von → ELVIS PRESLEY verbunden, denn Bill gehörte zu dem Trio, das Elvis auf seinen Sun-Recordings begleitete. Die anderen beiden Musiker waren SCOTTY MOORE, Gitarre, und D.J. FONTANNA, Schlagzeug. 1959 verließ Bill Elvis und gründete seine eigene Band, die BILL BLACK'S COMBO, mit der er erstklassigen Boogie Woogie und Rock'n'Roll spielte. Bereits die erste Platte namens *Smokie (Parts 1 and 2)* wurde ein Bestseller. Auch mit anderen Veröffentlichungen wie *White silver sands* und *Josephine* konnte Bill Black mit seiner Combo die Millionengrenze überschreiten. Auch nach seinem viel zu frühen Tod spielte seine Band unter seinem Namen erfolgreich weiter.

Jahr	*Titel*	*USA*	*UK*	*D*
1959	Smokie (Part 2)	17		
1960	White silver sands	9	50	
1960	Josephine	18		
1960	Don't be cruel	11	32	
1960	Blue Tango	16		
1961	Hearts of stone	20		

Cilla Black

PRISCILLA MARIA VERONICA WHITE, geb. 27. 5. 1943 in Liverpool/England, voc

Miss Priscilla White wuchs im selben Viertel wie spätere Topstars – die → BEATLES oder → GERRY & THE PACEMAKERS – auf. Doch im Gegensatz zu ihnen hatte sie mit Musik eigentlich nichts im Sinn. Mit 15 Jahren verließ sie vorzeitig die Schule und nahm einen Job als Sekretärin an. 1960 besuchte sie »The Iron Door«, einen bekannten Rock'n'Roll Club in Liverpool, und sang aus vollem Hals die Lieder der Haus-Band mit. Die Band bemerkte das, forderte sie auf, auf die Bühne zu kommen und weiter mit ihr zu singen. Cilla tat das – und wurde innerhalb kürzester Zeit zu einer begehrten Begleitsängerin für diverse Bands, darunter auch die Beatles und Gerry & The Pacemakers. Es war nur noch eine Frage der Zeit, bis sie von den richtigen Leuten entdeckt werden würde. Und der

Richtige war Brian Epstein, der Manager der Beatles. Er nahm sie unter seine Fittiche, besorgte ihr einen Plattenvertrag und änderte ihren Namen in Black, da er, wie so viele, der Meinung war, daß Miss White eigentlich eine sehr »schwarze« Stimme hätte. 1963 erschien ihre erste Platte *Love of the loved*, ein Song aus der Feder von Paul McCartney und → John Lennon. Und von da an war sie bis 1971 ständig in den englischen Charts vertreten. Heute tritt Cilla Black nur noch selten auf und lebt sehr zurückgezogen mit Ehemann und Kind.

Jahr	*Titel*	*USA*	*UK*	*D*
1963	Love of the loved		35	
1964	Anyone who had a heart		1	37
1964	You're my world	26	1	
1964	It's for you		7	
1965	You've lost that lovin' feelin		2	
1965	I've been wrong before		17	
1966	Love's just a broken heart		5	
1966	Alfie		9	
1966	Don't answer me		6	
1966	A fool am I		13	
1968	Step inside love		8	
1969	Surround yourself with sorrow		3	
1969	Conversations		7	
1969	If you thought you'd ever change Your mind		20	
1971	Something tells me (Something is gonna happen tonight)		3	

Jeanne Black

geb. 25. 10. 1937 in Mount Baldy, Kalifornien/USA, voc

Die Country- und Westernsängerin machte 1960 eine der ersten sogenannten »Antwort-Platten«. → Jim Reeves hatte 1960 einen recht erfolgreichen Song namens *He'll have to go* (*Er muß gehen*) veröffentlicht, und Jeanne Black sang ebenso erfolgreich die Antwort *He'll have to stay* (*Er muß bleiben*). Weitere Beispiele für diese »Antwort-Platten«: → Damita Jo antwortete *I'll save the last dance for you* auf den Drifters-Hit *Save the last dance for me*, Smokey Robinson antwortete *Got a job* auf den Silhouettes-Hit *Get a job*,

Jahr	*Titel*	*USA*	*UK*	*D*
1960	He'll have to stay	4	41	

Roy Black

Gerd Höllerich, geb. 25. 1. 1943 in Straßberg/Deutschland, voc

Groß, dunkelhaarig, blauäugig und immer mit dem gewissen kleinen Schluchzer in der softigen Stimme, so eroberte Roy Black 1965 die deutsche Hitparade. Der Sänger mit dem strahlenden Lächeln machte bereits als Gymnasiast in Amateurbands Musik. 1964 gewann er sogar den ersten Preis bei einem Gesangswettbewerb. Aber erst der Mün-

Roy Black Foto: Polydor

chener Komponist Henry Arland und der Kölner Produzent Hans Bertram fabrizierten für ihn das Lied, mit dem er auf Anhieb die Herzen der Schnulzen-Liebhaber eroberte: *Du bist nicht allein*. Von da an folgte bis 1972 Hit auf Hit. Auch im Film konnten die meist weiblichen Fans ihren geliebten Roy anhimmeln: *Paradies der flotten Sünder*, *Immer Ärger mit den Paukern* und *Unser Doktor ist der Beste* hießen u. a. die eher anspruchslosen Musikfilme. Mitte der 70er Jahre wurde es dann stiller um den sympathischen Interpreten. Zum einen waren seine sehr softigen Songs nicht mehr so ganz »in«, zum anderen machte ihm immer wieder ein Herzleiden zu schaffen. Doch mit schöner Regelmäßigkeit schaffte und schafft es Roy Black auch in den 80er Jahren immer wieder mit seinen Liedern in die deutsche Hitparade zu kommen. Ein Comeback auf dem Bildschirm feierte er 1990 als Star der TV-Serie *»Ein Schloß am Wörthersee«*.

Jahr	*Titel*	*USA*	*UK*	*D*
1965	Du bist nicht allein			4
1966	Ganz in Weiß			1
1966	Leg dein Herz in meine Hände			3
1966	Goodnight my love			1
1966	Frag nur dein Herz			4
1967	Meine Liebe zu dir			1
1968	Bleib bei mir			3
1968	Wunderbar ist die Welt			9
1968	Ich denk an dich			2
1969	Das Mädchen Carina			1
1969	Dein schönstes Geschenk			1

1970	Wenn du bei mir bist	13
1970	Ich hab' geträumt, das Glück kam heut' zu mir	16
1970	Für dich allein	2
1971	Schön ist es, auf der Welt zu sein	2
1972	Eine Rose schenk' ich dir	12
1977	Sand in deinen Augen	11
1981	Fremde Erde	27

Billy Bland

geb. 5. 4. 1932 in Wilmington, North Carolina/USA, voc

Billy war schon als Kind ein begeisterter Sänger. Ende der 50er Jahre beschloß er, sein Glück in New York zu versuchen. 1959 bekam er tatsächlich einen Plattenvertrag. 1960 veröffentlichte er seine erste Platte *Let the little girl dance*. Sie wurde sein erster und einziger großer Hit.

Jahr	*Titel*	*USA*	*UK*	*D*
1960	Let the little girl dance	7	15	

Bobby »Blue« Bland

Robert Calvin Bland, geb. 27. 1. 1930 in Rosemark, Tennessee/USA, voc

Bobby wuchs in Memphis auf und machte seine ersten musikalischen Schritte in den 40er Jahren bei den Beale Streeters, einer Bluesband, zu der auch berühmte Leute wie Rosco Gordon und Johnny Ace gehörten. Sein großer Lehrmeister war → B.B. King, der ihm auch einen Plattenvertrag verschaffte. Bereits seine ersten Stücke wie *It's my life, I smell trouble* oder *Time out* konnten sich hervorragend in den US-Black-Charts plazieren. Von 1951 bis 1954 mußte Bobby Bland zum Militär, danach setzte er seine Erfolgsreihe mit softigen Soul-Balladen fort, die sich bis 1971 hervorragend in den amerikanischen Soul-Charts plazieren konnten. Zu Höchstform lief Bobby Bland jeweils bei seinen Shows auf, teilweise lieferte er jährlich 250 umjubelte Auftritte ab. Mitte der 60er Jahre gelang es ihm auch, etliche seiner Songs in den offiziellen Hot 100 zu plazieren. Sein *Call on me* war 1963 sogar ein Millionenseller.

Jahr	*Titel*	*USA*	*UK*	*D*
1962	Turn on your love light	28		
1963	Call on me	22		
1963	That's the way love is	33		
1964	Ain't nothing you can do	20		

Marcie Blane

geb. 21. 5. 1944 in Brooklyn, New York/USA, voc

Die hübsche Marcie machte 1962 ihren Highschool-Abschluß und wurde sofort danach fürs Plattengeschäft entdeckt. Bereits im Oktober 1962 kam ihr erster Song auf den Markt, *Bobby's girl.* Es wurde ihr erster und einziger großer Hit. In England war mit diesem Lied übrigens SUSAN MAUGHAN erfolgreich.

Jahr	*Titel*	*USA*	*UK*	*D*
1962	Bobby's girl	3		

Blind Faith

STEVE WINWOOD, geb. 12. 5. 1948 in Birmingham/England, keyb, g, voc
→ ERIC CLAPTON, geb. 30. 3. 1945 in Ripley, Surrey/England, g, voc
RICK GRECH, geb. 1. 11. 1945 in England, b, v, voc
→ GINGER BAKER, geb. 19. 8. 1939 in Lewisham, London/England, dr

Blind Faith war eine Gruppe, die ganz gezielt maßgeschneidert wurde: eine Superband, die aus vier Superstars bestand. Die Maßschneider waren ROBERT STIGWOOD und CHRIS BLACKWELL. Im Frühjahr 1969 holten sie sich von der gerade aufgelösten → CREAM Eric Clapton und Ginger Baker, von → TRAFFIC Steve Winwood und von → FAMILY Rick Grech. Zunächst schien das Konzept auch aufzugehen. Winwood schrieb eine ganze Reihe hevorragender Songs, die die vier Supermusiker bei einem gelungenen Debüt im Londoner Hyde Park vor 150 000 Zuschauern zum besten gaben. Daraufhin verkaufte sich das Debüt-Album *Blind faith* 400 000 Mal. Das Quartett, das angeblich »blindes Vertrauen« ineinander hatte, machte sich dann auf den Weg zu einer Supertournee durch die USA. Die Tournee brachte zwar eine Million Dollar als Reinerlös – aber auch das Ende von Blind Faith. Sechs Monate nach Beendigung der Tournee löste sich die Supergruppe auf – wegen zwischenmenschlicher Probleme. Die vier Individualisten waren nicht miteinander klargekommen.

Blood, Sweat & Tears

→ AL KOOPER, geb. 5. 2. 1944 in Brooklyn, New York/USA, voc, keyb, ersetzt 1969 durch DAVID CLAYTON-THOMAS, geb. 12. 9. 1941 in Surrey/England, voc
ROBERT COLOMBY, geb. 20. 12. 1944 in Manhattan, New York/USA, dr
JAMES THOMAS FIELDER, geb. 4. 10. 1947 in Denton, Texas/USA, b
STEVEN KATZ, geb. 9. 5. 1945 in Brooklyn, New York/USA, g, harm
RICHARD HALLIGAN, geb. 29. 8. 1943 in Troy, New York/USA, keyb, fl, tb
FRED LIPSIUS, geb. 19. 11. 1944 in Manhattan, New York/USA, p, sax
LEWIS SOLOFF, geb. 20. 2. 1944 in Brooklyn, New York/USA, tp, flh
CHARLES WINFIELD, geb. 5. 2. 1943 in Monessen, Pennsylvania/USA, flh, tp
JERRY HYMAN, geb. 19. 5. 1947 in Brooklyn, New York/USA, tb

Diese neunköpfige Superband brachte eine ganze Menge neue Impulse für die Rock- und Popmusik. Zum einen machte sie Bläsersätze für die Rockmusik »gesellschaftsfähig«, zum anderen vermischte die Band erstmals sehr erfolgreich und niveauvoll Rock, Pop, Jazz und Klassik. Initiator von Blood, Sweat

& Tears, benannt übrigens nach dem Churchill-Zitat »Ich habe nichts zu bieten als Blut, Schweiß und Tränen«, war Al Kooper. Kooper, der schon in den 50er Jahren mit den Royal Teens (*Short shorts*) erfolgreich gewesen war, hatte sich gerade von → The Blues Project getrennt. Er hatte schon immer von einer mitgliederstarken Band geträumt, die Blues und Jazz spielen und eine große Bläsersektion haben sollte. 1967 erfüllt er sich, zusammen mit seinen Blues-Project-Kollegen Steve Katz, diesen Traum und gründete Blood, Sweat & Tears. Bereits das Debüt-Album *Child is father to the man* 1968 wurde als Meilenstein der Rockmusikgeschichte bezeichnet. Doch Al Kooper war sein Projekt bereits wieder langweilig geworden, und er verließ die Band, um sich als Solist zu versuchen. Erst 1969 fand die Formation in David Clayton-Thomas einen neuen Leadsänger. Der Engländer hatte sich bereits in Kanada einen Namen gemacht. Das nächste Album kam 1969 heraus, hieß *Blood, sweat & tears*, enthielt drei Single-Bestseller und wurde ein Millionenerfolg. Es folgten noch etliche sich gut verkaufende Alben und Single-Auskoppelungen, doch der Erfolg von Blood, Sweat & Tears ging allmählich immer mehr »den Bach runter«. Mis-Management, Streitereien, künstlerische Mißgriffe und ständige personelle Veränderungen trugen nicht gerade zu einem guten Ruf bei. Und so kam es, wie es kommen muß: Ende der 70er Jahre versank die vielversprechende Band in Bedeutungslosigkeit.

Jahr	*Titel*	*USA*	*UK*	*D*
1969	You've made me so very happy	2	35	
1969	Spinning wheel	2		
1969	And when I die	2		
1970	Hi-De-Ho	14		

Blue Cheer

Leigh Stephens, geb. in Boston, Massachusetts/USA, g, 1970 ersetzt durch Randy Holden
Richard Peterson, geb. in Boston, Massachusetts/USA, b
Paul Whaley, geb. in Boston, Massachusetts/USA, dr

Blue Cheer waren zwar nur drei eher mickrige Knaben, aber sie hatten sechs gigantische Verstärker mit insgesamt 24 Boxen, und sie machten damit einen Lärm, daß einem die Füllungen aus den Zähnen fielen. Blue Cheer, die sich hauptsächlich in der Gegend von San Francisco größter Beliebtheit erfreuten, dürften wohl eine der ersten Heavy-Metal-Bands gewesen sein. Gegründet wurde das laute Trio 1967 in Boston. 1968 hatte Blue Cheer den ersten Hit mit einer nicht gerade sanften Version des → Eddie-Cochran-Hits *Summertime Blues*. Bis 1970 veröffentlichte das Trio drei recht erfolgreiche Alben: *Vincebus cruptum* (1968), *Outsideinside* (1968) und *Improved! Blue Cheer* (1969). Danach wurde der dröhnende Sound von Blue Cheer immer häufiger kopiert, die Band versank allmählich in Bedeutungslosigkeit und löste sich auf.

Jahr	*Titel*	*USA*	*UK*	*D*
1968	Summertime blues	14		

Blue Diamonds

RUDI DE WOLFF, geb. 1939 in Indonesien, voc, g
RIEM DE WOLFF, geb. 1941 in Indonesien, voc, g

Die beiden Brüder kamen 1949 von Indonesien nach Holland. Ihre ersten musikalischen Gehversuche machten sie mit einer hawaiianischen Band, dann beschlossen sie, es mit Harmoniegesang im Stil der → EVERLY BROTHERS zu versuchen. Der Erfolg gab ihnen recht. Ihr erster Millionenseller war 1960 eine neue Version von *Ramona*. Im Original war das Lied ja bereits 1928 für den gleichnamigen Film geschrieben worden und ein Millionenerfolg für GENE AUSTIN gewesen. Das *Ramona* der Blue Diamonds war die erste Platte, die sich in Holland über 250 000 mal verkaufte, in Deutschland setzten die beiden Brüder von dieser Aufnahme über eine Million Exemplare ab. Bis 1965 waren die Blue Diamonds immer wieder in der deutschen Hitparade vertreten, in dieser Zeit verkauften sie insgesamt über 22 Millionen Platten.

Jahr	*Titel*	*USA*	*UK*	*D*
1960	Ramona			1
1961	Wie damals in Paris			3
1961	Ahoi-Ohe			11
1961	Ein Schiff fährt nach Shanghai			13
1962	Blaues Boot der Sehnsucht			13
1963	Sukiyaki			2

The Blues Magoos

RONALD GILBERT, geb. 1946 in New York City/USA, b
RALPH SCALA, geb. 1947 in New York City/USA, keyb, voc
EMIL »PEPPY« THIELHELM, geb. 1950 in New York City/USA, g, voc
MICHAEL ESPOSITO, geb. 1943 in Delaware/USA, g
JEFFREY DAKING, geb. 1947 in Delaware/USA, dr

Das Quintett war die erste New Yorker Band, die Psychedelic Rock spielte und auch ihr erstes Album so nannte: *Psychedelic lollipop*. Gegründet wurde die Formation Mitte der 60er Jahre in der New Yorker Bronx und schrieb sich damals noch BLOOS MAGOOS. Nach etlichen erfolgreichen Auftritten in so berühmten Lokalen wie The Nite Owl und Cafe Wha, bekamen sie schließlich 1966 einen Plattenvertrag. Ende dieses Jahres kam ihre erste LP heraus, die den Single-Hit *We ain't got nothing yet* enthielt. Nach drei Alben – *Psychedelic lollipop* 1966, *Electric comic book* 1967, *Basic blues magoos* 1968 – löste sich das Quintett, das die Fans immer durch perfekt ausgeflippte Haarschnitte und ebensolche Klamotten begeistert hatte, auf. Anfang der 70er Jahre gab's noch einmal eine Gruppe namens BLUES MAGOOS, bei der jedoch lediglich der Sänger und Gitarrist Peppy Thielman von der Original-Formation übrig geblieben war.

Jahr	*Titel*	*USA*	*UK*	*D*
1967	We ain't got nothing yet	5		

Blues Project

Tommy Flanders, voc
Steve Katz, geb. 9. 5. 1945 in Brooklyn, New York/USA, g
Danny Kalb, g
→ Al Kooper, geb. 5. 2. 1944 in Brooklyn, New York/USA, keyb
Andy Kulberg, b
Roy Blumenfeld, dr

Die Formation war praktisch New Yorks erste rein-weiße Blues-Band, und es war die erste Gruppe, die mit Fingerspitzengefühl und hohem musikalischen Niveau die Klüfte zwischen Folk, Blues und Jazz schloß. Entwickelt hatte sich die Band aus dem Danny Kalb Quartett, das 1964 auf einer LP namens *Blues project* spielte. Danny Kalb war damals einer der besten Folk-Gitarristen. Als er dann 1965 die elektrische Gitarre ausprobieren wollte, gründete er gleich eine Band, die er dann Blues Project nannte. Die erste Produktion der Gruppe war 1966 ein Live-Mitschnitt aus dem Cafe A Go Go in Greenwich Village, die sich großer Beliebtheit erfreute. Doch bereits 1967 gab es die ersten Unstimmigkeiten. Flanders verließ die Band, um eine Solo-Karriere zu starten, Katz und Al Kooper gingen, um die Jazz-Rock-Formation → Blood, Sweat & Tears zu gründen, Kalb wurde krank und zog sich völlig zurück. Beim Abschiedskonzert von Blues Project 1968 waren von den Originalmitgliedern nur noch Kulberg und Blumenfeld vorhanden. Diese beiden blieben auch zusammen und gründeten Sea Train. Zu diesem Zeitpunkt hatte die Band vier LPs gemacht: 1966 *Live at the Cafe A Go Go*, 1967 *Projections*, 1967 *Live at Town hall*, 1968 *Planned obsolescence*. 1971 fanden sich kurzfristig nochmals einige Originalmitglieder unter dem Namen Blues Project zusammen und produzierten Platten wie *Lazarus* 1971, *Blues project* 1972, *Reunion in Central Park* 1973. Doch der alte Schwung war raus, die Band konnte sich mangels Interesse nicht mehr halten.

Bob B. Soxx & The Blue Jeans

Darlene Love, geb. in Los Angeles, Kalifornien/USA, voc
Fanita James, geb. in Los Angeles, Kalifornien/USA, voc
Bobby Sheen, voc, b

Auch das war eine der vielen Gruppen, die der Superproduzent → Phil Spector ins Leben rief. In Los Angeles hatte er Darlene Love und Fanita James 1962 als Sängerinnen bei der Gruppe The Blossoms gehört und war von ihnen begeistert. Zunächst ließ er Darlene die Leadstimme bei der Crystals-Aufnahme *He's a rebel* singen. Das von → Gene Pitney geschriebene Lied wurde ein Nr.-1-Hit. Dann nahm er beide Mädchen, holte Bobby Sheen dazu und nannte das Trio Bob B. Soxx & The Blue Jeans, ein Wortspiel, denn »Bobbysocks« hießen die Söckchen, die die amerikanischen Mädchen zu dieser Zeit zu tragen pflegten. Als erstes nahm das Trio das Lied *Zip-a-dee-doo-dah* aus dem Walt-Disney-Film *Song of the south* auf. Es wurde ein Hit. Mit den beiden nächsten Nummern *Why do lovers break each other's heart* und *Not too young to get married*, beide 1963, hatte die Gruppe nicht so viel Erfolg und verschwand anschließend schnell wieder in der Versenkung.

Jahr	*Titel*	*USA*	*UK*	*D*
1962	Zip-a-dee-doo-dah	8		
1963	Why do lovers break each other's heart	38		

Graham Bond

geb. ca. 1937 in England, keyb, sax
gest. 8. 5. 1974 in London

Graham Bond gebührt der Titel »Vater des britischen Blues«, denn er war begabter und innovativer als die beiden anderen Blues-Väter → JOHN MAYALL und → ALEXIS KORNER. Als 1965 in England der britische Rhythm & Blues plötzlich wieder einen ungeahnten Aufschwung nahm, war Graham Bond bereits ein etablierter Jazz-Saxophonist. Seine erste Band entstand 1963 aus der ALEXIS KORNER BLUES INC. Mitglieder waren zukünftige Stars wie → JOHN McLAUGHLIN, → GINGER BAKER und → JACK BRUCE, die musikalisch zunächst noch ziemlich dicht an den Jazz-Wurzeln blieben. Erst ab 1965 war die GRAHAM BOND ORGANIZATION dafür bekannt, den schmutzigsten Rhythm & Blues der britischen Insel zu spielen.
In den Jahren 1965 bis 1969 ließ sich Graham Bond nicht nur musikalisch einiges einfallen: Er war zum Beispiel der erste, der die Instrumente auseinanderbaute, um sie besser transportieren zu können; er war der erste, der ein elektronisches Keyboard baute, und er war der erste, der ein Mellotron benutzte. Als die Graham Bond Organization 1969 auseinanderbrach, begann damit praktisch der Untergang von Graham Bond selbst. Er driftete durch die Landschaft, nahm ein paar Soloplatten auf, gehörte kurzfristig zu GINGER BAKERS AIRFORCE, tat sich mit PETE BOWN für eine LP zusammen, gründete etliche Gruppen und löste sie wieder auf, war ständig pleite, verlor seine Ehefrau DIANE STEWART und hatte unentwegt Drogenprobleme. 1974 schien er sich wieder gefangen zu haben, war »clean«, hatte einige vielversprechende Projekte in Aussicht – und dann warf er sich am 8. Mai 1974 in der Finsbury Park Station in London vor einen einfahrenden U-Bahnzug. Er war sofort tot. Bis heute sind die Hintergründe für diesen Selbstmord ungeklärt.

Gary U.S. Bonds

GARY ANDERSON, geb. 6. 6. 1939 in Jacksonville, Florida/USA, voc

Der farbige Sänger mit der heiseren Stimme sang schon als Kind aus vollem Hals. Zunächst zu Hause, später dann an Straßenecken. Und dort wurde er auch 1959 von JOE ROYSTER und FRANK GUIDA entdeckt, die nach einem Sänger für ihren Rock-Song *New Orleans* suchten. Als Werbegag druckten sie auf die Plattenhülle »Buy U.S. Bonds« – »Kauft amerikanische Staatsobligationen«. Doch der Gag ging in die Hose, da jeder annahm, der Sänger würde »U.S. Bonds« heißen. Und damit hatte Gary Anderson seinen Künstlernamen. *New Orleans* wurde ein Hit, ebenso die nächste Single *Quarter to three*, die ihre Entstehung eigentlich einem Zufall verdankt. Eine Gruppe namens Daddy G hatte den Song *Night with Daddy* G veröffentlicht. Gary U.S. Bonds spielte diese Nummer bei einem Auftritt, improvisierte aber und sang einen ganz anderen Text. Zufälligerweise hatte jemand ein Bandgerät eingeschaltet – und damit Gary U.S. Bonds größten Hit aufgenommen.

Bis 1962 war der Sänger in den Charts vertreten, dann wurde es still um ihn. Ziemlich mühselig fristete er sein Dasein bei zweitklassigen Oldie-Shows. Erst in den 80er Jahren gelang ihm ein Comeback mit den von Bruce Springsteen produzierten Alben *Dedication* 1981 und *On the line* 1982.

Jahr	*Titel*	*USA*	*UK*	*D*
1960	New Orleans	6	16	
1961	Quarter to three	1	7	
1961	School is out	5		
1962	Dear Lady Twist	9		
1962	Twist, twist, Senora	9		
1981	This little girl	11	43	
1982	Out of work	21		

Graham Bonney

Graham Bradley, geb. 2. 6. 1945 in Stratford, London/England, voc

Der Engländer stand von Kindesbeinen an auf der Bühne: Seinen ersten Auftritt als Tänzer absolvierte er mit vier Jahren. Ein paar Jahre später trat er als Tänzer und Schauspieler bereits regelmäßig in Fernsehshows, Filmen und Pantomimen auf. 1961 fing er an, sich für Unterhaltungsmusik zu interessieren, und spielte in diversen Bands wie z. B. Riot Squad. Er arbeitete auch als Session-Musiker für Stars wie The Ivy League, → Julie Rogers und → Jet Harris. Ab 1965 versuchte sich Graham Bonney als Solist, und 1966 stellte sich der erste große Erfolg ein: *Supergirl*, seine zweite Single, wurde ein Millionenseller. Vor allen Dingen in Deutschland war der junge Engländer sehr beliebt, und so sang er seine nächsten Lieder in erster Linie in Deutsch.

Jahr	*Titel*	*USA*	*UK*	*D*
1966	Supergirl		19	8
1966	Das Girl mit dem La-la-la			8
1967	Siebenmeilenstiefel			6
1969	Wähle 3-3-3			12

Bonzo Dog Doo-Dah Band

Neil Innes, geb. 9. 12. 1944 in England, keyb, g, b, voc
Viv Stanshall, tp, voc
Roger Ruskin Spear, sax, devices
Rodney Slater, sax
Legs Larry Smith, dr, perc

Das Quintett wurde 1966 als College-Band gegründet und verschrieb sich der Musik der 20er Jahre, die sie in Art der

Temperance Seven oder der → New Vaudeville Band parodierten. 1967/68 dehnten sie ihre komödiantischen Songs auch auf Rock-Parodien und direkte Satire aus, einzige Widersacher auf diesem Gebiet waren damals nur die → Mothers Of Invention. 1968 hatte die Band einen Top-10-Erfolg mit *I'm the urban spaceman*, den Neil Innes geschrieben hatte und der von Paul McCartney unter dem Pseudonym Apollo C. Vermouth produziert wurde. 1969 löste sich die Formation dann auf, weil keiner mehr mit dem Konzept so richtig glücklich war. 1972 versuchten Innes und Stanshall die Gruppe noch einmal ins Leben zu rufen, jedoch ohne größeren Erfolg. Neil Innes machte später als Komponist von Monty Python's Flying Circus von sich reden und war 1977, zusammen mit Eric Idle, Initiator der Rutles, einer Persiflage auf die → Beatles.

Jahr	*Titel*	*USA*	*UK*	*D*
1968	I'm the urban spaceman		5	39

Booker T. & The MG's

Booker T. Jones, geb. 12. 11. 1944 in Memphis, Tennessee/USA, org
Steve Cropper, geb. 21. 10. 1941 in Memphis, Tennessee/USA, g
Donald »Duck« Dunn, geb. 24. 11. 1941 in Memphis, Tennessee/USA, g
Al Jackson, geb. 27. 11. 1935 in Memphis, Tennessee/USA, dr, gest. 1. 10. 1975, ersetzt durch Willie Hall

Booker T. und seine MG's (= Memphis Group) sind die wichtigsten Vertreter des erdigen Memphis-Sound, neben dem Detroit- oder Motown-Sound die zweite Hauptrichtung des Soul der 60er Jahre. Weitere Vertreter des Memphis-Sound sind → Aretha Franklin, → Wilson Pickett, → Otis Redding, → Sam & Dave. Die Formation war für die damalige Zeit ziemlich ungewöhnlich, denn sie war gemischtrassig: Booker T. und Al Jackson waren schwarz, Cropper und Dunn weiß. Motor und Kopf der Gruppe war Booker T., ein musikalisches Allround-Genie. Er spielt Klavier, Orgel, Klarinette, Saxophon, Tuba, Gitarre, Posaune und noch etliches mehr. Bereits als Teenager war er ein Meister auf diesen Instrumenten. Schon als Schüler spielte er als Session-Musiker bei diversen Aufnahmen mit. Zuerst war er bei einer Combo namens The Triumphs, danach schloß er sich den → Mar-Keys an, die 1961 einen Hit mit *Last night* hatten. Auch Cropper und Dunn gehörten zu den Mar-Keys. Anfang 1962 verließen die drei die Gruppe, holten sich als vierten Mann den Trommler Al Jackson und gründeten die Memphis Group. 1962 beschloß das Quartett, eine gemeinsam geschriebene Nummer aufzunehmen. Das Instrumentalstück bekam den Titel *Green onions*, wurde ein Millionenseller, und zu seinem 18. Geburtstag konnte Booker T. seine erste Goldene in Empfang nehmen. Damit begann eine äußerst erfolgreiche Karriere für den studierten Musiker, der seine Ausbildung mit einem Bachelor of Arts abgeschlossen hatte.
Wichtigster Schreiber der Formation war Steve Cropper, der nebenbei immer noch Zeit fand, auch für andere tätig zu werden. So schrieb er z. B. für Otis Redding *Dock of the bay*, für Wilson

Pickett *In the midnight hour*, für Aretha Franklin *See saw* und für → Eddie Floyd *Knock on wood*. 1972, sozusagen auf dem Höhepunkt, löste sich die Formation auf. Booker T. betätigte sich in erster Linie als Produzent, Cropper und Dunn arbeiteten vor allen Dingen als Studiomusiker, Al Jackson kam 1975 in Memphis bei einer Schießerei ums Leben.

Jahr	*Titel*	*USA*	*UK*	*D*
1962	Green onions	3		
1967	Groovin'	21		
1968	Soul-Limbo	17	30	
1968	Hang 'em high	9		
1969	Time is tight	6	4	31
1979	Green onions (Re-release)		7	

Pat Boone

Charles Eugene Pat Boone, geb. 1. 6. 1934 in Nashville, Tennessee/USA, voc

Fast zehn Jahre lang war er der Saubermann der amerikanischen Popmusik. Markenzeichen: eine warme, sympathische Stimme, ein strahlend weißes Lächeln und ebenso strahlend weiße Schuhe, mit einem Wort der richtige »All-American Boy«, den sich jede Mutter als Schwiegersohn wünscht. Pat ist ein Nachfahre des berühmten Waldläufers Daniel Boone, der ja bekanntlich die Vorlage für *Lederstrumpf* war. Und auch Pat war immer sportlich und beliebt: In der Highschool war er Mitglied der Baseball- und Basketball-Teams, er war Präsident der Schülervereinigung und wurde zum beliebtesten Knaben gewählt. Kein Wunder, daß er die hübsche Shirley, die Tochter des berühmten Country-Stars Red Foley, zur Frau bekam. Anfang der 50er Jahre zog er nach Texas um, und dort gewann er auch zum ersten Mal einen Talentwettbewerb. Er trat des öfteren im Fernsehen auf, machte auch schon ein paar Platten wie z. B. *Until You tell me do*. Doch erst 1955 kam seine Karriere so richtig ins Rollen, und zwar mit dem → Fats-Domino-Song *Ain't that a shame*. Von 1955 bis 1962 war er ständiger Gast in den internationalen Charts mit seinen gemäßigten Rocksongs und eingängigen Schnulzen. Und natürlich betätigte sich Pat Boone auch als erfolgreicher Schauspieler in Filmen wie *Bernadine*, *April love*, *Mardi gras*, *State fair* und *The main attraction*.

Jahr	*Titel*	*USA*	*UK*	*D*
1955	Two hearts	16		
1955	Ain't that a shame	1	7	
1955	At my front door	7		
1955	Gee Whittakers!	19		
1956	I'll be home	4	1	
1956	Tutti frutti	12		5
1956	Long tall Sally	8	18	
1956	I'll almost lost my mind	1	14	
1956	Friendly persuasion	5	3	
1956	Chains of love	20		
1956	Don't forbid me	1	2	
1957	Why Baby, why	5	17	
1957	Love letters in the sand	1	2	12
1957	Bernadine	14		
1957	Remember you're mine	6	5	
1957	There's a gold mine in the sky	20		
1957	April love	1	7	
1958	A wonderful time up there	4	2	

Jahr	*Titel*	*USA*	*UK*	*D*
1958	It's too soon to know	11	7	
1958	Sugar moon	5	6	
1958	If dreams came true	7	16	
1958	Gee, but it's lonely	31	30	
1958	I'll remember tonight	34	18	
1959	With the wind and the rain in your hair	21	21	
1959	For a penny	23	19	
1959	Twixt twelve and twenty	17	18	
1960	(Welcome) New lovers	18		
1961	Moody river	1	18	
1961	Johnny will	35	4	25
1961	Big cold wind	19		
1962	I'll see you in my dreams	32	27	
1962	Speedy Gonzales	6	2	1
1962	The main attraction		12	
1963	Rosmarie			7
1964	Baby Sonnenschein			12
1964	Memphis, Tennessee			1

David Bowie

David Robert Hayward-Jones, geb. 8. 1. 1947 in Brixton, London/England, voc, sax

Er ist einer der schillerndsten und innovativsten Künstler der 60er, 70er und 80er Jahre. Mit 13 Jahren begann der so herrlich dekadent aussehende Künstler Tenorsaxophon zu lernen. Als er auf der Highschool war, hatte er seine erste Gruppe namens George & The Dragons. Nachdem er die Kunstschule abgebrochen hatte, nahm er zunächst einen Job bei einer Werbeagentur an. Gleichzeitig stellte er sein musikalisches Talent Gruppen wie The Conrads zur Verfügung. 1963 gründete er dann seine erste fast professionelle Band David Jones & The Lower Third. Um Verwechslungen mit David Jones, dem Leadsänger der → Monkees zu vermeiden, änderte er seinen Namen in David Bowie um. Das war auch die Zeit, in der er Mitglied der Lindsay Kemp Mime Troupe war, deren Einfluß in seinen späteren theatralischen Rock-Präsentationen unübersehbar war. 1966 bekam David Bowie einen Plattenvertrag, der ihm allerdings außer zwei Single-Flops nichts brachte. 1967 wechselte er bereits wieder die Plattenfirma und brachte sein erstes Album, *The world of David Bowie,* heraus. Doch diese LP und auch die beiden folgenden kamen beim Publikum nicht sonderlich an, genauso wenig wie seine Singles *Love till tuesday*, *Rubber band* und *The laughing gnome*. *The laughing gnome* wurde übrigens 1974 erfolgreich wiederveröffentlicht.

Der erste größere Erfolg war für David Bowie die 69er Single *Space oddity*, die rechtzeitig zum Flug der Apollo-Kapsel zum Mond auf den Markt kam. Dann hörte David Bowie zum ersten Mal mit dem Musikmachen auf und beschloß, künftig nur noch sein »Beckenham Arts Laboratory« zu leiten. Aber schon 1970 machte der Exzentriker diesen Entschluß rückgängig, und Mr. David Bowie veröffentlichte die vorzügliche LP *The man who sold the world*. Von da an begann er mit weiteren Alben wie *Hunky Dory* 1971 und *The rise and fall of Ziggy Stardust and the spiders from mars* 1972 seinen Siegeszug um die Welt.

Seine phantasievollen Show-Orgien und seine unglaubliche Geschicklichkeit, besondere Charaktere zu erfinden, begeisterten das internationale Publikum. 1973 erklärte Bowie dann abermals seinen Rücktritt vom popmusikalischen Geschehen, nur um dann im selben Jahr drei Alben zu veröffentlichen: *Aladdin Sane*, *Images 1966–1967* und *Pin ups*, die sich weit über eine Million Mal verkauften. In diesem Stil ging es dann bis heute weiter. Mit schöner Regelmäßigkeit veröffentlicht David Bowie Alben, die teils phantastisch und teils recht mittelmäßig, aber immer für eine Überraschung gut sind. Gleichzeitig startete der begabte Allround-Künstler eine Schauspielerkarriere mit Filmen wie *Der Mann, der vom Himmel fiel*, *Schöner Gigolo, armer Gigolo*, *Fury*, *Kopfüber in die Nacht* und *Labyrinth*, und begeisterte das Theaterpublikum mit seiner Darstellung der schwierigen Rolle des *Elephant man*.

Jahr	*Titel*	*USA*	*UK*	*D*
1969	Space oddity		5	
1972	Starman		10	
1972	John I'm only dancing		12	
1972	The Jean genie		2	37
1973	Drive-in saturday		3	
1973	Life on mars		3	39
1973	The laughing gnome		6	
1973	Sorrow		3	39
1973	Space oddity	15		
1974	Rebel rebel		5	33
1974	Knock on wood		10	
1975	Young americans	28	18	
1975	Fame	1	17	
1975	Space oddity		1	
1975	Golden years	10	8	
1977	Sound and vision		3	6
1979	Boys keep swinging		7	
1979	John I'm only dancing (Again 1975)		12	
1980	Ashes to ashes		1	9
1980	Fashion		5	34
1981	Scary monsters		20	
1981	Under pressure (mit → Queen)	29	1	21
1982	Peace on earth – Little drummer boy (mit Bing Crosby)		3	
1983	Let's dance	1	1	2
1983	China girl	10	2	6
1983	Modern love	14	2	27
1984	Blue Jean	8	6	21
1985	This is not America (mit der Pat Metheny Group)		14	5
1985	Loving the alien		19	27
1985	Dancing in the street (mit Mick Jagger)	7	1	5
1986	Absolute beginners		2	7
1986	Underground		21	20
1987	Day-in, day-out		17	25
1987	Time will crawl		33	57

The Box Tops

Alex Chilton, geb. 28. 12. 1950 in Memphis, Tennessee/USA, voc
Gary Talley, geb. 17. 8. 1947 in Memphis, Tennessee/USA, g
William Cunningham, geb. 23. 1. 1950 in Memphis, Tennessee/USA, b, ersetzt 1969 durch Swain Scharfer
Daniel Smythe, dr, ersetzt 1967 durch Thomas Boggs, geb. 16. 7. 1947 in Wynn, Arkansas/USA
John Evans, keyb, ersetzt 1967 durch Rick Allen, geb. 28. 1. 1946 in Little

Rock, Arkansas/USA, ersetzt 1969 durch Harold Cloud

Die Gruppe wurde Mitte der 60er Jahre von diversen Schulfreunden gegründet. Star war natürlich Alex Chilton mit seiner absolut »schwarzen« Stimme. Die meisten Mitglieder hatten bereits einschlägige musikalische Erfahrungen. Rick Allen z. B. war kurzzeitig Mitglied der → Gentrys gewesen und hatte bei deren Hit *Keep on dancing* die Orgel gespielt. 1967 bekamen die Box Tops einen Plattenvertrag, veröffentlichten *The letter* und hatten damit prompt einen Nr.-1-Hit. Danach verließen Smythe und Evans die Gruppe, um weiterzustudieren. Bis 1970 hatten die Box Tops mit ihrem sog. Blue-Eyed Soul noch etliche Hits zu verzeichnen, dann löste sich die Band auf. Alex Chilton, der inzwischen gerade 19 Jahre alt war, ging nach New York und gründete die Formation Big Star. Zwei von der Kritik hochgelobte Alben veröffentlichte die Band 1973, *Big star I* und *Radio City*, doch leider waren die LPs kein kommerzieller Erfolg. Also löste sich auch Big Star auf, und Alex Chilton arbeitete künftig als Solist in Memphis.

Jahr	*Titel*	*USA*	*UK*	*D*
1967	The letter	1	5	5
1968	Cry like a baby	2	15	14
1969	Soul deep	18	22	

Tommy Boyce & Bobby Hart

Tommy Boyce, geb. 29. 9. 1944 in Charlottesville, Virginia/USA, voc

Bobby Hart, geb. 1944 in Phoenix, Arizona/USA, voc

Im Alter von zwölf Jahren kam Tommy Boyce mit seiner Familie nach Hollywood. Seine Eltern waren Sänger, sein Vater hatte gar eine eigene Country- und Westernband. Er brachte Tommy das Gitarrespielen bei. Noch als Schuljunge schrieb Tommy einen Song, der 1959 für → Fats Domino ein Nr.-1-Hit wurde: *Be my guest*. Von da an war Tommy der Weg ins Musikgeschäft geebnet. 1962 nahm er seine erste Single namens *I'll remember Carol* auf, die allerdings ein Flop wurde.

Bobby Hart ist der Sohn eines Predigers, und so ist es kein Wunder, daß er zuerst von Kirchenmusik beeinflußt wurde. Nach seiner Army-Zeit ging Bobby nach Hollywood, um als Musiker Karriere zu machen, stellte aber bald fest, daß das nicht so einfach war, und nahm einen Job in einer Firma an, die Plattenetiketten druckte. Tommy und Bobby lernten sich kennen und entdeckten schnell, daß sie ein goldenes Händchen beim Schreiben von Songs für andere hatten. Das Team Boyce/Hart schrieb den größten Teil der Hits der → Monkees, ließ sich *Pretty little angel eyes* für → Curtis Lee einfallen, *Peaches and cream* für die → Ikettes, und *Come a little bit closer* für → Jay And The Americans.

1967 traten Tommy Boyce und Bobby Hart dann doch auch einmal gemeinsam vors Mikrophon, nahmen ihren Song *Out & about* auf und hatten damit einen respektablen Nr.-39-Erfolg in Amerika. Als nächstes schrieben und sangen sie 1968 den Titelsong für den → Dean-Martin-Film *The Ambushers* – und diesmal wurde die Rückseite nicht nur ein Hit, sondern auch ein Millionenseller: *I wonder what she's doing tonite.*

Nach zwei weiteren nicht so erfolgreichen Platten entschlossen sie sich, künftig wieder nur im Hintergrund zu arbeiten. Mit großem Erfolg: Bis Mitte 1968 hatten die beiden über 300 Songs geschrieben, von denen über 42 Millionen Platten verkauft worden waren.

Jahr	*Titel*	*USA*	*UK*	*D*
1967	Out & about	37		
1968	I wonder what she's doing tonite	8		
1968	Alice Long (You're still my favorite girlfriend)	27		

Jacqueline Boyer

geb. 1941 in Paris/Frankreich, voc

Die bezaubernde Jacqueline mit dem reizenden Stimmchen stammt aus einer musikalischen Familie: Ihre Mutter war die berühmte Chansonette Lucienne Boyer. Mit 19 Jahren machte Jacqueline das erste Mal international auf sich aufmerksam: Sie gewann den Grand Prix d'Eurovision mit ihrem Lied *Tom Pillibi*. Vor allen Dingen das deutsche Publikum war von der süßen Französin begeistert, und so verlegte sich Jacqueline erfolgreich auf das Singen von deutschen Schlagern, mit niedlichem französischen Akzent natürlich. Doch Ende der 60er Jahre war auch ihre große Zeit vorbei. Diverse Comeback-Versuche verliefen im Sande.

Jahr	*Titel*	*USA*	*UK*	*D*
1960	Tom Pillibi			21
1963	Mitsou			8
1969	Mucho amore			10

Los Bravos

Antonio Martinez, geb. 3. 10. 1945 in Madrid/Spanien, g
Manuel Fernandez, geb. 29. 9. 1943 in Sevilla/Spanien, org
Miguel Vicens Danus, geb. 21. 6. 1944 in Mallona/Spanien, b
Pablo Gomzez, geb. 5. 11. 1943 in Barcelona/Spanien, dr
Mike Kogel, geb. 25. 4. 1945 in Berlin/Deutschland, voc, g

Los Bravos waren die erste spanische Gruppe, die international auf vordere Plätze der Charts kam. Das spanisch/deutsche Quintett wurde 1965 gegründet und setzte sich aus zwei verschiedenen Gruppen zusammen. Die vier Spanier kamen von Los Sonor, der deutsche Leadsänger von The Runaways. Praktisch aus dem Stand waren Los Bravos in Spanien die Nr. 1 der Rockgruppen. Der große internationale Erfolg kam 1966, als die fünf ein englisches Lied der Herren Tony Hayes und Steve Wadey aufnahmen, das in England keiner hatte haben wollen: *Black is black*. Es wurde ein Millionenseller. Es blieb der einzige Superseller der Band.

Jahr	*Titel*	*USA*	*UK*	*D*
1966	Black is black	4	2	4
1966	I don't care		16	15

Bread

David Gates, geb. 11. 12. 1940 in Tulsa, Oklahoma/USA, voc, g

James Griffin, geb. in Memphis, Tennessee/USA, g
Robb Royer, geb. in Los Angeles, Kalifornien/USA, g, b, 1971 ersetzt durch Larry knechtel, geb. in Bell, Kalifornien/USA
James Gordon, dr, ersetzt 1969 durch Michael Botts, geb. in Sacramento, Kalifornien/USA

Diese Band entstand aus Studiomusikern. Robb Royer, Jim Griffin und David Gates hatten alle drei bereits einige Erfahrungen auf diesem Gebiet, als sie in den 60er Jahren beschlossen, eine Gruppe zu gründen. David Gates war sogar schon richtig bekannt, da er 1963 für das Mädchen-Trio → Murmaids den Nr.-3-Hit *Popsicles and icicles* geschrieben und produziert hatte und auch für das *My one and only Jimmy boy* der Girlfriends verantwortlich zeichnete. Das Trio nannte sich Pleasure Faire, und die Herren Royer und Griffin schrieben praktisch alle Songs der Gruppe, leider ohne großen Erfolg. Erst 1969, als sie sich die Pseudonyme Robb Wilson und Arthur JAMES zulegten, landeten sie den großen Hit: Für den Film *Lovers and other strangers* (Liebhaber und andere Fremde) schrieben sie das Lied *For all we know*, das prompt mit dem Oscar ausgezeichnet wurde.
1971 wurde der Song für die Carpenters ein Nr.-3-Hit. 1969 nahm das nicht sonderlich erfolgreiche Trio namens Pleasure Faire noch einen vierten Mann, den Trommler James Gordon, dazu, änderte den Namen in Bread, ließ künftig David Gates die softigen Songs schreiben – und eine Supergruppe war geboren.
Von 1970 bis 1973 war das Quartett, mit teilweise wechselnder Besetzung, auf obere Plätze in den internationalen Charts abonniert. Dann löste sich die Band auf, jeder probierte es als Solist, nur um sich dann 1976 reumütig als Gruppe wieder zusammenzufinden. Der Nr.-9-Erfolg von *Lost without your love* gab ihnen recht. Auch andere waren mit Bread-Songs erfolgreich. Telly Savalas kam in Deutschland 1975 mit *If* auf Platz 4, Boy George und Ken Boothe hatten mit ihrer Version des Bread-Hits *Everything I own* 1987 bzw. 1974 einen Nr.-1-Bestseller.

Jahr	*Titel*	*USA*	*UK*	*D*
1970	Make it with you	1	5	
1970	It don't matter to me	10		
1971	If	4		
1971	Baby I'm-a want you	3	14	
1972	Everything I own	5	32	
1972	Diary	15		
1972	The guitar man	11	16	
1972	Sweet surrender	15		
1973	Aubrey	15		
1976	Lost without your love	9	27	

Brenda & The Tabulations

Brenda Payton, geb. in Philadelphia/USA, voc

Diese Vokalformation, bestehend aus Brenda Payton und drei Sängern, wurde Mitte der 60er Jahre in Philadelphia gegründet. Nachdem sich die Truppe durch viele Auftritte eine recht ansehnliche Gefolgschaft geschaffen hatte, bekam sie 1966 einen Plattenvertrag. Das

Quartett veröffentlichte eine ganze Reihe R & B-Bestseller, die sich allerdings fast ausschließlich nur in den Black Charts plazieren konnten. 1970 nahm der Schreiber, Arrangeur und Produzent VAN MCCOY die Gruppe unter seine Fittiche und maßschneiderte ihnen nochmals etliche Black-Hits.

Jahr	*Titel*	*USA*	*UK*	*D*
1967	Dry your eyes	20		
1971	Right on the top of my tongue	23		

Brewer & Shipley

MICHAEL BREWER, geb. 1944 in Oklahoma City, Oklahoma/USA, g, voc
THOMAS SHIPLEY, geb. 1942 in Mineral Ridge, Ohio/USA, g, voc

Beide Musiker stammen aus einem ruhigen, konventionellen Elternhaus. Beide wuchsen mit Folk- und Country-Music auf. Beide verdienten sich Anfang der 60er Jahre ihr Geld als Folk-Musiker, bis dann ab Mitte der 60er diese Art von Musik »aus der Mode« kam und die entsprechenden Lokale eines nach dem anderen zumachte. Doch beide gaben nicht auf, versuchten ihr Glück in Los Angeles – und trafen sich zufällig. Sie verstanden sich gut, beschlossen ein Duo zu gründen, und 1968 erschien die erste LP, die nur kurz *Brewer & Shipley* hieß. Das Album wurde recht erfolgreich. Hatte das erste Album noch aus einer Reihe von Demo-Sessions bestanden, spielten auf der zweiten LP *Weeds* (1970) bereits Größen wie MIKE BLOOMFIELD (g) und NICKY HOPKINS (keyb) mit. Anfang 1971 erschien dann das dritte Album *Tarkio*, das mit *One toke over the line* auch einen Single-Bestseller enthielt. Auch die nächsten Alben *Shake off the demon* (1972) und *Rural space* (1973) verkauften sich sehr gut. Dann trennte sich das Duo für eine Weile. Inzwischen haben die beiden aber mit Ehefrauen und Kinder wieder zusammengefunden und bewirtschaften gemeinsam eine Farm in der Nähe von Kansas City, Missouri.

Jahr	*Titel*	*USA*	*UK*	*D*
1971	One toke over the line	10		

Pierre Brice

geb. 1929 in Brest/Frankreich, voc

Der gutaussehende Franzose ist eigentlich Schauspieler. Er absolvierte in Paris die Schauspielschule und arbeitete gelegentlich auch als Fotomodell und Tänzer. In Deutschland wurde Pierre Brice durch die Winnetou-Filme zum Star. Mit wehendem Haupthaar, markigen Gesichtszügen, immer edel, hilfreich und gut, eroberte er vor allen Dingen die Herzen des weiblichen Publikums. Natürlich durfte er daraufhin auch Platten machen. Es waren meist sanfte, eher gesprochene als gesungene Lieder, voller Sehnsucht und Verzicht, das Ganze vorgetragen mit kehligem französischem

Jahr	*Titel*	*USA*	*UK*	*D*
1965	Ich steh' allein			9

Akzent. Heute widmet sich Pierre Brice nur noch der Schauspielerei und tourt des öfteren mit Boulevard-Stücken durch die Lande.

Corry Brokken

geb. in Holland, voc, g

Das Markenzeichen der holländischen Sängerin war ihre klare, unverwechselbar kräftige Stimme, mit der sie zu Herzen gehende Gefühle ausdrücken konnte. Ihren ersten Hit hatte sie 1960 mit der deutschen Version von → Edith Piafs Millionenseller *Milord*. Der zweite große Erfolg kam dann 1965 mit der deutschen Version von → Charles Aznavours Millionenseller *La Mamma*.

Jahr	*Titel*	*USA*	*UK*	*D*
1960	Milord			12
1965	La Mamma			9

Brooklyn Bridge

→ Johnny Mastrangelo »Maestro«, geb. 7. 5. 1939 in Brooklyn, New York/USA, leadvoc
Les Cauchi, geb. 18. 12. 1942 in New York City/USA, voc
Fred Ferrara, geb. 6. 10. 1940 in New York City/USA, voc
Jim Rosica, geb. 22. 4. 1947 in New York City/USA, g
Marty D'Amico, keyb
Ed Liscandro, g
Jimmy Sarle, g
Richard Bono, sax, fl
Lou Agiesta, dr

Jonny Maestro, der Sänger mit der dramatischen Stimme, war in den 50er Jahren der Leadsänger der → Crests gewesen, die ja mit *Sixteen candles* 1958 einen Nr.-2-Hit gehabt hatten. 1960 hatte sich Maestro von den Crests getrennt, um eine Solokarriere einzuleiten, aber damit wurde es nichts. Und so beschloß er Mitte der 60er Jahre, wieder eine eigene Begleitband auf die Beine zu stellen, und das waren die Del-Satins. 1968 beteiligten sich Johnny Maestro und seine Del-Satins an einem Talent-Wettbewerb in New York City und lernten dort die siebenköpfige Band The Rhythm Method kennen, die von Tom Sullivan angeführt wurde, dessen Ehefrau Carolyn Woods die Leadsängerin war. Nach dem Wettbewerb beschlossen sie, die beiden Gruppen zu vereinigen. Und als ihnen daraufhin jemand sagte, eine elfköpfige Band hätte genauso wenig Aussicht auf Erfolg wie die Brooklyn Bridge zu verkaufen, nannte sich die »Big Band« sofort Brooklyn Bridge. Der größte Hit der Formation war 1969 ein Lied, das Jim Webb bereits früher für die → 5th Dimension geschrieben hatte: *The worst that could happen*. Aber während die 5th Dimension nicht sonderlich erfolgreich damit war, war der Song für Brooklyn Bridge ein Millionenseller.

Jahr	*Titel*	*USA*	*UK*	*D*
1969	The worst that could happen	3		

The Brothers Four

Bob Flick, fiddle, voc
Mike Kirkland, bj, voc
John Paine, g, voc
Richard Foley, bongos, cymbals

Die Brothers Four, die gar keine Brüder sind, lernten sich im Herbst 1958 auf der Universität von Washington kennen. Sie beschlossen, eine Gruppe zu gründen, und traten zunächst nur bei Uni-Veranstaltungen auf. 1959 sangen sie in einem Club in San Francisco, und dort wurde der Manager von → Dave Brubeck auf die begabten vier Knaben aufmerksam. Er verschaffte ihnen einen Plattenvertrag, und als erstes veröffentlichten sie 1960 *Greenfields*, ihren größten Hit.

Jahr	*Titel*	*USA*	*UK*	*D*
1960	Greenfields	2	40	

Arthur Brown

Arthur Wilton, geb. 24. 6. 1944 in Whitby, Yorkshire/England, voc, p, b

Der »verrückte« Arthur stammt aus einer gutbürgerlichen Familie. Vom Vater lernte er Klavierspielen, ging brav zur Schule und dachte in keiner Weise daran, eine musikalische Karriere einzuschlagen. Im Gegenteil, er schrieb sich am College für das Fach Jura ein, aber dort flog er bald hinaus, zum einen wegen mangelnder Leistungen und zum anderen wegen seiner recht seltsamen Art von Humor. Danach schlug sich Arthur als Gelegenheitsarbeiter durchs Leben, packte Bücher ein, wischte öffentliche Toiletten, wusch Geschirr. Schließlich probierte er es abermals mit der Universität, schaffte sogar einen Abschluß in Philosophie und gründete eine Rockband, um mit ihr auf Parties zu spielen. Aber erst nach einem Job als Lehrer, der für ihn ausgesprochen unbefriedigend war, gründete er seine erste professionelle Band, The Crazy World Of Arthur Brown. Damit führte er eine ungemein amüsante Mischung aus Rockmusik und Slapstick-Shock-Komödie auf. Als Pete Townshend von den → Who The crazy world of Arthur Brown auf der Bühne sah, verschaffte er der Truppe sofort einen Plattenvertrag.
Doch so amüsant die Formation auf der Bühne auch war, mit den Platten klappte es nicht so recht. Der einzige Hit war 1968 die groteske Horror-Nummer *Fire*. Verantwortlich für diesen Millionenseller war der englische Keyboarder Vincent Crane, der den Song geschrieben hatte und der später mit seiner eigenen Band Atomic Rooster Karriere machte. Auch Carl Palmer war zeitweise Mitglied von The crazy world of Arthur Brown; später machte er bei Emerson, Lake & Palmer Karriere. Nach einer fürchterlichen US-Tournee löste sich die Formation auf, und Arthur Brown versuchte 1970 sein Glück mit der Gruppe Kingdom Come, von der er sich 1973 wieder trennte. Anschließend trieb er sich in der Welt herum, spielte u. a. auch Gitarre für die israelischen Truppen, absolvierte einen sechsmonatigen Kurs in Meditation und bekam 1975 schließlich wieder einen Plattenvertrag, allerdings ohne größeren Erfolg. 1975 durfte er

auch eine kleine Rolle in der Verfilmung der Who-Rockoper *Tommy* spielen.

Jahr	*Titel*	*USA*	*UK*	*D*
1968	Fire	2	1	3

James Brown

geb. 3. 5. 1928 in Macon, Georgia/USA oder 17. 6. 1928 in Pulaski, Tennessee/USA, voc

James Brown, »America's Soul Brother Nr. 1« oder »Mr. Dynamite«, wie er sich gerne nennen läßt, war ein Phänomen. Er ist klein, keineswegs schlank und ziemlich häßlich, aber er war ein wahnwitziger Tänzer und Sänger. Seine Musik ist reiner, unverfälschter Soul, ohne kommerzielle Verwässerung. Sein R & B ist wie die alten Gospel-Songs aufgebaut, nach dem Frage- und Antwortprinzip, und er ist immer laut und heiß.
James Browns Eltern waren sehr arm, und so schlug er sich mit allerlei Gelegenheitsjobs durch, wobei er auch vor Raub oder Autodiebstahl nicht zurückschreckte. Die Verdienstmöglichkeiten für Schwarze waren damals nicht sehr zahlreich. Einen Ausweg aus dieser Misere, die ihn mehr als nur einmal mit dem Gesetz in Konflikt brachte, waren entweder Sport oder Musik. Brown wählte die Musik. In den 40er Jahren tourte er mit Gospel-Gruppen, lernte Schlagzeug und Orgel spielen. Mitte der 50er Jahre gründete er seine Gruppe THE FAMOUS FLAMES. 1955 bekam er einen Plattenvertrag und seine erste Single *Please please please* wurde 1956 ein Hit, der erste in einer endlos langen Reihe von Erfolgen. Er wurde zum Idol der Schwarzen, er brachte die heißeste Show der damaligen Zeit und füllte mühelos die größten Arenen, allerdings fast ausschließlich mit schwarzen Zuhörern, die Weißen ignorierten ihn. Erst Anfang der 60er Jahre wurde er auch dem weißen Publikum ein Begriff, vor allen Dingen in England und auf dem Kontinent. Er begann ein vielfältiges Imperium aufzubauen, bestehend aus Rundfunkstationen, Plattenfirmen und Restaurantketten. James Brown war eine Größe geworden, mit der man rechnen mußte.
Als nach dem Tod von MARTIN LUTHER KING in Boston und Washington, D.C. Massenunruhen drohten, holte man Mr. Brown, um die aufgebrachten schwarzen Massen zu beruhigen. Er war der erste schwarze Sänger, der zur Truppenbetreuung nach Vietnam flog, er wurde ins Weiße Haus eingeladen und erhielt eine handschriftliche Danksagung von LYNDON B. JOHNSON. James Brown hat Millionen von Platten verkauft und gehörte 30 Jahre lang zu den schwarzen Superstars, und zwar zu denen, die sich um keinen Preis bei den Weißen anbiederten.
1985 feierte er nochmals ein glanzvolles Comeback: In dem SYLVESTER-STALLONE-Film *Rocky IV* hatte er einen Gastauftritt mit dem Titelsong *Living in America*, der prompt ein Hit wurde. Doch in den letzten Jahren hatte er nicht mehr viel Glück. Sein Imperium zerfiel, das Geld zerrann ihm unter den Händen, er machte mehr durch Skandale als durch Können von sich reden. Als er schließlich 1988 einmal zu oft mit einer Schußwaffe herumfuchtelte, kam er vor Gericht und wurde zu mehreren Jahren Gefängnis verurteilt, jedoch bald wieder entlassen.

James Brown Foto: Polydor

Jahr	*Titel*	*USA*	*UK*	*D*
1963	Prisoner of love	18		
1965	Papa's got a brand new bag	8	25	
1965	I got you (I feel good)	3	29	
1966	It's a man's man's man's world	8	13	
1967	Cold sweat	7		
1968	I got the feelin'	6		
1968	Licking stick – Licking stick	14		
1968	Say it loud – I'm black and I'm proud	10		
1969	Give it up or turn it loose	15		
1969	I don't want nobody to give me nothing	20		
1969	Mother Popcorn	11		
1970	Get up I feel like being like a sex machine	15	32	29
1970	Super bad	13		
1971	Hot pants	15		21
1972	Get on the good foot	18		
1974	The payback	26		
1986	Living in America	4	5	12
1988	The payback mix		12	

The Browns

Jim Edward Brown, geb. 1. 3. 1934 in Pine Bluff, Arkansas/USA, voc
Maxine Brown, geb. 27. 4. 1932 in Pine Bluff, Arkansas/USA, voc
Bonnie Brown, geb. 7. 6. 1936 in Pine Bluff, Arkansas/USA, voc

Die Geschwister Jim und Maxine Brown gewannen Anfang der 50er Jahre einen Talentwettbewerb und beschlossen, künftig im Duett zu singen. 1955 stieß die kleine Schwester Bonnie dazu, und das Trio bekam einen Plattenvertrag. *I take the chance* hieß 1956 ihre erste Single. Doch dann mußten die drei Browns bis 1959 warten, bis sie ihren ersten großen Hit verbuchen konnten. Das war *The three bells*, eine zu Herzen gehende Ballade über den Lebensweg eines Mannes. Das Lied war bereits 1945 in Frankreich entstanden und hieß eigentlich *Les trois cloches*. Die berühmte Chanson-Sängerin → Edith Piaf hatte damit einen Hit, in Deutschland wurde daraus *Wenn die Glocken hell erklingen*, und es war sogar in drei verschiedenen Versionen in der Hitparade: von Lys Assia, → Ralph Bendix und Wolfgang Sauer. Maxine und Bonnie leiten heute ein florierendes Aufnahme-Studio in Little Rock, Arkansas, während Bruder

Jim weiter beim Singen geblieben ist. Aus ihm wurde der Country-Star JIM ED BROWN.

Jahr	*Titel*	*USA*	*UK*	*D*
1959	The three bells	1	6	19
1959	Scarlet ribbons (For her hair)	13		
1960	The old lamplighter	5		

Dave Brubeck

geb. 6. 12. 1920 in Concord, Kalifornien/USA, p

Dave Brubeck gehört zu den populärsten amerikanischen Jazz-Musikern. Als Kind begann der jüngste von drei Brüdern mit dem Klavierspielen, was kein Wunder war, denn seine Mutter gehörte zu den bekanntesten Klavierlehrerinnen in San Francisco. Klassik und Jazz gehörten zu Daves Lieblingsmusikarten. Er studierte an diversen Colleges und Universitäten Musik, zu seinen Lehrern gehörte u. a. auch ARNOLD SCHÖNBERG.
Er spielte auch bei der Army weiter, und als er dann 1946 wieder in die Heimat zurückkehrte, gründete er ein Jazz-Trio, das er THE 8 nannte. Inzwischen war er mit seiner College-Freundin LOLA MARIE WHITLOCK verheiratet. 1953 nahm Dave Brubeck noch ein viertes Mitglied in seine Band auf, nannte die Formation jetzt DAVE BRUBECK QUARTETT und war damit bald der heißeste Tip in der ganzen Gegend, kurz darauf auch in den ganzen Staaten.
1961 kam Dave Brubeck mit seinem Quartett sogar in die Pop-Charts, und zwar mit einem Instrumental, das ein Gruppenmitglied, der hervorragende Saxophonist PAUL DESMOND, geschrieben hatte: *Take five*. Der Titel wurde ein internationaler Millionenseller. Heute lebt Dave Brubeck mit seiner Frau Lola und seinen sechs Kindern in Kalifornien. Des öfteren geht er noch auf Tournee, allerdings begleiten ihn jetzt seine Söhne: DARIUS am Piano, CHRIS am Baß und DANNY am Schlagzeug.

Jahr	*Titel*	*USA*	*UK*	*D*
1961	Take five	25	6	
1962	Unsquare dance		14	

Jack Bruce

geb. 14. 5. 1943 in Glasgow/Schottland, b

Bruce war einer der besten Baßgitarristen der 60er und 70er Jahre. Der Schotte lernte bereits als Kind, den Baß zu spielen, und ging dann, wie so viele, Anfang der 60er nach London, um sein Glück zu machen. Dem Rhythm & Blues galt seine große Liebe, und natürlich schaffte er es, in die Band zu kommen, die diese Musikart auf ihre Fahnen geschrieben hatte: → ALEXIS KORNER. Danach schloß Bruce sich → GRAHAM BOND an, wo er sich mit → GINGER BAKER, dem Schlagzeuger der Band, anfreundete. 1964 dann gehörte Bruce zu den Originalmitgliedern der ersten Blues-Band von → JOHN MAYALL. Ebenfalls dazu gehörte der Gitarrist → ERIC CLAPTON. Doch Mitte der 60er Jahre gehörte Blues immer noch zu den exotischen

Jack Bruce Foto: Archiv

Musikarten, und John Mayall war mit seinen BLUESBREAKERS seiner Zeit einfach zu weit voraus, um die breite Öffentlichkeit gewinnen zu können. Doch 1966 hatte sich das Blatt schon etwas gewendet, und in diesem Jahr verließen Clapton und Bruce Mayall, um mit Ginger Baker die → CREAM zu gründen, wobei Bruce vorher ein 6-monatiges Gastspiel bei der → MANFRED MANN BAND gab. Cream war eine der erfolgreichsten Bands der späten 60er Jahre, und ein Großteil der Hits war von Jack Bruce geschrieben worden. Im Dezember 1968 löste sich Cream nach einem Abschiedskonzert in der Royal Albert Hall in London auf. Ab 1969 beschäftigte sich Bruce immer abwechselnd mit verschiedenen Bands und als Solist. Er veröffentlichte etliche hörenswerte Alben wie z. B. *Songs for a tailor* (1969), *Things we like* (1970), *Harmony row* (1971), *Out of the storm* (1974).

Heidi Brühl

geb. 30. 1. 1942 in München/Deutschland, voc, gest. 8. 6. 1991 in Starnberg, Deutschland

Auch Heidi Brühl gehört zu den Stars, die bereits von Kindesbeinen an auf der Bühne standen: Ihre ersten öffentlichen Auftritte absolvierte sie als Tänzerin im zarten Alter von sechs Jahren. Sie wurde als Tänzerin ausgebildet und 1955 für den Film entdeckt: Als herzige, aber freche Blondine eroberte sie als *Mädel vom Immenhof* die Herzen des deutschen Publikums. 1956 war ihre Tanzausbildung abgeschlossen, und sie stürzte sich auf das nächste Fach, und das war Gesang. Sie ließ sich bei FRITZ WUNDERLICH ausbilden und hatte 1959 mit *Chico chico Charlie* ihren ersten Hit. Der ganz große Erfolg kam dann 1960 mit dem Nr.-1-Hit und Millionenseller *Wir wollen niemals auseinandergehn*. Danach interessierte sich auch das Ausland für die begabte junge Entertainerin, und Heidi Brühl bekam eine Rolle in dem amerikanischen Film *Captain Sindbad*. Sie heiratete den amerikanischen Schauspieler BRETT HALSEY und tourte mit ihrer One-Woman-Show jahrelang durch Amerika. Nach ihrer Scheidung kehrte Heidi Brühl Ende der 70er Jahre wieder nach Deutschland zurück und war 1981 mit dem Disco-Titel *You're a part of my heart* abermals in der deutschen Hitparade. Am 8. Juni 1991 unterzog sich der blonde Publikumsliebling einer Krebsoperation, wachte jedoch nicht mehr aus der Narkose auf. Heidi Brühl wurde nur 49 Jahre alt.

Jahr	*Titel*	*USA*	*UK*	*D*
1959	Chico chico Charlie			5

Jahr	Titel	USA	UK	D
1959	Wir werden uns finden			20
1960	Wir wollen niemals auseinandergehn			1
1961	Das kann morgen vorbei sein			14
1962	Tag für Tag bekomme ich drei Rosen			15
1966	Hundert Mann und ein Befehl			8

Anita Bryant

geb. 25. 3. 1940 in Tulsa, Oklahoma/ USA, voc

Die hübsche Anita begann bereits als Kind mit dem Singen, trat des öfteren bei öffentlichen Veranstaltungen auf und hatte bald den Spitznamen »Oklahoma's red feather girl«. Sie gewann etliche Talentwettbewerbe und war anschließend regelmäßig im lokalen Fernsehen. Dabei wurde sie von Arthur Godfrey entdeckt, der sie für seine Talentshow in New York buchte. Auch dort war die süße Anita die Siegerin. Das zahlte sich 1958 aus, da wurde sie nämlich beim Schönheitswettbewerb »Miss Oklahoma«, und bei der anschließenden Auswertung für die »Miss Amerika« landete sie immerhin auf Platz 2. 1959 bekam sie ihren ersten Plattenvertrag und nahm *Till there was you* auf, ein Lied aus dem Musical *The music man*. Es wurde Anita Bryants erster Millionenseller. Auch ihre beiden 60er Hits, *Paper roses* und *In my little corner of the world*, verkauften sich ebenfalls millionenfach. 1960 heiratete sie auch Bob Green, einen Discjockey aus Miami, von dem sie heute aber geschieden ist.

Jahr	Titel	USA	UK	D
1959	Till there was you	30		
1960	Paper roses	5	24	
1960	In my little corner of the world	10	48	
1960	Wonderland by night	18		

Bubble Puppy

Rod Prince, g
Todd Potter, g
Roy Cox, b
M. Taylor, dr, perc, ersetzt 1971 durch David Fore

Das Quartett war eine Psychdedelic-Punk-Rock-Band aus Austin in Texas. 1968 bekam die Formation einen Plattenvertrag und veröffentlichte das Album *Gathering promises*. Es enthielt den Single-Hit *Hot smoke and sassafrass*. Doch ehe die Karriere der Bubble Puppy noch richtig in Schwung gekommen war, machte ihre Plattenfirma Pleite. Zwei Jahre zogen sich die neuen Verhandlungen dahin, dann tauschte die Band den Schlagzeuger aus und gab sich einen neuen Namen: Demian. Sie machten ein Album mit gleichem Namen, doch das verkaufte sich so schlecht, daß sich die Gruppe kurz danach auflöste.

Jahr	Titel	USA	UK	D
1969	Hot smoke and sassafrass	14		

The Buckinghams

DENNIS TUFANO, geb. 11. 11. 1948 in Chicago, Illinois/USA, voc
DENNIS MICCOLI, geb. 2. 11. 1947 in Chicago, Illinois/USA, keyb, ersetzt durch MARTIN GREBB
NICHOLAS FORTUNE, geb. 4. 5. 1946 in Chicago, Illinois/USA, b
CARL GIAMARESE, geb. 21. 8. 1947 in Chicago, Illinois/USA, g
JON JON PAULOS, geb. 31. 3. 1948 in Chicago, Illinois/USA, dr, gest. 26. 3. 1980 in Chicago

Die Band aus Chicago fand sich Mitte der 60er Jahre zusammen, spielte eifrig in diversen Clubs, hatte bald eine treue Fangemeinde, und daraus resultierte schließlich 1966 ein Plattenvertrag. Bereits die erste Single, *Kind of a drag*, wurde 1967 ein Nr.-1-Hit. 1967 konnte die Formation noch vier weitere Top-20-Hits verbuchen. Dann wechselten die Buckinghams 1967 die Plattenfirma und bekamen JAMES WILLIAM GUERCIO als Songschreiber und Produzenten. Guercio war früher Mitglied von → FRANK ZAPPAS → MOTHERS OF INVENTION gewesen. Doch trotz Guercios fachkundiger Anleitung konnten sie die 67er-Erfolge in den folgenden Jahren nicht mehr wiederholen, und Guercio wendete seine Aufmerksamkeit einer neuen, erfolgversprechenden Band namens → CHICAGO zu. Die Buckinghams verschwanden in der Versenkung. Dennis und Carl taten sich dann für eine Zeit zusammen und nahmen unter dem Namen TUFANO & GIAMARESE ein paar Platten auf. Ihr *Music everywhere* erreichte 1973 in USA aber lediglich Platz 68. 1975 versuchten die Buckinghams dann ein Comeback, aber ohne Erfolg.

Jahr	*Titel*	*USA*	*UK*	*D*
1967	Kind of a drag	1		
1967	Don't you care	6		
1967	Mercy, mercy, mercy	5		
1967	Hey, Baby (They're playing our song)	12		
1967	Susan	11		

Buffalo Springfield

→ STEPHEN ARTHUR STILLS, geb. 3. 1. 1945 in Dallas, Texas/USA, g, voc
NEIL YOUNG, geb. 12. 11. 1945 in Toronto, Ontario/Kanada, g, voc
RICHARD FURAY, geb. 9. 5. 1944 in Dayton, Ohio/USA, g, voc
DEWEY MARTIN, geb. 30. 9. 1952 in Chesterville, Ontario/Kanada, dr
BRUCE PALMER, geb. in Ontario, Kanada, b, ersetzt 1966 durch JAMES MESSINA, geb. 5. 12. 1947 in Maywood, Kalifornien/USA

Diese Rock-Band der späteren Superstars entstand 1966 durch einen Zufall. Stephen Stills und Richard Furay standen in Los Angeles mitten im dicksten Berufsverkehr, aus Langeweile studierten sie die Zulassungsschilder der anderen Autos, und plötzlich entdeckte Furay das Schild eines Freundes aus Kanada: Neil Young. Neil war in Begleitung seines Freundes Palmer, und alle vier beschlossen spontan, eine Band aufzumachen. Sie engagierten noch den

Trommler Dewey Martin, und fertig war die Band, die sie zunächst THE HERD nannten und kurz danach Buffalo Springfield. Diese Bezeichnung hatten sie auf einer Dampfwalze entdeckt.
Zu diesem Zeitpunkt hatte Bruce Palmer bereits die Nase voll und ging, und für ihn kam der Bassist Jim Messina. 1966 gab's auch bereits einen Plattenvertrag, und die erste Single *For what it's worth* und das dazugehörige Album wurden Bestseller. Buffalo Springfield war die neue Superband des Rock. Doch bereits Mitte 1967 ging die Truppe wieder auseinander, was die Plattenfirma jedoch nicht daran hinderte, noch bis Ende 1968 früher aufgenommenes Material zu veröffentlichen.
Der weitere Werdegang der Mitglieder ist ja schon Legende; Stephen Stills und Neil Young wurden zunächst Mitglieder von → CROSBY, STILLS, NASH & YOUNG, ehe sie dann ebenfalls gefragte Solo-Stars wurden; Jim Messina und Richie Furay gründeten POCO, anschließend tat sich Jim Messina mit KENNY LOGGINS zu dem höchst erfolgreichen Duo LOGGINS & MESSINA zusammen, und Richie Furay gründete die SOUTHER-HILLMAN-FURAY-BAND, ehe er auf den religiösen Trip geriet und nur noch Gospel Music aufnahm.

Jahr	*Titel*	*USA*	*UK*	*D*
1967	For what it's worth	7		

Solomon Burke

geb. ca. 1935 in Philadelphia, Pennsylvania/USA, voc

Solomon, der aus einer tiefreligiösen Familie stammt, fiel schon als Kind wegen seiner schönen Singstimme auf. Mit neun Jahren war er bereits Solist im Kirchenchor und entwickelte eine weitere Fähigkeit: seine Beredsamkeit. Mit zwölf Jahren war der kleine Solomon weit und breit bekannt als »The wonderboy preacher«. Innerhalb kürzester Zeit hatte er seine eigene Kirche, »Solomon's Temple«, und verkündete seine christlichen Botschaften jede Woche im Radio. Dadurch wurde ein Discojockey auf ihn aufmerksam, der ihm einen Plattenvertrag verschaffte. Burkes erste Veröffentlichung war ein Gospel-Song, den er für seine Großmutter zu Weihnachten geschrieben hatte: *Christmas presents from heaven*. Doch erst ab 1960 winkte ihm das musikalische Glück, und zwar nicht mit Gospel, sondern mit Soul und R & B, beides vermengt mit einem tüchtigen Schuß Pop. Der Erfolg gab dem inzwischen recht üppig gewordenen farbigen Sänger recht: Der Prediger Solomon Burke avancierte sehr schnell zum internationalen Pop-Star, der nicht nur das schwarze, sondern auch das weiße Publikum begeisterte. Er füllte auf seinen Tourneen die größten Hallen, und praktisch jede seiner Veröffentlichungen wurde zumindest auf dem schwarzen Markt ein Hit. In Baltimore wurde der ordinierte Priester 1964 sogar zum »King of Rock'n'Soul« ausgerufen. Ab den 70er Jahren begann sein Stern zu verblassen, obwohl er auch in den 80er Jahren immer wieder ein Comeback versuchte.

Jahr	*Titel*	*USA*	*UK*	*D*
1961	Just out of reach	24		
1963	If you need me	37		
1964	Goodbye, Baby	33		

1965	Got to get you off my mind	22
1965	Tonight's the night	28

Johnny Burnette

geb. 25. 3. 1934 in Memphis, Tennessee/USA, voc, g
gest. 14. 8. 1964 in Clear Lake, Kalifornien/USA

Der gutaussehende Interpret machte sich zunächst als Boxer einen Namen, ehe er sich Anfang der 50er Jahre der Musik zuwandte. Zusammen mit seinem Bruder Dorsey an der Baßgitarre und seinem Freund Paul Burlison an der elektrischen Gitarre bildete er The Johnny Burnette Trio. Doch die drei frönten nur abends ihren musikalischen Leidenschaften, tagsüber arbeiteten sie brav in Memphis als Elektriker. Bei derselben Firma arbeitete auch ein Schulfreund von ihnen als Lastwagenfahrer. Der Name dieses Schulfreundes war → Elvis Presley.
1956 fuhr das Trio nach New York in der Hoffnung, dort Karriere zu machen. Sie gewannen diverse Talentwettbewerbe und bekamen auch einen Plattenvertrag. *The train kept-a-rollin* hieß eine ihrer ersten Platten 1956. Doch der große Durchbruch gelang ihnen nicht, und so löste sich das Trio 1959 auf. Dorsey Burnette versuchte sich als Solist und hatte 1960 mit *(There was a) Tall oak tree* einen Nr.-23-Erfolg in USA, es blieb sein einziger größerer Hit. Dorsey Burnette starb am 19. August 1979 in Los Angeles an einem Herzinfarkt. Johnny Burnette dagegen entwickelte sich innerhalb kürzester Zeit als Solo-Star. Sein früher Tod setzte einer vielversprechenden Karriere ein Ende: Johnny Burnette starb am 14. August 1964 beim Fischen im Clear Lake in Kalifornien. Dorsey und Johnny Burnette hatten sich übrigens auch als Schreiber für andere einen Namen gemacht. Aus ihrer gemeinsamen Feder stammten u. a. die → Ricky-Nelson-Hits *Waitin' in school*, *Believe what you say* und *Just a little too much*. Doch auch in den 80er Jahren wird der Name Burnette hochgehalten: Johnnys Sohn Rocky Burnette hatte 1980 in USA einen Nr.-8-Hit mit der Rock-Nummer *Tired of toein' the line*.

Jahr	*Titel*	*USA*	*UK*	*D*
1960	Dreamin'	11	5	
1960	You're sixteen	8	3	
1961	Little boy sad	17	12	
1961	God, country and my baby	18		

Jerry Butler

geb. 8. 12. 1939 in Sunflower, Mississippi/USA, voc

Seine Kindheit verbrachte der farbige Soul-Star Jerry Butler in Chicago. Dort besuchte er auch eine Handelsschule und schloß mit einem Diplom des Gaststättengewerbes ab. Sein größter Wunsch war es, Manager eines Restaurants zu werden. Doch dann traf er 1957 in der Traveling Souls Spiritualistic Church Curtis Mayfield und Sam Gooden. Die drei stellten fest, daß ihre

Singstimmen recht gut zusammenpaßten, holten sich noch den Sänger FRED CASH dazu und nannten sich künftig THE ROOSTERS. Noch im selben Jahr wurde daraus → THE IMPRESSIONS.

Die Vokaltruppe bekam einen Plattenvertrag und hatte 1958 bereits einen Hit: *For your precious love*, das Jerry Butler geschrieben hatte und bei dem er auch als Leadsänger fungierte. Nach diesem Erfolg beschloß Butler, künftig auf Solopfaden zu wandeln, und Curtis Mayfield wurde neuer Leadsänger und Songschreiber der Impressions. 1960 hatte Jerry Butler den ersten einer langen Reihe von Hits: *He will break your heart*, ein Song, den er zusammen mit Curtis Mayfield verfaßt hatte. Von 1960 bis 1964 und dann wieder von 1967 bis 1972 war er ständig in den Charts vertreten. Zwei Millionenseller gehen auf Jerry Butlers Konto: sein 69er-Hit *Only the strong survive* und das 72er-Duett *Ain't understanding mellow* mit BRENDA LEE EAGER.

Jahr	*Titel*	*USA*	*UK*	*D*
1958	For your precious love (mit den Impressions)	11		
1960	He will break your heart	7		
1961	Moon River	11		
1962	Make it easy on yourself	20		
1964	Let it be (mit → BETTY EVERETT)	5		
1968	Never give you up	20		
1968	Hey, Western Union man	16		
1969	Only the strong survive	4		
1969	What's the use of breaking up	20		
1972	Ain't understanding mellow (mit Brenda Lee Eager)	21		

The Byrds

JAMES JOSEPH »ROGER« MCGUINN III, geb. 13. 7. 1942 in Chicago, Illinois/USA, leadvoc

DAVID VAN CORTLAND CROSBY, geb. 14. 8. 1941 in Los Angeles, Kalifornien/USA, g

EUGENE CLARKE, geb. 17. 11. 1944 in Tipton, Missouri/USA, g

CHRISTOPHER HILLMAN, geb. 4. 12. 1942 in Los Angeles, Kalifornien/USA, b

MICHAEL CLARK, geb. 3. 6. 1944 in New York City/USA, dr

Die Byrds waren die erste Gruppe, die Folk-Music auf elektronisch verstärkten Instrumenten spielte und die damit den sog. Folk-Rock ins Leben rief. Das war 1965 eine völlig neue Musikart, die als große Konkurrenz für die → BEATLES betrachtet wurde. Die einzelnen Mitglieder waren bei der Gründung der Byrds im Sommer 1964 bereits »alte Hasen« im Geschäft. Mike Clark war einer der begehrtesten Jazz-Trommler der Westküste; Chris Hillman hatte bereits mit seiner eigenen Band THE HILLMEN Erfolg gehabt; Gene Clarke war Mitglied der renommierten → NEW CHRISTY MINSTRELS gewesen, zu denen ja auch → BARRY MCGUIRE und → KENNY ROGERS gehört hatten; Roger McGuinn hatte jahrelang mit dem CHAD MITCHELL TRIO und → BOBBY DARIN getourt; und → DAVID CROSBY hatte sich eine Zeit als recht populärer Folk-Sänger durchs Leben geschlagen.

Anfang 1965 brachten die Byrds ihre Version eines → Bob-Dylan-Songs heraus: *Mr. Tambourine Man.* Es wurde ein Nr.-1-Hit und Millionenseller. Die nächste Dylan-Nummer *All I really want to do* erreichte dagegen nur Platz 40. Dann suchten sich die Byrds eine Pete-Seeger-Adaption des Buches Salomonis namens *Turn! Turn! Turn!* aus und hatten abermals einen Superseller. Die nächsten Hits schrieb dann in erster Linie Roger McGuinn.
Anfang der 70er Jahre löste sich die Band auf. Doch während des siebenjährigen Bestehens der Byrds war in der Gruppe ein ständiges Kommen und Gehen. Als erster ging Gene Clarke, um das Duo Dillard & Clarke zu gründen. 1968 ging Mike Clark, für ihn kam Kevin Kelly. Schon 1967 ging David Crosby, um sich → Crosby, Stills, Nash & Young anzuschließen, für ihn kam Gram Parsons. Aber auch ihn hielt es nicht lange, und als er 1968 ging, nahm er Chris Hillman mit, um die → Flying Burrito Brothers ins Leben zu rufen. Dafür kam Clyde »Skip« Battin, der als eine Hälfte des Duos → Skip & Flip Hits wie *It was I* (1959) und *Cherry pie* (1960) gehabt hatte. Skip blieb Roger McGuinn bis 1973 treu.

Jahr	*Titel*	*USA*	*UK*	*D*
1965	Mr. Tambourine man	1	1	2
1965	All I really want to do	40	4	27
1965	Turn! Turn! Turn!	1	26	8
1966	Eight miles high	14	24	
1971	Chestnut mare		19	

C

Cactus

Rusty Day, harm
Jim McCarty, g
Carmine Appice, dr
Tim Bogert, b

Das Quartett wurde 1969 von Appice und Bogert gegründet, die gerade → Vanilla Fudge verlassen hatten. Es war sozusagen die Ausweichband für den ursprünglichen Plan, zusammen mit → Jeff Beck und Rod Stewart eine Band zu machen, was ja daran scheiterte, daß Beck durch einen selbstverschuldeten Autounfall für zwei Jahre außer Gefecht gesetzt wurde. Day und McCarty hatten vorher bei → Mitch Ryder & The Detroit Wheels gespielt; davor war Day bei den → Amboy Dukes und McCarty bei Buddy Miles gewesen. Cactus war eine Heavy-Rock-Band, die von den einen hochgelobt, von den anderen aber als »viertklassige → Led Zeppelin oder »Grand Funk für Arme« abgetan wurde. 1972 löste sich die Band wieder auf, und Appice und Bogert taten sich mit Beck endlich zur Beck, Bogart And Appice Band zusammen. Zu der 1973 entstandenen Gruppe New Cactus gehörte keines der Originalmitglieder.

Glen Campbell

geb. 22. 3. 1936 in Delight, Arkansas/ USA, voc, g, b, vi, dr, harm, mandoline

Der blonde Glen wurde als siebter Sohn eines siebten Sohnes in einer Familie mit zwölf Kindern geboren. Es war eine sehr musikalische Familie, jeder spielte irgendein Instrument, und so war es kein Wunder, daß Glen bereits als Sechsjähriger wie ein alter Profi bei Tanzveranstaltungen und im Rundfunk auftrat. Als er älter wurde, spielte er zunächst ein paar Jahre in der Western-Band seines Onkels Dick Bills, dann stellte er seine eigene Band zusammen. 1960 machte er sich auf den Weg nach Kalifornien und schloß sich einer Gruppe namens → The Champs an. *Turn around, lock at me* hieß 1961 seine erste Single, die allerdings eher ein Flop wurde. 1968 nahmen die → Vogues dieses Lied noch einmal auf und hatten einen Millionenseller damit. Glen jedoch ließ nach diesem Mißerfolg das Singen erst einmal sein und stellte seine beachtlichen Talente lieber als Studiomusiker zur Verfügung. Er erspielte sich innerhalb kürzester Zeit einen ausgezeichneten Ruf und stand mit Stars wie → Nat »King« Cole und → Ffrank Sinatra im Studio.

1967 trat Glen Campbell dann wieder vors Mikrophon und sang *Gentle on my mind*, das ihn zumindest einigermaßen bekannt machte, ebenso wie die nächste Single, *By the time I get to Phoenix*, die 1967 immerhin Platz 26 erreichte. Von 1968 bis 1977 konnte Glen Campbell mit seinen countrymäßig angehauchten Soft-Songs insgesamt vier Millionenseller landen. In dieser Zeit gehörte er zu den amerikanischen Superstars, heute ist sein Glanz etwas geschwunden, aber in Las Vegas sorgt er immer noch für volle Häuser.

Jahr	*Titel*	*USA*	*UK*	*D*
1968	Wichita lineman	3	7	
1969	Galveston	4	14	
1969	Try a little kindness	23	45	
1969	All I have to do is dream (mit → Bobby Gentry)	27	3	
1970	Honey come back	19	4	
1970	It's only make believe	10	4	
1971	Dream baby (How long must I dream)	31	39	
1975	Rhinestone cowboy	1	4	31
1975	Country boy (You got your feet in L.A.)	11		
1977	Southern nights	1	28	18
1977	Sunflower	39		19

Can

Irmin Schmidt, geb. 29. 5. 1937, org
Michael Karoli, geb. 29. 4. 1948 in der Schweiz, g
Holger Czukay, geb. 24. 3. 1938, b
Jaki Liebezeit, geb. 26. 5. 1938, dr
Damo Suzuki, geb. 16. 6. 1950 in Japan, voc

Zusammen mit Tangerine Dream gehörte Can in den 60er Jahren zu den einzigen deutschen Bands, die international, vor allen Dingen in England, anerkannt wurden. Gegründet wurde die Formation 1968 in Köln. Sämtliche Mitglieder waren musikalisch ausgebildet. Schmidt hatte acht Jahre lang beim Neutöner und Elektronik-Fachmann KARLHEINZ STOCKHAUSEN studiert, war Theaterkapellmeister gewesen, hatte mit Symphonieorchestern gearbeitet und sich schließlich voller Talent und Experimentierlust auf die Rockmusik gestürzt; Karoli erwarb sich seine ersten musikalischen Meriten als Jurastudent bei Schweizer Jazz- und Pop-Bands; auch Czukay war Student bei Stockhausen gewesen; Liebezeit stellte seine Talente vor Can bereits prominenten Jazzern wie CHET BAKER und dem MANFRED-SCHOOF-Quintett zur Verfügung; der Japaner Suzuki war jahrelang als Musiker durch die Welt gereist, wobei er seine Talente als Gitarrist, Saxophonist und Klarinettist unter Beweis stellte. Suzuki löste 1970 den farbigen Amerikaner MALCOLM MOONEY als Sänger ab, da Mooney krank wurde.

Typisch für Can war ein sparsamer Stil, der durch sich ständig wiederholende rhythmische Figuren und einfache Harmonien verstärkt wurde. Lange, geradezu hypnotische Improvisationen, elektronische Klanggespinste, aber auch dramatischen Rock bot die Band. Aufgenommen wurde im eigenen Studio, ohne Bevormundung durch Plattenfirma, Toningenieur, Produzent oder Manager. *Monster movie* hieß die erste LP 1970, die im Eigenvertrieb verteilt wurde und die Formation als Underground-Band etablierte. Nach und nach entwikkelte sich die Formation zur gefragten Filmmusik-Lieferantin. 1972 erschien z. B. das Album *Soundtracks*, das lediglich erfolgreiche Filmmusiken der Can enthielt, darunter natürlich auch zu dem Film *Deep end* und ihren Single-Hit *Spoon*, der Themamelodie des DURBRIDGE-Fernsehkrimis *Das Messer*. 1973 verließ Suzuki die Gruppe, und Schmidt und Karoli teilten sich künftig die Vocal-Parts. Ende der 70er Jahre trennte sich Can, die einzelnen Musiker machten als Solisten oder bei anderen Bands weiter. Irmin Schmidt schreibt auch weiterhin erfolgreiche Filmmusiken, 1989 z. B. für die Fernseh-Serie *Reporter*.

Jahr	*Titel*	*USA*	*UK*	*D*
1971	Spoon			8
1976	I want more		26	

Canned Heat

ROBERT HITE, geb. 26. 2. 1945 in Torrance, Kalifornien/USA, voc, gest. 6. 4. 1981 in Los Angeles
HENRY VESTINE, geb. 25. 12. 1944 in Washington, D.C./USA, g
ALAN WILSON, geb. 4. 7. 1943 in Boston, Massachusetts/USA, g, gest. 3. 9. 1970
LAWRENCE TAYLOR, geb. 26. 6. 1942 in New York City/USA, b
ADOLFO DE LA PARRA, geb. 8. 2. 1946 in Mexico City/Mexiko, dr

1966 taten sich in Kalifornien der »umfangreiche« Bob Hite, Spitzname »The Bear«, und Al »Blind Owl« Wilson zusammen, um künftig als Blues-Duo aufzutreten. Wilson galt bereits als erstklassiger Fachmann für alten Blues. Anfang 1967 nahmen die beiden Vestine, Taylor und den Trommler FRANK COOK auf, um die weiße Blues-Band Canned Heat zu gründen. Innerhalb kürzester Zeit erspielte sich die Truppe eine große Anhängerschaft, bekam einen Plattenvertrag, und noch im Jahr 1967 erschien das Debüt-Album *Canned heat*.

Anfang 1968 wurde Cook durch den mexikanischen Trommler de la Parra ersetzt, und in dieser Besetzung entstand die zweite LP *Boogie with Canned Heat,* die auch den ersten Single-Hit *On the road again* enthielt, ein Lied, das von Wilson komponiert und mit seiner charakteristischen hellen Stimme auch gesungen wurde. Auch der zweite Single-Hit *Going up the country* 1968/69 stammte von Wilson.
1969 gab's die nächste Umbesetzung: Vestine ging, und für ihn kam der berühmte Detroiter Gitarrist Harvey Mandel. 1970 gab's den nächsten Single-Erfolg für Canned Heat, Wilbert Harrisons *Let's work together*, und einen schweren Schlag: Am 3. September 1970 beging Al Wilson Selbstmord. Danach herrschte bei der Gruppe nicht nur große Verwirrung, sondern auch ein ständiges Kommen und Gehen von diversen Bandmitgliedern. Erst 1976 kehrte eine gewisse Ruhe ein mit Bob Hite, seinem Bruder Richard Hite am Bass, Chris Morgan an der Gitarre und Gene Taylor an den Keyboards. Doch trotz des Durcheinanders erschienen in den Jahren 1970 bis 1976 einige sehr hörenswerte Blues-LPs von Canned Heat, wie z. B. *Hocker'n'Heat* 1971, eine Gemeinschaftsarbeit mit dem amerikanischen Blues-Veteranen John Lee Hooker; *Historical figures and ancient heads* 1972; *One more river to cross* 1974. Am 6. April 1981 starb der stark übergewichtige Leadsänger Bob Hite in Los Angeles an einem Herzinfarkt.

Jahr	*Titel*	*USA*	*UK*	*D*
1968	On the road again	16	8	13
1968	Going up the country	11	19	
1970	Let's work together	26	2	6

Freddy Cannon

Frederick Anthony Picariello, geb. 4. 12. 1940 in Revere, Massachusetts/USA, voc

Mit 17 Jahren fing Freddy mit dem Singen an, gründete sogar seine eigene Band, fuhr aber hauptberuflich Lastwagen. Ein Discjockey aus Boston sah Freddy bei einem seiner lokalen Auftritte, war von ihm begeistert und überzeugte ihn davon, es mit einer Sangeskarriere zu versuchen. Also nahm Freddy das Lied *Tallahassee Lassie* auf, das seine Mutter geschrieben hatte – und hatte damit seinen ersten Hit. Ab 1959 war Freddy Cannon ein neuer Star am amerikanischen Rock-Himmel. Bis 1965 konnte er sich mit schöner Regelmäßigkeit mit seinen tempramentvollen Rock-Titeln in den Charts plazieren. Einer seiner größten Hits war 1962 *Palisades Park*, den er zur Eröffnung des gleichnamigen Freizeits-Parks herausgebracht hatte. 1981 versuchte Freddy Cannon ein Comeback. Er tat sich mit den → Belmonts (von → Dion & The Belmonts) zusammen und veröffentlichte die Single *Let's put the fun back in Rock 'n' Roll*, allerdings ohne nennenswerten Erfolg.

Jahr	*Titel*	*USA*	*UK*	*D*
1959	Tallahassee Lassie	6	17	
1959	Way down yonder in New Orleans	3	3	
1960	The urge		18	
1962	Palisades Park	3	20	
1964	Abigail Beecher	16		
1965	Action	13		

The Capitols

DONALD NORMAN, g
RICHARD MITCHELL, p, org
SAMUEL GEORGE, leadvoc, dr, gest. 17. März 1982
alle drei aus Detroit, Michigan/USA

Alle drei Mitglieder hatten bereits in diversen Highschool-Bands gesungen, ehe sie sich im Januar 1966 zu einer eigenen Gruppe zusammenschlossen. Bereits bei einem ihrer ersten Auftritte wurden sie von einem Plattenverantwortlichen gehört und bekamen einen Vertrag. *Hello stranger* hieß die A-Seite der Single, ein Lied, das bereits 1963 ein Top-10-Hit für → BARBARA LEWIS gewesen war. Als B-Seite nahm man eine Eigenkomposition der Band, den Dance-Song *Cool jerk*, den der Gitarrist Don Norman unter dem Namen DON STORBALL geschrieben hatte. Die B-Seite wurde bezeichnenderweise der Hit. Diesen Erfolg konnte das Trio nicht mehr wiederholen. Es verschwand allmählich in der Versenkung. 1982 starb der Leadsänger Samuel George in Detroit an den Folgen von Stichverletzungen.

Jahr	*Titel*	*USA*	*UK*	*D*
1966	Cool jerk	7		

The Capris

NICK »SANTO« SANTAMARIA, geb. 1941 in Ozone Park, New York/USA, voc
MIKE MINICELI, geb. 1941 in Ozone Park, New York/USA, voc
FRANK REINA, geb. 1940 in Ozone Park, New York/USA, voc
VIN NACCARATO, geb. 1940 in Ozone Park, New York/USA, voc
JOHN CASSESE, geb. 1941 in Ozone Park, New York/USA, voc

Die fünf Mitglieder lernten sich beim Baseballspielen in der New Yorker St. Anthony's Highschool kennen. Sie stellten fest, daß sie nicht nur mit dem Ball, sondern auch mit den Stimmbändern umgehen konnten, taten sich als Vokalgruppe zusammen und gaben sich den Namen The Capris, da sie als italienisch-stämmige Amerikaner ein Faible für die Insel Capri hatten. 1960 bekamen sie einen Plattenvertrag, und im Januar 1961 veröffentlichten sie ihren einzigen großen Hit *There's a moon out tonight*. Alle Mitglieder leben auch heute noch in der New Yorker Gegend, aber Mike ist das einzige Originalmitglied, das immer noch in einer Gruppe namens The Capris singt. Der ehemalige Leadsänger Nick Santo ist heute Polizist in New York City.

Jahr	*Titel*	*USA*	*UK*	*D*
1961	There's a moon out tonight	3		

The Caravelles

ANDREA SIMPSON, geb. 1946 in London/England, voc
LOIS WILKINSON, geb. 1944 in London/England, voc

Bis zum April 1963 waren die beiden Engländerinnen zwei ganz normale Angestellte bei einem Börsenmakler. Dann traten sie bei einer Firmenparty als Sängerinnen auf und hatten damit so viel Erfolg, daß ihnen jeder riet, es doch als Duo zu versuchen. Also probten sie und nahmen in mühevoller Kleinarbeit zu Hause ein Lied auf, das sie mit klopfendem Herzen an eine Plattenfirma schickten. Das Lied hieß *You don't have to be a baby to cry,* und der zu Herzen gehende Soft-Song wurde diesseits und jenseits des Ozeans ein Hit, der einzige. Ihren Namen gaben sich die beiden Mädels übrigens aus Bewunderung für das berühmte französische Flugzeug namens Caravelle.

Jahr	*Titel*	*USA*	*UK*	*D*
1963	You don't have to be a baby to cry	3	6	

Walter Carlos

geb. 14. 11. 1939 in Pawtucket, Rhode Island/USA, electronics

Walter Carlos hatte es 1968 mit einer gekonnten Mischung aus klassischen Kompositionen und elektronischen Musiktechniken geschafft, ein Bestseller-Album ungeahnten Ausmaßes zu fabrizieren. Er nahm Kompositionen von Johann Sebastian Bach, spielte sie auf dem von Dr. Robert A. Moog entwickelten Moog-Synthesizer und produzierte damit das Album *Switched on Bach*, das 1969 drei Grammies bekam: beste Produktion einer klassischen Platte, beste Aufnahme durch einen instrumentalen Solisten, bestes klassisches Album des Jahres.

In der amerikanischen Klassik-Hitparade konnte sich diese LP insgesamt 310 Wochen halten, also fast sechs Jahre lang, 94 Wochen davon, also fast zwei Jahre lang, war es dabei die Nr. 1; in den Pop-Charts war die LP 58 Wochen lang vertreten.

Walter Carlos hatte eigentlich Physik studiert, bis er anfing, Musiken für Werbespots zu schreiben und dann ganz bei der Musik hängen blieb. Carlos war es auch, der in dem im Jahr 1964 von Dr. Moog entwickelten Synthesizer die unglaublichen Möglichkeiten erkannte, die dieses Gerät in den folgenden Jahren für alle Arten von Unterhaltungsmusik praktisch unentbehrlich machte. Carlos, der übrigens Rock'n'Roll als »simplizistisch« verabscheut, erwärmte auch nach *Switched on Bach* die Herzen der Elektronik-Fans. So schrieb und produzierte er 1972 die Musik für den Stanley-Kubrick-Klassiker *A clockwork orange*. Neben à la Bach abgewandelten Beethoven-Tönen führte er darauf auch phantasievolle Eigenkompositionen vor. Ebenfalls 1972 brachte er das Album *Sonic seasonings* heraus, auf dem er mit umgearbeiteten Naturgeräuschen und zarter Meditationsmusik die vier Jahreszeiten beschrieb.

Howard Carpendale

Howard Victor Carpendale, geb. 14. 1. 1946 in Durban/Südafrika, voc

Der blonde, gutaussehende Sänger gehört zweifellos zu den beständigsten und erfolgreichsten deutschen Schlagerinterpreten. Sein Vater, Abgeordneter in Südafrika, erwartete zwar, daß Sohnemann Howie auch die politische Karriere einschlagen würde, aber der interessierte sich mehr für Musik und Sport. Und zwar zunächst in dieser Reihenfolge. Als er jedoch 1960 bei einem Nachwuchswettbewerb vor lauter Aufregung den Text vergaß, genierte er sich so, daß er sich anschließend nur noch sportlich zu betätigen wagte: Cricket, Rugby, Boxen und Leichtathletik waren seine Sparten. Doch 1963 gehörte er schon wieder zu einer Band, den KINSMEN, die zur beliebtesten Beatband von Südafrika gewählt wurde. Aber Howie wußte immer noch nicht, ob er nun Musik oder Sport machen sollte. Zum Studieren hatte er wenig Lust, und so fuhr er nach England, um dort Berufs-Cricketspieler zu werden. Doch statt in einer Cricketmannschaft, landete er in einer Band, kam im Zuge einer Tournee nach Deutschland – und blieb.

Er bekam 1967 einen Plattenvertrag, veröffentlichte 1967 die Single *Lebenslänglich* – und hatte einen Flop damit. Doch Howard gab nicht auf. Seine 69er-Songs *Ich geb' mir selbst 'ne Party* und *Indianapolis* belegten immerhin schon Rang 30 bzw. 34. Und mit *Das schöne Mädchen von Seite 1* gewann er 1970 das Deutsche Schlagerfestival und hatte seinen ersten Top-10-Hit. Von da an gehört der blonde Howard mit seinen zu Herzen gehenden Soft-Songs zu den Stars der deutschsprachigen Schlagerszene. Sein niedlicher englischer Akzent, den er auch nach über 20 Jahren noch nicht abgelegt hat, verhalfen ihm, zusammen mit den weichen Melodien, eingängigen Refrains und zärtlich-nachdenklichen Texten, zu einer großen Zahl von Hits. Seine Konzerte waren und sind immer ausverkauft, egal wie groß die Hallen sind. Seine LPs wurden stets mindestens mit Gold ausgezeichnet, er bekam zahlreiche Auszeichnungen wie den »Goldenen Löwen« von Radio Luxemburg, die »Goldene Europa« von der Europawelle Saar, den »Deutschen Schallplattenpreis 1979« für seine Komposition/Produktion . . . *dann geh doch*. Dazwischen fand der Familienvater immer noch Zeit, sich seiner Hobbies – Autorennen zu fahren und Golf zu spielen – zu widmen. Als Mitte der 80er Jahre sein Erfolg langsam etwas nachließ, beschloß er einen Imagewandel: Aus dem netten, gepflegten Softie wurde eine Art Sanges-HUMPHREY-BOGART mit gegurtetem Regenmantel und verletzlich-hartem Outlaw-Blick. Musikalisch spielte sich der Wandel zweisprachig in etwas härterem Stil ab, das Ergebnis hieß *Laura Jane*.

Jahr	*Titel*	*USA*	*UK*	*D*
1970	Das schöne Mädchen von Seite 1			6
1974	Da nahm er seine Gitarre			17
1974	Du fängst den Wind niemals ein			8
1975	Deine Spuren im Sand			3
1976	Fremde oder Freunde			20
1977	Tür an Tür mit Alice			8
1977	Nimm den nächsten Zug			16
1977	Ti amo			2
1978	. . . dann geh doch			15
1979	Nachts, wenn alles schläft			3

Jahr	Titel	USA	UK	D
1980	Wie frei willst du sein?			6
1980	Es geht um mehr			11
1981	Wem			9
1984	Hello again			5

Vikki Carr

Florencia Bisenta De Casillas Martinez Cardona, geb. 19. 7. 1941 in El Paso, Texas/USA, voc

Die Sängerin mit dem fast unaussprechlich langen Namen war das älteste von sieben Kindern. Mit vier Jahren hatte Klein-Vikki ihren ersten Auftritt, sie durfte in einem Weihnachts-Programm *Adeste fideles* und *Silent night* singen. Dann zog die ganze Familie nach Los Angeles, und Vikki belegte Musikkurse und nahm an musikalischen Aufführungen der Schule teil. Trotzdem machte sie nach ihrem Schulabschluß erst einmal eine Berufsausbildung und wurde Buchhalterin in einer Bank.

Als von einem Nachtclub in Palm Springs eine Sängerin für eine Tournee mit dem Pepe Callahan Orchestra, einer mexikanisch-irischen Kapelle, gesucht wurde, bewarb sich Vikki und wurde unter 30 Mitbewerberinnen ausgewählt. Drei Jahre lang tourte sie durch die amerikanischen Vergnügungszentren wie Reno, Las Vegas, Lake Tahoe und Hawaii. Anschließend war sie der Meinung, nun auch für eine Plattenkarriere bereit zu sein und schickte Demobänder an diverse Firmen. Sie bekam prompt einen Plattenvertrag und hatte mit ihrer ersten Single vor allen Dingen in Australien sehr viel Erfolg. Von Australien drang ihr Ruhm nach England und von da aus wieder in ihr Heimatland Amerika. Es folgten erfolgreiche Auftritte in diversen wichtigen TV-Shows, wie bei Bing Crosby und Ray Anthony, und dann hatte Vikki Carr es endgültig geschafft, ein internationaler Star zu sein. Ihr größter Hit war 1967 *It must be him*, ein Lied, das im Original aus Frankreich stammt und *L'étoile* heißt.

Jahr	Titel	USA	UK	D
1967	It must be him	3	2	
1969	With pen in hand	35	40	

Clarence Carter

geb. Januar 1936 in Montgomery, Alabama/USA, voc, g

Der hochbegabte farbige Musiker und Sänger ist von kleinauf blind. Er brachte sich selbst das Gitarrespielen bei, sang in einem Gospel-Chor und schloß eine Musikausbildung ab. Zusammen mit seinem Freund Calvin Thomas bildete er das Duo Clarence & Calvin. Die beiden produzierten auch Platten, jedoch ohne größeren Erfolg. Als Calvin Thomas bei einem Autounfall schwer verletzt wurde und länger nicht auftreten konnte, versuchte Clarence Carter es als Solist – und diesmal hatte er Erfolg. Mit *Slip away* und *Too weak to fight* hatte er 1968 zwei Millionenseller, sein wohl berühmtestes Lied namens *Patches* wurde 1970 sein dritter.

Clarence Carter ist übrigens auch ein

erfolgreicher und begabter Arrangeur, Songschreiber und Musiker. Er spielt nicht nur Gitarre, sondern auch Klavier und Orgel. Seine Arrangements verfaßt er in der Blindenschrift Braille, die dann für die Studiomusiker in Noten übertragen wird.

Jahr	*Titel*	*USA*	*UK*	*D*
1968	Slip away	6		
1968	Too weak to fight	13		
1970	Patches	4	2	

The Cascades

John Gummoe
Eddie Snyder
Dave Stevens
David Wilson
Dave Zabo
alle fünf aus San Diego, Kalifornien/ USA

Das Quintett war bereits im südlichen Kalifornien sehr bekannt, als es 1962 einen Plattenvertrag bekam. Die fünf Musiker, die nicht nur die ganz besonders sanften Sangestöne, sondern auch ihre Instrumente hervorragend beherrschten, waren in ihrem Stammlokal »The Peppermint Stick« entdeckt worden. John Gummoe ließ sich *Rhythm of the rain* einfallen, das 1963 ihr erster und einziger Hit und Millionenseller wurde.

Jahr	*Titel*	*USA*	*UK*	*D*
1963	Rhythm of the rain	3	5	

Johnny Cash

geb. 26. 2. 1932 in Kingsland, Arkansas/ USA, voc, g

Johnny Cash, der wohl berühmteste und erfolgreichste Country-Sänger der neueren Zeit, wuchs auf einer Farm auf. Schon in jungen Jahren sang er und schrieb Songs. Als er in der Highschool war, trat er dann bereits im Radio auf. Dann kam er zur Army, verbrachte drei Jahre seiner Dienstzeit in Deutschland und trat sowohl in seiner Kaserne als auch in diversen deutschen Clubs auf.
Johnny Cashs professionelle Karriere als Country-Interpret begann 1955, nach seiner Entlassung aus der Air Force. Er nahm zwar in Memphis den bürgerlichen Beruf eines Verkäufers für Elektroartikel an, gründete aber doch seine Band, die Tennessee Two, zu der der Gitarrist Luther Perkins und der Bassist Marshall Grant gehörten. Das Trio wendete sich an Sam Phillips, den Besitzer der berühmten Sun-Records, der zu dieser Zeit gerade dabei war, zwei andere Rockabilly- bzw. Country-Newcomer unter die Fittiche zu nehmen, nämlich → Elvis Presley und Carl Perkins. Phillips ließ Johnny Cash mit seinen Mannen ein von Johnny geschriebenes Lied namens *Cry, cry, cry* aufnehmen, das im Süden der Staaten recht populär wurde. Sein großer Durchbruch kam 1956 mit der ebenfalls selbstgeschriebenen Nummer *I walk the line*, die ein Millionenseller wurde. Von 1956 bis 1959 kam praktisch jeder Song von Johnny Cash unter die Top 10 der Country & Western-Charts und größenteils auch in die Pop-Charts. Dann begann der Stern des

»Man In Black«, wie er sich gerne nennt, etwas zu verblassen. Doch 1963 half ihm seine spätere Ehefrau June Carter aus der Patsche, indem sie ihm den Millionenseller *Ring of fire* schrieb. Zu diesem Zeitpunkt hatte sich Johnny Cashs Band zur Tennessee Three vergrößert, der Schlagzeuger W.S. Holland war dazugekommen. Bis heute gehört Johnny Cash zu den internationalen Country-Stars, dessen immer noch zahlreiche Auftritte stets von einem begeisterten Publikum bejubelt werden.
Johnny Cash kann für sich auch in Anspruch nehmen, daß er einige Neuerungen in die Country-Musik eingebracht hat: Bei *Ring of fire* wagte er es als erster, den Tijuana-Brass-Sound in einen Country-Song einzubauen; mit seiner 68er Live-LP *At folsom prison* war zum ersten Mal ein Album in einem Gefängnis aufgenommen worden. Und mit seinem 69er Millionenseller *A boy namend Sue* hatte er ein Lied aufgenommen, dessen »unanständige Stellen« mit einem Piepslaut übertönt wurden und deswegen besonders auffällig waren, eine Praxis, die kurz danach allgemein üblich wurde.

Jahr	*Titel*	*USA*	*UK*	*D*
1956	I walk the line	17		
1958	Ballad of a teenage queen	14		
1958	Guess things happen that way	11		
1963	Ring of fire	17		27
1969	A boy named Sue	2	4	
1970	What is truth	19	21	
1972	A thing called love		4	
1976	One piece at a time	29	32	

Casinos

Gene Hughes, leadvoc
Glen Hughes
Ray White
Pete Boulton
joe Patterson
Mickey Denton
Bob Armstrong
Tom Matthews
Bill Hawkins
alle aus Cincinnati, Ohio/USA

Die beiden Brüder Gene und Glen Hughes formierten diese neunköpfige Band Anfang der 60er Jahre mit ihren Schulfreunden Ray, Pete und Joe. Die Teenager-Band erwarb sich in der Gegend von Cincinnati einen recht guten Ruf, und so gab es dann Mitte der 60er Jahre auch einen Plattenvertrag. Die Gruppe hatte nur keine Ahnung, was sie nun eigentlich auf Platte aufnehmen sollte, bis Gene Hughes eines Abends zu einem → Johnny-Nash-Konzert ging. Er hörte Johnny Nash den → John-D.-Loudermilk-Song *Then you can tell me goodbye* singen – und beschloß sofort, daß das die Single der Casinos werden sollte. Sie wurde es, und sie wurde 1967 ein Bestseller, der einzige der Formation.

Jahr	*Titel*	*USA*	*UK*	*D*
1967	Then you can tell me goodbye	6	28	

The Castaways

RICHARD ROBEY, geb. 1947, leadvoc, b
ROBERT FOLSCHOW, geb. 1947, leadg
ROY HENSLEY, geb. 1946, g
JAMES DONNA, geb. 1945, keyb
DENNIS CRASWELL, geb. 1947, dr
alle aus Minneapolis, Minnesota/USA

Die Mitglieder dieser Band trafen sich auf der Universität von Minnesota, gründeten Anfang 1965 eine Gruppe, um bei diversen Uni-Festen zu spielen, und im Sommer 1965 beschlossen sie, doch auch einmal eine Platte zu machen. Sie legten ihr Geld zusammen, nahmen das Lied *Liar, liar* auf, das ihr Keyboarder James Donna geschrieben hatte – und hatten damit einen Hit. Es blieb ihr einziger. 1966 mußten sie alle zur Army, und damit war das Ende der Castaways gekommen. Roy Hensley ist heute Folk-Sänger, James Donna arbeitet in einem Konstruktionsbüro und betätigt sich ab und zu noch als abendlicher Rock-Sänger, während Folschow und Craswell ebenfalls ganz im Geschäft geblieben sind und in Minneapolis ein Aufnahmestudio betreiben.

Jahr	*Titel*	*USA*	*UK*	*D*
1965	Liar, liar	12		

The Casuals

HOWARD NEWCOMB, geb. 1945 in Lincoln/England, g, voc
JOHN TEBB, geb. 1945 in Lincoln/England, p, org, voc
ALAN TAYLOR, geb. 1947 in England, b, voc
BOB O'BRIEN, geb. 1944 in England, dr, voc

1958 taten sich Howard und John in Lincoln zu einem Duo zusammen. Tagsüber arbeiteten sie in ihren erlernten Berufen als Drucker bzw. Elektrotechniker, abends spielten sie zusammen. Anfang der 60er Jahre stieß dann Alan zu ihnen. Als Trio nannten sie sich The Casuals und gingen nach London, um Karriere zu machen. Doch das klappte nicht so ganz, und so ließen sie sich 1966 in Italien nieder und arbeiteten abwechselnd in Rom und Mailand. Aus dieser Zeit stammen Songs wie *Adios amore* und *Il sole non tra*, die sich recht gut verkauften. Im November 1967 stieß dann der Schlagzeuger Bob O'Brien zu ihnen, und Mitte 1968 glückte dem Quartett dann mit *Jesamine* der erste und einzige ganz große Hit.

Jahr	*Titel*	*USA*	*UK*	*D*
1968	Jesamine		2	9
1968	Toy		30	27

CCS

CCS ist die Abkürzung für Collective Consciousness Society. Diese reine Studio-Big-Band wurde 1970 von → ALEXIS KORNER, dem dänischen Sänger PETER THORUP, dem Produzenten → MICKIE MOST und dem Komponisten JOHN CAMERON ins Leben gerufen. Den ersten Hit hatte CCS 1970 mit einer Version von Led Zeppelins *Whole Lotta love*, die für die berühmte englische TV-Musik-Show »Top of the pops« als Thema verwendet wurde. Nach ein paar Hitparaden-Erfolgen löste sich die Band 1973 wieder auf.

Jahr	*Titel*	*USA*	*UK*	*D*
1970	Whole Lotta love		13	
1971	Walkin'		7	15
1971	Tap turns on the water		5	28
1972	Brother		25	
1973	Band played the boogie		36	

Adriano Celentano

geb. 6. 1. 1938 in Mailand/Italien, voc

Er ist zwar nicht schön, aber ungemein männlich, er singt zwar nicht rein, aber seine Reibeisenstimme ist ungeheuer erotisch: Die Rede ist natürlich von Italiens Superstar Adriano Celentano. Der ehemalige Boxer begann seine Sangeskarriere bereits 1957 als Elvis-Verschnitt: Im Mailänder Eis-Palast gab er am 18. Mai 1957 sein Debüt im Presley-Stil mit *Rock around the clock* bei einem »Rock Festival«. Von da an veröffentlichte er alle sechs Monate eine Platte, die sich regelmäßig hoch in den italienischen Charts plazieren konnte. Seine Plattenverkäufe bewegten sich grundsätzlich um die halbe Million: von *Nata per me* gingen 1962 450 000 Exemplare über den Ladentisch, von *Stai lontana da me,* seiner italienischen Version von *Tower of strength,* 600 000 Stück, von *Preghero* 1963 über 700 000. In den Jahren 1961, 1962, 1963 und 1964 war Adriano Celentano jeweils der bestverkaufte Interpret in bella Italia. Mit seinem 67er Nr.-1-Hit *La coppia piu' bella del mondo* hatte er sogar einen Millionenseller.

In Deutschland tauchte der Italiener, der sich auch als Schauspieler einen Namen gemacht hat, zum ersten Mal im Jahr 1962 mit dem Lied *Stai lontana da me* auf, das allerdings nur bis Rang 45 kam. Seine große Zeit hatte er in Deutschland dann 1967 und 1968 mit *Una festa sui prati* und vor allen Dingen mit dem unverwüstlichen Dauerbrenner *Azzuro*.

Adriano Celentano veröffentlicht immer noch mit schöner Regelmäßigkeit Platten, die zwar ebenso regelmäßig in Italien, aber nur noch selten in Deutschland in die Charts gehen. Dafür erfreuen sich seine inzwischen eher gemäßigten Rock-Songs häufigen Air-Plays. So landete seine 80er Veröffentlichung *Il tempo se ne va* sogar auf Platz 6 der Air-Play-Hitparade. 1982 hatte er dann im Duett mit Ehefrau Claudia Mori wieder einen Hit in Deutschland.

Jahr	*Titel*	*USA*	*UK*	*D*
1967	Una festa sui prati			10
1968	Azzuro			6
1982	Non succedera piu (mit Claudia Mori)			12

Chad & Jeremy

Chad Stuart, geb. 10. 12. 1943 in Durham/England, voc

JEREMY CLYDE, geb. 22. 3. 1944 in Bukkinghamshire/England, voc

Die beiden Engländer lernten sich Anfang der 60er Jahre auf einer Londoner Schauspielschule kennen. Sie fingen an, miteinander Folk-Musik zu machen, spielten in kleinen Clubs, und 1964 wurde bei einem derartigen Auftritt eine Plattenfirma auf sie aufmerksam. 1964 war ja bekanntlich das Jahr der »britischen Invasion« in Amerika, und so war es nicht schwer, für dieses britische Duo auch einen amerikanischen Plattenvertrag zu bekommen. Im selben Jahr erschien schon die erste Single von Chad & Jeremy namens *Yesterday's gone* – sie konnte sich zwar in USA, aber nicht in England plazieren. Und so blieb es auch fürderhin.
In ihrer Wahlheimat Amerika gehörten Chad & Jeremy zu den Stars – in England kannte sie kein Mensch. Als die → BEATLES 1967 mit ihrem *Sergeant-Pepper*-Album in der Pop-Musik neue Wege gingen, mochten auch Chad & Jeremy nicht zurückstehen und fingen an, ihren typisch britischen Soft-Beat zu ändern. Sie veröffentlichten ehrgeizige Konzept-Alben wie *Of cabbages and lings* (1967) und *Ark* (1968), die zwar von den Kritikern hochgelobt, von den Fans aber nicht gekauft wurden. Danach trennten sich dann die Wege der beiden. Jeremy Clyde besann sich wieder auf sein Schauspielstudium und wurde ein erfolgreicher Theaterschauspieler. Chad Stuart tat sich zunächst mit seiner Frau zu einem Duo zusammen, ließ das aber wegen mangelndem Erfolg schnell wieder sein und fing an, für musikalische Komödien zu schreiben.

Jahr	*Titel*	*USA*	*UK*	*D*
1964	Yesterday's gone	21		
1964	A summer song	7		
1964	Willow weep for me	15		
1965	Before and after	17		

Richard Chamberlain

GEORGE CHAMBERLAIN, geb. 31. 3. 1935 in Los Angeles, Kalifornien/USA, voc

Der gutaussehende Schauspieler mit der hinreißenden Figur und dem zärtlichen Softie-Image begann seine Filmkarriere Anfang der 60er Jahre mit einer Fernsehserie namens *Dr. Kildare*, in der er die Hauptrolle spielte. Und mit dem Thema-Song dieser Serie hatte er 1962 auch seinen ersten Hit. Richard Chamberlain singt so wie er aussieht: sanft, zärtlich, träumerisch. Und in diesem Stil waren auch seine nächsten Hits: die → ELVIS-Edelschnulze *Love me tender* und der → EVERLY-BROTHERS-Schleicher *All I have to do is dream*. Heute ist Mr. Chamberlain nur noch Schauspieler, ein weltweiter Star inzwischen, der in Deutschland vor allen Dingen die Herzen der holden Weiblichkeit mit der Darstellung des sündigen Priesters in *Dornenvögel* legionenweise zum Schmelzen brachte.

Jahr	*Titel*	*USA*	*UK*	*D*
1962	Theme from Dr. Kildare (Three stars will shine tonight)	10	12	
1962	Love me tender	21	15	

Jahr	*Titel*	*USA*	*UK*	*D*
1963	All I have to do is dream	14		
1963	Hi-Lili, Hi-Lo		20	
1963	True love		30	

Chambers Brothers

George Chambers, geb. 22. 9. 1931 in Flora, Mississippi/USA, b
Willie Chambers, geb. 2. 3. 1938 in Flora, Mississippi/USA, g
Joe Chambers, geb. 22. 8. 1942 in Scott County, Mississippi/USA, g
Lester Chambers, geb. 13. 4. 1940 in Flora, Mississippi/USA, perc
Brian Keenan, geb. 28. 1. 1944 in Yorkshire/England, dr

Die vier farbigen Brüder Chambers waren bis Anfang der 60er Jahre ganz brave Farmer in Mississippi. Dann zog der gesamte Clan nach Los Angeles, und die Gebrüder fingen mit dem Singen an. Zunächst sangen sie in ihrer Kirche und nahmen sogar einen Gospel-Song mit dem Titel *I trust in God* auf. Dann fanden sie immer mehr Gefallen an weltlichen Rhythmen und begannen, mit beachtlichem Talent eine mitreißende Mischung aus Gospel, Blues, Rock, Folk und Pop zu singen. Sie verpaßten sich ungemein bunte Kostüme, arbeiteten einen Bühnenakt aus und traten mit großem Erfolg in diversen New Yorker Discotheken auf. Bei einem derartigen Auftritt lernten sie auch den Trommler Brian Keenan kennen, den sie sofort in ihre Band aufnahmen. 1968 konnten sie dann ihren einzigen ganz großen Hit landen – *Time has come today*. Damit gehörten die Chambers Brothers zu den wenigen Soul-Gruppen, die vor allen Dingen beim Hippie-Publikum ankamen. Bis 1972 waren die Chambers Brothers vor allen Dingen als Live-Band mit ihren afro-rock-artigen Auftritten recht erfolgreich. Dann lösten sie sich auf, um sich 1976 wieder kurzfristig zusammenzutun.

Jahr	*Titel*	*USA*	*UK*	*D*
1968	Time has come today	11		
1968	I can't turn you loose	37		

The Champs

Dave Burgess, geb. in Lancaster, Kalifornien/USA, leadg
Dale Norris, geb. in Springfield, Mississippi/USA, g
Chuck Rio, s, ersetzt 1958 durch Jimmy Seals, geb. 17. 10. 1941 in Rankin, Texas/USA
Ben Norman, b, ersetzt 1958 durch Bobby Morris, geb. in Tulsa, Oklahoma/USA
Gen Alden, dr, ersetzt 1958 durch Dash Crofts, geb. 14. 8. 1940 in Cisco, Texas/USA

Das Quintett wurde Mitte der 50er Jahre in Kalifornien gegründet. 1957 bekamen die Champs einen Plattenvertrag, und 1958 hatten sie mit ihrer Debüt-Single *Tequila* einen weltweiten Millionenseller, der allein in Amerika fünf Wochen den 1. Platz der Charts belegte und den Grammy bekam für die beste R & B-

Platte des Jahres 58. Geschrieben hatte dieses Lied der Saxophonist der Band, Chuck Rio. Der zweite Titel, *El rancho rock*, kam zwar 1958 nur noch bis Rang 30, aber trotzdem beschloß Rio danach, als Solist weiterzumachen, und verließ die Formation. Für ihn kam Jimmy Seals, der im zarten Alter von zehn Jahren bereits Fiddle Champion von Texas gewesen war. Jimmy hatte mit seinem Freund Dash Crofts in einer Band namens Dean Beard & The Crew Cats gespielt, und als auch der Trommler Gen Alden das Handtuch warf, sorgte er dafür, daß Crofts seinen Platz erhielt. Die großen Hits blieben nach 1958 für die Champs zwar aus, und die Gruppe löste sich auch Mitte der 60er Jahre auf, aber Seals & Crofts blieben in Kontakt miteinander und bildeten ab 1970 das höchst erfolgreiche Soft-Rock-Duo Seals & Crofts, das mit Liedern wie *Summer breeze* (1972), *Diamond girl* (1973) und *Get closer* (1976) Top-10-Hits in USA hatte.

Jahr	*Titel*	*USA*	*UK*	*D*
1958	Tequila	1	5	16
1958	El rancho rock	30		
1960	Too much tequila	30	49	22
1962	Limbo rock	40		

Gene Chandler

Eugene Dixon, geb. 6. 7. 1937 in Chicago, Illinois/USA, voc

Der farbige Interpret begann im Alter von acht Jahren mit dem Singen. Im Laufe der nächsten Jahre scharte er immer wieder diverse Gruppen um sich, mit denen er auf Parties und in Clubs sang. 1960 wurde er von einer jungen Managerin namens Mrs. Williams entdeckt, die ihm auch einen Plattenvertrag verschaffte. Er sollte mit einer Vokalformation namens The Du-Kays singen. 1961 nahm er mit dieser Gruppe in Chicago den Titel *Nite owl* und als B-Seite seine Eigenkomposition *Duke of Earl* auf. Doch als ein Verantwortlicher der Plattenfirma diese Aufnahmen hörte, bestand er darauf, daß der Sänger als Solist groß herausgebracht werden sollte. Er ließ Mr. Dixon unter dem Künstlernamen Gene Chandler seinen *Duke of Earl* singen – und damit war ein R & B-Klassiker entstanden, der allein in USA 1962 drei Wochen lang den 1. Platz belegte und ein weltweiter Millionenerfolg wurde.

Auf seinen nächsten großen Hit mußte Gene Chandler dann acht Jahre lang warten: Erst 1970 gelang ihm mit *Groovy situation* ein gewaltiges Comeback. Der zärtliche Soul-Song erreichte zwar nur Rang 12 in den US-Charts, wurde aber ein Millionenseller. In England wurde *Duke of Earl* übrigens erst 1979 ein Hit, und auch da nicht in der Originalversion: Die Darts hatten damit 1979 einen Nr.-6-Hit.

Jahr	*Titel*	*USA*	*UK*	*D*
1962	Duke of Earl	1		
1964	Just be true	19		
1965	Nothing can stop me	18	41	
1970	Groovy situation	12		
1979	Get down		11	

Bruce Channel

geb. 28. 11. 1940 in Jacksonville, Texas/USA, voc, g

Der farbige Sänger, Songschreiber und Gitarrist begann im zarten Alter von fünf Jahren mit dem Singen und Gitarrespielen. Kurz danach zog seine Familie nach Dallas um, und Bruce trat bald regelmäßig bei Schulveranstaltungen und sonstigen örtlichen Festivitäten auf. Bruces Vater war der Meinung, daß sein Sohn mehr auf dem Kasten hätte, und nahm ihn zu einem Vorsingen für die berühmte Radioshow »Lousiana Hayride« mit. Bruce wurde sofort engagiert und blieb die nächsten sechs Monate ein fester Bestandteil dieser Show, die schon so vielen Talenten den Weg geebnet hatte. 1961 bekam Bruce dann einen Plattenvertrag, nahm das Lied *Hey! Baby!* auf, das er zusammen mit seiner Freundin Margaret Cobb geschrieben hatte, und hatte prompt einen Nr.-1-Hit und Millionenseller. Ein besonders eingängier Bestandteil dieses Songs ist der Mundharmonika-Part, der von niemand anderem als dem jungen Delbert McClinton gespielt worden war, der 1980 mit *Giving it up for your love* selbst einen Hit landen konnte.

Jahr	*Titel*	*USA*	*UK*	*D*
1962	Hey! Baby!	1	2	
1968	Keep on		12	

The Chantays

Brian Carman, gb. 1946
Bob Marshall, geb. 1945
Warren Waters, geb. 1944
Bob Spickard, geb. 1946
Bob Welch, geb. 1946
alle aus Santa Ana, Kalifornien/USA

Die fünf Knaben lernten sich auf der Highschool in Santa Ana kennen und beschlossen 1961, eine Band aufzumachen. 1963 hörte sie der Chef einer kleinen Plattenfirma, wie sie gerade das Instro mit dem Namen *Pipeline* spielten, das Carman und Spickard geschrieben hatten. Er war begeistert davon, gab dem Quintett einen Plattenvertrag, und die Chantays hatten einen kalifornischen Hit. Dadurch wurde der Titel wiederum vom Verantwortlichen einer überregionalen Plattenfirma gehört, der die Masterbänder kaufte und damit *Pipeline* zu einem all-amerikanischen Hit machte. Dem einzigen, den die Chantays jemals hatten.

Jahr	*Titel*	*USA*	*UK*	*D*
1963	Pipeline	4	16	

Jimmy Charles

geb. 1942 in Paterson, New Jersey/USA, voc

Der farbige Sänger begann seine musikalische Laufbahn mit elf Jahren in einem Gospelchor. Mit sechzehn nahm er an einem Nachwuchswettbewerb im berühmten Apollo-Theater in Harlem teil und gewann – und zwar vier Wochen hintereinander. Mit achtzehn Jahren wurde der Songschreiber PHIL MEDLEY auf ihn aufmerksam, ließ ihn den Song *A million to one* aufnehmen – und Jimmy hatte innerhalb kürzester Zeit einen Top-5-Hit. Diesen Erfolg konnte er nicht mehr wiederholen.

Jahr	*Titel*	*USA*	*UK*	*D*
1960	A million to one	5		

Ray Charles

RAY CHARLES ROBINSON, geb. 23. 9. 1930 in Albany, Georgis/USA, voc, p

Ray Charles ist einer der vielseitigsten amerikanischen Künstler. Er war sowohl im Soul, im Jazz und sogar im Country ein Wegbereiter. Es gibt fast keinen Interpreten und Künstler, der nicht in irgendeiner Art und Weise von Ray Charles profitiert hat. Seine Familie zog mit ihm, als er noch ein Baby war, nach Florida. Mit sechs Jahren erkrankte er schwer, als Resultat davon wurde er blind. Als er fünfzehn war, starben seine Eltern, und er wurde zur Waise. Er studierte Musik an einer Blindenanstalt und erlernte mit großer Hartnäckigkeit Notenschrift in der Blindenschrift Braille. Er widmete sich ebenso hartnäckig diversen Instrumenten und wurde bald ein wahrer Meister an Piano, Saxophon und Trompete. Sein größtes musikalisches Vorbild war → NAT »KING« COLE. Und als er mit siebzehn Jahren sein eigenes Trio gründete, spielte er ganz im Cole-Stil. Anfang der 50er Jahre hielt er sich in erster Linie in Seattle auf und kann für sich in Anspruch nehmen, der erste schwarze Jazzmusiker zu sein, der im weißen Nordwesten eine eigene Fernsehshow hatte. Mitte der 50er beschloß Ray Charles, auf sämtliche Vorbilder zu verzichten und etwas Eigenes zu kreieren. Er begann eine gewagte und mitreißende Mixture aus R & B, Jazz und Gospel zu spielen, die später als Anfänge des »Soul« in die Musikgeschichte eingehen sollte. Rigoros vermischte er den weltlichen Blues und den kirchlichen Gospel. Aus dem Kirchenlied *This little light of mine* machte er den sehr weltlichen Song *This little girl of mine*, aus dem Spiritual *My Jesus is all the world to me* wurde bei ihm das eindeutige *I've got a woman*.

Als Ray 1956 seine erste LP mit dem Titel *Hallelujah! I love her so* herausbrachte, war das praktisch eine Best-Of-Kopplung. Doch dann hatten sich seine Interessen schon wieder geändert: 1957 und 1958 brachte er hochgelobte instrumentale Jazz-Alben heraus, die mit dem Kritikerpreis der Fachzeitschrift »Downbeat« und dem »Grand Prix de Disque« der Académie Française ausgezeichnet wurden. 1959 war er dann wieder auf dem R & B-Trip. *What'd I say* wurde zu Recht sein erster Top-10-Erfolg, eine Nummer, die heute noch zu seinen stärksten Titeln gehört.

Aber 1962 hatte sich Mr. Charles, der inzwischen den Beinamen »The Genius« bekommen hatte, bereits wieder anderem zugewendet: Er veröffentlichte zwei Alben mit Country-Songs. Er war der erste schwarze Sänger, der sich in diesen rein weißen Musikbereich einzubrechen traute. Als die Plattenhändler seine

Single *I can't stop loving you* erhielten, ein Lied, das bereits 1958 ein Millionenseller für den Songwriter → Don Gibson gewesen war, hielten sie das ganze zunächst für einen Scherz. Aber der »Scherz« und die dazugehörige LP verkauften sich millionenfach. Und Ray Charles wurde als erster Schwarzer von der Country & Western Association in Nashville zu einem der zehn besten C & W-Interpreten gekürt!
In diesem Stil geht es bei Ray Charles bis heute weiter: Mal macht er Soul, mal Jazz, mal Country, mal Pop. Auch wenn er inzwischen mit seinen Liedern fast nicht mehr in den Single-Charts auftaucht, seine Alben verkaufen sich immer noch hervorragend, und seine Tourneen sind stets ausverkauft. Ray Charles lebt mit seiner Frau Delle und seinen drei Kindern in Los Angeles.

Jahr	*Titel*	*USA*	*UK*	*D*
1959	What'd I say	6		
1960	Georgia on my mind	1	24	
1961	One mint julep	8		
1961	Hit the road Jack	1	6	
1961	Unchain my heart	9		
1962	Hide 'nor hair	20		
1962	I can't stop loving you	1	1	8
1962	You don't know me	2	9	
1962	You're cheating heart	29	13	
1962	You are my sunshine	7		
1963	Don't set me free	20	37	
1963	Take these chains from my heart	8	5	32
1963	No one	21	35	
1963	Busted	4	21	
1963	That lucky old sun	20		
1966	Crying time	6	50	
1966	Together again	19	48	
1967	Here we go again	15	38	
1967	Yesterday	25	44	
1968	Eleanor Rigby	35	36	

Chubby Checker

Ernest Evans, geb. 3. 10. 1941 in Philadelphia, Pennsylvania/USA, voc

Schon während der Highschool-Zeit sang der farbige, gutaussehende Interpret bei seiner Nebenbeschäftigung in einer Hähnchenbraterei aus vollem Hals. Sein Chef war davon so beeindruckt, daß er ihn zu einer Plattenfirma schleppte. Mit Erfolg – Mr. Ernest Evans bekam einen Plattenvertrag und veröffentlichte 1959 seine erste Single namens *The Class*. Darauf imitierte er damalige Stars wie → Fats Domino, → Elvis Presley, → The Chipmunks und The Coasters. Allerdings nannte er sich zu diesem Zeitpunkt bereits Chubby Checker – ein Spitzname, der folgendermaßen zustande gekommen war: Ernest war ein großer Fan von Fats Domino. Die Worte »Fats« und »Chubby« bedeuten beide im Amerikanischen soviel wie »pausbackig«, »rundlich«. Und nachdem Ernest wie Fats Domino nicht gerade ein Leichtgewicht war, bekam er von seinen Freunden den Spitznamen »Chubby«. Auch das »Checker« ist auf Fats Domino zurückzuführen: Domino ist ein Brettspiel, und »Checker« ist der amerikanische Ausdruck für das »Dame«-Spiel. Chubbys große Zeit kam, als seine Plattenfirma die Idee hatte, ihn einen Millionenseller von → Hank Bal-

LARD aus dem Jahr 1958 nachsingen zu lassen: *The twist*. 1960 erschien die Single mit diesem neuen Modetanz und wurde sofort ein weltweiter Millionenseller. Die Kids waren von dem Song so begeistert, daß sie die Single, als sie 1961 wiederveröffentlicht wurde, abermals auf Platz 1 brachten. Chubby Checker war von da an derjenige, der ständig mit neuen Tänzen aufwartete: The Hucklebuck, The Pony, The Fly, The Limbo, Chubby Checker war ein weltweiter Star, er wurde zum ständigen Gast in sämtlichen TV-Shows, flimmerte in diversen Unterhaltungsfilmchen wie *Twist around the clock* über die Leinwand und trat grundsätzlich nur in ausverkauften Hallen auf. 1963 heiratete er die Holländerin CATHARINA LODDERS, die 1962 Miss World gewesen war. Als dann 1964 der britische Beat anfing, die internationalen Hitparaden zu überschwemmen, verblaßte Chubby Checkers Stern allmählich. Doch 1988 kam er zu einem erstaunlichen Comeback. Das farbige amerikanische Übergewicht-Trio FAT BOYS brachte *The twist* in überarbeiteter Form, aber mit Teilen von Chubbys Originalversion, heraus und hatte damit einen internationalen Bestseller.

Jahr	*Titel*	*USA*	*UK*	*D*
1960	The twist	1	44	12
1960	The hucklebuck	14		
1961	Pony time	1	27	
1961	Let's twist again	8	2	12
1961	The fly	7		
1961	The twist	1	14	
1962	Slow twistin' (mit → DEE DEE SHARPE)	3	23	45
1962	Dancin' party	12	19	35
1962	Limbo rock	2	32	15
1962	Popeye the hitchhiker	10		
1963	Let's limbo some more	20		26
1963	Twenty miles	15		
1963	Birdland	12		
1963	Twist it up	25		44
1963	Troola-Troola-Troola-La			16
1963	Loddy lo	12		22
1964	Hooka tooka	17		
1964	Hey, Bobba Needle	23		17
1976	Let's twist again		5	13

The Checkmates, Ltd.

SONNY CHARLES, leadvoc
ROBERT STEVENS, voc
WILLIAM VAN BUSKIRK, b
HARVEY TREES, g
MARVIN SMITH, dr
alle aus Fort Wayne/Indiana, USA

Das Quintett bestand aus lauter Freunden. Sie taten sich zu einer Gruppe zusammen, fingen zunächst in ihrer Heimatstadt an zu spielen, dehnten dann ihren Wirkungskreis immer weiter aus, bis sie schließlich in Las Vegas landeten. Dort nahm die Sängerin → NANCY WILSON sie unter ihre Fittiche, feilte so lange an ihnen herum, bis sie ein Topact waren, und verschaffte ihnen dann einen Plattenvertrag. *The Checkmates live at Las Vegas* hieß ihre erste LP. 1969 wechselten sie die Plattenfirma und konnten mit dem Starproduzenten → PHIL SPECTOR zusammenarbeiten. *Love is all I have to give* hieß die erste Single, die jedoch ein Flop wurde, erst mit dem nächsten Song, *Black pearl*, hatten die Checkmates Erfolg. Doch bereits 1970 trennte sich der Leadsänger Sonny Charles von seinen Freunden, um seinen Weg als Produzent und Solist zu machen. Sonny Charles einziger erwähnenswerter Erfolg als Solist war 1983 das Lied *Put it in a magazine*, mit dem er in USA auf Platz 40 landete.

Jahr	*Titel*	*USA*	*UK*	*D*
1969	Black pearl	13		
1969	Proud mary		30	

Cher

CHERILYN SAKISIAN LAPIERRE, geb. 20. 5. 1946 in El Centro, Kalifornien/USA, voc

Seit über zwanzig Jahren ist sie erfolgreich im Geschäft: Cher, die attraktive Tochter einer drogenabhängigen, erfolglosen Hollywoodschauspielerin und eines echten Apachen. Bereits mit 14 Jahren mußte Cher sich Jobs suchen, da die süchtige Mutter zum Arbeiten nicht imstande war. Anfang der 60er Jahre bekam sie Arbeit als Backgroundsängerin in den Studios von Starproduzent → PHIL SPECTOR. Unter dem Pseudonym BONNIE JO MASON durfte sie sogar eine Solo-Platte namens *I love you Ringo* aufnehmen, die jedoch ein Flop wurde. 1964 lernte sie in dem Studio den jungen SALVATORE PHILIP BONO aus Detroit kennen, der dort ebenfalls als Backgroundsänger beschäftigt war. Es war Liebe auf den ersten Blick, bereits am 27. Oktober 1964 traten sie gemeinsam vor den Altar und kurz danach ebenso gemeinsam vors Mikrophon. Damit war das Duo → SONNY & CHER geboren, das in den folgenden Jahren Weltruf erringen sollte mit Liedern wie *I got you babe*, *Baby don't go*, *The beat goes on*. Doch Cher, die Trendsetterin, die mit ihren unzähligen indianischen Ketten, der gelackten Ponyfrisur, den schrillbunten Oberteilen und den langen Hosen mit dem extremen Schlag die ganze Hippie-Generation beeinflußte, arbeitete trotz Ehemann von Anfang an auch an einer Solo-Karriere. Von 1965 bis 1967 war sie als Solistin ebenfalls ständig in den Charts vertreten. Anfang der 70er Jahre trug auch Cher dem gewandelten Publikumsgeschmack Rechnung und wurde zum gefeierten Nachtclub-Star. Statt bunter Hippie-Fransen sah man sie jetzt nur noch mit sündhaft teuren Designer-Modellen auf dem schlanken und ranken Leib. Wo immer Cher auftrat, empfing sie donnernder Applaus, was immer sie an Platten veröffentlichte, verkaufte sich millionenfach. 1974, nach zehnjähriger Ehe, ließ sie sich von Sonny Bono scheiden, übrig blieb nur die Tochter Chastity. 1975 verliebte sich Cher in den Rockmusiker → GREGG ALLMAN. Sie heiratete ihn, bekam den Sohn Elijah Blues – und ließ sich bald wieder scheiden. Anfang der 80er Jahre verlegte sich die temperamentvolle und hartnäckige Künstlerin auf eine neue Karriere: Filmschauspielerin. Ihr erstes Werk war die Verfilmung des Broadway-Stücks *Come back to the five & dime Jimmy Dean, Jimmy Dean* durch den Star-Regisseur ROBERT ALTMAN. Cher wurde für ihren Part einer ehemaligen Kleinstadtschönheit, die den Frust und die Inhaltslosigkeit ihres Lebens durch eine besonders freche »Schnauze« kaschieren will, für den Golden Globe nominiert. Sie bekam diesen Preis allerdings erst für ihre Rolle in *Silkwood*, jenem beklemmenden Film über die üblen Machenschaften der Atomkraft-Lobby, in dem Meryl Streep die Hauptrolle spielt. 1988 erhielt Cher dann endlich den begehrten Oscar für ihre Rolle in dem Film *Moonstruck – Mondsüchtig*. Ebenfalls bemerkenswert und sehenswert waren ihre Auftritte in Filmen wie *Die Maske*, *Suspect – unter Verdacht* und *Die Hexen von Eastwick*. Auch musikalisch ließ und läßt Cher mit schöner Regelmäßigkeit von sich hören, Mainstream-Rock ist inzwischen ihr bevorzugter Musikstil. Mit *After all*, einem softigen Duett mit Peter Cetera (Ex-→ Chicago), hatte sie 1989 wieder einmal einen Top 10-Erfolg.

Jahr	*Titel*	*USA*	*UK*	*D*
1965	All I really want to do	15	9	
1966	Bang bang (My baby shot me down)	2	3	17
1967	You better sit down kids	9		
1971	Gypsys, tramps & thieves	1	4	25
1972	The way of love	7		
1973	Half-Breed	1		29
1974	Dark lady	1	36	
1979	Take me home	8		
1989	After all (mit Peter Cetera)	6		

Chicago

Robert Lamm, geb. 13. 10. 1944 in USA, keyb

Peter Cetera, geb. 13. 9. 1944 in USA, b

Terry Kath, geb. 31. 1. 1946 in USA, g, gest. 23. 1. 1978, ersetzt durch Donnie Dacus

Lee Loughnane, geb. 21. 10. 1946 in USA, tp

Walter Parazaider, geb. 14. 3. 1945 in USA, woodwinds

James Pankow, geb. 20. 8. 1947 in USA, trombone

Daniel Seraphine, geb. 28. 8. 1948 in USA, dr

Laudir De Oliveira, perc

Diese führende Jazz-Rock-Formation der 70er und 80er Jahre entstand 1967. Die sieben Mitglieder hatten außer Oliveira alle eine fundierte musikalische Ausbildung genossen, als sie beschlossen, eine Gruppe namens Big Thing zu gründen. Sie spielten in diversen Clubs in der Gegend von Chicago, schufen sich als Show-Band eine große Anhängerschar und landeten schließlich in Los Angeles. Denn James William Guerico, ein Freund des Septetts, war dort ein ziemlich bekannter Produzent geworden (→ The Buckinghams, → Blood, Sweat & Tears). Guerico nahm The Big Thing unter seine Fittiche, half der Formation, den typischen Sound mit stampfenden Bläsersätzen und perfekten Jazz-Soli zu entwickeln, und verschaffte ihr schließlich auch einen Plattenvertrag. Er war es auch, der die Namensänderung vorschlug. Und in Erinnerung an die guten alten Zeiten in Chicago gab sich die Gruppe zunächst den Namen Chicago Transit Authority. 1969 erschien die erste LP, ein Doppel-Album, was für eine Band ohne Single-Hit ziemlich ungewöhnlich war. Das Album verkaufte sich nicht sehr gut, doch Guerico produzierte 1970 unverdrossen eine weitere Doppel-LP – und siehe da, diesmal klappte es. Auf der zweiten LP nannte sich die

Band nur noch Chicago. Von da an gings mit der Formation unaufhaltsam bergauf. Ein Single-Hit jagte den nächsten, die Alben landeten grundsätzlich auf oberen Plätzen in den internationalen Charts und verkauften sich alle millionenfach. 1978, auf der Höhe des Erfolgs, traf die Formation ein schwerer Schlag: Terry Kath, der musikalische und organisatorische Kopf der Band, erschoß sich auf einer Party versehentlich. Doch die Gruppe blieb zusammen und konnte ihren Erfolgssound auch in die 80er Jahre hinüberretten. Es gab jedoch immer wieder personelle Veränderungen. So ging z. B. 1986 Peter Cetera, der Leadsänger, der auch einen Großteil der Songs von Chicago geschrieben hatte, um als Solist Karriere zu machen, was ihm dann auch glückte. Mit *Glory of love* aus dem Film *Karate Kid II* und *The next time I fall*, einem Duett mit Amy Grant, konnte er sich jeweils auf dem 1. Platz der US-Charts etablieren. 1989 war er mit *After all*, einem Duett mit → Cher, unter den US Top 10.

Jahr	*Titel*	*USA*	*UK*	*D*
1970	I'm a man		8	10
1970	Make me smile	9		
1970	25 or 6 to 4	4	7	22
1970	Does anybody really know what time it is?	7		
1971	Free	20		
1971	Beginnings	7		
1972	Saturday in the park	3		
1973	Feelin' stronger every day	10		
1973	Just you'n'me	4		
1974	(I've been) searchin' so long	9		
1974	Call on me	6		
1974	Wishing you were here	11		
1975	Harry Truman	13		
1975	Old days	5		
1976	If you leave me now	1	1	3
1977	Baby, what a big surprise	4	41	49
1978	Alive again	14		
1979	No tell lover	14		
1982	Hard to say I'm sorry	1	4	6
1984	Stay the night	16		21
1984	Hard habit to break	3	8	
1984	You're the inspiration	3	14	
1985	Along comes a woman	14		

Chicken Shack

Stan Webb, geb. 3. 2. 1946 in Birmingham, England, g
Andrew Sylvester, bg
Dave Bidwell,dr
Christine Perfect p, voc, ersetzt 1969 durch Paul Raymond, p, org

Die Bluesband wurde 1965 von Stan Webb gegründet. Den Höhepunkt erlebte die eigentlich immer eher mittelmäßige Formation 1968, zur Glanzzeit des englischen Blues-Booms. Bemerkenswert war die Sängerin Christine Perfect, der man zu Recht die beste weiße weibliche Bluesstimme dieser Zeit nachsagte. Christine verdankte die Gruppe auch ihren einzigen Charts-Erfolg. Sie sang nämlich den Etta-James-R & B-Klassiker *I'd rather go blind* derartig echt, daß die Single 1969 in die UK-Charts ging. 1969 war aber auch das Jahr, in dem Christine die Gruppe verließ und als Christine McVie, Ehefrau von John McVie, → Fleetwood Mac ergänzte. Für sie kam Paul Raymond. Von da ging es mit Chicken Shack immer mehr bergab. Schließlich warfen auch Bidwell und Sylvester das Handtuch, und Stan Webb machte 1971 mit John Glascock und Paul Hancox weiter. Doch auch das konnte das Ende nicht aufhalten: Am 26. Oktober 1973 gab Chicken Shack ein Abschiedskonzert, das auf Platte mitgeschnitten wurde. Webb schloß sich anschließend der gerade umgestellten Savoy Brown an, bei der auch Raymond und Bidwell ein neues Zuhause gefunden hatten. Doch auch das ging nicht lange gut. Bereits 1975 gründete Webb mit Robbie Blunt und Eric Dillon seine nächste Band namens Broken Glass, die ebenfalls ohne größere Erfolge irgendwann das Zeitliche segnete.

Jahr	*Titel*	*USA*	*UK*	*D*
1969	I'd rather go blind		14	
1969	Tears in the wind		29	
1970	Poor boy			49

The Chiffons

Judy Craig, geb. 1946, leadvoc
Barbara Lee, geb. 16. 5. 1947, voc
Patricia Bennett, geb. 7. 4. 1947, voc
Sylvia Peterson, geb. 30. 9. 1946, voc
alle aus der Bronx/New York, USA

Die vier gehörten zu den vielen Mädchen-Vokalgruppen, die in den 60er Jahren wie Pilze aus dem Boden schossen, wie → The Ronettes, → The Crystals → The Shangri-Las. Patricia und Sylvia hatten bereits in der Volksschule zusammen gesungen, sie führten das auch auf der Oberschule weiter und traten des öfteren bei Schulfeiern und sonstigen kleinen Festivitäten auf. Erst 1960 brachte der Produzent und Songschreiber Ronald Mack die vier als Quartett zusammen. *Tonight's the night* hieß 1960 ihre erste Single, aber der große Durchbruch kam erst 1963 mit dem Mack-Song *He's so fine*, der vier Wochen lang den ersten Platz in den US-Charts belegte. Später trennte sich dann die Leadsängerin Judy Craig von der Truppe. Heute singen Patricia, Barbara und Sylvia als Trio unter dem Namen The Chiffons.

Jahr	*Titel*	*USA*	*UK*	*D*
1963	He's so fine	1	16	
1963	One fine day	5	29	
1966	Sweet talkin' guy	10	31	
1972	Sweet talkin' guy		4	

The Chi-Lites

Eugene Record, leadvoc
Marshall Thompson, voc
Robert »Squirrel« Lester, voc
Creadel »Red« Jones, voc
alle aus Chicago, Illinois/USA

1961 gründete Thompson zusammen mit Lester und Jones ein Trio, das er Marshall & The Chi-Lites nannte. Das Trio machte etliche Platten, war auch auf dem schwarzen Markt recht erfolgreich, doch der ganz große Durchbruch kam erst Mitte der 60er Jahre. Zum einen bewarb sich ein Chicagoer Taxifahrer namens Eugene Record als ihr neuer Leadsänger, und zum anderen bekam das Quartett einen neuen Plattenvertrag. Die hinreißende Stimme von Eugene Record und die Mühe, die sich die neue Firma mit dem Quartett, das sich jetzt nur noch The Chi-Lites nannte, gab, zeigten bald Erfolg. *Give it away* hieß die erste LP 1968, die auch bei den weißen Soul-Fans Aufmerksamkeit erregte. 1971 kam das zweite Album *Give more power to the people*. Bereits die erste Single daraus, der Titelsong, konnte sich in den Pop-Charts plazieren, und die zweite Single, *Have you seen her*, wurde ein Top-3-Hit und Millionenseller. Diesen Erfolg konnte die Formation 1972 mit dem Nr.-1-Hit *Oh girl* noch übertreffen. Von 1974 bis 1976 war die Vokal-Gruppe vor allen Dingen in England erfolgreich. Mit ihrem *Too good to be forgotten* hatte die britische Formation Ama + ulu 1987 Erfolg, mit ihrem *Homely girl* stieg die britische Reggae-Formation UB 40 1990 in die Charts ein.

Jahr	*Titel*	*USA*	*UK*	*D*
1971	Give more power to the people	26	32	
1971	Have you seen her	3	3	
1972	Oh girl	1	14	
1974	Homely girl		5	
1974	Too good to be forgotten		10	
1975	Have you seen her/ Oh girl		5	
1975	It's time for love		5	
1976	You don't have to go		3	

The Chipmunks

Ross Bagdasarian »David Seville«, geb. 27. 1. 1919 in Fresno, Kalifornien/USA, voc, gest. 16. 1. 1972

David Seville war nicht nur Sänger und Songschreiber, sondern auch ein ständiger Bastler und Tüftler, So »erfand« er 1958 die hohe quäckende »Micky-Mouse-Stimme«, indem er das Aufnahmeband einfach schneller ablaufen ließ. Dieses Verfahren wendete er erstmals bei seinem 58er Hit *Witch doctor* an, mit dem er einen Nr.-1-Hit hatte. Anschließend hatte Seville die Idee, drei unterschiedliche Stimmen dieser Art zu kreieren. Er nannte diese drei »Charaktere« The Chipmunks, mit den Einzelnamen Alvin, Theodore und Simon. Er schrieb für die drei Chipmunks den *Chipmunk song*, der Weihnachten 1958 ein Bestseller wurde und von da an mit schöner Regelmäßigkeit jeweils zum Fest wieder herauskommt. Die Chipmunks waren bis 1962 immer wieder in den US-Charts vertreten, ihre Hits stammten alle aus der Feder von David Seville.

Jahr	*Titel*	*USA*	*UK*	*D*
1958	The Chipmunk song	1		
1959	Alvin's harmonica	3		
1959	Ragtime Cowboy Joe	16	11	
1960	Rudolph the red nosed reindeer	21		
1962	The Chipmunk song	39		

Lou Christie

Lugee Sacco, geb. 19. 2. 1943 in Glen Willard, Pennsylvania/USA, voc

Der hübsche Lou begann seine Sangeskarriere in der Highschool bei einer Gruppe namens The Classics. 1960 bekam er einen Plattenvertrag, nahm einige Singles auf, aber ohne Erfolg. Erst als er 1962 zu einer neuen Firma ging, begann sein Aufstieg. Als erstes sang er dort ein Lied namens *The gypsy cried*, das er zusammen mit seinem Freund Twyla Herbert geschrieben hatte. Nachdem der Song zunächst ein lokaler Hit wurde, kam er kurz danach auch in die Pop-Charts. Das Wichtigste dabei war, daß Lou sich für diese Aufnahme eine sehr hohe Falsettstimme zugelegt hatte, die künftig sein Markenzeichen wurde. In dieser Art sang er nun seine Lieder, die größtenteils ebenfalls wieder aus seiner und der Feder von Twyla Herbert stammten. 1966 hatte er seinen größten Erfolg mit dem Nr.-1-Hit und Millionenseller *Lightnin' strikes*. Bis 1969 konnte er sich immer wieder in den US-Charts plazieren. Heute lebt Lou Christie in Pittsburgh und tritt noch hin und wieder in Oldie-Shows auf.

Jahr	*Titel*	*USA*	*UK*	*D*
1963	The gypsy cried	24		
1963	Two faces have I	6		
1966	Lightnin' strikes	1	11	
1966	Rhapsody in the rain	16	37	
1969	I'm gonna make you mine	10	2	
1969	She sold me magic		25	

Gigliola Cinquetti

geb. 20. 12. 1947 in Verona/Italien, voc

Die kleine Gigliola fing im zarten Alter von fünf Jahren mit dem Singen bei Weihnachtsaufführungen an. Mit elf Jahren gewann sie ihren ersten Talentwettbewerb und begann allmählich in immer größeren Shows aufzutreten. Dazwischen ging sie immer noch brav zur Schule und nahm auch Gesangsstunden. 1964, mit siebzehn Jahren, kam dann ihr großer Triumph beim San Remo Festival und beim Grand Prix d'Eurovision: Beide Wettbewerbe gewann die junge, hübsche, dunkelhaarige Italienerin mit dem Lied *Non ho l'eta per amarti*. Das sanfte Lied über den Liebeskummer einer Minderjährigen verkaufte sich insgesamt über dreimillionenmal und war praktisch europaweit ein Nr.-1-Hit: in Italien, Frankreich, Dänemark, Belgien, in Holland und in Spanien. Es gab sogar eine englische Version dieses Liedes, sie hieß *This is my prayer* und wurde von Vera Lynn gesungen, allerdings ohne größeren Erfolg. Die eher schüchterne Gigliola jedoch war von da an ein Star. Sie wirkte in diversen Filmen mit, ging auf ausgedehnte Tourneen praktisch in der ganzen Welt und konnte sogar in Japan eine Goldene Schallplatte in Empfang nehmen. 1974, zehn Jahre nach ihrem großen Erfolg, belegte sie bei der Grand-Prix-Ausscheidung mit ihrem Lied *Si* den 2. Platz. Den dritten großen Hit hatte Gigliola Cinquetti dann 1975 mit *Alle porte del sole*, das in der englischen Version *To the door of the sun* hieß und für → Al Martino ein Nr.-17-Hit in USA war. Gigliola Cinquetti veröffentlicht immer noch Platten, die allerdings größtenteils sehr folkloristisch angehaucht sind.

Jahr	*Titel*	*USA*	*UK*	*D*
1964	Non ho l'eta per amarti			3
1974	Si			13

The City Preachers

Diese etwas chaotische Band pflegte sich als Deutschlands Folkloregruppe Nr. 1 zu bezeichnen. Gegründet wurde die Gruppe 1965 in Hamburg von einem Iren, dem ehemaligen Bankangestellten John O'brien-Docker. Die Musik der City Preachers war eine muntere Mischung, in der alles zusammenkam, was im Folk weltweit gut und teuer war: aus Spanien der Flamenco, aus Amerika der Blues, aus England die Skiffle-Musik, aus Griechenland Bouzouki-Töne, aus Schottland der Dudelsack. Genauso zusammengewürfelt wie die Musik waren auch die Mitglieder, die Zahl schwankte zwischen fünf und fünfzehn. Die Platten der Band verkauften sich recht gut, lediglich die Tantiemen wurden weniger gut aufgeteilt, und das führte schließlich 1968 zum Eklat: Der Gründer O'Brien-Docker wurde schlicht und einfach hinausgeworfen. An seiner Stelle übernahm die Sängerin Inga Rumpf das Ruder, doch auch sie scheiterte, und so löste sich die Formation 1970 auf. Inga Rumpf tat sich daraufhin mit Jean Jacques Kravetz, dem Keyboarder der Band, zusammen und gründete Frumpy.

1972 wurde der Versuch unternommen, die City Preachers noch einmal ins Leben zu rufen, doch das Album *Comeback/Back to the city* konnte die Erwartungen nicht erfüllen.

Jimmy Clanton

geb. 2. 9. 1940 in Baton Rouge, Louisiana/USA, voc

Der freundliche Jimmy gründete in der Highschool eine Band namens The Rockets und entwickelte sich bald zum Star bei allen lokalen Tanzveranstaltungen. Sogar in einer lokalen Radioshow war er mit seinen Rockets regelmäßig zu hören. 1958 wollten die Rockets ihre Fans mit einer Platte beglücken und fuhren deswegen nach New Orleans. Der Studiobesitzer war von Jimmys Stimme so angetan, daß er alle Hebel in Bewegung setzte, um ihm einen Plattenvertrag zu beschaffen. Jimmy bekam einen, schrieb sich im Sommer 1958 das Lied *Just a dream* und hatte damit seinen ersten Bestseller. Bis 1969 war Jimmy Clanton immer wieder in den Charts vertreten. Auch heute tritt Jimmy in Amerika noch regelmäßig in Clubs auf.

Jahr	*Titel*	*USA*	*UK*	*D*
1958	Just a dream	4		
1959	Go, Jimmy, go	5		
1960	Another sleepless night	22	50	
1962	Venus in blue jeans	7		

Eric Clapton Foto: RSO

Eric Clapton

ERIC PATRICK CLAPP, geb. 30. 3. 1945 in Ripley, Surrey/England, g, voc

Seit den 60er Jahren gehört der hervorragende Gitarrist zu den beständigsten und einflußreichsten Musikern der Pop- und Rockszene. Zunächst studierte Clapton nach der Schule an der Kingston Kunstschule das Fach »Design für Glasmalerei und Glasbrennerei«. Doch eigentlich war ihm schon damals das Gitarrespielen sehr viel wichtiger, und ab 1963 machte er es zu seinem Hauptberuf: Er stieg bei den ROOSTERS ein, einer Band, die von TOM MCGUINNESS, PAUL JONES und BRIAN JONES gegründet worden war. Als Brian zu den → ROLLING STONES ging, kam für ihn Eric. Diese Band löste sich jedoch bald wieder auf, und Eric ging mit Tom McGuinness zu CASEY JONES & THE ENGINEERS. Dort gefiel es Eric aber nicht, und im Oktober 1963 war er bereits bei den → YARDBIRDS eingestiegen, wo er den ausgeschiedenen ANTHONY TOPHAM ersetzte. Zwei Jahre hielt Clapton es dort aus, dann ging er 1965 zu → JOHN MAYALLS BLUESBREAKERS. Doch auch dort hielt er es nur ein halbes Jahr aus, dann hatte er im Herbst 1965 die verrückte Idee, mit einer zusammengewürfelten Band eine Griechenland-Tournee zu machen. Das Ergebnis: außer Spesen nichts gewesen. Clapton kehrte reumütig und pleite zu Mayall zurück. 1966 juckte es Eric schon wieder in den Fingern, und er gründete mit → JACK BRUCE und STEVE WINWOOD die

Gruppe POWERHOUSE. Das war ebenfalls eine sehr kurzlebige Angelegenheit, denn bereits im Juli 1966 rief er, zusammen mit Jack Bruce und → GINGER BAKER, die nächste Band ins Leben: die Supergruppe → CREAM. Nach zwei Jahren und vier Alben hatte es sich »ausgecreamt«, aber bereits im Februar 1969 stellte Clapton der staunenden Öffentlichkeit sein nächstes Projekt vor: → BLIND FAITH. Ginger Baker, Steve Winwood, und RICK GRECH, gehörten dazu – heraus kamen dabei eine LP, ein Superkonzert, und Ende 1969 war es mit dem »Blinden Vertrauen« bereits wieder vorbei. DELANEY & BONNIE & FRIENDS hieß dann die nächste Gruppe, der sich Eric Clapton anschloß, eine 11-köpfige Formation, die er in Amerika kennengelernt hatte. Doch auch damit hatte Mr. Slowhand kein Glück – im März 1970 kam das Aus für Delany & Co. Im April fand man Mr. Clapton bei einer eigenen Band namens DEREK & THE DOMINOS, zu der DUANE ALLMAN, BOBBY WHITLOCK, JIMMY GORDON und CARL RADLE gehörten. Mit *Layla* hatte die Formation 1972 sogar einen Nr.-7-Hit in England, ein Erfolg, der bei der Wiederveröffentlichung der Single 1982 sogar noch übertroffen wurde. Da kam die Single in UK nämlich bis Platz 4. In Amerika schaffte es der Song 1972 bis Rang 10. Doch auch Derek & Dominos war kein langes Leben beschieden – im Oktober 1973 verunglückte Duane Allman tödlich mit seinem Motorrad, damit war das endgültige Aus für die Band gekommen. Dann verliebte sich Clapton auch noch unglücklich in GEORGE HARRISONS Frau Patti – und verfiel für die nächste Zeit in heroingeschwängerte Depressionen. Sein letzter Auftritt war bei George Harrisons »Concert for Bangladesh« im Jahr 1971 gewesen. Erst 1973 ging es mit dem sensiblen und introvertierten Künstler wieder bergauf. PETE TOWNSHEND von den → WHO überredete ihn zu dem berühmten Londoner Rainbow Konzert am 13. Januar 1973, im Januar 1974 wurde Patti seine Frau, und im April meldete sich Eric Clapton mit dem ganz hervorragenden Album *461 Ocean Boulevard* und dem Single-Hit *I shot the sheriff* zurück. Seitdem veröffentlicht er wieder mit schöner Regelmäßigkeit seine hörenswerten Alben. Sein 89er Knüller hieß *Journey man*.

Jahr	*Titel*	*USA*	*UK*	*D*
1970	After midnight	18		
1974	I shot the sheriff	1	9	4
1975	Swing low sweet chariot		19	
1978	Lay down Sally	3	39	
1978	Wonderful tonight	16		
1978	Promises	9	37	
1981	I can't stand it	10		
1983	I've got a rock'n' roll heart	18		
1985	Forever man	26	51	

Claudine Clark

geb. 26. 4. 1941 in Macon, Georgia/USA, voc

Claudine studierte am Coombs College in Philadelphia Musik und Kompositionslehre. Daraufhin bekam sie Lust, sich selbst Lieder zu schreiben und sie zu singen. Das wiederum führte Anfang der 60er Jahre zu einem Plattenvertrag, und 1962 hatte Claudine einen Bestseller mit ihrem selbstgeschriebenen Lied *Party lights*. Es blieb ihr einziger Hit.

Jahr	*Titel*	*USA*	*UK*	*D*
1962	Party lights	5		

The Dave Clark Five

Dave Clark, geb. 15. 12. 1942 in Tottenham, London/England, dr
Lenny Davidson, geb. 30. 5. 1944 in Enfield, Middlesex/England, g
Rick Huxley, geb. 5. 8. 1942 in Dartford, Kent/England, b
Denis Payton, geb. 11. 8. 1943 in Walthamstow, London/England, sax
Michael Smith, geb. 6. 12. 1943 in Edmonton, London/England, voc

In den 60er Jahren gehörte dieses Quintett zu den populärsten und erfolgreichsten Bands in Amerika. Dave Clark kannte praktisch alle Mitglieder seiner Gruppe von kleinauf. Da war er allerdings noch weniger an Musik als an Sport interessiert. Er war ein hervorragender Athlet und schnitt als Schwimmer ebenso ausgezeichnet ab wie als Reiter, Rugby- und Football-Spieler. Sein einziges musikalisches Interesse galt seinem Schlagzeug, das er schon als Teenager erfolgreich bearbeitete. Der Sänger Mike Smith, der etliche Hits der Band zusammen mit Clark geschrieben hat, lernte zehn Jahre lang Klavier und war ebenfalls ein guter Rugby-Spieler. Huxley und Davidson hatten keine besondere musikalische Ausbildung, hatten jedoch schon in etlichen Bands gespielt, ehe sie zur Dave Clark Five stießen. Anfang der 60er Jahre war Dave Clark in erster Linie mit Fußball beschäftigt, spielte aber ab und zu mit wechselnden Musikern bei Tanzveranstaltungen auf. Dann durfte sein Fußballteam eines Tages zu einer wichtigen Ausscheidung nach Holland fahren – aber es fehlte an Geld, um die Reisespesen für alle zu bezahlen. Kurzentschlossen trommelte Dave Clark vier Freunde zusammen, um ein Konzert zu geben und mit diesen Einnahmen die Fahrt nach Holland zu bezahlen – und damit war die Dave Clark Five geboren. Das Quintett hatte bei diesem Konzert so viel Beifall bekommen, daß sie beschlossen weiterzumachen. Ihr erstes Engagement hatten sie im Tottenham Ballroom, und daraufhin wurde ihre Musik schnell als »Tottenham Sound« bezeichnet. Anfang 1963 kam die erste Single der Dave Clark Five heraus. *Do you love me*, die immerhin schon bis Platz 30 in den UK-Charts kam. Ende 1963 wurde Single Nr. 2 veröffentlicht, *Glad all over*, und die wurde ein satter Nr.-1-Hit. Derartig erfolgreich ging es für die Dave Clark Five bis 1970 weiter, sowohl in England als auch in Amerika war die Truppe mit ihren unterhaltsamen Liedern stets auf oberen Plätzen in den Charts vertreten. Natürlich durften die erfolgreichen fünf aus Tottenham auch Filme drehen, anspruchslose Streifen wie *Get yourself a college girl*, *Having a wild weekend* (der im Original *Catch us if you can* geheißen hatte) und *Lucy*. Bis 1972 hatte die Dave Clark Five weltweit etwa 40 Millionen Tonträger verkauft. Anfang der 70er Jahre ließ die Attraktion der Band dann allmählich nach, die Gruppe löste sich auf, und Dave Clark, der geschäftstüchtige Kopf der Truppe, wendete sich neuen Aufgaben zu. Er betätigte sich zunächst in erster Linie als Schauspieler, wechselte dann in dne 80er Jahren ins Musical-Business über. 1985 hatte Dave Clark recht viel Erfolg in England mit dem von ihm geschriebenen Musical *Time*. Mit dem daraus stammenden Clark-Song *She's so beautiful* hatte CLIFF RICHARD 1985 einen Nr.-17-Hit in UK.

Jahr	*Titel*	*USA*	*UK*	*D*
1963	Glad all over	6	1	16
1964	Bits and pieces	4	2	20
1964	Do you love me	11		
1964	Can't you see she's mine	4	10	43
1964	Memphis Tennessee			20
1964	Because	3		
1964	Anyway you want it	14	25	
1965	Everybody knows	15	37	
1965	Reelin' and rockin	23	24	
1965	Come home	14	16	
1965	I like it like that	7		
1965	Catch us if you can	4	5	
1965	Over and over	1	45	12
1966	At the scene	18		
1966	Try too hard	12		
1967	You got what it takes	7	28	
1967	Everybody knows		2	
1968	Red balloon		7	
1969	Put a little love in your heart		31	34
1969	Good old rock'n' roll (Medley)		7	
1970	Everybody get together		8	

Dee Clark

DELECTUS CLARK, geb. 7. 11. 1938 in Blythsville, Arkansas/USA, voc

Die Familie des farbigen Sängers zog bereits in den 40er Jahren nach Chicago. 1952 schloß sich der 14jährige Dee dort einer Gruppe namens THE HAMBONE KIDS an, die mit dem Song *Hambone* einen Hit hatten. 1955 gewann Dee einen Talentwettbewerb und bekam einen Plattenvertrag. 1957 hatte er einige lokale Hits mit Sachen wie *Kangaroo hop* und *24 boy friends*. In diesem Jahr 57 hatte auch LITTLE RICHARD beschlossen, künftig nicht mehr als Rocksänger, sondern als Prediger tätig zu werden, und so konnte Dee Clark dessen Band THE UPSETTERS übernehmen. 1958 kam Dee Clark dann erstmals mit dem Lied *Nobody but you* in die US-Charts. Bis 1961 war er dort regelmäßig vertreten, dann hörte man bis 1975 nicht mehr viel von ihm. 1975 gelang ihm jedoch in England ein Comeback mit *Ride a wild horse*.

Jahr	*Titel*	*USA*	*UK*	*D*
1958	Nobody but you	21		
1959	Just keep it up	18	26	
1959	Hey little girl	20		
1961	Raindrops	2		
1975	Ride a wild horse		16	

Petula Clark

geb. 15. 11. 1933 in Epsom, Surrey/England, voc

Die blonde hübsche »Pet« Clark war eine der führenden englischen Sängerinnen der 60er Jahre. Begonnen hatte sie ihre Karriere mit acht Jahren. Damals sang sie für eine Radio-Show bei der BBC vor. Während der Show gab es einen deutschen Luftangriff, die kleine Pet wurde gebeten, zur Vermeidung einer Panik weiterzusingen, sie tat es, und bekam sozusagen als Belohnung eine eigene Radio-Show. In dieser Zeit war sie nicht nur ein Radio-Star, sie begann auch Filme zu drehen. Von Mitte der 40er bis Mitte der 50er Jahre wirkte sie in über 20 Filmen mit. Ihr erster Film war 1944 *A medal for the general* gewesen. Mitte der 50er Jahre unterzeichnete sie dann einen Plattenvertrag und begann ihre nächste Karriere als Pop-Sängerin. Anfang der 60er Jahre ging sie nach Frankreich, heiratete Claude Wolff, den Direktor einer französischen Plattenfirma, und künftig war Petula auch in Frankreich ein Star. Die 60er Jahre über machte sie höchst erfolgreiche Platten in Englisch, Französisch und Deutsch. Lieder wie *Romeo* (1961), die englische Version von Robert Stolz' *Salome*, *Monsieur* (1962), *Downtown* (1964), mit dem sie als zweite englische Sängerin den 1. Platz in Amerika erreichte (die erste war 1952 Vera Lynn gewesen), *My love* (1965), den ihr Komponist Tony Hatch mal eben auf einem Transatlantik-Flug schrieb, *This is my song* (1967) aus dem Chaplin-Film *Die Gräfin von Hongkong* – das alles wurden weltweite Millionenseller. Bis Anfang der 70er Jahre war Miss Clark eigentlich ständig in den internationalen Charts vertreten. Ende der 60er Jahre war Petula auch wieder in den Kinos zu sehen, in Filmen wie *Finian's rainbow* und *Goodbye Mr. Chips*. Auch heute veröffentlicht Petula Clark immer wieder neue Platten, ohne allerdings an die früheren Erfolge anschließen zu können.

Jahr	*Titel*	*USA*	*UK*	*D*
1954	The little shoemaker		7	
1955	Majorca		12	
1955	Suddenly there is a valley		7	
1957	With all my heart		4	
1957	Alone		8	
1958	Baby lover		12	
1961	Sailor		1	
1961	Romeo		3	
1961	My friend the sea		7	
1962	Ya Ya twist		14	
1962	Monsieur			1
1963	Casanova Baciami		39	2
1963	Cheerio		39	6
1963	Mille mille grazie			9
1964	Warum muß man auseinandergehn			17
1964	Downtown	1	2	1
1965	I know a place	3	17	35
1965	You'd better come home	22	44	
1965	Round every corner	21	43	
1966	My love	1	4	13
1966	A sign of the times	11	49	
1966	Kann ich dir vertrauen			17
1966	I couldn't live without your love	9	6	
1966	Color my world	16		
1967	This is my song	3	1	16
1967	Don't sleep in the subway	5	12	
1967	The other man's grass	31	20	
1968	Kiss me goodbye	15	50	

Roy Clark

geb. 15. 3. 1933 in Meaherrin, Virginia/USA, voc, bj

Als Kind lernte Roy von seinem Vater das Banjospielen, und zwar so gut, daß er den Meistertitel von Amerika gewann. Zu dieser Auszeichnung gehörte ein Auftritt in der berühmten »Grand Ole Opry«. Und auch dort machte Roy eine so gute Figur, daß er anschließend von Engagements als Banjo-Spieler gut leben konnte. Er sang auch zu seinen Liedern, baute schließlich komische Nummern in seine Auftritte ein und veröffentlichte 1963 seine erste Platte namens *Tips of my fingers*, die in den US-Pop-Charts immerhin auf Platz 45 kam. 1969 bekam er eine Hauptrolle in der Fernseh-Version von *Hee haws*. Noch im selben Jahr unterzeichnete Clark einen neuen Plattenvertrag und nahm als erste Nummer ein Lied aus der Feder von → Charles Aznavour auf. Im Original hieß das Lied *Hier encore*, die englische Version von Roy lautete *Yesterday when I was young*. Innerhalb kürzester Zeit wurde daraus ein Country-Hit, der sich anschließend auch in den Pop-Charts plazieren konnte. Auch seine weiteren Country-Erfolge, wie *Then she's a lover* 1970 oder *Somewhere between love and tomorrow* 1973 konnten sich in den Hot 100 plazieren, wenn auch nicht mehr auf oberen Plätzen. Heute lebt Roy mit seiner Frau Barbara in Davidsonville/Maryland und beschäftigt sich in erster Linie mit Immobilien und Viehzucht, absolviert aber nebenbei immer noch ab und zu Auftritte beim Radio.

Jahr	*Titel*	*USA*	*UK*	*D*
1969	Yesterday when I was young	19		

The Classics IV

Dennis Yost, geb. in Detroit, Michigan/USA, leadvoc
James Cobb, geb. in Birmingham, Alabama/USA, leadg, ersetzt 1968 durch Auburn Burrell, geb. in Jacksonville, Florida/USA
Wally Eaton, geb. in Jacksonville, Florida/USA, g
Joseph Wilson, geb. in Birmingham, Alabama/USA, b, ersetzt 1968 durch Dean Daughtry, geb. in Dothan, Alabama
Kim Venable, geb. in Tallahassee, Florida/USA, dr

Yost kam schon als Kind mit seiner Familie nach Jacksonville in Florida. Auf der Schule freundete er sich mit Wally Eaton an. Dennis spielte Schlagzeug, Wally Gitarre. 1964 gründeten die beiden ihre erste Rock-Gruppe. 1967 war daraus bereits eine 5-Mann-Band in der oben angegebenen Originalbesetzung entstanden. Cobb entwickelte sich schnell zum Songlieferanten der Formation, während sich Dennis als vorzüglicher Leadsänger erwies. Im selben Jahr bekam das Quintett einen Plattenvertrag und veröffentlichte als erstes den Cobb-Song *Spooky*, der sich 1968 zum Millionenseller entwickelte. Mitte 1968 verließ Cobb die Truppe, um sich ganz auf das Komponieren zu konzentrieren. Dafür tat er sich mit Buddy Buie aus Atlanta zusammen. Die beiden schrieben einen Großteil der Hitsongs der Classics IV, Buie fungierte dabei auch als deren Produzent. Ende 1968 folgte der nächste Millionenseller der Classics IV, *Stormy*, und 1969 der dritte, *Traces*. Zu diesem Zeitpunkt wurde die Gruppe bereits als DENNIS YOST AND THE CLASSICS IV geführt. Ab 1970 begann der Erfolg der Formation allerdings zu verblassen. Cobb und Buie hatten sich in diesem Jahr mit anderen Studiomusikern zur ATLANTA RHYTHM SECTION zusammengetan und damit das Interesse an Classics IV etwas verloren. 1972 versuchte Dennis Yost die Band noch einmal zu reformieren. Er holte sich fünf völlig neue Musiker und nannte sie Classics IV, das Ergebnis war aber nicht erwähnenswert. Mit ihrer Single *What am I crying for?* landeten die neuen Classics IV nur auf Platz 39 in USA.

Jahr	*Titel*	*USA*	*UK*	*D*
1968	Spooky	3	46	
1968	Stormy	5		
1969	Traces	2		
1969	Everyday with you girl	19		

Jimmy Cliff

JAMES CHAMBERS, geb. 1. 4. 1948 in St. Catherine, Jamaica, voc

Jimmy Cliff war einer der ersten, der den Reggae gesellschaftsfähig machte. Der junge Jimmy brach 1962 seine Collegeausbildung ab und versuchte sich in Kingston als Musiker. Zunächst tat er sich mit LESLIE KONG, einem chinesisch-jamaikanischen Mischling zusammen. Mit ihm hatte Cliff auch seinen ersten kleinen Hit namens *Hurricane Hattie*. 1965 wurde ihm ein Plattenvertrag mit einer englischen Firma angeboten. Cliff griff zu, ging nach England und veröffentlichte 1967 sein erstes Album *Hard road to travel*. Und der farbige Sänger und Songwriter hatte tatsächlich noch einen harten Weg vor sich, denn erst 1969 gelang ihm mit seinem Lied *Wonderful world, beautiful people* ein Hit. Zu dieser Zeit fing er auch an, für andere Interpreten erfolgreich Lieder zu schreiben, z. B. für DESMOND DEKKER *You can get it if you really want* oder für die PIONEERS *Let your yeah be yeah*. 1970 konnte Cliff einen weiteren Reggae-Hit mit der → CAT-STEVENS-Nummer *Wild world* verbuchen. 1972 spielte er die Hauptrolle in dem Film *The harder they come*, in dem sehr treffend die Umstände nachgezeichnet wurden, unter denen sich die jamaikanische Reggae-Musik entwickelt hatte. Seitdem veröffentlicht Jimmy Cliff zuweilen ganz hervorragende Alben wie *Brave warrior* 1975. 1984 landete er abermals in der deutschen Hitparade mit seinem Song *Reggae night*.

Jahr	*Titel*	*USA*	*UK*	*D*
1969	Wonderful world, beautiful people	25	6	
1970	Vietnam		46	15
1970	Wild world		8	

Buzz Clifford

Reese Francis Clifford III, geb. 8. 10. 1942 in Berwyn, Illinois/USA, voc

Buzz, der schon als ganz kleiner Junge für singende Cowboys geschwärmt hatte, bekam mit neun Jahren eine Gitarre. Er lernte sie zu spielen und fing an, selbst kleine Lieder zu schreiben und zu singen. In der Schule tat er sich nicht nur als Sänger, sondern auch als Sport-Crack hervor. Er war Captain der Football-Mannschaft. Als er 18 Jahre alt war, überredeten ihn seine Freunde, an einem Amateurwettbewerb teilzunehmen, den er prompt gewann. Er bekam einen Plattenvertrag, und 1961 veröffentlichte er seinen einzigen Hit, den *Baby sittin' boogie*, der ein Millionenseller wurde. Ebenso erfolgreich war die deutsche Version namens *Babysitter Boogie*, die von → Ralph Bendix gesungen wurde. Heute ist Buzz Clifford ein recht populärer Country-Sänger.

Jahr	*Titel*	*USA*	*UK*	*D*
1961	Baby sittin' boogie	6	17	3

Patsy Cline

Virginia Patterson Hensley, geb. 8. 9. 1932 in Winchester, Virginia/USA, voc, gest. 5. 3. 1963

Patsy Cline gehörte zu den interessanten und vorzüglichen Sängerinnen, die sowohl in den Country- als auch in den Pop-Charts erfolgreich waren. Nachdem sie Ende der 50er Jahre zum erstenmal in der »Grand Ole Opry« aufgetreten war, wurde die hübsche, sympathische Interpretin sofort zum Publikumsliebling. Als sie dann Anfang 1957 auch noch Arthur Godfreys »Talent Scout Show« gewann, bekam sie sofort einen Plattenvertrag. Mit ihrer warmen Stimme sang sie als erstes das Lied *Walkin' after midnight*, fast eine Swing-Nummer, die prompt in die Charts kam. Ihr nächster Erfolg kam dann 1961, als sie sich mit dem traurigen *I fall to pieces* in die Herzen der Zuhörer sang. Kurz danach war Patsy in Madison/Tennessee in einen schweren Autounfall verwickelt, bei dem sie sich die Hüfte brach und Kopfverletzungen davontrug. Fast zur gleichen Zeit schoß *Crazy*, ihr größter Hit, die Charts nach oben. Von da an gehörte Patsy Cline zu den Spitzenstars der Country-Musik. Am Dienstag, dem 5. März 1963, befand sich Patsy Cline, zusammen mit den beiden Country-Sängern Cowboy Copas und Hawkshaw Hawkins, auf dem Rückflug von einem Wohltätigkeitskonzert in Kansas City/Missouri. Die drei hatten das Konzert für die Witwe des Discjockeys Cactus Jack Call veranstaltet, der bei einem Autounfall ums Leben gekommen war. Die kleine Maschine hatte gerade eine Zwischenlandung zum Auftanken in Dyersburg/Tennessee hinter sich und befand sich auf dem Flug nach Nashville, als es zum Absturz kam und alle Insassen getötet wurden.

Jahr	*Titel*	*USA*	*UK*	*D*
1957	Walkin' after midnight	12		
1961	I fall to pieces	12		
1961	Crazy	9		
1962	She's got you	14	43	

Eddie Cochran

geb. 3. 10. 1938 in Albert Lea, Minnesota/USA, voc, g
gest. 17. 4. 1960 in Chippenham, England

Er sah aus wie eine Mischung aus James Dean und → Elvis Presley und hatte das Zeug dazu, ein Superstar zu werden: Eddie Cochran, der amerikanische Rokker der 50er Jahre. Er war das jüngste von fünf Kindern und begann mit zwölf Jahren mit dem Gitarrespielen. 1953 zog seine Familie nach Kalifornien. 1955 traf Eddie dort in einem Musikgeschäft einen Songwriter namens Jerry Capehart, der ihn bat, doch ein paar Songs von ihm aufzunehmen. Eddie hatte sich damals gerade mit einem Freund namens Hank Cochran zusammengetan, der allerdings mit Eddie weder verwandt noch verschwägert war. Die beiden traten als Cochran Brothers auf und waren zunächst bei Capeharts Plattenfirma unter Vertrag. Bis Eddie 1956 von einer großen Firma einen Vertrag angeboten bekam. Er griff zu, während Hank nach Nashville ging, um künftig als Songwriter zu arbeiten. Gleichzeitig bekam Eddie Cochran auch eine Rolle in dem Film *Twenty flight rock* angeboten, in dem er dann auch den Titelsong sang. Es sollte Eddies erste Single werden, doch die Plattenfirma veröffentlichte dann vorher noch *Sittin' in the balcony*, einen Song aus der Feder von → John D. Loudermilk, der 1957 Eddies erster größerer Erfolg wurde. Doch erst mit der Veröffentlichung vom *Summertimes blues* 1958, einem Lied, das Capehart und er zusammen geschrieben hatten, fand Eddie seinen typischen Sound: akkustische Gitarre, Fingerschnipsen, harter Beat und dazu ein Thema, das jeder Teenager kannte. Dieser Song hatte eine Einleitung, die Jahre später die → Who, die mit Eddie sehr artverwandt waren, des öfteren wieder aufgriffen. Auch den zweiten 58er Hit *C'mon everybody* hatte Cochran zusammen mit Capehart geschrieben. 1959 lernte er dann die junge Sharon Sheeley kennen, die bald zu seinen engsten Freundinnen zählen sollte. Sharon hatte sich bereits musikalische Meriten verdient mit dem Song *Poor little fool*, den sie für → Ricky Nelson geschrieben hatte. Das erste Resultat der Freundschaft zwischen Sharon und Eddie hieß 1959 *Somethin' else*. 1960 fuhr Eddie, zusammen mit Sharon, für eine mehrwöchige Tournee nach England. Am Sonntag, dem 17. April 1960, war Eddie frühmorgens auf der Rückfahrt nach London. Eine Woche lang war er im Hippodrome in Bristol aufgetreten. Mit im Wagen saßen außer Eddie und Sharon Sheeley noch → Gene Vincent und der Chauffeur. In Chippenham, kurz vor London, platzte ein Reifen, und der Wagen geriet ins Schleudern. Alle Insassen wurden bei dem Unfall verletzt. Eddie erlitt so schwere Kopfverletzungen, daß er kurz danach im Bath Hospital starb. Sein Körper wurde nach Amerika zurückgebracht und in Hollywood beigesetzt.

Jahr	*Titel*	*USA*	*UK*	*D*
1957	Sittin' in the balcony	18		
1958	Summertime blues	8	18	
1959	C'mon everybody	35	6	
1959	Somethin' else		22	
1960	Hallelujah I love her so		22	

Jahr	*Titel*	*USA*	*UK*	*D*
1960	Three steps to heaven		1	
1961	Weekend		15	
1963	My way		23	
1968	Summertime blues		34	25

Joe Cocker

JOHN ROBERT COCKER, geb. 20. 5. 1944 in Sheffield/England, voc

Der weiße Sänger mit der schwarzen Blues-Stimme ist der Sohn eines Sozialarbeiters. Er besuchte die Central Technical School von Sheffield und wurde Installateur für Gaseinrichtungen bei der East Midlands Gas Board. Mit 14 Jahren entdeckte er den amerikanischen Blus. → RAY CHARLES war sein ganz großes Vorbild. Ein Jahr später schloß er sich als Trommler und Harmonika-Spieler einer Gruppe namens THE CAVALIERS an, einer Skiffle-Band, die von seinem älteren Bruder Victor gegründet worden war. Zwei Jahre später wurde die Gruppe in VANCE ARNOLD AND THE AVENGERS umgetauft, und Joe Cocker wurde zum Leadsänger dieser Formation. 1964 bekam Joe einen Plattenvertrag angeboten. Seine Firma bewilligte ihm sechs Monate unbezahlten Urlaub, Joe nahm seine erste Single auf. Es war *I'll cry instead*, ein → LENNON/McCARTNEY-Song, der sich zu einem wunderschönen Flop entwickelte und ihm genau zehn Shilling an Tantiemen einbrachte. Reumütig kehrte Cocker wieder zu seinen Gasuhren zurück. Doch die Musik ließ ihn nicht los. Er stellte eine Funk-Band namens GREASE BAND zusammen, zu der außer KENNY SLADE (dr), ALAN SPENNER (g), HENRY McCULLOUCH (g), TOMMY EYRE (keyb) auch CHRIS STAINTON (b) gehörte, der in der Folgezeit zu einem wichtigen Mann in Cockers Leben werden sollte. Zunächst spielte die Formation, recht erfolgreich, in diversen Pubs in erster Linie amerikanische Soul-Musik. Doch der große Erfolg bahnte sich erst an, als Joe Cocker 1968 die Single *Marjorine* aufnahm, die sich auf Rang 48 in den UK-Charts plazieren konnte. Danach folgte der umjubelte Auftritt beim Jazz Blues Festival in Windsor, und die nächste Single war bereits sein Nr.-1-Hit *With a little help from my friends*, ebenfalls wieder eine Lennon/McCartney-Komposition. 1969 nahm Cocker seine erste LP mit dem gleichen Titel auf, und die Freunde, die ihm dabei halfen, waren sehr prominent: JIMMY PAGE, ALBERT LEE und STEVE WINWOOD. 1969 machte sich Cocker mit seiner Grease Band auf zu einer US-Tournee, in deren Verlauf er den amerikanischen Sänger, Songwriter und Produzenten LEON RUSSELL kennenlernte. Und von Russell stammte auch Cockers nächster Hit *Delta lady*. Als Cocker 1970 nach Amerika fuhr, um eine Grease-Band-Tournee abzusagen, überredete Russell ihn zu einem Unternehmen, das einer der Höhepunkte von Cockers Karriere werden sollte: zur *Mad dogs and englishmen* Tournee. Daran beteiligt waren zwischen 50 und 70 Musiker, Techniker, Groupies, Kinder und Hunde, die in 57 Tagen 65 Auftritte absolvierten. Jeder Auftritt dauerte runde zwei Stunden und war ein wahres Festival, bei dem es grandios drüber und drunter ging. Keiner wußte so genau, wer was eigentlich machte, aber das Ergebnis war einfach überwältigend, ebenso wie der darüber gedrehte Film. Ein Song aus dem dazugehörigen Soundtrack, Cockers Version von Julie Londons 55er Millionenseller *Cry me a river*, wurde ein Superhit. Danach war Cocker sowohl körperlich als auch geistig ein Wrack, die Gerüchte über seine Alkohol- und Drogenprobleme wurden immer lauter, und außerdem war er total pleite. Er tauchte unter. Erst 1974 hörte man wieder von Englands bestem weißen Blues-Sänger. → Billy Preston hatte für ihn die wunderschöne Ballade *You're so beautiful* geschrieben. Meist zusammen mit Chris Stainton veröffentlichte Cocker dann bis 1978 mit schöner Regelmäßigkeit Alben, die teilweise ganz hervorragend waren. So gut er im Studio war, so unmöglich waren jedoch seine Live-Auftritte: meist torkelte er volltrunken auf der Bühne herum, er vergaß die Texte, fiel auch schon mal in den Orchestergraben, und seine sowieso schon merkwürdigen spastischen Verrenkungen beim Singen wurden allmählich unerträglich. Ab 1981 schien er sich dann wieder zu fangen, und seitdem gehört er wieder zu den ganz Großen der internationalen Rock- und Bluesszene.

Jahr	*Titel*	*USA*	*UK*	*D*
1968	With a little help from my friends		1	3
1969	Delta lady		10	
1970	The letter	7	39	
1970	Cry me a river	11		
1975	Your are so beautiful	5		
1982	Up where we belong (mit Jennifer Warnes)	1	7	6

Leonard Cohen

geb. 21. 9. 1934 in Montreal/Kanada, voc

Der Sohn eines russisch-jüdischen Textilkaufmanns machte sich zuerst als Lyriker und Romanautor einen Namen. Er schrieb mehrere Gedichtbände (*Poems 1956–1968*) und zwei Romane (*The favourite game*, 1963, und *Beautiful losers* 1966). Doch auch mit Musik war der dünne, blasse Poet mit der resignierenden Ausstrahlung durchaus vertraut: als 15jähriger hatte er bei der Country-Band Buckskin Boys Gitarre gespielt. Anschließend studierte er Geschichte, (Abschluß 1955), betätigte sich ebenso kurz wie erfolglos in der elterlichen Fabrik, ließ sich für längere Zeit auf der griechischen Insel Hydra nieder und schrieb seine Gedichte und Romane. Mitte der 60er Jahre beschloß er, seine Werke auch zu vertonen. Es entstanden faszinierend monotone Lieder, durch die die rabenschwarzen Texte der Songs erst richtig zum Tragen kamen. Obwohl seine Lieder und seine Lyrik eigentlich für die über 30jährigen gedacht waren, begeisterten sich in erster Linie junge Leute und Teenager für seine höhepunktlosen Songs. Titel wie *Bird on the wire*, *Suzanne* oder *Lover lover lover* waren einfach »in«. Seine Alben *The songs of Leonard Cohen* (1967), *Songs from a room* (1969), *Song of love and hate* (1971) und *New skin for the old ceremony* (1974) verkauften sich jeweils über eine halbe Million Mal. Dann verschwand der selbstbewußte Interpret und Schreiber mit dem gewaltigen Frauenverbrauch aus dem Licht der Öffentlichkeit. Erst 1988 machte er wieder von sich reden mit den Songs für das Jennifer-Warren-Album *Famous blue raincoat*.

Jahr	*Titel*	*USA*	*UK*	*D*
1974	Lover lover lover			9

Nat »King« Cole

Nathaniel Adams Cole, geb. 17. 3. 1919 in Montgomery, Alabama/USA, voc, gest. 15. 2. 1965 in Santa Monica, Kalifornien/USA

Der farbige Sänger mit der samtweichen Stimme war das zweite von insgesamt sechs Kindern eines Baptisten-Pfarrers. Im zarten Alter von vier Jahren begann er bereits mit dem Klavierspielen, mit elf Jahren spielte er schon die Orgel in der Kirche seines Vaters. Mit sechzehn hatte er seine erste eigene Band, The Royal Dukes, später schloß er sich dann The Rogues Of Rhythm an, der Band seines Bruders Eddie.

1936 hatte Nat ein Engagement bei einer Band, die mit der Revue *Shuffle along* durch die Lande tourte, anschließend arbeitete er als Pianist in Nachtclubs. Gäste forderten ihn auf, doch auch einmal zu singen, Nat tat es, es gefiel den Gästen so gut, daß er schließlich ständig sang und dazu Klavier spielte. 1937 gründete er sein Nat »King« Cole Trio, das »King« setzte er übrigens hinzu, nachdem ihm ein Fan für seine musikalischen Leistungen eine Krone aus Papier überreicht hatte. 1940 machte Cole seine erste Schallplatte, es war eine Aufnahme des ersten Liedes, das er jemals öffentlich in einer Bar gesungen hatte: *Sweet Lorraine*. Bis 1943 erspielte sich Cole mit seinem Trio einen hervorragenden Ruf als Jazz- und Bluesband, ab 1943 versuchte er sich dann als Solist und machte eine mehr als nur glanzvolle Karriere. Innerhalb kürzester Zeit gehörte er zu den internationalen Superstars der 40er, 50er und 60er Jahre. Seine Platten verkauften sich millionenfach, wie z. B. *Natur boy* (1948), *Little girl* (1948), *Mona Lisa* (1950), *Too young* (1951), *Answer, me, my love* (1954). *Answer me, my love* ist übrigens ein deutsches Lied, das 1952 von Gerhard Winkler und Fred Rauch geschrieben wurde und im Original *Mütterlein* hieß. Dann bekam das Lied einen englischen Text, war nicht nur für Nat »King« Cole, sondern auch für → Frankie Laine und David Whitfield ein Nr.-1-Hit und Bestseller, ging wieder zurück nach Deutschland, bekam einen neuen deutschen Text und hieß nun *Glaube mir*. Bis 1968 hatten sich Tonträger mit Nat-»King«-Cole-Aufnahmen weltweit über 75 Millionen Mal verkauft.

Doch dem gutaussehenden Künstler mit der einzigartigen Stimme, dem relaxten Jazz-Feeling und dem fantastischen Sound war kein langes Leben beschieden. Am 8. Dezember 1964 wurde er in Santa Monica in das St. John Hospital eingeliefert. Die Diagnose: Lungenkrebs. Am 25. Januar 1965 wurde ihm der linke Lungenflügel entfernt, am 15. Februar 1965 starb er im Alter von nur 45 Jahren. Die Sangestradition der Familie führt heute seine Tochter Natalie Cole fort, die mit anspruchsvollen Songs wie *This will be* 1975, *I've got love on my mind* 1977 und *Our love* 1978 ebenfalls Superhits landen konnte, die sich millionenfach verkauften.

Jahr	Titel	USA	UK	D
1955	Darling je vous aime beaucoup	7		
1955	A blossom fell	2	3	
1955	My one sin	24	17	
1955	If I may	8		
1955	Someone you love	13		
1956	Dreams can fell a lie		10	
1956	Ask me	18		
1956	Too young to go steady	21	8	
1956	That's all there is to that	16		
1956	Love me as if there were no tomorrow		11	
1956	Night lights	11		
1957	When I fall in love		2	
1957	Ballerina	18		
1957	Send for me	6		
1957	My personal possession	21	21	
1958	Looking back	5		
1960	That's you		10	
1960	Just as much as ever		18	
1962	Let there be love		11	
1962	Ramblin' Rose	2	5	18
1962	Dear lonely hearts	13	37	
1963	Those lazy-hazy-crazy days of summer	6		
1963	That sunday, that summer	12		

Judy Collins

geb. 1. 5. 1939 in Seattle, Washington/ USA, voc, g

Judy Collins gilt, nach → Joan Baez, als berühmteste Folk-Sängerin Amerikas. Die Tochter des blinden Radio-Moderatoren Chuck Collins wuchs in Denver/ Colorado auf und begann schon in jungen Jahren mit der Ausbildung als Konzertpianistin. Im zarten Alter von zwölf Jahren spielte sie bereits mit dem Denver Businessmen's Symphony Orchestra. Danach erkrankte sie an Kinderlähmung, konnte die Krankheit aber überwinden. Sie besuchte die Universität von Colorado, und dort kam sie zum erstenmal mit Folkmusik in Berührung. Sie begeisterte sich sofort für diese Art der Musik und begann, mit ihrer hellen, ausdrucksstarken und durchmodellierten Stimme Folksongs zu singen. 1961 bekam sie einen Plattenvertrag, ein Jahr später sang sie bereits in der New Yorker Carnegie Hall. Anschließend bekam die zarte Interpretin TBC. Damit schien sich der Titel ihrer ersten LP, *Maid of constant sorrow*, wirklich zu bewahrheiten. Aber auch diese Krankheit überwand sie, und bis Ende der 60er Jahre sah man sie stets mit Folk-Stars wie Pete Seeger und Phil Ochs durch den Süden der USA touren. Die eingefleischte Pazifistin wollte damit die Farbigen bei ihrem Gang zu den Wahlurnen unterstützen. Genauso vehement sprach sie sich gegen den Vietnam-Krieg aus. Bis Anfang der 70er Jahre veröffentlichte Judy Collins zumindest ein Bestseller-Album pro Jahr. Sie sang eigene Kom-

Jahr	Titel	USA	UK	D
1968	Both sides now	8		
1970	Both sides now		14	
1970	Amazing grace	15	5	22
1972	Amazing grace		20	
1975	Send in the clowns	39	6	
1977	Send in the clowns	19		

positionen, aber auch Lieder von anderen. Auf diese Weise unterstützte sie die Karrieren von späteren Stars wie JONI MITCHELL, → RANDY NEWMAN und → LEONARD COHEN. Auch heute veröffentlicht Judy Collins immer noch hörenswerte Alben.

Colosseum

JON HISEMAN, geb. 21. 6. 1944 in England, dr
DICK HECKSTALL-SMITH, geb. 26. 9. 1934 in England, sax
DAVE GREENSLADE, geb. 18. 1. 1943 in England, keyb
MARK CLARKE, geb. 25. 7. 1950 in England, b
DAVE CLEMPSON, geb. 5. 9. 1949 in England, g
CHRIS FARLOWE, geb. 13. 10. 1940 in England, voc

Gegründet wurde die Formation 1968 in London von Jon Hiseman und Dick Heckstall-Smith. Die Musik von Colosseum war eine gekonnte Mischung aus Jazz, Blues und Rock, aufgebaut nach Mustern der Klassik. Zunächst war die Gruppe sehr von → GRAHAM BOND beeinflußt, was vor allen Dingen auf den ersten beiden Alben *Those who where about to die salute you* (1969) und *Valentyne suite* (1969) zu hören ist. Zu diesem Zeitpunkt verließen die Gründungsmitglieder JIMMY LITHERLAND (g) und TONY REEVES (b) die Band. Im September 1970 kam der Sänger → CHRIS FARLOWE dazu, der mit seiner Interpretation von Hisemans anspruchsvollen Texten die Gruppe zu neuen Höhepunkten führte, so zu hören auf dem 70er Album *Daughter of time*. Dave Greenslade hatte übrigens vor Colosseum von 1962 bis 1966 zu Chris Farlowes Begleitband THE THUNDERBIRDS gehört. Das 71er Album *Colosseum live* zeigte noch einmal, wie hervorragend die Formation auf der Bühne war, im Oktober 1971 löste sich die Truppe auf. Clempson ging zu → HUMBLE PIE; Greenslade tat sich mit TONY REEVES zusammen und formierte eine eigene Band, ebenso Dick Heckstall-Smith; Chris Farlowe stellte seine Stimme ATOMIC ROOSTER zur Verfügung; Hiseman blieb mit Mark Clarke zusammen und gründete TEMPEST, eine Rock-Band, die sich 1974, nach nur zwei Alben, ebenfalls wieder auflöste. 1975 stellte Hiseman dann wieder eine neue Band auf die Beine, die er COLOSSEUM II nannte, obwohl von den Original-Mitgliedern nur noch er übrig war. Zu Colosseum II gehörten der irische Gitarrist GARY MOORE, ehemals bei SKID ROW und THIN LIZZY, der Sänger MIKE STARRS, der Bassist NEIL MURRAY und der Keyboarder DON AIREY. Obwohl das Debüt-Album *Strange new flesh* 1976 recht vielversprechend klang, war auch dieser Gruppe kein langes Leben beschieden.

Perry Como

PIERINO COMO, geb. 18. Mai 1912 in Canonsburg, Pennsylvania/USA, voc

Der gutaussehende Sänger mit der angenehmen Bariton-Stimme entstammt einer kinderreichen Familie. Seine Eltern, die aus Italien ins Land der unbegrenzten Möglichkeiten auswanderten, hatten dreizehn Kinder. Bereits mit vierzehn Jahren machte Perry eine Ausbildung als Friseur, um seine große Familie finanziell unterstützen zu können. Er wollte auch gleich ein eigenes Friseur-Geschäft aufmachen, doch sein Vater bestand darauf, daß Perry erst einmal die Schule beendete. Aber 1933 hatte er sein eigenes Geschäft. Perry hatte schon immer gerne gesungen, und so fuhr er in diesem Jahr nach Cleveland/Ohio, um für einen Job im Orchester von FREDDY CARLONE vorzusingen. Er bekam den Job, und aus lauter Freude heiratete er am 31. Juli 1933 seine Jugendliebe ROSELLE BELLINE. Drei Jahre lang zog er mit seiner Frau und diesem Orchester als Sänger durch den Mittelwesten, dann kam ein neues Engagement von der TED WEEMS BAND, bei der Perry bis 1942 blieb. Anschließend arbeitete Perry als Sänger und Entertainer in Nachtclubs und Theatern, bis er 1943 einen Plattenvertrag bekam. 1943 unterzeichnete der attraktive junge Mann auch einen Filmvertrag über sieben Jahre, den er allerdings 1947 wieder auflöste. Seine ersten Filme waren *Something for the roys* und *Doll face*, beide 1945, und der 46er Streifen *If I'm lucky*, der Perry Como auch zum Filmstar machte. Inzwischen verkauften sich seine Platten so hervorragend, daß er 1945 gleich vier Millionenseller verbuchen konnte: *Till the end of time*, ein Stück, das auf CHOPINS Polonaise in a-Moll basierte; *If I loved you* aus dem Musical *Carousel* von RODGERS & HAMMERSTEIN; *A hubba-hubba-hubba* aus seinem Film *Doll face* und seine Version von *Temptation*, einem Lied, das 1933 für den Film *Going Hollywood* geschrieben worden war und im Original von BING CROSBY gesungen wurde. In diesem Stil ging es zunächst bis in die 60er Jahre weiter. Perry Comos Millionenseller: 1946 *Prisoner of love*, ein Remake des Songs von 1931; 1947 *When you were sweet sixteen*, ein Lied, das bereits 1898 von JAMES THORNTON, einem Freund von Perry Como geschrieben worden war; 1948 *Because*, ein Song aus England aus dem Jahr 1901; 1951 *If*, ein Lied aus England aus dem Jahr 1934; 1952 *Don't let the stars get in your eyes*; 1954 *Papa loves mambo* und *Wanted*; 1956 *Hot diggity* und *More*; 1957 *Round and round*; 1958 *Catch a falling star*, *Kewpie doll* und *I may never pass this way again*; 1960 *Delaware*. Inzwischen hatte Perry Como natürlich eine eigene Fernseh-Show, gewann einen Fernseh-Preis nach dem anderen, und bis 1969 beliefen sich die Verkäufe seiner Tonträger auf über 50 Millionen Stück. Doch zwischen 1960 und 1970 war von dem Publikumsliebling der 40er und 50er Jahre nicht mehr allzuviel zu hören – bis er 1970 mit *It's impossible* unter die Top 10 der Charts zurückkehrte. Auch diese Nummer, die im Original aus Mexiko kam und *Somos novios* hieß, erwies sich wieder als Millionenseller. Nachdem er es damit »den Jungen« gezeigt hatte, zog sich Como immer mehr vom Showbusiness zurück; heute tritt er nur noch sehr selten im Fernsehen auf.

Jahr	*Titel*	*USA*	*UK*	*D*
1955	Ko Ko Mo (I love you so)	2		
1955	Chee Chee-Oo-Chee (Sang the little bird) (mit Jaye P. Morgan)	12		
1955	Two lost souls (mit Jaye P. Morgan)	18		
1955	Tina Marie	5	24	

Jahr	*Titel*	*USA*	*UK*	*D*
1955	Fooled	20		
1955	All at once you love her	11		
1956	Hot diggity	1	4	10
1956	Juke box baby	10	22	
1956	More	4	10	
1956	Glendora	8	18	
1956	Somebody up there likes me	18		
1957	Round and round	1		9
1957	The girl with the golden braids	13		
1957	Mi casa su casa			9
1957	Just born (to be your baby)	12		
1957	Ivy rose	18		
1958	Catch a falling star	1	9	16
1958	Magic moments	4	1	
1958	Kewpie doll	6	9	
1958	Dance only with me	19		
1958	I may never pass this way again		15	
1958	Moon talk	28	17	
1958	Love makes the world go round	33	6	
1958	Mandolins in the moonlight		13	
1959	Tomboy	29	10	
1959	I know		13	
1960	Delaware	22	3	
1962	Caterina	23	37	11
1963	(I love you) Don't you forget it	39		17
1970	It's impossible	10	4	
1971	I think of you		14	
1973	And I love you so	29	3	
1973	For the good times		7	

Arthur Conley

geb. 4. 1. 1946 in Atlanta, Georgia/USA, voc

Als Teenager zog der farbige Interpret durch den Süden der USA und sang in Clubs. 1965 wurde er in Baltimore von niemand anderem als dem berühmten → Otis Redding gehört. Redding erkannte das Talent von Conley und ließ ihn für seine eigene Plattenfirma Jotis ein paar Singles aufnehmen, darunter auch *I'm a lonely stranger*, das in manchen Gegenden ganz gut lief. 1967 wurde Conley von einer größeren Plattenfirma unter Vertrag genommen, und gleich die erste Veröffentlichung, *Sweet soul music*, eine Hymne an die Soul-Sänger der 60er Jahre, wurde ein Hit. Auch 1968 konnte Arthur Conley seinen Erfolg noch in den Soul-Charts mit Titeln wie *People sure act funny* oder *Aunt Dora's love soul shack* fortsetzen, dann verschwand er wieder in der Versenkung.

Jahr	*Titel*	*USA*	*UK*	*D*
1967	Sweet soul music	2	7	40
1968	Funky street	14	46	

The Contours

Billy Gordon
Billy Hoggs
Joe Hoggs
Joe Billingslea

Sylvester Potts
Hubert Johnson
Huey Davis
alle aus Detroit, Michigan/USA

Die Gruppe begann 1958 als Quartett, Johnson und Davis waren damals noch nicht dabei. Johnson stieß 1959 zur Band. Der erfolgreiche Sänger → Jackie Wilson war ein entfernter Verwandter von Johnson, und ihn bat Hubert, sich die Gruppe einmal anzuhören. Wilson tat es, war recht angetan von diesem Quintett und empfahl es seinem Freund Berry Gordy Jr. von Motown Records. 1961 bekamen die Contours einen Plattenvertrag bei ihm, Anfang 1962 stieß der Gitarrist Huey Davis zur Gruppe, und die erste Single, *Whole lotta woman*, wurde veröffentlicht – sie wurde ein Flop. Dann schrieb Berry Gordy jr. das Lied *Do you love me* für die Formation – und es wurde ein Millionenseller. 1963 nahm die englische Band Brian Poole & The Tremeloes diesen Titel ebenfalls auf und hatte damit in UK einen Nr.-1-Hit. *Do you love me* blieb der einzige größere Erfolg der Contours.

Jahr	*Titel*	*USA*	*UK*	*D*
1962	Do you love me	3		

Russ Conway

Trevor H. Stanford, geb. 2. 9. 1927 in Bristol/England, p

Der gutaussehende Russ mit dem hinreißenden Lächeln bezauberte schon als Kind das Publikum. Er sang zu Hause im Kirchenchor und trat zum erstenmal im Alter von zehn Jahren öffentlich auf, und zwar mit einer Akkordeon-Gruppe bei einer Ausstellung. Doch nach der Schule ging Russ zunächst einmal zur Handelsschule. Anschließend versuchte er sich in diversen Berufen, unter anderem als Verkäufer, Barmann und Handelsvertreter. 1941, im Alter von 14 Jahren, ließ er sich für die Handelsmarine ausbilden. Zu diesem Zeitpunkt hatte er sich musikalisch bereits einiges selbst beigebracht: Er spielte Kornett, französisches Horn, Jagdhorn, Euphonium und Baß, dazu noch Orgel und Klavier, wobei seine Stärke zweifellos beim Piano lag. Mit 15 Jahren, 1942, kam er zur Handelsmarine, wo er zwei Jahre lang blieb. Anschließend verpflichtete er sich für drei Jahre zur Royal Navy. Gleich in seinem ersten Monat an Bord verlor er ausgerechnet beim Brotschneiden die Kuppe seines rechten Mittelfingers. Nachdem es ihm also bei der Royal Navy so gut ergangen war, verpflichtete er sich anschließend gleich noch einmal für zwei Jahre. Von 1951 bis 1955 war er dann wieder bei der Handelsmarine. Danach spielte er in erster Linie in diversen Clubs Klavier, begleitete diverse Unterhaltungsstars auf dem Piano und wurde im Zuge dessen 1957 entdeckt. Er bekam einen Plattenvertrag und veröffentlichte Ende 1957 mit *Party pops* seine erste Single, die es in UK immerhin bis Platz 24 schaffte. Es folgten diverse Auftritte auf der Bühne und im Fernsehen, und Conways *More party pops* erreichten 1958 immerhin schon Platz zehn. Von da an war der beliebte Entertainer bis 1962 immer wieder mit seinen Instrumental-Titeln auf den oberen Plätzen in den British Charts vertreten. Sein zweifellos bestes Jahr war dabei das Jahr 1959, in dem er gleich fünf Superseller verzeichnen konnte, von denen zwei, nämlich *Side saddle* und *Roulette*, aus seiner Feder stammten.

Jahr	*Titel*	*USA*	*UK*	*D*
1958	More party pops		10	
1959	Side saddle		1	
1959	Roulette		1	
1959	China tea		5	
1959	Snow coach		7	
1959	More and more party pops		5	
1960	Royal event		15	
1960	Lucky five		14	
1960	Passing breeze		16	
1961	Pepe		19	
1961	Toy balloons		7	
1962	Lesson one		21	

Sam Cooke

geb. 22. 1. 1935 in Chicago, Illinois/USA, voc, gest. 11. 12. 1964 in Los Angeles, Kalifornien/USA

Der attraktive Sam mit der kuscheligen Stimme war eines von acht Kindern des Predigers Reverend CHARLES COOKE. Als kleiner Junge sang er bereits im Gospel-Chor in der Kirche seines Vaters, als er auf die Wendell Philips Highschool in Chicago ging, schloß er sich mit seinem Bruder einer Gospel-Gruppe namens THE HIGHWAY Q. C.'s an. In den 50er Jahren wurde er dann Mitglied der SOUL STIRRERS, einer sehr populären Gospel-Gruppe, die im ganzen Land Konzerte gab und viele Platten machte. Bei Aufnahmen wie *Touch the hem of his garment* oder *Pilgrim of sorrow* war Sam Cooke der Leadsänger. Ab Mitte der 50er Jahre interessierte sich Sam immer mehr für den weltlichen Rhythm & Blues. Er bekam 1956 auch sofort einen Plattenvertrag, nannte sich aber Dale Cooke, um mit seinen »geistlichen« Auftritten nicht in Kollision zu geraten. *I'll come running back to you* und *Forever* hießen seine ersten Aufnahmen. Dann wechselte er 1957 die Plattenfirma und trat künftig unter seinem richtigen Namen auf. Bereits die erste Single dort war ein Nr.-1-Hit: *You send me*, geschrieben von Sams Bruder L.C. COOKE. Von da an war Sam Cooke ein Star. Von 1957 bis 1964 veröffentlichte er eine ganze Reihe von Bestsellern, die auch heute immer noch gerne von anderen Sängern gecovert werden. Sam Cooke bot dabei die ganze Palette: Rock'n'Roll, R & B, Blues, Pop, Soul, Country und nicht zu vergessen seine hinreißenden Schnulzen. Im Oktober 1959 hatte er seine Schulfreundin BARBARA CAMPBELL in Los Angeles geheiratet, und 1964, als Sam auf dem Höhepunkt seiner Karriere war, fuhren die beiden in den Weihnachtsferien wieder in diese Stadt. In der Nacht des 11. Dezember 1964 wurde Sam Cooke in Los Angeles von der 55jährigen weißen Managerin eines Motels erschossen, als er in derangierter Kleidung nach einer Party ihr Büro betreten wollte. Angeblich hielt sie ihn für einen Einbrecher, aber die Gerüchte sprachen von einer Eifersuchtsszene. Denn die Wirkung des erfolgreichen und höchst attraktiven farbigen Künstlers auf die holde Weiblichkeit war nicht unerheblich. 1986 feierte der Künstler posthum nochmals ein Comeback. Die Jeansfirma Levis hatte für einen Werbefilm Sams *Wonderful world* (übrigens geschrieben von LOU ADLER und → HERB ALPERT) als musikalischen Hintergrund ausgewählt. Daraufhin konnte sich der Titel abermals in den internationalen Charts plazieren.

Jahr	*Titel*	*USA*	*UK*	*D*
1957	You send me	1	29	
1957	I'll come running back to you	18		
1958	(I love you) for sentimental reasons	17		
1959	Only sixteen	28	23	
1960	Wonderful world	12	27	
1960	Chain gang	2	9	
1961	Cupid	17	7	
1962	Twistin' the night away	9	6	
1962	Having a party	17		
1962	Bring it on home to me (mit → Lou Rawls)	13		
1962	Nothing can change this love	12		
1963	Send me some lovin'	13		
1963	Another saturday night	10	23	
1963	Frankie and Johnny	14	30	
1963	Little red rooster	11		
1964	Good news	11		
1964	Good times	11		
1965	Shake	7		
1986	Wonderful world		2	2

The Cookies

Dorothy Jones, voc
Margaret Ross, voc
Earl-Jean McCree, voc
alle aus Brooklyn, New York/USA

Die drei Mädchen waren der Background-Chor für viele Künstler. Sie pflegten in erster Linie für → Neil Sedaka und → Carole King zu arbeiten, und so waren auch sie es, die → Little Eva auf ihrem Millionenseller *Loco-Motion* begleiteten. Das Lied war von Carole King und ihrem damaligen Ehemann Gerry Goffin geschrieben worden. Und dieses höchst erfolgreiche Team King/Goffin schrieb dann auch auf Bitten der Plattenfirma etwas für das Trio. Das Ergebnis hieß 1962 *Chains* und war der erste Hit für die Cookies. 1964 versuchte sich Earl-Jean als Solistin, kam mit ihrem *I'm into something good* allerdings nur bis Rang 38. → Herman's Hermits brachten den Song in USA Ende 1964 heraus und landeten damit auf Rang 13.

Jahr	*Titel*	*USA*	*UK*	*D*
1962	Chains	17	50	
1963	Don't say nothin' bad (about my baby)	7		
1964	Girls grow up faster than boys	33		

The Corsairs

Jay »Bird« Uzzell, geb. 13. 7. 1942, leadvoc
James Uzzel, geb. 1. 12. 1940
Moses Uzzel, geb. 13. 9. 1939
George Wooten, geb. 16. 1. 1940
alle aus La Grange, North Carolina/USA

Die drei Brüder Uzzell und ihr Cousin George Wooten wuchsen gemeinsam auf. Sie sangen bereits auf der Schule zusammen und nahmen an diversen Talent-Wettbewerben unter dem Namen THE GLEEMS teil. Ihr Erfolg hielt sich allerdings in Grenzen, bis sie dann im Sommer 1961 doch von einer Plattenfirma entdeckt und unter Vertrag genommen wurden. Sie änderten ihren Namen in Corsairs und hatten gleich mit ihrer ersten Platte *Smoky places* einen Hit. Es blieb der einzige.

Jahr	*Titel*	*USA*	*UK*	*D*
1962	Smoky places	12		
1962	I'll take you home	68		

Dave »Baby« Cortez

DAVID CORTEZ CLOWNEY, geb. 1939 in Detroit, Michigan/USA, org

Daves Vater war Pianist und ermutigte natürlich seinen Sohn, auch ein Instrument zu spielen. Dave spielte zehn Jahre lang ebenfalls Klavier, dann wechselte er zur Orgel über. Seine Karriere begann er allerdings als Sänger bei den PEARLS, bis er Ende 1958 das Angebot erhielt, eine Solo-Platte zu machen. Dave nahm den instrumentalen Rock'n' Roll *The happy organ* auf und hatte prompt einen Nr.-1-Hit damit. Danach brauchte er drei Jahre, bis ihm mit *Rinky dink* abermals ein Hit glückte. Er brachte noch bis 1966 eine Reihe Singles heraus, die jedoch in den Charts immer nur unter »ferner liefen« zu finden waren.

Jahr	*Titel*	*USA*	*UK*	*D*
1959	The happy organ	1		
1962	Rinky dink	10		

The Count Five

KENN ELLNER, geb. 1948 in Brooklyn, New York/USA, leadvoc
JOHN MICHALSKI, geb. 1948 in Cleveland, Ohio/USA, leadg
SEAN BYRNE, geb. 1947 in Dublin, Irland, g
ROY CHANEY, geb. 1948 in Indianapolis, Indiana/USA, b

Diese Psychedelic-Punk-Band entstand Mitte der 60er Jahre in Kalifornien. Das Quartett spielte zunächst hauptsächlich in Clubs und trat oft mit anderen Gruppen wie → THE SYNDICATE OF SOUND auf oder den GOLLIWOGS, aus denen später → CREEDENCE CLEARWATER REVIVAL wurde. 1966 bekamen Count Five einen Plattenvertrag und veröffentlichte noch im selben Jahr ihre einzige Hit-Single, *Psychotic reaction*, ein Lied im typischen »weißen« US-Punk-Stil der 60er Jahre. Die Gruppe brachte danach zwar noch etliche Platten heraus, doch der Erfolg wiederholte sich nicht. Irgendwann löste sich die Truppe dann auf.

Jahr	*Titel*	*USA*	*UK*	*D*
1966	Psychotic reaction	5		

Country Joe & The Fish

JOSEPH MCDONALD, geb. 1. 1. 1942 in El Monte, Kalifornien/USA, leadvoc, g
BARRY »THE FISH« MELTON, geb. 1949 in Brooklyn, New York/USA, leadg

Bruce Barthol, geb. 1949 in Berkeley, Kalifornien/USA, b
David Cohen, geb. 1944 in New York City/USA, leadg, keyb
Chicken Hirsch, geb. 1942 in USA, dr

Country Joe & The Fish dürfte die wohl berühmteste politische Hippie-Folk-Rock-Band sein, die Mitte der 60er Jahre aus der »Scene« von San Francisco kam. Kopf und Mittelpunkt der Band war Joe McDonald, den seine politisch ganz links stehenden Eltern nach Joseph Stalin getauft hatten. Joe hatte auf der Highschool mit dem Musikmachen angefangen, war dann zwei Jahre beim Militär gewesen, und als er 1963 auf die Universität von Kalifornien nach Berkeley ging, machte er weiter Musik. Er schrieb und sang Protestsongs und gab ein Magazin heraus, das er *Et tu Brute* nannte. 1965 war Joe bereits ein fester Bestandteil der kalifornischen Folk-Rock-Szene, und dort lernte er auch Barry Melton kennen. Die beiden verstanden sich auf Anhieb, holten drei Freunde dazu, und schon war eine Gruppe geboren, die sie Country Mao & The Fish nannten. Sehr schnell wurde das Quintett mit seinen ungeschminkten Protestsongs zu der Band der kalifornischen Studenten. Ihre Lieder *Fixin' to die rag* und *Fish cheer* waren bald fester Bestandteil jeder Studenten-Versammlung oder -Demonstration. 1967 erschien *Electric music for the mind and the body*, das erste Album von Country Joe & The Fish, wie sich die Formation inzwischen nannte. Ihre Alben verkauften sich bis zur Auflösung der Truppe Anfang 1970 recht gut. Einer der Höhepunkte der Band war der Auftritt beim Woodstock-Festival 1969, der auch im Film festgehalten wurde. Die Gruppe kann einige Besonderheiten

Country Joe McDonald
Foto: Teldec/Bildarchiv

für sich in Anspruch nehmen. Sie war die erste Band, die eine psychedelische Light-Show nach New York brachte; sie war die erste, die eine Radiosendung in Stereo machte, nämlich bei einem Live-Auftritt im KSAN-Sender in San Francisco; sie war die erste, die ein Publikum dazu brachte, aus vollem Hals eine Obszönität zu singen, nämlich das »F-U-C-K« in ihrem berühmten *Fish cheer*; sie war die erste, die von einem amerikanischen Staat, nämlich von Massachusetts, wegen der Verführung eines Publikums zum Singen einer Obszönität verurteilt wurde; und Country Joe & The Fish waren die ersten, denen Ed Sullivan 10 000 Dollar zahlte, damit sie nicht in seiner Show auftraten. Nach der Auflösung seiner Band machte Joe McDonald als Solist weiter, veröffentlichte mit schöner Regelmäßigkeit Folk-Rock-Platten und schrieb u. a. auch die Musik für den Film *Stille Tage in Clichy*.

The Cousins

ADRIEN RANSY, dr
GUS DEVON, g
ANDRE VANDEMEERSCHOOT, g
JACKY, g
alle aus Belgien

Dieses belgische Quartett bestand aus Studenten, die in einem Club namens »Les Cousins« in Brüssel zu spielen pflegten. Als sie dort 1961 entdeckt wurden, übernahmen sie gleich dessen Namen. Gus Devon nahm sich den Klassiker *Kili watch* vor, bearbeitete ihn und machte daraus einen europäischen Instrumentalhit. Sowohl in Belgien als auch in Holland, Frankreich, Italien und Schweden wurde die Nummer ein Bestseller, der sich insgesamt millionenfach verkaufte.

The Cowsills

JOHN COWSILL, geb. 20. 5. 1960, voc, dr
ROBERT COWSILL, geb. 26. 8. 1950, voc, g
BARRY COWSILL, geb. 14. 9. 1955, voc, b
WILLIAM COWSILL, geb. 9. 1. 1948, voc, g
PAUL COWSILL, geb. 11. 11. 1952, voc, keyb
RICHARD COWSILL, geb. 26. 8. 1950, voc, ersetzt 1967 durch
SUSAN COWSILL, geb. 20. 5. 1960, voc
BARBARA COWSILL, geb. 1929, voc
alle geboren in Newport/Rhode Island, USA

Der vielköpfige Familienclan der Cowsills beschloß eines Tages, als Sangestruppe Karriere zu machen. Also kommandierte Vater BUD COWSILL 1963 seine sechs Söhne samt Mutter zum Singen und Musizieren ab, brachte sie mit Geduld und eiserner Disziplin (Tugenden, die er als ehemaliger Navy-Offizier auch hervorragend beherrschte) dazu, ein Repertoire von 500 Folk-, Country-, Pop- und Rock-Songs einzuüben, nur um dann festzustellen, daß sich niemand für seine mühsam gedrillte Truppe interessierte. Doch auch als ihnen die Schulden über den Kopf wuchsen und sie im Winter ihr Mobiliar verheizen mußten, weil sie kein Geld für Heizöl hatten, machten die Cowsills hartnäckig weiter. Mitte der 60er Jahre bekamen sie bei einer kleinen Firma einen Plattenvertrag und durften die Single *All I really wanna be is me* aufnehmen. Der Song wurde zwar ein kommerzieller Flop, doch er erregte die Aufmerksamkeit eines Verantwortlichen einer großen Plattenfirma. Und dort konnten die Cowsills 1967 einsteigen, gerade in dem Moment, als sie, um zu überleben, ihr Haus hätten verkaufen müssen. *The rain, the park and other things* hieß ihre erste flotte Pop-Nummer, die ein Millionenseller wurde. Millionenerfolg Nummer zwei folgte dann 1969 mit einer Version von *Hair* aus dem gleichnamigen Musical. Anfang der 70er Jahre begann dann der Glanz der Cowsills zu verblassen, einer Gruppe, die 1967 den Beinamen »America's first family of music« bekommen hatte.

Jahr	*Titel*	*USA*	*UK*	*D*
1967	The rain, the park and other things	2		
1968	We can fly	21		
1968	Indian lake	10		
1969	Hair	2		

Floyd Cramer

geb. 27. 10. 1933 in Shreveport, Lousiana/USA, p

Mit fünf Jahren bekam der kleine Floyd von seinen Eltern ein Klavier geschenkt – und von da an ließ es ihn nicht mehr los. Zuerst spielte er rein nach Gehör, erst später bekam er Musikunterricht und lernte die Noten. Nach der Highschool wurde er zum ständigen Pianisten bei der Radio-Show »Lousiana Hayride«. 1955 ging er auf Anraten von CHET ATKINS nach Nashville, um in der »Grand Ole Opry« zu spielen. 1956 durfte er mit einem jungen, vielversprechenden Nachwuchssänger ins Studio, um ein Lied aus der Feder von MAMA AXTON aufzunehmen. Der junge Sänger war → ELVIS PRESLEY, und das Lied hieß *Heartbreak hotel*, Elvis' erster Millionenseller. Innerhalb kürzester Zeit wurde Floyd Cramer zum gefragten Studiomusiker, der außer Elvis auch Stars wie → JIM REEVES und → THE BROWNS begleitete. 1958 durfte er eine Solo-Single machen mit dem selbstgeschriebenen Instrumental-Titel *Flip, flop and hop*. Die flotte Nummer wurde ein Flop. Doch Floyd gab nicht auf, 1960 wagte er es noch einmal und veröffentlichte die Eigenkomposition *Last date*. Sie wurde ein Millionenseller. Damit war der berühmte »Cramer-Sound« geschaffen worden, eine Art von Instrumentals, die alle nach Prärie, einsamen Lagerfeuern und traurigen Sonnenuntergängen klangen. Bis 1962 hatte Mr. Cramer noch einige Hits, dann wurde es still um ihn.

Jahr	*Titel*	*USA*	*UK*	*D*
1960	Last date	2		
1961	On the rebound	4	1	
1961	San Antonio Rose	8	36	19

Johnny Crawford

JOHN ERNEST CRAWFORD, geb. in USA, voc

Johnny stand im zarten Alter von vier Jahren zum erstenmal auf der Bühne. Mit fünf Jahren wurde er Mitglied der ORIGINAL MOUSEKETEERS. Als Teenager wurde er neben CHUCK CONNERS Hauptdarsteller der Fernsehserie *The Rifleman*, die in Deutschland *Westlich von Santa Fe* hieß. Johnny stellte Conners' Sohn Mark McCain dar. 1961 war man der Meinung, daß der hübsche kleine Johnny sicher auch ein guter Sänger wäre. Er fing an, nette Popliedchen zu singen, und war bis 1963 auch recht erfolgreich damit.

Jahr	*Titel*	*USA*	*UK*	*D*
1962	Cindy's birthday	8		
1962	Your nose is gonna grow	14		
1962	Rumours	12		

Cream

→ PETER »GINGER« BAKER, geb. 19. 8. 1939 in Lewisham, London/England, dr,
→ JACK BRUCE, geb. 14. 5. 1943 in Glasgow/Schottland, b, voc
→ ERIC CLAPTON, geb. 30. 3. 1945 in Ripley, Surrey/England, g

Das Supertrio entstand Mitte 1966 in London. Ginger Baker und Jack Bruce hatten bereits die → GRAHAM BOND ORGANIZATION verlassen, Eric Clapton hatte bei → JOHN MAYALL das Handtuch geworfen. Zunächst rief Clapton mit Jack Bruce und STEVE WINWOOD das ausgesprochen kurzlebige Trio POWERHOUSE ins Leben, dann entstand Cream. Anfang 1967 erschien die Debüt-LP *Fresh cream*, die das Trio von Anfang an zum Supergespann stempelte. Cream bot First Class Blues-Rock der gehobenen Art, und diese Qualität brachte nicht nur der ersten LP, sondern auch dem Album *Disraeli gears* (1967) und der Doppel-LP *Wheels of fire* (1968) Gold- bzw. Platinstatus. Cream gehörte zu diesem Zeitpunkt zu den weltweiten Superacts. Doch die musikalischen Ansichten der drei Individualisten gingen zu sehr auseinander. Vor allen Dingen Ginger Baker war die ganze Sache zu sehr »aufs Geldverdienen« ausgerichtet. Nach einem Abschiedskonzert am 26. November 1968 in der Londoner Royal Albert Hall, das 1969 unter dem Titel *Goodbye* als LP erschien, löste sich die Gruppe auf. Clapton und Baker fanden sich kurz danach bei → BLIND FAITH wieder zusammen, Jack Bruce ging eigene Wege.

Jahr	*Titel*	*USA*	*UK*	*D*
1967	I feel free		11	27
1967	Strange brew		17	
1968	Sunshine of your love	5	25	
1968	White room	6	28	28
1969	Badge		18	29

The Creation

KENNY PICKETT, voc
EDDIE PHILLIPS, g, ersetzt 1968 durch RON WOOD, geb. 1. 6. 1947
JOHN DALTON, b, ersetzt 1966 durch KIM GARDNER, geb. 27. 1. 1948
JACK JONES, dr
alle geboren in England

Die vier Originalmitglieder kamen 1963 zusammen. Sie nannten sich zunächst BLUE JACKS, anschließend MARK FOUR und 1966 wurde dann The Creation daraus. Auch dieses Quartett gehörte zu den Mersey-Beat-Gruppen, die hofften, auf Grund der Popularität der → BEATLES den großen Durchbruch zu schaffen. Da Creation ein bißchen einfallsreicher spielten als so viele andere, bekamen sie 1966 einen Plattenvertrag. In England floppte die Formation, aber in Deutschland erfreuten sich die ungehobelten vier 1967 einer großen Fan-Gemeinde. Nachdem 1968 die Hits ausblieben, trennte sich die Formation. Kim Gardner gründete anschließend mit TONY ASHTON und ROY DYKE das Trio ASHTON, GARDNER & DYKE, das 1971 mit dem *Resurrection shuffle* in England einen Nr.-3-Hit hatte, und Ron Wood schloß sich den FACES an. John Dalton gab Mitte der 70er Jahre ein Gastspiel bei den → KINKS, und Eddie Phillips wurde in London Busfahrer.

Jahr	*Titel*	*USA*	*UK*	*D*
1967	Painter man		36	8
1967	Tom tom			14

Creedence Clearwater Revival

JOHN FOGERTY, geb. 28. 5. 1945 in Berkeley, Kalifornien/USA, leadg, leadvoc
THOMAS FOGERTY, geb. 9. 11. 1941 in Berkeley, Kalifornien/USA, g; gest. 15. 9. 1990 in Scottsdale, USA
STUART COOK, geb. 24. 4. 1945 in Oakland, Kalifornien/USA, b
DOUGLAS RAY CLIFFORD, geb. 24. 4. 1945 in Palo Alto, Kalifornien/USA, dr

Ende der 60er, Anfang der 70er Jahre gehörte CCR, wie sie kurz genannt wurde, zu Amerikas führenden Rock-Gruppen. Begonnen hatte alles in der Schule, als die vier Freunde, die sich auf der Highschool kennengelernt hatten, unter dem Namen THE BLUE VELVETS bei Schülerbällen zum Tanz aufspielten. Sie waren so beliebt, daß sie sogar eine Single aufnahmen. Zu Beginn der 60er Jahre wechselte das Quartett dann die Namen so häufig wie die Hemden, bis es schließlich bei THE GOLLIWOGS hängen blieb. Unter diesem Namen spielte es 1964 bei einer Plattenfirma vor und bekam tatsächlich einen Vertrag. Doch die Platten waren zunächst alle Flops, bis es dann 1968 endlich klappte. Auf Anraten ihres Plattenbosses änderten die Musiker den Namen in Creedence Clearwater Revival (als Grundlage dafür diente der Name eines Freundes und eine Zeile aus einem Werbespot für Bier), nahmen einen Blues-Klassiker, nämlich *Suzie Q* auf – und hatten einen ganz beachtlichen Hit. Daraufhin durfte CCR ab 1969 eigene Titel veröffentlichen, Songs, die praktisch alle von Gruppenoberhaupt John Fogerty geschrieben worden waren. Und praktisch alle wurden Millionenseller. Ein harter, treibender Rhythmus, eine eher einfache, aber eingängige Melodie und ein dynamischer Refrain, das waren die Zutaten, die durch John Fogertys Kneipen-gestählte rauhe Stimme zu einer mitreißenden Einheit verschmolzen wurden. 1971 trennte sich Tom Fogerty von der Band, um sich als Solist zu versuchen. Ab 1973 nahm er Solo-LPs auf, allerdings ohne besonders großen Erfolg, und ab 1975 gehörte er dann zu JERRY GARCIA'S LEGION OF MARY. Sein Weggang hinterließ bei CCR eine Lücke, die die Gruppe nie mehr schließen konnte, und Ende 1972 löste sie sich dann auch auf. John Fogerty stand zunächst der Gruppe BLUE RIDGE RANGERS vor, die 1973 mit *Hearts of stone* und *Jambalaya* zwei Hits hatte, später machte er dann unter seinem eigenen Namen Solo-Platten. Stu Cook und Doug Clifford gründeten die DON HARRISON BAND. Auch andere Interpreten hatten mit CCR-Songs großen Erfolg. → IKE & TINA TURNER landeten 1971, nach langer Hitparaden-Absenz, mit ihrer Version von *Proud Mary* auf Platz vier in USA; die blonde BONNIE TYLER war 1983 mit dem CCR-Titel *Have you ever seen the rain* in den englischen und deutschen Hitparaden vertreten. Am 15. September 1990 starb Tom Fogerty im Alter von nur 48 Jahren an den Folgen einer Tuberkuloseerkrankung.

Jahr	*Titel*	*USA*	*UK*	*D*
1968	Suzie Q	11		
1969	Proud Mary	2	8	4
1969	Bad moon rising	2	1	8
1969	Green river	2	19	8
1969	Down on the corner	3	31	2

Jahr	*Titel*	*USA*	*UK*	*D*
1970	Travelin' band	2	8	4
1970	Up around the bend	4	3	3
1970	Lookin' out my back door	2		2
1970	Long as I can see the light		20	
1971	Hey tonight			1
1971	Have you ever seen the rain	8	36	
1971	Sweet hitch-hiker	6	35	6
1972	Someday never comes	25		29

The Crests

→ Johnny Mastrangelo »Maestro«, geb. 7. 5. 1939 in Brooklyn, New York/USA, leadvoc; ging 1960
Jay Carter, geb. 1939 in Brooklyn, New York, bass; ersetzt 1960 durch Eddie Wright
Harrold Torres. geb. 1940 in Staten Island/New York, zweiter Tenor; ersetzt 1960 durch Chuck Foote
Tommy Gough, geb. 1940 in Staten Island/New York, erster Tenor; ersetzt 1960 durch Leonard Alexander

Die Original-Formation wurde Ende der 50er Jahre gegründet. 1958 bekam das Quartett einen Plattenvertrag und veröffentlichte als erstes den Song *Pretty little angel*, der ein Flop wurde. Doch bereits die zweite Single *Sixteen candles* wurde ein Bestseller. Der Erfolg der Crests hielt bis 1960 an. Dann verließ der Leadsänger Johnny Maestro die Gruppe, um sich als Solist zu versuchen. Da hielt es auch die anderen Mitglieder nicht mehr. Doch die neuen Crests blieben ohne größeren Erfolg.

Jahr	*Titel*	*USA*	*UK*	*D*
1958	Sixteen candles	2		
1960	Step by step	14		
1960	Trouble in paradise	20		

Bob Crewe

Stanley Robert Crewe, geb. 12. 11. 1931 in Newark/New Jersey

Bob Crewe interessierte sich bereits als Teenager für Musik. Sein größter Wunsch war es, Entertainer zu werden. Mitte der 50er Jahre ging er also nach Detroit, um Sänger zu werden. Er bekam auch prompt einen Plattenvertrag und hatte mit der Single *Penny, nickel, dime, quarter* auch einen ganz netten Erfolg. Die nächsten Veröffentlichungen floppten allerdings, und so ging Bob nach Philadelphia, um dort sein Glück zu versuchen. Er lernte auf einer Party den Klavierspieler Frank Slay kennen, die beiden verstanden sich gut, gründeten ein eigenes Plattenlabel und nahmen eine völlig unbekannte Gruppe namens The Rays unter Vertrag. Für die Rays schrieben die beiden 1957 dann das Lied *Silhouettes*, das in den US-Charts bis Platz drei kam (und 1990 in der Version von → Cliff Richard abermals ein Hit wurde). Nach diesem Bestseller waren auch anderen Interpreten, wie z. B. → Freddy Cannon, ganz wild darauf, von Songwriter-Team Crewe/Slay einen Hit geschrieben zu bekommen. Diese erfolgreiche Zusammenarbeit dauerte bis Anfang der 60er Jahre, dann trennten sich die beiden. Bob Crewe hatte inzwischen eine andere unbekannte Gruppe namens → THE FOUR SEASONS unter seine Fittiche genommen, und zusammen mit dem Gruppenmitglied BOB GAUDIO verfaßte er den Großteil der Millionenseller der Four Seasons wie z. B. *Sherry* und *Big girls don't cry* (1962), *Walk like a man* (1963), *Rag doll* (1964), *Let's hang on* (1965). 1965 bewies Bob Crewe wieder einen guten Riecher und nahm → MITCH RYDER & THE DETROIT WHEELS unter Vertrag, die unter seiner Regie für seine Plattenfirma 1966 etliche Top-10-Hits wie *Jenny take a ride!*, *Devil with a blue dress on & Good golly Miss Molly* und *Sock it to me baby!* verzeichnen konnten. 1966 stellte Bob Crewe ein Studioorchester zusammen, das er → BOB CREWE GENERATION nannte und das mit dem Instrumental *Music to watch girls by* 1967 einen Hit hatte. 1969 nahm Crewe den Sänger → OLIVER unter Vertrag, der im selben Jahr einen Hit mit *Good morning starshine* gehabt hatte. Für Crewes Plattenfirma sang Oliver 1969 den Millionenseller *Jean*. Crewe konnte sein unglaubliches Gespür für Hits auch in die 70er Jahre hinüberretten. 1974 nahm er die Formation DISCO TEX & THE SAXOLETTS unter seine Fittiche, mit denen er prompt die Bestseller *Get dancing* und *I wanna dance wit' choo* produzierte. 1975 schrieb er zusammen mit KENNY NOLAN für → FFRANKIE VALLI, den ehemaligen Leadsänger der Four Seasons, die Ballade *My eyes adored you* und produzierte sie auch – sie wurde ein Millionenseller. Heute lebt Bob Crewe in New York und stellt sein Talent immer wieder unter Beweis.

Bob Crewe Generation

Unter dieser Bezeichnung hatte der Songschreiber und Produzent → BOB CREWE Mitte der 60er Jahre ein großes Orchester aus Studiomusikern zusammengestellt. Crewe hatte sich Anfang der 60er Jahre als Schreiber und Produzent der → FOUR SEASONS und als Produzent von → MITCH RYDER & THE DETROIT WHEELS einen Namen gemacht. Ende 1966 ließ sich Bob Crewe für seine Formation den Instrumental-Hit *Music to watch girls by* einfallen. Die Nummer basierte auf dem Werbespot für einen damals sehr populären Diät-Drink. *Music to watch girls by* blieb der einzige Erfolg für die Bob Crewe Generation. Die 67er Single *The birds of Britain* wurde ein Flop. 1975 stellte Crewe abermals ein Orchester zusammen, das er nur BCG nannte und für das er den Titel *Street talk* schrieb, der ebenfalls kein Hit wurde. In England war übrigens → ANDY WILLIAMS 1967 mit der gesungenen Version von *Music to watch girls by* erfolgreich.

Jahr	*Titel*	*USA*	*UK*	*D*
1967	Music to watch girls by	15		

The Critters

JAMES RYAN, geb. 1947 in Plainfield, New Jersey/USA, leadg
DON CICCONE, geb. 28. 2. 1946 in Plainfield, New Jersey/USA, g, leadvoc

Kenneth Gorka, geb. 1947 in East Organge, New Jersey/USA, b
Christopher Darway, geb. 1947 in Brooklyn, New York/USA, org
Jack Decker, geb. 1947 in Newark, New Jersey/USA, dr

Das Quintett aus New Jersey entstand Anfang der 60er Jahre. Musikalisch lehnten sich die Critters später an die → Lovin' Spoonful an. Ihr erster Erfolg 1966 war denn auch eine Nummer, die im Original von den Spoonful stammte und von deren Kopf John Sebastian geschrieben worden war: *Younger girl*. Den größten Hit hatte die Band Ende 1966 mit *Mr. Dieingly sad*. Die nächsten Singles, *Bad misunderstanding* (1966) und *Don't let the rain fall down on me* (1967), erreichten nur noch die Plätze 55 bzw. 39. Ende 1967 verschwanden die Critters von der Bildfläche, ihr softer Sound war nicht mehr gefragt. Don Ciccone schloß sich später den → Four Seasons an.

Jahr	*Titel*	*USA*	*UK*	*D*
1966	Younger girl	42	38	
1966	Mr. Dieingly sad	17		

David Crosby

David Van Cortland Crosby, geb. 14. 8. 1941 in Los Angeles/Kalifornien, voc, g

Der erste musikalische Auftritt des Sohnes eines Filmregisseurs erfolgte bei Lex Baxters Balladeers, einer frisch gekämmten Saubermann-Truppe im Stil der → New Christy Minstrels. Anschließend betätigte sich Crosby als Folksänger, bis er sich mit Roger McGuinn und Gene Clark zusammentat. Die drei nannten sich zunächst Jet Set, dann Beefeaters, und schließlich entstanden aus dem Trio 1964 die → Byrds. Bis Gene Clark 1966 die Byrds wegen chronischer Flugangst verließ, stand Crosby im Hintergrund. Danach prägte er mit seiner hohen Stimme den Sound. Von Crosby stammen auch die unverbrämten Drogensongs der Formation wie *Everybody's been burned*, *Eight miles high* und *Mind gardens*. Mit wachsendem Erfolg wurde Crosby immer mehr zum Egozentriker, der unverblümt zum Drogenkonsum aufforderte und mit lockeren Reden Fans und Sponsoren der Band verschreckte. 1967, nach dem Monterey Pop Festival, zogen die anderen Byrds die Konsequenzen aus dem Ärger, den Crosby ihnen ständig machte: Sie feuerten ihn. Danach betätigte sich Crosby als Produzent, z. B. für Joni Mitchel, schrieb für andere, z. B. für → Jefferson Airplane *Triade*, lieferte auch weiterhin Material für Byrd-Songs und landete schließlich 1968 bei Crosby, Stills & Nash, (später dann → Crosby, Stills, Nash & Young). 1971 veröffentlichte Crosby die erste Solo-LP *If I could only remember my name*. Doch seine solistischen Darbietungen waren nicht berauschend, der (Nicht-)Erfolg entsprechend. 1972 tat er sich mit Graham Nash für die LP *Crosby & Nash* und den Single-Hit *Immigration man* zusammen. 1977 gehörte er zu den wiedererstandenen Crosby, Stills & Nash, ebenso 1982. Doch 1983 wurde der Wiedervereinigung ein jähes Ende gesetzt. David Crosby, der Zeit seines Lebens große Probleme mit Drogen aller Art gehabt hatte, wurde wegen Drogenvergehen verurteilt und kam in Texas für fünf

Crosby, Stills & Nash Foto: Atlantic

Jahre hinter Gitter. Das rettete ihm offensichtlich das Leben. Dieser Eindruck entsteht jedenfalls, wenn man seine 1989 erschienene Autobiographie *Long time gone* liest. Man wundert sich, daß dieser Mann bei seinem Drogenkonsum überhaupt überlebt und dabei auch noch gearbeitet hat.

Crosby, Stills, Nash & Young

→ David Van Cortland Crosby, geb. 14. 8. 1941 in Los Angeles, Kalifornien/USA, g, voc
→ Stephen Arthur Stills, geb. 3. 1. 1945 in Dallas, Texas/USA, g, b, voc
Graham Nash, geb. 2. 2. 1942 in Blackpool, Lancashire/England, g, voc
Neil Young, geb. 12. 11. 1945 in Toronto, Ontario/Kanada, g, voc

Die Gruppe entstand 1969 und war anfänglich nur das Trio Crosby, Stills & Nash. Stephen Stills kam von → Buffalo Springfield, Graham Nash von den englischen → Hollies und David Crosby von den → Byrds. Das Trio veröffentlichte 1969 das Album *Crosby, Stills & Nash*, von dem die Hit-Singles *Marrakesh Express* und *Judy blue eyes* stammten. *Judy blue eyes* hatten sie übrigens für die von ihnen verehrte → Judy Collins geschrieben. Mitte 1969 schloß sich dem Trio auch der Kanadier Neil Young an, der schon mit Stephen Stills bei Buffalo Springfield gespielt hatte. Den ersten großen Auftritt hatte das Folk-Rock-Quartett dann im August 1969 beim Woodstock Festival. Im darauf folgenden Jahr 1970 veröffentlichte das Quartett die LP *Deja vu*, die sich als wahrer Single-Hitlieferant entwickelte. Das war das einzige gemeinsame Werk der vier Stars Crosby, Stills, Nash & Young. Seitdem veröffentlichten die vier Solo-Alben, gehen aber immer wieder in den verschiedensten Paarungen auch gemeinsam ins Studio. So kam David Crosby mit Graham Nash 1972 in die Charts mit dem *Immigration man*, im selben Jahr veröffentlichte Graham Nash aber auch *The war song*, ein Duett mit Neil Young. Das Trio Crosby, Stills & Nash tat sich 1977 und 1982 erfolgreich wieder zusammen. 1983 wurde dem allerdings ein Ende gesetzt, da David Crosby wegen Drogenvergehen für fünf Jahre hinter Gitter mußte.

Crosby, Stills & Nash

Jahr	*Titel*	*USA*	*UK*	*D*
1969	Marrakesh express	28	17	
1969	Suite: Judy blue eyes	21		
1977	Just a song before I go	7		
1982	Wasted on the way	9		
1982	Southern cross	18		

Crosby, Stills, Nash & Young

Jahr	*Titel*	*USA*	*UK*	*D*
1970	Woodstock	11		
1970	Teach your children	16		
1970	Ohio	14		
1970	Our house	30		

The Crystals

BARBARA ALSTON, geb. 1944, voc
PAT THOMAS, geb. 1944, voc
DEE DEE WRIGHT, geb. 1944, voc
LALA BROOKS, geb. 1945, voc
alle aus Brooklyn, New York/USA

Die Vokal-Truppe war die erste, die → PHIL SPECTOR, der Super-Produzent und Hitschreiber der 60er Jahre, für seine neue Plattenfirma Philles unter Vertrag nahm. Und sie war die Gruppe, die den Grundstein für seinen legendären Ruf als unübertrefflicher Hitproduzent legte. Barbara, Lala, Dee Dee und Pat waren Schulfreundinnen. Sie sangen alle vier gerne, und so taten sie sich Ende 1961 zusammen, um bei diversen Schulveranstaltungen aufzutreten. Damals war kurzfristig noch ein fünftes Mädchen namens Mary dabei. Anfang 1962 beschloß das farbige Quartett, sein Glück zu versuchen, und sang bei Spector vor. Ende des Jahres nahm es für ihn bereits die Single *There is no other like my baby* auf, die 1962 der erste Millionenseller der Gruppe wurde. Genauso erfolgreich waren die 62er Veröffentlichungen *Uptown* und *He's a rebel*, der Nr.-1-Hit aus der Feder von → GENE PITNEY, bei dem allerdings DARLENE LOVE die Leadsängerin war. In diesem Stil ging es auch 1963 weiter: sowohl *Da doo ron ron* als auch *Then he kissed me* verkauften sich weltweit millionenfach. Doch ab 1964 blieben die Hits allmählich aus, und 1966 löste sich das Quartett auf.

Jahr	*Titel*	*USA*	*UK*	*D*
1961	There's no other (like my baby)	20		
1961	Uptown	13		
1962	He's a rebel	1	19	
1963	He's sure the boy I love	11		
1963	Da doo ron ron	3	5	22
1963	Then he kissed me	6	2	46
1974	Da doo ron ron		15	

The Cuff Links

Ron Dante, geb. 22. 8. 1945 in Staten Island, New York/USA, voc

The Cuff Links waren keine Gruppe, sondern lediglich eine Bezeichnung für die Gesamtheit der von Ron Dante gesungenen Stimmen. 1969/70 gelangen dieser »Formation« zwei internationale Hits, *Tracie* und *When Julie comes around*. Die dritte Single, *Run Sally run* (1970), war nicht sehr erfolgreich. Das Jahr 1969 war für den Studiosänger Ron Dante eines der besten überhaupt. Er hatte nicht nur mit The Cuff Links Hits, sondern auch als Stimme der → Archies. Bereits 1964 war diesem Sänger ein Bestseller geglückt, und zwar als Mitglied der → Detergents, die mit *Leader of the laundromat*, einer Persiflage auf den → Shangri-Las-Titel *Leader of the Pack* einen Nr.-19-Hit in USA gehabt hatten. Dazu wurde Ron Dante ständig als Sänger für Radio- und Fernsehwerbespots beschäftigt. 1975 machte Ron Dante als Produzent von Barry Manilow von sich reden.

Jahr	*Titel*	*USA*	*UK*	*D*
1969	Tracy	9	4	
1970	When Julie comes around	41	10	

Mike Curb

geb. 24. 12. 1944 in Savannah, Georgia/USA

Mr. Curb war Songwriter und Produzent und gehörte zu den Erfolgreichsten im Musikgeschäft der zweiten Hälfte der 60er Jahre. Eigentlich wollte er Psychiater werden, doch als er sich beim Studium langweilte, erwachte sein Interesse für Musik. Er schrieb 1964, so nebenbei, den Werbeschlager *You meet the nicest people on a Honda* für die japanische Motorradfirma Honda und stellte für die Aufnahme dieses Werbeliedes eine Gruppe namens → The Hondells zusammen. Mr. Curb, der schon immer sehr geschäftstüchtig war, hielt die Gruppe anschließend gleich zusammen und verfaßte für sie das Lied *Little Honda*, das Ende 1964 für die Formation ein Nr.-9-Hit in den USA wurde. Anschließend gab Curb sein Studium auf, um sich ganz der Musik zu widmen. Er schrieb die Musik für den Kurzfilm *Skater-Dater*, anschließend den Soundtrack für den Streifen *Wild angles*, in dem → Nancy Sinatra und Peter Fonda die Hauptrolle spielten. Danach war Mike Curb so dick im Geschäft, daß er bis Anfang der 70er Jahre für eine ganze Reihe von Filmen die Musik verfaßte, darunter auch den höchst erfolgreichen Streifen *Wild in the streets*, der 1968 sogar für den Oscar nominiert wurde. Curb war inzwischen ein sehr wichtiger Mann im Musik-Business geworden. Er wurde zum Chef diverser Firmen gewählt, was ihn aber nicht hinderte, weiterhin erfolgreich Filmmusiken zu schreiben und 1970 seine eigene Gruppe, die Mike Curb Congregation ins Leben zu rufen. 1971 hatte der Chor einen Hit mit *Burning bridges* aus dem Film *Kelly's heroes*; im selben Jahr war die Congregation auch in den Country-Charts vertreten mit den Songs *For all the love of sunshine* und *Rainin' in my heart*, die sie zusammen mit Hank Williams Jr. aufnahm. Sehr populär wurde auch der 72er Congregation-Song *Softly whispering I love you*, der in Deutschland bis Platz zehn und in UK bis Rang vier kam. Inzwischen ist Mike Curb in die Politik gegangen und Gouverneur geworden.

Johnny Cymbal

geb. in Cleveland, Ohio/USA, voc

Anfang 1963 nahm der Sänger das Lied *Mr. bass man* auf, das er selbst geschrieben hatte. Als »Bass man« verpflichtete er den Sänger Ronnie Bright, der seine tiefe Stimme schon den Coasters erfolgreich zur Verfügung gestellt hatte. *Mr. bass man* wurde ein Hit, die beiden nächsten Singles *Teenage heaven* und *Dum dum dee dum* waren nur noch unter ferner liefen zu finden. Fünf Jahre später, 1968, nahm Johnny Cymbal nochmals einen Anlauf. Er nannte sich → Derek und veröffentlichte die Single *Cinnamon*, die prompt ein Nr.-11-Erfolg wurde. Doch *Back door man*, die zweite Single, die er unter dem Pseudonym Derek veröffentlichte, wurde 1969 wieder ein Mißerfolg. Heute betätigt sich Johnny Cymbal an der amerikanischen Westküste als Produzent.

Jahr	*Titel*	*USA*	*UK*	*D*
1963	Mr. bass man	16	24	

The Cyrcle

Donald Dannemann, geb. 9. 5. 1944 in Brooklyn, New York/USA, leadg
Thomas Webster Dawes, geb. 25. 7. 1943 in Albany, New York/USA, b
Martin Leslie Fried, geb. 28. 1. 1944 in Neptune, New Jersey/USA, g, dr
Earl Pickens, g, ersetzt 1966 durch
Michael Losekamp, geb. 1947 in Dayton, Ohio/USA, g

Dannemann, Dawes und Fried besuchten Anfang der 60er Jahre gemeinsam das Lafayette College in Pennsylvania. Sie taten sich zu einem Trio zusammen, das sie The Rondells (hat nichts mit den Rhondells von → Bill Deal zu tun) nannten. Ein paar Jahre lang spielten sie hauptsächlich bei örtlichen Veranstaltungen, dann bekamen sie 1966 ein Engagement in einer New Yorker Diskothek. Eines Abends hörte sie dort Brian Epstein, der Manager der → Beatles. Sie gefielen ihm, und er nahm sie als seine erste amerikanische Gruppe unter die Fittiche. Epstein riet ihnen auch zur Namensänderung und verschaffte ihnen einen Plattenvertrag. Als erstes nahmen sie unter dem Namen The Cyrcle den → Paul-Simon-Song *Red rubber ball*, auf, der sehr schnell ein Hit wurde. Daraufhin bekamen sie das Angebot, die Beatles auf ihrer 66er Tournee durch Amerika zu begleiten. The Cyrcle sagten zu und engagierten noch schnell den Gitarristen Earl Pickens, nur um ihn fast sofort wieder gegen den Gitarristen Michael Losekamp auszutauschen. Als Brian Epstein 1967 überraschend starb, ließ das nicht nur die Beatles, sondern auch The Cyrcle ziemlich hilflos zurück.

Das Quartett löste sich kurz danach auf. In den 70er Jahren versuchten sich Donald Dannemann und Tom Dawes als Produzenten.

Jahr	*Titel*	*USA*	*UK*	*D*
1966	Red rubber ball	2		32
1966	Turn-down day	16		

D

Dale & Grace

Dale Houston, geb. 1944 in Baton Rouge, Lousiana/USA, voc
Grace Broussard, geb. 1944 in Prairiville, Lousiana/USA, voc

Sowohl Dale als auch Grace hatten sich in der Gegend von Baton Rouge bereits einen Namen als Solisten gemacht, ehe sie sich 1963 zu einem Duo zusammentaten. Nachdem sie einem Produzenten die alte Rocknummer *I'm leaving it up to you* vorgesungen hatten, bekamen sie sofort einen Plattenvertrag. *I'm leaving it up to you* war bereits 1957 von Don Sugarcane Harris und Dewey Terry geschrieben und gesungen worden. Harris und Terry waren zwei Musiker, die als Duo Don & Dewey auftraten. Für Dale & Grace wurde die Nummer ein Millionenseller, allerdings ihr einziger.

Jahr	*Titel*	*USA*	*UK*	*D*
1963	I'm leaving it up to you	1	42	
1964	Stop and think it over	8		

Dalida

Yolande Gigliotti, geb. 1933 in Kairo, voc, gest. 1987 in Paris

Dalidas Eltern waren von Kalabrien nach Kairo in Ägypten ausgewandert. In der Stadt am Nil verbrachte sie auch ihre Kindheit, besuchte die Schule und arbeitete zunächst als Sekretärin. 1954 beteiligte sich die rotblonde Schönheit mit der aufregenden Figur an einer Miß-Wahl – und wurde »Miß Ägypten«. 1955 beschloß sie, Schauspielerin zu werden, und zog nach Paris. Doch das mit der Schauspielerei klappte nicht so ganz, dafür wurde Dalida Sängerin. Ihre ausdrucksvolle, leicht heisere Stimme beeindruckte vor allen Dingen die Menschen in Italien und Deutschland. Die Franzosen verziehen Dalida ihren italienischen Akzent nie so ganz. Doch Dalida, die Erfolgreiche, die Schöne, die mit ihren Liedern und ihrem Temperament die größten Konzerthallen zum Toben bringen konnte, war privat kein glücklicher Mensch. Eine unglückliche Liebesaffaire reihte sich an die andere, die Künstlerin versuchte mehrmals Selbstmord zu begehen. Auch als sie Anfang der 70er Jahre, nach mehrjähriger Ruhepause, ein glanzvolles Comeback mit anspruchsvollen Chansons wie *Gigi, l'amoroso*, *Parole parole* (im Duett mit

Alain Delon), *Um nicht allein zu sein*, *Problemorama* und *Il faut danser reggae*, feierte, brachte das ihr Seelenleben nicht in Ordnung. Dazu kam schließlich in den 80er Jahren noch eine schwere Augenkrankheit, durch die Dalida völlige Blindheit drohte. Wieder unternahm sie einen Selbstmordversuch – diesmal erfolgreich.

Jahr	*Titel*	*USA*	*UK*	*D*
1959	Am Tag, als der Regen kam			1
1960	Milord			2
1961	Pepe			3
1974	Er war gerade 18 Jahr'			13

Vic Dana

geb. 26. 8. 1942 in Buffalo, New York/USA, voc

Im zarten Alter von neun Jahren fing Vic mit dem Tanzen an. Mit elf Jahren trat er bereits öffentlich in seiner Heimatstadt Buffalo auf, und dort sah ihn → Sammy Davis Jr. Sammy wollte ihn gerne unter seine Fittiche nehmen und weiter ausbilden lassen, aber Vics Eltern hielten das für verfrüht. Zumindest konnte Sammy sie davon überzeugen, nach Kalifornien zu ziehen, wo der Junge größere Chancen für eine professionelle Karriere hätte. Tatsächlich feilte Vic dort an seiner Tanzerei und versuchte sich gleichzeitig als Sänger. 1960 war er bereits so gut, daß er mit den → Fleetwoods als Solist auf Tournee gehen konnte. Und daraus resultierte schließlich im selben Jahr noch ein Plattenvertrag. Vic Danas erste Single war 1961 das Weihnachtslied *Little altar boy*, das sich seitdem jedes Jahr im Dezember wieder großer Beliebtheit in USA erfreut. Bis 1970 veröffentlichte Vic Dana in Amerika 15 Singles, von denen allerdings nur *Red roses for a blue lady* ein großer Hit wurde.

Jahr	*Titel*	*USA*	*UK*	*D*
1964	Shangri-La	27		
1965	Red roses for a blue lady	10		
1966	I love you Drops	30		

Bobby Darin

Walden Robert Cassotto, geb. 14. 5. 1936 in der Bronx, New York/USA, voc, gest. 20. 12. 1973 in Los Angeles, Kalifornien/USA

Bobby wurde in der Bronx geboren, einer ziemlich üblen Gegend in New York. Sein Vater starb vor seiner Geburt, seine Mutter lebte von der Wohlfahrt. Bobby war ein zartes, kränkliches Kind, aber sehr musikalisch. Schon als Kind spielte er Schlagzeug, Klavier und Gitarre. Mitte der 50er Jahre schrieb sich Bobby am Hunter College in New York ein, beschloß aber kurz darauf, doch lieber Karriere im Showbusiness zu machen. Er änderte seinen italienischen Namen Cassotto in Darin, ein Name, den er sich aus dem Telefonbuch herausgesucht hatte. Bereits 1956 bekam der pfiffige Bobby einen Plattenvertrag und fing an, Titel zu singen wie *Blue-eyed mermaid*, *Million dollar baby*, *Don't call my name* und *Just in case you change your mind*, die alle nicht sonderlich erfolgreich waren. Sein großer Durchbruch kam 1958 mit einem selbstgeschriebenen Lied, zu dem ihm die Mutter des berühmten New Yorker Discjockeys Murray The »K« die Idee geliefert hatte: *Splish splash*, der Song über das gestörte samstägliche Badewannenvergnügen. 20 Minuten brauchte Darin, um diesen Song zu schreiben, er wurde ein Millionenerfolg. Nachdem er sich nun als Popsänger eingeführt hatte, überraschte Darin 1959 sein Publikum mit einer ungemein swingenden Version des Brecht/Weill-Songs *Mack the knife* aus der *Dreigroschenoper*. Sie wurde Bobby Darins einziger Nr.-1-Hit in USA, der sich allerdings sage und schreibe neun Wochen an der Spitze der Pop-Charts halten konnte. Ein Jahr später begann Bobby Darin seine zweite Karriere: Er wurde Schauspieler. *Come september* hieß sein Debüt-Film, für den er auch den Rock-Titel *Multiplication* geschrieben hatte. 1960 lief er auch in den Hafen der Ehe ein und heiratete mit großem Aufwand die Schauspielerin Sandra Dee, zwei Jahre später hatte er mit ihr den Sohn Dodd. 1963 wurde er wegen seiner Rolle in dem Film *Captain Newman M.D.* für den Oscar als »Bester Nebendarsteller« nominiert. Doch Ende der 60er Jahre begann Bobby Darins Erfolg langsam zu schwinden, 1967 folgte die Scheidung von seiner Frau. Darin nannte sich fortan nur noch Bob und versuchte mit sozial engagierten Shows und vehementen Anti-Kriegs-Liedern ein neues Publikum zu finden. 1971 mußte sich Darin, der in seiner Kindheit durch ein rheumatisches Fieber einen Herzfehler davongetragen hatte, einer schweren Herzoperation unterziehen, bei der ihm zwei künstlicher Herzklappen eingesetzt wurden. Danach schien es auch künstlerisch mit ihm wieder bergauf zu gehen. 1971 bekam er einen neuen Plattenvertrag, 1973 konnte er einen Top-Vertrag über zwei Millionen Dollar für Nachtclub-Auftritte in Las Vegas unterzeichnen. Doch am 12. Dezember 1973 wurde er überraschend in das Cedars Of Lebanon Hospital in Los Angeles eingeliefert. Eine der künstlichen Herzklappen funktionierte nicht richtig. Am 20. Dezember 1973 wurde Bob Darin operiert. Nach einem fast siebenstündigen Eingriff starb er um 12.15 Uhr Ortszeit auf dem Operationstisch.

Jahr	*Titel*	*USA*	*UK*	*D*
1958	Splish splash	3	18	
1958	Queen of the hop	9	24	
1959	Dream lover	2	1	
1959	Mack the knife	1	1	31
1960	Beyond the sea (La mer)	6	8	
1960	Clementine	21	8	
1960	Won't you come home Bill Bailey	19	34	
1960	Artificial flowers	20		
1961	Lazy river	14	2	
1961	Natur boy	40	24	
1961	You must have been a beautiful baby	5	10	
1962	Irrisistible you	15		
1962	Multiplication	30	5	
1962	Things	3	2	
1962	If a man answers	32	24	
1963	You're the reason I'm living	3		
1963	18 yellow roses	10	37	
1966	If I were a carpenter	8	9	

James Darren

James Ercolani, geb. 3. 10. 1936 in Philadelphia, Pennsylvania/USA, voc

Der gutaussehende Knabe wollte schon von kleinauf Sänger und Schaupieler werden. Und so nahm er, als er noch zur Highschool ging, sowohl Trompetenstunden als auch Schauspielunterricht. Und beides zahlte sich aus. James wurde recht gut auf der Trompete und gründete seine eigene Jazzband, mit der er bei örtlichen Veranstaltungen in seiner Heimatstadt auftrat. Ende der 50er Jahre wurde er auch für den Film entdeckt. Seinen ersten Film *Rumble on the docks*, drehte er 1959. Es folgten Filme wie *The Gene Krupa story*, *The guns of Navarone* und *Gidget*. In dem Film *Gidget* sang er auch den Titelsong, der 1959 recht erfolgreich war. Doch James' Sangeskarriere kam erst 1961 mit dem Millionenseller *Goodbey cruel world* richtig ins Rollen. Von da an pendelte er bis weit in die 70er Jahre hinein immer zwischen Ton- und Filmstudio hin und her. Seine erfolgreichste Zeit als Sänger hatte James Darren 1961 und 1962.

Jahr	*Titel*	*USA*	*UK*	*D*
1961	Goodbey cruel world	3	28	
1962	Her royal majesty	6	36	
1962	Conscience	11	30	

The Dartells

Diese 6-köpfige Formation aus Oxnard in Kalifornien hängte sich Anfang der 60er Jahren an die sogenannten »eßbaren« Songs an. Den Anfang hatte → Dee Dee Sharp 1962 mit ihren *Mashed potatoes* (Kartoffelbrei) gemacht, anschließend sang sie ebenso erfolgreich über *Gravy (for my mashed potatoes)* (Soße für meinen Kartoffelbrei). Die Dartells folgten mit *Hot pastrami* (spezieller Brotbelag aus geräuchertem Rindfleisch). Es war der einzige Hit der Band. → Joey Dee mischte mit seinen Starliters ebenfalls 1963 beide Songs zusammen und machte daraus *Hot pastrami with mashed potatoes*, das Durcheinander kam allerdings nur bis Rang 36 in USA.

Jahr	*Titel*	*USA*	*UK*	*D*
1963	Hot pastrami	11		

Joe Dassin

geb. 5. 11. 1940 in New York/USA, voc, gest. 21. 8. 1980

Der sympathische und viel zu früh verstorbene Sänger stammte aus einer künstlerischen Familie. Sein Vater war der berühmte Regisseur Jules Dassin, der bei Filmklassikern wie *Rififi* und *Sonntags nie* Regie geführt hatte. Seine Stiefmutter war die Schauspielerin und Sängerin Melina Mercouri, die heute in

Griechenland Ministerin ist. Joe wuchs zunächst in Amerika auf, ging dann mit elf Jahren mit seiner Familie nach Europa und kehrte als 17jähriger schließlich wieder in die Staaten zurück, um dort zunächst Medizin, später dann Ethnologie zu studieren. Nach ausgedehnten Studien an den Universitäten in Genf, Paris, Rom, London und Michigan promovierte er schließlich zum Doktor der Völkerkunde. Schon während seiner Studienzeit hatte Joe Dassin angefangen zu singen. Mit seiner warmen Stimme interpretierte er Chansons von George Brassens und verdiente sich damit ein gutes Taschengeld. Nach Abschluß seines Studiums schnupperte er ein bißchen in den Beruf seines Vaters hinein und arbeitete als Regieassistent bei Filmen wie *Topkapi* und *What's new, pussycat?*. Auch als Schauspieler versuchte er sich, z. B. in dem Peter-Ustinov-Film *Lady L.* Doch es zog ihn immer wieder zum Mikrophon, und 1965 erschien Joe Dassins Debüt-LP *Je change un peu de vent.* Fast über Nacht wurde er zum Lieblingssänger der Franzosen. Mit sehr melodiösen Liedern wie *Les Champs Elysees*, *Le petit pain au chocolat*, *Ca va pas changer le monde*, *Fais la bis a ta Maman*, *Guantanamera* und dem wunderschönen *L'été indien* war er ständig hoch in den französischen Charts zu finden. Auch in Deutschland war der stets freundliche, gutaussehende Sänger ausgesprochen beliebt, deshalb sang er auch etliche seiner Hits in Deutsch. Am 21. 8. 1980 ging die Meldung von seinem überraschenden Tod um die Welt. Joe Dassin war im Alter von nur 40 Jahren einem Herzinfarkt erlegen.

Jahr	*Titel*	*USA*	*UK*	*D*
1970	Les Champs Elysees			31
1971	Das sind zwei linke Schuh'			21
1972	Taka takata			50
1975	Septemberwind			28
1975	L'été Indien			47
1979	Darlin'			49

David & Jonathan

David: Roger Greenaway, geb. 23. 8. 1942 in Bristol/England, voc
Jonathan: Roger Cook, geb. 19. 8. 1940 in Bristol/England, voc

Die beiden Rogers lernten sich 1965 kennen, stellten ihr gemeinsames Interesse an Musik fest und beschlossen, zusammen zu bleiben und zu schreiben. Innerhalb kürzester Zeit waren die beiden für eine fast endlose Reihe von Pop-Hits verantwortlich, darunter solche Bestseller wie *You've got your troubles*, 1965 Nr. 2 in UK für die → Fortunes, *Softly whispering I love you*, 1971 Nr. 4 in UK für die Congregation, *Love grows (where my Rosemary goes)*, 1970 Nr. 1 in UK für → Edison Lighthouse, *I'd like to teach the world to sing*, 1971 Nr. 1 in UK für die New Seekers, *Doctor's orders*, 1974 Nr. 7 in UK für Sunny. Doch die beiden erfolgreichen Songwriter hatten auch Ambitionen als Sänger. George Martin, der Produzent der → Beatles, hörte die beiden 1965, nahm sie unter Vertrag und produzierte als erstes mit ihnen eine Version des Beatles-Titels *Michelle*. Bis 1968 produzierten die beiden Alben und traten als Duo David & Jonathan auf. Dann verließen sie die Bühne und arbeiteten künftig als Schreiber für andere. Lediglich Anfang der 70er Jahre stürzte sich Roger Cook nochmals selbst ins Showbusiness, und zwar als Oberhaupt und natürlich Schreiber der Gruppe BLUE MINK. Die englisch-amerikanische Formation konnte eine Reihe von Supersellern verzeichnen, wie z. B. 1969 *Melting pot*, 1970 *Good morning freedom*, 1971 *Banner man*, 1972 *Stay with me*, 1973 *Randy*.

Jahr	*Titel*	*USA*	*UK*	*D*
1966	Michelle	18	11	
1966	Lovers of the world unite		7	

Hal David

geb. 25. 5. 1921 New York/USA

Hal David ist einer der erfolgreichsten Texter der 60er und 70er Jahre. Er wuchs in New York auf, besuchte dort die Universität und hatte sich bereits 1943 einen guten Ruf als Songwriter aufgebaut. Doch der ganz große Erfolg kam, als er → BURT BACHARACH kennenlernte und beschloß, künftig mit ihm zu arbeiten. Die beiden wurden ein fast unschlagbares Team – Burt komponierte, Hal verfaßte die Texte dazu. Auf diese Art entstanden ganze Legionen von Bestsellern. Hier ein paar Songs, für die Hal David die Texte verfaßte: *My heart is an open book*, 1959 Nr. 3 für CARL DOBKINS JR.; *Magic moments*, 1958 Nr. 1 für → PERRY COMO; *Make it easy on yourself*, 1965 Nr. 1 für die → WALKER BROTHERS; *24 hours from Tulsa 1963 Nr. 5 für* → GENE PITNEY; *Walk on by*, 1964 Nr. 6 für → DIONNE WARWICK; *There's always something there to remind me*, 1964 Nr. 1 → SANDIE SHAW; *What the world needs now*, 1965 Nr. 7 für → JACKIE DESHANNON. Außerdem schrieb Hal David auch diverse Songs für Filme: *Wives and lovers*, *A house is not a home*, *Send me no flowers*, *What's new pussycat*, *Promise her anything*.

Dave Davies

geb. 3. 2. 1947 in England, voc, g

Dave ist der kleine Bruder vom berühmten RAY DAVIES, dem Oberhaupt und Schreiber der → KINKS. Um nicht immer im Schatten des großen Bruders zu stehen, versuchte sich Dave 1967 als Solist. Er war damit zumindest ein Jahr lang recht erfolgreich.

Jahr	*Titel*	*USA*	*UK*	*D*
1967	Death of a clown		3	3
1967	Susannah's still alive		20	27

Billie Davis

CAROL HEDGES, geb. in Woking, Surrey/England, voc

Anfang der 60er Jahre beschloß Miß CAROL HEDGES, als Sängerin Karriere zu machen, sie änderte ihren Namen in Billie Davis und wurde tatsächlich vom Impressario ROBERT STIGWOOD entdeckt. 1962 ließ er sie mit dem Gelegenheitssänger und Schauspieler Mike Sarne vors Mikrophon treten und das Lied *Will I what?* im Duett singen – der Song kam in England bis Rang 18. 1963 profilierte sich Billie Davis dann erstmals als Solistin mit dem Pop-Soul-Song *Tell him.* Danach blieb sie eher durch ihre Liaison mit dem ehemaligen → Shadows-Bassisten → Jet Harris im Gespräch als durch ihre Songs. 1967 brachte sie eine sehr schöne Version von *Angel of the morning* heraus, ein Titel, der allerdings erst 1968 durch die Version von → Merrilee Rush und dann nochmals 1981 gesungen von Juice Newton ein Hit wurde. 1968 war Billie Davis dann nochmals in den Charts vertreten mit der schnellen Zungenbrecher-Nummer *I want you to be by my baby*.

Jahr	*Titel*	*USA*	*UK*	*D*
1963	Tell him		10	
1963	He's the one		40	
1968	I want you to be my baby		33	

Mac Davis

Scott Davis, geb. 21. 1. 1942 in Lubbock, Texas/USA, voc, g

Nach der Highschool ließ sich der gutaussehende Texaner mit dem dunklen Lockenkopf in Atlanta nieder und gründete seine erste Band namens The Zotz. Anfang der 60er Jahre reiste er als Entertainer durch die Lande, allerdings ohne durchschlagenden Erfolg. Also nahm er erst mal einen Job als Manager bei einer Plattenfirma an. Zu diesem Zeitpunkt entdeckte er sein Talent als Songschreiber und bot sein Material diversen Künstlern an. 1968 hatte er zum erstenmal Erfolg: → Lou Rawls sang ein *You're good for me* und → Glen Campbell nahm sein *Within my memory* auf. Dadurch wurde das Management von → Elvis Presley auf Mac Davis aufmerksam und bat ihn, sich doch für den Star etwas einfallen zu lassen. Mac Davis ließ, und heraus kamen dabei vier Hits: *A little less conversation*, *Memories*, *In the ghetto* und *Don't cry daddy*. *In the ghetto* und *Don't cry daddy* wurden Millionenseller. Damit war Mac Davis als Hitschreiber etabliert. Und er stellte sein Talent noch mehrmals unter Beweis: Für → Kenny Rogers & The First Edition schrieb er 1970 den Bestseller *Something's burning*, für → Bobby Goldsboro 1971 *Watching Scotty grow* und für → O.c. Smith 1969 *Daddy's little man* und *Friend, lover, woman, wife*. Natürlich mußte so ein Songwriter-Star auch früher oder später selbst ins Studio gehen. Mac Davis bekam 1970 einen Plattenvertrag und konnte im Laufe der Jahre etliche selbstgeschriebene Bestseller auf seinem Konto verbuchen. Sein bis dato erfolgreichster Song wurde 1972 der Nr.-1-Hit und Millionenseller *Baby don't get hooked on me*. Die meisten Hitsingles konnte Mac Davis allerdings nicht in den Pop-, sondern in den Country-Charts plazieren. Neben seiner Karriere als Songwriter und Sänger betätigte er sich ebenso erfolgreich als Schauspieler. Zu seinen erfolgreichsten Filmen gehören Streifen wie *North Dallas 40* und vor allen Dingen *The Sting II*, die Fortsetzung des Kassenknüllers *Der Clou*.

Jahr	*Titel*	*USA*	*UK*	*D*
1972	Baby don't get hooked on me	1	29	

Jahr	*Titel*	*USA*	*UK*	*D*
1974	One hell of a woman	11		
1974	Stop and smell the roses	9		
1974	Rock'n'roll (I gave you all the best years of my life)	15		
1980	It's hard to be humble		27	

Sammy Davis jr.

geb. 8. 12. 1925 in New York/USA, voc
gest. 16. 5. 1990 in Beverly Hills

Die Eltern des kleinen quirligen Entertainers waren in den frühen 20er Jahren ein bekannter Vaudeville Act. Als Sammy älter wurde, tat er sich mit seinem Vater und seinem Onkel zusammen, und die drei traten als The Will Mastin Trio auf. Dann kam der Zweite Weltkrieg, und Sammy gehörte einer Spezialtruppe an. 1946, nach Kriegsende, trat er wieder mit Vater und Onkel auf. → Frank Sinatra war inzwischen ein guter Freund geworden und brachte Sammy auf die Idee, doch sein Hauptaugenmerk auf das Singen zu legen. Doch es dauerte noch bis 1954, daß Mr. Davis jr. einen Plattenvertrag bekam. Seine erste Single war 1954 *Hey there* aus dem Broadwaymusical *The pajama game*. Danach traf Sammy ein schwerer Schlag: am 19. November 1954 war er gerade auf dem Weg zum Plattenstudio in Hollywood, als er einen Autounfall hatte, bei dem er sein linkes Auge verlor. Doch Sammy trugs mit Fassung, künftig wurde die schwarze Augenklappe sein Markenzeichen, und seine Witzchen über die Behinderung wurden weltberühmt. 1955 hatte Sammy dann mit *Something's gotta give* aus dem Film *Daddy Langbein* seinen ersten Bestseller. Von da an war er bis in die 70er Jahre immer wieder auf oberen Plätzen in den Charts vertreten. Zusätzlich wurde der eigenwillige und hochbegabte Künstler ein Star in Film und Fernsehen und auf der Bühne. Auch seine Hits stammten immer wieder aus Filmen und Musicals: *What kind of fool am I* aus dem Musical *Stop the world – I want to get off*, *I've gotta be me* aus dem Musical *Golden rainbow* und sein Millionenseller *The candy man* aus dem Film *Willy Wonka and the chocolate factory*.

Jahr	*Titel*	*USA*	*UK*	*D*
1954	Hey there	16	19	
1955	Something's gotta give	9	11	
1955	Love me or leave me	20	8	
1955	That old black magic	13	16	
1962	What kind of fool am I	17	26	
1964	The shelter of your arms	17		
1969	I've gotta be me	11		
1972	The candy man	1		

Skeeter Davis

Mary Frances Penick, geb. 30. 12. 1931 in Dry Ridge, Kentucky/USA, voc

Mary Frances Penick bekam den Spitznamen »Skeeter« von ihrem Großvater. Er fand, daß sie ständig so geschäftig herumschwirrte wie ein »Skeeter«, ein Mosquito. Skeeter war das älteste von sechs Geschwistern. Sie war schon immer an Musik interessiert, und als sie 1949 die Highschool verließ, schloß sie sich diversen Popbands als Sängerin an. Aber ihre große Liebe gehörte der Country-Music, und sehr bald trat sie regelmäßig in der »Grand Ole Opry« in Nashville auf. 1953 nahm sie mit ihrer besten Freundin Bee Jay Davis den Titel *I forget more than you'll ever know* auf. Das war ein großer Hit für die beiden, die sich künftig The Davis Sisters nannten. Als Bee Jay Mitte der 50er Jahre bei einem Autounfall ums Leben kam und Skeeter als Solistin weitermachte, behielt sie in Erinnerung an ihre Freundin den Nachnamen Davis. Bereits 1958 wurde Skeeter mit dem Award als »Vielversprechenste Country-Sängerin des Jahres« ausgezeichnet. 1960 heiratete sie den Discjockey Ralph Emery, von dem sie jedoch bald wieder geschieden wurde. 1961 wurde ihr von Sylvia Dee, die bereits den Hit *Too young* für → Nat King Cole geschrieben hatte, ein Lied namens *The end of the world* angeboten. 1962 nahm Skeeter den Song auf, und 1963 wurde er ein Millionenseller. Auch ihr zweiter Pop-Bestseller stammt aus dem Jahr 1963: *I can't stay mad at you,* geschrieben von → Carole King. Heute lebt Skeeter in Nashville und tritt immer noch regelmäßig bei Country & Western-Shows auf.

Jahr	*Titel*	*USA*	*UK*	*D*
1963	The end of the world	2	18	
1963	I can't stay mad at you	7		

The Spencer Davis Group

Spencer Davis, geb. 17. 7. 1942, g
Steve Winwood, geb. 12. 5. 1948, lead-voc, g, keyb
Mervyn »Muff« Winwood, geb. 14. 6. 1943, b
Pete York, geb. 15. 8. 1942, dr
alle geboren in Birmingham/England

Die Originalbesetzung entstand 1963 aus verschiedenen anderen Bands. Muff Winwood hatte eine achtköpfige Mainstream-Jazzband, bei der ab und zu mal sein kleiner Bruder Stevie am Piano mitspielen und mitsingen durfte; Pete York stellte sein Trommeltalent diversen Jazzbands zur Verfügung; Spencer Davis, der ehemalige Deutschlehrer an der Universität von Birmingham, hatte bei Dixie-Bands mitgespielt und sich auch als Blues-Mann mit traditionellen Stükken von Leadbelly und Broonzy versucht. Im August 1963 taten sich die vier Musiker zusammen und nannten sich fürderhin The Spencer Davis Group. Das Quartett spielte in erster Linie im Stammclub Golden Eagle in Birmingham Rhythm & Blues. Das Erstaunlichste dabei war die absolut schwarze Stimme vom erst 16jährigen Leadsänger Stevie Winwood, ebenso bemerkenswert war auch sein ausgesprochen talentiertes Keyboard-Spiel. 1964 veröffentlichte die Formation bereits ein paar Singles wie *I can't stand it*, *Every little bit hurts* und *Strong love*, die allerdings in der UK-Hitparade nur untere Plätze belegten. Der große Erfolg kam erst, als sich die Spencer Davis Group mit dem farbigen Songwriter Jackie Edwards zusammentat. *Keep on running* und *Somebody help me* wurden beides Bestseller, ebenso *Gimme some loving*, die Eigenkomposition der Band. Die rockigen schwarzen Töne eroberten praktisch die ganze Welt. 1967 nahm Steve Winwood seinen Abschied, um seine eigene Band → Traffic zu gründen. Ohne diesen genialen Leadsänger hatte die Spencer Davis Group keine große Zukunft mehr, sie löste sich kurz danach auf. Muff Winwood nahm einen Job als Produzent bei einer Plattenfirma an, Davis stellte seine Spencer Davis Group II zusammen. Dazu gehörten außer dem Originalmitglied Pete York Eddie Hardin (keyb), Charlie McCracken (b) und Phil Sawyer (g), der fast sofort durch den Gitarristen Roy Fenwick ausgetauscht wurde. Nach der ersten und einzigen LP *With their new face* gab's bereits wieder Veränderungen. Auf Grund des mangelnden Erfolgs gingen Pete York und Eddie Hardin, um als Duo Karriere zu machen. Für sie kamen Nigel Olsson und Dee Murray, die später zum festen Stamm der → Elton-John-Band gehören sollten. Doch auch diese Zusammenstellung funktionierte nicht, und Spencer Davis löste die Formation 1969 auf und ging nach Kalifornien. Mit wechselnden Partnern wie Alun Davies, Peter Jameson und Fred McDowell versuchte Spencer Davis immer wieder ein Comeback – jedoch ohne Erfolg. 1973 stellte er noch einmal eine Spencer Davis Group auf die Beine, mit den alten Mitgliedern Eddie Hardin, Pete York, Ray Fenwick und Charie McCracken, aber auch dieser Gruppe war kein Erfolg beschieden.

Jahr	*Titel*	*USA*	*UK*	*D*
1965	Keep on running		1	8
1966	Somebody help me		1	3
1966	When I come home		12	20
1966	Gimme some loving	7	2	12
1967	I'm a man	10	9	17

Bill Deal & The Rhondells

William »Bill« Deal, leadvoc, keyb
Ammon Tharp, leadvoc, dr
Michael Kerwin, tp
Jeffrey Pollard, tp
Donald Queinsenburry, b
Ronald Rosenbaum, tb
Robert Fischer, g
alle aus New York City/USA

Die Formation wurde Ende der 60er Jahre in New York gegründet. Sowohl in Instrumentierung als auch in Musik- und Vokalstil lehnte sich die achtköpfige Formation an die Gruppen der späten 50er und frühen 60er Jahre an. Der »oldfashioned sound« machte sich zumindest 1969 bezahlt. Ihr größter Erfolg, *What kind of fool do you think I am*, war bereits 1964 ein Nr.-9-Hit für die → Tams gewesen.

Jahr	*Titel*	*USA*	*UK*	*D*
1969	May I	39		
1969	I've been hurt	35		
1969	What kind of fool do you think I am	23		

Jimmy Dean

SETH WARD, geb. 10. 8. 1928 in Plainview, Texas/USA, voc, g

Jimmy Dean begann seine musikalische Karriere im zarten Alter von zehn Jahren. Da lernte er nämlich bereits Klavierspielen, anschließend kamen noch Akkordeon und Gitarre dazu. Als er zur Luftwaffe eingezogen wurde, schloß er sich sofort den TENNESSEE HAYMAKERS an, einem Country-Music-Quartett, das aus lauter Luftwaffen-Soldaten bestand, die außerhalb ihrer Dienstzeit in diversen Bars in Washington spielten. 1952 wurde Jimmy Dean für die Truppenbetreuung der Army in der Karibik eingekauft. Anschließend gründete Jimmy Dean eine Band namens THE TEXAS WILDCATS und erspielte sich mit seinen Country-Songs nach und nach so viel Popularität, daß er schließlich eine eigene Show im Fernsehen bekam. Obwohl sich Jimmy Dean zunächst in erster Linie mit Country-Songs einen Namen machte, sang und schrieb er ab 1957 auch recht erfolgreiche Pop-Songs. Der erste davon war im gleichen Jahr *Deep blue sea*. Sein größter Hit war dann 1961 der Millionenseller *Big bad John*, der ihm während eines Fluges zu Aufnahmen nach Nashville einfiel. Jimmy Dean wurde dafür mit dem Award für die »Beste Country-And-Western Aufnahme des Jahres 1961« ausgezeichnet. Von 1962 bis 1976 war von Jimmy Dean dann nicht mehr viel zu hören. Aber 1976 feierte er ein gewaltiges Comeback mit dem Song *I.O.U.*, der sich millionenfach verkaufte.

Jahr	*Titel*	*USA*	*UK*	*D*
1961	Big bad John	1	2	39
1962	P.T. 109	8		
1962	Little black book	29	33	
1976	I.O.U.	35		

Dean & Jean

Dean: WELTON YOUNG, voc
Jean: BRENDA LEE JONES, voc
beide aus Dayton, Ohio/USA

Das Pärchen stellte sich im Herbst 1963 mit ein paar Songs aus eigener Feder bei einer Plattenfirma in New York vor – und bekam prompt einen Plattenvertrag. Bereits im Oktober 1963 wurde die erste Single *Tra la la Suzy* veröffentlicht.

Jahr	*Titel*	*USA*	*UK*	*D*
1963	Tra la la Suzy	35		
1964	Hey Jean, hey Dean	32		

Dave Dee, Dozy, Beaky, Mick & Tich

DAVID »DAVE DEE« HARMAN, geb. 17. 12. 1943, voc,
TREVOR LEONARD »DOZY« DAVIES, geb. 27. 11. 1944, b
JOHN »BEAKY« DYMOND, geb. 10. 7. 1944, g
MICHAEL »MICK« WILSON, geb. 4. 3. 1944, dr
IAN »TICH« AMEY, geb. 15. 5. 1944, g
alle aus Salisbury/England

Dave Dee, der eigentlich von Beruf Polizist gewesen war, gründete Anfang der 60er Jahre eine Gruppe, die er DAVE DEE & THE BOSTONS nannte und aus der 1964 Dave Dee, Dozy, Beaky, Mick & Tich wurden. Auch den anderen Mitgliedern war das Musiker-Dasein nicht in die Wiege gelegt worden: Dozy war Anstreicher, Beaky Arbeiter, Mick Motorschlosser und Tich Maler. Das Songschreiber-Team KEN HOWARD und ALAN BLAIKLEY kümmerte sich um das fröhliche Quintett und schrieb ihnen eine ganze Reihe von simplen Mitklatsch-Ohrwürmern, die nach und nach mit raffinierten Sound-Gags aufgemotzt wurden. Das Rezept erwies sich als ungemein erfolgreich, und die Band konnte zwischen 1965 und 1969 13 Singles in den UK-Charts plazieren. 1969 glaubte sich Dave Dee für eine Solo-Karriere reif und verließ die Formation. Doch Dees Singles wie *My woman's man* (1970 Platz 42 in UK) oder *Annabella* brachten ihm nicht viel Erfolg, auch als er sich als Co-Moderator in der deutschen Fernsehreihe *Beat Club* versuchte, ging der Versuch eher daneben. 1973 beschloß er seriös zu werden: Er schlug die Hauptrolle in dem Rockmusical *Grease* aus und ließ sich lieber im Londoner Büro einer Plattenfirma anstellen. Nach dem Weggang von Dave Dee führten die anderen die Band unter dem Namen D, B, M AND T fort. 1970 brachten sie in UK den Song *Mr. president* heraus, der auf Platz 33 landete; in Deutschland veröffentlichten sie das Lied *Tonight today*, das nur bis Rang 39 kam. Nach so wenig Erfolg löste sich die Gruppe schließlich ganz auf.

Jahr	*Titel*	*USA*	*UK*	*D*
1965	You make it move		26	
1966	Hold tight!		4	4
1966	Hideaway		10	3
1966	Bend it		2	1
1966	Hard to love you			10
1967	Save me		4	2
1967	Touch me, touch me		13	8
1967	Okay!		4	5
1967	Zabadak!		3	6
1968	The legend of Xanadu		1	13
1968	Last night in Soho		8	13
1968	The Wreck of the Antoinette		14	
1969	Don Juan		23	22
1969	Snake in the grass		23	19

Joey Dee & The Starlighters

»JOEY DEE« JOE DINICOLA, geb. 11. 6. 1940 in Passaic, New Jersey/USA, leadvoc
CARLTON LATIMOR, geb. 1939, org
WILLIE DAVIS, geb. 1940, dr
LARRY VERNIERI, geb. 1940, voc
DAVID BRIGATI, geb. 1940, voc

Joey Dee gründete die Band 1958. 1960 bekam die Formation ein längeres Engagement in der New Yorker Discothek »Peppermint Lounge«, die sich im Laufe des Jahres 1961 zu einer »In«-Disco für Twist-Fans entwickelte. Joey nutzte diese Tatsache und schrieb, zusammen mit HENRY GLOVER, den Titel *Peppermint twist*, der ein Nr.-1-Hit und Millionenseller wurde. Joey Dee und seine Starlighters wurden zu Stars, die auch in diversen Musikfilmen wie *Hey let's twist* und *Vive le twist* auftraten. Außerdem hatte Joey Dee ein goldenes Händchen für musikalische Talente: 1963 heuerte er den Gitarristen Gene Cornish und den Keyboarder Felix Cavaliere für seine Gruppe an. Und diese beiden waren dann, zusammen mit David Brigati, die Gründungsmitglieder der → Young Rascals. 1966 holte sich Joey Dee dann einen neuen Gitarristen aus England, dessen Name → Jimi Hendrix war. Heute ruht sich Joey Dee in Florida auf seinen Lorbeeren aus und tritt nur ab und zu noch in Rock-Shows auf.

Jahr	*Titel*	*USA*	*UK*	*D*
1961	Peppermint twist – Pt. 1	1	33	
1962	Hey, let's twist	20		
1962	Shout – Pt. 1	6		
1962	What kind of love is this (Joey Dee ohne Starlighters)	18		
1962	Ya ya (Joey Dee ohne Starlighters)			4
1963	Hot pastrami and mashed potatoes	36		44

Deep Purple

Jon Lord, geb. 9. 6. 1941 in Leicester/England, keyb
Ian Paice, geb. 29. 6. 1948 in Nottingham/England, dr
Ritchie Blackmore, geb. 14. 4. 1945 in Weston/England, leadg, ersetzt 1975 durch Thomas Bolin, gest. 4. 12. 1976
Rod Evans, geb. 19. 1. 1945 in Edinburgh, Schottland, leadvoc, ersetzt 1969 durch Ian Gillan, geb. 19. 8. 1945 in England, ersetzt 1973 durch David Coverdale, geb. 22. 9. 1951 in England
Nicholas Simper, geb. 3. 11. 1946 in Norwood Green/England, b, ersetzt 1969 durch Roger Glover, geb. 30. 11. 1945 in England, ersetzt 1973 durch Glenn Hughs, geb. 21. 8. 1952 in England

Die weltberühmte Hard-Rock- und Heavy-Metal-Formation wurde 1968 von Jon Lord und Ritchie Blackmore gegründet. Zunächst nannte sich das Quintett Roundabouts, änderte den Namen aber schnell in Deep Purple. Die Urbesetzung wird Mark I genannt. Innerhalb von nur 18 Stunden spielte die Band 1968 das Debüt-Album *Shades of deep purple* ein, das in Amerika ein Bestseller wurde. Ebenso *Hush*, die Single daraus, ein Song, den → Joe South geschrieben hatte und der bereits 1967 für → Billy Joe Royal ein Hit gewesen war. Ebenfalls ein US-Bestseller wurde die nächste LP *The book of Taliesyn*. Auch die Singles *Kentucky woman*, im Original von → Neil Diamond, und *River deep – mountain high*, im Original von → Ike & Tina Turner, konnten sich in den US-Charts plazieren. In England und Europa interessierte man sich damals noch nicht für Deep Purple. 1969 gab's die erste Umbesetzung, Gillan und Glover kamen beide von Episode Six zu Deep Purple. Diese Besetzung wird Mark II genannt. Jetzt konnte Jon Lord mit anspruchsvollen Produktionen wie *Concerto for group and orchestra* und *Gemini suite* seine klassische Ausbildung unter Beweis stellen. Gleichzeitig veröffentlichte Deep Purple aber auch noch Rock-Album Nr. 3 namens *Deep Purple*. Das 1970 erschienene Album *Deep Purple in rock* verschaffte der Formation weltweit den Ruf einer kompromißlosen Hard- und Heavy-Rock-Band. Weitere LPs dieser Machart: *Fireball* (1971), *Machine head* (1972), *Live in*

Deep Purple Foto: Polydor

Japan (1972) und *Who do we think we are* (1973) machten die englische Formation zur erfolgreichsten Rock-Band der Welt, die Goldene Schallplatten grundsätzlich nur stapelweise in Empfang nahm. 1973 gab's die nächste Umbesetzung, und Deep Purple – MARK III war geboren. *Burn* und *Stormbringer* hießen 1974 die Alben in dieser neuen Besetzung, die allerdings nicht mehr an die alte Qualität herankam. Als Ritchie Blackmore 1975 ebenfalls das Handtuch warf und mit Tommy Bolin Deep Purple – MARK IV entstand, waren von der Ur-Besetzung nur noch Ian Paice und Jon Lord übrig. Die Fahrt ging immer rasanter bergab, und 1976 kam das »Aus« für Deep Purple. Alle Musiker betätigten sich erfolgreich anderweitig: Ritchie Blackmore mit seiner Band RAINBOW, bei der etwas später auch Roger Clover einstieg; David Coverdale mit seiner Band WHITESNAKE, bei der etwas später auch Ian Paice und Jon Lord einstiegen; Ian Gillan bei seiner IAN GILLAN BAND. Doch Anfang der 80er Jahre kamen die ersten Gerüchte über eine Wiedervereinigung der Deep-Purple-Mannen auf, und 1984 war es dann soweit. In der erfolgreichen Mark-II-Besetzung erstand Deep Purple wieder und setzte mit Alben wie *Perfect strangers* (1984), *The house of the blue light* (1987) und *Nobody's perfect* (1988) den Erfolg der frühen 70er Jahre fort.

Jahr	*Titel*	*USA*	*UK*	*D*
1968	Hush	4		
1970	Black night	66	2	2
1971	Strange kind of woman		8	8

1971	Fireball		15	19
1972	Never before		35	20
1973	Woman from Tokyo	60		16
1973	Smoke on the water	4		20
1977	Smoke on the water		21	

Desmond Dekker

Desmond Dacres, geb. 16. 7. 1941 in Jamaica, voc

Anfang der 60er Jahre war Desmond Dekker bereits einer der führenden Reaggae-Musiker in Jamaika, wo er damals schon Dutzende von Hits in den Charts plaziert hatte. Mit seiner Begleitband The Aces errang er sich in Kingston den Titel »King of the blue beat«. Zwischen 1963 und 1969 gewann er fünfmal die »Golden Trophy«, die in Jamaica jedes Jahr dem besten Sänger verliehen wird. Mitte der 60er Jahre fanden seine Platten auch den Weg nach England, und nachdem sein Song *007 Shanty Town* in die UK-Charts gekommen war, wurden auch die nachfolgenden Singles Hits.

Jahr	*Titel*	*USA*	*UK*	*D*
1967	007 Shanty Town		14	
1969	Israelites	9	1	1
1969	It miek		7	17
1970	You can get it if you really want		2	9
1975	Israelites		10	
1975	Sing a little song		16	

Delaney & Bonnie

Delaney Bramlett, geb. 1. 7. 1939 in Pontotoc, Mississippi/USA, g
Bonnie Lynn Bramlett, geb. 8. 11. 1944 in Granite City, Illinois/USA, voc

Delaney begann schon als Kind Gitarre zu spielen. Zunächst musizierte er mit seinem Bruder bei lokalen Veranstaltungen, bei der Army spielte er mit diversen Country- und Rockbands, die in seiner Base auftraten, und nach seiner Entlassung vom Militär ging er nach Los Angeles und bekam schließlich einen festen Job bei der Fernseh-Show *Shindig*. Auch Bonnie Lynn sang bereits als Teenager. Während ihrer Highschool-Zeit trat sie zunächst in kleinen Clubs auf, später ging sie nach Memphis und wurde Session-Sängerin, gehörte kurzzeitig der → Ike & Tina Turner-Revue an und ließ sich schließlich in Los Angeles nieder. 1967 lernten sich die beiden bei einem von Bonnies Auftritten in Los Angeles kennen und lieben. Bereits ein paar Tage später heirateten sie, traten künftig gemeinsam auf, bekamen sogar einen Plattenvertrag und nahmen das Album *Home* auf, das allerdings erst veröffentlicht wurde, als die beiden erfolgreich waren. Im Laufe der Monate versammelten Delaney und Bonnie eine Musikgruppe um sich, die unter dem Namen Friends bekannt wurden. Der größte Teil dieser Friends bestand aus Musikern, mit denen Delaney bei der *Shindig*-Show gespielt hatte: Leon Russell (keyb/g), Jerry McGee (g), Bobby Whitlock (keyb), Carl Radle (b), Jim Keltner (dr), Bobby Keyes (sax), Jim Price (horns) und Rita Coolidge (voc),

Bonnie Bramlett Foto: Polydor

eine Freundin von Bonnie aus ihrer Zeit in Memphis. Das vielköpfige Unternehmen entschloß sich, Musik im alten Stil zu machen, und war bald bekannt für eine ziemlich einzigartige Form von Gospel-Rock mit einem tüchtigen Schuß Soulbeat. Ihre Shows erfreuten sich in USA größter Beliebtheit, und 1969 wurden sie aufgefordert, → ERIC CLAPTON und seine → BLIND FAITH auf ihrer USA-Tournee als Vorgruppe zu begleiten. Es wurde ein voller Erfolg. Dafür stellte sich Eric Clapton mit der Band ins Studio, genauso wie andere Stars wie DAVE MASON und GEORGE HARRISON. Mit Clapton zusammen entstand auch der englische Hit *Comin' home*. Ihre Alben *Accept no substitute* (1969), *To Bonnie from Delaney* (1970) und *Motel shot* (1971) waren internationale Bestseller. 1971 hatten DELANEY & BONNIE & FRIENDS ihren größten Single-Hit mit dem selbstgeschriebenen Lied *Never ending song of love*, der später in der Version der NEW SEEKERS in England ein Nr.-2-Hit wurde. Doch Ende 71 kriselte es bereits, und 1972 ließ sich das Traumpärchen scheiden. Damit brach auch die Formation auseinander. Bobby Whitlock, Carl Radle und Jim Gordon taten sich mit Eric Clapton zu DEREK & THE DOMINOES zusammen; Bobby Keyes und Jim Price gingen zu den → ROLLING STONES; aus Rita Coolidge wurde ein Solo-Act; Jim Keltner wurde innerhalb kürzester Zeit ein gefragter Studiomusiker. Delaney und Bonnie versuchten sich nach der Trennung als Solisten, allerdings ohne größeren Erfolg.

Jahr	*Titel*	*USA*	*UK*	*D*
1969	Comin' home	84	16	
1971	Never ending song of love	13		
1971	Only you know and I know	20		

The Delfonics

WILLIAM HART, geb. 17. 1. 1945, voc
WILBERT HART, geb. 19. 10. 1947, voc
RANDY CAIN, geb. 2. 5. 1946, ersetzt 1971 durch MAJOR HARRIS
alle aus Philadelphia, Pennsylvania/USA

Die Brüder William und Wilbert Hart lernten Randy Cain in den 50er Jahren auf der Highschool kennen. Sie taten sich als Trio zusammen und sangen zunächst bei diversen örtlichen Veranstaltungen. Erst Anfang der 60er Jahre beschlossen sie, aus diesem Hobby einen

Beruf zu machen. Sie bekamen einen Plattenvertrag und konnten einige regionale Hits für sich verbuchen. Dadurch wurde der Songschreiber, Arrangeur und Produzent THOM BELL auf sie aufmerksam, und damit begann der große Erfolg der Delfonics. Bell ließ sich für das Trio eine Form von souligen Vokalharmonien einfallen, die bald als Philadelphia- bzw. »Philly«-Sound ihren Siegeszug um die Welt antreten sollten. Ab 1968 waren die Delfonics mit ihren eher softigen Hits in den Charts vertreten. 1971 ging Cain und wurde durch einen anderen Schulfreund der Gebrüder Hart, durch Major Harris, ersetzt. Harris verließ die Formation 1973, um als Solist Karriere zu machen. 1975 hatte Harris einen Nr.-5-Hit und Millionenseller mit dem Titel *Love won't let me wait*. Der Erfolg der Delfonics schwand zu Beginn der 70er Jahre.

Jahr	*Titel*	*USA*	*UK*	*D*
1968	La – la – means I love you	4		
1970	Didn't I (blow your mind this time)	10	22	
1971	La – la – means I love you		19	

The Dells

JOHNNY FUNCHES, leadvoc, ersetzt 1968 durch JOHNNY CARTER
MARVIN JUNIOR, voc
VERNE ALLISON, voc
MIKE MCGILL, voc
CHUCK BARKSDALE, voc
alle aus Harvey, Illinois/USA

Die fünf Mitglieder dieser Vokalformation trafen sich auf der Thornton Township Highschool in Harvey. Sie fingen mit Gospel-Musik im Kirchenchor an, schwenkten dann aber 1954 auf Rhythm & Blues über und nannten sich THE EL RAYS. Unter diesem Namen bekamen sie auch einen Plattenvertrag und nahmen die Single *Darling I know* auf, die jedoch ein glatter Flop wurde. Also fuhren sie wieder heim, übten fleißig und bekamen 1955 einen neuen Plattenvertrag, für den sie sich in The Dells umtauften. Im Sommer 1956 waren die Dells auf einer denkwürdigen Party gewesen, und als sie sich am nächsten Tag darüber unterhielten, rief Johnny Funches enthusiastisch aus: »Oh! What a night.« Das Quintett war der Meinung, daß das eine hervorragende Zeile für einen Song wäre, also setzten sich Funches und Marvin Junior hin und schrieben ein Lied über diese Nacht. Der Song kam 1956 heraus und wurde ein Millionenseller. Bis Mitte der 60er Jahre waren die farbigen Dells in erster Linie auf dem schwarzen Markt Stars, doch ab 1965 plazierten sich ihre hevorragenden R & B-Titel auch in den Pop-Charts. 1969 nahm die Dells übrigens *Oh! What a night* noch einmal auf – und hatten abermals einen Millionenseller damit. Millionenfach verkaufte sich auch der 73er Dells-Song *Give your baby a standing ovation*. Heute leben die fünf Musiker in Chicago und treten immer noch regelmäßig auf. Sie singen immer noch in der ursprünglichen Besetzung zusammen, bis auf den Leadsänger Johnny Funches, der 1968 durch Johnny Carter ersetzt wurde.

Jahr	*Titel*	*USA*	*UK*	*D*
1968	There is	20		
1968	Stay in my corner	10		

Jahr	*Titel*	*USA*	*UK*	*D*
1968	Always together	18		
1969	I can see a rainbow/ Love is blue	22	15	
1969	Oh! What a night	10		
1973	Give your baby a standing ovation	34		

John Denver

Henry John Deutschendorf Jr., geb. 31. 12. 1943 in Roswell, New Mexico/ USA, voc, g

John Denver Foto: RCA

Der blonde John mit dem Saubermann-Image und der Gebirgsbach-klaren Stimme ist der Sohn eines Air-Force-Piloten, der drei Weltrekorde im militärischen Fliegen hält. Der kleine John war ein begeisterter → Elvis-Fan und lernte schnell auf der alten Gibson seiner Großmutter Gitarre spielen. Als er in Texas Architektur studierte, begann er, sich für Folk-Musik zu interessieren, und wurde bald ein eifriger Anhänger dieser Musikrichtung. Anfang der 60er Jahre ging er deshalb nach Los Angeles und schaffte es bald, zur Szene zu gehören. Er wurde von Randy Sparks engagiert und gehörte vier Jahre dem renommierten Chad Mitchell Trio an. 1969 versuchte Denver sein Glück als Einzelinterpret, bekam auch einen Plattenvertrag und veröffentlichte die Debüt-LP *Rhymes and reasons*. Das Album wurde zwar kein Bestseller, aber es enthielt ein Lied aus der Feder von John Denver, das für → Peter, Paul & Mary ebenfalls 1969 ein Nr.-1-Hit und Millionenseller wurde: *Leaving on a jet plane*. Nach diesem Superhit wurde auch der Autor des Songs bekannt, und John Denvers folgende Alben *Take me tomorrow*, *Whose garden was this* und *Poems, prayers & promises* verkauften sich recht gut. Doch erst 1971 hatte er mit seinem *Take me home, country roads* seinen ersten Single-Hit und Millionenseller. Von da an begeisterte der freundliche junge Mann mit seinen klaren, einfachen Liedern über ein klares, einfaches Leben ein weltweites Millionenpublikum. 1975 betätigte sich John Denver auch als Filmschauspieler und wirkte in dem Streifen *Mr. Smith goes to Washington* mit, einem Remake des Films aus den 30er Jahren. 1976 gründete er seine eigene Plattenfirma Windsong. 1981 ging John Denver neue Wege und tat sich mit dem weltberühmten Tenor Placido Domingo zu einem erfolgreichen Duett zusammen.

Jahr	Titel	USA	UK	D
1971	Take me home, country roads	2		
1973	Rocky mountain high	9		
1974	Sunshine on my shoulders	1		
1974	Annie's song	1	1	
1974	Back home again	5		
1975	Sweet surrender	13		
1975	Thank god I'm a country boy	1		
1975	I'm sorry/Calypso	1		
1975	Fly away	13		
1981	Perhaps love (mit Placido Domingo)		46	41

Karl Denver

Angus Mackenzie, geb. 16. 12. 1932 in Springburn/Schottland, g

Eigentlich wollte Angus Mackenzie ja Seemann werden und sein Leben lang über die Meere segeln. Nach der Schule ging er auch zunächst zur Handelsmarine, als der Korea-Krieg ausbrach, meldete er sich bei den Argyll And Sutherland Highlanders und ging als Soldat in den Fernen Osten. Doch er wurde schwer verwundet, mußte viele Monate in Krankenhäusern verbringen, und nach seiner Genesung ging er wieder zur Handelsmarine. Musikalisch begeisterte ihn vor allen Dingen die Musik seiner schottischen Heimat, aber auch alle anderen Arten von Volksmusiken, die er auf seinen diversen Reisen kennenlernte. Doch schließlich hatte er von der See die Nase voll, ließ sich in Manchester nieder und beschloß, hauptberuflich Musiker und Entertainer zu werden. Er gab sich den Künstlernamen Karl Denver, holte sich Kevin Neill und Gerry Cottrell als Gitarristen und Bassisten und trat in lokalen Clubs und Pubs als Karl Denver Trio auf. Innerhalb kürzester Zeit hatte er sich mit seinem Repertoire aus internationaler Folklore- und Country and Western Music eine große Gefolgschaft aufgebaut. Und 1961 bekam er schließlich auch einen Plattenvertrag. Seine erste Single erschien im Juni 1961, *Marcheta*, ein Song, der bereits 1913 schon einmal ein Hit gewesen war. Das Folk-Arrangement und Karl Denvers hohe Falsett-Stimme machten den Titel zum Hit. Auch *Mexicali Rose*, Denvers zweiter Hit, war ein aufpoliertes Oldie, doch den ganz großen Erfolg hatte er dann 1962 mit *Wimoweh*, einem alten Volkslied aus Südafrika in der Sprache der Zulu, das ursprünglich *Mbube* hieß und 1951 von Paul Campbell und Roy Ilene ins Englische übernommen wurde. Zur selben Zeit waren auch die → Tokens mit einer Adaption des Songs in den Charts zu finden, bei ihnen hieß der Titel *The lion sleeps tonight*. 1982 kramte dann die englische Formation Tihgt Fit den Song noch einmal aus und hatte einen Nr.-1-Hit damit. Von 1961 bis 1964 war Karl Denver immer wieder in den UK-Charts vertreten; 1963 spielte er auch in dem Musik-Film

Jahr	Titel	USA	UK	D
1961	Marcheta		8	
1961	Mexicali Rose		8	
1962	Wimoweh		4	
1962	Never goodbye		9	
1962	A little love a little kiss		19	
1963	Still		13	

Just for fun mit, neben ihm traten andere Pop-Größen wie → BOBBY VEE, THE CRICKETS, → FREDDIE CANNON, → BRIAN POOLE AND THE TREMELOES, JOE BROWN und MARK WYNTER auf. Ab 1964 schwand sein Erfolg, er wurde, wie so viele andere Stars der frühen 60er Jahre, ein Opfer der Beatlemania.

Derek

Derek war ein Pseudonym für den Sänger → JOHNNY CYMBAL aus Cleveland, der 1963 einen Hit mit *Mr. bass man* gehabt hatte. Als Cymbal Ende der 60er Jahre ein Comeback versuchte, nannte er sich Derek, um eine Assoziation mit seinem früheren Hit zu vermeiden. Heute lebt Johnny Cymbal als Produzent an der amerikanischen Westküste.

Jahr	*Titel*	*USA*	*UK*	*D*
1968	Cinnamon	11		

Rick Derringer

RICHARD ZEHRINGER, geb. 4. 8. 1947 in Celina, Ohio/USA, voc, g

Unter seinem richtigen Namen Zehringer war Ricky Mitte der 60er Jahre Leadsänger und Gitarrist der Popband → THE MCCOYS, die ihren größten Erfolg 1965 mit dem Nr.-1-Hit *Hang on Sloopy* gehabt hatten. Nach 1966 schwand die Popularität der Gruppe ewas, und sie wurde als Hausband für die berühmte »In«-Kneipe »Scene« in New York City engagiert. Dabei bekam die Gruppe auf der Bühne oft Gesellschaft von berühmten Musiker-Gästen wie BUDDY MILES, → JIMI HENDRIX und → ERIC CLAPTON. Besitzer dieser Kneipe war STEVE PAUL, der der Manager von → JOHNNY WINTER war. 1970 arrangierte er, daß die McCoys Johnny Winters Begleitband wurden. Als erstes gemeinsames Album entstand 1971 *Johnny Winter and . . .*, das von Rick Zehringer produziert wurde, der sich jetzt Derringer nannte. Er hatte auch die meisten Songs dieser LP geschrieben. Als sich Johnny Winter Anfang der 70er Jahre für einige Zeit aus dem Geschäft zurückzog, klinkte sich Rick Derringer bei EDGAR WINTER und seiner WHITE TRASH GROUP ein. Auch dort fungierte er in erster Linie als Produzent. Als auch Johnny Winter wieder aktiv wurde, stellte sich der fleißige Ricky beiden zur Verfügung. 1974 wagte sich der junge Mann auf Solopfade und veröffentlichte als erstes ein Lied, das er für die *Johnny Winter und . . .*-LP geschrieben hatte: *Rock & roll hoochie koo*. Anschließend etablierte er sich als Solist mit hörenswerten Alben wie *All american boy* und *Spring fever*. Außerdem stellt Rick Derringer immer wieder Künstler-Kollegen seine Talente zur Verfügung, z. B. CYNDI LAUPER bei ihrem 86er Album *True colors*.

Jahr	*Titel*	*USA*	*UK*	*D*
1974	Rock & roll hoochie koo	23		

Jackie DeShannon

SHARON MYERS, geb. 21. 8. 1944 in Hazel, Kentucky/USA, voc, p

Jackie DeShannon stammt aus einem musikalischen Elternhaus. Sowohl ihr Vater als auch ihre Mutter waren Entertainer, die Folk und Country-Blues sangen. Jackie war ein musikalisches Wunderkind. Bereits im zarten Alter von sechs Jahren hatte die begabte Kleine eine eigene Radioshow. Sie ging mit den → PLATTERS und mit den → COOKIES auf Tournee, sie trat in Clubs auf und agierte in diversen Fernsehshows wie *My three sons*, *Wild, wild west* und *Name of the game* als Schauspielerin. Als sie älter wurde, begann Jackie mit dem Schreiben von Songs, und zwar von Anfang an ziemlich erfolgreich. 1961 nahm → BRENDA LEE ihr *Dum dum* auf und hatte damit einen Nr.-4-Hit in USA. 1962 bekam Jackie DeShannon selbst einen Plattenvertrag. Ihre erste Single hieß *Faded love* und kam 1963 in den US-Charts lediglich auf einen mickrigen Platz 97. Doch bereits 1965 sang Jackie mit ihrer leicht heiseren Stimme den BACHARACH/DAVID-Song *What the world needs now is love* – und wurde für vier Grammys nominiert. Für ihre Songs fanden sich im Laufe der Zeit reihenweise Abnehmer: außer Brenda Lee die → BYRDS, → RICKY NELSON, → BOBBY VEE, → THE SEARCHERS und → HELEN SHAPIRO. Ihren größten Erfolg als Songschreiberin hatte Jackie DeShannon bislang 1981, als sie für KIM CARNES den Millionenseller *Bette Davis' eyes* als Co-Autorin schrieb. Ihren größten Erfolg als Sängerin hatte Jackie DeShannon 1969 mit der Eigenkomposition *Put a little love in your heart*, die sich ebenfalls millionenfach verkaufte.

Jahr	*Titel*	*USA*	*UK*	*D*
1965	What the world needs now is love	7		
1969	Put a little love in your heart	4		

The Detergents

RON DANTE, geb. 22. 8. 1945 in Staten Island, New York/USA, voc

Das war die erste von etlichen »Gruppen«, die einzig und allein aus dem Sänger Ron Dante bestanden. Ron sang sämtliche Stimmen und mischte sie anschließend zusammen, so daß ein ganzer Chor entstand. Das selbe Verfahren wendete der begabte und geschäftstüchtige Interpret 1969 bei den → CUFF LINKS und den → ARCHIES an. Ab 1975 betätigte sich Ron Dante als Produzent für BARRY MANILOW, der später wiederum als Produzent bei einem Comeback-Versuch von Ron Dante als Sänger fungierte. *Leader of the laundromat* war eine Parodie auf den → SHANGRI-LAS Hit *Leader of the pack*.

Jahr	*Titel*	*USA*	*UK*	*D*
1964	Leader of the laundromat	19		

Detroit Emeralds

Abraham Tilmon, geb. 12. 1. 1949 in Little Rock, Arkansas/USA, leadvoc
Ivory Tilmon, geb. 14. 10. 1948 in Little Rock, Arkansas/USA, voc
James Mitchell, geb. 27. 5. 1949 in Perry, Florida/USA, voc

Mitte der 60er Jahre taten sich die Brüder Abraham und Ivory Tilmon mit ihrem Schulfreund James Mitchell zusammen und gründeten das Vokaltrio The Emeralds. Ab 1966 traten sie regelmäßig in einem Nachtclub in Detroit auf und beschlossen daraufhin, das »Detroit« in ihren Gruppennamen aufzunehmen. 1968 bekam das farbige Trio einen Plattenvertrag und hatte mit *Show time* einen kleinen Erfolg, das Lied kam in den US-Charts bis Rang 89. Danach wechselten sie die Plattenfirma und taten sich mit Willie Mitchell zusammen, einem Produzenten aus Memphis, der schon für seine Arbeit mit Al Green viele Lorbeeren geerntet hatte. Ab 1971 waren die Detroit Emeralds in den Hitparaden vertreten, ab 1973 vor allem in den UK-Charts. In den 70er Jahren machten die Detroit Emeralds in Detroit ihren eigenen Nachtclub auf, den sie »The Emerald Lounge« nannten und in dem sie Newcomern die Chance für erste Auftritte boten.

Jahr	*Titel*	*USA*	*UK*	*D*
1972	You want it, you got it	36		
1972	Baby let me take you (in my arms)	24		
1973	Feel the need in me		4	
1973	You want it, you got it		12	
1977	Feel the need in me	90	12	

Drafi Deutscher

geb. 9. 5. 1946 in Berlin, voc

Der kleine Drafi war von kleinauf musikbegeistert. Bereits mit 13 Jahren spielte er auf seiner Mundharmonika voller Enthusiasmus die Hits seiner Idole → Elvis Presly, → Bill Haley und → Jerry Lee Lewis nach. Und Drafi wollte damals bereits unbedingt auf die Bühne. Da er mit seinen 14 Jahren einfach noch zu jung dafür war, klebte er sich kurzentschlossen einen Schnurrbart an und fälschte seinen Ausweis. Nach dem Schulabschluß zog er aus dem Heim, in dem er aufgewachsen war, ins Obdachlosenasyl um und hielt sich mit Gelegenheitsarbeiten wenigstens einigermaßen über Wasser. 1963 nahm er mit ungebrochenem Selbstvertrauen an einem Talentwettbewerb teil – und bekam einen Plattenvertrag. *Teeny* hieß sein erstes Lied, das 1963/64 immerhin in der Deutschen Hitparade bis Platz 26 kam. Danach war Drafi Deutscher auf obere Plätze abonniert. Er war eigentlich der einzige deutsche Sänger, der eigenständige Beat-Titel sang und nicht nur Cover-Versionen von anglo-amerikanischen Hits. Doch 1966, als er praktisch auf dem Höhepunkt seiner Karriere war, geschah etwas, was ihn, ähnlich wie sein Idol Jerry Lee Lewis, von heute auf morgen von der Bildfläche verschwinden ließ: Drafi wurde dabei beobachtet, wie er nackt ans offene Fenster trat und sich angeblich absichtlich spielenden Kindern zeigte. Mit Wollust fiel die Presse über den Künstler her, und in Deutschland nahm danach kein Hund mehr ein Stück Brot von ihm. Drafi wurde wieder einmal Gelegenheitsarbeiter, schlug sich als Stoffverkäufer auf Wochenmärkten durch, arbeitete in drittklassigen Discotheken, um seine Frau und seine Kinder durchzubringen und seine Steuerschulden zu bezahlen. 1971 versuchte er mit dem Lied *Weil ich dich liebe* ein Comeback. Doch im Laufe der Zeit betätigte er sich immer mehr als Songschreiber und Produzent, und zwar meistens unter recht blumigen Pseudonymen wie Goldbird oder Gebegern. Und seine Songs für andere wurden durch die Bank Hits: für Tina Rainford schrieb er den Nr.-5-Hit *Silverbird*; für Boney M. den Nr.-1-Hit *Belfast*; für Peggy March den Nr.-10-Erfolg *Fly away pretty flamingo*; für den Italiener Bino den Nr.-5-Hit *Mama Leone*. Er selbst ging erst wieder 1980 ins Studio und nahm unter dem Pseudonym Jack Goldbird den Titel *Can I reach you* auf, der immerhin bis Rang 21 kam. Das ganz große Comeback feierte Drafi Deutscher dann 1983 unter dem Pseudonym Masquerade mit dem Song *Guardian angel*. Nino De Angelo nahm die deutsche Version *Jenseits von Eden* auf, und wochenlang konkurrierten die beiden Fassungen in der deutschen Hitparade um die Spitzenplätze. Ab 1984 sang Drafi Deutscher auch wieder unter seinem Namen deutsche Rock-Balladen wie *Tief unter meiner Haut* oder *Herz an Herz Gefühl*. 1986 kurbelte der unermüdliche Deutscher ein weiteres Projekt an, das Duo Mixed Emotions, das er mit dem deutschen Sänger Oliver Simon bildete. Drafi schrieb die genial aus Versatzstücken der 60er Jahre zusammengefügten Hits des Duos wie *You want love* oder *Bring back (Sha na na)*.

Jahr	*Titel*	*USA*	*UK*	*D*
1963	Teeny			26
1964	Shake hands			2
1964	Keep smiling			7
1964	Cinderella baby			3
1965	Heute male ich dein Bild, Cindy Lou			3
1965	Hast du alles vergessen			18
1965	Marmor, Stein und Eisen bricht			1
1966	Nimm mich so wie ich bin			7
1966	Honey be			21
1971	Weil ich dich liebe			22

The Devotions

Frank Pardo
Joseph Pardo
Robert Hovorka
Andrew Sanchez, ersetzt 1961 durch Robert Weisbrod
Raymond Herrera, verließ die Band 1961
William Crache, ersetzt 1961 durch Raymond Sanchez
alle aus New York City/USA

Die sechsköpfige Originalformation begann 1960 im New Yorker Stadtteil Queens. Das Sextett sammelte Erfahrungen bei diversen kleinen Auftritten, überstand etliche personelle Veränderungen und bekam schließlich 1961 einen Plattenvertrag. Es spielte eine

Single mit dem Titel *For sentimental reasons* ein, die B-Seite war eine Eigenkomposition mit dem Namen *Rip Van Winkle*. Als Ende 1961 die *Sentimental reasons*-Version der CLEFTONES in die Charts ging, fing die Plattenfirma an, die B-Seite der Devotions verstärkt zu promoten. Doch die ganze Single erwies sich als Flop. Kurz danach verkaufte die Plattenfirma das Mutterband an eine andere Firma, die *Rip Van Winkle* dann 1964 auf ein »Oldie«-Album aufnahm. Und dann geschah das Wunder. Der alte Song wurde so häufig im Radio gespielt, daß die Plattenfirma das Lied als Single herausbrachte. Zur großen Überraschung aller Beteiligten stürzten sich die Fans geradezu auf diesen drei Jahre alten Song, und die Single verkaufte sich über zehntausendmal pro Woche. *Rip Van Winkle* wird als Klassiker für den typischen New Yorker »Streetcorner«-Stil der 60er Jahre betrachtet.

Jahr	*Titel*	*USA*	*UK*	*D*
1964	Rip Van Winkle	36		

Neil Diamond

NOAH KAMINSKY, geb. 24. 1. 1941 in Brooklyn, New York/USA, voc, g

Neil Diamond, der früher wegen seiner ungemein attraktiven Gesichtszüge auch »Mr. Angel Face« genannt wurde, war praktisch von klein auf musikbegeistert. Bereits im zarten Alter von zehn Jahren tat er sich mit einer Gruppe Gleichaltriger zusammen, die als MEMPHIS BACKSTREET BOYS auf den Straßen auftraten. Mit dreizehn Jahren rannte er von zu Hause weg, um im Mittelwesten eine Folkgruppe namens THE ROADRUNNERS zu gründen, mit der er dann auf die übliche Ochsentour durch kleine Lokale und Bars ging. Mit 15 Jahren kehrte er nach Brooklyn zurück und fing mit dem Schreiben von Songs an. Die nächsten fünf Jahre ging er zwar wieder brav zur Schule, doch seine gesamte Freizeit verbrachte er mit Songschreiben, der Jagd nach Engagements als Sänger und der Suche nach einer Arbeit im Musikbusiness. Mit 20 betätigte er sich dann als Radiopromoter, doch kurz danach bekam er einen Job, der ihm mehr lag: Er wurde bei einer Plattenfirma als Staff-Writer eingestellt, d. h., er war der Mann, der auf Anforderung für diverse Interpreten Lieder schrieb. Gleichzeitig bemühte sich der gutaussehende junge Mann aber auch, selbst als Interpret Karriere zu machen. Seinen ersten Versuch durfte er 1963 mit der Single *Clown town* starten, die ein glatter Flop wurde. Also schrieb Mr. Diamond weiter für andere – und ab 1965 war ihm das Glück hold. Es begann mit seinem Song *Sunday and me*, den → JAY & THE AMERICANS aufnahmen und mit dem sie einen Nr.-18-Erfolg hatten. Dann sahen ihn die Starkomponisten und Produzenten JEFF BARRY und ELLIE GREENWICH bei einem seiner Auftritte in einem kleinen Lokal. Sie verschafften ihm einen Plattenvertrag, und seine dritte Single *Cherry cherry*, natürlich eine Eigenkomposition, wurde ein Nr.-6-Hit und später auch ein Millionenseller. Dann erwiesen sich seine Songs *I'm a believer* und *A little bit me, a little bit you* für die → MONKEES als Millionenseller, und von da an war Mr. Neil Diamond ein gemachter Mann. Ab 1966 bis in die 80er Jahre war er ein Dauergast in den internationalen Hitparaden. Seine Alben verkauften und verkaufen sich praktisch jedesmal millionenfach. Für den Möwen-Film *Jonathan Livingston Seagull* schrieb er die Musik, der Soundtrack wurde das bestverkaufte Album in der LP-Geschichte. 1980 erwies sich Mr. Diamond auch als sehenswerter Schauspieler. In dem Streifen *The jazz singer* spielte er sehr überzeugend den Sohn eines jüdischen Geistlichen, der mehr Interesse an Musik als an Religion zeigte. Auch dafür schrieb Neil natürlich die Musik, die Film-Songs *Love on the rocks*, *Hello again* und *America* wurden alle Bestseller. In den 60er Jahren sang Neil Diamond mit seiner eindringlichen, leicht heiseren Bariton-Stimme in erster Linie Pop (*Cherry cherry*), Country-Rock (*Kentucky woman*) und Gospel (*Brother love's travelling salvation show*). In den 70ern hielt er sich dann mehr im poppigen und Adult-Rock-Bereich, in den 80ern konzentrierte sich der begabte Singer/Songschreiber dann ganz auf Mainstream-Musik. Dabei profitierten die ganzen Jahre über auch andere Interpreten von seinen musikalischen Einfällen: mit seinem *Red red wine* hatten die englischen UB 40 1983 einen Nr.-1-Hit, mit seinem *The boat that I row* kam → Lulu 1967 in England bis Platz sechs, die Hard-Rockband → Deep Purple begeisterte 1968 ihr Publikum mit einer Version von Diamonds *Kentucky woman* und sein *You don't bring me flowers*, das er mit → Barbra Streisand im Duett sang, war 1978 in Amerika ein Nr.-1-Hit und Millionenseller.

Jahr	*Titel*	*USA*	*UK*	*D*
1966	Cherry cherry	6		
1966	I got the feelin' (oh no no)	16		
1967	You got to me	18		
1967	Girl, you'll be a woman soon	10		
1967	I thank the lord for the night time	13		
1969	Sweet Caroline (good times never seemed so good)	4	8	
1969	Holly holy	6		
1970	Shilo	24		21
1970	Soolaimon (African trilogy II)	30		22
1970	Cracklin' Rosie	1	3	7
1970	He ain't heavy . . . he's my brother	20		
1971	I am . . . I said	4	4	3
1971	I'm a believer	51		23
1971	Stones	14		29
1972	Song sung blue	1	14	6
1972	Play me	11		28
1972	Walk on water	17		39
1974	Longfellow serenade	5		2
1975	I've been this way before	34		46
1976	If you know what I mean	11	35	33
1976	Beautiful noise		13	6
1977	Desiree	16	39	25
1979	Forever in blue jeans	20	16	31
1980	September morn	17		
1980	Love on the rocks	2	17	70
1981	Hello again	6	51	
1981	America	8		
1981	Yesterday's songs	11		
1982	Heartlight	5	47	

Neil Diamond und Barbara Streisand

1978	You don't bring me flowers	1	5	

Dick and DeeDee

Dick St. John, geb. 1944 in Los Angeles, Kalifornien/USA, voc
DeeDee Sperling, geb. 1945 in Los Angeles, Kalifornien/USA, voc

Die beiden waren seit ihrer Schulzeit in der Volksschule enge Freunde. Dick versuchte nach der Highschool in Los Angeles sein Glück als Sänger – aber ohne großen Erfolg. Da schloß sich DeeDee ihm an, und die beiden wurden bald zu einem recht populären Duo. 1961 bekamen sie einen Plattenvertrag. Für ihre erste Single schrieb Dick das Lied *I want someone* als A-Seite. Nur für die B-Seite fiel ihm nichts ein, bis er auf Grund eines Sketches über einen Berg, den er verfaßt hatte, ein Stipendium für die Kunstschule von Los Angeles gewann. Aus lauter Freude darüber schrieb er daraufhin einen Song, den er *The mountain's high* nannte. Als die Single veröffentlicht wurde, stellte sich schnell heraus, daß diese B-Seite bei den Leuten sehr viel besser ankam als die A-Seite, und sofort wurden die Single-Seiten gedreht, und Dick und DeeDee hatten ihren ersten Hit. Bis 1964 war das Duo in den Hitparaden vertreten, dann verschwand es wieder in der Versenkung.

Jahr	*Titel*	*USA*	*UK*	*D*
1961	The mountain's high	2	37	
1963	Young and in love	17		
1964	Thou shalt not steal	13		

»Little« Jimmy Dickens

James Cecil Dickens, geb. 19. 12. 1920 in Bolt, West Virginia/USA, voc

Der »kleine« Jimmy Dickens ist wirklich sehr klein, nämlich nur knapp 1,50 m groß. Er begann seine musikalische Karriere 1942 als Mitglied von Johnny Bailes & His Happy Valley Boys, wo er unter dem Namen Jimmy The kid auftrat. 1948 folgten seine ersten Auftritte in der »Grand Ole Opry«. Mit seinen nicht alltäglichen Country-Songs konnte er sich Ende der 40er und Anfang der 50er Jahre regelmäßig in den Country-Top-10 plazieren. Bis Mitte der 60er Jahre hatte er dann eher nur mäßigen Erfolg, bis er 1965 den Song *May the bird of paradise fly up your nose* aufnahm. Zwei Wochen lang war er damit die Nr. 1 der Country-Charts, und in den Pop-Charts landete er mit diesem Song auf Rang 15. Doch danach konnten sich seine Songs wieder nur noch unter ferner liefen plazieren. Da half es auch nichts, daß er sich ab 1968 nur noch Jimmy Dickens nannte. Doch zum Trost wurde er 1982 in die »Country Music Hall Of Fame« aufgenommen.

Jahr	*Titel*	*USA*	*UK*	*D*
1965	May the bird of paradise fly up your nose	15		

Bo Diddley

Elias McDaniel, geb. 30. 12. 1928 in McComb, Mississippi/USA, g, voc

Bo Diddley gehört zu jenen farbigen Künstlern, die den Rock und R & B bis heute mit am meisten beeinflußt haben. Bo Diddley kam im Alter von fünf Jahren nach Chicago. Mit sieben Jahren fing er mit dem Geigespielen an, mit zehn brachte er sich selbst das Gitarrespielen bei. In der Highschool gründete er seine erste Blues-Band, ein Trio namens Langley Avenue Jive Cats. Nach Abschluß der Schule gehörten seiner Band Frank Kirkland (dr), Jerome Green (maraccas), von Zeit zu Zeit Billy Boy Arnold (harmonica) und seine Schwester an. Anfang der 50er Jahre verdiente sich Bo sein Geld teils durch Auftritte in den Blues-Clubs von Chicago, teils durch Jobs beim Straßenbau und als Boxer. Der Spitzname »Bo« ist übrigens eine Abkürzung für »Bad Boy«. Bo Diddley war in seiner Spielweise zunächst stark von John Lee Hooker beeinflußt, nach und nach entwickelte er dann seinen typischen Diddley-Sound, den später die → Rolling Stones, die → Yardbirds und die → Pretty Things so erfolgreich kopierten: ein stampfender, hypnotischer Beat, unterstützt durch das fiebrige Knirschen und Scheppern der Maraccas. Dazu gehörte Bo Diddley zu den ersten Rhythm & Blues-Interpreten, die keine Angst vor elektrischen Gitarren hatten. Im Gegenteil, Diddley experimentierte mit Vorliebe damit und konnte sich mit seinen Klassikern wie *Bo Diddley* und *Road runner* oder seinen Comic-Nummern wie *Say man* international auch beim Pop-Publikum durchsetzen. Auch heute steht Bo Diddley immer noch für neue Aufnahmen im Studio. Er lebt in Los Lunas/New Mexico und tourt immer noch gerne mit diversen Rock-Shows durch die Lande.

Jahr	*Titel*	*USA*	*UK*	*D*
1959	Crackin up	62		
1959	Say man	20		
1960	Road runner	75		
1962	You can't judge a book by the cover	48		
1963	Pretty thing		34	
1965	Hey good lookin'		39	
1967	Ooh baby	88		

The Dillards

Rodney Dillard, geb. in Salem, Missouri/USA, voc, g, synth,
Doug Dillard, geb. in Salem, Missouri/USA, bj; ersetzt 1966 durch Herb Pedersen, geb. in San Francisco/Kalifornien, voc; ersetzt 1972 durch Billy Ray Latham, g, bj
Mitchell Jayne, geb. in Salem, Missouri/USA, b
Dean Webb, mandolin
Paul York, dr

Anfang der 60er Jahre taten sich die Gebrüder Dillard mit dem Radioansager Jayne und dem Mandolinen-Spieler Webb zusammen, um die Gruppe The Dillards zu gründen. Auf ihren ersten beiden Alben *Back porch bluegrass* (1963) und *Live! Almost!* (1964) spielten sie in erster Linie Bluegrass-Musik. 1965 taten sie sich mit dem Fiddle-Champion BYRON BERLINE zusammen und nahmen das traditionelle Album *Pickin' and flid fiddlin* auf. Kurz danach ging Doug Dillard, um mit GENE CLARKE von den → BYRDS ein Duo und 1968 die DILLARD CLARKE EXPEDITION zu gründen. Mit dem neuen Mitglied Herb Pedersen machte die Band mehr kommerzielle und weniger traditionelle Musik, wie auf den Alben *Wheatstraw suite* (1969) und *Copperfields* (1970) zu hören war. Als Pedersen 1972 die Band ebenfalls verließ, war der Abgesang der Dillards eingeläutet. Trotz der Neuzugänge Latham und York klangen die Alben *Roots and branches* (1972) und *Tribute to the american duck* (1973) alles andere als erfreulich. Als dann auch der Bassist Jayne entnervt das Handtuch warf, versank die Formation allmählich in Bedeutungslosigkeit.

Mark Dinning

geb. 1933 in Grant County, Oklahoma/USA, voc

Mark hatte acht Geschwister. Drei seiner Schwestern waren die berühmten DINNING SISTERS, die in den 40er Jahren etliche Hits wie z. B. 1948 den Millionenseller *Buttons and bows* gehabt hatten. Mark begann seine Sangeskarriere nach seiner Entlassung aus der Army im Jahr 1957. Er ging nach Nashville und bekam einen Plattenvertrag. Ende 1959 nahm er das Lied *Teen angel* auf, das Anfang 1960 sein einziger ganz großer Hit wurde und sich millionenfach verkaufte.

Jahr	*Titel*	*USA*	*UK*	*D*
1960	Teen angel	2	37	

Kenny Dino

geb. 12. 2. 1942 in New York/USA, voc

Kenny war das zweite von fünf Kindern. Nach seinem Highschool-Abschluß im Jahr 1958 ging er für zwei Jahre als Mechaniker zur Marine. Als er im Oktober 1960 entlassen wurde, beschloß er, als Sänger Karriere zu machen. 1961 bekam er tatsächlich einen Plattenvertrag und veröffentlichte Ende 1961 seinen ersten und einzigen Hit namens *Your ma said you cried in your sleep last night*.

Jahr	*Titel*	*USA*	*UK*	*D*
1961	Your ma said you cried in your sleep last night	24		

Dino, Desi & Billy

DEAN PAUL ANTHONY MARTIN JR., geb. 12. 11. 1951 in Los Angeles, Kalifornien/USA, voc

DESIDERIO ALBERTO ARNAZ IV, geb. 19. 1. 1953 in Los Angeles, Kalifornien/USA, voc

WILLIAM ERNEST JOSEPH HINSCHE, geb. 29. 6. 1951 in Manila/Philippinen, voc

Dino ist der Sohn von → Dean Martin, Desi ist der Sohn von Lucille Ball und Desi Arnaz, und Billy ist ein Schulfreund der beiden. Das Trio lernte sich 1965 bei einem Baseball-Spiel kennen und beschloß, künftig musikalisch gemeinsame Wege zu gehen. Als sie wieder einmal in Dean Martins Haus übten, hörte sie → Frank Sinatra und verschaffte ihnen einen Plattenvertrag. Von 1965 bis 1968 konnten sich die drei mit insgesamt sechs Singles in den US-Charts plazieren, von denen allerdings nur zwei höhere Positionen erreichten. Danach trennten sich ihre Wege. Dino und Desi schlossen sich der Beverly Hills Blues Band an, und Billy wurde Sessionmusiker. Seine Talente als Keyboarder stellte er ab und zu auch den → Beach Boys bei deren Tourneen zur Verfügung.

Jahr	*Titel*	*USA*	*UK*	*D*
1965	I'm a fool	17		
1965	Not the lovin' kind	25		

Dion

Dion DiMucci, geb. 18. 7. 1939 in der Bronx, New York/USA, voc

Dion war musikalisch vorbelastet: Sein Vater war ein Entertainer, und so wollte Dion auch unbedingt ins Showgeschäft. Er fing früh damit an, bereits mit elf Jahren trat er zum erstenmal in einer Radioshow auf. Mit 19 Jahren, 1958, gründete er mit seinen Schulfreunden Freddy Milano, Carlo Mastrangelo und Angelo D'Aleo eine Band, die er → Dion & The Belmonts nannte, nach der Belmont Avenue, der Straße, in der sie alle wohnten. Von 1958 bis 1960 waren Dion & The Belmonts recht erfolgreich, dann trennten sich ihre Wege. 1960 hatte Dion mit *Lonely teenager* bereits seinen ersten Rock-Hit als Solist, und das Glück blieb ihm bis 1963 hold. Dann hörte man nichts von Dion, bis er 1968 mit dem Millionenseller *Abraham, Martin and John* von sich reden machte, einem zu Herzen gehenden Lied, das der Autor Dick Holler kurz nach der Ermordung von Senator Robert Kennedy in Los Angeles im Juni 1968 geschrieben hatte. Er stellte darin die Ermordung von Abraham Lincoln, Martin Luther King und John F. Kennedy nebeneinander. Doch anschließend war wieder nichts mehr von Dion zu hören. Anfang der 70er Jahre schloß sich der ehemalige Teenybopper-Star mit seiner Frau und den Kindern der Religionsgemeinschaft »Wiedergeborene Christen an«, machte danach nur noch Gospel-Musik und weigerte sich sowohl seine alten Hits zu singen als auch in Oldie-Shows aufzutreten. Erst 1989 veröffentlichte er mit ansehnlichem Erfolg ein neues Album.

Jahr	*Titel*	*USA*	*UK*	*D*
1960	Lonely teenager	12	47	
1961	Runaround Sue	1	11	
1961	The wanderer	2	10	
1962	Lovers who wander	3		
1962	Little Diane	8		
1962	Love came to me	10		
1963	Ruby baby	2		
1963	Donna the prima-donna	6		
1963	Drip drop	6		
1968	Abraham, Martin and John	4		
1976	The wanderer		16	

Dion & The Belmonts

→ Dion DiMucci, geb. 18. 7. 1939, leadvoc
Angelo D'Aleo, geb. 3. 2. 1940, voc
Freddie Milano, geb. 22. 8. 1939, voc
Carlo Mastrangelo, geb. 5. 10. 1938, voc
alle aus der Bronx, New York/USA

Dion, Angelo, Freddie und Carlo gingen zusammen in die Roosevelt Highschool; sie stammten alle aus einem bestimmten Viertel in der Bronx und befanden sich damit in guter Nachbarschaft, denn auch spätere Stars wie → The Regents und → Bobby Darin gehörten zu ihren Nachbarn.
1958 beschlossen die vier Freunde eine Band zu gründen und nannten sich danach Dion & The Belmonts, nach der Belmont Avenue in der Bronx. Die vier sangesstarken Knaben bekamen sofort einen Plattenvertrag, und im April 1958 hatten sie bereits ihren ersten Hit mit *I wonder why*. 1959 hatten sie den nächsten großen Erfolg mit *A teenager in love*, einem Lied aus der Feder von Doc Pomus und Mort Shuman. Kurz danach verließ Angelo die Gruppe und ging zur Marine. Ihren größten Hit allerdings hatte die Formation 1960 mit *Where or when*, einem Klassiker aus der Feder von Rodgers And Hart. Im Juli 1960 erschien mit *In the still of the night* die letzte Singles des erfolgreichen Quartetts Dion & The Belmonts. Dion machte als Solist weiter und hatte Ende 1960 mit *Lonely teenager* bereits seinen ersten Hit. Nach seiner Entlassung aus der Army kehrte Angelo 1961 zu den Belmonts zurück, die daraufhin als Trio weitermachten.

Jahr	*Titel*	*USA*	*UK*	*D*
1958	I wonder why	22		
1958	No one knows	19		
1959	A teenager in love	5	28	
1960	Where or when	3		
1960	In the still of the night	38		

Sacha Distel

geb. 29. 1. 1933 in Paris/Frankreich, voc, g

Der gutaussehende Franzose begann seine musikalische Karriere mit der Gitarre. Als Kind lernte er sie zu spielen, mit 14 Jahren spielte er sie bereits im Orchester seiner Schule, später in diversen Gruppen. Anfang der 50er Jahre trat er auch regelmäßig mit französischen Jazz-Größen wie Bernard Pfeiffer und Bobby Jasper auf. Dann rief ihn das Militär, danach unterzog er sich in einem Musikverlag einer kaufmännischen Ausbildung, absolvierte diverse Lehrjahre in den USA, ging wieder nach Paris zurück und gründete einen eigenen Musikverlag. Anschließend stellte er seine Gitarren-Künste der Chanson-Sängerin Juliette Greco zur Verfügung und wurde ihr ständiger musikalischer Begleiter. 1958 veröffentlichte er seine erste eigene Platte. Der Song namens *Scoubidou* wurde ein großer Erfolg, und Monsieur Distel beschloß weiterzusingen. Mit seiner warmen Stimme intonierte er Songs in Englisch, Französisch, Italienisch, Spanisch und Deutsch, für die er im Laufe der Jahre mit Preisen wie dem »Grand Prix Du Disque« ausgezeichnet wurde. In Deutschland war er von 1962 bis 1967 mit seinen sanften Liedern in der Hitparade vertreten, wobei in den letzten Jahren seine Chansons über gute Mittelplätze nicht mehr hinauskamen. Nebenbei machte sich Sacha Distel auch einen Namen als Komponist, er schrieb u. a. Lieder für → Frank Sinatra, → Petula Clark und → Dionne Warwick.

Jahr	*Titel*	*USA*	*UK*	*D*
1962	Adios Amigo			5
1963	Wir könnten Freunde sein			18
1963	Ein paar Tränen			19
1964	Der Platz neben mir			6
1965	Die Frau mit dem einsamen Herzen			15
1970	Raindrops keep falling on my head		10	

The Dixiebells

Shirley Thomas, geb. in Memphis, Tennessee/USA
Mary Hunt, geb. in Memphis, Tennessee/USA
Mildred Pratcher, geb. in Memphis, Tennessee/USA

Die drei Mädels gingen zusammen zur Highschool, und nach dem Schulabschluß beschlossen sie, eine Gesangsgruppe zu bilden. Zunächst fungierte das Trio in Memphis und New Orleans als Backing Group für andere Interpreten. Doch 1963 wurden die drei von Bill Justis »entdeckt« und unter die Fittiche genommen. Noch im selben Jahr hatten die Dixiebells mit *Down at papa Joe's* ihren größten Hit.

Jahr	*Titel*	*USA*	*UK*	*D*
1963	Down at papa Joe's	9		
1964	Southtown, U.S.A.	15		

The Dixie Cups

Barbara Ann Hawkins, geb. 1943 in New Orleans/Louisiana, voc
Joan Marie Johnson, geb. 1945 in New Orleans/Louisiana, voc
Rosa Lee Hawkins, geb. 1946 in New Orleans/Louisiana, voc

Die drei hübschen farbigen Sängerinnen gehörten zu den ersten Vertreterinnen, die Anfang der 60er Jahre in Amerika den sogenannten »Girl-Groups-Sound« etablierten. Die beiden Hawkins-Schwestern und ihre Freundin Joan Marie sangen schon in der Volksschule im Schulchor. 1963 begannen sie, eine professionelle Sangeskarriere ins Auge zu fassen, und taten sich als festes Trio zusammen. 1964 nahmen sie in New Orleans an einem Talentwettbewerb teil, und dort hörte sie → Joe Jones, der selbst 1960 mit seinem *You talk too much* einen Bestseller gehabt hatte. Er wurde ihr Manager, übte vier Monate lang mit den drei begabten Mädels und ließ sie schließlich dem Starteam → Jerry Leiber and Mike Stoller vorsingen. Die nahmen das attraktive Trio sofort unter Vertrag und gaben ihm den Namen Dixie Cups. Als ersten Song nahmen sie das Lied *Chapel of love* auf, das keine anderen als → Phil Spector, Jeff Barry und Ellie Greenwich für sie geschrieben hatten. Es wurde ein Millionenseller. Bis 1965 waren die Dixie Cups in den Charts vertreten, dann wechselten sie die Plattenfirma und konnten nur noch kleine lokale Erfolge für sich verbuchen.

Jahr	*Titel*	*USA*	*UK*	*D*
1964	Chapel of love	1	22	48
1964	People say	12		
1965	Iko Iko	20	23	

Ken Dodd

geb. 8. 11. 1932 in Liverpool/England, voc

Ken Dodd gehört zu den typisch merkwürdigen Ausnahmeerscheinungen auf dem britischen Musikmarkt. Dodds Vater war Kohlenhändler. Ken selbst war von Kindesbeinen an am Entertainment im weitesten Sinne des Wortes interessiert. Mit sieben Jahren gab er bereits im Hinterhof kleine Konzerte für seine Freunde, ein paar Jahre später trat er vor seinen Mitschülern als kunstvoller Bauchredner auf, mit 13 Jahren bewarb er sich bei einem Liverpooler Theater als Tänzer. Er bekam die Rolle. Nach der Schule arbeitete er zunächst im Geschäft seines Vaters, anschließend betätigte er sich als fahrender Händler und verkaufte in Häusern Töpfe und Pfannen. An seinen Abenden aber blühte Ken so richtig auf, da durfte er nämlich in diversen Clubs als Alleinunterhalter auftreten. 1954 hatte er sich damit bereits einen derartig guten Namen gemacht, daß er die Töpfe und Pfannen an den Nagel hängen und aus seiner Entertainerrolle einen Full-Time-Job machen konnte. Dodd nahm seinen Beruf sehr ernst und studierte die Theorien, die berühmte Philosophen wie Freud, Kant und Schopenhauer über das Lachen vertreten. Er beobachtete sehr genau die Reaktionen des Publikums auf seine Scherze und feilte sehr penibel an seinen Auftritten herum. Innerhalb kürzester Zeit wurde Ken Dodd ein Komiker-Star. Seine Markenzeichen waren seine hervorstehenden Zähne, die er für 10 000 englische Pfund versichert hatte, und seine Haare, die zu Berge standen, als hätte er gerade ein Gespenst gesehen. Daneben betätigte sich Ken Dodd allerdings immer wieder als Sänger. Er bevorzugte dabei sanfte romantische Balladen. 1965 hatte er seinen größten Erfolg mit dem Nr.-1-Hit und Millionenseller *Tears*. Das war ein Lied, das die Amerikaner Frank Capano und Billy uhr geschrieben hatten und das bereits 1929 ein Hit für Rudy Vallee gewesen war. Ken Dodd konnte von 1960 bis in die 80er Jahre hinein immer wieder seine Songs in den UK-Charts plazieren, auch wenn sein bislang letzter Titel *Hold my hand* 1981 nur noch Rang 44 erreichte.

Jahr	*Titel*	*USA*	*UK*	*D*
1960	Love is like a violin		8	
1962	Pianissimo		21	
1964	Eight by ten		22	
1965	Tears		1	
1965	The river (Le colline sono in fioro)		3	
1966	Promises		6	
1966	More than love		14	
1967	Let me cry on your shoulder		11	
1969	Tears won't wash away my heartache		22	

1970	Broken hearted		15	
1971	When love comes around again (L'arca di Noe)		19	
1975	(Think of me) Wherever you are		21	

Joe Dolan

geb. 1945 in Mullunger/Irland, voc

Joe Dolan nahm mit 20 Jahren seine erste Platte auf – sie wurde in Irland ein Hit, genauso wie die elf folgenden Singles. Dann wagte sich Mr. Dolan, der Sänger mit der gewaltigen Stimme, daran, auch das Ausland zu erobern. Seine dreizehnte Single hieß *Make me an island* und war der erste Dolan-Song, der international veröffentlicht wurde. Zu Recht, denn das Lied kam in vierzehn Ländern in die Hitparaden. Bis 1970 veröffentlichte er noch etliche Bestseller, dann widmete er sich erst einmal in Mullunger dem Aufbau seiner eigenen Firma. 1973 läutete er dann sein Comeback ein. Mit der Single *The most wanted man in the U.S.A.* heimste er in Frankreich, Belgien, Spanien, Portugal, Süd-Afrika und Argentinien Gold ein. Doch dann verblaßte allmählich der Ruhm des Mr. Dolan aus Irland. Seine letzte Single *I need you* kam 1977 in England nur bis Rang 43.

Jahr	*Titel*	*USA*	*UK*	*D*
1969	Make me an island		3	15
1969	Teresa		20	38
1970	You're such a good looking woman		17	

Fats Domino

Antoine Domino, geb. 26. 2. 1928 in New Orleans, Louisiana/USA, voc, p

Der rundliche Künstler mit der Brikett-Frisur und dem ewig freundlichen Grinsen im dunklen Gesicht hatte acht Geschwister. Als Kind schon lernte er mit Begeisterung Klavierspielen, mit zehn Jahren absolvierte er bereits diverse kleinere Auftritte. Doch zunächst arbeitete Fats eine Zeitlang als Ausfahrer für Eisblöcke, dann fand er in einer Fabrik, die Sprungfedern für Betten herstellte, einen Job. Und bei dieser Arbeit fand seine musikalische Karriere beinahe ein vorzeitiges Ende. Eine der starken Sprungfedern zerquetschte seine Hand, und Domino mußte mehrfach genäht werden. Es war sehr fraglich, ob er seine Hand jemals wieder würde bewegen, geschweige denn Klavier spielen können. Doch Domino hatte einen eisernen Willen, unermüdlich machte er seine Übungen, und schließlich gewann er die Beweglichkeit seiner Finger zurück. Schon bald trat er regelmäßig in diversen Clubs auf und wurde zum Geheimtip für Musikfans, die auf Boogie a la Amos Milburn standen, der damals Dominos großes Vorbild war. Im Hideaway Club in New Orleans wurde er dann 1949 schließlich auch entdeckt. Er bekam einen Plattenvertrag und einen Partner namens Dave Bartholemew, mit dem Domino im Laufe der nächsten Jahre den größten Teil seiner Hits schreiben sollte. Das erste gemeinsame Werk der beiden war 1949 der Song *The fat man*, der der erste Hit und Millionenseller für Mr. Domino wurde und ihm seinen

Fats Domino Foto: Archiv

Spitznamen »Fats« einbrachte. Zuerst spielte Domino in der Band von Bartholemew, doch bereits 1951 hatte er seine eigene Formation gegründet. Fats Dominos Siegeszug durch die internationalen Charts dauerte von 1950 bis Mitte der 60er Jahre, auch wenn in den 60er Jahren die ganz großen Hits ausblieben. Heute lebt Fats Domino mit seiner Frau und seinen acht Kindern, vier Mädchen und vier Jungen, immer noch in seiner Heimatstadt New Orleans. Doch dort ist er relativ selten anzutreffen, denn er tourt immer noch mit Begeisterung durch die Welt, und er sorgt immer noch für volle Häuser. Auch heute wird der farbige Künstler immer noch als Rock'n'Roll-Gigant angekündigt, obwohl der freundliche kleine Mann eigentlich nie etwas anderes als Rhythm & Blues und Boogie gespielt hat.

Jahr	*Titel*	*USA*	*UK*	*D*
1955	Ain't that a shame	10		
1956	I'm in love again	3	12	
1956	When my dreamboat comes home	14		
1956	Blueberry hill	2	6	
1957	Ain't that a shame		23	
1957	Blue monday	5	23	
1957	I'm walkin'	4	19	
1957	Valley of tears	6	25	
1957	The big beat	26	20	
1958	Sick and tired	22	26	
1958	Whole lotta loving	6		
1959	Margie		18	

1959	I want to walk you home	8	14
1959	I'm gonna be a wheel some day	17	
1959	Be my guest	8	11
1960	Country boy	25	19
1960	Walking to New Orleans	6	19
1960	Three nights a week	15	45
1960	My girl Josephine	14	32
1961	It keeps raining	23	49
1961	Let the four winds blow	15	
1961	What a party	22	43
1961	Jambalaya (on the bayou)	30	41
1963	Red sails in the sunset	35	34

Don & Juan

Don: ROLAND TRONE, geb. in New York/USA, voc
Juan: CLAUDE JOHNSON, geb. in New York/USA, voc

Roland und Claude lernten sich auf der Highschool kennen. 1958 taten sie sich mit ihren Mitschülern FRED JONES und ESTELLE WILLIAMS zu dem Quartett THE GENIES zusammen. 1959 bekamen sie einen Plattenvertrag und nahmen das Lied *Who's that knockin'* auf, das in den US-Charts bis Platz 71 kam. Dann trennten sich die Wege der vier. 1961 trafen sich Roland und Claude in New York wieder. Sie wurden beide als Anstreicher in einem Apartmentgebäude angestellt. Natürlich sangen sie bei ihrer Arbeit aus vollem Halse, das wiederum hörte ein musikalischer Bewohner eines Apartments, der wiederum erzählte einem Agenten von den beiden. Dieser Agent hörte sich die beiden farbigen Sänger an und verschaffte ihnen einen Plattenvertrag. Die beiden farbigen Interpreten nannten sich als Duo Don & Juan und nahmen Ende 1961 ein Lied auf, das Claude geschrieben hatte: *What's your name*. Es wurde 1963 ihr erster und einziger größerer Hit.

Jahr	*Titel*	*USA*	*UK*	*D*
1962	What's your name	7		

Lonnie Donegan

ANTHONY JAMES DONEGAN, geb. 29. 4. 1931 in Glasgow/Schottland, voc, bj, g

Der Schotte gehört zu den erfolgreichsten britischen Interpreten der 50er und frühen 60er Jahre. Er stammt aus einem musikalischen Elternhaus, sein Vater war Geiger. Schon früh war Lonnie von Folklore und Folk-Music aller Art begeistert. Später wurde er zu einer Kapazität auf diesem Gebiet. Mit 17 Jahren kaufte er sich seine erste Gitarre und wendete sich jetzt dem Jazz zu. Dann mußte er 1949 zur Army, dort betätigte er sich bei der WOLVERINES JAZZ BAND als Schlagzeuger. Nach seiner Entlassung vom Militär schloß er sich der KEN COLYER JAZZ BAND an, die in erster Linie dafür verantwortlich war, daß in Großbritannien in den 50er Jahren die Skiffle-Begeisterung ausbrach. 1951 stellte Lonnie Donegan dann seine eigene Skiffle-

Group auf die Beine. Er spielte immer häufiger mit Chris Barber, und 1953 machte Donegan mit Barber auch die erste Plattenaufnahme: Es war der Live-Mitschnitt eines Konzertes in der Royal Festival Hall in London, das die Chris Barber Jazzband und The Lonnie Donegan Skiffle Group zusammen gegeben hatten. Die LP erschien unter dem Titel *New Orleans joys* und enthielt bereits den Song *Rock island line*, der 1956 zu Donegans erstem Bestseller werden sollte. Anfang der 50er änderte Donegan auch seinen Vornamen von Anthony in Lonnie um, nachdem er nämlich mit dem berühmten amerikanischen Blues-Künstler Lonnie Johnson gespielt hatte, der schon immer Donegans großes Idol gewesen war. Ab 1956 betätigte sich Donegan dann als Solist und machte sich nach und nach auch in Amerika einen Namen. 1957 entdeckte er ein weiteres Talent an sich, nämlich das der Pantomime. Innerhalb kürzester Zeit wurde Donegan auch auf diesem Gebiet ein Könner. 1958 drehte er seinen ersten Film, trat in einem Unterhaltungs-Programm vor der englischen Königin auf und hatte ab 1959 seine eigene Fernseh-Show namens *Putting on the Donegan*. Von 1956 bis 1962 wurde praktisch jede Single, die Lonnie Donegan veröffentlichte, ein Hit.

Jahr	*Titel*	*USA*	*UK*	*D*
1956	Rock island line	8	8	
1956	Lost John	58	2	
1956	Skiffle session		20	
1956	Bring a little water Sylvie/Dead or alive		7	
1957	Don't you rock me daddy-o		4	
1957	Cumberland GAP		1	
1957	Gamblin' man/Putting on the style		1	
1957	My dixie darling		10	
1957	Jack o'Diamonds		14	
1958	Grand Coolie Dam		6	
1958	Sally don't you grieve/Betty Betty		11	
1958	Tom Dooley		3	
1959	Does your chewing gum lose it's flavour	5	3	
1959	Fort Worth jail		14	
1959	The battle of New Orleans		2	
1959	Sal's got a sugar lip		13	
1959	San Miguel		19	
1960	My old man's dustman		1	
1960	I wanna go home		5	
1960	Lorelei		10	
1960	Lively		13	
1961	Have a drink on me		8	50
1961	Michael row the boat/Lumbered		6	16
1962	The Comancheros		14	
1962	The party's over		9	
1962	Pick a bale of cotton		11	

Ral Donner

geb. 10. 2. 1943 in Chicago, Illinois/USA; gest. 4. 4. 1984 in USA; voc

Ral war ein musikalisches Wunderkind. Mit zehn Jahren sang er schon im Kirchenchor. Mit 13 Jahren gründete er seine erste Band. Mit 15 Jahren absolvierte er bereits regelmäßig Auftritte in Clubs in Chicago und New York, wie z. B. dem New Yorker Apollo Theater. 1961

Donovan Foto: RCA

bekam der begabte junge Mann einen Plattenvertrag, im selben Jahr erschien bereits seine erste Single *Girl of my best friend*, ein paar Monate später hatte er mit *You don't know what you've got* seinen größten Erfolg. Bis 1962 war Ral Donner in den Charts zu finden. Dann machte er erst wieder von sich reden, als er 1981 in dem Elvis-Film *This is Elvis* sowohl den Erzähler machte als auch → Elvis Presley seine Stimme lieh. Ral Donner starb am 4. April 1984 im Alter von nur 41 Jahren an Krebs.

Jahr	*Titel*	*USA*	*UK*	*D*
1961	Girl of my best friend	19		
1961	You don't know what you've got	4	25	
1962	She's everything (I wanted you to be)	18		

Donovan

Donovan Phillip Leitch, geb. 10. 5. 1946 in Glasgow/Schottland, voc, g

Der Sohn eines Arbeiters zog mit seiner Familie bereits 1956 in einem Vorort von London um. Donovan verließ noch als Teenager die Schule und wurde Arbeiter. Mit 15 Jahren kaufte er sich eine alte Gitarre und brachte sich das Spielen selbst bei. Mit 17 freundete sich Donovan mit Gypsy Dave an, und Anfang der 60er Jahre zogen die beiden gemeinsam durch England und verdienten sich ihren Lebensunterhalt mit Singen und Spielen auf den Straßen. Anfang 1965 kehrte Donovan nach London zurück und fing an, in kleinen Clubs aufzutreten. Dort wurde er auch entdeckt, bekam einen Plattenvertrag, und *Catch the wind*, 1965 seine erste Single, wurde ein Hit. Daraufhin bekam der sanfte Donovan mit der nasalen Stimme einen Auftritt in der berühmten englischen Fernseh-Show *Ready steady go* – und war ein Star. Zunächst wurden seine sozialkritischen Lieder mit denen von → Bob Dylan verglichen, aber mit Songs wie *Sunshine superman* und *Mellow yellow* bewies der feingliedrige Künstler schnell seine Eigenständigkeit – er wurde zum Songwriter und Sänger der Flower-Power-Generation. Seine schwärmerischen, romantischen Songs mit den eigentümlichen und kunstvollen Reimen verkauften sich weltweit hervorragend. Anfang der 70er Jahre wandte sich Donovan in erster Linie Filmmusiken zu. Er schrieb die Soundtracks zu Filmen wie *If it's tuesday, this must be Belgium* und *Brother sun, sister moon* (1973) und spielte in *The pied piper* (*Der Rattenfänger von Hameln*, 1972) sogar die Hauptrolle. Doch in den 70er Jahren verloren seine Songs allmählich ihre Anziehungskraft, die Flower-Power-Generation, deren Musik er so trefflich zu formulieren verstand, wurde älter, und für die nachfolgenden Generationen war das Blumenkind Donovan nur noch ein Relikt aus alter Zeit. Heute lebt Donovan in Kalifornien. Er ist mit Linda Lawrence verheiratet, die in erster Ehe die Frau des → Rolling Stones Brian Jones gewesen war, von dem sie den Sohn Julian hat. Mit Donovan hat Linda zwei Töchter, Astrella und Oriole.

Jahr	*Titel*	*USA*	*UK*	*D*
1965	Catch the wind	23	4	
1965	Colours		4	
1966	Sunshine superman	1	2	7
1967	Mellow yellow	2	8	16
1967	Epistle to Dippy	19		
1967	There is a mountain	11	8	
1968	Jennifer Juniper	26	5	13
1968	Hurdy gurdy man	5	4	11
1968	Atlantis	7	23	1
1969	Goo goo barabajagal (mit der Jeff Beck Group)	36	12	

The Doors

James »Jim« Douglas Morrison, geb. 8. 12. 1943 in Melbourne, Florida/USA, leadvoc; gest. 3. 7. 1971 in Paris/Frankreich
Robert »Robbie« Krieger, geb. 8. 1. 1946 in Los Angeles, Kalifornien/USA, g
Raymond »Ray« Manzarek, geb. 12. 2. 1943 in Chicago, Illinois/USA, g
John Densmore, geb. 1. 12. 1945 in Los Angeles, Kalifornien/USA, dr, keyb

Mitte der 60er Jahre studierte Jim Morrison an der U.C.L.A. Filmwissenschaften. Dort lernte er Ray Manzarek kennen, der in einer kleinen Band Keyboards spielte. Als beide einen Meditationskurs des Maharishi Yogi besuchten, trafen sie auf Robbie Krieger und John Densmore. Da sich die vier gut verstanden, beschlossen sie, eine Gruppe zu gründen. Den Namen entlehnte der belesene Morrison den *Doors of perception* (*Die Pforten der Wahrnehmung*), einer Studie über Rauschgifte aus der Feder von Aldous Huxley. Zunächst durften die Doors ihre rauschgiftgeschwängerte Musik lediglich als Vorgruppe für berühmtere Interpreten und Bands machen. Doch dann wurde eine Plattenfirma auf die bluesigen Songs mit ihren bedrückenden Visionen und Schreckensbildern aufmerksam. Die Doors bekamen einen Plattenvertrag und veröffentlichten 1967 ihr Debüt-Album *The Doors*. Als Single wurde *Break on through* ausgekoppelt, doch innerhalb kürzester Zeit erwies sich der Sieben-Minuten-Titel *Light my fire* als der wirkliche Bestseller dieser LP. Als der Song schließlich ebenfalls als Single erschien, wurde er, genauso wie das Album, Nr. 1 der Charts. Die Doors wurden zu Stars, die in ihrer Popularität und Bedeutung nur von den → Beatles übertroffen wurden. Sie lieferten eine Hitsingle nach der anderen und ein Bestseller-Album nach dem anderen ab. Absoluter Star des Quartetts war der gutaussehende Jim Morrison mit dem lasziven Mund, den verhangenen Augen und den höchst erotischen Hüftbewegungen. So erotisch, daß die Doors in diversen US-Staaten Auftrittsverbot bekamen und Jim Morrison sogar wegen »Entblößung in der Öffentlichkeit« eingesperrt wurde. Bis 1971 lief alles hervorragend, zumindest nach außen hin. Doch innerhalb der Band gärte es. Die drei anderen kamen mit Morrison nicht mehr klar. Deshalb flog der Sänger und gefeierte Autor diverser Gedichte Mitte 1971 nach Paris. Er wollte ausspannen, neue Lieder und Gedichte schreiben und wieder zu sich selbst finden. Am 3. Juli 1971 starb Jim Morrison in Paris, angeblich an einem Herzanfall. Er wurde in der Poeten-Ecke des berühmten Pariser Friedhofs Père Lachaise beigesetzt. Noch während sich Morrison in Paris aufhielt, hatten die drei restlichen Doors ohne ihn mit den Aufnahmen für ein neues Album begonnen. Nach seinem Tod setzte das Trio die Aufnahmen fort und veröffentlichte noch zwei Alben, *Other voices* (1971) und *Full circle* (1972). Doch obwohl das Trio den Namen Doors beibehielt, lief es nicht mehr so wie früher. Die Band löste sich auf, die drei gingen getrennte Wege. Krieger und Densmore gründeten zunächst die Butts Band, Ray Manzarek beschritt Solopfade und veröffentlichte 1974 mit dem Konzeptalbum *The golden scarab* eine LP, die auf bemerkenswerte gute Weise den Stil der Doors fortsetzte. Heute tauchen die Namen der drei Musiker ab und zu bei anderen Gruppen als Gastmusiker auf. Jim Morrison dagegen ist heute eine Kultfigur, vergleichbar mit Künstlern wie → Janis Joplin, → Jimi Hendrix, → Eddie Cochran und James Dean.

Jahr	*Titel*	*USA*	*UK*	*D*
1967	Light my fire	1	49	
1967	People are strange	12		
1968	Hello, I love you	1	15	33
1969	Touch me	3		40
1971	Love her madly	11		
1971	Riders on the storm	14	22	28
1973	The mosquito			25

Harold Dorman

Harolds einzige musikalische Großtat war, daß er 1960 ein Lied namens *Mountain of love* schrieb, das für ihn selbst wie auch 1964 für → Johnny Rivers ein Hit wurde.

Jahr	*Titel*	*USA*	*UK*	*D*
1960	Mountain of love	21		

Lee Dorsey

geb. 4. 12. 1926 in Portland, Oregon/USA, voc, gest. 2. 12. 1986

Eigentlich war der farbige Sänger Boxer. Unter dem Namen Kid Chocolate boxte er sich derartig erfolgreich durch die Arenen, daß er ein heißer Anwärter auf die Weltmeisterschaft im Leichtgewicht wurde. Dann unterbrach die Army für vier Jahre seine Box-Karriere. Danach kehrte Lee Dorsey zwar in den Ring zurück, machte aber gleichzeitig in New Orleans eine Autowerkstatt auf. Auf einer Party lernte er den erfolgreichen Songwriter Allen Toussaint kennen, der z. B. 1961 *Mother-in-law*, den Nr.-1-Hit für Ernie K-doe, geschrieben hatte. Toussaint überzeugte Dorsey von dessen sängerischen und kompositorischen Fähigkeiten, und das Ergebnis war 1961 Dorseys Eigenkomposition *Ya ya* (das ist der Slang-Ausdruck für einen Freund oder eine Freundin). 1962 veröffentlichte Dorsey dann noch *Do-re-mi*. Dann hörte er erst einmal mit dem Plattenaufnehmen auf und widmete sich ganz seinem Autogeschäft und einem neueröffneten Lebensmittelgeschäft. 1965 kehrte er ins Studio zurück und veröffentlichte bis 1967 etliche Hits, die auch in England, wo er unter dem Spitznamen Mr. T.N.T. bekannt war, erfolgreich waren.

Jahr	*Titel*	*USA*	*UK*	*D*
1961	Ya ya	7		
1962	Do-re-mi	27		
1965	Ride your pony	28		
1966	Working in the coalmine	8	8	
1966	Holy cow	23	6	

Dorthe

Dorthe Larsen, geb. 1947 in Kopenhagen/Dänemark, voc

Die blonde Dorthe stammt aus einem musikalischen Elternhaus: Ihr Vater war Kapellmeister des Symphonischen Stadtorchesters Aarhus. Er bildete sein Töchterlein musikalisch aus, und mit zwölf Jahren besang die Kleine bereits ihre erste Platte. 1964 brachte Dorthe mit *Junger Mann mit roten Rosen* ihre erste Single in deutscher Sprache heraus, die prompt ein Hit wurde. Von 1964 bis 1968 währte ihr Erfolg in Deutschland, dann konnten sich ihre Singles nur noch unter ferner liefen plazieren. Von 1967 bis 1971 war Dorthe übrigens mit Rene Kollo, dem ehemaligen Schlagersänger und heutigen Opernstar, verheiratet.

Jahr	*Titel*	*USA*	*UK*	*D*
1964	Junger Mann mit roten Rosen			19
1964	Rot ist die Liebe			26
1965	Dip-di-dip			17
1965	Blondes Haar am Paletot			24
1968	Sind Sie der Graf von Luxemburg			5
1968	Wärst du doch in Düsseldorf geblieben			10
1968	Jeder Schotte			24

Susanne Doucet

geb. 27. 8. 1946 in Tübingen, voc

Die Tochter einer Schauspielerin sah sich nach der Schule erst einmal ausgiebig die Welt an, ehe sie sich dann Anfang der 60er Jahre in München als Künstlerin versuchte und entdeckt wurde. Mit netten Liedchen wie *Das geht doch keinen etwas an* hatte sie auch von 1964 bis 1966 Erfolg. Doch das war der ambitionierten jungen Dame, die selbst komponiert und textet, vier Sprachen spricht und etliche Instrumente spielt, zu wenig. Sie versuchte sich als Chanson-Sängerin und Interpretin von Anspruchsvollem, hatte damit aber keinen durchschlagenden Erfolg, genauso wenig wie als Schauspielerin.

Jahr	*Titel*	*USA*	*UK*	*D*
1964	Das geht doch keinen etwas an			10
1964	Okay, ich geh'			19
1965	So long, so long			26
1966	Glück und Liebe			35

Craig Douglas

Terry Perkins, geb. 13. 8. 1941 in England, voc

Auch Craig Douglas gehörte zu den vielen britischen Sängern, die mit englischen Versionen von amerikanischen Hits große Erfolge feierten: *A teenager in love*, → Dion & The Belmonts; *Only sixteen*, → Sam Cooke; *Pretty blue eyes*, → Steve Lawrence; *A hundred pounds of clay*, → Gene McDaniels; *When my little girl is smiling*, → Drifters; *Oh lonesome me*, → Don Gibson. Auf diese Art und Weise blieb Craig Douglas von 1959 bis 1963 gut im Geschäft.

Jahr	*Titel*	*USA*	*UK*	*D*
1959	A teenager in love		13	
1959	Only sixteen		1	
1960	Pretty blue eyes		4	
1960	The heart of a teenage girl		10	
1961	A hundred pounds of clay		9	
1961	Time		9	
1962	Our favourite melodies		9	
1962	Oh lonesome me		15	

Dimitri Dourakine

geb. in Rußland, Orchesterchef

Von dem Russen Boris Rubashkin wurde ein Lied namens *Casatschok* geschrieben, aus dem der Franzose Francois Patrice Saint-Hilaire 1969 einen neuen Tanz kreierte. Dimitri Dourakine nahm mit seinem Orchester 1969 eine Version dieses neuen Tanzes auf, die sich europaweit über eine Million Mal verkaufte. Der Titel war allein in Frankreich zehn Wochen lang die Nr. 1 der Hitparade; in Dänemark wurde der Titel ebenfalls Nr. 1, in Italien Nr. 5, in Holland Nr. 3, und auch in Spanien, Belgien und

Deutschland verkaufte sich die Melodie hervorragend. Sogar in Mexiko wurde der *Casatschok* ein Nr.-1-Hit. Konkurrenz bekam Dourakine lediglich durch die Version von Rika Zarai, die sich ebenfalls annähernd eine Million Mal verkaufte.

Ronnie Dove

geb. 7. 9. 1940 in Herndon, Virginia/ USA, voc

Ronnie begann seine musikalische Karriere, wie so viele andere auch, in einer Highschool-Band. Anfang der 60er Jahre machte er sich selbständig und versuchte sein Glück als Solist. 1964 bekam er einen Plattenvertrag. Seine erste Single *Say you* landete immerhin bereits auf Platz 40 der Hot 100 von USA. Von 1964 bis 1967 konnte sich Ronnie Dove mit schöner Regelmäßigkeit mit seinen country-artig angehauchten Pop-Songs in den Charts plazieren, ohne jedoch jemals den ganz großen Hit landen zu können. Dafür kamen seine Lieder aber auch immer wieder in die Country-Charts.

Jahr	*Titel*	*USA*	*UK*	*D*
1964	Right or wrong	14		
1965	One kiss for old times' sake	14		
1965	A little bit of heaven	16		
1966	When liking turns to loving	18		
1966	Let's start all over again	18		
1967	Cry	18		

The Dovells

→ Len Barry, geb. 12. 6. 1942, leadvoc
Jerry Summers, geb. 29. 12. 1942, voc
Mike Dennis, geb. 3. 6. 1943, voc
Arnie Satin, geb. 11. 5. 1943, voc
Danny Brooks, geb. 1. 4. 1942, voc
alle aus Philadelphia, Pennsylvania/ USA

Das Quintett lernte sich auf der Schule kennen und beschloß 1957, künftig zusammen zu singen. Sie schrieben auch ein paar Songs, einen davon, *No no no*, durften sie sogar aufnehmen, allerdings ohne durchschlagenden Erfolg. Dann trennten sie sich erst einmal, bis sie sich 1960 dann doch wieder zusammentaten und bei einer Plattenfirma vorsangen. Sie bekamen tatsächlich einen Vertrag und veröffentlichten im Sommer 1961 als erstes die Single *The Bristol stomp*, die prompt zu einem Millionenseller wurde. Bis 1963 waren die Dovells immer wieder in den Charts vertreten. Dann verließ Len Barry die Formation, um künftig auf Solopfaden zu wandeln, und die Gruppe löste sich schließlich auf.

Jahr	*Titel*	*USA*	*UK*	*D*
1961	The Bristol stomp	2		
1963	You can't sit down	3		

Joe Dowell

geb. 1940 in Bloomington, Illinois/USA, voc

Mit sieben Jahren bereits komponierte Joe am heimischen Klavier seine ersten Songs, später stieg er dann auf die Gitarre um. In der Highschool gehörte der musikalische Knabe natürlich dem Schulchor an, auf der Universität wählte er sich 1961 als Prüfungsthema »Radio und Fernsehen«. In diesem Jahr faßte Joe auch die Möglichkeit einer professionellen Karriere als Sänger ins Auge, fuhr nach Nashville und knüpfte dort erste Kontakte. Die zahlten sich im selben Jahr noch aus. Der Pattenchef Shelby Singleton rief ihn an und fragte ihn, ob er nicht Lust hätte, nach Nashville zu kommen und ein Lied aufzunehmen, das → Elvis Presley in dem Film *G.I. blues* sang und das bislang in Amerika als Single noch nicht auf dem Markt war. Es handelte sich dabei natürlich um *Wooden heart*, die Adaption des deutschen Volksliedes *Muß I denn zum Städele hinaus*. Joe lernte über Nacht von der Elvis-Aufnahme den deutschen Text auswendig, ging am nächsten Tag ins Studio – und hatte einen Nr.-1-Hit und Millionenseller, ein Erfolg, den er nicht mehr wiederholen konnte. Später ging er dann in die Werbung und nahm Werbespots fürs Radio auf. Mit seiner deutschen Frau lebt er seit einiger Zeit in Deutschland.

Jahr	*Titel*	*USA*	*UK*	*D*
1961	Wooden heart	1		
1963	Little red rented rowboat	23		

Dreamlovers

Tommy Ricks, voc
Cleveland Hammock, voc
Cliff Dunn, voc
Morris Garner, voc
Ray Dunn, voc
alle aus Philadelphia, Pennsylvania/USA

Das Quintett fing bereits 1956 auf der Highschool mit dem Singen an. Vier Jahre lang traten sie brav bei Talentwettbewerben, Benefizveranstaltungen und lokalen Veranstaltungen auf, dann lachte ihnen das große Glück. Sie wurden als Begleitchor für → Chubby Checkers Millionenseller *The twist* ausgewählt. Anschließend bekamen die Dreamlovers ebenfalls einen Plattenvertrag und hatten im Sommer 1961 ihren ersten und einzigen Hit.

Jahr	*Titel*	*USA*	*UK*	*D*
1961	When we get married	10		

The Drifters

Mitglieder von 1953 bis 1958:
→ Clyde McPhatter, leadvoc; ersetzt 1954 durch David Baughan; ersetzt 1955 durch Johnny Moore; ersetzt 1957 durch Bobby Hendricks
Gerhard Thrasher, tenor
Andrew Thrasher, baritone; ersetzt 1956 durch Charlie Hughes

Bill Pinckney, b; ersetzt 1956 durch Tommy Evans; ersetzt 1957 durch Bill Pinckney
Jimmy Oliver, g

Mitglieder von 1959 bis 1966:
Benjamin Nelson »Ben E. King«, leadvoc; ersetzt 1961 durch Rudy Lewis, geb. 23. 8. 1936, gest. 1963; ersetzt 1964 durch Johnny Moore
Charley Thomas, geb. 7. 4. 1937, tenor und leadvoc
Doc Green, geb. 8. 10. 1934, baritone
Elsberry Hobbs, geb. 17. 1. 1936, b
alle aus New York/USA

1953 verließ Clyde McPhatter seine Gruppe namens Dominoes, mit denen er Hits wie *Have mercy baby* oder *Sixty minute man* gehabt hatte. Er schloß sich einer Gospel-Gruppe namens The Civitones an. Schon bald fragte er die Brüder Thrasher und Bill Pinckney, ob sie nicht Lust hätten, mit ihm eine neue Gruppe aufzumachen. Die drei hatten, und so entstanden die Drifters. Diesen Namen gaben sich die Mitglieder, weil sie alle von anderen Gruppen in diese neue »gedriftet« waren. 1953 bekamen sie schon einen Plattenvertrag, und im selben Jahr hatten sie bereits mit dem Jesse-Stone-Song *Money honey* ihren ersten Hit. Im April 1954 mußte Clyde McPhatter zur Army, und für ihn kam David Baughan, der fast wie Clyde klang. Nach seiner Entlassung aus der Army schlug Clyde erfolgreich eine Solo-Karriere ein. 1955 wurde der Leadsänger abermals ausgetauscht, und als 1957 auch Johnny Moore zum Militär eingezogen wurde, kam für ihn Bobby Hendricks. Doch bereits ein Jahr später, 1958, lösten sich die Drifters auf, und auch Bobby wurde ein erfolgreicher Solist. Aber der Manager der Drifters wollte diese geldbringende Formation nicht so einfach sang- und klanglos in der Versenkung verschwinden lassen. Er sah sich nach einer anderen Vokalgruppe um, die man als Drifters verkaufen konnte, und fand sie im New Yorker »Apollo Theater« mit einer Band namens The Five Crowns, die bereits mit *Kiss and make up* schon recht erfolgreich gewesen war. Ab 1959 hieß das Quartett The Drifters und hatte bereits mit der ersten Single *There goes my baby* einen Hit. Geschrieben hatten das Lied → Ben E. King und der Manager George Treadwell. Es war übrigens der erste Rocksong, auf dem Geigen verwendet wurden. Bis Ende 1960 hatten die Drifters noch etliche Hits zu verzeichnen, dann entschloß sich Ben E. King als Solist weiterzumachen und hatte prompt mit dem Song *Spanish Harlem* sofort einen Bestseller. *Some kind of wonderful* war 1961 dann die erste Single, auf der der neue Leadsänger Rudy Lewis zu hören war. Bis 1963 sang Rudy auf allen Drifters-Songs die Leadvocals, ausgenommen auf *Sweets for my sweet* und *When my little girl is smiling*, bei denen Charley Thomas als Leadsänger fungierte. *Under the boardwalk* war dann 1964 der erste Hit, auf dem Johnny Moore von den Original Drifters als Leadsänger zu hören war. In Amerika waren die Drifters bis 1965 erfolgreich, in England konnten sie ihre Platten bis 1979 in den UK-Charts plazieren, auch wenn es teilweise nur Wiederveröffentlichungen waren. Zu dieser Zeit gab es eine ganze Menge Gruppen namens The Drifters: zum einen die Drifters mit Johnny Moore als Leadsänger, dann eine Gruppe namens Drifters, die aus Charley Thomas, Al Banks und den Original-Mitgliedern Doc Green und Elsberry Hobbs bestand; und auch Original-Drifter Bill Pinckney hatte eine

Band, die er The Bill Pinckney Drifters nannte.

Jahr	*Titel*	*USA*	*UK*	*D*
1959	There goes my baby	2		
1959	Dance with me	15	17	
1960	This magic moment	16		
1960	Save the last dance for me	1	2	14
1960	I count my tears	17	28	
1961	Please stay	14		
1961	Sweets for my sweet	16		
1962	When my little girl is smiling	28	31	
1962	Up on the roof	5		
1963	On Broadway	9		
1963	I'll take you home	25	37	
1964	Under the boardwalk	4	45	
1964	Saturday night at the movies	18		
1972	At the club/Saturday night at the movies		3	
1972	Come on over to my place		9	
1973	Like sister and brother		7	
1974	Kissin' in the back row of the movies		2	13
1974	Down on the beach tonight		7	
1975	There goes my first love		3	39
1975	Can I take you home little girl		10	
1976	Hello happiness		12	
1976	You're more than a number in my little red book		5	

Julie Driscoll (Tippett)

geb. 8. 6. 1947 in London/England, voc

Die exzentrische Sängerin war die Tochter eines arbeitslosen Jazztrompeters. Bereits mit 15 Jahren mußte das Mädchen, natürlich auf älter getrimmt, als Schnulzen-Sängerin Geld verdienen. Später wurde sie dann Sekretärin und Leiterin des → Yardbirds-Fan-Clubs. 1964 beschloß sie, hauptberuflich Sängerin zu werden, und schloß sich → John Baldry, Rod Stewart und → Brian Auger bei der Gruppe Steampacket an. Als sich Steampacket auflöste, blieb sie bei Auger und war die Sängerin seiner Trinity. Mit fahlweiß geschminktem Gesicht, dickem schwarzen Augen-Make-up, punkigen Haaren und verspielten Rüschenkleidern wurde sie 1968 zum Mode-Idol einer ganzen Generation. Die Mode-Zeitschriften *Elle* und *Vogue* wählten das dünne Geschöpf, das mit seiner schrillen, nervösen souligen Stimme jedem Song einen eigenwilligen Touch gab, zum »Typ 1968«. Mit dem → Bob-Dylan-Song *This wheel's on fire* hatte sie mit Brian Auger und seiner Trinity 1968 einen Hit. Im selben Jahr ließ Jools, wie sie mit Spitznamen hieß, Auger bei einer Amerika-Tournee sitzen und flog nach England zurück. Dort versuchte sie sich als Schaupielerin, gab das aber auch bald wieder auf und heiratete schließlich 1970 den Jazz-Pianisten Keith Tippett. Bis 1976 hörte man dann nur noch von ihr, wenn sie ab und zu mit der Jazz-Rock-Formation Centipede, der Band ihres Ehemannes, auftrat. 1976 versuchte sie unter dem Namen Julie Tippett mit dem Album *Sunset glow* ein

Comeback. Es blieb bei diesem Versuch.

Dr. John

Malcolm John »Mac« Rebennack, geb. 20. 11. 1941 in New Orleans, Louisiana/ USA, voc, p, g, dr

Dr. John gehört zu den schillerndsten Figuren der amerikanischen Pop- und Rockmusik. Macs Mutter war ein professionelles Model, und so war Klein-Mac schon als zartes Baby auf diversen Seifen-Anzeigen zu sehen; sein Vater hatte einen Plattenladen. So lernte er bereits als Teenager ortsansässige Superstars wie Professor Longhair und Huey Piano Smith kennen und freundete sich mit ihnen an. 1956 gehörte er schon zu den Begleitbands von Stars wie Professor Longhair, Frankie Ford und → Joe Tex. Ende der 50er Jahre versuchte sich Mac dann als Produzent und Session-Musiker. Damals lernte er auch den Voodoo-Star Prinz Lala kennen, dessen malerisches Voodoo-Outfit er später für seine Dr.-John-Präsentationen benutzte. Mitte der 60er Jahre verdiente sich Mac dann sein Brot in Los Angeles als Gitarrist für Stars wie → Sam Cooke und → Sonny & Cher und die Künstler, die → Phil Spector unter Vertrag hatte. Inzwischen ließ ihn der Voodoo-Kult nicht mehr los, und Mac Rebennack verwandelte sich in Dr. John The Night Tripper. Sein »Night Tripper« sollte angeblich die Antwort auf den *Day tripper* der → Beatles sein. 1968 brachte Dr. John sein erstes Album *Gris gris* heraus, das, genauso wie die zweite LP *Babylon* 1969, eine eigenwillige und hochinteressante Mischung aus kreolischen Gesängen und Musikrichtungen seiner Heimatstadt New Orleans mit psychedelischen Anklängen enthielt. Bald wurde der merkwürdige Künstler, der stets in seltsamer Kostümierung mit Federhüten aufzutreten pflegte, umgeben von Tänzerinnen und Musikern in Karnevals-Kostümen, zu einer Kult-Figur. Auf seinem 71er Album *Sun, moon and herbs* spielten bereits Größen wie Mick Jagger und → Eric Clapton mit. Mit der 73er LP *In the right place* fing Dr. John an, auf konventionelleren Rock-Pfaden zu wandeln, belohnt wurde er dafür mit dem Single-Hit *Right place, wrong time*. 1973 tat er sich mit John Hammond und Mike Bloomfield zu der Formation Triumvirate zusammen und spielte das gleichnamige Album ein.

Jahr	*Titel*	*USA*	*UK*	*D*
1973	Right place, wrong time	9		

The Dubliners

Ronnie Drew, voc, g
Barney McKenna, bj, mandoline
Ciaron Bourke, voc, g, fl
Luke Kelly, g, bj, voc
John Sheahan, g, mandoline, fl, voc
alle geb. in Irland

Die fünf Dubliners wirken mit ihren Rauschebärten und der »einfachen« Kleidung eigentlich eher wie Holzfäller aus dem finsteren Wald. Und doch sind sie seit 1962 DIE Folklore-Truppe von der grünen irischen Insel. Begonnen hat-

The Dubliners Foto: Archiv

te alles 1962 im inzwischen berühmten Dubliner »Paddy O'Donoghue's Pub«. Auf der Flucht vor einem Regenguß lernten sich dort Drew, McKenna und Bourke kennen und gründeten die Dubliners, damals noch ein Trio, zu dem kurz darauf Sheahan und »Hair Kelly« mit seiner roten Lockenpracht stießen. Sheahon ist übrigens der einzige »studierte« Musiker der fünf, er besuchte das Konservatorium. Bis 1967 erspielten sich die fünf mit ihren irischen Volksliedern einen guten Namen, und 1967 glückte dem Quintett sogar der Sprung in die Charts. Das grobe Sauflied *Seven drunken nights* machte die Dubliners weit über die irischen Grenzen hinaus populär. Bis 1974 tourte die Formation in der Original-Besetzung um die Welt und machte irische Folklore auch in Asien bekannt. 1974 ging Ronnie Drew, um sein Glück als Solist zu versuchen. Ebenfalls 1974 erlitt Ciaron Bourke auf der Bühne einen Gehirnschlag und ist seither fast ganz gelähmt. Als neues Mitglied kam der Gitarrist und Sänger JIM McCANN dazu. Auch in dieser neuen Besetzung spielten die Dubliners immer wieder sehr erfolgreich vor ausverkauften Häusern. Als Drew Ende der 70er Jahre einsah, daß seine Solokarriere nicht so recht in Schwung kam, kehrte er reumütig zu den Dubliners zurück. Und so gehören die inzwischen etwas angegrauten Folkies auch heute noch in fast originaler Besetzung zu den großen Konzert-Attraktionen.

Jahr	*Titel*	*USA*	*UK*	*D*
1967	Seven drunken nights		7	
1967	Black velvet band		15	
1967	Never wed an old man		43	

Patty Duke

ANNA MARIA PATRICIA DUKE ASTIN, geb. 14. 12. 1947 in New York City/USA, voc

Die Dame mit dem langen Namen ging als die jüngste Schauspielerin, die jemals einen Oscar bekam, in die Geschichte des Films ein. Patty Duke erhielt ihn 1962 als beste Nebendarstellerin für ihre Rolle als junge HELEN KELLER in dem Streifen *The miracle worker* (*Licht im Dunkel*). Regie führte ARTHUR PENN, ANNE BANCROFT bekam den Oscar als beste Hauptdarstellerin. Anschließend machte Patty weiter Karriere mit diversen Film- und Fernsehrollen und hatte auch bald eine eigene Show, die *Patty Duke Show*. Mitte der 60er Jahre versuchte sich Miß Duke auch als Sängerin, allerdings mit keinem durchschlagenden Erfolg.

Jahr	*Titel*	*USA*	*UK*	*D*
1965	Don't just stand there	7		
1965	Say something funny	22		

The Duprees

Joe Vann (Canzano), geb. 3. 4. 1943, leadvoc, gest. 28. 2. 1984; ersetzt 1964 durch Mike Kelly, geb. 19. 4. 1943
Joe Santollo, geb. 23. 7. 1943, erster Tenor, gest. 3. 6. 1981
John Salvato, geb. 9. 7. 1940, zweiter Tenor
Mike Arnone, geb. 19. 9. 1943, baritone
Tom Bialaglow, geb. 5. 11. 1940, bass
alle aus Jersey City, New Jersey/USA

Das Quintett tat sich Anfang der 60er Jahre zusammen. Sie nannten sich zunächst The Parisians. Nach ersten Auftritten in kleinen Clubs wagten sie im Frühjahr 1962 den Sprung nach New York. Sie nahmen an einem Vorsingen teil und bekamen einen Plattenvertrag. Doch der Plattenfirma gefiel der Name nicht. Da erinnerten sich die fünf an einen Sänger namens Dupree, und da das auch fast so französisch wie The Parisians klang, entschlossen sie sich, sich künftig The Duprees zu nennen. Als erstes nahmen sie den Song *You belong to me* auf, der bereits zehn Jahre vorher ein Hit für die Sängerin Jo Stafford gewesen war. Auch in der Version der Duprees wurde er ein Bestseller. Ihr zweiter Hit war *My own true love (Tara's Theme)* aus dem internationalen Kinokassen-Knüller *Vom Winde verweht.* Bis 1964 war die Formation regelmäßig in den US-Charts vertreten. Dann verließ der Leadsänger die Gruppe, und mit Mike Kelly stellten sich die alten Erfolge nicht mehr ein. Joe Santollo starb am 3. 6. 1981 in Jersey City an einem Herzinfarkt. Am 28. Februar 1984 starb auch Joe Vann, der ehemalige Leadsänger, im Alter von nur 40 Jahren.

Jahr	*Titel*	*USA*	*UK*	*D*
1962	You belong to me	7		
1962	My own true love	13		
1963	Have you heard	18		

Jacques Dutronc

geb. 28. 4. 1943 in Frankreich, voc, g

Der dunkelblonde Sänger mit dem schmalen, aristokratischen Gesicht besuchte 1959 nach der Mittleren Reife die französische Akademie für Kunst und angewandte Kunst. 1962 war Zou-Zou, wie er von seinen Freunden genannt wurde, bereits ein recht erfolgreicher Gitarrist, aber davon leben konnte er noch nicht. Deshalb arbeitete er bis 1964 hauptberuflich als Gebrauchsgraphiker und Plattencover-Gestalter. 1964 konnte Jacques den ersten kleinen Erfolg mit seiner Eigenkomposition *Le temps de l'amour* verbuchen. Daraufhin bekam er einen Job als Plattenproduzent. Den richtigen Durchbruch als Interpret hatte Dutronc dann 1966/67 mit seinem *Et moi, et moi, et moi*. In Frankreich gehört Dutronc heute noch zu den Stars des Chansons.

Jahr	*Titel*	*USA*	*UK*	*D*
1967	Et moi, et moi, et moi			24
1967	Les playboys			30

Bob Dylan

ROBERT ALLEN ZIMMERMAN, geb. 24. 5. 1941 in Duluth, Minnesota/USA; voc, g

Bob Dylan Foto: CBS

Bob Dylan hat zur Entwicklung der Rock-Musik in den 60er Jahren mit seinen Songs mindestens ebensoviel beigetragen wie die → BEATLES. Mit seinen aggressiven, aber auch einfühlsamen Texten weckte er in den jungen Leuten der 60er Jahre ein Bewußtsein für politische und soziale Mißstände und für Selbstkritik. Dylan fing im Alter von zwölf Jahren mit dem Gitarrespielen an, gründete anschließend diverse Bands, versuchte sich auch schon mal auf der Universität von Minnesota als Student und tauchte schließlich 1961 als Alleinunterhalter im New Yorker Künstlerviertel Greenwich Village auf. Mit seiner näselnden Stimme, seinem gedehnten Sing-Sang und den nicht alltäglichen Liedern stach er aus der Masse heraus und erhielt 1962 einen Plattenvertrag. Zu diesem Zeitpunkt legte er sich auch den Künstlernamen Bob Dylan zu, aus Verehrung für den an Trunksucht gestorbenen walisischen Lyriker DYLAN THOMAS. Sein erstes Album *Bob Dylan* war eine eigentümliche Mischung aus traditionellen Folk-Titeln und Eigenkompositionen und verkaufte sich für einen Newcomer recht gut. Am 12. April 1963 trat der schmale junge Mann mit den finster-sensiblen Gesicht und den verrückten Klamotten in New York auf – und bekam derart enthusiastische Kritiken, daß er danach ein Star war. 1963 erschien auch das nächste Album *Freewheelin' Bob Dylan*, das bereits etliche der Lieder enthielt, die später die ständigen Songs der Bürgerrechtsbewegung werden sollten. Von diesem Album stammten auch die Songs *Blowin' in the wind* und *Don't think twice, it's alright*, die in der Version von → PETER, PAUL & MARY Bestseller wurden. Ebenfalls 1963 profilierte sich Bob Dylan neben → JOAN BAEZ beim Monterey Folk Festival als führende Figur der Folkbewegung. 1965 stieß der widersprüchliche Künstler seine puristischen

Fans vor den Kopf, als er für sein Album *Bringing it all back home* elektrische Instrumente verwendete. Und er setzte dem Ganzen noch die Krone auf, indem er beim Newport Festival auf einer elektrischen Gitarre spielte. Für die echten Folkies war das ein Sakrileg. Zu diesem Zeitpunkt hatten die → Byrds mit den Dylan-Songs *Mr. tambourine man* und *All I really want to do* Millionenseller. Bei dem nächsten Album *Highway 61 revisited* stellte Dylan erstmals seine Begleitgruppe namens → The Band vor. Von 1966 bis 1968 hörte man dann plötzlich nichts mehr vom Superstar Dylan. Angeblich hatte er einen schweren Motorrad-Unfall gehabt, von dem er sich lange nicht erholte. Später erfuhr man, daß er im Keller seines Hauses in Woodstock mit The Band fleißig gewesen war und die sogenannten *Basement tapes* aufgenommen hatte, die allerdings erst 1975 veröffentlicht wurden. Diese *Tapes* enthielten auch die Originalversionen von *The mighty quinn*, das 1968 für → Manfred Mann ein Nr.-1-Hit war, und von *This wheel's on fire*, das im gleichen Jahr in der Version von → Julie Driscoll, Brian Auger & The Trinity bekannt wurde. Offiziell erschien 1968 die Dylan-LP *John Wesley Hardin*, die den Song *All along the watchtower* enthielt, mit dem → Jimi Hendrix einen Bestseller hatte. Seitdem veröffentlicht Bob Dylan mit schöner Regelmäßigkeit LPs, die allerdings an die Qualität der Alben der 60er Jahre nur noch sehr selten, wenn überhaupt, heranreichen. Dafür machte Bob Dylan in den 70er Jahren auf andere Weise immer wieder von sich reden. So hatte Olivia Newton-John 1971 einen Hit mit seinem *If not for you*, so drehte er 1972 mit *Pat Garrett and Billy The Kid* seinen ersten Spielfilm, in dem er neben Stars wie James Coburn und Kris Kristofferson auftrat; so unternahm er 1974 mit The Band eine spektakuläre Tournee, bei der für die vorhandenen 658 000 Plätze über fünf Millionen Bestellungen eingingen; so trat er, mit Erfolg, in dem Streifen *The last waltz* auf und drehte 1979, ohne Erfolg, den Vier-Stunden-Langweiler *Renaldo & Clara*. Dann trat der Jude Dylan zum Christentum über und fabrizierte zur Demonstration dieses Schritts eine Zeitlang eine wilde Mischung aus Folk, Rock, Gospel und Blues. Ende der 80er Jahre wagte sich der Folk-Dinosaurier auch wieder auf große Tourneen, aber die Auftritte des aufgeschwemmten Künstlers wirkten lustlos und unkonzentriert.

Jahr	*Titel*	*USA*	*UK*	*D*
1965	The times they are a-changin'		9	
1965	Subterranean homesick blues	39	9	
1965	Maggie's farm		22	
1965	Like a rolling stone	2	4	13
1965	Positively 4th street	7	8	
1966	Can you please crawl out your window		17	
1966	Rainy day women 12 & 35	2	7	
1966	I want you	20	16	
1966	Just like a woman	33		
1969	Lay lady lay	7	5	
1971	Watching the river flow		24	
1973	Knockin' on heaven's door	12	14	50
1975	Tangled up in blue	31		
1976	Hurricane	33	43	37
1978	Baby stop crying		13	
1979	Gotta serve somebody	24		

E

The Earls

Larry Figueiredo »Larry Chance«, geb. 19. 10. 1940 in Philadelphia, Pennsylvania/USA, leadvoc
Robert Del Din, geb. 1942 in der Bronx, New York/USA, erster Tenor
Eddie Harder, geb. 1942 in der Bronx, New York/USA, zweiter Tenor
Larry Palumbo, geb. 1941 in der Bronx, New York/USA, Bariton gest. 1959
John Wray, geb. 1939 in der Bronx, New York/USA, Bass

Larry Chance zog mit seiner Familie Ende der 50er nach New York in die Bronx. Er sang des öfteren erfolgreich bei kleineren Veranstaltungen und beschloß daraufhin, eine Band zu gründen. Den Namen The Earls suchte sich Larry aus dem Wörterbuch heraus. Die Earls feilten einige Jahre an ihrem Stil. 1959 traf sie ein schwerer Schlag. Larry Palumbo verunglückte tödlich, als sich bei einem Absprung sein Fallschirm nicht öffnete. 1960 beschlossen die Earls, auf eigene Kosten ein Lied aufzunehmen, das sechs Jahre vorher, 1954, für die Harptones ein Hit gewesen war: *Life is but a dream*. Sie engagierten zwei Musiker, mieteten für 55 Dollar ein Studio und nahmen den Song auf. 1961 konnten sie die Aufnahme an eine Plattenfirma verkaufen und hatten damit kurze Zeit später ihren ersten Hit. Ihr größter Erfolg war dann 1963 *Remember then*. Dieser Song ist auch ein typisches Beispiel für das »Markenzeichen« der Earls: nämlich das teilweise ständige Wiederholen von Worten ohne Sinn, was sich manchmal fast wie das Gebrabbele von Babys anhört. Bis 1970 machten die Earls Platten, ab Mitte der 60er Jahre allerdings ohne größere Erfolge. Larry Chance lebt heute in Long Island und tritt zusammen mit Bob Tribuzzio und T.J. »Butch« Barbella unter dem Namen The Earls auf. Zusätzlich machte er auch eine Rundfunk-Karriere, nämlich als fiktiver Intendant Geraldo Santana Banana von NBC New York.

Jahr	*Titel*	*USA*	*UK*	*D*
1963	Remember then	24		

The Easybeats

»Little Stevie« Wright, geb. 20. 12. 1948 in Leeds/England, leadvoc
Johannes Vandenberg »Harry Vanda«, geb. 22. 3. 1947 in Den Haag/Holland, g, voc
George Young, geb. 6. 11. 1947 in Glasgow/Schottland, g, voc
Richard Diamonde, geb. 28. 12. 1947 in Hilversum/Holland, b, voc
Gordon »Snowy« Fleet, geb. 16. 8. 1945 in Bootle/England, dr, voc, ersetzt 1968 durch Tony Cahill

Obwohl sämtliche Bandmitglieder in Europa bzw. England geboren wurden, trafen sie sich in Australien. Dorthin waren ihre Familien ausgewandert. Das

Quintett lernte sich 1964 in einer Jugendherberge in der Nähe von Sydney kennen. Ein Jahr lang spielte es in kleinen Clubs zusammen, dann bekamen die Easybeats einen Plattenvertrag. Im März 1965 erschien ihre erste Single *For my woman*, die nur ein Achtungserfolg wurde. Die zweite Single *She's so fine* wurde bereits ein Nr.-1-Hit in dem Land »down under«, und bis Juli 1966 waren vier ihrer sechs Singles an die Spitze der australischen Hitparaden geschossen. Die Easybeats waren Stars. Dann beschlossen die fünf, auch den Rest der Welt zu erobern. Sie flogen nach London und produzierten dort *Friday on my mind*, einen Song, der, wie praktisch alle anderen auch, aus der Feder des Komponisten/Texter-Teams Vanda/Young stammte. Das Lied wurde ein weltweiter Hit und Millionenseller. Doch dann wurden die Songs der Easybeats immer anspruchsvoller und versponnener, die Teenager-Fans konnten damit nichts mehr anfangen, das Ende der Easybeats nahte. Zwar spielten andere Formationen wie → Los Bravos, die → Lemon Pipers, die → Buckinghams oder die → Music Explosion gerne die Vanda/Young-Songs nach, aber die Originale von den Easybeats selbst wollte bald niemand mehr hören. 1970 löste sich die Formation auf. Vanda und Young gründeten eine Produktionsfirma. Einer ihrer ersten Kunden war die Hard-Rock-Formation AC/DC, denn Angus und Malcolm Young, die beiden jüngeren Brüder von George Young, waren bei der 1974 gegründeten Band die Gruppenoberhäupter. Schon bald gehörten auch andere Stars wie → David Bowie und Rod Stewart zu den Kunden von Vanda und Young. Daneben versuchten sich die beiden immer wieder unter wechselnden Namen als Interpreten. Erfolgreichstes Projekt war dabei die Ende der 70er Jahre gegründete Formation Flash And The Pan, bei der der ehemalige Easybeats-Sänger Steve Wright der Leadsänger war. Mit Vanda/Young-Songs wie *Down among the dead men*, *Waiting for a train* und *Midnight man* waren Flash And The Pan in den internationalen Charts zu finden.

Jahr	*Titel*	*USA*	*UK*	*D*
1967	Friday on my mind	16	6	10
1968	Hello how are you		20	
1969	St. Louis	100		

The Echoes

Tommy Duffy, geb. 1. 2. 1944, leadvoc
Harry Boyle, geb. 1948
Tom Morrissey, geb. 1943
alle aus Brooklyn, New York/USA

Anfang 1960 genossen die Echoes in Brooklyn eine gewisse Popularität. Als der Musiklehrer Sam Guilino Ende 1960 zusammen mit einem Freund das Lied *Baby blue* schrieb, gab er es den Echoes. Er sorgte auch dafür, daß das Trio einen Plattenvertrag bekam, und Anfang 1961 wurde *Baby blue* der erste und einzige Hit für die Echoes.

Jahr	*Titel*	*USA*	*UK*	*D*
1961	Baby blue	12		
1961	Sad eyes (don't you cry)	88		

Duane Eddy

geb. 26. 4. 1938 in Corning, New York/USA, g

Duane Eddy ist als Erfinder des sogenannten »Twangy Guitar Sound« in die Geschichte der Rock-Musik eingegangen. Dieser »Twangy Sound« kam dadurch zustande, daß Eddy die Melodie seiner Titel auf den Baß-Saiten, also mit den tiefen Tönen, spielte. Bereits mit fünf Jahren fing er mit dem Gitarrespielen an, als er dreizehn war, zog seine Familie nach Phoenix/Arizona um. Er besuchte dort die Coolridge Highschool, die er mit 16 Jahren verließ. Er verdiente sich sein Geld, indem er bei lokalen Veranstaltungen zum Tanz aufspielte, bis er dann 1955 den Bandleader Al Casey traf. Künftig gehörte Duane zu Als Band und fing an, bei dem bekannten Jazzgitarristen Jimmy Wybele Unterricht zu nehmen. Zu dieser Zeit entwikkelte Duane auch seinen speziellen Gitarrensound. 1957 lernte er den Discjokkey → Lee Hazlewood kennen, der anschließend nicht nur Duanes Produzent, sondern auch sein hauptsächlicher Songschreiber wurde. (Ende der 60er Jahre machte Mr. Hazlewood mit der tiefen Stimme seinerseits Karriere, zum einen als Sänger – mit → Nancy Sinatra sang er so erfolgreiche Songs wie *Summer wine* oder *Jackson* – und auch weiterhin als Produzent und Songschreiber.) 1958 fühlte sich Duane Eddy gut genug, um eine eigene Band auf die Beine zu stellen und seine erste Platte aufnehmen zu können. Die Band nannte er The Rebels, sie bestand aus Al Casey (dr), Larry Knecktall (p) und Steve Douglas (sax); seine erste Single hatte als A-Seite *Rebel rouser*, das von ihm und Hazlewood geschrieben worden war, die B-Seite war *Movin' 'n groovin*, und diese beiden Lieder bescherten ihm nicht nur einen Plattenvertrag, sondern auch seinen ersten Hit und weltweiten Millionenseller. Von 1958 bis 1963 riß die Liste seiner Erfolge kaum ab. Er wurde der weltweit erfolgreichste Verkäufer von instrumentaler Rockmusik. Natürlich wurde der gutaussehende junge Mann auch für den Film entdeckt. Sein Debüt als Schauspieler gab er 1960 in dem Streifen *Because they're young*, für den er natürlich auch den Titelsong spielte, dann folgten Filme wie *A thunder of drums* und *The wild westerner*. 1962 gab er dann in Amerika auch sein Debüt als TV-Serien-Star. Die Serie hieß *Have gun – will travel*, und Eddy spielte die Themamelodie, die *The ballad of the paladin* hieß. 1975 tauchte Duane Eddy dann in England plötzlich wieder in den Charts auf. Mit dem Song *Play me like you play your guitar*, den er mit den Rebelettes aufgenommen hatte, kam er unter die Top 10. Und das wiederum brachte die Produktionsgemeinschaft Art Of Noise dazu, 1986 mit ihm seinen Millionenseller *Peter Gunn* neu zu produzieren. Mit dem Original war Duane Eddy 1959 in den Charts gewesen, mit dieser ebenfalls höchst erfolgreichen neuen Version kam er in England auf Rang 8.

Jahr	*Titel*	*USA*	*UK*	*D*
1958	Rebel rouser	6	19	
1958	Cannonball	15	22	
1959	Peter Gunn theme		6	
1959	»Yep!«	30	17	
1959	Forty miles of bad road	9	11	
1959	Some kind-a earthquake	37	12	

Jahr	*Titel*	*USA*	*UK*	*D*
1960	Bonnie came back	26	12	
1960	Shazam!		4	
1960	Because they're young	4	2	
1960	Peter Gunn theme	27		
1960	Commotion		13	
1961	Pepe	18	2	26
1961	Theme from Dixie	39	7	
1961	Ring of fire		17	
1962	Deep in the heart of Texas		19	
1962	The ballad of the paladin	33	10	
1962	(Dance with the) Guitar man	12	4	
1963	Boss guitar	28	27	
1975	Play me like you play your guitar		9	

Edison Lighthouse

TONY BURROWS, geb. 14. 4. 1942 in Exeter/England, leadvoc
DAVID TAYLOR, geb. 7. 10. 1950 in High Wycombe/England, g
RAY DOREY, geb. 22. 2. 1949 in Windsor/England, b
STUART EDWARDS, geb. 9. 6. 1946 in Maidenhead/England, g
GEORGE WEYMAN, geb. 18. 5. 1949 in Herne Bay/England, dr

Begonnen hatte die Band unter dem Namen GREENFIELD HAMMER, bis sie Ende 1969 vom Songwriter und Produzenten TONY MACAULEY unter 30 anderen Gruppen als die richtige Begleitband für den Leadsänger Tony Burrows ausgewählt wurde. Burrows' Stimme war ein Hit-Garant. Der frühere Verkäufer war sieben Jahre lang mit verschiedenen Gruppen wie THE FLOWER POT MEN, THE IVY LEAGUE und THE KESTRELS durch die Lande getourt, dann betätigte er sich als gesuchter Session-Sänger. Fast gleichzeitig mit Edison Lighthouse »lieh« Tony Burrows seine Stimme auch anderen Hitformationen wie THE BROTHERHOOD OF MAN, THE PIPKINS und THE WHITE PLAINS, wobei bei den Pipkins und den White Plains die Besetzung fast identisch war mit Edison Lighthouse. Edison Lighthouse hatte nur einen ganz großen Hit, der sich weltweit allerdings millionenfach verkaufte.

Jahr	*Titel*	*USA*	*UK*	*D*
1970	Love grows (where my Rosemary goes)	5	1	8
1971	It's up to you Petula	72	41	

The Edsels

GEORGE JONES JR., geb. 5. 10. 1936, leadvoc
LARRY GREEN, geb. 1937
HARRY GREEN, geb. 1936
JAMES REYNOLDS, geb. 1937
MARSHALL SEWELL, geb. 1936, bass
alle aus Youngstown, Ohio/USA

Die Edsels und ihr einziger Hit *Rama lama ding dong* sind das beste Beispiel für das alte Sprichwort »Was lange währt, wird endlich gut«. Anfang 1958 war das farbige Vokalquintett in der Gegend von Youngstown sehr bekannt und beliebt. Und zwar so beliebt, daß sich der Musikverleger Jim Maderitz aufmachte und die stimmgewaltige Truppe in der Abhörkammer eines Schallplattenladens vorsingen ließ. Er war begeistert von der A-Capella-Version des Liedes *Rama lama ding dong*, das Gruppenleader George Jones jr. geschrieben hatte. Er nahm den Song mit den Edsels auf und versuchte die Aufnahme an eine Plattenfirma zu verkaufen – zunächst ohne Erfolg. Maderitz verzweifelte schon, als er den Song dann schließlich doch noch bei einer kleinen neuen Firma unterbrachte. Im Sommer 1958 wurde das Lied veröffentlicht, allerdings unter falschem Namen, statt *Rama lama ding dong* stand *Lama rama ding dong* auf dem Etikett. Nach etlichen Anlaufschwierigkeiten wurde das Lied dann in Baltimore ein lokaler Hit. Doch das war's – und die Edsels, die sich übrigens nach dem berühmten Auto benannt hatten, lösten sich kurz danach enttäuscht auf. Dann geschah nichts mehr, bis 1961 die Marcels einen Nr.-1-Hit hatten mit ihrem *Blue moon*, der diese hinlänglich bekannte Einleitung mit der Baß-Stimme hat. Einem Discjockey in New York fiel ein, daß es schon einmal eine Platte mit einer derartigen Einleitung gegeben hatte. Er kramte in seinen Platten, fand die Edsels und fing an, sie zu spielen – und diesmal war der Erfolg überwältigend. Jim Maderitz konnte diesmal einen guten Deal abschließen, die Single wurde wiederveröffentlicht, und innerhalb kürzester Zeit waren die nicht mehr existierenden Edsels mit dem inzwischen korrekt geschriebenen *Rama lama ding dong* weit oben in den Charts. George Jones jr. singt heute mit einer Gruppe namens The New Affair, die anderen vier Mitglieder üben aber bürgerliche Berufe aus.

Jahr	*Titel*	*USA*	*UK*	*D*
1961	Rama lama ding dong	21		

Bobby Edwards

Robert Moncrief, geb. in Anniston, Alabama/USA, voc

Ender der 50er Jahre betätigte sich Bobby Edwards im amerikanischen Süden mit seiner Band The Four Young Men als Sänger. 1961 schrieben sie zusammen ein Lied namens *You're the reason*. Sie konnten es an eine Plattenfirma in Los Angeles verkaufen, Bobby nahm es unter seinem Namen auf – und hatte damit noch im selben Jahr seinen ersten und einzigen Hit.

Jahr	*Titel*	*USA*	*UK*	*D*
1961	You're the reason	11		
1962	What's the reason	71		

Tommy Edwards

geb. 17. 2. 1922 in Richmond, Virginia/USA, voc, gest. 22. 10. 1969 in Henrico County, Virginia/USA

Der attraktive farbige Sänger mit dem Menjou-Bärtchen stieg schon im zarten Alter von neun Jahren ins Showbusiness ein. Anfang der 40er Jahre hatte er dann in Richmond eine eigene Radio-Show, in der er sang und Klavier spielte. 1946 machte er als Komponist von sich reden, als er den Titel *That chick's too young to fry* schrieb, der ein Hit für LOUIS JORDAN wurde. 1950 ging Tommy Edwards nach New York und bekam einen Job als Sänger für Demoplatten. 1951 ließ er sich den Song *All over again* einfallen und bekam daraufhin einen Vertrag bei einer Plattenfirma. Als erstes nahm er dort das Lied *The morning side of the mountain* auf, das sich sehr gut verkaufte. 1951 ging er dann ins Studio, um das softige *It's all in the game* aufzunehmen. Die Melodie war bereits 1912 von GENERAL CHARLES GATES DAWES geschrieben worden, einem Bankier und Amateurmusiker aus Chicago, der außerdem von 1925 bis 1929 noch Vizepräsident der Vereinigten Staaten war. Er hatte es für sein Lieblingsinstrument, die Flöte, geschrieben und *Melody in a major* (*Melodie in A-Dur*) genannt. 1951 schrieb CARL SIGMAN den englischen Text dafür, und künftig hieß die Melodie *It's all in the game*. Mehrere Aufnahmen davon entstanden 1951, nicht nur Tommy Edwards, sondern auch DINAH SHORE, SAMMY KAYE und CARMEN CAVALLARO nahmen das eingängige Lied auf. Keiner dieser Versionen wurde ein großer Hit. Erst 1958 erinnerte sich Edwards wieder an diesen Song, nahm ihn noch einmal mit einem etwas rockigen Arrangement auf – und hatte einen sechswöchigen Nr.-1-Hit und Millionenseller damit. Daraufhin wurden auch andere alte Titel von ihm, wie *Please Mr. Sun* aus dem Jahr 1952 oder *Morning side of the mountain* aus dem Jahr 1951, abermals Hits. Bis 1960 war Tommy Edwards in den US-Charts zu finden. Am 22. Oktober 1969 starb der Sänger mit der warmen weichen Stimme im Alter von nur 47 Jahren.

Jahr	*Titel*	*USA*	*UK*	*D*
1958	It's all in the game	1	1	
1958	Love is all we need	15		
1959	Please Mr. Sun	11		
1959	My melancholy baby	26	29	
1960	I really don't want to know	18		

Electric Flag

MIKE BLOOMFIELD, geb. 28. 7. 1943 in USA, g, gest. 15. 2. 1981
NICK GRAVENITES, voc
BUDDY MILES, geb. 5. 9. 1946 in USA, dr
BARRY GOLDBERG, org
HARVEY BROOKS, b
PETER STRAZZA, tenor sax
MARCUS DOUBLEDAY, tp
HERBIE RICH, g

Als Mike Bloomfield nach seinem Weggang von der BUTTERFIELD BLUES BAND 1967 diese Formation gründete, waren die Mitglieder allesamt schon »alte Hasen« im Geschäft. Goldberg hatte bei STEVE MILLER gespielt, Buddy Miles hatte sich bei Sessions mit → OTIS REDDING und → WILSON PICKETT einen Namen gemacht, und Marcus Doubleday war schon bei Aufnahmen mit → BOB DYLAN, den → DOORS und → AL KOOPER dabei gewesen. Die Big Band mit den hervorragenden Musikern gab beim Monterey Festival 1967 ihr umjubeltes Debüt. Besonders gut kam der Bläsersatz an, mit dem sich Electric Flag als zukunftsweisend erwies und Gruppen wie → BLOOD, SWEAT & TEARS beeinflußte. In den nächsten 18 Monaten nahm die Formation die Alben *A long time comin'*, 1968, und *An american music,* 1969, auf und schrieb den Soundtrack für den Peter Fonda/Roger Corman-Film *The trip*; dann löste sie sich auf. Die Mitglieder waren mit dem permanenten Streß nicht zurechtgekommen. Danach gingen die Mitglieder größtenteils wieder getrennte Wege: Buddy Miles gründete seinen Buddy Miles Express; Harry Brooks stieg bei den Fabulous Rhinestones ein; Barry Goldberg versuchte sich als Solist und schrieb für → Gladys Knight & The Pips den Nr.-1-Hit *I've got to use my imagination*, Nick Gravenites beschäftigte sich zunächst mit mehreren Soundtracks, wie z. B. *Steelyard blues*, arbeitete anschließend mit → Big Brother & The Holding Company und versuchte sich später ebenfalls als Solist. Doch 1974 unternahm Mike Bloomfield einen Versuch, Electric Flag abermals zum Leben zu erwecken. Er sammelte Gravenites, Goldberg, Miles und den Bassisten Roger Troy um sich und nahm mit ihnen die LP *The band kept playing* auf. Doch die Wiedervereinigung klappte nicht, und Electric Flag lösten sich zum zweitenmal auf. Mike Bloomfield versuchte sich anschließend mit Barry Goldberg, Carmine Appice, Rick Grech und Ray Kennedy bei KGB, einer Supergruppe, die ein grandioser Flop wurde. Am 15. Februar 1981 fand man Bloomfield tot in seinem Auto.

The Electric Prunes

James Lowe, leadvoc, autoharp, g
Kenneth Williams, leadg
Mark Tulin, b, keyb
Preston Ritter, dr, perc
alle aus Seattle, Washington/USA

Die Electric Prunes entstanden Mitte der 60er Jahre. Innerhalb kürzester Zeit erspielten sie sich mit ihrem eigenwilligen Psychedelic-Rock eine große Gefolgschaft, und 1966 bekamen sie einen Plattenvertrag. Bereits ihre erste Single *I had too much to dream last night* wurde ein Bestseller. Bis 1967 nahm das Quartett zwei Alben auf, *The Electric Prunes* und *Underground*, dann löste sich die Formation überraschend auf. Noch im selben Jahr tat sich unter dem Namen Electric Prunes eine völlig neue Gruppe zusammen, der Mark Kincaid (g), Ronald Morgan (g), Richard Whetstone (leadvoc, dr) und Brett Wade (b) angehörten. Das erste Album dieser neuen Electric Prunes hieß *Mass in F-minor* und war eine Art religiöser Rock. Doch weder dieser LP noch den nachfolgenden Singles war Erfolg beschieden, und die Band verschwand bald wieder.

Jahr	*Titel*	*USA*	*UK*	*D*
1967	I had too much to dream (last night)	11	49	
1967	Get me to the world on time	27	42	

Bern Elliott & The Fenmen

Bern Elliott, voc
Alan Judge
Wally Allen
Eric Willmer

Jon Povey
alle aus Kent/England

Das Quintett wurde 1961 gegründet und trat von 1962 bis 1963 über ein Jahr lang und fast gleichzeitig mit den → Beatles im berühmten Hamburger Star Club auf, ehe es schließlich einen Plattenvertrag erhielt. Zunächst wollten sie eigentlich eine neue Version von *Do you love me*, einem US-Hit der Contours aufnehmen. Aber als → Brian Poole & The Tremeloes damit 1963 einen Nr.-1-Hit in England hatten, ließen sie das lieber bleiben und entschieden sich für eine andere Berry-Gordy-Nummer, nämlich für *Money (that's what I want)*, die im Original von → Barrett Strong (1960) stammte. Nach *New Orleans* trennte sich Bern Elliott von seinen Fenmen und stellte sich eine neue Band namens The Klan zusammen. Doch diese Trennung tat beiden Parteien nicht gut. Sowohl Elliott als auch die Fenmen verschwanden von der Bildfläche.

Jahr	*Titel*	*USA*	*UK*	*D*
1963	Money		14	
1964	New Orleans		24	

Cass Elliott

Ellen Naomi Cohen, geb. 19. 9. 1943 in Baltimore, Maryland/USA, voc, gest. 29. 7. 1974 in London/England

Zunächst war Cassandra »Cass« Elliott mit Tim Rose und James Hendricks Sängerin bei The Big Three gewesen. 1964 gründete sie mit Denny Doherty, Zal Yanovsky und James Hendricks, der inzwischen ihr Ehemann war, das Quartett → The Mugwumps. 1965 schließlich landete die Sängerin bei den → Mamas & Papas. Bis 1968 gehörte die mehr als nur vollschlanke Sängerin mit der hinreißenden Stimme dem kalifornischen Erfolgsquartett an. Dann löste sich die Formation wegen zwischenmenschlicher Probleme auf, und Mama Cass, wie sie auch genannt wurde, versuchte sich als Solistin. Mit *Dream a little dream of me,* auf dem sie noch von den Mamas und den Papas begleitet wird, veröffentlichte sie im Juli 1968 ihre erste Hit-Single. Bis 1970 brachte sie immer wieder Platten heraus, sie veröffentlichte auch ein Album mit dem englischen Rockstar Dave Mason. Dann wurde es immer stiller um Cass Elliott, die inzwischen hauptsächlich in England lebte. Am 29. Juli 1974 kam dann die Meldung, daß die Sängerin in ihrem Hotelzimmer in London jämmerlich an einem Wurstbrot erstickt war.

Jahr	*Titel*	*USA*	*UK*	*D*
1968	Dream a little dream of me	12	11	
1969	It's getting better	30	8	
1969	Make your own kind of music	36		

Shirley Ellis

geb. 1941 in der Bronx, New York/USA, voc

Die hübsche farbige Shirley begann schon als Kind mit dem Singen. Doch zu ihrem Beruf machte sie es erst, als sie im New Yorker Apollo Theatre einen Talentwettbewerb gewann. Von da an ergriff sie jede Gelegenheit zu einem Auftritt, bis sie sich Ende der 50er Jahre schließlich der Gruppe THE METRONOMES anschloß. Damals schrieb sie auch den Song *One, two, I love you*, den die HEARTBREAKERS aufnahmen. Mit den Metronomes sang sie jede Art von Musik, vom Rock'n'Roll bis zum Calypso. 1958 lernte sie LINCOLN CHASE kennen, der früher selbst im Showbussiness als Entertainer tätig gewesen war, in den letzten Jahren aber in erster Linie als Songschreiber von sich reden gemacht hatte. Aus seiner Feder stammten Hits wie *Jim Dandy* für LAVERNE BAKER und *Such a night* für die → DRIFTERS. Chase erkannte Shirleys Naturtalent, nahm sie unter seine Fittiche, bildete sie fünf Jahre lang aus, verschaffte ihr dann einen Plattenvertrag und schrieb für sie den Song *The nitty gritty*, der 1963 ihr erster großer Hit wurde. Von ihm stammten dann auch die beiden anderen großen Shirley-Ellis-Hits. Auf Grund ihres Plattenerfolgs wurde Shirley auch für diverse Broadway-Shows und Fernsehauftritte engagiert. Heute hat sich Shirley Ellis vom Showbusiness ganz zurückgezogen.

Jahr	*Titel*	*USA*	*UK*	*D*
1963	The nitty gritty	8		
1964	The name game	3		
1965	The clapping song	8	6	

The Emotions

SHEILA HUTCHINSON, voc
WANDA HUTCHINSON, voc
JEANETTE HUTCHINSON, voc, ersetzt 1970 durch THERESA DAVIS, ersetzt 1971 durch PAMELA HUTCHINSON
alle aus Chicago, Illinois/USA

Diese Emotions haben nichts mit der Gruppe gleichen Namens zu tun, die 1962 den Titel *Echo* aufnahm. Diese Emotions bestanden aus den drei Schwestern Hutchinson. Die drei fingen schon als Kinder an, miteinander zu singen, sie traten im Fernsehen in der *Children's gospel*-Show von JERRY VAN DYKE auf und bekamen schließlich einen Plattenvertrag. 1969 veröffentlichten sie ihren ersten Hit *So I can love you*. 1970 verließ Jeanette die Truppe, um zu heiraten, und wurde durch die Hutchinson-Kusine Theresa Davis ersetzt. Für Theresa kam dann etwas später die vierte Hutchinson-Schwester Pamela. Obwohl die Geschwister fleißig Platten veröffentlichten, kam der große Erfolg erst, als MAURICE WHITE, der Leader von EARTH, WIND & FIRE, das Trio 1975 unter seine Fittiche nahm. Unter seiner Regie entstand der fünfwöchige Nr.-1-Hit *Best of my love* und der Millionenseller *Boogie wonderland*, den Earth, Wind & Fire zusammen mit den Emotions aufnahm.

Jahr	*Titel*	*USA*	*UK*	*D*
1969	So I can love you	39		
1977	Best of my love	1	4	
1979	Boogie wonderland (mit Earth, Wind & Fire)	6	4	25

The Equals

Derve Gordon, geb. 29. 6. 1948 in Jamaica, leadvoc
Eddie Grant, geb. 5. 3. 1948 in Barbados, leadg
Lincoln Gordon, geb. 29. 6. 1948 in Jamaica, g
John Hall, geb. 25. 10. 1947 in Holloway, London/England, dr
Patrick Lloyd, geb. 17. 3. 1948 in Holloway, London/England,

Eddie, Patrick und John besuchten gemeinsam die Acland Burghley School in London. Mitte der 60er Jahre beschlossen sie, eine Band aufzumachen. Als den Zwillingsbrüdern Derve und Lincoln Gordon das zu Ohren kam, wollten sie auch mitmachen. Da Eddie der einzige war, der ein Instrument spielte, gab er den anderen erst einmal Unterricht. Monatelang übten die fünf eifrig die Songs, die Eddie für sie schrieb. Dann gingen sie mit ihren Songs zu einer Plattenfirma, bekamen einen Vertrag und veröffentlichten Ende 1966 in England als zweite Single den Titel *Baby come back*, die ein internationaler Hit wurde. Das von Eddie geschriebene Lied erreichte 1967 in Deutschland Platz 11, 1968 in Belgien und Holland Platz eins und schließlich 1968 in England die gleiche Position. Von da an waren Eddie Grant und seine Equals mit ihrem eingängigen Mitklatsch-Beat bis Anfang der 70er Jahre in den internationalen Charts vertreten. Dann schwand allmählich der Erfolg der Band, und Eddie schlug erfolgreich Solo-Pfade ein. Mit dem Nr.-1-Hit *I don't wanna dance* meldete er sich 1981 wieder zurück, 1983 gelang ihm der Millionenseller *Electric avenue*, 1984 war er dann mit *Romancing the stone* in den Charts zu finden, und 1988 bewies der introvertierte Künstler mit den Dreadlocks politisches Empfinden mit dem Anti-Apartheid-Song *Gimme hope Jo'Anna*.

Jahr	*Titel*	*USA*	*UK*	*D*
1967	Baby come back			11
1968	I get so excited		44	28
1968	Baby come back	32	1	
1968	Softly, softly		48	6
1969	Green light			7
1969	Michael and the slipper tree		24	7
1969	Viva Bobby Joe		6	12
1970	Rub a dub dub		34	4
1970	Soul brother Clifford			14
1970	Black skin blue eyed boys		9	36

Margot Eskens

geb. 12. 8. 1939 in Düren, voc

Die hübsche Sängerin mit der warmen, dunklen Stimme hatte mit Musik zunächst eigentlich gar nichts im Sinn. Sie war nämlich Zahnarzt-Assistentin. Gesungen hatte sie zu Hause immer schon gerne, und so fand sie schließlich den Mut, an einem Talentwettbewerb teilzunehmen. Alle waren begeistert, Margot bekam umgehend einen Plattenvertrag, und von 1955 bis 1964 gehörte sie zu den beständigsten und erfolgreichsten deutschen Schlagersängerinnen. Etliche Hits entstanden auch im Duett mit dem → Caterina-Valente-Bruder Silvio Francesco. 1962 belegte sie mit dem Lied *Ein Herz, das kann man nicht kaufen* bei den Deutschen Schlagerfestspielen den dritten Platz. Insgesamt verkaufte Margot Eskens über sieben Millionen Tonträger. Ende der 80er Jahre versuchte sie ein Comeback, das allerdings erfolglos im Sande verlief.

Jahr	*Titel*	*USA*	*UK*	*D*
1955	Ich möcht heute ausgehen			3
1956	Tiritomba			1
1956	Mamatschi			9
1957	Cindy Oh Cindy			1
1957	Calypso Italiano (mit Silvio Francesco)			9
1957	Wenn du wieder mal auf Cuba bist (mit Silvio Francesco)			12
1958	Wenn du wiederkommst			11
1958	Himmelblaue Serenade (mit Silvio Francesco)			8
1959	Du bist mir lieber als die anderen (mit Silvio Francesco)			
1959	Mondschein-Partie (mit Silvio Francesco)			6
1961	Wenn du heimkommst			18
1962	Ein Herz, das kann man nicht kaufen			19
1964	Mama			8

The Esquires

Mill Edwards, leadvoc
Gilbert Moorer
Alvis Moorer
Sam Pace
Shawn Taylor
alle aus Milwaukee, Wisconsin/USA

Das Soul-Quintett entstand bereits 1957. Doch erst in den 60er Jahren kam es zu Ruhm und Ehren. 1965 fuhren The Esquires nach Chicago und lernten den Produzenten Bill »Bunky« Sheppard kennen, der ihnen den richtigen »Sound« verpaßte. 1967 hatten sie mit dem von Bunky, Gilbert und Shawn geschriebenen *Get on up* den ersten großen Hit, der sich auch in den Pop-Charts plazieren konnte. Auch heute existiert diese Formation noch, allerdings sind von den Original-Mitgliedern nur noch Alvin und Gilbert übriggeblieben.

Jahr	*Titel*	*USA*	*UK*	*D*
1967	Get on up	11		
1967	And get away	22		

The Essex

Anita Humes, geb. 1941 in Harrisburg, Pennsylvania/USA, voc
Walter Vickers, geb. 1942 in New Brunswick, New Jersey/USA, voc
Rodney Taylor, geb. 1942 in Gary, Indiana/USA, voc

Billie Hill, geb. 1942 in Princeton, New Jersey/USA, voc
Rudolph Johnson, geb. 1942 in New York/USA, voc

Die Mitglieder der farbigen Formation waren alle, bis auf Anita, Mitglieder des amerikanischen Marine Corps. Walter und Rodney begannen mit dem Singen, als sie in Okinawa stationiert waren, nach ihrer Rückkehr ins Camp LeJeune in North Carolina kamen Billie und Rudolph dazu. Sie sangen schon eine Weile als Quartett, bis sie dann in einem Club die hübsche Anita bei einem Auftritt hörten und beschlossen, sie in ihre Formation aufzunehmen. 1963 bekamen die fünf einen Plattenvertrag, und gleich die erste Single wurde ein zweiwöchiger Nr.-1-Hit. Solange die Gruppe existierte, waren die vier männlichen Mitglieder bei der Marine und brauchten für Auftritte und Promotion-Touren spezielle Genehmigungen, die sie auch erhielten, allerdings unter der Voraussetzung, daß sie dabei Uniform trugen.

Jahr	*Titel*	*USA*	*UK*	*D*
1963	Easier said than done	1	41	30
1963	A walkin' miracle	12		

Paul Evans

geb. 1938 in Queens, New York/USA, voc, g

Eigentlich war Paul Evans Songschreiber. 1958 ließ er sich den Millionenseller *When* für die Kalin Twins einfallen. Doch 1959 beschloß er, es selbst zu versuchen. Er holte sich Sue Singleton und Sue Terry, die beide aus dem Begleitchor von → Perry Como stammten und sich als Duo The Curls nannten, und nahm mit ihnen das Lied *Seven little girls sitting in the back seat* auf, das prompt zu einem Bestseller wurde. In England hatte damit übrigens die gemischte Gruppe The Avons einen Nr.-3-Hit. Bis Ende 1960 war Paul Evans in den Charts zu finden, dann widmete er sich wieder mehr dem Schreiben für andere und fabrizierte 1961 für → Bobby Vinton den Millionenerfolg *Roses are red*. Ein paar Jahre später war der eher unscheinbare, dunkelhaarige Paul Evans wieder erfolgreich mit dem Song *Happiness* is für die Ray Conniff Singers. Dieser Song wurde anschließend vier Jahre als Werbemelodie für die Zigarettenmarke Kent verwendet. Dann hörte man längere Zeit nichts von Paul Evans, bis er 1978 die UK-Charts eroberte mit dem Telefonbeantworter-Song *Hello, this is Joanie*.

Jahr	*Titel*	*USA*	*UK*	*D*
1959	Seven little girls sitting in the back seat	9	25	
1960	Midnite special	16	41	
1960	Happy-go-lucky-me	10		
1978	Hello, this is Joanie		6	

Betty Everett

geb. 23. 11. 1939 in Greenwood, Mississippi/USA, voc

Wie bei so vielen farbigen Künstlern begann auch Bettys musikalische Karriere in der Kirche. Schon als Achtjährige sang und spielte sie Klavier im Kirchenchor. Ende der 50er Jahre ging sie dann nach Chicago und bekam einen Plattenvertrag. Nach mehreren kleinen Erfolgen veröffentlichte Betty Ende 1963 den Song *You're no good*, mit dem sie in den Pop-Charts immerhin bis Platz 51 kam. Mitte 1964 hatten die → Swingin' Blue Jeans in England mit diesem Lied einen Nr.-3-Hit, und 1975 kramte Linda Ronstadt den Song noch einmal heraus und kam bis Platz eins. 1964 brachte Betty Everett dann den *Shoop shoop song* heraus, ihren größten Hit. Im selben Jahr ging sie auch mit → Jerry Butler ins Studio und nahm zwei recht erfolgreiche Duette auf. Bis 1971 veröffentlichte Betty Everett mit schöner Regelmäßigkeit Platten.

Jahr	*Titel*	*USA*	*UK*	*D*
1964	The shoop shoop song (it's in his kiss)	6		
1964	Let it be me (mit Jerry Butler)	5		
1964	Smile (mit Jerry Butler)	42		
1965	Getting mighty crowded		29	
1968	It's in his kiss		34	
1969	There'll come a time	26		

The Everly Brothers

Don Everly, geb. 1. 2. 1937 in Brownie, Kentucky/USA, voc, g
Phil Everly, geb. 19. 1. 1939 in Chicago, Illinois/USA, voc, g

Die Gebrüder Everly gehören zu den besonders wichtigen Gruppen der 50er Jahre und frühen 60er Jahre. Sie mischten geschickt Country, Rockabilly und Rock'n'Roll und erreichten mit ihren näselnden Stimmen einen typischen, einzigartigen Duett-Gesang, der im Laufe der Jahre ganze Legionen von Sängern beeinflußte, darunter solche Stars wie die → Beatles, die → Byrds und → Simon & Garfunkel. Don und Phil wurden schon früh ins Musikgeschäft integriert. Ihre Eltern Ike und Margaret Everly waren bekannte Country-Stars, und so traten Don und Phil bereits im zarten Alter von acht bzw. sechs Jahren im Radio auf. Nach ihrem Highschool-Abschluß gingen sie nach Nashville und bekamen durch Vermittlung von Chet Atkins einen Plattenvertrag. Dort lernten sie auch fast sofort das Songwriter-Ehepaar Felice und Boudeleaux Bryant kennen, die den beiden niedlichen Brüdern eine ganze Menge Superseller auf die nasalen Stimmen schneiderten. Von den Bryants stammte natürlich auch *Bye bye love*, der erste Everly-Hit im Jahr 1957. 1959 betätigte sich Don selbst als Schreiber und ließ sich bei einem Aufenthalt in Australien ein Lied namens *'till I kissed you* einfallen. Er kehrte nach Nashville zurück, überzeugte zusammen mit seinem Bruder → Buddy Hollys Begleitband The Crickets davon, und so nahmen die Everly Brothers diesen Hit zusammen mit den Crickets auf. Jerry Allison benutzte bei dieser Aufnahme übrigens die gesamte Trommler-Ausstattung, sogar dic Tom-Toms, während es vorher ja nur üblich gewesen war, bei solchen Aufnahmen die Snare-Drums und Brushes zu benützen. Im Dezember 1959 nahmen die Everly Brothers zum erstenmal nicht in Nashville auf. Für ihr *Let it be me* gingen sie in New York ins Studio und benutzten zum erstenmal bei ihren Aufnahmen Geigen. Bis 1963 waren die Everly Brothers regelmäßig in den internationalen Charts vertreten. Egal ob soft oder rockig, ihre Songs verkauften sich grundsätzlich millionenfach. Dann absolvierten Don und Phil 1962 ihre Militärzeit bei der Marine, und danach war sozusagen »der alte Schwung weg«. Trotzdem tourten die beiden noch fleißig und traten stets vor vollen Häusern auf. Erst 1973 hatten sie voneinander so sehr die Nase voll, daß sie sich nach einem pompösen Abschiedskonzert trennten. Beide versuchten sich als Solisten, beide waren wenig erfolgreich damit. Erst 1982 kam Phil Everly mit seinem *Louise* in England auf Platz 47, und 1983 hatte er dann im Duett mit → Cliff Richard mit dem Song *She means nothing to me* einen Nr.-9-Hit. Daraufhin taten sich die beiden Brüder wieder zusammen und veröffentlichten einige schöne LPs wie *E. B. '84* (1984) oder *Born yesterday* (1985). Doch das große Comeback blieb aus.

Jahr	*Titel*	*USA*	*UK*	*D*
1957	Bye bye love	2	6	
1957	Wake up little Susie	1	2	
1958	All I have to do is dream	1	1	
1958	Bird dog	1	2	
1958	Devoted to you	10		
1958	Problems	2	6	
1959	Take a message to Mary	16	20	
1959	Poor Jenny	22	14	
1959	'til I kissed you	4	2	
1960	Let it be me	7	13	
1960	Cathy's clown	1	1	41
1960	When will I be loved	8	4	
1960	So sad (to watch good love go bad)	7	4	
1960	Lucille	21	4	
1960	Like strangers	22	11	
1961	Walk right back	7	1	
1961	Ebony eyes	8		
1961	Temptation	27	1	
1961	Don't blame me	20	20	
1962	Crying in the rain	6	6	
1962	How can I meet her	75	12	
1962	That's oldfashioned (that's the way love should be)	9		
1964	Gone gone gone	31	36	
1965	The price of love		2	25
1965	Love is strange		11	
1984	On the wings of a nightingale		41	50

Every Mother's Son

Larry Larden, geb. 10. 8. 1945 in Brooklyn, New York/USA, leadvoc, g
Dennis Larden, geb. 22. 1. 1948 in Kansas/USA, leadvoc, leadg
Bruce J. Milner, geb. 9. 5. 1943 in Brooklyn, New York/USA, keyb
Christopher Augustine, geb. 25. 4. 1941 in New York City/USA, dr.
Schuyler Larden, geb. 19. 2. 1947 in New York City/USA, b, ersetzt durch Donald Kerr

Die Brüder Larry und Dennis Larden traten Anfang der 60er Jahre in kleinen Clubs in Greenwich Village als Folksänger auf. Bei einem dieser Auftritte lernten sie den Organisten Bruce Milner kennen. Die drei beschlossen, eine Rock-Gruppe zu gründen, und engagierten den Trommler Augustine und Lardens Bruder Schuyler. 1966 bekamen sie einen Plattenvertrag, und Anfang 1967 erschien ihr erstes Album *Every mother's son*, das auch ihren ersten und einzigen Single-Hit *Come on down to my boat* enthielt. Bis 1969 veröffentlichte das New Yorker Quintett seine eher sanften Pop-Songs, dann versank es wieder in Bedeutungslosigkeit.

Jahr	*Titel*	*USA*	*UK*	*D*
1967	Come on down to my boat	6		

The Exciters

Brenda Reid, geb. 1945, leadvoc
Carol Johnson, geb. 1945, voc
Lilian Walker, geb. 1945, voc
Herbert Rooney, geb. 1941, voc
alle aus Queens, New York/USA

Brenda, Carol und Lilian kannten sich von der Highschool und sangen als Trio zusammen. Herbert Rooney arbeitete als Plattenproduzent und sang ebenfalls in einer Band. Als sich Herbs Band auflöste, tat er sich mit den drei Mädels zu dem Quartett The Exciters zusammen, da er ein Auge auf Brenda geworfen hatte. Sie wurde später auch seine Frau. Ziemlich schnell bekamen die vier einen Plattenvertrag und nahmen *Tell him* auf, das zu ihrem einzigen großen Hit werden sollte. In England war übrigens → Billie Davis mit dem Song erfolgreich. Von den Exciters stammt übrigens auch das Original von *Do-wah-diddy*. Sie brachten es im Januar 1964 heraus und kamen damit lediglich auf Platz 78, während → Manfred Mann es Ende 1964 veröffentlichte und damit in USA einen Nr.-1-Hit hatte. Bis 1966 brachten die Exciters mit schöner Regelmäßigkeit Platten heraus, die jedoch nicht sehr erfolgreich waren. Dann beschlossen Brenda und Herb, es als Soul-Duo zu versuchen.

Jahr	*Titel*	*USA*	*UK*	*D*
1962	Tell him	4	46	

F

Shelley Fabares

Michele Fabares, geb. 19. 1. 1944 in Santa Monica/Kalifornien, USA, voc

Shelley ist die Nichte der Schauspielerin Nanette Fabray. Sie begann schon in jungen Jahren mit dem Tanzen, und ihr Durchbruch kam 1953 mit einem Auftritt in einer → FRANK-SINATRA-Fernsehshow. Sie wurde für den Film entdeckt und spielte in Streifen wie *Never say goodbye*, *Rock pretty baby* und *Summer love*. Anfang der 60er Jahre wurde sie dann zum ganz großen Fernsehstar, als sie für die Rolle von DONNA REEDS Tochter in der Fernsehserie *The Donna Reed show* engagiert wurde. 1961 unterzeichnete der Kinderstar einen Plattenvertrag, und Anfang 1962 hatte Shelley ihren ersten und einzigen Nr.-1-Hit mit der softigen Pop-Nummer *Johnny Angel*.

Jahr	*Titel*	*USA*	*UK*	*D*
1962	Johnny Angel	1	41	
1962	Johnny loves me	21		

Bent Fabric

BENT FABRICIUS-BJERRE, geb. 7. 12. 1924 in Kopenhagen, Dänemark, p

Der gutaussehende Bent hatte bereits als Teenager eine Jazzband und nahm damals auch etliche Jazz-Platten auf. Dann verlagerte er seine kompositorischen Fähigkeiten mehr auf das Pop-Gebiet und war damit sehr erfolgreich. 1950 wurde der gefeierte Unterhaltungs-Pianist Chef der Plattenfirma Metronome in Dänemark. Gleichzeitig widmete er viel Zeit dem Aufspüren von neuen musikalischen Talenten, er komponierte weiterhin und hatte bald eine eigene TV-Show namens *Around a piano*, in der er Gäste vorstellte und Klavier spielte. 1962 komponierte er unter dem Pseudonym FRANK BJORN das Instrumental *Alley cat*, das innerhalb kürzester Zeit ein weltweiter Hit und Millionenseller wurde. Damit war Fabric der erste Däne, der jemals in die US-Charts kam. Anschließend wurden auch etliche gesungene Versionen dieser Nummer populär, in Deutschland hatte → SIW MALMKVIST mit der deutschen Version namens *Schwarzer Kater Stanislaus* Ende 1962 einen Nr.-17-Hit

Jahr	*Titel*	*USA*	*UK*	*D*
1962	Alley cat	7		49
1963	Chicken feed	63		

Adam Faith

TERENCE NELHAMS, geb. 23. 6. 1940 in London, England, voc

Der gutaussehende Sänger begann seine musikalische Laufbahn 1957 bei einer Skiffle-Group. Im gleichen Jahr machte der Freizeitsänger auch seine erste Platte, allerdings ohne durchschlagenden Erfolg. Bis 1959 arbeitete er tagsüber als Mr. Nelhams in einem Labor für Filmentwicklung und sang nachts als Adam Faith in kleinen Clubs. 1959 kam der große Durchbruch mit *What do you want?*. Mit sanfter Power-Stimme sang er über neun schluchzenden Geigen – und damit war ein neuer Star geboren, der sich zu einer ernsthaften Konkurrenz für → CLIFF RICHARD entwickeln sollte. Neben seiner Sangeskarriere betrieb Adam Faith auch eine als Schauspieler. Er wirkte in Filmen wie *Beat girl*, *What a whopper* und *Mix me a person* mit. 1965 zog er sich dann für einige Jahre vom Showbusiness zurück. 1971 machte er wieder als Schauspieler von sich reden, indem er in einer Fernsehserie die Hauptrolle spielte. Anschließend kam er wieder zur Musik, aber nicht als Sänger, sondern als Produzent und Manager für Leo Sayer. Eine hervorragende schauspielerische Leistung lieferte Adam Faith dann 1974 in dem David Essex-Film *Stardust* ab. Heute ist Adam Faith in erster Linie Manager und Produzent für andere, darunter Top-Stars wie Roger Daltrey.

Jahr	*Titel*	*USA*	*UK*	*D*
1959	What do you want		1	
1960	Poor me		1	
1960	Someone else's baby		2	
1960	When Johnny comes marching home/Made you		5	
1960	How about that		4	
1960	Lonely pup (in a christmas shop)		4	
1961	This is it/Who am I		5	
1961	Easy going me		12	
1961	Don't you know it		12	
1961	The time has come		4	
1962	Lonesome		12	
1962	As you like it		5	
1962	Don't that beat all		8	
1963	The first time		5	
1963	We are in love		11	
1964	Message to Martha (Kentucky bluebird)		12	

Percy Faith

geb. 7. 4. 1908 in Toronto, Kanada, gest. 9. 2. 1976 in Los Angeles/Kalifornien, USA

Der berühmte Arrangeur, Komponist und Orchesterchef begann 1933 seine musikalische Karriere als Leiter des kanadischen Rundfunkorchesters. Zusätzlich arbeitete er damals schon als Arrangeur. 1940 ging er nach USA und wurde bei Columbia Records Hauskomponist, Anfang der 50er Jahre hatte er es dann bereits zum Haus-Arrangeur und Leiter des Orchesters gebracht. Mit seinen gefälligen Arrangements und seiner einschmeichelnden musikalischen Untermalung verhalf er etlichen Stars zu Hits, z. B. Tony Bennett zu seinen beiden 52er Bestsellern *Because of you* und *Cold, cold heart* und den beiden 53er Millionenerfolgen *Stranger in paradise* und *Rags to riches*. Ab 1950 machte Percy Faith auch Instrumental-Platten mit seinem Orchester, die ebenfalls im Laufe der Zeit immer erfolgreicher wurden. Seine ersten beiden Erfolge hießen *Crossed my fingers* und *All my love*. Seinen ersten Nr.-1-Hit hatte Percy Faith mit seinem Orchester 1952 mit *Delicado*; der nächste folgte 1953 mit *The song from Moulin Rouge – Where is your heart*, bei dem ihn die Sängerin Felicia Sander unterstützte. Zehn Wochen war dieses Lied die Nr. 1 in USA, es verkaufte sich millionenfach. Dann belegte Percy Faith das nächste Mal 1960 die Spitze der US-Charts, und zwar mit dem Instrumental *Theme from a summer place* aus dem gleichnamigen Film, das neun Wochen die Nr. 1 in

USA war und sich weltweit fast drei Millionen Mal verkaufte. 1976 starb das Multitalent Percy Faith im Alter von 67 Jahren in Los Angeles an Krebs.

Jahr	*Titel*	*USA*	*UK*	*D*
1952	Delicado	1		
1953	The song from Moulin Rouge (mit Felicia Sander)	1		
1960	Theme from a summer place	1	2	49
1960	Theme for young lovers	35		

Marianne Faithfull

geb. 29. 12. 1947 in London, England, voc

Marianne Faithfull Foto: Ariola

Marianne ist die Tochter des Universitätsprofessors Dr. Robert Faithfull und der österreichischen Baroness Erisso Ava Sacher-Masoch. Zunächst besuchte das zarte, schlanke Mädchen mit den großen Augen ganz brav die Schule – bis sie eines Tages auf eine Party ging. Dort lernte sie Andrew Oldham, den Manager der → Rolling Stones, kennen, der von ihrem Aussehen so begeistert war, daß er die 17jährige unter Vertrag nahm, ohne zu wissen, ob sie überhaupt einen Ton singen konnte. Marianne konnte – und die ebenfalls begeisterten Stones Jagger und Richards schrieben für sie ein altes englisches Madrigal um. Diesen Song nannten sie *As tears go by*, und es wurde Ende 1964 Mariannes erster Bestseller. Bis Ende 1965 folgten noch einige Hits, dann war Marianne mehr wegen ihrer privaten Ereignisse in den Schlagzeilen. Ihre Früh-Ehe mit dem Künstler John Dunbar, mit dem sie den Sohn Nicholas hat, zerbrach, dafür zog Marianne bei Mick Jagger ein. Im wilden Leben des wilden Mick war sie die Ober-Wilde, und wann immer die Stones Schwierigkeiten wegen Rauschgift bekamen, man konnte sicher sein, daß auch Mariannchen darin verwickelt war. Nachdem ihre Sangeskarriere inzwischen arg darnieder lag, versuchte sie sich als Schauspielerin. 1967 stellte sie in einer Londoner Produktion die Irina in Tschechows *Drei Schwestern* dar, sie bekam, neben Alain Delon, die Hauptrolle in dem Film *Girl on a motorcycle* und stand in London in *Hamlet* als Ophelia auf der Bühne. 1969 flog sie mit Mick

Jagger nach Australien, um den Film *Ned Kelly* zu drehen. Doch Marianne war zu diesem Zeitpunkt schon völlig am Ende, sie lebte nur noch von Pillen, stand am Rande eines Nervenzusammenbruchs und beging den ersten einer Reihe von Selbstmordversuchen. Daraufhin ließ Mick Jagger sie wie eine heiße Kartoffel fallen. Im Krankenhaus stellte man fest, daß Marianne heroinsüchtig war. Die nächsten Jahre verbrachte sie zwischen Bühnenauftritten als Schauspielerin und Entzugskuren meistens in Sanatorien. Doch Ende der 70er schien sie sich gefangen zu haben und feierte mit dem Album *Broken english* und dem zu Herzen gehenden Song *The ballad of Lucy Jordan* ein glanzvolles Comeback.

Jahr	*Titel*	*USA*	*UK*	*D*
1964	As tears go by	22	9	
1965	Come and stay with me	26	4	
1965	This little bird	32	6	
1965	Summer nights	24	10	
1979	The ballad of Lucy Jordan		48	5

Georgie Fame

Clive Powell, geb. 26. 6. 1943 in Leigh/Lancashire, England, voc

Clive alias Georgie kam schon früh in Berührung mit Musik. Sein Vater war Pianist und Akkordeon-Spieler in einer Tanzkapelle. Mit 15 Jahren kam Clive durch einen Zufall zu einem Bühnenauftritt und wurde vom Fleck weg engagiert. 1960 war Clive, der sich inzwischen den Bühnennamen Georgie Fame gegeben hatte, so populär, daß sein Manager unbedingt einen Teenager-Star aus ihm machen wollte. Doch Georgie hatte anderes im Sinn. Sein Geschmack war mehr eine Mischung aus amerikanischen R & B, westindischem Blue Beat und Country. 1961 ging er als Pianist zu → Billy Furys Begleitband The Blue Flames. Außer Georgie gehörten dazu Colin Green (g), Tex Makins (b), Red Reece (dr) und Mick Eve (sax). 1962 machten sich die Blue Flames selbständig und traten regelmäßig im Londoner Flamingo R & B-Club auf. 1964 bekam die Band einen Plattenvertrag und veröffentlichte zwei erfolgreiche Alben, *R & B at the Flamingo* (1964) und *Fame at last* (1964). 1965 hatte Georgie Fame dann mit → Mongo Santamarias *Yeh yeh* seinen ersten Single-Bestseller. 1966 löste er seine Blue Flames auf und machte als Solist weiter. Zum einen ging er seinem Hobby, den Big Bands, nach und arbeitete mit Größen wie Count Basie, zum anderen veröffentlichte er mit schöner Regelmäßigkeit erfolgreiche Pop-Platten, z. B. eine Cover-Version von → Bobby Hebbs *Sunny* und → Billy Stewarts *Sittin' in the park*. Anfang der 70er Jahre tat sich Georgie mit → Alan Price, dem ehemaligen Organisten und Oberhaupt der → Animals, zu einem Duo zusammen. Die beiden traten in erster Linie im Fernsehen und im Cabaret auf und eroberten sich 1971 mit *Rosetta* die Charts. Ende 1973 trennten sich die beiden wieder, und Georgie mit der heiseren Stimme versuchte seine Blue Flames wieder zusammenzutrommeln. Das Ergebnis war allerdings ziemlich unbefriedigend, und Georgie sang weiterhin als Solist. Allerdings war inzwischen der Alte Drive raus, und der frühere

Supersänger war jetzt hauptsächlich als Interpret von TV-Werbesongs für Kaffee bekannt.

Jahr	*Titel*	*USA*	*UK*	*D*
1964	Yeh yeh	21	1	
1966	Get away		1	
1966	Sunny		13	
1966	Sitting in the park		12	
1967	Because I love you		15	
1967	Ballad of Bonnie & Clyde	7	1	9
1969	Peaceful		16	
1971	Rosetta (mit Alan Price)		11	43

Family

ROGER CHAPMAN, geb. 8. 4. 1942 in Leicester, England, voc
CHARLIE WHITNEY, geb. 24. 6. 1944 in England, g
ROB TOWNSEND, geb. 7. 7. 1947 in England, dr
JIM KING, sax, fl, ersetzt 1969 durch JOHN ›POLI‹ PALMER, geb. 5. 5. 1943 in England, keyb, vibes, ersetzt 1972 durch TONY ASHTON, geb. 1. 3. 1944 in England
RICK GRECH, geb. 1. 11. 1945 in England, b, vi, voc, ersetzt 1969 durch JOHN WEIDER, geb. 21. 4. 1947 in England, ersetzt 1971 durch JOHN ›KEN‹ WETTON, geb. 18. 5. 1949 in England, ersetzt 1972 durch JIM CREGAN, geb. 9. 3. 1946 in England

Die Band wurde 1966 in Leicester gegründet, als sich zwei Gruppen, THE ROARING SIXTIES und THE FARINAS, zusammentaten. 1968 kamen Family nach London, um die erste LP *Music in a doll's house* aufzunehmen, bei der DAVE MASON der Produzent war. Zunächst gehörte die Formation zu den Underground-Bands wie → THE NICE oder → PINK FLOYD. Vor allen Dingen Roger Chapmans lautstarke, wahnwitzige und gewalttätige Bühnenshow machte viel Eindruck. In der Originalbesetzung wurde auch noch das 68er Album *Family entertainment* eingespielt. Dann kam es bei der 69er US-Tournee zu den ersten Umbesetzungen: Rick Grech ging zu → BLIND FAITH, dafür kam John Weider von den NEW ANIMALS. Ende 69 ging dann auch King und wurde durch Poli Palmer von BLOSSOM TOES ersetzt. In dieser Besetzung blieben Family bis 1971. Es entstanden die wenig interessanten Alben *A song for me* und *Anyway,* beide 1970. Im Juni 71 ging dann Weider und wurde durch John Wetton von MOGUL THRASH ersetzt. Mit ihm entstanden die sehr hörenswerten LPs *Fearless* (1971) und *Bandstand* (1972). Auch 1972 ging der Mitgliederwechsel weiter: Wetton ging zu → KING CRIMSON, während Jim Cregan von den Blossom Toes bzw. STUD kam. Poli Palmer ging und wurde durch Tony Ashton von ASHTON, GARDNER AND DYKE bzw. → REMO FOUR ersetzt. In dieser Besetzung entstand die letzte Family-LP *It's only a movie* (1973). Danach löste sich die Formation auf. Chapman und Whitney, die den überwiegenden Teil der Songs geschrieben hatten, gründeten die STREETWALKERS; Townsend ging zuerst zu MEDICINE HEAD, später dann zu

Jahr	*Titel*	*USA*	*UK*	*D*
1969	No mule's fool		29	
1970	Strange band		11	
1971	In my own time		4	
1972	Burlesque		13	

Kevin Ayers; Cregan schloß sich Steve Harley und Cockney Rebel an; Ashton betätigte sich in erster Linie als Produzent.

Don Fardon

Donald Maughn, geb. 19. 8. 1943 in England, voc

Don Maughn begann seine musikalische Karriere Mitte der 60er Jahre als Leadsänger der Formation Sorrows. Die Gruppe hatte 1965 ihren einzigen größeren Hit mit *Take a heart*, das in den UK-Charts bis Platz 21 kam. Anschließend trennte sich Don von den Sorrows, nahm den Künstlernamen Don Fardon an und bekam einen Plattenvertrag. Seinen ersten und einzigen ganz großen Erfolg hatte Don dann mit dem alten → John-D.-Loudermilk-Song *Indian reservation*, der in Amerika 1968 und in England erst 1970 in die Charts kam. 1971 nahmen → Paul Revere & The Raiders den Song noch einmal auf und hatten damit in USA einen Nr.-1-Hit. Ansonsten waren Don Fardons Platten eigentlich immer unter ›ferner liefen‹ zu finden.

Jahr	*Titel*	*USA*	*UK*	*D*
1968	(The lament of the Cherokee) Indian reservation	20		
1970	Belfast boy		32	
1970	Indian reservation		3	
1971	Indian reservation			9
1973	Delta queen	86		

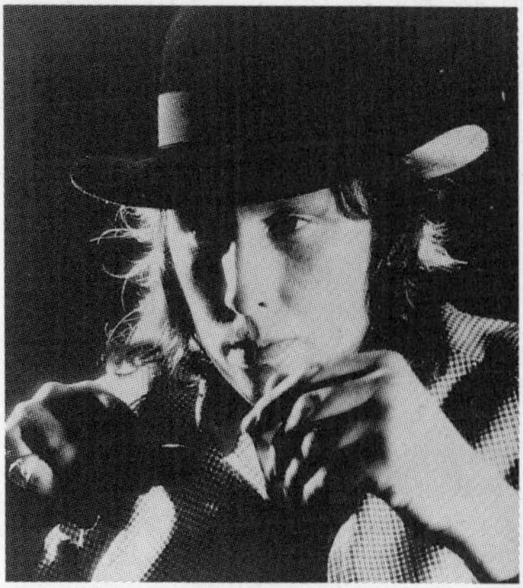

Chris Farlowe Foto: Polydor

Chris Farlowe

John Henry Deighton, geb. 13. 10. 1940 in London, England, voc

1953, im Alter von nur 13 Jahren, gründete John Henry Deighton seine erste eigene Band. Er nannte sie The John Henry Skiffle Group und gewann damit das englische Skiffle Championship. 1962 hatte der Sänger mit der gewaltigen Stimme vom Skiffle genug und wendete sich dem Rock'n'Roll und R & B zu. Er nannte sich nun Chris Farlowe, und seiner Band gab er den Namen The Thunderbirds. Die Thunderbirds bestanden aus Alvin Lee (g), Dave Greenslade (org), Bruce Waddell (b), Ian Mague (dr), und für kurze Zeit gehörte auch Paul Carson (sax) dazu. Chris Farlowe gehörte mit seiner Band bald zu den Stars im legendären Flamingo Club im Londoner Westen. Trotzdem wählte er für seine erste Single wiederum ein Pseudonym. Unter dem Namen LITTLE JOE COOK nahm er den *Stormy monday blues* auf, der heute schon zu den Kult-Aufnahmen gehört, ebenso wie die zweite Single *Buzz with the fuzz*, die Mod-Hymne. Doch seinen ersten und einzigen Bestseller hatte Chris Farlowe 1966 mit einem Lied aus der Feder von MICK JAGGER und KEITH RICHARDS: *Out of time*. Dieser Erfolg als Solist brachte zunächst das Aus für die Thunderbirds, doch 1967 entschloß sich Farlowe, zumindest ein Trio wieder auf die Beine zu stellen. Mit dabei waren ALBERT LEE, PETE SHELLEY (der später die Hits von ALVIN STARDUST schrieb und produzierte) und CARL PALMER (der später bei EMERSON, LAKE AND PALMER Weltruhm erlangte). Doch auch dieses Trio löste sich bald wieder auf, und 1970 schloß sich Farlowe der JOHN-HISEMAN-Gruppe → COLOSSEUM als Sänger an. Der ehemalige Thunderbird Dave Greenslade gehörte bereits zu Colosseum. Ein Jahr später, 1971, kam auch das Aus für Colosseum, und Chris Farlowe ging zu ATOMIC ROOSTER, wo er Carl Palmer wiedertraf. Doch auch dort war Chris Farlowe nicht glücklich, und 1972 entschloß er sich, der Musik und dem Showbusiness Adieu zu sagen. Er widmete sich ganz seinem Laden in Islington (Nord-London), in dem er Nazi-Andenken verkaufte. 1975 überlegte er es sich anders, stellte eine neue Band zusammen, zu der auch wieder Albert Lee gehörte, und ging auf Tour. Farlowe machte auch neue Platten, doch der Erfolg hielt sich in Grenzen.

Jahr	*Titel*	*USA*	*UK*	*D*
1966	Out of time		1	

José Feliciano

geb. 8. 9. 1945 in Lorez, Puerto Rico, voc, g

José Feliciano ist von Geburt an blind. Er hat sieben Brüder, und als er fünf Jahre alt war, zog die ganze Groß-Familie nach New York City. Klein-José bekam eine Gitarre und war fortan damit beschäftigt, sich das Gitarrespielen beizubringen. Er machte das so gut, daß er schon bald öffentlich auftrat und sich Anfang der 60er Jahre im New Yorker Künstlerviertel Greenwich Village eine große Gefolgschaft erobert hatte. 1963 spielte er in Gerde's Folk City, und dort hörte ihn der A & R-Mann einer Plattenfirma. Der Mann sollte eigentlich jemand ganz anderen unter Vertrag nehmen, aber José gefiel ihm so gut, daß er ihn unterschreiben ließ. Die nächsten fünf Jahre machte Feliciano in erster Linie Platten für den spanischen Markt. Doch 1968 wagte er sich auch an ein poppiges Album – und hatte seinen ersten internationalen Bestseller. Die LP hieß kurz *Feliciano* und enthielt eine eigenwillige Version des → DOORS-Titels *Light my fire*. Im gleichen Jahr war Feliciano auch in aller Munde wegen seiner ungewöhnlichen Aufnahme der amerikanischen National-Hymne *The star spangled banner*, die er anläßlich eines Basketballspiels in Detroit im Fernsehen vortrug. Er interpretierte dieses amerikanische ›Heiligtum‹ im Soul-Stil, was bei vielen Bürgern geharnischte ›Blasphemie‹-Vorwürfe hervorrief. Allerdings verkauften sich die Raubpressungen dieses Songs unter dem Titel *Soul spangled banner* hervorragend. Bis heute veröffentlicht José Feliciano mit schöner Regelmäßigkeit Alben, die teilweise hervorragend und teilweise weniger hörenswert sind. 1989 kam er sogar wieder in die BRD-Charts mit einer Disco-Nummer im Stil von STOCK/AITKEN/WATERMAN.

Jahr	*Titel*	*USA*	*UK*	*D*
1968	Light my fire	3	6	
1968	Hi-heel sneakers	25		
1969	And the sun will shine		25	
1971	Che sera			7

The Fendermen

JIM SUNDQUIST, geb. 26. 11. 1937 in Niagara/Wisconsin, USA, g
PHIL HUMPHREY, geb. 26. 11. 1937 in Madison/Wisconsin, USA, g

Sowohl Jim als auch Phil hatten Ende der 50er Jahre eine eigene Band. Da sich ihr Erfolg aber in Grenzen hielt, beschlossen sie 1959, ihre Kräfte zu vereinigen und künftig als The Fendermen durch die Gegend zu ziehen. Den Namen gaben sie sich, weil sie beide Fender-Gitarren spielten. 1960 nahmen sie ein Lied auf, das der Country & Western-Star JIMMIE RODGERS bereits 1930 geschrieben hatte, den *Mule skinner blues*. Es wurde der erste und einzige Hit der Fendermen.

Jahr	*Titel*	*USA*	*UK*	*D*
1960	Mule skinner blues	5	32	

Ferrante & Teicher

ARTHUR FERRANTE, geb. 7. 9. 1921 in New York, USA, p
LOUIS TEICHER, geb. 24. 8. 1924 in Wilkes-Barre, Pennsylvania, USA, p

Die beiden höchst erfolgreichen Pianisten kennen sich seit ihrem sechsten Lebensjahr. Damals wurden sie beide gleichzeitig auf der berühmten Juilliard-Musikschule in Manhattan eingeschult. Sie machten ihren Abschluß, blieben als Lehrer dort, gaben aber schon hin und wieder Konzerte. Im Laufe der Zeit wurden die beiden bebrillten Pianisten mit ihren Doppeldarbietungen derartig populär, daß sie 1947 den Lehrberuf aufgaben und sich nur noch ihren Konzerten widmeten. In den nächsten Jahren nahmen sie immer mehr Popmusik in ihre Programme auf und spielten neben den gewohnten Klassikern auch ebenso umjubelt GEORGE GERSHWIN, COLE PORTER, RODGERS & HART etc. Sie fingen auch an, ihre Klaviere umzubauen. Sie fügten den Klaviersaiten Dinge wie z. B. Sandpapier-Streifen zu, um andere Töne zu bekommen, die Trommeln, Kastagnetten oder auch einem Xylophon ähnelten. Die beiden scheuten sich auch nicht davor, schon mal auf ihre Pianos zu klettern und per Hand an den Saiten zu zupfen und zu reißen, um damit wiederum andere Töne hervorzurufen. Ferrante & Teicher wurden bald gefeierte TV-Stars, und ab 1954 machten sie auch Platten. Ihre größten Erfolge hatten sie mit Film-Titeln, wie z. B. 1960 mit ihrem ersten Millionenseller. Der stammte aus dem SHIRLEY MACLAINE/JACK LEMMON-Film *Das Apartment*, war eine

Instrumental-Nummer, die bereits 1949 geschrieben worden war und damals *Jealous lover* hieß und die von Ferrante & Teicher einfach in *Theme from the apartment* umgetauft wurde. 1960 hatten sie mit einem Film-Titel auch gleich ihren zweiten Millionenerfolg, nämlich mit *Exodus – main theme* aus dem gleichnamigen Film, der sogar den Oscar als ›Song des Jahres‹ erhielt. 1961 lieferten die beiden Freunde dann Millionenseller Nr. 3 ab, nämlich *Tonight* aus dem BERNSTEIN-Musical *West side story* aus dem Jahre 1957. Bis Anfang der 70er Jahre waren die beiden regelmäßig in den internationalen Charts vertreten.

Jahr	*Titel*	*USA*	*UK*	*D*
1960	Theme from the apartment	10	44	
1960	Exodus	2	6	
1961	Tonight	8		
1969	Midnight cowboy	10		

The Fifth Dimension

MARILYN MCCOO, geb. 30. 9. 1943 in Jersey City/New Jersey, USA, voc, ersetzt 1976 durch MARJORIE BARNES, ersetzt durch TERRI BRYANT
FLORENCE LARUE GORDON, geb. 4. 2. 1944 in Glenside/Pennsylvania, USA, voc
WILLIAM DAVIS JR., geb. 26. 6. 1940 in St. Louis/Missouri, USA, voc, ersetzt 1976 durch DANIEL BEARD, geb. 1950, gest. 25. 7. 1982
RONALD TOWNSON, geb. 20. 1. 1941 in St. Louis/Missouri, USA, voc, ersetzt durch MICHAEL BELL
LAMONTE MCLEMORE, geb. 17. 9. 1940 in St. Louis/Missouri, USA, voc

Die schöne Marilyn McCoo war als Kind von New Jersey nach Kalifornien gekommen. Sie sang zwar von klein auf mit Begeisterung Gospel-Musik, als Beruf ergriff die perfekt gewachsene Schönheit allerdings den eines Models. Mitte der 60er Jahre lernte sie den Mode-Fotografen Lamonte McLemore kennen. Sie stellten fest, daß sie beide gerne und auch ganz gut sangen, und beschlossen, eine Gruppe zu gründen. Sie engagierten FLOYD BUTLER und HARRY ELSTON, nannten sich THE HIFI's, nahmen ein paar Platten auf und gingen sogar auf Tour. Doch das Quartett hielt nicht lange, danach verließen Butler und Elston die Formation, um die → FRIENDS OF DISTINCTION zu gründen. Kurzentschlossen holten sich Marilyn und Lamonte die neuen Mitglieder Florence LaRue, Ron Townson und Billy Davis jr., einen Cousin von Lamonte. Als Gruppennamen wählten sie dieses Mal THE VERSATILES, und unter diesem Namen machten sie die Single *I'll be loving you forever*. Danach nannten sich die fünf The Fifth Dimension. Ihren ersten Erfolg hatte die Formation 1967 mit dem Song *Go where you wonna go*, das im Original von → THE MAMAS AND THE PAPAS stammt. Den großen Durchbruch hatte das Quintett dann mit dem JIM WEBB-Song *Up up and away*. Dieses Lied leitete wortwörtlich (›Auf und davon‹) den Höhenflug der Fifth Dimension, aber auch den ihres Songwriters Webb, ein. Ein Jahr später holten sich die Fifth Dimension die Songs dann wieder von einer neuen, unbekannten Songschreiberin, nämlich von → LAURA NYRO. Aus ihrer Feder stammten die Hits *Stoned soul picnic*, *Sweet blindness* und *Wedding bell blues*. Bis 1973 waren die Fifth Dimension regelmäßig in den

Charts vertreten. In dieser Zeit konnten sie insgesamt fünf Millionenseller verzeichnen: *Stoned soul picnic*, *Aquarius/Let the sunshine in*, *Wedding bell blues*, *One less bell to answer* und *(Last night) I didn't get to sleep at all*. Danach konzentrierte sich das Quintett in erster Linie auf Fernseh- und Clubauftritte. Inzwischen hatte Florence LaRue ihren Marc Gordon geheiratet, während Billy Davis jr. und Marilyn McCoo ein glückliches Ehepaar geworden waren. Anfang 1976 trennten sich Marilyn und Billy Davis jr. von der Formation und versuchten sich als Duo. Der 76er Nr.-1-Hit und Millionenseller *You don't have to be a star (to be in my show)* gab ihnen recht. Als Ersatz für die beiden kamen Danny Beard und Marjorie Barnes. Als Danny Beard im Sommer 1982 bei einem Brand in New York ums Leben kam, gab es weitere Umbesetzungen. Heute hört man praktisch nichts mehr von Fifth Dimension.

Jahr	*Titel*	*USA*	*UK*	*D*
1967	Go where you wanna go	16		
1967	Up up and away	7		
1968	Stoned soul picnic	3		
1968	Sweet blindness	13		
1969	Aquarius/Let the sunshine in	1	11	2
1969	Workin' on a groovy thing	20		
1969	Wedding bell blues	1	16	
1970	One less bell to answer	2		
1971	Love's lines, angles and rhymes	19		
1971	Never my love	12		
1972	(Last night) I didn't get to sleep at all	8		
1972	If I could reach you	10		

The Fifth Estate

Rick Engler, voc, kazoo, electric cl, v, b
Dick Ferrar, voc, g, b
›Wads‹ Wadhams, keyb
William Shute, mandoline, g
Furvus Evans, dr, perc

Genauso wie z. B. anfänglich die → Monkees bestanden auch The Fifth Estate aus Studiomusikern und -sängern. 1967 nahm dieses lose Quintett einen Song aus *The wizard of Oz* (*Der Zauberer von Oz*) auf, den Titel *Ding dong! The witch is dead*. Die Aufnahme wurde an eine Plattenfirma verkauft, die Platte kam im Mai 1967 heraus und wurde der erste und einzige Hit der Formation.

Jahr	*Titel*	*USA*	*UK*	*D*
1967	Ding dong! The witch ist dead	11		

Larry Finnegan

John Lawrence Finnegan, geb. 1941 in New York, USA, voc

Larry besuchte das Notre Dame College. Musik war schon immer sein Hobby gewesen. Er spielte Gitarre, Klavier und Schlagzeug und versuchte sich auch des öfteren als Songschreiber. Im November 1961 fiel ihm wieder ein Lied ein, das er *Dear one* nannte. Er machte eine Demo-Aufnahme, ging damit zu einer Plattenfirma und bekam prompt einen Vertrag. Anfang 1962 kam der Song heraus, er wurde Larrys erster und einziger Hit. Mitte der 60er Jahre ging Larry dann nach Schweden, wo er in Stockholm eine eigene Plattenfirma gründete. Außerdem betätigte er sich auch in Dänemark, Schweden und Norwegen immer wieder als recht erfolgreicher Komponist. 1964 schrieb er z. B. für die Sängerin → SUZIE das Lied *Johnny loves me*, das in der deutschen Version *Johnny komm* der erste Hit für Suzie in Deutschland wurde.

Jahr	*Titel*	*USA*	*UK*	*D*
1962	Dear one	11		
1966	Das Spiel ist aus			37

The Fireballs

GEORGE TOMSCO, geb. in Raton/New Mexico, USA, g, voc
STAN LARK, geb. in Raton/New Mexico, USA, g
JIMMY GILMER, geb. 1939 in Chicago, USA, p, voc
ERIC BUDD, geb. in Raton/New Mexico, USA, dr

Das Quartett entstand 1959. Die vier konnten NORMAN PETTY, den Manager von → BUDDY HOLLY & THE CRICKETS und Besitzer eines Aufnahmestudios in Clovis/New Mexico, als ihren Manager gewinnen. Er verschaffte ihnen einen Plattenvertrag, und Ende 1959 kamen die Fireballs erstmals in die US-Charts mit dem Instrumental *Torquay*, mit dem sie Platz 39 erreichten. 1963 machte Jimmy Gilmer, der Pianist der Band, von sich reden, als er mit den Fireballs den Nr.-1-Hit und Millionenseller *Sugar shack* aufnahm. Auf dem 68er Hit *Bottle of wine* fungierte Jimmy Gilmer als Sänger.

Jahr	*Titel*	*USA*	*UK*	*D*
1960	Bull dog	24		
1961	Quite a party	27	29	
1968	Bottle of wine	9		
JIMMY GILMER & THE FIREBALLS				
1963	Sugar shag	1	45	
1964	Daisy petal pickin'	15		

The Five Americans

MICHAEL RABON, leadvoc, leadg
LEONARD GOLDSMITH, leadvoc, keyb
ROBERT RAMBO, leadg
JAMES GRANT, b
JAMES WRIGHT, dr
alle aus Dallas/Texas, USA

Das Quintett begann auf die übliche Art mit dem Spielen in kleinen Clubs. Nach und nach hatte es mit seiner melodiösen Popmusik soviel Fans gewonnen, daß es einen Plattenvertrag bekam. Erstmals waren die Five Americans 1966 mit *I see the light* in den US-Charts, dann wechselten sie die Plattenfirma und hatten das große Glück, als neuen Produzenten DALE HAWKINS (*Suzie Q*) zu bekommen.

Jahr	*Titel*	*USA*	*UK*	*D*
1966	I see the light	26		
1967	Western Union	5		
1967	Sound of love	36		
1967	Zip code	36		

Mit ihm schafften sie den Bestseller *Western Union*. Obwohl die Band zu den schönsten Hoffnungen berechtigte, war sie Ende 1967 schon wieder weg vom Fenster.

The Five Stairsteps

ALOHA BURKE, geb. 1949 in Chicago/Illinois, USA, voc
CLARENCE BURKE, geb. 1950 in Chicago/Illinois, USA, voc
JAMES BURKE, geb. 1951 in Chicago/Illinois, USA, voc
DENNIS BURKE, geb. 1953 in Chicago/Illinois, USA, voc
KENNETH MICHAEL BURKE, geb. 1954 in Chicago/Illinois, USA, voc
CUBIE BURKE, geb. 1966 in Chicago/Illinois, USA

Die Five Stairsteps waren eine der sog. ›Familien-Gruppen‹, sozusagen ein Vorläufer der → JACKSON FIVE oder der → OSMONDS. Sie starteten Anfang der 60er Jahre als Quintett und gewannen bei einem Talentwettbewerb im Chicagoer »Regal Theatre« den 1. Preis. Auch CURTIS MAYFIELD, der Leadsänger und Songschreiber der → IMPRESSIONS und außerdem ein erfahrener Produzent, war von der Geschwister-Truppe so begeistert, daß er sie sofort unter seine Fittiche nahm. Er produzierte mit der Vokalgruppe eine ganze Reihe von R & B-Titeln wie *You waited too long* (1966), *Danger! She's a stranger* (1967), *A million to one* (1968), *Stay close to me* (1969), die praktisch alle in die Black Charts kamen. Sehr zur Freude der Zuschauer hatten die Five Stairsteps ab 1968 ihr Brüderchen Cubie mit in ihre zahlreichen Shows eingearbeitet. Cubie zählte damals ganze zwei Jahre. Der große Durchbruch auch auf dem Pop-Markt kam erst 1970, als die Five Stairsteps den Produzenten wechselten und mit STAN VINCENT ins Studio gingen. Vincent schrieb und produzierte mit ihnen den Song *O-o-h child*, der nicht nur in die Hot 100 kam, sondern sich auch millionenfach verkaufte. Doch danach hörte man nichts mehr von den Five Stairsteps.

Jahr	*Titel*	*USA*	*UK*	*D*
1970	O-o-h child	8		

Fleetwood Mac

PETER ›GREEN‹ GREENBAUM, geb. 29. 10. 1946 in London, England, g, voc, ging 1970, ersetzt 1971 durch CHRISTINE PERFECT McVIE, geb. 12. 7. 1943 in England, voc, keyb
JOHN McVIE, geb. 26. 11. 1945 in England, b
JEREMY SPENCER, geb. 4. 7. 1948 in England, g, ersetzt 1971 durch ROBERT WELCH, geb. 31. 7. 1946, ersetzt 1975 durch LINDSEY BUCKINGHAM, geb. 3. 10. 1947 in Atherthon/Kalifornien, USA, ersetzt 1987 durch BILLY BURNETTE, geb. 8. 5. 1953 in Memphis/Tennessee, USA und RICK VITO, geb. in Philadelphia/USA
MICK FLEETWOOD, geb. 24. 6. 1942 in England, dr, perc
ab 1968 DANIEL KIRWAN, g, ersetzt 1973 durch ROBERT WESTON und DAVE WALKER, gingen beide 1974

ab 1975 Stevie Nicks, geb. 26. 5. 1948 in Phoenix/USA, voc

Begonnen hatte diese Superband als rein englische Formation. Initiator war der ausgezeichnete britische Gitarrist Peter Green. Er wurde im Londoner East End als Sohn jüdischer Eltern geboren. Seinen ersten professionellen Auftritt hatte er als Bassist bei einer Gruppe namens Peter Bees, die von Peter Bardens geleitet wurde. Green war auch Mitglied von Bardens berühmter R & B-Band Shotgun Express, zu der zeitweise auch Mick Fleetwood und Rod Steward gehörten. Doch der Baß lag Green nicht so sehr, er wollte lieber richtig schönen Blues auf der Gitarre spielen, und dazu bekam er Gelegenheit, als er 1966 bei → John Mayalls Bluesbreakers → Eric Clapton ersetzte. Doch dort war Green nur einer unter vielen, und so ging er 1967 und nahm auch gleich den Bassisten John McVie mit. Er holte noch Mick Fleetwood und Jeremy Spencer, und fertig war Fleetwood Mac. Das Quartett gab sein vielumjubeltes Debüt am 12. August 1967 beim National Jazz and Blues Festival, und gleich das erste Album *Fleetwood Mac* wurde ein Hit. Zuerst spielte Fleetwood Mac fast ausschließlich modernisierte Versionen klassischer Blues-Titel. Das änderte sich, als 1968 Danny Kirwan dazustieß. Er wies einen neuen, erfolgreichen Weg in eine mehr pop-orientierte Richtung. Der Erfolg ließ nicht lange auf sich warten. Auch wenn ihre erste Single *Black magic woman* (die später in der Version von → Santana ein Millionenseller werden sollte) in England nur bis Rang 37 kam, mit der Instrumental-Nummer *Albatross* hatten sie ihren ersten soliden Nr.-1-Hit und Millionenerfolg. Der Erfolg mit Songs, die in erster Linie aus der Feder von Peter Green stammten, hielt bis 1970 an. Dann geriet Green auf einen religiösen Trip und verließ die Gruppe, die er zu einer der führenden britischen Blues Bands gemacht hatte. Damit irrte Fleetwood Mac die nächsten fünf Jahre zunächst einmal ziemlich führungs- und richtungslos durch die musikalische Landschaft. Da half es auch nicht, daß 1971 Christine McVie als festes Mitglied zur Band kam. Die Sängerin und Keyboarderin hatte unter ihrem Mädchennamen Christine Perfect bei der Bluesband → Chicken Shack gesungen und sich dabei einen Namen als beste britische Bluessängerin gemacht. In diesem Jahr 1971 traf die Formation gleich der nächste Schlag: Jeremy Spencer, der die Bühnenshows so herrlich mit seinen → Elvis-Presley- und → Buddy-Holly-Imitationen aufgelockert hatte, verschwand bei einer US-Tournee spurlos. Später fand man ihn dann bei den ›Children Of God‹ wieder, einer radikalen religiösen Sekte. Damit die Tournee fortgesetzt werden konnte, stieg kurzfristig Peter Green noch einmal ein. Die vakante Stelle wurde dann von Bob Welch besetzt. Das ›Bäumchen-Wechsel-Dich‹-Spiel wurde bei Fleetwood Mac auch die nächsten Jahre über gespielt. Mitglieder kamen und gingen, es gab ein paar gute und ein paar nicht so gute Alben, praktisch keine Single-Hits, und allmählich gerieten Fleetwood Mac fast in Vergessenheit. Ihr Manager wagte es sogar, eine neue Fleetwood-Mac-Besetzung auf die Beine zu stellen, was die Ur-Fleetwoods per Gerichtsbeschluß verbieten ließen. Die ›neuen‹ Fleetwood Mac nannten sich daraufhin Stretch und hatten 1975 einen Hit mit dem Song *Why did you do it?*, in dem sie diesen gerichtlichen Schritt anprangerten. Ruhe kehrte erst 1975 ein, als der für lange

Zeit letzte Mitgliederwechsel stattfand: Bob Welch ging, und für ihn kamen Lindsey Buckingham und Stevie Nicks. Das attraktive Pärchen, das schon eine ganze Weile zusammen Musik machte, erwies sich als echte Bereicherung. Fleetwood Mac gewannen dadurch nicht nur zwei neue Stimmen und einen beachtlichen Gitarristen, sondern auch zwei hervorragende Songwriter. Stevie-Nicks-Songs wie *Rhiannon*, *Dreams*, *Sara* und *Gypsy* waren allesamt Bestseller. Die Alben von Fleetwood Mac verkauften sich von diesem Zeitpunkt an grundsätzlich millionenfach und wurden stets mit Gold und Platin, meist sogar mit Mehrfach-Platin, ausgezeichnet. Bis 1982 waren Fleetwood Mac Dauergäste in den internationalen Charts. Dann gab es eine fünfjährige Pause, in der sich die Mitglieder diversen Soloaktivitäten widmeten. Doch 1987 meldete sich die Band mit dem Album *Tango in the night* in alter Güte wieder zurück; Buckingham allerdings wollte künftig nur noch als Solist arbeiten.

Jahr	*Titel*	*USA*	*UK*	*D*
1968	Albatross		1	19
1969	Man of the world		2	37
1969	Oh well		2	5
1970	The green Manalishi (with the two prong crown)		10	23
1973	Albatross		2	
1975	Over my head	20		
1976	Rhiannon (will you ever win)	11		
1976	Say you love me	11	40	
1977	Go your own way	10	38	11
1977	Dreams	1	24	33
1977	Don't stop	3	32	41
1977	You make loving fun	9	45	36
1979	Tusk	8	6	7
1979	Sara	7	37	44
1980	Think about me	20		
1982	Hold me	4		64
1982	Gypsy	12	46	35
1982	Oh Diane		9	46

The Fleetwoods

Gary Troxel, geb. 28. 11. 1939 in Centralia/Washington, USA, voc
Barbara Ellis, geb. 20. 2. 1940 in Olympia/Washington, USA, voc
Gretchen Christopher, geb. 29. 2. 1940 in Olympia/Washington, USA, voc

Alle drei besuchten die Olympia Highschool in Washington, und dort lernten sie sich 1958 auch kennen. Zunächst hatten Barbara und Gretchen als Duo zusammengesungen, bis sie dann Gary fragten, ob er nicht als Trompeter bei ihnen einsteigen wollte. Er wollte, versuchte sich auch einmal als Sänger, und es wurde schnell klar, daß Gary über eine ungemein sanfte und einschmeichelnde Stimme verfügte. Das Trio nannte sich inzwischen Two Girls And A Guy. Ende 1958 ließen sie sich ein Lied namens *Come softly to me* einfallen, spielten es einer Plattenfirma vor und bekamen sofort einen Vertrag. Lediglich ihr holpriger Gruppenname erregte Anstoß. Der Firmenchef schlug vor, doch etwas ganz Einfaches und Eingängiges zu nehmen, wie z. B. den Namen seines Telefons – und der war Fleetwood. Der Rest ist heute schon Geschichte. Die Fleetwoods hatten Anfang 1959 mit ihrem *Come softly to me* ihren ersten Nr.-1-Hit und Millionenseller, dem noch mehr Bestseller folgen sollten. Gary Troxel lebt heute mit seiner Frau in Anacortes/Washington und arbeitet in einer Sperrholzfabrik. Gretchen ist verheiratet und erteilt im Evergreen State College in Olympia Unterricht im Jazz-Tanz, und Barbara ist in Placentia/Kalifornien eine verheiratete Hausfrau.

Jahr	*Titel*	*USA*	*UK*	*D*
1959	Come softly to me	1	6	
1959	Mr. Blue	1		
1960	Runaround	23		
1961	Tragedy	10		

Joy Fleming

Erna Strube, geb. 15. 11. 1944 in Rockenhausen, Deutschland, voc

Die sehr vollschlanke kleine Sängerin mit der umwerfenden Stimme gehört zu den deutschen Interpretinnen, die am meisten unterbewertet werden, und das seit Ende der 60er Jahre. Geboren in der Pfalz, aufgewachsen in Mannheim, begann Joy Fleming ihre musikalische (Nicht-)Karriere bei der Formation Joy And The Hit Kids, die sich später Joy Unlimited nannte. Obwohl da bereits zu hören war, daß die kleine Joy sowohl R & B als auch echten Soul und Blues in der heiseren, starken Stimme hatte, kümmerte sich eigentlich niemand so recht um sie. Ab Anfang der 70er Jahre ließ man sie deutsche Versionen internationaler Hits singen, wie z. B. 1974 *Halbblut* (im Original *Half breed* von Cher). Sie konnte sich damit zwar auf Platz 38 in der deutschen Hitparade plazieren, aber der große Erfolg war's nicht. Genausowenig wie das Lied *Ein Lied kann eine Brücke sein*, mit dem Joy Fleming 1975 Deutschland beim Eurovisions-Wettbewerb in Stockholm vertrat. Richtig gut ist die Sängerin nur, wenn sie adäquate Titel wie den *Neckarbrücken Blues* singen kann. Doch in Deutschland hat für dieses brachliegende Talent offensichtlich niemand Verwendung.

The Flock

Fred Glickstein, g, voc
Jerry Goodman, vi
Jerry Smith, b
Tom Webb, ts
Rick Canoff, ts
Frank Posa, tp
Ron Karpman, dr

Die Ursprünge dieser ebenso hervorragenden wie auch unberechenbaren amerikanischen Formation liegen im Jahr 1964. Damals gründeten in Chicago vier jüdische Schulfreunde ein Quartett, aus dem dann Ende der 60er Jahre The Flock entstand. Die Band mischte ungeniert und in höchstem Maße musikalisch aufregend alles zusammen, was in der Musik gut und teuer war, und setzte noch eigene Einfälle dazu. Da war Flamenco ebenso zu hören wie Free Jazz, → Beatles-Anklänge, Blues-Einlagen, Pop-Andeutungen und dazu Jerry Goodman, der seine Violine traktierte, daß sein helles langes Haupthaar wie ein Schleier wirbelte. The Flock machten Rock-Musik, die in keine Schublade paßte. Es war abzusehen, daß diese Allianz von sieben egoistischen Individua-

The Flock Foto: Phonogram

listen, von denen jeder sehr differenzierte Vorstellungen von guter Musik hatte, nicht lange würde halten können. 1971 löste sich die Formation nach Superalben wie *The Flock* (1969) und *Dinosaur swamps* (1970) auf.

Eddie Floyd

geb. 25. 6. 1935 in Montgomery/Alabama, USA, voc

Der farbige Sänger begann seine Karriere Mitte der 50er Jahre als Leadsänger der Falcons. Die Formation hatte 1959 einen Nr.-17-Hit mit *You're so fine*. Anfang der 60er Jahre wollte Eddie Floyd sich als Solist versuchen und verließ die Falcons. (Für ihn kam ein unbekannter Sänger namens → Wilson Pickett, der ein paar Jahre später ebenfalls als Solist Karriere machen sollte.) Doch zunächst lief nicht alles so gut, Eddie hatte zwar einen Vertrag und machte Platten, aber sie wurden keine Hits. Das änderte sich erst, als er 1966 das inzwischen zum Klassiker avancierte *Knock on wood* herausbrachte. Es folgten noch einige Hits, vor allen Dingen in den Black Charts, doch es zeigte sich immer mehr, daß Eddie mit seinen rauhen Rock'n' Soul-Titeln ein Album-Künstler war.

Zudem schrieb er nicht nur erfolgreich für sich, sondern auch für andere wie → Carla Thomas und → Otis Redding. Für Wilson Pickett z. B. verfaßte er den 66er Hit *634-5789 (Soulsville, U.S.A.)*, der bis Platz 13 kam.

Jahr	*Titel*	*USA*	*UK*	*D*
1966	Knock on wood	28	19	
1968	Bring it on home to me	17		

The Flying Burrito Brothers

Sneaky Pete Kleinow, pedalg, steelg
Cecil Conner ›Gram Parsons‹, geb. 5. 11. 1946 in USA, g, voc, gest. 19. 9. 1973
Chris Hillman, geb. 4. 12. 1942 in Los Angeles/Kalifornien, USA, voc, g
Chris Etheridge, b

Die Flying Burrito Brothers wurden Ende 1968 gegründet. Etheridge und Kleinow hatten sich bereits als Session-Musiker einen Namen gemacht, und Parsons und Hillman kamen von den → Byrds. Dem Quartett schwebte elegante, schöne Country-Musik vor, die auch für Rock- und Pop-Fans akzeptierbar war. Im März 1969 erschien die Debüt-LP *The gilded palace of sin*, die mit diversen Session-Trommlern eingespielt wurde und den Erwartungen auch so ziemlich entsprach. Danach engagierten die Flying Burrito Brothers den Schlagzeuger Michael Clarke, der vorher ebenfalls bei den Byrds war. Bereits Ende 1969 gab's die erste Umbesetzung, der bis zum Aus der Band im Jahr 1976 noch viele folgen sollten. Ende 69 ging Etheridge, um wieder als Session-Musiker zu arbeiten, für ihn kam Bernie Leadon als Gitarrist und Sänger, während Chris Hillman sich an den Baß zurückzog. In dieser Zusammenstellung entstand 1970 die zweite LP *Burrito deluxe*, und danach warf Gram Parsons das Handtuch. Für ihn kam Rick Roberts, und danach herrschte tatsächlich ein volles Jahr Ruhe, ehe Kleinow ging und für ihn Al Perkins kam. Drei Monate später gefiel es auch Leadon nicht mehr, er wollte in Zukunft lieber bei den Eagles spielen. Doch beide Musiker waren noch auf der 71er LP *The Flying Burrito Brothers* zu hören. Allerdings hatte die Qualität der Songs auf Grund der vielen Umbesetzungen mehr und mehr nachgelassen. Jetzt versuchte man die Besetzung durch Byron Berline (fiddle), Roger Bush (b) und Kenny Wertz (g) aufzufrischen, die alle drei von Country Gazette kamen. In dieser Zusammenstellung entstand 1971 das Album *Last of the red hot Burritos*. Es wurde eine Europa-Tournee mit Country Gazette geplant, die aber fast ins Wasser fiel, weil sich die Flying Brothers vorher praktisch auflösten. Hillman und Perkins gingen zu Manassas, Clarke fuhr nach Hawaii. Aber Rick Roberts, der bereits über ein Jahr zu den Brothers gehörte, gab nicht auf. Er holte Alan Munde (banjo, g), Don Beck (pedal, steel, g) und Erik Dalton (dr) und machte die Europa-Tournee doch noch. Danach allerdings gab es die Flying Burrito Brothers nicht mehr. Bis 1974 die beiden Gründungsmitglieder Kleinow und Etheridge noch einmal einen Versuch wagten. Jetzt gehörte zu den Brothers der Cajun-Musiker Floyd ›Gib‹ Guilbeau (g, fiddle), das ehemalige → Canned Heat-Mitglied Joel Scott

Hill (g) und der ehemalige Byrds-Trommler Gene Parsons. In dieser Besetzung entstand 1975 die LP *Flying again*. Als der Erfolg mehr als zu wünschen übrig ließ, gab Etheridge auf. Die anderen jedoch waren noch lange nicht entmutigt, holten den ehemaligen Byrds-Bassisten Skip Battin, der allerdings gleichzeitig auch ein Engagement bei den New Riders Of The Purple Sage annahm. *Airborne* hieß das Resultat 1976, und das war's dann auch endgültig.

The Flying Machine

Diese Formation gehört zu den sogenannten ›Studiogruppen‹. Der Produzent Tony Macauley schrieb den Song *Smile a little smile for me*, nahm ihn mit Studiomusikern auf und veröffentlichte ihn unter dem Namen The Flying Machine. Der softe Pop-Song wurde in Amerika ein Millionenseller, und die Amerikaner wollten die Truppe auf Tournee sehen. Also engagierte man kurzentschlossen die Herren Pinkerton Kempe, Barry Bernard, Thomas Long und Anthony Newman, die bislang unter dem Namen Pinkerton's Assorted Colours aufgetreten waren und 1966 in England mit *Mirror, mirror* einen Nr.-9-Hit gehabt hatten. Dieses Quartett schickte man als The Flying Machine auf USA-Tournee. Die zweite Single, *Baby make it soon* 1970, erreichte lediglich Rang 87 in USA, danach verschwand die Gruppe in der Versenkung.

Jahr	*Titel*	*USA*	*UK*	*D*
1969	Smile a little smile for me	5		

Wayne Fontana & The Mindbenders

Glyn Geoffry Ellis ›Wayne Fontana‹, geb. 28. 10. 1945 in Manchester, England, leadvoc
Michael Eric Stewart jr., geb. 20. 1. 1945 in Manchester, England, leadg
Robert F. Lang, geb. 10. 1. 1946 in Manchester, England, b
Ric Rothwell, geb. 11. 3. 1944 in Stockport, England, dr

Glyn Ellis begann bereits als Kind mit dem Singen. Im zarten Alter von fünf Jahren gab er sein Debüt bei einer Skiffle-Group, und mit acht Jahren hatte der zielstrebige kleine Mann bereits eine eigene Band, mit der er kostenlos aber erfolgreich in Altersheimen auftrat. Mit 15 Jahren verließ er dann die Schule, um tagsüber als Telefonist zu arbeiten und nachts mit seiner Gruppe The Jets in kleinen Clubs aufzutreten. Im Sommer 1963 kam Glyn Ellis zu Ohren, daß die Plattenfirma Fontana ein Vorspielen für neue Gruppen angesetzt hatte. Kurzentschlossen meldete er sich mit seiner Band an – aber auf die Schnelle konnte er nur ein Mitglied, nämlich Bob Lang, erreichen. Doch Glyn Ellis gab nicht auf, er fragte einfach zwei Musiker, die dort herumstanden, ob sie nicht Lust hätten, bei ihm einzusteigen. Die beiden – Eric Stewart und Ric Rothwell – stiegen ein, sie spielten als Quartett vor – und bekamen zu ihrer großen Überraschung einen Plattenvertrag. Einzige Bedingung: die Namensänderung. Glyn Ellis mußte sich in Wayne Fontana, nach der Plattenfirma, umtaufen, und die Jets bekamen den Namen → The Mindben-

DERS, nach einem Film, der gerade in Manchester in den Kinos lief. Als erstes veröffentlichte die Band 1963 eine Version von → FATS DOMINOS *Hello Josephine*, das immerhin bereits auf Platz 46 in UK kam. Erster Bestseller war dann 1964 eine Version von → MAJOR LANCES *Um um um um um um*. Ende 1965 verließ Wayne Fontana dann die Gruppe, um als Solist weiterzumachen. 1966 klappte das auch ganz gut, aber bereits 1967 blieben die Hits aus, und Wayne Fontana verschwand sang- und klanglos. Die Mindbenders machten ebenfalls noch ein Jahr mit geänderter Besetzung erfolgreich weiter. Eric Steward machte dann später bei 10 CC Karriere.

Jahr	*Titel*	*USA*	*UK*	*D*
1964	Um um um um um um		5	
1965	Game of love	1	2	
1965	Just a little bit too late		20	
WAYNE FONTANA				
1966	Come on home		16	
1966	Pamela Pamela		11	

Emile Ford

geb. 16. 10. 1937 in Nassau/Bahamas, voc, g, p, vi, b

Der farbige Sänger und Multiinstrumentalist kam Anfang der 50er Jahre mit seiner Familie nach London. Er besuchte das Paddington Technical College und lernte während seiner Schulzeit das Gitarrespielen. Zunächst trat er in seiner Freizeit in kleinen Bars als Gitarrist auf, anschließend versuchte er sich dort auch als Sänger. Schließlich nahm er in Soho an einem Talentwettbewerb teil, den er gewann. Er hatte zu diesem Zeitpunkt bereits eine Band um sich versammelt, die er THE CHECKMATES nannte. Die Checkmates bestanden aus seinen drei Brüdern, die Saxophon, Baß und Gitarre spielten, und dem Schlagzeuger JOHN CUFFLY. Nach diesem Wettbewerb bekam Emile Ford 1959 mit seiner Band einen Plattenvertrag und wurde ein häufiger Gast im Fernsehen und Radio. Seine erste Single 1959 war auch gleich ein Nr.-1-Hit und Millionenseller. *What do you want to make those eyes at me for* war übrigens zu diesem Zeitpunkt bereits ein Oldie, es stammte nämlich aus dem Jahr 1916. Auch *On a slow boat to China*, Emiles zweiter Hit, war ein Oldie. Geschrieben 1948, brachte es damals einen Millionenerfolg für BENNY GOODMAN und sein Orchester mit dem Sänger AL HENDRICKSON, und auch für KAY KYSER und sein Orchester mit den Sängern HARRY BABBITT und GLORIA WOOD war der Titel ein Hit gewesen.

Jahr	*Titel*	*USA*	*UK*	*D*
1959	What do you want to make those eyes at me for		1	
1960	On a slow boat to China		3	
1960	You'll never know what you're missing		12	
1960	Them there eyes		18	
1960	Counting teardrops		4	

The Fortunes

Barry Pritchard, geb. 3. 4. 1944 in Birmingham, England, leadg, voc
Glenn Garforth ›Glen Dale‹, geb. 2. 4. 1943 in Deal, England, g, voc
Rod Bainbridge ›Rod Allen‹, geb. 31. 3. 1944 in Leicester, England, b, voc
David Carr, geb. 4. 8. 1943 in Leyton, England, keyb, voc
Andrew Brown, geb. 7. 1. 1946 in Birmingham, England, dr. voc

Barry und Rod besuchten gemeinsam die Schule und traten Anfang der 60er Jahre in kleinen Clubs als Duo auf. Dann bewarben sie sich bei Reg Calvert, dem Besitzer einer Reihe von Tanzpalästen im Norden von England. Calvert hatte einen Solo-Sänger namens Glen Dale unter Vertrag, den er den beiden zuordnete, und als Trio spielten sie eine Zeitlang als Begleitband für andere Interpreten, die in den Tanzhallen von Calvert auftraten. Ende 1963 versuchten die drei ihr Glück in London. Sie holten sich Andy Brown, einen Freund des Trios, als vierten Mann und als fünften den Keyboarder Dave Carr, der ihnen von → Brian Poole von den → Tremeloes empfohlen worden war. Das Quintett bekam einen Plattenvertrag und veröffentlichte als erstes die Single *Caroline*. Das Lied wurde zwar kein Hit, aber die britische Radiostation ›Radio Caroline‹ verwendete den Song als Erkennungsmelodie, und so wurden die Fortunes zumindest vom Namen her ziemlich bekannt. Bereits die nächste Single *You've got your troubles* wurde ein Bestseller. Geschrieben hatten das Lied übrigens Roger Cook und Roger Greenaway, die unter dem Namen → David & Jonathan als Duo auftraten. Es war für die beiden Rogers der erste große Erfolg als Songwriter. Bis 1966 waren die Fortunes regelmäßig in den Charts vertreten. Dann kam eine längere Ruhepause bis 1970, danach folgte erneut eine zweijährige Erfolgsperiode, bis die Fortunes endgültig verschwanden.

Jahr	*Titel*	*USA*	*UK*	*D*
1965	You've got your troubles	7	2	
1965	Here it comes again	27	4	
1966	This golden ring		15	
1971	Here comes that rainy day feeling again	15		
1971	Freedom come freedom go		6	19
1972	Storm in a teacup		7	

The Foundations

Clem Curtis, geb. 28. 11. 1940 in Trinidad, leadvoc, ersetzt 1968 durch Colin Young, geb. 12. 9. 1944 in Barbados
Allan Warner, geb. 21. 4. 1947 in London, England, leadg
Eric Allendale, geb. 4. 3. 1936 in der Dominikanischen Republik, tr
Peter MacBeth, geb. 2. 2. 1943 in London, England, b
Pat Burke, geb. 9. 10. 1937 in Kingston, Jamaika, sax, fl
Anthony Gomez, geb. 13. 12. 1948 in Colombo, Sri Lanka, keyb
Tim Harris, geb. 14. 1. 1948 in Raddington, England, dr

MICHAEL ELLIOT, geb. 6. 8. 1929 in Jamaika, sax, ging 1968

Die Foundations waren eine Band der Gegensätze. Altersmäßig rangierten sie zwischen 19 und 38 Jahren, sie stammten aus allen Teilen der Welt und hatten alle vollkommen verschiedene soziale Hintergründe. Clem Curtis war früher Metallarbeiter und professioneller Boxer gewesen, er kam 1956 nach England; Allan Warner war an und für sich Drukker, hatte aber bereits in etlichen Gruppen gespielt; Eric Allendale hatte ebenfalls bereits Erfahrungen gesammelt bei Gruppen wie THE HAMMERSMITH BRASS BAND und der TERRY LIGHTFOOT AND ALEX WALSH BAND; Peter MacBeth hatte vorher als Lehrer und als Verleger gearbeitet; Pat Burke war 1952 nach England gekommen und hatte ebenfalls schon in diversen Bands gespielt; Anthony Gomez war in der Londoner Country Hall Büroangestellter gewesen; Tim Harris war gleich nach der Schule professioneller Musiker geworden; Michael Elliot hatte früher bei der COLIN HICKS GROUP gespielt und war 1955 nach England gekommen. Diese acht so verschiedenen Männer fanden sich Mitte der 60er Jahre zusammen und spielten regelmäßig in kleinen Clubs. In so einem Club namens ›The Butterfly‹ wurden sie Anfang 1967 entdeckt. TONY MACAULEY, ein junger Produzent und Songwriter, wurde zu ihrem Recording Manager bestimmt, und er ließ sich zusammen mit seinem Partner JOHN MACLEOD den Song *Baby, now that I've found you* einfallen. Das Lied wurde praktisch der erste Song, der den sog. ›britischen Soul‹ etablierte. Das Lied wurde ein Nr.-1-Hit und Millionenseller, und die Foundations waren von da an Stars. Bis 1970 waren sie regelmäßig in den internationalen Charts vertreten, dann blieben die Hits aus, und die Gruppe löste sich auf.

Jahr	*Titel*	*USA*	*UK*	*D*
1967	Baby, now that I've found you	11	1	
1968	Back on my feet again		18	
1968	Build me up, buttercup	3	2	24
1969	In the bad bad old days		8	

Four Jacks & A Jill

GLENYS LYNNE ›JILL‹, geb. in Südafrika, leadvoc
BRUCE BARK, leadg, harmonica, sax
TILL HANNAMANN, g, tr, keyb
CLIVE HARDING, b
ANTHONY HUGHES, dr

Die Gruppe, ohne die Sängerin Jill, wurde 1964 in Südafrika unter dem Namen THE NEVADAS gegründet. Da das Quartett zunächst ziemlich erfolglos blieb, beschlossen die vier Knaben, es den → BEATLES gleich zu tun. Sie ließen sich die Haare wachsen, nannten sich THE ZOMBIES (haben nichts zu tun mit den englischen → ZOMBIES), und siehe da, plötzlich waren die langhaarigen Musiker sehr gefragt. Bei einem ihrer inzwischen zahlreichen Auftritte lernten sie Glenys Lynne kennen. Das hübsche Mädchen mit der sanften Stimme stieg bei ihnen als Sängerin ein und veranlaßte sie auch zu der Namensänderung in Four Jacks & A Jill. Nach und nach wurden die fünf in Südafrika populär, und 1967 bekamen sie einen Plattenvertrag. Bereits eine der ersten Singles, *Timothy*, wurde ein südafrikanischer Bestseller. Als nächstes folgte *Master Jack*, das auch international veröffentlicht und ein Hit wurde. Diesen Erfolg konnten die vier Jacks mit ihrer Jill nicht mehr wiederholen.

Jahr	*Titel*	*USA*	*UK*	*D*
1968	Master Jack	18		
1968	Mister Nico	96		

Four Preps

Bruce Belland, voc
Glen Larson, voc
Ed Cobb, voc
Marv Ingram, voc
alle aus Hollywood/Kalifornien, USA

Das Quartett besuchte gemeinsam die Hollywood Highschool und sang ebenso gemeinsam im Schulchor. Es wurde bald zu einer festen Einrichtung, daß die vier bei Tanzveranstaltungen etc. auftraten. 1956 machte ein Freund von ihnen bei einem solchen Tanzabend heimlich eine Aufnahme und schickte sie, ohne daß er den vier Freunden etwas davon erzählt hätte, an eine Plattenfirma. Das Ergebnis war ein Vertrag. 1956 veröffentlichten die Four Preps mit *Dreamy eyes* ihre erste Platte, 1958 hatten sie mit *26 miles (Santa Catalina)* ihren ersten Hit. Bis 1961 waren sie immer wieder in den Charts vertreten. Wegen ihres Saubermann-Images wurden die Four Preps übrigens als → Pat Boone der Vokalgruppen bezeichnet. Heute leben alle vier immer noch an der Westküste. Aber Bruce ist der einzige, der noch als Sänger auftritt. Er hat zusammen mit Dave Sommerville, der früher bei den Diamonds (*Little darling*) gewesen war, ein Duo gebildet.

Jahr	*Titel*	*USA*	*UK*	*D*
1958	26 miles (Santa Catalina)	2		15
1958	Big man	3	2	
1958	Lazy summer night	21		
1960	Down by the station	13		
1960	Got a girl	24	28	
1961	More money for you and me (Medley)	17	39	

Four Seasons

Frank Castelluccio ›Frankie Valli‹, geb. 3. 5. 1937, leadvoc
Nicholas Macioci ›Nick Massi‹, geb. 19. 9. 1935, voc, b
Tommy DeVito, geb. 19. 6. 1936, voc, g
Bob Gaudio, geb. 17. 11. 1942, voc, p, org
alle aus Newark/New Jersey, USA

Frankie, Nick und Tommy sangen bereits seit 1956 unter dem Namen The Four Lovers zusammen. Gaudio war Mitglied der Royal Teens, denen er Hits wie *Short shorts* (1958) geschrieben hatte. Anfang der 60er Jahre verließ er die Teens und schloß sich den Four Lovers an. Doch irgendwie gefiel dem Quartett dieser Name nicht so ganz, und nach einem Abend auf einer Bowling-Bahn beschlossen sie, sich den Namen dieser

Bahn zu geben, und der lautete The Four Seasons. Dann lernten Sie → Bob Crewe kennen, der mit ihnen arbeitete und ihnen einen Plattenvertrag beschaffte. Ihre erste Single 1962 hieß *Bermuda* und war ein grandioser Flop. Doch dann setzte sich Bob Gaudio hin und schrieb *Sherry*, und damit hatten die ›Vier Jahreszeiten‹ ihren ersten Nr.-1-Hit, der sich fünf Wochen lang an der Spitze der US-Charts hielt. Von 1962 bis 1968 gehörten die Four Seasons zu den erfolgreichsten amerikanischen Pop-Gruppen. Vor allen Dingen → Frankie Vallis extreme Falsett-Stimme, mit der er angeblich sogar Fensterscheiben und Gläser zum Zerspringen bringen konnte, gaben der Formation einen unverwechselbaren Sound. Für die meisten Hits der Four Seasons waren Bob Gaudio und Bob Crewe verantwortlich. Von 1968 bis 1975 herrschte ›Funkstille‹ bei den Four Seasons, dann meldeten sie sich 1975 in alter Frische und erfolgreich wie immer zurück. Frankie Valli war übrigens ab 1966 stets zweigleisig gefahren und hatte als Solist ebenfalls etliche Millionenseller wie *Can't take my eyes off you* (1967) oder *Grease* (1978) für sich verbuchen können. 1965 hatten sich die Four Seasons das → Wonder-Who-Projekt ausgedacht. Unter diesem Namen nahmen sie Songs auf, die nicht zu ihrem Four-Seasons-Image gepaßt hätten.

Jahr	*Titel*	*USA*	*UK*	*D*
1962	Sherry	1	8	
1962	Big girls don't cry	1	13	
1963	Walk like a man	1	12	
1963	Ain't that a shame	22	38	
1963	Candy girl	3		
1964	Dawn (go away)	3		
1964	Stay	16		
1964	Ronnie	6		
1964	Rag doll	1	2	28
1964	Save it for me	10		
1964	Big man in town	20		
1965	Bye, bye, baby (baby goodbye)	12		
1965	Let's hang on	3	4	
1966	Working my way back to you	9	50	
1966	Opus 17 (Don't you worry 'bout me)	13	20	
1966	I've got you under my skin	9	12	
1966	Tell it to the rain	10	37	
1967	Beggin'	16		
1967	C'mon Marianne	9		
1975	Night		7	
1975	Who loves you	3	6	
1976	December, 1963 (Oh, what a night)	1	1	16
1976	Silver Star	38	3	29

The Four Tops

Levi Stubbs, leadvoc
Abdul ›Duke‹ Fakir, voc
Renaldo ›Obie‹ Benson, voc
Lawrence Payton, voc
alle aus Detroit/Michigan, USA

Die Four Tops sind mit Sicherheit die dienstälteste Soulgruppe der Welt. Die vier lernten sich 1954 in Detroit bei einer Highschool-Party kennen. Zum Spaß stimmten sie zusammen ein Lied an, und die Reaktion der Partygäste war so fantastisch, daß sie beschlossen, eine Vokalgruppe aufzumachen. Unter dem Namen The Four Aims tingelten sie durch Michigan. 1956 bekamen sie ihren ersten Plattenvertrag und brachten ihre erste Single namens *Kiss me baby* her-

Four Tops Foto: Arista/BMG Ariola

aus. Die Platte wurde ein Flop, und die nächsten Jahre verbrachte das Quartett weiterhin mit Tingeln und Plattenaufnahmen für unbedeutende Labels, die allesamt nichts wurden. Die große Wende kam erst 1963, als ihr Freund BERRY GORDY JR. sie fragte, ob sie nicht Lust hätten, für sein Motown Label Platten zu machen. Die Four Tops, wie sie sich inzwischen nannten, sagten zu. Als erstes veröffentlichten sie ein jazz-orientiertes Album namens *Breaking through*, dann tourten sie ein Jahr lang mit BILLY ECKSTEIN durch die Lande, um ihr Jazz-Image aufzubauen. Doch das klappte nicht so recht, und so beschloß Berry Gordy, aus den Four Tops einen Pop-Act zu machen. Ab 1964 ließ er das Songwriter-Team HOLLAND/DOZIER/HOLLAND für sie arbeiten, das sich bereits mit Songs für → MARY WELLS und die → SUPREMES einen Namen gemacht hatte. Und diesmal klappte es auf Anhieb. Bereits die erste Single *Baby I need your loving* wurde ein Hit. Bis 1974 waren die Four Tops ständig in den Charts vertreten, ein Top-Act, dessen Platten sich millionenfach verkauften. Erst Mitte der 70er Jahre schwand allmählich ihre Popularität; da half es auch nicht, daß das erstklassige Soul-Quartett auf den primitiven Disco-Sound einschwenkte. Erst 1981 gelang den vieren ein Comeback mit dem softigen *When she was my girl*. Und 1988/89 waren die Four Tops vor allen Dingen in Europa wieder ganz oben mit Songs wie *Loco in Acapulco* aus dem Film *Buster* mit Phil Collins (Genesis) in der Hauptrolle.

Jahr	*Titel*	*USA*	*UK*	*D*
1964	Baby I need your loving	11		
1965	I can't help myself	1	23	
1965	It's the same old song	5	34	
1965	Something about you	19		
1966	Shake me, wake me (when it's over)	18		
1966	Reach out I'll be there	1	1	13
1966	Standing in the shadow of love	6	6	29
1967	Bernadette	4	8	
1967	Seven rooms of gloom	14	12	
1967	You keep running away	19	26	
1968	Walk away Renee	14	3	
1968	If I were a carpenter	20	7	35
1969	What is a man	53	16	
1969	Do what you gotta do		11	
1970	I can't help myself		10	
1970	It's all in the game	24	5	
1970	Still water (Love)	11	10	
1971	Just seven numbers (can straighten out my life)	40	36	
1971	Simple game		3	
1972	Keeper of the castle	10	18	
1973	Ain't no woman (like the one I've got)	4		
1973	Are you man enough	15		
1973	Sweet understanding love	33	29	
1981	When she was my girl	11	3	
1981	Don't walk away		16	37

Four Tops & → The Supremes

Jahr	*Titel*	*USA*	*UK*	*D*
1970	River deep – mountain high	14	11	

Inez Foxx

geb. 9. 9. 1942 in Greensboro/North Carolina, USA, voc

Auch die hübsche farbige Inez fing im Kirchenchor mit dem Singen an. Außerdem gehörte sie zu einer Gospel-Gruppe. Dort wurde sie entdeckt und bekam etliche Engagements für einen lokalen Club. 1959 versuchte sie ihr Glück in New York, bekam einen Plattenvertrag und nahm als erstes den Titel *A feeling* auf, der ein Flop wurde. Inez' große Stunde kam 1963, als sie den Song *Mockingbird* aufnahm. Geschrieben hatten den Millionenseller Inez und ihr Bruder Charlie, der auch als ihr Manager fungierte. Danach konnte Inez keinen Bestseller mehr landen.

Jahr	*Titel*	*USA*	*UK*	*D*
1963	Mockingbird (mit Charlie Foxx)	7		
1964	Hurt by love	54	40	
1969	Mockingbird (mit Charlie Foxx)		34	

Connie Francis

CONSTANCE FRANCONERO, geb. 12. 12. 1938 in Belleville/New Jersey, USA, voc

Auch Connie Francis gehörte zu den sogenannten Kinderstars. Mit vier Jahren fing sie mit dem Akkordeonspielen an, mit elf Jahren trat sie zum ersten Mal auf, mit zwölf Jahren konnte man sie schon in einer Radio-Show hören, und kurz danach gewann sie ARTHUR GODFREYS *Talent scout show*. Mitte der 50er Jahre bekam sie einen Plattenvertrag,

Jahr	*Titel*	*USA*	*UK*	*D*
1958	Who's sorry now	4	1	
1958	I'm sorry I made you cry	36	11	
1958	Carolina moon		1	
1958	I'll get by		19	
1958	Stupid cupid	14		
1958	Fallin'	30	20	
1958	You always hurt the one you love		13	
1958	My happiness	2	4	6
1959	Lipstick on your collar	5	3	
1959	Plenty good lovin'		18	
1959	Frankie	9		
1959	Among my souvenirs	7	11	
1960	Mama	8	2	
1960	Teddy	17		
1960	Die Liebe ist ein seltsames Spiel			1
1960	Everybody's somebody's fool	1	5	29
1960	Jealous of you	19		
1960	My heart has a mind of its own	1	3	
1960	Many tears ago	7	12	
1961	Where the boys are	4	5	
1961	Breakin' in a brand new broken heart	7	12	
1961	Schöner fremder Mann			1
1961	Together	6	6	
1961	Baby's first christmas	26	30	
1961	(He's my) Dreamboat	14		
1961	Einmal komm ich wieder			16
1961	When the boy in your arms (is the boy in your heart)	10		
1961	Eine Insel für zwei			7
1962	Das ist zuviel			12
1962	Lili Marleen			9
1962	Don't break the heart that loves you	1	39	
1962	Second hand love	7		
1962	Tu mir nicht weh			2
1962	Vacation	9	10	
1962	Paradiso			1
1962	Wenn du gehst			2
1963	I'm gonna be warm this winter	18	48	
1963	Follow the boys	17		
1963	Barcarole in der Nacht			1
1963	Die Nacht ist mein			3
1964	Nino			12
1964	Napoli			12
1965	Du mußt bleiben, Angelino			10

aber man ließ den begabten Teenager nur nichtssagende Liedchen wie *Forgettin* singen, mit denen Connie, die inzwischen ihren Namen in Francis geändert hatte, keinen Blumentopf gewann. 1957 schließlich hatte ihr Vater die glänzende Idee, Connie sollte doch eines seiner Lieblingslieder aufnehmen. Das war

Who's sorry now, das bereits 1923 ein Sheet-Music-Millionenseller gewesen war. Nach anfänglichem Zögern ging Connie ins Studio – und hatte ihren ersten Hit. Ab 1959 war die junge Dame mit dem einträglichen Country-Feeling in der Stimme auch in Deutschland ein Star. Bis 1968 war sie immer wieder in den Charts zu finden, auch wenn in den letzten Jahren die Notierungen nicht mehr so hoch waren. Auch heute tritt Connie, die insgesamt dreimal verheiratet gewesen war, noch ab und zu auf. Allerdings brauchte sie lange Zeit, um über eine Vergewaltigung hinwegzukommen, der sie am 8. November 1974 ausgesetzt war. Heute lebt Connie alleine an der Westküste.

Aretha Franklin

geb. 25. 3. 1942 in Detroit/Michigan, USA, voc

Aretha Franklin, die mit Beinamen wie ›The Queen Of Soul‹ und ›Soul Sister Nr. 1‹ ausgezeichnet wurde, ist die Tochter des Predigers C. L FRANKLIN, der selbst etliche Platten mit seinen Predigten veröffentlicht hat. Aretha war bereits im zarten Alter von zwölf Jahren die Vorsängerin seiner Gospel-Gruppe. Doch Aretha war nicht nur vom religiösen Gospel, sondern auch vom weltlichen Rythm & Blues eines → SAM COOKE oder → RAY CHARLES angetan. Und sie hatte eine große Lehrmeisterin: MAHALIA JACKSON nahm sie unter ihre Fittiche. 1960 wurde die begabte 18jährige mit der umwerfenden Stimme entdeckt und bekam einen Plattenvertrag. *Won't be long* hieß ihre erste Single, mit der sie immerhin auf Platz 76 kam. Aber noch kam ihre Karriere nicht so recht in Schwung. Die Liedchen, die man die junge Aretha singen ließ, waren zwar nett und lieb, aber sie wurden der gewaltigen 4-Oktaven-Stimme dieser erdigen Soulsängerin in keiner Weise gerecht. Aretha konnte sich in diese Songs nicht hineinsteigern, konnte nicht ihre ›Magie‹ entfesseln, und so blieb der große Erfolg zunächst aus. Der kam erst, als sie 1966 die Plattenfirma wechselte. Sie ging zu Atlantic Records nach Alabama und nahm künftig in deren Muscle Shoal Studios auf, die bereits für kraftvolle Soul-Songs bekannt waren. Mit der vorzüglichen R & B-Nummer *Never loved a man (the way I love you)* hatte sie ihren ersten Millionenseller, dem bis Ende der 80er Jahre noch etliche folgen sollten. Aretha Franklin schrieb mehr als einmal Soul-Geschichte. So wurde ihr Song *Respect*, eine Nummer aus der Feder von → OTIS REDDING, von der Illustrierten *Ebony* zur schwarzen Nationalhymne gekürt. Die Sängerin schaffte es immer wieder, aus Pop-Songs wie *I say a little prayer* von → BURT BACHARACH und → HAL DAVID oder *See saw* von → DON CONVAY reinrassige Black Music zu machen. Doch während Aretha beruflich von einem Erfolg zum nächsten eilte, litt ihr Privatleben darunter. Drei Kinder hatte sie Ende der 60er Jahre und mindestens ebenso viele Ehemänner, die kamen und gingen. Die sensible Aretha verstand das nicht, verfiel in Depressionen, rauchte zuviel, trank zuviel. Ab 1969 wirkte sich das auch auf ihre Arbeit aus. Ihre lustlos produzierten Platten erreichten nur noch selten Top-Notierungen. Doch dann besann sie sich auf ihre religiöse Herkunft, fand Kraft in der Gospelgruppe ihres Vaters, und

1970 hatte sie mit *Don't play that song* nach zwei Jahren wieder einen Millionenseller. (Der letzte war 1968 *See saw* gewesen.) Von da an lief es bis Mitte der 70er Jahre wieder hervorragend. Dann wurde Aretha, die inzwischen recht viel ›easy listening music‹ sang, von der hereinbrechenden Disco-Welle verdrängt. Doch Anfang der 80er Jahre hatte sich die Queen wieder gefangen und sang mit kraftvollen Funk-Titeln wie *Jump to it* den minderjährigen Nachwuchs glatt an die Wand. Zwar kamen ihre Songs und LP's nur noch selten auf Top-Plätze in den Pop-Charts, aber dafür war Aretha Franklin der absolute Star der Black Charts. Und auch andere Stars erinnerten sich jetzt wieder an sie: mit George Benson ging sie 1981 für *Love all the hurt away* erfolgreich ins Studio, mit den Eurythmics produzierte Aretha 1985 das schwarze *Sisters are doing it for themselves*, mit den → Rolling Stones Mick Jagger und Keith Richard entstand 1986 eine neue Version von *Jumpin' Jack Flash*, mit dem Teenager-Star George Michael sang sie im Duett *I knew you were waiting for me*, mit → Elton John im Duett entstand 1989 *Through the storm*. Mit ihrem Patenkind, dem neuen Soulstar Whitney Houston, sang sie ebenfalls 1989 das erfolgreiche Duett *It isn't, it wasn't, it ain't gonna be.*

Jahr	*Titel*	*USA*	*UK*	*D*
1967	I never loved a man (the way I love you)	9		
1967	Respect	1	10	34
1967	Baby I love you	4	39	
1967	A natural woman (You make me feel like)	8		
1967	Chain of fools	2	43	
1968	(Sweet sweet baby) Since you've been gone	5	47	
1968	Ain't no way	16		
1968	Think	7	26	32
1968	The house that Jack built	6		34
1968	I say a little prayer	10	4	40
1968	See saw	14		
1969	The weight	19		
1969	Share your love with me	13		
1969	Eleanor Rigby	17		
1970	Call me	13		
1970	Don't play that song	11	13	
1971	You're all I need to get by	19		
1971	Bridge over troubled water	6		
1971	Spanish Harlem	2	14	6
1971	Rock steady	9		44
1972	Day dreaming	5		
1973	Angel	20	37	
1973	Until you come back to me (That's what I'm gonna do)	3	26	
1974	I'm in love	19		
1982	Jump to it	24	42	
1985	Freeway of love	3	68	
1985	Who's Zoomin' who	7	11	
1985	Sisters are doin' it for themselves (mit den Eurythmics)		9	22
1986	Another night	22	54	
1986	Jumpin' Jack Flash	21	58	

Aretha Franklin & George Michael

Jahr	*Titel*	*USA*	*UK*	*D*
1987	I knew you were waiting for me		1	5

John Fred & His Playboy Band

John Fred Gourrier, geb. 8. 5. 1945 in Baton Rouge/Louisiana, USA, leadvoc, harmonica
Andrew Bernard, geb. 1945 in New Orleans/Louisiana, USA, sax
Ronald Goodson, geb. 2. 2. 1945 in Miami/Florida, USA, tp
Charles Spinosa, geb. 29. 12. 1948 in Baton Rouge/Louisiana, USA, tp
James O'Rourke, geb. 14. 3. 1947 in Fall River/Massachusetts, USA, g
Harold Cowart, geb. 12. 6. 1944 in Baton Rouge/Louisiana, USA, b
Thomas de Generes, geb. 3. 11. 1946 in Baton Rouge/Louisiana, USA, keyb
Joseph Miceli, geb. 9. 7. 1946 in Baton Rouge/Louisiana, USA, dr, perc

Die Gruppe wurde Ende der 50er Jahre auf der Highschool gegründet. Ursprünglich hieß sie nur John Fred & His Playboys. Die erste Single *Shirley* erschien 1959 und kam in den US-Charts lediglich bis Platz 82. In ihrem Heimatstaat war die achtköpfige Band Mitte der 60er Jahre dann so populär, daß sie einen überregionalen Plattenvertrag bekam. *John Fred & His Playboys* hieß das erste Album. Dann wurde aus den Playboys die Playboy Band, und das zweite Album *Agnes English* erschien 1967. Daraus ausgekoppelt wurde der Bubble-Gum-Rock *Judy in disguise (with glasses)*, den John Fred als Parodie auf das *Lucy in the sky with diamonds* der → Beatles geschrieben hatte. Es wurde der einzige Hit der Formation. Nach dem nächsten Album *Permanently stated* schwand die Popularität der Playboy Band. Heute tritt die Big Band nur noch in den Südstaaten auf, wo sie allerdings immer noch eine relativ große Gefolgschaft hat.

Jahr	*Titel*	*USA*	*UK*	*D*
1968	Judy in disguise (with glasses)	1	3	1
1968	Hey hey bunny	57		

Freddie & The Dreamers

Fred Garrity, geb. 14. 11.1940 in Manchester, England, leadvoc
Derek Quinn, geb. 24. 5. 1942 in Manchester, England, leadg
Roy Crewdson, geb. 29. 5. 1941 in Manchester, England, g
Peter Birrell, geb. 9. 5. 1941 in Manchester, England, b
Bernard Dwyer, geb. 11. 9. 1940 in Manchester, England, dr

Freddie Garrity ist Autodidakt in Sachen Musik. Als Teenager spielte er Ende der 50er Jahre bei der Red Sox Skiffle Group. Dann lernte er zwar einen ›anständigen‹ Beruf, nämlich Milchmann, aber die Musik ließ ihn nicht los. Er trommelte ein paar Freunde zu einer Band zusammen und spielte mit ihnen regelmäßig abends und am Wochenende in Clubs. Da alle fünf Mitglieder von Natur aus Komiker waren, gab es bei ihren Auftritten immer viel zu lachen. Das sprach sich natürlich herum, und im Oktober 1961 durften Freddie & The

Dreamers zum erstenmal vor einem breiteren Publikum auftreten, nämlich in der BBC-Fernsehshow *Let's go*. Das wiederum brachte dem Quintett 1962 einen Plattenvertrag ein. Anfang 1963 waren sie dann zum ersten Mal hoch in den Charts mit *If you gotta make a fool of somebody*. Bis 1966 waren sie regelmäßig in den englischen und amerikanischen Charts vertreten. In USA wurden Freddie & The Dreamers sogar als die ›heißeste Sache seit den → Beatles‹ betrachtet. Dort machten sie vor allen Dingen mit ihrem selbstkreierten Tanz *Do the Freddie* Furore. Und in den Staaten verkauften sich die Platten der Gruppe auch nach 1965 noch sehr gut. Dort waren sie dann 1966 in dem Film *Seaside swingers* zu sehen, für den sie auch den Soundtrack machten. Der zweite Freddie & The Dreamers-Film hieß *Cuckoo patrol*. Auch Ende der 60er, Anfang der 70er Jahre traten die fünf immer noch regelmäßig auf und veröffentlichten Platten, die allerdings den Eintritt in die Charts nicht mehr schafften. Dafür ist Freddy Garrity heute eine wohlbekannte Gestalt im englischen Kinderfernsehen.

Jahr	*Titel*	*USA*	*UK*	*D*
1963	If you gotta make a fool of somebody		3	
1963	I'm telling you now		2	
1963	You were made for me		3	
1964	Over you		13	
1964	I love you baby		16	
1964	I understand		5	
1965	I'm telling you now	1		
1965	I understand	36		
1965	Do the Freddie	18		
1965	You were made for me	21		

Free

Paul Rodgers, geb. 17. 12. 1949 in Middlesborough, England, leadvoc
Paul Kossof, geb. 14. 9. 1950 in Hempstead, England, g
Andrew Fraser, geb. 7. 8. 1952 in London, England, b
Simon Frederick Kirke, geb. 28. 7. 1949 in Shropshire, England, dr

Das englische Blues-Quartett wurde Ende der 60er Jahre gegründet. Kirke und Kossof hatten zusammen bei Black Cat Bones gespielt. Sie hörten Paul Rodgers bei einem Auftritt mit Brown Sugar in einem Londoner Pub und waren so begeistert von ihm, daß sie mit ihm eine Gruppe gründeten. Als Bassisten holten sie sich den damals erst 15 Jahre alten Andy Fraser von → John Mayalls Bluesbreakers. Der Blues-König → Alexis Korner hörte das Quartett und nahm es sofort unter seine Fittiche. Er probte mit ihnen, gab ihnen den Namen Free und verschaffte ihnen 1968 einen Plattenvertrag. Zunächst mußte die Band mit dem Vorwurf kämpfen, eine ›Ersatz-→ Cream‹ zu sein. Aber mit dem dritten Album *Fire and water* und der Hitsingle *All right now* bewiesen Free, daß sie eine durchaus eigenständige Gruppe waren. Trotzdem trennten sich die vier 1971 zum ersten Mal. Jedes der Bandmitglieder verfolgte zunächst eigene Projekte (Rodgers mit seiner Gruppe Peace, Fraser mit seiner Gruppe Toby, Kirke und Kossof mit dem Album *Kossof Kirke Tetsu and Rabbit*), die jedoch alle floppten. 1972 fanden die vier reumütig wieder zusammen, und mit dem Album *Free at last* und der Hitsingle *Little bit of love* feierten sie ihr Comeback. Ende 1972 trennte sich Fraser endgültig von Free und gründete zusammen mit CHRIS SPEDDING die SHARKS und später dann die ANDY FRASER BAND. Für ihn kamen der japanische Bassist TETSU und JOHN ›RABBIT‹ BUNDRICK zu Free, die damit ein Quintett wurden. Kurz danach ging auch Kossof, und für die US-Tournee von Free im Jahr 1973 wurde für ihn der OSIBISA-Gitarrist WENDELL RICHARDSON eingestellt. Doch Ende 1973 kam endgültig das ›Aus‹ für Free, und Rodgers und Kirke gründeten BAD COMPANY.

Jahr	*Titel*	*USA*	*UK*	*D*
1970	All right now	4	2	5
1971	My brother Jake		4	
1972	Little bit of love		13	
1973	Wishing will		7	47
1973	All right now		15	
1978	Free (EP)		11	
1982	Free (EP)		57	

Bobby Freeman

geb. 13. 6. 1940 in San Francisco/Kalifornien, USA, voc

Bobbys erste Gruppe war 1954 eine Band namens THE ROMANCERS, denen folgten THE VOCALEERS. Anfang 1958 war Bobby immer noch in der Highschool und sang immer noch, dieses Mal in einem Nachtclub in San Francisco. Dort wurde er von einem Plattenchef gehört und sofort unter Vertrag genommen. Er schrieb ein Lied namens *Do you want to dance*, das im April 1958 herauskam und sein größter Hit wurde. Bobby veröffentlichte bis Mitte der 60er Jahre Platten, allerdings mit sehr wechselhaftem Erfolg. *Do you want to dance* wurde auch gerne von anderen nachgespielt. So kamen die → BEACH BOYS damit 1965 auf Platz 12 und → BETTE MIDLER 1973 auf Platz 17.

Jahr	*Titel*	*USA*	*UK*	*D*
1958	Do you want to dance	5		
1958	Betty Lou got a new pair of shoes	37		
1960	(I do the) Shimmy Shimmy	37		
1964	C'mon and swim	5		

Friend And Lover

JAMES POST
CATHY POST

James und Cathy lernten sich im Sommer 1964 bei einer Ausstellung in Edmonton in Kanada kennen. Einen Monat später heirateten sie. Beide waren musikalisch vorgebildet. Cathy war Chortänzerin gewesen, und Jimmie war Leadsänger bei einer Gruppe namens THE RUM RANGERS gewesen. Sie beschlossen, künftig zusammen zu singen, traten in diversen Clubs wie z. B. dem Playboy Club in Atlanta/Georgia auf und gingen schließlich mit den → BUCKINGHAMS (*Kind of a drag*) auf Tournee. 1967 bekam das Duo einen Plattenvertrag, im Sommer 1968 erschien seine Debüt-Single, die sofort ein Hit wurde. Doch bereits die zweite Single floppte, und danach verschwand das Ehepaar Post von der Musikszene.

Jahr	Titel	USA	UK	D
1968	Reach out of the darkness	10		
1968	If love is in your heart	86		

The Friends Of Distinction

FLOYD LAWRENCE BUTLER, geb. 5. 6. 1941 San Diego/Kalifornien, voc
HARRY JAMES ELSTON, geb. 4. 11. 1938 in Dallas/Texas, voc
JESSICA CLEAVES, geb. 10. 12. 1948 in Los Angeles/Kalifornien, voc
BARBARA JEAN LOVE, geb. 24. 7. 1941 in Los Angeles/Kalifornien, voc, ging 1971

Die beiden Sänger Floyd Butler und Harry Elston lernten sich auf dem San Diego City College kennen. Nach ihrer Army-Zeit gingen sie gemeinsam zu einer Band namens THE HI FI's, der auch MARILYN MCCOO und LAMONTE MCLEMORE angehörten. Doch das Quartett löste sich ziemlich schnell wieder auf, Marilyn und McLemore gründeten dann die → FIFTH DIMENSION. Butler und Elston holten sich die Sängerinnen Jessica Cleaves und Barbara Love, mit denen sie befreundet waren, und gründeten Ende der 60er Jahre die Friends Of Distinction. Sie bekamen schnell einen Plattenvertrag und waren von 1969 bis 1971 immer wieder in den Charts vertreten. Ihre Songs *Grazing in the grass* und *Going in circles* waren in Amerika Millionenseller. 1971 trennte sich Barbara Love von der Gruppe und zog sich ins Privatleben zurück. Die drei anderen machten daraufhin eine Zeit als Trio weiter, doch schließlich kam auch für die restlichen ›Freunde‹ das Aus. Jessica Cleaves ging danach zu EARTH, WIND & FIRE.

Jahr	Titel	USA	UK	D
1969	Grazing in the grass	3		
1969	Going in circles	15		
1970	Love or let me be lonely	6		

Conny Froboess

CORNELIA FROBOESS, geb. 28. 10. 1943 in Berlin, voc

Die putzige kleine Conny war ein Kinderstar gewesen. Im zarten Alter von sieben Jahren nahm sie 1950 ihre erste Platte auf. Schließlich stammt sie aus einem musikalischen Elternhaus, ihr Vater war Dirigent. Mit bunten Schleifen im Haar sang sich die blonde Kleine innerhalb kürzester Zeit in die Herzen der Zuhörer, mit Liedern wie *Pack die Badehose ein*, *Hei, hei, hei, so eine Schneeballschlacht* oder *Lieber Gott, laß die Sonne wieder scheinen*. 1958 war die kleine Cornelia dann bereits 15 Jahre alt und wurde zu Conny, dem Teenagerstar, der nicht nur auf Platte, sondern auch in Filmen mit Traumpartner → PETER KRAUS die minderjährigen Fans begeisterte. Doch nicht nur Peter Kraus, der deutsche Jungrocker und → ELVIS-Verschnitt war ihr Sangespartner, sondern auch andere Stars wie → REX GILDO und WILL BRANDES. 1962 sang Conny bei der deutschen Vorausscheidung für den europäischen Song-Contest das Lied von den *Zwei kleinen Italienern* und gewann. Der Song wurde nicht nur ein Nr.-1-Hit, sondern auch ein Millionenseller. 1963 war sie dann eine 20jährige junge Dame und nannte sich von nun an entsprechend Conny Froboess. Bis 1966 war sie regelmäßig in der deutschen Hitparade vertreten, dann widmete sie sich ganz der Schauspielerei. Heute gehört Cornelia Froboess zu den besten deutschen Darstellerinnen, sowohl im Film als auch auf der Bühne.

Jahr	*Titel*	*USA*	*UK*	*D*
1958	Diana			2
1958	I love you baby			2
1958	Auch du hast dein Schicksal in der Hand			6
1958	Blue jean boy			3
1959	Hey boys, how do you do			4
1959	Teenager-Melodie (mit Will Brandes)			7
1959	Ich möcht mit dir träumen (mit W. Brandes)			13
1959	Jolly Joker			12
1959	Holiday in Honolulu			12
1959	Ob 15, 16, 17 Jahre alt			7
1959	Mr. Music			16
1959	Kleine Lucienne			8
1959	Little Girl			16
1960	Yes, my darling (mit Rex Gildo)			13
1960	Midi-Midinette			4
1961	Ich bin für die Liebe nicht zu jung			19
1961	Mariandl			20
1961	Mein Vater war ein Cowboy			17
1962	Zwei kleine Italiener			1
1962	Lady Sunshine und Mr. Moon			3
1963	Verliebt, verlobt, verheiratet (mit → Peter Alexander)			7
1963	Skip-du-bi-du			16
1963	Drei Musketiere			4

The Bobby Fuller Four

Robert Fuller, geb. 22. 10. 1943 in Baytown/Texas, USA, leadvoc, g, gest. 18. 7. 1966 in Los Angeles/Kalifornien, USA
Randy Fuller, g
DeWayne Quirico, geb. in El Paso/Texas, USA, dr, ersetzt durch Dalton Powell
James Reese, geb. in El Paso/Texas, USA, g

Ende der 50er Jahre zog Bobby Fuller mit seinen Eltern von Baytown nach El Paso. Dort formierte er Anfang der 60er Jahre eine Rock-Gruppe, zu der auch sein kleiner Bruder Randy gehörte. Die Bobby Fuller Four spielten in erster Linie Country Rock und ›Tex-Mex‹, wie ihn auch → Buddy Holly mit seinen Crickets machte, der aus der gleichen Gegend stammte. Innerhalb kürzester Zeit war Bobby mit seinen Mannen eine der beliebtesten Dance Bands von El Paso, nicht zuletzt, weil sie so ähnlich wie die Crickets klangen. Um einen Plattenvertrag zu bekommen, ging die Band nach Los Angeles. Nach ein paar mißglückten Versuchen brachte die Formation mit *Let her dance* Mitte der 60er Jahre ihre erste ernsthafte Platte heraus. Doch erst die nächste Single, das von dem ehemaligen Crickets-Mitglied SONNY CURTIS geschriebene *I fought the law*, wurde ein Bestseller. Nach einem Album gleichen Namens wurde dann auch die folgende Single, die Buddy-Holly-Komposition *Love's made a fool of you*, ein Hit. Kurz danach gab Bobby Fuller auch sein Debüt als Filmschauspieler, und zwar in dem Streifen *Bikini party in a haunted house*. Jeder war davon überzeugt, daß Bobby Fuller mit seiner Band auf dem Weg zum ganz großen Starruhm war. Um so größer war das Entsetzen, als man Bobby am 18. Juli 1966 in seinem Haus in Hollywood in seinem Auto erstickt auffand. Offensichtlich hatte er Selbstmord begangen. Die Gruppe machte daraufhin eine Zeitlang noch als RANDY FULLER FOUR weiter, löste sich dann aber auf. Randy kehrte nach Texas zurück und spielte in einer Country-Rock-Band namens PREDICTIONS. James Reese gründete in Lufkin/Texas die Country-Rock-Band MURPHY'S LAW, und Dalton Powells Band in El Paso hieß MOONPIE DANCE BAND.

Jahr	*Titel*	*USA*	*UK*	*D*
1966	I fought the law	9	33	
1966	Love's made a fool of you	26		

Billy Fury

RONALD WYCHERLY, geb. 17. 4. 1941 in Liverpool, England, voc, gest. 28. 1. 1983

Der hübsche blonde Ronald arbeitete auf einem Schleppdampfer und schrieb in seiner Freizeit Lieder. Als eines Tages MARTY WILDE zu Konzerten in die Stadt kam, kämpfte sich der junge Mann bis zu seiner Garderobe durch, um ihm ein paar Songs zu zeigen. Natürlich in der Hoffnung, daß Marty Wilde etwas davon gebrauchen konnte. Statt dessen konnte man Ronald Wycherly brauchen. Der Pop-Mogul LARRY PARNES, der außer Marty Wilde auch → TOMMY STEELE, DICKIE PRIDE und andere englische Pop-Größen ›gemacht‹ hatte, beschloß, aus dem Schleppdampfer-Arbeiter Ronald Wycherly einen Pop-Star zu machen. Und auch einen Namen hatte Larry Parnes gleich parat: Billy Fury. Und es begann eine Superkarriere. Von 1959 bis 1966 konnte Billy 26 Songs unter den Top 40 plazieren. Er begann als Rocker, wechselte dann aber zu herrlich schnulzigen und dramatischen Balladen über. Erst Ende der 60er Jahre begann seine Popularität zu verblassen. Anfang der 80er Jahre versuchte er ein Comeback und schaffte es, mit Songs wie *Love or money* (1982 Platz 57) und *Devil or angel* (1982 Platz 58) zumindest in die UK-Charts zu kommen. Fury war gerade dabei, wieder eine neue Platte aufzunehmen, als ihn am 28. Januar 1983 im Alter von nur 41 Jahren der Herzschlag traf. Posthum kam dann im Juni 1983 seine Single *Forget him* in die UK-Charts (Platz 59).

Jahr	*Titel*	*USA*	*UK*	*D*
1959	Maybe tomorrow		18	
1960	Colette		9	
1960	That's love		19	
1961	A thousand stars		14	
1961	Halfway to paradise		3	

Jahr	*Titel*	*USA*	*UK*	*D*
1961	Jealousy		2	
1961	I'd never find another you		5	
1962	Last night was made for love		4	
1962	Once upon a dream		7	
1962	Because of love		18	
1963	Like I've never been gone		3	
1963	When will you say I love you		3	
1963	In summer		5	
1963	Somebody else's girl		18	
1964	Do you really love me too		13	
1964	I will		14	
1964	It's only make believe		10	
1965	I'm lost without you		16	
1965	In thoughts of you		9	

G

France Gall

geb. 9. 10. 1947 in Paris, Frankreich, voc

Die französische Sängerin ist die Tochter eines Musikers. Sie begann bereits in jungen Jahren zu singen und nahm als Siebzehnjährige 1965 mit der Beat-Nummer *Poupée de cire, poupée de son* am Grand Prix teil. Sie gewann und hatte mit dem temperamentvollen Song einen europäischen Bestseller. Vor allen Dingen die Deutschen schlossen das blonde Püppchen aus Paris ins Herz, und so sang France etliche Lieder recht erfolgreich in deutscher Sprache. In den 70er Jahren wurde es dann stiller um sie, sie war vom deutschen Schlager auf das französische Chanson umgeschwenkt und in ihrem Heimatland mit anspruchsvolleren Songs wie *Musique* in der Hitparade vertreten. Erst 1987 feierte France Gall ein gewaltiges Comeback mit der Nummer *Ella, elle l'a*, einer Hommage an ELLA FITZGERALD, die auch in Deutschland Nr. 1 wurde.

Jahr	*Titel*	*USA*	*UK*	*D*
1965	Poupée de cire, poupée de son			2
1968	A banda			16
1968	Der Computer Nr. 3			24
1969	Ein bißchen Goethe, ein bißchen Bonaparte			14
1969	Links vom Rhein und rechts vom Rhein			32
1987	Ella, elle l'a			1

Gale Garnett

geb. 17. 7. 1942 in Auckland, Neuseeland, voc

Gales Familie verließ Neuseeland 1951 und ging nach Amerika. Mit 12 Jahren war Gale bereits Bühnenschauspielerin, als sie 14 war, starb ihr Vater, und sie zog von zu Hause aus. Mit 18 Jahren bekam sie eine Rolle in *The drunkard*, und von da an ging es nur noch bergauf. Sie spielte in über 60 Fernseh-Serien, die zum Teil auch bei uns liefen, wie *77 Sunset Strip* und *Bonanza*. Auch auf der Bühne war sie immer wieder zu sehen, z. B. in der *Dreigroschenoper*, in *Showboat*, *Guys and dolls* und *Die Welt der Suzie Wong*. 1960 ging Gale nach Frankreich, um eine Rolle in einem Kinofilm zu spielen, doch da ihre Papiere nicht in Ordnung waren, wurde nichts daraus. Sie kehrte nach einer Weile wieder nach Amerika zurück und versuchte sich diesmal auf einem neuen Gebiet: dem Singen. Es gefiel ihr, sie gefiel den Leuten, und so zog Gale eine ganze Weile als Sängerin durch die Lande. Sie fing an, selbst Lieder zu schreiben, nahm 25 davon und legte sie einer Plattenfirma vor. Das Resultat war ein Vertrag und eine Aufnahme ihres selbstgeschriebenen Folk-Songs *We'll sing in the sunshine*. Das Lied wurde ihr erster und einziger Millionenseller, und sie bekam damit 1964 den Grammy für die ›Beste Folk-Aufnahme des Jahres‹.

Jahr	*Titel*	*USA*	*UK*	*D*
1964	We'll sing in the sunshine	4		

Marvin Gaye

geb. 2. 4. 1939 in Washington D.C., USA, voc, gest. 1. 4. 1984

Der gutaussehende Sänger, Komponist und Texter war der Sohn eines Predigers. Bereits mit drei Jahren trat er in der Kirche seines Vaters als Sänger und Orgelspieler auf. Bis in seine frühen Teenagerjahre sang Marvin praktisch ausschließlich religiöse Lieder, mit weltlicher Musik kam er erst in der High School in Berührung. Dort spielte er dann im Schulorchester Piano, Gitarre und Schlagzeug. Nach der Schule schloß er sich den MOONGLOWS als Sänger an. Bei einem Auftritt mit dieser Vokalformation hörte ihn BERRY GORDY JR., der Chef von Motown Records. Berry war von Marvins samtiger Stimme begeistert und schloß sofort mit ihm einen Plattenvertrag ab. Am 23. Juli 1962 kam Marvin Gayes erste Single *Stubborn kind of fellow* heraus, und damit begann eine lange Serie von Bestsellern. Zwölf Goldene Schallplatten konnte Marvin Anfang der 60er Jahre für seine Songs in Empfang nehmen. Dazu kamen noch seine Erfolge mit etlichen Duettpartnerinnen wie → MARY WELLS, → KIM WESTON und TAMMI TERRELL. Bis 1970 führte Marvin Gaye das angenehme Leben eines höchst erfolgreichen Sängers. Dann trat eine Wende ein. Während eines Konzertes brach seine Partnerin Tammi Terrell in seinen Armen zusammen, sie starb am 16. März 1970 an einem Gehirntumor. Marvin war von diesem plötzlichen Tod tief erschüttert. Ein Jahr lang zog er sich ganz zurück und überdachte sein Leben. Als er danach wiederkam, war es ein gewandelter Marvin Gaye, der nach eigenen Aussagen »endlich einmal etwas sozial Belangvolles produzieren« wollte. Und das war 1971 sein Album *What's going on*. Darauf fanden sich engagierte Lieder über Rauschgift und Umweltverschmutzung und das Elend der Armen in den Ghet-

Marvin Gaye Foto: CBS

tos. Was Gaye nun bot, war nicht mehr der glatte Plastiksoul der 60er Jahre, sondern eine fantasievolle und ungewöhnliche Mischung aus Jazz, Blues, Rock, Soul und Latino-Klängen. Das Album und die ausgekoppelten Singles wurden Millionenseller. 1973 überraschte Marvin Gaye dann sein Publikum erneut mit der LP *Let's get it on*, auf der er sich unverhohlen und mit großer Freude mit allem beschäftigte, was mit Sex und Erotik zu tun hatte. Ebenso erotisch gab er sich auf der 73er LP *Diana & Marvin*, die er mit Diana Ross aufnahm. Bis zu seinem Tode veröffentlichte Marvin, der inzwischen die Tochter seines Plattenchefs Berry Gordy jr. geheiratet hatte, mit schöner Regelmäßigkeit hervorragende Alben und Singles. Musikalisch hatte er sich auf eine perfekte Mischung aus Funk, Soul und Jazz eingespielt. Er war gerade dabei, ein neues Album aufzunehmen, als er einen Tag vor seinem 45. Geburtstag von seinem Vater nach einem Streit erschossen wurde.

Jahr	*Titel*	*USA*	*UK*	*D*
1963	Pride and joy	10		
1964	You're a wonderful one	15		
1964	Try it baby	15		
1964	How sweet it is to be loved by you	6	49	
1965	I'll be doggone	8		
1965	Ain't that peculiar	8		
1968	I heard it through the grapevine	1	1	
1969	To busy thinking about my baby	4	5	
1969	That's the way love is	7		
1970	Abraham, Martin & John		9	
1971	What's going on	2		
1971	Mercy mercy me (The ecology)	4		

1971	Inner city blues (Make me wanna holler)	9		
1972	Trouble man	7		
1973	Let's get it on	1	31	
1976	I want you	15		
1977	Got to give it up Pt. 1	1	7	
1982	Sexual healing	3	4	23
1986	I heard it througth the grapevine		8	

MARVIN GAYE & MARY WELLS

Jahr	*Titel*	*USA*	*UK*	*D*
1964	Once upon a time	19	50	
1964	What's the matter with you baby	17		

MARVIN GAYE & KIM WESTON

Jahr	*Titel*	*USA*	*UK*	*D*
1967	It takes two	14	16	

MARVIN GAYE & TAMMI TERRELL

Jahr	*Titel*	*USA*	*UK*	*D*
1967	Ain't no mountain high enough	19		
1967	Your precious love	5		
1967	If I could build my whole world around you	10	41	
1968	Ain't nothing like the real think	8	34	
1968	You're all I need to get by	7	19	
1969	Onion song		9	

MARVIN GAYE & DIANA ROSS

Jahr	*Titel*	*USA*	*UK*	*D*
1973	You're a special part of me	12		
1974	My mistake (was to love you)	19		
1974	You are everything		5	

The G-Clefs

TEDDY SCOTT,
CHRIS SCOTT,
TIMMY SCOTT,
ARNOLD SCOTT,
RAY GIBSON,
alle aus Roxbury/Massachusetts, USA

Das Quintett begann Anfang der 50er Jahre mit Gospel-Musik. 1956 bekam die Gruppe einen Plattenvertrag und nahm als erstes den Song *Ka-ding dong* auf, bei dem ein fünfzehn Jahre alter Gitarrist namens → FREDDY CANNON sein Debüt gab. Ein paar Jahre später sollte Freddy mit Songs wie *Tallahassie Lassie* oder *Palisade Park* selbst berühmt werden. Danach zogen die G-Clefs in erster Linie durch die Lande, bis sie sich schließlich in Boston zur Ruhe setzten und ihre Ausbildung abschlossen. Erst 1961 gingen sie dann wieder ins Studio und nahmen das Lied *I understand* auf, das ihr erster und einziger Top-10-Erfolg wurde.

Jahr	*Titel*	*USA*	*UK*	*D*
1956	Ka-ding dong	24		
1961	I understand (just how you feel)	9	17	

Bobbie Gentry

BOBBIE LEE STREET, geb. 27. 7. 1944 in Chickasaw Country/Mississippi, USA, voc, g

Bobbie fing bereits in jungen Jahren mit dem Gitarrespielen an, und mit elf Jahren begleitete sie schon regelmäßig eine ortsansässige Sängerin bei ihren Auftritten. In diesen Jahren sammelte Bobbie die Eindrücke von Menschen und Landschaften am Mississippi, die sie später so hervorragend in ihren Songs verarbeitete. Ein paar Jahre später zog ihre Familie mit ihr nach Palm Springs in Kalifornien, und Bobbie studierte auf der UCLA Philosophie und Musik. Während ihrer Studienjahre spielte sie nicht nur weiterhin fleißig Gitarre, sie schrieb auch diverse Songs, und damit ging sie 1967 zu einer Plattenfirma. Sie waren begeistert von den teils sehr einfühlsamen und teils sehr rockigen Liedern – und ließen die Schreiberin kurzerhand ihre Songs selbst aufnehmen. Noch im selben Jahr 1967 erschien ihre berühmte *Ode to Billy Joe*, wodurch zunächst Amerika und dann praktisch die ganze Welt die geheimnisvolle Tallahatchie-Brücke kennenlernte. Vier Wochen war dieser bluesige Song die Nr. 1 in USA, er verkaufte sich millionenfach. Bis Anfang der 70er Jahre war Bobbie Gentry immer wieder in den internationalen Charts vertreten. 1976 erschien ein Taschenbuchroman, der auf *Ode to Billy Joe* basierte. Dieser Roman wurde ein Bestseller, und man drehte einen Film danach. Daraufhin wurde natürlich auch das Lied noch einmal veröffentlicht. Erfolgreich war Bobbie Gentry übrigens auch mit ihren Duetten mit → GLEN CAMPBELL.

Jahr	*Titel*	*USA*	*UK*	*D*
1967	Ode to Billy Joe	1	13	23
1969	I'll never fall in love again		1	27
1969	All I have to do is dream (mit Glen Campbell)	27	3	

The Gentrys

JAMES HART, voc
BRUCE BOWLES, voc
LAWRENCE RASPBERRY, g, leadvoc
ROBERT FISHER, tenor sax, electric piano
JAMES JOHNSON, tp, org
PAT NEAL, b
LAWRENCE WALL, dr
alle aus Memphis/Tennessee, USA

Die Gentrys wurden 1963 in Memphis gegründet. Innerhalb kürzester Zeit erspielten sie sich mit Auftritten bei Highschool-Tanzveranstaltungen den Ruf der beliebtesten Teenagerband der Gegend. Bei einem Talentwettbewerb gewannen sie den dritten Platz, und daraufhin bewarben sie sich bei einer Fernsehshow, der *Ted Mack Amateur Hour*. Auch diesen Auftritt absolvierten sie mit so viel Bravour, daß sie 1965 einen Plattenvertrag bekamen und ihre erste Single *Sometimes* herausbrachten. Das Lied wurde ein regionaler Hit, aber erst das Ende 1965 veröffentlichte *Keep on dancing* brachte der Gruppe einen Millionenerfolg. Es blieb der einzige Bestseller, denn Mitte 1966 löste sich die Gruppe bereits wieder auf. Vier Jahre später, 1970, hatte das Originalmitglied Jimmy Hart die glorreiche Idee, die Gentrys wieder aufleben zu lassen. Er versammelte vier Musiker um sich, und diese ›neuen‹ Gentrys gelangten tatsächlich auch in die US-Charts: *Cinnamon girl* kam 1970 bis Platz 52, *Why should I cry* im gleichen Jahr bis Platz 61, *Wild world* dagegen 1971 nur noch bis Platz 97. Damit verschwanden die ›neuen‹ Gentrys wieder in der Versenkung.

Jahr	*Titel*	*USA*	*UK*	*D*
1965	Keep on dancing	4		
1966	Spread it on thick	50		
1966	Everyday I have to cry	77		

Barbara George

geb. 16. 8. 1942 in New Orleans/Louisiana, USA, voc

Barbara George begann mit 17 Jahren zu singen. Ihre ersten Auftritte hatte sie mit ihrem Kirchenchor in New Orleans. Anschließend trat sie in kleinen Clubs auf, bis sie Ende 1961 entdeckt wurde und einen Plattenvertrag bekam. Noch im gleichen Jahr veröffentlichte sie das Lied *I know*, das sie selbst geschrieben hatte und das ihr erster und einziger großer Hit wurde.

Jahr	*Titel*	*USA*	*UK*	*D*
1961	I know (you don't love me no more)	3		

Gerry & The Pacemakers

Gerrard Marsden, geb. 24. 9. 1942 in Liverpool, England, leadvoc, g
Leslie Maguire, geb. 27. 12. 1941 in Wallasey, England, keyb
John Chadwick, geb. 11. 5. 1943 in Liverpool, England, b
Fred Marsden, geb. 23. 10. 1940 in Liverpool, England, dr

Gerry Marsden ging auf eine Kloster-Schule und wurde nach dem Abschluß Angestellter bei der British Railways. Gleichzeitig lernte er aber auch das Gitarrespielen und nutzte diese Kenntnisse in einer Skiffle-Group. Sechs Jahre lang spielte er mit seinem Bruder Freddy in diversen Gruppen, ehe er dann 1959 mit Freddy seine erste Band namens The Mars Bars gründete. Diese Band überlebte nur ein paar Monate, dann lernten die Marsden-Brüder John Chadwick kennen und formierten mit ihm die Original-Pacemakers. Sehr schnell wurden sie zu einer beliebten Beatband im Großraum von Liverpool, und Anfang der 60er Jahre traten sie, wie schon vor ihnen die → Beatles, die Reise nach Deutschland an. Im berühmten Hamburger Top Ten Club erwarben sie sich ihre ersten internationalen Meriten. Schließlich kehrten sie 1962 nach Liverpool zurück, nahmen als vierten Mann den Pianisten Leslie Maguire auf und nannten sich fortan Gerry & The Pacemakers. In Liverpool wurde Brian Epstein, der Manager der Beatles, auf sie aufmerksam und nahm sie 1962 unter Vertrag. Er konnte George Martin, den

Produzenten der Beatles, für sie gewinnen, und Martin ließ das Quartett Anfang 1963 den Mitch-Murray-Song *How do you do it* aufnehmen. Das Lied hatte Martin übrigens vorher den Beatles angeboten, die es jedoch nicht wollten. Mit *How do you do it* hatten Gerry & The Pacemakers ihren ersten Nr.-1-Hit in England, dem noch zwei weitere in Reihe folgen sollten. Ihre vierte Single *Don't let the sun catch you crying* wurde im Zuge der ›englischen Invasion‹ 1964 auch in Amerika veröffentlicht und hatte so viel Erfolg, daß anschließend auch in den Staaten die früheren Singles von Gerry und seinen Mannen auf den Markt kamen. Und natürlich erschien dort auch der Soundtrack des Films *Ferry 'cross the Mersey*, in dem die Gruppe 1964 ihr Schauspiel-Debüt gab. 1966 begann der Erfolg von Gerry & The Pacemakers, die einige Zeit zu den schärfsten Konkurrenten der Beatles gehört hatten, nachzulassen. Ende 1966 löste sich die Band auf. Gerry arbeitete einige Zeit als Solist, was ihm bei seiner Popularität in England keine Schwierigkeiten bereitete. Schließlich stammt von Gerry & The Pacemakers die englische Fußball-Hymne *You'll never walk alone*, ein Lied, das ursprünglich aus dem Rodgers & Hammerstein-Musical *Carousel* kommt. Dann ging Gerry zum Fernsehen und konzentrierte sich erfolgreich auf Kinder-Shows. 1985 machte Gerry Marsden noch einmal von sich reden. Am 18. Mai 1985 war während eines englischen Liga-Spiels die Zuschauertribüne des Fußballstadions in Bradford in Brand geraten. Das Unglück hatte 54 Menschenleben gefordert. Gerry trommelte die Creme de la Creme der englischen Pop- und Rockmusiker zusammen, nannte diese Vereinigung, zu der Stars wie Paul McCartney, Rick Wakeman, Graham Gouldman, Denny Laine, John Entwhistle und Colin Blunstone gehörten, The Crowd und nahm eine neue Version von *You'll never walk alone* auf. Der Song wurde prompt abermals ein Nr.-1-Hit in England.

Jahr	*Titel*	*USA*	*UK*	*D*
1963	How do you do it		1	
1963	I like it		1	
1963	You'll never walk alone		1	
1964	I'm the one		2	
1964	Don't let the sun catch you crying	4	6	
1964	How do you do it	9		
1964	I like it	17		
1964	It's gonna be allright	23	24	
1964	Ferry 'cross the Mersey	6	8	
1965	I'll be there	14	15	

Stan Getz

Stan Gayetzsky, geb. 2. 2. 1927 in Philadelphia, USA, tenor sax, gest. 1991

Der Sohn russisch-jüdischer Immigranten war bereits eine international anerkannte Jazz-Größe, als er 1962 mit dem ebenfalls international berühmten Jazz-Gitarristen Charlie Byrd ins Studio ging und die LP *Jazz samba* einspielte. Daraus wurde der Titel *Desafinado* ausgekoppelt. Das Lied war 1959 von dem Brasilianer Antonio Carlos Jobim geschrieben und mit viel Erfolg in Südamerika veröffentlicht worden. Die Version von Stan Getz und Charlie Byrd wurde ein Millionenseller. Zwei Jahre später machte der Jazzer wieder von sich reden, als er nämlich mit ASTRUD GILBERTO, der Frau von Brasiliens Bossa-Nova-Meister JOAO GILBERTO ins Studio ging. Getz wollte mit Joao eine Bossa-Nova-LP machen, und der Song *The girl from Ipanema* sollte auch in Englisch und nicht nur in Portugiesisch aufgenommen werden. Für die englische Version holte man Astrud vors Mikrophon. Die damals 23jährige Frau hatte keinerlei musikalisches, geschweige denn Gesangs-Training. Aber gerade ihre fast unbeteiligte und leiernd klingende Stimme machte den speziellen Reiz dieses millionenfach verkauften Liedes aus.

Jahr	*Titel*	*USA*	*UK*	*D*
1962	Desafinado (mit Charlie Byrd)	15	11	16
1964	The girl from Ipanema (m. A. Gilberto)	5	29	

Don Gibson

DONALD EUGENE GIBSON, geb. 3. 4. 1928 in Shelby/North Carolina, USA, voc, g

Don Gibson war bereits mit 14 Jahren ein Country-Musik-Profi. Kurze Zeit später ging er nach Knoxwille in Tennessee und gründete seine eigene Band. Jahrelang spielte er mit dieser Band bei Tanzveranstaltungen, im Radio und Fernsehen. Dabei lebte Don Gibson in einem speziell für ihn mit Aufnahmeanlagen ausgestatteten Lastwagen, in dem er seinen Gesang und sein Gitarrespiel bis zur Meisterschaft perfektionierte. 1956 bekam er einen Plattenvertrag, und von da an schrieb er sich eine ganze Menge poppiger Country-Hits, die auch in anderen Versionen Erfolge wurden. So wurde sein *The fool* 1956 ein Nr.-7-Hit für SANFORD CLARK; sein *I love you because* war 1963 ein Nr.-3-Hit für → AL MARTINO; sein *Any day now* war 1962 ein Nr.-23-Erfolg für → CHUCK JACKSON; und als → RAY CHARLES 1962 Don Gibsons *I can't stop loving you* aufnahmen, hatte er damit einen fünfwöchigen Nr.-1-Hit in USA und einen Millionenseller. Und → MEL & TIM feierten 1972 ein glorreiches Comeback mit dem Don-Gibson-Song *Starting all over again*, das bis Platz 19 kam. Aber auch Don Gibsons eigene Aufnahmen der Klassiker *Oh lonesome me* und *Sea of heartbreak* verkauften sich millionenfach. *Oh lonesome me* war 1958 acht Wochen lang die Nr. 1 der Country-Charts, *Blue blue day* zwei Wochen.

Jahr	*Titel*	*USA*	*UK*	*D*
1958	Oh lonesome me	7		
1958	Blue blue day	20		
1960	Sea of heartbreak	21	14	

Rex Gildo

LUDWIG ALEXANDER HIRTREITER, geb. 2. 7. 1939 in München, voc

Der Interpret hatte von Kindheit an zwei Traumberufe im Auge: Schauspieler oder Sänger. Zu singen begann Rex schon früh, er war mit seinem hohen Sopran ein hochgeachtetes Mitglied der Regensburger Domspatzen. Aber nach dem Stimmbruch war das Singen für ihn nicht mehr so interessant, was ihn jetzt faszinierte, war das Theater. Er nahm Schauspiel-, Tanz- und Gesangsunterricht und durfte auch schon mal ein paar kleine Statistenauftritte am Münchner Residenztheater absolvieren. Eine junge, unbekannte Schauspielerin namens Vera Tschechowa kümmerte sich um ihn, und mit ihrer Hilfe schaffte Rex seine erste Filmrolle in *Immer wenn der Tag beginnt*. An die 20 Filme drehte Rex Gildo schließlich im Laufe der folgenden Jahre, die meisten waren allerdings eher anspruchslose Musikfilme wie *Jetzt dreht die Welt sich nur um dich* oder *Appartmentzauber*. 1959 forderte man den attraktiven, dunkelhaarigen Nachwuchsschauspieler auf, doch auch einmal eine Probe seines Gesangstalents zu geben. Rex Gildo tat es – und hatte im Handumdrehen einen Plattenvertrag in der Tasche. Danach war es mit einer seriösen Schauspielerkarriere Essig, denn Rex Gildo wurde ein Schlager-Star. Von 1960 bis in die 80er Jahre war und ist er immer wieder in der deutschen Hitparade vertreten, auch wenn die heutigen Plazierungen nicht mehr so hervorragend wie früher sind. Seine freundlichen, rhythmischen Schlager, die er mit leicht vibrierender angenehmer Stimme sang, in den 60er Jahren auch im Duett mit → Gitte und → Conny Froboess, schufen ihm ein ganzes Heer von treuen Fans. Damit gehörte Rex Gildo in den 90er Jahren nach 30 Jahren ständiger Platten-Präsenz zu den dienstältesten deutschen Schlagersängern, und mit weit über 23 Millionen verkauften auch zu den erfolgreichsten.

Jahr	*Titel*	*USA*	*UK*	*D*
1960	Sieben Wochen nach Bombay			13
1960	Das Ende der Liebe			8
1962	Kleiner Gonzales			2
1963	Maddalena			4
1963	Zwei blaue Vergißmeinnicht			4
1963	Liebe kälter als Eis			18
1964	Glück gehört dazu			16
1964	Bravo, Bambina			20
1964	Der Colt steckt immer im Pyjama			18
1965	Wenn es sein muß, kann ich treu sein			11
1966	Augen wie zwei Sterne			12
1967	Ein Ring aus Gold			20
1967	Der Mond hat seine Schuldigkeit getan			17
1969	Dondolo			10
1971	Memories			15
1972	Fiesta Mexicana			5
1973	Der Sommer ist vorbei			15
1974	Marie, der letzte Tanz ist nur für dich			6
1975	Der letzte Sirtaki			9
1981	Wenn ich je deine Liebe verlier'			18

Giorgio

Giorgio Moroder geb. 26. 4. 1944 in St. Ulrich, Südtirol, voc, b, keyb

Giorgio gehörte Ende der 60er Jahre zu den mäßig erfolgreichen Sängern in

Deutschland, Anfang der 70er Jahre zu den erfolgreichsten europäischen Komponisten und Produzenten und ab Mitte der 70er Jahre zu den erfolgreichsten Komponisten und Produzenten der Welt. Giorgio studierte an der Akademie der schönen Künste, tingelte anschließend mit einer Band als Baßgitarrist durch Europa und landete schließlich als Ton-Assistent in Berlin. Von 1969 bis 1972 war er mit seinen selbstgeschriebenen Songs im damals so ungemein beliebten Bubble-Gum-Stil immer wieder auf respektablen Mittelplätzen in der deutschen Hitparade zu finden. Doch den ganz großen Erfolg mit seinen Songs hatten andere. Mary Roos landete mit der deutschen Version seines *Arizona Mann* 1970 auf Platz 9; die englische Gruppe Chicory Tip hatte mit seinem Song *Son of my father* 1972 einen Nr.-1-Hit, mit zwei weiteren Moroder-Songs, *What's your name* und *Good grief Christina*, konnte sich die Formation ebenfalls unter den Top 20 plazieren. 1974 entdeckte Moroder zusammen mit Pete Belotte den späteren Disco-Star Donna Summer, dem er 1975 die mehrfach vergoldete Stöhn-Arie *Love to love you baby* auf die Stimme schneiderte. Allein für die mehrjährige Zusammenarbeit mit Donna Summer konnte Moroder als Produzent und Komponist bis 1980 über 60 Goldene und Platin-Schallplatten einsammeln. In Frankreich bekam er für seine Solo-LP *Knight in white satin* Gold, mit *Love's in you* kam er in Italien unter die Top 10. Seine Lieder und vor allen Dingen seine Instrumental-Musiken waren immer wieder in den internationalen Charts zu finden. Er fing an, sich auf Filmmusiken zu spezialisieren, für den Soundtrack von *Midnight express* bekam er 1978 den Oscar; für *American gigolo* schrieb er den Song *Call me*, der für Blondie ein Nr.-1-Hit wurde; für *Flashdance* schrieb er 1983 den Titelsong *Flashdance – What a feeling*, der ein Nr.-1-Hit für Irene Cara wurde; für die Olympischen Spiele 1984 in Los Angeles ließ er sich das Lied *Reach out (for the medal)* einfallen, das für den Sänger Paul Engemann ein Millionenseller wurde. Erfolge dieser Art könnten noch seitenweise aufgeführt werden. Heute lebt der Südtiroler hauptsächlich an der amerikanischen Westküste und ist jederzeit wieder für einen Bestseller gut.

Jahr	*Titel*	*USA*	*UK*	*D*
1969	Looky, looky			27
1970	Moody Trudy			31
1971	Underdog			22
1972	Son of my father			47
1977	From here to eternity		16	29
1979	Chase	33	48	
1984	Reach out (mit Paul Engemann)			1
1984	Together in electric dreams (mit Phil Oakey)		3	

Gitte

Gitte Haenning-Johansson, geb. 29. 7. 1946 in Aarhus, Dänemark, voc

Die blonde Gitte ist die Tochter Otto Haennings, eines Sängers, Lehrers und Komponisten. Er war es auch, der Gitte von Kindesbeinen an auf eine Showkarriere vorbereitete. Als sie acht Jahre alt war, versprach er ihr ein Fahrrad, wenn sie mit ihm das Lied *Ich heirate Papi* singen würde. Das Fahrrad bekam sie zwar nicht, aber das Lied wurde sozusagen ihr erster Hit in den skandinavischen Ländern. Mit zehn Jahren machte Gitte dann ihre erste reguläre Single, und mit elf entdeckte sie ihre große Liebe zum Jazz. Fortan fuhr sie zweigleisig, auf Platten sang sie Kinderlieder, ansonsten Jazz-Klassiker wie *Stormy weather*, und dabei wurde sie durchaus von Stars wie → Stan Getz begleitet. Mit siebzehn Jahren war sie in ihrer Heimat bereits ein Star und beschloß, ihr Glück jetzt auch in Deutschland zu versuchen. Sie nahm 1963 mit dem Song *Ich will 'nen Cowboy als Mann* am Deutschen Schlagerfestival in Baden-Baden teil, gewann den Wettbewerb und hatte mit dem Lied anschließend einen Nr.-1-Hit in Deutschland. Das hübsche blonde Mädchen mit der klaren Stimme und dem niedlichen dänisch gefärbten Deutsch wurde über Nacht der Liebling der deutschen Nation. Was bot sich da mehr an, als sie mit einem männlichen Liebling der Nation zusammenzuspannen, mit → Rex Gildo. Als Solistin und zusammen mit Sexy Rexy hatte Gitte 1963 bis 1970 etliche Hits. Sie war natürlich auch ständiger Gast in unzähligen Fernseh-Shows, wirkte in den unvermeidlichen Musikfilmen an der Seite von anderen Stars wie Peter Weck, → Peter Alexander und ihrem Partner Rex Gildo mit. Von 1971 bis 1973 trat Gitte dann kürzer. Aber dann war sie wieder voll da und gewann die deutsche Vorausscheidung für den Grand Prix mit dem Song *Junger Tag*. Von da an stellte sich Gitte allmählich um. Vorbei war die Zeit der unbedarften deutschen Schlager, fortan sang sie Gehaltvolles, darunter etliche Coverversionen von Welthits, wie die deutsche Version von *Take that look off your face* (*Freu dich bloß nicht zu früh*), *Woman in love* (*Die Frau, die dich liebt*), *Do that to me one more time* (*Etwas ist geschehen mit mir*). Anfang der 80er Jahre legte sie auch das vertrauliche ›Gitte‹ ab und nannte sich künftig mit vollem Namen Gitte Haenning. Und sie mauserte sich von der Hit-Single-Interpretin zur anspruchsvollen Album-Künstlerin.

Jahr	*Titel*	*USA*	*UK*	*D*
1963	Ich will 'nen Cowboy als Mann			1
1963	Vom Stadtpark die Laternen (mit Rex Gildo)			1
1964	Nur ein bißchen Glück			17
1964	Zwei auf einer Bank (m. Gildo)			13
1964	Jetzt dreht die Welt sich nur um dich (m. Gildo)			8
1964	Hokuspokus (m. Gildo)			15
1965	Dein Glück ist mein Glück (m. Gildo)			20
1966	Man muß schließlich auch mal nein sagen können			14
1969	Weiße Rosen			13
1973	Junger Tag			19
1974	Ich hab' die Liebe verspielt in Monte Carlo			10
1974	So schön kann doch kein Mann sein			14
1976	Laß mich heute nicht allein			13
1980	Freu dich bloß nicht zu früh			10
1981	Die Frau, die dich liebt			12

Bobby Goldsboro

geb. 18. 1. 1942 in Marianna/Florida, USA, voc, g

Bobby besuchte zwei Jahre lang die Universität von Auburn, dann beschloß er Musiker zu werden. Im Januar 1962 wurde er → ROY ORBISONS Gitarrist. Ende des Jahres bekam er einen Plattenvertrag als Sänger, im November 1962 veröffentlichte er mit *Moll* seine erste Single. Dennoch blieb er bis 1963 bei Orbison und schrieb auch gemeinsam mit ihm etliche Songs. Orbison ermutigte den jungen Mann mit der warmen Stimme dazu, eine Solo-Karriere anzustreben, und im Januar 1964 erschien dann der von Bobby Goldsboro selbst geschriebene Song *See the funny little clown*, der der erste von einigen Millionenerfolgen wurde. Dazu gehören auch seine Eigenkompositionen *Little things* und *It's too late*, der BOBBY-RUSSELL-Song *Honey* und das von → MAC DAVIS geschriebene *Watching Scotty grow*.

Jahr	*Titel*	*USA*	*UK*	*D*
1964	See the funny little clown	9		
1965	Little things	13		
1966	It's too late	23		
1968	Honey	1	2	8
1968	Autumn of my life	19		
1971	Watching Scotty grow	11		
1973	Summer (The first time)	21	9	
1974	Hello summertime		14	
1975	Honey		2	

Lesley Gore

geb. 2. 5. 1946 in Tenafly/New Jersey, USA, voc

Lesley war noch ein kleines Mädchen, als ihr ihr Kusin ALAN seine Jazz-Platten-Sammlung vorspielte und Lesley zu einem Fan von Interpreten wie JUNE CHRISTY, CHRIS CONNOR und ANITA O'DAY wurde. Anfang 1963, sie war 16 Jahre alt, sang sie mit der Band ihres Kusins, und bei einem dieser Auftritte fiel sie QUINCY JONES auf. Er war von ihr begeistert und nahm die wohlerzogene Tochter eines reichen Badeanzug-Fabrikanten sofort unter Vertrag. Im April 1963 erschien ihre erste Platte. Sie hieß *It's my party* und wurde ein Nr.-1-Hit und Millionenseller. Bis 1967 war Lesley mit ihren Songs, die fast ausschließlich von Quincy Jones produziert worden waren, in den Charts zu finden. Dann wechselte sie zu → BOB CREWES Plattenfirma, aber die Hits blieben aus. 1971 fing sie dann an, selbst Lieder zu schreiben. Den größten Erfolg hatte sie damit, als sie zusammen mit ihrem Bruder MICHAEL die Musik für den Kinoerfolg *Fame* schrieb.

Jahr	*Titel*	*USA*	*UK*	*D*
1963	It's my party	1	9	
1963	Judy's turn to cry	5		
1963	She's a fool	5		
1964	You don't owe me	2		
1964	That's the way boys are	12		
1964	Maybe I know	14	20	
1965	Sunshine, lollipops and rainbows	13		
1967	California nights	16		

Eydie Gorme

geb. 16. 8. 1931 in der Bronx/New York, USA, voc

Bereits mit drei Jahren krähte Eydie immer begeistert aus vollem Hals, aber das nahm damals noch niemand ernst. Also ging sie brav zur Schule, machte ihren Abschluß und arbeitete zwei Jahre lang als Dolmetscherin für Spanisch. Während dieser Zeit sang sie gelegentlich bei einer Band ihres Schulfreundes Ken Greengrass. Der Trompeter überzeugte sie davon, das Singen zu ihrem Hauptberuf zu machen. So sang Eydie anschließend bei so berühmten Bands wie Tommy Tucker und Tex Beneke, ehe sie sich 1952 auf Solopfade wagte. 1953 bekam sie nicht nur einen Plattenvertrag, sondern auch ein Engagement für regelmäßige Auftritte in der berühmten *Tonight Show* von Steve Allen. Dort lernte sie auch den Sänger → Steve Lawrence kennen, den sie im Dezember 1957 in Las Vegas heiratete. Als Steve dann 1960 aus der Army entlassen wurde, traten die beiden in erster Linie nur noch als Duo in teuren Nachtclubs auf. Doch beide machten auch weiterhin erfolgreich Solo-Platten, und Eydie hatte 1963 mit *Blame it on the bossa nova* nicht nur ihren größten Hit, sondern auch einen Millionenseller. Das Lied war in der deutschen Version *Schuld war nur der Bossa Nova,* gesungen von → Manuela, ein Nr.-1-Hit.

Jahr	*Titel*	*USA*	*UK*	*D*
1958	Love me forever		21	
1958	You need hands	11		
1962	Yes my darling daughter		10	
1963	Blame it on the bossa nova	7	32	18

Karel Gott

geb. 14. 7. 1939 in Pilsen, Tschechoslowakei, voc

Der stets freundliche und sehr sympathische Interpret ist der Sohn eines Elektroingenieurs. Eigentlich wollte Karel nach der Schule auf die Prager Kunstakademie gehen, aber schließlich ließ er sich doch dazu überreden, den bodenständigeren Beruf eines Elektrikers zu erlernen. Doch noch während seiner Lehre zog es ihn zur Musik. Ab 1955 sang er regelmäßig abends bei einer Jazzband. Er hatte damit so viel Erfolg, daß er sich entschloß, seine Stimme richtig ausbilden zu lassen. Er besuchte fünf Jahre das Konservatorium in Prag. Und damit wurde aus dem Jazzsänger der romantische Tenor. Jahrelang trat er regelmäßig in der CSSR auf, ab 1964 mit den Brüdern Jiri und Ladislav Staidl im eigenen Apollo-Theater. 1967 war man auch in Amerika auf die ›goldene Stimme aus Prag‹ aufmerksam geworden. In Las Vegas begeisterte er monatelang jeden Abend das Publikum. Aber Karel wollte zurück nach Europa. Noch 1967 startete er mit der Single *Weißt du wohin*, der deutschen Version von *Somewhere my love* aus dem Film *Dr. Schiwago*, einen Versuchsballon. Das Lied kam immerhin bis Platz 33. Als es 1969 noch einmal veröffentlicht wurde, erreichte es bereits Platz 9. Denn zu diesem Zeitpunkt war Karel Gott durch etliche Fernsehauftritte in Deutschland bereits sehr populär geworden. Bis heute veröffentlicht der Sänger mit der gewaltigen Stimme mit schöner Regelmäßigkeit seine Platten und gibt umjubelte Konzerte in ausverkauften Hallen.

Jahr	*Titel*	*USA*	*UK*	*D*
1969	Weißt du wohin			9
1969	Lady Carneval			18
1969	Was damals war			14
1970	Einmal um die ganze Welt			10
1979	Babicka			20
1980	Wenn ich dich nicht hätte			20

Robert Goulet

geb. 26. 11. 1933 in Lawrence/Massachusetts, USA, voc

Der gutaussehende, dunkelhaarige junge Mann war gerade sechzehn Jahre alt, als er beim *Summer Pops* Konzert in Alberta/Kanada zum ersten Mal in der Öffentlichkeit als Sänger auftrat. Das machte ihm so viel Spaß, und er bekam dafür so viel Applaus, daß er beschloß, das Singen zu seinem Hauptberuf zu machen. Anfang der 60er Jahre hatte er bereits bei einer wöchentlichen Fernseh-Show in Toronto/Kanada einen festen Job als Sänger. Dann erzählte ihm ein Freund, daß man in New York Mitglieder für ein neues Lerner/Lowe-Musical suchen würde. Robert machte sich sofort auf die Socken und bekam prompt die Rolle des Lancelot in dem Musical *Camelot*. Seine prominenten Mitspieler waren keine anderen als Richard Burton und Julie Andrews. Roberts großer Durchbruch kam dann nach seinem Auftritt bei der *Ed Sullivan Show*. Nun bekam er auch einen Plattenvertrag. *What kind of fool am I* hieß 1962 seine erste Platte, die es allerdings nur bis Platz 89 schaffte. Seinen größten Erfolg hatte er dann 1964 mit *My love forgive me*.

Jahr	*Titel*	*USA*	*UK*	*D*
1964	My love forgive me (Amore scusami)	16		

Rocco Granata

geb. 1939 in Italien, voc, g

Rocco, der nicht nur Gitarre spielt, sondern auch Akkordeon, schreibt seine Lieder immer selbst. 1959 lebte der Sänger im belgischen Waterschei, als ihm das Lied von der schönen Marina einfiel. Der Song wurde zuerst in Belgien veröffentlicht, breitete sich dann über ganz Europa aus und wurde ein Bestseller, der sich allein in Deutschland über eine Million Mal verkaufte. Sogar in Amerika kam er mit einer englischen Version in die Charts. Bis 1963 war Rocco Granata regelmäßig in der deutschen Hitpa-

Jahr	*Titel*	*USA*	*UK*	*D*
1959	Marina	31		1
1960	Oh, oh, Rosi			14
1960	La bella			18
1961	Irena			15
1963	Buona notte			5

rade vertreten, nach dem italienischen *Marina* allerdings in erster Linie mit deutschen Liedern.

Grand Funk (Railroad)

Mark Farner, geb. 29. 9. 1948 in Flint/Michigan, USA, leadvoc, g
Mel Schacher, geb. 8. 4. 1951 in Owosso/Michigan, USA, b
Donald Brewer, geb. 3. 9. 1948 in Flint/Michigan, USA, dr
ab 1973: Craig Frost, geb. 20. 4. 1948 in Flint/Michigan, USA, keyb

Mitte der 60er Jahre hatte Don Brewer in Michigan eine Gruppe namens The Jazz Masters, zu der, nach einigem Hin und Her, schließlich auch Mel, Mark und ein Discjockey namens Terry Knight gehörten. Knight hatte dann auch die Idee, der Gruppe den neuen Namen The Pack zu geben. Unter der Bezeichnung Terry Knight & The Pack nahm das Quartett 1966 den Klassiker *I (who have nothing)* auf, mit dem die Band immerhin bis auf Platz 46 in USA kam. Nach zwei erfolglosen Alben löste sich das Quartett jedoch auf. Knight machte zunächst als Solist weiter und wurde anschließend Produzent. Ende der 60er Jahre taten sich Don, Mark und Mel abermals mit Terry Knight zusammen. Diesmal allerdings fungierte er als ihr Manager. Als erstes änderte er ihren Namen in Grand Funk Railroad und vergrößerte ihren Wirkungskreis über Michigan hinaus bis nach New York. Der große Durchbruch der Rock-Gruppe kam 1969 mit ihrem Auftritt beim Atlanta Pop Festival. Anschließend war es für die Band ein leichtes, einen Plattenvertrag zu bekommen. *On time* hieß Ende 1969 ihr Debüt-Album, und *Time machine*, die Single daraus, schaffte es immerhin bis Platz 48. Sowohl Single als auch LP wurden von der Kritik verrissen und im Radio kaum gespielt, und das sollte in Zukunft ein Dauerzustand für Grand Funk Railroad bleiben. Trotzdem wuchs ihr Fan-Publikum ständig an. Knight tat aber auch alles, um dem Trio ein entsprechendes Forum zu vermitteln. Er mietete gigantische Werbeflächen am New Yorker Times Square und nutzte auch sonst jede Art der Werbemöglichkeit. Das Ergebnis war, daß Grand Funk Railroad Anfang der 70er Jahre die größten Arenen mühelos ausverkauften. Ihre Singles wie *Closer to home* (1970) oder *Footstompin' music* (1972) kamen zwar nie über die Top 20 hinaus, dafür verkauften sich ihre Alben wie *Grand Funk*, *Closer to home*, *E Pluribus Funk*, *Mark, Don & Mel* und *Phoenix* millionenfach. 1973 erfolgten dann einige Zäsuren: Zunächst trennten sich die drei von Terry Knight (was mit etlichen unschönen Prozessen verbunden war) und begannen ihre Arbeit mit dem Produzenten Todd Rundgren. Zum zweiten verkürzten sie ihren Namen in Grand Funk, und außerdem nahmen sie einen vierten Mann auf, den Keyboarder Craig Frost, der ein langjähriger Freund der Gruppe war. Der Erfolg der ›neuen‹ Grand Funk war noch gigantischer als vorher. Nun verkauften sich nicht nur die Alben, *We're an American band*, *Shinin' on* und *All the girls in the world beware*, millionenfach, jetzt belegten auch die Singles oberste Plätze in den Charts. Als die Formation 1976 zu → Frank Zappa als Produzenten wechselte, blieb der Erfolg jedoch langsam aus. Es gab etliche Wechsel in der Besetzung, und 1981 nahmen Mark und Don mit einem neuen Bassisten ein letztes Album auf. Danach gab es die Grand Funk nicht mehr.

Jahr	*Titel*	*USA*	*UK*	*D*
1973	We're an American band	1		
1973	Walk like a man	19		
1974	The Loco-motion	1		10
1974	Shinin' on	11		
1974	Some kind of wonderful	3		
1975	Bad time	4		

The Grapefruit

George Alexander, b
John Perry, g
Pete Swettenham, g
Geoff Swettenham, dr

The Grapefruit waren die erste Rockgruppe, die auf dem → Beatles-eigenen Apple-Label erschien. 1967 wurde das Quartett zusammengestellt, und 1968 gaben die vier in Grapefruit-gelben Anzügen ihr Debüt. Ihr unkomplizierter, aber doch mit elektronischen Finessen angereicherter Sound schuf ihnen bei den Teens sofort eine große Fangemeinde. Schließlich waren sie kaum älter als ihre jugendlichen Bewunderer und freuten sich kindisch darüber, wenn sie bei ihren Konzerten Grapefruits mit Autogrammen in die Menge werfen konnten. Doch so schnell, wie die vier aufgetaucht waren, verschwanden sie auch wieder.

Jahr	*Titel*	*USA*	*UK*	*D*
1968	Dear Delilah	98	21	24
1968	C'mon Marianne		31	
1969	Deep water			19

The Grass Roots

Creed Bratton, geb. 8. 2. 1943 in Sacramento/Kalifornien, USA, leadg; ersetzt durch Dennis Provisor, keyb
Warren Entner, geb. 7. 7. 1944 in Los Angeles/Kalifornien, g
Robert Grill, geb. 30. 11. 1944 in Los Angeles/Kalifornien, b
Rick Coonce, geb. 1. 8. 1947 in Los Angeles/Kalifornien, dr

Die Kalifornier Warren Entner und Creed Bratton hatten beide Mitte der 60er Jahre die Idee, nach Europa zu fahren und dort Musik zu machen. Hier lernten sie sich 1965 auch kennen, beschlossen, künftig zusammen zu bleiben, und kehrten erst 1966 nach Hause zurück. Sie engagierten Rob Grill und Reck Coonce und stellten ein Quartett auf die Beine. Sie gaben sich den Namen The Thirteenth Floor, traten in kleinen Clubs auf und schickten mit großer Hartnäckigkeit Demobänder an Plattenfirmen, die ebenso hartnäckig wieder zurückkamen. Doch eines davon landete schließlich auf dem Tisch der Produzenten und Songwriter P. F. Sloan und Steve Barri. Die beiden (die übrigens → Barry McGuires Superseller *Eve of destruction* geschrieben haben) hatten gerade eine Version von → Bob Dylan's *Ballad of a thin man* aufgenommen, und zwar unter dem Namen The Grassroots. Die Platte war recht erfolgreich, und Sloan und Barri standen nun vor dem

Problem, eine Gruppe für Auftritte und künftige Produktionen zu finden. Ihre Wahl fiel auf den ›13. Stock‹. Aus The Thirteenth Floor wurden die Grassroots, die sich später dann Grass Roots schrieben. Sloan und Barri sorgten auch in erster Linie für die zahlreichen Hits, die die Formation von 1966 bis 1972 zu verzeichnen hatte. Trotz häufiger personeller Wechsel konnte die Band ihren melodiösen Westcoast-Sound beibehalten. 1973 lösten sich die Grass Roots auf. Warren Entner und Creed Bratton wurden Schauspieler, Rick Coonce eröffnete die Vancouver Island, eine Hühnerfarm, nur Rob Grill gab nicht auf. 1975 versuchte er mit neuen Mitgliedern abermals eine Band namens The Grass Roots auf die Beine zu stellen. Aber der Versuch scheiterte. Ende der 70er Jahre tauchte Rob Grill dann als Solist auf und kam mit Songs wie *Rock sugar* (1979) in die Hitparade.

Jahr	*Titel*	*USA*	*UK*	*D*
1967	Let's live for today	8		
1968	Midnight confessions	5		
1969	I'd wait a million years	15		
1971	Temptation eyes	15		
1971	Sooner or later	9		
1971	Two divided by love	16		

The Grateful Dead

Jerome John ›Jerry‹ Garcia, geb. 1. 8. 1942 in San Francisco/Kalifornien, voc, leadg
Robert ›Bob‹ Hall Weir, geb. 16. 10. 1947 in San Francisco/Kalifornien, g
Phil Lesh, geb. 15. 3. 1940 in Berkeley/Kalifornien, b
Bill Kreutzmann, geb. 7. 6. 1946 in Palo Alto/Kalifornien, dr
Ron ›Pig-Pen‹ McKernan, geb. 8. 9. 1946 in San Bruno/Kalifornien, harmonika, gest. 8. 3. 1973
Keith Godchaux, geb. 19. 7. 1948 in San Francisco/Kalifornien, p, gest. 22. 7. 1980
Donna Godchaux, geb. 22. 8. 1947 in San Francisco/Kalifornien, voc
Mickey Hart, geb. in New York City, perc

Kopf dieser wohl berühmtesten und skandalträchtigsten amerikanischen Rock-Band ist Jerry Garcia. Mit 15 Jahren fing er mit dem Gitarrespielen an. Nach der Army ging er nach Palo Alto, wo er Robert Hunter kennenlernte, der später Texter der Grateful Dead werden sollte. Mit Hunter zusammen gründete Garcia eine Folk-Blues Band namens The Wildwood Boys. Gleichzeitig taten sich in Palo Alto Bob Weir, Ron McKernan und Bill Kreutzmann zu der Formation The Zodiacs zusammen. Die beiden Gruppen lernten sich zwangsläufig kennen, sie beschlossen, ihre Kräfte zu vereinen, und gründeten Mother McCree's Uptown Jug Champion. Weitere Mitglieder waren damals noch David Parker, der später Business-Mann der Grateful Dead werden sollte, John Dawson, der später Mitglied der New Riders Of The Purple Sage wurde, und Bob Matthews, der später als Toningenieur bei einigen Dead-Alben fungierte. Doch der Folkblues der Band interessierte niemanden, also versuchte man es mit Electric-Blues, was wiederum dem Trommler Dawson nicht paßte, und gab sich passend dazu 1965 den neuen Namen Warlock. Dawson ging, für ihn kam Bill Kreutzmann, und weil man gerade dabei war, engagierte man auch gleich noch den Trompeter Phil Lesh, den Garcia dann überredete, Baß zu lernen, weil man ja schließlich einen Bassisten, aber keinen Trompeter brauchte. Die Mitglieder der Grateful Dead waren große Drogenkonsumenten. Aber das war in Kalifornien Mitte der 60er Jahre nichts besonderes, denn damals war Acid dort noch legal. Unter dem Einfluß dieser Drogen verwandelte sich ihre Musik immer mehr zu einem psychedelischen Rock, wie er in den Jahren der Flower-Power- und Love & Peace-Bewegung üblich war. Zu diesem Zeitpunkt gab es dann auch die letzte Namensänderung in Grateful Dead. 1966 erhielten die GD, wie sie abgekürzt genannt wurden, einen Plattenvertrag, und im selben Jahr erschienen ihre ersten beiden Alben *Vintage bead* und *Historic dead*, die keinen großen Beifall hervorriefen. 1967 stieß Mickey Hart dazu, der der Mischung aus Blues, Folk, Country und Rock noch einen Schuß afro-asiatische Trommel-Exotik beimischte. Es folgte das recht erfolgreiche dritte Album *Grateful Dead* und ein ebenso erfolgreicher Auftritt beim Monterey Pop Festival. 1968 zogen sich die GD aufs Land zurück, sammelten eine beschauliche Hippie-Kommune um sich und produzierten das ruhige Album *Anthem of the sun*. Danach fingen die GD an, studiotechnisch und musikalisch zu experimentieren. Das Ergebnis war zum einen das mit bizarren Klang-Collagen bestückte 69er Album *Aoxomoxoa* – und zum anderen das revolutionäre 16-Spur-Pult, das ihnen $ 100 000 Schulden einbrachte. Allmählich mauserten sich die GD von einer Hippie- zu einer Kultband. Ihr Auftritt beim Woodstock Festival wurde bereits enthusiastisch gefeiert, ihre 70er Alben *Live/Dead*, *Working man's dead* und *American beauty* verkauften sich hervorragend und wurden mit Platin ausgezeichnet. Songs wie *Uncle John's band*, *Truckin*, *Box of rain* und *Ripple* wurden sogar im Radio gespielt. 1970 schuf sich Jerry Garcia noch ein zweites Forum, er gründete mit alten Freunden die New Riders Of The Purple Sage, mit denen er Country und Folk machte. Die 70er US-Tournee hieß dann entsprechend ›An Evening With The Grateful Dead, featuring The New Riders Of The Purple Sage‹. Auch 1971 war der bärtige Garcia fleißig. Außer einem Solo-Album gab's auch das Live-Doppel-Album *Grateful Dead*, das über eine Million Mal über den Ladentisch ging. Die GD waren Stars. Doch jetzt gab es Schwierigkeiten mit ›Pig Pen‹. Er war Alkoholiker, und die gesundheitlichen Folgen machten sich allmählich bemerkbar. Zu seiner Entlastung wurde der Pianist Godchaux geholt, ein Jahr später kam auch seine Ehefrau Donna als Sängerin zur Band. 1972 kamen die GD zu Konzerten nach Europa, die Ereignisse wurden für die Nachwelt auf dem Dreifach-Set *Europe '72* aufgezeichnet. Anfang 1973 forderte der Alkoholismus von ›Pig Pen‹ seinen Tribut, er starb an Magen- und Leberversagen. 1973 feierten GD einen weiteren Erfolg: Zusammen mit den → Allman Brothers und → The Band trat die Formation beim Watkins Glen Festival vor 600 000 Besuchern auf. In diesem Jahr 73 gründeten die Grateful Dead auch ihre eigene Plattenfirma, bei der als Einstand die LP *Wake of the flood* erschien. Das Jahr 1974 brachte abermals zwei Bestselleralben, *Live from the Mars Hotel* und *Skeletons from the closet*. 1975 erschien die LP *Blues for Allah*,

1976 das Album *Steal your face*, und 1977 veröffentlichten Grateful Dead das Album *Terrapin station*, das eine der erfolgreichsten LPs der Band wurde. 1978 durften die Deads dann ihren *Blues for Allah* in der entsprechenden Umgebung aufführen, im Sphinx Theater in Gizeh; und Garcia beendete seine jahrelangen Basteleien an GD-Filmmaterial und veröffentlichte den Film *The Grateful Dead movie*. Das reguläre 78er Album hieß dann *Shakedown Street*. 1979 schufen die GD unter dem Namen Rhythm Devils den Soundtrack für den Francis-Ford-Coppola-Film *Apocalypse now*, der später unter dem Namen *Play river music* veröffentlicht wurde. In diesem Jahr verließ Godchaux mit seiner Frau die Gruppe, für ihn kam Brent Mydland. Ein Jahr später, 1980, starb Godchaux an den Folgen eines Autounfalls. 1980 gab's die Grateful Dead seit 15 Jahren, und das wurde mit dem Album *Go to heaven* und 23 Konzerten gefeiert. Die Mitschnitte dieser Konzerte erschienen 1981 auf den zwei Live-Doppel-LPs *Reckoning* und *Dead set*. Die nächsten Jahre verbrachten die GD mit fleißigem Touren. Kompositorisch wurden sie erst wieder 1985 tätig, als sie für die Fernseh-Horror-Serie *Twilight zone* die Musik schrieben. In diesem Jahr wurde auch Garcia wieder einmal mit Rauschgift erwischt und mußte in die Klinik. Als er 1986 wieder auf Tour gehen wollte, brach er zusammen. Die Diagnose: schwere Diabetes. Der unermüdliche Musiker und Organisator hatte einen Totalzusammenbruch, bei dem seine mentalen, muskulären und motorischen Fähigkeiten fast vollständig außer Kraft gesetzt wurden. Er mußte sie erst mühsam wieder lernen, ehe er 1987 mit seinen Dead wieder ins Studio ging und nach siebenjähriger Pause die LP *In the dark* aufzunehmen. Das Album verkaufte sich allein in Amerika weit über eine Million mal. Im Juli 1990 traf die Band der nächste schwere Schlag. Kurz vor ihrer ersten Deutschland-Tournee seit 9 Jahren wurde am 27. 7. 1990 der Keyboarder Brent Mydland tot in seinem Haus in Lafayette gefunden.

Dobie Gray

Leonard Victor Ainsworth jr., geb. 26. 7. 1942 in Brookshire/Texas, USA, voc

Nachdem Dobie seine Jugend in Houston verbracht hatte, ging er Anfang der 60er Jahre nach Kalifornien, um Karriere als Sänger zu machen. Der farbige Interpret bekam auch einen Plattenvertrag, doch seine ersten Songs, *I can hardly wait* und *Look at me*, beide 1963, waren Flops. Sein Durchbruch kam erst 1964, als ihm Sonny Bono von → Sonny & Cher, der damals als Talentscout arbeitete, einen neuen Plattenvertrag verschaffte. Im Januar brachte Dobie Gray mit *The ›In‹ crowd* seinen ersten Top-20-Erfolg heraus. Doch damit schien auch schon wieder das Ende der Karriere von Mr. Gray gekommen zu sein. Dobie tourte durch Clubs, sang seine früheren Hits, zu denen keine weiteren kamen, machte zwei Jahre bei der Los-Angeles-Produktion von *Hair* mit und schloß sich 1971 einer Band namens Pollution an. Diese Formation hatte einen regionalen Hit mit *Do you really have a heart*, das von Paul Williams geschrieben worden war. Pauls Bruder Mentor lernte dadurch Dobie Gray kennen, interessierte sich für ihn und schrieb und produzierte mit ihm ein Solo-Album, das sie *Drift away* nannten. 1973 kam die gleichnamige Single heraus und wurde ein Millionenseller. Danach wurde es wieder ruhig um Dobie Gray, bis er Mitte der 80er Jahre mit Songs wie *That's one to grow on* oder *The dark side of town* in den Country-Charts auftauchte.

Jahr	*Titel*	*USA*	*UK*	*D*
1965	The ›In‹ crowd	13	25	
1973	Drift away	5		
1979	You can do it	37		

R. B. Greaves

Robert Bertram Aloysius Greaves III, geb. 28. 11. 1944 in United States Air Force Base, Atkinson, Georgetown, British Guiana, voc

Der Sohn eines US-Captains, der zur Hälfte indianischer Abstammung ist, kam als vierjähriger in die Seminolen-Reservation in Hot Springs/Nevada. Dort wurde er von seiner Stiefmutter aufgezogen. Schon als kleiner Junge lernte er alle Cowboy-Tricks, das Reiten auf Indianer-Art, das Spurenlesen in der Wildnis und das Gitarrespielen. Mit acht Jahren nahm er bei einer Hank Williams-Show an einem Talentwettbewerb teil, den er gewann. 1960 ging er mit einer vierzehnköpfigen Band nach Europa, um zusammen mit anderen farbigen Interpreten eine große Tournee zu unternehmen. In deren Verlauf kam er auch nach Hamburg und trat mit den → Beatles im Star-Club auf. Inzwischen Sang R. B. Greaves nicht nur, er schrieb auch seine eigenen Lieder, und 1969 hatte er einen Millionenseller mit der Eigenkomposition *Take a letter, Maria*, dem Lied eines Mannes, der seiner Ehefrau schriftlich mitteilt, daß er sie wegen seiner Sekretärin verläßt. Nach diesem Superseller nahm Mr. Greaves zwar weiterhin Platten auf, doch ein weiterer Hit blieb aus.

Jahr	*Titel*	*USA*	*UK*	*D*
1969	Take al letter, Maria	2		29
1970	Always something there to remind me	27		

Lorne Greene

geb. 12. 2. 1915 in Ottawa, Kanada, voc, gest. 11. 9. 1987

Der Kanadier studierte in Ottawa die Schauspielkunst, erwarb sich erste Meriten als Moderator beim kanadischen Radio, wurde dann fürs Fernsehen entdeckt und spielte in den Filmen *The silver chalice* und *Tight spot* mit, die ihn recht populär machten. Er bekam Engagements am Broadway und beim Shakespeare Festival in Stratford. Doch den großen Durchbruch hatte der Schauspieler, als er für die Rolle des Ben Cartwright in der TV-Serie *Bonanza* engagiert wurde und anschließend in der ebenso erfolgreichen SF-Serie *Battlestar Galactica* eine Hauptrolle übernahm. 1964 hatten die Macher von *Bonanza* die Idee, eine LP mit dem Namen *Welcome to the Ponderosa* (gemeint ist damit natürlich die Ponderosa Ranch, auf der die Serie spielt) herauszubringen. Für dieses Album nahm Lorne mit seiner tiefen Stimme ein Lied auf, daß die Herren Don Robertson und Hal Blair 1963 geschrieben hatten. Das Lied hieß *Ringo*, und Lorne Greene erzählte darin mehr sprechend als singend die Geschichte des Revolverhelden Johnny Ringo. Das Lied wurde ein internationaler Hit und Millionenseller. Danach konnte sich Lorne vor Angeboten, bei Rodeos u. ä. aufzutreten, kaum mehr retten. Lorne Greene, der übrigens eine rückwärtslaufende Stoppuhr für seine Rundfunkkollegen erfunden hatte, starb am 11. September 1987 an Herzversagen.

Jahr	*Titel*	*USA*	*UK*	*D*
1964	Ringo	1	22	

The Guess Who

Randall Charles ›Randy‹ Bachman, geb. 27. 9. 1943, leadg, voc; ersetzt 1970 durch Kurt Winter, geb. 2. 4. 1946, und Gregory Leskiw, geb. 5. 8. 1947; ersetzt 1972 durch Donald McDougall, geb. 5. 11. 1947; ersetzt 1974 durch Domenic Troiano
Burton Cummings, geb. 31. 12. 1947, leadvoc, keyb
Michael James Kale, geb. 11. 8. 1943, b; ersetzt 1972 durch William Wallace, geb. 18. 5. 1949
Garry Peterson, geb. 26. 5. 1945, dr
alle aus Winnipeg/Manitoba, Kanada

Diese kanadische Superband begann 1960 unter dem Namen Chad Allen & The Expressions. Allen ging 1961, und Randy Bachman änderte den Gruppennamen in Guess Who. Schon bald gehörten die Guess Who zu den führenden Rockgruppen Kanadas und traten regelmäßig in der wöchentlichen Fernseh-Show *Where it's at* auf. Guess Who veröffentlichte regelmäßig Singles, die ebenso regelmäßig in die kanadischen Charts kamen. Aber erst mit ihrer Version des Songs *Shakin' all over* gelang ihnen 1965 der Sprung über die Grenze in die US-Charts und damit auf den Weltmarkt. Randy und Burton entwikkelten sich zu den Schreibern der Gruppe, und 1969 hatten sie ihren ersten Millionenseller mit der Eigenkomposition *These eyes*. Bezeichnenderweise wurde dieser Song von etlichen Radiostationen zunächst nicht gespielt, weil sie ihn als ›zu wenig kommerziell (!!!)‹ betrachteten. Bis Mitte der 70er Jahre waren die Guess Who, trotz häufig wechselnder Besetzung, immer wieder in den Charts vertreten. Mit *Laughing*, mit *No time*, mit *American woman*, dem bösartigen Abgesang auf die amerikanische Frau, und mit *Share the land* gelangen ihnen auch weiterhin Millionenseller. 1970 verließ Randy Bachman die Band, um eine neue Gruppe namens Bachman-Turner-Overdrive zu gründen, die mit harten Rocksongs wie *You ain't seen nothing yet*, *Takin' care of business* oder *Roll on down the highway* Mitte der 70er Jahre etliche Bestseller hatte. Die Guess Who lösten sich 1976 auf. Burton Cummings unterzeichnete danach einen Solo-Vertrag und war mit Songs wie *Stand tall* wieder ganz oben in den Charts zu finden. Die anderen Mitglieder, außer Dom Troiano, taten sich zu einer neuen Band namens Delphia zusammen.

Jahr	Titel	USA	UK	D
1969	These eyes	6		
1969	Laughing	10		
1970	No time	5		
1970	American woman	1	19	6
1970	Hand me down world	17		
1970	Share the land	10		
1971	Rain dance	19		
1974	Clap for the Wolfman (mit Wolfman Jack)	6		

Arlo Guthrie

geb. 10. 7. 1947 in Coney Island/New York, USA, voc, g

Arlo ist der Sohn des legendären Folksängers Woodie Guthrie. Dadurch wurde sein Leben von Anfang an von Musik bestimmt. Mitte der 60er Jahre beschloß Arlo, seine Musikkarriere professionell aufzuziehen. Ganz in der Tradition seines Vaters spielte auch er Folksmusik, trat in diversen kleinen Clubs im Nordosten der Staaten auf und schaffte es schließlich, in die Begleitband von → Judy Collins zu kommen. 1967 schrieb er das Lied *Alice's restaurant,* in dem er seine Erlebnisse während seiner zweijährigen Army-Zeit und etliche Begegnungen mit der Polizei in Stockbridge, Massachusetts, verarbeitete. Das Band dieser Aufnahme gelangte in die Hände ciner Underground-Radiostation in New York. Dem Discjockey gefiel der Song, er legte ihn auf und die Reaktion des Publikums war so überwältigend, daß die Station den Song ständig spielen mußte. Als Arlo Guthrie im selben Jahr beim Newport Folk Festival auftrat und dieses Lied sang, wurde es zum Hit dieses Festivals und entwickelte sich zur Hymne der Kriegsdienstverweigerer. 1969 erschien unter dem Titel *Alice's restaurant* Arlo Guthries erste LP, und 1970 kam auch ein Film mit diesem Titel in die Kinos, in dem Arlo die Hauptrolle spielte. Arlo Guthrie war und ist ein Album-Künstler, seine LPs wie *Arlo, Running down the road, Hoboe's lullabye, Last of Brooklyn Cowboys* und *Arlo Guthrie* waren unter den Folk-Fans immer große Erfolge. Seinen einzigen Single-Hit hatte Arlo mit der Steve Goodman-Komposition über einen Zug namens *The City of New Orleans.*

Jahr	Titel	USA	UK	D
1972	The City of New Orleans	18		

H

Willy Hagara

geb. 4. 6. 1927 in Wien, Österreich, voc

Hagaras Karriere als Sänger war reiner Zufall. Eigentlich nahm der Postbeamte 1946 nur so zum Spaß an einem Talentwettbewerb teil. Als er ihn aber gewann, packte ihn der Ehrgeiz. Er nahm Gesangs- und Schauspielunterricht und machte anschließend nicht nur etliche erfolgreiche Platten, sondern wirkte auch in einigen Filmen mit. Von 1956 bis 1962 war er ständiger Gast in der deutschen Hitparade.

Jahr	*Titel*	*USA*	*UK*	*D*
1956	Eine Kutsche voller Mädels			13
1957	Ich schlendere langsam durch die Stadt			13
1958	Casetta in Canada			3
1958	Nur in Portofino			17
1959	Mandolinen und Mondschein			14
1960	Freunde fürs Leben			8
1961	Pepe			9
1961	Liebe kleine Stadt			18
1962	Caterina			7

Bill Haley & The Comets

William John Clifton »Bill Haley jr., geb. 6. 7. 1925 in Highland Park/Michigan, USA, voc, g; gest. 9. 2. 1981 in Rio Grande Valley Town/Texas, USA
John Grande, acc, p
Billy Williamson, steel g,
Rudy Pompelli, geb. 1928, sax; gest. 5. 2. 1976
Al Rex, b
Francis Beecher, g
Ralph Jones, dr

Musik gehörte von Anfang an zu Bill Haleys Leben. Seine Mutter spielte in der Kirche Orgel, sein Vater zupfte mit Begeisterung auf dem Banjo, und beide waren sehr angetan davon, daß Bill schon in jungen Jahren Gitarre spielen lernte. Mit 13 Jahren war er dann bereits Sänger und Gitarrist bei einer Country-Band, und mit 15 Jahren hielt es ihn nicht länger in dem kleinen Vorort von Detroit. Er verließ sein Elternhaus, um mit den Down Towners durch die Lande zu ziehen. Kurz danach gründete er seine eigene Band, mit der er Auftritte in kleinen Radiostationen bekam. Bill Haley's Saddlemen hieß die vielversprechende Formation, die in erster Linie C & W und Rockabilly spielte. 1951 machte die Truppe die erste Platte: *We're going to rock this joint tonight.* 1952 nannte sich die Band bereits Bill Haley & The Comets und hatte erste kleinere Erfolge mit Titeln wie *Dance with the holly* und *Patty cake.* Zur selben Zeit schrieb Bill für seinen Freund Danny Cedarone, der Oberhaupt der Gruppe The Esquire Boys war, ein Lied namens *Rock-a-beatin' boogie.* Der Song wurde für die Esquire Boys ein Hit, und als die Comets das Lied ebenfalls aufnahmen, waren auch sie erfolgreich damit. In diesem Song kommen die Worte »Rock, Rock, Rock Everybody, Roll, Roll, Roll Everybody« vor. Der Discjockey Alan Freed, der damals in Cleveland arbeitete, war von diesem Lied so angetan, daß er jedesmal, wenn er den Song in seiner Radiostation spielte, diese Musik als »Rock'n'-Roll« bezeichnete. Den ersten großen Erfolg konnte Bill Haley mit seinen Comets dann ein Jahr später, 1953, mit dem Titel *Crazy man crazy* verbuchen. Der internationale Durchbruch gelang dem stets freundlich grinsenden Sänger mit der eindrucksvollen Schmalzlocke 1955, als sein *Rock around the clock* zum Thema-Song des Teenager-Films *Blackboard jungle* (in Deutschland *Saat der Gewalt*) gewählt wurde. Lillian Roxon, die »Große Dame des Rock«, bezeichnete dieses Lied später als die »Marseillaise der Teenager-Revolution«. Schließlich ging bei Vorführungen dieses Films (und auch bei den anschließenden Haley-Filmen wie *Rock around the clock* und *Don't knock the rock*) mehr als eine Kino-Einrichtung zu Bruch. Ähnlich gewalttätig ging es auch bei Haley-Konzerten zu. Im Berliner Sportpalast betrug der Sachschaden nach seinem Konzert DM 50 000,–. Doch so viele Fans Haley unter den Teenagern hatte, die in dem rundlichen dreifachen Familienvater seltsamerweise den Anführer einer Revolution sahen, so ablehnend verhielten sich die Erwachsenen ihm gegenüber. Die Moskauer *Prawda* verstieg sich sogar zu der Behauptung, daß »Bill Haley eine neue Geheimwaffe des Westens für den Kalten Krieg« sei. Und der weltberühmte Cellist Pablo Casals bezeichnete die Musik von Mr. Haley angeekelt als »Destillat aus allen Widerwärtigkeiten unserer Zeit«. Doch dieses »Destillat«, das nichts anderes war als eine geniale Mischung aus Country & Western, Rockabilly, etwas Dixieland und einem gehörigen Schuß Rhythm & Blues, war der Startschuß für ein neues musikalisches Zeitalter. Abgesehen davon, daß die Teenager nun eine eigene Musik hatten, was sie Haley damit dankten, daß sie seine Platten bis 1985 100 Millionen Mal kauften; abgesehen davon, daß er der nächsten Generation von Rock'n'Rollern wie → Elvis Presley oder → Buddy Holly den Weg ebnete; abgesehen davon schuf Haley praktisch die Grundlage für einen völlig neuen und sehr lukrativen Markt – nämlich den der jugendlichen Käufer für alles, was mit Musik und deren Stars zu tun hat. Nachdem Haley dann Mitte der 50er Jahre hinter dem jüngeren und attraktiveren Elvis Presley ins zweite Glied hatte treten müssen, tourte er trotzdem noch viele Jahre erfolgreich vor allen Dingen durch Deutschland und England. Erst Ende der 70er Jahre zog er sich auf seine Farm in Texas zurück, wo er Schäferhunde züchtete. Dort starb er 1981 an einer Herzattacke im Alter von nur 55 Jahren. 1989 war Bill Haley dann wieder in aller Munde, nämlich als Star des Medleys *Swing the mood* von Jive Bunny, das sowohl in Deutschland als auch in England Platz 1 belegte.

Jahr	*Titel*	*USA*	*UK*	*D*
1954	Dim, dim the lights	11		
1954	Shake, rattle & roll		4	
1955	Mambo rock	17	14	
1955	Rock around the clock	1	1	1
1955	Razzle-dazzle	15		
1955	Burn that candle	9		
1955	Rock-a-beatin' boogie		4	
1956	See you later, alligator	6	7	14
1956	R-O-C-K	16		
1956	The saints rock'n' roll	18	5	
1956	Rockin' through the eye		3	
1956	Razzle-dazzle		13	
1956	Rock around the clock		5	1
1956	See you later, alligator		12	14
1956	Rip it up	25	4	
1956	Rudy's rock	34	26	
1957	Rockin' through the eye		19	

Jahr	*Titel*	*USA*	*UK*	*D*
1957	Rock the joint		20	
1957	Don't knock the rock		7	
1958	Skinny Minnie	22		
1968	Rock around the clock		20	18
1974	Rock around the clock	39	12	

Johnny Hallyday

JEAN PHILLIPE SMET, geb. 15. 6. 1943 in Paris, voc, g

Johnny war ein Waisenkind, das von dem amerikanischen Tänzer LEE HALLYDAY aufgezogen wurde. Der blonde, gutaussehende Johnny verdiente sich sein Brot als Möbelpacker, doch dann begann er zu singen und wurde innerhalb kürzester Zeit der französische Rock-Star. In Frankreich war die Rock-Szene sehr kümmerlich entwickelt, den interessierten Teenagern blieben nur die einheimischen Chansons oder die ausländische Rock-Musik. Johnny mit den Muskeln und der Stimme brachte diese Musik zum ersten Mal in ihrer eigenen Sprache. Seine Konzerte endeten stets in tumultartigen Beifallskundgebungen; seine Platten waren immer Bestseller; er selbst wurde zum Allgemeingut, sein recht bewegtes Privatleben war Tagesgespräch der Yellow Press. 1965 heiratete er die singende Schauspielerin SYLVIE VARTAN, und fortan sorgten die beiden gemeinsam für Skandale, was aber Johnnys Erfolg keinerlei Abbruch tat. Als Rock »out« und sanfte Flower Power

Johnny Hallyday Foto: Phonogram

»in« war, interpretierte Johnny auch das, und ebenso mühelos wechselte er anschließend zum souligen Liedgut und sogenannten Protest-Songs. Er war und ist unverwüstlich und zählt heute zu den französischen National-Heiligtümern. Und er schafft es immer wieder, Hörenswertes zu veröffentlichen, wie z. B. die eingängige Ballade *J'ai oublié de vivre* oder die französische Version von BOB SEGERS *Still the same.*

Jahr	*Titel*	*USA*	*UK*	*D*
1963	Da doo ron ron			29

The Halos

HAROLD JOHNSON, leadvoc
AL CLEVELAND, voc
PHIL JOHNSON, voc
ARTHUR CRIER, bassvoc
alle aus der Bronx/New York, USA

Das farbige Vokal-Quartett wurde im Sommer 1961 als Begleitchor für diverse Stars angeheuert. So war es bei Aufnahmen von SHIRLEY & LEE und auch bei *Pretty little angel eyes* von → CURTIS LEE zu hören. Die Plattenfirma war vom Sound der vier New Yorker so angetan, daß sie sie das Lied *Nag* aufnehmen ließ, das ARTHUR CRIER geschrieben hatte.

Jahr	*Titel*	*USA*	*UK*	*D*
1961	Nag	25		

George Hamilton IV

geb. 19. 7. 1937 in Winston-Salem/ North Carolina, USA, voc, g

George war von Kindesbeinen an ein Country-Fan. Er hörte sich im Radio stets die Übertragungen aus der »Grand Ole Opry« an und versuchte, genauso zu singen und zu spielen wie die Stars dieser Sendungen. Das gelang ihm so gut, daß er bereits als Highschool-Schüler regelmäßig Radioauftritte bekam. Später wurde er dann für eine Station in Washington engagiert, und das wiederum führte zu diversen Fernsehauftritten und schließlich zu seiner Teilnahme an der *Talent scouts show* von ARTHUR GODFREY. Die Leute waren von ihm so begeistert, daß er danach dort ein festes Engagement erhielt und später Gastgeber seiner eigenen TV-Shows wurde. 1956 nahm er den → JOHN-D.-LOUDERMILK-Song *A Rose and a Baby Ruth* auf, der zu seinem ersten Millionenseller wurde. Den zweiten hatte er ein Jahr später mit *Why don't they understand*. Ende der 50er Jahre ging er mit anderen Stars wie → BUDDY HOLLY, → GENE VINCENT und den → EVERLY BROTHERS auf Tournee. 1959 ließ sich George Hamilton IV dann in Nashville nieder, er wurde 1960 in die Ruhmeshalle der »Grand Ole Opry« aufgenommen. Bekannt geworden ist George Hamilton IV auch durch den Titel *The ten commandments,* den er 1958 zusammen mit → PAUL ANKA und → JOHNNY CASH aufgenommen hatte und der in den US-Charts bis Platz 29 kam. In den Country-Charts war George Hamilton IV bis Ende der 70er Jahre ständig vertreten.

Jahr	*Titel*	*USA*	*UK*	*D*
1956	A Rose and a Baby Ruth	6		
1957	Why don't they understand	10	22	
1958	I know where I'm going	43	23	
1963	Abilene	15		

Roy Hamilton

geb. 16. 4. 1929 in Leesburg/Georgia, USA, voc, gest. 20. 7. 1969

Der farbige Interpret begann im zarten Alter von sechs Jahren im Kirchenchor zu singen. Als er 14 war, zog seine Familie nach New Jersey, wo Roy die Kunstschule besuchte. Gleichzeitig betätigte sich der gutaussehende junge Mann auch als Amateur-Boxer im Schwergewicht. Natürlich gehörte Roy auch in Jersey City zum Kirchenchor, und dort hörte ihn eines Abends ein Discjockey, der von Roys Stimme so begeistert war, daß er ihm zu einem Plattenvertrag verhalf. 1954 nahm Roy seine erste Single auf, es war der Rodgers And Hammerstein-Song *You'll never walk alone* aus dem Musical *Carousel,* der neun Jahre später ein Nr.-1-Hit für → Gerry & The Pacemakers werden sollte. Bis Anfang der 60er Jahre war Roy Hamilton mit seinen recht softigen Songs in der Hitparade vertreten. Am 20. Juli 1969 starb der Sänger in New Rochelle/New York im Alter von nur 40 Jahren überraschend an einem Schlaganfall. Er hinterließ eine Frau und zwei Söhne.

Jahr	*Titel*	*USA*	*UK*	*D*
1955	Unchained melody	6		
1958	Don't let go	13		
1961	You can have her	12		

The Happenings

Robert Miranda, leadvoc, g, org
Ralph De Vito, g, voc; ersetzt durch
Bernard La Porta, leadg, g, voc
David Libert, b, keyb, voc
Thomas Guiliano, perc, voc
alle aus Paterson/New Jersey, USA

Die vier lernten sich bei der gemeinsamen Army-Zeit in Fort Dix/New Jersey kennen. Sie fingen an zu singen, und nach ihrer Entlassung blieben sie als Gruppe zusammen und nannten sich The Four Graduates. Zunächst betätigten sie sich in erster Linie als Begleitchor. Durch ihre Bekanntschaft mit → Bob Crewe sind sie in dieser Funktion auch auf etlichen → Four Seasons-Aufnahmen zu hören. Dann lernten sie → Ernie Maresca und die → Tokens kennen, und die ermöglichten es ihnen, zwei Singles zu machen, *What a lovely way to spend an evening* und *Candy queen,* die beide glatte Flops waren. 1965 änderten die Four Graduates ihren Namen in The Happenings und nahmen einen weiteren Anlauf zu einer Plattenkarriere. Ihre erste Single *On the go* erreichte zwar nichts, aber bereits die zweite wurde ein Hit: *See you in september*, im Original ein Nr.-23-Hit der Tempos aus dem Jahr 1959. Daraufhin blieben die Happenings dabei, die Hits anderer aufzufrischen, und hatten sehr viel Erfolg damit. Auch heute touren sie noch durch die amerikanischen Lande, vor allen Dingen durch den Nordosten der Staaten. Die einzigen Original-Mitglieder sind noch Bob Miranda und Tom Guiliano.

Jahr	*Titel*	*USA*	*UK*	*D*
1966	See you in september	3		
1966	Go away little girl	12		
1967	I got rhythm	3	28	
1967	My Mammy	13	34	

Hardin & York

Edward »Eddie« Hardin, geb. 19. 2. 1949 in London, keyb, voc
Pete York, geb. 14. 8. 1942 in London, England, dr

Hardin und York lernten sich bei der → Spencer Davis Group kennen und schätzen. Hardin hatte zusammen mit Davis einige Songs der Band geschrieben, wie z. B. *Time seller,* während York bei Davis zu einem exzellenten Schlagzeuger wurde. 1969 trennten sich die beiden von der Band und machten als Duo weiter, das bald den Namen »Die kleinste Big Band der Welt« bekam. Der vollkommene, voluminöse Sound, den die beiden herzustellen verstanden, faszinierte nicht nur die Besucher des englischen National Jazz & Blues Festival. Eine Raubpressung ihres → Beatles-Medleys wurde zum heimlichen Bestseller. Aber auch ihre offiziellen LPs *Tomorrow today* (1969), *The world's smallest big band* (1970) und *For the world* (1971) verkauften sich sehr gut, ebenso Eddie Hardins 71er Solo-LP *Home ist where you find it.* Als sich 1972 die Spencer David Group neu formierte, schlossen sich auch Hardin und York wieder an. Was sie aber nicht daran hinderte, 1974 mit dem Baßgitarristen Richard »Charlie« McCracken das Album *Hardin & York with Charlie McCracken* herauszubringen. Seitdem tauchen die beiden immer wieder als Studio- oder Gastmusiker bei anderen auf.

Françoise Hardy

geb. 17. 1. 1944 in Paris, voc, g

Die große, knochige Sängerin ist die Tochter eines Fabrikdirektors. Mit Musik kam sie nach dem Abitur in Berührung. Da schenkte ihr nämlich ihr Vater zur Ablenkung nach dem Prüfungsstreß eine Gitarre. Françoise, die eigentlich Lehrerin werden wollte, fing an, sich kleine Melodien und dazu Texte auszudenken. Auf Anraten seiner begeisterten Freunde meldete sich das schüchterne grünäugige Mädchen schließlich für eine Talent-Show im Fernsehen an, und am 19. November 1962 durfte es zum ersten Mal mit einem selbst verfaßten Chanson im französischen Fernsehen auftreten. Das traurige Lied hieß *Tous les Garçons et les Filles* und wurde danach umgehend ein Hit. Innerhalb von nur fünf Monaten verkaufte sich das Chanson über zwei Millionen Mal, und die schlaksige Françoise war ein Star. 1963 begann die ehemalige Germanistik-Studentin auch sehr erfolgreich in Deutsch zu singen. Bis Ende der 60er Jahre gelangen ihr immer wieder erfolgreiche Songs, danach verschwand sie, wie so viele, spurlos aus dem Showgeschäft. 1990 hatte Jimmy Sommerville im Duett mit June Miles Kingston großen Erfolg mit dem Hardy-Song *Comment te dire adieu.*

Jahr	*Titel*	*USA*	*UK*	*D*
1963	Peter und Lou (Ich steig dir auf's Dach)			28
1963	Tous les garcons et les filles		36	20

Jahr	*Titel*	*USA*	*UK*	*D*
1965	Et même		31	
1965	All over the world		16	
1965	Frag den Abendwind			7
1966	Ich bin nun mal ein Mädchen			24
1969	Souvenirs der ersten großen Liebe			31

Harper's Bizarre

THEODORE TEMPLEMAN, geb. 24. 10. 1944 in Santa Cruz/Kalifornien, USA, lead-voc, tp, dr
RICHARD SCOPPETTONE, geb. 5. 7. 1945 in Santa Cruz/Kalifornien, USA, g
EDWARD JAMES, geb. in Santa Cruz/Kalifornien, USA, g
RICHARD YOUNT, geb. 9. 1. 1943 in Santa Cruz/Kalifornien, USA, g, b, dr
JOHN PETERSON, geb. 8. 1. 1945 in San Francisco/Kalifornien, dr

Die Gruppe wurde 1963 gegründet, in den Anfängen der Flower-Power-Zeit und »Make Love Not War«-Bewegung. Dementsprechend kann man die Musik der Band auch getrost unter »sonnig, heiter und verträumt« einordnen. Begonnen hatten die fünf in San Francisco unter dem Namen THE TIKIS. Sie erspielten sich mit ihrem sanften Sonnen-Pop schnell eine große Gefolgschaft, und das wiederum brachte ihnen einen Plattenvertrag ein. Daraufhin änderten sie ihren Namen in Harper's Bizarre und versuchten sich als erstes an dem → SIMON & GARFUNKEL-Song *59th Street bridge song (Feelin' groovy)*. Es wurde ein Bestseller. Als nächstes machten sie eine neue Version von VAN DYKE PARKS' *Come to the sunshine* und konnten sich auch damit in den Charts plazieren. Doch die Stärke der Band lag vor allem in ihren Alben. LPs wie *Feelin' groovy, Anything goes, Secret life* und *Harper's Bizarre 4* verkauften sich hervorragend. Der Erfolg der Truppe schwand Ende der 60er Jahre, als sich die härtere Rockmusik durchsetzte. Ted Templeman verlegte sich in den 70er Jahren aufs Produzieren. Unter seiner Regie entstanden einige der erfolgreichsten Alben der DOOBIE BROTHERS.

Jahr	*Titel*	*USA*	*UK*	*D*
1967	The 59th Street bridge Sond (Feelin' groovy)	13	34	
1967	Come to the sunshine	37		
1967	Anything goes		33	

Anita Harris

ANITA MADELEINE HARRIS, geb. 3. 6. 1944 in Midsomer Norton, England, voc

Bereits als kleines Mädchen fing Anita mit dem Tanzen und Singen an. Als sie acht Jahre alt war, verlegte sie sich aufs Eislaufen. Kurz vor ihrem 16. Geburtstag wurde sie als Eisprinzessin entdeckt. Sie arbeitete bei Shows in Neapel und Las Vegas, kehrte schließlich nach England zurück und ließ sich in Bournemouth nieder. Sie schloß sich der Gruppe THE GRENADIERS an und trat mit den CLIFF ADAMS SINGERS in der *Song Parade* im Fernsehen auf; 1961 entschloß sie sich, es als Solistin zu versuchen, und tatsächlich arbeitete sie mit guten Erfolgen für Fernsehen, Radio, Bühne und Kabarett. Sie machte auch diverse Platten und vertrat England dreimal beim Europäischen Song Contest: in Montreux, Knokke-Le-Zoute und San Remo. 1964 legte sie sich einen neuen Manager zu, und 1966 trat sie zum ersten Mal im Londoner Palladium auf. Das Publikum war von ihr so begeistert, daß ihr Engagement auf achteinhalb Monate verlängert wurde. 1967 veröffentlichte sie den Song *Just loving you,* den Tom Springfield, der Bruder von → Dusty Springfield und Hauptschreiber der → Seekers, für sie geschrieben hatte. Tom hatte sich dabei von Chopins *Fantasie impromptu* inspirieren lassen, und das gefiel dem Publikum so gut, daß sich der Song millionenfach verkaufte. Es blieb der einzige große Hit für Anita Harris.

Jahr	*Titel*	*USA*	*UK*	*D*
1967	Just loving you		6	
1968	Anniversary waltz		21	

Jet Harris & Tony Meehan

Terence »Jet« Harris, geb. 7. 7. 1939 in Kingsbury, England, b
Tony Meehan, ge. 2. 3. 1942 in London, England, dr

Die beiden begannen ihre musikalische Karriere 1959 bei den → Shadows, nachdem sie vorher bei den Vipers und Most Brothers erste Erfahrungen gesammelt hatten. Der dunkle, schwermütige Jet hatte einen großen Anteil an der Formung des Images der Shadows. Um so größer war der Schlag, als er Anfang 1962 die Gruppe verließ, nachdem Tony Meehan bereits Ende 1961 das Handtuch geworfen hatte. Meehan hatte bei einer Plattenfirma einen Job als Produzent gefunden und verschaffte natürlich seinem alten Freund umgehend einen Plattenvertrag. 1962 versuchte es Jet Harris zunächst recht erfolgreich als Solist. Schließlich hatte bereits → Duane Eddy bewiesen, daß auch ein Baßgitarrist Bestseller spielen konnte. Doch der ganz große Erfolg kam dann 1963, als sich Harris und Meehan zu einem Duo zusammentaten. Drei Top-Hits landeten die beiden in jenem Jahr, dann hatte Jet Harris einen schweren Autounfall, von dem er sich nie wieder ganz erholte. Er versuchte zwar 1967 ein Comeback bei der Jeff Beck Group, doch es blieb bei einem Versuch. Tony Meehan gründete Ende 63 eine eigene Band, die er The Tony Meehan Combo nannte. Anfang 1964 hatte die Combo einen kleineren Erfolg mit *Song of Mexico,* der in England auf Rang 39 landete.

Jahr	*Titel*	*USA*	*UK*	*D*
Jet Harris				
1962	Besame Mucho		22	
1962	Main theme from »Man with the golden arm«		12	
Jet Harris & Tony Meehan				
1963	Diamonds		1	
1963	Scarlett O'Hara		2	
1963	Applejack		4	

Richard Harris

geb. 1. 10. 1933 in Limerick, Irland, voc

Richard Harris begann seine künstlerische Laufbahn zunächst als Dichter, später wechselte er dann ins Schauspielfach und wurde ein begehrter und hervorragender Darsteller. Zu seinen bekanntesten Filmen gehören Streifen wie *Lockender Lorbeer, Meuterei auf der Bounty, Die Kanonen von Navarone, Die Schneegänse kommen* und *Ein Mann, den sie Pferd nannten.* Doch Ende der 60er Jahre wollte sich der vielseitige Künstler auch einmal als Sänger versuchen. Er tat sich mit dem Songschreiber Jim Webb zusammen, der schon für die → Fifth Dimension den Millionenseller *Up, up and away* und für → Glen Campbell *By the time I get to Phoenix* geschrieben hatte. Mit Webb nahm Harris 1967 das Album *A tramp shining* auf. Daraus ausgekoppelt wurde die Single *MacArthur Park,* ein sehr extravaganter und musikalisch anspruchsvoller Song mit großem Orchester und außergewöhlichem Aufbau, der außerdem noch über sieben Minuten lang war. Das Lied wurde 1968 ein weltweiter Millionenseller und bekam den Grammy für das »beste Arrangement«. 1971 versuchte es Richard Harris noch einmal mit *My boy.* Doch diesmal blieb der große Erfolg aus, und so widmete sich der Schauspieler wieder dem Beruf, den er immerhin auf der Royal Academy Of Dramatic Arts in London erlernt hatte. Den MacArthur Park gibt es übrigens tatsächlich, er befindet sich in Los Angeles am Ende des Wilshire Boulevards.

Jahr	*Titel*	*USA*	*UK*	*D*
1968	MacArthur Park	2	4	

Rolf Harris

geb. 30. 3. 1930 in Perth, Australia, voc

Harris hatte seinen ersten großen Hit 1960 mit *Tie me kangaroo down, sport.* Der Erfolg dieses Liedes basierte hauptsächlich auf dem völlig neuen Soundeffekt, den Harris benutzte, um das Hüpfen eines Känguruhs akkustisch darzustellen. Auf die Idee für diesen Effekt kam Harris rein zufällig 1958. Er hatte ein Bild gemalt und als Untergrund statt Leinwand Holz benutzt. Zum Trocknen legte er das Holz-Bild auf einen Ofen; er wurde erst wieder darauf aufmerksam, als das Holz schon fast zu kokeln anfing. Um es abzukühlen, wedelte er damit auf und ab, und genau dieses Geräusch verwendete er anschließend so erfolgreich in seinem Hit. Der Sänger, der zunächst als Kabarett- und Fernsehunterhalter populär geworden war, betätigte sich nebenbei fast ebenso erfolgreich als Cartoonist, Maler, Bildhauer, Pianist und Komponist. Er hatte mit neun Jahren mit dem Klavierspielen angefangen, und ehe er sich als Entertainer durchgesetzt hatte, hatte er sich seinen Lebensunterhalt als Klavierlehrer verdient. 1962 hatte Rolf Harris dann großen Erfolg mit *Sun arise,* einem Lied der australischen Aborigines, das er bearbeitet hatte. 1969 landete Harris dann abermals einen Millionenseller mit *Two little boys*, einer zu Herzen gehenden Geschichte über Freundschaft selbst im Krieg. In den

60er Jahren war Harris nach England übergesiedelt, wo er mit seinen Fernseh-Shows großen Erfolg verbuchen konnte.

Jahr	*Titel*	*USA*	*UK*	*D*
1960	Tie me kangaroo down, sport		9	
1962	Sun arise		3	
1963	Tie me kangaroo down, sport	3		
1963	Sun arise	61		
1969	Two little boys		1	

Noel Harrison

Der Sohn des Schauspielers Rex Harrison fuhr von Anfang an »zweigleisig«: sowohl als Sänger als auch als Schauspieler. In Londoner Nachtclubs arbeitete er in erster Linie als Sänger, während er in Amerika vor allen Dingen als Schauspieler von sich reden machte. Auf seinen Alben *Noel Harrison* (1966) und *Santa Monica Pier* (1968) sang er in erster Linie die Hits anderer nach. Vor allen Dingen die → Beatles, → Bob Dylan und → Leonard Cohen gehörten zu seinen bevorzugten Lieferanten. Doch seinen einzigen großen Hitparaden-Erfolg hatte der Engländer 1969 in seinem Heimatland mit seiner Version des → Dusty-Springfield-Songs *Windmills of your mind.*

Jahr	*Titel*	*USA*	*UK*	*D*
1965	A young girl	51		
1967	Suzanne	56		
1969	Windmills of your mind		8	

Richie Havens

geb. 21. 1. 1941 in Brooklyn/New York, USA, voc, g

Der farbige Interpret und Songwriter war das älteste von neun Kindern, sein Vater war Pianist. Da seine Familie sehr arm war, begann Richie schon als Kind an Straßenecken zu singen. Mit 14 Jahren gründete er seine erste Gruppe, The McCrea Gospel Singers. Ein paar Jahre später zog er ins New Yorker Künstlerviertel Greenwich Village und verdiente sich zunächst sein Geld als Portrait-Maler für Touristen. 1962 entdeckte der Sänger mit der brüchigen Stimme die Gitarre und entwickelte innerhalb kurzer Zeit seinen ganz typischen folkigen Stil. 1965 bekam Richie Havens seinen ersten Plattenvertrag und veröffentlichte die LPs *The Richie Havens record* (1965) und *Electric Havens* (1966). Doch erst das 67er Album *Mixed bag* brachte ihm das Interesse eines größeren Publikums ein. Seinen Durchbruch hatte Richie Havens dann 1969 beim Woodstock Festival. Dennoch wurde er nie ein Star, sondern behielt immer seinen Insider-Kult-Status. Vielleicht lag's daran, daß er einfach zu oft → Beatles-Songs auf immer dieselbe Art und Weise nachsang. Trotzdem kann man sich seine Version von George Harrison *Here comes the sun* und sein *Rocky Racoon* auch heute immer wieder anhören.

Jahr	*Titel*	*USA*	*UK*	*D*
1971	Here comes the sun	16		

Edwin Hawkins Singers

Die Mitglieder dieser Gospelgruppe stammen alle aus Oakland/Kalifornien. Gegründet wurde der vielköpfige Chor Ende der 60er Jahre von Betty Watson und Edwin Hawkins. Sie nannten ihn The Northern California State Youth Choir. Bei ihren zahlreichen Auftritten wurden sie mit derart stürmischer Begeisterung gefeiert, daß sie ihr Geld zusammenlegten und ein Album aufnahmen. Eigentlich wollten sie diese LP nur bei ihren Konzerten an die Besucher verkaufen. Doch das Album fand seinen Weg in die Radiostationen, und die spielten vor allen Dingen immer einen Song daraus: *Oh happy day*. Das Lied wurde 1969 als Single veröffentlicht und entwickelte sich innerhalb kürzester Zeit zu einem internationalen Millionenerfolg. Die Leadstimme der Aufnahme wurde von Dorothy Morrison gesungen, die anschließend eine Solo-Karriere einschlug. 1970 wurden die Edwin Hawkins Singers dazu ausersehen, die Sängerin → Melanie bei dem Lied *Lay down (Candles in the rain)* zu begleiten. Das Lied wurde in USA ein Nr.-6-Hit. Die Edwin Hawkins Singers veröffentlichten anschließend noch einige LPs, die sich sehr gut verkauften, wie *More happy days, Children get together* und *I'd like to teach the world to sing*.

Jahr	*Titel*	*USA*	*UK*	*D*
1969	Oh happy day	4	2	1

Isaac Hayes

geb. 20. 8. 1942 in Covington/Tennessee, USA, voc, p, org

Der große, dunkle, kahlköpfige Isaac Hayes, der mit schweren Goldketten und exotischen Capes bekleidet aufzutreten pflegte, war eine der schillerndsten Gestalten der 60er und frühen 70er Jahre. Hayes war Vollwaise und wurde von seinen Großeltern aufgezogen. Mit fünf Jahren sang er bereits im Kirchenchor, Schulausbildung fand nur statt, wenn der kleine Isaac auf den Feldern entbehrlich war. Mitte der 50er Jahre zog er mit seinen Großeltern nach Memphis. Er hielt sich mit Aushilfsjobs über Wasser, spielte aber abends immer fleißig in Gruppen wie The Teen Tones, The Morning Stars, The Ambassadors und Sir Isaac & The Doo-Dads. Das Klavier- und Orgelspielen hatte sich Isaac selbst beigebracht. Als Anfang der 60er Jahre in Memphis die schwarze Plattenfirma Stax entstand, hatte sich Hayes bereits einen exzellenten Ruf als Musiker erspielt und keine Schwierigkeiten, bei dieser Firma einen Job zu bekommen. Dort lernte er auch David Porter kennen, der für die Musik, die Hayes inzwischen schrieb, die richtigen Texte fand. Aus dieser Zusammenarbeit stammen einige der größten Hits von Stax, wie z. B. *Soul Man* und *Hold on, I'm coming* für → Sam & Dave. Bei dieser Firma durfte Hayes Ende der 60er Jahre mit dem Album *Presenting Isaac Hayes* auch sein Debüt als Sänger geben. Die LP war zwar nicht gerade ein Bestseller, aber sie machte den farbigen Sänger mit der eindrucksvollen, tiefen, nachtschwarzen Stimme so bekannt, daß bereits LP Nr. 2, *Hot buttered soul,* 1969 über zwei Millionen Mal verkauft wurde. Darauf sang Hayes auf seine ganz individuelle Art Klassiker wie *Walk on by* und *By the time I get to Phoenix.* Als Singles ausgekoppelt, erreichten die Songs in den US-Charts Platz 30 bzw. 37. Den ganz großen Durchbruch hatte Mr. Hayes dann 1971 mit dem Soundtrack für den Film *Shaft.* Es war der erste Film, in dem ein schwarzer Detektiv, dargestellt von RICHARD ROUNDTREE, die Hauptrolle spielte. Der Titelsong des Films wurde ein Millionenseller, wie auch das ganze Soundtrack-Album, und Hayes konnte dafür den Oscar für den »besten Filmsong des Jahres 71« in Empfang nehmen. Doch danach ging es mit Isaac Hayes, der von sich behauptete, er sei der erste schwarze Superstar der Musik, weil er der reichste, dickste und arroganteste schwarze Typ sei, kontinuierlich bergab. Er schrieb zwar weiterhin Soundtracks für Streifen wie *Tough guys* oder *Truck Turner* und veröffentlichte mit schöner Regelmäßigkeit eigene Platten, aber es half nichts. Im Januar 1977 mußte Isaac Hayes seinen totalen Bankrott erklären. Inzwischen bringt er wieder Platten heraus, doch der Erfolg hält sich in Grenzen.

Jahr	*Titel*	*USA*	*UK*	*D*
1971	Theme from »Shaft«	1	4	35
1976	Disco connection		10	
1979	Don't let go	18		

Lee Hazlewood

geb. 9. 7. 1929 in Mannford/Oklahoma, USA, voc, g

Hazlewood, der Mann mit der tiefen Stimme, ist nicht nur ein erfolgreicher Sänger, sondern ein ebenso erfolgreicher Songschreiber und Produzent. Er wuchs in Oklahoma und Texas auf, und so ist es nicht weiter verwunderlich, daß in seinen Liedern eine ganze Menge Country-Feeling liegt. Zum ersten Mal machte Hazlewood 1958 auf sich aufmerksam, als er sich mit dem jungen Gitarristen → DUANE EDDY zusammentat und mit ihm den Millionenseller *Rebel rouser* schrieb. Hazlewood war im Laufe der Zeit noch für etliche andere Duane-Eddy-Bestseller verantwortlich, sowohl als Produzent als auch als Schreiber, darunter für *Guitar man.* Aus seiner Feder stammte auch der SANFORD-CLARK-Hit *Son of a gun.* In den 60er Jahren wurde Hazlewood abermals zum Star, als er nämlich einer jungen, erfolglosen Sängerin den guten Rat gab, doch nicht so hoch und klar zu singen, sondern tiefer und mehr aus dem Bauch. Die Sängerin hieß → NANCY SINATRA. Sie befolgte den Rat und hatte anschließend mit den Lee-Hazlewood-Songs *These boots are made for walking* und *Sugar down* 1966 zwei Millionenseller. Auch im Duett waren die beiden erfolgreich.

Jahr	*Titel*	*USA*	*UK*	*D*
1967	Jackson (mit Nancy Sinatra)	14		8
1967	Lady bird (mit Nancy Sinatra)	20	47	33

Jahr	Titel	USA	UK	D
1968	Some velvet morning (mit Nancy Sinatra)	26		
1971	Did you ever (mit Nancy Sinatra)		2	

Roy Head

geb. 1. 9. 1941 in Three Rivers/Texas, USA, voc, g

Roy wuchs mit Country-Musik auf, nicht nur weil er in Texas lebte, sondern auch weil seine Eltern beide Country Fiddler waren. Auch als Teenager interessierte er sich nur für Country-Musik und hatte Mitte der 50er Jahre einen kleinen regionalen Hit mit *One more time.* Doch Mitte der 60er Jahre meinte Roy, daß er mit Rock ein größeres Publikum erreichen könnte, und fing an, mit seiner Band The Traits Musik in dieser Art zu machen. Da er in Texas ziemlich populär war, bekam er auch schnell einen Plattenvertrag und hatte 1965 mit *Treat her right* seinen ersten Hit in den Hot 100. Doch seine nächsten Singles waren bereits nicht mehr so erfolgreich, und Mitte der 70er Jahre beschloß er, sich wieder dem Country zuzuwenden. Seit 1974 ist Roy Head mit Songs wie *The most wanted woman in town* (1975), *Come to me* (1977) oder *Break out the good stuff* (1985) ständig in den US-Country-Charts vertreten.

Jahr	Titel	USA	UK	D
1965	Treat her right	2	30	
1965	Just a little bit	39		
1965	Apple of my eye	32		

Bobby Hebb

geb. 26. 7. 1941 in Nashville/Tennessee, USA, voc, tp, g, bj, dr

Bobby hat sechs Geschwister, und seine Eltern sind beide blind. Bereits mit vier Jahren stand er zum ersten Mal auf der Bühne, und als er zwölf Jahre alt war, lud ihn Roy Acuff ein, in der »Grand Ole Opry« aufzutreten. Er war damit der erste Schwarze, dem das gestattet wurde. Nachdem Bobby die Highschool beendet hatte, absolvierte er in Chicago eine Ausbildung als Zahntechniker, machte nebenbei aber immer Musik. Er lernte Trompete und war sogar bei Aufnahmen mit → Bo Diddley dabei. Als er zur Army mußte, schloß er sich dort als Trompeter einer Jazzband an. Nach seiner Entlassung interessierte er sich auch für andere Instrumente, lernte Gitarre bei dem berühmten Chet Atkins und wurde auch auf dem viersaitigen Banjo und am Schlagzeug ein perfekter Musiker. Danach schloß er sich in New York dem Duo Mickey & Sylvia an, die 1957 einen Nr.-11-Hit mit *Love is strange* gehabt hatten. Als Bobby & Sylvia traten die beiden von 1961 bis 1963 zusammen auf. Als Solist sang Bobby anschließend in diversen New Yorker Clubs und nahm auch zwei Singles auf, *Night train to Memphis* und *You broke my heart and I broke your jaw*, die jedoch beide Flops waren. Der große Durchbruch von Bobby Hebb kam 1966 mit einem Lied, das er bereits Ende 1963 geschrieben hatte. Am 22. November 1963 wurde in Dallas Präsident John F. Kennedy ermordet, einen Tag später starb einer von Bobbys Brüdern ebenfalls eines gewaltsamen Todes. Bobby war tief erschüttert, und unter dem Eindruck dieser beiden schrecklichen Todesfälle schrieb er das Lied *Sunny,* das sich an Gott richtet. Fast drei Jahre lang bot Hebb den Song wie Sauerbier an, ehe er 1966 veröffentlicht und ein Millionenseller wurde. Hebb war und ist ein Vielschreiber. In Amerika hat er den Spitznamen »Song-A-Day-Man«, »Herr Jeden-Tag-ein-Lied«. Seit seinem Beginn 1958 hat Hebb weit über 3000 Songs geschrieben, über 1000 davon sind auf Platte erschienen. Zu seinen Abnehmern gehörten und gehören Stars wie → PERCEY SLEDGE, → MARY WELLS, → MARVIN GAYE, → BILLY PRESTON, → HERB ALPERT, → CHER und → GEORGIE FAME.

Jahr	*Titel*	*USA*	*UK*	*D*
1966	Sunny	2	12	
1966	A satisfied man	39		
1972	Love love love		32	

Heino

HEINZ GEORG KRAMM, geb. 13. 12. 1938 in Düsseldorf, voc

Der gelernte Bäcker gründete mit siebzehn Jahren seine erste Band, spielte bei kleinen Veranstaltungen und in Tanzlokalen und sang in erster Linie Lieder von → FREDDY QUINN nach, da sie am besten zu seiner martialischen tiefen Stimme paßten. Entdeckt wurde er von → RALF BENDIX, der sein Produzent wurde und ihm auch das Image verpaßte: der weißblonde Sänger mit der dunklen Brille wurde zum Starinterpreten für Marsch- und Mitklatschlieder. Heino gelang das fast Unmögliche, auch Anfang der 70er Jahre noch richtige deutsche Lieder in die Hitparade zu bringen. Die Kritiker belächelten seine *Bergvagabunden, Edelweiß* und *Enzian,* aber das Publikum zwischen sechs und achtzig Jahren liebte ihn. Es gibt sogar Volksmusikfachleute, die behaupten, daß durch Heino das deutsche Volkslied überhaupt erst wieder salonfähig geworden sei. Jedenfalls konnte sich Heino von 1967 bis Ende der 70er Jahre immer wieder in der Hitparade plazieren. Dann wurde es ruhiger um ihn, der bis Anfang der 80er Jahre immerhin über 10 Millionen Tonträger verkauft hatte. Doch 1989 feierte Heino plötzlich ein gewaltiges Comeback: eine Scratch-Version seines 72er Hits *Blau blüht der Enzian* eroberte die deutsche Hitparade und entwickelte sich zum Dauerbrenner bei den Kids.

Jahr	*Titel*	*USA*	*UK*	*D*
1967	Wir lieben die Stürme			16
1968	Die Sonne von Mexiko			16
1970	In einer Bar in Mexiko			14
1971	Mohikana Shalali			7
1972	Carneval in Rio			19
1972	Blau blüht der Enzian			2
1973	Tampico			14
1973	Edelweiß			5
1973	La Montanara			3
1974	Polenmädchen			16
1974	. . . und sie hieß Lulalei			16
1975	Die schwarze Barbara			5

Heintje

Hendrik Nikolaus Simon, geb. 12. 8. 1956 in Bleijerheide, Holland, voc

Der kleine, blonde Wunderknabe aus dem Land der Tulpen und Holzpantinen eroberte Ende der 60er Jahre mit seinen zu Tränen rührenden Superschnulzen die Herzen sämtlicher europäischer weiblicher Wesen zwischen zwölf und achtzig. Begonnen hatte alles 1968 mit einem weiteren Aufguß des wohlbekannten *Mama* aus der Feder der Herren Cherubini und Bixio, mit dem schon Star-Tenöre wie Benjamin Gigli, Tino Rossi und Sergio Franchi geglänzt hatten. Auch für → Connie Francis war der sentimentale Song 1960 ein Millionenseller gewesen. Für Heintje aus Holland bedeutete er den ersten von vier deutschen Nummer-1-Hits in Folge. Der niedliche Knabe mit der kräftigen Stimme sang erfolgreich bis 1971, dann setzte der Stimmbruch seiner Karriere erst einmal ein Ende. Also pupertierte Heintje, bis aus ihm Hein Simons geworden war, widmete sich ein paar Jahre seinem zweitliebsten Hobby, den Pferden, und versuchte schließlich Ende der 70er Jahre ein Comeback als ganz normaler erwachsener Sänger. Doch da war er nur einer unter vielen. Und da er keine sonderlich ausdrucksvolle Stimme hatte, blieb der erhoffte Erfolg aus.

Jahr	*Titel*	*USA*	*UK*	*D*
1968	Mama			1
1968	Du sollst nicht weinen			1
1968	Heidschi Bumbeidschi			1
1969	Ich sing' ein Lied für dich			1
1969	Scheiden tut so weh			4
1970	Deine Tränen sind auch meine			14
1970	Es kann nicht immer nur die Sonne scheinen			12
1971	Schneeglöckchen im Februar, Goldregen im Mai			4
1973	In denk' an dich			18

Heinz

Heinz Burt, geb. 24. 7. 1942 in Hargin, Deutschland, voc, b

Der weißblonde Heinz stieg 1963 bei den → Tornados aus und versuchte sich als Solist. Aus Verehrung für den verstorbenen → Eddie Cochran nahm der gutaussehende ehemalige Bassist noch im gleichen Jahr den Song *Just like Eddie* auf. Die Cochran-Hommage wurde und blieb Heinz' erster und einziger großer Hit, obwohl er Mitte der 60er Jahre mit schöner Regelmäßigkeit mit seiner Un-Stimme Platten besang.

Jahr	*Titel*	*USA*	*UK*	*D*
1963	Just like Eddie		5	
1963	Country boy		26	
1964	You were there		26	
1964	Questions I can't answer		39	
1965	Diggin' my potatoes		49	

Jimi Hendrix

geb. 27. 11. 1942 in Seattle/Washington, USA, voc, g;
gest. 18. 9. 1970 in London, England

Drei Jahre war Jimi Hendrix der internationale Superstar an den sechs Saiten, der die Techniken des Gitarrespiels entscheidend veränderte. Der farbige Musiker war der Sohn eines Landschaftsgärtners und teils indianischer, teils negroider Abstammung. Als Jimi elf Jahre alt war, schenkte ihm sein Vater eine Gitarre, nicht wissend, was er damit auslöste. Mit zwölf war Jimi schon ein Meister auf diesem Instrument und spielte in diversen Teenager-Rock'n'Roll-Bands. 1963 wurde er eingezogen. Als er 1964 nach vierzehn Monaten aus der Army entlassen wurde, bekam der exzellente junge Musiker sofort einen Job als Gitarrist bei Superacts wie → CHUCK JACKSON, LITTLE RICHARD, → WILSON PICKETT, → IKE & TINA TURNER, → JOEY DEE und natürlich den → ISLEY BROTHERS. Hendrix stellte aber auch eine eigene Band namens JIMMY JAMES & THE BLUE FLAMES zusammen, mit der er regelmäßig im berühmten Cafe Wah in Greenwich Village auftrat. Dort wurde CHAS CHANDLER, ehemals Bassist für die → ANIMALS, auf ihn aufmerksam. Er erkannte das Potential dieses Künstlers, nahm ihn 1966 mit nach England und stellte für ihn eine neue Band zusammen. Sie bestand aus NOEL REDDING, geb. 25. 12. 1945 in Folkestone/Kent, England, am Baß, und JOHN »MITCH« MITCHELL, geb. 9. 7. 1946 in London, England, am Schlagzeug. Chandler nannte das Trio THE JIMI HENDRIX EXPERIENCE und ließ es als erstes das Traditional *Hey Joe* aufnehmen. Nachdem die Band diesen Blues-Rock-Titel in der britischen TV-Pop-Show *Ready steady go* gespielt hatte, wurde er ein Hit. 1967 kam dann der internationale Durchbruch der Jimi Hendrix Experience, der Auftritt beim Monterey Pop Festival, durch den auch andere spätere Superstars wie → JANIS JOPLIN und → OTIS REDDING berühmt wurden. Nach diesem Auftritt stand weltweit fest, daß Jimi Hendrix der führende internationale Rock- und Blues-Gitarrist war. Keiner behandelte seine Gitarre so, zog sie zwischen den Beinen durch, zupfte sie mit den Zähnen und entlockte ihr Töne, die man noch nie vorher gehört hatte. Hendrix' Alben *Are you experienced, Axis bold as love* und *Electric Ladyland* verkauften sich hervorragend. Inzwischen war er nicht nur in England und Europa, sondern endlich auch in seinem Heimatland Amerika ein Star. Doch der Erfolg stieg ihm zu Kopf. Er stopfte sich mit Drogen voll, verbrauchte Groupies wie andere Männer Hemden, zertrümmerte im Vollrausch die Einrichtung der Hotelzimmer und wurde für seine beiden Mitspieler immer unerträglicher. 1969 zogen sie die Konsequenz und trennten sich von ihm. Daraufhin holte Hendrix sich den Bassisten BILLY COX, den er von seiner Army-Zeit her kannte, und den Schlagzeuger BUDDY MILES. Diese neue Formation nannte er BAND OF GYPSIES. Die LPs *Band of Gypsies* und *Rainbow bridge* wurden ebenfalls wieder internationale Bestseller. Einen weiteren Höhepunkt feierte Jimi Hendrix mit seiner Band 1970 bei seinem Konzert auf der Isle of Wight. Dieses Konzert wurde mitgeschnitten und später als LP veröffentlicht. Doch das erlebte Hendrix schon nicht mehr mit. Zehn Tage nach diesem Konzert, am 18. September 1970, starb er im Alter von nur 27 Jahren in einem Hotel in London. Hendrix, der wie fast alle Drogenkonsumenten unter permanenter Schlaflosigkeit litt, hatte eine größere Menge Schlaftabletten eingenommen und sie mit Unmengen von Alkohol hinuntergespült. Als er diese unbekömmliche Mischung erbrechen wollte, war er schon zu benebelt. Der geniale, einzigartige Psychedelic-Blues-Gitarrist erstickte an seinem Erbrochenen. Im Laufe der Jahre wurden von diversen Plattenfirmen immer wieder bislang unveröffentlichte Songs von Jimi Hendrix auf den Markt gebracht. Die meisten dieser Alben waren jedoch von verheerender Qualität.

Jahr	*Titel*	*USA*	*UK*	*D*
1967	Hey Joe		6	21
1967	Purple haze		3	17
1967	The wind cries Mary		6	
1967	The burning of the midnight lamp		18	27
1968	All along the watchtower	20	5	21
1970	Voodoo chile		1	25

Clarence »Frogman« Henry

geb. 19. 3. 1937 in Algiers/Louisiana, USA, voc, p

Clarence begann seine musikalische Karriere 1955 als Sänger und Pianist in der Band von Bobby Mitchell. Bei einem Auftritt in New Orleans wurde er entdeckt und bekam einen Plattenvertrag. 1956 nahm er seine erste Platte *Ain't got no home* auf, die bereits ein Hit wurde. Seinen Spitznamen »Frogman« (»Froschmann«) bekam er, weil er in diesem ersten Hit mit drei verschiedenen Stimmen sang, und die tiefste davon klang wie das Quaken eines großen Frosches.

Jahr	*Titel*	*USA*	*UK*	*D*
1957	Ain't got no home	20		
1961	(I don't now why) But I do	4	3	
1961	You always hurt the one you love	12	6	

The Herd

Andy Bown, geb. 27. 3. 1947 in England, keyb, voc; ersetzt 1968 durch Henry Spinetti
Peter Frampton, geb. 22. 4. 1950 in Beckenham, England, leadvoc, g
Andrew Steele, dr
Gary Taylor, b, voc

The Herd verdankten ihren Erfolg weniger ihrem Können als einem Gesicht, nämlich dem bezaubernden, unschuldigen, engelsgleichen Antlitz des blondgelockten 17jährigen Peter Frampton. 1965 tat sich das Quartett in London zusammen, und innerhalb kürzester Zeit war Peter der Liebling aller weiblichen Teenager. Kein Wunder, daß die Band sofort einen Plattenvertrag erhielt, obwohl dann die erste Single *So much in love* floppte. Der Erfolg stellte sich erst ein, als das Komponisten- und

Produzenten-Team KEN HOWARD/ALAN BLAIKLEY die vier unter die Fittiche nahm. Howard und Blaikley hatten praktisch alle Hits von → DAVE DEE, DOZY, BICKY MICK & TICH geschrieben. Die beiden verpaßten The Herd einen bombastischen, melodramatischen Sound und verschafften ihnen mit den aufwendig produzierten Pop-Balladen *From the underworld, Paradise lost* und *I don't want our loving to die* das entsprechende Material. Im Sommer 1968 mußte Andy Bown den aktiven Dienst in der Gruppe aus gesundheitlichen Gründen aufgeben. Für ihn kam Henry Spinetti. Im selben Jahr erschien auch das erste eigene Werk von Herd, das von Bown und Frampton geschriebene *Sunshine cottage*. Der Erfolg hielt sich allerdings in Grenzen. Als dann Ende 1968 auch Frampton das Handtuch warf, um mit STEVE MARIOTT von den → SMALL FACES die Gruppe → HUMBLE PIE zu gründen, war das »Aus« für The Herd praktisch endgültig. Das kärgliche Trio veröffentlichte noch die wenig erfolgreiche Single *The game* und brach dann auseinander. Bown spielte anschließend bei Stars wie → PINK FLOYD und TIM HARDIN und versuchte ohne Erfolg eine Solokarriere, bis er schließlich als Bassist bei → STATUS QUO landete. Taylor betätigte sich als Discjockey im Radio und arbeitete nebenbei noch als Studiomusiker.

Jahr	*Titel*	*USA*	*UK*	*D*
1967	From the underworld		6	11
1967	Paradise lost		15	
1968	I don't want our loving to die		5	33

Herman's Hermits

PETER BLAIR DENIS BERNARD »HERMAN« NOONE, geb. 5. 11. 1947 in Manchester, England, leadvoc, p, g
KARL ANTHONY GREENE, geb. 31. 7. 1947 in Salford, England, g, harmonica
KEITH HOPWOOD, geb. 26. 10. 1946 in Manchester, England, g
DEREK »LEK« LECKENBY, geb. 14. 5. 1945 in Leeds, England, g
BARRY WHITHAM, geb. 21. 7. 1946 in Manchester, England, dr

Herman's Hermits gehörten zu den englischen Bands, die mit der »Britischen Invasion«, ausgelöst durch die → BEATLES 1964, in Amerika zu gewaltigen Hitehren kamen. Und das Merkwürdige dabei ist, daß hüben und drüben größtenteils völlig verschiedene Songs Hits wurden. Die Band entstand 1963 eigentlich durch Zufall. Es gab eine Gruppe, die sich THE HEARTBEATS nannte und die an einem Abend in einem Jugendclub auftrat. Leider fehlte der Gruppe ein Sänger, und Peter Noon, der zufällig anwesend war, bot seine Hilfe an. Der niedliche Peter war nämlich eigentlich Kinderschauspieler und verfügte über eine ausgebildete Stimme. Peter und die Heartbeats lieferten an diesem Abend einen derartig gekonnten Auftritt ab, daß der Applaus geradezu überwältigend war. Sie beschlossen, zusammenzubleiben und künftig unter dem Namen Herman's Hermits zu spielen. Innerhalb kürzester Zeit machte sich die Teenagerband in Manchester und Umgebung einen so guten Namen, daß der Produzent → MICKIE MOST auf sie aufmerksam wurde und ihnen einen Plattenvertrag gab.

1964 nahmen sie als erstes den Song *I'm into something good* auf, der im Original von Earl-Jean stammte. Das Lied wurde diesseits und jenseits des Atlantiks ein Hit, und so ging es praktisch ohne Unterbrechung bis Anfang der 70er Jahre weiter. In Amerika kamen Herman's Hermits auch mit Film-Songs in die Charts, wie z. B. 1966 mit *A must to avoid* aus dem Streifen *Hold on* und *Listen people* aus dem Streifen *When the boys meet the girls,* in dem sie selbst mitspielten. Herman's Hermits lösten sich offiziell Ende 1970 auf. 1971 versuchte sich Peter Noone als Solist, doch der Versuch verlief bald im Sande. 1982 konnte man Peter dann in seinem erlernten Beruf bewundern, da spielte er am Broadway in dem Stück *The pirates of Penzance.*

Jahr	*Titel*	*USA*	*UK*	*D*
1964	I'm into something good	13	1	
1964	Show me girl		19	
1965	Silhouettes	5	3	
1965	Can't you hear my heartbeat	2		
1965	Mrs. Brown you've got a lovely daughter	1		12
1965	Wonderful world	4	7	
1965	I'm Henry VIII, I am	1		22
1965	Just a little bit better	7	15	
1965	A must to avoid	8	6	
1966	Listen people	3		
1966	You won't be leaving		20	
1966	Leaning on the lamp post	9		
1966	This door swings both ways	12	18	
1966	No milk today	35	7	2
1966	Dandy	5		
1966	East west	27	37	
1967	There's a kind of hush	4	7	26
1967	Don't go out into the rain (You're going to melt)	18		
1967	Museum	39		40
1968	I can take or leave your loving	22	11	
1968	Sleepy Joe		12	
1968	Sunshine girl		8	12
1968	Something's happening		6	6
1969	My sentimental friend		2	36
1970	Years may come, years may go		7	
1970	Lady Barbara		13	

Peter Noone

Jahr	*Titel*	*USA*	*UK*	*D*
1971	Oh you pretty thing		12	

Ted Herold

Harald Schubring, geb. 9. 9. 1942 in Berlin, voc

Ted Herold, mit der schmalzigen → Elvis-Locke und dem heißen Elvis-Hüftschwung, war einer der wenigen echten deutschen Rock'n'Roller. Entdeckt wurde er Ende der 50er Jahre durch den Vater einer Klassenkameradin, der in der Schallplattenbranche tätig war. Aus Harald Schubring wurde Ted Herold,

Ted Herold Foto: Teldec/Bildarchiv

und nun hatten auch die deutschen Teenies ein Idol. Von 1959 bis 1963 gehörte Ted zu den ganz heißen Acts, egal ob als harter Rocker mit *Ich bin ein Mann* oder als dahinschmelzender Charming Boy in *Muhuhunlight – die Nacht ist schön.* Dann kam, wie bei Elvis Presley, die Armee, und danach war es aus mit der Karriere. Der Rock'n'Roll war vom Beat und diversen Modetänzen verdrängt worden. Zunächst versuchte Ted noch ein bißchen durch die Lande zu tingeln, aber schließlich gab er auf und machte eine Lehre als Radio- und Fernseh-Techniker. 1965 zog er nach Nauborn bei Wetzlar, ein Jahr später heiratete er seine Karin. Mit Musik hatte er höchstens noch zu tun, wenn er in der elterlichen Gastwirtschaft Platten auflegte. Mitte der 70er Jahre, Ted Herold hatte gerade seinen Meister gemacht, bat ihn Udo Lindenberg um einen Auftritt für sein Lied *Teddie,* das von Ted Herold handelte. Ted sagte zu und fand sich schließlich nach kurzer Zeit im Plattenstudio bei den Aufnahmen zu einer neuen LP wieder. Damit begann die zweite Karriere des Ted Herold. Hatte er früher Elvis-Hits auf Deutsch gesungen, holte er sich jetzt einen Teil seines Materials von Supergruppen wie dem Electric Light Orchestra. Mit Titeln von *Rock'n'Roll for president* (1980), bis *Der Mond über Hamburg* (1989) sang er sich regelmäßig wieder in die Herzen seiner Fans.

Jahr	*Titel*	*USA*	*UK*	*D*
1959	Hula Rock			3
1959	Ich bin ein Mann			26
1960	Isabell			29
1960	Moonlight			1
1961	O, so sweet			24
1961	Little Linda			25
1962	Ich bin ein Wanderer			44
1963	Da doo ron ron			22
1981	Die Besten sterben jung			25
1981	Gib dein Ziel niemals auf			25

The Highwaymen

Steve Butts, geb. 1940 in New York, USA, voc, g

Chan Daniels, geb. 1940 in Buenos Aires, Brasilien, voc, g; gest. 2. 8. 1975

Bobby Burnett, geb. 1940 in Mystic/Connecticut, USA, voc, g

STEVE TROTT, geb. 1940 in Mexico City, Mexiko, voc, g
DAVE FISHER, geb. 1940 in New Haven/Connecticut, USA, voc, g

Die fünf lernten sich auf der Wesleyan Universität in Middletown/Connecticut kennen. Für eine Party studierten sie ein paar Folksongs ein. Das kam so gut an, daß sie auch weiterhin bei Uni-Festen für ihre Kommilitonen auftraten. 1960 ging das Quintett nach New York und lernte einen Mr. KEN GREENGRASS kennen, der ihr Manager wurde und ihnen sofort einen Plattenvertrag verschaffte. Sie brachten eine LP heraus, aus der der Song *Michael row the boat ashore* ausgekoppelt wurde. Das war ein traditioneller Sklaven-Song, den diese immer sangen, wenn sie zwischen dem Festland und ihren Hütten auf den Inseln hin- und herruderten. Das Lied wurde ein internationaler Hit und Millionenseller. Doch bereits 1962 verblaßte der Erfolg des Folk-Quintetts wieder, das seine Lieder nicht nur in Englisch, sondern auch in Französisch, Hebräisch und Spanisch sang.

Jahr	*Titel*	*USA*	*UK*	*D*
1961	Michael	1	1	4
1961	Cotton fields	13		

Vince Hill

geb. 16. 4. 1937 in Coventry, England, voc

Vince hatte als Bäckerlehrling, in einer Autofabrik, in einem Bergwerk, als Lastwagenfahrer und Limonadenverkäufer gearbeitet, ehe er mit Musik in Berührung kam. Die Kapelle der Königlichen Britischen Nachrichtentruppe suchte per Anzeige einen Sänger, Vince bewarb sich und hatte anschließend eine recht angenehme Militärzeit. Nach seiner Entlassung blieb er weiterhin im Showbiz: Er reiste mit einer Eisrevue und einer Operetten-Produktion durch die Lande, anschließend versuchte er sich als Sänger bei einer Band und gründete schließlich selbst ein Quartett, mit dem er ab 1962 regelmäßig bei Sendungen der BBC aufzutreten pflegte. Aber während alle diese Dinge hervorragend klappten, hatte Vince Hill mit einem immer Pech: mit seinen Solo-Platten. Jeder kannte ihn im Radio und Fernsehen, aber keiner kaufte seine Platten. Mit *The Rivers run dry* kam er 1962 erstmals in die UK-Charts, bis Rang 41. Die nächsten ca. 30 Platten floppten. Das änderte sich erst 1966 mit *Take me to your heart again* und vor allem 1967 mit dem Bestseller *Edelweiß*. Vince Hill sang übrigens 1966 auch die englische Version von → UDO JÜRGENS' *Mercie Cherie,* mit der er in UK auf Platz 36 landete. Bis Anfang der 70er Jahre veröffentlichte Vince regelmäßig Platten, die sich jedoch nur selten auf oberen Plätzen der Charts plazieren konnten.

Jahr	*Titel*	*USA*	*UK*	*D*
1966	Take me to your heart again		13	
1967	Edelweiß		2	
1967	Roses of picardy		13	
1967	Love letters in the sand		23	
1971	Look around		12	

Al Hirt

ALOIS MAXWELL HIRT, geb. 7. 11. 1922 in New Orleans/Louisiana, USA, tp

Jahr	*Titel*	*USA*	*UK*	*D*
1964	Java	4		6
1964	Cotton candy	15		
1964	Sugar lips	30		

Al Hirt ist der Sohn eines Polizeibeamten aus New Orleans. Mit sechs Jahren bekam er von seinem Vater eine Trompete und startete dann seine Karriere als Mitglied der SONS OF THE POLICE DEPARTMENT JJUNIOR POLICE BAND. Dann ging er in Cincinnatti aufs Konservatorium und studierte Musik. Anschließend stellte er seine Trompetenkünste diversen Bands zur Verfügung, bis er Ende der 40er Jahre das feste Mitglied eines Rundfunk-Orchesters wurde. Mitte der 50er Jahre gründete Al Hirt dann seine eigene Kapelle und fing an, Platten aufzunehmen, zuerst für kleinere Firmen, ab 1960 für die große RCA. Dort veröffentlichte er etliche gutverkäufliche Alben wie *Greatest horn, He's the king, Bourbon Street, Horn a plenty, At the Mardi Gras, Trumpet & strings;* die LP *Honey in the horn* wurde sein erster Millionenseller. Al Hirt hatte sich zwar bis zu diesem Zeitpunkt schon einen hervorragenden Namen in den Kreisen des traditionellen Jazz erspielt, doch sein internationaler Durchbruch kam erst 1964 mit dem Instrumental *Java,* das der Komponist ALLEN TOUSSAINT 1958 geschrieben und eigentlich als R & B-Titel geplant hatte. Hirt machte eine fröhliche Nummer im New-Orleans-Stil daraus und hatte einen weltweiten Millionenseller damit. Der übergewichtige, sehr große Musiker mit Rauschebart, der nicht umsonst den Spitznamen »The Monster« trägt, lebt auch heute noch in New Orleans und nimmt regelmäßig recht erfolgreiche Alben auf.

Eddie Hodges

geb. 5. 3. 1947 in Hattiesburg/Mississippi, USA, voc

1953 kam der niedliche, blonde Eddie mit seinen Eltern nach New York und startete seine Karriere. Zunächst trat er in diversen Fernsehshows auf, wie z. B. der berühmten *Jackie Gleason Show.* Dann spielte er in der Rate-Show *Name that tune* (»Nenn das Lied«) mit und gewann dabei nicht nur 25 000 Dollar, sondern auch einen Vertrag, an der Broadway Show *The music man* teilnehmen zu dürfen. Sein Erfolg bei dieser Show war so groß, daß der Kinderstar anschließend eine Rolle als → FRANK SINATRAS Sohn in dem Film *A hole in the head* bekam. Natürlich stürzte sich auch die Plattenindustrie auf das Teenageridol. Doch nach zwei Jahren und zwei Hits war Eddies Stern bereits wieder gesunken.

Jahr	*Titel*	*USA*	*UK*	*D*
1961	I'm gonna knock on your door	12	37	
1962	(Girls, girls, girls) Made to love	14	37	
1962	Bandit of my dreams	65		
1965	New Orleans	44		

Ron Holden

geb. 7. 8. 1939 in Seattle/Washington, USA, voc

Ron hat acht Brüder und Schwestern. Die ganze Großfamilie, inklusive Vater und Mutter, besteht aus Musikern. Ron fing schon auf der Highschool mit dem Musikmachen an und spielte bei einer Gruppe namens Thunderbirds. Anfang 1960 bekam er einen Plattenvertrag und nahm *Love you so* auf, das sein einziger Hit wurde und blieb.

Jahr	*Titel*	*USA*	*UK*	*D*
1960	Love you so	7		

Eddie Holland

geb. 30. 10. 1939 in Detroit/Michigan, USA, voc

Nach der Highschool wurde Eddie Holland bei einem Musikverleger angestellt. 1962 bekam er dort die Chance, ein Demo zu machen für Berry Gordy jr., den Chef der Motown-Records. Eddie bekam prompt einen Vertrag und hatte 1962 mit *Jamie* mittelmäßigen Erfolg. Kurz danach stellte sich heraus, daß Eddies Talent nicht unbedingt im Singen, sondern im Schreiben von Hits für andere lag. Er tat sich mit seinem Bruder Brian Holland (geb. 15. 2. 1941) und dem Freund Lamont Dozier (geb. 16. 6. 1941) zusammen, und das Trio wurde in den 60er Jahren zum erfolgreichsten Soul-Writer-Team überhaupt. Aus ihrer Feder stammen praktisch alle Hits der Motown-Künstler, wie z. B. *Stop in the name of love, Where did your love go, Baby love, I hear a symphony, Come see about me* für die → Supremes; *I can't help myself* und *Baby, I need your loving* für die → Four Tops. Anfang der 70er Jahre ging Eddie Holland zusammen mit Lamont Dozier ins Studio und nahm mit ihm den Song *Why can't we be lovers* auf, der in England bis Platz 29 kam.

Jahr	*Titel*	*USA*	*UK*	*D*
1962	Jamie	30		

Michael Holliday

Michael Miller, geb. ca. 1922 in Liverpool, England, voc; gest. Oktober 1963

Als Teenager sang Michael in diversen Tanzbars in seiner Heimatstadt Liverpool. Nach der Schule ging er zur Handelsmarine, und das brachte ihn seltsamerweise auf den richtigen Weg. Als er nämlich in New York Ausgang hatte, nahm er in der Radio City Music Hall an einem Talentwettbewerb teil – den er prompt gewann. Wieder zurück in Großbritannien reichte er seinen Abschied von der Handelsmarine ein und begann unter dem Künstlernamen Michael Holliday eine Sanges-Karriere. Zunächst zog er mit einem Orchester durch die Lande und trat in Theatern auf, dann bekam er 1955 einen Plattenvertrag. Entdeckt wurde er dabei übrigens von Norrie Paramor, dem später auch ein junger Mann namens Harry Webb auffiel, den er dann unter dem Namen → Cliff Richard zu einem Star machte. Michael Hollidays erste Single 1956 hieß *Nothin' to do* und wurde bereits ein Top-20-Hit. Bis 1961 war er, mit wenigen Unterbrechungen, stets in den UK-Charts zu finden. 1959 wurde der Sänger auch für den Film entdeckt und gab in dem Streifen *Clowns in clover* sein Debüt als Schauspieler. In den letzten drei Jahren seines Lebens hatte er keinen großen Hit mehr. Als letzten Song nahm er kurz vor seinem Tod ein Lied auf, das ironischerweise *My last date (with you)* (»Meine letzte Verabredung mit Dir«) hieß und posthum veröffentlicht wurde.

Jahr	*Titel*	*USA*	*UK*	*D*
1956	Nothin' to do		20	
1956	Gal with the yaller shoes		13	
1956	Hot diggity		14	
1958	The story of my life		1	
1958	Stairway of love		3	
1960	Starry eyed		1	

The Hollies

Allan Clarke, geb. 5. 4. 1942 in Salford, England, leadvoc; ersetzt von 1971 bis 1973 durch Mikael Rickfors, Schweden
Anthony Hicks, geb. 16. 12. 1945 in Nelson, England, leadg
Graham Nash, geb. 2. 2. 1942 in Blackpool, England, g; ersetzt 1968 durch Terry Sylvester, geb. 8. 1. 1947 in Liverpool, England
Eric Haycock, geb. in England, b; ersetzt 1966 durch Bernard Calvert, geb. 16. 9. 1942 in Burnley, England
Donald Rathbone, geb. in England, dr; ersetzt 1963 durch Robert Elliott, geb. 8. 12. 1942 in Burnley, England

Die Hollies, die sich den Namen aus Verehrung für → Buddy Holly gaben, gehören zu den erfolgreichsten englischen Bands. 1963 gegründet, konnten sie ihren Erfolg, trotz ständig wechselnder Mitglieder, bis in die 80er Jahre hinein halten. Die Gruppe entstand 1963 aus einer Band namens The Deltas. Und kurz danach gab's bereits den ersten Wechsel, der Trommler Rathbone ging, für ihn kam Elliott. Zunächst holte sich die Band ihre Songs in erster Linie aus den amerikanischen R & B-Charts. Ihre erste Single *Just like me* stammte im Original von den Coasters, ebenso *Searchin; Stay* war 1960 ein Nr.-1-Hit für → Maurice Williams & The Zodiacs gewesen; *Just One Look* war 1963 von → Doris Troy zu einem Nr.-10-Erfolg gemacht worden. Die Hollies hatten mit den Songs abermals Hits. Bis 1967 wurde praktisch jede Single der Hollies ein Bestseller. Dann wollte die Band vom einfachen Hitparaden-Pop weg und Gehaltvolleres machen. Ihre Alben *For certain because* (1966), *Evolution* und *Butterfly* (beide 1967) waren anspruchsvoller, aber dem breiten Publikum waren die »simplen« Hollies lieber. Ihre »Qualitäts«-Single *King Midas in reverse* war, für Hollies-Verhältnisse, eigentlich ein Flop. Davon war Graham Nash so frustriert, daß er die Hollies verließ und sich mit → David Crosby und → Stephen Stills zusammentat. Für ihn kam Terry Sylvester von den → Swinging Blue Jeans, und danach ging's mit den Hollies wieder stark bergauf. Sie machten im-

The Hollies Foto: HIPP Foto

mer noch Hitparaden-Pop, aber stets mit frischen und ungewöhnlichen Einfällen. Das ging gut bis 1971, dann hatten die Hollies wieder einen Tiefstand erreicht. Diesmal schmiß Allen Clarke das Handtuch, kam aber umgehend wieder zurück, als die Single *Long cool woman in a black dress,* die er noch mit den Hollies eingespielt hatte, in Amerika ein Nr.-2-Hit wurde. Heute spielen die Hollies wieder in der (fast) Original-Besetzung Clarke, Hicks, Nash, Elliott und veröffentlichen in regelmäßigen Abständen mehr oder minder erfolgreiche Platten.

Jahr	*Titel*	*USA*	*UK*	*D*
1963	Just like me		25	
1963	Searchin'		12	
1963	Stay		8	
1964	Just one look		2	
1964	Here I go again		4	
1964	We're through		7	
1965	Yes I will		9	
1965	I'm alive		1	16
1965	Look through any window	32	4	
1965	If I needed someone		20	
1966	I can't let go		2	31
1966	Bus stop	5	5	9
1966	Stop stop stop	7	2	4
1967	On a carousel	11	4	8
1967	Carrie-Anne	9	3	8
1967	King Midas in reverse		18	39
1968	Dear Eloise			8
1968	Jennifer Eccles	40	7	8
1968	Listen to me		11	13
1969	Sorry Suzanne		3	7
1969	He ain't heavy, he's my brother	7	3	9
1970	I can't tell the bottom from the top		7	25
1970	Gasoline Alley bred		14	
1971	Hey Willy			19
1972	Long cool woman in a black dress	2	32	15
1973	The day that Curley Billy shot down Crazy Sam McGee		24	45

1974	The air that I breathe	6	2	4
1983	Stop in the name of love	29		61

Brenda Holloway

geb. 21. 6. 1946 in Atascadero/Kalifornien, USA, voc

Schon als Kind hatte Brenda nur einen Berufswunsch: Sängerin zu werden. Also hörte sie immer aufmerksam Radio, versuchte alle möglichen Gesangsarten und wurde Anfang 1964 tatsächlich entdeckt. *Every little bit hurts* hieß die Soul-Nummer, mit der sie im März 1964 ihr Debüt gab. Es wurde der erste und einzige größere Hit der farbigen Interpretin.

Jahr	*Titel*	*USA*	*UK*	*D*
1964	Every little bit hurts	13		
1965	When I'm gone	25		
1967	You've made me so very happy	39		

Buddy Holly & The Crickets

Charles Hardin Holley, geb. 7. 9. 1936 in Lubbock/Texas, USA, voc, g; gest. 3. 2. 1959

Jerry Allison, geb. 31. 8. 1931 in Hillsboro/Texas, USA, dr

Niki Sullivan, g; ersetzt 1959 durch Tommy Allsup, ersetzt durch Sonny Curtis, geb. 9. 5. 1937 in Meadow/Texas, USA

Joe Mauldin, b, ersetzt durch Glen Hardin, geb. 18. 4. 1939 in Wellington/Texas, USA

Jerry Naylor, geb. 6. 3. 1939 in Stephenville/Texas, USA

Mit seinem einzigartigen »Tex-Mex-Style« war Buddy Holly Ende der 50er Jahre das wichtige Bindeglied zwischen dem rauhen, groben, ursprünglichen Rock'n'Roll und dem softigen Teen-Beat von Leuten wie → Bobby Vee, → Ricky Nelson oder → Frankie Avalon. Aufgewachsen war Buddy allerdings, wie es sich für einen richtigen Texaner gehört, mit Country-Musik. Mit vier Jahren fing Buddy mit dem Geige- und Klavierspielen an, mit sieben interessierte ihn dann bereits mehr die Gitarre. Mit 13 Jahren hatte er mit seinem Freund Bob Montgomery unter dem Namen Buddy And Bob ein Duo auf die Beine gestellt. Der Musik, die die beiden machten, gab er den Namen »Western Bop«. Innerhalb kürzester Zeit hatten die beiden sich einen sehr guten Namen gemacht, und so wurden sie für eine Rock-Show von → Bill Haley And The Comets als Opening Act ausgewählt. Das wiederum führte zu ihrer »Entdekkung« und einem Plattenvertrag. Doch der Erfolg kam erst, als Buddy Holly seine Band The Crickets zusammenstellte, die damals noch ein Trio war. Die Plattenfirma hatte dabei die glorreiche Idee, daß Buddy auf zwei Hochzeiten tanzen sollte. Zum einen sollte er bei den Crickets als Leadsänger fungieren, zum anderen aber auch unter seinem Namen als Solist Platten machen. Die

Idee funktionierte hervorragend, und so kämpfte 1957 Buddy Holly, der Solist, mit Buddy Holly, dem Sänger von den Crickets, um die besseren Plätze in den Charts. Mit der Crickets-Besetzung Lead-Gitarre (Holly), Rhythmus-Gitarre (Sullivan), Baß-Gitarre (Mauldin) und Schlagzeug (Allison) hatte Buddy Holly übrigens auch die klassische Beat-Band-Besetzung »erfunden«. Innerhalb kürzester Zeit gehörten Buddy Holly und seine Crickets zu den neuen Superstars des Rock'n'Roll. Ausverkaufte Hallen und kreischende Fans gehörten nun zu dem Leben des eher schüchternen, bebrillten jungen Mannes, der so gar nicht nach einem Teenager-Star aussah. Er war weder hübsch wie Ricky Nelson, noch hatte er einen heißen Hüftschwung wie → ELVIS PRESLEY, aber Buddy Holly machte mit schwarzer Brille und im dunklen Anzug eine einfach unwiderstehliche Musik. 1958 besuchte er nach einem Auftritt in New York seinen Verlag und lernte dort MARIA ELENA SANTIAGO kennen und lieben. Nach zwei Wochen waren sich die jungen Leute ihrer Sache sicher, sie heirateten am 15. August 1958 in Lubbock. Kurz danach gab Buddy seine Entscheidung bekannt, daß er sich von den Crickets und seinem Produzenten NORMAN PETTY trennen und künftig nur noch als Solist auftreten würde. Viele gaben seiner jungen Frau die Schuld an diesem Entschluß. Doch Buddy war es einfach leid, ständig zweispurig fahren zu müsen, und außerdem hatte es mit Norman Petty massive Schwierigkeiten gegeben, sowohl finanzieller als auch künstlerischer Art. Es war von sehr großen Geldbeträgen die Rede, die von Petty nicht ausbezahlt worden waren, und von Songs, die als Autor den Namen Petty trugen, obwohl angeblich nicht eine Note von ihm stammte. Doch auch in seinem neuen Status kam Buddy Holly natürlich glänzend zurecht. *Raining in my heart* und der → ANKA-Song *It doesn't matter anymore* stammen aus dieser Zeit. Im Januar 1959 ging Buddy Holly mit → RITCHIE VALENS, THE BIG BOPPER und → DION & THE BELMONTS auf große Tournee. Normalerweise erfolgte dabei der Transport per Bus. Doch gerade im Winter waren die Straßen oft so verschneit und die Terminpläne so eng, daß der eine oder andere Künstler schon mal auf ein Flugzeug umstieg, um sich nicht gar so abhetzen zu müssen. Das tat Buddy Holly am Montag, dem 2. Februar 1959. Er charterte eine kleine Maschine, und Ritchie Valens und The Big Bopper schlossen sich ihm an. Doch als das Flugzeug am nächsten Tag frühmorgens bei dichtem Schneetreiben und klirrender Kälte abhob, kam es nicht weit. Die Maschine besaß eine technische Neuerung, einen »künstlichen Horizont«, mit dem der unerfahrene Pilot offensichtlich nicht umgehen konnte. In der weißen, noch halbdunklen Landschaft verwechselte er augenscheinlich oben und unten, und die Maschine bohrte sich kurz nach dem Start in den Boden. Alle Insassen kamen ums Leben. Auf diese tragische Weise endeten die Karrieren von drei der vielversprechendsten amerikanischen Künstler der 50er Jahre.

Jahr	*Titel*	*USA*	*UK*	*D*
1957	That'll be the day	1		
1957	Peggy Sue	3	6	
1957	Oh, boy!	10		
1958	Maybe baby	17		
1958	Listen to me		16	
1958	Rave on	37	5	
1958	Think it over	27		
1958	Early in the morning	32	17	

1959	Heartbeat	82	30	
1959	It doesn't matter anymore	13	1	
1959	Peggy Sue got married		13	
1960	True love ways		25	
1961	Baby I don't care/ Valley of tears		12	
1962	Reminiscing		17	
1963	Brown-eyed handsome man		3	19
1963	Bo Diddley		4	
1963	Wishing		10	
1968	Rave on		32	30

The Hollywood Argyles

Gary Paxton, voc
Bobby Rey, voc
Garry Webb, dr
Deary Weaver, g
Ted Winters, b
alle aus Los Angeles/Kalifornien, USA

Alle fünf Mitglieder der Band begannen, unabhängig voneinander, in der Highschool mit der Musik. Bobby Rey war Mitglied der Phantom's Band, die → The Safaris 1960 bei ihrem Nr.-6-Hit *Image of a girl* begleitete. Gary Paxton war der Flip vom Duo → Skip & Flip, das mit *It was I* (1959) und *Cherry pie* (1960) jeweils auf Platz 11 in die US-Charts gekommen war. 1960 versammelten Ray und Paxton die restlichen Mitglieder und gründeten die Hollywood Argyles. Sie bekamen einen Plattenvertrag und nahmen als erstes *Alley-Oop* auf, einen Nonsens-Song aus der Feder von Country-Songwriter Dallas Frazier. Das Lied entwickelte sich innerhalb kürzester Zeit zu einem Nr.-1-Hit und Millionenseller. Kurz danach löste sich die Band wieder auf. Noch eine andere Gruppe nahm den Song mit großem Erfolg auf: Dante And The Evergreens, produziert von → Herb Alpert. In der Version dieser Band, die ebenfalls aus Los Angeles stammte und deren Leadsänger Dante Drowty war, kam der Song 1960 bis Rang 15.

Jahr	*Titel*	*USA*	*UK*	*D*
1960	Alley-Oop	1	24	

Michael Holm

geb. 29. 7. 1943 in Stettin, voc

Der erfolgreiche Sänger, Komponist, Texter, Verleger und Produzent Michael Holm wuchs in Erlangen auf. Schon früh musikbegeistert, schloß er sich diversen Rock'n'Roll-Bands an. Auf einer Party lernte er dann Bert Berger kennen, mit dem er sich anschließend zu dem Duo Die Dominos zusammentat. Als ihre Platte jedoch floppte, änderten die beiden ihren Namen in Die Missouris und landeten mit *Texas Jimmy* beim deutschen Schlagerfestival immerhin auf Platz 2 und anschließend in der Hitparade auf Platz 44. Nachdem die nächsten Produktionen des Duos nur unter »ferner liefen« zu finden waren, entschloß sich Michael, doch lieber Jura zu studieren und später einen sicheren Beamten-Job als Staatsanwalt anzustreben. Die Musik blieb allerdings weiterhin sein Hobby, und 1962 machte er die nächste Single als Solist. Doch auch *Lauter schöne Worte* kam über einen Mittelplatz (Rang 46) nicht hinaus. Den Durchbruch hatte der schlanke und eher feingliedrige Michael erst 1965 mit *Alle Wünsche kann man nicht erfüllen.* Von da an konnte er sich bis weit in die 80er Jahre hinein als Interpret immer wieder in den Hitparaden plazieren. Nebenbei übte er sich immer häufiger als Songschreiber und Produzent für andere. 1964 bereits hatte er das Instrumental *Desert island* geschrieben, das in Japan ein runder Nr.-1-Hit geworden war. Als sich 1965 seine Solo-Karriere anbahnte, hatte Michael Holm sein Studium aufgegeben. Außerdem tat er sich mit einem anderen jungen, erfolgversprechenden Songschreiber und Interpreten namens → Giorgio Moroder zusammen. Die beiden ließen sich gemeinsam einiges einfallen: für → Ricky Shayne schrieben sie 1967 den Nr.-20-Erfolg *Ich sprenge alle Ketten.* Holm war auch auf fast allen Giorgio-Platten als Sänger oder Mit-Autor vertreten. Aus Holms Feder stammen auch einige der größten → Rex-Gildo-Hits wie *Fiesta Mexicana, Dondolo* und *Borriquito;* für → Peter Alexander ließ er sich *Pedro* einfallen, für → Howard Carpendale *Ich geb' mir selbst 'ne Party* und dem damals noch unbekannten Martin Mann verhalf er zu einem Bestseller mit *Meilenweit.* Als Produzent nahm er erfolgreiche neue Künstlerinnen wie Mary Roos, → Wencke Myhre und auch → Peggy March unter seine Fittiche. Daneben gelang ihm 1974 mit *Tränen lügen nicht* ein internationaler Bestseller. Unter dem englischen Titel *When a child is born* machte → Johnny Mathis den Song auch in England zu einem Nr.-1-Hit. Inzwischen verlegte sich Michael Holm in erster Linie aufs Produzieren und die Pflege seines umfangreichen Musikverlages. Mit der deutschen Instrumentalgruppe Cusco hat er ein sehr erfolgreiches »Pferd« im Stall. Die Formation gehört vor allen Dingen in den asiatischen Ländern zu den Publikums-Lieblingen.

Jahr	*Titel*	*USA*	*UK*	*D*
1965	Alle Wünsche kann man nicht erfüllen			19
1969	Mendocino			3
1970	Barfuß im Regen			6
1970	Wie der Sonnenschein			9
1971	Ein verrückter Tag			6
1972	Du weinst um mich			17
1973	My lady of Spain			11
1973	Baby, du bist nicht allein			19
1974	Nur ein Kuß, Maddalena			17
1974	Tränen lügen nicht			1
1975	Wart auf mich			4
1977	Mußt du jetzt gerade gehen, Lucille			4
1979	El Lute			11
1980	Leb wohl			15

Eddie Holman

geb. 1946 in Norfolk/Virginia, USA, voc

Eddie ist ein »studierter« Musiker und Sänger. In New York besuchte er zunächst die Victoria School of Music And Art, und anschließend studierte er Musik auf dem Cheyney State College in Philadelphia. Anfang der 60er Jahre bekam der farbige Interpret einen Plattenvertrag. Seine erste Single hieß 1963 *Crossroads* und wurde ein Flop. 1965 brachte er den Titel *This can't be true* heraus, der zumindest bis Platz 57 in USA kam. Doch seinen größten Hit hatte er erst 1970 mit *Hey there lonely girl,* einem Millionenseller. Im Original stammte das Lied von → Ruby & The Romantics, die es entsprechend *Hey there lonely boy* genannt hatten und 1963 damit bis auf Platz 27 kamen.

Jahr	*Titel*	*USA*	*UK*	*D*
1970	Hey there lonely girl	2	4	

Hombres

Gary Wayne McEwen, leadg, voc
Jerry Lee Masters, b, voc
B.B. Cunningham, org, voc
John William Hunter, dr, voc
alle aus Memphis/Tennessee, USA

Die vier Knaben aus Memphis, der Country-Hochburg, taten sich 1967 zusammen und verwirklichten einen Traum: Sie schrieben ein Lied, nahmen ein Demo auf, brachten es, nach vielen Rückschlägen, auch an den Mann bzw. eine Plattenfirma und hatten einen Hit. Doch die Freude dauerte nicht lange, denn danach kam nichts mehr, und die Hombres versanken wieder in der Bedeutungslosigkeit.

Jahr	*Titel*	*USA*	*UK*	*D*
1967	Let it out (Let it all hang out)	12		

The Hondells

Richard Burns, geb. 4. 5. 1941 in Buffalo/New York, USA

Ursprünglich waren die Hondells eine kalifornische Studiogruppe, die → Mike Curb gegründet hatte, um einen Werbesong für die Motorräder der Firma Honda zu produzieren. Das Commercial hieß *You meet the nicest people on a Honda* und war sehr erfolgreich. Im Mittelpunkt dieser Gruppe stand Richard Burns, der 1962 von Buffalo nach Kalifornien gekommen war. Er hielt das Quartett zusammen und sorgte für einen Plattenvertrag. Als erstes nahmen die Hondells 1964 den Song *Little Honda* auf, den Brian Wilson von den → Beach Boys geschrieben hatte. Damit reihten sich die Hondells nahtlos in die zahlreichen Surf-Gruppen der 60er Jahre ein. Doch nach einem großen Hit und zwei mäßig erfolgreichen Singles war die Sache für sie schon wieder gelaufen.

Jahr	*Titel*	*USA*	*UK*	*D*
1964	Little Honda	9		
1964	My buddy seat	87		
1966	Younger girl	52		

The Honeycombs

Denis »D'Ell« Dalziell, geb. 10. 10. 1943 in London, England, voc, harmonica
Martin Murray, geb. 7. 10. 1941 in

London, England, leadg, ersetzt 1964 durch Peter Pye
Alan Ward, geb. 12. 12. 1945 in Nottingham, England, g
John Lantree, geb. 20. 8. 1940 in Newbury, England, b
Ann »Honey« Lantree, geb. 28. 8. 1943 in Middlesex, England, dr

Das Quintett fing 1963 in London unter dem Namen The Sherabons zu spielen an. Mit seiner Schlagzeugerin wurde es ziemlich schnell populär, so etwas war damals noch die Ausnahme. Gründer der Band waren Murray und Ann Lantree. Und Ann gab der Gruppe auch den Namen, unter dem sie dann 1964 weltweit berühmt wurde: »Honey« war Anns Spitzname, »Combs« (Kamm), kam hinzu, weil Ann vorher Friseuse gewesen war. 1964 bekam die Formation einen Plattenvertrag, und bereits die erste Single *Have I the right* wurde ein Bestseller. Ihre Karriere fand 1966 ein vorzeitiges Ende, da ihr Produzent Joe Meek starb und sie für ihn keinen adäquaten Ersatz fanden.

Jahr	*Titel*	*USA*	*UK*	*D*
1964	Have I the right	5	1	21
1964	Hab' ich das Recht			21
1965	That's the way		12	

The Honey Cone

Edna Wright, geb. 1944 in Los Angeles, Kalifornien, USA, voc
Shellie Clark, geb. 1943 in Brooklyn/New York, USA, voc
Carolyn Willis, geb. 1947 in Los Angeles, Kalifornien, USA, voc, ersetzt durch Denise Mills

Als sich die drei Original-Mitglieder Ende der 60er Jahre zu einem Vokaltrio zusammentaten, waren alle drei schon alte Hasen im Musikgeschäft, als begehrte Chorsängerinnen. Edna hatte bei den Raelettes gesungen, Carolyn bei The Girlfriends und → Bob B. Soxx & The Blue Jeans und Shellie bei → Ike & Tina Turner und Little Richard. 1969 durften die drei bei einer → Andy Williams-Fernsehshow → Burt Bacharach begleiten. → Eddie Holland, Teil des berühmten Songschreiber-Teams Holland/Dozier/Holland und ein Freund von Edna, sah die drei und war von ihren Sangeskünsten so begeistert, daß er sie sofort unter Vertrag nahm. Er gab ihnen den Namen The Honey Cone und produzierte von 1969 bis 1972 etliche Bestseller mit ihnen. Danach löste sich das farbige Damentrio wieder auf, und die Mitglieder arbeiteten weiter als Studiosängerinnen. Lediglich Carloyn Willis kam noch einmal zu Starruhm. 1976 holten Seals & Crofts sie als weibliche Stimme für den Song *Get closer*, der ein Nr.-6-Hit in USA wurde.

Jahr	*Titel*	*USA*	*UK*	*D*
1971	Want ads	1		
1971	Stick-up	11		
1971	One monkey don't stop no show Pt.1	15		
1972	The day I found myself	23		

Mary Hopkin

geb. 3. 5. 1950 in Ystradgynlais/Süd-Wales, voc

Die zarte Mary wurde als Kind von ihrer Mutter zum Singen ermutigt. Mit 15 Jahren bekam sie auch noch eine Gitarre, und das Ganze machte Mary soviel Spaß, daß sie anfing, regelmäßig bei kleinen Veranstaltungen aufzutreten. Sie wurde fürs Fernsehen entdeckt, nahm an einer Talentshow namens *Opportunity knocks* teil, gewann sie, und durfte daraufhin etliche Wochen lang in dieser Fernsehsendung auftreten. Dabei wurde sie von Twiggy gesehen, die Paul McCartney auf das Mädchen aus Süd-Wales aufmerksam machte. Und so ging Mary Hopkin 1968 statt in die Cardiff School Of Music in das Apple-Studio der → Beatles. Als erstes nahm Mary *Those were the days* auf. Das ist im Original ein russisches Volkslied, das den Namen *Darogoi Dlimmoyo* trägt und zum ersten Mal in den 20er Jahren von Alexander Wertinsky aufgenommen worden war. Für Mary wurde es ihr erster Millionenseller. Ihr zweiter internationaler Bestseller *Goodbye* war von Paul McCartney geschrieben und ebenfalls produziert worden. Bis 1971 war Mary Hopkin regelmäßig in den Charts zu finden, dann verschwand sie. 1976 startete sie mit *If you love me* einen Comeback-Versuch, der aber im Sande verlief.

Jahr	*Titel*	*USA*	*UK*	*D*
1968	Those were the days	2	1	1
1969	Goodbye	13	2	15
1970	Temma Harbour	39	6	
1970	Knock knock who's there		2	12
1970	Think about your children		19	

Johnny Horton

geb. 3. 4. 1927 in Los Angeles/Kalifornien, USA, voc, g; gest. 5. 11. 1960 in Texas

Johnny Horton wuchs in Tyler/Texas auf, wo er natürlich in erster Linie mit Country-Musik in Berührung kam. Er besuchte die Baylor Universität und studierte Sport an der Universität von Seattle. Anschließend arbeitete er in der Fischerei-Industrie in Alaska. Währenddessen beschäftigte er sich immer mit Musik, spielte Anfang der 50er Jahre des öfteren im Radio und bei diversen Veranstaltungen. 1951 bekam er einen Plattenvertrag und wurde bald unter seinem Spitznamen »The Singing Fisherman« (»Der singende Fischer«) bekannt. Seinen ersten Hitparaden-Erfolg hatte er 1956 mit *Honky tonk man,* das in den US-Country-Charts bis Rang 9 kam. International bekannt wurde Johnny Horton dann 1959, als er den Jimmy-Driftwood-Song *The battle of New Orleans* aufnahm. Sechs Wochen lang war das Lied in den Pop-Charts die Nr. 1, 10 Wochen in den Country-Charts, und natürlich verkaufte es sich millionenfach. 1960 glückten Johnny Horton dann noch zwei weitere internationale Bestseller, und er war auf dem besten Weg, ein sehr großer Star zu werden. Da kam er am 5. November

1960 von einem Auftritt in Austin/Texas zurück. Auf der US-Route 70 in der Nähe der Kleinstadt Milano wurde er in einen Autounfall verwickelt, bei dem er im Alter von nur 33 Jahren starb. Johnny Horton war mit BILLIE JEAN JONES verheiratet, der Witwe von HANK WILLIAMS, der 1953 ebenfalls bei einem Autounfall ums Leben gekommen war.

Jahr	*Titel*	*USA*	*UK*	*D*
1959	The battle of New Orleans	1	16	17
1960	Sink the Bismarck	3		
1960	North to Alaska	4	23	41

Chris Howland

geb. 1928 in London, England, voc

Das besondere Markenzeichen des Engländers ist sein zerknautschtes Gesicht und seine knarrende Stimme. Mit der englischen Army kam er nach Deutschland, wurde Moderator beim Britischen Soldatensender, lernte Deutsch (mit Akzent) und bekam anschließend einen Job als Discjockey beim Norddeutschen Rundfunk (NDR). »Mr. Pumpernickel« nannte er sich, und unter diesem Spitznamen war er bald der bekannteste Plattenaufleger Deutschlands. Kein Wunder, daß sich das Fernsehen auf den schlaksigen Menschen mit dem stets bekümmerten Falten-Lächeln und dem spaßigen Akzent stürzte. Zunächst machte Howland *Musik aus Studio B*, eine der ersten und besten Musiksendungen im deutschen Fernsehen, anschließend führte er die TV-Serie *Vorsicht Kamera* bei uns ein, die es in der einen oder anderen Abwandlung heute noch gibt. Ab 1959 sang »Mr. Pumpernickel« auch, d. h. er trug in einer Art Sprechgesang witzige Liedchen vor. Natürlich mit Erfolg, jedenfalls bis Mitte der 60er Jahre. Dann wurde es still um den Moderator und Sänger. Doch er taucht immer wieder auf, macht immer wieder mal eine Platte und ist immer wieder mal im Fernsehen zu sehen.

Jahr	*Titel*	*USA*	*UK*	*D*
1958	Fräulein			3
1959	Das hab' ich in Paris gelernt			3
1961	Die Hämmerchen-Polka			4
1965	Jenkka, Jenkka, Blindekuh			21

Jimmy Hughes

geb. in Florence/Alabama, USA, voc

Jimmy war der Kinderstar seiner Gemeinde, bereits im zarten Alter von acht Jahren war er Leadsänger des Kirchenchors. Deshalb beschloß Jimmy, Gospelsänger zu werden. Er schloß sich diversen Gospel-Gruppen an und wurde schließlich 1963 entdeckt. Seine erste Single, ein Blues namens *I'm qualified,* wurde im Süden der Staaten ein regionaler Hit. Mit der zweiten Single kam er unter die Top 20. Bis 1967 veröffentlich-

Jahr	*Titel*	*USA*	*UK*	*D*
1964	Steal away	17		

te er regelmäßig Platten, dann verschwand der farbige Sänger wieder in der Versenkung.

Humble Pie

Steve Marriott, geb. 30. 1. 1947 in London, England, voc, g, gest. 20. 4. 1991 bei London
Peter Frampton, geb. 22. 4. 1950 in Beckenham, England, g, voc; ersetzt 1971 durch David »Clem« Clempson
Gregory Ridley, geb. 23. 10. 1947 in Aspatria, England, b, voc
Jerry Shirley, geb. 4. 2. 1952 in Wattenham Cross, England, dr

Die Rockband wurde 1968 von Peter Frampton ins Leben gerufen, der sich gerade von → The Herd getrennt hatte. Steve Mariott kam von den → Small Faces, Greg Ridley von → Spooky Tooth, und Jerry Shirley hatte in diversen Bands in Essex gespielt und war ein Freund von Peter. Die mit reichlich Vorschußlorbeeren bedachte Band veröffentlichte 1969 die etwas enttäuschenden Alben *As safe as yesterday* und *Town and country*, hatte aber mit dem *Natural born boogie* einen Single-Hit. Dann ging ihre Plattenfirma pleite, Humble Pie unterschrieben bei einer US-Firma und hatten mit dem 71er Album *Rock On* einen amerikanischen Millionenseller. Nach der Live-LP *Performance-Rock'in at the Fillmore* (1977) verließ Frampton die Band, um seine eigene Gruppe Frampton's Camel zu gründen. Für ihn kam von → Colosseum Clem Clempson. Humble Pie waren inzwischen zu einer reinen Album-Band geworden, und ihre harten Rock-LPs *Smokin* (1972), *Eat it* (1973), *Thunderbox* (1974) und *Street Rats* (1975) waren internationale Bestseller. Ende 1975, praktisch auf dem Höhepunkt ihres Erfolges, löste sich die Band überraschend auf. Steve Mariott versuchte sich als Solist; Clempson ging zu Greenslade; Shirley spielte anschließend bei Natural Gas. Im April 1991 ging die Nachricht von Steve Marriotts erschütterndem Tod um die Welt: der 44jährige war in seinem 400 Jahre alten Landhaus bei London mit brennender Zigarette eingeschlafen und verbrannt.

Jahr	*Titel*	*USA*	*UK*	*D*
1969	Natural born boogie		4	20

Engelbert Humperdinck

Arnold George Dorsey, geb. 3. 5. 1936 in Madras, Indien, voc

Arnold George Dorsey, wie der große, schlanke, dunkelhaarige Sänger mit den grünen Augen gut bürgerlich heißt, wuchs mit seinen zwei Brüdern und sieben Schwestern in Indien auf. Sein Vater war dort Ingenieur. 1947 ging die Familie nach England zurück und zog nach Leicester. Der Teenager Gerry, wie er mit Spitznamen hieß, hatte inzwischen seine Liebe zur Musik entdeckt und brachte sich Klavier- und Saxophonspielen bei. Nach der Schule absolvierte er zwar eine Ausbildung als Ingenieur, sang aber nebenbei immer nachts in diversen Clubs. Auch als er 1956 aus der Army kam, sang er weiter, nahm auch an Talentwettbewerben teil und bekam schließlich 1958 seinen ersten Plattenvertrag. *Mister music man* hieß seine erste Single. Fortan ging Gerry auf die Ochsentour durch die Dörfer, aber der große Erfolg ließ auf sich warten. Erst 1965 wendete sich das Blatt. Er traf Gordon Mills wieder, einen früheren Freund, der inzwischen Manager von → Tom Jones geworden war. Der nahm ihn unter seine Fittiche und änderte seinen Namen in Engelbert Humperdinck, nach dem berühmten deutschen Komponisten des 19. Jahrhunderts, der wohl allen durch seine Oper *Hänsel und Gretel* bekannt sein dürfte. Anschließend verschaffte Mills ihm einen neuen Plattenvertrag, und von da an ging es für den attraktiven Sänger nur noch bergauf. Bis Mitte der 70er Jahre stand er international an der Spitze. Mit seiner warmen, weichen Stimme sang er sich vor allen Dingen in die Herzen der weiblichen Fans. Ab Mitte der 70er Jahre verlegte er sich mehr auf Auftritte in Clubs und wurde zum führenden Nachtclub-Star in Las Vegas mit eigener Fernsehshow. 1986 versuchte Engelbert Humperdinck unter der Regie des deutschen Komponisten und Produzenten Jack White ein Comeback – das ein voller Erfolg wurde. Jack White, der schon Laura Branigan, Audrey Landers und dem *Knight-Rider*-Star David Hasselhoff zu Hitehren verhalf, bewies auch bei Engelbert ein goldenes Händchen. Die LPs *Träumen mit Engelbert* oder *Remember – I love you* verkauften sich in Deutschland hervorragend und brachten dem »King of Romance«, wie Engelbert auch gerne genannt wird, diverse Platin-Auszeichnungen.

Jahr	*Titel*	*USA*	*UK*	*D*
1967	Release me	4	1	20
1967	There goes my everything	20	2	31
1967	The last waltz	25	1	14
1968	Am I that easy to forget	18	3	
1968	A man without love	19	2	6
1968	Les bicyclettes de Belsize	31	5	26
1969	The way it used to be		3	
1969	I'm a better man	38	15	
1969	Winter world of love	16	7	
1972	Too beautiful to last		13	
1976	After the lovin'	8		

Brian Hyland

geb. 12. 11. 1943 in Queens/New York, USA, voc, g, fl, cl

Der hübsche blonde Brian begann mit neun Jahren im Kirchenchor zu singen. Mit zwölf Jahren gründete er bereits eine Vokalgruppe, die er The Delphis nannte. Als er siebzehn war, nahm er ein Demo auf, brachte es zu einer Plattenfirma, und die war von seinen Sangeskünsten so begeistert, daß er sofort einen Vertrag erhielt. Als erstes nahm er im Februar 1960 *Rosemary* auf, einen grandiosen Flop. Aber anschließend kam der Paul Vance/Lee Pockriss-Zungenbrecher *Itsy bitsy teenie weenie yellow polka dot bikini* – und Brian Hyland war ein Star. Die deutsche Version davon sang übrigens → Caterina Valente, die damit 1960 ebenfalls einen Nr.-1-Hit hatte. Bis Mitte der 60er Jahre konnte sich Brian Hyland mit seinen Songs immer wieder in den Charts plazieren. Dann kam eine lange Ruhepause bis 1970, als er mit dem → Impressions-Hit *Gypsy woman* aus dem Jahr 1961 ein glorreiches Comeback feierte und einen weiteren Millionenseller verbuchen konnte. Doch danach wurde es dann wieder still um ihn. 1975 konnte er sich in England mit einer Wiederveröffentlichung von *Sealed with a kiss* plazieren. 1989 brachte der Sänger Jason Donovan eine fast originalgetreue »neue« Version des Songs heraus und hatte ebenfalls einen Top-5-Hit damit.

Jahr	*Titel*	*USA*	*UK*	*D*
1960	Itsy bitsy teenie weenie yellow polka dot bikini	1	8	9
1961	Let me belong to you	20		
1962	Ginny come lateley	21	5	10
1962	Sealed with a kiss	3	3	
1962	Warmed over kisses (left over love)	25	28	
1966	The joker went wild	20		
1966	Run, run, look and see	25		
1970	Gypsy woman	3	42	49
1975	Sealed with a kiss		7	

I

Janis Ian

Janis Fink, geb. 7. 4. 1951 in New York City, USA, voc, p

Janis wuchs in New Jersey auf und zog in ihrer Kindheit mit ihren Eltern viel um. Sie besuchte diverse Schulen und studierte schließlich auf der New Yorker Hochschule für Musik und Kunst. 1966, als Janis fünfzehn war, fing sie mit dem Singen an und begleitete sich dabei auf der akkustischen Gitarre. Sie trat in kleinen Clubs und Coffeehouses auf und wurde schließlich entdeckt. Noch im selben Jahr brachte sie ihre erste Single heraus, eine Eigenkomposition mit dem Titel *Society's child.* Darin ging es um gemischtrassige Liebe, und dafür war die amerikanische Gesellschaft 1966/67 noch nicht bereit. Das Lied kam bei den meisten Radiostationen auf den Index. Erst 1967 entdeckte Leonard Bernstein sein Faible für den Song und die Sängerin, ließ sie in seinen Fernsehsendungen auftreten – und damit wurde der Song schließlich doch noch ein Hit. Janis veröffentlichte Alben wie *Janis Ian, For all seasons* und *The secret life of J. Eddy Fink,* ehe ihr Ruhm ab 1968 immer mehr verblaßte. Ein neuerliches Comeback konnte sie erst 1973 mit dem Album *Stars* feiern. Ein Lied daraus, die zu Herzen gehende Ballade *Jesse,* wurde für Roberta Flack ein Erfolg. Janis selbst kam 1975 wieder in die US-Charts, mit *At seventeen,* einem Song aus ihrem Album *Between the lines.* Heute gehört Janis Ian zu den interessantesten und erfolgreichsten Songwriterinnen Amerikas.

Jahr	*Titel*	*USA*	*UK*	*D*
1967	Society's child (Baby, I've been thinking)	14		
1975	At seventeen	3		

The Ides Of March

James Peterik, geb. 1950, leadvoc, g, keyb
Ray Herr, leadvoc, g, b
Lawrence Millas, g, org
Robert Bergland, b, sax
John Larson, horns
Chuck Somar, horns
Michael Borch, dr
alle aus Chicago/Illinois, USA

Alle sieben Mitglieder der Band kannten sich bereits von der Volksschule her. Als sie dann auf die Highschool gingen, beschlossen sie, eine Band zu gründen. Als gute Oberschüler kannten sie natürlich ihren *Julius Caesar* von Shakespeare und nannten sich entsprechend *The Ides of March,* »Die Iden des März«. Unermüdlich spielten sie in kleinen Clubs, bis sie schließlich 1966 entdeckt wurden und einen Plattenvertrag bekamen. Die erste Single *You wouldn't listen* kam 1966 bis Platz 42, die zweite *Roller coaster* schaffte es lediglich bis Platz 92. Der große Erfolg der Ides of March kam erst 1970, als Peterik für die Band den Titel *Vehicle* schrieb, der ein Millionenseller wurde. Doch die nächsten Veröffentlichungen *Superman* (1970 Platz 64) und *L. A. goodbye* (1971 Platz 73) brachten nicht viel ein, und so verschwand die Band wieder in der Versenkung. Mitte der 70er Jahre versuchte Peterik die Gruppe neu zu formieren, ließ es aber dann sein und versuchte sich als Solist, allerdings ohne Erfolg. Der kam erst wieder, als er 1978 zusammen mit dem Gitarristen Frank Sullivan und dem Sänger David Bickler die Rockband Survivor aus der Taufe hob.

Jahr	*Titel*	*USA*	*UK*	*D*
1970	Vehicle	2	31	

Frank Ifield

geb. 30. 11. 1937 in Coventry, England, voc

Der Engländer kam als Kind mit seinen Eltern nach Australien. Dort begann er im Alter von 15 Jahren seine Karriere als Sänger. 1959, mit 21 Jahren, ging er nach England zurück und bekam sofort einen Plattenvertrag. 1960 startete er mit *Lucky Devil* eine Superkarriere, die erst mit dem Auftauchen der → Beatles und ihrer neuen Art von Popmusik allmählich ein Ende fand. Frank Ifields Spezialität, das auch in der Country-Musik so beliebte Jodeln, machte ihn ebenfalls in Amerika interessant. In England konnten sich Ifields Platten bis 1967 plazieren, allerdings nicht mehr auf den gewohnten Top-Positionen wie früher.

Jahr	*Titel*	*USA*	*UK*	*D*
1960	Lucky devil		22	
1962	I remember you	5	1	39
1962	Lovesick blues	44	1	
1963	Wayward wind		1	
1963	Nobody's darlin' but mine		4	
1963	Confessin'	58	1	
1964	Don't blame me		8	

The Ikettes

Alice Fayes
Robbie Johnson
Josse Armstead

Die drei hübschen farbigen Mädchen waren ursprünglich Tina Turners Begleitchor bei der → Ike And Tina Turner Revue. Als sie eines Abends einen eigenen Song zum Besten gaben, war das Publikum davon so begeistert, daß die drei sangesfreudigen Schönen einen Solo-Vertrag als Vokaltrio bekamen. Doch nach nur drei Charts-Singles war ihre Zeit 1965 bereits wieder vorbei.

Jahr	*Titel*	*USA*	*UK*	*D*
1962	I'm blue (The gong-gong song)	19		
1965	Peaches »N« cream	36		
1965	I'm so thankful	74		

Bata Illic

geb. 30. 9. 1939 in Belgrad, Jugoslawien, voc

Mit Musik oder gar Singen hatte Bata lange Zeit nichts im Sinn. Er ging brav zur Schule, wollte eigentlich Physiker werden, entschied sich aber dann doch für den Lehrberuf, studierte acht Semester Englisch und Italienisch und verließ die Uni als diplomierter Philologe. Seine Musikbegeisterung setzte erst ein, als er bei einem Freund zum ersten Mal Jazz hörte. Daraufhin ließ Bata seine Stimme professionell ausbilden, tourte erfolgreich durch sein Heimatland und durch Deutschland und blieb 1966 prompt hier hängen. Er bekam 1967 einen Plattenvertrag und mußte zunächst ziemlich »ackern«, ehe sich das breite Publikum für seine warme Stimme mit dem jugoslawischen Akzent begeisterte. Mit *Die Welt ist voller Liebe* kam er 1967 zum ersten Mal in die deutsche Hitparade, bis Platz 28, den ersten größeren Erfolg hatte er dann 1968 mit *Mit verbundenen Augen.* Bis Mitte der 70er Jahre gehörte Bata Illic zu den erfolgreichen deutschen Schlagersängern, die häufig in der Hitparade zu finden waren. Bis heute veröffentlicht Bata Illic mit schöner Regelmäßigkeit seine Singles und LPs, er ist ein gern gesehener Interpret bei diversen Galas.

Jahr	*Titel*	*USA*	*UK*	*D*
1968	Mit verbundenen Augen			16
1969	Die Liebe kommt am Abend			20
1970	Candida			4

Jahr	Titel	USA	UK	D
1971	Judy, I love you			9
1971	Ein Herz steht nie still			17
1972	Michaela			1
1972	Solange ich lebe			13
1973	Komm auf das Schiff meiner Träume			16
1973	Schwarze Madonna			6
1975	Ich hab' noch Sand in den Schuh'n aus Hawaii			17

The Impressions

Curtis Mayfield, geb. 3. 6. 1942 in Chicago/Illinois, USA, voc; ersetzt 1971 durch Leroy Hughes
Samuel Gooden, geb. 1939 in Chattanooga/Tennessee, USA, voc
Fred Cash, geb. 1940 in Chattanooga/Tennessee, USA, voc
→ Jerry Butler, geb. 8. 12. 1939 in Sunflower/Mississippi, USA, ging 1958

Mitte der 50er Jahre verließen Sam und Fred ihre Heimatstadt Chattanooga, um ihr Glück in Chicago zu versuchen. Jerry Butler war schon als Kind nach Chicago gekommen. In der Traveling Souls Spiritualistic Church lernte er 1957 Curtis und Sam kennen. Die drei stellten fest, daß ihre Stimmen recht gut zueinanderpaßten, holten noch Sams Freund Fred dazu und nannten sich künftig The Roosters. Noch im selben Jahr änderten sie ihren Namen in Impressions und bekamen einen Plattenvertrag. *For your precious love* hieß 1958 die erste Single der Impressions, bei der Jerry Butler der Leadsänger war. Die Single wurde zwar ein Hit, doch Jerry wollte als Solosänger Karriere machen und verließ die Impressions. Von da an war Curtis Mayfield der Leadsänger, der sich innerhalb kürzester Zeit auch zum Hitschreiber der Vokal-Truppe mausern sollte. Sein erster Beitrag war 1961 *Gypsy woman,* das neun Jahre später, 1970, für → Brian Hyland ein Millionenseller werden sollte. Bis Mitte der 70er Jahre war die farbige Soul-Gruppe aus Chicago immer wieder in den Charts zu finden, allerdings am Ende nicht mehr in der Original-Besetzung. 1970 hatte Mayfield das Quartett verlassen, um es als Solist zu versuchen; er produzierte aber die Impressions weiter und schrieb auch weiterhin Songs für sie. Als neue Mitglieder kamen Reggie Torain und Ralph Johnson als Leadsänger. Curtis Mayfield machte sich dann ab 1970 einen Namen als Solist und Film-Komponist. Mit den Film-Titeln *Freddies dead* und *Superfly* aus dem Streifen *Superfly,* in dem er auch mitwirkte, gelangen ihm 1972 zwei Millionenerfolge.

Curtis Mayfield Foto: Archiv

Jahr	*Titel*	*USA*	*UK*	*D*
1961	Gypsy woman	20		
1963	It's all right	4		
1964	Talking about my baby	12		
1964	I'm so proud	14		
1964	Keep on pushing	10		
1964	You must believe me	15		
1964	Amen	7		
1965	People get ready	14		
1968	We're a winner	14		
1974	Finally got myself together (I'm a changed man)	17		

Los Indios Tabajaras

Musiperi »Natalicio Lima«, geb. in Ceara, Brasilien, g
Herundy »Antenor Lima«, geb. in Ceara, Brasilien, g

Die beiden Brüder waren die Hitparaden-Überraschung des Jahres 1963. Da spielten zwei echte Indianer eine ganz einfache Melodie, die damals bereits 30 Jahre alt war, auf ihren Gitarren, ohne irgendwelche elektronischen Hilfsmittel und ohne auch nur einmal die Tonart zu wechseln, und hatten mit dieser simplen Melodie einen weltweiten Millionenseller. Die beiden Brüder sind die Söhne eines Indianerhäuptlings vom Stamm der brasilianischen Tabajaras. Sie wuchsen mitten im unzugänglichen Dschungel auf, und dort fanden sie angeblich eines Tages eine Gitarre, die eine Forschungsexpedition dort vergessen hatte. Sie stellten fest, daß man mit dem merkwürdigen Instrument schöne Töne fabrizieren konnte, brachten sich selbst das Gitarrespielen bei und spielten künftig die Lieder ihres Volkes darauf. Schließlich reisten sie eines Tages 1200 Meilen nach Rio de Janeiro, um dort ihre Gitarrenkünste vorzuführen, und dabei wurden sie von einem Theateragenten entdeckt. Er arrangierte künftig ihre Konzerte und ermunterte die beiden Brüder auch, sich weiterzubilden. Das taten die beiden gerne, bis sie eines Tages nicht nur Experten in jeder Art von Folkmusik waren, sondern auch für Klassiker wie Chopin, Bach und Beethoven und zeitgenössischer lateinamerikanischer Musik. Und die beiden erwiesen sich auch als ungemein sprachbegabt: sie sprachen Italienisch, Deutsch, Griechisch, Portugiesisch, Spanisch und ihren Eingeborenendialekt »Tupi«. Damals änderten sie auch ihre indianischen Namen, die für die meisten Menschen ziemlich unaussprechlich waren. Ab 1943 hatten sie einen Plattenvertrag und veröffentlichen in Südamerika etliche gutverkäufliche Alben. Doch der internationale Durchbruch kam erst 1963 mit *Maria Elena.* Der mexikanische Komponist Lorenzo Barcelata hatte diese Melodie 1933 für die Frau des mexikanischen Präsidenten Pontes Gil geschrieben, deren Vorname Maria Elena war. In der Version von Jimmy Dorsey und seinem Orchester war die Melodie bereits 1941 ein Millionenerfolg gewesen.

Jahr	*Titel*	*USA*	*UK*	*D*
1963	Maria Elena	6	5	36

Jørgen Ingman

geb. 1932 in Kopenhagen, Dänemark, g

Von Beruf war der dänische Gitarrist eigentlich Werbefachmann. Doch den konnte er 1961 an den Nagel hängen, nachdem er mit seinen Instrumentals vor allen Dingen in Deutschland ungemein viel Erfolg hatte. Seine speziellen Sound-Effekte erreichte Ingman mit einer ähnlichen Technik, wie sie vor ihm LES PAUL erfunden hatte: Er spielte sämtliche Stimmen getrennt ein und mischte sie dann. 1963 tauchte auch seine singende Frau GRETE auf, die sich mit Liedern wie *Hello, Boy* (1963 Nr. 33) und *Der King von Soho* (1963 Nr. 44) in der deutschen Hitparade plazieren konnte. Der berühmteste Song der beiden kam allerdings nie in die Charts: das sanfte *Dansevise,* in Deutsch *Der Sommer ist vorüber.*

Jahr	*Titel*	*USA*	*UK*	*D*
1961	Apache	2		6
1961	Pepe			15
1961	Anna	54		19
1961	Violetta			16
1964	Drina-Marsch			5
1965	Zorba le Grec			10

The Intruders

PHIL TERRY, voc
ROBERT »BIG SONNY« EDWARDS, voc
SAMUEL »LITTLE SONY« BROWN, voc
EUGENE »BIRD« DAUGHTRY, voc
alle aus Philadelphia/Pennsylvania, USA

Die Formation gehörte zu den farbigen Vokal-Gruppen, die einfach hinreißende Vokal-Harmonien zustande bringen, wie z. B. auch die STYLISTICS. Gegründet wurden die Intruders Anfang der 60er Jahre, mit *Gonna be strong* hatten sie 1965 einen kleinen regionalen Hit. Der große Erfolg kam erst, als sie 1966 von der GAMBLE/HUFF-Produktionscompany unter Vertrag genommen wurden und zu den ersten Vertretern eines Sounds gehörten, der später als »Philly-Sound« weltweit berühmt wurde. Das Songwriter- und Produzententeam Gamble/Huff versorgte die Intruders bis in die 70er Jahre hinein mit softigen und poppigen Soul-Songs, die weniger in den Pop-Charts, dafür um so mehr in den Black-Charts erfolgreich waren. Mit *(We'll be) United* kam die Formation 1966 erstmals in die Charts, allerdings nur bis Platz 78, mit *Cowboys to girls* hatte sie 1968 einen Millionenseller.

Jahr	*Titel*	*USA*	*UK*	*D*
1968	Cowboys to girls	6		
1968	(Love is like a) Baseball game	26		
1973	I'll always love my mama (Part 1)	36	32	
1974	(Win place or show) She's a winner		14	

Iron Butterfly

Erik Keith Brann, geb. 11. 8. 1950 in Boston/Massachusetts, USA, leadg; ersetzt 1969 durch Michael Pinera und Lawrence Reinhardt
Doug Ingle, geb. 9. 9. 1946 in Omaha/ Nebraska, USA, leadvoc, keyb
Lee Dorman, geb. 15. 9. 1945 in St. Louis/Missouri, USA, b
Ronald Bushy, geb. 23. 12. 1945 in Washington D. C., USA, dr

Iron Butterfly gehörte zu den »klassischen« Heavy-Metal-Gruppen. Gegründet wurde sie 1966 von Doug Ingle in San Diego. 1967 zog die Band nach Los Angeles, um Engagements in einem der zahlreichen berühmten Clubs zu bekommen. Sie wurde für einen Auftritt im legendären »Whiskey a Go Go«-Club engagiert. Die Reaktion des Publikums auf ihre harte Rockmusik war so überwältigend, daß die Band anschließend für drei Wochen gebucht wurde. Anschließend kam ein dreimonatiges Engagement im »Galaxy«, und bei einem dieser Auftritte wurde die Gruppe von einer Plattenfirma unter Vertrag genommen. 1968 erschien das Debüt-Album *Heavy*, kurz danach das heute bereits legendäre Album *In a gadda da vida* mit dem fast zwanzigminütigen Titelsong. Von den Gitarren-, Schlagzeug- und Keyboard-Soli dieses Songs leben noch heute ganze Generationen von Musikern. Die nächsten, ebenfalls recht erfolgreichen LPs hießen *Ball* und *Live,* danach verließ Erik Brann die Gruppe. Für ihn kamen die Gitarristen Mike Pinera von The Blues Image und Larry Reinhardt, ehemals → Allman Brothers Band. In dieser Besetzung entstand 1971 die LP *Metamorphosis,* die letzte von Iron Butterfly. Die Band löste sich Anfang 1972 wegen unüberwindlicher persönlicher Schwierigkeiten auf. 1975 aber gab es plötzlich wieder eine Iron Butterfly. Sie bestand aus den Original-Mitgliedern Brann und Bushy und den neuen Mitspielern Howard Reitzes und Phil Kramer. Doug Ingle, der Leadsänger mit der faszinierenden Stimme, hat das Musikgeschäft inzwischen ganz aufgegeben und lebt heute in Portland/Oregon; Lee Dorman gründete in Los Angeles eine eigene Band.

Jahr	*Titel*	*USA*	*UK*	*D*
1968	In a gadda da vida	30		
1971	Easy Rider			34

The Isley Brothers

Ronald Isley, geb. 21. 5. 1941, leadvoc
Rudolph Isley, geb. 1. 4. 1939, voc
O'Kelly Isley, geb. 25. 12. 1937, voc
alle aus Cincinnati/Ohio, USA

Die drei Brüder begannen mit dem Singen in der Kirche. Zunächst intonierten sie Gospels, dann folgte bald der weltliche R & B. Unter den schwarzen R & B-Fans hatten sie schnell einen hervorragenden Ruf, und nach einem ihrer vielen ausverkauften Konzerte bekamen die drei einen Plattenvertrag. *Shout* hieß 1959 die erste Single, die mit Gold ausgezeichnet wurde und zu den schönsten Hoffnungen Anlaß gab. Doch es dauerte drei Jahre, ehe mit *Twist and shout* der nächste Hit kam. Nach weiteren vier

Jahren folgte mit *This old heart of mine* Hit Nr. 3, geschrieben und produziert vom berühmten Songwriter-Team → HOLLAND/DOZIER/HOLLAND. Isley-Brother-Fans brauchten auch weiterhin viel Geduld, denn als nächstes ließen die farbigen Brüder erst wieder 1969 von sich hören. Inzwischen hatten auch die Engländer ihre Vorliebe für alte Motown-Sachen der Isleys entdeckt und kauften sie in den Charts ganz nach oben. Doch 1969 starteten die Gebrüder Isley auf ihrem eigenen T-Neck-Label mit *It's your thing* eine lange Reihe von funkigen Superbestsellern, die sich zum überwiegenden Teil millionenfach verkauften. Sie erweiterten die Gruppe um die Brüder Ernie als Arrangeur, Marvin als Bassisten und Chris als Pianisten und wurden zu einer unabhängigen Musikerfamilie. Mit schöner Regelmäßigkeit veröffentlichten die Isleys bis heute LPs, die fast immer ganz hervorragend sind und die oft Songs enthalten, die dann in der Version von anderen Bestseller werden. Zum Beispiel wurde der *Caravan of love* 1986/87 ein englischer Nr.-1-Hit für die HOUSEMARTINS.

Jahr	*Titel*	*USA*	*UK*	*D*
1962	Twist and shout	17	42	
1966	This old heart of mine (is weak for you)	12	47	
1968	This old heart of mine (is weak for you)		3	
1969	I guess I'll always love you		11	
1969	Behind a painted smile		5	
1969	It's your thing	2	30	
1969	Put yourself in my place		13	
1971	Love the one you're with	18		
1973	That lady (Part 1)	6	14	
1974	Summer breeze		16	
1975	Fight the power – Part 1	4		
1976	Harvest for the world		10	
1979	It's a disco night (Rock don't stop)		14	

It's A Beautiful Day

DAVID LAFLAMME, geb. 1942 in Salt Lake City, USA, vi, voc; ersetzt 1972 durch GREGG BLOCH, vi, mandoline

LINDA LAFLAMME, keyb; ersetzt 1969 durch FRED WEBB, keyb, voc, french horn

HAL WAGENET, g; ersetzt 1971 durch BILL GREGORY

MITCHELL HOLMAN, b; ersetzt 1971 durch TOM FOWLER; ersetzt 1972 durch BUD COCKRELL

VAL FUENTES, dr, voc

PATTIE SANTOS, voc, perc

David LaFlamme spielte zunächst nur Klassik und war Mitglied diverser Symphonie-Orchester, ehe er 1967 zusammen mit seiner Frau Linda die Gruppe ins Leben rief. Die Band machte ganz einfach schöne Musik mit perfekten Vokalarrangements und ebenso durchdachten Violinen-Soli. Das erste Album hieß 1968 nur einfach *It's a beautiful day* und enthielt den Single-Erfolg *White bird,* der heute schon ein Klassiker ist. Doch danach fingen bereits die häufigen Mitgliederwechsel an, die zuächst zwar dem makellosen, eingängigen Sound der

Band keinen Abbruch taten, später aber dann doch zur Auflösung mangels Erfolg führten. Alben wie *Marrying maiden* (1970) und *Choice quality stuff* (1971) boten noch ätherischen Wohlklang, aber LPs wie *Today* (1973) und *A thousand and one night* (1974) klangen nicht mehr sehr nach It's A Beautiful Day. Denn nach dem Weggang von Gruppengründer David LaFlamme schlichen sich statt dem wohlklingenden California-Sound immer mehr Gospel-Feeling und Bluesanklänge in die Musik der Band, die die Formation letztlich für die Fans uninteressant machte.

Burl Ives

Burl Icle Ivanhoe Ives, geb. 14. 6. 1909 in Hunt City/Illinois, USA, voc

Burl Ives ist ein gewaltiger Mensch, nicht nur körperlich, sondern auch in geistiger Sicht. Er studierte an drei verschiedenen Colleges. Er sammelt sehr ernsthaft amerikanische Folklore-Songs, von denen er sage und schreibe rund 500 auswendig kann. Er ist erfolgreich im Radio und Fernsehen, bei Konzerten und den verschiedensten öffentlichen Veranstaltungen aufgetreten. Er hat sehr viele Kino-Filme gedreht, darunter solche Klassiker wie *Jenseits von Eden* mit James Dean und *Die Katze auf dem heißen Blechdach* mit Elizabeth Taylor. Für seine Rolle in *Weites Land* bekam er 1958 den Oscar als bester Nebendarsteller. Und Burl Ives hat außerdem ungefähr ein halbes Dutzend Bücher geschrieben. Daß er daneben auch noch erfolgreich Country-Music sang, ist praktisch nur das Tüpfelchen auf dem I. Mit Liedern wie *Riders in the sky* und *Wild side of life* war Ives von 1949 bis 1962 stets unter den Country Top 10. Auch seine Pop-Hits waren Bestseller in den Country-Charts.

Jahr	*Titel*	*USA*	*UK*	*D*
1962	A little bitty tear	9	9	38
1962	Funna day of laughin'	10	29	
1962	Call me Mr. In-between	19		

The Ivy Three

Charlie »Cane« Koppelman, leadvoc
Artie »Berk« Berkowitz
Don Rubin
alle aus New York/New York, USA

Die drei begannen ihre musikalische Karriere 1959 auf dem Adelphi College in Long Island. The Ivy Three, »Das Efeu-Trio«, nannten sie sich, weil ihr College von Efeu überwachsen war. 1960 bekamen die drei einen Plattenvertrag. Als erstes nahmen sie ein Lied auf, das Charlie geschrieben hatte und das auf einem Charakter der Huckleburry Hound TV-Show basierte. Das Lied hieß *Yogi* und wurde ihr erster und einziger Hit. Charlie ist heute Präsident seiner eigenen Produktions-Firma, die Alben für Stars wie → Barbra Streisand, Diana Ross und Dolly Parton produziert; Artie arbeitet im Versicherungsgewerbe, und Don ist unabhängiger Plattenproduzent.

Jahr	*Titel*	*USA*	*UK*	*D*
1960	Yogi	8		

Chuck Jackson

Charles Jackson, geb. 22. 7. 1937 in Latta/South Carolina, USA, voc

Ende der 50er Jahre war Chuck gerade Student am South Carolina State College, als er feststellte, daß ihm die Schule keinen Spaß mehr machte. Er verließ sie und ging nach Pittsburgh, wo er sich als neuer Leadsänger bei den Del Vikings bewarb. Der Bariton Dave Lerchey hatte die Formation gerade verlassen. Chuck bekam den Job und war von 1957 bis 1959 Leadsänger der Del Vikings. 1959 verließ er die Gruppe und versuchte sich als Solo-Sänger. Das ging zunächst ziemlich schief, bis er 1960 im Apollo Theatre in New York den Songschreiber und Produzenten Luther Dixon kennenlernte. Mit ihm machte Chuck die Single *I don't want to cry,* die 1961 sein erster größerer Erfolg wurde. Den Durchbruch hatte der farbige Sänger dann 1962 mit *Any day now,* einem Lied aus der Feder von → Burt Bacharach. Eigentlich sollte Tommy Hunt den Song singen, aber Bacharach bestand auf Jackson, und heute gehört *Any day now* zu den Pop-Klassikern. Von 1961 bis 1968 war Chuck Jackson mit insgesamt 23 Songs in den US-Pop-Charts vertreten. Allerdings erreichte kein einziger die Top 20. Heute lebt Jackson mit seiner Familie in New Jersey und tritt immer noch regelmäßig auf.

Jahr	*Titel*	*USA*	*UK*	*D*
1961	I don't want to cry	36		
1962	Any day now	23		

Deon Jackson

geb. 1945 in Ann Arbor/Michigan, USA, voc

Von Kindheit an hatte Deon nur einen Berufswunsch: Musiker zu werden. Deshalb lernte er von klein auf Klarinette und Schlagzeug. 1960 fing er dann mit dem Singen an und formierte mit ein paar Schulfreunden eine Band. 1962 wurde er bei einem Auftritt mit seinen Freunden entdeckt und durfte seine ersten beiden Singles *You said you love me* und *Come back home* produzieren, die regionale Erfolge wurden. Seinen einzigen überregionalen Hit hatte Jackson dann 1966 mit *Love makes the world go round.* Anschließend beschränkte sich seine Popularität wieder nur auf die Gegend von Detroit.

Jahr	*Titel*	*USA*	*UK*	*D*
1966	Love makes the world go round	11		

Wanda Jackson

geb. 20. 10. 1937 in Maud/Oklahoma, USA, voc

Bereits mit neun Jahren war die kleine Wanda eine sehr gute Gitarristin und Pianistin und konnte sogar, was in diesem Geschäft durchaus nicht üblich ist, Noten lesen. Das alles hatte ihr Vater ihr beigebracht. 1949 zog sie mit ihrer Familie nach Oklahoma City, und ein Jahr später hatte die Dreizehnjährige eine eigene Radioshow. Nach einem Auftritt bei einem Talentwettbewerb, den sie natürlich gewann, durfte sie 1954 mit Hank Thompson Platten machen, Ihren ersten Hit hatte sie 1954 im Duett mit Billy Gray mit dem Song *You can't have my love,* der in den Country-Charts auf Rang 8 kam. Als sie ihre ersten drei Solo-Singles machte, war Wanda immer noch in der Highschool. Von 1955 bis 1962 trat sie mit Red Foley's Ozark Jubilee auf, 1955 und 1956 ging sie sogar mit dem neuen Teenagerstar → Elvis Presley auf Tournee. Wandas Karriere ging dann 1960 richtig los, als sich ihre Singles nicht nur in den Country-Charts, sondern auch in den Pop-Charts plazieren konnten. Wanda Jackson gehört auch zu den wenigen Country-Künstlern, deren Auftritte in Las Vegas bejubelt wurden. In Deutschland wurde Wanda Jackson vor allen Dingen Mitte der 60er Jahre mit ihren deutschen Liedern bekannt.

Jahr	*Titel*	*USA*	*UK*	*D*
1960	Let's have a party	37	32	
1961	Mean mean man		40	
1961	Right or wrong	29		
1961	In the middle of a heartache	27		
1965	Santo Domingo			5
1965	Morgen, ja morgen			36
1966	Doch dann kam Johnny			26
1967	Wenn der Abschied kommt			32

Jackson Five

Michael Joe Jackson, geb. 29. 8. 1958, voc

Marlon David Jackson, geb. 12. 3. 1957, voc

Jermaine LaJaune Jackson, geb. 11. 12. 1954, voc, verließ die Gruppe 1975

Toriano Adaryll »Tito« Jackson, geb. 15. 10. 1953, voc

Sigmund Esco »Jackie« Jackson, geb. 4. 5. 1951, voc

Randy Jackson, geb. 29. 10. 1961, voc, kam 1975

LaToya Jackson, geb. 1956, voc, kam 1975

Maureen Jackson Brown, voc, kam 1975

alle aus Gary/Indiana, USA

Die Familien-Truppe entwickelte sich Anfang der 60er Jahre. Treibendes Moment dabei war Vater Joe Jackson, der frühere Gitarrist bei den Falcons gewesen war. Jackie, Tito und Jermaine begannen Anfang der 60er Jahre bei Schulveranstaltungen aufzutreten. Später kamen noch Michael und Marlon dazu, die fünf nannten sich The Jackson Five und waren bald der heißeste Act in ganz Gary. Ende der 60er Jahre durften sie sogar eine Platte namens *Big boy* machen, die jedoch ein Flop wurde. Der Erfolg kam erst 1969, als Diana Ross die fünf Wunderkinder hörte und sofort ihren guten Freund Berry Gordy jr., den Chef von Motown Records, auf das vorzügliche Quintett aufmerksam machte. Auch Gordy hörte und sah sofort, was in diesem Familienclan steckte, und nahm sie unter Vertrag. Von 1969 bis 1975 lieferten die fünf farbigen Sänger einen Bestseller nach dem anderen ab, von denen die meisten Millionenerfolge wurden. 1975 wurde die Formation dann umgeformt, wechselte die Plattenfirma und nannte sich fortan THE JACKSONS. Gleichzeitig begannen Jermaine und Michael Anfang der 70er Jahre Solo-Platten aufzunehmen. Dem süßen kleinen Michael, der 1972 immerhin erst vierzehn Jahre alt war, glückte praktisch auf Anhieb der internationale Durchbruch. Kontinuierlich entwickelte er sich in den folgenden Jahren zu einem weltweiten Superstar. Von seinem 83er Album *Thriller* wurden weltweit über 30 Millionen Exemplare verkauft und insgesamt sieben Top-10-Hits ausgekoppelt, ein Rekord, der bislang noch nicht übertroffen wurde. Ähnlich erfolgreich entwickelte sich Mitte der 80er Jahre Michaels kleine Schwester JANET JACKSON. Die attraktive Sängerin, der Michael nach seinen diversen Gesichtsoperationen frappierend ähnlich sieht, hatte 1986 mit *What have you done für me lately, Nasty* und *When I think of you* drei Superseller.

Jahr	*Titel*	*USA*	*UK*	*D*
1969	I want you back	1	2	
1970	ABC	1	8	
1970	The love you save	1	7	
1970	I'll be there	1	4	
1971	Mama's pearl	2	25	
1971	Never can say goodbye	2	33	
1971	Maybe tomorrow	20		
1971	Sugar daddy	10		
1972	Little bitty pretty one	13		
1972	Lookin' through the windows	16	9	
1972	Corner of the sky	18		
1973	Doctor my eyes		9	
1973	Hallelujah day	28	20	
1974	Dancing machine	2		
1975	I am love (Parts I & II)	15		
1988	I want you back		8	

THE JACKSONS

Jahr	*Titel*	*USA*	*UK*	*D*
1976	Enjoy yourself	6	42	
1977	Show you the way to go	28	1	
1978	Blame it on the boogie		8	
1979	Shake your body (down to the ground)	7	4	
1980	Lovely one	12	29	
1981	Heartbreak hotel	22	44	
1981	Can you feel it		6	
1981	Walk right now		7	
1984	State of shock (mit MICK JAGGER)	3	14	23
1984	Torture	17	26	31

JAMES BROTHERS

siehe → Peter Kraus

Tommy James & The Shondells

THOMAS GREGORY JACKSON »TOMMY JAMES«, geb. 29. 4. 1947 in Dayton/Ohio, USA, leadvoc

Joseph Kessler, leadg; ersetzt durch Edward Gray
Ronald Rosman, keyb
Michael Vale, b
Vincent Pietropaoli, dr.; ersetzt durch Peter Lucia
George Magura, sax, b, org, ging 1967

Tommy James entwickelte bereits als achtjähriger ein reges Interesse an Pop-Musik. Anfang der 60er Jahre gründete er in der Schule dann eine Gruppe namens The Shondells. Die Band spielte bei Schulveranstaltungen und durfte schließlich 1962 den Song *Hanky panky* aufnehmen, der im Original von den → Raindrops (dahinter verbarg sich das Top-Songwriter-Team Jeff Barry und Ellie Greenwich, seine Ehefrau) stammte. Die Platte wurde ein kleiner regionaler Hit und verschwand bald wieder in der Versenkung. Tommy James und seine Shondells gingen danach getrennte Wege. 1966 machte sich der Besitzer eines Plattenladens in Pittsburgh auf die Suche nach »Oldie«-Aufnahmen, deren Rechte frei waren und die er auf seinem eigenen Label wiederveröffentlichen konnte. Dabei stieß er auch auf die Shondells-Aufnahme von *Hanky panky,* brachte sie neu heraus, und innerhalb kürzester Zeit war der Titel ein Bestseller. Also ging man auf die Suche nach Tommy James, fand ihn in einem kleinen Zimmerchen, ziemlich am Ende und mit dem Schicksal hadernd, flog ihn nach Pittsburgh, und stellte in Windeseile eine neue Shondells-Truppe in der oben angegebenen Zusammensetzung zusammen. Von 1966 bis 1970 lieferte Tommy James mit seinen Shondells einen Bestseller nach dem anderen ab. Einen großen Teil dieser eher sanften Songs hatte er selbst geschrieben. Dann entschloß sich der Sänger mit der eigenartig vibrierenden Stimme, künftig auf Solopfaden zu wandeln – und war damit von 1970 bis 1973 ebenso erfolgreich. Die Shondells nannten sich ab 1971 Hog Heaven, der erwartete Erfolg blieb jedoch aus. Von 1974 bis 1980 hörte man nichts von Tommy James, dann feierte er abermals ein Comeback. 1989 waren Tommy James & The Shondells plötzlich wieder in aller Munde, als nämlich die Nachwuchssängerin Tiffany mit *I think we're alone now* einen Hit hatte und Billy Idol mit einer Live-Version von *Mony mony* auf Platz 1 in USA landete.

Jahr	*Titel*	*USA*	*UK*	*D*
1966	Hanky panky	1	38	3
1966	I think we're alone now	4		
1967	Mirage	10		
1967	Gettin' together	18		
1968	Mony mony	3	1	3
1968	Crimson and clover	1		2
1969	Sweet cherry wine	7		
1969	Crystal blue persuasion	2		
1969	Ball of fire	19		

Tommy James

Jahr	*Titel*	*USA*	*UK*	*D*
1971	Draggin' the line	4		
1980	Three times in love	19		

Jan & Dean

Jan Berry, geb. 3. 4. 1941, voc
Dean Torrence, geb. 10. 3. 1941, voc
beide aus Los Angeles/Kalifornien, USA

Jan und Dean lernten sich auf der Schule kennen und beschlossen, sich als Vokal-Duo zu versuchen. Sie nannten sich The Barons und schrieben sich ein Lied, zu dem sie von einer Tänzerin inspiriert worden waren. Sie nannten das Lied *Jennie Lee (The bazoom girl)*, machten in Jans Garage ein Demo davon und konnten es prompt Anfang 1958 an eine Plattenfirma verkaufen. Allerdings war bei der richtigen Aufnahme der Platte Dean nicht dabei, er mußte für sechs Monate zur Army, für ihn sprang Arnie Ginsberg ein. *Jennie Lee* erschien Mitte 1958, als Interpreten waren Jan & Arnie angegeben, und das Lied kam bis Platz 8. Inzwischen war Dean von der Army entlassen, und den nächsten Hit 1959 machten sie gemeinsam: *Baby talk*, ein Song, den ihnen ihr Freund Lou Adler gegeben hatte und für den dessen Freund → Herb Alpert das Arrangement geschrieben hatte. Den größten Erfolg hatten Jan & Dean dann 1963 mit einer Surf-Nummer, die ihnen ihr Freund Brian Wilson von den → Beach Boys überlassen hatte: *Surf City*. Das Lied war zwei Wochen lang die Nr. 1 in USA und verkaufte sich millionenfach. Bis 1966 waren Jan & Dean, die beiden gutaussehenden kalifornischen Sonnyboys, regelmäßig in den US-Charts zu finden. Dann beendete ein Unglücksfall ihre Karriere. Jan Berry wurde Ende 65 in einen schweren Autounfall verwikkelt, bei dem drei Personen getötet wurden. Jan erlitt eine Gehirnverletzung, die Folgen waren jahrelange Lähmungserscheinungen. Inzwischen hat sich Jan wieder einigermaßen erholt. Die beiden wohnen heute in Los Angeles und treten immer wieder bei Oldie-Shows auf.

Jahr	*Titel*	*USA*	*UK*	*D*
1959	Baby talk	10		
1961	Heart and soul	25	24	
1963	Surf city	1	26	45
1963	Honolulu Lulu	11		
1963	Drag city	10		
1964	Dead man's curve	8		
1964	The little old lady (from Pasadena)	3		
1964	Ride the wild surf	16		
1966	Popsicle	21		

Jan & Kjeld

Jan, geb. 1948 in Dänemark, voc
Kjeld, geb. 1946 in Dänemark, voc

Die beiden minderjährigen Jungen kamen aus Dänemark und hatten den Spitznamen »die Knaben aus Kopenhagen«. Mit ihren leicht heiseren Stimmen sangen sie sich innerhalb kürzester Zeit in die Herzen der deutschen Hörer. Ihren ersten und einzigen Millionenseller hatten sie 1960 mit dem Song *Banjo boy*, der von Charly Niessen für den Film *Kein Mann zum Heiraten* geschrieben worden war. Die englische Version dieser country-artigen Nummer kam sogar in die US- und UK-Charts. Bis 1963 konnten sich die Songs von Jan & Kjeld mit schöner Regelmäßigkeit in der deutschen Hitparade plazieren, dann verschwanden die beiden wieder.

Jahr	*Titel*	*USA*	*UK*	*D*
1960	Banjo boy	58	36	1
1960	Tingelingeling, mein Banjo singt			14
1960	Penny-Melodie			16

1960	Träumen kann man, was man will	13
1961	Hello, Mary Lou	2
1962	Küsse im Mondschein	10

Horst Jankowski

geb. 30. 1. 1936 in Berlin, p

Der hervorragende Pianist absolvierte das Konservatorium, er studierte dort außer Klavier auch noch Tenor-Saxophon, Kontrabaß und Trompete und ging bereits im zarten Alter von sechzehn Jahren als Begleitmusiker von → Caterina Valente auf Tournee. Von 1955 bis 1965 gewann der Musiker in Deutschland immer den 1. Preis als bester Jazzpianist. 1960 schuf sich der Tastenkünstler noch ein weiteres Bein: Er wurde Komponist und Bandleader, zusätzlich rief er seinen eigenen Chor ins Leben, den er nach Art der Ray Conniff Singers aufbaute. 1962 schrieb er seinen ersten und einzigen Millionenseller, das Instrumental *A walk in the black forest,* in Deutschland bekannt als *Eine Schwarzwaldfahrt,* von dem es natürlich auch gesungene Versionen gibt. Wie James Last konnte sich auch Horst Jankowski in England und Amerika eine große Fan-Gemeinde aufbauen. Sein 65er Album *The genius of Jankowski* konnte sich 31 Wochen in den US-LP-Charts halten und verkaufte sich millionenfach. Doch Jankowskis große Liebe ist und bleibt der Jazz, und so arbeitete er schon mit internationalen Größen wie Oscar Peterson, Ella Fitzgerald, Gerry Mulligan und Miles Davis. 1975 wurde ihm die Leitung des RIAS-Tanzorchesters in Berlin übertragen.

Jahr	*Titel*	*USA*	*UK*	*D*
1965	A walk in the black forest	12	3	

The Jarmels

Nathaniel Ruff, geb. 1939, voc
Ray Smith, geb. 1941, voc
Paul Burnett, geb. 1942, voc
Earl Christian, geb. 1940, voc
Tom Eldridge, geb. 1941, voc
alle aus Richmond/Virginia, USA

Die fünf Mitglieder gehörten alle zu dem selben Kirchenchor und hatten schon jahrelang miteinander gesungen, ehe sie 1961 einen Plattenvertrag bekamen. Ihre erste Single war *Little lonely one* und wurde ein Flop. Im Sommer 1962 veröffentlichte sie *A little bit of soap,* das ihr erster und einziger Hit wurde.

Jahr	*Titel*	*USA*	*UK*	*D*
1962	A little bit of soap	12		

Jay And The Americans

John »Jay« Traynor, leadvoc; ersetzt 1962 durch David »Jay« Black, geb. 2. 11. 1938 in New York, USA

Sandy Yaguda »Deane«, geb. 31. 1. 1940 in New York, USA, voc
Kenny Vance, geb. 8. 12. 1943 in New York, USA, voc
Marty Sanders, geb. 28. 2. 1940 in New York, USA, voc
Howie Kane, geb. 6. 6. 1940 in New York, USA, voc

1959 taten sich Kenny, Sandy und Howie mit John »Jay« zusammen und gründeten eine Gruppe namens The Harbour-Lites. Als sie 1961 einen Plattenvertrag bekamen, wollte die Plattenfirma sie Binky Jones And The Americans nennen, was die vier Jungs absolut unmöglich fanden. Man einigte sich schließlich auf Jay And The Americans, und Leadsänger John mußte seinen Vornamen in »Jay« umändern. Ihre erste Single im Herbst 1961 hieß *Tonight* (aus der *Westside-Story)* und war ein Flop. Als nächstes nahmen sie 1962 *Dawning* mit der B-Seite *She cried* auf, und die B-Seite wurde ein Hit. Bei den Aufnahmen dieser Platte kam Marty Sanders als fünfter Mann in die Formation. Marty war eigentlich Gitarrist, machte aber von da ab als Sänger weiter. Als die dritte Single *This is it* Mitte 1962 wieder ein Flop wurde, verließ Traynor die Gruppe. Marty gab daraufhin seinem Freund David Black den Tip, sich für den Job zu bewerben; David kam, sang und siegte und hieß fortan natürlich ebenfalls »Jay«. Zu seinem nächsten Charts-Erfolg kam das Quintett dann dank rassistischer Vorurteile: das Komponisten- und Produzenten-Team → Jerry Leiber und Mike Stoller (von dem auch etliche → Elvis-Presley-Hits stammen) hatte für die farbigen → Drifters den Song *Only in America* geschrieben, in dem es darum ging, daß in Amerika eigentlich jedermann die Chance hat, Präsident zu werden. Nun war man aber im Jahr 1963 in den USA der Ansicht, daß die meisten Amerikaner peinlich berührt wären, wenn eine farbige Gruppe Derartiges singen würde. Also warf man die Aufnahme der Drifters auf den Müll und ließ die reine weiße Vokalformation Jay And The Americans das Lied singen, die damit 1963 bis auf Platz 25 kam. Von 1963 bis 1970 waren Jay Black und seine Americans mit ihren pompösen Pop-Songs immer wieder in den US-Charts zu finden. Den größten Erfolg hatte die Formation 1969 mit dem Millionenseller *This magic moment,* der im Original 1960 von den Drifters aufgenommen worden war. Nach 1970 löste sich die Gruppe auf. 1980 versuchte der Leadsänger als Jay Black ein Comeback mit der Single *The part of me that needs you most,* allerdings ohne Erfolg. Mit neuen Mitgliedern tritt er immer noch regelmäßig als Jay And The Americans in diversen Oldie-Shows auf.

Jahr	*Titel*	*USA*	*UK*	*D*
1962	She cried	5		
1964	Come a little bit closer	3		
1965	Let's lock the door (and throw away the key)	11		
1965	Cara mia	4		
1965	Some enchanted evening	13		
1965	Sunday and me	18		
1969	This magic moment	6		
1970	Walkin' in the rain	19		

Jay & The Techniques

Jay Proctor, leadvoc
Karl Landis
Ronald Goodly
John Walsh
George Lloyd
Charles Crowl
Dante Dancho
alle aus Allentown/Pennsylvania, USA

Die gemischtrassige Band entstand Mitte der 60er Jahre. Nach ein paar Jahren hatte sich die Formation mit ihren Auftritten in diversen Clubs einen so guten Ruf erspielt, daß sie einen Plattenvertrag bekam. Ihr erster Erfolg war dann 1967 der Titel *Apples, peaches, pumpkin pie,* der auf einem Kinderspiel basierte, ebenso wie ihr zweiter Hit *Keep the ball rollin'*. Beide Songs wurden Millionenseller.

Jahr	*Titel*	*USA*	*UK*	*D*
1967	Apples, peaches, pumpkin pie	6		
1967	Keep the ball rollin'	14		

The Jayhawks

siehe → The Marathons

The Jaynetts

Ada Ray, geb. 1944 in New York, USA, voc
Mary Sue Wells, geb. 1946 in New York, USA, voc
Ethel Davis, geb. 1944 in New York, USA, voc
Yvonne Bushnell, geb. 1945 in New York, USA, voc
Johnnie Louise Richardson, geb. 1945 in New York, USA, voc

Im Juni 1963 kam aus Chicago ein Talentsucher nach New York, der für seine Plattenfirma dringend eine weibliche Vokalgruppe brauchte. Die Komponistin und Verlegerin Zelma Sanders half ihm aus der Patsche. Sie nahm einfach zwei Solosängerinnen ihrer Firma und gab für zwei weitere Sängerinnen eine Anzeige in der Zeitung auf. Es meldeten sich Ada Ray und Mary Sue Wells, und fertig war das Quartett The Jaynetts. Dann schrieb Zelma Sanders den vier Mädchen das Lied *Sally, go 'round the roses,* und sie hatten ihren ersten Hit, der auch der einzige bleiben sollte. Nach dieser Aufnahme kam als fünfte Sängerin Zelmas Tochter Johnnie Louise dazu, die vorher die eine Hälfte des Duos Johnnie And Joe gewesen war. Joe war Joe Rivers, und die beiden hatten 1957 einen Nr.-8-Hit mit *Over the mountain, across the sea* gehabt.

Jahr	*Titel*	*USA*	*UK*	*D*
1963	Sally, go 'round the roses	2		

Jefferson Airplane

Grace Slick, geb. 30. 10. 1943 in Chicago/Illinois, USA, voc
Martin Buchwald »Marty Balin«, geb. 30. 1. 1943 in Cincinnati/Ohio, USA, voc
Paul Kantner, 12. 3. 1942 in San Francisco/Kalifornien, USA, voc, g
Jorma Kaukonen, geb. 23. 12. 1940 in Washington/D. C., USA, leadg
Jack Cassady, geb. 13. 4. 1944 in Washington/D. C., USA, b
Spencer Dryden, geb. 7. 4. 1943 in New York City, USA, dr

Jefferson Airplane Foto: CBS

Marty Balin und Paul Kantner gründeten die Band in San Francisco. Damals waren als Sänger Signe Anderson und als Trommler Skip Spence dabei. Den ersten Auftritt hatten Jefferson Airplane am 13. August 1965 bei der Eröffnung des berühmten »Matrix Club«. Kurz danach verließ Signe Anderson die Formation, und für ihn kam das ehemalige Model Grace Slick. 1966 erschien das Debüt-Album *Jefferson Airplane take off*, und die Gruppe begann, als Kultband Rockmusikgeschichte zu schreiben. 1967 setzte die Formation bei einem Auftritt an der Ostküste zum ersten Mal eine Lightshow ein, was damals dort noch ein ziemliches Novum war. Mit Liedern über Sex und Drogen und mit kräftigen Ausdrücken, die auch vor der Fäkalsprache nicht haltmachten, schuf sich die Band unter den Hippies und Ausgeflippten bald ein gewaltiges Publikum. Das 67er Album *Surrealistic pillow* verkaufte sich bereits millionenfach, und die Singles *Somebody to love* und *White rabbit* wurden Hits. Bis 1974 wurde praktisch jedes Album der Formation mit Edelmetall ausgezeichnet, doch Jefferson Airplane waren von Anfang an eine unruhige Gruppe, in der es häufige Mitgliederwechsel gab. Der ruhende Pol waren Paul Kantner und Grace Slick, die 1974 auch den Nachfolger von Jefferson Airplane, Jefferson Starship, aus der Taufe hoben. Auch in den 70ern gehörte die Band, trotz häufiger Mitgliederwechsel, zu den amerikanischen Spitzenstars. Mit hochkarätigen Alben wie *Modern times*(1981) oder *Nuclear furniture* (1984) bewies die Gruppe auch in den 80er Jahren ihre ungebrochene Vitalität. 1985 gab es den nächsten großen Umbruch. Mit Grace Slick, Mickey Thomas, Donny Baldwin und Craig Chaquico präsentierte sich in diesem Jahr eine abermals umformierte Gruppe dem staunenden Publikum: Starship. Starship führten sich mit dem Superalbum *Knee deep in the hoopla* ein und hatten mit *We built this city* und *Sara* die ersten beiden US Nr.-1-Hits ihrer über 20jährigen Geschichte. Diesen Erfolgszug führte die Band mit der nächsten LP *No protection* 1987 fort, die den internationalen Hit *Nothing's gonna stop us now* enthielt.

Jahr	*Titel*	*USA*	*UK*	*D*
1967	Somebody to love	5		20
1967	White rabbit	8		
JEFFERSON STARHSHIP				
1975	Miracles	3		
1976	With your love	12		
1978	Count on me	8		
1978	Runaway	12		
1979	Jane	14	21	
1984	No way out	23		
STARSHIP				
1985	We built this city	1	12	10
1987	Sara	1	66	15
1987	Nothing's gonna stop us now	1	1	3

Waylon Jennings

geb. 15. 6. 1937 in Littlefield/Texas, USA, voc, g

Bereits im zarten Alter von elf Jahren war Waylon Jennings in seiner Heimatstadt der Star seiner eigenen Radio-Sendung. Anschließend wurde er für einen Sender in Lubbock engagiert und lernte dadurch → BUDDY HOLLY kennen. Waylon war inzwischen ein ganz passabler Baß-Gitarrist, und 1959 forderte ihn Buddy auf, als Bassist bei der Tour mitzukommen, die dann am 3. Februar mit dem Flugzeugabsturz endete. Eigentlich sollte Waylon mit in der Maschine sitzen. Doch THE BIG BOPPER, der einen ziemlichen Schnupfen hatte, bat ihn, ihm den Platz zu überlassen, damit er nicht stundenlang mit dem Bus durch die Kälte zum nächsten Auftrittsort fahren mußte. Waylon willigte ein und rettete dadurch sein Leben. Anschließend versuchte Waylon eine eigene Karriere aufzubauen und gründete 1960 in Phoenix seine Begleitband THE WAYLORS. Nach und nach erspielte er sich einen hervorragenden Ruf als Country- und Rock-Interpret. CHET ATKINS wurde auf ihn aufmerksam, und 1965 bekam Waylon Jennings in Nashville einen Plattenvertrag. Seitdem macht Waylon Jennings erfolgreiche Platten, die sich allerdings in erster Linie in den Country-Charts plazieren. In den 60er Jahren war er mit den Country-Versionen von Pop-Hits erfolgreich. 1969 hatte er mit dem → PETER, PAUL AND MARY-Hit *(That's what you get) For lovin' me* einen Nr.-9-Hit in den

Waylon Jennings Foto: RCA

Country-Charts, 1967 kam er mit → Joe Simons *The chokin' kind* bis Rang 8, 1969 mit → Chuck Berrys *Brown eyed handsome man* bis Rang 3, 1972 brachte ihm das Duett *Good hearted woman,* das er mit Willie Nelson sang, einen Nr.-3-Hit in den Country-Charts. 1973 polierte er den → Roy-Hamilton-Hit *You can have her* auf und hatte einen Nr.-7-Erfolg damit. 1977 war er mit seinem Song *Luckenbach, Texas (Back to the basics of love)* sechs Wochen lang die Nr. 1 der Country-Charts und konnte sich damit auch in den Pop-Charts plazieren. Mit *Theme from The Dukes of Hazzard (Good ol' boys)* hatte er 1980 nicht nur einen Nr.-1-Hit in den Country-Charts, sondern auch einen Millionenseller. 1983 nahm er Little Richards *Lucille* auf und wurde damit die Nr. 1 in den US-Country-Charts. In den 70er Jahren gehörte Waylon Jennings auch zu den Country-Stars, die sich dem gängigen Image der Country-Sänger entzogen und die sogenannte »Outlaw«-Musik ins Leben riefen. Zu diesen »Outlaws« gehören auch Willie Nelson, → Jerry Jeff Walker *(Mr. Bojangles)* und Tom T. Hall *(I love)*. Von sich reden machte Waylon Jennings, der mit der Country-Sängerin Jessi Colter verheiratet ist, auch als Rocker und durch seine Tourneen mit → Grateful Dead und Commander Cody. Heute lebt Jennings mit seiner Frau und seinen drei Kindern in Hickory/Tennessee.

Jahr	*Titel*	*USA*	*UK*	*D*
1976	Good hearted woman (mit Willie Nelson)	25		
1977	Luckenbach, Texas (Back to the basics of love)	25		
1980	Theme from The Dukes of Hazzard (Good ol' boys)	21		

Kris Jensen

geb. 4. 4. 1942 in New Haven/Connecticut, USA, voc

Kris war ein begeisterter Fan der → Burl-Ives- und Chet-Atkins-Platten seines Vaters. Als er nach dem Abitur im Sommer 1960 bei einem Urlaub in Tennessee den Country-Sänger Wesley Rose kennenlernte, war er natürlich begeistert, als dieser ihm einen zweijährigen Plattenvertrag verschaffte. Doch die zwei Jahre gingen ohne Hit vorüber. Danach schaffte es Kris, nochmals einen Vertrag zu bekommen, und diesmal klappte es. Ende 1962 erschien sein erster und einziger Hit *Torture*.

Jahr	*Titel*	*USA*	*UK*	*D*
1962	Torture	20		

Jethro Tull

Ian Anderson, geb. 10. 8. 1947 in Schottland, fl, g, keyb, voc
Mick Abrahams, geb. 7. 4. 1943 in England, leadg; ersetzt 1968 durch Tony Iommi; ersetzt 1969 durch Martin Barre, geb. 17. 11. 1946 in England
Glenn Cornick, geb. 24. 4. 1947 in Eng-

land, b; ersetzt 1971 durch JEFFREY HAMMOND-HAMMOND, geb. 30. 7. 1946 in England; ersetzt 1975 durch JOHN GLASCOCK, geb. in England
CLIVE BUNKER, geb. 12. 12. 1946 in Luton, England, dr; ersetzt 1971 durch BARRIE BARLOW, geb. 10. 9. 1949 in England
ab 1970: JOHN EVAN, geb. 28. 3. 1948 in England, keyb

Im Jahr 1967 gehörten Anderson, Evan, Barlow, Hammond-Hammond und Cornick zur JOHN EVAN BAND aus Blackpool. Nach einem Auftritt in London blieben der ehemalige Kunststudent Ian Anderson aus Schottland und Cornick in der englischen Hauptstadt, taten sich mit Abrahams und Bunker zusammen und gründeten Anfang 1968 Jethro Tull. Den ungewöhnlichen Namen »borgte« sich Anderson von einem englischen Ökonomen des 18. Jahrhunderts. Nach einem höchst erfolgreichen Auftritt beim National Jazz und Blues Festival 1968 bekam die Formation einen Plattenvertrag und veröffentlichte Ende 68 die erste Single *Song for Jeffrey*. Mit dem Debüt-Album *This was* heimste Jethro Tull 1968 auch begeisterte Rezensionen bei den Musik-Kritikern ein. Die Band war auf dem besten Wege, ein Star der »progressiven Musikszene« zu werden. Doch bereits Ende 1968 gab es ernste Unstimmigkeiten zwischen Andersons Vorliebe für eigentümliche, wie gedrechselt wirkende Flöten-Songs und Abrahams' Blues-Faible. Als Folge verließ Abrahams Jethro Tull und gründete BLODWYN PIG. Danach konnte Anderson endlich seiner Vorliebe frönen und lieferte mit der 69er LP *Stand up* ein Album ab, das auch heute noch als eines der besten der Band betrachtet wird. Zu dieser Zeit entwickelte Anderson auch seine exzentrische Bühnen-Show, bei der die Musiker in Kostümen der Dickens-Ära auftraten, als Tiefseetaucher oder Bären verkleidet, und wo als Höhepunkt Anderson als das weiße Kaninchen Harvey auftrat. Jetzt konzentrierte sich Jethro Tull auch darauf, den Durchbruch in Amerika zu schaffen. Die 70er LP *Benefit* war weniger erfolgreich, und mit dem 71er Album *Aqualung* lieferte Jethro Tull die erste Konzept-LP ab, der noch etliche folgen sollten. Mit dem 72er Konzept-Album *Thick as a brick* nach der dort erst veröffentlichten Single *Living in the past* glückte der Band dann auch endlich der Durchbruch in den Vereinigten Staaten. Die letzten Tull-Alben waren von der Presse verrissen worden, und so erging es auch dem 73er Konzept-Album *A passion play*, das, wie auch die 74er LP *War child*, mit üppigen und teilweise geschmacklosen Soundcollagen überladen war. Doch die Bühnen-Auftritte von Jethro Tull in den Jahren 1974/75 wurden allseits mit großem Jubel aufgenommen. Und mit *Minstrel in the gallery* (1975) und *Too old to rock'n'roll: too young to die* (1976) gewann die Formation auch die Sympathie der Kritiker zurück. Dann hörte man nur noch sporadisch etwas von Ian Anderson und seinen Mannen, bis sie Ende der 80er Jahre plötzlich wieder aus der

Jahr	*Titel*	*USA*	*UK*	*D*
1969	Living in the past		3	
1969	Sweet dream		7	14
1970	The witches promise/Teacher		4	28
1971	Life is a long song/ Up the pool		11	41
1972	Living in the past	11		
1974	Bungle in the jungle	12		

Versenkung auftauchten und mit ihren Konzerten die Fans zu neuerlichen Beifallsstürmen hinrissen.

Jose Jiminez

BILL DANA, geb. 5. 10. 1924 in Quincy/ Massachusetts, USA, voc

Bill Dana war in den 50er und frühen 60er Jahren in Amerika ein berühmter Nachtclub-Entertainer. Für seine Auftritte erfand er die Figur des Jose Jiminez. Als Bill mit seiner Show auch regelmäßig im Fernsehen zu Gast war, wurde sein Alter ego so berühmt, daß Bill beschloß, eine ganze Witz-LP unter diesem Namen aufzunehmen. Der Titel *The astronaut (Parts 1 & 2)* wurde ein Single-Erfolg, der Interviewer auf dieser Platte ist übrigens DON HINCKLEY.

Jahr	*Titel*	*USA*	*UK*	*D*
1961	The astronaut (Parts 1 & 2)	19		

Jimmy & The Rackets

JAMES »JIMMY« DUNCOMBE, geb. 4. 4. 1943 in London, England, voc, g
BARRY JEFFERS, geb. in England, p
LAWRENCE SPRECTOR, geb. in England, b
REGINALD WASHINGTON, geb. in England, dr

Als Schüler lernte Jimmy Gitarrespielen, nach dem Schulabschluß spielte er in diversen Amateurbands mit, bis er 1960 zu der Profiband SONNY STEWARD & THE DYNAMOS stieß. Mit dieser Band spielte Jimmy 1961 auch eine Zeitlang im Hamburger »Star Club«. 1962 kehrte er nach England zurück und beschloß, eine eigene Band auf die Beine zu stellen. Er gab in der Musikzeitschrift *Melody Maker* eine Annonce auf und fand dadurch Barry, Lawrence und Reginald. Das Quartett nannte sich THE CONTINENTALS und gastierte unter diesem Namen 1963 wieder in deutschen Tanzclubs. Anfang 1964 spielte die Formation 12 Demos ein, die ihr ein Engagement als Vorgruppe für eine → BEATLES- und → KINKS-Tournee und anschließend einen Plattenvertrag einbrachten. Unter dem Namen THE HEART veröffentlichten sie in England eine Debüt-Single *Young woman,* die jedoch floppte. In Deutschland hatte man unter dem Namen Jimmy & The Rackets zwei andere Titel dieser Demos veröffentlicht, *Skinny Minny* und *My Soul,* die prompt Hits wurden. Damit begannen Jimmy & The Rackets ihre europäische Karriere, während sie in den englischsprachigen Ländern völlig unbeachtet blieben. Jimmy ließ sich in Zürich nieder und heiratete 1966 eine Schweizerin. Ende der 60er Jahre klappte es dann mit seinen Rackets nicht mehr so recht, und 1969 löste sich die Truppe auf. Jimmy blieb in der Schweiz und arbeitete dort zunächst als Tontechniker und Studioleiter, heute ist er als selbständiger Berater für den Bau und den Betrieb von Aufnahmestudios verantwortlich und produziert ab und zu Acts wie die Schweizer Country-Sängerin DORIS ACKERMANN.

Jahr	*Titel*	*USA*	*UK*	*D*
1964	Skinnie Minny			6
1964	My soul			17

The Jive Five

EUGENE PITT, geb. 6. 11. 1937, leadvoc
JEROME HANNA, tenor; ersetzt durch WEBSTER HARRIS
BILLY PROPHET, tenor; ersetzt durch CASEY SPENCER
RICHARD HARRIS, baritone
NORMAN JOHNSON, bass
alle aus Brooklyn/New York, USA

Das Quintett wurde 1959 von Eugene Pitt gegründet. 1960 bekamen sie einen Vertrag, Ende 1960 nahmen sie das Lied *My true story* auf, das Eugene und OSCAR WALTZER, der Manager der Gruppe, geschrieben hatten. Der Song wurde ein Hit, der einzige für viele Jahre. Denn erst 1965 ließ sich Casey Spencer den Song *I'm a happy man* einfallen, mit dem die Vokalformation abermals in die Charts kam. 1969 bestand die Gruppe nur noch aus vier Mitgliedern (Eugene, Webster, Casey und Richard) und änderte deshalb die Schreibweise ihres Namens in JYVE FYVE um. Das R & B-Quartett tritt auch heute noch regelmäßig im Großraum von New York auf.

Jahr	*Titel*	*USA*	*UK*	*D*
1961	My true story	3		
1965	I'm a happy man	36		

Damita Jo

DAMITA JO DEBLANC,, geb. 5. 8. 1940 in Austin/Texas, USA, voc

Die attraktive Damita war zunächst Sängerin bei STEVE GIBSON und seinen RED CAPS. 1958 beschloß sie, es als Solistin zu versuchen. Ihren ersten Hit hatte sie dann 1960 mit *I'll save the last dance for you* (»Ich werde den letzten Tanz für Dich aufheben«), einem sogenannten Antwort-Song auf den → DRIFTERS-Erfolg *Save the last dance for me* (»Hebe den letzten Tanz für mich auf«). Dieses Antwort-Spiel brachte Damita Jo dann 1961 noch einmal Hit-Ehren ein, als sie nämlich auf → BEN E. KINGS Hit *Stand by me* (»Bleib bei mir«) den Song *I'll be there* (»Ich werde da sein«) veröffentlichte.

Jahr	*Titel*	*USA*	*UK*	*D*
1960	I'll save the last dance für you	22		
1961	I'll be there	12		

Johnny And The Hurricans

JOHNNY PARIS, geb. 1941, sax
PAUL TESLUK, geb. 1941, org
DAVE YORKO, geb. 1941, leadg
LIONEL »BUTCH« MATTICE, geb. 1941, b
TONY KAYE, geb. 1941, dr
alle aus Toledo/Ohio, USA

Der rockige Instrumental-Sound dieser Formation mit Saxophon und Hammond-Orgel entfachte Ende der 50er/Anfang der 60er Jahre einen wahren Boom von Gruppen in gleicher Besetzung. Johnny und seine Hurricans hatten sich Ende der 50er Jahre in ihrer Heimatstadt Toledo zusammengefunden, um bei Schulbällen und ähnlichen

Veranstaltungen zum Tanz zu spielen. Sie waren bald so beliebt, daß sie auch bei anderen Gelegenheiten und schließlich sogar im lokalen Fernsehen auftreten mußten. Sie bekamen 1958 einen Plattenvertrag und veröffentlichten Anfang 1959 mit *Crossfire* ihre erste Platte. Der große Erfolg kam dann mit der zweiten Single *Red River rock,* einer Rock-Version des wohlbekannten, traditionellen Cowboy-Songs *Red River valley.* Bis 1961 waren Johnny And The Hurricans mit ihren Instrumentals in den internationalen Charts vertreten.

Jahr	*Titel*	*USA*	*UK*	*D*
1959	Crossfire	23		
1959	Red River rock	5	3	3
1959	Reveille rock	25	14	24
1960	Beatnik fly	15	8	31
1960	Down yonder		8	32
1960	Rocking goose		3	
1961	Ja-da		14	

Elton John

Reginald Kenneth Dwight, geb. 25. 3. 1947 in Pinner, England, voc, p

Der kleine, dickliche und extrem kurzsichtige Songschreiber und Interpret gehört zu den Mega-Stars der internationalen Rock- und Popmusik. Seine musikalische Begabung zeigte sich schon früh. Mit vier Jahren spielte er hervorragend Klavier, mit zwölf Jahren wurde er an der Königlichen Musikakademie als Schüler angenommen, und mit dreizehn Jahren hatte er endlich die Rockmusik entdeckt. Er war Fan von → Bill Haley und → Elvis Presley und spielte bei einer Band namens The Corvettes. 1962, mit 15 Jahren, gründete er seine eigene Band, die er Bluesology nannte und mit der er hauptsächlich Songs im softigen Stil von → Jim Reeves von sich gab. → Long John Baldry hörte die Band und war davon so angetan, daß er sie zu seiner neuen Begleitband machte. Und dadurch kam Reginald Kenneth Dwight auch zu seinem Künstlernamen: das »John« aus Verehrung für Long John Baldry, das »Elton« aus Verehrung für Elton Dean, den Saxophonisten der Bluesology. 1968 fing Elton John an, sich für das Komponieren zu interessieren. Als eine Plattenfirma per Zeitungsanzeige einen Songschreiber suchte, bewarb er sich. Auf diese Anzeige hatte auch ein hoffnungsvoller junger Texter namens Bernie Taupin geantwortet, den die Plattenfirma kurzerhand mit ihrem neuen Komponisten zusammenspannte. So entstand eines der erfolgreichsten und berühmtesten Songwriter-Teams der Welt. Bis 1969 schrieben die beiden für 10 Pfund in der Woche auf Bestellung Songs für Stars wie → Cilla Black und → Engelbert Humperdinck. 1969 bekam Elton John dann seine große Chance: Er durfte ein Solo-Album machen. Er nannte es *Empty sky,* und es kam so gut an, daß er Anfang 1970 gleich das zweite nachschieben durfte. Es hieß einfach nur *Elton John,* wurde ein internationaler Bestseller und enthielt mit *Border song* und *Your song* die ersten beiden Single-Hits. Von da an war Elton John ein Superstar. Praktisch jedes Album, wie *Madman across the water* (1971), *Honky chateau* (1972), *Don't shoot me, I'm only the piano player* (1973), *Goodbye yellow brick road* (1973), *Caribou* (1974), *Captain Fantastic and the brown dirt cowboy* (1975), *Rock of the westies* (1975), *Blue moves*

(1976), wurde mit Gold und Platin ausgezeichnet. Fast jede Single schoß in den internationalen Charts nach oben. Seine Konzerte, bei denen Elton John in den verrücktesten Klamotten mit noch verrückteren Brillen auftrat und schnaufend und kreischend das Klavier mit Händen und Armen und Füßen und auch mit seinem Allerwertesten zu traktieren pflegte, waren grundsätzlich ausverkauft. Ebenso begeistert wurde Elton Johns Auftritt als *Pinball Wizzard* in der Rockoper *Tommy* von den → WHO aufgenommen. 1977 zog er sich, auf dem Höhepunkt seiner Karriere, angeblich für immer aus dem Showbusiness zurück. Das »für immer« dauerte genau zwei Jahre. 1979 kehrte er wieder auf die Bühne zurück – um sofort einen Zusammenbruch zu erleiden. Danach war der Star wie verwandelt. Vorbei war es mit den verrückten Klamotten und Brillen, Elton John stand nun als eher ruhiger, ernster Interpret auf der Bühne, ohne allerdings das gewohnte Temperament vermissen zu lassen. Nach längerer Pause tat er sich auch wieder mit seinem Texter Bernie Taupin zusammen, und es entstanden in Folge weitere Welthits. 1984 heiratete Elton John die Münchnerin Renate, von der er sich inzwischen allerdings wieder getrennt hat. Er veröffentlichte weiterhin Bestseller-Alben wie *Ice on fire* (1985), *Leather jacket* (1986), das Live-Doppel-Album *Live in Australia,* das 1986 anläßlich seines zwanzigjährigen Bühnenjubiläums bei einem Konzert in Sidney/Australien aufgenommen worden war und bei dem Elton John vom 88köpfigen MELBOURNE SYMPHONY ORCHESTRA begleitet wurde; oder das hervorragende 88er Album *Reg strikes back,* mit dem Elton John abermals bewies, daß er noch lange nicht zum alten Eisen gehört.

Jahr	*Titel*	*USA*	*UK*	*D*
1970	Your song	8	7	
1972	Rocket man	6	2	18
1972	Honky cat	8	31	41
1972	Crocodile rock	1	5	3
1973	Daniel	2	4	27
1973	Saturday night's allright for fighting	12	7	44
1973	Goodbye yellow brick road	2	6	49
1974	Bennie and the jets	1		
1974	Candle in the wind		11	
1974	Don't let the sun go down on me	2	16	
1974	The bitch is back	4	15	
1974	Lucy in the sky with diamonds (mit DR. WINSTON O'BOOGIE alias → JOHN LENNON an der Gitarre)	1	10	31
1975	Philadelphia freedom	1	12	50
1975	Someone saved my life tonight	4	22	
1975	Island girl	1	14	42
1976	Grow some funk of your own	14		
1976	Pinball wizzard		7	
1976	Bennie and the jets		37	
1976	Don't go breaking my heart (mit KIKI DEE)	1	1	5
1976	Sorry seems to be the hardest word	6	11	29
1977	Bite your lip (Get up and dance)	28	28	
1978	Ego	34	34	
1978	Part-time love	22	15	40
1978	Song for guy		4	22

Jahr	Titel	USA	UK	D
1979	Mama can't buy you love	9		
1980	Little Jeannie	3	33	23
1980	Sartorial eloquence	39	44	
1981	Nobody wins	21	42	43
1982	Blue eyes	12	8	51
1982	Empty garden	13	51	
1983	I guess that's why they call it the blues	4	5	22
1983	I'm still standing	12	4	10
1983	Kiss the bride	25	20	58
1984	Sad songs (say so much)	5	7	18
1984	Passengers		5	
1984	Who wears these shoes	16	50	
1985	Nikita		3	1
1985	Wrap her up	20	12	
1985	That's what friends are for (unter dem Namen → »Dionne Warwick And Friends«)	1	16	5

Marv Johnson

geb. 15. 10. 1938 in Detroit/Michigan, USA, voc

Sein Sänger-Debüt gab der farbige Interpret bei einer Gruppe namens The Serenaders. Dann bekam er einen Job in einem Plattenladen, und dort lernte er 1958 Berry Gordy jr. kennen, der damals noch ein junger, unbekannter Songschreiber war. Berry schrieb für Marv das Lied *Come to me*, besorgte ihm einen Plattenvertrag, und Anfang 1959 hatte Marv damit einen Nr.-30-Hit.

Bis 1962 veröffentlichte Marv Platten, die sich teilweise in den Charts plazieren konnten, dann verschwand er bis 1969. Da tauchte er plötzlich wieder in den UK-Charts auf.

Jahr	Titel	USA	UK	D
1959	You got what it takes	10	5	
1960	I love the way you love	9	35	
1960	(You've got to) Move a mountain	20		
1960	Ain't gonna be that way	74	50	
1969	I'll pick a rose für my rose		10	
1969	I miss you baby		25	

Casey Jones & The Governors

Brian Cassar »Casey Jones«, geb. 21. 3. 1939 in Liverpool, England, voc, g
Roger Hook, geb. 4. 4. 1943 in Bristol, England, voc, g
David Colman, geb. 29. 9. 1944 in Bristol, England, voc, g
Jim Redford, geb. 21. 11. 1943 in London, England, voc, b
Peter Richards, geb. 23. 3. 1945 in Walds, England, voc, dr

Brian Cassar ist der Sohn eines Chefingenieurs der britischen Marine und hat sieben Schwestern. Musik war sein großes Hobby, aber als praktischer Mensch lernte er in Liverpool als erstes das Kochen von der Pike auf. In seiner Freizeit spielte er fleißig Gitarre und hatte schließlich eine eigene Band. Die Gruppe nannte sich Casey & The Casanovas, wobei Brian der Casey war, aus dem dann Casey Jones wurde. Anfang der 60er Jahre spielte die Band zunächst Folk, wendete sich dann aber schnell dem erfolgversprechenderen Beat zu. Dann mußte die Musik eine Zeitlang zurückstehen, denn Brian Cassar wurde für das Fernsehen entdeckt und stand in etlichen Maigret-Folgen vor der Kamera. Als die Serie abgedreht war und Brian sich wieder der Musik zuwenden wollte, hatten sich seine Mitspieler verlaufen. Also suchte er sich neue: Roger Hook, der in einem Lebensmittelladen Verkäufer war, den Studenten David Colman, den Musikstudenten Jim Redford und den Fotografen Peter Richards. Das Quintett nannte sich Casey Jones & The Governors und erspielte sich innerhalb kürzester Zeit einen hervorragenden Ruf als temperamentvolle Beatband. Die fünf tourten nicht nur erfolgreich durch England, sondern auch durch Deutschland und feierten im Hamburger »Star-Club« große Erfolge. Doch ihre Plattenkarriere dauerte nur ein Jahr, dann verschwand die englische Formation wieder in der Versenkung.

Jahr	*Titel*	*USA*	*UK*	*D*
1965	Don't Ha Ha Ha			2
1965	Candy man			30
1965	Jack the ripper			9
1965	Yockomo			17

Jack Jones

geb. 14. 1. 1938 in Los Angeles/Kalifornien, USA, voc

Jack ist der Sohn des Sängers und Schauspielers Allen Jones, der durch seine Aufnahmen der *Donkey serenade* berühmt wurde. Seine Mutter ist die Schauspielerin Irene Hervey. Jack führte beide Traditionen fort: Er wurde ein anerkannter Interpret zeitgenössischer Unterhaltungsmusik und ein ebenso anerkannter, wenn auch nicht ganz so berühmter Schauspieler. Seinen ersten Erfolg als Sänger hatte Jack Jones 1962 mit dem Lied *Lollipops and roses*. Obwohl das Lied in den Charts nur auf Platz 66 landete, brachte es ihm doch den Grammy für »die beste Single-Aufnahme des Jahres 1962« ein. Auch ansonsten war Jack Jones nicht oft hoch in den Charts vertreten, seine Gebiete waren und sind eher das Musical und Auftritte im Fernsehen und in Nachtclubs.

Jahr	*Titel*	*USA*	*UK*	*D*
1963	Wives and lovers	14		
1965	The race is on	15		

Jimmy Jones

geb. 2. 6. 1937 in Birmingham/Alabama, USA, voc

Als Teenager kam der farbige Interpret nach New York. In der Highschool fing er mit dem Singen an. Ende 1959 besang er ein Demo mit Otis Blackwells *Handy man* und bekam daraufhin einen Plattenvertrag. Der Song wurde sein erster großer Hit und Millionenseller. Mit *Good timin'* hatte er im selben Jahr noch einen zweiten Millionenerfolg. Heute lebt Jimmy Jones in New York und tritt regelmäßig in Clubs und bei Konzerten auf.

Jahr	*Titel*	*USA*	*UK*	*D*
1960	Handy man	2	3	
1960	Good timin'	3	1	
1961	I told you so	85	33	

Joe Jones

geb. 12. 8. 1926 in New Orleans/Louisiana, USA, voc

Eigentlich war Joe Jones Bandleader; diesen Beruf übte er 15 Jahre lang aus. Während dieser Zeit nahm er Platten wie *You done me wrong* und *A tisket a tasket* auf. Dann schrieb er sich 1960 selbst ein Lied, das er *You talk too much* nannte. Der wenig freundliche Vortrag an eine Frau (»Du redest zu viel, du machst mich noch verrückt«) wurde ein voller Erfolg, den Joe Jones nicht mehr wiederholen konnte.

Jahr	*Titel*	*USA*	*UK*	*D*
1960	You talk too much	3		

Paul Jones

Paul Pond, geb. 24. 2. 1944 in Portsmouth, England, voc

Der Sänger mit der Power-Stimme war gerade Student an der Universität von Oxford, als ihn → Manfred Mann 1964 als Leadvokalisten holte. Bis 1966 blieb Paul Jones bei dieser Formation und war mitverantwortlich für Hits wie *Do wah diddy diddy, Sha la la, If you gotta go, go now* und *Pretty flamingo.* Dann wollte Paul Jones als Solist Karriere machen. Er trennte sich 1966 von Manfred Mann und hatte noch im selben Jahr mit *High time* einen Bestseller. Danach wurde er als Schauspieler für den Film *The Privilege* verpflichtet, in dem er den Song *I've been a bad bad boy* sang. Das wurde sein zweiter Bestseller. Anschließend ließ der Erfolg von Paul Jones rapide nach, und 1969 verschwand er allmählich ganz aus den Charts. In den 70er Jahren hörte man ihn dann als Sänger bei der Original Blues Band.

Jahr	*Titel*	*USA*	*UK*	*D*
1966	High time		4	36
1967	I've been a bad bad boy		5	

Tom Jones

Thomas Jones Woodward, geb. 7. 6. 1940 in Pontypridd/South Wales, voc

Der attraktive Sänger mit dem Spitznamen »der Tiger« zeigte schon als Kind Interesse am Singen, da sowohl sein Vater als auch sein Onkel nebenberuflich Sänger waren. Die ersten Gehversuche in dieser Beziehung unternahm er im Kirchenchor, als Teenager gründete er diverse Gruppen wie The Squires, Tommy Scott & The Senators und The Playboys. Ab und zu trat der Sohn eines Minenarbeiters auch als Solist auf und nannte sich dabei »Tiger Tom«. Er versuchte sich in verschiedenen Jobs und lernte nebenbei Schlagzeugspielen. Mit seiner Gruppe The Playboys trat er allmählich nicht nur bei kleineren Veranstaltungen, sondern auch bei großen Tanzvergnügen und schließlich sogar im Fernsehen in der BBC-Show *Donald Peers presents* auf. Dabei kam er beim Publikum so gut an, daß er abermals engagiert wurde und kurz danach einen Plattenvertrag bekam. Doch seine Plattenkarriere lief zunächst nur zögernd an. Seine erste Single *Chills and fever* war einfach ein Flop. Erst als sein Manager Gordon Mills sich mit dem Musical-Songwriter Les Reed zusammentat und den Song *It's not unusual* schrieb, hatte der junge Sänger 1965 seinen ersten Hit und Millionenseller. Inzwischen nannte er sich Tom Jones, basierend auf dem erfolgreichen Film gleichen Namens aus dem Jahr 1963. Danach war der stimmgewaltige Interpret mit dem Lockenkopf, dem frechen Blick und dem aufregenden Hüftschwung ständiger Gast in diversen Fernsehsendungen. Seinen nächsten großen Erfolg hatte Tom Jones ebenfalls 1965 mit *What's new, pussy-cat?* aus dem gleichnamigen Film mit Peter Sellers, Peter O'Toole und Romy Schneider in den Hauptrollen. Bis Anfang der 70er Jahre gehörte Tom Jones zu den internationalen Superstars. Er füllte stets die größten Hallen und hatte eine eigene Fernsehshow in USA. Doch dann blieben die Hits allmählich aus, bis er sich Mitte der 70er Jahre der Country-Musik zuwendete. Mit *Say you'll stay until tomorrow* hatte er 1976 seinen ersten Nr.-1-Hit in den US-Country-Charts. 1989 probte er ein höchst erfolgreiches Comeback. Zusammen mit der Experimental-Gruppe The Art Of Noise sang er den Prince-Hit *Kiss* nach und hatte damit einen Bestseller.

Jahr	*Titel*	*USA*	*UK*	*D*
1965	It's not unusual	10	1	
1965	With these hands	27	13	
1965	What's new pussycat?	3	11	
1966	Thunderball	25	35	
1966	Once there was a time		18	
1967	Green, green grass of home	11	1	6
1967	Detroit City	27	8	35
1967	Funny familiar forgotten feelings		7	
1967	I'll never fall in love again		2	38
1967	I'm coming home		2	40
1968	Delilah	15	2	1
1968	Help yourself	35	5	1
1968	A minute of your time		14	9
1969	Love me tonight	13	9	11
1969	I'll never fall in love again	6		
1970	Without love (there is nothing)	5	10	
1970	Daughter of darkness	13	5	15
1970	I (Who have nothing)	14	16	
1971	She's a lady	2	13	7
1971	Puppet man	26	49	36

Jahr	*Titel*	*USA*	*UK*	*D*
1971	Till		2	40
1972	The young new Mexican puppeteer		6	35
1973	A letter to Lucille		31	49
1977	Say you'll stay until tomorrow	15	40	

Janis Joplin

geb. 19. 1. 1943 in Port Arthur/Texas, USA, voc; gest. 3. 10. 1970 in Hollywood, Los Angeles/Kalifornien, USA

Diese Sängerin war ein Naturereignis. Drei Jahre lang, von 1967 bis 1970, tobte sie wie ein Hurricane durch die internationale Rock- und Blueslandschaft, setzte mit ihrer gewaltigen, intensiven Stimme neue Maßstäbe und starb schließlich an der Maßlosigkeit, die ihre Fans von ihr erwarteten. Janis wuchs in Port Arthur auf und war schon als Teenager begeisterte Anhängerin von Bluesgrößen wie Bessie Smith und Huddie »Leadbelly« Ledbetter. Ab 1961 zog sie singend durch die Lande, besuchte ab und zu ein College und verdiente sich ihren Lebensunterhalt in erster Linie durch Auftritte in kleinen Clubs. 1966 ließ sie sich in San Francisco nieder und bekam durch Vermittlung ihres Freundes Chet Helms den Job einer Sängerin bei der Formation → Big Brother And The Holding Company. Mit dieser Band hatte Janis 1967 ihren heute bereits legendären Auftritt beim Monterey Pop Festival, durch den sie praktisch von heute auf morgen zum Star wurde. Das gemeinsame Album *Cheap thrills* entstand, das sich acht Wochen lang an der Spitze der US-LP-Charts halten konnte und sich millionenfach verkaufte. Die Single *Piece of my heart* erreichte Platz 12 in den Hot 100. Doch bald wurde Janis das Dasein als Sängerin bei Big Brother zu wenig. Am 1. Dezember 1968 trat sie zum letzten Mal mit diesem Quartett auf, anschließend begann sie ihre Solokarriere. Zunächst gründete sie ihre eigene Band, die Full Tilt Boogie Band, für die sie Sam Andrews von Big Brother gewinnen konnte. Dann veröffentlichte sie die Solo-LP *I got dem ol kozmic blues again mama* und erwies sich damit für die nächsten zwei Jahre als international führende Rock- und Bluessängerin. Doch das einfache Mädchen vom Lande mit der überwältigenden Stimme wurde mit der ungeheuren Popularität nicht fertig. Sie baute sich ein Image als »wilde, exzessive« Frau auf und versuchte mit allen Kräften danach zu leben. Sie trank zuviel, nahm zuviel Drogen und hatte in ihren persönlichen Beziehungen nur Pech. Am Ende forderte dieses Leben seinen Tribut: Am 3. Oktober 1970 wurde Janis Joplin im Landmark Motor Hotel in Hollywood tot aufgefunden. Todesursache: eine Überdosis Rauschgift. Janis Joplins Leiche wurde verbrannt und ihre Asche auf dem Meer in der Nähe von Stinston Beach in Marin County, Kalifornien, verstreut. Anfang 1971 erschien posthum ihr Album *Pearl,* das war der Spitzname, den ihr die Fans gegeben hatten. Von dieser LP stammt Janis Joplins größter Hit, ihre Version von Kris Kristoffersons *Me and Bobby McGee.* Bis Mitte der 70er Jahre erschienen dann immer wieder Joplin-Alben mit bislang unveröffentlichtem Material. Das Leben dieser höchst kontroversen Künstlerin wurde immer wieder in Filmen und Büchern verarbeitet. In dem Streifen *Janis,* dessen Fertigstellung drei Jahre dauerte, ist Janis Joplin selbst zu sehen und mit achtzehn Liedern zu hören. Ebenso bemerkenswert ist der Spielfilm *The Rose,* der Janis Joplins Leben nachempfunden wurde und in dem sie auf hervorragende Weise von Bette Middler dargestellt wird.

Jahr	*Titel*	*USA*	*UK*	*D*
1971	Me and Bobby McGee	1		8

Udo Jürgens

Udo Jürgen Bockelmann, geb. 30. 9. 1934 in Klagenfurt, Österreich, voc, p

Das musikalische Allround-Talent begann mit sieben Jahren mit dem Akkordeon, mit 13 Jahren kam das Klavier dazu, mit 14 Jahren folgte ein Musikstudium auf dem Konservatorium in Klagenfurt. 1950, mit 16 Jahren, beteiligte sich der Schüler Bockelmann an einem Komponistenwettbewerb des österreichischen Rundfunks – und gewann mit dem Song *Je t'aime* den 1. Preis. 1954 kamen die ersten Einladungen zu Rundfunkaufnahmen nach Deutschland, anschließend konnte der 20jährige seinen ersten Plattenvertrag unterzeichnen. Seine erste Platte hieß *Es waren weiße Chrysanthemen,* und dafür legte sich der Newcomer bereits den Künstlernamen Udo Jürgens zu. Doch der ersehnte Erfolg blieb zunächst aus. Mühsam ernährte er sich mit Tingel-Auftritten, ging als erster westlicher Sänger mit dem Orchester Max Greger auf Tournee durch Rußland, sang, was ihm die Plattenfirma vorlegte. Der Durchbruch kam erst 1960 mit seinem Auftritt beim Schlagerfestival im belgischen Knokke. Für sein Lied *Jenny* erhielt er den Presse-Preis als bester Sänger. *Jenny* wurde ein internationaler Bestseller, in Deutschland reichte es allerdings nur für einen eher mickrigen Platz 36. Doch im Ausland wurde Udo Jürgens zu einem begehrten Songschreiber, der seine Talente bei Stars wie → Shirley Bassey beweisen durfte, für die er den Bestseller *Reach for the stars* schrieb. Der nächste große Erfolg kam 1964. Da nahm Udo Jürgens mit seiner Eigenkomposition *Warum nur, warum,* am Grand Prix D'Eurovision teil und konnte sich auf Rang 5 plazieren. Anschließend wurde der Song ein Welthit. → Matt Monro nahm die englische Version *Walk away* auf und hatte damit einen Millionenseller, der in USA auf Platz 23 und in UK auf Platz 4 kam. Als Udo 1965 erneut am Song-Contest teilnahm, erreichte er mit *Sag ihr, ich laß sie grüßen* den 4. Platz und kam auch in Deutschland erstmals unter die Top 10 der Hitparade. Inzwischen waren Udo-Jürgens-Songs bei den internationalen Stars eine begehrte Ware. Renommierte Interpreten wie Sarah Vaughan, → Sacha Distel, → Caterina Valente und → Brenda Lee sangen seine Lieder. Den ganz großen Durchbruch hatte Udo Jürgens dann 1966 mit seinem Song *Mercie Cherie,* mit dem er endlich den Grand Prix gewann und der anschließend zu seinem ersten Millionenseller wurde. Von da an ging es mit dem österreichischen Songschreiber und Interpreten ständig bergauf. Seine Singles wurden fast alle Hits, seine LPs erhielten grundsätzlich Edelmetall-Auszeichnungen. Er sang seine Lieder in vielen verschiedenen Sprachen, darunter auch Japanisch. Er wurde mit Preisen verschiedenster Wettbewerbe überhäuft, füllte bei seinen ausgezeichneten Konzerten auch die größten Hallen, wurde von Staatsoberhäuptern empfangen, war schließlich einer der wenigen europäischen Mega-Stars. Mit Liedern wie *Griechischer Wein*, *Ein ehrenwertes Haus* oder *Gefeuert* schreckte der gefeierte Entertainer auch nicht vor sozial anspruchsvollen Themen zurück. Erst Ende der 70er Jahre gingen seine Hitparaden-Erfolge etwas zurück, dabei blieb und bleibt Udo Jürgens jedoch immer noch ein Top-Interpret, dessen Konzerte jedesmal wieder Ereignisse sind und dessen Alben das Anhören allemal lohnen.

Jahr	*Titel*	*USA*	*UK*	*D*
1965	Sag ihr, ich laß' sie grüßen			9
1965	17 Jahr', blondes Haar			4
1966	Mercie Cherie			4
1966	Sag mir wie			4
1967	Es ist noch nicht zu spät			13
1967	Immer wieder geht die Sonne auf			15
1968	Morgen bist du nicht mehr allein			16
1968	Cotton Fields			5
1968	Mathilda			6
1969	Es wird Nacht Senorita			6
1969	Anuschka			1
1970	Babuschkin			12
1970	Deine Einsamkeit			14
1971	Lieb' Vaterland			17
1971	Zeig mir den Platz an der Sonne			14
1973	Der Teufel hat den Schnaps gemacht			11
1974	Griechischer Wein			1
1975	Ein ehrenwertes Haus			15
1976	Aber bitte mit Sahne			5
1978	Buenas dias, Argentina (mit der Fußball-Nationalmannschaft)			3

K

Bert Kaempfert

geb. 16. 10. 1923 in Hamburg, p, cl. sax; gest. 21. 6. 1980

Der Orchesterchef und Komponist zeigte schon als Kind großes musikalisches Interesse. Er besuchte die Hamburger Musikschule, lernte diverse Instrumente wie Klavier, Klarinette, Saxophon und Akkordeon und arbeitete schließlich für eine Plattenfirma als Komponist, Arrangeur, Produzent und Orchesterchef. Nach dem Zweiten Weltkrieg stellte er ein eigenes Orchester auf die Beine und fing an, an seinem ganz speziellen, softigen Sound zu arbeiten, der ab Ende der 50er Jahre die ganze Welt in Begeisterung versetzen sollte. Als Produzent und

Bert Kaempfert
Foto: Deutsche Grammophon

Arrangeur war er auch für den »guten Ton« bei anderen Künstlern verantwortlich. So entstanden 1959 unter seiner Regie der → FREDDY-QUINN-Millionenseller *Die Gitarre und das Meer* und der → IVO ROBIC-Erfolg *Morgen.* Bert Kaempfert war es auch, der 1961 als einer der ersten in Hamburg auf die musikalischen Qualitäten einer Nachwuchsband namens → THE BEATLES aufmerksam wurde. Die ersten Beatles-Plattenaufnahmen mit → TONY SHERIDAN machte Bert Kaempfert. 1960 hatte er seinen ersten eigenen Millionenseller mit dem Instrumental *Wonderland by night (Wunderland bei Nacht).* Mit seiner Version von *Red roses for a blue lady* veröffentlichte er dann 1965 abermals einen Millionenerfolg auf dem Instrumentalsektor. Ebenfalls untrennbar mit dem Namen Bert Kaempfert verbunden ist der → SINATRA-Bestseller *Strangers in the night,* den er mitgeschrieben hatte, und der → AL-MARTINO-Hit *Spanish Eyes,* die beide 1966 die internationalen Charts eroberten.

Jahr	*Titel*	*USA*	*UK*	*D*
1960	Wonderland by night	1		9
1962	Afrikaan beat			26
1965	Red roses for a blue lady	11		30
1965	Bye bye blues		25	
1966	Moon over Naples			18

Kitty Kallen

geb. 25. 5. 1923 in South Philadelphia/Pennsylvania, USA, voc

Kitty Kallen machte ihre ersten musikalischen Erfahrungen als Sängerin bei den renommierten Jazzbands von JACK TEAGARDEN, JIMMY DORSEY und HARRY JAMES. Mit Dorsey und dem Sangespartner BOB EBERLE hatte Kitty Kallen 1943 mit *Besame mucho* ihren ersten Millionenerfolg. Anfang der 50er Jahre versuchte sie sich als Solistin und veröffentlichte 1954 mit *Little things mean a lot* ihren ersten Millionenerfolg als Solistin. Auch *In the chapel in the moonlight*, Kitty Kallens zweite Single 1954, verkaufte sich millionenfach. 1957 hatte sie vom Showbusiness angeblich genug und zog sich mit ihrem Ehemann nach Englewood in New Jersey zurück. Aber schon zwei Jahre später, 1959, änderte sie ihre Meinung und unterschrieb einen neuen Plattenvertrag. Zehn Jahre lang nahm sie dann mit wechselndem Erfolg weiter Platten auf, bis sie sich 1967 endgültig fürs Aufhören entschied.

Jahr	*Titel*	*USA*	*UK*	*D*
1954	Little things mean a lot	1	1	
1954	In the chapel in the moonlight	5		
1963	My coloring book	18		

Eden Kane

Richard Sarstedt, geb. 29. 3. 1942 in Delhi, Indien, voc

Richard stammt aus der höchst musikalischen Sarstedt-Familie. Um sich von seinen Brüdern Robin und → Peter abzuheben, gab er sich den Künstlernamen Eden Kane, frei nach dem Orson-Welles-Klassiker *Citizen Kane.* Zunächst betätigte er sich als Schauspieler und war 1960 in dem Film *Drinks all around* zu sehen. Anschließend wendete er sich dem Singen zu. *Hot chocolate crazy* hieß sein erstes Lied, das äußerst erfolgreich war, allerdings nicht als Single in den Hitparaden, sondern bei Radio Luxemburg als Werbesong für ein heißes Schokoladengetränk. Seinen großen Durchbruch hatte Eden Kane mit dem im Juni 61 veröffentlichten *Well I ask you.* Bis 1964 konnte er sich in den Charts halten, dann begann sein Stern zu sinken. Eden Kane verlegte daraufhin sein Betätigungsfeld nach Australien und wurde dort innerhalb kürzester Zeit ein Star. 1970 ging er nach Amerika, wo er die Millionärin Charlene Groman heiratete. 1976 kam er kurz in seine Heimat Großbritannien zurück, um mit seinen beiden Brüdern Robin und Peter unter dem Namen The Sarstedt Brothers ein Album aufzunehmen. Peter hatte 1969 mit seiner Ballade *Where do you go to my lovely* einen Nr.-1-Hit gehabt, und Robin war 1976 mit *My resistance is low* in UK auf Platz 3 gekommen. Heute lebt Eden Kane mit seiner Frau in Los Angeles und genießt ein sorgen- und musikfreies Leben.

Jahr	*Titel*	*USA*	*UK*	*D*
1961	Well I ask you		1	
1961	Get lost		10	
1962	Forget me not		3	
1962	I don't know why		7	
1964	Boys cry		8	

Kasenetz-Katz Singing Orchestral Circus

Die New Yorker Songschreiber und Produzenten Jerry Kasenetz und Jeff Katz waren die Erfinder des sogenannten »Bubble Gum«, der ab Mitte der 60er Jahre die internationalen Charts überschwemmte. Die beiden waren verantwortlich für etliche Multimillionenseller wie *Simple Simon says, Yummy yummy yummy, chewy chewy* oder *Indian giver* von Gruppen wie → 1910 Fruitgum Company und → Ohio Express. Diese Gruppen waren in erster Linie Studiobands mit Studiosängern, aufgrund des großen Erfolgs mußten aber auch »echte« Bands für Tourneen auf die Beine gestellt werden. 1968 hatten nun die Herren Kasenetz und Katz die Idee, doch einmal alle ihre »Bubble Gum«-Bands zusammen auf die Bühne zu bringen. Zu diesem Zwecke wurde ein Konzert in der Carnegie Hall in die Wege geleitet. Und dort trat dieses Monster-Orchester mit 64 Mitgliedern dann tatsächlich unter dem Namen Kasenetz-Katz Singing Orchestral Circus auf. Gebildet wurde der »Zirkus« aus 1910 Fruitgum Company, → Music Explosion, Ohio Express, Lieutenant Garcia's Magic Music Box, JCW Rat Finks, 1989 Musical Marching Zoo, St. Louis Invisible Band und der Teri Nelson Group. Dieses Konzert mit der Riesen-Band war so erfolgreich, daß Kasenetz/Katz anschließend unter diesem Namen auch Platten produzierten.

Jahr	*Titel*	*USA*	*UK*	*D*
1968	Quick Joey Small	25	19	

Ernie K-Doe

Ernest Kador jr., geb. 22. 2. 1936 in New Orleans/Louisiana, USA, voc

Ernest war der Sohn eines Baptisten-Predigers und das neunte von insgesamt elf Kindern. Natürlich sang er als Kind, mit sieben Jahren, bereits im Chor seines Vaters. Mit 15 Jahren beteiligte er sich dann an einem Talent-Wettbewerb, den er gewann, und ein Jahr später verdiente er sich schon sein Geld als Sänger in diversen Nachtclubs. Tagsüber besuchte er allerdings noch brav die Schule und war der Star des Football- und Basketballteams. Nach dem Schulabschluß tingelte er durch die Lande und bekam schließlich Anfang der 60er Jahre einen Plattenvertrag. 1961 veröffentlichte er die Eigenkomposition *Mother-in-law*, und die »Schwiegermutter« wurde sein erster und einziger internationaler Bestseller.

Jahr	*Titel*	*USA*	*UK*	*D*
1961	Mother-in-law	1	29	

Keith

James Barry Kiefer, geb. 7. 5. 1949 in Philadelphia/Pennsylvania, USA, voc

Bereits als Teenager hatte James Kiefer nur einen Berufswunsch: Popsänger zu werden. Er gab sich selbst den Namen Keith, tingelte durch die Lande und bekam 1966 einen Plattenvertrag. *Ain't gonna lie* hieß 1966 seine erste Single, seinen ersten und einzigen großen Hit hatte er 1967 mit *98.6*, auf dem als Hintergrund-Chor die → Tokens zu hören sind. Ende der 60er Jahre fand seine Karriere dann ein ziemlich abruptes Ende. Keith mußte nämlich zur Armee, und da gefiel es ihm so wenig, daß er praktisch noch am ersten Tag wegen Desertation hinter Gitter kam.

Jahr	*Titel*	*USA*	*UK*	*D*
1966	Ain't gonna lie	39		
1967	98.6	7	24	
1967	Tell me to my face	37	50	

Chris Kenner

geb. 25. 12. 1929 in New Orleans/Louisiana, USA, voc; gest. 25. 1. 1976

Chris machte sich zunächst als Songwriter einen Namen, ehe er Ende der 50er Jahre einen Plattenvertrag erhielt. Sein erster und einziger großer Hit war 1961 die Eigenkomposition *I like it like that.* 1963 schrieb er den Song *Land of 1000 dances*, der sowohl für das mexikanisch-amerikanische Quartett Cannibal & The Headhunters (1963 Platz 30) als auch für → Wilson Pickett (1966 Platz 6) ein Erfolg in USA wurde. Am 25. Januar 1976 starb Chris Kenner im Alter von nur 46 Jahren an einem Herzinfarkt.

Jahr	*Titel*	*USA*	*UK*	*D*
1961	I like it like that, Part 1	2		

Johnny Kidd And The Pirates

Frederick Heath »Johnny Kidd«, geb. 23. 12. 1939 in Willesden/London, England, voc; gest. 7. 10. 1966
Mick Green, g
Johnny Spencer, b
Frank Farley, dr

Johnny Kidd gehört zu den unterbewertetsten englischen Künstlern der späten 50er/frühen 60er Jahre. Er war es, der praktisch den Prototyp der späteren Heavy-Metal-Gitarren-Trios entwickelte, sowohl vom Sound als auch vom Outfit her. Er trat stets in glänzendem schwarzem Leder auf und trug, allein wegen der Wirkung, eine schwarze Augenbinde über dem linken Auge. Im Grunde genommen waren Johnny Kidd & The Pirates einer der wenigen originalen britischen Rock'n'Roll-Acts. Kidd hatte nur das Problem, daß seine Rock-Karriere durch die Explosion des von den → Beatles ausgelösten Merseybeat-Rummels einfach unterging. Zum erstenmal machte er 1959 von sich reden mit dem selbstgeschriebenen Song *Please don't touch*, der nur unter dem Namen Johnny Kidd veröffentlicht wurde. Seinen größten Erfolg hatte er dann mit dem Rock'n'Roll-Klassiker *Shakin' all over*. Am 7. Oktober 1966 war Johnny Kidd gerade auf dem Weg ins Studio, um vielleicht doch noch eine Platte aufzunehmen, die ihm den dringend benötigten Hit bringen würde, als er in einen Autounfall verwickelt wurde, bei dem er ums Leben kam.

Jahr	*Titel*	*USA*	*UK*	*D*
1959	Please don't touch		25	
1960	You got what it takes		25	
1960	Shakin' all over		1	
1960	Restless		22	
1961	Linda Lu		47	
1963	Shot of rhythm & blues		48	
1963	I'll never get over you		4	
1963	Hungry for love		20	
1964	Always and ever		46	

Barron Longfellow
Foto: Teldec/Bildarchiv

Andy Kim

ANDREW JOACHIM, geb. 5. 12. 1946 in Montreal, Kanada, voc

Als Kind wollte Andrew Sänger werden, später entschied er dann, daß die Karriere eines Songwriters interessanter wäre. Er fing also mit dem Schreiben an und fuhr des öfteren nach New York, um seine Songs zu verkaufen. Bei einem dieser Ausflüge lernte er den Songwriter und Produzenten JEFF BARRY kennen, die beiden verstanden sich auf Anhieb, und als Barry 1968 sein eigenes Label gründete, gehörte Andrew von Anfang an zu seinen Mitarbeitern. Dabei entdeckten sie, daß Andrew der beste Interpret der Songs war, die die beiden zusammen schrieben. Unter dem Namen Andy Kim hatte Andrew bis 1972 etliche Hits. Zusammen waren Kim und Barry u. a. auch für den Millionenseller *Sugar sugar* der → ARCHIES verantwortlich. 1972 ging Kim wieder nach Kanada zurück, doch die großen Hits blieben aus, bis er sich 1974 mit seinem älteren Bruder Joe zusammentat und ein eigenes Label gründete. Die erste Veröffentlichung war das selbstgeschriebene *Rock me gently*, das sich innerhalb kürzester Zeit zu Andy Kims zweitem Millionenseller entwickelte. Den ersten hatte er 1969 mit seiner Version des → RONETTES-Hits *Baby, I love you* aus dem Jahr 1964 gehabt. Danach hörte man neun Jahre nichts mehr von Andy Kim – bis er 1983 plötzlich wieder auftauchte, allerdings mit dem neuen Künstlernamen BARRON LONGFELLOW. Obwohl die Longfellow-LP etliche hübsche Songs enthielt, war sie ein Flop, und Andy Kim verschwand wieder in der Versenkung.

Jahr	*Titel*	*USA*	*UK*	*D*
1968	How'd we ever get this way	21		
1969	Baby, I love you	9		20
1969	So good together	36		37
1970	Be my baby	17		24
1974	Rock me gently	1	2	33

B. B. King

RILEY B. KING, geb. 16. 9. 1925 in Indianola/Mississippi, USA, voc, g

B. B. King gehört zweifellos zu den größten und besten Blues- und Jazzsängern der Welt. Er war und ist Vorbild für ganze Generationen von Bluessängern. Da seine Eltern getrennt lebten, wuchs er bei seiner Mutter auf, die je-

B. B. King Foto: WEA

doch starb, als er neun Jahre alt war. Riley blieb auf der Farm, auf der seine Mutter angestellt gewesen war, und verdiente sich da seinen Lebensunterhalt. Allmählich entwickelte er seinen einzigartigen Gitarren- und Singstil. 1939 gründete er das Gospel-Quartett THE ELKHORN SINGERS, 1947 tat er sich mit BOBBY BLAND und JOHNNY ACE zu den BEALE STREETERS zusammen. 1949 bekam B. B. King dann einen Plattenvertrag, seitdem veröffentlicht er bis heute regelmäßig ganz hervorragende Blues- und Jazzplatten. Mehr als einmal wurde er dafür als bester Jazzsänger oder bester Gitarrist des Jahres ausgezeichnet. Doch bis Mitte der 60er Jahre blieb B. B. King praktisch ein Insider-Tip für R & B-Fans. Der farbige Interpret veröffentlichte zwar ab 1951 ganze Mengen von Singles wie *3 o'clock blues, Story from my heart and soul, Please love me* oder *Sweet sixteen*, aber sie konnten sich nie in den Hot 100 plazieren, obwohl seine Songs mehr als einmal an der Spitze der Black Charts lagen. Sein 55er Song *Every day (I have the blues)* war sogar ein Millionenseller. Erst 1964, mit *Rock me baby*, landete er erstmals in den Charts, und 1970 hatte er dann mit *The thrill is gone* sogar einen Top-20-Hit, für den er den Grammy als »bester Rhythm- & Blues-Sänger« bekam und der sich im Laufe der Zeit ebenfalls millionenfach verkaufte. Zu verdanken hatte B. B. King diese überraschende Popularität in erster Linie der neuen Generation von weißen Bluesmusikern wie den → ROLLING STONES, → ERIC CLAPTON, MIKE BLOOMFIELD oder LARRY CORYELL, die seine Lieder spielten und ihn auf ihren Tourneen mitnahmen. Das »B. B.« seines Namens steht übrigens für »Blues Boy« – die richtige Abkürzung für den »King Of Blues«.

Jahr	*Titel*	*USA*	*UK*	*D*
1964	Rock me baby	34		
1968	Paying the cost to be the boss	39		
1970	The thrill is gone	15		
1971	Ask me no questions	40		
1973	To know you is to love you	38		
1974	I like to live the love	28		

Ben E. King

BENJAMIN NELSON, geb. 28. 9. 1938 in Henderson/North Carolina, USA, voc

Ben E. King begann seine Sangeskarriere in den 50er Jahren bei einer Gruppe namens The Five Crowns. Und genau diese Band wurde dazu ausersehen, die → Drifters, die sich 1958 aufgelöst hatten, zu ersetzen. Ben E. King wurde der Leadsänger und teilweise auch der Mit-Autor bei Drifters-Hits wie *There goes my baby, Dance with me, This magic moment* und beim einzigen Drifters Nr.-1-Hit *Save the last dance for me*. 1960 beschloß Ben E. King, es als Solist zu versuchen, und hatte gleich mit seinem ersten Song *Spanish Harlem*, aus der Feder von → Jerry Leiber und → Phil Spector, einen internationalen Bestseller. An seinem zweiten Hit *Stand by me* war er selbst wieder als Komponist beteiligt. Bis 1962 hielt sein Glück an, von da an erwiesen sich seine Songs als Flops. Bis 1967 versuchte Ben E. King mit Liedern wie *I (who have nothing), I could have danced all night* oder *Tears, tears, tears* ein Comeback – ohne Erfolg. Erst 1975 hatte er mit *Supernatural thing* abermals einen Bestseller. Danach – wieder nichts. Neun Jahre mußte Ben E. King sein Brot mit Tingeln verdienen, ehe ihm 1986 das Glück wieder hold war. Für den Rob-Reiner-Film *Stand by me* wurde Ben E. Kings gleichnamiger Hit verwendet – und wurde 25 Jahre nach der Erstveröffentlichung abermals ein Hit.

Jahr	*Titel*	*USA*	*UK*	*D*
1961	Spanish Harlem	10		
1961	Stand by me	4	27	
1961	Amor	18	38	
1962	Don't play that song (You lied)	11		
1963	I (who have nothing)	29		
1975	Supernatural thing – Part 1	5		49
1986	Stand by me	9		
1987	Stand by me		1	

Carole King

Carole Klein, geb. 9. 2. 1941 in Brooklyn/New York, USA, voc, p

Carole King gehört zu den erfolgreichsten und begabtesten Singer/Songwriterinnen von Amerika. Bereits mit vier Jahren fing sie mit dem Singen an und ließ sich von ihrer Mutter Klavierunterricht geben. Auf der Highschool formierte sie mit vierzehn Jahren ein Vokalquartett namens The Co-Sines, für das sie die Songs schrieb. Als sie später dann aufs Queens College ging, lernte sie Gerry Goffin kennen. Die beiden wurden nicht nur privat sondern auch geschäftlich ein Paar. In Gerry, der eigentlich Chemiker ist, hatte Carole den idealen Partner fürs Songschreiben gefunden. Zusammen schneiderten die beiden eine lange Reihe von Bestsellern für andere Künstler. Es begann 1960 mit *Will you love me tomorrow?* für die → Shirelles, und es folgten Hits wie *Up on the roof* und *When my little girl is smiling* für die → Drifters, *The loco-motion* für → Little Eva, *Take good care of my baby* und *Run to him* für → Bobby Vee, *Go away little girl* für → Steve Lawrence, *I'm into something good* für → Herman's Hermits, *Pleasant valley sunday* für die → Monkees, *A natural woman* für → Aretha Franklin. 1962 versuchte Carole King mit *It might as well rain until September* auch eine Karriere als Solistin, doch als es nicht so ganz klappte, ließ sie es wieder sein. Bis 1968 ruhte sich das Ehepaar King/Goffin dann erst einmal auf den Lorbeeren aus und überließ das Feld der »englischen Invasion«. Dann stellte Carole, nach dem erfolglosen Versuch, eine eigene Plattenfirma zu gründen, fest, daß es sehr schwierig war, eine gute Ehe mit dem Arbeitspartner zu führen. Sie verließ Goffin und ging nach Los Angeles, um »sich selbst zu finden«. Als Ergebnis trennte sie sich endgültig von Goffin und begann eine Karriere als Solistin. Zunächst gründete sie die Gruppe THE CITY, bei der am Baß ein Musiker namens CHARLES LARKEY stand, den sie später heiratete. Doch nach nur einem Album, *The City* (1968), löste sich die Formation schon wieder auf. 1970 veröffentlichte Carole King dann unter ihrem Namen das Album *Writer*, das schon recht erfolgreich war. Doch der große Durchbruch kam 1971 mit der LP *Tapestry*, die sich weltweit millionenfach verkaufte. Für dieses Album bekam Carole King Grammies für »Das Album des Jahres 1971« und als »beste Popsängerin des Jahres 1971«. Die Single *It's too late* wurde ebenfalls ein Millionenseller und brachte Carole King einen dritten Grammy für »die Platte des Jahres 1971«. Und einen vierten Grammy erhielt die Künstlerin noch für das Lied *You've got a friend* ebenfalls vom Tapestry-Album, als »Song des Jahres«, der besonders in der Version ihres Freundes JAMES TAYLOR erfolgreich war. Seitdem veröffentlicht Carole King in unregelmäßigen Abständen immer wieder hörenswerte Alben. 1989 gelang ihr mit *City streets* wieder einmal ein Single-Hit. Die erfolgreichste Songwriterin Amerikas wurde auch schon in einem Lied verewigt: → NEIL SEDAKA, der in ihrer Straße in Brooklyn wohnte und mit dem sie gut befreundet ist, war 1959 schrecklich in sie verliebt und schrieb für sie sein *Oh! Carol.*

Jahr	*Titel*	*USA*	*UK*	*D*
1962	It night as well rain until september	22	3	
1971	It's too late	1	6	
1971	So far away	14		
1972	Sweet seasons	9		
1974	Jazzman	2		
1975	Nightingale	9		
1977	Hard rock cafe	30		
1980	One fine day	12		

Claude King

geb. 5. 2. 1933 in Shreveport/Louisiana, USA, voc

Der gutaussehende Country-Sänger begann seine Karriere im Alter von zwölf Jahren, nachdem er sich von einem Farmer für 50 Cents eine Gitarre gekauft hatte. Da er ein hervorragender Baseballspieler war, bekam er ein Stipendium für die Universität von Idaho. Ab 1952 machte er Schallplatten und trat regelmäßig beim *Louisiana hayride* auf. Gleichzeitig startete Claude King mit den Filmen *Swamp girl* und *Year of the Wahoo* eine Karriere als Filmschauspieler. Seinen ersten großen Hit hatte er 1961 mit *Big river, big man*, das in den Country-Charts bis Rang 7 kam. Seinen größten Erfolg hatte Claude King dann im Jahr darauf mit *Wolverton Mountain*. Der Song, den er zusammen mit MERLE KILGORE geschrieben hatte, war neun Wochen die Nr. 1 der Country-Charts und kam auch in den Hot 100 unter die Top 10. Wolverton Mountain ist ein tatsächlich existierendes Gebiet in Arkansas, und 19 Jahre später, am 7. August 1981, erklärte Frank White, der Gouverneur von Arkansas, diesen Tag zum »Wolverton Mountain Day«. 1982 war Claude King dann im Fernsehen in der Serie *The blue and the gray* zu bewundern.

Jahr	*Titel*	*USA*	*UK*	*D*
1962	Wolverton Mountain	6		

Jonathan King

geb. 6. 12. 1948 in London, England, voc

Jonathan King gehörte in den 60er und 70er Jahren zu den britischen »enfants terribles«. Ohne Rücksicht auf Verluste tat er in seinen Rundfunk- und Fernsehsendungen seine fast immer völlig unpopuläre Meinung über das Musikgeschehen kund und appellierte in seinen Songs an die niedrigsten Instinkte der Menschen – beides mit gleich viel Erfolg. Dazu hatte er ein sicheres Händchen für das Entdecken von späteren Superacts und das Produzieren von Hits. Jonathan King begann 1965 als Student auf dem Trinity College in Cambridge mit dem Musikmachen. Er gehörte zu einer Gruppe namens The Bumblies. Im selben Jahr schrieb der Student den Song *Everyone's going to the moon*, der sein erster Hit wurde. Ebenfalls 1965 ließ er sich den Protest-Song *It's good news week* einfallen, der ein Bestseller für die Hedgehoppers Anonymus wurde. 1966 schloß er das College mit Erfolg ab und bekam sofort eine eigene Show namens *Good evening*. Als er sein Interesse für Platten-Produktion und Künstler-Entwicklung entdeckte, wurde er die rechte Hand des Chefs von Decca Records. In dieser Position entdeckte und produzierte er die spätere Superband Genesis. 1970 verließ Jonathan King Decca und widmete sich Gruppen wie The Weathermen, St. Cecilia, Piglets und Sakkarin. Diese Bands hatte King entweder selbst zusammengestellt, oder er benutzte sie als Pseudonym für sich. The Weathermen bestanden lediglich aus ihm; mit der Band St. Cecilia produzierte er 1971 den Titel *Leap up and down (Wave your knickers in the air)*, der in UK Platz 12 erreichte; die Piglets nahmen 1971 unter seiner Regie den Song *Johnny Reggae* auf, der immerhin bis Rang 3 in UK kam; die Bezeichnung Sakkarin schließlich war wieder ein Pseudonym für Jonathan King selbst, unter diesem Namen veröffentlichte er 1971 eine Heavy-Metal-Version des → Archies-Hits *Sugar sugar*. Das Ausdenken von Phantasie-Namen, unter denen er seine Platten veröffentlichte, wurde für Jonathan King im Laufe der Jahre so eine Art Sport, bei dem er unerschöpflichen Einfallsreichtum bewies. 1972 gründete King auch sein eigenes Label namens UK Records. Die erste Gruppe, die er dafür verpflichtete, war 10 CC. 1975 nahm er die Kursaal Flyers unter Vertrag, die mit ihrem Album *The golden mile* und dem von Mike Batt produzierten *Little does she know* zwei Bestseller hatten. Bis Ende der 70er Jahre war Jonathan King mit seinen Platten unter eigenem Namen oder unter Pseudonym immer wieder in den Charts vertreten. Seine Platten-Firma UK gehört zu den erfolgreichsten Independent-Labels von England. Inzwischen macht Jonathan King allerdings mehr mit seinen Kritiken und Kolumnen in diversen englischen Fachzeitschriften von sich reden.

Jahr	*Titel*	*USA*	*UK*	*D*
1965	Everyone's going to the moon	17	4	
1975	Una paloma blanca		5	

WEATHERMEN

1971	It's the same old song		19	

SAKKARIN

1971	Sugar sugar		12	

SHAG

1972	Loop di love		4	

BUBBLEROCK

1974	(I can't get no) Satisfaction		29	

53RD AND 3RD

1975	Chick a Boom (Don't you love it)		36	

ONE HUNDRED TON AND A FEATHER

1976	It only takes a minute		9	

SOUND 9418

1976	In the mood		46	

FATHER ABRAPHART AND THE SMURPS

1978	Lick a Smurp for christmas (All fall down)		58	

King Crimson

ROBERT FRIPP, geb. 16. 5. 1946 in Bournemouth, England, g, mellotron
IAN MCDONALD, geb. 25. 6. 1946 in England, reeds, keyb
GREG LAKE, geb. 10. 11. 1948 in England, b, voc
MIKE GILES, dr
PETE SINFIELD, geb. 27. 12. 1943 in England, synth

1967 gründeten in Bournemouth Robert Fripp und die Brüder Mike und Pete Giles das Trio GILES GILES AND FRIPP. Die Gruppe machte 1968 ein Album, das ein Flop war, und ging 1969 mit zusätzlichen Mitgliedern in King Crimson über. Schnell sprach sich herum, daß es da eine seltsame neue Gruppe gebe, und so wurden die beiden ersten Auftritte am 19. 4. 69 im Londoner Speakeasy und am 5. 7. 1969 beim → ROLLING-STONES-Konzert im Hyde Park ein voller Erfolg. King Crimson machte zu den musikalischen Einfällen von Robert Fripp und der versponnenen Lyrik von Pete Sinfield recht eigenwillige Soundcollagen. Da waren Free-Jazz-Anklänge ebenso zu hören wie Rhythm & Blues-Passagen, bombastische Rock-Klänge, zarte elektronische Improvisationen oder originelle Sound-Tricks. 1969 erschien das Debütalbum *In the court of the crimson king*. Danach fing bei King Crimson ein häufiges Bäumchen-Wechsel-Dich-Spiel an. Ständig gingen und kamen Mitglieder. Allein 1969 sah das so aus: Giles und McDonald gingen während der US-Tournee im Dezember, um 1970 die Solo-LP *McDonald and Giles* herauszubringen. (1976 gehörte Ian McDonald

King Crimson Foto: Polydor

dann zu den Gründungsmitgliedern der Supergruppe Foreigner). Greg Lake ging ebenfalls, um Emerson, Lake and Palmer zu formieren; für diese drei kamen Gordon Haskell (voc), Mel Collins (reeds) und Pete Giles (b). Kein Wunder, daß die zweite LP *In the wake of Poseidon* (1970) kein Glanzlicht wurde. Das dritte Album *Lizard* (1970) entstand in der Besetzung Fripp, Collins, Sinfield, Haskell (b, voc), Andy McCulloch (dr), doch noch vor Veröffentlichung wurde Haskell unsanft vor die Tür gesetzt. Für die LP Nr. 4 *Islands* (1971) ließ sich Fripp wieder eine neue Besetzung einfallen: Collins, Sinfield, Boz Burrell (b), Ian Wallace (dr). Während einer US-Tournee, bei der das 72er Live-Album *Earthbound* entstand, fiel diese Truppe bereits wieder auseinander. Sinfield warf als erster das Handtuch, 1972 folgten Collins, Burrell und Wallace, die anschließend mit → Alexis Korner die kurzlebige Band Snape formierten. Danach gingen Collins zu Kokomo und Burrell zu Bad Company, und Wallace trommelte bei jedem, der ihn haben wollte. Da geriet Fripp doch ins Nachdenken, und das Ergebnis war Ende 1972 eine neue King Crimson, die von Fachleuten als die beste überhaupt bezeichnet wird: von → Yes Bill Bruford (dr), von → Family John Wetton (b), dazu holte Fripp Jamie Muir (perc) und David Cross (vi, mellotron). In dieser Besetzung entstand das 73 Album *Lark's tongues in aspic*, eines der besten King-Crimson-Alben. Danach ging Muir und trat in ein Kloster ein. Als Quartett spielte die Band die 74er LP *Starless and lible black* ein, danach ging Cross. Nach einem Konzert im New Yorker Central Park am 1. 7. 1974, bei dem das 75 veröffentlichte Live-Album *USA* entstand, kehrte Fripp im September 74 mit den beiden letzten Mitspielern nach England zurück und kündigte die endgültige Auflösung der Gruppe nach einem letzten Studio-Album an. Die LP hieß *Red*, erschien 1974 und war ganz ausgezeichnet. Wetton ging anschließend zunächst zu Roxy Music und dann zu Uriah Heep; Bruford stellte sein Können Gruppen wie Gong, Pavlov's Dog und Genesis zur Verfügung; Fripp tat sich eine Zeitlang mit Brian Eno von Roxy Music zusammen.

The Kingsmen

Lynn Easton, voc, sax
Gary Abbott, dr
Don Gallucci, org

Mike Mitchell, leadg
Norman Sundholm, g, b
alle aus Portland/Oregon

Das Quintett wurde 1957 von Lynn Easton bei seinem Eintritt in die David Douglas High School in Portland gegründet. Von 1957 bis 1963 spielten die Schulfreunde hauptsächlich bei Tanzveranstaltungen, Modeschauen und Ausstellungen. Im Laufe der Jahre entwikkelten die Kingsmen ein harte, bluesige Form von Rockmusik, Ende 1962 wurden sie die »Hausband« von »The Chase«, der berühmtesten Teenager-Kneipe von Portland. An einem Abend im Jahr 1963 nahm der Geschäftsführer der Kneipe einen Auftritt des Quintetts auf Band auf, machte daraus eine LP und verkaufte sie an eine Plattenfirma. Die Firma veröffentlichte den Albumschnitt *Louie Louie* als Single – und die Kingsmen hatten noch im selben Jahr ihren ersten Millionenseller. Fortan mußten Gary nicht mehr als Friseur und Mike nicht mehr als Kleiderverkäufer arbeiten. Bis Mitte der 60er Jahre brachten die Kingsmen Platten heraus, dann verschwanden sie wieder.

Jahr	*Titel*	*USA*	*UK*	*D*
1963	Louie Louie	2	26	
1964	Money	16		
1965	The jolly green giant	4		

The Kingston Trio

Bob Shane, geb. 1. 2. 1934 auf Hawaii, voc, g
Nick Reynolds, geb. 27. 7. 1933 in Coronado/Kalifornien, USA, voc, g
Dave Guard, geb. 19. 10. 1934 in San Francisco/Kalifornien, USA, voc, g; ersetzt 1961 durch John Stewart, geb. 5. 9. 1939 in USA

Das Trio tat sich im Frühjahr 1957 zusammen. Es trat zunächst in der Gegend von San Francisco in kleinen Clubs auf. Bei einem Auftritt in Palo Alto hörte die drei der Verleger Frank Werber; er war von ihnen so begeistert, daß er ihnen auf der Stelle einen Vertrag gab – geschrieben auf einer Papierserviette. Im April 1958 veröffentlichten sie mit *Scarlett ribbons* ihre erste Single, die noch floppte, dann kam im Oktober 1958 der erste Nr.-1-Hit und Millionenseller: *Tom Dooley*, die wahre Geschichte des Tom Dula, eines Frauenmörders aus Eifersucht, der 1868 in Statesville/North Carolina gehängt worden war. Damit läutete das Kingston Trio eine musikalische Bewegung ein, die ein paar Jahre später unter der Bezeichnung »Folk-Music« international populär werden sollte. Mit ihren perfekten Vokalharmonien sangen die drei in erster Linie Volksweisen aller Art, die sie auf hervorragende Weise poppig aufbereiteten. Auf diese Weise bereiteten sie den Weg für spätere Super-Acts wie → The New Christy Minstrels und → Peter, Paul & Mary. Das Kingston Trio, das seinen Namen übrigens von Harry Belafontes Lied »Kingston Market« ableitet, war vor allen Dingen bei den College-Studenten sehr beliebt, und so ist es kein Wunder, daß die ersten sechs Alben der Gruppe alle Platz 1 oder 2 der US-LP-Charts erreichten. 1961 ging Dave Guard und wurde durch John Stewart ersetzt, der vorher bei The Cumberland Three gesungen hatte. Bis 1963 waren die Songs des Trios immer in den Charts, dann verschwanden sie allmählich. 1967 verließ John Stewart das Kingston Trio wieder und machte sich selbständig. Ende der 70er Jahre hatte er mit dem Album *John Stewart bombs away dream babies* und der Single *Gold* einen Millionenerfolg. Bob Shane tritt heute mit zwei neuen Mitgliedern immer noch als Kingston Trio auf.

Jahr	*Titel*	*USA*	*UK*	*D*
1958	Tom Dooley	1	5	1
1959	The Tijuana jail	12		
1959	M. T. A.	15		
1959	A worried man	20		
1962	Where have all the flowers gone	21		
1963	Greenback dollar	21		
1963	Reverend Mr. Black	8		

The Kinks

RAYMOND DOUGLAS DAVIES, geb. 21. 6. 1944 in Muswell Hill/London, England, voc, leadg
DAVE DAVIES, geb. 3. 2. 1947 in Muswell Hill/London, England, g
PETER QUAIFE, geb. 27. 12. 1943 in Tavistock/Devonshire, England, b; ersetzt 1969 durch JOHN DALTON
MICK AVORY, geb. 15. 2. 1944 in London, England, dr; ab 1970 JOHN GOSLING, keyb

Die Brüder Ray und → DAVE DAVIES gründeten Anfang der 60er Jahre eine Gruppe namens THE RAVENS, die sie 1963 in The Kinks umbenannten. 1964 bekam das Quartett einen Plattenvertrag und nahm als erstes LITTLE RICHARDS *Long tall Sally* und *You still want me* auf, die beide Flops wurden. Dann entschloß sich Ray Davies, die Songs der Band künftig selbst zu schreiben, und mit seinem *You really got me* begann Ende 1964 eine lange Reihe von Hit-Singles. Zunächst spielten die Kinks ziemlich harten Rock, doch 1965 änderte Ray Davies allmählich die Linie. Mit *A well respected man* begann er in seinen perfekten Pop-Songs das Spießertum anzuprangern, er äußerte sich beißend, kritisch und sehr treffend über den typischen englischen Möchtegern-Snob. Einen Höhepunkt schuf Ray Davies dabei mit der 1969 auf Bestellung geschriebenen Rock-Oper *Arthur or The decline and fall of the British empire*. Eigentlich sollte das Werk fürs Fernsehen bearbeitet werden, da es den Auftraggebern aber zu pessimistisch und zynisch war, erschien es schließlich nur auf Platte. Süffisant antwortete Ray Davies auf diese Entscheidung 1970 mit dem Konzept-Album *Lola versus powerman and the money-go-round*, einer sarkastischen Satire auf das Musik-Business. Auch auf Konzept-Alben wie *Percy* (1971), *Everybody's in showbiz – everybody's a star* (1972), *Preservation act I* (1973) und *Preservation act II* (1974) ging er mit der Unterhaltungsbranche und der englischen Gesellschaft hart ins Gericht. Doch die Songs verloren allmählich an Biß, und die Kinks waren schließlich nur noch eine Begleitband für Ray Davies. Erst Anfang der 80er Jahre fanden die Kinks mit Songs wie *Come dancing* und *Don't forget to dance* und Alben wie *State of confusion* und *Word of mouth* zur alten Form zurück. Mitte der 70er Jahre gehörten zu den Kinks LAURIE BROWN (tp), ALAN HOLMES (sax, fl) und JOHN BEECHAM (trombone, tuba). In den 80er Jahren bestanden die Kinks aus

Ray Davies, Dave Davies, Mick Avory, JIM RODFORD (b) und IAN GIBBONS (keyb).

Jahr	*Titel*	*USA*	*UK*	*D*
1964	You really got me	7	1	39
1964	All day and all of the night	7	2	22
1965	Tired of waiting for you	6	1	27
1965	Everybody's gonna be happy		17	
1965	Set me free	23	9	
1965	See my friend		10	
1965	Till the end of the day		8	
1966	A well respected man	13		
1966	Dedicated follower of fashion	36	4	11
1966	Sunny afternoon	14	1	7
1966	Dead end street		5	5
1966	Dandy			1
1967	Mr. Pleasant			12
1967	Waterloo sunset		2	7
1967	Autumn almanac		3	13
1968	Wonderboy		36	29
1968	Days		12	28
1970	Lola	9	2	2
1970	Apeman		5	9
1972	Supersonic rocket ship		16	
1983	Come dancing	6	12	
1983	Don't forget to dance	29	58	

Kathy Kirby

geb. 1940 in Ilford, England, voc

In der Schule war Kathy Mitglied des Schülerchors. Sie wollte unbedingt Opernsängerin werden, und so nahm sie mit neun Jahren ihre ersten Unterrichtsstunden in klassischem Gesang. Mit zwölf Jahren stellte sie fest, daß ihr Popmusik besser gefiel, und mit sechzehn hatte sie ihren ersten öffentlichen Auftritt. Das AMBROSE ORCHESTER gab eine Vorstellung in Ilford, und Klein-Kathy überredete den Orchesterchef, sie ein Lied mit der Band singen zu lassen. Anschließend war die junge Dame drei Jahre lang die Sängerin dieses Orchesters, ehe sie diesen Job bis 1963 auch bei anderen Bands ausübte. Bereits 1962 hatte Kathy einen Plattenvertrag unterschrieben und mit *Big man* ihre erste, nicht sehr erfolgreiche, Single veröffentlicht. Der große Durchbruch kam erst 1963 mit *Dance on* und mit der Fernsehserie *Stars and garters*, in der Kathy von da an regelmäßig auftrat. 1965 sang Kathy Kirby beim Grand Prix D-Eurovision für England das Lied *I belong* und kam auf den zweiten Platz. Obwohl Kathy ab 1963 mit ihren Songs nicht mehr in den UK-Charts vertreten war, lief ihre Karriere als »Golden Girl Of Pop« mit unzähligen Tourneen und Star-Galas hervorragend. Dann starb 1971 ihr Manager und Mentor – und Kathy Kirby wurde eine ungenießbare Primadonna, die jeden Veranstalter und Musiker mit ihren Allüren zur Verzweiflung brachte. Ihre Karriere ging den Bach hinunter, keiner wollte die Hysterikerin engagieren, eine gescheiterte Ehe gab Kathy Ende der 70er Jahre den Rest. Sie mußte nicht nur finanziell, sondern auch psy-

Jahr	*Titel*	*USA*	*UK*	*D*
1963	Dance on		11	
1963	Secret love		4	
1964	Let me go lover		10	
1964	You're the one		17	

chisch den Bankrott anmelden. Künftig hörte man nur noch Skandalöses von ihr, diverse Comeback-Versuche endeten alle in einem Desaster.

The Knickerbockers

Buddy Randell, leadvoc, sax
Beau Charles, g
John Charles, b
James Walker, dr
alle Bergenfield/New Jersey, USA

Buddy Randell hatte sich bereits im Showbusiness einen Namen gemacht, als die Gruppe 1964 entstand. Er war Mitglied der Royal Teens gewesen und hatte an dem 58er Nr.-3-Hit *Short shorts* mitgeschrieben. Die Knickerbockers, die ihren Namen von einer Straße in ihrer Heimatstadt Bergenfield hatten, schufen sich ziemlich schnell in der Gegend von New York einen guten Namen, durch Auftritte in kleinen Clubs. 1965 bekamen sie einen Plattenvertrag und veröffentlichten zwei Singles und zwei Alben, die Flops wurden. Ihren ersten Hit konnten sie erst Anfang 1966 mit dem Song *Lies* verbuchen, der ziemlich nach den → Beatles klang. Es blieb der einzige Erfolg. Ende der 60er Jahre lösten sich die Knickerbockers auf. Die einzelnen Mitglieder versuchten sich als Solisten, allerdings ohne durchschlagenden Erfolg. James Walker ersetzte eine Zeitlang Bill Medley bei den → Righteous Brothers, als Medley aber wiederkam, verschwand auch er.

Jahr	*Titel*	*USA*	*UK*	*D*
1966	Lies	20		

Gladys Knight And The Pips

Gladys Knight, geb. 28. 5. 1944 in Atlanta/Georgia, USA, voc
Merald Knight, geb. 4. 9. 1942 in Atlanta/Georgia, USA, voc
William Guest, geb. 2. 6. 1941 in Atlanta/Georgia, USA, voc
Edward Patten, geb. 2. 8. 1939 in Atlanta/Georgia, USA, voc

Gladys fing bereits mit vier Jahren zu singen an, und zwar in diversen Gospel-Chören. Mit sieben Jahren gewann sie eine Talentshow, darauf folgten Engagements beim Fernsehen. 1956 sang Gladys bei einer Geburtstagsparty ein Ständchen und wurde dabei von ihrem Bruder Merald, ihrer Schwester Brenda, ihrem Cousin William und ihrer Cousine Elenor begleitet. Die Gäste waren so begeistert, daß ihr Cousin James Wood dem Quintett zuredete, es als professionelle Gruppe zu versuchen. Die fünf folgten seinem Rat, wurden erfolgreich und nannten sich aus Dankbarkeit für Cousin James, dessen Spitzname Pip war, Gladys Knight And The Pips. Bald zog der Familienclan mit Soul-Größen wie → Sam Cooke und → Jackie Wilson durch die Lande. 1957 verließen Elenor und Brenda die Gruppe, um zu heiraten, für sie kamen Cousin Edward Patten und Langston George, der ausnahmsweise nicht zum Familienclan gehörte. 1961 bekamen sie einen Plattenvertrag und veröffentlichten unter dem Namen The Pips den Song *Every beat of my heart*, der nicht nur die Nr. 1 der Black Charts wurde, sondern sich auch in den Hot 100 plazieren konnte. 1962 verließ

Langston George die Truppe, die künftig als Quartett weitermachte. 1963 heiratete Gladys und bekam ihr erstes Kind, dem noch zwei folgten. Mit ihren hervorragenden R & B-Songs und dem ausgefeilten Bühnenact gehörten Gladys Knight And The Pips bald zu den Stars auf dem Sektor der schwarzen Musik. Ihre Singles eroberten die weißen und schwarzen Charts, ebenso ihre LPs. 1976 gab Gladys Knight in dem Film *Pipe dreams,* bei dem ihr zweiter Ehemann Regie führte, ihr Leinwanddebüt, das die attraktive Künstlerin wie üblich elegant absolvierte. Über die Jahrzehnte hinweg konnte sich dieser Familienclan, der zu den langlebigsten der so schnellebigen Pop-Welt gehört, den Ruf als First-Class-Act erhalten. 1989 hatte Gladys Knight als Solistin einen Bestseller mit *Licence to kill,* dem Titelsong des gleichnamigen James-Bond-Films.

Jahr	*Titel*	*USA*	*UK*	*D*
1961	Every beat of my heart	6		
1962	Letter full of tears	19		
1967	Take me in your arms and love me		13	
1967	I heard it through the grapevine	2	47	
1968	The end of our road	15		
1969	The nitty gritty	19		
1969	Friendship train	17		
1970	If I were your woman	9		
1971	I don't want to do wrong	17		
1972	Help me make it through the night	33	11	
1973	Neither one of us (wants to be the first to say goodbye)	2	31	
1973	Daddy could swear, I declare	19		
1973	Midnight train to Georgia	1		
1973	I've got to use my imagination	4		
1974	Best thing that ever happened to me	3		
1974	On and on	5		
1975	The way we were/ Try to remember	11	4	
1975	Best thing that ever happened to me		7	
1975	Part time love	22	30	
1976	Midnight train to Georgia		10	
1976	So sad the song		20	
1977	Baby don't change your mind		4	
1978	Come back and finish what you started		15	
1986	That's what friends are for (unter dem Namen → DIONNE WARWICK AND FRIENDS)	1	16	
1989	Licence to kill		6	3

Robert Knight

geb. 24. 4. 1945 in Franklin/Tennessee, USA, voc

Mit seiner klaren, schönen Stimme begeisterte Robert Knight zunächst als Sopran-Sänger im Kirchenchor. Später schloß er sich dann den PARAMOUNTS an. Ab 1961 arbeitete Knight dann als Solist. Mit *Free me* hatte er 1961 einen kleinen regionalen Hit, doch das wars erst einmal. Bis 1967 verdiente sich Knight sein Geld als Sänger in kleinen Clubs, nebenbei ging er aufs College. Bei einem seiner Club-Auftritte wurde er dann entdeckt und bekam einen Plattenvertrag. Bereits die erste Single *Everlasting love* wurde ein Erfolg. Auf den zweiten Hit mußte Robert Knight dann allerdings sechs Jahre warten. Erst 1973 konnte er sich mit *Love on a mountain top* hoch in den UK-Charts plazieren, und 1974 kam auch *Everlasting love* noch einmal zu Hitehren in UK. Im selben Jahr nahm Little Carl Carlton den Song ebenfalls auf und hatte damit einen Nr.-6-Hit in USA.

Jahr	*Titel*	*USA*	*UK*	*D*
1967	Everlasting love	13	40	
1973	Love on a mountain top		10	
1974	Everlasting love		19	

Kokomo

Jimmy Wisner, p

Unter dem Namen Kokomo veröffentlichte Jimmy Wisner im Februar 1961 das Instrumental *Asia minor*, eine Piano-betonte, sehr rhythmische Nummer. Es wurde und blieb sein einziger Hit.

Jahr	*Titel*	*USA*	*UK*	*D*
1961	Asia minor	8	35	

Al Kooper

Alan Kooper, geb. 5. 2. 1944 in New York, USA, keyb, g, voc

Der Amerikaner ist ein ausgesprochen vielseitig begabter Künster. Als Vierzehnjähriger gehörte er zu den Royal Teens, die 1958 mit *Short shorts* einen Nr.-1-Hit hatten. Mit sechzehn Jahren hatte er sich dann bereits als Gitarrist einen Namen gemacht. 1962 ging er ein Jahr lang zur Universität. 1965 zeigte er sein kompositorisches Talent: Er schrieb für → Gary Lewis & The Playboys den Nr.-1-Hit *This diamond ring* und für → Gene Pitney den Nr.-6-Hit *I must be seeing things*. Im gleichen Jahr wurde er auch für die → Bob-Dylan-LP *Highway 61 revisited* und 1966 für das Dylan-Album *Blonde on blonde* als Gitarrist geholt. 1966 gehörte Al Kooper zu den Gründungsmitgliedern von → Blues Project, der ersten weißen New Yorker Blues-Band. 1967 wollte er eigentlich nach England gehen und stellte dafür eine Band mit vielen Bläsern zusammen, um damit das Geld für den Trip zu erspielen. Der Trip kam niemals zustande, aber aus der Band entstanden → Blood, Sweat & Tears. Als Mitglied und gleichzeitiger Produzent war Kooper auch für das Blood, Sweat & Tears-Debüt-Album *Child is father to the man* (1967) verantwortlich. 1968 tat sich Al Kooper mit den Gitarristen Mike Bloomfield und → Stephen Stills zusammen und produzierte das Album *Super Session*, das überraschenderweise mit Gold ausgezeichnet wurde. In den nächsten Jahren arbeitete er als gefragter Session-Musiker für Stars wie Bob Dylan, die

→ ROLLING STONES, → JIMI HENDRIX, → B. B. KING und TAJ MAHAL und profilierte sich als Produzent für Southern-Rock-Gruppen wie LYNARD SKYNARD. Al Kooper war auch der Produzent der Debüt-LP der TUBES im Jahr 1975 und von NILS LOFGRENS *Cry tough* 1976. Während dieser Jahre veröffentlichte Al Kooper auch ständig weiter Solo-Alben, die von Publikum und Kritikern größtenteils sehr zwiespältig aufgenommen wurden. Zwar hat Al Kooper ein goldenes Händchen für das Schreiben von eingängigen Melodien, gleichzeitig schafft er es immer wieder, diese Songs derartig süßlich überzuproduzieren, daß man manchmal schon einen guten Magen dafür braucht.

Alexis Korner

geb. 19. 4. 1928 in Paris, Frankreich, g, voc; gest. 1. 1. 1984

Alexis Korner war einer der wichtigsten und einflußreichsten englischen Musiker. Als »Vater« des britischen Blues und Rock und brachte er viele Superkarrieren in Gang. Alexis Korner war der Sohn eines österreichischen Kavallerieoffiziers und einer griechisch-türkischen Mutter. Wie es seiner internationalen Herkunft entsprach, wuchs er in der Schweiz, in Frankreich und Nord-Afrika auf. Mitte der 30er Jahre flüchteten seine Eltern aus Frankreich nach England, und Alexis wurde britischer Soldat. Als Besatzungssoldat kam er im Zweiten Weltkrieg nach Deutschland und betätigte sich 1947/48 bei dem englischen Soldatensender BFN und beim Westdeutschen Sender NWDR als Discjockey. Dann ging er wieder nach England zurück und spielte bei berühmten Leuten wie KEVIN COLYER und CHRIS BARBER Dixieland, traditionellen Jazz und Skiffle. Dabei entdeckte er seine Liebe und sein Talent für den amerikanischen Blues. In den 50er Jahren setzte er alles daran, dem englischen Publikum amerikanische R & B-Größen wie MUDDY WATERS, BIG BILL BROONZY, JOHN LEE HOOKER, SONNY TERRY und BROWNIE MCGHEE nahezubringen. Am 17. März 1962 gründete Alexis Korner dann mit dem Harmonika-Spieler CYRIL DAVIES die heute legendäre BLUES INCORPORATED, eine der ersten weißen Electric-Blues-Bands der Welt. Ein paar Monate nach der Gründung gehörten außer Korner und Davies dazu: → JACK BRUCE (b), CHARLIE WATTS (dr), DICK HECKSTALL-SMITH (sax), MICK JAGGER (voc). Die Blues Incorporated wurde zum Sprungbrett für viele spätere Stars: ERIC BURDON, → LONG JOHN BALDRY, → PAUL JONES, KEITH RICHARDS, → GINGER BAKER, BRIAN JONES, → GRAHAM BOND, HUGHIE FLINT und → JOHN MCLAUGHLIN, um nur ein paar zu nennen. Aus der Blues Incorporated entwickelten sich etliche Superbands: die → ANIMALS, die → ROLLING STONES (sie spielten zum ersten Mal zusammen, als Alexis Korner mit seiner Band bei einem Auftritt verhindert war), die → GRAHAM BOND ORGANISATION, → MANFRED MANN. Auf Korners Ermunterung hin gründeten die Blues-Corporation-Mitglieder DANNY THOMPSON und TERRY COX die Gruppe → PENTANGLE; er empfahl ROBERT PLANT für → LED ZEPPELIN; er war maßgeblich an der Gründung von → FREE beteiligt. 1968 tourte er mit dem dänischen Sänger PETER THORUP durch Skandinavien, 1969 gründete er mit

Thorup und seiner Tochter SAPPHO KORNER die Gruppe NEW CHURCH, die sich allerdings 1970 wieder auflöste. Anschließend rief er, zusammen mit Thorup, dem Produzenten → MICKIE MOST und dem Komponisten JOHN CAMERON die Studioband COLLECTIVE CONSCIOUSNESS SOCIETY, kurz → CCS genannt, ins Leben. Mit dieser Formation hatte Alexis Korner im Alter von inzwischen 42 Jahren seinen ersten großen kommerziellen Erfolg. CCS konnte sich 1970 mit einer Version von Led Zeppelins *Whole lotta love* in den UK-Charts plazieren, 1971 folgten *Walkin, Tap turns on the water*, 1972 *Brother* und 1973 *Band played the boogie*. 1972 gründete Korner dann mit den drei KING-CRIMSON-Mitgliedern MEL COLLINS, BOZ BURRELL und IAN WALLACE die Gruppe SNAPE, zu der auch Thorup gehörte. Auch diese Formation löste sich nach ein paar Monaten wieder auf. Danach spielte Alexis Korner immer wieder mal mit Wunschpartnern, machte viele Blues- und Rocksendungen fürs Radio und Fernsehen und öffentliche Vorträge über die Musik der amerikanischen Farbigen. Alexis Korner starb am 1. Januar 1984.

Billy J. Kramer & The Dakotas

WILLIAM ASHTON »BILLY J. KRAMER«, geb. 19. 8. 1943 in Bootle/Liverpoole, England, leadvoc
MICHAEL MAXFIELD, geb. 23. 2. 1944 in Manchester, England, leadg
ROBIN MCDONALD, geb. 18. 7. 1943 in Nairn, Schottland, g; 1964 ersetzt durch MICHAEL GREEN
RAY JONES, geb. 20. 10. 1939 in Oldham, England, b; ging 1964
TONY MANSFIELD, geb. 28. 5. 1943 in Salford, England, dr

Billy ist das jüngste von sieben Kindern. Nach dem Schulabschluß bekam er bei British Railways eine Lehrstelle. Doch nebenbei machte er bereits Musik und spielte Gitarre in seiner eigenen Band, ab 1962 betätigte er sich auch als Sänger. Dann schloß er sich einer neuen Band namens THE COASTERS (haben nichts mit den amerikanischen COASTERS zutun) als Leadsänger an und gab sich den Künstlernamen Billy J. Kramer. Bei einem Auftritt mit den Coasters wurde er 1962 vom → BEATLES-Manager BRIAN EPSTEIN entdeckt und sofort unter Vertrag genommen. Epstein kam auch auf die Idee, Kramer zum Leadsänger der Dakotas zu machen, der damals berühmtesten Band aus Manchester. Im März 63 verschaffte Epstein der Formation ein Engagement im Hamburger Star-Club, der schon den Beatles Glück gebracht hatte. Und prompt bekam die Band einen Plattenvertrag bei der selben Firma wie die Beatles, und sie wurde noch in die Obhut von Beatles-Produzent GEORGE MARTIN gegeben. Was lag also näher, als Billy J. Kramer und seine Dakotas auch noch Beatles-Songs singen zu lassen? Das geschah mit *Do you want to know a secret?* und *Bad to me*, beide aus der Feder von → JOHN LENNON und PAUL MCCARTNEY, und beide Singles wurden Hits. Zwei Jahre lang, von Mai 63 bis Mai 65, waren Billy J. Kramer & The Dakotas in den internationalen Charts zu finden, dann verloren ihre Songs an Attraktivität. Billy J. Kramer tritt heute noch ab und zu bei Oldie-Shows auf.

Jahr	Titel	USA	UK	D
1963	Do you want to know a secret?		2	
1963	Bad to me		1	
1963	I'll keep you satisfied		4	
1964	Little children	7	1	
1964	Bad to me	9		
1964	I'll keep you satisfied	30		
1964	From a window	23	10	
1965	Trains and boats and planes		12	

Peter Kraus

geb. 18. 3. 1939 in München, voc

Peter Kraus gehörte in den 50er und frühen 60er Jahren zusamen mit → Ted Herold, Jörg Maria Berg und Tommy Kent zu den deutschen Rock-Stars, die mit Entenschwanz-Frisur, Konditor-Tolle, Blue Jeans, lässigem Gehabe und mehr oder weniger gekonntem Hüftschwung versuchten, dem großen Vorbild → Elvis Presley nahezukommen. Peter Kraus war allerdings der erfolgreichste des Trios. Der Sohn des berühmten deutschen Kabarettisten Fred Kraus begann seine Karriere im Alter von dreizehn Jahren als Schauspieler. Sein erster Film war Erich Kästners *Das fliegende Klassenzimmer*. Als Mitte der 50er Jahre dann plötzlich der amerikanische Rock'n'Roll über Deutschland hereinbrach, suchte die Plattenindustrie händeringend nach deutschen Interpreten – und stellte fest, daß der nette Peter Kraus auch Stimme hatte. Und so durfte er mit niedlichem Kiekser in der Stimme Lieder wie *Susi Rock, O Baby mach' dich schön* oder *Wenn Teenager träumen* singen. Man vereinte ihn mit Jörg Maria Berg zum Duo James Brothers, ließ ihn im Duett mit → Conny Froboess und dem deutschen langbeinigen Zwillingswunder Alice und Ellen Kessler vors Mikro treten. So ganz verkraftete der Jung-Star seinen Erfolg zwar nicht, er stieß seine Fans schon mal vor den Kopf, wenn er sich mit einem Hunderter (damals immens viel Geld) eine Zigarette anzündete, aber er blieb immer erfolgreich. Jedenfalls bis 1963, bis ihm die → Beatles die Show stahlen. Da stand er nun, der Sänger und Schauspieler, der mit siebzehn Jahren ein Superstar war, bis 1963 15 Millionen Platten verkauft hatte, und schien als 25jähriger schon am Ende seiner Karriere. Doch da Peter Kraus eine solide Gesangs- und Tanzausbildung hatte, blieb ihm noch die Bühne. Er wirkte in diversen Musicals mit, spielte richtiges Theater, machte Fernsehshows, die jedesmal hohe Einschaltquoten hatten, und drehte weiterhin Filme, inzwischen allerdings als ernsthafter Schauspieler. Außerdem hatte er endlich Zeit, sich eine Frau zu suchen. Er fand sie in Ingrid, mit der er zwei Kinder hat. Ab und zu veröffentlichte er Platten, die jedoch stets Flops waren. Sein musikalisches Comeback läutete Peter Kraus Ende der 80er Jahre ein. Zunächst in Österreich, anschließend auch in Deutschland begeisterte er mit seiner gutgemachten Nostalgie-Rock-Show die weiblichen Fans zwischen 18 und 80. Und im wehmütigen Erinnern wirkte auch der Kiekser in der Stimme und der Hüftschwung des Fünfzigjährigen richtig gekonnt.

Jahr	Titel	USA	UK	D
1957	Susi Rock			8
1957	Liebelei			11
1958	O Baby mach dich schön			5
1958	Wenn Teenager träumen (mit Micky Main)			7
1958	Hula Baby			1
1958	Mit Siebzehn			2
1958	Sugar Baby			2
1959	Ich möcht mit dir träumen (mit Mikky Main)			8
1959	Teenager Melodie (mit Micky Main)			10
1959	Honey Baby (du paßt so gut zu mir) (m. Main)			3
1959	Kitty-Cat			3
1959	Wunderbar bist du			14
1959	Ich bin ja so allein			12
1959	Tiger			8
1960	Alle Mädchen wollen küssen			15
1960	Va Bene			6
1960	Jedes Mädchen auf Erden			19
1961	Blue Melodie			7
1961	Schwarze Rose, Rosemarie			5
1962	Silvermoon			6
1962	Sweety			1
1962	Western Rose			13
1963	Desafinado			16
1963	Ein Souvenir			13

Alice, Ellen und Peter

1959	Honey Moon			15
1960	Mondschein und Liebe			17

James Brothers

1958	Wenn			5
1959	Wenn du heut ausgehst			10
1959	Die jungen Jahre			10
1959	Cowboy Billy			6
1961	Morgen bist du alle Sorgen los			16
1961	Beim Candlelight			17

Paul Kuhn

geb. 12. 3. 1928 in Wiesbaden, p, voc

Kuhn besuchte das Konservatorium, gründete 1946 seine erste eigene Combo, das Paul Kuhn Trio, und bekam 1953 damit einen Plattenvertrag. Er machte sich als sehr guter Jazz-Pianist, als Arrangeur, Produzent und Orchesterchef einen Namen und veröffentlichte etliche erfolgreiche Platten als Sänger witziger Lieder und im Duett mit Greetje Kauffeld. Heute ist Paul Kuhn Orchesterchef beim Sender Freies Berlin (SFB) und ein gern gesehener Gast in jeder Fernsehshow.

Jahr	Titel	USA	UK	D
1955	Der Mann am Klavier			4
1956	Auf meinem Konto			11
1958	Die Farbe der Liebe			3
1959	Butterfly Doll			10
1963	Es gibt kein Bier auf Hawaii			5
1964	Gib dem Bub' die Geige nicht			28
1964	Jeden Tag, da lieb' ich dich ein kleines bißchen mehr (m. Greetje Kauffeld)			64

L

Frankie Laine

Frank LoVecchio, geb. 30. 3. 1913 in Chicago/Illionois, USA, voc

Frankie begann schon als Kind mit dem Singen und verdiente sich später sein Geld damit in diversen Clubs. 1937 kam er für → Perry Como als Sänger zur Freddy Carlone Band und wurde anschließend Radiosänger. Nach dem Zweiten Weltkrieg wurde er, zusammen mit seinem Pianisten Carl Fischer, in Hollywood eine Nachtclub-Attraktion, es folgten Engagements beim Theater, und 1946 bekam er einen Plattenvertrag. *That's my desire* wurde Mitte 1947 seine erste Single und sein erster Millionenseller. Der Sänger, dessen Stimme so gewaltig war, daß er selbst in großen Hallen auch ohne Mikrophon bis auf den letzten Platz zu hören war, gewann schnell die Herzen der Zuhörer und konnte einen Bestseller nach dem anderen verbuchen. Bis 1969 hatte Frankie Laine über 100 Millionen Platten verkauft. Lieder wie *That lucky old sun* (1949), *Mule train* (1949), *The cry of the wild goose* (1950), *Jezebel* (1951), *Jealousy* (1951), *High noon* (1952), *I believe* (1953) machten ihn unvergeßlich. Heute lebt Frankie Laine an der amerikanischen Westküste und tritt immer noch ab und zu auf.

Jahr	*Titel*	*USA*	*UK*	*D*
1955	In the beginning		20	
1955	Cool water		2	
1955	Strange lady in town		6	
1955	Humming bird	17	16	
1955	Hawkeye		7	
1956	Sixteen tons		10	
1955	A woman in love	19	1	
1956	Moonlight gambler	3	13	
1957	Love is a golden ring	10	19	
1959	Rawhide		6	
1969	You gave me a mountain	24		

Major Lance

geb. 4. 4. 1941 in Chicago/Illinois, USA, voc

Eigentlich wollte Major Lance ja Boxer werden, aber dann schloß er sich einer Gospel-Gruppe namens The Five Harmonaires an, und alles wurde anders. Als sich die Formation 1959 auflöste, verschaffte ihm ein Discjockey einen Plattenvertrag. *I got a girl* und *Delilah* hießen die ersten Singles des farbigen Sängers. Seinen ersten großen Hit hatte Major Lance dann 1963 mit *The monkey time*, das Curtis Mayfield von den → Impressions geschrieben hatte. Der zweite große Erfolg folgte ein Jahr später mit *Um, um, um, um, um, um,* ebenfalls aus der Feder von Curtis Mayfield, das in England in der Version von → Wayne Fontana And The Mindbenders erfolgreich war.

Jahr	Titel	USA	UK	D
1963	The monkey time	8		
1963	Hey little girl	13		
1964	Um, um, um, um, um, um	5	40	
1964	The matador	20		

The Larks

Don Julian
Charles Morrison
Ted Walters

The Larks waren Don Julians zweite Gruppe. Die erste hatte er Mitte der 50er Jahre gegründet und Meadowlarks genannt. *Heaven and paradise* war 1955 der größte Erfolg dieser Band gewesen. Anfang der 60er Jahre gründete er dann seine zweite Gruppe, die er nur The Larks nannte. Für dieses Trio schrieb er 1964 den Song *The jerk*, der der einzige große Hit der Band wurde.

Jahr	Titel	USA	UK	D
1964	The jerk	7		

Martin Lauer

geb. 2. 1. 1937 in Deutschland, voc

Martin Lauer war ein Sport-Star der späten 50er/frühen 60er Jahre. 1959 lief er 110 Meter Hürden in 13,2 Sekunden: Weltrekord. Anschließend siegte er 1960 mit der deutschen Sprintstaffel bei den Olympischen Spielen. Insgesamt wurde Martin Lauer im Laufe seiner Sport-Karriere 25mal deutscher Meister. Doch dann setzte eine Blutvergiftung seiner sportlichen Laufbahn ein Ende. Lauer absolvierte ein Ingenieursstudium, schrieb Zeitungsartikel und ein Sportbuch mit dem Titel *Aus meiner Sicht*. Und der Mann mit den vielen Talenten fing an zu singen. Meist waren es Country-Songs, die sich ab 1962 bis Mitte des Jahrzehnts mit schöner Regelmäßigkeit in der Hitparade plazieren konnten. Insgesamt verkauften sich seine Platten über drei Millionen Mal. Heute ist der ehemalige Sport- und Gesangs-Star Geschäftsführer einer Innovations- und Beteiligungsgesellschaft, die finanzschwachen, aber ideenreichen Unternehmen auf die Beine hilft.

Jahr	Titel	USA	UK	D
1962	Sacramento			27
1962	Die letzte Rose der Prärie			5
1963	Wenn ich ein Cowboy wär'			9
1963	Jim und Joe			20
1964	Am Lagerfeuer			19
1964	Sein bestes Pferd			5
1965	Taxi nach Texas			7
1965	John Brown's Baby			23
1965	Silver Dollars			26

Steve Lawrence

Steven Leibowitz, geb. 8. 7. 1935 in Brooklyn/New York, USA, voc

Stevens Vater, ein Kantor, ermutigte seinen Sohn schon in jungen Jahren zum Singen und Musizieren. Zunächst lernte Steve Klavier und Saxophon und versuchte sich als Komponist und Arrangeur. Dann schulte er seine Stimme und gewann 1952 ARTHUR GODFREYS *Talent Scout*-Show. Bein einem Auftritt in der STEVE ALLEN-Fernsehshow lernte er seine spätere Ehefrau EYDIE GORME kennen. 1953 bekam Steve, der sich inzwischen den Künstlernamen Lawrence zugelegt hatte, einen Plattenvertrag und hatte mit *Poinciana* seinen ersten Erfolg. 1957 heirateten Steve und Eydie, und sie entwickelten sich bald zu einem gefragten Nightclub-Act. Ab 1959 hatten die beiden ihre eigene Fernseh-Show und nahmen unter der Bezeichnung STEVE & EYDIE etliche erfolgreiche Songs auf. Dazu hatten sie auch immer als Solisten Hits, wie z. B. Eydie 1963 mit dem Millionenseller *Blame it on the bossa nova* oder Steve Lawrence 1964 mit dem ebenso erfolgreichen *Go away little girl* aus der Feder von → CAROLE KING und GERRY GOFFIN. 1964 gab Steve auch sein Debüt als Schauspieler, in *What makes Sammy run*, und später war er mit seiner Frau in *Golden rainbow* zu sehen. Ab 1965 hatte Steve Lawrence eine eigene TV-Show. Heute gehören Steve und Eydie zu den Stars von Las Vegas.

Jahr	*Titel*	*USA*	*UK*	*D*
1957	The banana boat song	18		
1957	Party doll	5		
1959	Pretty blue eyes	9		
1960	Footsteps	7	4	
1961	Portrait of my love	9		
1962	Go away little girl	1		
STEVE & EYDIE				
1963	I want to stay here	28	3	

Leo Leandros

PAPATHANASSIOU VASSILIKI LEANDROS, geb. in Griechenland, voc

Leo, der Vater von Schlagerstar → VICKY LEANDROS, kam Mitte der 50er Jahre von Griechenland nach Deutschland. Leo war schon in Griechenland ein populärer Sänger gewesen, und diesen Status konnte er sich auch in Deutschland sichern. Bis Mitte der 60er Jahre waren seine meist witzigen Lieder immer wieder in der deutschen Hitparade vertreten, dann widmete er sich mehr als Manager und Produzent der Karriere seiner Tochter.

Jahr	*Titel*	*USA*	*UK*	*D*
1959	Banana boat Song			11
1960	Mustafa			1
1961	Tum-Balalaika			29
1961	Bananas			25

Vicki Leandros

geb. 23. 8. 1949 auf Korfu, Griechenland, voc

Vickis Eltern wanderten Mitte der 50er Jahre nach Deutschland aus, ließen sich in Hamburg nieder und holten dann die kleine Tochter nach. Vickis Vater → LEO LEANDROS war bereits in Griechenland ein erfolgreicher Sänger gewesen, und auch in Deutschland konnte er sich schnell als Schlagersänger etablieren. Er war es auch, der Mitte der 60er Jahre Vickis Sangeskarriere in die bewährten Hände nahm und mit ihr die erste Single *Messer, Gabel, Schere, Licht* produzierte. 1966 wurde Vicki mit ihrer klaren, hellen, kräftigen Stimme zur besten Nachwuchssängerin Deutschlands gewählt, ein Jahr später nahm sie mit dem französischen Song *L'amour est bleu* für Luxemburg am Grand Prix D'Eurovision teil und belegte den 4. Platz. 1972 trat sie bei diesem internationalen Wettbewerb wiederum für Luxemburg mit dem Lied *Après toi* an, und diesmal siegte sie. Inzwischen gehörte sie in Deutschland bereits zu den beliebtesten deutschen Schlagersängerinnen. Die Interpretin, die sieben Sprachen spricht und nicht nur eine Gesangsausbildung, sondern auch eine Ausbildung für klassische Gitarre und Ballett erhalten hat, konnte sich bis Ende der 70er Jahre immer wieder in den Hitparaden plazieren. Auch heute veröffentlicht Vicky, die inzwischen verheiratet und stolze Mutter von zwei Kindern ist, regelmäßig Platten, die sich immer noch recht gut verkaufen.

Jahr	*Titel*	*USA*	*UK*	*D*
1965	Messer, Gabel, Schere, Licht			16
1967	L'amour est bleu			27
1967	Morgen sehen wir uns wieder			20
1968	Bunter Luftballon			16
1969	Karussell d'amour			18
1971	Ich bin			13
1971	Wo ist er			19
1972	Après toi			11
1972	Dann kamst du (deutsche Version von *Après toi*)			11
1972	Come what my (englische Version von *Après toi*)		2	
1972	Ich hab' die Liebe geseh'n			2
1973	The love in your eyes (englische Version von *Ich hab' die Liebe geseh'n*)		40	
1973	Die Bouzouki klang durch die Sommernacht			4
1973	When the bouzouki played (englische Version von *Die Bouzouki klang . . .*)		44	
1973	Auf Wiedersehn, ihr Freunde mein			12
1974	Theo, wir fahr'n nach Lodz			1
1974	Du läßt mir meine Welt			9
1975	Rot ist die Liebe			15
1975	Ja, ja, der Peter, der ist schlau			13
1976	Ich liebe das Leben			10
1976	Tango d'amour			19
1977	Auf dem Mond, da blühen keine Rosen			9

Led Zeppelin

James Patrick Page, geb. 9. 1. 1945 in Heston/Middlesex, England, leadg
Robert Plant, geb. 20. 8. 1948 in Bromwich/Staffordshire, England, leadvoc, harmonica
John Baldwin »John Paul Jones«, geb. 3. 1. 1946 in Sidcup, England, b, keyb
John »Bonzo« Bonham, geb. 31. 5. 1948

in Reddich/Worcestershire, England, dr; gest. 25. 9. 1980 in Windsor, England

Jimmy Page, der ehemalige Kunststudent, kam 1966 als Gitarrist zu den → YARDBIRDS. Er blieb bei der Superband, bis diese sich 1968 auflöste und Jimmy ein schweres Erbe hinterließ: den Gruppennamen und eine ganze Liste mit Auftrittsdaten in Skandinavien, die auf ihre Erfüllung warteten. Als ersten Mitspieler holte sich Page den renommierten Sessionmusiker John Paul Jones. Seine weiteren Wunsch-Partner wären TERRY REID und B. J. WILSON von → PROCOL HARUM gewesen, aber die waren leider nicht verfügbar. Als Ausweg engagierte er dann die bis dato eher unbekannten Musiker Plant und Bonham. Plant war Mitglied bei THE BAND OF JOY gewesen und wollte sich gerade → ALEXIS KORNER anschließen, als ihn Page holte. Das Quartett nannte sich THE NEW YARDBIRDS und erfüllte die ausstehenden Daten. Auf Anregung von Pages Freund KEITH MOON von den → WHO änderten die vier dann den Namen in Led Zeppelin. Nachdem sie in England nur auf wenig Resonanz stießen, tourten sie noch 1968 durch Amerika und veröffentlichten dort auch sofort das Debüt-Album *Led Zeppelin I*. Die LP enthielt die Single-Hits *Communication breakdown* und *Dazed and confused* und wurde Anfang 1969 in USA mit Gold ausgezeichnet. Auf dieses erstklassige Rock-Album folgten die ebenso vorzüglichen weiteren Alben *Led Zeppelin II* (1969) und *Led Zeppelin III* (1970), die das Quartett endgültig als Heavy-Metal-Super-Act etablierten. Vor allen Dingen die Singles *Whole Lotta Love* (von *II*) und *Immigrant Song* (von *III*) schufen ihnen international eine große Fangemeinde, obwohl sich beim dritten Album bereits eine Hinwendung zu mehr Folk-betonten Songs abzeichnete. Die LP *Led Zeppelin IV* setzte 1971 diese neue Linie fort. Es folgten die Songs *Black dog* und *Stairway to heaven*, die heute bereits zu den Klassikern dieses Genres gehören. 1973 brachten Led Zeppelin das Super-Album *Houses of the holy* heraus, auf dem sie sich mit Leichtigkeit und Können an allen möglichen Spielarten versuchten: harten Rock, Soul, Folk-Balladen, Reggae. Auch das 75er Doppel-Album *Physical graffiti* nahmen Kritiker und Fans mit einer Begeisterung auf, die erst beim 76er Album *Presence* etwas nachließ. Doch zu diesem Zeitpunkt gehörten Led Zeppelin bereits zu jenen Super-Acts, deren Alben noch vor Veröffentlichung mit Platin ausgezeichnet wurden, allein auf Grund der verkauften Vorbestellungen, und deren Konzerte bereits ausverkauft waren, ehe sie noch überhaupt richtig angekündigt wurden. 1974 gründete die Gruppe ihr eigenes Platten-Label Swan Song, bei dem Stars wie BAD COMPANY und MAGGIE BELL ihre Platten veröffentlichten. 1973 hatten Led Zeppelin im New Yorker Madison Square Garden eines ihrer umjubelten Konzerte gegeben. Von diesem Auftritt war ein Film gedreht worden, der im November 1976 unter dem Titel *The song remains the same* veröffentlicht wurde, gleichzeitig mit dem Soundtrack-Doppel-Album gleichen Namens. Dann trat eine lange Pause ein, während der nichts Neues von Led Zeppelin kam, obwohl sich die Gruppe offiziell nicht aufgelöst hatte. Robert Plant veröffentlichte während dieser Zeit Solo-Alben und hatte 1983 mit *Big log* in England einen Nr.-11-Hit; Jimmy Page schrieb Filmmusik, z. B. für den Streifen *Death wish II*, die Fortsetzung von *Ein Mann sieht Rot* mit Charles Bronson. Ende 1982 erschien dann die LP *Coda*, die allerdings kein neues, sondern nur bislang unveröffentlichtes Material enthielt.

Jahr	*Titel*	*USA*	*UK*	*D*
1969	Whole lotta love	4		1
1970	Immigrant song	16		6
1972	Black dog	15		22
1972	Rock and roll			13
1973	The ocean			8
1973	D'yer mak'er	20		
1975	Trampled under foot	38		
1980	Fool in the rain	21		

Brenda Lee

Brenda Mae Tarpley, geb. 11. 12. 1944 in Atlanta/Georgia, USA, voc

Brenda Lee gehörte zu den amerikanischen Kinderstars. Bereits im zarten Alter von vier Jahren fing sie mit dem Singen an, und mit sechs gewann sie einen Kinderwettbewerb. Daraus resultierte eine regelmäßige Fernseh-Show in Atlanta. Mit elf zog Brenda mit ihren Eltern nach Augusta, wo sie ebenfalls regelmäßig im Radio auftrat. Dort lernte sie auch den berühmten Country- und Western-Sänger Red Foley kennen, trat in seiner Show auf und erhielt tosenden Applaus. 1956 bekam Brenda Lee, der Teenager mit der rauhen Whisky-Stimme einer alten Nachtclubsängerin, den ersten Plattenvertrag. *Jambalaya, One step at a time* und *Dynamite* hießen 1956/57 ihre ersten Singles, und das Dynamit blieb ihr auch – ihr Spitzname wurde »Little Miss Dynamite«. Ende 1959 veröffentlichte sie *Sweet nothin's*, eine spannungsgeladene Rock-Nummer, die 1960 der erste einer langen Reihe von internationalen Bestsellern wurde. Mit einem Auftritt in dem Film *The two little bears* zeigte sie, daß sie auch als Schauspielerin über Talent verfügte. Bis Mitte der 60er Jahre war die kleine, temperamentvolle Person mit dem starken Rock- und Bluesfeeling in der Stimme in den Charts vertreten. Dann wurde es langsam ruhiger um sie. Sie zog mit ihrem Ehemann Ronnie und ihren Kindern nach Nashville und begann Anfang der 70er Jahre eine höchst erfolgreiche Karriere als Country-Sängerin. Mit Titeln wie *Nobody wins* (1973), *Sunday sunrise* (1973), *Wrong ideas* (1974), *Big four poster bed* (1974), *Rock on baby* (1974), *He's my rock* (1975), *Tell me what it's like* (1979), *The cowgirl and the dandy* (1980) und *Broken trust* (1980) erreichte sie jeweils die Top 10 der US-Country-Charts.

Jahr	*Titel*	*USA*	*UK*	*D*
1960	Sweet nothin's	4	4	34
1960	I'm sorry	1	12	25
1960	That's all you gotta do	6		
1960	I want to be wanted	1	31	
1960	Rockin' around the christmas tree	14		
1961	Emotions	7	45	47
1961	Let's jump the broomstick		12	
1961	You can depend on me	6		
1961	Dum dum	4	22	
1961	Fool # 1	3	38	
1962	Break it to me gently	4	46	

Jahr	Titel	USA	UK	D
1962	Everybody love me but you	6		
1962	Heart in hand	15		
1962	Speak to me pretty		3	
1962	Here comes that feeling		5	
1962	It started all over again	29	15	
1962	Rockin' around the christmas tree		6	
1962	All alone am I	3	7	
1963	Losing you	6	10	
1963	I wonder	25	14	
1963	The grass is greener	17		
1963	As usual	12	5	
1964	Think	25	26	
1964	Wiedersehn ist wunderschön			23
1964	Ich will immer auf dich warten			15
1964	Is it true	17	17	
1965	Too many rivers	13	22	
1966	Coming on strong	11		

Curtis Lee

geb. 28. 10. 1941 in Yuma/Arizona, USA, voc

Curtis Lee wurde von seinem Sangeskollegen → Ray Peterson (*Tell Laura I love her*) in einem Nachtclub in Tucson entdeckt. Ray war von Curtis' Stimme so angetan, daß er ihm einen Vertrag bei seiner Plattenfirma verschaffte. Als erstes nahm Curtis den Song *Pledge of love* auf, der ein grandioser Flop wurde. Der große Erfolg kam erst 1961 mit dem Lied *Pretty little angel eyes*, das Curtis zusammen mit → Tommy Boyce geschrieben hatte. Als Background-Chor fungierten übrigens die → Halos, die ebenfalls 1961 mit *Nag* einen Hit hatten.

Jahr	Titel	USA	UK	D
1961	Pretty little angel eyes	7	47	

Dickey Lee

Dick Lipscomb, geb. 21. 9. 1941 in Memphis/Tennessee, USA, voc, g

Als Teenager hatte Dickey mit einer Sangeskarriere nicht viel im Sinn. Er war ein guter Boxer und Allround-Athlet und hatte zusätzlich noch eine Ader für Kunst. Singen war sein Hobby. Doch schon bald merkte er, daß seine warme, weiche Stimme bei den Leuten gut ankam, und so benutzte er sein Hobby, um sich das Geld für die Studiengebühren zu verdienen. Bei einem dieser Auftritte hörte ihn → Bill Haley und sorgte für einen Plattenvertrag. Seinen größten Hit hatte Dickey Lee 1962 mit dem Lied *Patches*, einem Song über ein unglückliches Mädchen, das Selbstmord verübt; davon handelt übrigens auch sein Hit *Laurie*. Dann hörte man längere Zeit nichts mehr von ihm, bis er sich Anfang der 70er Jahre, ähnlich wie → Brenda Lee, für eine Karriere als Country-Sänger qualifizierte. 1971 war er in den US-Country-Charts auf Platz 8 mit seiner Version des → Delaney & Bonnie-Hits *Never ending song of love*; 1975 hatte er einen Nr.-1-Hit mit *Rocky*, das im gleichen Jahr ein Nr.-9-Hit in den Pop-

Charts für Austin Roberts gewesen war und 1976 in der deutschen Version für Frank Farian ein Nr.-1-Hit wurde; 1976 hatte er einen Nr.-9-Hit mit *Angels, roses and rain,* und im selben Jahr kam er auf Platz 3 mit dem Ohrwurm *9.999.999 tears*.

Jahr	*Titel*	*USA*	*UK*	*D*
1962	Patches	6		
1962	I saw Linda yesterday	14		
1965	Laurie (Strange things happen)	14		

Jackie Lee

Jackie Lee war Mitglied der Hollywood Flames gewesen, jener Band, die zunächst unter dem Namen The Satellites als Begleitchor von Bobby Day (*Rock-in' robin*) fungierte und anschließend 1957 mit *Buzz-buzz-buzz* einen Nr.-11-Hit gehabt hatte. Jackie Lee machte sich in den 60er Jahren selbständig und hatte 1965 einen Manager, einen farbigen Herrn namens Barry White – jenen Barry White, der in den 70er Jahren mit Songs wie *Never, never gonna give you up* oder *Can't get enough of your love, babe*, etliche Millionenseller hatte. Unter Barry Whites Regie sang Jackie Lee ein Lied namens *The duck* und hatte damit einen Bestseller

Jahr	*Titel*	*USA*	*UK*	*D*
1965	The duck	14		

Leapy Lee

Lee Graham, geb. 2. 7. 1942 in Eastbourne/Sussex, England, voc

In der Schule gehörte Lee zur Schauspielgruppe und hatte eine eigene Rockband. Mit 15 Jahren verließ er die Schule und nahm tagsüber einen Job in einer Fabrik an, damit er abends mit seiner Band in Ruhe proben konnte. Doch das war dem quirligen Knaben alles viel zu wenig. Also dehnte er seine Aktivitäten aus: Er wurde Schauspieler, trat in London Ende der 50er, Anfang der 60er Jahre in Stücken wie *Large as life, Johnnie the priest* und *Sparrows can't sing* auf, gab sein TV-Debüt in *State your case*, wurde Künstlermanager, Antiquitäten-Händler, Songschreiber, Sänger und machte so nebenbei auch noch eine Bingo-Halle auf. Sein großer Tag kam 1968, als ihm der Song *Little arrows* aus der Feder von Albert Hammond und Mike Hazlewood in die Hände fiel. Damit hatte der Interpret, der auch Gitarre und Banjo spielt, einen internationalen Hit und Millionenseller – seinen einzigen.

Jahr	*Titel*	*USA*	*UK*	*D*
1968	Little arrows		2	4
1970	Good morning		29	

Peggy Lee

Norma Delores Egstrom, geb. 6. 5. 1920 in Jamestown/North Dakota, USA, voc

Norma Egstrom, die blonde Sängerin mit der höchst erotischen Stimme, bekam ihren Künstlernamen, als sie sich 1940 um einen Job bei einer Radiostation in Fargo bemühte. Der Programmchef fand, daß sie nach Peggy aussehen und daß zu Peggy am besten Lee passen würde. Unter diesem Namen sang sie 1941 in Chicago, wo Benny Goodman auf sie aufmerksam wurde. Er nahm sie unter Vertrag, und 1942 hatten die beiden gemeinsam einen Millionenseller mit *Why don't you do right?*. Mitte der 40er Jahre zog sich Peggy Lee für einige Zeit aus dem Showbusiness zurück, feierte aber 1948 ein triumphales Comeback mit dem Millionenseller *Manana*. Ebenfalls millionenfach verkaufte sich ihre eigenwillige Version des Rodgers and Hart-Songs *Lover* aus dem Film *Love me tonight*, in dem Maurice Chevalier und Jeanette McDonald die Hauptrollen spielten. Am bekanntesten dürfte Peggy Lees 58er Millionenerfolg *Fever* sein, ein bluesiger, unter die Haut gehender Song, den Otis Blackwell unter dem Pseudonym John Davenport geschrieben hatte. In diesen Jahren baute sich Peggy Lee den Ruf auf, eine der weltbesten Entertainerinnen zu sein, die auch das anspruchsvollste Publikum ohne Schwierigkeiten mit ihrem Können vom Stuhl riß.

Jahr	*Titel*	*USA*	*UK*	*D*
1956	Mr. Wonderful	14	5	
1958	Fever	8	5	
1961	Till there was you		40	
1969	Is there all there is	11		

The Left Bank

Steve Martin, leadvoc
Jeff Winfield, leadg, ersetzt durch Rick Brand
Michael Brown, geb. 25. 4. 1949, keyb
Thomas Finn, b
George Cameron, dr
alle aus New York City, USA

Das Quintett wurde 1966 von Mike Brown gegründet. Er war aus gutem Grund der Kopf der Formation: Sein Vater hatte ein Aufnahmestudio und einige Erfahrungen im Musikbusiness, und er fungierte gleichzeitig als Manager, Verleger und Produzent der Band und besorgte ihnen auch den ersten Plattenvertrag. Die erste Single Ende 1966 hieß *Walk away Renee*, eine recht seltsame Rocknummer mit Klassikelementen versetzt. Anfang 1968 nahm die Soulgruppe → The Four Tops eine eigene Version dieses Songs auf und hatte einen Nr.-14-Hit damit. Anfang 1967 hatte The Left Bank mit *Pretty ballerina* den zweiten Erfolg, anschließend verließ Mike Brown die Formation, um unter dem Namen Left Bank die Singles *And suddenly* und *Ivy ivy* aufzunehmen, die beide glatte Flops wurden. Die Original-Gruppe und Brown gerieten sich sofort wegen des Namens in die Haare und verhandelten schließlich nur noch per Gericht, dabei gewann die Original-Gruppe den Streit. Mit *Desiree* gelang der Band Ende 1967 eine letzte Charts-

Notierung in USA, wobei der Song allerdings nur bis Rang 98 kam. Anfang 1968 löste sich The Left Bank auf. Mike Brown wurde anschließend Sänger der STORIES, die 1973 einen Nr.-1-Hit und Millionenseller mit ihrer Version des HOT-CHOCOLATE-Titels *Brother Louie* hatten.

Jahr	*Titel*	*USA*	*UK*	*D*
1966	Walk away Renee	5		
1967	Pretty ballerina	15		

Jerry Leiber And Mike Stoller

JERRY LEIBER, geb. 25. 4. 1933 in Baltimore/Maryland, USA
MIKE STOLLER, geb. 13. 3. 1933 in New York, USA

Diese beiden Namen sind untrennbar mit der Rock- und Pop-Musik der 50er und der 60er Jahre verbunden. Das Team Leiber/Stoller schrieb nicht nur unzählige Hits, es war auch maßgeblich an wegweisenden Produktionen beteiligt. Beide wuchsen mit einer ausgewogenen Mischung aus weißem Country und schwarzem Blues auf, und schon als Teenager fingen sie an, diese beiden Musikrichtungen zu vermischen und in eigenen Songs zu verarbeiten. Ende der 40er Jahre war der R & B »geboren« worden, und die beiden Freunde stürzten sich mit Wollust in diese aufregende Musik. 1952 begannen sie ihren internationalen Siegeszug mit dem Klassiker *Kansas City*, der zunächst von LITTLE WILLIE LITTLEJOHN aufgenommen wurde und erst 1959 für WILBERT HARRISON ein Nr.-1-Hit in USA wurde. 1953 ließen sie sich den nächsten Rock-Klassiker einfallen, *Hound Dog* für BIG MAMA THORNTON. Den Nr.-1-Hit damit hatte jedoch 1956 → ELVIS PRESLEY. Leiber und Stoller merkten sehr schnell, daß diese Mischung aus Country und R & B, genannt Rock, bei den Leuten hervorragend ankam und konzentrierten sich auf Songs in dieser Art. 1955 hatten sie mit *Black denim trousers* den nächsten Bestseller geschrieben, einen Nr.-6-Hit für die CHEERS. Und 1955 wurden sie zu einer Art Hauskomponisten-Team für Elvis Presley. Sie schrieben die Musik für die Elvis-Filme *Loving you, King Creole* und *Jailhouse rock* und den Großteil der Hits, die der King in den 50er Jahren hatte. Gleichzeitig brachten sie mit ihren Songs eine farbige Gruppe namens THE COASTERS auf den Weg. Mit Songs wie *Down in Mexico, Searching, Yakety yak* und *Charley Brown* schrieben und produzierten sie für die Coasters zwischen 1957 und 1960 einen Bestseller nach dem anderen. Auf der Liste der Interpreten, die mit Leiber/Stoller-Songs und Produktionen Karriere machten, standen jetzt Namen wie → BEN E. KING mit *Spanish Harlem*, RUTH BROWN mit *Lucky lips* und die → DRIFTERS, für die Leiber/Stoller vor allen Dingen in den 60er Jahren eine ganze Menge Hits verfaßten wie *There goes my baby, True love, true love* und *Dance with me*. Von 1962 bis 1965 kümmerten sich die beiden um ihre eigene Plattenfirma, die sie aber wieder aufgaben. Dann machten sie erst einmal Pause und stiegen erst Ende der 60er Jahre wieder voll ins Geschäft ein. Aus dieser Zeit stammt z. B. → PEGGY LEES *Is that all there is?*, was sowohl als LP als auch als Single nach langen Jahren wieder ein Bestseller für die Sängerin wurde. 1972 verlagerten der Komponist Stoller und der Texter Leiber ihre Aktivitäten nach England. Ihr erstes Projekt war die Debüt-LP der Gruppe STEALERS WHEEL, der Formation um JOE EGAN und GERRY RAFFERTY. Sowohl das Album als auch die Single *Stuck in the middle with you*, beides von Leiber/Stoller produziert, wurden ein Hit. 1975 produzierten sie für die LP *Procol's ninth* von PROCOL HARUM das Stück *Pandora's box*. Der Song wurde ein Single-Hit, der Procol Harum nach langer Abstinenz wieder unter die Top 20 in UK brachte. Auch heute schreiben und produzieren die beiden immer noch mit schöner Regelmäßigkeit erfolgreiche Platten, wenn auch nicht mehr in den Mengen wie früher. Aber Geld haben sie schließlich genug verdient, jetzt können sie sich die Rosinen herauspicken.

Renate und Werner Leismann

RENATE LEISMANN, geb. 16. 4. 1942 in Schmallenberg, voc
WERNER LEISMANN, geb. 31. 12. 1936 in Schmallenberg, voc

Werner begann als Siebenjähriger mit dem Klavierunterricht, wechselte dann mit zehn Jahren zur Gitarre und lernte im Laufe der nächsten Jahre auch noch Mandoline, Banjo, Trompete und Akkordeon und beschäftigte sich mit Harmonielehre. Seine jüngere Schwester Renate sang zwar im Kirchenchor, interessierte sich ansonsten aber mehr für Sport. Mit sechzehn Jahren gründete Werner mit drei Schulfreunden ein Gesangsquartett, für das er Lieder schrieb. Eigentlich wollte Werner Musik studieren, aber da starb sein Vater, und der junge Mann mußte sich um seine Familie kümmern. Er wurde Textildesigner, d. h., er entwarf Muster für Herrenstrümpfe, und zwar so erfolgreich, daß er dafür mit etlichen Preisen ausgezeichnet wurde. Seine Schwester eiferte ihm nach und wurde Designerin für Babywäsche. Schließlich entdeckten die beiden Mitte der 50er Jahre, daß sie beide gerne sangen und ihre Stimmen gut zusammenpaßten. 1956 traten sie zum ersten Mal als Duo auf, kurz danach kam ein Auftritt in der *Peter Frankenfeld Show*, und dieser Auftritt wiederum führte zu einem Plattenvertrag. Doch es dauerte noch bis 1962 (und sieben Singles lang), bis das sympathische Duo in die Hitparaden kam. Dort konnten sie sich mit volkstümlichen Liedern bis Mitte der 70er Jahre halten.

Jahr	*Titel*	*USA*	*UK*	*D*
1962	Gaucho Mexicano			3
1963	Im kleinen Dorf am Rio Grande			11
1963	Goldene Sonne von Mexico			23
1964	Rot blüh'n die Rosen			26
1964	Ein Boy ist ein Boy			15
1965	Warten ist so schwer			17
1965	Mir geht's genauso wie dir			21
1973	Ein Schlafsack und eine Gitarre			16

The Lemon Pipers

Ivan Browne, geb. 1947, leadvoc, g
William Bartlett geb. 1946, leadg
R. G. Nave, geb. 1945, keyb, tambourine
Steven Walmsley, geb. 1949, b
William Albaugh geb. 1948, dr
alle aus Cincinnati/Ohio, USA

Die Lemon Pipers gehörten zu den amerikanischen Psychedelic-Bands. Das Besondere an ihnen war der leichte »Bubble-Gum«-Einschlag. Anfänglich nannten sie sich Ivan & The Sabres, bis sie sich dann 1967 umtauften. Ihre Debüt-Single hieß *Turn around, take a look* und war ein Flop. Doch die zweite Single *Green tambourine*, geschrieben von Paul Leka, dem Produzenten der Band, wurde ein Millionenseller. Mit den nächsten beiden Singles kam aber bereits schon wieder der Abstieg der Band.

Jahr	*Titel*	*USA*	*UK*	*D*
1967	Green tambourine	1	7	10
1968	Rice is nice	46	41	
1968	Jelly jungle (of orange marmalade)	51		

John Lennon

John Winston Lennon, geb. 9. 10. 1940 in Liverpool England, voc, g; gest. 8. 12. 1980 in New York, USA

Zusammen mit Paul McCartney war John Lennon der kreative Kopf der → Beatles. Er war aber auch immer der »Advocatus Diaboli« – das kritische, zynische, störrische, aber auch nachdenkliche Element im Gruppengefüge, das schlußendlich maßgeblich an der Auflösung der berühmten Band aus Liverpool beteiligt war. John, der Sohn von Julia Stanley und dem Schiffsstewart Fred Lennon, hatte eine eigenartige Kindheit. Der Vater verließ praktisch noch vor der Geburt die Mutter und ließ sich erst wieder blicken, als John ein berühmter Beatle geworden war. Julia, die unkonventionelle Mutter, die bereits in den 40er Jahren eine Emanzipation lebte, die heute noch mißtrauisch beäugt werden würde, wurde vom Sozialamt gezwungen, ihren einzigen Sohn ihrer Schwester Mary Smith und deren Mann George zur Erziehung zu geben. »Tante Mimi« liebte John zwar innig, und das war natürlich auch umgekehrt so, aber die Mutter Julia war es, die in John die Liebe zur Musik weckte. Sie war selbst eine begabte Gitarre- und Ukulele-Spielerin und vererbte ihrem Sohn ihr ganzes Können. Sie schenkte ihm auch zu seinem fünfzehnten Geburtstag eine Gitarre, und am 5. März 1956 gründete John seine erste Band The Quarrymen, die praktisch der Grundstein für die späteren Beatles wurde. Seine Mutter unterstützte ihn dabei, stellte auch ihre kleine Wohnung für die Übungsstunden der Band zur Verfügung und hätte vielleicht Johns Leben in ganz andere, ruhigere Bahnen lenken können, wenn sie nicht am 15. Juli 1958 bei einem Verkehrsunfall ums Leben gekommen wäre. Beim Verlassen des Hauses wurde sie von einem Auto angefahren und tödlich verletzt; der Fahrer flüchtete unerkannt. John stürzte sich anschließend in die Musik, er heiratete früh seine Freundin Cynthia und bekam am 8. April 1963 seinen ersten Sohn, den er in Erinnerung an seine Mutter Julian nannte. Bis 1970 gehörte John dann als führender Kopf zu den Beatles, die neue Maßstäbe in der internationalen Popmusik setzten. Doch das Ende der Band war bereits viel früher eingeläutet worden, nämlich 1966. Damals lernte John Yoko Ono kennen, die japanische Bankierstochter, die am 18. Februar 1933 in Tokyo geboren worden und somit sieben Jahre älter war als er. Yoko Ono, die kleine zierliche Person mit den langen jetschwarzen Haaren und dem unergründlichen Lächeln, faszinierte John von Anfang an. Yoko nannte sich eine Künstlerin, sie veranstaltete Ausstellungen mit sogenannter »konzeptioneller Kunst«. Da konnte die nette, blonde und etwas biedere Cynthia natürlich nicht mithalten. Sie ging im Haushalt auf, erzog den gemeinsamen Sohn Julian und sah John immer seltener. John und Yoko machten schließlich zusammen »Kunst«. Das bedeutete 1968 ein Album namens *Unfinished music No. 1 – Two virgins*, auf dessen Cover ein Nacktfoto von John und Yoko zu sehen war. Es war noch nicht richtig ausgeliefert, da wurde es schon wegen »Unzüchtigkeit« von der Polizei beschlagnahmt. Die Kritiker zerrissen das recht seltsame gemeinsame Werk in der Luft, genauso wie den gemeinsamen Film *Rape – Vergewaltigung*. Bei beiden war Yoko die Triebfeder gewesen. Am 8. November 1968 war es soweit, John ließ sich von Cynthia scheiden; er heiratete am 20. März 1969 Yoko Ono, die sich ihrerseits von ihrem Ehemann, dem Filmproduzenten Tony Cox, hatte scheiden lassen. Von da an waren die beiden immer für eine Schlagzeile gut. 1969 veranstalteten sie sogenannte »Bed-Ins«, bei denen sie tagelang für den Weltfrieden im Bett lagen. Bei dieser Gelegenheit entstand auch die Plastic Ono Band, ein loser Zusammenschluß aus ständig wechselnden Mitgliedern, die 1969 den Anti-Kriegs-Song *Give peace a chance* aufnahmen, einen Millionenseller. Im gleichen Jahr entstanden, stark beeinflußt von Yoko Ono und ihrer Vorliebe für Avantgarde-Musik, die Alben *Unfinished music No. 2 – Life with the lions* und *The wedding album*. Anschließend formierte John Lennon mit Yoko Ono eine Band, zu der → Eric Clapton (g), Klaus Voormann (b) und Alan White (dr) gehörten und mit der er bei einem Rock'n'Roll-Festival in Toronto spielte. Das war sozusagen die erste »offizielle« Plastic Ono Band, obwohl John später jede Band, mit der er gerade spielte, so nannte. Bei diesem Festival entstand Ende 1969 die LP *Plastic Ono Band – Live peace in Toronto*, die in erster Linie hervorragenden harten Rock bot. 1970 kam die offizielle Auflösung der Beatles, und nun brachte auch John Lennon sein erstes »offizielles« Solo-Album heraus, die LP *John Lennon/ Plastic Ono Band*, auf der er ganz öffentlich mit seinen Beatles-Jahren abrechnete. Ganz hervorragend und sehr persönlich war auch die 71er LP *Imagine* mit dem Titelsong-Millionenseller. Auf der 72er LP *Some time in New York City* durfte Yoko Ono mit ihrer nicht sonderlich geeigneten Stimme Etliches singen, was bei den Kritikern und Fans auf wenig Verständnis stieß. Die beiden nächsten Alben, *Mind games* 1973 und *Walls and bridges* 1974, zeigten wieder das Songwriter-Genie John Lennon, dem die Fans zu Füßen lagen. 1975 veröffentlichte John zunächst das Album *Rock'n' Roll*. Das war ihm ein persönliches Anliegen, an dem er zwei Jahre lang gearbeitet hatte und auf dem er Rock-Klassiker interpretierte. Es wurde ein großer Erfolg. Die 75er LP *Shaved fish* dagegen war eine Zusammenstellung seiner Single-Erfolge der letzten 5 Jahre. Die letzten fünf Jahre waren aber auch ein ständiger Kampf zwischen Yoko Ono und ihm gewesen. John bemerkte seine psychische und physische Abhängigkeit von dieser Frau, versuchte ihr mit Drogen aller Art zu begegnen, brach zusammen, machte eine Entziehungskur (in *Cold turkey* gab er die Qualen einer solchen Kur wieder), trennte sich für eineinhalb Jahre von ihr, versöhnte sich wieder, verfiel erneut in Drogen- und Alkohol-Exzesse und beschloß schließlich, sich ganz aus der Szene zurückzuziehen und sich nur Frau und Kind (dem am 9. Oktober 1975 geborenen Sean) zu widmen. John kaufte in Kanada eine Rinderfarm und verschwand, und zwar so gründlich, daß seine Fans schließlich Zweifel hegten, ob er überhaupt noch am Leben wäre. Um alle Zweifel auszuräumen, ließ John als Lebenszeichen 1979 in der New York Times eine Zeitungsanzeige veröffentlichen. Ruhig lebte er dahin, widmete sich seinem Sohn, während seine Frau Yoko sich als Managerin und Verwalterin seinem Vermögen widmete, das sich jährlich um 20 Millionen Dollar allein aus Tantiemen vergrößerte. Doch 1980 hielt es John Lennon nicht mehr aus. Der Musiker in ihm brach wieder durch. Er veröffentlichte die ganz hervorragende Comeback-LP *Double fantasy* mit dem Single-Hit *Starting over*, die beide Millionenseller wurden. Sofort nahm er ein weiteres Album in Angriff. Am 8. Dezember 1980 kam er um 22. 45 Uhr mit Yoko Ono gerade aus dem Plattenstudio vor seiner Wohnung in den Dakota Apartements in New York an, als er von dem geistesgestörten MARK DAVID CHAPMAN aus Hawaii vor der Haustür erschossen wurde. Damit hatte die Welt einen ihrer größten Songschreiber der Pop-Ära verloren.

Jahr	*Titel*	*USA*	*UK*	*D*
1969	Give peace a chance (unter dem Namen PLASTIC ONO BAND)	14	2	4
1969	Cold turkey	30	14	
1970	Instant karma (We all shine on)	3	5	11
1971	Power to the people	11	7	7
1971	Imagine	3		18
1972	Happy Xmas (War is over)		4	45
1973	Mind games	18	26	37
1974	Whatever gets you thru the night (mit → ELTON JOHN)	1	36	42
1975	# 9 dream	9	23	
1975	Stand by me	20	30	22
1975	Imagine		6	46
1980	(Just like) Starting over	1	1	4
1980	Happy Xmas (War is over)		2	
1980	Imagine		1	7
1981	Woman	2	1	4
1981	Give peace a chance		33	9
1981	Watching the wheels	10	30	46
1984	Nobody told me	5	6	55

Ketty Lester

geb. in Hope/Arkansas, USA, voc

Eigentlich wollte Ketty Krankenschwester werden. Sie machte gerade ihre Ausbildung am City College in San Francisco, als sie der Direktor der Schule aufforderte, beim Chor des Colleges mitzusingen. Ketty sang und war so begeistert davon, daß sie den Beruf Krankenschwester fahren ließ und sich dafür am State College von San Francisco einschrieb, um Musik zu studieren. Anschließend bekam sie einen Job in einem Club, wo sie von Cab Calloway entdeckt wurde, mit dem sie auf eine große Tour durch Südamerika ging. 1961 kehrte die farbige Sängerin wieder zurück und bekam einen Plattenvertrag. Ihren einzigen großen Hit hatte sie 1962 mit *Love letters*.

Jahr	*Titel*	*USA*	*UK*	*D*
1962	Love letters	5	4	
1962	But not for me	41	45	

The Lettermen

Bob Engemann, geb. 19. 2. 1936 in Highland Park/Michigan, USA, voc
Tony Butala, geb. 20. 11. 1940 in Sharon/Pennsylvania, USA, voc
Jim Pike, geb. 6. 11. 1938 in St. Louis/Missouri, USA, voc

Jim war Football-Spieler und Bob zwei Jahre lang Missionar gewesen, ehe sie ihr gemeinsames Hobby entdeckten: das Singen. Sie lernten sich kennen, als sie beide unabhängig voneinander in kleinen Clubs in Utah auftraten. Sie verstanden sich auf Anhieb und sangen künftig als Duo. 1960 lernten sie bei einem Auftritt in Los Angeles Tony kennen, der schon etliche Jahre als Nachtclub-Sänger Erfahrungen gesammelt hatte, und beschlossen, künftig als Trio durch die Lande zu ziehen. Sie bekamen auch einen Plattenvertrag und hatten, nach ein paar Flops, im September 1961 ihren ersten großen Hit *The way you look tonight*. Bis Ende der 60er Jahre waren die Lettermen erfolgreich, wobei 1968 Bob Engmann ging und für ihn Jims Bruder Gary Pike dazukam. Heute ist von der Original-Besetzung nur noch Tony Butala übrig, der mit zwei neuen Mitgliedern als Lettermen durch die Lande tourt.

Jahr	*Titel*	*USA*	*UK*	*D*
1961	The way you look tonight	13	36	
1961	When I fall in love	7		
1962	Come back silly girl	17		
1965	Theme from a summer place	16		
1968	Goin' out of my head/Can't take my eyes off you	7		
1969	Hurt so bad	12		

Barbara Lewis

geb. 9. 2. 1944 in Detroit/Michigan, USA, voc

Barbara, die aus einer musikalischen Familie stammt, zeigte schon als Kind großes Interesse für Musik, allerdings mehr fürs Schreiben als fürs Singen. Als sie Anfang der 60er Jahre ihre Ideen einem Verleger vorstellte, gefielen dem nicht nur ihre Lieder, sondern auch ihre Stimme. Er wurde ihr Manager, verschaffte ihr einen Plattenvertrag, und so hatte Barbara Mitte 1963 ihren ersten Hit mit der Eigenkomposition *Hello strangers*. Mit *Baby, I'm yours*, einem Lied aus der Feder von Van McCoy, hatte sie 1965 einen Millionenseller.

Jahr	*Titel*	*USA*	*UK*	*D*
1963	Hello stranger	3		
1965	Baby, I'm yours	11		
1965	Make me your baby	11		

Bobby Lewis

geb. 17. 2. 1933 in Indianapolis/Indiana, USA, voc

Der farbige Sänger verdiente sich sein Brot Anfang der 50er Jahre mit diversen Gelegenheitsjobs; unter anderem verkaufte er Töpfe für einen indianischen Straßenhändler und trat als Sänger in einer fahrenden Show namens Bimbo's auf. Schließlich ging er nach Chicago, wurde entdeckt und hatte 1956 seinen ersten lokalen Erfolg mit *Mumbles blues*. 1958 veröffentlichte er die Single *Oh! Mr. somebody*, im selben Jahr lernte er → Jackie Wilson kennen. Jackie war von Bobby Lewis angetan und lud ihn ein, mit ihm nach New York zu kommen. Bobby kam, tingelte ein paar Jahre ziemlich erfolglos durch die Gegend und bekam schließlich Anfang 1961 wieder einen Plattenvertrag. Er nahm das Lied *Tossin' and turnin* auf, das Ritchie Adams, der ehemalige Leadsänger der Gruppe The Fireflies (*You were mine*, Nr. 21 1959 USA) geschrieben hatte. Sieben Wochen lang blieb der Song die Nr. 1 der US-Charts und machte Bobby zu einem Star. Doch nach dem zweiten Bestseller *One track mind* flaute Bobbys Glückssträhne wieder ab. Heute wohnt er in New York und tritt regelmäßig in Clubs und bei Konzerten auf.

Jahr	*Titel*	*USA*	*UK*	*D*
1961	Tossin' and turnin'	1		
1961	One track mind	9		

Gary Lewis And The Playboys

Gary Levitch »Gary Lewis«, geb. 31. 7. 1946 in New York City, USA, dr
Al Ramsey, geb. 27. 7. 1943 in Danfield/New Jersey, UA, g; ersetzt durch Tom Tripplehorn, geb. 2. 2. 1944 in Tulsa/Oklahoma, USA
John R. West, geb. 31. 7. 1939 in Uhrichsville/Ohio, USA, g; ersetzt durch James Karstein, geb. in Tulsa/Ohio, USA
David Walker, geb. 12. 5. 1943 in Montgomery/Alabama, USA, keyb
David Costell, geb. 15. 3. 1944 in Pittsburgh/Pennsylvania, USA, b; ersetzt durch Carl Radle, geb. 18. 6. 1945 in England

Gary, der Sohn von Amerikas Star-Komiker JERRY LEWIS, bekam zu seinem vierzehnten Geburtstag ein Schlagzeug. Das Spielen gefiel ihm so sehr, daß er beschloß, eine Band zu gründen, um das künftig öfter tun zu können. Er nannte die Formation THE PLAYBOYS und war nach einigen Jahren so weit, daß er sich mit ihr 1964 für den Job einer Hausband in Disneyland bewarb. Die Playboys bekamen den Job, daraufhin folgten Auftritte in der Fernseh-Show *Shindig*, und das wiederum führte zu einem Plattenvertrag. Als erstes nahmen die Playboys 1965 den Song *This diamond-ring* auf, den → AL KOOPER mitkomponiert hatte und der ihr erster Hit und Millionenseller wurde. Bis 1968 waren Gary Lewis & The Playboys mit schöner Regelmäßigkeit in den Charts vertreten. Ihre freundlichen und unkomplizierten Westcoast-Lieder kamen sehr gut an. Dabei hatte sich die Band 1966 aufgelöst, als Gary Lewis für zwei Jahre zum Militär mußte. Doch die Plattenfirma hatte noch genug Titel der Gruppe »auf Halde« liegen, um über diese Durststrecke hinwegzukommen. Bei seiner Rückkehr 1968 versuchte Gary Lewis seine Playboys wieder auf die Beine zu stellen, doch jetzt hatte die Band plötzlich nur wenig Erfolg, sie löste sich bald wieder auf. Die meisten Mitglieder schlossen sich anderen Bands an oder verdingten sich als Studiomusiker. Lediglich Carl Radle erlangte einige Berühmtheit als Mitspieler bei → ERIC CLAPTON, LEON RUSSELL, → JOE COCKER und, als ersten Job nach den Playboys, bei → DELANEY & BONNIE. Gary Lewis, der inzwischen zum dritten Mal verheiratet ist, hat heute eine neue Band namens GARY LEWIS' PLAYBOYS, mit denen er in erster Linie im amerikanischen Mittelwesten auftritt.

Jahr	*Titel*	*USA*	*UK*	*D*
1965	This diamond-ring	1		
1965	Count me in	2		
1965	Save your heart for me	2		
1965	Everybody loves a clown	4		
1965	She's just my style	3		
1966	Sure gonna miss her	9		
1966	Green grass	8		
1966	My heart's symphony	13		
1966	(You don't have to) Paint me a picture	15		
1967	Where will the words come from	21		
1968	Sealed with a kiss	19		

Jerry Lee Lewis

geb. 29. 9. 1935 in Ferriday/Louisiana, USA, voc, p

Von Kindheit an wurde Jerry in Louisiana vom schwarzen Rhythm & Blues beeinflußt. Die fröhlichen, bunten und von mitreißender Musik untermalten Feste der farbigen Arbeiter faszinierten ihn, und so war es kein Wunder, daß er bei seinem ersten öffentlichen Auftritt im Jahr 1949 den *Hadacol boogie* sang. 1957, mit 21 Jahren, nahm ihn sein Vater mit zu SAM PHILIPPS, dem berühmten Besitzer von Sun-Records in Memphis und Entdecker von Stars wie → ELVIS PRESLEY, → JOHNNY CASH und CARL PERKINS. Sam gefiel die »schwarze« Art von Jerry Lee Lewis, ihm gefiel auch, daß der junge Mann Klavier und nicht Gitar-

Jerry Lee Lewis Foto: Archiv

re spielte, und so ließ er ihn den Song *Crazy arms* aufnehmen. Es wurde ein Flop. Aber vier Monate später nahm Jerry Lee Lewis einen alten Boogie namens *Whole lotta shakin' goin' on* auf – und hatte damit seinen Rock'n'Roll-Bestseller. Der wilde junge Mann, der auf seinem Klavier wie ein Berserker herumtrampelte, es auch schon mal des Effekts wegen in Brand setzte und sich auch ansonsten völlig unkonventionell aufführte, war bald der Schwarm sämtlicher rebellischen Teenager. Als Jerry Lee Lewis, der Killer, der völlig ungeniert und eindeutig von *Great balls of fire* sang, wurde er von vielen Radiostationen auf die schwarze Liste gesetzt. Jerry Lee Lewis war gerade dabei, ein mindestens ebenso großer Star wie der junge Elvis zu werden, als er 1958 einen großen Fehler machte: Er heiratete seine 13jährige Cousine Myrna Gale Brown, die Tochter seines Bassisten. Seine Fans waren entsetzt und peinlich berührt, das verzieh man auch einem Rock'n'Roll-Rebellen nicht. Jerry Lee Lewis hatte damit sein musikalisches Todesurteil unterschrieben. Jahrelang hielt sich der ehemalige Superstar nur mühsam mit Tingeln über Wasser. Erst zehn Jahre später, 1968, kam seine Sanges-Karriere langsam wieder in Schwung. Aber nicht als Rock-, sondern als Country-Sänger. Seine ersten Rock-Hits Ende der 50er Jahre waren allesamt auch Top-Hits in den Country-Charts gewesen, und dort stieg er ab 1968 wieder voll ein: mit *Another place another time* erreichte er 68 Platz 4, mit *What's made Milwaukee famous* und *She still comes around* Platz 2 und mit *To make love sweeter for you* sogar den 1. Platz. In diesem Stil ging es bis Ende der 80er. Es verging praktisch kein Jahr, in dem Jerry Lee Lewis nicht mindestens zwei bis drei Top-10-Hits in den Country-Charts hatte, dazu kamen etliche Erfolge im Duett mit seiner Schwester Linda Gail Lewis. 1971 ließ sich Lewis, der immer wieder große gesundheitliche Probleme hatte, von Myrna scheiden. Doch der Cousin des Country-Sängers Mickey Gilley und des TV-Predigers Jimmy Swaggart trat noch etliche Male für eine Trauung vor den Friedensrichter, dabei blieben seine Frauen auch weiterhin sehr jung. Der Beginn und das abrupte Ende der Karriere des Rockstars Jerry Lee Lewis wurden 1989 in dem Film *Great balls of fire* dokumentiert. Dennis Quaid spielte ganz hervorragend die Rolle von Jerry Lee Lewis, und Jerry, der bei dem Film beratend zur Verfügung gestanden hatte, nahm dafür seine alten Hits noch einmal neu auf.

Jahr	*Titel*	*USA*	*UK*	*D*
1957	Whole lotta shakin' goin' on	3	8	

Jahr	Titel	USA	UK	D
1957	Great balls of fire	2	1	
1958	Breathless	7	8	
1958	High school confidential	21	12	
1961	What'd I say	30	10	
1964	Long tall Sally			19

The Ramsey Lewis Trio

RAMSEY E. LEWIS JR., geb. 27. 5. 1935 in Chicago/Illinois, USA, p
ELDEE YOUNG, geb. 7. 1. 1936 in Chicago/Illinois, USA, b; ersetzt 1966 durch CLEVELAND EATON
ISAAC »RED« HOLT, geb. 16. 5. 1932 in Rosedale/Mississippi, USA, dr; ersetzt 1966 durch MAURICE WHITE, geb. 19. 12. 1941 in Chicago/Illinois; ersetzt 1969 durch MORRIS JENNINGS

Die drei Schulfreunde Ramsey, Eldee und Isaac hatten bereits unabhängig voneinander in diversen Bands gespielt, ehe sie sich 1956 zum jazz-orientierten Ramsey Lewis Trio zusammentaten. Zwei Jahre lang erspielten sie sich in den Chicagoer Jazz-Clubs einen exzellenten Ruf, bis sie dann 1958 einen Plattenvertrag bekamen. Ihr Debüt-Album hieß *Gentlemen of Jazz* und war die erste einer langen Reihe von hervorragenden LPs, die sich bis Mitte der 60er Jahre bei den Jazz-Fans ebenso hervorragend verkauften. Dann kam das Jahr 1965, und das Ramsey Lewis Trio nahm während eines Engagements im Bohemian Caverns in Washington D.C. ein Live-Album auf. Von diesem Album wurde als Single eine Instrumental-Version von → DOBIE GRAYS *The In crowd* veröffentlicht, und damit waren die drei plötzlich auch Stars auf dem Pop-Sektor. Der Einfall, Pop-Hits als jazzige Instrumentals aufzubereiten, machte sich noch öfter bezahlt. Daraufhin beschlossen Eldee Young und Red Holt 1966, eine eigene Band aufzumachen, die sie → YOUNG-HOLT UNLIMITED nannten und die 1968 mit *Soulful strut* einen instrumentalen Millionenseller hatte. Einer der Ersatzmänner, Maurice White, verließ dann nach drei Jahren, 1969, ebenfalls das Trio, um eine eigene Band aufzumachen. Diese Band war die spätere Superformation EARTH, WIND & FIRE. Ab Ende 1968 nannte sich Ramsey Lewis dann nur noch Ramsey Lewis, ohne Trio.

Jahr	Titel	USA	UK	D
1965	The »In« crowd	5		
1966	Hang on Sloopy	11		
1966	A hard day's night	29		
1966	Wade in the water	19	31	

John Leyton

geb. 17. 2. 1939 in Essex, England, voc, g

John Leyton war eigentlich Schauspieler. Zunächst hatte er sich in kleinen Theatern einen guten Ruf erspielt, dann war er für die Fernseh-Serie *The Biggles* engagiert worden, wo er die Rolle des Ginger übernahm. Anschließend kam

1961 ein Auftritt in der TV-Seifen-Oper *Harper's west one*, in der er einen Pop-Star darstellte, der in einem Kaufhaus vor Publikum seinen aktuellen Hit sang. Dieser Hit hieß *Johnny remember me*, und John Leyton ließ es sich natürlich nicht nehmen, das Lied selbst zu singen. Sofort nach der Ausstrahlung dieser Folge standen bei der Fernsehstation die Telefone nicht mehr still. Alle Zuschauer wollten das Lied auf Platte kaufen. Was blieb John Leyton also anderes übrig, als den Song aufzunehmen und künftig nicht mehr Pop-Stars darzustellen, sondern selbst einer zu sein. Bis Mitte der 60er Jahre war er immer wieder in den UK-Charts zu finden. Neben seiner Sangeskarriere hatte John seine Schauspielarbeit allerdings weiterlaufen lassen. Und so war er in der glücklichen Lage, einen langjährigen Hollywood-Vertrag unterschreiben zu können, gerade als seine Laufbahn als Sänger sich einem langsamen, aber sicheren Ende zuneigte. John zog Mitte der 60er Jahre ganz nach Amerika, wo man ihn nur als Schauspieler und nicht als Sänger kannte. Er drehte etliche Kinofilme, wirkte in diversen TV-Serien mit und bekam schließlich Anfang der 70er Jahre seine eigene Fernsehserie namens *Jericho*. 1972 kehrte er nach England zurück, versuchte ein Comeback als Sänger, dem kein Erfolg beschieden war, wurde allerdings wieder als Schauspieler engagiert und fing zu schreiben an.

Jahr	*Titel*	*USA*	*UK*	*D*
1961	Johnny remember me		1	42
1961	Wild wind		2	
1961	Son this is she		15	
1962	Lonely city		14	
1963	Cupboard love		22	

Bob Lind

Robert Neale Lind, geb. 25. 11. 1944 in Baltimore/Maryland, voc

Der folk-orientierte Singer/Songwriter war als Teenager ein großer Fan von → Bob Dylan. Er ahmte Dylan so gut nach, daß er Mitte der 60er Jahre bei einem Imitations-Wettbewerb den 1. Preis gewann. Daraufhin bekam er ein Engagement als Sänger in einem Club in Denver. Zwei Jahre lang trat er dort auf und sang in erster Linie seine Eigenkompositionen. Dann kam ein Freund auf die Idee, so einen Auftritt doch einmal auf Kassette aufzunehmen und an eine Plattenfirma zu schicken. Das Ergebnis war ein Vertrag als Interpret und Songschreiber. 1966 veröffentlichte Lind mit *Elusive butterfly* seine erste Eigenkomposition, die ein Bestseller wurde. Ebenso erfolgreich war das Debüt-Album *Don't be concerned*. Ende der 60er Jahre zog sich Bob Lind dann nach Santa Fe/Neu Mexiko zurück, seitdem tritt er nur noch sehr selten in Erscheinung. In England hatte übrigens Val Doonican mit seiner Version von *Elusive butterfly* 1966 ebenfalls einen Nr.-5-Hit.

Jahr	*Titel*	*USA*	*UK*	*D*
1966	Elusive butterfly	5	5	
1966	Remember the rain	64	46	

Linda And The Stone Poneys

Linda Ronstadt, geb. 15. 7. 1946 in Tucson/Arizona, USA, leadvoc
Robert Kimmel, geb. in Los Angeles/Kalifornien, USA, g
Ken Edwards, geb. in Los Angeles/Kalifornien, USA, keyb

Die attraktive Linda Ronstadt mit der glockenklaren Stimme kommt aus einer sehr musikalischen Familie. Als Kind schon lernte sie Gitarre, als Teenager gehörte sie zu einem Familien-Trio, das auch im örtlichen Fernsehen auftrat. 1964 beschloß Linda, als Sängerin Karriere zu machen. Da das in Tucson nicht ganz einfach war, fuhr sie kurzentschlossen nach Los Angeles. Dort lernte sie Bobby Kimmel und Kenny Edwards kennen und tat sich mit den beiden zu einem Trio zusammen. Damit war die Gruppe Linda And The Stone Poneys geboren, die die erste einer ganzen Reihe von Bands mit Linda Ronstadt als Leadsängerin war. 1967 bekam das Trio einen Plattenvertrag und veröffentlichte das Debüt-Album *Stone poneys*. Es wurde genausowenig ein Hit wie die Nachfolge-LPs *Evergreen* und *Stoney end.* Die erste Single *Different drums*, geschrieben von Michael Nesmith von den → Monkees, war ein Erfolg, die zweite Single *Up to my neck in muddy water* schaffte es nur bis Rang 93. Kein Wunder, daß sich das Trio 1968 bereits wieder auflöste. Linda versuchte es anschließend sehr viel erfolgreicher als Solistin und entwickelte sich bald zu einer der führenden Rocksängerinnen Amerikas.

Jahr	*Titel*	*USA*	*UK*	*D*
1967	Different drums	13		

Lindisfarne

Alan Hull, geb. 20. 2. 1945 in England, g, voc
Ray Jackson, geb. 12. 12. 1948 in England, harm, mandoline
Ray Laidlaw, geb. 28. 5. 1948 in England, dr
Rod Clements, geb. 17. 11. 1947 in England, b, vi, voc
Simon Cowe, geb. 1. 4. 1948 in England, g, mandoline, voc

1967 wurde in Newcastle eine Band namens Downtown Faction gegründet, die sich anschließend Brethren und noch später Alan Hull And Brethren nannte. Als diese Formation 1968 einen Plattenvertrag bekam, änderte sie ihren Namen abermals, und zwar in Lindisfarne. Vor allen Dingen Studenten »standen« auf den freundlichen Folk-Rock der Band, die ihren Durchbruch 1969/70 mit Auftritten bei diversen englischen Festivals feiern konnte. 1969 erschien das Album *Nicely out of tune*, das von Fans und Kritikern gleichermaßen gefeiert wurde und auch heute noch zu den Glanzlichtern der Band zählt. Als Singles wurden *Clear white light* und *Lady Eleanor* veröffentlicht, die jedoch beide floppten. Es folgte die LP *Fog on the Tyne*, die 1970/71 zu dem Album wurde, das sich in Großbritannien am besten verkaufte.

1972 koppelte Lindisfarne aus dieser LP die Single *Meet me on the corner* aus, die ein Hit wurde. Schnell veröffentlichte man *Lady Eleanor* ein zweites Mal – und diesmal wurde die Dame ein Erfolg. 1972 erschien auch die dritte Lindisfarne-LP, *Dingley dell*. Sie wurde mit großer Enttäuschung aufgenommen. Das lag vielleicht daran, daß Alan Hull den überwiegenden Teil der Songs vom ersten und zweiten Album noch vor Gründung der Gruppe geschrieben hatte. Die dritte LP enthielt ausschließlich neues Material. Die Gruppe war durch diesen Mißerfolg schwer getroffen, veröffentlichte 1973 noch die Live-LP *Lindisfarne live* und trennte sich Anfang 1973. Clements, Laidlaw und Cowe taten sich zu Jack The Lad zusammen, Hull und Johnston führten Lindisfarne weiter. Sie holten sich Paul Nichols (dr), Kenny Craddock (keyb) und Tommy Duffy (b). Aber die LPs *Roll on Ruby* und *Happy daze*, beide 1974, zeigten, daß der alte Lindisfarne-Zauber verschwunden war. Die Jack-The-Lad-Alben *It's Jack The Lad* (1973) und *The old straight track* (1974) waren wesentlich erfolgreicher, obwohl Clements die Formation nach der ersten LP bereits wieder verließ. Alan Hull brachte die Solo-Alben *Pipedream* (1973) und *Squire* (1975) heraus, die ebenfalls recht gut ankamen. Eigentlich hatte man die Band schon völlig abgeschrieben, da tauchte sie 1978 wieder auf wie Phönix aus der Asche. Mit den Alben *Back and fourth* und *Magic in the air* und dem Single-Hit *Run for home* feierte sie ein grandioses Comeback. Doch mit der 79er LP *The news* wurden die Hoffnungen schon wieder enttäuscht. Das bislang letzte Lindisfarne-Album erschien 1982 unter dem Titel *Sleepless nights* und bot leider nur Durchschnittsmusik.

Jahr	*Titel*	*USA*	*UK*	*D*
1972	Meet me on the corner		5	
1972	Lady Eleanor		3	
1978	Run for home		10	

Mark Lindsay

geb. 9. 3. 1944 in Eugene/Oregon, USA, voc

Mark Lindsay war in den 60er Jahren und Anfang der 70er Jahre der Leadsänger und der Saxophonist von → Paul Revere & The Raiders gewesen. 1969, als er noch festes Mitglied dieser Formation war, begann er bereits, sich langsam aber sicher eine Solokarriere aufzubauen. Seine Debüt-Single war *1st hymn from grand terrace*, die 1969 in USA nur bis Platz 81 kam. Doch dann brachte er im Dezember 1969 den Kenny-Young-Song *Arizona* heraus, der sich im Laufe des Jahres 1970 zu einem Millionenseller entwickelte. Diesen Erfolg konnte er nicht mehr wiederholen.

Jahr	*Titel*	*USA*	*UK*	*D*
1969	Arizona	10		
1970	Silver bird	25		

Little Anthony And The Imperials

Anthony Gourdine »Little Anthony«, geb. 8. 1. 1940, leadvoc
Tracy Lord, erster Tenor; ersetzt durch Sam Strain, geb. 9. 12. 1940
Ernie Wright, geb. 24. 8. 1939, zweiter Tenor
Clarence Collins, geb. 17. 3. 1939, Bass
Glouster Rogers, geb. 1940, Bariton
alle aus Brooklyn/New York, USA

Little Anthony, der Junge mit der überwältigenden Stimme, war zunächst Mitglied bei einer Gruppe namens Duponts. Nach Beendigung der High School schloß er sich dann einer Truppe namens The Chesters an, bei der auch Ernie und Clarence sangen. Später stießen Tracy und Glouster dazu. Anfang 1958 wurde das Quintett entdeckt, bekam einen Plattenvertrag und gab sich den neuen Namen The Imperials. *Tears on my pillow* hieß im Sommer 1958 ihr erster Hit, er wurde häufig vom damaligen Star-Discjockey Alan Freed gespielt, und der sagte dabei immer »Das waren Little Anthony & The Imperials«, denn Anthony war ziemlich kleingewachsen. Der Name blieb hängen und wurde bald auch von der Formation selbst übernommen. Danach folgte zunächst einmal eine Durststrecke bis 1964. Dann hatten die fünf eine neue Plattenfirma und in Teddy Randazzo (ehemals Mitglied der Vokalgruppe The Three Chuckles) einen adäquaten Produzenten und Songschreiber gefunden. Diesmal folgte eine ganze Reihe von Hits, ehe der Erfolg der Formation zu schwinden anfing. In den 80er Jahren wurde Sam Strain Mitglied der → O'Jays.

Jahr	*Titel*	*USA*	*UK*	*D*
1958	Tears on my pillow	4		
1960	Shimmy, shimmy, ko-ko-bop	24		
1964	I'm on the outside (looking in)	15		
1964	Goin' out of my head	6		
1965	Hurt so bad	10		
1965	Take me back	16		
1976	Better use your head		15	
1977	Who's gonna love me (nur als Imperials)		17	

Little Caesar And The Romans

Carl Burnett »Little Caesar«, geb. 1944 in Dallas/Texas, USA, leadvoc
Johnny Simmons, geb. 1943 in Los Angeles/Kalifornien, USA, voc
Early Harris, geb. 1943 in Los Angeles/Kalifornien, USA, voc
David Johnson, geb. 1942 in Los Angeles/Kalifornien, USA, voc
Leroy Sanders, geb. 1943 in Los Angeles/Kalifornien, USA, voc

Johnny, Early, David und Leroy hatten in Gruppen wie The Jewels, The Kuf-Linx und The Cubans gesungen, ehe sie Ende der 50er Jahre in Los Angeles den Texaner Carl Burnett kennenlernten. Sie taten sich mit ihm zusammen und nannten sich zunächst The Up-Fronts. Als sie Anfang 1961 einen Plattenvertrag bekamen, änderten sie ihren Namen in The Romans. Carl hatte den Spitznamen Little Caesar, und bald wurde die Gruppe als Little Caesar And The Romans bekannt. Noch im selben Jahr nahmen sie den Song *Those oldies but goodies* auf, ein Titel, der ganze Legionen von späteren Oldie-Serien mit Namen versorgte und dessen Refrain von Radiostationen heute noch sehr gerne als Jingle für Oldie-Sendungen verwendet wird.

Jahr	*Titel*	*USA*	*UK*	*D*
1961	Those oldies but goodies (remind me of you)	9		

Little Dippers

Hinter dieser Bezeichnung verbargen sich die Anita Kerr Singers. Als Little Dippers nahmen sie Ende 1959 das Lied *Forever* auf, das 1960 ein Bestseller wurde.

Jahr	*Titel*	*USA*	*UK*	*D*
1960	Forever	9		

Little Eva

Eva Narcissus Boyd, geb. 29. 6. 1944 in Belhaven/North Carolina, USA, voc

Mit sechzehn Jahren stand die kleine Eva vor einer schweren Entscheidung: sollte sie Krankenschwester oder Sängerin werden? Auf alle Fälle zog sie erst einmal aus ihrem Nest Belhaven in die Weltstadt New York und bekam gleich einen Job als Babysitter. Und zwar bei niemand anderem als → Carole King und ihrem damaligen Ehemann Gerry Goffin. Was auch immer Eva tat, sie sang dabei aus vollem Hals. Das konnten Carole und Gerry natürlich nicht überhören, und so ließen sie die kleine Eva versuchsweise ein Lied singen, das sie gerade gemeinsam geschrieben hatten. Aus dem Versuch wurde Ernst, und Little Eva hatte mit *The loco-motion* ihren ersten und einzigen Millionenseller. Es folgten zwei weitere Erfolge als Solistin und der Song *Swinging on a star* mit Big Dee Irwin im Duett, ehe Little Eva wieder aus den Charts verschwand. Man kann sie heute noch ab und zu in Oldie-Shows sehen. The loco-motion entpuppte sich übrigens im Laufe der Jahre als geradezu unverwüstlich: 1974 hatten → Grand Funk einen US Nr.-1-Hit mit dem Stück; 1984 kamen Orchestral Manoeuvres In The Dark damit in UK auf Platz 5; 1988 Kylie Minogue sogar auf Platz 2, in der BRD sogar auf den ersten Platz, den sie vorher bereits in ihrem Heimatland Australien belegt hatte. Dazu kamen unzählige andere Versionen, die nicht so erfolgreich waren, wie z. B. von den Vernon Girls, von Dave Stewart und Barbara Gaskin, von den Fat Boys und von Carole King selbst.

Jahr	*Titel*	*USA*	*UK*	*D*
1962	The loco-motion	1	2	23
1962	Keep your hand off my baby	12	30	

Jahr	Titel	USA	UK	D
1963	Let's turkey trot	20	13	
1972	The loco-motion		11	46

Big Dee Irwin And Little Eva

Jahr	Titel	USA	UK	D
1963	Swinging on a star	38	7	

Little Tony

Antonio Ciacci, geb. 1940 in San Marino, Italien, voc

In Italien hatte Antonio mit seinen beiden Brüdern ein Trio gebildet. 1959 sah sie der englische Produzent der Fernseh-Serie *Boy meets girl* und war von Antonio so begeistert, daß er ihn sofort fürs britische Fernsehen verpflichtete, obwohl Antonio kein Wort Englisch sprach. Als Little Tony trat der Italiener häufig in TV-Shows auf, tourte sogar mit → Cliff Richard durch die Lande und hatte 1960 einen Hit. Danach ging er wieder in sein Heimatland zurück, nahm 1961 mit dem Song *24.000 kisses* am San Remo Festival teil und gewann den zweiten Preis. 1967 sang er bei diesem Festival das Lied *Cuore matto*. Er gewann zwar nicht, aber der Song war anschließend für zehn Wochen die Nr. 1 in Italien und verkaufte sich millionenfach.

Jahr	Titel	USA	UK	D
1960	Too good		19	

Hank Locklin

Lawrence Hankins Locklin, geb. 15. 2. 1918 in McLellan/Florida, USA, voc, g

Mit seiner hellen Stimme gehört Hank Locklin zu den berühmtesten Country-Stars. Er begann seine musikalische Karriere 1942 beim Radio, trat Ende der 40er Jahre im Louisiana Hayride auf und war von den 60er Jahren an ein ständiger Gast in der »Grand Ole Opry«. Von 1949 bis 1960 veröffentlichte Hank Locklin nur Country-Super-Seller wie *The same sweet girl, Let me be the one* oder *Send me the pillow you dream on*. Anfang der 60er Jahre wurde er in seiner Heimatstadt McLellan zum Bürgermeister gewählt. In den 70er Jahren machte er in Houston und Dallas viele Fernseh-Serien. Seinen größten Hit hatte Hank Locklin 1960 mit *Please help me, I'm falling*. Der Song war in den US-Country-Charts 14 Wochen lang die Nr. 1 und konnte sich auch in den Pop-Charts plazieren.

Jahr	Titel	USA	UK	D
1960	Please help me, I'm falling	8	9	
1962	We're gonna go fishin'		18	
1966	I feel a cry coming on		28	

Lolita

Edith Zuser, geb. 17. 1. 1931 in St. Pölten, Österreich, voc

Auch Lolita versuchte sich zunächst in etlichen Berufen, ehe sie sich für die Musik entschloß. Sie war Diplom-Kindergärtnerin, Zahnarztassistentin und Sachbearbeiterin in einer Spinnerei. Daneben trat sie bei einer Heimatbühne auf und ließ ihre Stimme bei einer Gesangspädagogin in Wien ausbilden. 1956 durfte sie für den ORF ihr erstes Lied aufnehmen: *Viele Männer haben mir den Hof gemacht*. Als sie damit bei einem Unterhaltungsabend in Wien auftrat, wurde sie für die Schallplatte entdeckt. Zunächst sang sie ziemlich erfolglos unter dem Künstlernamen DITHA ZUSA. Ihren ersten Bestseller hatte sie dann 1957 als Lolita mit *Der weiße Mond von Maratonga*. Einen internationalen Millionenseller konnte die Sängerin mit der dunklen Stimme 1960 mit dem Song *Seemann* landen, der in USA unter dem Namen *Sailor* ein Bestseller war. In England waren die Versionen von → PETULA CLARK (Nr. 1) und ANNE SHELTON (Nr. 10) erfolgreich. Bis Mitte der 60er Jahre war Lolita immer wieder in der deutschen Hitparade vertreten. Daneben war sie natürlich auch in den üblichen Musikfilmen zu sehen. Insgesamt drehte Lolita 17 Filme, darunter Streifen wie *Schick deine Frau nicht nach Italien* oder *Weißer Holunder*. Dann schuf sie sich ein zweites Bein als charmante Gastgeberin in der TV-Sendung *Im Krug zum grünen Kranze* und anschließend mit MAXL GRAF in *Lustige Musikanten*. In Österreich ist Lolita so populär, daß der Gemeinderat von Salzburg-Mayrwies eine Straße nach ihr benannte. Für ihre Verdienste um die volkstümliche Musik wurde Lolita mit der »Hermann-Löns-Medaille« ausgezeichnet.

Jahr	*Titel*	*USA*	*UK*	*D*
1957	Der weiße Mond von Maratonga			2
1958	Addio Amigo			5
1958	Mexicano			7
1958	Eine blaue Zauberblume			2
1958	Manakoora			8
1958	Capitano			17
1960	Seemann deine Heimat (Sailor)	5		2
1960	Sterne der Prärie			12
1961	Souvenir d'Amour			16
1961	Über alle sieben Meere			9
1966	Ich will leben			18
JIMMY & LOLITA				
1958	Mit etwas Liebe			16
WESTERN-TRIO & LOLITA				
1960	El Paso			15

Shorty Long

FREDERICK LONG, geb. 20. 5. 1940 in Birmingham/Alabama, USA, voc; gest. 29. 6. 1969

Als Kind hatte Shorty Long JOHNNY ACE und LITTLE WILLIE JOHN als Vorbilder. Ihnen eiferte er nach, wenn er bei Parties und in der Baptisten-Kirche in Birmingham sang. Während der 50er Jahre wurde er Haussänger in einem Club und tourte anschließend fast zwei Jahre mit den INK SPOTS durch die Lande. Mitte der 60er Jahre bekam er einen Plattenvertrag und veröffentlichte als erstes den Soul-Titel *Devil with a blue dress*. Shorty hatte zwar keinen Erfolg damit, ein anderer Sänger 1966 dafür um so mehr. Der »Teufel mit dem blauen Kleid« war für → MITCH RYDER & THE DETROIT WHEELS ein Nr.-4-Hit. 1966 brachte dann auch Shorty Long mit *Function at the junction* seinen ersten Charts-Erfolg heraus, obwohl der Song nur bis Platz 97 kam. Seinen größten Erfolg hatte Shorty Long 1968 mit *Here comes the judge*. 1969 nahm er das Album *The prime of Shorty Long* auf, anschließend wollte er sich ein bißchen Erholung gönnen. Am 29. Juni 1969 ertrank er bei einem Bootsausflug, im Alter von nur 29 Jahren.

Jahr	*Titel*	*USA*	*UK*	*D*
1968	Here comes the judge	8	30	38

Trini Lopez

TRINIDAD LOPEZ III, geb. 15. 5. 1937 in Dallas/Texas, voc, p

Mit fünfzehn Jahren fing Trini Lopez an Gitarre zu spielen und dazu zu singen. Er trat in Latino-Clubs in Dallas auf und bekam soviel Applaus, daß er nach der Highschool eine Fünf-Mann-Combo zusammenstellte und vier Jahre durch Amerika tingelte. Schließlich wurde die Band für zwei Wochen in den Hollywood-Nachtclub »Ye Little Club« engagiert – das Engagement wurde auf ein Jahr verlängert. Danach tingelte Trini Lopez weiter durch die Lande, trat ab und zu im Fernsehen auf, bis er schließlich 1963 bei einem Auftritt im Hollywooder Top-Club »P. J.'s« für die Platte entdeckt wurde. Als erstes nahm er 1963 ein Lied auf, das LEE HAYES und PETE SEEGER von den WEAVERS basierend auf einem Negro-Volkslied geschrieben hatten und das schon ein Jahr vorher ein Bestseller für → PETER, PAUL UND MARY gewesen war: *If I had a hammer*. Es wurde Trini Lopez' erster Hit und ein internationaler Millionenseller.

Jahr	*Titel*	*USA*	*UK*	*D*
1963	If I had a hammer	3	4	2
1963	America			3
1963	Kansas City	23	35	39
1964	Adalita			24
1965	Lemon tree	20		
1966	I'm coming home, Cindy	39	28	
1967	Gonna get along without you now	93	41	

The Lords

ULLI GÜNTHER, geb. 24. 7. 1942 in Berlin, leadvoc
KLAUS PETER »LEO« LIETZ, geb. 31. 12. 1943, leadg
RAINER PETRY, geb. 5. 7. 1944, g
KNUT KUNTZE, b; ersetzt 1965 durch BERND ZAMULO, geb. 16. 8. 1944
PETER »MAX« DONATH, geb. 11. 8. 1944, dr

Gegründet wurde diese (neben den → RATTLES) berühmteste deutsche Beat-Band 1959 in Berlin. Als SKIFFLE LORDS wurden sie Berlins Skiffle-Band Nr. 1 und gewannen »Das Goldene Waschbrett«. Damals bestand die Band aus Günther, Lietz, Petry, Zamulo und dem Schlagzeuger Werner Faust. 1963 schwenkte die Formation auf Beat um und änderte dafür nicht nur den Namen, sondern tauschte auch den Bassisten Zamulo gegen den hübschen Knut aus, und den Schlagzeuger Faust gegen Donath. 1964 bereits wurde das Quintett im Hamburger »Star Club« zu Deutschlands Beat-Band Nr. 1 gekürt. Die Lords beschlossen nun, richtige Profis zu werden (und richtig Englisch zu lernen, was sie aber nie schafften), und setzten zu einem Höhenflug an, der im Februar 1965 kurz unterbrochen wurde, als Lord Knut bei einem Autounfall schwer verletzt wurde und zunächst durch Heinz Hegemann und ein paar Monate später durch den bereits bekannten Bernd Zamulo ersetzt werden mußte. Anfang 1965 hatten es die Lords bereits zur Vorgruppe von → Casey Jones gebracht, und Ende 1965 waren sie schon die Vorgruppe bei der Deutschland-Tournee der → Kinks. Von da an konnte sich die Gruppe bis 1970 immer wieder mit ihren Cover-Versionen und *Poor boy*, ihrem einzigen selbstgeschriebenen Hit, in der deutschen Hitparade plazieren. Anfang 1971 löste sich die Band, die auf der Bühne auch durch besonders bunte und phantasievolle Kostüme mit viel Rüschchen und Spitzen glänzte, erst einmal auf. Lord Ulli gründete daraufhin gleich eine neue Band, die er The New Lords nannte. Als der Erfolg ausblieb, kam 1973 das »Aus«. Lord Ulli überbrückte die Zeit mit dem Einspielen einer *Lord Ullis Pop Skiffle Jam Session*, und 1976 nahmen die Original-Lords Günther, Lietz und Donath noch einmal einen Anlauf – und dieses Mal klappte es. Seitdem touren die Lords, die zu ihren Glanzzeiten über 6 Millionen Platten verkauft haben, erfolgreich durch deutsche Lande. Heute bestehen die Lords aus den Original-Mitgliedern Günther, Lietz und Zamulo, dem ehemaligen Skiffle-Lord Werner Faust am Schlagzeug und dem attraktiven Neuzugang Jupp Bauer an der Gitarre. Obwohl die Fans »ihre« Lords am liebsten mit den alten Hits hören, bringt die dienstälteste Beatband Deutschlands mit schöner Regelmäßigkeit neue Alben heraus, wie 1979 zum 20jährigen Bestehen das *Birthday album*, 1985 die LP *Back to the roots* und 1989, zum 30jährigen Bestehen (!!!), die LP *Stormy*.

Jahr	*Titel*	*USA*	*UK*	*D*
1965	Shakin' all over			11
1965	Poor boy			12
1966	Que sera			21
1966	Greensleaves			14
1967	Have a drink on me			19
1967	Glory land			5
1968	John Brown's body			11
1969	People world			17
1969	Three-five-zero-zero			27

John D. Loudermilk

geb. 31. 1. 1934 in Durham/North Carolina, USA, voc, g

Johns Mutter spielte sehr gut Gitarre und Ukulele und brachte ihrem Sprößling diese Kunst schon in jungen Jahren bei. Und zwar so gut, daß John mit zehn Jahren bereits im Radio auftreten durfte. Auf der Highschool gründete er mit vier Schulfreunden eine Band namens The High Toppers. Diese Schülertruppe löste sich nach dem Schulabschluß auf, und er begann als »fahrender Sänger« durch die Lande zu ziehen. 1954, mit 20 Jahren, hatte er sich einen so guten Ruf erspielt, daß er im Fernsehen auftreten durfte. Zu dieser Zeit fing John D. Loudermilk mit dem Komponieren an, auch das mit Erfolg. Aus seiner Feder stammen Bestseller wie *A rose and a Baby Ruth* (1956 Nr. 6 → GEORGE HAMILTON IV), *Sittin' in the balcony* (1957 der erste Erfolg für → EDDIE COCHRAN), *Waterloo* (1959 Nr. 4 für STONEWALL JACKSON), *Ebony eyes* (1961 Nr. 6 für die → EVERLY BROTHERS), *Sad movies* (1961 Nr. 5 für → SUE THOMPSON), *Norman* (1962 Nr. 3 für die gleiche Sängerin), *Abilene*, (1963 abermals ein Hit für George Hamilton IV), *Tobacco road* (1964 Nr. 14 für die → NASHVILLE TEENS), *Talk back trembling lips* (1964 Nr. 7 für → JOHNNY TILLOTSON), *Then you can tell me goodbye* (1967 Nr. 6 für die → CASINOS) und *Indian Reservation* (1968 Nr. 20 für → DON FARDON und 1971 Nr. 1 für → PAUL REVERE & THE RAIDERS). Damit sind lediglich einige der bekanntesten Songs aus der Feder von John D. Loudermilk aufgeführt. Er hat noch unzählige andere verfaßt. 1961 unterschrieb der Songwriter selbst einen Plattenvertrag, seine erste Single war *Language of love*. Das war allerdings nicht seine erste Single überhaupt. Bereits 1957 hatte er unter dem Pseudonym JOHNNY DEE eine eigene Version von *Sittin' in the balcony* herausgebracht, die aber nur bis Rang 38 kam.

Jahr	*Titel*	*USA*	*UK*	*D*
1961	Language of love	32	13	
1963	Blue train			26

Love

ARTHUR LEE, g, voc
BRYAN MACLEAN, g, voc
JOHN ECHOLS, g
KEN FORSSI, b
MICHAEL STUART, perc

Die Formation um den farbigen Exzentriker Arthur Lee gehörte zu den ersten Rock-Gruppen aus Los Angeles. Gegründet wurde die Band 1965. Ihr erstes Album *Love* (1966) bot eine harte, aber gekonnte Mixtur aus ein bißchen → BEATLES, etwas → BYRDS und viel straightem Rock. Beim zweiten Album *Da capo* (1967) setzte Arthur Lee, der praktisch alle Songs schrieb und sich auf der Bühne wie MICK JAGGER aufführte, ein großes Orchester ein und machte auf »Kunst«. Erst beim dritten Album *Forever changes* (1967) hatte er einen Stil gefunden, bei dem alles vertreten war: Hard Rock, Folk und sanfte Melodien. Inzwischen war die Band ein Underground-Tip geworden und erfreute sich besonders in England einer großen Gefolgschaft. Mit ihrem dritten Album erreichten sie Anfang 1968 in England sogar Platz 24 in den LP-Charts. Trotzdem brach die Gruppe Ende 1967 auseinander. Bis 1969 hörte man nichts mehr von Arthur Lee – dann tauchte er mit einer neuen Love-Besetzung auf, zu der JAY DONNELLAN (leadg), FRANK FAYARD (b) und GEORGE SURANOVICH (dr) gehörten. In dieser Besetzung entstand die 69er LP *Love four sail*. Dann kam für Donnellan GARY ROWLES, und Love nahmen das hochgelobte Doppel-Album *Out here* auf und tourten endlich durch England. Es folgten noch die Alben *False start*

(1970), *Vindicator* (1972) und *Reel to real* (1974) – dann war die Band offenbar endgültig verschwunden. Arthur Lee, ihr Kopf und Genius, der schon immer etwas seltsam gewesen war, lebt seitdem angeblich irgendwo in den Wäldern. Trotzdem gehören Love (in welcher Besetzung auch immer) zu den Supergruppen, die nie eine Supergruppe waren.

Jahr	*Titel*	*USA*	*UK*	*D*
1966	7 and 7 is	33		

The Love Affair

Maurice Bakon, dr
Steve Ellis, voc
Rex Brayley, leadg
Mick Jackson, b
Lynton Guest, org; ersetzt durch Morgan Fisher

The Love Affair gehörte zu den englischen Kinder-Gruppen, ihr Schlagzeuger war nämlich erst 15 Jahre alt. Der kleine Trommler erklärte seinem Daddy, daß er gerne eine eigene Band haben würde. Daddy setzte eine Anzeige »Musiker gesucht« in die Zeitung – und die Love Affair war bald komplett. Als erste Single brachte die Teenager-Truppe 1968 den Song *Everlasting love* heraus, der 1967 in Amerika ein Nr.-13-Hit für → Robert Knight gewesen war. Die Single wurde ein Hit – und es stellte sich heraus, daß das einzige Original-Mitglied, das bei diesem Lied wirklich mitgemacht hatte, Steve Ellis, der Sänger, gewesen war. Alle anderen waren Studiomusiker gewesen. Ähnliches passierte bekanntlich auch bei den ersten Songs der → Monkees. Doch die fünf von der Love Affair übten fleißig, und bald waren die Studiomusiker nur noch ab und zu notwendig.

Jahr	*Titel*	*USA*	*UK*	*D*
1968	Everlasting love		1	12
1968	Rainbow valley		5	37
1968	A day without love		6	
1969	One road		16	
1969	Bringing on back the good times		9	

Lovin' Spoonful

John Benson Sebastian, geb. 17. 3. 1944 in New York City, USA, leadvoc, harmonica
Zalman Yanovsky, geb. 19. 12. 1944 in Toronto, Kanada, leadg; ersetzt 1967 durch Jerry Yester
John Stephen Boone, geb. 23. 9. 1943 in Camp Lejeune/North Carolina, b
Joseph Campbell Butler, geb. 16. 9. 1941 in Great Neck/New York, USA, dr

John Sebastian, der Sohn des berühmten Harmonika-Spielers, und Zal Yanovsky begannen ihre musikalische Karriere zusammen mit → Cass Elliott und Denny Doherty bei der Formation → The Mugwumps. Als Cass Elliott und Doherty die Band verließen, um → The Mamas & The Papas zu gründen, entschlossen sich Sebastian und Zal, ebenfalls eine Gruppe auf die Beine zu stellen. Die Gruppe war The Lovin' Spoonful, ein Name, den die beiden aus einem Lied des Blues-Barden Mississippi John Hurt nahmen. Den ganzen Sommer über probte die Formation im Keller des Albert Hotels im New Yorker Greenwich Village, dann trat sie höchst erfolgreich in diversen Clubs wie The Nite Owl auf und bekam natürlich einen Plattenvertrag. Es entstand das Debüt-Album *Do you believe in magic?*, dessen Titelsong der erste Single-Hit wurde. Bis 1968 lieferten die Lovin' Spoonful eine ganze Reihe leichtfüßiger, countryartiger Gute-Laune-Songs ab, die sich alle gut in den Charts plazieren konnten und sich oft millionenfach verkauften. Einzige Ausnahme war der härtere Rock-Song *Summer in the city*, der der einzige Nr.-1-Hit in USA wurde. Lovin' Spoonful waren auch mit dem Schreiben von Filmmusiken für Streifen wie *What's up Tiger Lily* (1967) und *You're a big boy now* (1968) erfolgreich. Ihre Bestseller-Alben hießen *Daydreams* (1966), *Hums of the Lovin' Spoonful* (1966), *Everything's playing* (1967), *Revelation – Revolution* (1969). 1967 verließ Yanovsky wegen persönlicher Schwierigkeiten die Band und wurde durch Jerry Yester ersetzt, dem Bruder von Jim Yester, der bei → The Association spielte. Das war bereits ein schwerer Schlag für die Band, doch das Aus kam erst ein Jahr später, als auch noch John Sebastian ging, um eine Solokarriere zu starten. Allerdings mußte John Sebastian bis 1976 auf einen Hit warten. Dann erreichte er mit dem Song *Welcome back* aus der TV-Serie *Welcome back Kotter* Platz 1 in USA, und der Song entpuppte sich auch als Millionenseller. 1980 taten sich alle vier Original-Mitglieder der Lovin' Spoonful noch einmal zusammen, und zwar für Paul Simons Film *One trick pony*. Doch das war nur eine einmalige Angelegenheit. John Sebastian tritt weiterhin als Solist auf, Joe Butler arbeitet in New York als Schauspieler, John Boone ist in Baltimore Produzent für Country-Musik und Zal Yanovsky besitzt in Kingston/Ontario ein Restaurant, das »Chez Piggy« heißt.

Jahr	*Titel*	*USA*	*UK*	*D*
1965	Do you believe in magic?	9		
1965	You didn't have to be so nice	10		
1966	Daydream	2	2	30
1966	Did you ever have to make up your mind?	2		
1966	Summer in the city	1	8	5
1966	Rain on the roof	10		
1966	Nashville cats	8	26	
1967	Darling be home soon	15	44	
1967	Six o'clock	18		

Lulu

Marie McDonald McLaughlin Lawrie, geb. 3. 11. 1948 in Lennoxtown, Schottland, voc

Die kleine Lulu begann schon im zarten Alter von drei Jahren mit dem Singen; mit fünf Jahren gewann sie bei einem Ferienaufenthalt in Blackpool einen Wettbewerb, und mit neun Jahren trat sie bereits regelmäßig mit einer Akkordeon-Band auf. Die kleingewachsene, rothaarige Sängerin mit der gewaltigen Stimme wurde 1963 die Leadsängerin einer schottischen Gruppe, die ursprünglich The Gleneagles geheißen hatte, für Lulu aber in Lulu & The Luvvers umbenannt wurde. Ihre Auftritte in

Glasgower Clubs machten so viel Eindruck, daß sie 1964 einen Plattenvertrag bekam. Als erstes nahm die junge Interpretin, die immer noch zur Schule ging, den alten → Isley-Brothers-Hit *Shout* auf und hatte damit ihren ersten Erfolg. Selbstverständlich war die attraktive junge Dame anschließend häufiger Gast in diversen Fernseh- und Radio-Sendungen. Sie tourte fleißig durch die ganze Welt und war die erste britische Sängerin, die hinter dem »Eisernen Vorhang« in Polen auftrat (im März 1966). 1967 sang sie erfolgreich → Neil Diamonds Song *The boat that I row* und ging mit den → Beach Boys auf Amerika-Tournee, wo der Produzent des Films *To sir with love* den quirligen Rotschopf auf der Bühne sah und sofort für eine Hauptrolle engagierte. So sang Lulu nicht nur den Titelsong dieses Streifens, sondern gab an der Seite von Sidney Poitier auch ein beeindruckendes Debüt als Schauspielerin. Bis 1970 war Lulu ständig in den Charts vertreten, dann wurden ihre Single-Erfolge seltener. Doch in Clubs ist die Sängerin, die einige Zeit mit Maurice Gibb von den → Bee Gees verheiratet gewesen ist, immer noch eine große Attraktion.

Jahr	*Titel*	*USA*	*UK*	*D*
1964	Shout		7	
1965	Leave a little love		8	
1967	The boat that I row		6	
1967	Let's pretend		11	
1967	To sir with love	1		
1968	Me the peaceful heart		9	
1968	Boy		15	
1968	I'm a tiger		9	4
1969	Boom bang-a-bang		2	38
1969	Oh me oh my (I'm a fool for you baby)	22	47	
1974	The man who sold the world		3	13
1981	I could never miss you (more than I do)	18	62	
1986	Shout		8	

Bob Luman

geb. 15. 4. 1938 in Nacogdoches/Texas, USA, voc, g; gest. 27. 12. 1978 in Nashville/Tennessee, USA

Bob Luman war in seiner Schulzeit eine Sportskanone. Er war ein derartig guter Baseball-Spieler, daß er eine professionelle Karriere ernsthaft ins Auge faßte. Aber dann überwog doch seine Musikbegeisterung, und Bob Luman entwickelte sich zu einem höchst erfolgreichen Country- und Rockabilly-Interpreten. 1960 brachte er seine erste Single heraus. Der Song hieß *Let's think about living* und war von Boudleaux Bryant, dem Hauskomponisten der → Everly Brothers, geschrieben. In den Pop-Charts war das Bob Lumans einziger Hit, dafür hatte er in den Country-Charts um so mehr Erfolg, darunter mit etlichen Liedern, die, von anderen Künstlern gesungen, im Pop-Bereich Hits wurden: 1972 kam Bob Luman mit der Country-Version von *When you say love* auf Platz 6, im Pop-Bereich hatten → Sonny & Cher damit einen Hit. 1973 hatte er mit dem Country-Song *Neither one of us* einen Nr.-7-Hit, → Gladys Knight & The Pips machten eine Soul-

Version davon und hatten damit einen Millionenseller. Am 27. Dezember 1978 starb Bob Luman im Alter von nur 40 Jahren in Nashville an einer Lungenentzündung.

Jahr	*Titel*	*USA*	*UK*	*D*
1960	Let's think about living	7	6	

Victor E. Lundberg

geb. 1923 in Grand Rapids/Michigan, USA, voc

Victor E. Lundberg gehörte während des Zweiten Weltkrieges zum Kommando für Psychologische Kriegsführung. Nach dem Krieg betätigte er sich zunächst als Ansager und Redakteur beim Radio und gründete später eine eigene Werbeagentur. 1967 war er der Meinung, man müßte der Jugend Amerikas mal ein bißchen was zum Nachdenken geben und sie darauf hinweisen, was der richtige Weg sei. Das beste Medium für seine Gedanken über die Situation der Welt im allgemeinen und die Situation der amerikanischen Jugend im besonderen schien ihm die Schallplatte zu sein. Also schrieb er *An open letter to my teenage son* (»einen offenen Brief an meinen minderjährigen Sohn«), machte eine Aufnahme davon, wobei er als Verleser dieses Briefes fungierte, und hatte damit eine Single veröffentlicht, die sich in Amerika in Windeseile verkaufte. Innerhalb von nur vier Wochen gingen über eine Million Exemplare über den Ladentisch. Diese höchst kontroverse Platte schien genau den damaligen Nerv zu treffen. (Wobei keiner das Gerücht bestätigen oder entkräften konnte, daß die Single wesentlich häufiger von besorgten Eltern als von wißbegierigen Jugendlichen gekauft worden sei.)

Jahr	*Titel*	*USA*	*UK*	*D*
1967	An open letter to my teenage son	10		

Arthur Lyman

geb. 1934 auf Kauai, vibraphone, g, p, dr

Mit Musik in Berührung kam Arthur zum ersten Mal durch eine Spielzeug-Marimba. Er spielte darauf Benny-Goodman- und Lionel-Hampton-Aufnahmen nach und war bald ebenso gut wie seine großen Vorbilder. 1947, im Alter von 14 Jahren, war Arthur dann bereits ein Star, der in Honolulus Jazz-Kellern auftrat und Mitglied des Martin Denny Trios wurde. Als Arthur bei Denny spielte, entdeckte er, daß er mit dem Imitieren von Vogelschreien das Publikum begeistern konnte. Als er selbst eine Band gründete, wurden diese Vogelschreie sein Markenzeichen. Arthur Lymans Trio spielte eine sehr angenehme, gefühlvolle, exotische Musik, die von israelischen Volksliedern bis zum Rock'n'Roll ging, und mit den stets eingestreuten Vogelschreien gaukelte er dem Publikum gekonnt vor, sich in einem tropischen Regenwald zu befinden. Von seinem Album *Taboo* verkauften sich 1958 über zwei Millionen Exemplare. Seinen größten Single-Erfolg hatte Arthur Lyman 1961 mit dem Instrumental *Yellow bird*, das ebenfalls ein sehr exotisches, karibisches Insel-Feeling vermittelte.

Jahr	*Titel*	*USA*	*UK*	*D*
1961	Yellow bird	4		

Barbara Lynn

Barbara Lynn Ozone, geb. 16. 1. 1942 in Beaumont/Texas, USA, voc

1962 hatte Barbara schlimmen Liebeskummer, weil ihr Liebster sie verlassen hatte. Um schneller darüber wegzukommen, schrieb sie sich ihr Leid in Form eines Liedes vom Herzen. Das Ergebnis war ein Song namens *You'll lose a good thing*, den Barbara 1962 in New Orleans aufnahm. Es wurde ihr erster und einziger großer Hit.

Jahr	*Titel*	*USA*	*UK*	*D*
1962	You'll lose a good thing	8		

M

Lonnie Mack

Lonnie McIntosh, geb. 18. 7. 1941 in Aurora/Indiana, USA, voc

Seine erste Gitarre bekam Lonnie mit vier Jahren; mit sechs Jahren fing er an, zusammen mit seinem Bruder Alvin und seiner Schwester Country & Western-Musik zu singen. Mit dreizehn Jahren hatte es ihm dann die elektrische Gitarre angetan. Er entwickelte darauf einen »twangy guitar sound«, der ihm viele Fans einbrachte. Zusammen mit seinem Bruder trat er bald regelmäßig in diversen Clubs auf. Zu dem Standard-Repertoire der beiden gehörte auch → Chuck Berrys *Memphis Tennessee.* 1963 bekam Lonnie Mack einen Plattenvertrag, und nach einer Aufnahme-Session spielte er eine instrumentale Version der Berry-Hits, nur so zum Spaß. Diese Version gefiel allen so gut, daß sie als Single gemacht wurde und Lonnie Macks erster Hit wurde. Es folgte, ebenfalls im Rockabilly-Stil, das Instrumental *Wham.* Beide Stücke waren auch auf Lonnie Macks hervorragendem Debüt-Album *The wham of that Memphis man* zu finden. Dann zog sich Mack für fünf Jahre vom Plattengeschäft zurück, spielte nur ab und zu in kleinen Clubs. 1969, kurz nach der Wiederveröffentlichung seiner ersten LP, tauchte er wieder aus der Versenkung auf und spielte die exzellenten Alben *Glad I'm in the band* und *Whatever's right* (beide 1969) ein. Dann vergingen abermals drei Jahre, ehe er mit Don Nix, dem Saxophonisten der → Mar-Keys, das Album *The hills of Indiana* einspielte, auf dem er aber sanftere Töne anschlug.

Jahr	*Titel*	*USA*	*UK*	*D*
1963	Memphis	5	47	
1963	Wham!	24		

Marion Maerz

Marion Litterscheid, geb. in Deutschland, voc

Die Tochter eines Prokuristen begann ihre musikalische Karriere 1964 auf der Industrie-Messe in Hannover. Sie führte Tonbandgeräte vor und sang dazwischen Tagesschlager. Unter den interessierten Zuhörern war auch jemand von einer Plattenfirma, und Marion hatte nach der Messe einen Vertrag in der Tasche. Nach etlichen Flops nahm sie 1965 unter dem Namen Marion den Song *Er ist wieder da* auf, der ihr erster Hit wurde.

Jahr	*Titel*	*USA*	*UK*	*D*
1965	Er ist wieder da			6
1975	Du gehst fort (mit Anthony)			15

Johnny Maestro

Johnny Mastrangelo, geb. 7. 5. 1939 in Brooklyn/New York, voc

In den 50er Jahren war Johnny der Leadsänger der → Crests gewesen, bei Hits wie *Sixteen candles*. 1960 beschloß er, es als Solist zu versuchen, im Jahr darauf kam er mit zwei Songs in die oberen Bereiche der US-Charts. Dann hörte man längere Zeit nichts mehr von ihm, bis er 1968 die Band → Brooklyn Bridge formierte, mit der er den Bestseller *The worst that could happen* aufnahm.

Jahr	*Titel*	*USA*	*UK*	*D*
1961	Model girl	20		
1961	What a surprise	33		

Jimmy Makulis

geb. in Athen, Griechenland, voc

Eigentlich sollte Jimmy Diplomat werden, und er hatte auch schon einen Job als Sekretär bei der englischen Botschaft in Athen. Doch nachdem er 1949 einen Talentwettbewerb gewonnen hatte, konzentrierte er sich auf eine Karriere als Schlagersänger. Der Interpret, der immerhin sechs Sprachen fließend spricht, wurde bald zum »Sinatra des Orients« gekürt und war in Griechenland der absolute Superstar. Als er im Zuge einer Tournee nach München kam, gefiel es ihm dort so gut, daß er beschloß, seine Zelte künftig in der Isar-Metropole aufzuschlagen. Natürlich sang er dann auch in Deutsch, und gleich seine erste Platte, *Auf Cuba sind die Mädchen braun,* wurde 1956 ein Bestseller. Bis Mitte der 60er Jahre war der charmante Jimmy mit der einschmeichelnden Bariton-Stimme in der deutschen Hitparade vertreten, dann ließ sein Erfolg langsam nach. Ende der 80er Jahre versuchte er ein Comeback, allerdings ohne durchschlagenden Erfolg.

Jahr	*Titel*	*USA*	*UK*	*D*
1956	Auf Cuba sind die Mädchen braun			5
1959	Gitarren klingen leise durch die Nacht			4
1960	Nachts in Rom			9
1961	Sweetheart Guitar			10
1962	Ich habe im Leben nur dich			17

JIMMY & → LOLITA

1958	Mit etwas Liebe			16

NINA & JIMMY

1961	Weites Land			10

Siw Malmkvist

geb. 31. 12. 1936 in Landskrona, Schweden, voc

Die blonde Sängerin mit dem unwiderstehlichen Lächeln gab 1955 ihr Plattendebüt in Schweden mit einer nordischen Version von *Tweedle dee* (Original von LAVERNE BAKER 1955). Innerhalb kürzester Zeit entwickelte sich Siw dann im Norden zum Schlager-, Film- und Musical-Star. So stand sie 1961 wochenlang erfolgreich in Turku, Finnland, als IRMA LA DOUCE auf der Bühne. Siw spricht Norwegisch, Finnisch, Dänisch, Deutsch, Englisch und Französisch. In Deutschland war sie 1960 zum ersten Mal in der Hitparade. Ihr Song *Trocadero 9910* erreicht zwar nur Platz 50, aber ab *Danke für die Blumen* (1961) bis 1970 gehörte Siw Malmkvist zu den deutschen Schlagerstars. 1964 gewann sie mit *Liebeskummer lohnt sich nicht* das Deutsche Schlagerfestival in Baden-Baden und hatte anschließend mit dem frechen Song einen Nr.-1-Hit und Millionenseller. 1968 siegte sie bei der gleichen Ausscheidung mit *Harlekin*.

Jahr	*Titel*	*USA*	*UK*	*D*
1961	Danke für die Blumen			4
1961	Schade, schade, schade			13
1962	Die Wege der Liebe			19
1962	Schwarzer Kater Stanislaus			17
1963	Mr. Casanova			7
1963	1999			8
1964	Liebeskummer lohnt sich nicht			1
1965	Küsse nie nach Mitternacht			9
1966	Sieben Tränen			13
1966	Frech geküßt ist halb gewonnen			17
1968	Harlekin			9

The Mamas And The Papas

JOHN PHILLIPS, geb. 30. 8. 1935 in Parris Island/South Carolina, voc
DENNIS DOHERTY, geb. 29. 11. 1941 in Halifax/Nova Scotia, Kanada, voc
HOLLY MICHELLE GILLIAM PHILLIPS, geb. 6. 8. 1944 in Long Beach/Kalifornien, voc
CASSANDRA ELLIOTT (Ellen Naomi Cohen), geb. 19. 9. 1943 in Baltimore/Maryland, voc; gest. 29. 7. 1974 in London, England

Den Werdegang der einzelnen Mitglieder bis zur Gründung der Mamas und Papas erzählte die Gruppe selbst in ihrem autobiographischen Song *Creeque Alley*: John Phillips war mit seinem Freund → SCOTT MCKENZIE bei den SMOOTHIES gewesen, und die beiden hatten anschließend THE JOURNEYMEN gegründet. Denny Doherty war bei THE HALIFAX THREE gewesen und schloß sich dann → THE MUGWUMPS an, deren weitere Mitglieder ZAL YANOVSKY (der anschließend → THE LOVIN' SPOONFUL gründete) und → CASS ELLIOTT waren (die vorher mit TIM ROSE und Ehemann HENDRICKS THE BIG THREE gebildet hatte). Die bildschöne Michelle Gilliam war die Freundin John Phillips', ab 1964 seine Ehefrau. Nachdem die Gündung vollzogen war, zog sich das Quartett erst einmal in die Karibik zurück, um sich besser kennenzulernen und aufeinander einzugehen. Der erste Song, der nach seiner Rückkehr nach Los Angeles entstand, war *California dreaming*, der erste einer ganzen Reihe von Top-Hits und Millionensellern. Mit den perfekten Vokalharmonien und dem sonnigen, relaxten California-Feeling ihrer Songs traten die Mamas & Papas sofort einen Siegeszug um die Welt an. Auch ihre Alben wie *If you can believe your eyes and ears . . .* (1967), *The Mamas And The Papas* (1967), *Cass, John, Michelle, Denny* (1968), *The Papas and the Mamas* (1968) wurden grundsätzlich weltweit mit Edelmetall ausgezeichnet. Die Gruppe war dann auch der Star des Monterey Pop Festivals, das John Phillips organisiert hatte und das als *Monterey Pop* mitgefilmt wurde. Ab 1968 bröckelte die Formation langsam, aber sicher auseinander. John machte 1969 das hervorragende Solo-Album *The wolfking of L.A.*, ehe er sich dem Produzieren zuwendete; Michelle, die inzwischen von John geschieden war, versuchte sich als Schauspielerin und bekam schließlich eine Hauptrolle neben RUDOLF NUREJEW in dem Film *Valentino.* Auch Dennis Doherty und Mama Cass machten diverse Solo-Platten. Mama Cass war vor allem in England erfolgreich. Sie starb am 29. Juli 1974 in London in ihrem Hotelzimmer; die stark übergewichtige Sängerin erstickte an

Jahr	*Titel*	*USA*	*UK*	*D*
1966	California dreaming	4	23	
1966	Monday, monday	1	3	2
1966	I saw her again	5	11	29
1966	Words of love	5	47	
1967	Dedicated to the one I love	2	2	26
1967	Creeque Alley	5	9	
1967	Twelve thirty (Young girls are coming to the canyon)	20		

einem Sandwich. 1982 wurde eine neue Gruppe namens The Mamas And The Papas gegründet. Sie bestand aus den Originalmitgliedern John Phillips und Dennis Doherty, dazu Johns Tochter Mackenzie Phillips (die eigentlich Schauspielerin ist und in Filmen wie *American Graffiti* zu sehen war) und Spanky McFarlane, ehemals Leadsängerin von → Spanky & Our Gang. Der Erfolg hielt sich sehr in Grenzen.

Man

Mickey Jones, g, voc
Deke Leonard, g, voc
Terry Williams, dr, voc
Phil Ryan, keyb, voc
John McKenzie, b, voc

Die walisische »Westcoast-Band« nach amerikanischem Muster, in deren Musik Rock, Blues, Folk, Country und sogar Psychedelisches zu hören war, wurde 1968 von den Musikern Ray Williams (b, voc), Jeffrey Jones (dr), Clive John (org), Mickey Jones (vorher bei der Gruppe Bystanders) und Deke Leonard (von Dream) gegründet. *Revelation* hieß 1968 das Debüt-Album, dem 1969 in gleicher Besetzung die LP *Two ounces of plastic with a hole in the middle* folgte. Dann begannen die Mitgliederwechsel, die bis zum Schluß nicht mehr aufhörten. Für Ray und Jeffrey kamen Martin Ace und Terry Williams. In dieser Besetzung entstanden die Alben *Man* (1970) und *Do you like it here now? Are you settling in?* (1971). Bislang hatten sich hauptsächlich die Deutschen für Man interessiert, jetzt fingen auch die Briten an, sich für ihre Landsleute zu begeistern. Mit der LP *Live at the Padgett Rooms Penarth* (1972) kamen Man sogar auf einen unteren LP-Charts-Platz. Dieses Album wurde ohne Ace, Leonard und John aufgenommen. Für die 72er LP *Be good to yourself at least once a day* kam John zurück und brachte die neuen Mitglieder Phil Ryan (keyb) und Will Youatt (b) mit. Den Durchbruch erlebten Man dann mit dem Doppel-Album *Back into the future* (1973), bei dem Ryan schon wieder durch Tweke Lewis ersetzt worden war. Für die 74er LP *Rhinos, winos and lunatics* kam Leonard zurück, der sich inzwischen die Zeit mit seinem fehlgeschlagenen Projekt Iceberg vertrieben hatte. Danach gingen Youatt und Lewis, für sie kamen Ken Whaley (b) und Malcolm Morley (keyb), der aber bereits nach der UK-Tournee 1974 wieder das Handtuch warf. Die 74er LP *Slow motion* wurde jedenfalls in Quartett-Besetzung eingespielt. Während der US-Tour 1975 ging auch Whaley, aber die Amerikaner waren trotzdem von den ziemlich heimischen Klängen der englischen Band begeistert. Der US-Star-Gitarrist Frank Cippolina von → Quicksilver Messenger Service schloß sich Man sogar für einige Gigs an und ging anschließend mit der Band nach England zurück, um dort im Mai 1975 eine Tournee zu machen. Daraus resultierte das 75er Live-Album *Maximum darkness*. Für das 76er Album *The Welsh connection* kam Ryan wieder, außerdem das neue Mitglied John McKenzie. Doch es half alles nichts, Ende 1976 kam es zwischen Leonard und Jones, wo es schon immer »künstlerische« Spannungen gegeben hatte, zum großen Krach, und nach einer ausgedehnten und sehr erfolgreichen Abschiedsreise, löste sich die Band auf. Die meisten Mitglieder widmeten sich Soloaktivitäten, bis Leonard, Ace, Jones und der ehemalige Gentle-Giant-Trommler John Weather 1983 aufgefordert wurden, Man wieder aus der Asche auferstehen zu lassen. Die vier sagten nicht nein, und so spielten im Juni 1983 plötzlich wieder Man im Londoner Marquee, zum 25jährigen Bestehen des Clubs. Dabei entstand das Album *Friday 13th*.

Henry Mancini

geb. 16. 4. 1924 in Cleveland/Ohio, USA

Henrys Vater war Stahlarbeiter, spielte aber in seiner Freizeit gerne Flöte. Deshalb war es ihm nur recht, daß sein ungemein musikalischer Sohn zunächst eine Musikhochschule in Pittsburgh und anschließend die berühmte Juilliard School in New York besuchte. Nach dem Abschluß erhielt Mancini bei der Film-Firma Universal Pictures einen Job als Komponist und Arrangeur. Seine erste Arbeit war 1954, die Original-Arrangements für den biographischen Film *The Glenn Miller Story* so zu »entstauben«, daß keiner Anstoß daran nahm. Mancini vollbrachte das so glänzend (und schrieb nebenbei auch noch ein paar weitere Nummern im Miller-Stil dazu), daß er für den Oscar nominiert wurde. Anschließend bearbeitete er die Musik für Filme wie *The Benny Goodman Story, High time* (mit Bing Crosby) und *Rock pretty baby* und schrieb nebenbei noch Songs für Stars wie Dinah Shore und Billy Eckstein. 1958 holte ihn dann der Produzent Blake Edwards für die Fernseh-Serie *Peter Gunn*, bei der Henry Mancini als Komponist, Arrangeur und musikalischer Leiter in einer Person fungieren sollte. Wieder erledigte Mancini seinen Job hervorragend. Mit dem *Peter-Gunn*-Thema gelang ihm ein Instrumental-Titel, der sich als unverwüstlich erwies. Zunächst wurde das Stück bei seiner Entstehung 1958 ein satter Millionenseller für Mancini, und es war das erste Mal, daß sich ein Fernseh-Thema millionenfach verkaufte. Außerdem wurde er mit zwei Preisen für »Die beste Platte des Jahres« und »Das beste Arrangement des Jahres« ausgezeichnet. 1959 hatte Ray Anthony mit seinem Orchester einen Nr.-8-Hit in USA mit seiner Version von *Peter Gunn*. 1960 nahm → Duane Eddy eine Fassung auf, die ebenfalls zu Hitehren kam. Und 1986 grub die Gruppe The Art Of Noise das Instrumental noch einmal aus und kam damit in UK auf Platz 8. 1961 gewann Henry Mancini dann einen Oscar für die Musik zum Blake-Edwards-Film *Frühstück bei Tiffany* (mit Audrey Hepburn) und für den Filmsong *Moon River*. 1962 wurde er mit dem Oscar ausgezeichnet für den Titelsong des Blake-Edwards-Film *Days of wine and roses* (mit Jack Lemmon). Die Texte für die Songs hatte alle sein Teamkollege Johnny Mercer geschrieben. Ebenfalls Glanzlichter waren 1964 Mancinis Themen für die Filme *Charade* (mit Audrey Hepburn und Cary Grant) und *The Pink Panther Theme* (mit Peter Sellers). 1969 war dann das Jahr, in dem sich Henry Mancini mit dem Liebesthema für die Shakespeare-Verfilmung von *Romeo und Julia* beschäftigte. Das Instrumental verkaufte sich millionenfach und brachte ihm einen Grammy für »Das beste Instrumental-Arrangement des

Jahres« ein. 1971 beschäftigte sich Mancini wieder mit der Liebe, und es entstand das Thema für den Film *Love story* (mit Ali MacGraw). Die Liste mit Oscars und Grammys, die Henry Mancini im Laufe seines Lebens gewonnen hat (und eventuell noch gewinnen wird), ließe sich noch lange fortsetzen. Er hat davon mehr im Schrank stehen, als jeder andere Komponist und Arrangeur. Erst 1984 war er wieder erfolgreich, mit dem Thema aus dem Fernseh-Film *Die Dornenvögel* (mit → Richard Chamberlaine).

Jahr	*Titel*	*USA*	*UK*	*D*
1960	Mr. Lucky	21		
1961	Moon River	11	44	40
1963	Days of wine and roses	33		
1964	Charade	36		
1964	The Pink Panther theme	31		
1964	How soon		10	
1969	Love theme from Romeo & Juliet	1		
1971	Theme from Love story	13		
1972	Theme from Cade's County		42	
1984	Main theme from The Thornbirds		23	25

The Manhattans

Winfried »Blue« Lovett, geb. 16. 11. 1943, voc
Edward »Sonny« Bivens, geb. 15. 1. 1942, voc
Kenneth »Wally« Kelly, geb. 9. 1. 1943, voc
Richard »Ricky« Taylor, voc, ging 1976
George Smith, leadvoc, gest. 1970; ersetzt durch Gerald Alston, geb. 8. 11. 1942
alle aus Jersey City/New Jersey, USA

Anfang der 60er Jahre gründeten Sonny Bivens und Ricky Taylor eine Soul-Formation namens The Dulcets. Nach einigen Mitgliederwechseln entstand die Vokal-Truppe in der genannten Zusammensetzung. Da eines der Mitglieder in Manhattan wohnte, änderte das Quintett seinen Namen in The Manhattans. 1962 nahm es an einem Talent-Wettbewerb im New Yorker Apollo Theater teil, belegte den 3. Platz und bekam einen Plattenvertrag. Ab 1965 tauchten die Songs der Manhattans in den Pop-Charts auf, wenn auch nur auf unteren Plätzen: *I wanna be your everything* (1965 Nr. 68); *Flollow your heart* (1966 Nr. 92); *I call it love* (1967 Nr. 96). Richtig groß ins Geschäft kamen die Manhattans mit ihren wunderschönen, softigen Vokalharmonien allerdings erst 1976. Da veröffentlichten sie die Soul-Ballade *Kiss and say goodbye*, die sich innerhalb kürzester Zeit zu einem Multi-Millionenseller entwickelte. Millionenfach verkaufte sich auch ihr 80er Hit *Shining star*. George Smith, der ursprüngliche Leadsänger der Manhattans, starb 1970 an einem Gehirntumor. Er wurde durch Gerald Alston ersetzt, der sich Ende der 80er Jahre auch recht erfolgreich als Solist versuchte. Ricky Taylor verließ die Gruppe 1976, um eine Solo-Karriere zu starten.

Jahr	*Titel*	*USA*	*UK*	*D*
1976	Kiss and say goodbye	1	4	11
1976	Hurt		4	
1980	Shining star	5	45	

Barry Mann

Barry Iberman, geb. 9. 2. 1939 in Brooklyn/New York, USA, voc

Eigentlich wollte Barry nach seinem Highschool-Abschluß Architektur studieren, aber irgendwie blieb er dann doch bei der Musik hängen. 1960 fing er mit dem Schreiben von Songs an. → Steve Lawrence hatte z. B. mit Barrys *Footsteps* 1960 einen Nr.-7-Hit. Dann entdeckten seine Auftraggeber, daß Barry selbst durchaus des Singens mächtig war, und ließen ihn 1961 den Titel *Who put the bomp*, den Barry zusammen mit Gerry Goffin geschrieben hatte, aufnehmen. Es war sein erster und einziger größerer Hit als Interpret. Doch dafür lieferte er als Songwriter für andere einen Bestseller nach dem anderen ab. Allein oder in Zusammenarbeit mit anderen Schreiber-Stars wie Cynthia Weil und → Phil Spector verfaßte Barry Mann internationale Bestseller wie 1961 *I love how you love me* für Jimmy Crawford, 1962 den Millionenseller *Patches* für → Dickey Lee, 1963 *Only in America* für → Jay & The Americans, *On Broadway* für die → Drifters und den Millionenseller *Blame it on the bossa nova* für → Eydie Gorme, 1964 *I'm gonna be strong* für → Gene Pitney, *Saturday at the movies* für die Drifters und den Millionenseller *You've lost that loving feeling* für die → Righteous Brothers, 1965 *Looking through the eyes of love* für Gene Pitney, 1966 *Magic town* für die → Vogues, *Hungry* für → Paul Revere & The Raiders und den Millionenseller *Soul and inspiration* für die Righteous Brothers, 1970 *I just can't help believing* für → B. J. Thomas, 1972 *Rock'n'roll lullabye* für B. J. Thomas, 1977 (zusammen mit Dan Hill) den Millionenseller *Sometimes when we touch.*

Jahr	*Titel*	*USA*	*UK*	*D*
1961	Who put the bomp (in the bomp, bomp, bomp)	7		

Manfred Mann

Michael Lubowitz »Manfred Mann«, geb. 21. 10. 1940 in Johannesburg, Südafrika, keyb
Mike Hugg, geb. 11. 8. 1942 in Andover/Hampshire, England, dr, vibes
→ Paul Pond »Paul Jones«, geb. 24. 2. 1944 in Portsmouth, England, voc, harmonica; ersetzt 1966 durch Mike D'Abo, geb. 1. 3. 1944 in England
Michael »Mike« Vickers, geb. 18. 4. 1942 in Southampton, England, sax, fl, g; ersetzt 1966 durch → Jack Bruce, geb. 14. 5. 1943 in Glasgow, Schottland, b; ersetzt 1966 durch Klaus Voorman, geb. 29. 4. 1942 in Berlin, Deutschland, b
David Richmond, b; ersetzt durch Tom McGuinness, geb. 2. 12. 1941 in Wimbledon, England, leadg

Manfred Mann, der südafrikanische weiße Musiker, fing mit sechs Jahren mit dem Klavierspielen an, studiert mit neunzehn Jahren an der Musikakademie und ging 1961 nach England, um Karriere zu machen. Er lernte Mike Hugg kennen und beschloß, mit ihm eine

Jazz-Band zu gründen, die er Mann-Hugg-Blues-Brothers nannte. Allmählich wuchs die Mitgliederzahl auf fünf an, und ab 1964 spielte das Quintett R & B. *Why should we not?* hieß eine ihrer ersten Platten, eine zwar gute, aber erfolglose Instrumental-Nummer. Erst mit der dritten Single klappte es, mit *5–4–3–2–1*. Der Song wurde als Erkennungssong für die beliebte Fernseh-Show *Ready steady go* ausgewählt und entwickelte sich anschließend zum Top-Hit. Mit ihren erstklassigen Pop-Songs landeten Manfred Mann zwischen 1964 und 1969 mit fast jeder Veröffentlichung einen Bestseller. Paul Jones, bis 1966 der Leadsänger, ging nach *Pretty flamingo*, um als Solist Karriere zu machen. Ab *Just like a woman* war Mike D'Abo der Leadsänger, der von der Band Of Angels zu Manfred Mann gekommen war. D'Abo blieb bis 1969, trat dann in *Jesus Christ Superstar* als König Herodes auf, tat sich mit Mike Smith zum Duo Smith & D'Abo zusammen und spielte eine ganze Reihe sehr schöner und ebenso erfolgloser Alben ein. Anfang 1966 ging auch Vickers, um Solo-Projekte zu verwirklichen, und für ihn kam von → John Mayall der Bassist Jack Bruce. McGuinness avancierte daraufhin zum Leadgitarristen. Doch Bruce blieb nur knappe sechs Monate, dann ging er wieder, um mit → Eric Clapton und → Ginger Baker → Cream zu gründen. Für ihn kam der deutsche Bassist Klaus Voorman, der später zu einem der gesuchtesten Studiomusiker werden sollte. 1969 hing es eigentlich allen Manfred-Mann-Mitgliedern zum Halse heraus, permanent eine Hitsingle nach der anderen zu fabrizieren. Jeder wollte anspruchsvollere, »schwerere« Musik machen. Also löste Mr. Lubowitz die Band auf, blieb aber mit Mike Hugg zusammen, um das ambitionierte Projekt Manfred Mann Chapter Three zu gründen. Dieses »Dritte Kapitel« hatte keinen Erfolg und löste sich bereits 1971 wieder auf. Daraufhin entstand Manfred Mann's Earth Band, die in wechselnder Besetzung bis heute existiert und mit ihren ständig variierenden Musikrichtungen immer wieder erfolgreiche Songs und Alben hervorbringt. Tom McGuinness tat sich nach der Auflösung 1969 mit Hughie Flint, einem ehemaligen Trommler bei John Mayall, zusammen, holte die schottischen Musiker und Songschreiber Benny Gallagher und Graham Lyle und den Sänger Dennis Coulson und gründete → McGuinness Flint.

Jahr	*Titel*	*USA*	*UK*	*D*
1964	5–4–3–2–1		5	
1964	Hubble bubble toil and trouble		11	
1964	Do wah diddy diddy	1	1	4
1964	Sha la la	12	3	34
1965	Come tomorrow		4	
1965	Oh no not my baby		11	
1965	If you gotta go, go now		2	
1966	Pretty flamingo	29	1	23
1966	Just like a woman		10	
1966	Semi-detached suburban Mr. James		2	16
1967	Ha ha said the clown		4	1
1968	Mighty Quinn	10	1	1
1968	My name is Jack		8	7
1968	Fox on the run		5	7
1969	Ragamuffin man		8	19
	Manfred Mann's Earth Band			
1973	Joybringer		9	
1976	Blinded by the light	1	6	42

Jahr	*Titel*	*USA*	*UK*	*D*
1978	Davy's on the road again		6	26
1979	Don't kill it carol		45	23
1984	Runner	11		

Manuela

DORIS WEGENER, geb. 18. 8. 1943 in Berlin, voc

Die kleine Doris – sie ist nur 1 Meter 60 groß – wurde nach der Schule Fließbandarbeiterin in einer Fabrik, für DM 250,– im Monat. Um sich ein bißchen Taschengeld dazuzuverdienen, trat die kesse Göre abends in einer Berliner Kneipe namens »Ufer-Eck« als Sängerin von Tageshits auf, bei denen sie sich selbst auf der Gitarre begleitete. Dort wurde sie entdeckt und bekam 1962 einen Plattenvertrag. *Hula-Serenade* hieß ihre Debüt-Single, von der magere 6000 Stück verkauft wurden. Aber dann durfte Manuela, wie Doris inzwischen hieß, die Cover-Version von → EYDIE GORMES Millionenseller *Blame it on the bossa nova* singen. Manuelas deutsche Version *Schuld war nur der Bossa Nova* wurde ein runder Nr.-1-Hit in Deutschland. Bis Anfang der 70er Jahre war Manuela immer wieder in der Hitparade vertreten, dann geriet sie, trotz mehrmaliger Comeback-Versuche, immer mehr in Vergessenheit.

Jahr	*Titel*	*USA*	*UK*	*D*
1963	Schuld war nur der Bossa Nova			1
1963	Ich geh noch zur Schule			4
1964	Horch, was kommt von draußen rein			13
1964	Schwimmen lernt man im See			3
1964	Schneemann			13
1965	Küsse unterm Regenbogen			7
1965	Love and kisses			17
1966	Es ist zum Weinen			9
1967	Lord Leicester aus Manchester			12
1967	Monsieur Dupont			9
1968	Karawane aus Abadan			16
1968	Guantanamera			15
1969	Bobby			17
1971	Prost Onkel Albert			21

The Marathons

JAMES JOHNSON, geb. 1940, leadvoc
RICHARD OWENS, geb. 1940, erster Tenor
CARL FISHER, geb. 1940, zweiter Tenor
DAVE GOVAN, geb. 1940, Baritone
DON BRADLEY geb. 1937, Baß
alle aus Los Angeles/Kalifornien, USA

Wie aus der Besetzungsliste ersichtlich, sind die Marathons keine anderen als die → VIBRATIONS oder die → JAYHAWKS. Als die Gruppe 1956 entstand, nannte sie sich Jayhawks und hatte mit *Stranded in the jungle* einen Hit in USA. Ein paar Jahre später änderten die fünf Mitglieder ihren Namen in Vibrations und hatten unter diesem Namen 1961 und 1964 zwei Erfolge. Dazwischen machten sie 1961 einen kleinen, vertraglich allerdings unerlaubten Ausflug zu einer anderen Plattenfirma, bei der sie als Marathons eine erfolgreiche Platte aufnahmen.

Jahr	*Titel*	*USA*	*UK*	*D*
1961	Peanut butter	20		
Jayhawks				
1956	Stranded in the jungle	18		
Vibrations				
1961	The Watusi	25		
1964	My girl Sloopy	26		

Marbles

Trevor Gordon, geb. 5. 5. 1948 in Skegness, England, voc
Graham Bonnet, geb. 1947 in Skegness, England, voc

Die beiden Vettern verbrachten ihre Kindheit zusammen, bis Trevor mit seinen Eltern nach Australien auswanderte. Doch als Graham 1967 eine eigene Band gründete, bat er seinen Vetter und Freund, wieder nach England zurückzukommen. Der tat es und brachte auch gleich die guten Verbindungen zu den Gebrüdern Gibb, den → Bee Gees, mit, mit denen er schon in Australien auf der Bühne gestanden hatte. Die Bee Gees und ihr Manager Robert Stigwood kümmerten sich auch um die neugegründeten Marbles und schrieben für sie den Tophit *Only one woman.* Da es danach nicht mehr so gut lief, trennten sich Trevor und Graham 1969 schon wieder und versuchten jeder für sich eine Karriere als Solist. Von Trevor Gordon hörte man dann nicht mehr viel, aber Graham Bonnet mit seiner Superstimme entwikkelte sich in den 70er Jahren zu einem Solo-Star. Zunächst war er Sänger bei Rainbow, wo er 1980 wieder ausstieg, um sich ganz auf seine Solo-Karriere zu konzentrieren. 1981 wurde das belohnt: Mit *Night games* hatte Graham Bonnet einen Nr.-6-Hit in UK.

Jahr	*Titel*	*USA*	*UK*	*D*
1968	Only one woman		5	6
1969	The walls fell down		28	

The Marcels

Cornelius Harp, leadvoc
Ronald »Bingo« Mundy, erster Tenor
Gene Bricker, zweiter Tenor
Dick Knauss, Baritone;
Fred Johnson, Baß
alle aus Pittsburgh/Pennsylvania, USA

Dick Knauss bewarb sich 1960 bei einer Pittsburgher Band um einen Job als Sänger. Der Manager dieser Gruppe wollte ihn auch sofort haben, doch Dick hatte inzwischen eine andere Vokal-Band entdeckt, von der er ganz begeistert war und bei der er mitmachen wollte. Er erzählte dem Manager davon, der hörte sich diese Band an – und war ebenfalls begeistert. Er nahm das Quintett sofort unter Vertrag. Die fünf Sänger gaben sich den Namen The Marcels, nach einer Haar-Mode, die damals gerade »in« war. Als erstes nahmen sie eine recht eigenwillige Version von *Blue moon* auf, dem Rodgers- And Hart-Klassiker aus dem Jahr 1934. Eigenwillig an der Fassung war vor allem der beeindruckende Anfang mit Fred Johnsons Baß. Das Lied wurde im Februar 1961 veröffentlicht und wurde fast über Nacht ein Nr.-1-Hit, der sich drei Wochen an der Spitze halten konnte. Danach gingen Dick und Gene, für sie kamen Allen Johnson, Fred's Bruder, und Walt Maddox. In dieser neuen Besetzung entstand der Song *Heartaches,* der im September 1961 der zweite große Erfolg der Marcels wurde. Danach verließ auch Ron Mundy die Vokal-Formation.

Jahr	*Titel*	*USA*	*UK*	*D*
1961	Blue moon	1	1	13
1961	Summertime	78	46	
1961	Heartaches	7		

(Little) Peggy March

Peggy Battavio, geb. 8. 3. 1948 in Philadelphia/Pennsylvania, USA, voc

Little Peggy sang von Kindesbeinen an. Mit fünf Jahren gewann sie ihren ersten Talentwettbewerb, anschließend wurde sie der feste Bestandteil einer Fernsehshow in Philadelphia und sang mit diversen Bands. Es war nur eine Frage der Zeit, bis eine Plattenfirma auf die begabte Kleine mit der großen Stimme aufmerksam wurde. Das geschah 1963. Little Peggy war gerade fünfzehn geworden und besuchte die katholische Highschool in Landsdale, als sie den Song *I will follow him* aufnahm. Das war die englische Version des französischen Hits *Chariot,* der bereits 1962 für die britische Sängerin → Petula Clark ein Millionenseller gewesen war. Auch Peggy Marchs Version verkaufte sich millionenfach und machte die junge Dame zum internationalen Star. Nach zwei weniger erfolgreichen Singles siedelte Peggy March in die BRD über und sang die nächsten Jahre sehr erfolgreich deutsche Schlager.

Jahr	*Titel*	*USA*	*UK*	*D*
1963	I will follow him	1		20
1963	I wish I were a princess	32		
1963	Hello heartache, goodbye love	26	29	
1964	Lady music			12
1964	Wenn der Silbermond			15
1964	Hallo Boy			17
1965	Good bye, good bye, good bye			8
1965	Mit 17 hat man noch Träume			2
1966	Hundert Jahre und noch mehr			18
1967	Memories of Heidelberg			1
1967	Romeo und Julia			1
1968	Telegramm aus Tennessee			18
1968	Canale Grande Number One			18
1969	Bahama Lullabye			13
1969	In der Carnaby Street			16
1977	Fly away pretty flamingo			15

Ernie Maresca

geb. 21. 4. 1939 in der Bronx/New York, USA, voc

Seine musikalische Karriere begann Ernie Maresca als Songschreiber für → Dion DiMucci. Aus seiner Feder stammte der Dion-Hit *Runaround Sue*, bei dem sich Ernie an → Gary U. S. Bonds' *Quarter to three* orientiert hatte; und Ernie ließ sich auch den Dion-Bestseller *The wanderer* einfallen, bei dem er sich wiederum von Wilbert Harrisons *Kansas City* hatte inspirieren lassen. 1962 versuchte sich Ernie Maresca selbst als Sänger. Er ging zusammen mit den Del Satins ins Studio, der Band, die Dion auf allen Songs begleitete, die er ohne die → Belmonts aufgenommen hatte. Herauskam dabei *Shout! Shout! (Knock yourself out)*, eine fröhliche Party-Nummer mit Live-Atmosphäre, die Ernie natürlich selbst geschrieben hatte. Das Lied wurde ein Hit. Doch das blieb Ernies einziger Ausflug vors Mikrophon. Heute lebt er in New York als Songwriter, Produzent und Verlagschef.

Jahr	*Titel*	*USA*	*UK*	*D*
1962	Shout! Shout! (Knock yourself out)	6		

The Marketts

Dank der → Beach Boys wurde das Surfen 1962 zum amerikanischen Volkssport, zumindest an der amerikanischen Westküste. Es gab natürlich viele Interpreten und Gruppen, die sich an den fröhlichen, unkomplizierten Surf-Sound der Beach Boys anhängten. Dazu gehörten auch die Marketts, eine Instrumental-Formation von der Westküste. Dreimal konnte sich die Gruppe zwischen 1962 und 1966 mit Surf-Instrumentals in den oberen Bereichen der US-Charts plazieren, dann verschwand sie wieder.

Jahr	*Titel*	*USA*	*UK*	*D*
1962	Surfer's stomp	31		
1963	Out of limits	3		
1966	Batman theme	17		

The Mar-Keys

Terry Johnson, dr
Steve Cropper, geb. 21. 10. 1941, g
Donald »Duck« Dunn, geb. 24. 11. 1941, b
Charles Axton, tenor sax
Don Nix, geb. 27. 9. 1941, baritone sax
Wayne Jackson, tp
Jerry Lee »Smoochee« Smith, p, org
alle aus Memphis, Tennessee

Die Formation entstand 1958 in Memphis. Damals war sie lediglich ein Quartett, erst 1960 vergrößerte sich die Band auf sieben Mitglieder. The Mar-Keys waren eine Instrumental-Gruppe, die viel bei lokalen Tanzveranstaltungen spielte und dann zur Haus-Band der neugegründeten Plattenfirma Stax wurde. 1961 ließen sich Jerry und Charles, zusammen mit ihrem Künstlerbetreuer, eine Nummer namens *Last night* einfallen. Das Instrumental wurde im Juni 1961 veröffentlicht und entwickelte sich in Rekordzeit zu einem Millionenseller. Ende 1961 verließen Steve Cropper und Don Dunn die Formation, um mit Booker T. Jones und Al Jackson die neue Band → Booker T. & The M. G.'s (Memphis Group) zu gründen. Diese neue Formation hatte dann Anfang 1962 auf Stax einen ersten Hit mit *Green onions*.

Jahr	*Titel*	*USA*	*UK*	*D*
1961	Last night	3		

The Marmalade

Thomas McAleese »Dean Ford«, geb. 31. 5. 1947 in Airdrie, Schottland, leadvoc
Junior Wullie Campbell, geb. 24. 7. 1946 in Glasgow, Schottland, leadg
Patrick Fairley, geb. 14. 4. 1946 in Glasgow, Schottland, b
Graham Knight, geb. 8. 12. 1946 in Glasgow, Schottland, b
Alan Whitehead, geb. 24. 7. 1947 in Oswestry/Salop, England, dr

Die Band nannte sich zunächst The Gaylords und war in ganz Schottland ungemein populär. Alan war von Beruf eigentlich Ausbilder, Junior Stuckateur, Patrick Chemiker und Thomas McAleese (mit dem Künstlernamen Dean Ford) Angestellter. Von 1964 bis 1966 wurde das Quintett in Schottland jeweils zur Top-Band gewählt. 1967 wollte es auch den Rest der Welt erobern und nahm am Windsor Jazz Festival teil, wo es allen anderen Teilnehmern die Show stahl. Daraufhin wurden die fünf für den berühmten Marquee Club in London engagiert, wo schon vorher Superbands wie → Manfred Mann, die → Yardbirds, → Traffic, → Spencer Davis Group, → The Herd, → The Rolling Stones und → The Animals aufgetreten waren. 1968 konnten Marmalade mit *Lovin' things* den ersten Top-10-Hit in den UK-Charts plazieren. Mit ihrer Version des → Beatles-Songs *Ob-la-di, ob-la-da* hatten sie noch im selben Jahr ihren ersten Millionenseller. Der zweite folgte 1969 mit *Reflections of my life*, den Junior Campbell und Thomas McAleese geschrieben hatten. Diese Art von sehr melodiösen, leichtfüßigen Rock-Balladen wurde dann für eine ganze Weile das Markenzeichen der schottischen Marmalade.

Jahr	*Titel*	*USA*	*UK*	*D*
1968	Lovin' things		6	
1968	Ob-la-di, ob-la-da		1	2
1969	Baby make it soon		9	
1969	Reflections of my life	10	3	36
1970	Rainbow		3	21
1971	My little one		15	
1971	Cousin Norman		6	
1972	Radancer		6	31
1976	Falling apart at the seams		9	

Martha And The Vandellas

Martha Reeves, geb. 18. 7. 1941 in Detroit/Michigan, USA, leadvoc

ROSLYN ASHFORD, geb. 2. 9. 1943 in Detroit/Michigan, USA, voc
ANNETTE BEARD, voc; ersetzt 1964 durch BETTY KELLY, geb. 16. 9. 1944

Martha war bei BERRY GORDYS Soul-Firma Tamla Motown Sekretärin. Zu ihrem Job gehörte es auch, die Texte von neuen Songs auf Tonbänder zu singen, damit die Stars sie lernen konnten. Als eines Tages bei einer Plattenaufnahme eine Sängerin ausfiel, erinnerte man sich an die singende Sekretärin und holte Martha als Aushilfe. Der Produzent war von ihrem Können so angetan, daß er sie mit Roslyn und Annette zu einem Backing-Trio machte. Eine ihrer ersten Aufgaben war der Chor für → MARVIN GAYES *Stubborn kind of fellow*. Sie sangen noch etliche Male für Gaye und andere Tamla-Stars im Hintergrund, ehe sie als Martha & The Vandellas selbst einen Plattenvertrag bekamen. Bereits die zweite Single *Come and get these memories* kam in den US-Charts bis Rang 29. Und die dritte Single *Heatwave,* ein pulsierender rockiger Soul-Song, wurde ein Millionenseller. Danach wurde Annette gegen Betty ausgetauscht, und in der neuen Formation hatte die Formation 1964 den zweiten Millionenerfolg mit *Dancing in the street,* einem Lied aus der Feder von Marvin Gaye. 1985 nahmen übrigens → DAVID BOWIE und MICK JAGGER diesen Song noch einmal auf und hatten damit praktisch weltweit einen Nr.-1-Hit. Bis 1968 war die Formation immer wieder in den Charts vertreten. 1967 änderte sich der Name in Martha Reeves & The Vandellas, ab 1971 versuchte sich Martha dann, angespornt vom großen Vorbild DIANA ROSS, auch als Solistin. Doch der Erfolg hielt sich in Grenzen, obwohl Martha Reeves auch heute noch auf der Bühne ein Erlebnis ist.

Jahr	*Titel*	*USA*	*UK*	*D*
1963	Heat wave	4		
1963	Quicksand	8		
1964	Dancing in the street	2	28	
1965	Nowhere to run	8	26	
1966	I'm ready for love	9	29	
1967	Jimmy Mack	10	21	
1967	Honey chile	11	30	
1969	Dancing in the street		4	37
1970	Jimmy Mack		21	
1971	Forget me not		11	

Dean Martin

DINO CROCETTI, geb. 7. 6. 1917 in Steubenville/Ohio, USA, voc

Dino, der fünf Geschwister hat, versuchte sich schon frühzeitig in einer ganzen Reihe von Berufen: als Bergwerksarbeiter, Boxer, Tankwart, Stahlarbeiter und Kartengeber in einem Casino. Dann stellte er fest, daß ihm das eigentlich alles zu anstrengend war, und beschloß mit ungefähr 20 Jahren, daß er lieber Sänger werden würde. Er änderte seinen Namen in Dino Martini und schloß sich der SAM WATKINS BAND in Cleveland an. Danach nannte er sich endgültig Dean Martin und tourte bis 1946 alleine als Sänger durch die Nachtclubs. 1942 hatte er durch Zufall in New York einen jungen singenden Komiker namens JERRY LEWIS kennengelernt. Vier Jahre später wurde Dean bei einem Auftritt in Atlantik City von einem Nachtclub-Besitzer gefragt, ob er etwas dagegen hätte, sich mit dem Komiker zu einem Duo zusammenzutun. Dean, der Jerry ja schon kannte, hatte nichts dagegen, und das Gespann ging in die Geschichte des Show-Busineß ein. Dean Martin und Jerry Lewis waren 10 Jahre lang die Super-Komiker des amerikanischen Slapstick-Films. Fernsehen und Radio rissen sich um die beiden, und jeder Club, jedes Theater nahm die beiden mit Handkuß. Bereits 1950 hatte Dean Martin einen Plattenvertrag unterschrieben und im selben Jahr mit *I'll always love you* seinen ersten Erfolg gehabt. 1953 feierte er dann mit *That's amore – That's love* aus dem Film *The caddy,* in dem er und Jerry Lewis die Hauptrollen spielten, seinen ersten Millionenseller; der zweite folgte 1955 mit *Memories are made of this;* Nr. 3 und Nr. 4 gab's 1958 mit *Return to me* und *Volare;* und den fünften dann 1964 mit *Everybody loves somebody*. Inzwischen war Dean Martin nicht nur in komischen Rollen, sondern auch als dramatischer Darsteller erfolgreich. Und er fing an, zusammen mit → Frank Sinatra und → Sammy Davis jr. aufzutreten. Diese drei älteren Herren auf der Bühne zu sehen, ist auch heute noch jedesmal ein Erlebnis.

Jahr	*Titel*	*USA*	*UK*	*D*
1953	Kiss		5	
1953	That's amore	2	2	
1954	Sway		6	
1954	How do you speak to an angel		15	
1955	Naughty lady of Shady Lane		5	
1955	Mambo Italiano		14	
1955	Let me go lover		3	
1955	Under the bridges of Paris		6	
1955	Memories are made of these	1	1	
1956	Young and foolish		20	
1956	Innamorata	27	21	
1957	The man who plays the mandolino		21	
1958	Return to me	4	2	
1958	Volare (Nel blu dipinto di blu)	12	2	
1964	Everybody loves somebody	1	11	20
1964	The door is still open to my heart	6	42	
1965	I will	10		
1969	Gentle on my mind		2	

Wink Martindale

Winston Martindale, geb. 1933 in Jackson/Tennessee, USA, voc

Wink wurde mit siebzehn Jahren in Jackson Discjockey und sang nebenbei im Kirchenchor. Dann bewarb er sich mit einer Demo-Kassette als Discjockey bei einer Radio-Station in Memphis und bekam den Job. Gleichzeitig begann er eine Sprach- und Schauspielausbildung, um seiner warmen, dunklen Stimme den letzten Schliff zu geben. Und das wiederum prädestinierte ihn 1959 für die Aufnahme einer Schallplatte, bei der man keinen Sänger, sondern einen begabten Sprecher brauchte: *Deck of gards*. Dieser musikalisch untermalte Monolog war 1948 von T. Texas Tyler geschrieben worden, der damals damit bereits einen Nr.-2-Hit in den Country-Charts gehabt hatte. Er handelte von einem Soldaten, der in die Kirche geht und ein Paket Karten auspackt. Der Pfarrer ist natürlich entsetzt und läßt den Soldaten zum Polizeichef zur Bestrafung bringen. Doch der Soldat erklärt dem Marshall die religiöse Bedeutung, die jede einzelne Karte für ihn hat, und daß dieses Paket Karten für ihn Bibel, Gebetbuch und Almanach ersetzt. Da Wink Martindale selbst ein sehr religiöser Mann ist, konnte er das nötige »Feeling« in dieses Lied legen. Es wurde ein Millionenseller. Nach diesem Erfolg bekam Wink in Hollywood seine eigene Fernseh-Show namens *Teenage dance party*. In Deutschland brachte Bruce Low 1974 unter dem Titel *Das Kartenspiel* eine deutsche Version des Songs heraus und hatte damit einen Nr.-6-Hit.

Jahr	*Titel*	*USA*	*UK*	*D*
1959	Deck of cards	7	18	
1963	Deck of cards		5	
1973	Deck of cards		22	

Al Martino

Alfred Cini geb. 7. 10. 1927 in Philadelphia/Pennsylvania, voc

Der Italo-Amerikaner wuchs in traditioneller italienischer Umgebung mit dramatischen Canzoni und Opern auf. Einer seiner besten Freunde war Mario Lanza. Der erfolgreiche Mario war es dann auch, der den jungen Mann zum Singen ermutigte. Also arbeitete Al tagsüber als Maurer in der Baufirma seines Vaters und sang nachts in diversen Clubs. 1952 bekam der Interpret mit der warmen, dunklen Stimme einen Plattenvertrag, und bereits die erste Single *Here in my heart* wurde ein Nr.-1-Hit und Millionenseller. Gleichzeitig schuf sich der gutaussehende Al auch noch ein zweites Bein als Schauspieler. Nach seiner erfolgreichen Hauptrolle in *The godfather (Der Pate)* wurde er zum begehrten Darsteller. Doch auf seinen zweiten Millionenseller mußte Al Martino 13 Jahre lang warten. Erst 1965, als er die gesungene Version von → Bert Kaempferts Instrumental-Hit *Moon over Naples* aufnahm, hatte er wieder einen Superseller. Seine *Spanish eyes* gehören heute schon zu den Klassikern.

Jahr	*Titel*	*USA*	*UK*	*D*
1952	Here in my heart	1	1	
1952	Take my heart		9	
1953	Now		3	
1953	Rachel		10	
1954	Wanted		4	
1954	The story of Tina		10	
1955	The man from Laramie		19	
1963	I love you because	3	48	
1963	Painted, tainted rose	15		
1964	I love you more and more every day	9		
1964	Tears and roses	20		
1965	Spanish eyes	15		3
1973	Spanish eyes		5	
1975	To the door of the sun (Alle porte del sole)	17		
1975	Volare	33		41

The Marvelettes

Gladys Horton, geb. 1944, leadvoc
Katherine Anderson, geb. 1944, voc

Georgeanna Tillman, geb. 1944, voc; gest. 6. 1. 1980
Juanita Cowart, geb. 1944, voc
Wanda Young, geb. 1944, voc
alle aus Detroit/Michigan, USA

Die fünf Freundinnen besuchten 1961 gemeinsam die Inkster Highschool in Detroit. Beim alljährlichen Talentwettbewerb der Schule gaben auch die fünf ihre Sangeskünste zum Besten. Berry Gordy jr., der Chef von Tamla Motown Records, sah und hörte das farbige Quintett und engagierte es vom Fleck weg. Gleich die erste Single *Please Mr. Postman* wurde ein Nr.-1-Hit und Millionenseller. Bis 1969 waren die Marvelettes immer wieder in den Charts vertreten, dann ließ ihr Erfolg allmählich nach. Georgeanna Tillman starb am 6. Januar 1980 an Hauttuberkulose und Anämie. *Please Mr. Postman* wurde übrigens 1975 abermals ein Nr.-1-Hit in USA, und zwar für die Carpenters.

Jahr	*Titel*	*USA*	*UK*	*D*
1961	Please Mr. Postman	1		
1962	Playboy	7		
1962	Beechwood 4-5789	17		
1966	Don't mess with Bill	7		
1967	The hunter gets captured by the game	13		
1967	When you're young and in love	23	13	
1968	My baby must be a magician	17		

Hugh Masekela

geb. 4. 4. 1939 in Wilbank, Südafrika, p, tp

Der farbige Musiker begann mit sieben Jahren, Klavierspielen zu lernen. Dann sah er den Film *Young man with a horn,* eine Biographie des Trompeters Bix Beiderbecke, und war davon so begeistert, daß er das Klavier sein ließ und sich dafür eine Trompete zulegte. Nach der Highschool ging der junge Musiker nach England auf die Royal Academy Of Music und kam schließlich mit einem Vierjahres-Stipendium an die Manhattan School Of Music in New York. Masekela blieb in Amerika, gründete bald seine eigene Band, trat in diversen Clubs auf und bekam schließlich einen Plattenvertrag. 1967 erschien seine erste Single *Up up and away,* die ein Flop wurde. Mitte 1968 probierte er es noch einmal,

Hugh Masekela Foto: Teldec/Bildarchiv

dieses Mal mit dem jazzigen *Grazing in the grass*. Es wurde ein Millionenseller. Als die → Friends Of Distinction von diesem Titel 1969 eine gesungene Version aufnahmen, hatten sie ebenfalls einen Millionenseller damit. Hugh Masekela konnte diesen Erfolg nicht mehr wiederholen, obwohl er heute immer noch zu den Star-Trompetern gehört. Er ist mit der südafrikanischen Sängerin Miriam Makeba verheiratet, die 1967 in USA einen Nr.-12-Hit mit dem südafrikanischen Song *Pata pata* gehabt hatte.

Jahr	*Titel*	*USA*	*UK*	*D*
1968	Grazing in the grass	1		

Barbara Mason

geb. 9. 8. 1947 in Philadelphia/Pennsylvania, USA, voc

Barbara fing schon als Teenager mit ihrer Karriere an. Sie organisierte in ihrer Heimatstadt Talentshows, lernte Klavierspielen und trat bereits als Vierzehnjährige erfolgreich öffentlich auf. Mitte der 60er Jahre stellte sie mit ein paar Freunden eine Vokalgruppe auf die Beine und sang damit in einem kleinen Club vor, um einen Job zu bekommen. Die Gruppe bekam den Job zwar nicht, aber Barbara erhielt statt dessen einen Plattenvertrag, denn im Publikum hatte ein wichtiger Mann aus der Plattenbranche gesessen, der sich sofort um sie kümmerte. 1965 brachte Barbara Mason mit *Yes, I'm ready* ihre erste Single heraus, die prompt ein Hit wurde. Die größeren Erfolge stellten sich danach erst wieder in den 70er Jahren ein, als sie ab 1972 mit Curtis Mayfield zu arbeiten begann. Der Song *Give me your love* stammt aus dem Mayfield-Soundtrack für den Film *Superfly*.

Jahr	*Titel*	*USA*	*UK*	*D*
1965	Yes, I'm ready	5		
1972	Sad, sad girl	27		
1973	Give me your love	31		
1974	From his woman to you	28		

Mireille Mathieu

geb. 22. 7. 1946 in Avignon, Frankreich, voc

Mireille war das älteste von insgesamt vierzehn Kindern einer nicht sehr begüterten Familie. Also mußte die kleingewachsene Sängerin schon früh in der Fabrik arbeiten gehen. Doch Mireille hatte eine große Leidenschaft: das Singen. Und so nahm sie von 1962 bis 1965 an diversen Gesangswettbewerben teil, die sie alle gewann. Als sie im französischen Fernsehen auftreten durfte, war die Nation begeistert und feierte sie als die zweite → Piaf. Ihre ersten Chansons wie *Qu'elle est belle* (1966) gaben auch zu den schönsten Hoffnungen Anlaß, denn Mireille hatte eine große, starke Stimme und sang ihre Chansons mit großer Inbrunst. Doch dann entdeckte Mireille oder besser gesagt ihr sehr dominanter Manager Johnny Stark, daß auf dem deutschen Markt mit deutschen Liedern sehr viel Geld zu machen war. Und so sang Mireille ab 1969 in erster

Mireille Mathieu Foto: Ariola

Linie nur noch in Deutsch. Sie wurde ein Star, der auch die größten Häuser füllte. Ihre klassische Pagen-Frisur wurde von Tausenden von jungen Mädchen kopiert. Ihr schönes, ernstes und sehr abweisendes und kühles Gesicht blickte von jeder Zeitschrift, war in fast jeder TV-Show zu sehen. Bis Mitte der 80er Jahre war Mireille Mathieu fester Bestandteil des deutschen Schlagergeschehens, von einer zweiten Piaf war allerdings nicht mehr die Rede. Auch ihre französischen Platten waren immer mehr in seichte Schlagergefilde abgerutscht.

Jahr	*Titel*	*USA*	*UK*	*D*
1969	Hinter den Kulissen von Paris			5
1969	Martin			12
1969	Tarata-Ting, Tarata-Tong			18
1970	An einem Sonntag in Avignon			13
1970	Es geht mir gut, Cherie			16
1971	Ganz Paris ist ein Theater			15
1971	Der Pariser Tango			10
1971	Akropolis adieu			3
1972	Korsika			17
1972	Hans im Glück			16
1973	La Paloma Ade			1
1975	Der Zar und das Mädchen			8
1978	Santa Maria			13

Johnny Mathis

geb. 30. 9. 1935 in San Francisco/Kalifornien, USA, voc

Johnny wurde zwar schon als Kind von seinem Vater zum Singen ermutigt, aber Mitte der 50er Jahre schwankten seine Berufswünsche eher zwischen Englischlehrer und Sportler. Vor allen Dingen als Sportler war er so gut, daß seine Schule, das San Francisco State College, in Erwägung zog, ihn 1956 zu den Olympischen Spielen zu schicken. Doch aus alledem wurde nichts, denn im Sommer 1955 hörte der Präsident einer Plattenfirma den gutaussehenden jungen Mann mit der hinreißenden Samtstimme bei einem Auftritt in einem Club und nahm ihn sofort unter Vertrag. Zunächst ließ man Johnny Jazziges singen, was überhaupt nicht zu seiner Stimme paßte. Erst

Mitch Miller, damals A & R Mann, fand für ihn die richtige Musik: sanfte, schmeichelnde Love-Songs, bei denen die sogenannte »Mathis Magic« so richtig zum Tragen kam. *Wonderful! Wonderful!* und *It's not for me to say* hießen seine ersten Aufnahmen, zugleich seine ersten Hits. Ende 1957 hatte er bereits fünf davon in den US-Charts plaziert. Man dachte an ein neues Album, doch Johnnys Tourneeplan war so vollgestopft, daß dafür einfach keine Zeit blieb. Also kam Mitch Miller auf die Idee, einfach Johnnys fünf Hits und noch ein paar bereits vorhandene Songs auf LP zu pressen und unter dem Titel *Johnny Mathis' greatest hits* herauszugeben. Es war eine glänzende Idee. Die LP blieb nämlich insgesamt 400 Wochen in den amerikanischen LP-Charts und verkaufte sich millionenfach, ein Rekord, an dem sich jede folgende »Best Of«-LP messen lassen mußte. Bis 1963 war Johnny Mathis kontinuierlich in den Charts vertreten, dann setzte er nur noch ab und zu ein paar Glanzlichter, wie z. B. mit seinem 78er Duett mit Deniece Williams *Too much, too little, too late.* Am eindrucksvollsten ist der Sänger und Entertainer allerdings immer noch auf der Bühne, bei seinen inzwischen leider sehr spärlich gewordenen Auftritten.

Jahr	*Titel*	*USA*	*UK*	*D*
1957	Wonderful! Wonderful!	14		
1957	It's not for me to say	5		
1957	Chances are	1		
1957	The twelfth of never	9		
1957	Wild is the wind	22		
1958	No love (but your love)	21		
1958	Come to me	22		
1958	All the time	21		
1958	Teacher, teacher	21	27	
1958	A certain smile	14	4	
1958	Call me	21		
1958	Winder wonderland		17	
1959	Someone	35	6	
1959	Small world	20		
1959	Misty	12	12	
1960	Starbright	25	47	
1960	My love for you		9	
1962	Gina	6		
1963	What will Mary say	9	49	
1975	I'm stone in love with you		10	
1976	When a child is born (Soleado)		1	
1978	Too much, too little, too late (mit Deniece Williams)	1	3	
1979	Gone gone gone		15	

Paul Mauriat

geb. 1925 in Frankreich

Mauriats Familie bestand seit Generationen aus klassischen Musikern, und so ist es kein Wunder, daß auch Paul sich von klein auf mit Musik beschäftigte. Mit vierzehn Jahren schloß er sein Musikstudium am Pariser Konservatorium ab, nun wollte er eigentlich klassischer Pianist werden. Doch dann kam er mit dem Jazz in Berührung, war begeistert davon und gründete mit siebzehn Jahren sein erstes Orchester, mit dem er bereits auf Tournee durch ganz Frankreich und einen Großteil Europas ging. Schließlich ließ er sich in Paris nieder, fing an, als Arrangeur und Orchesterleiter für Stars wie → CHARLES AZNAVOUR zu arbeiten, und bekam einen Plattenvertrag. Allmählich reihte er sich in die Liste der exklusiven französischen Orchesterchefs wie RAYMOND LEFEVRE oder FRANCK POURCELL ein, wobei allerdings seine Popularität die der anderen bald überholen sollte. 1967 schrieben ANDRE POPP (Musik) und PIERRE COUR (Text) für die Griechin → VICKY LEANDROS das Lied *L'amour est bleu.* Vicky sollte den Song für Luxemburg beim Grand Prix D'Eurovision singen. Sie belegte dort den 4. Platz, den großen Erfolg aber hatte anschließend Paul Mauriat mit seiner instrumentalen Orchesterversion, die sich weltweit millionenfach verkaufte. *Love is blue* lautete der englische Titel, die Single war 1968 in USA fünf Wochen die Nr. 1 der Hot 100. Als Mauriat 1968 das Album *Blooming hits* herausbrachte, das u. a. auch *Love is blue* enthielt, konnte sich die LP allein in USA sieben Wochen lang an der Spitze der LP-Charts halten.

Jahr	*Titel*	*USA*	*UK*	*D*
1967	Love is blue	1	12	36

John Mayall

geb. 29. 11. 1933 in Macclesfield/Cheshire, England, harmonica

Mit dreizehn Jahren fing der »Vater des britischen Blues und Rock« an, sich für Blues zu interessieren. Dann mußte er zur Army. Nach seiner Entlassung ging er aufs College, wo er 1955 seine erste Band namens THE POWERHOUSE FOUR gründete. 1963 entstand als nächste Mayall-Band THE BLUES SYNDICATE, und im selben Jahr ging Mayall, ermutigt vom Blues-Barden → ALEXIS KORNER, nach London. Kaum in London angekommen, entstand bereits die nächste Mayall-Band: die erste Version der legendären BLUESBREAKERS, zu der JOHN MCVIE (b) und BERNIE WATSON (leadg) gehörten. 1964 nahm Mayall seine erste LP auf. Sie hieß ganz bescheiden *John Mayall plays John Mayall,* und Mitspieler waren der Gitarrist ROGER DEAN, der Trommler HUGHIE FLINT und John McVie am Baß. 1965 wurde Dean gegen → ERIC CLAPTON ausgetauscht, der gerade bei den → YARDBIRDS gegangen war. Mit Eric Clapton entstand 1965 die LP *Bluesbreakers,* die man heute zu einem der ersten klassischen britischen Blues-Alben zählt. Danach schloß sich für kurze Zeit der Bassist → JACK BRUCE den Bluesbreakers an, dafür zog sich McVie zurück. Doch Bruce warf bald wieder das Handtuch, gab ein ebenso kurzes Gastspiel bei → MANFRED MANN, und schließlich verließ auch Clapton die Band, um mit Bruce und → GINGER BAKER → CREAM zu gründen. Sobald die beiden weg waren, kam John McVie wieder und brachte die Musiker AYNSLEY DUNBAR (dr) und PETER GREEN (g) mit. In dieser Besetzung entstand 1966 die LP *A hard road.* 1967 befreiten sich McVie und Green vom diktatorischen Führungsstil John Mayalls und gründeten → FLEETWOOD MAC. Als neue Mitstreiter kamen zu den Bluesbreakers DICK HECKSTALL-SMITH (sax), KEEF HARTLEY (dr), der vorher bei den ARTWOODS gespielt hatte, und MICK TAYLOR (g). In dieser Besetzung wurde 1967 die LP *Crusade* eingespielt, der dann 1968 die Live-LPs *Diary of band, Vol. I* und *Vol. II* folgten.

John Mayall Foto: Polydor

Danach änderte sich wieder alles, und für die 68er LP *Bare wires* standen im Studio: Taylor und Heckstall-Smith sowie die neuen Mitspieler Henry Lowther (tp, vi), Tony Reeves (b, g) und Jon Hiseman (dr). Diese Bluesbreakers sind praktisch die Besetzung der späteren → Colosseum. Als sich auch diese Bluesbreakers-Version auflöste, gab Mayall den Namen endgültig auf. Er behielt Taylor und holte sich nur noch Steve Thompson (b) und Colin Allen (dr) dazu. Diese beiden wurden zwei Jahre später die Rhythmus-Section von Stone The Crows. In dieser Quartett-Besetzung entstand die 69er LP *Blues from Laurel Canyon.* Danach ging Taylor, um bei den → Rolling Stones den Platz von Brian Jones einzunehmen. Die zweite 1969 veröffentlichte LP nannte Mayall *The turning point,* und zwar aus gutem Grund: Er hatte das Album ohne Schlagzeuger und elektrische Gitarre eingespielt. Mit von der Partie waren Jon Mark (akkustische Gitarre), Johnny Almond (sax, fl) und Steve Thompson (b). In derselben Besetzung – zusätzlich wirkte Larry Taylor (b) mit – entstand das 70er Album *Empty Rooms* mit dem Insider-Hit *Room to move. USA Union* hieß das zweite Album aus dem Jahre 1970, und auch das wieder aus gutem Grund, denn dafür hatte Mayall zum ersten Mal amerikanische Musiker ins Studio geholt: Don »Sugarcane« Harris (vi), Harvey Mandel (g) und Larry Taylor (b). *Back to the roots* war der Titel des 71er Doppel-Albums, für das sich Mayall praktisch alle Superstars, die jemals aus seinen diversen Bands hervorgegangen waren, ins Studio holte. Allmählich konnte man Mayalls Musikstil nicht mehr als reinen Blues bezeichnen, er verwendete immer häufiger Jazz-Elemente. Er hatte sich inzwischen in USA niedergelassen und arbeitete fast nur noch mit US-Musikern. In dieser Form entstanden die Alben *Jazz-Blues fusion* (1972), *Moving on* (1973) und *Ten years are gone* (1973). Den nächsten Wechsel vollzog Mayall dann 1975, als er für die LP *New year, new band, new company* die Sängerin Dee McKinnie ins Studio holte und 1976 das erste richtige Solo-Album *Notice to appear* veröffentlichte. Seitdem veröffentlicht John Mayall immer mal wieder hörenswerte LPs.

The McCoys

Rick Zehringer, geb. 4. 8. 1947 in Celina/Ohio, USA, leadvoc, g
Ronnie Brandon, geb. 25. 1. 1946 in Greenville/Ohio, keyb; ersetzt durch

RANDY HOBBS, geb. 22. 3. 1948 in Union City/Indiana, USA, b
RANDY ZEHRINGER, geb. 21. 11. 1949 in Celina/Ohio, USA, dr

Die Gruppe wurde 1963 gegründet und spielte anfänglich unter Namen wie RICK & THE RAIDERS und THE RICK Z. COMBO. Als das Trio schließlich das → VENTURES-Instrumental *McCoy* als Erkennungsmelodie wählte, änderte es seinen Namen in McCoys. 1965 traten die McCoys in Dayton/Ohio als Vorgruppe für die → STRANGELOVES auf. Die Strangeloves waren keine anderen als die bekannten Produzenten und Songschreiber ROBERT FELDMAN, JERRY GOLDSTEIN und RICHARD GOTTEHRER, und diese drei geschulten Ohrenpaare hörten natürlich sofort die Qualität der McCoys. Die Band wurde nach New York zum Vorspielen eingeladen, erhielt umgehend einen Plattenvertrag und startete 1965 mit *Hang on Sloopy* ihre Karriere. Dieses Lied hieß im Original *My girl Sloopy,* stammte von den → VIBRATIONS und war 1964 ein Nr.-26-Erfolg in USA gewesen. Die McCoys hatten einen Millionenseller damit. 1969 entwickelten sich die McCoys allmählich zur Begleitband von → JOHNNY WINTER. Rick Zehringer hatte sich inzwischen in → RICK DERRINGER umbenannt und startete in den 70er Jahren auch eine Karriere als Solist.

Jahr	*Titel*	*USA*	*UK*	*D*
1965	Hang on Sloopy	1	5	5
1965	Fever	7	44	34
1966	Come on let's go	22		

Gene McDaniels

EUGENE B. MCDANIELS, geb. 12. 2. 1935 in Kansas City/Missouri, USA, voc

Der farbige Sänger ist der Sohn des Reverend B. T. MCDANIELS. Bereits mit dreizehn Jahren trat er mit einer Gospel-Gruppe auf, er spielte auf der Highschool Saxophon und gründete nach der Schule sein eigenes Vokalquartett. Ende 1960 bekam er einen Plattenvertrag, doch seine ersten Songs wie *Green door* und *In times like these* konnten sich nicht plazieren. Sein großer Durchbruch kam erst 1961 mit dem Song *A hundred pounds of clay*. Auch heute tritt er noch unter seinem vollen Namen EUGENE MCDANIELS auf.

Jahr	*Titel*	*USA*	*UK*	*D*
1961	A hundred pounds of clay	3		
1961	Tower of strength	5	49	
1962	Chip chip	10		
1962	Point of no return	21		

McGuinness Flint

TOM MCGUINNESS, geb. 2. 12. 1941 in Wimbledon, England, leadg
HUGHIE FLINT, geb. 15. 3. 1942 in England, dr
BENNY GALLAGHER, geb. in Largs, Schottland, g, bj, voc
GRAHAM LYLE, geb. in Largs, Schottland, b, acc, voc
DENNIS COULSON, leadvoc

Nachdem sich die Band von → Manfred Mann 1969 wegen zu großem und zu ständigem Erfolg aufgelöst hatte, tat sich Tom McGuinness mit Hughie Flint zusammen, der einer der ersten Trommler bei → John Mayalls Bluesbreakers gewesen war. Dazu kamen der Sänger Dennis Coulson und die beiden Songwriter und Musiker Gallagher und Lyle, und fertig war die Band McGuinness Flint. McGuinness bevorzugte in seiner Band einen sehr relaxten Stil, jeder konnte seine Ideen einbringen, keiner wurde zu etwas gezwungen. Und so entstanden 1970/71 zwei internationale Bestseller, die beide von Gallagher und Lyle geschrieben worden waren. Dann verließen die beiden die Band. Dafür kam Dixie Dean (b, harmonica), und als Quartett nahm die Gruppe 1974 die LP *C'est la vie* auf. Auf diesem Album interpretierten sie ausschließlich → Bob-Dylan-Songs, und zwar in erster Linie ganz unbekannte, die teilweise noch nie veröffentlicht worden waren. Bereits 1973 hatte der Sänger Coulson die Solo-LP *Dennis Coulson* herausgebracht, für die Gallagher und Lyle fünf Lieder beisteuerten. Die beiden waren inzwischen ein Duo, das erfolgreiche Songs für andere, aber auch für sich selbst schrieb. 1976 hatten Gallagher And Lyle mit *I wanna stay with you* und mit *Heart on my sleeve* jeweils einen Nr.-6-Hit in England.

Jahr	*Titel*	*USA*	*UK*	*D*
1970	When I'm dead and gone		2	6
1971	Malt and barley blues		5	37

Barry McGuire

geb. 15. 10. 1935 in Oklahoma, USA, voc

Barry McGuire, der Interpret mit der beeindruckend heiseren Stimme, startete seine Karriere Anfang der 60er Jahre als Sänger bei den → New Christy Minstrels. In dieser Zeit schrieb er auch den Song *Greenback dollar*, der 1963 ein Nr.-21-Erfolg für das → Kingston Trio wurde. Zusammen mit Randy Sparks, dem Gründer der New Christy Minstrels, verfaßte er auch *Green, green*, den größten Hit der Formation. 1965 trennte er sich von den Minstrels, um als Solist Karriere zu machen. Als erstes nahm er den Song *Eve of destruction* auf. Das war ein Protestsong aus der Feder von P. F. Sloan, in dem er auf die Gefahr eines durch die Menschen verursachten Weltuntergangs aufmerksam machte. Das Lied wurde zur Hymne der Protestbewegung der 60er Jahre. Es blieb Barry McGuires einziger großer Hit. Schließlich fing er an, sich Ende der 60er Jahre auf eine Karriere als Schauspieler vorzubereiten. Er bekam ein paar kleine Rollen in Fernseh- und Kinofilmen und wurde dann Mitglied der Broadway-Besetzung von *Hair*. Anfang der 70er Jahre wurde Barry McGuire immer religiöser und zog schließlich nur noch mit einer Spiritual-Gruppe namens The Agape Force durch die Lande. Danach schloß er sich der Religionsgemeinschaft der Wiedergeborenen Christen

Jahr	*Titel*	*USA*	*UK*	*D*
1965	Eve of destruction	1	3	6

an. Inzwischen nimmt Barry McGuire nur noch Gospel-Songs auf.

Scott McKenzie

geb. 1. 10. 1944 in Arlington/Virginia, USA, voc

Von Beruf war Scott McKenzie Computerfachmann, aber seine große Liebe galt der Musik. Während er die Woche über am Computer einer Bank arbeitete, trat er an den Wochenenden mit diversen Folk-Gruppen auf. Anfang der 60er Jahre lernte er einen jungen Musiker namens John Phillips kennen und schloß sich dessen Gruppe The Smoothies an. Als die sich auflöste, gründeten die beiden eine Band namens The Journeymen. Die Formation gab 1961 ihr Debüt und nahm anschließend drei Alben auf, ehe sie sich wieder auflöste. John Phillips gründete anschließend mit Dennis Doherty, seiner Ehefrau Michelle Phillips und → Cass Elliott → The Mamas And The Papas. Von Scott McKenzie war dann die nächsten Jahre nichts mehr zu hören, bis 1967 John Phillips mit seinem alten Freund Kontakt aufnahm und ihm einen Song namens *San Francisco (Be sure to wear some flowers in your hair)* anbot. Scott griff sofort zu – und hatte innerhalb kürzester Zeit einen satten Millionenseller. Der sanfte Song wurde zu der Hymne der Flower-Power-Bewegung der späten 60er Jahre. Scott McKenzie konnte diesen Erfolg nicht mehr wiederholen. Anfang der 70er Jahre versuchte er mit dem Album *Stained glass morning* ein Comeback – jedoch ohne größeren Erfolg.

Jahr	*Titel*	*USA*	*UK*	*D*
1967	San Francisco (Be sure to wear some flowers in your hair)	4	1	1
1967	Like an old time movie	24	50	36

John McLaughlin

geb. 4. 1. 1942 in Yorkshire, England, g

Der weltberühmte Gitarrist fing erst als Teenager mit dem Gitarrespielen an, vorher studierte er Violine und Piano. Seine ersten Meriten erwarb sich McLaughlin Anfang der 60er Jahre als Gitarrist bei der → Graham Bond Organisation. Anschließend gab er ein kurzes Gastspiel bei → Brian Auger und seiner Trinity. *Extrapolation,* sein erstes Solo-Album, zeigte ihn als Jazzer und virtuosen Gitarristen. Das wiederum führte zu Auftritten in Amerika mit der Tony Williams Liftime und mit Miles Davis, bei denen er auf etlichen Alben mitspielte. Als sich McLaughlin in New York niederließ, fing er an, sich mit der Philosophie des Hinduismus zu beschäftigen, was zu einer völligen Veränderung seiner Musik führte. McLaughlin, der sich seine Super-Gitarre mit zwei Hälsen und insgesamt 18 Saiten hatte bauen lassen, erging sich nun in indischen Meditations-Improvisationen, begleitet von Jerry Goodman (vi, ehemals → Flock) und dem Trommler Billy Cobham. Diese gewandelte Einstellung führte dann auch schließlich zur Gründung des Mahavishnu Orchestra, bei dem auch Jan Hammer (keyb) und Rick Laird (b) mitspielten. Das Mahavishnu Orchestra rief internationale Begeisterung hervor mit den Alben *The inner mounting flame* (1972) und *Birds of fire* (1973). Für das sehr viel weniger ansprechende Album *Love devotion surrender* (1973) hatte sich McLaughlin → CARLOS SANTANA, einen weiteren Bekehrten, geholt. Dann machte McLaughlin Alben mit dem Super-Violinisten JEAN-LUC PONTY, ließ sich vom Londoner Symphony Orchestra begleiten, aber seine Musik, die vorher vor Emotionen und Power nur so gestrotzt hatte, wurde immer uninteressanter.

Ross McManus

geb. 1927 in Großbritannien, voc, tp, v

Ross stammt aus einer sehr musikalischen Familie: Sein Vater war Trompeter, sein Onkel Klarinettist; beide spielten in großen englischen Symphonieorchestern. Mit sechzehn Jahren war Ross ein passabler Geiger wie auch Trompeter. Er spielte zunächst in kleinen Jazzbands, bis er 1945 zur Army mußte und die nächsten Jahre in Ägypten verbrachte. Dort mauserte sich der Musiker zum Entertainer, und als er nach England zurückkehrte, blieb er gleich im Showgeschäft. Er arbeitete in diversen Clubs und versuchte sich ab 1954 erfolgreich als Sänger und Komponist. 1964 schrieb er auf Bestellung den Blue-Beat-Song *Patsy girl* und nahm ihn auch gleich auf. Der Song wurde ein Flop – bis er 1966 nach Europa exportiert wurde und sich dort zum Hit entwickelte.

Jahr	*Titel*	*USA*	*UK*	*D*
1966	Patsy girl			15

Clyde McPhatter

geb. 15. 11. 1931 in Durham/North Carolina, USA, voc; gest. 13. 6. 1972 Taeneck/New Jersey, USA

In seiner Kindheit sang Clyde im Kirchenchor, auch nachdem er mit zwölf Jahren nach New York gezogen war. Dann lernte er 1950 BILLY WARD kennen und kam durch ihn zu den DOMINOES. Mit dieser Vokalband hatte er von 1951 bis 1953 Hits wie *Sixty minute man, Have mercy baby* und *These foolish things.* 1953 verließ McPhatter die Dominoes, um seine eigene Band zu gründen, die er → THE DRIFTERS nannte. Ende 1953 erschien mit *Money honey* der erste Drifters-Hit. 1954 mußte McPhatter zur Army, seinen Platz bei den Drifters nahm DAVE BAUGHAN ein. Bei einem Urlaub nahm Clyde Ende 1955 als Solist *Seven days* auf, das sein erster Solo-Erfolg wurde. Als er 1956 aus der Army entlassen wurde, ging er sofort wieder ins Studio. Es folgte *Treasure of love*, und damit hatte McPhatter seinen zweiten Hit. Bis 1963 war er ständig in den US-Charts vertreten. Clyde McPhatter starb am

Jahr	*Titel*	*USA*	*UK*	*D*
1956	Treasure of love	16	27	
1957	Without love (there is nothing)	19		
1958	A lover's question	6		
1962	Lover please	7		

13. Juni 1972 in seinem Haus in Taeneck/New Jersey an einem Herzanfall. Er war nur 41 Jahre alt geworden.

Ralph McTell

RALPH MAY geb. 3. 12. 1944 in Farnborough/Kent, England, voc, g

Ralph McTell kam erst nach der Army zur Musik. Nach seiner Entlassung vom Militär lernte er Gitarre, zog als fahrender Sänger durch Europa, kehrte wieder nach England zurück und fing mit dem Songschreiben an. Um auch einen bodenständigen Beruf zu haben, schrieb er sich für ein Lehrercolleg ein, veröffentlichte aber gleichzeitig 1968 die LP *8 frames a second.* Dann ließ er den Lehrer Lehrer sein, zog wieder durch die Clubs und brachte 1969 das Album *Spiral staircase* heraus, auf dem das Original seines berühmten *Streets of London* zu finden war. Doch es sollte noch eine Weile dauern, ehe der Song ein Bestseller wurde. Ralph McTell konnte von seinem Singen und den Plattenverkäufen gerade so leben, seine Anhängerschaft war noch übersehbar. Auch die LPs *My side of your window* (1969) und *Your well-meaning brought me here* (1971) wurden keine Bestseller, das 72er Album *Not till tomorrow* und die 73er LP *Easy* dagegen konnten sich in den britischen LP-Charts immerhin schon auf Platz 36 bzw. Platz 31 plazieren. Doch Ralph McTell wurde erst zum Star, als seine Plattenfirma 1974 auf die Idee kam, an den »Straßen von London« herumzumischen und eine Version mit vielen Geigen und einem lieblichen Mädchenchor anzufertigen. Anschließend trat der schlaksige Ralph McTell nicht mehr in kleinen Clubs, sondern in Konzerthallen auf und brauchte eine Begleitband. Sein 75er Album *Streets* erreichte in den LP-Charts Platz 13. Doch kurz danach hatte Ralph von dem ganzen Rummel offensichtlich die Nase voll und verschwand auf Nimmerwiedersehen nach Amerika.

Jahr	*Titel*	*USA*	*UK*	*D*
1974	Streets of london		2	8

Mel & Tim

MELVIN HARDEN, geb. in St. Louis/Missouri, USA, voc
TIMOTHY MCPHERSON, geb. in St. Louis/Missouri, USA, voc

Mel hatte sich beim Militär einem Quartett namens THE INDIVIDUALS angeschlossen, Tim war Mitglied einer Gruppe, die sich THE VANDELS nannte. Nach der Army, Mitte der 60er Jahre, waren beide als Busfahrer bei derselben Firma angestellt. Dort lernten sie sich kennen, stellten fest, daß sie beide gerne und gut sangen, und beschlossen, eine Band zu gründen. Aus der Band wurde nichts, die beiden blieben als Duo zusammen und bekamen 1969 einen Plattenvertrag. Sie schrieben sich ein Lied namens *Backfield in motion,* eine rockige Soul-Nummer mit Live-Atmosphäre, und hatten damit ihren ersten Millionenseller. 1989 wurde der Song in der Version der Gruppe Kiss In The Dark abermals ein Erfolg. Den zweiten Millionenseller hatten Mel & Tim dann 1972 mit *Starting all over again.*

Jahr	*Titel*	*USA*	*UK*	*D*
1969	Backfield in motion	10		
1972	Starting all over again	19		

Melanie

Melanie Safka, geb. 3. 2. 1947 in New York, USA, voc, g

Melanies Mutter war Jazzsängerin, und sie selbst lernte von klein auf Gitarre spielen. Melanie besuchte die Schauspielschule, entschloß sich aber nach zwei Monaten, Sängerin zu werden. Durch Peter Schekeryk, ihren Entdekker, Manager, Produzenten und späteren Ehemann, bekam sie einen Plattenvertrag, und 1969 veröffentlichte sie das Debüt-Album *Born to be.* Ihr großer Durchbruch kam dann 1970 mit *Lay down (Candles in the rain),* das sie zusammen mit den → Edwin Hawkins Singers aufnahm. Geradezu inbrünstig sang Melanie mit intensiv-brüchiger Stimme ihre folkig angehauchten Songs und hatte damit weltweit Erfolg. Mitte der 70er Jahre verblaßte ihr Erfolg bereits wieder, und die junge Sängerin mit dem runden Gesicht, die stets in langen Wolle-Kleidern aufzutreten pflegte, geriet allmählich in Vergessenheit. Ein Comeback-Versuch Mitte der 80er Jahre klappte nicht.

Jahr	*Titel*	*USA*	*UK*	*D*
1970	Lay down (Candles in the rain) (mit Edwin Hawkins Singers)	6		
1970	Ruby Tuesday		9	6
1971	The nickel song	35		43
1971	Brand new key	1	4	23
1972	Ring the living bell	31		41

Sergio Mendes & Brasil '66

Sergio Mendes, geb. 11. 2. 1941 in Niteroi, Brasilien, p
Lani Hall, geb. in Ipanema, Brasilien, leadvoc
Karen Phillipp, geb. in Ipanema, Brasilien, leadvoc
Sebastiao Neto, Ipanema, Brasilien
Dom Um Romao, Ipanema, Brasilien
Rubens Bassini, Ipaneman, Brasilien

Sergio Mendes begann schon als Kind mit dem Klavierspielen, war als Teenager in der Gegend von Rio de Janeiro als begabter Jazzmusiker bekannt, und gründete noch vor seinem 20. Geburtstag eine eigene Band, die er Bossa Rio nannte und die, zusammen mit anderen, maßgeblich an der Entwicklung des »Bossa Nova« beteiligt war. Mitte der 60er Jahre verließ Sergio Mendes mit seiner Formation Brasilien, um sich künftig in den USA anzusiedeln. Er nannte die Band Brasil '65 und nahm auch ein paar Platten auf, jedoch ohne größeren Erfolg. Der kam erst, als er ein paar Mitglieder austauschte, die Gruppe in Brasil '66 umtaufte und vor allen Dingen einen Vertrag bei → HERB ALPERTS Plattenfirma A & M bekam. Sein erstes Album *Sergio Mendes & Brasil '66* nahm er ganz im Stil des von ihm so bewunderten Alpert auf. Und mit diesem Sound hatte Mendes Erfolg, eine der populärsten Singles aus diesem Album war *Mas que nada*. 1978 änderte Mendes abermals den Namen der Gruppe, diesmal in BRASIL '88, und als neue Leadsänger kamen LEZA MILLER und JOE PIZZUTE.

Jahr	*Titel*	*USA*	*UK*	*D*
1968	The look of love	4		
1968	The fool on the hill	6		
1968	Scarborough fair	16		
SERGIO MENDES & BRASIL '88				
1983	Never gonna let you go	4	45	

Mercy

Die Gruppe hatte 1969 mit dem Song *Love (can make you happy)* einen Millionenseller. Geschrieben hatte das softige Lied JACK SIGLER JR., der die Gruppe auch gegründet hatte. Begonnen hatte die Geschichte dieser Vokalformation schon sehr viel früher. Jack begann im Alter von neun Jahren Gitarre zu lernen und fing kurz danach an, langsam eine Gruppe um sich aufzubauen. Es waren alles Mitschüler von seiner Highschool, mit denen er dann in diversen Schulen in seinem Heimatstaat Florida auftrat. Die Mitglieder dieser Formation wechselten des öfteren, aber schließlich wurde die Gruppe für den Film *Fireball jungle* verpflichtet, und daraus resultierte ein Plattenvertrag. *Love (can make you happy)* blieb der einzige Hit von Mercy.

Jahr	*Titel*	*USA*	*UK*	*D*
1969	Love (can make you happy)	2		

Merseybeats

JOHN BANKS dr
TONY CRANE, g, voc
BILL KINSLEY, b, voc
AARON WILLIAMS, g, voc

Eine Zeitlang gehörten die Merseybeats zu den großen Konkurrenten der → BEATLES. Hervorgegangen war das Quartett aus Liverpool Anfang der 60er Jahre aus der Band THE MAVERICKS, wo Bill Kinsley und John Banks Mitglieder waren. Mit ihren für damalige Zeiten relativ anspruchsvollen Songs hatten sie keine Schwierigkeiten, Anfang 1963 einen Plattenvertrag zu bekommen. Ihre erste Single hieß *It's love that counts* und kam in den UK-Charts bereits bis Platz 24, und die zweite Single *I think of you* wurde ein Hit. Bis 1966 waren die Merseybeats, die mit ihrem eleganten Outfit vor allen Dingen die weiblichen Fans zu Beifallsstürmen hinrissen, immer wieder in den Hitparaden vertreten, auch wenn sich die Notierungen zuletzt nur in den mittleren Chart-Bereichen bewegten. 1966 kam das »Aus« für die Band. Williams gab daraufhin die Musik völlig auf; Gustafson, der 1964 dazu gekommen war, und Banks versuchten sich als Duo John & Johnny; Kinsley und Crane taten sich ebenfalls zu einem Duo zusammen und nannten sich, in Anlehnung an die Merseybeats, → The Merseys. Unter diesem Namen hatten sie 1966 mit *Sorrow* einen Hit, der sieben Jahre später, 1973, noch einmal von → David Bowie ausgegraben wurde. Bowie hatte damit einen Nr.-3-Hit.

Jahr	*Titel*	*USA*	*UK*	*D*
1963	I think of you		5	
1964	Don't turn around		13	
1964	Wishin' and hopin'		13	
1965	I love you, yes I do		22	
The Merseys				
1966	Sorrow		4	

The Merseys

siehe → The Merseybeats

Lee Michaels

geb. 24. 11. 1945 in Los Angeles/Kalifornien, USA, voc, org

Der Multiinstrumentalist spielte zunächst mit The Sentinels und Joe Scott Hill, ehe er 1965 in San Francisco die Lee Michaels Band formierte. Die Formation brachte 1968 das Debüt-Album *Carnival of life* heraus. Doch der vielseitige Musiker hatte eigentlich keine Begleitband nötig. Auf dem 69er Album *Recital* spielte er alle Instrumente selbst, hatte alle Songs geschrieben und dazu auch noch die Arrangements geschrieben und produziert. Lee Michaels war ein Ein-Mann-Unternehmen, dessen rockige Musik mit leicht jazzigen Tönen angereichert wurde. Mit *Lee Michaels,* dem Album Nr. 3 (1969), hatte er in USA seinen großen Durchbruch. Das führte auch dazu, daß Michaels 1970 auf Steve Millers Album *Five* mitspielen durfte. Inzwischen hatte Michaels sich den Trommler Bartholomew Smith Frost, genannt »Frosty«, geholt, um mit ihm durch die Staaten zu touren. Doch 1971 ging Frosty, um seine eigene Band Sweathog zu gründen. In dieser Zeit entstanden die Alben *Live* (1970), *Barrel* (1970) und *5th* (1971). 1972 tat sich Michaels mit dem neuen Trommler Keith Knudsen zusammen, mit dem er die Alben *Space and first takes* (1972) und *Nice day for something* (1973) aufnahm, ehe auch Knudsen ging, um sich den Doobie Brothers anzuschließen. In Amerika erschien noch die LP *Tailface,* bei der wieder »Frosty« mit von der Partie war, dann hörte man nichts mehr von Lee Michaels.

Jahr	*Titel*	*USA*	*UK*	*D*
1971	Do you know what I mean	6		
1971	Can I get a witness	39		

Garry Miles

James »Buzz« Cason, geb. in Nashville/Tennessee, USA, voc

1960 kam der Film *Circus of horrors* in die Kinos, und ein Lied daraus kam in diesem Jahr gleich dreimal zu Hitehren. *Look for a star* wurde gesungen von Gary Mills, der bis Platz 26 kam; von Dean Hawley, der es bis Rang 29 schaffte; und von Garry Miles, der damit am erfolgreichsten war. Garry war auch unter dem Namen Buzz Cason Sänger der Gruppe The Statues, die mit *Blue velvet* 1960 in den US-Charts bis Rang 84 kamen. Die Nr. 1 eroberte damit → Bobby Vinton.

Jahr	*Titel*	*USA*	*UK*	*D*
1960	Look for a star	16		

Jody Miller

geb. 29. 11. 1941 in Phoenix/Arizona, USA, voc

Jody stammt aus einer sehr musikalischen Familie, und schon als kleines Mädchen wollte sie unbedingt Sängerin werden. Bereits in der Highschool gehörte sie zu einem Vokal-Trio, den Melodies. Sie trat häufig in kleinen Clubs auf, schaffte auch Anfang der 60er Jahre einen Auftritt in der TV-Show von Tom Paxton, und machte sich dann 1963 auf nach Los Angeles, um als Solistin Karriere zu machen. Der Schauspieler Dale Robertson wurde schließlich auf die ehrgeizige junge Dame aufmerksam und verschaffte ihr einen Plattenvertrag. 1965 veröffentlichte sie als ersten Erfolg den Song *Queen of the house,* ein Antwort-Song auf → Roger Millers *King of the road.* Das Lied wurde in den Country-Charts Nr. 5 und konnte sich auch in den Pop-Charts plazieren. Damit war Jody Millers künftiger Weg vorgezeichnet: Sie wurde eine recht erfolgreiche Country-Sängerin. Ihre besondere Spezialität war es, ehemalige Pop-Hits nachzusingen, wie z. B. *Be my baby* von den → Ronettes, *To know him is to love him* von den Teddy Bears, *The house of the rising sun* von den → Animals, *Will you love me tomorrow* von den → Shirelles oder *I wanna love my life away* von → Gene Pitney, die sich alle recht gut in den Country-Charts plazieren konnten. Heute lebt Jody Miller mit ihrem Ehemann Monty Brooks und der Tochter Robin auf ihrer 1100 Acres großen Ranch und züchtet Rennpferde.

Jahr	*Titel*	*USA*	*UK*	*D*
1965	Queen of the house	12		
1965	Home of the brave	25	49	

Ned Miller

Henry Ned Miller, geb. 12. 4. 1925 in Raines/Utah, USA, voc

1962 schrieb sich der Country-Sänger ein Lied namens *From a Jack to a king,* bekam daraufhin einen Plattenvertrag und hatte nach Veröffentlichung des

Songs seinen ersten internationalen Bestseller. Diesen Erfolg konnte er lediglich in den US-Country-Charts wiederholen, und zwar 1965 mit dem Song *Do what you do do well,* der bis Rang 7 kam.

Jahr	*Titel*	*USA*	*UK*	*D*
1962	From a Jack to a king	6	2	

Roger Miller

geb. 2. 1. 1936 in Fort Worth/Texas, USA, voc, g

Roger wuchs in Oklahoma auf. Mit siebzehn Jahren kam er zur Army, wurde nach Korea verschifft, war zunächst Jeep-Fahrer, kam dann zu den Special Services und schloß sich einer Hillbilly-Band an. Dort gab er auch ab und zu eigene Songs zum Besten, und die Reaktion des Publikums darauf war so großartig, daß er nach seiner Rückkehr Ende der 50er Jahre nach Nashville ging, um im Showbusiness Karriere zu machen. Zuerst versuchte er sich als Songschreiber. Sein erster Erfolg war der Song *Invitation to the blues,* der 1958 für den Country-Star Ray Price ein Nr.-3-Hit in den Country-Charts wurde. Daraufhin wurde er von → Faron Young als Schreiber und Trommler engagiert und bekam schließlich selbst einen Plattenvertrag. 1961 hatte Roger Miller seinen ersten Hit mit *When two worlds collide,* das in den Country-Charts bis Rang 6 kam. Der erste Crossover-Erfolg kam 1964 mit *Dang me,* das in den Country-Charts sechs Wochen lang die Nr. 1 war und sich auch in den Pop-Charts plazieren konnte. Roger machte sich allerdings nicht nur als Songwriter und Sänger einen Namen, sondern auch als humorvoller Entertainer und exzellenter Gitarrist. Bis Ende der 60er Jahre war er immer wieder in den Pop-Charts vertreten, dann beschränkte sich seine Karriere wieder auf die Country-Charts. 1965 gewann der Künstler für seine Eigenkomposition *King of the road* fünf Grammies: »Beste Rock'n'Roll-Platte«, »Beste Rock'n'Roll-Darbietung eines Sängers«, »Beste Country- und Western-Platte«, »Bester Country- und Western-Song«, »Beste Country- und Western-Darbietung eines Sängers«. Außerdem war der Song ein Millionenseller. Ab 1966 hatte Roger Miller auch eine eigene Fernsehshow. 1985 schrieb er das Broadway-Musical *Big river,* das den Tony-Award gewann. Außerdem besitzt der geschäftstüchtige Entertainer auch ein großes Hotel in Nashville, das »King Of The Road«, und macht im amerikanischen Fernsehen Werbung für die American-Express-Karte.

Jahr	*Titel*	*USA*	*UK*	*D*
1964	Dang me	7		
1964	Chug-a-lug	9		
1965	King of the road	4	1	26
1965	Engine engine # 9	7	33	
1965	Kansas City star	31	48	
1965	England swings	8	13	
1968	Little green apples	39	19	

Millie

Millicent »Dolly May« Small, geb. 6. 10. 1948 in Clarendon, Jamaica, voc

Die niedliche farbige Sängerin entwickelte mit neun Jahren Interesse an Musik und gewann bereits mit zwölf Jahren ihren ersten Talentwettbewerb, dessen erster Preis eine Probeaufnahme war. *We'll meet* hieß ihre erste Single, die 1960 sechs Wochen lang die Nr. 1 in Jamaica war. Klein-Millie war bald die Attraktion in Jamaica, und das sprach sich schließlich herum. Millie wurde zu Plattenaufnahmen nach England gebracht. Ihre erste Single dort war 1963 *Don't you know,* und dann kam 1964 bereits ihr Millionenseller *My boy Lollipop.* Millie sang das Lied in dem für sie typischen Ska- bzw. Bluebeat-Stil, dem Reggae verwandt, und damit tauchte zum ersten Mal ein Song dieser Art an der Spitze der internationalen Charts auf. Bis 1969 hatten sich von dem Song weltweit fast 4 Millionen Exemplare verkauft. In Amerika wurde die Single übrigens unter ihrem vollen Namen Millie Small veröffentlicht.

Jahr	*Titel*	*USA*	*UK*	*D*
1964	My boy Lollipop	2	2	5
1964	Sweet William	40	30	

Hayley Mills

geb. 18. 4. 1946 in London, England, voc

Die Engländerin gehörte zu den Kinderstars. Sie stammte aus einer sehr talentierten Schauspieler-Familie und wurde schon als Teenager für Walt-Disney-Filme unter Vertrag genommen. Die Disney Organisation, die ja dafür bekannt ist, nichts »anbrennen« zu lassen, kam sehr schnell auf die Idee, Klein-Hayley auch singen zu lassen. Im Sommer 1961 kam die Single *Let's get together* aus dem Film *The parent trap* auf den Markt, die diesseits und jenseits des Ozeans ein Hit wurde. Heute ist Hayley mit dem fast 20 Jahre älteren Filmregisseur Roy Boulting verheiratet und lebt mit ihm und ihrem gemeinsamen Sohn Christian in Los Angeles.

Jahr	*Titel*	*USA*	*UK*	*D*
1961	Let's get together again	8	17	
1962	Johnny Jingo	21		

Garnet Mimms And The Enchanters

Garnet Mimms, geb. in West Virginia, USA, leadvoc
Zola Pearnell, geb. in Philadelphia/Pennsylvania, USA, voc
Sam Bell, geb. in Philadelphia/Pennsylvania, USA, voc
Charles Boyer, geb. in North Carolina, USA, voc

Zola hatte in Europa beim Paul Roberts Chor gesungen, Sam war Songschreiber gewesen, und Charles hatte seine Stimme den Spiritual Group Ambassa-

DORS zur Verfügung gestellt, ehe sich die drei in Philadelphia trafen und zu einem Soul-Trio zusammenschlossen. Dann stieß noch Garnet zu ihnen, der vorher Klavierspieler gewesen war, und fertig war ein Quartett, das 1963 einen Plattenvertrag bekam. Als Garnet Mimms And The Enchanters brachten sie 1963 den Hit *Cry baby* heraus. Es folgten noch etliche Platten, wie *Baby don't you weep, For your precious love, One girl,* die sich in den Pop-Charts allerdings nicht mehr hoch plazieren konnten. 1965 hatte Garnet Mimms als Solist einen Nr.-30-Erfolg in USA mit *I'll take good care of you;* 1977 tauchte er unter der Bezeichnung GARNET MIMMS AND TRUCKIN' CO. in den UK-Charts mit dem Song *What it is* auf, der es bis Rang 44 schaffte.

Jahr	*Titel*	*USA*	*UK*	*D*
1963	Cry baby	4		

Mina

geb. 1940 in Cremona, Italien, voc

Die temperamentvolle Mina wurde in einer Talentshow entdeckt. Innerhalb kürzester Zeit entwickelte sie sich mit ihrer leidenschaftlichen Stimme in Italien zum Superstar bei Film, Funk und Fernsehen. Erfolgreich tourte sie durch Europa, Japan und Südamerika. In Italien hatte sie ihren ersten Bestseller 1961 mit *Il cielo in una stanza,* in Deutschland wurde sie 1962 mit *Heißer Sand* populär, einem Nr.-1-Hit und Millionenseller. Bis 1964 war sie in Deutschland immer wieder mit deutschen Schlagern in der Hitparade vertreten. In Italien ist sie bis heute ein Star.

Jahr	*Titel*	*USA*	*UK*	*D*
1962	Heißer Sand			1
1962	Fiesta Brasiliana			13
1963	Capitano			17

The Mindbenders

MICHAEL ERIC STEWART, geb. 20. 1. 1945 in Manchester, England, leadg. voc
JAMES O'NEIL, g
PAUL HANCOX, dr
GRAHAM GOULDMAN, geb. 10. 5. 1946 in Manchester, England, b, voc

Nachdem sich → WAYNE FONTANA 1965 von seinen Mindbenders getrennt hatte, um als Solist Karriere zu machen, gabs bei den Mindbenders ein paar Veränderungen. In der o. a. Besetzung spielte das Quartett 1966 noch einige Hits ein, aber bereits 1967 verschwand es aus den Hitparaden, und 1968 kam das endgültige Aus für die Mindbenders. Eric Stewart tat sich mit dem Gitarristen und Sänger LOL CREME und dem Schlagzeuger KEVIN GODLEY zusammen und gründete das Trio HOTLEGS, das 1970 mit dem von Stewart geschriebenen *Neanderthal man* einen Bestseller hatte. Gouldman ging nach Amerika, um dort Karriere als Songschreiber zu machen, kam aber 1971 wieder zurück, schloß sich den Hotlegs an, aus denen damit die von → JONATHAN KING produzierten 10 CC wurden.

Jahr	*Titel*	*USA*	*UK*	*D*
1966	A groovy kind of love	2	2	
1966	Ashes to ashes	55	14	

The Miracles

William »Smokey« Robinson, geb. 19. 2. 1940, leadvoc
Claudette (Rodgers) Robinson, geb. 1942, voc
Ronald White, geb. 1939, voc
Robert Rodgers, geb. 1940, voc
Warren »Pete« Morre, geb. 1939, voc
alle aus Detroit/Michigan, USA

1957 gründeten Smokey (ein Spitzname, den ihm sein Onkel gegeben hatte), seine Freunde Ronald, Robert und Warren und Roberts Schwester Claudette eine Vokal-Gruppe namens The Miracles. Sie traten häufig in kleinen Clubs in der Umgebung von Detroit auf, wo sie schließlich Berry Gordy jr., einem jungen und damals noch völlig unbekannten Produzenten und Songschreiber auffielen. Gordy, der auch gerade einen unbekannten Sänger namens → Jackie Wilson aufgetan hatte, nahm die Miracles unter seine Fittiche und machte mit ihnen 1958 eine Single namens *Got a job.* Sie war als Antwort-Song gedacht auf *Get a job,* den Nr.-1-Hit der Silhouettes. Die Single wurde ein Flop. Auch die nächste Single *Bad girl* (1959) ging den Bach hinunter. Doch Gordy und die Miracles gaben nicht auf. 1960 brachten sie *Way over there* heraus, ein Song, den Gordy, Smokey und Jackie Wilsons Cousin Tyronne Carlo geschrieben hatten. Er wurde zwar kein Hit, verkaufte sich aber relativ gut. Den ersten Hit hatten Smokey Robinson und seine Miracles erst mit dem Song *Shop around,* den Smokey und Gordy bezeichnenderweise nicht für die Miracles, sondern für den Sänger → Barrett Strong geschrieben hatten. Strong, der kurz vorher mit seiner Version von *Money (That's what I want)* bis Rang 23 gekommen war, erschien einfach nicht zur Aufnahme, da sprangen die Miracles ein – und hatten einen Millionenseller. Das war der Beginn einer äußerst fruchtbaren Zusammenarbeit von Smokey Robinson und Berry Gordy jr. mit seinem Plattenkonzern Tamla Motown. Smokey war im Laufe der Jahre für einen Großteil der schwarzen Hits dieser Plattenfirma verantwortlich. Der Sänger mit der sanften Stimme schrieb für → Mary Wells *My guy,* für die → Temptations *My girl* und *Get ready,* für die → Supremes *I second that emotion,* für → Marvin Gaye *Ain't that peculiar.* Man kann durchaus behaupten, daß Gordy seinen Konzern ohne Smokey Robinsons Hits entweder überhaupt nicht hätte aufbauen können oder zumindest sehr viel länger dazu gebraucht hätte. 1963 hatte Smokey die Miracles-Sängerin Claudette geheiratet, ihre beiden Kinder wurden Berry und Tamla (!) getauft. 1965 war Smokey Vize-Präsident von Tamla-Motown geworden, ab 1967 firmierte die Gruppe als Smokey Robinson And The Miracles. 1972 stieg Smokey als Leadsänger der Formation aus, um künftig in erster Linie als Produzent und daneben auch als Solist arbeiten zu können. Was er dann ja auch sehr erfolgreich mit Songs wie *Baby come close, Daylight and darkness* oder *Being with you* tat. Für ihn kam der Sänger Bill Griffin, der Smokey stimmlich sehr ähnelt. Die Miracles, wie sie inzwischen wieder heißen, treten auch heute noch regelmäßig auf.

Jahr	*Titel*	*USA*	*UK*	*D*
1960	Shop around	2		
1963	You've really got a hold on me	8		
1963	Mickey's monkey	8		
1965	Ooo baby baby	16		
1965	The tracks of my tears	16		
1965	My girl has gone	14		
1966	Going to a go-go	11	44	
1966	(Come 'round here) I'm the one you need	17	45	
SMOKEY ROBINSON & THE MIRACLES				
1967	The love I saw in you was just a mirage	20		
1967	I second that emotion	4	27	
1968	If you can want	11		
1969	Baby, baby don't cry	8		
1969	The tracks of my tears		4	
1970	The tears of a clown	1	1	19
1971	(Come 'round here) I'm the one you need		13	
1971	I don't blame you at all	18	11	
THE MIRACLES				
1974	Do it baby	13		
1975	Love machine (Part 1)	1	3	

Moby Grape

ALEXANDER »SKIP« SPENCE, geb. in Kanada, g, voc
PETER LEWIS, g, voc
JERRY MILLER, g. voc
BOB MOSLEY, b. voc
DON STEVENSON, dr

Es heißt, daß der Gitarrist Skip Spence gerade auf dem Weg war, sich bei → QUICKSILVER MESSENGER vorzustellen, als ihm MARTY BALIN von → JEFFERSON AIRPLANE den Weg verstellte und ihm mitteilte, daß er ab sofort der Schlagzeuger von Airplane wäre. Diesen Job übte Spence dann auch einige Zeit aus, ehe er 1967 Jefferson Airplane verließ, um seine eigene Band Moby Grape zu gründen. Doch die vielversprechende Rock-Gruppe hatte einen schlechten Start. Sie nahm das Album *Moby Grape* auf, das zehn Titel enthielt und heute zu den Rock-Klassikern gezählt wird. Doch gleichzeitig mit dem Album wurden sämtliche zehn Titel als A- und B-Seiten auf fünf Singles veröffentlicht, die allesamt floppten und Moby Grape praktisch an den Rand des Ruins brachten. Mühsam ernährten sie sich durch Tingeln, sie tourten durch die Staaten und brachten 1968 schließlich die ebenfalls ausgesprochen hörenswerte LP *Wow* heraus – die wiederum floppte. Noch im selben Jahr löste sich Moby Grape auf. Doch immer wieder fanden sich Mitglieder der Original-Band mit wechselnden Mitspielern unter dem Namen Moby Grape zusammen, und es entstanden 1969 die LP *Grape '69* und 1970 *Truly fine citizen.* 1972 kam dann doch wieder die gesamte Original-Moby-Grape zusammen und produzierte das Album *Granite creek,* das absolut keine Glanzleistung war. Danach gab es nur noch 1974 einen Versuch, die Band wieder auferstehen zu lassen, der jedoch ebenfalls wieder im Sande verlief. Bob Mosley und Skip Spence versuchten sich ebenso erfolglos als Solisten, Spence landete dann bei den DOOBIE BROTHERS.

The Moments

AL GOODMAN, geb. 31. 3. 1947 in Jackson/Mississippi, USA, voc
HARRY RAY, geb. 1948 in Hackensack/New Jersey, USA, voc
WILLIAM BROWN, geb. 30. 6. 1946 in Perth Amboy/New Jersey, USA, voc

Das Trio wurde Mitte der 60er Jahre in Hackensack gegründet und nannte sich zu Anfang THE VIPERS. Dann bekamen sie einen Plattenvertrag, änderten ihren Namen in Moments und veröffentlichten nicht sonderlich erfolgreiche Songs wie *Not on the outside* (1968) oder *Sunday* (1969). Ihr großer Durchbruch kam erst Anfang 1970 mit dem Lied *Love on a two-way street,* das in den Soul-Charts die Nr. 1 wurde und sich auch hoch in den Pop-Charts plazieren konnte. Der Song wurde ein Millionenseller. Bis Ende der 70er Jahre brachten sie als Moments Platten heraus, in England und Deutschland veröffentlichten sie auch unter dem Namen MOMENTS AND WHATNAUTS. Ab 1980 nannte sich das Trio RAY, GOODMAN AND BROWN und hatte mit *Special lady* abermals einen Millionenerfolg.

Jahr	*Titel*	*USA*	*UK*	*D*
1970	Love on a two-way street	3		
1974	Sexy mama	17		
1975	Dolly my love		10	
1975	Look at me (I'm in love)	39	42	
MOMENTS AND WHATNAUTS				
1975	Girls		3	31
RAY, GOODMAN AND BROWN				
1980	Special lady	5		

The Monkees

MICKEY DOLENZ, geb. 9. 3. 1945 in Los Angeles/Kalifornien, USA, g, dr
PETER TORK, geb. 13. 2. 1944 in Washington D.C., USA, bass
→ MICHAEL NESMITH, geb. 30. 12. 1942 in Dallas/Texas, USA, g
DAVY JONES, geb. 30. 12. 1946 in Manchester/England, leadvoc

Anfang 1966 wurden in Hollywood per Zeitungsanzeige vier Rock-Musiker und -Sänger gesucht. Die vier sollten in einer neuen Filmserie im Stil von *A hard day's night* von den → BEATLES die Hauptdarsteller sein. Die Serie sollte *The Monkees* heißen und das harte Leben von Rockmusikern nachzeichnen. Auf die Anzeige meldeten sich 437 Musiker, darunter auch spätere Stars wie → STEPHEN STILLS, JOHN SEBASTIAN (→ LOVIN' SPOONFUL) und DANNY HUTTON (→ THREE DOG NIGHT). Den Job bekamen Mickey Dolenz und Davy Jones, weil beide schon mal auf der Bühne gestanden hatten (Davy sogar in einer Broadway-Aufführung von *Oliver Twist*), und Michael Nesmith und Peter Tork, weil sie schon mal als Musiker gearbeitet hatten. Don Kirshner, der Produzent der Monkees, scheute weder Kosten noch Mühen und engagierte die besten Songwriter, die die Szene damals zu bieten hatte: → Tommy Boyce & Bobby Hart, John Stewart, → Leiber & Stoller und → Neil Diamond. Zunächst durften die vier Monkees nur singen, der Rest wurde von erfahrenen Studiomusikern übernommen. Aber später durfte das Quartett dann auch zu den Instrumenten greifen. Die Serie lief 52 Folgen lang über zwei Jahre und war ein großer Erfolg, genauso wie die Musik daraus. Es begann 1966 mit *Last train to Clarksville* und hörte erst Anfang 1969 wieder auf. Praktisch jeder Monkees-Song wurde ein Millionenseller. 1969 verließ Peter Tork die Band, um seine eigene Gruppe The Release zu gründen. Das war der Anfang vom Ende. Zunächst spielten die Monkees noch als Trio weiter, doch dann warf auch Michael Nesmith das Handtuch und gründete seine First National Band, die 1970 mit *Joanna* in die US-Charts kam. Als Duo konnten Dolenz und Jones nicht viel anfangen. Sie kamen erst 1975 wieder zusammen, holten sich die Songwriter Tommy Boyce und Bobby Hart und nannten sich abermals Monkees. Sie tourten zwar viel, bekamen sogar einen Plattenvertrag, aber im Endeffekt löste sich alles wieder sehr schnell auf. Anfang 1986 kam der US-Fernsehsender MTV auf die Idee, die alten Monkees-Filme noch einmal auszustrahlen. Das Ergebnis war, daß plötzlich sämtliche Monkees-Alben wiederveröffentlicht wurden und in den Charts auftauchten. Daraufhin taten sich Tork, Dolenz und Jones wieder zusammen und nahmen als Monkees das Album *Pool it!* mit dem Single-Hit *That was then, this is now* auf. Fast gleichzeitig gab es aber auch eine »neue« Monkees-Gruppe, The New Monkees, die ebenfalls ein Album veröffentlichten. Als die Original-Monkees 1987 auf Tournee gingen, füllten sie spielend auch die allergrößten Hallen. Doch danach hörte man nichts mehr von ihnen. Nesmith hatte sich den wiedervereinigten Monkees als einziger nicht angeschlossen, weil er es unpassend fand.

Jahr	*Titel*	*USA*	*UK*	*D*
1966	Last train to Clarksville	1	23	29
1966	I'm a believer	1	1	1
1966	(I'm not your) Steppin' stone	20		
1967	The girl I knew somewhere	39		17
1967	A little bit me, A little bit you	2	3	7
1967	Alternate title		2	11
1967	Pleasant Valley sunday	3	11	18
1967	Words	11		
1967	Daydream believer	1	5	4
1968	Valleri	3	12	11
1968	D. W. Washburn	19	17	
1986	That was then, this is now	20	68	

Matt Monro

Terry Parsons, geb. 1931 in London, England, voc

Eigentlich war Matt Truck- und Busfahrer. Aber das Singen machte ihm mindestens ebensoviel Spaß wie das Lenken von PS-starken Wagen. 1954 trat er zum ersten Mal professionell auf, allerdings ohne großen Eindruck zu machen. 1956 versuchte er es wieder, dieses Mal mit mehr Erfolg. Er tingelte durch die Clubs und bekam Ende der 50er Jahre schließlich einen Plattenvertrag. Bis 1974 war er immer wieder in den Charts vertreten. Matt Monro starb am 7. Februar 1985 im Alter von 54 Jahren an Leberkrebs.

Jahr	*Titel*	*USA*	*UK*	*D*
1960	Portrait of my love		3	
1961	My kind of girl	18	5	
1962	Softley as I leave you		10	
1963	From Russia with love		20	
1964	Walk away	23	4	
1965	Yesterday		8	
1973	And you smiled		28	

Lou Monte

geb. 2. 4. 1917 in Lyndhurst/New Jersey, USA, voc, g

Schon als Kind spielte Lou mit Begeisterung Gitarre und sang aus vollem Halse dazu. Entsprechend seinen Talenten trat er als Solist auf und garnierte seine Shows mit Komik-Elementen. Dann kam der Krieg, Lou wurde eingezogen, und nach dem Krieg bekam er schließlich eine Radio-Show in Newark/New Jersey. Währenddessen trat er jahrelang in zweitklassigen Musicalproduktionen auf, ehe er 1954 mit dem Song *At darktown strutters' ball* seinen ersten kommerziellen Erfolg verbuchen konnte. 1962 hatte Lou Monte seinen ersten und einzigen Millionenseller mit dem Komik-Song *Pepino the Italian mouse.* In Deutschland war das Lied als *Pepino* 1963 ein Nr.-7-Hit für → Vico Torriani.

Jahr	*Titel*	*USA*	*UK*	*D*
1958	Lazy Mary (Luna mezzo mare)	12		
1962	Pepino the Italian mouse	5		

Hugo Montenegro

geb. 1925 in New York, USA; gest. 6. 2. 1981

Hugo Montenegro entwickelte während der Army-Zeit sein Talent als Arrangeur, Komponist und Orchesterchef. Nach seiner Entlassung ging er nach Kalifornien und arbeitete in diesen Funktionen für Film und Bühne, für Stars wie Otto Preminger, Andre Kostalanetz und Harry Belafonte. Dreizehn Jahre lang machte er Platten mit Unterhaltungsmusik, ohne jemals einen Hit zu haben. Erst 1968 kam er auf die glänzende Idee, ganz gezielt den Sound und die Arrangements seines Orchesters dem Publikumsgeschmack anzupassen. Er hörte sich die Platten seiner Kinder an, um einen Begriff von elektrischen Gitarren und Schlagzeug zu bekommen, denn er hatte bislang für seine sehr sanften Melodien hauptsächlich Geigen verwendet. Nun änderte er radikal alles. Er nahm die Ennio-Morricone-Komposition *The good, the bad and the ugly* für den gleichnamigen Italowestern mit Eli Wallach, Clint Eastwood und Lee Van Cleef in den Hauptrollen und ging ans Werk. Für den Gänsehaut erzeugenden Anfang dieses Instrumentals verwendete er den klagenden Klang einer Okarina, und dann putzte er das Ganze noch mit markigen Indianer- und Cowboy-Rufen heraus. Ungewöhnlich war auch die Verwendung einer elektrischen Violine – damals die einzige ihrer Art und ein völliges Novum – der Einsatz einer Pikkolo-Trompete und einer elektronischen Harmonika. Doch der Aufwand lohnte sich, das Ergebnis war ein hervorragendes und ungewöhnliches Instrumental, das sich weltweit millionenfach verkaufte. Hugo Montenegro starb am 6. Februar 1981 im Alter von 55 Jahren.

Jahr	*Titel*	*USA*	*UK*	*D*
1968	The good, the bad and the ugly	2	1	17

Chris Montez

Christopher Montanez, geb. 17. 1. 1944 in Los Angeles/Kalifornien, USA, voc, g

Chris lernte das Gitarrenspielen von seinem Bruder. Mit fünfzehn Jahren war er nicht nur ein ausgezeichneter Gitarrist, er fing auch an, selbst Lieder zu schreiben. Nach seinem Highschool-Abschluß lernte er 1961 einen jungen Mann namens Jim Lee kennen, der gerade eine eigene Plattenfirma gegründet hatte; Lee nahm Montez, der in Sound und Songs seinem großen Vorbild → Ritchie Valens nacheiferte, unter Vertrag. Seine erste Single war die Eigenkomposition *All you had to do was tell me,* die an der amerikanischen Westküste recht populär war. 1962 nahm er dann den Song *Let's dance* auf, den Lee geschrieben hatte. Es wurde Montez' erster Hit.

Jahr	*Titel*	*USA*	*UK*	*D*
1962	Let's dance	4	2	7
1963	Some kinda fun		10	19
1966	Call me	22		
1966	The more I see you	16	3	27
1966	There will never be another you	33	37	
1972	Let's dance		9	
1973	Ay no digas			20

The Moody Blues

Brian Haynes »Denny Laine«, geb. 29. 10. 1944 in Jersey Coast, England, leadvoc, g; ersetzt 1965 durch Justin Hayward, geb. 14. 10. 1946 in Swindon/Wiltshire, England
Ray Thomas, geb. 29. 12. 1941 in Stourport-on-Severn, England, sax, fl, voc
Michael Pinder geb. 27. 12. 1941, in Birmingham, England, keyb, voc
Clint Warwick, geb. 25. 6. 1949 in Birmingham, England, b; ersetzt 1965 durch John Lodge, geb. 20. 7. 1945 in Birmingham, England, b, voc
Graeme Edge, geb. 30. 3. 1944 in Rochester/Staffordshire, England, dr

Moody Blues Foto: Decca

Die Original Moody Blues wurden 1964 in Birmingham als Rhythm & Blues-Band gegründet. 1965 veröffentlichten sie die Single *Go now,* eine Cover-Version der berühmten Soul-Ballade von Bessie Banks. Der Song wurde ein Hit, ebenso das Debüt-Album *The magnificent Moody Blues.* Danach gingen Denny Laine und Clint Warwick, und praktisch gleichzeitig ließ der Erfolg der Band nach. Also machte die Formation eine drastische Kehrtwende, änderte ihr musikalisches Konzept und setzte auf den »Einsatz« des damals noch recht unüblichen Mellotrons, mit dem man täuschend echt den Klang echter Geigen nachahmen kann. Der Sound der Moody Blues wurde »klassischer«, bombastischer, ohne jedoch den rockigen »Biß« zu verlieren. Mit der 67er LP *Days of future passed* brachten sie eines der ersten Konzept-Alben heraus, die danach richtig »Mode« wurden. Es enthielt den Millionenseller *Nights in white satin.* Mit den Alben *In search of the lost chord* (1968) und *On the threshold of a dream* (1969) und den Singles *Question* und *Isn't life strange?* setzten sie ihre Erfolge fort. Anschließend gründeten sie ihr eigenes Threshold-Label, auf dem mit *Our children's children's children* 1969 die erste LP erschien. Es folgten die ebenfalls sehr erfolgreichen LPs *A question of balance* (1970), *Every good boy deserves favour* (1971) und *Seventh sojourn* (1972). Danach gingen die Mitglieder getrennte Wege, ohne jedoch eine offizielle »Auflösung« der Band bekanntzugeben. Graeme Edge veröffentlichte 1974 zusammen mit Adrian Ben Gurvitz die LP *Kick off your muddy boots,* danach gründete Gurvietz zusammen mit → Ginger Baker die Baker-Gurvitz Army; Lodge und Hayward taten sich unter dem Namen Blues Jays zusammen, veröffentlichten 1975 die sehr erfolgreiche LP *Blue jays* und gingen auf eine ausverkaufte Europa-Tournee; Ray Thomas brachte die Solo-Alben *From mighty oaks* (1975) und *Hopes, wishes and dreams* (1976) heraus; Mike Pinder veröffentlichte 1976 das Solo-Album *The promise.* 1978 feierten die Moody Blues mit der LP *Octave* ein grandioses Comeback. Das nächste Album erschien nach dreijähriger Pause 1981: *Long distance voyager,* das mit den melodiösen Rock-Songs *Gemini dream* und *The voice* zwei Single-Bestseller enthielt. Seitdem veröffentlichen die Moody Blues in unregelmäßigen Abständen immer wieder Alben, die sich, wie üblich, hervorragend verkaufen und auch fast immer Single-Hits enthalten.

Jahr	*Titel*	*USA*	*UK*	*D*
1964	Go now!	10	1	
1967	Nights in white satin		19	18

1970	Question	21	2	9
1972	Isn't life strange?		13	
1972	Nights in white satin	2	9	27
1973	I'm just a singer (in a rock and roll band)	12	36	
1979	Nights in white satin		14	
1981	Gemini dream	12		
1981	The voice	15		
1986	Your wildest dreams	9		

Bob Moore

geb. 30. 11. 1932 in Nashville/Tennessee, USA, b

Mitten im Herzen der Country-Musik konnte Bob natürlich nicht unmusikalisch bleiben. Er lernte Baß und wurde bald zum begehrten Session- und Studiomusiker. Mit Stars wie → CONNIE FRANCIS, → BRENDA LEE, → ELVIS PRESLEY und RED FOLEY ging Bob auf Tournee und wurde anschließend Leiter von → ROY ORBISONS Studio-Orchester. Dabei leitete Moore das Orchester so hervorragend, daß er damit eigene Platten aufnehmen durfte. Die erste Single von BOB MOORE & HIS ORCHESTRA war *My three sons*. Dann schrieben FELICE und BOUDLEAUX BRYANT, das Hauskomponisten-Team der → EVERLY BROTHERS, das Instrumental *Mexico*. Moore arrangierte und spielte es mit einem derartig gekonnten »mexikanischen« Sound und Feeling, daß der Titel ein weltweiter Hit wurde. Ein Jahr später übrigens »erfand« ein junger Musiker namens → HERB ALPERT diesen »mexikanischen« Sound noch einmal und machte eine internationale Karriere damit. Ab 1962 feierte Bob Moore seine größten Erfolge in Deutschland.

Jahr	*Titel*	*USA*	*UK*	*D*
1961	Mexico	7		1
1962	Auf Wiedersehn, Marlen			8
1962	Auf meiner kleinen Hazienda			8
1964	Hooten trumpet			29

Van Morrison

geb. 31. 8. 1945 in Belfast, Irland, voc, g

Van Morrisons Vater hatte eine beachtliche Jazz- und Blues-Platten-Sammlung und war davon angetan, daß sein Sohn Gitarre, Saxophon und Harmonika lernte. Van, der mit der Musik von → RAY CHARLES, MUDDY WATERS, und JOHN LEE HOOKER aufwuchs, spielte zunächst in Halb-Profi-Bands wie DEANIE SANDS und JAVELINS, verließ dann bereits mit sechzehn Jahren die Schule und wurde hauptberuflicher Musiker. Er bekam einen Job bei den MONARCHS, einer R & B-Band, mit der er durch Europa und Großbritannien tourte. Danach kehrte Van Morrison nach Belfast zurück und gründete, mit ein paar Freunden und ein paar Mitgliedern von den Monarchs, die → THEM. Die Formation ging 1964 von Belfast nach London, bekam sofort einen Plattenvertrag und veröffentlichte 1965 mit *Baby please don't*

Van Morrison Foto: Mercury

go und *Here comes the night* zwei Single-Bestseller. Doch die Gruppe stand unter keinem glücklichen Stern, es gab ständig Querelen, häufige Mitgliederwechsel, und Van Morrisons nicht ganz einfaches Temperament machten die Zusammenarbeit auch nicht einfacher. 1967 trennte sich Van Morrison von der Formation, die ohne ihn noch einige Zeit weiter machte. Morrison hatte sich mit Bert Berns, dem Schreiber von *Here comes the night,* angefreundet. Der lud ihn 1967 zu Plattenaufnahmen nach Amerika ein. Morrison kam, sang und siegte. Sein *Brown eyed girl* wurde ein US-Bestseller. Doch im Dezember 1967 starb Berns an einem Herzanfall, und Van stand wieder alleine da. Er bekam einen neuen Plattenvertrag und nahm im Sommer 1968 in New York innerhalb von 48 Stunden das Album *Astral weeks* auf, das heute zu den zehn wichtigsten Rock-Alben aller Zeiten gezählt wird. Im Herbst 1969 fing der rotblonde Ire dann mit dem Schreiben der Songs für das Album *Moondance* an, das Anfang 1970 veröffentlicht wurde und heute ebenfalls zu den Rock-Klassikern gerechnet wird. *Van Morrison: his band and the street choir,* das zweite 70er Album, enthielt zwar den Single-Hit *Domino,* war aber ansonsten nicht weltbewegend. Um so exzellenter war dafür die nächste LP namens *Tupelo honey,* die 1971 herauskam und Liebeslieder an seine Frau Janet Planet enthielt. Inzwischen hatte Morrison aus den Musikern, mit denen er seit 1970 ständig zu spielen pflegte, das Caledonia Soul Orchestra zusammengestellt, eine elfköpfige Band, mit der er auch auf ausgedehnte Tourneen durch Amerika und Europa ging.

Diese Band war auch auf dem Live-Doppel-Album *It's too late to stop now* 1974 zu hören. Ein echtes Live-Album, denn Morrison ließ keinen einzigen Titel nachmischen. 1973 ließ er sich scheiden, 1974 gab er überraschend sein Orchester auf und trat künftig mit einer fünfköpfigen Combo auf, bei der er selbst Saxophon und Harmonika spielte. 1973 war er auch zum ersten Mal nach sieben Jahren nach Irland zurückgekehrt und hatte etliche Songs geschrieben, die 1974 unter dem Titel *Veedon fleece* auf LP erschienen. Seitdem veröffentlicht Van Morrison mit schöner Regelmäßigkeit ausgesprochen hörenswerte Alben, die sich auch ebenso regelmäßig in den internationalen Charts plazieren können.

Jahr	*Titel*	*USA*	*UK*	*D*
1967	Brown eyed girl	-	10	
1970	Domino		9	

Mickie Most

MICHAEL HAYES, geb. 1940 in Aldershot, England

Mickie Most war in den 60er und 70er Jahren einer der erfolgreichsten englischen Produzenten und Musikverleger. Als Siebzehnjähriger hing Mickie mit damaligen Stars wie TERRY DENE herum, ehe er mit ALEX MURRAY das Duo MOST BROTHERS gründete. (Alex produzierte später *Go now,* den ersten Hit der → MOODY BLUES.) 1959 heiratete Mickie ein Mädchen aus Südafrika und wanderte kurzentschlossen aus. In Südafrika stellte er eine eigene Rockband auf die Beine, spielte die ganzen US-Hits nach und hatte nacheinander elf Nr.-1-Hits. Daneben fing er an, sich für das Produzieren zu interessieren, und lernte fleißig alles, was es darüber zu wissen gab. 1962 kehrte er wieder nach England zurück, versuchte sich erfolglos als Sänger in Gruppen wie THE MINUTEMEN und entschloß sich schließlich, es als Produzent zu versuchen. Die erste Gruppe, die er unter seine Fittiche nahm, hieß → THE ANIMALS, der Titel, den er mit ihnen aufnahm, war *House of the rising sun.* Es wurde der erste von ihm produzierte Nr.-1-Hit und Millionenseller. Von da an hatte Mickie Most, wie er sich jetzt nannte, nur noch Glück. Auf der Liste seiner Erfolgsproduktionen stehen Superseller wie *I'm into something good* von → HERMAN'S HERMITS; *Tobacco road* von den → NASHVILLE TEENS; *The boat that I row* von → LULU; *Sunshine superman* von → DONOVAN; *Is it true?* von → BRENDA LEE; *Hi Ho silver lining* von → JEFF BECK. Das sind allerdings nur ein paar seiner vielen Erfolge. 1969 gründete Mickie Most sein eigenes Plattenlabel namens RAK, das bald zu dem Label für Teenager-Musik wurde. Most holte sich das Songwriter-Team NICKY CHINN und MIKE CHAPMAN und produzierte auch in den 70er Jahren einen Teenager-Star nach dem anderen: SUZIE QUATRO, MUD, SMOKIE, NEW WORLD aber durchaus auch Ausgefallenes wie → ALEXIS KORNERS → CCS. Inzwischen steht Mickie Most nur noch selten direkt an der Front, sondern wirkt lieber aus dem Hintergrund und leitet seine Firma.

Motherlode

Ken Marco, g
Steve Kennedy, tenor sax, harmonica
William »Smitty« Smith, keab
Wayne »Stoney« Stone, dr

Die kanadische Band begann ihre musikalische Karriere Mitte der 60er Jahre, indem sie in kleinen Clubs die Tages-Hits nachspielte. Dann fingen die Mitglieder an, ihre Songs selbst zu schreiben, die Gruppe bekam einen Plattenvertrag und veröffentlichte 1969 *When I die*, ihren einzigen großen Hit, den Smitty Smith und Steve Kennedy geschrieben hatten. Ende 1971 ging die komplette Band, außer Smitty Smith, in einer siebenköpfigen Formation namens Dr. Music auf.

Jahr	*Titel*	*USA*	*UK*	*D*
1969	When I die	18		

Mothers Of Invention

→ Frank Zappa

Nana Mouskouri

geb. 13. 10. 1936 in Athen, Griechenland, voc

Nana Mouskouri Foto: Phonogram

Nach der Schule studierte Nana acht Jahre lang am Konservatorium Gesang, Klavier und Harmonielehre. Zunächst sang die Künstlerin mit der charakteristischen, dunkelrandigen Brille Jazz und Folklore, sie arbeitete auch für den Rundfunk, bis sie dann von Manos Hadjidakis entdeckt wurde. Dieser berühmte griechische Komponist, von dem auch der Bestseller *Ein Schiff wird kommen* stammt, schrieb für Nana etliche Lieder wie *Weiße Rosen aus Athen* oder *Ich schau den weißen Wolken nach*. Damit konnte Nana 1961 und 1962 jeweils einen Nr.-1-Hit in der deutschen Hitparade landen und war fortan ein Star. Bei ihren ausverkauften Konzerten jubelte und jubelt ihr das Publikum zu, egal ob sie Schlager, griechische Volkslieder oder internationale Klassiker singt. Auch wenn Nanas Hitparaden-Pausen oft Jahre dauern, ist sie immer wieder für einen Hit gut. 1986 hatte sie in England einen Bestseller mit *Only love*, dem Titelsong der Fernsehserie *Mistral's daughter*. In Deutschland hieß das Lied *Aber die Liebe lebt.*

Jahr	*Titel*	*USA*	*UK*	*D*
1961	Weiße Rosen aus Athen			1
1962	Ich schau den weißen Wolken nach			1
1962	Einmal weht der Südwind wieder			3
1962	Am Horizont irgendwo			4
1963	Rote Korallen			6
1964	Wo ist das Glück vom vergangenen Jahr			17
1975	Adios			20
1978	Lieder, die die Liebe schreibt			8
1981	La Provence (du blühendes Land)			17
1986	Only love		2	

The Move

Roy Wood, geb. 8. 11. 1946 in Birmingham, England, g. voc
Carl Wayne, geb. 18. 8. 1944 in Birmingham, England, voc
Trevor Burton, geb. 9. 3. 1949 in Birmingham, England, g, voc
Chris »Ace« Kefford, geb. 10. 12. 1946 in Birmingham, England, b
Roy »Bev« Bevan, geb. 25. 11. 1944 in Birmingham, England, dr

Kopf und Schreiber der Band war Roy Wood, der mit absurder, schreiend bunter Kriegsbemalung und malerisch-verrückter Kostümierung sein Publikum erschreckte und erheiterte. Wood begann seine musikalische Karriere 1963 in Birmingham bei der Gruppe Avengers. 1964 schloß er sich den Nightriders an, und 1965 formierte er aus Mitgliedern der besten Birminghamer Bands seine Move. Bev Bevan gründete 1962 mit Denny Laine die Band Denny Laine & The Diplomats, 1964 schloß er sich Carl Wayne bei dessen Band Carl Wayne & The Vikings an, wo auch Ace Kefford spielte. 1966 kamen die Move nach London und gaben im berühmten Marquee Club ihr Debüt, wo sie gleich von Anfang an mit ihrer wilden, zerstörerischen Bühnenshow das Publikum beeindruckten. Ende 1966 hatte die Band mit dem Skandal-Image einen Plattenvertrag, und Anfang 1967 gab's mit *Flowers in the rain* bereits den ersten Hit. Sehr geschickt vermischte Roy Wood künftig Psychedelic-Sound mit Unterground-Rock und ein paar klassischen Einschüben, setzte eine eingängige Melodie darüber und arrangierte das Ganze bombastisch. Die Kalkulation ging voll auf, The Move veröffentlichten von 1967 bis 1972 einen Bestseller nach dem anderen. 1968 gab's die ersten personellen Veränderungen. Ace Kefford und Trevor Burton gingen, neu hinzu kam Rick Price aus Birmingham. Doch Wood gefiel das Dasein als Lieferant für Hitparaden-Material auf die Dauer nicht, und er faßte den Plan ins Auge, eine Gruppe zu gründen, mit der er anspruchsvolleres Material spielen konnte. Diese Gruppe sollte Electric Light Orchestra heißen. Inzwischen war auch Carl Wayne gegangen und für ihn Jeff Lynne gekommen. Jetzt war es nur noch eine Frage der Zeit, bis sich 1971 das Electric Light Orchestra an die Stelle von The Move setzte und auch ihre ausstehenden vertraglichen Verpflichtungen übernahm. Doch auch bei

ELO hielt es Wood nicht lange. Er überließ die Band Jeff Lynne, der aus ihr eine internationale Star-Truppe machte, die von 1972 bis 1986 am laufenden Band Millionenseller wie *Evil woman, Sweet talkin' woman* oder *Hold on tight* veröffentlichte. Roy Wood gründete statt dessen WIZZARD. Obwohl er so Großes im Sinn gehabt hatte, entpuppte sich auch Wizzard als beständiger Hitparaden-Lieferant, der mit Songs wie *See my baby jive* und *Angel fingers* runde Nr.-1-Hits ablieferte und mit *I wish it could be christmas everday* 1973 ein Weihnachtslied herausbrachte, das alle paar Jahre erfolgreich wiederveröffentlicht wird. Nebenbei versuchte sich Roy Wood nicht ganz so erfolgreich als Solist mit Liedern wie *Forever* und *Oh what a shame*.

Jahr	*Titel*	*USA*	*UK*	*D*
1967	Night of fear		2	30
1967	I can hear the grass grow		5	
1967	Flowers in the rain		2	25
1968	Fire brigade		3	28
1968	Blackberry way		1	7
1969	Curly		12	17
1970	Brontosaurus		7	
1971	Tonight		11	19
1972	California man		7	45

The Mugwumps

→ CASS ELLIOTT, geb. 19. 9. 1943 in Baltimore/Maryland, USA, voc; gest. 29. 7. 1974 in London, England
DENNY DOHERTY, geb. 29. 11. 1941 in Halifax/Nova Scotia, Kanada, voc
ZAL YANOVSKY, geb. 19. 12. 1944 in Toronto, Kanada, g, voc
JAMES HENDRICKS, voc

The Mugwumps waren sozusagen die Keimzelle von zwei späteren Superbands: von den → MAMAS & PAPAS und der → LOVIN' SOONFUL. Mugwump ist ein indianisches Wort und bedeutet »eine Person, die auf kontroverse Art neutral ist«. Das Quartett fand sich ungefähr 1964 in Los Angeles zusammen und sang poppige Folk-Songs, die von James Hendricks und Cass Elliott geschrieben worden waren. Aber die Zeit war dafür offensichtlich noch nicht reif, und der Erfolg hielt sich in Grenzen. James und Cass waren damals ein Ehepaar und hatten vor den Mugwumps zusammen bei THE BIG THREE gesungen. Aber während sich Cass 1965 den Mamas & Papas anschloß, gründete James seine eigene Band namens THE LAMP OF CHILDHOOD und versuchte sich danach als Solist. Denny Doherty folgte Cass zu den Mamas & Papas. Zal Yanovsky dagegen tat sich mit einem jungen Musiker namens JOHN SEBASTIAN zusammen, der auf dem einzigen Mugwumps-Album Harfe gespielt hatte, und gründete The Lovin' Spoonful. Doch das Album *The Mugwumps* wurde erst im Juni 1967 veröffentlicht, als sowohl die Lovin' Spoonful als auch die Mamas & Papas Stars geworden waren. Es zeigt auf sehr interessante Art, wie bereits Jahre vorher der musikalische Grundstock für die beiden späteren Superbands gelegt worden war.

The Murmaids

Carol Fischer, geb. 1948 in Los Angeles/Kalifornien, USA, voc
Terry Fischer, geb. 1946 in Los Angeles/Kalifornien, USA, voc
Sally Gordon, geb. 1946 in Los Angeles/Kalifornien, USA, voc

Carol und Terry sind die Töchter des verstorbenen Carl Fischer, des musikalischen Direktors und Arrangeurs von → Frankie Laine. Sally ist eine langjährige Freundin der beiden. Die drei Mädchen sangen gerne zusammen, und ihre Mutter ließ sie bei einer Plattenfirma vorstellig werden. Kim Fowley war dort Chefproduzent und hatte gerade ein Lied auf den Schreibtisch bekommen, das sein Nachbar David Gates geschrieben hatte, jener David Gates, der später die Top-Band → Bread gründen und anschließend als Solist Erfolge feiern sollte. Dieses Lied hieß *Popsicles and icicles* und wurde 1963 der erste und einzige Bestseller der Murmaids.

Jahr	*Titel*	*USA*	*UK*	*D*
1963	Popsicles and icicles	3		

The Music Explosion

James »Jamie« Lyons, geb. 1949 in Galion/Ohio, USA, leadvoc, perc
Donald Atkins, geb. 1949 in Mansfield/Ohio, USA, leadg
Richard Nesta, geb. 1949 in Mansfield/Ohio, USA, g
Burton Sahl, geb. 1949 in Mansfield/Ohio, USA, b
Robert Avery, geb. 1947 in Cohoes/New York, USA, dr

Die Band, die ihr Brot in kleinen Clubs verdiente, fiel den Produzenten Jeff Katz, Jerry Kasenetz und Elliot Chiprut auf. Sie schrieben und produzierten mit der Music Explosion den Titel *Little bit o'soul,* der Mitte 1967 ein Hit wurde und praktisch den Weg ebnete für die späteren Bubble-Gum-Millionenseller aus der Kasenetz-Katz-Musik-Fabrik, die Gruppen wie → 1910 Fruitgum Company ins Leben rief und sie mit entsprechendem Material versorgte. *Little bit o'soul* wurde ein Millionenseller und blieb der einzige Hit der Music Explosion. Geschrieben worden war der Song übrigens von John Carter und Ken Lewis, Mitgliedern der englischen Gruppe The Ivy League (1965 Nr. 8 in UK mit *Funny how love can be* und Nr. 3 mit *Tossing and turning*). Aus der Feder der beiden stammte ja auch *Can't you hear my heartbeat* von → Herman's Hermits.

Jahr	*Titel*	*USA*	*UK*	*D*
1967	Little bit o'soul	2		36

The Mucic Machine

Mark Landon, leadg
Sean Bonniwell, g
Doug Rhodes keyb
Keith Olsen, b

Ron Edgar, dr
alle aus Los Angeles/Kalifornien, USA

Die Gruppe gehörte zu den psychedelischen Punk-Bands der amerikanischen Westküste und erfreute sich in Los Angeles einer großen Anhängerschaft. 1966 bekam das Quintett, dessen Songs alle von Sean Bonniwell geschrieben wurden, einen Plattenvertrag. Mit *Talk talk* hatte die Formation 1966 ihren ersten und einzigen Hit.

Jahr	*Titel*	*USA*	*UK*	*D*
1966	Talk talk	15		

Wencke Myhre

geb. 15. 2. 1947 in Oslo, Norwegen, voc

Wencke wuchs mit ihrem Bruder Raidar in Oslo auf. Ihr Vater Kjell war Verkehrspolizist und nebenberuflich Harmonikaspieler. Er spielte bei Tanzveranstaltungen und in Gasthäusern zum Tanz auf. Klein-Wencke war immer dabei, und in den Pausen sang sie dem begeisterten Publikum Kinderlieder vor. Mit dreizehn Jahren gewann sie einen Talentwettbewerb und bekam sofort einen Plattenvertrag. Außerdem wurde der niedliche dunkelblonde Teenager für den Film entdeckt und drehte harmlose Filmchen wie *Hilfe, wir bekommen eine Wohnung*. Zusätzlich stand Wencke schon bald auf der Bühne und spielte in Oslo die Hauptrolle in dem Musical *The wizard of Oz*. 1964, mit siebzehn Jahren, wagte das quirlige Persönchen den Sprung nach Deutschland. *Ja, ich weiß, wen ich will* hieß das Lied, mit dem sie Ende 1964 zum erstenmal in die deutsche Hitparade kam, wenn auch nur bis Rang 49. Doch mit *Sprich nicht darüber* hatte sie 1965 bereits ihren ersten Hit. Bis Ende der 70er Jahre war Wencke, die inzwischen verheiratet ist und vier Kinder hat, mit ihren Gute-Laune-Liedern in der deutschen Hitparade vertreten.

Jahr	*Titel*	*USA*	*UK*	*D*
1965	Sprich nicht darüber			5
1966	Beiß nicht gleich in jeden Apfel			1
1967	Komm allein			9
1968	Ein Hoch der Liebe			18
1968	Flower-Power-Kleid			17
1969	Er steht im Tor			4
1978	Laß mein Knie, Joe			16

N

Napoleon XIV

Jerry Samuels, geb. 1938 in New York, voc

Hinter Napoleon XIV verbirgt sich der New Yorker Toningenieur und Komponist Jerry Samuels. Jerry war Leadsänger in einer Rock'n'Roll-Band, bei der er in der Phantasiemaske eines »Napoleon XIV« auftrat, daher das Pseudonym. Jerry wollte ein Lied schreiben, das völlig anders als alles bisher Dagewesene war. Also schrieb er *They're coming to take me away, ha-haaa* (»Sie kommen, um mich abzuholen, ha-haaa«). Es ist ein Song über einen Mann, der verrückt wird, weil ihn sein Hund verlassen hat, und der deshalb ins Irrenhaus kommt. Jerry spricht den Song mehr, als er ihn singt, und zum Schluß wird seine Stimme immer schneller und höher, wie bei den → CHIPMUNKS. Jerry mietete für die Aufnahme der Platte für 15 Dollar ein Studio, war nach 1½ Stunden fertig, und als die Platte herauskam, verkauften sich innerhalb von nur fünf Tagen über 500000 Exemplare, nach zwei Monaten waren es eine Million allein in Amerika. Und das, obwohl die meisten amerikanischen Radiostationen den Song »aus Gründen des guten Geschmacks« aus ihren Programmen verbannten. Die Rückseite trägt übrigens den zungenbrecherischen Titel *Aaah-ah, yawa em ekat ot gnimoc er'yeht.* Das ist keineswegs die türkische Version, sondern der Titel rückwärts – gespielt und gesprochen.

Jahr	*Titel*	*USA*	*UK*	*D*
1966	They're coming to take me away	3	4	

Johnny Nash

geb. 19. 8. 1940 in Houston/Texas, USA, voc

Johnny Nash Foto: Metronome

Der farbige Texaner begann im zarten Alter von sechs Jahren im Kirchenchor zu singen. Mit sechzehn trat er bereits regelmäßig im lokalen Fernsehen auf, dann kam ein Auftritt in der berühmten *Talent Scout*-Show von ARTHUR GODFREY, bei der er den 1. Platz machte. 1957 bekam Johnny einen Plattenvertrag, und in den nächsten beiden Jahren nahm er durchschnittliche Songs wie *A very special love* oder *As time goes by* auf, die keine großen Erfolge waren. Danach fing der Sänger mit der hohen Stimme selbst an, Lieder zu schreiben. Einen ersten Erfolg hatte er 1962, als → JOEY DEE sein *What kind of love is this* aufnahm. Dee kam damit in USA bis Platz 18, und der Song fand in dem Film *Two tickets to Paris* Verwendung. Seinen großen Durchbruch als Singer/Songwriter hatte Johnny Nash dann 1968 mit der sanften Reggae-Nummer *Hold me tight.*

Seitdem finden Johnny Nashs softige Reggaes immer wieder Eingang in die internationalen Charts und verkaufen sich teilweise sogar millionenfach, wie z. B. sein 72er Hit *I can see clearly now,* mit dem er in USA vier Wochen Nr. 1 war.

Jahr	*Titel*	*USA*	*UK*	*D*
1968	Hold me tight	5	5	22
1969	You got soul		6	
1970	Cupid	39	6	
1972	There are more questions than answers		9	
1972	I can see clearly now	1	5	
1973	Stir it up	12	13	
1975	Tears on my pillow		1	28
1985	Rock me, baby		47	2

Nashville Teens

ARTHUR SHARP, leadvoc
PETER SHANNON, g
JOHN ALLEN, g
JOHN HAWKENS, keyb
RAYMOND PHILLIPS, geb. 16. 1. 1945, b, harm
BARRY JENKINS, geb. 22. 12. 1944, dr
alle aus Weybridge/Surrey, England

Die Gruppe wurde 1962 gegründet. Den Namen gab sich das Sextett aus Begeisterung für die amerikanische Country Music, deren Hochburg bekanntlich Nashville ist. 1963 waren die Nashville Teens etliche Monate die Begleitband von → JERRY LEE LEWIS bei seinen Auftritten im legendären Hamburger Star Club. Danach fuhren sie wieder nach England zurück und gingen zunächst mit → BO DIDDLEY auf Tournee und anschließend mit einer Band namens THE MINUTEMEN. Das sollte sich auszahlen. Denn ein Mitglied der Minutemen, → MICKIE MOST, wurde 1964 Produzent und nahm die Nashville Teens unter seine Fittiche. Most produzierte mit ihnen eine Version von → JOHN D. LOUDERMILKS *Tobacco road,* die sowohl in England als auch in Amerika ein Hit wurde. In England waren die Nashville Teens bis 1966 ab und zu in den Charts zu finden, auch wenn Songs wie *This little bird* (1965) oder *The hard way* (1966) keine hohen Notierungen mehr erreichten. Die Gruppe, die noch bis Mitte der 70er Jahre existierte, war einem ständigen Mitgliederwechsel unterworfen. Die o. a. Besetzung ist die »Hit«-Besetzung von *Tobacco road.* Die berühmtesten Mitglieder der Nashville Teens waren Barry Jenkins, der 1966 zu den → ANIMALS ging, und John Hawkens, der sich Mitte der 70er Jahre RENAISSANCE anschloß.

Jahr	*Titel*	*USA*	*UK*	*D*
1964	Tobacco road	14	6	
1964	Google eyes		10	
1965	Find my way back home	98	34	

Nazz

TODD RUNDGREN, geb. 22. 6. 1948, leadg
ROBERT ANTONI, leadg, voc, keyb

Carson Von Osten, b
Thomas Mooney, dr
alle aus Philadelphia/Pennsylvania, USA

Seine ersten musikalischen Erfahrungen machte Todd Rundgren in der Highschool bei einer Gruppe namens Money. Danach schloß er sich einer Formation namens Woody's Truckstop an, bis er dann 1967 seine eigene Band namens Nazz gründete. Nachdem sich die Formation bei den Teenagern einen guten Ruf erspielt hatte, bekam sie 1968 einen Plattenvertrag und nahm das Debüt-Album *The Nazz* auf, aus dem die Single *Hello it's me* ausgekoppelt wurde. Der Erfolg hielt sich in Grenzen, die Single erreichte nur Rang 66. Auch das zweite Album *Nazz nazz* war ein Flop, und Ende 1969 hatte sich die Band schon wieder aufgelöst. Ab 1970 fing Todd Rundgren an, als Solist Karriere zu machen, und sein größter Single-Erfolg war 1974 eine Neuaufnahme des alten *Hello it's me.*

Rick Nelson

Eric Hilliard Nelson, geb. 8. 5. 1940 in New Jersey, USA, voc, g; gest. 31. 12. 1985

Rick war ein Kinderstar. Bereits mit neun Jahren trat er erfolgreich in der Radioshow *Ozzie and Harriet* auf, der Show seiner Eltern, des Bandleaders Ozzie Nelson und der Sängerin Harriet Hilliard. Zusammen mit seinem Bruder David war er von 1949 bis 1952 der Star dieser Show, die später auch vom Fernsehen übernommen wurde. 1959 glänzte er neben → Dean Martin und John Wayne in dem Western *Rio Bravo.* Kein Wunder, daß der gutaussehende Teenager mit siebzehn Jahren bereits einen Plattenvertrag bekam. Im April 1957 ging er erstmals in ein Aufnahmestudio und nahm den → Fats-Domino-Hit *I'm walking* auf sowie die beiden Songs *A teenager's romance* und *You're my one and only love.* Alle drei Titel wurden Hits. Ricks sanfte, warme Stimme brachte die Herzen der amerikanischen Teenager zum Schmelzen. Von 1957 bis 1964 war er praktisch permanent in den US-Charts vertreten. 1961, mit *Hello, Mary Lou* aus der Feder von → Gene Pitney und *Travellin' man* aus der Feder von Jerry Fuller (der später die Millionenseller *Young girl, Lady Willpower* und *Over you* für → Gary Puckett & The Union Gap schrieb), wurde Ricky Nelson auch ein internationaler Star. Nach diesen beiden Erfolgen nannte er sich Rick Nelson, da er, wie er meinte, für das »Ricky« nun zu erwachsen wäre. Bis Anfang der 70er Jahre war es dann still um Rick Nelson, der mit seiner Stone Canyon Band viel tourte und bei diversen Rock-Revival-Shows auftrat. 1972 feierte er dann ein grandioses Comeback mit dem Millionenseller *Garden party.* Der Einfall zu diesem Lied war ihm bei einem Auftritt im Madison Square Garden im Rahmen einer Rock-Revival-Show gekommen. Danach blieben die Hits wieder aus, aber Rick Nelson war als Bühnenattraktion weiterhin ein vielgefragter Mann. Am 31. Dezember 1985 war er mit seinem Privatflugzeug auf dem Weg zu einer Silvester-Gala, als das Flugzeug bei De Kalb in Texas abstürzte und alle Insassen ums Leben kamen.

Jahr	Titel	USA	UK	D
1957	I'm walking	17		
1957	A teenager's romance	2		
1957	You're my one and only love	14		
1957	Be-bop baby	3		
1957	Stood up	2	27	
1957	Waitin' in school	18		
1958	Believe what you say	4		
1958	My bucket's got a hole in it	18		
1958	Poor little fool	1	4	
1958	Someday		9	
1958	Lonesome town	7		
1958	I got a feeling	10	27	
1959	Never be anyone else but you	6	14	
1959	It's late	9	3	
1959	Just a little too much	9	11	
1959	Sweeter than you	9	19	
1959	I wanna be loved	20	30	
1960	Young emotions	12	48	
1961	Travelin' man	1	2	29
1961	Hello, Mary Lou	9	2	2
1961	A wonder like you	11		
1961	Everlovin'	16	23	
1962	Young world	5	19	
1962	Teen age idol	5	39	
1962	It's up to you	6	22	
1963	Fools rush in	12	12	
1964	For you	6	14	
1972	Garden party	6	41	

Sandy Nelson

Sander L. Nelson, geb. 1. 12. 1938 in Santa Monica/Kalifornien, USA, dr, p, b, g

Sandy trommelte zuerst mit der Kip Tyler Band. Dann arbeitete er in Hollywood als Studiomusiker. Bei einem dieser Jobs fragte er das Studio, ob er vielleicht ein kleines Trommel-Stück namens *Teen beat* aufnehmen dürfte. Er durfte, und der selbstgeschriebene Titel wurde 1959 sein erster Millionenseller. Den zweiten schrieb sich Sandy Nelson 1961 mit *Let there be drums*. Damit war Sandy Nelson einer der erfolgreichsten Schlagzeuger überhaupt.

Jahr	Titel	USA	UK	D
1959	Teen beat	4	9	
1961	Let there be drums	7	3	
1962	Drums are my beat	29	30	

Neon Philharmonic

Unter diesem Namen schlossen sich 1969 Tupper Saussy, Donald Gant und Robert McCluskey zusammen, drei führende Session-Musiker aus Nashville. Das Trio nahm ein paar Platten auf, von denen eine ein Hit wurde.

Jahr	Titel	USA	UK	D
1969	Morning girl	17		

Michael Nesmith & The First National Band

Michael Nesmith, geb. 30. 12. 1943 in Dallas/Texas, USA, g, voc
»Red« Rhodes, geb. 30. 12. 1930 in Alston/Illionois, USA, g, dobro
John Kuehne »London«, geb. 6. 2. 1942 in Bryan/Texas, USA, b
John Ware, geb. 2. 5. 1944 in Tulsa/Oklahoma, USA, dr

Mike Nesmith gehörte in den 60er Jahren zu den berühmten → Monkees. Als sich die Band 1969 auflöste, lud ihn → Linda Ronstadt ein, sich ihrer Begleitband The Corvettes anzuschließen. Mike war schon geraume Zeit mit Linda befreundet, schließlich hatte er ihren Hit *A different drum* geschrieben. Mike blieb aber nur kurze Zeit bei den Corvettes, dann nahm er die Bandmitglieder John London und John Ware mit und gründete The First National Band. Das Debüt-Album 1970 hieß *Magnetic south* und enthielt die Hit-Single *Joanne*. Nach zwei weiteren Alben, *Loose salute* (1970) und *Nevada fighter* (1971), die beide ebensowenig erfolgreich waren wie die nachfolgenden Singles, löste Nesmith Ende 1971 die Formation auf und gründete sofort The Second National Band. Auch diese Gruppe erwies sich als Fehlschlag, und Nesmith widmete sich daraufhin mehr seiner Video-Firma Pacific Arts Video in Kalifornien.

Jahr	*Titel*	*USA*	*UK*	*D*
1970	Joanne	21		

Aaron Neville

geb. in New Orleans/Louisiana, USA, voc

Aaron ist der Bruder von Art Neville. Art, Sänger, Keyboarder und Songschreiber, hatte während seiner Schulzeit eine Band, zu der auch seine Brüder Aaron und Charles gehörten. Diese Band hieß The Hawketts und hatte 1954 mit *Mardi Gras mambo* einen lokalen Erfolg. Aaron wuchs gewissermaßen auf der Bühne auf, mit fünf Jahren trat er zum ersten Mal auf, und seinen ersten professionellen Auftritt hatte er in New Orleans im Roosevelt Hotel mit dreizehn Jahren. Anfang der 60er Jahre machte sich Aaron als Solist selbständig, 1967 hatte er mit *Tell it like it is* einen Millionenseller. Dieses Lied wurde 1989 von *Miami-Vice*-Star Don Johnson neu aufgenommen, und auch er hatte damit einen Bestseller. Als kurz danach Aarons Plattenfirma pleite ging, schloß er sich wieder seinen Brüdern an. Neville Sounds nannten sie sich, und aus dieser Gruppe entstanden dann in den 70er Jahren The Meters. Ab 1975 gehörte auch der jüngste Neville-Bruder Cyril zur Band, und ab 1978 firmierte der Familien-Clan als Neville Brothers.

Jahr	*Titel*	*USA*	*UK*	*D*
1966	Tell it like it is	2		

The Newbeats

Lawrence Henley, geb. 30. 6. 1941 in Arp/Texas, USA, leadvoc
Marcus Mathis, geb. 9. 2. 1942 in Hahira/Georgia, USA, voc
Lewis »Dean« Mathis, geb. 17. 3. 1939 in Hahira/Georgia, USA, voc

Die Mathis-Brüder Marcus und Dean sangen und spielten in den 50er Jahren als Duo. Dann erweiterten sie ihre Band, bis sie acht Mitglieder umfaßte. Bei einem Auftritt trat Henley an sie heran und fragte, ob er nicht auch Mitglied werden dürfe. Die Band existierte bis Anfang der 60er Jahre. Danach beschlossen Henley und die Mathis-Brüder, ein Trio zu gründen. Sie bekamen einen Plattenvertrag und veröffentlichten 1964 den Song *Bread & butter,* der ein Bestseller wurde. In Deutschland allerdings war das Lied in der Version von Barry St. John ein Hit. Bis 1966 waren die Newbeats in den Charts vertreten, dann wurde es still um sie. Anfang der 70er Jahre wurden die Newbeats-Platten in England noch einmal veröffentlicht. Dadurch wurde das Interesse an diesem amerikanischen Trio so groß, daß sich die Newbeats 1974 wieder zusammentaten und erneut Platten aufnahmen. Eine ihrer ersten Veröffentlichungen war ein Remake von → Barbara Georges *I know.* Doch das Comeback verlief im Sande.

Jahr	*Titel*	*USA*	*UK*	*D*
1964	Bread & butter	2	15	
1964	Everything's allright	16		
1965	Run, baby run (back into my arms)	12		
1971	Run, baby run (back into my arms)		10	

The New Christy Ministrels

Randy Sparks, geb. 29. 7. 1933 in Leavenworth/Kansas, USA, voc
→ Barry McGuire, geb. 15. 10. 1935 in Oklahoma, USA, voc

1962 gründete ein junger Folk-Sänger namens Randy Sparks eine Folk-Gruppe, die er The New Christy Minstrels nannte. Und das aus gutem Grunde. Schon im Jahr 1842 hatte ein Amerikaner namens Edwin P. Christy eine Gesangstruppe auf die Beine gestellt, die er Christy Minstrels nannte. »Minstrels« ist die englische Bezeichnung für »fahrende Sänger«, aber auch für »volkstümliche Musik«, also für Folk-Musik. Und genau das sang Mr. Christy mit seinen Christy Minstrels, nämlich populäre Songs wie *Oh, Susanna, Old folks at home* oder *Camptown races.* An ihn knüpfte Randy Sparks an, als er seine Vokal-Truppe New Christy Minstrels nannte. Auch diese neue Gruppe sang Folk-Songs, sie bekam 1962 einen Plattenvertrag und war bis 1964 erfolgreich. Den größten Hit hatte dic Gruppe 1963 mit dem Song *Green green,* den Sparks zusammen mit dem Leadsänger Barry McGuire geschrieben hatte und der sich im Lauf der Jahre zu einem Millionenseller entwikkelte. Barry McGuire verließ 1964 die Band, um als Solist zu arbeiten, und hatte 1965 mit *Eve of destruction* abermals einen Millionenseller. Die Mitglieder der New Christy Minstrels wechselten häufig, aber es sangen zeitweilig, außer Barry McGuire, auch andere spätere Stars wie z. B. → Kenny Rogers oder Gene Clark von den → Byrds mit. Auch ohne spektakuläre Charts-Erfolge erfreute sich die Sanges-Truppe größter Beliebtheit und trat praktisch an allen berühmten Orten auf, wie der New Yorker Carnegie Hall, der Hollywood Bowl, der Londoner Royal Albert Hall, beim San Remo Festival in Italien und für den damaligen Präsidenten Lyndon B. Johnson. Doch die New Christy Minstrels waren nicht nur Sänger und Sängerinnen, sie spielten auch die richtigen Folk-Instrumente wie Gitarre, Baß, Tambourine, Banjo, Harmonika und Flöte.

Jahr	*Titel*	*USA*	*UK*	*D*
1962	Green, green	14		
1964	Today	17		

The New Colony Six

Gerry Van Kollenberg, leadg, voc
Ronald Rice, g, voc
Charles Jobes, keyb, voc
Patrick McBride, harm, perc, voc
Les Kummel, geb. 1945, b, voc; gest. 18. 12. 1978
William Herman, dr, perc, voc
alle Chicago/Illinois, USA

Die Formation entstand Mitte der 60er Jahre, sozusagen als Fortführung von Gruppen wie → The Lettermen und The Four Freshmen. Beginnend mit *I confess* (Platz 80), veröffentlichte das Sextett ab 1966 eine Reihe von gutgemachten Middle-Of-The-Road-Songs, die sich alle in den US-Charts plazieren konnten, wenn auch größtenteils nur auf unteren Plätzen.

Jahr	*Titel*	*USA*	*UK*	*D*
1968	I will always think about you	22		
1969	Things I'd like to say	16		

Anthony Newley

geb. 24. 9. 1931 in Hackney/London, England, voc

Anthony Newley ist ein Mann mit vielen Talenten. Er war nicht nur ein erfolgreicher Sänger, sondern ebenso erfolgreich Schauspieler, Songschreiber, Autor, Produzent und Regisseur. Anthony, der Sohn eines Arbeiters, verließ mit vierzehn Jahren die Schule, schaffte es 1945, eine Rolle in einer Filmserie namens *The adventures of Dusty Bates* zu bekommen, und war von 1945 bis 1959 ein vielbeschäftigter Schauspieler, mit einer zweijährigen Unterbrechung, während derer er zur Army mußte. Dabei stand er mit Stars wie Sir Alec Guinness, Robert Mitchum, Jack Lemmon, Rita Hayworth und Ray Milland vor der Kamera. 1959 spielte er in dem Film *Idle on parade* einen Rocksänger; er sang in dem

Film vier eigene Songs, von denen drei Hits wurden. Dabei entdeckte Newley ein neues Aufgabengebiet: das Musical. Er schrieb für das Musical *Stop the world, I want to get off* das Buch und die Songs und spielte auch noch gleich die Hauptrolle. Dann arbeitete er in den 60er Jahren an diversen Hollywood-Filmen mit, wie z. B. *Doctor Doolittle* oder *Sweet november*. Er trat erfolgreich in Las Vegas auf und schrieb 1970 sechs Lieder für den Kassenknüller *Willie Wonka and the chocolate factory*. Als Sänger war Anthony Newley in den englischen Single-Charts nur bis 1963 vertreten, aber seine Alben, die bis Mitte der 70er Jahre erschienen, verkauften sich ebenfalls sehr gut.

Jahr	*Titel*	*USA*	*UK*	*D*
1959	I've waited so long		3	
1959	Idle on parade		13	
1959	Personality		6	
1960	Why		1	
1960	Do you mind		1	
1960	If she should come to you		6	
1960	Strawberry fair		3	
1961	And the heavens cried		6	
1961	Pop goes the weasel/Bee bom		12	
1962	D-Darling		25	

Randy Newman

geb. 28. 11. 1943 in New Orleans/Louisiana, USA, voc, p

Randy stammt aus einer sehr künstlerischen Familie. Seine drei Onkel Alfred, Lionel und Emil waren Orchesterleiter und Filmkomponisten. Und so begann natürlich auch Randy, der bereits als Kind mit seinen Eltern nach Kalifornien gezogen war, mit dem Schreiben von Songs. Auf der UCLA, der Universität von Kalifornien, fing er mit dem Musikstudium an und schrieb nebenbei etliche Hits für andere: *Mama told me not to come* für → Three Dog Night; *I think it's going to rain today* für → Judy Collins; *Love story* für → Peggy Lee; *Simon Smith and his amazing dancing bear* für → Alan Price. 1968 erhielt Randy, der 1967 seine Frau Roswitha geheiratet und 1968 den Sohn Amos bekommen hatte, einen Plattenvertrag. Er hatte ein Demo-Band, das er *12 songs* genannt hatte, an eine Plattenfirma geschickt, aber die veröffentlichte diese ersten Newman-Aufnahmen 1969 erst als zweites Album. Als erstes wurde 1968 die LP *Randy Newman creates something new under the sun* herausgebracht, auf der Newman, begleitet von einem großen Orchester, zeigen durfte, was er als höchst origineller und wortgewaltiger Singer/Songwriter auf dem Kasten hatte. Doch beide LPs wurden keine kommerziellen Erfolge. Newman blieb ein Insider-Tip, auch mit den nächsten Alben *Live* (1971), *Sail away* (1972) und *Good old boys* (1974). Erst mit dem 77er Album *Little criminals* und der Single *Short people*, einem bösartig-süffisanten Song über Vorurteile gegenüber kleingewachsenen Menschen, gelang ihm der große Durchbruch. Heute gehört der hochtalentierte Randy Newman zu den amerikanischen Top-Interpreten.

Jahr	*Titel*	*USA*	*UK*	*D*
1977	Short people	2		

Wayne Newton

geb. 3. 4. 1942 in Roanoke/Virginia, USA, voc

Wayne sang als Kind zunächst im Kirchenchor und bei Schulveranstaltungen. Aber schon im Alter von sechs Jahren bekam der später so geschäftstüchtige Entertainer seinen ersten Lohn für einen Auftritt: 5 Dollar! Während er in der Highschool war, hatte er schon seinen täglichen Fernseh-Auftritt, und 1959 bekam er mit seinem Bruder Jerry ein Langzeit-Engagement in Las Vegas. Als die beiden 1962 bei der *Jackie Gleason Show* auftraten, kam der große Durchbruch. → Bobby Darin sah diesen Auftritt, war von Wayne begeistert und wurde sein künftiger Produzent. Als erstes nahmen die beiden 1963 den Song *Heart (I hear you beating)* auf, der es immerhin schon bis Rang 82 in den Hot 100 schaffte. Dann wurde Bobby Darin der → Bert-Kaempfert-Song *Danke schön* angeboten. Darin gab ihn an Newton, und Newton hatte damit seinen ersten Bestseller. Inzwischen war Wayne Newton mit seiner Drei-Oktaven-Stimme zur Nachtclub-Attraktion von Las Vegas geworden. Der Entertainer spielt außerdem noch fast alle gängigen Instrumente und ist ein ausgezeichneter Tänzer. Er wurde natürlich auch fürs Fernsehen »entdeckt« und absolvierte einen gekonnten Auftritt in der Fernseh-Serie *Bonanza*. 1972 hatte Wayne Newton einen Millionenseller mit dem Song *Daddy don't you walk so fast*. Im Original stammte das Lied aus England, dort war es bereits 1971 ein Nr.-17-Hit für Daniel Boone gewesen. Newton, der zu den höchstbezahlten Entertainern von Las Vegas gehört, besitzt dort nicht nur das Aladdin Hotel, das auf 80 Millionen Dollar geschätzt wird, sondern auch eine große Ranch in der Nähe der Stadt, auf der er in seiner Freizeit arabische Vollblüter züchtet. Newtons Gage in Las Vegas beträgt pro Monat 1 Million Dollar.

Jahr	*Titel*	*USA*	*UK*	*D*
1963	Danke schön	13		
1965	Red roses for a blue lady	23		
1972	Daddy don't you walk so fast	4		

The New Vaudeville Band

Geoff Stevens, geb. 1. 10. 1934 in London, England, leadvoc
Mick Wilsher, 21. 12. 1945 in Sutton/Surrey, England, leadg
Bobby »Pops« Kerr, geb. 14. 2. 1943 in London, England, tp, sax
Hugh Watts, geb. 25. 7. 1941 in Watford/Herfordshire, England, trombone
Neil Korner, geb. 6. 10. 1942 in Ashford, Middlesex, England, b
Henry Harrison, geb. 6. 6. 1943 in Watford/Herfordshire, England, dr
Stan Heywood, geb. 23. 8. 1947 in Dagenham/Essex, England, p, org, acc
Alan Klein, geb. 29. 6. 1942 in London, England, voc

Diese britische Formation war wohl eine der witzigsten Bands der mittleren 60er

Jahre. Die Mitglieder ließen das nostalgische Image der 20er Jahre wieder aufleben. Sie stolzierten auf der Bühne nur in Original-Kleidung aus dieser Zeit herum und benahmen sich wie gelangweilte, aristokratische Snobs. Die Idee zu dieser ungewöhnlichen Formation hatte der Komponist Geoff Stevens, dessen große Leidenschaft die Unterhaltungsmusik der Zwanziger war. Stevens war eigentlich von Beruf Lehrer für Französisch und Englisch, Sport und Religion, nahm aber dann einen Job in einer Werbeagentur in London an. Nebenbei schrieb er eine Revue und kleine Sketche für die BBC. Dann suchte ein Musikverleger einen Mitarbeiter, und Geoff Stevens bekam einen Job als Komponist. In dieser Zeit schrieb Stevens für die Applejacks den Hit *Tell me when* (Nr. 7 1964 UK) und für → Dave Berry *The crying game* (Nr. 5 1964 UK). Außerdem ist Geoff Stevens der Endecker von → Donovan, dessen erste drei Platten er produzierte. Da Stevens der Meinung war, daß andere Komponisten viel zu komplizierte Songs schrieben, ließ er sich 1966 das sehr einfache *Winchester Cathedral* einfallen, das Lied über den Jungen, der von seinem Mädchen in der Nähe dieser Kathedrale verlassen worden ist. Stevens holte ein paar Studiomusiker zusammen, nannte diese Vereinigung The New Vaudeville Band und beschloß, selbst den Part des Leadsängers zu übernehmen, damit das Ganze auch wirklich so würde, wie er sich das vorgestellt hatte. Die Band spielte richtig schön zickig im Stil der 20er Jahre, Stevens näselte durch ein Megaphon – und ein internationaler Millionenseller war fertig. In Amerika war das Publikum so begeistert davon, daß sich innerhalb von nur sechs Wochen 1½ Millionen Exemplare der Single verkauften und das Lied für drei Wochen den 1. Platz der Hot 100 belegte. Und eine ganze Menge anderer Interpreten stürzten sich natürlich auf den Song, auch Super-Stars wie → Frank Sinatra. Bis 1970 gab es über 400 Coverversionen davon. Bei diesem grandiosen Erfolg mußte natürlich sehr schnell auch eine leibhaftige Band zusammengestellt werden, die auf Tournee gehen konnte. Das geschah in der o. a. Zusammensetzung. Keiner dieser Musiker spielte auf der Originalsingle, während Stevens bei den Tourneen nicht als Sänger dabei war, sondern seinen Part von Alan Klein übernehmen ließ. Seltsamerweise erhielt diese auf altmodisch getrimmte Nummer im Rudy-Vallee-Stil 1966 den Grammy für »Die beste zeitgenössische Rock'n' Roll Aufnahme«.

Jahr	*Titel*	*USA*	*UK*	*D*
1966	Winchester Cathedral	1	4	15
1967	Peek-a-boo	72	7	
1967	Finchley Central		11	

Nice

Keith Emerson, geb. 2. 11. 1944 in England, keyb
Brian »Blinky« Davison, geb. 25. 5. 1942 in England, dr
Lee Jackson, geb. 8. 1. 1943 in Newcastle, England, b
Dave O'List, geb. 13. 12. 1948 in England, g, voc

Keith Emerson und Lee Jackson spielten zunächst bei den Blues-Band The T-

Bones, ehe sie sich entschlossen, 1967 selbst eine Gruppe zu gründen. Sie nannten das Quartett The Nice. Die Formation war eigentlich als Begleitband für P. P. Arnold gedacht. Doch die vier erhielten jedesmal, wenn sie vor P. P. Arnolds Auftritten die »Anwärmer« machten, soviel Applaus, daß sie schließlich selbst Konzerte gaben. Sie erhielten natürlich auch bald einen Plattenvertrag und brachten Ende 1967 das Debüt-Album *Thoughts of Emerlist Davjack* heraus, das heute zu den Kult-Alben gehört und den Nice-Klassiker *Rondo* enthält. Danach verließ O'List die Gruppe. Die nächsten Alben *Ars longa vita brevis* (1968) und *Nice* (1969) zeigten, daß sich die Formation unter der Leitung ihres erstaunlichen Keyboarders Emerson immer mehr klassischen Themen widmete, die sie rockig arrangierten. In dieser Art waren auch die LPs *Five bridges suite* (1970) und *Elegy* (1971) gehalten. Doch The Nice erlangte nicht nur musikalische Berühmtheit, ebenso von sich reden machten die drei Jungs mit ihren etwas ausgefallenen Einfällen auf der Bühne und im Promotion-Bereich: 1968 beispielsweise erhielten sie in der Royal Albert Hall Hausverbot. Sie hatten *America* aus der *West Side Story* gespielt und dabei die amerikanische Flagge verbrannt. Oder sie verschickten Promotion-Singles mit einem Poster, auf dem Kinder die Köpfe von John F. Kennedy, Robert Kennedy und Martin Luther King trugen, die alle Attentaten zum Opfer gefallen waren. Ende 1970 lösten sich die Nice überraschend auf. Keith Emerson tat sich mit Greg Lake, Sänger und Bassist bei → King Crimson, und Carl Palmer, Trommler bei Atomic Rooster, zusammen und gründete Emerson, Lake and Palmer. Lee Jackson gründete anschließend die Gruppe Jackson Heights und 1974 zusammen mit Blinky Davison und Patrick Moraz das Trio Refugee. Von Dave O-List hörte man erst wieder 1971 etwas, als er im Oktober bei Roxy Music einstieg, wo er bis Februar 1972 blieb.

Jahr	*Titel*	*USA*	*UK*	*D*
1968	America		21	

Nilsson

Harry Edward Nilsson III, geb. 15. 6. 1941 in Brooklyn/New York, USA, voc

Während der frühen 50er Jahre zog Harry mit seinen Eltern nach Kalifornien. In der Schule war er ein hervorragender Sportler, der auch etliche Preise gewann. Nach dem Schulabschluß arbeitete er zunächst als Platzanweiser im Theater und schließlich als Computer-Programmierer in einer Bank. Seine große Liebe aber galt der Pop-Musik, und in seiner Freizeit hing er ständig bei irgendwelchen Plattenfirmen herum, um dort vielleicht einen Job zu bekommen. Anfang der 60er Jahre klappte es endlich. Harry durfte unter dem Pseudonym Johnny Niles die Single *Donna* aufnehmen, die prompt ein Flop wurde. Er versuchte es noch ein paarmal als Solist, dann als Sänger einer Gruppe namens The New Salvation Singers, bis man schließlich seine Begabung für das Schreiben von Songs entdeckte. Innerhalb kürzester Zeit spielten Stars wie → The Ronettes, → The Yardbirds und → Blood, Sweat & Tears seine Lieder.

Seinen größten Erfolg hatte er mit *Cuddly toy* für die → MONKEES. Aber da Harry Nilssons Herz so sehr am Singen hing, durfte er 1968 sein erstes durchkonzipiertes Album namens *Pandemonium shadow show* veröffentlichen. Kommerziell war es kein Erfolg, aber es bekam gute Kritiken, und → JOHN LENNON behauptete nach dem Anhören, daß Nilsson sein amerikanischer Lieblings-Künstler wäre. Der große Durchbruch kam, als Harry Nilsson den Song *Everybody's talkin* aufnahm und die countrymäßig angehauchte Nummer als Titelsong für den DUSTIN-HOFMANN-Film *Midnight cowboy* ausgesucht wurde. Einen weiteren großen Erfolg feierte er 1971 mit dem von RICHARD PERRY produzierten Album *Nilsson Schmilsson,* das den Millionenseller *Without you* enthielt. Der Song war übrigens von PETE HAM von → BADFINGER geschrieben worden. Das Album wurde in USA mit Platin ausgezeichnet, die nicht sonderlich gelungene Nachfolge-LP *Son of Schmilsson* brachte es auch zu Edelmetall, zu Gold. 1973 drehte Nilsson zusammen mit dem inzwischen zu seinem Busenfreund avancierten RINGO STARR den Film *Son of Dracula* und schrieb natürlich auch den Soundtrack dazu. 1974 brachte Nilsson die LP *Pussy cat* heraus, die zwar von John Lennon produziert worden war, aber ebenfalls nicht gerade ein Glanzlicht ist. Seitdem ist es ziemlich still um Harry Nilsson geworden.

Jahr	*Titel*	*USA*	*UK*	*D*
1969	Everybody's talkin'	6	23	12
1972	Without you	1	1	
1972	Jump into the fire	27		34
1972	Coconut	8	42	40

The 1910 Fruitgum Company

PAT KARWAN, geb. in Linden/New Jersey, leadg, voc; ersetzt 1969 durch CHUCK TRAVIS, geb. 1946
MARK GUTKOWSKI geb. 1948 in Linden/New Jersey, g, keyb, voc
FRANK JECKELL, geb. in Linden/New Jersey, g, voc; ersetzt 1969 durch LAWRENCE RIPLEY, geb. 1948, b, horns, voc
STEVE MORTKOWITZ, geb. in Linden/New Jersey, b; ersetzt 1969 durch BRUCE SHAY, geb. 1948, perc, voc
FLOYD MARCUS, geb. in Linden/New Jersey, dr; ersetzt 1969 durch RUSTY OPPENHEIMER, geb. 1948

Die Produzenten JERRY KASENETZ und JEFF KATZ sind die Erfinder dieser Band. Die beiden beschlossen Ende der 60er Jahre, Musik zu produzieren, die genau auf die Teenager als Käuferschicht zielte. Sie entschlossen sich für einen Simpel-Beat, bei dem Kinderreime als Refrains herhalten mußten und den sie »Bubble Gum Music« nannten. Sie holten sich ein paar erstklassige Studiomusiker und -sänger, um das erste Werk *Simon says* aufzunehmen, wobei der Songschreiber und Produzent JERRY LEVINE als Leadsänger fungierte. Den Namen dieser Phantom-Band entliehen sie sich vom Einwickelpapier eines alten Kaugummis, den sie durch Zufall gefunden hatten. Das Lied vom simplen Simon wurde ein weltweiter Millionenseller. Das jugendliche Publikum wollte die Band natürlich sehen, und so wurde für Tourneen eine Gruppe zusammengestellt. Die 1910 Fruitgum Company hatte bis 1970 noch etliche Millionenseller zu verzeichnen, war aber nicht das einzige Bubble-Gum-Pferd im Kasenetz-Katz-Stall. Dazu gehörten auch andere Bands wie → OHIO EXPRESS oder → MUSIC EXPLOSION. Unter dem Namen → KASENETZ-KATZ SINGING ORCHESTRAL CIRCUS wurden diese ganzen Bands 1968 zusammengefaßt und produzierten als Superorchester die Single *Quick Joey Small.* Als es Anfang der 70er mit dem Bubble-Gum vorbei war, verschwanden auch diese ganzen Gruppen.

Jahr	*Titel*	*USA*	*UK*	*D*
1968	Simon says	4	2	6
1968	1, 2, 3, red light	5		
1969	Indian giver	5		

Nitty Gritty Dirt Band

JEFF HANNA, geb. 11. 7. 1947 in Detroit/Michigan, USA, leadvoc, g, washboard, harm
JIMMIE FADDEN, geb. 9. 3. 1948 in Long Beach/Kalifornien, USA
RALPH TAYLOR BARR, geb. in Boston/Massachusetts, USA, g, bj; ersetzt 1971 durch JIM IBBOTSON, geb. 21. 1. 1947 in Philadelphia/Pennsylvania, USA
LESLIE STEVEN THOMPSON, geb. in Long Beach/Kalifornien, g, bj
JOHN MCEUEN, geb. 19. 12. 1945 in Long Beach/Kalifornien, USA, bj
BRUCE KUNKEL, geb. 1948 in Long Beach/Kalifornien, USA, g, bj, fiddle; ersetzt 1968 durch CHRIS DARROW

Auf der Highschool in Long Beach taten sich Bruce Kunkel und Jeff Hanna zusammen, um gemeinsam Folksongs zu singen und Gitarre zu spielen. Aus diesem Duo entwickelte sich im Laufe der Zeit eine richtige Band, die sich zunächst THE ILLEGITIMATE JUG BAND nannte, später dann Nitty Gritty Dirt Band. Anfangs spielte die Truppe in kleinen Clubs und Cafes, aber bald trat sie schon als Vorgruppe von Top-Acts wie → NANCY WILSON oder → JOAN BAEZ auf. 1966 bekam die Gruppe einen Plattenvertrag, und Anfang 1967 erschien die Debüt-Single *Buy for me the rain,* die immerhin bis Platz 45 kam. Der Arrangeur des ziemlich kommerziellen Songs war übrigens niemand anderer als DAVID GATES von → BREAD. Auch das Debüt-Album *The Nitty Gritty Dirt Band* konnte sich in den US-Charts plazieren, und bald war die Band mit so ungewöhnlichen Instrumenten wie Kazoo, Bubble Machine, Kamm und Sandblocks häufig im TV zu sehen. Doch die Leute interessierten sich mehr für die Auftritte der Band als für ihre Alben, und so verkauften sich die nächsten LPs wie *Riochet, Rare junk* und *Alive* nicht sonderlich gut. Die Durststrecke war erst überwunden, als 1971 plötzlich die Single *Mr. Bojangles* zu einem Hit wurde. Im Original stammt der Song übrigens von → JERRY JEFF WALKER. Im Zuge dessen wurde auch das dazugehörige Album *Uncle Charlie and his dog Teddy* ein Erfolg. Hervorragend war das 73er Album *Will the circle be unbroken,* ein Triple-Album, auf der die Band in 36 Liedern eine Entwicklungsgeschichte der amerikanischen Country-Musik über Folk bis hin zu Country-Rock darbot. Mitbeteiligt waren dabei Veteranen dieser Musikrichtungen wie MAYBELLE CARTER, EARL SCRUGGS, DOC WATSON, ROY ACUFF und MERLE TRAVIS. Beim 74er Album *Stars and stripes forever* war die Band auf Quartett-Größe zusammengeschrumpft und bestand nur noch aus McEuen, Hanna, Ibotson und Fadden. Die Mitglieder stellten ihre Talente aber auch anderen Interpreten zur Verfügung: McEuen spielte bei BILL WYMANS Solo-Album *Monkey grip* mit; Jeff Hanna war bei RICHARD BETTS' Solo-LP *Highway call* dabei; und Fadden spielte sowohl bei → LINDA RONSTADT als auch bei JACKSON BROWNE Harmonika. Als Jeff Hanna Anfang 1976 das Quartett verließ, beschlossen die restlichen drei als Trio weiterzumachen und sich, entsprechend verkürzt, nur noch THE DIRT BAND zu nennen.

Jahr	*Titel*	*USA*	*UK*	*D*
1971	Mr. Bojangles	9		
THE DIRT BAND				
1980	An American dream	13		

Cliff Nobles

geb. 1944 in Mobile/Alabama, USA

1968 schrieb JESSE JAMES eine funkige Soul-Nummer, die sich innerhalb kürzester Zeit zum Millionenseller entwickelte: *The horse.* Dieses ungewöhnliche Instrumental, das mit den durchaus gewöhnlichen Instrumenten Baßgitarre, Schlagzeug, Piano, Saxophon, Trompete und Posaune produziert worden war, wurde von Cliff Nobles und seiner Begleitband aufgenommen, die nur kurz als Co. bezeichnet wurde. Das ungemein erfolgreich Instro ließ auch einen neuen Tanz gleichen Namens aufkommen, der allerdings sehr kurzlebig war. *The horse* blieb Cliff Nobles' einziger Erfolg.

Jahr	*Titel*	*USA*	*UK*	*D*
1968	The horse	2		

Laura Nyro

LAURA NIGRO, geb. 18. 10. 1947 in der Bronx/New York, USA, voc

Laura Nyro gehört zu den seltenen Singer/Songschreibern, deren Songs zwar häufig in der Version anderer Interpreten in die Charts gelangen, die aber nie selbst dort auftauchen. Lauras Vater war hauptberuflich Klavierstimmer und nebenberuflich Trompeter. Klein-Laura spielte natürlich auch Klavier, aber am liebsten sang sie mit ihren Freunden von der Straße in kleinen Gruppen. Dann fing Laura an, selbst Lieder zu schreiben, und Mitte der 60er Jahre bekam sie einen Plattenvertrag und veröffentlichte die Debüt-LP *More than a new discovery*. Das schmale, dunkelhaarige Mädchen jüdisch-italienischer Abstammung wagte sich zum ersten Mal 1967 beim Monterey Festival vor ein großes Publikum – und wurde ausgebuht. Doch etliche Songs von ihrem erfolglosen Debüt-Album wurden für andere Superseller: *Wedding bell blues* und *Blowin' away* für → THE 5TH DIMENSION; *And when I die* für → BLOOD, SWEAT & TEARS. Laura indes gab nicht auf. Sie veröffentlichte 1968 Album Nr. 2 mit dem Titel *Eli and the thirteen confession.* Das Album ist zwar heute eine Kult-LP, damals jedoch entpuppte es sich abermals als wahre Fundgrube für andere: *Stoned soul picnic* und *Sweet blindness* wurden Hits für The 5th Dimension, *Eli's coming* für → Three Dog Night; *Stoney end* für → Barbra Streisand. Die schüchterne Laura war damit der Star der amerikanischen Songwriter, jener kleinen Gemeinde, die zu ungewöhnlichen, aber eingängigen Melodien ebenso ungewöhnliche, aber kraftvolle Texte fanden. Ganz hervorragend und endlich auch kommerziell erfolgreich waren dann die nächsten Alben *New York tendaberry* (1969), *Christmas and the beads of sweat* (1970) und *Gonna take a miracle* (1971). Dann hörte man jahrelang nichts mehr von Laura Nyro, bis sie 1976 mit der LP *Smile* ein grandioses Comeback feierte. Seitdem veröffentlicht sie von Zeit zu Zeit exquisite Alben.

O

Esther und Abi Ofarim

Esther Zaled, geb. 13. 6. 1943 in Safed, Israel, voc
Abraham Reichstadt, geb. 5. 10. 1939 in Tel Aviv, Israel, voc, g

Esther wuchs in Haifa auf, Abi studierte in Tel Aviv Tanz und Musik. Sie lernten sich kennen, als Esther in Abis Tanzstudio Unterricht nahm. Nach ihrer Armeezeit heirateten die beiden und fingen an, zusammen zu singen. Zuerst nur zu Hause zum Spaß, später dann professionell. 1961 veröffentlichten sie in Israel ihr erstes Album, das sofort auf Platz 1 der LP-Charts kam. Als → Frank Sinatra 1961 eine Tournee durch Israel machte, durfte Esther mit ihm zusammen auftreten und begann damit ihre internationale Karriere. Mit ihrer ungemein klaren und sicheren hellen Stimme ersang sie sich einen Preis nach dem anderen, und das in vielen verschiedenen Sprachen. Ab 1963 war das Duo auch in der deutschen Hitparade vertreten, bald gehörte es zu den hiesigen Schlagerstars. Für ihre ganz hervorragenden Alben *Songs of the world, New songs of the world* und *Noch einen Tanz* erhielten die beiden jeweils Gold-Auszeichnungen. Auf dem 67er Album *2 in 3* hatte das Duo das Lied *Cinderella Rockefella* aufgenommen, einen Nonsens-Song, der im Stil der 20er Jahre gehalten war und aus der Feder von → Mason Williams stammte (*Classical gas*). Im Dezember 1967 traten die beiden mit diesem Lied in der populären englischen Fernsehshow von Eamonn Andrews auf. Auf Grund der großen Nachfrage wurde das Lied im Februar 1968 als Single veröffentlicht. Innerhalb von sechs Wochen hatten sich davon eine Million Exemplare verkauft. Doch privat hatte sich das ungleiche Paar inzwischen auseinandergelebt, 1970 kam die Trennung. Esther sang künftig nur noch Anspruchsvolles. Damit heimste sie zwar bei Kritikern großen Beifall ein, kommerziell waren diese Alben allerdings nicht sehr erfolgreich. Abi verlegte sich aufs Produzieren mit Leuten wie der ehemaligen Ballerina Margot Werner.

Anfang der 80er Jahre geriet er mit Rauschgift in Konflikt und mußte ins Gefängnis. Seitdem versucht er mit immer wechselnden Interpreten ein Comeback zu starten. Der Erfolg ist gleich Null.

Jahr	*Titel*	*USA*	*UK*	*D*
1963	Melodie einer Nacht			39
1964	Morgen ist alles vorüber			23
1966	Noch einen Tanz			32
1966	Sing hallelujah			30
1967	Morning of my life			2
1968	Cinderella Rockefella	68	1	5

The Ohio Express

Dale Powers geb. 13. 6. 1948 in Mansfield/Ohio, leadg, voc
Douglas Grassel, geb. 5. 7. 1949 in Mansfield/Ohio, g, voc
Buddy Bengert, geb. 28. 6. 1949 in Cincinatti/Ohio, keyb, voc
Dean Kastran, geb. 22. 10. 1948 in Chicago/Illinois, b, voc
Tim Corwin, geb. 26. 7. 1948 in Mansfield/Ohio, dr

Auch diese Formation gehörte, wie auch die → 1910 Fruitgum Company zu den Studiogruppen aus dem Jerry Kasenetz/Jeff Katz-Bubble-Gum-Stall. Zuerst gab es die Band The Rare Breed, und die veröffentlichte unter diesem Namen eine Single namens *Beg, borow & steel,* eine Adaption des Titels *Louie Louie* von den → Kingsmen aus dem Jahr 1963. 1967 kam dieser Song unter der neuen Gruppenbezeichnung Ohio Express noch einmal auf den Markt und erreichte dieses Mal Platz 29. Doch es war keineswegs die originale Ohio Express, die diesen Song veröffentlichte, sondern eine Studioformation, für die man den Namen einfach »gekauft« hatte. Von 1968 bis 1969 machte Ohio Express ebenso erfolgreich Platten wie die 1910 Fruitgum Company. Da aber die jugendlichen Fans die Band natürlich live auf der Bühne erleben wollten, mußte schnell eine »leibhaftige« Band für die Auftritte zusammengestellt werden. Mit den o. a. Mitgliedern ging Ohio Express dann auf Tournee. Doch genauso wie bei den anderen Bubble-Gum-Bands war es auch bei Ohio Express Ende 1969 mit der Herrlichkeit vorbei.

Jahr	*Titel*	*USA*	*UK*	*D*
1968	Yummy yummy yummy	4	5	3
1968	Down at Lulu's	33		20
1968	Chewy chewy	15		7
1969	Sweeter than sugar			16
1969	Mercy	30		14

The O'Jays

Walter Williams, geb. 25. 8. 1942 in Canton/Ohio, USA, voc
Edward Levert, geb. 16. 6. 1942 in Canton/Ohio, USA, voc
William Powell, geb. in Canton/Ohio, USA, voc; gest. 26. 5. 1977; ersetzt 1976 durch Sam Strain, geb. 9. 12. 1941, voc

William Isles, geb. in Canton/Ohio, USA, voc, ging 1972
Robert Massey, geb. in Canton/Ohio, USA, voc, ging 1972

Die Vokal-Truppe entstand 1958 auf der Highschool in Canton. Die drei Schulfreunde Williams, Levert und Powell nannten sich The Mascots und fanden bei ihren musikalischen Ambitionen große Unterstützung bei Eddie O'Jay, einem Discjockey aus Cleveland. Aus Dankbarkeit für ihn nannten sie sich dann The O'Jays. 1960 brachte die Gruppe als erstes den Song *Miracles* heraus, der in den R & B-Charts recht erfolgreich war. Mit Songs wie *Lonely drifter* (1963), *Lipstick traces (on a cigarette)* (1965), *Stand in for love* (1966), *I'll be sweeter tomorrow (than I was today)* (1967), *Look over your shoulder* (1968), *One night affair* (1969), oder *Deeper (in love with you)* (1970) konnten sie sich immer wieder auf unteren Plätzen der Hot 100 plazieren. Dann kam 1969 ein neuer Vertrag mit dem Komponisten- und Produzenten-Team Kenny Gamble und Leon Huff, die beide später als die Erfinder des »Phillysound«, des Philadelphia-Sounds, in die Musikgeschichte eingehen sollten. Das erste gemeinsame Werk von Gamble/Huff und den O'Jays war 1972 *Back stabbers*, das ein Millionenseller wurde, genauso wie fast alle anschließenden Singles der O'Jays. Heute besteht die Gruppe nur noch aus Eddie Levert, Walt Williams und Sam Strain, ehemals bei → Little Anthony & The Imperials, der den verstorbenen William Powell ersetzte.

Jahr	*Titel*	*USA*	*UK*	*D*
1972	Back stabbers	3	14	
1973	Love train	1	9	
1974	Put your hands together	10		
1974	For the love of money	9		
1975	I love music (Pt. 1)	5	13	
1976	Livin' for the weekend	20		
1978	Used to be my girl	4	12	

The O'Kaysions

Donny Weaver, geb. 1946 in North Carolina, USA, leadvoc, b
Jimmy Hennant, geb. 1947 in North Carolina, USA, g
Wayne Pittman, geb. 1947 in North Carolina, USA, leadg
Jim Spidel, geb. 1949 in North Carolina, USA, sax
Bruce Joyner, geb. 1946 in North Carolina, USA, dr
Ron Turner, geb. 1947 in North Carolina, USA, tp

Weaver und Hennant begannen 1963 als Duo zu spielen, nach und nach schlossen sich ihnen die restlichen Mitglieder an, allesamt Freunde der beiden. Zuerst nannte sich die Formation The Kays und spielte Spirituals. Ende 1967 war die weiße Soul-Band komplett, sie nannte sich nun The O'Kaysions und wendete sich eher rockigen Klängen zu. Sie spielte fast ausschließlich Eigenkompositionen. Auch *Girl watcher,* ihre Debüt-Single 1968, war eine Eigenkomposition

Jahr	*Titel*	*USA*	*UK*	*D*
1968	Girl watcher	5		

des Gitarristen Pittman. Der Song wurde ein Millionenseller, er blieb jedoch der einzige Erfolg der Band.

Oliver

WILLIAM OLIVER SWOFFORD, geb. 22. 2. 1945 in Wilkesboro/North Carolina, USA, voc

Als Kind schwärmte Oliver für Country-Musik, und als er Student an der Universität von North Carolina war, gründete er Anfang der 60er Jahre eine Blue-Grass-Band namens THE VIRGINIANS. Nach deren Auflösung folgte Ende der 60er Jahre eine Country-Rock-Band namens THE GOOD EARTH. Mit dieser Formation tourte Oliver sogar nach New York, und dort wurde → BOB CREWE (von den → FOUR SEASONS) auf die Gruppe aufmerksam. Crewe kümmerte sich um die Band, bis sie sich 1967 auflöste und Oliver als einziger übrig blieb. 1968 hatte das Musical *Hair* am Broadway Premiere, und Crewe wollte *Good morning starshine,* einen der populärsten Songs daraus, als Single produzieren. Er holte sich dazu den Sänger EDDIE RAMBEAU, doch die Single wurde ein Flop. Also probierte Crewe es noch einmal, diesmal mit Oliver – und der Titel wurde ein Bestseller. Jetzt konnte Oliver natürlich unter den Angeboten auswählen, und er entschied sich für den softigen Song *Jean* aus dem Film *The prime of Miss Jean Brodie* – die Single wurde ein Millionenseller. Doch danach verblaßte der Ruhm von Oliver bereits, seine Single *Sunday morning* kam Anfang 1970 nur noch bis Rang 35. Heute singt Oliver unter seinem richtigen Namen BILL SWOFFORD bei einer kleinen Folk-Combo.

Jahr	*Titel*	*USA*	*UK*	*D*
1969	Good morning starshine	3	6	16
1969	Jean	2		

Roy Orbison

geb. 23. 4. 1936 in Vernon/Texas, USA, voc, g; gest. 6. 12. 1988 in Madison/Tennessee, USA

Schon als Kind fing der schüchterne und eher stille Roy an, Gitarre und Harmonika zu spielen. Als er älter wurde, machte er, wie so viele spätere Rock- und Pop-Stars, z. B. → ELVIS PRESLEY, → JERRY LEE LEWIS und → BILL HALEY, zunächst Country-Music. Roy war eng mit → PAT BOONE befreundet, und als er sah, wie erfolgreich Pat mit Pop-Songs war, schrieb auch er ein paar Songs in dieser neuen Art. Die wiederum gefielen einem anderen Newcomer namens → JOHNNY CASH so gut, daß er Roy dazu animierte, sie an SAM PHILLIPS von Sun-Records zu schicken, bei dem damals alle Stars unter Vertrag waren. Orbison schickte Phillips ein Demo-Band von *Ooby dooby,* bekam postwendend einen Vertrag und hatte 1956 mit diesem Lied seinen ersten Erfolg, der Song kam bis Platz 59. Dann schrieb er das Lied *Claudette,* eine Liebeserklärung an seine Frau, das 1958 ein Nr.-30-Erfolg für die → EVERLY BROTHERS wurde. Anschließend wechselte er die Plattenfirma und veröffentlichte 1960 auf einem neuen

Label als ersten Song *Only the lonely (know how I feel)* – seinen ersten Millionenerfolg. Innerhalb kürzester Zeit sang sich Orbison mit seiner hellen, weichen Stimme, die sanft klingen und doch so viel Power entwickeln konnte, in die Herzen des internationalen Publikums. Der eher unscheinbare Sänger mit der dunklen Brille wurde zu einem Super-Star. Bis 1965 hielt seine Glückssträhne an, von da an verfolgte den vorher so erfolgreichen Sänger und Songwriter das Unglück. 1965 wechselte er erneut die Plattenfirma, und die Hits blieben aus. Am 7. Juni 1966 kam seine innig geliebte Frau Claudette bei einem Motorrad-Unfall ums Leben. Orbison versuchte seinen Schmerz mit ausgedehnten Tourneen zu betäuben, die ihn letztlich so auslaugten, daß ihm praktisch keine neuen Lieder mehr einfielen. Orbison fing gerade an, seine Probleme allmählich in den Griff zu bekommen, da schlug im Herbst 1968 das Schicksal abermals zu: zwei seiner drei Söhne starben, als sein Haus in der Nähe von Nashville in Flammen aufging. Orbison stürzte sich wieder in ausgedehnte Tourneen und hörte auf, neues Material zu schreiben. Erst 1970 gelang es → Mike Curb (Mike Curb Congregation), Orbison dazu zu überreden, wieder ins Studio zu gehen und neue Songs aufzunehmen. Doch es dauerte noch eine Weile, ehe Roy Orbison wieder in die Charts zurückfand. 1980 sang er mit Emmylou Harris im Duett das Lied *That lovin' you feelin' again,* das aus dem Film *Roadie* stammte und in den Country-Charts ein Nr.-6-Hit wurde. 1987 feierte er ein Comeback mit der Single *In dreams,* einem Remake seines 63er Hits. Ebenfalls 1987 war er in den Charts mit einem Remake von *Crying,* seinem Hit aus dem Jahr 1961, den er diesmal im Duett

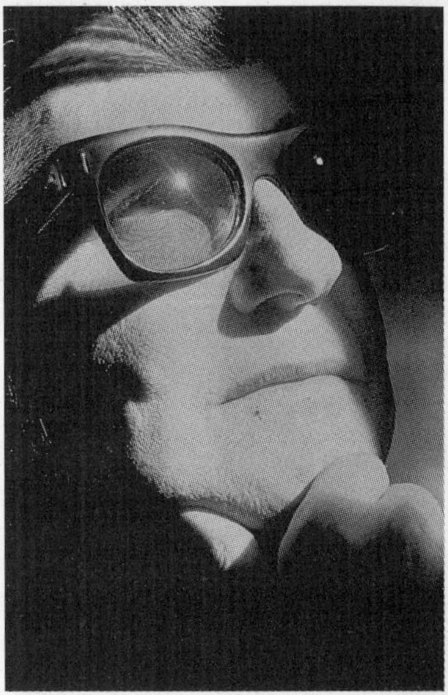

Roy Orbison Foto: Virgin

mit der Country-Sängerin K. D. Lang aufgenommen hatte und der aus dem Film *Hiding out* stammte. Doch ein internationales Comeback glückte Orbison erst 1988 als Teil der Super-Formation The Traveling Wilburys, bei der außer ihm George Harrison, Tom Petty, Jeff Lynne und → Bob Dylan mitspielten. Dazu kam ein neuer Plattenvertrag, mit dem Roy Orbison 1988 die Solo-LP *Mystery girl* aufnehmen konnte. Er hatte sie gerade fertiggestellt, als er am 6. Dezember 1988 in Madison/Tennessee im Alter von nur 52 Jahren an einem Herzanfall starb. Das Album wurde posthum Anfang 1989 veröffentlicht und erwies sich als internationaler Superseller.

Jahr	Titel	USA	UK	D
1960	Only the lonely	2	1	
1960	Blue angel	9	11	
1961	Running scared	1	9	
1961	Crying	2	25	
1962	Dream baby (How long must I dream)	4	2	
1962	The crowd	26	40	
1962	Workin' for the man	33	50	
1963	In dreams	7	6	
1963	Falling	22	9	
1963	Blue bayou	29	3	
1963	Mean woman blues	5	3	
1964	Born on the wind		15	
1964	Pretty paper	15	6	28
1964	It's over	9	1	
1964	Pretty woman	1	1	1
1965	Goodnight	21	14	29
1965	(Say) You're my girl	39	23	
1965	Ride away	25	34	
1965	Crawlin' back		19	
1966	Breakin' up is breakin' my heart	31	22	
1966	Twinkle toes	39	29	
1966	Lana		15	
1966	Too soon to know		3	
1966	There won't be many coming home		18	

The Originals

Fred Gorman, voc
Henry Dixon, voc
Walter Gaines, voc
Crathman Spencer, voc; ersetzt 1975 durch Ty Hunter
alle aus Detroit/Michigan, USA

Die Originals entstanden Mitte der 60er Jahre und knüpften in ihrem Gesangs-Stil an den »Doo-Wopp« des R & B der 50er Jahre an. Kopf der Formation war Fred Gorman, der vorher festangestellter Songwriter und Produzent bei einer Plattenfirma gewesen war. 1969 und 1970 konnte sich das Quartett erfolgreich in den Charts plazieren, dann löste es sich auf. 1975 kamen die Mitglieder plötzlich wieder zusammen, mit der einzigen Änderung, daß statt Spencer jetzt Hunter mitsang. Doch die neuen Platten waren in den Pop-Charts nicht sonderlich erfolgreich.

Jahr	Titel	USA	UK	D
1969	Baby, I'm for real	14		
1970	The bells	12		

Tony Orlando

Michael Anthony Orlando, geb. 3. 4. 1944 in New York, USA, voc

Mit fünfzehn Jahren war Tony Orlando Student an der Hochschule für Flugwesen in Queens. Dort wurde er durch Zufall entdeckt, er bekam einen Vertrag und durfte 1961 die Single *Halfway to paradise* aufnehmen, die in den Charts immerhin Platz 39 erreichte. Nach einem weiteren Hit verblaßte der frische Erfolg des jungen glutäugigen Interpreten, und Tony suchte sich schließlich einen Job als Plattenpromoter. 1970 erinnerte man sich wieder an ihn, und er wurde gebeten, mit den beiden Mädchen Thelma Hopkins und Joyce Vincent ein Demo-Band unter dem Namen DAWN aufzunehmen. Tony ließ sich nach anfänglichem Zögern dazu überreden, nahm mit den beiden Sängerinnen das Lied *Candida* auf – und hatte einen Millionenseller. Die Plattenfirma wollte natürlich sofort weitere Songs mit diesem Trio aufnehmen, aber Tony hielt das Ganze für einen reinen Zufallstreffer und wollte eigentlich seinen sicheren Promoter-Job nicht aufgeben. Mit vereinten Kräften gelang es dann der Firma und den beiden Mädchen, Tony zum Weitermachen zu überreden. Das Ergebnis waren weitere vier Millionenseller bis 1973. Danach wurde das erfolgreiche Trio in TONY ORLANDO & DAWN umgetauft, und unter dieser Bezeichnung war es bis 1976 erfolgreich.

Jahr	*Titel*	*USA*	*UK*	*D*
1961	Bless you	15	5	
DAWN				
1970	Candida	3	9	16
1970	Knock three times	1	1	3
DAWN FEATURING TONY ORLANDO				
1971	What are you doing sunday	39	3	9
1973	Tie a yellow ribbon round the ole oak tree	1	1	37
1973	Say, has anybody seen my sweet gypsy rose	3	12	
TONY ORLANDO & DAWN				
1974	Who's in the strawberry patch with Sally	27	37	
1974	Steppin' out (gonna boogie tonight)	7		
1975	Look in my eyes pretty woman	11		
1975	He don't love you (like I love you)	1		
1975	Mornin' beautiful	14		
1976	Cupid	22		

Peter Orloff

geb. 12. 3. 1947 in Westfalen, Deutschland, voc

Orloff, der Sohn eines adeligen Geistlichen aus Rußland, begann seine musikalische Karriere zunächst als Sänger bei dem Schwarzmeer-Kosakenchor, um anschließend seine Band THE COSSAKS zu formieren. Daneben schrieb er eigene Songs, und 1967 bekam er einen Plattenvertrag. Gleich sein erster Song *Es ist nie zu spät* wurde ein Erfolg, dem bis Ende der 70er Jahre noch etliche folgten, auch wenn die Notierungen zum Schluß nicht mehr unter den ersten 20 lagen. Zusätzlich machte sich Peter Orloff auch einen Namen als Hit-Schreiber für andere: sein berühmtester Song ist *Der Junge mit der Mundharmonika,* 1973 der erste Nr.-1-Hit für BERND CLÜVER.

Jahr	*Titel*	*USA*	*UK*	*D*
1967	Es ist nie zu spät			17
1968	City Girl			20
1969	Baby Dadamda			26
1971	Ein Mädchen für immer			19
1978	Immer wenn ich Josy seh'			23
1979	Ich liebe dich			27

The Orlons

SHIRLEY BRICKLEY, geb. 9. 12. 1944, leadvoc
ROSETTA HIGHTOWER, geb. 23. 6. 1944, voc
MARLENA DAVIS, geb. 4. 10. 1944, voc
STEVE CALDWELL, geb. 22. 11. 1942, bassvoc
alle aus Philadelphia/Pennsylvania, USA

Begonnen hatte die farbige Vokal-Gruppe in den 50er Jahren in der Highschool, damals gehörten außer Shirley, Rosetta, Marlene und Steve die zwei Schwestern Jean und Audrey dazu. Nach ein paar Auftritten verloren die Teenager das Interesse, und die Formation löste sich auf. Etwas später beschlossen Steve und Shirley, die Gruppe wieder zum Leben zu erwecken. Sie holten Marlena und Rosetta und sangen wieder zusammen. Das Quartett trat immer mit einer Band namens THE CASHMERES auf, und damit die Gruppen-Namen gut zusammenpaßten, nannten sie sich schließlich The Orlons. Aus den Cashmeres wurden später übrigens THE DOVELLS, und → LEN BARRY, der Leadsänger der Dovells, vermittelte den Orlons auch einen Plattenvertrag. Ihre erste Single 1960 hieß *I'll be true* und war ein Flop. Der große Durchbruch kam erst 1962 mit einem Lied aus der Feder von KAL MANN und DAVE APPELL, *The Wah Watusi.* Bis 1964 waren die Orlons erfolgreich, dann verschwanden sie allmählich aus den Hitparaden. Shirley Brickley singt heute mit JIMMY LEWIS und ELLA WEBSTER als Orlons; Rosetta lebt mit ihrem Ehemann als Sängerin IAN GREEN in London; Marlena hat sich für ein ganz normales Hausfrauenleben entschieden; und Steve ist in Philadelphia Manager für Gesangsgruppen.

Jahr	*Titel*	*USA*	*UK*	*D*
1962	The Wah Watusi	2		
1962	Don't hang up	4	39	
1963	South street	3		
1963	Not me	12		
1963	Cross fire!	19		

The Outsiders

SONNY GERACI, geb. 1947 in Cleveland/Ohio, USA, leadvoc
WILLIAM BRUNO, geb. 1945 in Pittsburgh/Pennsylvania, leadg
TOM KING, geb. 1943 in Cleveland/Ohio, USA, g
MERDIN PRINCE GUNNAR »MERT« MADSEN, geb. 1943 in Dänemark, b, harm
RICKY BAKER, geb. 1948 in Cleveland/Ohio, USA, dr

Tom King spielte Anfang der 60er Jahre in etlichen Amateur-Bands, bis er beschloß, selbst eine Gruppe auf die Beine zu stellen. Nach und nach holte er sich die diversen Mitglieder aus anderen Formationen zusammen, bis die Gruppe 1965 unter dem Namen THE STARFIRES komplett war. Bis Ende 65 hatte sich die Band bereits einen hervorragenden Ruf erspielt, und noch im selben Jahr bekam sie einen Plattenvertrag. Anfang 1966 veröffentlichte die Gruppe dann unter dem neuen Namen The Outsiders, der auch besser zu ihrer etwas ungewöhnlichen Art von Rockmusik paßte, die Single *Time won't let me,* die ein Hit wurde. Ebenso erfolgreich war das gleichnamige Album. Der zweite Hit wurde 1966 ein Remake von dem → Isley-Brothers-Titel *Respectable.* Doch dann schwand der Erfolg allmählich, und Ende der 60er Jahre lösten sich die »Außenseiter« wieder auf. 1972 tat sich der Leadsänger Sonny Geraci mit Walter Nims zusammen und gründete die Formation Climax, die noch im selben Jahr mit der Eigenkomposition *Precious and few* einen Nr.-3-Hit und Millionenseller hatte.

Jahr	*Titel*	*USA*	*UK*	*D*
1966	Time won't let me	5		
1966	Girl in love	21		
1966	Respectable	15		

P

Patti Page

Clara Ann Fowler, geb. 8. 11. 1927 in Claremore/Oklahoma, voc

Patti hat zehn Geschwister, sieben davon sind Schwestern, und mit denen fing sie in Tulsa im Kirchenchor zu singen an. 1946 bekam Patti bei einer Radiostation einen Job als Chorsängerin, und als dort eine der Leadsängerinnen krank wurde, sprang Patti für sie ein. Zu diesem Zeitpunkt beschloß die niedliche Blondine, ihren Namen zu ändern. Einer der größten Werbekunden der Radiostation war eine Firma namens Page Milk Company, und so übernahm Patti diesen Nachnamen. Dann wurde sie von einem Bandleader entdeckt, der sie zuerst mitsingen ließ und anschließend ihr Manager wurde. 1948 bekam Patti einen Plattenvertrag und hatte gleich mit der ersten Single *Confess* einen Hit. Von da an rissen ihre Erfolge nicht mehr ab, bis Mitte der 60er Jahre war sie stets in den Charts vertreten und konnte etliche Millionenseller auf ihrem Konto verbuchen. Patti Page, von der immer behauptet wurde, wenn sie zu singen anfangen würde, wäre es besser, ein Taschentuch für die Tränen bereit zu halten, ist heute geschieden und lebt mit ihren beiden Adoptivkindern in Los Angeles.

Jahr	*Titel*	*USA*	*UK*	*D*
1950	Tennessee waltz	1		
1950	All my love	2		
1951	Mockin' bird hill	3		
1951	Would I love you	7		
1951	Mister and Mississippi	9		
1952	I went to your wedding	1		
1953	That doggie in the window	1	9	
1953	Changing partners	4		
1954	Cross over the bridge	3		
1954	Let me go, lover	8		
1955	Croce di oro	16		
1956	Go on with the wedding	11		
1956	Allegheny moon	2		

Jahr	*Titel*	*USA*	*UK*	*D*
1956	Mama from the train	11		
1957	Poor man's roses	14		
1957	Old cape code	3		
1957	Wondering	12		
1958	Belonging to someone	13		
1958	Another time, another place	20		
1958	Left right out of your heart	9		
1965	Hush, hush, sweet Charlotte	8		

The Paradons

Chuck Weldon
William Powers
West Tyler
Billy Mykers
alle aus Bakersfield/Kalifornien, USA

Die vier gingen zusammen zur Highschool und waren befreundet. 1959 taten sie sich zu einem Quartett zusammen, und 1960 bekamen sie einen Plattenvertrag. Im August des gleichen Jahres veröffentlichten sie *Diamonds and pearls*. Es blieb ihr einziger Hit.

Jahr	*Titel*	*USA*	*UK*	*D*
1960	Diamonds and pearls	18		

The Paris Sisters

Pricilla Paris, geb. in San Francisco/Kalifornien, USA, leadvoc
Albeth Paris, geb. in San Francisco/Kalifornien, USA, voc
Sherrell Paris, geb. in San Francisco/Kalifornien, USA, voc

Die drei Schwestern begannen bereits mit neun, elf und dreizehn Jahren miteinander zu singen und professionell aufzutreten. 1960 bekamen sie einen Plattenvertrag, und im April 1961 veröffentlichten sie ihre Debüt-Single *Be my boy*, die immerhin bis Platz 56 in USA kam. Ihren einzigen ganz großen Hit hatten die drei Schwestern im selben Jahr mit *I love how you love me*, ein Lied, das → Barry Mann (*Who put the bomp*) geschrieben hatte.

Jahr	*Titel*	*USA*	*UK*	*D*
1961	I love how you love me	5		

Robert Parker

geb. 14. 10. 1930 in New Orleans/Louisiana, USA, voc

Robert Parker war in den 50er und 60er Jahren zunächst als begehrter Session-Musiker bekannt, nur ab und zu machte er als Solist eine Platte, die aber kaum über regionales Interesse hinauskam. 1964 bekam er einen neuen Plattenvertrag und nahm den Tanz-Titel *Barefootin'* auf, der sein erster Hit wurde und auch blieb.

Jahr	*Titel*	*USA*	*UK*	*D*
1966	Barefootin'	7	24	

The Parliaments

George Clinton, geb. 22. 7. 1940 in Detroit/Michigan, USA
Charles Davis, ersetzt durch Calvin Simon
Robert Clinton, ersetzt durch Clarence »Fuzzy« Haskins
Robert Lambert, ersetzt durch Grady Thomas

George Clinton, der heutige König der Funk-Music, formierte seine erste Gruppe 1955. Es war damals noch eine der sog. »Doo-Wopp«-Bands wie z. B. The Crows oder The Nutmegs. 1956 bekamen die Jungs bereits einen Plattenvertrag und nahmen mit *Poor Willie* die erste Single auf. Doch der Song wurde ein Flop, und in der Art ging es die nächsten Jahre bis Mitte der 60er Jahre weiter. Entweder wurden die Aufnahmen der Parliaments kein Erfolg – oder die wechselnden Plattenfirmen, bei denen sie unter Vertrag standen, veröffentlichten sie erst gar nicht. Der Durchbruch der Truppe kam erst 1967. Ende der 60er Jahre wechselte Clinton seine Mannschaft fast komplett aus, danach teilte sich die Formation in zwei Gruppen, nämlich in The Parliament und Funkadelic. Beide Gruppen bildeten bis Ende der 70er Jahre George Clintons Funk-Emperium und hatten mit Songs wie *Tear the roof off the Sucker* und *Flash light* (beide Parliament) oder *One nation under a groove* (Funkadelic) Millionenseller.

Jahr	*Titel*	*USA*	*UK*	*D*
1967	(I wanna) Testify	20		

Paul And Paula

Ray Hildebrand, geb. 21. 12. 1940 in Joshua/Texas, USA, voc
Jill Jackson, geb. 20. 5. 1942 in McCaney/Texas, USA, voc

Die beiden studierten 1962 an einem College in Bronwswood in Texas. Als für eine Benefizveranstaltung zugunsten der Krebshilfe Interpreten gesucht wurden, meldeten sich die beiden und traten zusammen auf. Dann versuchten sie, einen Plattenvertrag zu bekommen. Sie studierten das Lied *Hey Paula* ein, das Ray geschrieben hatte, und fuhren nach Fort Worth zu einem Vorsingen. Schon nach den ersten paar Tönen bekamen sie ihre Vertrag, sie veröffentlichten im November 1962 die Single – und hatten einen Millionenseller. Passend zu diesem ganz besonders sanften und süßen Liebeslied hatten sie natürlich auch ihre Namen geändert. Nach einem weiteren Hit wurde es wieder still um die beiden. Heute lebt Paul in Kansas City, während Paula in Texas als Solistin auftritt.

Jahr	*Titel*	*USA*	*UK*	*D*
1963	Hey, Paula	1	8	16
1963	Hey, young lovers	6	9	42

Rita Pavone

geb. 23. 8. 1946 in Turin, Italien, voc

Die wirklich sehr klein gewachsene Rita mit der gewaltigen Röhre ist die Tochter eines Fabrikarbeiters. Sie selbst hatte bereits einen Job als Oberhemdennäherin, als ihr Vater sie 1962 zu einem Talentwettbewerb in Rom anmeldete. Rita kam, sang und siegte und bekam als 1. Preis einen Plattenvertrag. Ihre Debüt-Single hieß 1963 *La partita di pallone* (Das Fußballmatch) und war ein Millionenseller. Als nächstes folgte der Song *Come te non c'e nessuno*, er wurde in Italien zur Top-Platte des Jahres gewählt. Im gleichen Jahr hatte sie noch Millionenseller Nr. 2: *Cuore* mit der B-Seite *Il ballo del mattone*. Die Single war in Italien neun Wochen die Nr. 1 der Hitparade. 1963 trat die kleine Rita auch zum Sturm auf die deutsche Hitparade an, was sie mit *Wenn ich ein Junge wär'* auch locker schaffte. In Deutschland war Fräulein Pavone bis Ende der 60er Jahre in der Hitparade vertreten. Zwischen 1962 und 1977 verkaufte die sommersprossige Italienerin über 18 Millionen Platten. Dann wurde sie für den Film entdeckt, und berühmte Regisseure wie Lina Wertmüller arbeiteten erfolgreich mit ihr.

Jahr	*Titel*	*USA*	*UK*	*D*
1963	Wenn ich ein Junge wär'			2
1964	Mein Jack, der ist zwei Meter groß			11
1964	Remember me	26		
1965	Kiddy kiddy kiss me (mit → Paul Anka)			7
1966	Heart (»Cuore«)		27	
1964	You only you		21	
1968	Arrevederci Hans			6
1969	Bene bene bene			20

Peaches & Herb

Francine »Peaches« Barker, geb. 1947 in Washington D.C., USA, voc; ersetzt zwischen 1968–1969 und ab 1978 von Linda Greene
Herb »Fame« Feemster, geb. 1943 in Washington D.C., USA, voc

Von 1966 an war das farbige Duo mit seinen sehr softigen Songs als »The Sweethearts of Soul« bekannt. Francine, die während ihrer Schulzeit den Spitznamen »Peaches« bekommen hatte, sang zunächst bei einer reinen Mädchengruppe, die den Namen The Sweet Things trug. Van McCoy hörte die Formation und nahm sie für seine Plattenfirma unter Vertrag. Herb Fame war auch bei dieser Firma, zuerst als Produzent, dann als Solist. 1966 gingen die Sweet Things und Herb Fame zusammen auf Promotion-Tour, und auf den langen Fahrten zwischen den Städten fingen Peaches und Herb an, zusammen zu singen. Alle waren davon so begeistert, daß sich die beiden zum Duo zusammentaten und als ersten Song *We're in this thing together* aufnahmen. Der Hit wurde allerdings die B-Seite *Let's fall in love*. Von da an waren die beiden bis in die 80er Jahre hinein sehr erfolgreich. Ihre Songs

Shake your groove thing und vor allen Dingen die Schmusenummer *Reunited* wurden Millionenseller. Francine Barker verließ das Duo von 1968 bis 1969 aus persönlichen Gründen und wurde in dieser Zeit von Linda Greene ersetzt. Linda kam dann auch, als Francine 1978 ganz ausschied.

Jahr	*Titel*	*USA*	*UK*	*D*
1967	Let's fall in love	21		
1967	Close your eyes	8		
1967	For your love	20		
1967	Love is strange	13		
1979	Shake your groove thing	5	26	
1979	Reunited	1	4	30
1980	I pledge my love	19		

Pentangle

Bert Jansch, geb. 3. 11. 1943 in England, g, voc
John Renbourn, g, sitar, voc
Jacqui McShee, voc
Danny Thompson, b
Terry Cox, dr, perc

Anfang der 60er Jahre entwickelten sich Bert Jansch und John Renbourne zu den besten Folkmusikern Englands. 1966 taten sich die beiden zu einem Duo zusammen, und als sie 1967 das Album *Another Monday* aufnahmen, holten sie sich die Folksängerin Jacqui McShee dazu. Schließlich kamen Ende 1967 noch die beiden renommierten Jazzer Thompson und Cox dazu, und damit war Pentangle entstanden. Bis zu der Auflösung 1973 begeisterte das Quintett Fans und Kritiker gleichermaßen mit seiner gekonnten Mischung aus Folk, Blues, Jazz und Rock. Die teils ätherisch-schwebenden, teils rhythmisch-beschwingten Songs mit den stets komplizierten Melodien wurden auf Alben wie *The Pentangle* (1968), *Sweet Child* (1968), *Basket of light* (1969), *Cruel sister* (1970), *Reflections* (1971) und *Solomon's seal* (1972) verewigt. Die Pentangle-Komposition *Light flight* wurde für die Fernseh-Serie *Take three girls* als Titelmelodie gewählt. Im März 1973 löste sich die Formation auf, und trotz vielfacher Bemühungen, brachte keiner der Musiker zunächst eine neue Gruppe zusammen.

Jahr	*Titel*	*USA*	*UK*	*D*
1969	Once I had a sweetheart		46	
1970	Light flight		43	

The People

Gene Mason, geb. in San Jose/Kalifornien, USA, voc
Lawrence Norman, geb. in San Jose/Kalifornien, USA, voc
Jeff Levin, geb. in San Jose/Kalifornien, USA, leadg
Albert Ribisi, geb. in San Jose/Kalifornien, USA, keyb
Robb Levin, geb. in San Jose/Kalifornien, USA, b
Dennis Fridkin, geb. in San Jose/Kalifornien, USA, dr

Jeff Levin spielte Anfang der 60er Jahre in einer Country-Rock-Band namens

The Pine Valley Boys, zu der auch David Nelson gehörte, ein wichtiger Mann in der Geschichte der Gruppen → Grateful Dead und The New Riders Of The Purple Sage. Mitte der 60er Jahre verließ Levin die Formation und gründete eine eigene Gruppe. Nachdem sich die Band allmählich einen guten Ruf erspielt hatte, bekam sie einen Plattenvertrag und veröffentlichte 1968 die Single *I love you*, die ihr einziger Hit wurde. Danach hörte man erst wieder Anfang der 70er Jahre etwas von The People, da veröffentlichte eine Band mit diesem Namen, aber praktisch komplett neuer Zusammensetzung, eine LP namens *There are people*.

Jahr	*Titel*	*USA*	*UK*	*D*
1968	I love you	14		

Emilio Pericoli

geb. 1928 in Cesenatico, Italien, voc

Emilio war in Italien bereits ein Radio- und Fernsehstar, als er 1961 das Lied *Al di la* aufnahm, mit dem er das San Remo Festival gewann. Als der Song dann anschließend in den Film *Rome adventure* aufgenommen und 1962 in USA und England ebenfalls veröffentlicht wurde, hatte der Italiener mit der Schmeichelstimme in diesen beiden Ländern ebenfalls einen Hit. Und da das Lied so gut ankam, wurde es kurz darauf auch für den Film *Lovers must learn* als Titelsong verwendet. Kein Wunder, daß der Song ein internationaler Millionenseller wurde. Es blieb allerdings für den Sohn eines Seemanns der einzige internationale Erfolg.

Jahr	*Titel*	*USA*	*UK*	*D*
1962	Al di la	6	30	

Peter & Gordon

Peter Asher, geb. 22. 6. 1944 in London, England, voc
Gordon Trueman Riviere Waller, geb. 4. 6. 1945 in Braemaer, Schottland, voc

Peter und Gordon lernten sich auf der Westminster Schule kennen. Sie stellten fest, daß sie beide gerne sangen und ihre Stimmen gut zusammenpaßten, und fingen an, bei Schulveranstaltungen gemeinsam aufzutreten. 1963 nahmen sie ein paar Demo-Bänder auf und schickten sie an diverse Plattenfirmen. Dabei kam dem Duo zugute, daß die Schwester von Peter, die Schauspielerin Jane Asher, damals die Freundin von → Beatle Paul McCartney war. Die beiden bekamen einen Vertrag und veröffentlichten natürlich als erstes ein Lied aus der Feder von Paul McCartney und → John Lennon: *World without love*. Der Song wurde selbstverständlich ein Bestseller, ebenso der Beatles-Song *Nobody I know*, die → Del-Shannon-Komposition *I go to pieces* und auch das Lied *Woman*, das Paul McCartney seltsamerweise unter dem Pseudonym Bernhard Webb geschrieben hatte. 1967 trennten sich Peter & Gordon. Gordon wollte sich als Solist versuchen, Peter interessierte sich mehr für eine Karriere als Produzent. Sein erster Schützling war ein amerikanischer Folksänger namens James Taylor, dessen Manager er wurde. Heute gehört Peter Asher zu den erfolgreichsten Produzenten. Zusätzlich betreibt er eine ebenso erfolgreiche Nachwuchs-Agentur.

Jahr	*Titel*	*USA*	*UK*	*D*
1964	A world without love	1	1	
1964	Nobody I know	12	10	
1964	I don't want to see you again	16		
1965	I go to pieces	9		
1965	True love ways	14	2	
1965	To know you is to love you	24	5	
1965	Baby I'm yours		19	
1966	Woman	14	28	
1966	Lady Godiva	6	16	
1967	Knight in rusty armour	15		

Peter, Paul and Mary

Peter Yarrow, geb. 31. 5. 1938 in New York City, USA, voc, g
Noel »Paul« Stokey, geb. 30. 11. 1937 in Birmingham/Michigan, USA, voc, g
Mary Ellin Travers, geb. 7. 11. 1937 in Louisville/Kentucky, USA, voc

Als sich die drei trafen, waren sie alle bereits musikalisch vorbelastet. Peter Yarrow, der ein abgeschlossenes Psychologie-Studium hinter sich hatte, gab Unterricht in Folk-Balladen und war schon erfolgreich beim Newport Folk Festival aufgetreten. Paul hatte in der Highschool in einer Rock'n'Roll-Band elektrische Gitarre gespielt, war schon im Fernsehen aufgetreten und hatte an der Universität von Michigan studiert. Inzwischen verdiente er sich sein Brot in Greenwich Village als Musik-Clown, und er tröstete seine Freundin Mary, die gerade über ihre mißglückte Rolle in dem Broadway-Flop *The next president* hinwegkommen wollte. Mary hatte bereits als Teenager in diversen Folk-Gruppen gesungen und war im Zuge dessen schon zweimal in der New Yorker Carnegie Hall aufgetreten. 1961 lernten Paul und Mary in Greenwich Village Peter kennen, beschlossen künftig als Trio aufzutreten, arbeiteten sieben Monate lang hart an insgesamt achtzehn Songs und hatten schließlich damit etliche grandiose Auftritte. Das wiederum führte 1962 zu einem Plattenvertrag, und im April 62 veröffentlichten sie ihre Debüt-Single *Lemon tree*, die es immerhin bis Platz 35 der US-Charts schaffte. Von da an gehörte das Folk-Trio zum festen Bestandteil der amerikanischen Musik. Ihre perfekt ausgearbeiteten Vokalharmonien, die durch die sparsam instrumentierten Lieder besonders zur Geltung kamen, schufen ihnen in aller Welt Freunde und Fans. Peter, Paul & Mary hatten etliche Hits, aber ihren einzigen amerikanischen Nr.-1-Hit verdanken sie dem von → John Denver geschriebenen Song *Leaving on a jet plane.* Dafür war fast jedes Lied und jede LP ein Millionenseller. Anfang der 70er Jahre trennte sich das Trio, um sich in den 80er Jahren zu einigen vorzüglichen Konzerten wieder zusammenzufinden.

Jahr	*Titel*	*USA*	*UK*	*D*
1962	If I had a hammer	10		
1963	Puff the magic dragon	2		

Jahr	*Titel*	*USA*	*UK*	*D*
1963	Blowin' in the wind	2	13	32
1963	Don't think twice it's all right	9		
1964	Tell it on the mountain	33	33	
1967	I dig rock and roll music	9		
1969	Leaving on a jet plane	1	2	

Paul Petersen

geb. 23. 9. 1945 in Glendale/Kalifornien, USA, voc

Hauptberuflich arbeitete Paul eigentlich als Schauspieler. Seine berühmteste Rolle war Anfang der 60er Jahre die von Jeff Stone, den Sohn von Donna Reed in der *Donna Reed Show*. 1962 wurde der Darsteller auch als Sänger entdeckt und bekam einen Vertrag. Doch nach zwei Erfolgen erlosch das Interesse an ihm bereits wieder.

Jahr	*Titel*	*USA*	*UK*	*D*
1962	She can't find her keys	19		
1962	My dad	6		

Ray Peterson

geb. 23. 4. 1939 in Denton/Texas, USA, voc

Ray lag als Polio-Patient in einem Krankenhaus in Texas, da fing er mit dem Singen an, um sich und den anderen Patienten die Langeweile zu vertreiben. Als er entlassen wurde, sang der Interpret mit der viereinhalb Oktaven-Stimme natürlich weiter, jetzt allerdings in kleinen Clubs in der Gegend von Los Angeles. Dort wurde er 1957 entdeckt. 1958 veröffentlichte er mit *Let's try romance* seine Debüt-Single, aber erst 1959 hatte Ray mit *The wonder of you* einen Hit. 1960 folgte mit der Unfall-Ballade *Tell Laura I love her* sein größter Erfolg. In England interpretierte → Ricky Valance den Song und hatte einen Nr.-1-Hit damit.

Jahr	*Titel*	*USA*	*UK*	*D*
1959	The wonder of you	25	23	
1960	Tell Laura I love her	7		
1960	Corinna, Corinna	9	41	7

Esther Phillips

geb. 23. 12. 1935 in Galveston/Texas, USA, voc; gest. 7. 8. 1984

Die farbige Sängerin begann als Kind im Kirchenchor zu singen. Dann zog ihre Familie nach Los Angeles, und Esther fing an, Gospel zu singen. 1949 nahm sie an einem Talentwettbewerb teil und gewann den 1. Preis. Johnny Otis war der Bandleader an diesem Abend gewesen, und er war von den Sangeskünsten der kleinen Esther so beeindruckt, daß er den Teenager als Sängerin zu seiner

Band holte. Im selben Jahr brachte sie den Titel *Double crossing blues* heraus, der sich zu einem Millionenseller entwickelte. Fortan nannte sie sich Little Esther und war ein Star. Sie sang Bestseller wie *Cupid boogie* und *Weddin' boogie*, wurde hofiert wie eine Erwachsene und verfiel auch den Unsitten der Erwachsenen. Little Esther fing an, harte Drogen zu nehmen. Von 1953 bis 1956 kämpfte sie mit der Sucht, war unfähig aufzutreten. Dann mußte sie sich mühsam wieder ihr Publikum erkämpfen, trat in kleinen Clubs auf und hatte schließlich mit *Release me* 1962 wieder einen Hit. Doch 1967 folgte der nächste Rückschlag, Esther war wieder beim Heroin gelandet. Wieder wurde ein zweijähriger Zug durch die diversen Krankenhäuser und Entziehungskliniken notwendig, bis sie 1969 von neuem auftreten konnte. Zwar hatte ihr Körper gelitten, aber nicht ihre Stimme und ihre Ausdrucksfähigkeit. Esther Phillips war hervorragend wie nie zuvor. Alben wie *From a whisper to a scream* (1972), *Alone again, naturally* (1973) und *Black eyed blues* (1974) eroberten mit ihrer Intensität nicht nur die Black-Charts. Doch Esther Phillips hatte sich zu früh zu viel zugemutet. Am 7. August 1984 starb sie im Alter von nur 48 Jahren.

Jahr	*Titel*	*USA*	*UK*	*D*
1962	Release me	8		
1975	What a diff'rence a day makes	20	6	16

Edith Piaf

Edith Giovanna Gassion, geb. 19. 12. 1915 in Paris, Frankreich, voc; gest. 11. 10. 1963

Diese unglaubliche und hervorragende französische Chansonsängerin ging als »Spatz von Paris« in die Annalen der Musik ein. Ediths Mutter war Sängerin in Straßencafes, ihr Vater arbeitete als Zirkusakrobat. Da ihre Mutter keine Zeit für sie hatte, wuchs sie bei ihrer Großmutter in Bernay in der Normandie auf. Mit drei Jahren wurde Edith plötzlich blind, sie blieb es auch bis zu ihrem siebten Lebensjahr. Erst als ihre Großmutter sie auf eine Wallfahrt zur Heiligen Therese von Lisieux mitnahm, konnte die kleine Edith wieder sehen. Später nahm sie ihr Vater mit auf die Tourneen des Zirkus, in dem er auftrat, und Edith sang schon bald bei seinen Auftritten und anschließend dann auf Marktplätzen und in Straßencafes. Mit fünfzehn Jahren ging Edith nach Paris, sang bei diversen Firmen vor, hatte aber keinen Erfolg. Mühsam ernährte sie sich von Groschen, die sie sich mit ihrer Stimme an den Straßenecken verdiente. Dort wurde sie schließlich vom Besitzer eines kleinen Clubs entdeckt, der sie bei sich auftreten ließ und ihr den Spitznamen »Piaf« – »Spatz« gab. Bei ihrem ersten offiziellen Auftritt bekam Edith Piaf großen Beifall – und im Publikum saßen Chanson-Größen wie die berühmte Mistinguette und der ebenfalls berühmte Maurice Chevalier. Von da an ging es mit Edith Piaf immer weiter nach oben. 1935 war sie bereits der Star einer Revue, dann spielt sie Hauptrollen in etlichen Filmen, und ab 1945 reiste sie zwei Jahre lang mit Les Compagnons De La Chanson durch die Lande. 1946 hatte Edith zusammen mit Louiguy das Lied *La vie en rose* geschrieben, das 1950 zu ihrem ersten Millionenseller wurde. In Deutschland hieß das Chanson *Schau mich bitte nicht so an*. Es folgten Klassiker wie *Padam padam*, *Non, je ne regrette rien*, *Les trois cloches* und 1960 der nächste Millionenerfolg, das unvergeßliche, hinreißende *Milord*. Doch zu diesem Zeitpunkt war Edith Piaf schon eine todkranke Frau. Das zierliche Persönchen mit der gewaltigen Stimme war nie sehr robust gewesen und hatte sich auch nie geschont. Am 11. Oktober 1963 verstummte die einzigartige Stimme endgültig. Edith Piaf wurde nur 48 Jahre alt.

Jahr	*Titel*	*USA*	*UK*	*D*
1960	Milord		24	1

Bobby »Boris« Pickett

geb. 11. 2. 1940 in Somerville/Massachusetts, USA, voc

Nachdem Bobby drei Jahre Soldat in Korea gewesen war, ging er nach Hollywood und arbeitete dort als Komiker. Danach versuchte er sich als Fernseh- und Filmschauspieler, und als das nicht so recht klappte, schloß er sich einer Band namens The Cordials an. Zusammen mit Leonard Capizzi, dem Leader der Band, schrieb er 1962 das Lied *Monster mash*, das 1962 unter dem Namen Bobby »Boris« Picket & The Crypt Kickers herauskam und ein Millionenseller wurde. 1973 wurde dieser mehr mit Gruftstimme gesprochene als gesungene Song wiederveröffentlicht und entwickelte sich abermals zum Hit.

Jahr	*Titel*	*USA*	*UK*	*D*
1962	Monster mash	1		
1973	Monster mash	10	3	

Wilson Pickett

geb. 18. 3. 1941 in Detroit/Michigan, USA, voc

Schon als Teenager sang Wilson aus vollem Hals R & B, 1962 schloß er sich dann einer Gruppe namens The Falcons an, deren Leadsänger → Eddie Floyd war und die 1959 mit *You're so fine* in USA einen Nr.-17-Erfolg gehabt hatte. Mit Wilson Pickett als Leadsänger nahmen die Falcons 1962 *I found a love* auf, bei dem sie von den Ohio Untouchables begleitet wurden, aus denen später die Ohio Players wurden. 1963 beschloß der Produzent, daß Pickett genügend Potential für eine Solo-Karriere hätte, und produzierte mit ihm die Debüt-Single *If you need me*. Der Song erreichte Platz 64 in den Hot 100, und damit wurde die Karriere eines der erfolgreichsten Soul-Sänger der 60er Jahre eingeleitet. Bis in die 80er Jahre konnten sich die Songs des farbigen Sängers mit der explosiven Stimme immer wieder in den Charts plazieren. Auch heute noch tritt Wilson Pickett erfolgreich bei Soul-Shows auf.

Wilson Pickett Foto: RCA

Jahr	*Titel*	*USA*	*UK*	*D*
1965	In the midnight hour	21	12	
1966	634-5789 (Soulsville, U.S.A.)	13	36	
1966	Land of 1000 dances	6	22	
1966	Mustang Sally	23	28	
1967	Funky Broadway	8	43	
1967	Stag-o-lee	22		32
1968	I'm a midnight mover	24	38	
1968	She's looking' good	15		
1969	Hey Jude	23	16	
1970	Engine number 9	14		
1971	Don't let the green grass fool you	17		
1971	Don't knock my love – Part 1	13		

Pink Floyd

Syd Barrett, geb. 6. 1. 1946 in England, leadg, ersetzt 1968 durch David Gilmour, geb. 6. 3. 1944 in England, leadg, voc
Richard »Rick« Wright, geb. 28. 7. 1945 in England, keyb, voc
Roger Waters, geb. 6. 8. 1947 in England, b, voc
Nick Mason, geb. 27. 1. 1945 in England, dr

Pink Floyd gehören zu den Underground-Bands der 60er Jahre, die sich mit großen Erfolg über die 70er Jahre bis in die 80er Jahre »hinübergerettet« haben. Pink Floyd waren und sind eine Band der Superlative, die in ihrer Entwicklungsgeschichte mehr als einmal Zeichen gesetzt hat. Die Architekturstudenten Waters, Wright und Mason spielten zunächst in der Gruppe Sigma 6, die sich später in The t-Set und The Adabs umbenannte. Die Sängerin hieß Juliette Gale und wurde später Wrights Ehefrau. Als sich die Adabs Mitte der 60er Jahre auflösten, taten sich Water, Wright und Mason mit dem Kunststudenten Syd Barrett zusammen und gründeten Ende 1965 in London die Gruppe Pink Floyd. Der Name übernahm die Vornamen der von Syd Barrett geschätzten Bluesmusiker Pink Anderson und Floyd Council. Die Band spielte zunächst R & B, wechselte dann im Laufe des Jahres 1966 zu Psychedelic und schließlich zu Underground. Pink Floyd waren lange Zeit die Botschafter des Londoner Underground. Bestimmt wurde der Sound der Formation von Barretts unverwechselbarer Leadgitarre, aus seiner Feder stammten auch die Songs *Arnold Layne* und *See Emily play*, die 1967 die ersten Charts-Erfolge von Pink Floyd waren. Allerdings wurde *Arnold Layne* wegen des »anstößigen« Textes von Radio London auf den Index gesetzt. Auch das Debüt-Album *Piper at the gates of dawn* (1967) ist praktisch Barretts Werk. Doch Syd war nicht nur ein exzellenter Musiker und Songschreiber, er war auch ein Drogen-Fan. Die geheimnisumwobenen Texte, die er unter der Einwirkung von LSD schrieb, und deren Umsetzung in elektronische Pop-Musik machten den großen Erfolg von Pink Floyd aus. Ende 1967 aber wurden die drogenbedingten Ausfallserscheinungen bei Barrett so unerträglich für seine Umwelt, daß er die Band verlassen mußte. Für ihn kam im April 1968 sein Schulfreund David Gilmour. Mit dem 68er Album *A saucerful of secrets* zeigten Pink Floyd, wie hervorragend sie auch ohne Syd zurechtkamen. In Roger Waters hatte die Band einen neuen kreativen Führer gefunden. Rogers Dominanz war vor allen Dingen dann auf dem 69er Doppel-Album *Ummagumma* zu hören, das mit seinen Soundcollagen und Klangexperimenten den großen Durchbruch brachte. Mit den nächsten LPs *Atom heart mother* (1970), *Meddle* (1971), *Obscured by clouds* (1972), *The dark side of the moon* (1973) und *Wish you were here* (1976, Syd Barrett gewidmet) erwies sich die Formation als eindrucksvolle Album-Band. Besonders *The dark side of the moon* erwies sich als überwältigender Dauerseller, der sich in Amerika auch 1988, 15 Jahre nach Erscheinen, immer noch in den LP-Charts halten konnte. Daneben steuerte die Gruppe 1970 noch drei Songs für den Soundtrack zu Michelangelo Antonioni Kult-Film *Zabriskie point* bei. Außerdem war Pink Floyd eine der ersten Bands, die bei ihren Konzerten das Publikum mit gewaltigen Lightshows beeindruckten. Ab 1976 hielten sich hartnäckig Gerüchte über die Auflösung der Super-Truppe. Wright, Gilmour und Waters hatten Solo-Alben veröffentlicht, und das erschien den Fans bedenklich. Doch diese Befürchtungen wurden 1979 mit dem Pink-Floyd-Knüller *The wall* zerstreut. Dieses Konzept-Doppel-Album über Kinderängste und -frustrationen wurde wieder ein internationaler Millionenseller. Die Schüler-Hymne *Another brick in the wall* wurde nicht nur ein Nr.-1-Hit, sondern erregte auch die Gemüter teilweise so sehr, daß das Lied z. B. in Südafrika auf den Index kam. Die schon sehr ausgeprägte Pink-Floyd-Gigantomanie wurde dann mit der Bühnenaufführung von *The wall* auf die Spitze getrieben: Die Ausstattung war nicht mehr transportierbar, sondern mußte fest installiert werden. In Deutschland fand das Spektakel acht Tage lang in der Dortmunder Westfalenhalle statt, die 88 000 Karten waren in Rekordzeit ausverkauft. Auch die Verfilmung dieses Werks von Alan Parker mit Bob Geldorf, dem ehemaligen Chef der Boomtown Rats, in der Hauptrolle, wurde ein internationaler Bestseller. 1985, nach den eher mittelmäßigen Alben *A collection of great dance songs* und *The final cut* löste sich die Band offiziell auf, um bereits 1986 in der Besetzung Gilmour, Mason und Wright wieder aufzuerste-

Jahr	*Titel*	*USA*	*UK*	*D*
1967	Arnold Layne		20	
1967	See Emily play		6	28
1973	Money	13		49
1979	Another brick in the wall	1	1	1

hen. Roger Waters machte lieber als Solist weiter. Das Comeback-Album von Pink Floyd hieß *A momentary lapse of reason* und gehört zu den schönsten Alben der Gruppe.

Gene Pitney

geb. 17. 2. 1941 in Hartford/Connecticut, USA, voc

Als Kind lernte Gene Klavier, Schlagzeug und Gitarre. Doch seine große Vorliebe galt nicht dem Musizieren und Singen, sondern dem Schreiben von Songs. Noch ehe Gene die Highschool beendet hatte, hatte er schon etliche Songs bei diversen Verlagen untergebracht, und Anfang der 60er Jahre gehörten Stars wie → Ricky Nelson, → Tommy Edwards und → Roy Orbison zu seinen »Kunden«. Doch auf die Dauer befriedigte Gene das Schreiben für andere nicht, er wollte selber vors Mikrophon und seine eigenen Lieder singen. Den Anfang machte er 1960 mit dem Song *(I Wanna) Love my life away*. Dafür nahm Gene, der nebenbei noch ein begeisterter Elektronik-Fan war, seine eigene Stimme in sieben verschiedenen Tonlagen auf und mixte sie übereinander, so daß er mit sich selbst im Chor sang. Heute ist das üblich, damals war es ein absolutes Novum. Das Lied wurde Anfang 1961 veröffentlicht und war sein erster Erfolg. Den zweiten hatte er 1962 mit der → Burt Bacharach/ → Hal David-Komposition *Town without pity* für den gleichnamigen Film, und dieses Lied brachte Gene auch seinen ersten Millionenseller. Auch mit anderen Songs aus der Feder des Teams Bacharach/David, wie *24 Hours from Tulsa* und *The man who shot Liberty Valance*, hatte Gene Pitney Bestseller. Obwohl er für andere Interpreten Millionenerfolge wie *He's a rebel* (für die → Crystals) und *Hello, Mary Lou* (für Ricky Nelson) geschrieben hatte, war er seinerseits fast nur mit den Songs aus der Feder von anderen Komponisten erfolgreich. Bis Ende der 60er Jahre war Gene Pitney regelmäßig in den internationalen Charts vertreten. Auch in Italien hatte er Erfolg, wo er mit Songs wie *Nessuno mi puo guidicare*, *Bisogna amare per vivera* oder *Ragazze nel cuore* in der Hitparade auftauchte. Gene Pitney ist sehr sprachbegabt und spricht und singt mehrere Sprachen fließend. Dann hörte man lange nichts von dem Sänger mit der extremen Kopfstimme. Erst 1988 »entdeckte« der englische Sänger und Songschreiber Marc Almond Gene Pitney und seinen 67er Hit *Something's gotten hold of my heart*. Die beiden nahmen den softigen Song zusammen auf und hatten damit abermals einen Bestseller.

Jahr	*Titel*	*USA*	*UK*	*D*
1961	(I wanna) Love my life away	39	26	
1962	Town without pity	13	32	
1962	The man who shot Liberty Valance	4		
1962	Only love can break a heart	2		
1963	Half heaven – Half heartache	12		
1963	Mecca	12		
1963	24 hours from Tulsa	17	5	
1964	That girl belongs to yesterday	49	7	

Jahr	*Titel*	*USA*	*UK*	*D*
1964	It hurts to be in love	7	36	
1964	I'm gonna be strong	9	2	
1965	I must be seeing things	31	6	
1965	Last chance to turn around	13		
1965	Looking through the eyes of love	28	3	
1965	Princes in rags	37	9	
1966	Backstage	25	4	
1966	Nobody needs your love		2	
1966	Just one smile	64	8	
1967	Something's gotten hold of my heart		5	
1968	Somewhere in the country		19	
1968	She's a heartbreaker	16		
1989	Something's gotten hold of my heart (mit Marc Almond)		1	1

The Platters

Tony Williams, geb. 5. 4. 1928 in Elizabeth/New Jersey, USA, leadvoc; ersetzt 1960 durch Sonny Turner, geb. in Cleveland

Zola Taylor, geb. in Los Angeles/Kalifornien, voc

Davied Lynch, geb. 1929 in St. Louis/Missouri, USA, zweiter Tenor; gest. 2. 1. 1981

Alex Hodge, Bariton; ersetzt 1954 durch Paul Robi, geb. in New Orleans/Louisiana, USA

Herb Reed, geb. in Kansas City/Missouri, USA, Baß

Tony, David, Herb und Alex gründeten die Platters 1953 in Los Angeles, wo alle vier als Parkplatzwächter arbeiteten. Tony sorgte dafür, daß sie bei einem neuen Songwriter namens Buck Ram einen Termin zum Vorsingen bekamen. Ram war von ihnen begeistert und nahm sie sofort unter Vertrag. Die Platters durften ein paar Platten machen, die jedoch alle nicht sonderlich erfolgreich waren. Dann holte Ram als zusätzliche Attraktion die fünfzehnjährige Zola, die vorher bei einer Gruppe namens Shirley Gunter And The Queens gesungen hatte. Zu diesem Zeitpunkt verließ Alex Hodge die Vokaltruppe und wurde durch Robi ersetzt. Danach nahmen die Platters den Ram-Song *Only you* auf, der sich ebenfalls als Flop entpuppte. Nun war Ram der Meinung, daß nur eine große Plattenfirma mit geballter Werbemöglichkeit für seine Gruppe etwas tun könnte. Er machte sich auf die Suche und fand die Firma Mercury, die allerdings nicht die Platters, sondern eine andere Ram-Gruppe, nämlich die Penguins, verpflichten wollte, weil die 1954 mit ihrem Song *Earth angel* einen Bestseller gehabt hatten. Ram stellte die Firma vor die Alternative: entweder Penguins und Platters – oder gar nichts. Mercury nahm beide unter Vertrag. Und während die Penguins nichts mehr auf die Beine stellten, wurden die Platters in den nächsten 10 Jahren zum erfolgreichsten Act der Firma. Der erste einer langen Reihe von Hits war das ungeliebte *Only you*, das die Platters 1955 neu aufnahmen und das anschließend ihr erster Millionenseller wurde. Den größten Hit hatten die Platters ebenfalls 1955 mit dem Ram-Song *The great pretender*. Von 1955 bis 1960 war Tony Williams der Leadsänger, und er ersang seinen Platters in dieser Zeit vier Nummer-1-Hits und sechzehn goldene Schallplatten. Williams versuchte sich ab Juni 1960 als Solo-Interpret. Für ihn kam der 21jährige Sonny Turner. Mit ihm hatten die Platters aber keinen großen Hit mehr. Ende der 60er Jahre lösten sich die Platters, die bis dahin noch etliche Mitgliederwechsel durchmachten, auf. Zola Taylor lebt, ebenso wie Paul Robi, in Los Angeles, beide haben sich aus dem Geschäft zurückgezogen. Herb Reed gehört in Atlanta einer Gesangstruppe an, mit der er auch durch die Lande zieht. David Lynch starb am 2. Januar 1981 in Long Beach/Kalifornien, an Krebs.

Jahr	*Titel*	*USA*	*UK*	*D*
1955	Only you (and you alone)	5	5	
1955	The great pretender	1	5	
1956	(You've got) The magic touch	4		
1956	My prayer	1	4	
1956	You'll never know	11	23	
1957	Only you		18	13
1957	On my word of honor	20		
1957	I'm sorry	11	18	
1958	Twilight time	1	3	
1958	Smoke gets in your eyes	1	1	
1959	Enchanted	12		
1960	Harbor lights	8	11	
1960	To each his own	21		
1967	With this ring	14		

Michel Polnareff

geb. 3. 7. 1944 in Nerac/Garonne, Frankreich, voc, g

Der Sohn einer französischen Sängerin und eines russischen Komponisten schrieb im Alter von drei Jahren sein erstes Lied, fing als zwölfjähriger mit dem Klavierspielen an und begann schließlich eine Ausbildung als Banklehrling. Doch bei dieser trockenen Materie hielt es den blondgefärbten Jüngling mit dem kinnlangen Pagenschnitt nicht lange. Er arbeitete anschließend bei einer Versicherungsgesellschaft, dann bei einem Papierwarenhändler, und dann sagte er dem bürgerlichen Leben »Adieu« und ging auf Wanderschaft. Die nächsten zwei Jahre verdiente sich der junge Mann mit dem melancholischen Blick sein Geld als Straßenmusikant, er schlief unter Brükken, landete auch des öfteren im Knast und machte sich schließlich 1966 nach England auf, in das Mekka der von ihm so verehrten Beat-Musik. Dort hörte er sich Stars wie die → Beatles, → Rolling Stones, → Animals live an und ließ sich von ihnen zu einem Lied von einer Puppe, die stets »nein« sagt, inspirieren. Als er auf der Fähre nach Hause das Lied aus vollem Halse immer wieder sang, war einer der Anwesenden davon so angetan, daß er alle seine Beziehungen spielen ließ, um Michel einen Platten-

Jahr	*Titel*	*USA*	*UK*	*D*
1966	La poupée qui fait non			15
1966	Love me, please love me			21

vertrag zu verschaffen. *La poupée qui fait non* wurde der erste einer Reihe von Hits, die in Frankreich stets an der Spitze der Hitparaden standen.

Pomus and Shuman

MORT SHUMAN, geb. 12. 11. 1936 in New York, USA
JEROME »DOC« POMUS, geb. 27. 6. 1925 in New York, USA

Das New Yorker Songschreiber-Team gehört zu den profiliertesten und wichtigsten Songwritern der 50er und 60er Jahre. Aus der Feder der beiden stammen Hits wie *Mess of blues* (1960), *Little sister* (1961), *(Marie's) The name of his latest flame* (1961) und *Viva Las Vegas* (1964) für → ELVIS PRESLEY; *Teenager in love* (1959) für → DION & THE BELMONTS; *Save the last dance for me* (1960) für die → DRIFTERS; *Young blood* (1957) für die COASTERS; *Can't get used to losing you* (1963) für → ANDY WILLIAMS.

Brian Poole & The Tremeloes

BRIAN POOLE, geb. 3. 11. 1941 in Dagenham/Essex, England, leadvoc
ALAN BLAKELY, geb. 1. 4. 1942 in Bromley/Kent, England, g
RICKY WEST, geb. 7. 5. 1943 in Dagenham/Essex, England, leadg
DAVID MUNDEN, geb. 2. 12. 1943 in Dagenham/Essex, England, dr
ALAN HOWARD, geb. 17. 10. 1941 in Dagenham/Essex, England, b

1959 versammelte der Sänger Brian Poole eine Begleitband um sich, die er → THE TREMELOES nannte. Sie gingen auf die Ochsentour durch die Nachtclubs, und Anfang der 60er Jahre hatten sie bereits einen so guten Ruf, daß sie schließlich 1962 einen Plattenvertrag bekamen und 1963 mit einem Remake des → ISLEY-BROTHER-Songs *Twist and shout* ihren ersten Hit in England landen konnten. Brian Poole, der Sohn eines Metzgers, spielte mit seinen Tremeloes in erster Linie amerikanische R & B-Titel nach wie *Do you love me* (im Original von THE CONTOURS). Bis 1966 war die Formation regelmäßig in den UK-Charts vertreten. Dann beschloß Brian Poole, es als Solist zu versuchen, und verließ die Band. Erfolg war ihm nicht beschieden, um so mehr dafür seiner schmählich verlassenen Begleitband. Ab 1967 gehörten die Tremeloes, nach personeller Umbesetzung, mit Songs wie *Here comes my baby* oder *Even the bad times are good* zu den internationalen Superstars.

Jahr	*Titel*	*USA*	*UK*	*D*
1963	Twist and shout		4	
1963	Do you love me		1	
1964	Candy man		6	
1964	Someone someone		2	
1965	Three bells		17	

Sandy Posey

geb. 18. 6. 1947 in Jasper/Alabama, USA, voc

Bereits als Teenager war Sandy musikbegeistert, und so bald als möglich fuhr sie nach Memphis und Nashville, um dort zu singen. Innerhalb kürzester Zeit machte sie sich als hervorragende Session-Sängerin einen Namen, bis sie 1966 einen Vertrag als Solistin bekam. *Born a woman* hieß der erste einer ganzen Reihe von Country-orientierten Songs, mit denen sie sich bis 1968 in den Charts plazieren konnte. Von 1968 bis 1970 zog sich Sandy vom Musikgeschäft zurück. Als sie 1971 wieder begann, Platten aufzunehmen, plazierten sich ihre Songs wie *Bring him safely to me* oder *Born to be with you* nur noch in den Country-Charts. Dort war sie bis Mitte der 80er Jahre vertreten.

Jahr	*Titel*	*USA*	*UK*	*D*
1966	Born a woman	12	24	
1966	Single girl	12	15	
1967	What a woman in love won't do	31	48	
1967	I take it back	12		

Joey Powers

geb. 1939 in Canonsburg/Pennsylvania, USA, voc

Joey Powers stammt nicht nur aus derselben Stadt wie → Perry Como, er wurde auch von Como 1959 nach New York und über eine Fernseh-Show, in der er Unterricht in Leibesertüchtigung (heute würde man Aerobic sagen) gab, ins Show-Geschäft gebracht. Später gab Joey dann an der Ohio State University Unterricht im Ringen und fing mit dem Songschreiben an. 1963 tat sich Powers mit Artie Wayne zusammen und nahm dessen Song *Midnight Mary* auf, der sein einziger Hit wurde und blieb.

Jahr	*Titel*	*USA*	*UK*	*D*
1963	Midnight Mary	10		

The Premiers

Larence Perez, leadg
George Delgade, g
Phil Ruiz, tenor sax
Joseph Urzua, baritone sax
Frank Zuniga, b
John Perez, dr
alle aus San Gabriel/Kalifornien, USA

Die Premiers gehörten zu den ersten Vertretern des sogenannten Latin-Rock, der später von Stars wie → Carlos Santana verfeinert und zu weltweiter Anerkennung gebracht wurde. Das Sextett hatte sich im Süden von Kalifornien bereits einen guten Ruf erspielt und durfte dann 1964 in einem Club namens The Rhythm Boom eine »Live«-LP einspielen. Unter den Songs fand sich auch *Farmer John*, eine Nummer, die im Original ein R & B-Hit für Don & Dewey

Jahr	*Titel*	*USA*	*UK*	*D*
1964	Farmer John	19		

gewesen war. Der Song wurde als Single veröffentlicht und blieb der einzige Hit der Premiers.

Elvis Presley

Elvis Aaron Presley, geb. 8. 1. 1935 in Tupelo/Mississippi, USA, voc, g; gest. 16. 8. 1977 in Memphis/Tennessee, USA

Der Junge aus Tupelo war der König des Rock'n'Roll und ist heute fast vier Generationen später immer noch ein Superstar. Mit ihm wurde der Rock'n'Roll erotisch, sexy, spannend. Er war der erste wahre Teenager-Held, einer, den die Eltern nur entsetzt anstarren konnten, den ihre Kinder jedoch abgöttisch liebten. Elvis hatte einen Zwillingsbruder namens Jesse, der allerdings bei der Geburt starb. Also richtete seine Mutter Gladys all ihre Zuneigung auf den einzigen Sohn, den sie tief religiös erzog. Im Gegenzug liebte Elvis seine Mutter mit unglaublicher Hingabe. 1943 gewann Klein-Elvis seinen ersten Gesangswettbewerb, mit elf Jahren bekam er zum Geburtstag eine Gitarre, mit dreizehn Jahren zog er mit seiner Familie nach Memphis. Er arbeitete neben der Schule als Platzanweiser in einem Kino und später dann als Lastwagenfahrer, Hundefänger und was sonst noch so alles für einen ungelernten Arbeiter anfiel. 1953 beschloß er, seiner innig geliebten Mutter zum Geburtstag eine Schallplatte zu besingen. Er ging zu Sun-Records ins Studio, bezahlte seine Dollar und sang für sie die Edelschnulze *My happiness*. Als er ein Jahr später kam, um seiner Mutter wieder eine Platte zu besingen, wartete Sam Phillips, der Besitzer von Sun-Records, schon auf ihn. Er hatte sich Elvis' Aufnahme genau angehört und das ungeheure Potential gespürt, das in dieser ungeschulten Stimme steckte. Phillips ließ Elvis probeweise die »schwarze« Blues-Nummer *That's allright Mama* singen, und Elvis machte etwas Neues daraus: Er sang sie schnell, fast Country-mäßig, aber mit tiefschwarzem Feeling in der Stimme. Phillips war begeistert, und damit begann der Werdegang des größten Superstars unseres Jahrhunderts. Zunächst hatte Elvis mit seinen Platten bei den Radiostationen Probleme, da man ihn aufgrund seiner Stimme für einen Schwarzen hielt, und Schwarze wurden in weißen Stationen nicht gespielt. Aber Elvis fuhr geduldig von Station zu Station, machte seinen Diener, sagte höflich zu allen »Yes, Sir« und »Yes, Mam'« und machte ganz einfach einen guten Eindruck. Der allerdings sofort wie weggewischt war, wenn Elvis auf der Bühne stand. Eine lasziv hochgezogene Oberlippe, die unnachahmliche Schmalzlocke in der hohen Stirn, ein verheißungsvolles Glitzern in den Augen, aufregend schwingende Hüften, hektisch zuckende Beine – Elvis war der Alptraum sämtlicher biederer Väter und Mütter. Ein Bild der Sünde für die Älteren – ein Idol, von dem man nachts träumen konnte, für die Jüngeren. Mit der Blues-Nummer *Heartbreak hotel* begann 1956 der weltweite Siegeszug des Elvis Aaron Presley. Ab 1956 drehte er auch Filme wie *Love me tender, Loving you, Jailhouse rock* und *King Creole*, Streifen, in denen Elvis nicht nur der Star war, sondern auch sang. Und diese Songs wiederum wurden einer nach dem anderen ein Millionenseller, wie all seine anderen Veröffentlichungen. Bis Elvis 1958 zum Militär eingezogen und in Deutschland stationiert wurde, hatte er insgesamt 21 Millionenerfolge veröffentlicht. Und auch während seiner zweijährigen Army-Zeit erschienen weiter Elvis-Hits wie *A fool such as I* und *A big hunk a love*, von der Plattenfirma vorsorglich auf Halde produziert. Doch während dieser Army-Zeit in Deutschland ereigneten sich zwei entscheidende Dinge in Elvis' Leben: Zum einen starb seine innig geliebte Mutter Gladys im Alter von nur 42 Jahren; zum anderen lernte er die minderjährige PRISCILLA BEAULIEU kennen, die 1967 seine Frau werden sollte. Am 2. März 1960 war Elvis' Militär-Zeit beendet und, wie es sich zeigen sollte, auch seine Zeit als Rock'n'Roller. Die Songs, die er nach seiner Rückkehr aufnahm, fetzten nicht mehr, es waren gut gemachte Soft-Songs und richtige Edelschnulzen, die sich aber genauso gut verkauften. Auch seine Filme hatten immer weniger Handlung und wurden immer mehr zu bunten Kulissen für seine Lieder; überlange Promotion-Videos. Damit konnte Elvis auch die großen englischen Konkurrenten überleben, die → BEATLES und all die anderen britischen Beat-Gruppen. Trotzdem begann ab 1964 seine Popularität nachzulassen. Konzerte, in denen der geborene Entertainer seine Fans zu hysterischen Beifallsstürmen hingerissen hatte, gab er schon lange nicht mehr. Am 2. Mai 1967 heiratete er seine Priscilla, neun Monate später wurde seine Tochter Lisa-Marie geboren. 1969 feierte Elvis ein triumphales Comeback. Abermals hatte er seinen Stil geändert. So wie er im Laufe der Jahre behäbiger geworden war, wie seine Stimme gewaltig an Umfang zugenommen hatte, daß er manchmal fast wie ein Helden-Tenor klang, so hatten sich auch seine Lieder verändert. Jetzt waren es Bombast-Songs, gewaltige Werke, mit viel Orchester und Arrangement, zu denen seine üppigen, gewaltigen, glitzernden Kostüme paßten wie angegossen. Denn jetzt trat Elvis wieder auf, zeigte den Newcomern, wie man selbst die größten Hallen füllte und selbst das anspruchsvollste Publikum zu hingebungsvollen Fans machte. Doch während Elvis auf der Bühne wahre Triumphe feierte, kriselte es privat. Priscilla wollte nicht mehr nur das attraktive Aushängeschild eines Stars sein, sie verliebte sich in ihren Karatelehrer und lief mit ihm davon. Damit hatte Elvis die Frau verloren, die er, nach seiner Mutter, am meisten liebte. Als sich Priscilla 1973 scheiden ließ, war es um den Mega-Star geschehen. Er betäubte sich mit Drogen, aß unmäßig, wurde immer dikker und unglücklicher, wagte sich zum Schluß nicht mehr auf die Straße, wurde auch für seine engsten Freunde ungenießbar. Am 16. August 1977 starb Elvis Aaron Presley in seinem Graceland Mansion im Alter von nur 42 Jahren, angeblich an Herzschwäche. Die Ursachen für seinen Tod sind nie ganz geklärt worden. 22 Jahre lang war der einfache Junge aus Tupelo ein Weltstar gewesen, hatte mit seinen Songs und seiner Art, zu singen und auf der Bühne zu stehen, die Entwicklung der Pop- und Rockmusik nachhaltig beeinflußt. Er verkaufte weit über 500 Millionen Schallplatten, hatte unzählige Nr.-1-Hits, mehr als jeder andere Interpret, ausgenommen die Beatles. Und selbst nach seinem Tod ließ seine Popularität, besonders in England, nicht nach. Regelmäßig wurden dort auch in den 80er Jahren alte Elvis-Singles veröffentlicht, die sich genauso regelmäßig in den UK-Charts plazieren konnten, wenn auch selten auf oberen Plätzen. Als im August 1987, 10 Jahre nach seinem Tod, in England die LP *Presley - The all time greatest hits* veröffentlicht wurden, erreichte das Album in den LP-Charts Platz 4. Als im Januar 88 zum x-ten Mal die Elvis-Single *Stuck on you* herauskam, erreichte sie in den UK-Charts immerhin noch Platz 58.

Jahr	*Titel*	*USA*	*UK*	*D*
1956	Heartbreak hotel	1	2	12
1956	I was the one	19		
1956	Blue suede shoes	20	9	
1956	I want you, I need you, I love you	1	14	
1956	Don't be cruel	1		12
1956	Hound dog	1	2	
1956	Blue moon		9	
1956	Love me tender	1	11	16
1956	Anyway you want me	20		
1956	Love me	2		
1956	When my blue moon turns to gold again	19		
1957	Tutti frutti			9
1957	Too much	1	6	
1957	All shook up	1	1	16
1957	(Let me be your) Teddy bear	1	3	
1957	Paralysed		8	
1957	Party		2	
1957	Got a lot o'livin' to do		17	
1957	Loving you	20	24	
1957	Trying to get to you		16	
1957	Lawdy Miss Clawdy		15	
1957	Santa bring my baby back to me		7	
1957	Jailhouse Rock	1	1	20
1957	Treat me nice	18		
1958	Don't	1	2	17
1958	I beg of you	8		
1958	Wear my ring around your neck	2	3	

Jahr	*Titel*	*USA*	*UK*	*D*
1958	Doncha' think it's time	15		
1958	Hard headed woman	1	2	
1958	King Creole		2	
1958	One Night	4	1	
1958	I got stung	8	1	
1959	(Now and then there's) A fool such as I	2	1	
1959	I need your love tonight	4	1	15
1959	A big hunk o' love	1	4	23
1959	My wish came true	12		
1960	Stuck on you	1	3	23
1960	A mess of blues	32	2	
1960	Fame and fortune	17		
1960	It's now or never	1	2	2
1960	Are you lonesome tonigth?	1	1	6
1960	Wooden heart		1	2
1960	I gotta know	20		
1961	Surrender	1	1	6
1961	Wild in the country	26	4	24
1961	Flaming Star	14		
1961	I feel so bad	5	4	19
1961	Little sister	5		25
1961	(Marie's the name) His latest flame	4	1	34
1961	Can't help falling in love	2	1	22
1961	Rock-a-hula baby	23	1	26
1962	Good luck charm	1	1	6
1962	Follow that dream	15	34	
1962	No more			12
1962	She's not you	5	1	15
1962	King of the whole wide world	30		26
1962	Return to sender	2	1	15
1963	One broken heart for sale	11	12	23
1963	(You're the) Devil in disguise	3	1	2
1963	Bossa nova baby	8	13	12

Jahr	*Titel*	*USA*	*UK*	*D*
1964	Kissin' cousins	12	10	27
1964	Kiss me quick	34	14	3
1964	Viva Las Vegas	29	17	21
1964	Such a night	16	13	40
1964	Ask me	12		
1964	Ain't that loving you baby	16	15	
1964	Blue christmas		11	
1965	Do the clam	21	19	
1965	Crying in the chapel	3	1	23
1965	(Such an) Easy question	11		
1965	I'm yours	11		
1965	Puppet on a string	14		
1965	Tell me why	33	15	
1966	Love letters	19	6	
1966	All that I am		18	
1966	If every day was like Christmas		13	
1967	Indescribably blue	33	21	
1968	Guitar man		19	
1968	U.S. male	28	15	
1968	If I can dream	12	11	
1969	In the ghetto	3	2	1
1969	Clean up your own back yard	35	21	
1969	Suspicious minds	1	2	7
1969	Don't cry daddy	6	8	14
1970	Kentucky rain	16	21	
1970	The wonder of you	9	1	22
1970	I've lost you	32	9	40
1970	You don't have to say you love me	11	9	
1971	There goes my everything	21	6	
1971	Rags to riches	33	9	
1971	Heartbreak hotel/ Hound dog		10	
1971	I'm leavin'	36	23	
1971	I just can't help believing		6	
1972	Until it's time for me to go	40	5	
1972	American trilogy		8	
1972	Burning love	2	7	31
1972	Always on my mind		9	
1972	Separate ways	20		
1973	Fool		15	
1973	Steamroller blues	17		
1974	I've got a thing about you baby	39	33	
1974	If you talk in your sleep	17	40	
1974	Promised land	14	9	
1975	My boy	20	5	
1975	T.R.O.U.B.L.E.	35	31	
1976	Hurt		28	37
1976	Girl of my best friend		9	
1976	Suspicion		9	
1977	Moody blue	31	6	
1977	Way down	18	1	15
1977	My way	22	9	
1979	It won't seem like christmas (without you)		13	
1980	It's only love/ Beyond the reef		3	
1981	Guitar man	28	43	

Billy Preston

geb. 9. 8. 1946 in Houston/Texas, USA, voc, keyb

Der dunkelhäutige Billy mit der gewaltigen Lockenmähne und dem unwiderstehlichen Grinsen wuchs in Los Angeles auf. Mit drei Jahren fing er mit dem Klavierspielen an, mit zehn Jahren begleitete er in der Kirche bereits James Cleveland und Mahalia Jackson und durfte in dem Film *St. Louis blues* die Rolle des jungen W. C. Handy spielen.

1962, mit sechzehn Jahren, ging er mit → SAM COOKE und LITTLE RICHARD auf Tournee und nahm anschließend für Sam Cookes Plattenfirma die LP *Sixteen-year-old-soul* auf. Mitte der 60er Jahre war der fleißige Billy bereits der feste Keyboarder der berühmten TV-Show *Shindig*, und dadurch wurde wiederum → RAY CHARLES auf ihn aufmerksam. Zusammen machten sie das Album *The most exciting organ ever*, und Billy durfte anschließend etliche Singles veröffentlichen, die allerdings keine großen Erfolge waren. 1967 lud ihn Ray Charles ein, mit auf eine Tournee durch England zu kommen. Billy kam und blieb gleich dort. Als er in der Londoner Festival Hall auftrat, hörte ihn GEORGE HARRISON, der war begeistert von dem Talent des jungen temperamentvollen Musikers, lud ihn in die Abbey Road Studios ein und gab ihm schließlich einen Vertrag. Inzwischen spielte Billy nicht nur Keyboards, sondern sang auch und hatte 1969 mit *That's the way god planned it* seinen ersten Charts-Hit. Mit den nächsten vier Singles *Outa-Space, Will it go round in circles, Space race* und *Nothing from nothing* hatte Billy Preston in USA Millionenseller. Bis heute veröffentlicht er regelmäßig Alben, kann aber an die Erfolge der 70er Jahre vorerst nicht mehr anknüpfen.

Jahr	*Titel*	*USA*	*UK*	*D*
1969	That's the way god planned it		11	
1972	Outa-space	2	44	
1973	Will it go round in circles	1		
1973	Space race	4		
1974	Nothing from nothing	1		
BILLY PRESTON & SYREETA				
1980	With you I'm born again	4	2	

Johnny Preston

John Courville, geb. 18. 8. 1939 in Port Arthur/Texas, USA, voc

Johnny begann mit dem Singen in der Highschool und gründete eine Band namens THE SHADES. Ende der 50er Jahre lernte er in Beaumont/Texas einen Discjockey namens J.P. RICHARDSON kennen, der später als THE BIG BOPPER mit seinem Supersong *Chantilly lace* in die Rock-Geschichte eingehen sollte. Richardson nahm Johnny unter seine Fittiche, verschaffte ihm einen Plattenvertrag und schrieb für ihn den Song *Running bear*, zu dem er sich von einem Werbesong für eine Seife namens Dove hatte inspirieren lassen. Sogar bei der Aufnahme half er Johnny, er sang mit Begeisterung das »Uhga-aga« des Indianer-Chors. J.P. Richardson stürzte am 2. Februar 1959 zusammen mit → BUDDY HOLLY und → RITCHIE VALENS mit dem Flugzeug ab. Ende 1959 kam Johnnys Platte heraus, sie wurde in den USA ein 3-wöchiger Nr.-1-Hit. In Deutschland war das Lied unter dem Titel *Brauner Bär und weiße Taube* 1960 ein Nr.-16-Erfolg für → GUS BACKUS.

Jahr	*Titel*	*USA*	*UK*	*D*
1959	Running bear	1	1	36
1960	Cradle of love	7	2	
1960	Feel so fine	14	18	

Pretty Things Foto: Teldec/Bildarchiv

Pretty Things

PHIL MAY, geb. 9. 11. 1944 in Bexleyhearth, England, voc, g
BRIAN PENDLETON, g; ersetzt 1967 durch JOHN POVEY
JOHN STAX, b, ersetzt 1967 durch WALLY ALLEN; ersetzt 1973 durch PETE TOLSON
DICK TAYLOR, geb. 28. 1. 1943 in Dartford, England, g; ging 1968
VIV PRINCE, dr; ersetzt 1965 durch SKIP ALAN
ab 1967 JOHN »TWINK« ADLER, g; ersetzt 1970 durch VICK UNITT; ersetzt 1973 durch STUART BROOKS

Die Original Pretty Things entstanden 1963 in Dartford. Das Quintett hatte es sich zur Aufgabe gemacht, möglichst dreckigen, unverbildeten R & B und Rock'n'Roll zu spielen. Das ganz große Vorbild der Pretty Things war → BO DIDDLEY, von einem seiner Songs leiteten sie auch ihren Namen her. Die fünf wollten noch häßlicher und auffälliger als die → ROLLING STONES sein, und mindestens so erfolgreich. Dafür jedoch gab es nur ganz am Anfang ein paar Anzeichen. Mit *Rosalyn* und *Don't bring me down* gelang den Pretty Things 1964 zumindest ein guter Einstieg, den sie mit dem 65er Album *Pretty Things* und dem Single-Hit *Honey I need* noch unterstützten. Aber dann ging es mit der Popularität und der Qualität allmählich bergab. Zunächst einmal wechselten die Pretty Things permanent ihre Mitglieder, was für die Alben *Get the picture?* (1965) und *Emotions* (1967) nicht gerade förderlich war. Wenig Aufsehen erregte auch das 68er Konzept-Album *S.F. Sorrow*, das nach einer Kurzgeschichte von Sänger May entstand. Dabei war dieses Album eigentlich ein bahnbrechendes Ereignis, denn es war die erste Rock-Oper überhaupt und inspirierte PETE TOWNSHEND von den → WHO ein Jahr später dazu, seine Rock-Oper *Tommy* zu schreiben. Die Pretty Things machten immer noch eher mit Alkohol-Exzessen und wüsten Schlägereien von sich reden, und so blieb auch das 69er Album *Parachute* in UK ziemlich unbeachtet, obwohl es in Amerika von der Fachzeitschrift Rolling Stone 1971 zum »Album des Jahres« gewählt wurde. Dann hörte man erst 1973 wieder etwas von den Pretty Things, doch auch die LP *Freeway madness* war nicht der Weisheit letzter Schluß. Dann holten → LED ZEPPELIN die Band zur ihrer Plattenfirma, und es entstanden die Alben *Silk torpedo* (1974) und *Savage eye* (1975), die beide ungewohnt softig und zivilisiert klangen. 1976 erklärte Phil May seinen Ausstieg aus der Band, er versuchte es 1978 mit der Solo-LP *Phil May & The Fallen Angels*. Der Erfolg hielt sich sehr in Grenzen. Die Band selbst löste sich schließlich sang- und klanglos auf.

Jahr	*Titel*	*USA*	*UK*	*D*
1964	Don't bring me down		10	
1965	Honey I need		13	

Alan Price

geb. 19. 4. 1942 in Fairfield/Durham, England, voc

Nachdem Alan Price 1965 die → ANIMALS verlassen und seinen Platz als Leadsänger und Kopf der Gruppe ERIC BURDON überlassen hatte, erholte er sich erst einmal von diesem mehr als nervenaufreibenden Job. Erst 1966 tauchte er wieder aus der Versenkung auf und eroberte mit seinem ALAN PRICE SET die UK-Charts mit etlichen Bestsellern, darunter den Blues *I put a spell on you* und den → RANDY-NEWMAN-Songs *Simon Smith & his amazing dancing bear* und *The house that Jack built* und mit den hervorragenden Alben *The price to play* (1966) und *The price on his head* (1967). Danach wendete sich Alan Price dem Fernsehen zu; er arbeitete an einer Reihe von Fernsehserien mit, bei denen er → GEORGIE FAME kennenlernte. Die Zusammenarbeit der beiden resultierte 1971 in der LP *Fame and Price, Price and Fame, together* und dem Single-Hit *Rosetta*. Die beiden schrieben auch die Musik für den Film *O lucky man*, in dem Alan Price mitspielte. 1974 war die Zusammenarbeit der beiden dann beendet, und Price nahm das Solo-Album *Between today and yesterday* auf, das ihm mit *Jarrow song* nach längerer Pause wieder einen Single-Hit bescherte. Ebenso hörenswert, wenn auch nicht so erfolgreich, waren seine Alben *Metropolitan man* (1974) und *Performing price* (1975). Ein erfreuliches Comeback feierte der sympathische und hochbegabte Künstler mit der leicht heiseren Stimme dann 1988 mit dem Titel *Changes*. Der

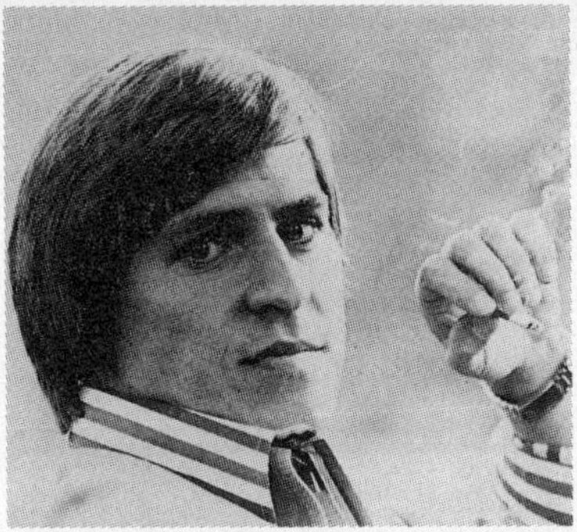

Alan Price Foto: Polydor

Song wurde für einen VW-Werbefilm verwendet und brachte Alan Price in die Charts zurück.

Jahr	*Titel*	*USA*	*UK*	*D*
1966	I put a spell on you		9	
1966	Hi Lili hi Lo		11	26
1967	Simon Smith & his amazing dancing bear		4	
1967	The house that Jack built		4	
1968	Don't stop the carnival		13	
1974	Jarrow song		6	
1988	Changes		54	
Fame And Price Together				
1971	Rosetta		11	43

Lloyd Price

geb. 9. 3. 1933 in New Orleans/Louisiana, USA, voc

Lloyd stammt aus einer großen und musikalischen Familie. Er hat zehn Brüder und Schwestern, von seinem Vater lernte er Gitarre, von seiner Mutter Klavier. Und aus eigenem Antrieb interessierte er sich für das Singen und trat in einen Kirchenchor ein. Anfang der 50er Jahre schrieb der farbige Interpret ein Lied namens *Lawdy Miss Clawdy*. Für die Aufnahme des Songs hatte Lloyd einen nicht unbekannten Pianisten engagiert: → Fats Domino. Das Lied wurde von einer Radiostation in New Orleans als Erkennungsmelodie benutzt. Anfang 1959 bekam Lloyd Price auf Grund dieses Songs einen Plattenvertrag, im Mai 52 wurde der Song veröffentlicht, und Lloyd hatte seinen ersten Millionenseller. Kaum hatte sich Lloyd auf eine Karriere eingestellt, mußte er zum Militär. Von 1954 bis 1956 war er in Korea stationiert, nach seiner Entlassung ging er nach Washington D. C. und gründete seine eigene Plattenfirma, über die er Anfang 1957 den Song *Just because* veröffentlichte, der es immerhin bis Platz 29 in USA schaffte. Dann folgte 1958/59 der Bestseller *Stagger Lee*, und bald gehörte Lloyd Price zu den Superstars des Rock'n'Roll. Bis 1963 war er regelmäßig in den Charts zu finden. Ende der 60er Jahre eröffnete Lloyd Price in New York den florierenden Nachtclub »Turn Table«. Er tritt auch heute noch regelmäßig in Oldie-Shows auf.

Jahr	*Titel*	*USA*	*UK*	*D*
1959	Stagger Lee	1	7	
1959	Where were you (on our wedding day)	23	15	
1959	Personality	2	9	17
1959	I'm gonna get married	3	23	

Jahr	*Titel*	*USA*	*UK*	*D*
1959	Come into my heart	20		
1960	Lady luck	14	45	
1960	Question	19		
1963	Misty	21		

Louis Prima

geb. 7. 12. 1912 in New Orleans/Louisiana, USA, voc, tp; gest. 24. 8. 1978

Als Kind lernte Louis Prima das Geigespielen, wechselte aber bald zur Trompete. Er wurde Mitglied bei dem Orchester RED NICHOLS AND HIS PENNIES und formierte anschließend seine eigene Band. Doch Louis Prima war nicht nur ein erfolgreicher Jazz-Trompeter und ebenso erfolgreicher Orchesterchef, er sang auch für sein Leben gern und schrieb Songs. Louis Prima ging mit seiner Band häufig auf Tournee, und dabei lernte er die Sängerin KEELY SMITH kennen, die anschließend seine Frau wurde. Gemeinsam hatten sie 1958 mit dem Song *That old black magic* aus dem Film *Senor Prom* einen Hit. In England und Europa war Louis Prima schon ein Jahr vorher mit der Show-Nummer *Buona sera* als Solist erfolgreich gewesen. 1962 wurde die Ehe von Prima und Smith geschieden. Am 24. August 1978 starb Louis Prima im Alter von nur 65 Jahren an Krebs.

Jahr	*Titel*	*USA*	*UK*	*D*
1957	Buona sera		25	3
1958	That old black magic (mit Keely Smith)	18		
1960	Wonderland by night	15		

P. J. Proby

JAMES MARCUS SMITH, geb. 6. 11. 1938 in Houston/Texas, USA, voc

Jim Smith wollte von klein auf Sänger werden. Er studierte drei Jahre lang Gesang und wagte erst dann etliche Auftritte in diversen Nachtclubs. Ende der 50er Jahre änderte er seinen Namen in JET POWERS und versuchte sein Glück in Hollywood. Er bekam einen Plattenvertrag und nahm als Jet Powers etliche R & B-Platten auf. Er war auch einige Zeit Demo-Sänger für → ELVIS PRESLEY. Anfang der 60er Jahre hatte Jim Smith seinen Namen abermals geändert, diesmal nannte er sich P. J. Proby und war bald Stammgast in der populären Fernseh-Show *Shindig*. Der Produzent dieser Show nahm ihn nach England mit, und dort wurde P. J. Proby der große Star. Der gutaussehende und gutgewachsene Sänger trat nur in hautengen Hosen auf, die des öfteren, sehr zum Vergnügen seiner zahlreichen weiblichen Fans, auf der Bühne zu platzen pflegten. Sein Benehmen und Gehabe auf der Bühne gaben jedoch auch Anlaß für etliche Beschwerden, und so war P. J. Probys Karriere von etlichen Skandalen begleitet. Aber Proby war ein hervorragender Sänger, und seine Version von *Maria* aus der *West Side story* gehört mit zu den besten Pop-Versionen. In USA war er nur einmal kurz in den Charts, und zwar kam er 1967 mit *Nicky Hoeky* bis Platz 23.

Jahr	*Titel*	*USA*	*UK*	*D*
1964	Hold me		3	
1964	Together		8	
1964	Somewhere		6	
1965	I apologise		11	
1965	Let the water run down		19	
1965	Maria		8	

Procol Harum

GARY BROOKER, geb. 29. 5. 1949 in England, leadvoc, keyb
RAY ROYER, geb. 9. 3. 1945 in England, leadg; ersetzt durch
ROBIN TROWER, geb. 9. 3. 1945 in England; ersetzt 1972 durch DAVE BALL, g, und ALAN CARTWRIGHT, b
MATTHEW FISHER, geb. 10. 6. 1946 in England, keyb; ging 1969
DAVID KNIGHTS, geb. 28. 6. 1945 in England, b; 1969 ersetzt durch CHRIS COPPING
ROBERT HARRISON, geb. 18. 3. 1947 in England, dr; ersetzt durch BARRY WILSON, geb. 18. 3. 1947
KEITH REID, geb. 19. 10. 1945 in England, Texter

Anfang der 60er Jahre spielte Gary Brooker bei einer britischen R & B-Band namens THE PARAMOUNTS. Robin Trower, Chris Copping und B. J. Wilson waren dort ebenfalls Mitglieder. Die Band spielte in erster Linie amerikanische R & B-Hits der 50er Jahre und hatte 1965 mit *Poison ivy* (im Original 1959 von den COASTERS) einen Nr.-35-Erfolg. Dann wurde die Formation Begleitband von → SANDY SHAW und löste sich noch 1965 auf. Im selben Jahr hatte Gary Brooker den Lyriker Keith Reid kennengelernt. Die beiden schrieben zusammen einige Songs. Einen davon, *A whiter shade of pale*, wollten sie unbedingt aufnehmen, deshalb stellten sie unter dem Namen Procol Harum eine Band zusammen. Den Namen hatten sie von einer Katze, die einem Freund Reids gehörte. In der Original-Besetzung, die hauptsächlich aufgrund von Zeitungsanzeigen zustande kam, nahmen sie das schwermütige, von Brooker nach den Motiven einer Bach-Kantate komponierte Stück auf. Der Titel verkaufte sich in Windeseile millionenfach. Und nach dieser Single begannen bereits die häufigen Mitgliederwechsel bei Procol Harum. Zuerst ersetzten die ehemaligen Paramounts-Mitglieder Trower und Wilson die Mitglieder Royer und Harrison. In dieser Besetzung entstanden die Alben *Procol Harum* (1967), *Shine on brightly* (1968) und *A salty dog* (1969), das von Fisher produziert worden war. Für Fisher und Knights kam 1969 Chris Copping, ebenfalls ehemals Paramounts, und mit ihm entstanden 1970 *Home* und 1971 *Broken barricades*. Danach ging Trower, den der opulente Bombast-Sound der Gruppe allmählich unendlich langweilte. Er gründete anschließend zunächst die Gruppe JUDE und dann die ROBIN TROWER BAND. Für ihn kamen Dave Ball und Alan Cartwright, die 1972 in Kanada bei der Aufnahme des Live-Albums *In concert with The Edmonton Symphony Orchestra* dabei waren, das vor allen Dingen in USA ein Bestseller wurde. Für die 73er LP *Grand hotel* saß MICK GRABHAM an der Gitarre, und er blieb auch für die Alben *Exotic birds and fruit* (1974) und *Pro-*

col's ninth (1975). Letztere LP war vom US-Team → LEIBER/STOLLER produziert worden und enthielt mit *Pandora's box* nach langer Zeit wieder einen Single-Hit für Procol Harum. 1976 verließ Cartwright die Band, dafür kam der Keyboarder PETE SOLLIE. Doch in den 70er Jahren plätscherte die Band nur noch so dahin, bis Anfang der 80er dann das »Aus« kam. Seitdem versucht sich Gary Brooker immer wieder als Solist, mal mit mehr, mal mit weniger Erfolg.

Jahr	*Titel*	*USA*	*UK*	*D*
1967	A whiter shade of pale	5	1	1
1967	Homburg	34	6	15
1968	Quite rightly so		50	33
1972	A whiter shade of pale		13	22
1972	Conquistador	16	22	
1975	Pandora's box		16	

Gary Puckett & The Union Gap

GARY »GENERAL« PUCKETT, geb. 17. 10. 1942 in Hibbing/Minnesota, USA, leadvoc, g
DWIGHT »SERGEANT« BEMENT, geb. 28. 12. 1945 in San Diego/Kalifornien, USA, sax
GARY »PRIVATE« WITHEM, geb. 22. 8. 1946 in San Diego/Kalifornien, USA, keyb
KERRY »CORPORAL« CHATER, geb. 7. 8. 1945 in Vancouver, Kanada, b
PAUL »PRIVATE« WHEATBREAD, geb. 8. 2. 1946 in San Diego/Kalifornien, USA, dr

Union Gap ist eine Stadt in Amerika, die während des amerikanischen Bürgerkriegs historische Bedeutung erlangte. Das Quintett, das sich auf dem State College in San Diego kennengelernt hatte, benannte sich danach und trat, als besonderer Gag, nur in Original-Uniformen des Bürgerkriegs auf. Gegründet wurde die Formation Mitte der 60er Jahre von Gary Puckett. 1967 tingelte die Band durch die Lande und lernte schließlich den Komponisten und Produzenten JERRY FULLER kennen. Jerry erkannte das Potential dieser Band, vor allen Dingen von Gary Pucketts strahlender Power-Stimme, und schrieb für Gary Puckett & The Union Gap einen Millionenseller nach dem anderen: *Woman, woman*, *Young girl*, *Lady Willpower*, *Over you*. Anfang 1970 kamen die ersten Schwierigkeiten, die Mitglieder verstanden sich nicht mehr, und Ende 1970 löste sich die Erfolgs-Truppe auf. Gary Puckett versuchte anschließend sein Glück als Solist. Doch seine Versionen von *I just don't know what to do with myself* (1970) und *Keep the customer satisfied* (1971) erreichten nur die Plätze 61 bzw. 71 in den US-Charts. Heute lebt Gary Puckett in Los Angeles und tritt noch regelmäßig bei Oldie-Shows auf.

Jahr	*Titel*	*USA*	*UK*	*D*
1967	Woman, woman	4	48	
1968	Young girl	2	1	6
1968	Lady Willpower	2	5	13
1968	Over you	7		
1969	Don't give in to him	15		
1969	This girl is a woman now	9		
1974	Young girl		6	

James & Bobby Purify

James Purify, geb. 12. 5. 1944 in Pensacola/Florida, USA, voc
Robert Lee Dickey, geb. 2. 8. 1939 in Tallahassee/Florida, USA, voc

James und sein Cousin Robert waren enge Freunde. Mitte der 60er Jahre beschlossen sie, als Duo aufzutreten. 1966 bekamen sie den Song *I'm your puppet* angeboten. Eigentlich sollte darauf Robert der Leadsänger sein, doch da er Probleme mit dem Lied hatte, übernahm James seinen Part. Die Single wurde der erste und einzige große Hit.

Jahr	*Titel*	*USA*	*UK*	*D*
1966	I'm your puppet	6		
1976	I'm your puppet		12	

Bill Pursell

geb. in Tulare/Kalifornien, USA, p

Mit fünf Jahren spielte Bill bereits Klavier und konnte Noten lesen. Nach der Highschool bekam er ein Stipendium für das Konservatorium in Baltimore/Maryland. Dort studierte er etliche Jahre, bis er zur Army mußte und in die Air Force eintrat. Anschließend schloß er sein Musikstudium in New York ab. 1962 bekam der Pianist einen Plattenvertrag in Nashville und nahm unter der Regie von Bill Justis (*Raunchy*) ein Album im Country-Stil auf, aus dem *Our winter love* ausgekoppelt wurde. Es blieb Bill Pursells einziger Hit.

Jahr	*Titel*	*USA*	*UK*	*D*
1963	Our winter love	9		

Q

(Question Mark) & The Mysterians

Rudy Martinez »Question Mark«, geb. 1945 in Mexiko, leadvoc
Robert Balderrama, geb. 1950 in Mexiko, leadg
Frank Rodriguez, geb. 1951 in Mexiko, keyb
Frank Lugo, geb. 1947 in Mexiko, b
Edward Serrato, geb. 1947 in Mexiko, dr

Die Mitglieder wurden alle in Mexiko geboren und kamen dann nach Texas; sie lernten sich jedoch in Detroit kennen, gründeten eine Band und erspielten sich im Bundesstaat Michigan schnell einen guten Ruf. Der Höhepunkt ihrer Auftritte war jedesmal ihre Eigenkomposition *96 tears*, eine klassische, rauhe Punk-Rock-Nummer. Sie nahmen ein

Demo davon auf, schickten es an diverse Plattenfirmen und eine Radio-Station, die Radio-Station begann das Lied zu spielen, das Stück wurde aufgenommen, und innerhalb kürzester Zeit hatte die Newcomerband einen Millionenseller. Ende der 60er Jahre verschwand die Formation wieder aus den Charts, sie tritt aber auch heute noch ab und zu auf.

Jahr	*Titel*	*USA*	*UK*	*D*
1966	96 tears	1	37	27
1966	I need somebody	22		

Quicksilver Messenger Service

DINO VALENTI, geb. 7. 10. 1943 in New York City, USA, leadvoc
JOHN CIPOLLINA, geb. 24. 8. 1943 in Berkeley/Kalifornien, g
GARY DUNCAN, geb. 4. 9. 1946 in San Diego/Kalifornien, USA, g
NICKY HOPKINS, geb. 24. 2. 1944 in London, England, keyb
DAVID FREIBERG, geb. 24. 8. 1938 in Boston/Massachusetts, b
GREGORY ELMORE, geb. 4. 9. 1946 in Coronado, Naval Air Station/Kalifornien, USA, dr

Die Band wurde 1965 von David Freiberg ins Leben gerufen und gehört zu den echten »San Francisco«-Bands. Er versammelte nach und nach die übrigen Mitglieder um sich, lieh sich von der → JEFFERSON AIRPLANE das Equipment, und die Gruppe legte los. Zwei Jahre lang feilte sie an ihren Songs und spielte zunächst bei kostenlosen Konzerten, bald darauf trat sie auch schon in großen Hallen wie dem Fillmore Auditorium und dem Avalon Ballroom auf, und zwar als Vorgruppe für andere Rockstars. Erst 1968 hielt sie sich für gut genug, einen Plattenvertrag zu unterschreiben. Von da an veröffentlichten Quicksilver Messenger Service eine ganze Reihe erfolgreicher Alben wie *Quicksilver Messenger Service* (1968), *Happy trails* (1969), *Shady grove* (1969), *Just for love* (1970) und *What about me* (1971). Es hatte bei der Band schon immer einen ständigen Mitgliederwechsel gegeben, allerdings immer im Kreis herum. Mal war Nicky Hopkins für einige Monate gegangen, dann war er wiedergekommen; mal war Dino Valenti nicht greifbar, weil er gerade wegen Rauschgift im Knast saß oder die tolle Idee hatte, selbst eine Gruppe auf die Beine zu stellen, dann war er wieder entlassen worden oder von selbst wiedergekommen. Doch ab 1970 gab es ernsthafte Brüche. Hopkins und Cipollina gingen im Oktober 1970, um ihre eigene Band COPPERHEAD zu formieren; im September 1971 wurde dann David Freiberg wegen Marihuana-Besitz verurteilt und eingesperrt. Als neue Mitglieder kamen MARK RYAN (b) und CHUCK STEAKS (org), und in dieser Zusammensetzung entstanden die Alben *Quicksilver* (1971) und *Comin thru* (1972), die allerdings bereits einen merklichen Qualitätsverlust signalisierten. Danach vegetierte die Gruppe bis 1975 nur noch dahin, ob sie überhaupt noch existierte, wußte keiner so recht. 1975 taten sich noch einmal die Original-Mitglieder – außer Hopkins – zusammen, um die LP *Solid silver* aufzunehmen, die weder »solide« noch »silbern« war. Danach landete Freiberg entgültig bei JEFFERSON STARSHIP, die anderen zerstreuten sich in alle Winde.

Freddy Quinn

FRANZ EUGEN HELMUTH MANFRED NIDL-PETZ, geb. 27. 9. 1931 in Wien/Österreich, voc, g

Freddy Quinn, der Österreicher mit dem Seemanns-Image und dem Fernweh-Feeling in der Stimme, war ab Mitte der 50er Jahre einer der erfolgreichsten deutschsprachigen Interpreten. Freddy wuchs in Wien auf, bis 1945 die Rote Armee dort einmarschierte. Dem 14jährigen gelang die Flucht nach Belgien, wo er sich seinen Lebensunterhalt als Stiefelputzer für die US-Soldaten verdiente. Doch schon bald packte den abenteuerlustigen Knaben das Fernweh. Er schloß sich einem kleinen Zirkus an, bei dem er fast zwei Jahre lang blieb. Dann schlug er sich als Straßensänger durch. Er spielte Gitarre und sang dazu die Hillbilly-Songs, die er von den GIs gelernt hatte. Seine Wanderschaft brachte ihn nach Neapel, Tunis, Casablanca, Paris, Rotterdam und schließlich zurück nach Hamburg. 1951 heuerte er auf einem finnischen Tanker an, der von Odessa über Mexiko bis in den Fernen Osten schipperte. Als er 1953 schließlich wieder nach Deutschland zurückkehrte, änderte er seinen Namen von Manfred Petz in Freddy Quinn und fing an, in Nachtclubs zu singen und zu spielen. Das wiederum führte zu Engagements beim Radio und brachte ihm schließlich 1956 einen Plattenvertrag ein. Mit seiner markigen, warmen Stimme nahm er als erstes eine deutsche Version von → DEAN MARTINS 55er Millionenseller *Memories are made of this* auf. Das Lied hieß *Heimweh* und wurde Mitte 1956 Freddys erster Nr.-1-Hit und Millionenseller, dem noch etliche folgen sollten. Ebenso erfolgreich sang der sprachbegabte Interpret seine Lieder in Englisch, Spanisch, Fanzösisch, Italienisch und Finnisch. Außerdem trat der vielseitige Künstler in etlichen Filmen auf, wo ihm seine Artisten-Erfahrung während seiner Jahre beim Zirkus zugute kamen. Er wurde zu einem gern gesehenen Gast in allen Ferseh-Shows, wurde mit zahlreichen Preisen und Ehrungen ausgezeichnet und bekam schließlich selbst eine eigene Ferseh-Show. Erst Ende der 60er Jahre begann sein Erfolg langsam zu schwinden, allerdings hatte Freddy bis 1969 bereits über 20 Millionen Platten verkauft.

Jahr	*Titel*	*USA*	*UK*	*D*
1956	Heimweh			1
1956	Sie hieß Mary Anne			6
1956	Rosalie			1
1956	So geht das jede Nacht			10
1956	Bel Sante			6
1957	Heimatlos			1
1957	Wer das vergißt			3
1957	Einmal in Tampico			5
1958	Ich bin ein Vagabund			11
1958	Sabrina			18
1958	Der Legionär			1
1958	Ich bin bald wieder hier			1
1959	Die Gitarre und das Meer			1
1959	Unter fremden Sternen			1
1959	Du mußt alles vergessen			14
1960	Melodie der Nacht			4
1960	Irgendwann gibt's ein Wiedersehn			7

Jahr	*Titel*	*USA*	*UK*	*D*
1960	La Guitarre Brasiliana			16
1960	Weit ist der Weg			4
1961	Wenn die Sehnsucht nicht wär			11
1961	Tempo Brasiliano			17
1961	La Paloma			1
1962	Alo-Ahe			5
1962	Keine Bange, Liselotte			9
1963	Junge, komm bald wieder			1
1963	Laß mich noch einmal in die Ferne			3
1963	Allein wie du			9
1964	Gib mir dein Wort			5
1964	Vergangen, vergessen, vorüber			4
1965	5000 Meilen von zu Hause			5
1965	Abschied vom Meer			5
1966	Hundert Mann und ein Befehl			1
1966	Eine Handvoll Reis			6
1967	Morgen beginnt die Welt			7
1967	Seemann, weit bist du gefahren			6
1968	Deine Welt, meine Welt			14
1969	Alle Abenteuer dieser Erde			14
1971	Sankt Helena			19
1976	Morning Sky			22

R

Raindrops

Jeff Barry, geb. 3. 4. 1938 in New York, USA, voc
Ellie Greenwich, geb. 23. 10. 1940 in New York, USA, voc

Jeff Barry und seine Ehefrau Ellie Greenwich gehörten in den 60er Jahren zu den begehrten Songwriter-Teams, die sich für andere einen Bestseller nach dem anderen einfallen ließen. Darunter fanden sich Millionenerfolge wie 1964 *Leader of the pack* für die → Shangri-Las; 1963 *Then he kissed me* und *Da doo ron ron* für die → Crystals; 1964 *Chapel of love* für die → Dixie Cups; 1963 *Be my baby* für die → Ronettes. Die Liste könnte noch lange fortgesetzt werden. 1963 waren die beiden der Meinung, daß sie es ruhig auch einmal selbst probieren könnten. Sie gingen ins Studio, nahmen ein paar Songs auf, hatten aber lediglich Mitte 1963 einen größeren Erfolg. Danach schrieben sie lieber wieder für andere. Ellie wendete sich in den 70er Jahren dem Komponieren von Melodien für Werbespots zu, während Jeff Barry sich zu einem der führenden Komponisten für Titelmelodien von Fernseh-

Jahr	*Titel*	*USA*	*UK*	*D*
1963	The kind of boy you can't forget	17		

Shows entwickelte. Beispiel: *Die Zwei* mit Tony Curtis und Roger Moore in den Hauptrollen.

Bill Ramsey

William McCreery Ramsey, geb. 17. 4. 1931 in Cincinatti/Ohio, voc

Bill Ramsey studierte in Amerika Soziologie und Wirtschaftswissenschaft. Dann mußte er zur Army, kam 1952 nach Deutschland, verdiente sich beim amerikanischen Soldaten-Sender AFN seine ersten Meriten und arbeitete schließlich als Discjockey bei Radio Luxemburg und beim Saarländischen Rundfunk. Gleichzeitig fing Ramsey auch mit dem Singen an und machte sich mit seiner rauhen, ausdrucksvollen Stimme bald einen guten Namen als Blues- und Jazzsänger. Ende der 50er Jahre begann Ramsey dann, deutsche Schlager mit witzigen Texten zu singen. Sein Debüt gab er 1959 mit der deutschen Version von Sheb Wooleys Nr.-1-Hit *Purple people eater*. Ramseys Version hieß *Wumba Tumba Schokoladeneisverkäufer* und war ein Hit. Bis Mitte der 60er Jahre hielt sich Ramsey in den deutschen Hitparaden. Dann wendete er sich wieder mehr seiner ersten Liebe, dem Jazz und Blues, zu und war oft zu Gast in entsprechenden Fernsehsendungen.

Jahr	*Titel*	*USA*	*UK*	*D*
1959	Wumba Tumba Schokoladeneisverkäufer			4
1959	Souvenirs			1
1961	Cafe Oriental			16
1961	Pigalle			1
1961	Zuckerpuppe			5
1962	Ohne Krimi geht die Mimi nie ins Bett			3
1963	Maskenball bei Scotland Yard			8
1964	Wer heißt hier Johnny?			12

Randy And The Rainbows

Dominick »Randy« Safuto, geb. 19. 4. 1947 in Maspeth/New York, USA, leadvoc
Mike Zero, geb. 4. 4. 1947 in Maspeth/New York, USA, 1. Tenor
Sal Zero, geb. 30. 10. 1942 in Maspeth/New York, USA, 2. Tenor; ersetzt 1974 durch Vinnie Carella, geb. 8. 4. 1947
Frank Safuto, geb. 26. 9. 1938 in Maspeth/New York, Bariton
Ken Arcipowski, geb. 26. 5. 1945, in Maspeth/New York, Baß

Dominick und sein Bruder Frank, Mike und sein Bruder Sal und deren Freund Ken taten sich 1961 in Maspeth zu einer Vokal-Gruppe zusammen und nannten sich The Dialtones. Das Quintett hörte sich zwar sehr gut an, aber es fehlte der richtige Song, um einen Plattenvertrag zu bekommen. Der Vater von Ken kannte einen Songschreiber, Neil Levenson, und der gab ihnen das Lied *Denise.* Die Dialtones probten den Song, gingen dann zum Vorsingen zu den → Tokens (die ebenfalls mit dem Songschreiber

Levenson befreundet waren), und die Tokens übernahmen die Produktion des Songs. Kein Wunder, daß das Quintett damit sofort einen Hit hatte, als es das Lied unter dem Namen Randy & The Rainbows veröffentlichte. Das Lied war übrigens noch ein zweites Mal ein internationaler Erfolg: Debbie Harry und ihre Gruppe Blondie nahmen den Song 1978 in einer neuen Version auf und hatten damit in UK einen Nr.-2-Hit. Randy, Mike, Frank und Vinnie treten heute noch zusammen auf.

Jahr	*Titel*	*USA*	*UK*	*D*
1963	Denise	10		

The Rascals

Gene Cornish, geb. 14. 5. 1944 in Ottawa, Kanada, g, voc
Felix Cavaliere, geb. 29. 11. 1943 in Pelham/New York, keyb, voc
Edward Brigati, geb. 22. 10. 1945 in Garfield/New Jersey, perc, voc
Dino Danelli, geb. 23. 7. 1944 in Jersey City/New Jersey, dr, voc

Nachdem Cavaliere, Brigati und Cornish → Joey Dee & The Starlighters verlassen hatten, gründeten sie 1965 in New York die Formation The Young Rascals. Zusammen mit dem Trommler Danelli erspielte sich das Quartett innerhalb kürzester Zeit einen hervorragenden Ruf. Zunächst waren sie eine ausgesprochene Dance-Band, bis sie sich dann immer mehr dem sogenannten »Blue-Eyed-Soul« zuwendeten. Die Songs wurden von den Mitgliedern Cavaliere und Brigati geschrieben. Mitte 1965 bekam die Band einen Plattenvertrag und veröffentlichte als erstes die Debüt-Single *I ain't gonna eat out my heart anymore*, die Anfang 1966 in USA bis Rang 52 kam. Doch der nächste Song war bereits ein Knaller: *Good lovin* wurde eine Nr. 1. Bis 1970 war die Formation in den Charts vertreten, wobei sie ab 1968 das »Young« wegließ und sich nur noch Rascals nannte. Mit *Groovin, A beautiful morning* und *People got to be free* hatte sie jeweils internationale Millionenseller. Anfang 1971 löste sich die Formation, die inzwischen sehr jazzige Töne angeschlagen hatte, auf. Noch im selben Jahr stellten die Originalmitglieder Cavaliere und Danelli eine neue Band gleichen Namens auf die Beine, zu der Ann Sutton (leadvoc), Buzzy Feiten (g) und Robert Popwell (b) gehörten. In dieser Zusammensetzung veröffentlichte die Formation die Alben *Peaceful world* (1971) und *Island of real* (1972), die beide nur mäßig erfolgreich waren. Danach kam das »Aus« auch für diese Zusammensetzung.

Jahr	*Titel*	*USA*	*UK*	*D*
The Young Rascals				
1966	Good lovin'	1		
1966	You better run	20		
1967	I've been lonely too long	16		
1967	Groovin'	1	8	34
1967	A girl like you	10	37	
1967	How can I be sure	4		
1967	It's wonderful	20		
The Rascals				
1968	A beautiful morning	3		
1968	People got to be free	1		

The Rattles

ACHIM REICHEL, geb. 28. 1. 1944 in Hamburg, voc, leadg; ersetzt 1969 durch EDNA, voc
HERBERT HILDEBRANDT, geb. 1943 in Hamburg, b, voc; ersetzt 1969 durch SATTO LUMGEN, b
HANS JOACHIM KREUZFELD, geb. 1944 in Hamburg, g; ersetzt 1969 durch FRANK MILLE, g
DICKI TARRACH, geb. 1944 in Hamburg, dr; ersetzt 1968 durch HERBERT BORNHOLD, dr

Achim Reichel gründete die Rattles 1960. Mit viel Begabung und Engagement gewannen die vier 1963 einen Beatband-Wettbewerb und durften danach auf große Tournee gehen. Sie waren, neben den → LORDS, das deutsche Aushängeschild für Beatmusik. Die Rattles durften mit den → BEATLES bei deren Auftritten in München, Essen und Hamburg auftreten und standen mit den berühmten vier aus Liverpool gemeinsam auf der Bühne des berühmten Hamburger »Star Club«. Und danach fuhren die Rattles sogar nach England, traten zwei Wochen lang im Liverpooler »Cavern Club« auf und erschienen im britischen Fernsehen. Eine richtige Sensation für eine deutsche Band! Ab 1965 waren die Rattles mit ihren englischen Beat-Songs auch in der deutschen Hitparade vertreten. 1966 löste sich die Truppe dann auf, die meisten mußten zur Bundeswehr. 1969 entstand eine neue Band namens The Rattles, mit der Originalformation hatte sie nur noch insofern zu tun, als Herbert Hildebrandt der Songschreiber und Produzent der Gruppe war. 1970 nahmen diese neuen Rattles ein Lied der alten Rattles auf: *The witch*. Und in dieser neuen Produktion gelang es dem Titel, sich hoch in den internationalen Charts zu plazieren. Es blieb jedoch der einzige nennenswerte Erfolg dieser Formation. Achim Reichel versuchte sich nach der Bundeswehr zunächst als Sänder deutscher Schlager und gründete dann 1968 seine neue Gruppe → WONDERLAND, bei der auch Dickie Tarrach mit von der Partie war.

Jahr	*Titel*	*USA*	*UK*	*D*
1965	La la la			19
1965	(Stoppin' in) Las Vegas			20
1966	Come on and sing			11
1966	Love of my life			16
1970	The Witch	79	8	4

Lou Rawls

geb. 1. 12. 1936 in Chicago/Illionois, USA, voc

Der Mann mit der dunklen, einschmeichelnden Samtstimme begann seine musikalische Karriere im Alter von sieben Jahren im Kirchenchor. Als Teenager sang der gutaussehende, farbige Interpret dann in diversen Gospelgruppen, bis er schließlich nach Los Angeles ging, um sich den berühmten PILGRIM TRAVELERS anzuschließen. Auch → SAM COOKE war Mitglied dieser Gruppe. Bei einer gemeinsamen Tournee wurden die beiden in einen schweren Autounfall verwickelt. Lou Rawls lag mehrere Tage im Koma, ehe er sich dann erstaunlich schnell wieder erholte. Cooke und er wurden Freunde, und es ist Lou Rawls Stimme, die auf Sam Cookes 62er Hit *Bring it on home to me* die »Antworten« singt. Als sich die Pilgrim Travelers 1959 auflösten, versuchte sich Lou als Solist. Er bekam auch einen Plattenvertrag und veröffentlichte Anfang der 60er Jahre sein Debüt-Album *Stormy monday*. Damit erwies sich Lou als sogenannter »Album«-Interpret, obwohl er auch ein paar Single-Hits hatte. Dazu gehörten 1971 *A natural man*, das von → Bobby Hebb *(Sunny)* geschrieben und mit einem Grammy ausgezeichnet worden war, und der 76er Millionenseller *You'll never find another love like mine*.

Jahr	*Titel*	*USA*	*UK*	*D*
1966	Love is a hurtin' thing	13		
1969	Your good thing (is about to end)	18		
1971	A natural man	17		
1976	You'll never find another love like mine	2	10	

Otis Redding

geb. 9. 9. 1941 in Macon/Georgia, USA, voc; gest. 10. 12. 1967

Otis Redding stammte aus Macon, derselben Stadt, aus der auch andere Stars wie Little Richard und → James Brown kommen. Wie so viele andere farbige Interpreten begann auch Otis Redding im Kirchenchor mit dem Singen. 1963 bekam er einen Plattenvertrag und nahm als ersten Song *These arms of mine* auf, der ein Bestseller in den Black Charts wurde. Otis Reddings Spezialität war es, die Songs ganz soft und lieb zu beginnen, dann jedoch unglaublich zu steigern, so daß jedes Lied mit seinem unwechselbaren *Sock it to me baby* endete. Bis 1967 war Otis Redding zum internationalen Star mit einer langen Liste von Bestsellern geworden. Ende 1967 war er mit den → Bar-Kays, seiner damaligen Begleitband, auf Tournee. Sie hatten gerade in Cleveland/Ohio gespielt und waren am 10. Dezember 1967 mit einem gecharterten Flugzeug auf dem Weg zu ihrem nächsten Auftrittsort im Mittelwesten. Im dichten Nebel berührte das Flugzeug die Oberfläche eines vereisten Sees in der Nähe von Madison/Wisconsin. Die Maschine stürzte ab. Otis Redding ertrank zusammen mit vieren seiner Musiker. Zwei Wochen vor seinem Tod hatte Otis seine Eigenkomposition *Sittin' on the dock of the bay* aufgenommen, sie wurde posthum sein größter Erfolg und ein internationaler Millionenseller. Aus der Feder von Otis Redding stammt übrigens auch der Millionenseller *Respect* für → Aretha Franklin. Recht erfolgreich waren auch Otis Reddings Duette mit → Carla Thomas.

Jahr	*Titel*	*USA*	*UK*	*D*
1965	I've been loving you too long	21		
1965	My girl		11	
1966	Satisfaction	31	33	
1966	Fa-fa-fa-fa-fa (Sad song)	29	23	
1966	Try a little tenderness	25	46	
1968	(Sittin' on) The dock of the bay	1	3	16

1968	The happy song (Dum-dum)	25	24
1968	Hard to handle	51	15
1968	Papa's got a brand new bag	21	

Otis & Carla

1967	Tramp	26	18
1967	Knock on wood	30	35

Jim Reeves

James Travis, geb. 20. 8. 1924 in Panola County/Texas, USA, voc, g; gest. 31. 7. 1964

Eigentlich wollte Jim ja professioneller Baseball-Spieler werden, aber eine ernsthafte Knöchelverletzung machte diese Pläne zunichte. Daraufhin ging Jim auf die Universität von Texas und lernte Gitarrespielen. Danach wurde er Discjockey in Shreveport/Louisiana. Der Country-Sänger mit der warmen, weichen Stimme nahm 1953 seinen ersten Song *Mexican Joe* auf, der in den Country-Charts damals sage und schreibe neun Wochen lang die Nr. 1 war. Jim Reeves wurde danach ständiger Gast im berühmten »Louisiana Hayride«. Im selben Jahr 53 hatte er mit *Bimbo* gleich noch seinen zweiten Nr.-1-Hit in den Country-Charts. 1955 wurde er Mitglied der »Grand Ole Opry«, und 1957 fand er mit *Four walls* auch Eintritt in die Pop-Charts. In den Country-Charts war der Song acht Wochen die Nr. 1. Seinen größten Hit veröffentlichte Jim Reeves Ende 1959 mit *He'll have to go*, der dann 1960 in den Country-Charts vierzehn Wochen die Nr. 1 war. Am 31. Juli 1964 starb Jim Reeves bei einem Flugzeugabsturz in Nashville im Alter von nur 39 Jahren. Doch auch nach seinem Tod hielt sein Erfolg in den Charts weiter an. Von Juli 1964 bis Juli 1969 war Jim Reeves in den US-Country-Charts mit 13 Platten vertreten, 12 davon waren Top-10, und 6 davon waren Nr.-1-Hits.

Jahr	*Titel*	*USA*	*UK*	*D*
1957	Four walls	11		
1960	He'll have to go	2	12	
1961	You're the only good thing		17	
1963	Welcome to my world		6	
1964	I love you because		5	
1964	I won't forget you		3	
1964	There's a heartache following me		6	
1965	It hurts so much		8	
1965	Not until the next time		13	
1965	Is it really over		17	
1966	Distant drums		1	37
1967	I won't come in while he's there		12	
1969	When two worlds collide		17	
1969	But you love me Daddy		15	

The Reflections

Anthony Micale, geb. 23. 8. 1942 in der Bronx/New York, leadvoc
Phil Castrodale, geb. 2. 4. 1942 in Detroit/Michigan, 1. Tenor
Daniel Bennie, geb. 13. 3. 1940 in Johnstone, Schottland, 2. Tenor

Raymond Steinberg, geb. 29. 10. 1942 in Washington/Pennsylvania, Bariton
John Dean, geb. in Detroit/Michigan, Baß

Die Vokalformation wurde Anfang der 60er Jahre in Detroit gegründet. Sie trat bei diversen Veranstaltungen auf und ließ sich dabei, da sie keine eigene Band hatte, immer von den gerade eingagierten »Haus-Bands« begleiten. 1963 bekamen die Reflections einen Vertrag und veröffentlichten Anfang 1964 die Debüt-Single *Just like Romeo & Juliet.* Der Song wurde und blieb der einzige Hit der Formation. Anfang 1965, nach den zwei eher mäßigen Erfolgen *Like Columbus did* und *Poor man's son*, ging ihre Plattenfirma pleite, und die Reflections verschwanden aus den Charts. Lediglich in ihrer Gründungsstadt Detroit erfreuten sie sich weiterhin großer Beliebtheit.

Jahr	*Titel*	*USA*	*UK*	*D*
1964	(Just like) Romeo & Juliet	6		

The Regents

Guy Villari, geb. 11. 8. 1942, leadvoc
Sal Cuomo, geb. 10. 8. 1939, 1. Tenoronx
Charles Fassert, geb. 1939, 2. Tenor
Don Jacobucci, geb. 8. 8. 1938, Bariton
Tony Gravagna, geb. 1939, Baß
alle aus der Bronx/New York, USA

Das Quintett tat sich 1959 in der Bronx zusammen und sang für ein paar Cents an den Straßenecken. Den Namen The Regents gaben sie sich, weil der Leadsänger Guy »Regents«-Zigaretten rauchte. 1959 nahmen sie das Lied *Barbara Ann* auf, das Charles' Bruder Fred Fassert geschrieben hatte. Das Lied ging unter, aber es wurde zum beliebtesten Song bei den Auftritten der Regents. Schließlich versuchten sie, es zwei Jahre später, 1961, noch einmal bei einer Plattenfirma unterzubringen. Und dieses Mal klappte es. Der Song wurde veröffentlicht und entwickelte sich zu einem passablen Hit. (Fünf Jahre später fiel den → Beach Boys eine Aufnahme dieses Songs in die Hände, und sie veröffentlichten im Januar 1966 ihre eigene Version von *Barbara Ann.* Der Song wurde für die Beach Boys ein Millionenseller.) The Regents hatten ihren zweiten Erfolg 1961 mit *Runaround*, einer Nummer aus der Feder von → Ernie Maresca, der für → Dion die Bestseller *Runaround Sue* und *The wanderer* geschrieben hatte. Als der Erfolg dann nachließ, änderten sie 1962 ihren Namen in The Runarounds. Doch das machte ihre Songs *Unbelievable* und *Let them talk* auch nicht erfolgreicher. Guy lebt heute in Longs Island und verkauft Schallplatten. An Wochenenden tritt er mit zwei anderen Sängern immer noch unter dem Namen The Regents auf. Don hat sich als Geschäftsmann in Florida niedergelassen, während Chuck in Kalifornien bei einem Plattenverlag arbeitet.

Jahr	*Titel*	*USA*	*UK*	*D*
1961	Barbara Ann	13		
1961	Runaround	28		

Remo Four

TONY ASHTON, geb. 1. 3. 1944 in Liverpool, England, voc, keyb
COLIN MANNLEY, g, voc
PHIL RODGERS, b
ROY DYKE, geb. 13. 2. 1945 in Liverpool, England, dr

Obwohl das Quartett nie einen Hit in den Charts hatte, war es doch Mitte der 60er Jahre eine der wichtigsten Gruppen der englischen Beat-Musik. Begonnen hatten Remo Four als Begleitband von Stars wie → BILLY J. KRAMER und CHRIS FARLOWE. Doch dann fiel die Liverpooler Band dem → BEATLES-Manager BRIAN EPSTEIN auf, und er kümmerte sich ab 1965 um die Formation. Die Remo Four spielten ihre ganz persönliche Abart des Merseybeats, mit viel Blues und Jazz und musikalischen Einfällen und Techniken, die teilweise ihrer Zeit weit voraus waren. Die Auftritte von Remo Four gehörten bald zu den Club-Highlights von Liverpool und vor allen Dingen Hamburg. Die Remo Four wurde praktisch zur Hausband der deutschen TV-Musik-Show »Beat Club«. Das Markenzeichen der Band war ihre recht eigenwillige Version von *Peter Gunn*. Ansonsten spielte die Gruppe in erster Linie fremdes Material nach, wie → CHUCK-BERRY- oder → STEVIE-WONDER-Songs. 1967 entstand auch *Smile*, die einzige LP der Remo Four. Nach dem Tod von Brian Epstein löste sich die Formation Ende 1967 auf. Kurz danach gründeten Tony Ashton und Roy Dyke die Gruppe ASHTON, GARNDER AND DYKE, die 1971 mit dem *Resurrection shuffle* in England einen Nr.-3-Hit hatte.

Diane Renay

RENEE DIANE KUSHNER, geb. in Philadelphia/Pennsylvania, voc

Schon als Teenager sang Diane gern und gut, und da ihr Vater aus der Plattenbranche stammte, war es für sie kein Problem, 1963 einen Plattenvertrag zu bekommen. Ihr Vater kannte auch die Songschreiber und Produzenten FRANK SLAY und → BOB CREWE (→ FOUR SEASONS), die damals in Philadelphia lebten und arbeiteten. Ende 1963 produzierte Bob Crewe dann Dianas Debütsingle *Navy blue*, die ein Hit wurde. Nach einer weiteren Single verschwand Miß Renay wieder. Heute ist Diane verheiratet und hat sich ganz aus dem Showbusiness zurückgezogen, lebt aber noch in Philadelphia.

Jahr	*Titel*	*USA*	*UK*	*D*
1964	Navy blue	6		
1964	Kiss me sailor	29		

The Renegades

DENY GIBSON, geb. 1945 in Birmingham, England, leadg
KIM BROWN, geb. 1945 in Birmingham, England, g
IAN MALLETT, geb. 1945 in Birmingham, England, b
GRAHAM JOHNSON, geb. 1945 in Birmingham, England, dr

Die vier lernten sich auf der Schule kennen und bildeten zusammen eine Beatband. Da ihnen in England kein Erfolg beschieden war, ging das Quartett kurzerhand nach Skandinavien – und in Helsinki winkte der erste Erfolg. Mit der ungewöhnlichen Beat-Numer *Cadillac* hatten sie zuerst in den skandinavischen Ländern und schließlich auch in Deutschland einen Bestseller.

Jahr	*Titel*	*USA*	*UK*	*D*
1965	Cadillac			10

Reparata And The Delrons

MARY »REPARATA« AIESE, leadvoc
LORAINE MAZZOLA, voc
NANETTE LICARI, voc

Das amerikanische Mädchen-Trio begann 1965, Platten zu veröffentlichen. Seine Songs *Whenever a teenager cries* und *Tommy* (beide 1965) erreichten nur Platz 60 bzw. 92 in den US-Charts. Danach hielt man die Gruppe für aufgelöst, bis 1968 Reparata und ihre Delrons plötzlich mit *Captain of your ship* in den englischen Charts auftauchten. Danach herrschte wieder Funkstille bis 1975. Da veröffentlichte Reparata, diesmal ohne ihre Delrons, die griechisch angehauchte Single *Shoes*, die in UK bis Rang 43 und in ihrem Heimatland bis Rang 92 kam.

Jahr	*Titel*	*USA*	*UK*	*D*
1968	Captain of your ships		13	

Danach war die Sängerin mit der exotischen Stimme endgültig verschwunden.

Paul Revere & The Raiders

PAUL REVERE, geb. 1942 in Boise/Idaho, USA, org
→ MARK LINDSAY, geb. 9. 3. 1942 in Eugene/Oregon, USA, leadvoc
DRAKE LEVIN, leadg; ersetzt durch JIM VALLEY; ersetzt 1968 durch FREDDY WELLER, geb. 9. 9. 1947 in Georgia
PHIL VOLK, g; ersetzt 1968 durch CHARLIE COE, geb. 19. 11. 1945 in Idaho, USA
MIKE SMITH, dr; ersetzt durch JOE CORRERO jr., geb. 19. 11. 1946 in Greenwood/Mississippi, USA

Paul Revere, der mit seinem berühmten Namensvetter nur die Popularität, nicht aber das kriegerische Wesen gemeinsam hat, arbeitete nach der Schule zunächst als Friseur. Kurze Zeit darauf hatte der geschäftstüchtige junge Mann bereits ein eigenes Drive-In-Restaurant in Boise. Da er als Kind Klavier- und Orgelspielen gelernt hatte, trat er in seiner Freizeit mit einer kleinen Band auf. Anfang der 60er Jahre lernte Paul einen jungen Mann namens Mark Lindsay kennen. Mark lieferte Brot an Pauls Restaurant, er hörte von Pauls Band und wollte unbedingt mitmachen. Er wurde als Leadsänger eingesetzt, und 1961 bekam die Amateur-Band sogar einen Plattenvertrag. *Like long hair* hieß die Debüt-Single, die sich ganz gut verkaufte und in USA bis Rang 38 kam. Inzwischen hatten sich Paul Revere und seine Raiders als besonderen Gag das Auftreten in Bürgerkriegsuniformen ausgedacht. In den folgenden Jahren spielte sich das Quintett von kleinen Clubs auf dem Land bis in die exklusiven Höhen der Nightclubs von San Francisco. 1965 veröffentlichte die Band bei einer neuen Plattenfirma die nächste Single. *Steppin' out* erreichte zwar nur Platz 45 in USA, aber die nächste Single *Just like me* wurde ein Hit. Bis 1969 veröffentlichte die Gruppe eine ganze Reihe von Erfolgen. 1969 beschloß Mark Lindsay, sein Glück als Solist zu versuchen. *Arizona* hieß seine Debüt-Single, die ein Nr.-10-Hit und Millionenseller wurde. 1971 ging Lindsay wieder zu der Band zurück, die sich jetzt allerdings nur noch THE RAIDERS nannte. Paul Revere hatte sich aus dem aktiven Geschehen zurückgezogen und machte nur noch das Geschäftliche, während Lindsay fortan für die künstlerischen Belange zuständig war. Mitte der 70er Jahre verschwand die Gruppe dann aus den Charts.

Jahr	*Titel*	*USA*	*UK*	*D*
1965	Just like me	11		
1966	Kicks	4		
1966	Hungry	6		
1966	The great airplane strike	20		
1966	Good thing	4		
1967	Him or me – What's it gonna be?	5		
1967	I had a dream	17		
1968	Too much talk	19		
1969	Mr. Sun, Mr. Moon	18		
1969	Let me	20		31
THE RAIDERS				
1971	Indian reservation (The lament of the Cherokee reservation Indian)	1		38

Charlie Rich

geb. 14. 12. 1932 in Colt/Arkansas, USA, voc

Charlie Rich, der Sänger, Pianist und Songwriter, begann seine musikalische Karriere Anfang der 50er Jahre mit Jazz und Blues. Als er Mitte der 50er Jahre seinen Militär-Dienst in der Air Force absolvierte, hatte er sogar eine eigene Jazz-Band, THE VELVETONES. Nach seiner Entlassung ging er zu SAM PHILLIPS Sun-Records in Memphis und arbeitete dort als Session-Musiker. Da er eine gute Stimme hatte, bekam er bald einen Plattenvertrag als Solist, und zwar als Rockabilly-Sänger. Seinen ersten größeren Erfolg hatte Charlie Rich 1960 mit der poppigen Rocknummer *Lonely weekends*, die er selbst geschrieben hatte und die es bis Platz 22 schaffte. Auf den nächsten Hit mußte er fünf Jahre warten: 1965 erreichte seine Country-orientierte Nummer *Mohair Sam* Rang 21 in USA. Danach blieb Rich bei den Country-Songs, und ab 1968 war er regelmäßig in den US-Country-Charts vertreten. Seine größten Erfolge hatte er 1973 mit dem Millionensellern *Behind closed door* und *The most beautiful girl*, die beide in den Country-Charts Nr. 1 waren. Von 1973 bis 1974 hatte Charlie Rich insgesamt sieben Nr.-1-Hits in den Country-Charts, 1974 wurde er mit dem CMA Award als »Entertainer des Jahres« ausgezeichnet.

Jahr	*Titel*	*USA*	*UK*	*D*
1973	Behind closed doors	15	16	
1973	The most beautiful girl	1	2	14
1974	There won't be anymore	18		
1974	A very special love song	11		
1975	Every time you touch me (I get high)	19		

Cliff Richard

HARRY WEBB, geb. 14. 10. 1940 in Lucknow, Indien, voc

1988 waren es 30 Jahre, in denen Cliff Richard, der (fast) alterslose Sänger, ohne große Unterbrechungen in den internationalen Charts zu finden war. Geboren in Indien, kam er mit seiner Familie 1948 nach England. Der hübsche kleine Harry ging zuerst brav in die Schule, nach dem Schulabschluß ebenso brav ins Büro, aber in seiner Freizeit widmete er sich ganz seinem ersten und einzigen Hobby: der Musik. Zu seinen Idolen gehörten → ELVIS PRESLEY und vor allen Dingen LITTLE RICHARD. Und wegen des *Tutti-frutti*-Helden änderte Harry auch seinen Namen in Cliff Richard. Er gründete eine eigene Band und gab ihr den Namen THE DRIFTERS. Schon bald waren Cliff und seine Mannen weit über die Grenzen ihrer Heimatprovinz Hertfordshire hinaus berühmt. Und 1958 erkannte eine Plattenfirma die Begabung dieser Formation und gab Cliff Richard und seiner Band einen Vertrag. Allerdings mußten die Drifters ihren Namen ändern, die amerikanischen Namensvettern hatten zu diesem Zeitpunkt ihren Weg auch nach England gefunden. Und so nannten sie sich → THE SHADOWS. *Move it* war 1958 die erste Single, mit der sich Cliff in den UK-Charts plazieren konnte, und es war der Anfang einer Karriere, die ihresgleichen sucht. Der Sänger begann zunächst als englische Ausgabe von Elvis, mit Rock'n'Roll. Doch schon bald zeigte sich, daß zu Cliffs warmer, weicher Stimme softige Pop-Songs eher paßten. Und Mitte der 60er Jahre gehörte Cliff Richard zu jenen Popsängern, denen die Teenager schmachtend an den Lippen hängen und die sich jede Mutter als Schwiegersohn wünscht. Auch die Anzahl seiner deutschen Fans war gewaltig, und so sang Cliff ab 1961 auch in Deutsch. Daneben drehte der attraktive junge Mann mit dem Saubermann-Image Filme und bekam eine eigene TV-Show. 1965 starb sein Vater, und Cliff fing an, sich in erster Linie mit Religion zu beschäftigen. Er zog als Prediger durchs Land und sang bei Wohltätigkeitsveranstaltungen Gospel-Songs. Doch daneben kümmerte er sich immer noch um seine Sangeskarriere und veröffentlichte weiter erfolgreiche Lieder. 1970 trennte sich Cliff von seiner Begleitband The Shadows. Die Shadows hatten sich ja nebenbei immer auch als reine Instrumental-Formation betätigt und ebenfalls etliche Bestseller zu verzeichnen gehabt. Aber auch mit wechselnden Studiobands war Cliff mit seinen perfekt arrangierten, hervorragend produzierten und dem Zeittrend entsprechend komponierten Songs ständig in den internationalen Charts vertreten.

Sein durchgestylter, aber doch zeitloser Mainstream-Pop dürfte auch die nächsten Jahre gut überstehen.

Jahr	*Titel*	*USA*	*UK*	*D*
1958	Move it		2	
1958	High class baby		7	
1959	Livin' lovin' doll		20	
1959	Mean streak		10	
1959	Living doll	30	1	19
1959	Travellin' light		1	
1959	Dynamite		16	
1960	Express bongo		14	
1960	Voice in the wilderness		2	
1960	Fall in love with you		2	
1960	Please don't tease		1	
1960	Nine times out of ten		3	
1960	I love you		1	34
1961	Theme for a dream		3	
1961	Gee whiz it's you		4	
1961	A girl like you		3	
1961	When the girl in your arms is the girl in your heart		3	
1962	The young ones		1	16
1962	I'm looking out the window/Do you wanna dance		2	
1962	It'll be me		2	
1962	The next time/Bachelor boy		1	
1963	Summer holiday		1	
1963	Lucky lips		4	8
1963	It's all in the game	25	2	
1963	Rote Lippen soll man küssen			1
1963	Don't talk to him		2	
1964	I'm the lonely one		8	24
1964	Constantly		4	
1964	Sag »no« zu ihm			2
1964	Zuviel allein			12
1964	One the beach		7	
1964	The twelfth of never		8	
1964	I could easily fall		9	
1964	Das ist die Frage aller Fragen			1
1965	The minute you're gone		1	
1965	On my word		12	
1965	Es war keine so wunderbar wie du			5
1965	Wind me up (Let me go)		2	
1966	Blue turns to grey		15	
1966	Visions		7	40
1966	Du bist mein erster Gedanke			15
1966	Time drags by		10	
1966	In the country		6	35
1967	It's all over		9	
1967	The day I met Marie		10	
1967	All my love		6	
1968	Ein Sonntag mit Marie			12
1968	Congratulations		1	3
1969	Good times (better times)		12	37
1969	Big ship		8	
1969	Throw down a line		7	
1969	With the eyes of a child		20	
1970	Goodbye Sam, hello Samantha		6	11
1971	Sunny honey girl		19	
1971	Sing a song of freedom		13	
1972	Living in harmony		12	
1973	Power to all our friends		4	4
1973	Take me high		27	29
1974	(You keep me) Hangin' on		13	
1976	Miss you nights		15	

Jahr	*Titel*	*USA*	*UK*	*D*
1976	Devil woman	6	9	
1976	I can't ask for any-more than you		17	
1977	My kinda life		15	38
1979	We don't talk any-more	7	1	1
1980	Carrie	34	4	26
1980	Dreamin'	10	8	6
1981	A little in love	17	15	
1981	Wired for sound		4	13
1981	Daddy's home	23	2	73
1982	The only way out		10	59
1982	Little town		11	
1983	True love ways		8	
1983	Never say die (Give a little bit more)		15	63
1983	Please don't fall in love		7	
1985	She's so beautiful		17	61
1987	My pretty one		6	
1987	Some people		3	
1988	Mistletoe and wine		1	
Cliff Richard And Olivia Newton-John				
1980	Suddenly	20	15	
Cliff Richard And Phil Everly				
1983	She means nothing to me		9	
Cliff Richard And Sarah Brightman				
1986	All I ask of you		3	
Cliff Richard And The Young Ones				
1986	Living doll		1	

The Righteous Brothers

Bill Medley, geb. 19. 9. 1940 in Santa Ana/Kalifornien, USA, voc
Bobby Hatfield, geb. 10. 8. 1940 in Anaheim/Kalifornien, USA, voc

Die beiden Sänger, Bill Medley mit seinem erdigen Bariton und Bobby Hatfield mit seinem fiebrigen, ekstatischen Tenor, waren in den 60er Jahren der Inbegriff des »Blue-Eyed-Soul«. Begonnen hatte alles 1962, als sich die beiden unter dem Namen The Paramours zu einem Duett zusammentaten. Sie bekamen einen Plattenvertrag und hatten bald vor allen Dingen unter den schwarzen Fans eine große Anhängerschar. Als ihre Fans bei einem Konzert ihren Sound »Righteous« (»Das Wahre«) nannten, änderten sie ihren Namen in Righteous Brothers. Im April 1963 veröffentlichten sie mit *Little latin lupe lu* ihre erste Single. Doch der große Durchbruch kam erst 1964, als die Righteous Brothers von → Phil Spector unter die Fittiche genommen wurden. Zusammen mit → Barry Mann und Cynthia Weil schrieb er ihnen ein Lied namens *You've lost that loving feeling* und arrangierte es in dem für ihn üblichen »Wall Of Sound«. Der bombastische Pop-Song mit Bläsern und Geigern und Pauken wurde ein internationaler Millionenseller. Bis 1966 veröffentlichten die Righteous Brothers ihren »Blue-Eyed-Soul« in dieser Machart, dann verließen sie Phil Spector, und die Hits blieben aus. 1968 trennten sich die beiden. Medley versuchte sich, ziemlich erfolglos, als

Solist. Hatfield dagegen versuchte 1969 zusammen mit JAMES WALKER von den → KNICKERBOCKER *(Lies)*, die Righteous Brothers wieder zum Leben zu erwekken. Dieser Versuch blieb ebenfalls erfolglos. 1974 kehrten Medley und Hatfield reumütig zueinander zurück, hatten mit dem *Rock and roll heaven* auch wieder einen Hit, aber der alte Schwung war raus. Erneut trennten sie sich 1976, und man hörte lange Zeit nichts mehr von den beiden. Erst 1987 glückte Bill Medley ein glanzvolles Comeback. Zusammen mit JENNIFER WARNES sang er den Titelsong *(I've had) The time of my life* aus dem Kassenknüller *Dirty dancing* mit PATRICK SWAYZE in der Hauptrolle. Der Song wurde ein internationaler Bestseller. 1988 war Bill Medley dann mit einer neuen Version von *He ain't heavy, he's my brother* in den UK-Charts zu finden. 1989/90 brachte dann ein Patrick-Swayze-Film die kompletten Righteous Brothers in die internationalen Charts zurück. Für seinen Erfolgsfilm *Ghost – Nachricht von Sam* wurde die *Unchained melody* verwendet und anschließend ein Bestseller.

Jahr	*Titel*	*USA*	*UK*	*D*
1964	You've lost that loving feeling	1	1	27
1965	Just once in my life	9		
1965	Unchained melody	4	14	
1965	Ebb tide	5	48	
1966	(You're my) Soul and inspiration	1	15	34
1966	He	18		
1969	You've lost that loving feeling		10	
1974	Rock and roll heaven	3		
1974	Give it to the people	20		
BILL MEDLEY & JENNIFER WARNES				
1987	(I've had) The time of my life	1	6	5
1990	Unchained melody		1	
1990	You've lost that young feeling		3	

Jeannie C. Riley

JEANNE CAROLYN STEPHENSON, geb. 19. 10. 1945 in Anson/Texas, USA, voc

Nachdem die kleine Jeannie schon als Kind gerne und viel gesungen hatte, ging sie Mitte der 60er Jahre nach Nashville, um die Passion zur Profession zu machen. Doch zunächst mußte sie sich ihre Brötchen als Sekretärin bei diversen Musikverlagen verdienen. Nebenbei machte sie Demos für Country-Stars wie JOHNNY PAYCHECK. Und eine dieser Aufnahmen brachte ihr Glück. Als der Produzent SHELBY SINGLETON 1968 ein Demo von Jeannie hörte, war er von ihrer Stimme so angetan, daß er sie ein Lied aufnehmen ließ, das TOM T. HALL geschrieben hatte: *Harper Valley P.T.A.*, ein Song über die Verlogenheit der Menschen. Innerhalb kürzester Zeit entwickelte sich der Country-Song zu einem Millionenseller und machte aus Jeannie und dem Autor Stars. Die nächsten Songs von Jeannie C. Riley wie *The girl most likely, There never was a time, Country girl, Oh, singer* und *Good enough to be your wife* konnten sich allerdings nur noch in den US-Country-Charts plazieren.

Jahr	*Titel*	*USA*	*UK*	*D*
1968	Harper Valley P.T.A.	1	12	31

The Rip Chords

PHIL STEWART
ARNIE MARCUS
RICH ROTKIN
BERNIE BRINGAS

Das Quartett aus Süd-Kalifornien kam 1961 zusammen. Anfang 1963 bekamen die vier einen Plattenvertrag. Die ersten beiden Singles *Here I stand* und *Gone* wurden Flops, erst der dritte Song wurde ein Hit: *Hey, little Cobra*, einer der damals gerade so beliebten Songs über »heiße Schlitten«. Andere Beispiele dafür sind *409* der → BEACH BOYS und *Drag City* von → JAN & DEAN.

Jahr	*Titel*	*USA*	*UK*	*D*
1964	Hey, little Cobra	4		
1964	Three window coupe	28		

Johnny Rivers

JOHN RAMISTELLA, geb. 7. 11. 1942 in New York City, USA, voc, g

Mit drei Jahren zog Johnny mit seiner Familie nach Baton Rouge bei New Orleans. Schon als kleiner Junge fing er mit dem Gitarrespielen an und imitierte als erstes die Blues-Sänger dieser Gegend. In der Highschool gründete er dann seine eigene Gruppe und trat schon mit vierzehn Jahren regelmäßig auf. Als Johnny 1960 nach Los Angeles ging, war er bereits ein hervorragender Sänger und Gitarrist. In L.A. fing er an, Songs zu schreiben und damit in Discotheken aufzutreten. Bald hatte er sich einen derartig vorzüglichen Ruf erspielt, daß er im berühmten »Whiskey A Go Go« Club zum viel umjubelten Headliner wurde. Bei diesen Auftritten kam er auf die Idee, das Ganze als Live-Album mitzuschneiden. Diese LPs, auf denen er in erster Linie alte R & B-Titel sang, wurden seine ersten Bestseller. 1966 gründete Johnny Rivers, wie er sich inzwischen nannte, sein eigenes Label »Soul City«. Eine der ersten Formationen, die er unter seine Fittiche nahm, war → THE 5TH DIMENSION. Rivers hatte auch als einer der ersten die Idee, für seine Firma eine feste Band von hervorragenden Studiomusikern zu engagieren – und diese dann auch auf dem Plattencover aufzuführen. Rivers gab bei seiner Firma auch vorher unbekannten jungen Songschreibern die Möglichkeit, ihre Sachen unterzubringen, und half so heutigen Superstars wie JACKSON BROWNE, → VAN MORRISON, JAMES TAYLOR, JIM WEBB und → LAURA NYRO zum Karrierestart. Und

Johnny Rivers war es auch, der 1975 Brian Wilson von den → Beach Boys wieder ans Tageslicht holte. Wilson hatte sich mit Depressionen in ein selbstgewähltes Exil zurückgezogen, aber Rivers holte ihn wieder ins Studio und nahm mit ihm eine neue Version von *Help me Rhonda* auf. Mitte der 70er Jahre gehörte Johnny Rivers zu den populärsten amerikanischen Künstlern. Er hatte über 25 Millionen Platten verkauft und dafür sechzehn Gold-Auszeichnungen erhalten. Ende der 70er Jahre wurde es dann stiller um ihn.

Jahr	*Titel*	*USA*	*UK*	*D*
1964	Memphis	2		18
1964	Maybelline	12		
1964	Mountain of love	9		
1965	Midnight special	20		
1965	Seventh son	7		
1966	Secret agent man	3		
1966	(I washed my hands in) Muddy water	19		
1966	Poor side of town	1		
1967	Baby I need your lovin'	3		
1967	The tracks of my tears	10		
1967	Summer rain	14		
1972	Rockin' pneumonia – boogie woogie flu	6		
1975	Help me Rhonda	22		
1977	Swayin' to the music (Slow dancin')	10		

Marty Robbins

Martin David Robinson, geb. 26. 9. 1925 in Glendale/Arizona, USA, voc; gest. 8. 12. 1982

Marty leistete seinen Militärdienst bei der Navy ab und verdingte sich zunächst als Sänger bei einer Radiostation. Kurz danach gründete der Interpret, Gitarrist und Komponist, seine eigene Band, die K-Bar Cowboys, und hatte mit ihnen in den 40er Jahren bald eine eigene Radioshow. Anfang der 50er Jahre wurde Marty Robbins, wie er sich inzwischen nannte, vom Fernsehen entdeckt, und ab 1951 hatte er eine eigene TV-Show, die *Western caravan*. 1952 brachte er mit *I'll go on alone* seinen ersten Nr.-1-Hit in den Country-Charts heraus, in denen er bis zu seinem Tode ohne Unterbrechung 30 Jahre lang vertreten war. Seinen ersten Erfolg in den Pop-Charts hatte er 1956 mit seiner Version von *Singing the blues*, das im Original ein Hit für Guy Mitchell war. 1957 schrieb er sich mit *A white sport coat (And a pink carnation)* selbst einen Millionenseller, auch die meisten anderen seiner Hits stammten aus seiner Feder.

Jahr	*Titel*	*USA*	*UK*	*D*
1956	Singing the blues	17		
1957	A white sport coat (And a pink carnation)	2		
1957	The story of my life	15		
1959	El Paso	1	19	38
1961	Don't worry	3		
1962	Devil woman	16	5	
1962	Ruby Ann	18	24	

Daneben trat Marty Robbins auch erfolgreich in diversen Filmen wie *Road to Nashville* und *Guns of a stranger* auf. Außerdem hatte der Plattenmillionär eine eigene Plattenfirma und war ein begeisterter Stock-Car-Rennfahrer. Am 8. Dezember 1982 starb Marty Robbins im Alter von 57 Jahren an einem Herzinfarkt.

Ivo Robic

Eevo Robish, geb. 1931 in Zagreb, Jugoslawien, voc

Eigentlich wollte Ivo Musiklehrer werden. Doch dann sang er beim Rundfunk-Tanzorchester von Radio Zagreb vor und wurde als Sänger für Unterhaltungsmusik engagiert. 1948 veröffentlichte er in Jugoslawien seine erste Platte, 1959 gehörte er zu den Top-Stars in seinem Heimatland. Er war ein perfekter Entertainer, der bereits über 100 Platten veröffentlicht hatte und in Deutsch, Französisch, Italienisch, Spanisch und Englisch sang. Seinen ersten deutschen Hit hatte Ivo Robic 1959 mit *Morgen*. Es war das erste deutschgesungene Lied, das sich auch in den englischen und amerikanischen Charts plazieren konnte. Seinen ersten und einzigen Nr.-1-Hit in Deutschland hatte er ein Jahr später, 1960, mit *Mit 17 fängt das Leben erst an*, der deutschen Version des → Drifters-Millionensellers *Save the last dance for me*.

Jahr	*Titel*	*USA*	*UK*	*D*
1959	Morgen	13	23	2
1960	Muli-Song			7
1960	Mit 17 fängt das Leben erst an			1
1962	Ein ganzes Leben lang			8
1966	Rot ist der Wein			14

The Rocky Fellers

Eddie, geb. 1955 in Manila, Philippinen, voc
Albert, geb. 1953 in Manila, Philippinen, voc
Tony, geb. 1947 in Manila, Philippinen, voc
Junior, geb. 1945 in Manila, Philippinen, voc
Pop, geb. 1924 in Shanghai, China, voc

Die Rocky Fellers waren Vater Pop und seine vier Söhne. Der Familien-Act entstand 1959 und hatte 1963 den ersten und einzigen Hit. Zu dieser Großfamilie gehörten übrigens noch fünf Schwestern, die aber zu Hause in Manila bleiben mußten.

Jahr	*Titel*	*USA*	*UK*	*D*
1963	Killer Joe	16		

Clodagh Rodgers

geb. 1947 in Warrenpoint, Nordirland, voc

Obwohl Clodagh Rodgers' Vater in der Werbeabteilung einer Plattenfirma beschäftigt war, mußte die attraktive junge Dame ihre Karriere auf die »Ochsentour« machen. Sie sang in kleinen Clubs, bei unbedeutenden Festivals, in drittklassigen Sendungen. Aber mit typischer irischer Hartnäckigkeit schaffte sie es, 1968 einen Plattenvertrag zu bekommen. Mit *Come back and shake me* veröffentlichte die hübsche Sängerin, die mit einem Amateurboxer verheiratet war, 1969 ihren ersten Hit.

Jahr	*Titel*	*USA*	*UK*	*D*
1969	Come back and shake me		3	39
1969	Goodnight midnight		4	
1971	Jack in the box		4	39

Jimmie Rodgers

geb. 18. 9. 1933 in Camas/Washington, USA, voc, g

Schon als Kind sang Jimmie gerne und lernte Gitarrespielen. Nach der Schule ging er nach Seattle und verdiente sich dort eine Zeitlang sein Geld mit kleinen Auftritten. Dann kam er zur Army und trat des öfteren vor seinen Kameraden auf. Als er entlassen wurde, beschloß er, professioneller Sänger zu werden. 1957 bewarb er sich bei einer Plattenfirma mit dem Song *Honeycomb*. Jimmie bekam sofort einen Vertrag und hatte mit dem Titel seinen ersten Hit. Seine folkigen Rock-Songs, die er mit seiner sympathischen, leicht heiseren Stimme vortrug, konnten sich bis in die 60er Jahre in den internationalen Charts plazieren. Am 2. Dezember 1967 wurde Jimmie mit einem Schädelbruch in seinem Wagen gefunden. An dieser schweren Verletzung wäre der Sänger beinahe gestorben. Die Umstände dieses mysteriösen Unfalls wurden nie aufgeklärt. Heute tritt Jimmie nur noch selten auf.

Jahr	*Titel*	*USA*	*UK*	*D*
1957	Honeycomb	1	30	
1957	Kisses sweeter than wine	3	7	
1958	Oh-oh, I'm falling in love again	7	18	
1958	Secretly	3		
1958	Make me a miracle	16		
1958	Are you really mine	10		
1958	Bimbombey	11		
1958	Woman from Liberia		18	
1962	English country garden		5	

Tommy Roe

Thomas David Roe, geb. 9. 5. 1943 in Atlanta/Georgia, USA, voc, g

Der sonnige und stets liebenswürdige Südstaaten-Boy gründete mit 16 Jahren seine erste eigene Gruppe, The Satins. Er spielte damit bei Veranstaltungen seiner Highschool und bei privaten Festen. 1960 bekam er einen Plattenvertrag und nahm als erstes den selbstgeschriebenen Song *Sheila* auf, der ein Flop wurde. Erst 1962 versuchte Tommy Roe noch einmal, den Song bei einer Plattenfirma unterzubringen, und diesmal klappte es:

Sheila wurde der erste einer langen Reihe von Millionenerfolgen. Weitere Millionenseller waren *Sweet pea*, *Dizzy*, und *Jamp up jelly tight*. Tommy Roe, der zunächst seine Lieder im Stil von → Buddy Holly schrieb und sang, konnte sich mit seinen Eigenkompositionen bis 1970 in den internationalen Charts plazieren. Er tourt heute mit seiner Band als Tommy Roe And His Trio durch Amerika.

Jahr	*Titel*	*USA*	*UK*	*D*
1962	Sheila	1	3	9
1962	Susie darlin'	35	37	
1963	The folk singer		4	
1963	Everybody	3	9	32
1966	Sweet pea	8		
1966	Hooray for Hazel	6		
1969	Dizzy	1	1	4
1969	Heather honey	29	24	20
1969	Jam up and jelly tight	8		

Julie Rogers

Julie Rolls, geb. 6. 4. 1943 in London, England, voc

Die Sängerin mit der voluminösen und ausdrucksvollen Stimme hatte als Kind Klavierunterricht. Mit sechzehn Jahren beendete sie die Schule. Sie fuhr mit einer Freundin nach Spanien, um Urlaub zu machen, und die beiden bewarben sich eigentlich nur so zum Scherz für Jobs als Tänzerinnen. Sie wurden engagiert. Nach neun Monaten kehrte Julie wieder nach London zurück und arbeitete als Sekretärin und als Stewardeß auf einem Schiff. Während dieser Zeit hatte sie immer gesungen, allerdings nur privat, aber Anfang der 60er Jahre bewarb sie sich bei dem Bandleader Teddy Foster um einen Job als Sängerin – und bekam ihn. Teddy war von ihr so begeistert, daß er mit ihr auch im Duo sang und in diversen Cabarets auftrat. Dadurch bekam Julie schließlich einen Plattenvertrag und nahm als erste Single *It's magic* auf, allerdings ohne großen Erfolg. Dann erinnerte sich Julie an ein Lied, das sie immer in ihrer Zeit in Spanien gehört hatte: *La novia*. Dieser Song war 1960 in Argentinien von Joaquin Prieto geschrieben worden, hatte dann seinen Weg nach Amerika gefunden, und 1961 war das Lied in der englischen Version *The wedding* für → Anita Bryant und Malcolm Vaughan ein Erfolg gewesen. Julie Rogers, wie sich Miß Rolls inzwischen nannte, nahm eine neue Version von *The wedding* auf und hatte damit einen internationalen Millionenseller. Es blieb ihr einziger großer Hit.

Jahr	*Titel*	*USA*	*UK*	*D*
1964	The wedding	10	3	16

Kenny Rogers & The First Edition

Kenneth Donald Rogers, geb. 21. 8. 1938 in Houston/Texas, USA, leadvoc
Mike Settle, geb. 20. 3. 1941 in Tulsa/Oklahoma, voc; ersetzt durch Kin Vassey, geb. in Carollton/Georgia
Terry Benson Williams, geb. 6. 6. 1947 in Hollywood/Kalifornien, voc

Thelma Camacho, geb. in San Diego/Kalifornien, voc; ersetzt durch Mary Arnold, geb. in Iowa
Mickey Jones, geb. in Dallas/Texas, voc

The First Edition war eine Folk- und Country-Gruppe, die Mitte der 60er Jahre von einigen Mitgliedern der → New Christy Minstrels gegründet wurde. Star war von Anfang an der gutaussehende Kenny Rogers. Kenny gehörte 1958 zu einer Highschool Band namens The Scholars, mit der er den regionalen Hit *The crazy feeling* aufnahm. Anschließend war er Bassist bei der renommierten Jazzband The Bobby Doyle Trio, danach schloß er sich den Kirby Stone Four an und kam schließlich Anfang der 60er Jahre zu den New Christy Minstrels. 1967 gab er dann den Anstoß für die Gründung der First Edition und warb die anderen von den New Christy Minstrels ab: Mike Settle war Mitglied von The Cumberland Three gewesen (ein weiteres berühmtes Mitglied war John Stewart, der dann später zum → Kingston Trio gehörte). Thelma Camacho hatte eine klassische Ausbildung und hatte an der Oper von San Diego gesungen; Terry Williams war praktisch im Musikermilieu aufgewachsen. Sein Vater hatte zum Tommy Dorsey Orchestra gehört, und seine Mutter war die Sängerin dieses berühmten Orchesters gewesen. Mickey Jones war der einzige, der nicht von den New Christy Minstrels kam. Mickey hatte acht Jahre lang zum Begleitchor von → Trini Lopez gehört und anschließend für berühmte Stars wie → Johnny Rivers und → Bob Dylan gearbeitet. The First Edition gab 1967 ihre Debüt-Vorstellung im »Ledbetter's«, einem Club in Los Angeles, der dem New-Christy-Gründer Randy Sparks gehörte. Die Gruppe machte dabei einen so guten Eindruck, daß sie sofort danach einen Plattenvertrag erhielt. Die ersten beiden Hits wurden noch unter der Bezeichnung The First Edition veröffentlicht, ab *Ruby* hieß die Formation dann Kenny Rogers & The First Edition. Bis Anfang der 70er Jahre war das Quintett in den Charts vertreten, dann trennte sich Kenny Rogers von der Gruppe, um als Solist weiterzumachen, und die First Edition löste sich auf. Ab 1975 begann Kenny Rogers an seiner Solo-Karriere zu feilen, und ab 1977 gehörte er mit internationalen Millionensellern wie *Lucille* oder *Coward of the county* zu den wenigen Country-Superstars, die ihre Songs auch hoch in den Pop-Charts plazieren können.

Jahr	*Titel*	*USA*	*UK*	*D*
1968	Just dropped in (to see what condition my condition was in)	5		
1969	But you know I love you	19		
1969	Ruby, don't take your love to town	6	2	
1970	Something's burning	11	8	
1970	Tell it all brother	17		

The Rolling Stones

Michael Philip »Mick« Jagger, geb. 26. 7. 1943 in Dartford/Kent, England, voc
Keith Richards, geb. 18. 12. 1943 in Dartford/Kent, England, leadg

Brian Jones, geb. 28. 2. 1942 in Cheltenham/Gloucestershire, England, g; gest. 3. 7. 1969 in Hartford, England; ersetzt durch Mick Taylor, geb. 17. 1. 1948 in Hertfordshire, England; ersetzt 1975 durch Ron Wood, geb. 1. 6. 1947 in London
William »Bill« Wyman geb. 24. 10. 1936 in Siddenham, England, b
Charles Robert »Charlie« Watts, geb. 26. 6. 1941 in Islington England, dr
Ian Stewart, geb. 1938 in England, p; gest. 1985

Sie nennen sich zwar selbst gern »The Greatest Rock'n'Roll Band In The World«, aber sie sind eigentlich immer nur eines gewesen: eine hervorragende englische Blues- und R & B-Band. Mick Jagger und Keith Richards, die später als The Glimmer Twins fast alle Hits der Rolling Stones schrieben, lernten sich Anfang der 50er Jahre in der Volksschule kennen. Auch als Studenten waren sie unzertrennlich und hatten ein gemeinsames Hobby: amerikanischen R & B. Jagger studierte Anfang der 60er Jahre Volkswirtschaft, Richard war auf der Kunstakademie, und dort lernten die beiden den Bassisten Dick Taylor kennen. Sie machten ein Trio auf und waren in ihrer Freizeit fast immer im »Ealing Blues Club«, wo → Alexis Korner mit seiner Blues Incorporated die Hausband war. Der Schlagzeuger von Alexis Korner hieß Charlie Watts. In diesem Club lernten sie auch den blonden Gitarristen Brian Jones kennen, der mit dem Pianisten Ian Stewart zusammen Musik machte. Jagger, Richard, Jones, Taylor und Stewart taten sich daraufhin zusammen, holten sich noch den Schlagzeuger Tony Chapman – und gründeten eine R & B-Band namens The Rolling Stones. Den Namen hatten sie einem Lied des Blues-Recken Muddy Waters entnommen, den sie natürlich sehr verehrten. 1962 bekam Mick Jagger einen Nebenjob: Er wurde Sänger bei Alexis Korner. Als er einmal bei einem Fernsehauftritt nicht mitkommen konnte, durfte er als Entschädigung mit seinen Rolling Stones anstelle von Korner im »Marquee Club« auftreten. Der Erfolg war überwältigend. Aber damit begannen bereits die ersten Schwierigkeiten: Taylor ging, um sein Kunststudium zu beenden, später gründete er dann die → Pretty Things. Per Zeitungsanzeige fanden die Stones als neuen Bassisten Bill Wyman. Dann ging Tony Chapman, und Mick Jagger überredete Charlie Watts, ab Januar 1963 bei den Stones zu trommeln. Der explosive R & B dieser Band und dazu Jaggers extrovertierte Show machten die Stones bald zu einem heißen Tip. In Andrew Oldham fand die Band einen adäquaten Manager, der der Formation das passende Image einer dreckigen lauten Bürgerschreck-Band verpaßte: die Gossenjungen der Rolling Stones als Gegensatz zu den braven → Beatles. Am 7. Juni 1963 erschien die Debüt-Single *Come on*, ein alter → Chuck-Berry-Song, und damit begann eine Wahnsinns-Karriere, die bis heute andauert. Ab 1963 lieferten die Rolling Stones unaufhörlich einen Bestseller nach dem anderen ab. Die »Bösen Buben« waren in dieser Zeit ständig in irgendwelche Skandale verwickelt, bei ihren Auftritten kam es häufig zu Tumulten und Schlägereien. Grauenvoller Höhepunkt war der Tod eines Farbigen in Altamont, der von Ordnungshütern erstochen wurde. Jagger machte mit seinen Amouren mit Sängerinnen wie → Marianne Faithfull von sich reden, und auch mit seiner Ehe mit der glutäugigen Schönheit Bianca Perez Morena De Mecias aus Nicaragua, die er am 12. Mai 1971 in St. Tropez heiratete, die am 21. Oktober 1971 die gemeinsame Tochter Jade zur Welt brachte. Nebenbei versuchte sich Mick Jagger auch des öfteren als Schauspieler in nicht sonderlich erfolgreichen Filmen wie *Ned Kelly* (1969) und *Performance* (1971). Am 9. Juni 1969 verließ Brian Jones, der schon eine ganze Weile gekränkelt hatte, die Band. Für ihn kam von → John Mayalls Bluesbreakers Mick Taylor. Am 3. Juli 1969 wurde Brian Jones tot in seinem Swimmingpool gefunden. Zu dem Gedenk-Konzert der Stones im Londoner Hyde Park kamen 250000 Menschen. Bis 1972, bis zum Doppel-Album *Exile on main street*, waren die Stones in Hochform gewesen, dann sackten sie plötzlich ab und wurden sehr konventionell wie auf dem 73er Album *Goat's head soup*. Bill Wyman machte in dieser Zeit sein erstes Solo-Album, und 1974 langweilte sich Mick Taylor derartig, daß er die Gruppe verließ. Für ihn kam 1975 von den Faces Ron Wood. Seitdem bereiten die Rolling Stones ihren Fans regelmäßige Wechselbäder: Mal produzieren sie ein hervorragendes Album wie *Some girls* (1978), mal seltsam Disco-mäßiges wie die 80er LP *Emotional rescue*. Dazwischen gibt es dann immer mal wieder Solo-Alben der einzelnen Mitglieder, Gerüchte über eine endgültige Auflösung und jedesmal wieder eine Wiedervereinigung mit neuem Album, neuer Tournee und Ähnlichem.

Jahr	*Titel*	*USA*	*UK*	*D*
1963	Come on		21	
1963	I wanna be your man		12	
1964	Not fade away		3	
1964	Tell me (You're coming back to me)	24		24
1964	It's all over now	26	1	14
1964	Little red rooster		1	14
1964	Time is on my side	6		28
1965	Heart of stone	19		
1965	The last time	9	1	1
1965	(I can't get no) Satisfaction	1	1	1
1965	Get off of my cloud	1	1	1
1966	As tears go by	6		
1966	Nineteenth nervous breakdown	2	2	1
1966	Paint it black	1	1	2
1966	Mothers little helper	8		9
1966	Have you seen your mother baby, standing in the shadow	9	5	9
1967	Let's spend the night together		3	1
1967	Ruby Tuesday	1	3	
1967	We love you		8	2
1967	Dandelion	14	8	
1968	2000 light years from home			5
1968	She's a rainbow	25		10
1968	Jumping Jack Flash	3	1	1
1968	Street Fighting man			7
1969	Honky tonk woman	1	1	2
1971	Little Queenie			19
1971	Brown sugar/Bitch/Let it rock	1	2	4
1972	Tumbling dice	7	5	17
1973	Angie	1	5	2
1974	Doo doo doo doo doo (Heartbreaker)	15		
1974	It's only Rock and roll	16	10	36
1974	Ain't too proud to beg	17		
1976	Fool to cry	10	6	

Jahr	Titel	USA	UK	D
1978	Miss you/Far away eyes	1	3	12
1978	Best of burden	8		
1980	Emotional rescue	3	9	15
1980	She's so cold	26	33	
1981	Start me up	2	7	36
1981	Waiting on a friend	13	50	
1982	Going to a go-go	25	26	
1983	Undercover of the night	9	11	20
1984	She was hot		42	54
1986	Harlem shuffle	5	13	

The Ronettes

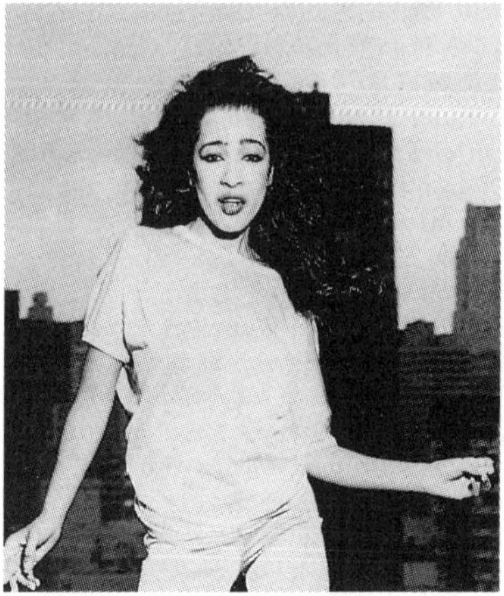

Ronnie Spector Foto: Polydor

RONNIE BENNETT (Spector), geb. 10. 8. 1947 in New York, USA, leadvoc
ESTELLE BENNETT, geb. 22. 7. 1946 in New York, USA, voc
NEDRA TALLEY, geb. 27. 1. 1947 in New York, USA, voc

1959 begannen Ronnie, ihre Schwester Estelle und ihre Cousine Nedra, miteinander zu singen. Die drei bildhübschen farbigen Mädchen bekamen ihren ersten öffentlichen Auftritt bei der Eröffnung der New Yorker »Peppermint Lounge«. Sie durften mit → JOEY DEE und seinen STARLITTERS auftreten. Anläßlich dieser Eröffnung schrieb Joey Dee seinen berühmten *Peppermint twist*. 1963 hörte → PHIL SPECTOR die drei Mädchen und nahm sie sofort unter Vertrag. Im August 1963 veröffentlichten die Ronettes (so genannt nach der Leadsängerin Ronnie) ihre Debüt-Single *Be my baby*. Phil Spector hatte diesen Song zusammen mit JEFF BARRY und ELLIE GREENWICH geschrieben und in seinem üblichen »Wall Of Sound«-Stil produziert. Der Song wurde ein Bestseller. 1970 brachte → ANDY KIM das Lied noch einmal heraus und hatte abermals einen Hit damit. Die zweite Single der Ronettes war *Baby I love you*. Auch diesen Song nahm Andy Kim noch einmal auf und hatte 1969 einen Millionenseller damit. Bereits 1965 verblaßte der Stern der Ronettes wieder. 1968 heiratete Phil Spector die Leadsängerin Ronnie Bennet, 1974 wurden sie wieder geschieden. Ronnie tritt heute noch auf und veröffentlicht ab und zu Alben.

Jahr	Titel	USA	UK	D
1963	Be my baby	2	4	
1964	Baby, I love you	24	11	
1964	(The best part of) Breakin' up	39	43	
1964	Do I love you	34	35	
1964	Walking in the rain	23		

Ronnie And The Hi-Lites

Ronnie Goodson, geb. 1947 in Jersey City/New Jersey, USA, leadvoc; gest. 4. 11. 1980
Sonny Caldwell, geb. 1943 in Jersey City/New Jersey, 1. Tenor
John Whitney, geb. 1944 in Jersey City/New Jersey, 2. Tenor
Stanley Brown, geb. 1944 in Jersey City/New Jersey, Bariton
Ken Overby, geb. 1944 in Jersey City/New Jersey, Baß

Ronnie und die vier Hi-Lites lernten sich 1961 bei den Proben in einem Kirchenchor kennen. Ein Jahr lang übten sie, dann sangen sie bei einer Plattenfirma vor und bekamen einen Vertrag. Im März 1962 sang Ronnie im Alter von 14 Jahren die Leadstimme auf dem Song *I wish that we were married*, der der erste und einzige Hit der Formation wurde. Ronnie starb am 4. November 1980 im Alter von nur 33 Jahren in Jersey City an einem Gehirntumor.

Jahr	*Titel*	*USA*	*UK*	*D*
1962	I wish that we were married	16		

Ronny

Wolfgang Roloff, geb. in Berlin, voc

Eigentlich war Roloff von Beruf Tontechniker. Aber seine große Leidenschaft war der Baß, und so wurde er Bassist bei James Last. Doch dann entdeckte man, daß der Musiker eine attraktive, dunkle und sehr einschmeichelnde Stimme hatte, mit dem richtigen Country-Touch im Vibrato. Und so sang Herr Roloff mit überwältigendem Erfolg von 1964 bis 1970 deutsche Schlager mit Country-Feeling.

Jahr	*Titel*	*USA*	*UK*	*D*
1964	Oh my darling Caroline			1
1964	Kein Gold im Blue River			5
1964	Kleine Annabell			1
1965	Kenn ein Land			5
1965	Darling good night			8
1965	Anja-Anja			4
1966	Eine kleine Träne			13
1966	Dunja, du			5
1967	Laß die Sonne wieder scheinen			5
1967	Adios my darling			5
1968	Doch dann kamst du			15
1969	Er war nur ein armer Zigeuner			5

Ronny And The Daytonas

Bucky Wilkin »Ronny Dayton« geb. 26. 4. 1946 in Tulsa/Oklahoma, USA, voc
Johnny Johnson, g
Van Evans, bon, g
Lynn Williams, dr

Als Kind zog Ronny mit seinen Eltern nach Nashville, und dort fing er mit acht

Jahren an, Gitarre zu spielen. Mit zwölf Jahren nahm er bereits an Talentwettbewerben teil, die er meistens gewann, und es stand für ihn fest, daß er Musiker werden wollte. Mit sechzehn gründete er seine Band, die Daytonas. Die Mitglieder waren alles Freunde von ihm. Die vier Knaben waren alle eingeschworene »Hot Rod«-Fans, also Fans von aufgemotzten und besonders schnellen Autos. Und als die Band 1964 einen Plattenvertrag bekam, war es klar, daß sie als erstes einen »Hot Rod«-Song aufnehmen würden: *G.T.O.*, eine Eigenkomposition von Bucky, die sich zum Millionenseller entwickelte.

Jahr	*Titel*	*USA*	*UK*	*D*
1964	G.T.O.	4		

The Rooftop Singers

Erik Darling, geb. 1933, leadvoc, g
Lynne Taylor, voc
Bill Svanoe, voc, g

Das Trio tat sich 1962 zusammen. Erik, Balladensänger und Gitarrist, hatte Mitte der 50er Jahre die Gruppe The Tarriers gegründet, zu der übrigens auch Alan Arkin gehört hatte, der heute ein berühmter Filmstar und Regisseur ist (*Das Herz ist ein einsamer Jäger*, 1968; *Catch 22*, 1970). The Tarriers hatten 1957 einen Nr.-4-Hit in USA mit dem *Banana boat song*. Danach hatte Erik bei den Weavers gesungen. Lynne Taylor gehörte in Miami Beach und in New York zu den führenden Nachtclubsängerinnen und hatte ein Jahr lang bei der Benny Goodman Band gesungen; Bill hatte an der Universität von Minnesota studiert und war sieben Jahre lang professioneller Gitarrist gewesen. 1963 nahm das Trio den Song *Walk right in* auf, den sie für ein sogenannter Traditional hielten. Doch dann stellte sich heraus, daß das Lied 1930 von Gus Cannon geschrieben worden war, einem fahrenden Sänger, Banjospieler und Komponisten, der früher durch die Lande gezogen war und jetzt einsam und in tiefster Armut in einer kleinen Hütte lebte. Als man entdeckte, daß er der Schreiber dieses Liedes war, und ihm die frohe Botschaft brachte, daß sein Song inzwischen ein Millionenseller geworden war, gab ihm das die Möglichkeit, einen menschenwürdigen Lebensabend zu verbringen. Gus wurde sogar in ein Studio eingeladen, um mit seinen Liedern ein Album zu besingen. Diese zu Herzen gehende Geschichte wurde sogar als *The Gus Cannon story* für den Hörfunk produziert und in alle Welt ausgestrahlt.

Jahr	*Titel*	*USA*	*UK*	*D*
1963	Walk right in	1	10	25
1963	Tom cat	20		

David Rose

geb. 15. 6. 1910 in London, England.

David Rose, der berühmte Orchesterchef, Arrangeur und Komponist, kam bereits im Alter von vier Jahren nach Amerika. Er wuchs in Chicago auf und studierte dort am Konservatorium. Zunächst verdiente er sich sein Brot als professioneller Klavierspieler, anschließend war er Arrangeur für eine Radiostation in Chicago, und schließlich brachte ihn seine Begabung für das Arrangieren nach Hollywood. Dort stellte er sein eigenes Orchester zusammen und fing zu komponieren an. Seinen ersten Millionenseller hatte er 1944 mit der von ihm geschriebenen Melodie *Holiday for strings*. Der zweite Millionenerfolg folgte 1957 mit *Calypso melody*, das von LARRY CLINTON geschrieben worden war. Und Millionenseller Nr. 3 war 1962 Roses Eigenkomposition *The stripper*.

Jahr	*Titel*	*USA*	*UK*	*D*
1962	The stripper	1		

The Rose Garden

DIANA DI ROSE, leadvoc, g
JOHN NOREEN, leadg
JAMES GROSHONG, g
WILLIAM FLEMING, b
BRUCE BOUDIN, dr
alle aus Parkersburg/West Virginia, USA

Anfang der 60er Jahre war Diana Di Rose eine renommierte Folksängerin in West Virginia. Mitte der 60er Jahre tat sie sich mit vier jungen Männern zu einer Gruppe zusammen. Das Quintett nannte sich nach der Leadsängerin The Rose Garden. 1967 nahmen sie ein Lied namens *Next plane to London* auf, in dem es darum ging, daß haufenweise junge Amerikanerinnen nach London flogen, um dort die → BEATLES zu sehen. Der Song wurde ein Hit, ebenso das nachfolgende Album. Doch wegen persönlicher Unstimmigkeiten löste sich die Formation kurz danach auf, und Diana ging nach Los Angeles und bastelte weiter an ihrer Karriere als Folksängerin.

Jahr	*Titel*	*USA*	*UK*	*D*
1967	Next plane to London	17		

Rosie & The Originals

ROSIE HAMLIN, geb. in Alaska, leadvoc

Rosie verbrachte ihre Jugend in San Diego. Sie brachte sich das Klavierspielen selbst bei und fing dann an zu komponieren. Ende 1960 lernte sie eine Band namens THE ORIGINALS kennen, die dringend eine Leadsängerin suchten. Ronnie übernahm den Job und schrieb anschließend auch den einzigen Hit der Formation: *Angel baby*. Durch → JACKIE WILSON, der ganz begeistert von ihr war, bekam sie dann Anfang 1961 einen Vertrag als Solistin. Doch ihre Debüt-Single *Lonely blue nights* wurde kein großer Erfolg und kam 1961 in USA nur bis Rang 66.

Jahr	*Titel*	*USA*	*UK*	*D*
1960	Angel baby	5		

Nini Rosso

Celeste Rosso, geb. 19. 9. 1926 in Turin, Italien, tp

Ninis Eltern wollten, daß er Akademiker würde – aber Nini hatte nur die Musik im Sinn und verließ deshalb mit neunzehn Jahren sein Elternhaus, gegen den Willen seiner Eltern. Die ließen ihn von der Polizei in einem Nachtclub aufgreifen, wo er ein Engagement als Trompeter gefunden hatte, und gewaltsam nach Hause transportieren. Doch durch seine Hartnäckigkeit gelang es dem Trompeten-Freak schließlich, seine Eltern zu überzeugen. Er durfte weiter Trompete spielen, ein eigenes kleines Orchester gründen und damit durch Italien, Europa und sogar Indien touren. Nach seiner Rückkehr ging Rosso nach Rom und war bald als Italiens bester Jazz-Trompeter bekannt. Seine erste Platte hieß *La ballata della tromba* und wurde ebenso ein Hit wie seine Eigenkomposition *Concerto disperato*. Dieses Instrumental wurde 1963 für den Stewart-Granger-Film *The legion's last patrol* als Titelmusik verwendet. Seinen größten Erfolg hatte Nini Rosso dann 1965 mit dem zu Herzen gehenden *Il silenzio*, das ein internationaler Millionenseller wurde. Das Instrumental war nicht nur in Italien und Deutschland, sondern auch in Österreich, Holland, Belgien und in der Schweiz die Nr. 1.

Jahr	*Titel*	*USA*	*UK*	*D*
1965	Il silenzio		8	1
1965	Schlaf, mein Prinzchen, schlaf ein			20
1966	La montanara			14

The Routers

Joe Saraceno
Sid Sharpe
Mike Gordon

Anfang der 60er Jahre gab es eine ganze Menge verrückter Tänze: The Watussi, The Locomotion, The Pony, um nur ein paar zu nennen. Joe, Sid und Mike, die sich mit zwei Freunden 1962 zu einer Band zusammengetan hatten, beschlossen einen Song aufzunehmen, zu dem man The Pony tanzen konnten. Also gingen sie ins Studio, nahmen ein paar zündende Instrumentaltakte auf, klatschten rhythmisch in die Hände, riefen enthusiastisch immer wieder *Let's go* – und schon war der gleichnamige Hit fertig.

Jahr	*Titel*	*USA*	*UK*	*D*
1962	Let's go	19	32	

Billy Joe Royal

geb. 1945 in Valdosta/Georgia, USA, voc, g, p, dr

Im Alter von fünf Jahren zog Billy mit seiner Familie nach Marietta. Er besuchte dort die Highschool, lernte Gitarrespielen und gründete schließlich seine eigene Band, Billy Joe & The Corvettes. Nach dem Schulabschluß bekam Billy ein zweijähriges Engagement in einem populären Nachtclub in Savannah. Dort lernte er → Joe South kennen, den berühmten Sänger und Songschreiber aus Atlanta (*Games people play, Walk a mile in my shoes*). South war von Billys Können angetan und verschaffte ihm einen Plattenvertrag. Ab 1965 machte Billy Joe Royal Platten. Seine Songs, darunter auch *Hush*, das später in der Version von → Deep Purple ein Millionenseller wurde, stammten alle aus der Feder seines Freundes Joe South. Ab 1970 tauchte er mit seinen Songs kaum mehr in den US-Charts auf, dafür war er um so häufiger im Fernsehen und bei Konzerten als Solist und mit anderen Südstaaten-Stars wie Joe South und → Tommy Roe zu sehen.

Jahr	*Titel*	*USA*	*UK*	*D*
1965	Down in the boondocks	9	38	
1965	I knew you when	14		
1968	Hush			12
1969	Cherry hill park	15		

The Royal Guardsmen

Chris Nunley, leadvoc
Tom Richards, leadg
Barry »Snoopy« Winslow, g
William Balogh, b
William Taylor, keyb
John Burdette, dr
alle aus Ocala/Florida, USA

Die Formation entstand Mitte der 60er Jahre und hatte ein unverwechselbares Markenzeichen: »Snoopy«, den erstaunlichen Hund aus der Peanuts-Cartoon-Serie. Im fröhlichen Marschrhythmus ließen sie den tapferen Snoopy gegen seinen »Erzfeind«, den »Roten Baron«, kämpfen. (Der »Rote Baron« war das deutsche Flieger-As Manfred von Richthofen, der im 1. Weltkrieg zwischen 1917 und 1918 über 80 Maschinen der Alliierten abgeschossen hatte. Im April 1918 ereilte ihn selbst das Schicksal, er wurde von Roy Brown einem Captain des englischen Royal Flying Corps abgeschossen.) Die Debüt-Single *Snoopy vs. the red baron* wurde 1967 ein Millionenseller. Doch nach einem weiteren *Redbaron*-Hit ließ das Interesse nach, und Songs wie *Snoopy's christmas* (1967) oder *Snoopy for president* (1968) waren nur noch unter »ferner liefen« zu finden. 1968 beschloß die Formation, nach vielen Auseinandersetzungen, sich auf ernste Balladen zu verlegen. Doch auch Songs wie *Baby let's wait* brachten den Erfolg nicht zurück, und so lösten sich die Royal Guardsmen auf.

Jahr	*Titel*	*USA*	*UK*	*D*
1966	Snoopy vs. the red baron	2	8	14
1967	The return of the red baron	15	37	

Ruby & The Romantics

Ruby Nash, leadvoc
Edward Roberts
Robert Mosley
Leroy Fann
George Lee
alle aus Akron/Ohio, USA

Edward, Robert, Leroy und George sangen Anfang der 60er Jahre unter dem Namen THE SUPREMES zusammen. Ruby war mit ihnen befreundet und durfte ab und zu bei den Auftritten mitsingen. Dann hörte ein Plattenchef die Gruppe, nahm sie unter Vertrag und taufte sie in Ruby & The Romantics um. Bereits die Debüt-Single *Our day will come* wurde 1963 ein Bestseller. Doch schon ein Jahr später war die Formation wieder verschwunden.

Jahr	*Titel*	*USA*	*UK*	*D*
1963	Our day will come	1	38	
1963	My summer love	16		

David Ruffin

geb. 18. 1. 1941 in Meridian/Mississippi, USA, voc

Der farbige Interpret war von 1964 bis 1968 der Leadsänger der → TEMPTATIONS gewesen. Für ihn war danach DENNIS EDWARDS gekommen. 1969 versuchte sich David Ruffin als Solist – und hatte von Anfang an Bomben-Erfolg. Sein 75er Hit *Walk away from love* war ein Millionenseller.

Jahr	*Titel*	*USA*	*UK*	*D*
1969	My whole world ended (the moment you left me)	9		
1975	Walk away from love	9	10	

Jimmy Ruffin

geb. 7. 5. 1939 in Meridian/Mississippi, USA, voc

Jimmy ist der Bruder von → DAVID RUFFIN, dem ehemaligen Leadsänger der → TEMPTATIONS und späteren Solo-Star. Mit Davids Hilfe bekam Jimmy Anfang der 60er Jahre einen Plattenvertrag. 1961 veröffentlichte er seine erste Single, aber erst 1966 hatte er seinen ersten Hit: den Millionenerfolg *What becomes of the broken hearted*. Seinen zweiten internationalen Bestseller hatte er dann 1980 mit dem von ROBIN GIBB (→ BEE GEES) geschriebenen Song *Hold on to my love*. Ende der 80er Jahre versuchte er ein Comeback, indem er sein *What*

Jimmy Ruffin Foto: EMI

becomes of the broken hearted mit der farbigen Topinterpretin Ruby Turner im Duett sang. Der Erfolg hielt sich in Grenzen.

Jahr	*Titel*	*USA*	*UK*	*D*
1966	What beomes of the broken hearted	7	10	
1966	I've passed this way before	17	29	
1970	Farewell is a lonely sound		8	
1970	I'll say forever my love		7	
1970	It's wonderful		6	
1974	What becomes of the broken hearted		4	
1980	Hold on to my love	10	7	

Merilee Rush & The Turnabouts

Merilee Rush, die aus Seattle/Washington stammt, hatte in ihrer Kindheit fast zehn Jahre lang klassischen Klavierunterricht. Doch als Teenager wendete sie sich der Pop- und Rockmusik zu und gründete schließlich die Band Merilee Rush & The Turnabouts. → Paul Revere & The Raiders wurden Mitte der 60er Jahre auf die ebenso attraktive wie begabte Merilee und ihre Band aufmerksam. Sie luden sie ein, mit ihnen auf Tournee zu gehen, und das wiederum brachte der Formation einen Plattenvertrag ein. 1968 veröffentlichten Merilee Rush & The Turnabouts ihre Debüt-Single *Angel of the morning*. Der Song wurde ein Bestseller. Die nächsten Veröffentlichungen *That kind of woman* und *Reach out* konnten diesen Anfangserfolg nicht mehr wiederholen, und so löste sich die Band auf.

Jahr	*Titel*	*USA*	*UK*	*D*
1968	Angel of the morning	7		

Barry and Paul Ryan

Barry Sapherson, geb. 24. 10. 1948 in Leeds, England, voc
Paul Sapherson, geb. 24. 10. 1948 in Leeds, England, voc

Barry und sein Zwillingsbruder Paul sind die Söhne der Sängerin Marion Ryan, die 1958 in England mit *Love me forever* einen Nr.-5-Hit gehabt hatte. Die Söhne behielten den Künstlernamen ihrer Mutter und stürzten sich 1965 im zarten Alter von 16 Jahren ins Musikgeschäft. Zunächst nahmen sie als Duo Platten auf, wobei Paul die Titel schrieb und Barry meistens der Leadsänger war. *Don't bring me your heartaches* hieß 1965 ihr Debüt. Bis 1967 waren sie mit ihren Songs immer wieder in den UK-Charts vertreten, wenn auch selten auf oberen Plätzen. Dann beschlossen sie 1968, daß Paul künftig nur noch der Songschreiber und Produzent sein sollte, während Barry seine gewaltige Stimme als Solist zur Geltung bringen sollte. Das erste Werk in dieser Form war 1968 *Eloise*, ein grandioser, bombastischer, klassisch angehauchter Titel mit vielen Tempi-Wechseln und ungewöhnlicher Melodienführung. Der Song wurde ein internationaler Millionenseller und machte den 20jährigen hübschen Barry zum Idol aller Teenager. Bis Mitte der 70er Jahre konnten sich seine Songs in den Hitparaden plazieren, dann ließ sein Erfolg langsam aber sicher nach. Barry zog sich schließlich völlig aus dem Musikgeschäft zurück und widmete sich seinen Hobbies: Malen und Modefotografie. Mit beiden verdiente er recht gut, bis er 1989 einem Angebot seines Bruders Paul nicht widerstehen konnte und noch einmal ins Studio ging. *Turn around* hieß der Song, den Paul Ryan in bewährter Manier geschrieben hatte und den Barry mit nicht ganz so strahlender Stimme wie zu *Eloise*-Zeiten sang.

Jahr	*Titel*	*USA*	*UK*	*D*
PAUL AND BARRY RYAN				
1965	Don't bring me your heartaches		13	
1966	Have pity on the boy		18	
1966	I love her		17	
BARRY RYAN				
1968	Eloise		2	1
1969	Love is love		25	4
1969	The munt		34	22
1970	Magical spiel		49	22
1970	Kitsch		37	10
1972	Zeit macht nur vor dem Teufel halt			8

Bobby Rydell

ROBERT LEWIS RIDARELLI, geb. 26. 4. 1942 in Philadelphia/Pennsylvania, USA, voc

Bobby gehörte zu den Kinderstars der späten 40er/frühen 50er Jahre. Mit vier Jahren saß Klein-Bobby bereits vor dem Fernseher und machte eifrig Stars wie → LOUIS PRIMA oder JOHNNY RAY nach. Mit sechs Jahren lernte er Schlagzeug, weil ihm GENE KRUPA so gut gefiel, und mit sieben Jahren trat er bereits regelmäßig in diversen Nightclubs in Philadelphia auf. Mit neun Jahren nahm Bobby an einem Talentwettbewerb in PAUL WHITEMANS Radioshow teil und gewann den 1. Preis. Danach trat er drei Jahre lang regelmäßig in dieser Show auf. Paul Whiteman war auch für die Änderung von Bobbys Namen in Rydell verantwortlich, er konnte nämlich Ridarelli nicht aussprechen. Mit sechzehn Jahren trat Bobby regelmäßig als Trommler mit einer Band namens ROCCO AND THE SAINTS auf, jener Gruppe, in der auch → FRANKIE AVALON vor seiner Sangeskarriere Trompete zu spielen pflegte. Bei einem Auftritt mit dieser Band wurde ein Mann namens FRANKIE DAY auf Bobby aufmerksam, er verschaffte ihm einen Plattenvertrag als Sänger und wurde anschließend für viele Jahre sein Manager. Bobby veröffentlichte vier erfolglose Singles, ehe ihm 1959 mit *Kissin time* sein erster Hit glückte. Bis 1964 war Bobby Rydell ohne Unterbrechung in den Charts vertreten. 1963 wurde er auch für den Film entdeckt und spielte in dem Streifen *Bye bye birdie* die Hauptrolle. Heute lebt Bobby mit seiner Frau CAMILLA und seinen beiden Kindern in Penn Valley in der Nähe von Philadelphia. Er tritt noch regelmäßig auf und unternimmt Tourneen durch Amerika.

Jahr	*Titel*	*USA*	*UK*	*D*
1959	Kissin' time	11		
1959	We got love	6		

1960	Wild one	2	7
1960	Little bitty girl	20	
1960	Swingin' school	5	44
1960	Ding-a-ling	18	
1960	Volare	4	22
1960	Sway	14	12
1961	Good time baby	11	42
1962	I've got Bonnie	18	
1962	I'll never dance again	14	
1962	The cha-cha-cha	10	
1963	Wildwood days	17	
1963	Forget him	4	13

Mitch Ryder & The Detroit Wheels

Mitch Ryder Foto: Mercury

William S. Levise jr. »Mitch Ryder«, geb. 26. 2. 1945 in Detroit/Michigan, USA, leadvoc
James McCarty, geb. 1947 in Detroit/Michigan, USA, leadg
Joseph Kubert, geb. 1947 in Detroit/Michigan, USA, g
Earl Elliott, geb. 1947 in Detroit/Michigan, USA, b; ersetzt durch James McCallister
»Little« John Badanjek, geb. 1948 in Detroit/Michigan, USA, dr

Mitch Ryder hatte seine erste Band auf der Highschool, sie hieß The Tempest. Die nächste Formation nannte er The Peps, dann folgte Billy Lee & The Rivieras, und mit dieser Formation nahm Mitch bereits etliche Platten auf, die im regionalen Rundfunksender von Detroit sehr häufig gespielt wurden. Ein Discjockey war von der Band so begeistert, daß er Kontakt mit → Bob Crewe (→ The Four Seasons) aufnahm und ihm die Band empfahl. Crewe war vom frischen »Blue-Eyed-Soul« der Formation beeindruckt und nahm sie 1965 unter Vertrag. Zuerst änderte er den Namen. »Mitch Ryder« holte er sich aus dem Telefonbuch, und »Detroit Wheels« nahm er, um Verwechslungen mit den anderen Rivieras zu vermeiden. Als Debüt-Single veröffentlichten die frischgebackenen Mitch Ryder & The Detroit Wheels den Titel *Jenny take a ride*, ein Medley aus zwei alten R & B-Hits, nämlich Little Richards *Jenny Jenny* und Chuck Willis' *C.C. Rider*. Der Song wurde ein Hit, so wie die im selben Strickmuster verfaßten Nachfolgesingles. 1967 verließ Mitch Ryder die Band, um sich als Solist zu versuchen, allerdings wenig erfolgreich. 1970 versuchte er die Detroit Wheels wieder zu reaktivieren. Er stellte eine neue Band, zu der als Originalmitglied lediglich John Badanjek gehörte, auf die Beine und nannte sie DETROIT. Die LP *The Detroit-Memphis experiment* wurde zwar von Kritikern hoch gelobt, aber nicht gekauft.

Jahr	*Titel*	*USA*	*UK*	*D*
1966	Jenny take a ride!	10	33	
1966	Little latin lupe lu	17		
1966	Devil with a blue dress on & Good golly Miss Molly	4		
1967	Sock it to me baby!	6		

S

Staff Sergeant Barry Sadler

geb. 1941 in Leadville/Colorado, USA, voc

Barrys Vater war Handwerker und starb, als der Sohn sieben Jahre alt war. Seine Mutter war Bardame. Barry verließ mit 15 Jahren die Schule und trampte drei Jahre lang durch die Gegend, ehe er sich bei der U.S. Air Force für vier Jahre verpflichtete. 1962 brachte ihm ein Freund bei der Army das Gitarre- und Schlagzeugspielen bei, eine anschließend gegründete Band erwies sich allerdings als Flop. Danach ging Barry zur U.S. Army und konnte sich nach einem Jahr harten Trainings für die Spezialeinheit der Green Berets qualifizieren. Nebenbei hatte er sich zum Sanitäter ausbilden lassen. Das kam ihm wiederum zugute, als er bei einem Einsatz in Vietnam in eine Falle fiel und sein Bein von einem vergifteten Bambusrohr durchbohrt wurde. Barry konnte sich mitten im Dschungel selbst operieren und sein Leben retten, obwohl das Bein anschließend steif blieb. Barry hatte schon vorher angefangen, Songs über das Leben in der Army zu schreiben, eines davon war ein Lied über seine Einheit, die Green Berets, die sich durch ihre Härte und Brutalität im Vietnam-Konflikt einen recht fragwürdigen Ruf geschaffen hatten. Die Army ließ Sadler das Lied aufnehmen und verteilte es an die Truppenmitglieder. Schließlich fiel ein Exemplar einer Plattenfirma in die Hände, die sofort das Potential erkannte. Sie sicherte sich die Rechte, holte Barry Sadler ins Studio und ließ ihn eine professionelle Aufnahme dieses Liedes namens *The ballad of the green berets* machen. Als die Single im Februar 1966 veröffentlicht wurde, entwickelte sie sich zu einem Chartbuster erster Güte und verkaufte sich innerhalb von nur vierzehn Tagen eine Million Mal. Der Song war 1966 insgesamt fünf Wochen lang die Nr. 1 in USA. Kurz darauf quittierte Barry Sadler den Dienst und versuchte sich weiterhin als Interpret, allerdings ohne großen Erfolg. Heute lebt Sadler mit seiner Frau Levona und seinen zwei Söhnen Thor und Baron in Tucson/Arizona. In Deutschland war das Lied 1966 unter dem Titel *Hundert*

Mann und ein Befehl ein Nr.-1-Hit für → Freddy Quinn und ein Nr.-8-Hit für → Heidi Brühl.

Jahr	*Titel*	*USA*	*UK*	*D*
1966	The ballad of the green berets	1	24	4
1966	The »A« team	28		

The Safaris

Jim Stephens, geb. 1940, leadvoc, p
Richard Lee Clasky, geb. 1942, g
Marvin Rosenberg, geb. 1942
Shelley Briar, geb. 1943
alle aus Los Angeles/Kalifornien, USA

Die Gruppe entstand 1959 in Los Angeles. Ein Jahr später ließen sich Richard und Marvin das Lied *Image of a girl* einfallen. Sie konnten es an eine Plattenfirma verkaufen, und hatten damit im Sommer 60 einen Hit.

Jahr	*Titel*	*USA*	*UK*	*D*
1960	Image of a girl	6		

Buffy Sainte-Marie

geb. 20. 2. 1941 in Sebago Lake/Maine, USA, voc

Buffy ist die Tochter von Cree-Indianern, aber sie verlor früh ihre Eltern und wurde von Micmac-Indianern adoptiert. Schon bald zeigte sich ihre musische Begabung: Neben ihrem Studium der orientalischen Philosphie und Pädagogik spielte sie bei Amateur-Theatergruppen mit und fing 1962 an, in kleinen Clubs ihre selbstgeschriebenen Lieder zum Besten zu geben. 1964 veröffentlichte sie ihre Debüt-LP *It's my way*, die sie als engagierte Bürgerrechtlerin zeigte. Das Album enthielt den Anti-Kriegs-Song *Universal soldier*, der 1966 in der Version von → Donovan ein Hit wurde. Buffys emotionsgeladene Lieder, in denen sie auch immer wieder das grausame Schicksal ihres eigenen Volkes beklagte, waren stets ein Album-Thema, mit Singles hatte sie selten Erfolg. Ihr berühmtester Einzelsong ist *Soldier blue*, der Titelsong des Films *Das Wiegenlied vom Todschlag*, in dem ein authentisches Massaker dargestellt wird, das amerikanische Soldaten im letzten Jahrhundert in einem Indianer-Dorf unter Kindern, Frauen und Alten angerichtet hatten. Bekannt wurde die Songschreiberin auch durch *Until it's time for you to go,* das 1972 von → Elvis Presley aufgenommen und in die Hitparade gebracht wurde. Mit ihren Alben wie *Many a mile* (1966), *Fire and fleet and candlelight* (1968), *She used to wanna be a ballerina* (1971) oder *Moonshot* (1972) schuf sie sich eine große Fangemeinde. Danach rief Buffy Sainte-Marie immer wieder Projekte ins Leben, um ihren indianischen Landsleuten zu helfen.

Jahr	*Titel*	*USA*	*UK*	*D*
1971	Soldier blue		7	

Kyu Sakamoto

geb. 1941 in Kawasaki, Japan, voc; gest. 12. 8. 1985

Kyu hatte 1959 mit dem Singen angefangen. Zunächst war er Mitglied einer Gruppe namens The Paradise Kings gewesen, dann tingelte er als Solist durch Teehäuser, wo er 1960 entdeckt und unter Vertrag genommen wurde. Ende 1962, Kyu war in Japan bereits ein Star, veröffentlichte er das Lied *Ueo muite aruko*, was soviel bedeutet wie »Mit hocherhobenem Kinn gehen«. Der Chef einer britischen Plattenfirma hörte bei einer Geschäftsreise das Lied, kaufte es sofort, und ließ es in England von → Kenny Ball und seiner Band unter dem einfacheren Titel *Sukiyaki* als Instrumental veröffentlichen. Das Stück kam Anfang 1963 in UK bis Rang 10. Eine andere Plattenfirma aber veröffentlichte 1963 das Original von Kyu Sakamoto und nannte es der Einfachheit halber ebenfalls *Sukiyaki*. Daraufhin wurde die japanisch gesungene Version ein internationaler Millionenseller. Kyu Sakamoto kam am 12. August 1985 ums Leben. Er war eines der über 500 Opfer beim Absturz eines japanischen Jumbo-Jets.

Jahr	*Titel*	*USA*	*UK*	*D*
1963	Sukiyaki	1	6	2

Sam And Dave

Samuel David Moore, geb. 12. 10. 1935 in Miami/Florida, USA, voc
David Prater, geb. 9. 5. 1937 in Ocilla/Georgia, USA, voc

Die beiden farbigen Sänger gehörten in den 60er Jahren zu den Superacts des Soul. Beide hatten mit dem Singen in der Kirche begonnen, beide hatten erste Erfahrungen beim Tingeln durch Florida gesammelt. In Miami lernten sie sich auch kennen und beschlossen, künftig als Duo Sam And Dave aufzutreten. 1964 bekamen sie einen Plattenvertrag und veröffentlichten drei Singles, die jedoch alle drei den Bach hinuntergingen. Dann wechselten sie die Plattenfirma und bekamen mit → Isaac Hayes und David Porter ein kongeniales Songwriter-Team. Als sich Hayes Ende der 60er Jahre immer mehr seiner eigenen Solokarriere zuwendete, wurden die Supersongs für Sam & Dave allmählich seltener und blieben schließlich ganz aus. Das Duo trennte sich. In den nächsten Jahren gab es immer mal wieder eine Wiedervereinigung der beiden mit anschließender Trennung. 1979 konnten die beiden dann noch einmal erfolgreich durch die

Jahr	*Titel*	*USA*	*UK*	*D*
1966	Hold on! I'm comin'	21		
1967	Soul man	2	24	23
1967	Soothe me	56	35	
1968	I thank you	9	34	
1969	Soul sister brown sugar	41	15	

Lande touren. In diesem Jahr hatten sich nämlich die amerikanischen Komiker Dan Aykroyd und John Belushi als The Blues Brothers zusammengetan, Sam & Daves *Soul man* wiederaufgenommen und bis Platz 14 in den US-Charts gebracht. Danach war von »Double Dynamite«, wie Sam & Dave auch gerne genannt wurden, nichts mehr zu hören.

Sam The Sham & The Pharaohs

Domingo Samudio »Sam The Sham«, geb. 6. 3. 1939 in Dallas/Texas, leadvoc, keyb
Ray Stinnett, geb. 18. 2. 1944 in Memphis/Tennessee, leadg
David Martin, geb. 20. 3. 1941 in Memphis/Tennessee, b
Jerry Patterson, geb. 30. 11. 1941 in Memphis/Tennessee, dr
ab 1965: Butch Gibson, geb. 2. 10. 1940 in Corinth, USA, sax

Nach dem Schulabschluß ging Domingo für vier Jahre zur U.S. Navy. Anschließend verdiente er sich auf dem Bau das Geld, um das Arlington State College in Texas besuchen zu können. Musik war schon lange sein Hobby, und nun gründete er eine Band, ehe er nach Louisiana ging, um sich der Gruppe eines Freundes anzuschließen. Aus dieser Gruppe entstanden schließlich The Pharaohs. Domingo kam zu seinem seltsamen Künstlernamen folgendermaßen: »Sam« war eine Abkürzung seines Nachnamens Samudio, und »Sham« war eine Abkürzung für »shamming«, die Bezeichnung für eine bestimmte Art zu tanzen, die Sam auf der Bühne pflegte. Die Gruppe trat in ausgesprochen malerischen Kostümen auf: Sam trug ein Jackett, das mit glitzernden bunten Steinen besetzt war, und hatte auf dem Kopf einen federgeschmückten Turban; seine Musiker waren in arabischen Kostüme gewandet. Den ersten großen Erfolg hatte die Band Anfang 1965 mit dem Nonsons-Song *Wooly bully*. Als Ende der 60er Jahre die Hits nachließen, löste sich die Truppe auf. Anfang der 70er Jahre versuchte sich Domingo Samudio als Solist und veröffentlichte die LP *Sam, hard & heavy*, die ihm einen Grammy einbrachte. Heute hat Sam The Sham, der ehemalige Chaoten-Rock'n'Roller, eine ganz bürgerliche Existenz: Er besitzt ein Schiff, mit dem er Ölinseln vor der Küste von Louisiana mit Vorräten beliefert.

Jahr	*Titel*	*USA*	*UK*	*D*
1965	Wooly bully	2	11	2
1965	Ju ju hand	26		14
1965	Ring dang doo	33		40
1966	Lil' red riding hood	2	46	

The Sandpipers

James Brady, geb. 24. 8. 1944 in Los Angeles/Kalifornien, voc
Richard Shoff, geb. 30. 4. 1944 in Seattle/Washington, voc
Michael Piano, geb. 26. 10. 1944 in Rochester/New York, voc

Die drei waren Mitte der 50er Jahre Mitglieder des Mitchell Boys Choir in

Los Angeles. Dort wurden sie Freunde, und als sie Anfang der 60er Jahre den Chor verließen, blieben sie als Trio zusammen. Bis Mitte der 60er Jahre nahmen sie unter dem Namen The Grads etliche Platten auf, die jedoch alle erfolglos blieben. Erst als sie von → Herb Alpert für seine neue Firma A & M unter Vertrag genommen wurden, änderte sich das. Die erste Platte für Alpert hieß *Everything in the garden* und wurde noch unter dem Namen The Grads veröffentlicht. Doch dann nannten sich die drei jungen Männer The Sandpipers und hatten mit ihrer Version des südamerikanischen Songs *Guantanamera* einen Bestseller. Einen weiteren Hit hatte das Trio 1970 mit dem Lied *Come saturday morning*, das sie für den Liza-Minelli-Film *The sterile cuckoo* aufnahmen. Obwohl die ganz großen Charts-Erfolge fehlten, füllten die Sandpipers mit ihren sanften, sehr melodiösen Liedern noch jahrelang auch die größten Hallen.

Jahr	*Titel*	*USA*	*UK*	*D*
1966	Guantanamera	9	7	22
1970	Come saturday morning	17		

Mongo Santamaria

geb. in Kuba, bongos

Der farbige Jazz-Musiker ließ sich Anfang der 60er Jahre einen neuen Sound einfallen: Er mischte seinen Jazz mit fröhlichen Latino-Klängen. Das Ergebnis war der *Watermelon man*, der dem Bandleader und Bongo-Spieler einen Pop-Hit bescherte.

Jahr	*Titel*	*USA*	*UK*	*D*
1963	Watermelon man	10		

Santana

Carlos »Devadip« Santana, geb. 20. 7. 1947 in Autlan, Mexiko, leadg, voc
Gregg Rolie, keyb; ersetzt 1973 durch Tom Coster
Jose Chepito Areas, timbales, conga, perc; ersetzt durch Armando Pereza
Michael Carabello, conga, perc; ersetzt durch Greg Walker, voc
David Brown, b
Michael Shrieve, dr; ersetzt durch Ndugu Leon Chancler

Carlos ist der Sohn eines Mariachi-Musikers. Mit neun Jahren fing er an, Geige zu spielen und in der Band seines Vaters aufzutreten. 1959 lernte er Gitarre, und 1966, er war inzwischen mit seiner Familie nach San Francisco umgezogen, gründete Carlos seine erste Band, die Santana Blues Band. Zwei Jahre später nannte sich die Band nur noch Santana und machte eine mitreißende, einzigartige Musik aus Latin-Rhythmen und elektronischer Rock-Musik. Vor allen Dingen Santanas Rhythmus-Section war hervorragend, schließlich wurde Areas später als bester Perkussionist von Zentral-Amerika ausgezeichnet. Den ersten großen Auftritt hatten Santana dann 1969 beim Woodstock-Festival, wo die Band zu einem der Höhepunkte der Veranstaltung wurde. Kein Wunder, daß das kurz danach erscheinende Debüt-Album

Santana in Rekordzeit mit Doppel-Platin ausgezeichnet wurde. Bis Anfang der 70er Jahre veröffentlichten Santana weitere hervorragende Alben wie *Abraxas* (1970) und *Santana 3* (1971), bei dem der neue Gitarrist NEAL SCHON mitspielte. Doch bereits 1972 ging Schon wieder und nahm Rolie mit, um mit ihm eine eigene Band zu gründen: JOURNEY. Inzwischen gehörten die Jazzer BUDDY MILES und JOHN COLTRANE zu Carlos Santanas großen Vorbildern, und in dieser Art war dann auch das 72er Album *Caranvanserai*. Die jazzige Linie behielt Santana bei, dazu kamen noch Elemente indischer Musik. Denn Santana war 1973 auf den allgemein üblichen Indien-Trip gegangen, hüllte sich anschließend nur noch in wallende weiße Gewänder und nannte sich Devadip. Bis 1975 dauerte dieser Ausflug in höhere Gefilde, dann fand Santana mit der LP *Amigos* wieder zu den vertrauteren Latino-Rhythmen zurück. Seit seinem Indien-Trip arbeitet Santana nur noch mit wechselnden Musikern, ohne feste Band. Bis heute veröffentlicht der hervorragende Musiker immer wieder Alben, die zwischen Latino, Funk und Jazz wechseln und sich immer ausgezeichnet verkaufen.

Jahr	*Titel*	*USA*	*UK*	*D*
1970	Evil ways	9		
1970	Black magic woman	4		14
1971	Oye como va	13		
1971	Everybody's everything	12		50
1974	Samba pa ti		27	43
1977	She's not there	27	11	
1981	Winning	17		
1982	Hold on	15		
1985	Say it again			20

Peter Sarstedt

geb. 10. 12. 1942 in England, voc, g

Peter ist der kleine Bruder von RICHARD SARSTEDT, der Anfang der 60er Jahre in England unter dem Pseudonym → EDEN KANE erfolgreich gewesen war. Peter durfte in der Band von Eden Gitarre spielen, und Ende der 60er Jahre versuchte er sich als Solist. Er schrieb sich die nachdenkliche Ballade *Where do you go to my lovely?* und hatte damit praktisch über Nacht einen Bestseller. Doch ab 1970 blieben die Hits bereits aus. 1976 versuchte Peter ein Comeback mit seinen Brüdern Richard und ROBIN. Sie nahmen zusammen eine LP namens *The Sarstedt Brothers* auf, die jedoch ein Flop wurde. Dafür hatte Bruder Robin in diesem Jahr mit *My resistance is low* einen Nr.-3-Hit in Großbritannien. Danach hörte man lange Zeit nichts mehr von Peter, der angeblich in gewaltige Alkohol- und Drogenprobleme verstrickt war, bis er Ende der 80er Jahre nochmals ein Comeback versuchte – wieder ohne Erfolg.

Jahr	*Titel*	*USA*	*UK*	*D*
1969	Where do you go to my lovely?		1	9
1969	Frozen orange juice		10	

The Scaffold

John Gorman, geb. 4. 1. 1937 in Liverpool, England, voc
Michael McCartney »Mike McGear«, geb. 7. 1. 1944 in Liverpool, England, voc
Roger McGough, geb. 9. 11. 1937 in Liverpool, England, voc

Im Sommer 1962 wurde der Post-Ingenieur Gorman aufgefordert, bei der Organisation des Merseyside-Kunst-Festivals mitzuhelfen. Dabei lernte er den Französisch- und Geographie-Lehrer und Hobby-Dichter McGough kennen und schätzen. Die beiden stellten ein vielfältiges und farbiges Angebot an Dichterlesungen, humoristischen Darbietungen und witzigen Sketches auf die Beine, und dabei stieß der Friseur und talentierte Komiker Mike McGear zu ihnen. Die drei beschlossen, künftig gemeinsam etwas zu unternehmen, und verlegten sich auf alles, was mit Humor und Witz zu tun hatte. Mit seinem Auftritten in kleinen Kellerlokalen und Clubs schuf sich das Trio schnell eine große Fangemeinde, und Ende 1963 bekam es ein sechsmonatiges Engagement für die Fernseh-Show *Gazette*, für das es sich bereits den Namen The Scaffold gab. 1964 waren The Scaffold so erfolgreich, daß sie ihre bürgerlichen Berufe aufgeben und allein von ihren Auftritten leben konnten. Mit ihrem Kabarett *Birds, marriages and deaths* traten sie erfolgreich in Theatern in ganz England auf und waren bald die begeistert beklatschten Stars von sämtlichen Festivals. 1967 schrieb Mike McGear für sein Trio das Lied *Thank u very much*, eine bierselige, aber sehr zynische Schunkel-Nummer, die ein Bestseller wurde. Erst zu diesem Zeitpunkt wurde bekannt, daß Mike der Bruder des berühmten Paul McCartney von den → Beatles ist. Mike hatte seinen Namen in McGear geändert, um unbehelligt vom Ruhm seines Bruders eine eigene Karriere zu entwickeln. 1968 nahmen sich die Scaffold ein traditionelles Rugby-Lied namens *Lydia Pinkham* vor und machten daraus den Song über *Lily the pink* , die »eine Medizin erfunden hat, die fast immer hilft«. Die ausgefeilte Marsch-Nummer wurde ein weltweiter Millionenseller und kam sogar in Ländern wie Norwegen, Neuseeland und Malaysia auf obere Plätze in den Charts. Die französische Version *Le Sirop Typhon*, gesungen von → Richard Anthony, war ebenfalls ein Bestseller. Alle Mitglieder der Scaffold versuchten sich immer wieder, meist jedoch ohne durchschlagenden Erfolg, als Solisten. 1973 stellte das Trio dann die komödiantische Rock-Revue *Grimms* auf die Beine, bei der zeitweilig auch Mitglieder der → Bonzo Dog Band mitmachten. Gleichzeitig versuchten sich The Scaffold auf dem 73er Album *Fresh liver* auch als ernsthafte Rockmusiker, doch der große Erfolg stellte sich erst wieder mit der 74er Komik-Nummer *Liverpool Lou* ein. Also blieben die Scaffold-Schuster künftig bei ihren Humor-Leisten.

Jahr	*Titel*	*USA*	*UK*	*D*
1967	Thank u very much		4	
1968	Lily the pink		1	5
1974	Liverpool Lou		7	

Manfred Schnelldorfer

geb. 2. 5. 1943 in München, voc

Zuerst unterwarf sich der Münchner mit eiserner Disziplin einem jahrelangen harten Eislauftraining und bekam dafür 1964 zwei Goldmedaillen. Anschließend stürzte er sich auf das Studium der Architektur, das er mit Bravour abschloß. Aber dazwischen machte der Einmeterachtundachtzig-Mann mal kurz Karriere als Sänger und Entertainer, um sich damit sein Studium mitzuverdienen.

Jahr	*Titel*	*USA*	*UK*	*D*
1964	Wenn du mal allein bist			4
1965	Traurigsein bringt nichts ein			31

Freddie Scott

geb. 24. 4. 1933 in Providence/Rhode Island, USA, voc

Freddy stammt aus einer musikalischen Familie. Schon seine Mutter und seine Großmutter waren Sängerinnen. Doch Freddy hatte zunächst mit dem Singen nichts im Sinn. Nach seinem High-school-Abschluß fing er an, Songs für andere zu schreiben, z. B. *It only lasts for a little while*, das von → PAUL ANKA aufgenommen wurde, und *From day to day*, das von GENE CHANDLER gesungen wurde. 1963 hatte Freddy bei einer Plattenfirma einen Job als Songschreiber. Nur so zum Spaß nahm er das Lied *Hey, girl* auf, das → CAROLE KING und ihr damaliger Ehemann GERRY GOFFIN geschrieben hatten. Den Verantwortlichen gefiel diese Aufnahme so gut, daß sie den Song veröffentlichten – und Freddie hatte einen Hit. Es blieb der einzige.

Jahr	*Titel*	*USA*	*UK*	*D*
1963	Hey, girl	10		

Jack Scott

JACK SCAFONE jr., geb. 24. 1. 1936 in Windsor/Ontario, Kanada, voc

Jacks Vater war ein hervorragender Gitarrist und schenkte seinem Sohn mit acht Jahren die erste Gitarre. Als Jack zehn war, zog er mit seiner zahlreichen Familie (er hat sechs Geschwister) nach Hazel Park/Michigan, einem Ort in der Nähe von Detroit. Kurz danach durfte Jack in einer Radio-Show singen, und von da an sang er sich durch Shows und öffentliche Auftritte, bis er 1957 einen Plattenvertrag bekam. Seine Debüt-Single war *Two timin woman*. 1958 schrieb er sich selbst die Nummer *Leroy*, als B-Seite dieser Single nahm er *My true love* auf. Schon bald erwies sich diese B-Seite als der wahre Hit und machte Jack zum Star.

Jahr	*Titel*	*USA*	*UK*	*D*
1958	My true love	3	9	
1958	Goodbye baby	8		
1959	The way I walk	35	30	
1960	What in the world's come over you	5	11	
1960	Burnin' bridges	3	32	

Linda Scott

LINDA JOY SAMPSON, geb. 1. 6. 1945 in Queens/New York, USA, voc

Linda krähte schon mit vier Jahren begeistert Lieder und hatte von Anfang an vor, Pop-Sängerin zu werden. Und diesen Berufswunsch setzte die junge Dame sehr nachdrücklich in die Realität um: 1961, als die Sechzehnjährige noch zur Highschool ging, bekam sie einen Plattenvertrag. Ihr Debüt war der Song *I've told every little star*, er wurde ein Hit und machte Linda selbst zu einem »Little Star«.

Jahr	*Titel*	*USA*	*UK*	*D*
1961	I've told every little star	3	7	
1961	Don't bet money money	9	50	
1961	I don't know why	12		

Screaming Lord Sutch

DAVID EDWARD SUTCH, geb. 10. 11. 1940 in Harrow, England, voc

Screaming Lord Sutch war sozusagen der Vorläufer von → ALICE COOPER. Er »erfand« den Grusel-Dreß mit langem Schlachtermesser, schwarzem Zylinder und schaurigem Make-up, bei dem das »Blut« in den Mundwinkeln herunterrinnt. Lord Sutch inszenierte zwar auf der Bühne nicht, wie Alice Cooper, Hinrichtungen und Schlachtungen, aber auch bei ihm blieb von der Ausstattung meist nur noch ein Trümmerhaufen zurück. Er war eine der seltsamsten und originellsten Erscheinungen der frühen 60er Jahre in England. Obwohl er nie einen Hit hatte, kannte ihn praktisch jeder, und seine erste (und lange Zeit einzige) Single *Jack the ripper* lief in den Rundfunkstationen mindestens ebenso häufig wie der damalige Nr.-1-Hit der Charts. Begonnen hatte der Exzentriker 1960 mit seiner ersten Band THE SAVAGES, die er, mit stets wechselnder Besetzung, bis in die 70er Jahre beibehielt. Zu seinen Mitspielern gehörten zeitweise spätere Stars wie RITCHIE BLACKMORE. Der kreischende Lord, der erst 1970 mit *Lord Sutch & heavy friends* seine erste LP herausbrachte, war auf der Bühne ein einmaliges Ereignis. Auf sein Publikum feuerte er ein gewaltiges Gewitter an komödiantischem Horror-Rock, tiefschwarzem Humor und echtem R & B ab. Dazu besaß der Musiker ein zielsicheres Händchen für Promotion. So gründete er eine eigene Partei, die »National Teenage Party«, und kandidierte damit für das Stadtparlament; oder er rief einen eigenen Piraten-Sender ins Leben, der natürlich in erster Linie Gruseliges verbreitete. Aber in den 70er Jahren erlosch das Interesse an Screaming Lord Sutch, und er verschwand, inzwischen verheiratet, in der Versenkung.

The Searchers

ANTHONY JACKSON, geb. 16. 7. 1940 in Liverpool, England, leadvoc, b; ersetzt

1965 durch Frank Allen, geb. 14. 12. 1943 in Hayes/Middlesex, England
Michael Pendergast, geb. 3. 3. 1942 in Liverpool, England, leadg
John McNally, geb. 30. 8. 1941 in Liverpool, England, g
Chris Curtis, geb. 26. 8. 1942 in Oldham/Lancashire, England, dr

1960 beschloß John McNally, eine Band zu gründen. Er holte sich ein paar Freunde und nannte sie The Searchers, nach einem damals sehr populären Western mit John Wayne. Nach und nach erspielte sich die Band in Liverpool und Umgebung einen guten Ruf und durfte zu Auftritten ins damalige Mekka der Beat-Musik, in den Hamburger »Star-Club«. Nachdem die Liverpooler → Beatles zu Ruhm und Ehren gekommen waren, bekam alles in Liverpool und um Liverpool herum, was eine Gitarre halten und ein Mikrophon von einem Wandleuchter unterscheiden konnte, einen Plattenvertrag. Die Searchers wurden von Tony Hatch unter Vertrag genommen, jenem Produzenten und Songwriter, der später für → Petula Clarks Millionenseller *Down town* verantwortlich war. Und ab 1963 lieferten die Searchers einen Bestseller nach dem anderen ab. Zunächst verlegten sie sich auf Remakes amerikanischer Hits: *Sweets for my sweet* z. B. war 1961 ein Nr.-16-Erfolg für die → Drifters gewesen. Dann bekamen sie 1964 ein Lied, das eigentlich für → Jackie DeShannon gedacht und von einem unbekannten jungen Songschreiber komponiert worden war. Das Lied hieß *Needles & pins*, und der Songschreiber war Sonny Bono, die eine Hälfte des späteren Super-Duos → Sonny & Cher. Bis Mitte der 60er Jahre waren die Searchers ständig in den internationalen Hitparaden vertreten, dann verblaßte ihr Ruhm allmählich. Doch auch heute noch gehören die Searchers vor allen Dingen in England zu den Konzert-Attraktionen. Von der Original-Band sind nur noch McNally und Pendergast übrig. Jackson hatte die Gruppe Anfang der 70er Jahre verlassen, um als Solist Karriere zu machen, und Chris Curtis war gegangen, um seine eigene Band namens The Fix zu gründen.

Jahr	*Titel*	*USA*	*UK*	*D*
1963	Sweets for my sweet		1	44
1963	Sugar and spice		2	
1964	Needles and pins	13	1	8
1964	Don't throw your love away	16	1	37
1964	Someday we're gonna love again	34	11	
1964	When you walk in the room	35	3	
1964	Love potion number nine	3		24
1964	What have they done to the rain	29	13	
1965	Goodbye my love		4	16
1965	He's got no love		12	
1965	Take me for what I'm worth		20	

The Secrets

Kragen Gray, geb. in Cleveland/Ohio, USA, voc
Jacie Allen, geb. in Cleveland/Ohio, USA, voc
Carole Raymont, geb. in Cleveland/Ohio, USA, voc

Pat Miller, geb. in Cleveland/Ohio, USA, voc

Die vier Mädchen lernten sich auf der Highschool kennen, stellten fest, daß sie als gemeinsames Hobby das Singen hatten, taten sich zusammen und traten künftig erfolgreich bei Schulveranstaltungen und Parties auf. Dann wurden sie von der erfahrenen Managerin Redda Robbins unter die Fittiche genommen, erhielten Auftritte in kleinen Clubs und wurden schließlich entdeckt und unter Vertrag genommen. Im Oktober 1963 veröffentlichten die Secrets ihren ersten und einzigen Hit.

Jahr	*Titel*	*USA*	*UK*	*D*
1963	The boy next door	18		

Neil Sedaka

geb. 13. 3. 1939 in Brooklyn/New York, USA, voc, p

Neil Sedaka, der Sohn eines New Yorker Taxifahrers türkischer Abstammung, gehört zu den ganz Großen der internationalen Pop-Musik. Mit dreizehn Jahren begann er seine ersten Songs zu schreiben; mit fünfzehn Jahren, 1954, gründete er mit einigen Klassenkameraden eine Band, die er → The Tokens nannte. Es war die gleiche Formation, die einige Jahre später mit *Tonight I fell in love* und *The lion sleeps tonight* Bestseller hatte. Doch nicht nur Pop, sondern auch klassische Musik interessierte den hochbegabten Knaben. 1956 hörte ihn der berühmte Arthur Rubinstein Klavier spielen und wählte ihn für eine Rundfunksendung aus; danach hatte Neil ein Zwei-Jahres-Stipendium für die weltbekannte Juilliard Musikhochschule in der Tasche. Aber Neil ließ deswegen die Popmusik noch lange nicht sausen. 1957 schrieb er einen Song namens *Passin time*, der von den → Cookies aufgenommen und zu Neils erster »richtiger« Veröffentlichung wurde. Inzwischen hatte man festgestellt, daß Neil selbst auch eine sehr angenehme Stimme hatte, und so durfte er 1958 mit *Ring-a-rockin* seine Debüt-Single besingen. Ebenfalls 1958 hatte er in Howard Greenfield, einem Schulfreund und begabten Texter, seinen kongenialen Partner gefunden, mit dem er in den nächsten Jahrzehnten Dutzende von Bestsellern verfassen sollte. Die ersten gemeinsamen Werke der beiden waren die Songs *Fallin* und *Stupid cupid*, die dann allerdings nicht in der Version von Neil, sondern von → Connie Francis Hits wurden. Seinen ersten Hit veröffentlichte Neil Sedaka dann Ende 1958 mit *The diary*, und sein erster Millionenseller folgte Anfang 1959 mit *I go ape*. Und Ende 1959 schrieb und sang Neil Sedaka das Lied *Oh! Carole*, das er einer guten Freundin namens Carole Klein widmete, die ein großer Fan seiner Tokens war und der Gruppe von einem Konzert zum anderen folgte. Aus dieser Carole Klein wurde später → Carole King, eine der begabtesten und erfolgreichsten amerikanischen Songwriterinnen und Sängerinnen. Bis 1964 veröffentlichte Neil Sedaka dann einen Hit nach dem anderen. Und er schrieb, meist zusammen mit Howard Greenfield, Hits für andere: für → Connie Francis 1961 den Nr.-4-Hit *Where the boys are*, der gleichzeitig der Titelsong für Connie Francis' ersten Ki-

Neil Sedaka Foto: Archiv

nofilm war; der Soundtrack dazu stammte ebenfalls von Neil Sedaka. Oder 1969 *Workin on a groovy thing* für die → Fifth Dimension; oder 1970 *Puppet man*, das ursprünglich ebenfalls von der Fifth Dimension gesungen wurde, dann aber 1971 in der Version von → Tom Jones ein Bestseller war. Oder *Don't hide your love* für → Cher. Oder 1975 *Solitaire* für die Carpenters. Zwischen 1964 und 1973 hatte sich Neil Sedaka selbst ganz aus dem aktiven Musikgeschehen zurückgezogen. Doch 1974 ging er wieder ins Studio und produzierte mit *Laughter in the rain* seinen zweiten US-Nr.-1-Hit nach *Breaking up is hard to do* 1962. 1975 bekam Neil Sedaka auch einen Grammy für »Die beste Platte des Jahres«, allerdings nicht als Sänger, sondern als Songschreiber: für das Lied *Love will keep us together*, das er für das Duo The Captain & Tennille geschrieben hatte und das nicht nur ein Nr.-1-Hit, sondern auch ein Millionenseller geworden war.

1975 hatte er dann auch noch selbst einen Millionenseller mit dem Song *Bad blood*, bei dem sein Freund → Elton John die Background-Vocals sang. Sehr erfolgreich war in diesem Jahr auch noch eine neue, langsame Version seines 62er Hits *Breaking up is hard to do*. Heute lebt Neil Sedaka mit seiner Frau Leba und seinen zwei Kindern in New York. Er schreibt immer noch fleißig und gibt ab und zu auch noch umjubelte Konzerte.

Jahr	*Titel*	*USA*	*UK*	*D*
1958	The diary	14		
1959	I go ape	42	9	
1959	Oh! Carole	9	3	25
1960	Stairway to heaven	9	8	
1960	You mean everything to me	17	45	
1960	Calendar girl	4	8	34
1961	Little devil	11	9	
1961	Happy birthday, sweet sixteen	6	3	27
1962	Breaking up is hard to do	1	7	42
1962	Next door to an angel	5	29	
1963	Alice in wonderland	17		
1972	Oh! Carole/Breaking up is hard to do/Little devil		19	
1973	That's when the music takes me	27	18	
1973	Standing on the inside		26	28
1974	Laughter in the rain	1	15	
1975	Bad blood	1		
1975	Breaking up is hard to do	8		
1976	Love in the shadows	16		

The Seeds

Richard Marsh »Sky Saxon«, geb. in Los Angeles/Kalifornien, USA, leadvoc
Jan Savage, geb. in Los Angeles/Kalifornien, USA, g
Daryl Hopper, geb. in Los Angeles/Kalifornien, USA, keyb
Rick Andridge, geb. in Los Angeles/Kalifornien, USA, dr

Die Formation gehörte Mitte der 60er Jahre zu den wichtigsten Psychedelic- und Underground-Rock-Bands der amerikanischen Westküste. Begonnen hatte das Quartett unter dem Namen The Amoeba. Sie spielten in erster Linie in den Clubs am Sunset Strip von Los Angeles. 1966 hatten sie eine derartig große Fangemeinde aufgebaut, daß sie unter dem Namen The Seeds einen Plattenvertrag bekamen. *Can't seem to make you mine* hieß ihre erste Single, die ein regionaler Hit wurde. Mit der zweiten Single *Pushin too hard* konnten sich die vier dann in den Hot 100 plazieren. Wichtiger waren jedoch die Seeds-Alben wie *The Seeds* (1966), *Web of sound* (1967), *Future* (1967), *A full spoon of seedy blues* und *Raw & Alive* (1967), die zwar ziemlich rauh und grob, aber teilweise recht einfallsreich waren und sich auch gut verkauften. Ende der 60er Jahre kam der Sound der Seeds aus der Mode, und Anfang der 70er Jahre löste sich die Truppe auf. Sky Saxon nennt sich heute Sunstar und mischt immer noch bei den inzwischen recht spärlichen kalifornischen Underground-Bands mit.

Jahr	*Titel*	*USA*	*UK*	*D*
1966	Pushin' too hard	36		

The Seekers

Judith Durham, geb. 3. 7. 1943 in Melbourne, Australien, leadvoc
Keith Potger, geb. 2. 3. 1941 in Colombo, Sri Lanka, g, bj
Bruce Woodley, geb. 25. 7. 1942 in Melbourne, Australien, g, bj
Athol Guy, geb. 5. 1. 1940 in Victoria, Australien, b

Keith war 1947 mit seiner Familie nach Australien ausgewandert. 1964 lernten sich die vier Mitglieder kennen. Bruce und Athol arbeiteten in einer Werbeagentur, Judith war Sekretärin bei einem Pathologen, und Keith war Produzent beim Rundfunk. Zunächst begannen sie nur so zum Spaß, in ihrer Freizeit miteinander zu singen und zu spielen. Dann fingen sie an, ab und zu in der Gegend von Melbourne aufzutreten, und schließlich kamen sie mit ihren folkigen Songs ins Fernsehen. Sie nannten sich The Seekers und waren bald so populär, daß sie ihre Jobs aufgaben und hauptberuflich Musiker wurden. Ende 1964 gingen sie nach England, traten bereits drei Wochen nach Eintreffen in diversen TV-Shows auf und hatten Anfang 1965 ihren ersten Nr.-1-Hit und Millionenseller: *I'll never find another you*, ein Lied, das Tom Springfield von den → Springfields geschrieben hatte. Von ihm stammte auch der zweite Millionenseller *A world of our own*; ebenso der dritte Millionenerfolg *The carnival is over*, bei dem Tom die Melodie von dem alten russischen Volkslied *Stenka rasin* adaptiert hatte; und der vierte Millionenerfolg *Georgy girl* aus dem gleichnamigen Film, in dem James Mason, Alan

Bates und Lynn Redgrave die Hauptrollen spielten. 1968 lösten sich die Seekers auf, die Mitglieder hatten ganz einfach keine Lust mehr. Lediglich Keith Potger blieb im Showbusiness und gründete Ende 1969 The New Seekers, die ab 1970 mit Songs wie *I'd like to teach the world to sing* ähnlich erfolgreich wie die »alten« Seekers waren.

Jahr	*Titel*	*USA*	*UK*	*D*
1965	I'll never find another you	4	1	25
1965	A world of our own	19	3	
1965	The carnival is over		1	14
1966	Someday one day		11	
1966	Walk with me		10	
1966	Morning town ride		2	
1967	Georgy girl	2	3	
1967	When will the good apples fall		11	

Sensational Alex Harvey Band

Alex Harvey, geb. 5. 2. 1935 in Glasgow, Schottland, voc, g; gest. 4. 2. 1982 in Belgien
Zal Cleminson, geb. 4. 5. 1949 in Schottland, g, voc
Chris Glen, geb. 6. 11. 1950 in Schottland, b
Hugh McKenna, geb. 28. 11. 1949 in Schottland, keyb
Ted McKenna, geb. 10. 3. 1950 in Schottland, dr

Der Schotte Alex Harvey verließ bereits mit 15 Jahren die Schule und schlug sich mit diversen seltsamen Jobs durch. Er interessierte sich für Musik, fing an Gitarre zu spielen, und schloß sich 1954 einer Skiffle Group an. 1956 gewann er einen Talentwettbewerb und firmierte künftig als → »Tommy Steele von Schottland«. 1959 gründete er seine erste eigene Band, die heute bereits legendäre Alex Harvey Big Soul Band. Die Truppe arbeitete häufig als Begleitband für amerikanische Interpreten wie → Eddie Cochran und → Gene Vincent bei ihren UK-Tourneen. Anfang der 60er Jahre gehörte Alex Harvey mit seiner Band zu den Briten, die in deutschen Clubs gefeiert wurden. 1964 veröffentlichte er sein Debüt-Album *Alex Harvey's Big Soul Band*, das mit seiner gekonnten Mischung aus Blues, Soul und einem gehörigen Schuß Humor schnell ein größeres Publikum fand, ein Rezept, das Alex Harvey eigentlich bis zum Schluß beibehielt. Aber 1967 hatte seine Truppe vom ständigen Touren die Nase voll und löste sich auf. Harvey arbeitete eine Zeitlang als Solist, bis er dann auf eine schottische Rockband namens Teargas stieß. Cleminson, Glen und die beiden McKennas waren die Mitglieder dieser recht erfolglosen Formation. Harvey schloß sich ihnen an, und damit war 1972 die Sensational Alex Harvey Band geboren. Mit ihrem humorvollen Rock, dem phantasievollen Outfit und den theatralischen Auftritten hatte die Band mit dem »ältesten Punk Englands« bald eine sichere Fangemeinde. Alben wie *Framed* (1972), *Next* (1973), *The impossible dream* (1974), *Tomorrow belongs to me* (1975), *The penthouse tapes* (1976) oder *Sahb stories* (1976) plazierten sich mit schöner Regelmäßigkeit unter den Top 20 der UK-LP-Charts. 1975, nach 20jähriger Wartezeit im Musikgeschäft, schaffte Alex Harvey sogar mit einer eigenwilligen Version von *Delilah* seinen ersten Single-Hit. 1978 löste Alex Harvey dann seine Sensational Band aus Gesundheitsgründen auf. Doch das alte Musik-Pferd hielt es nicht im Stall, war als Musiker weiter unterwegs. Am 4. Februar 1982, einen Tag vor seinem 47. Geburtstag, starb er bei einer Tournee durch Belgien an einem Herzschlag.

Jahr	*Titel*	*USA*	*UK*	*D*
1975	Delilah		7	
1976	The Boston tea party		13	

The Sensations

Yvonne Baker, geb. in Philadelphia/Pennsylvania, USA, leadvoc
Richard Curtain, geb. in Philadelphia/Pennsylvania, USA, Tenor
Sam Armstrong, geb. in Philadelphia/Pennsylvania, USA, Bariton
Alphonso Howell, geb. in Philadelphia/Pennsylvania, USA, Baß

Die Ursprünge dieser Vokalgruppe liegen im Jahr 1954. Damals gründeten Alphonso und Yvonne, zusammen mit etlichen anderen Mitgliedern, die Sensations. 1956 bekamen sie einen Plattenvertrag und nahmen *Yes Sir, that's my baby* und *Please Mr. D.J.* auf. Kurz danach verließ Yvonne die Gruppe, um zu heiraten und eine Familie zu gründen. Die Formation löste sich dann auf. Im März 1961 meldete sich Alphonso bei Yvonne und bat sie, wieder als Sängerin tätig zu werden. Yvonne gab nach, die beiden holten sich Richard und Sam, und schon waren die Sensations wieder auferstanden. *Music, music, music* hieß Ende 1961 die Debüt-Single des R & B-Quartetts. Doch den großen Hit hatten die Sensations erst 1962 mit *Let me in*, einer Nummer, die Yvonne geschrieben hatte.

Jahr	*Titel*	*USA*	*UK*	*D*
1962	Let me in	4		

The Serendipity Singers

Bryan Sennett, geb. 1942 in Cleveland/Ohio, USA, voc
H. Brooks Hatch, geb. 1942 in Los Angeles/Kalifornien, voc
Lynne Weintraub, geb. 1944 in Dallas/Texas, USA, voc
John Madden, geb. 1939 in Omaha/Nebraska, USA, voc
Jon Arbenz, geb. 1942 in Los Angeles/Kalifornien, USA, voc
Robert Young, geb. 1941 in Denver/Colorado, USA, voc
Michael Brovsky, geb. 1942 in Colorado Springs/Colorado, voc
Dianne Decker, geb. 1944 in Dallas/Texas, USA, voc
Thomas E. Tiemann, geb. 1942 in Austin/Texas, voc

Die Serendipity Singers folgten der Tradition der → New Christy Minstrels. Sie sangen Folk und folkartige Lieder, bei denen sie sich auf den verschiedensten Instrumenten wie Gitarren, Banjos, Fiddles und Schlagzeug selbst begleiteten. Ihren einzigen großen Hit hatte die vielköpfige Formation 1964 mit einem Lied aus der Feder von Ersel Hickey, der sich 1958 das Lied *Bluebirds over the mountain* geschrieben hatte, das die → Beach Boys 1968 noch einmal aufnahmen. Doch bereits die zweite Single *Beans in my ears* erreichte nur noch Rang 30, und danach verschwand die »Big Band«, die auf der Universität von Colorado ins Leben gerufen worden war, wieder.

Jahr	*Titel*	*USA*	*UK*	*D*
1964	Don't let the rain come down (Crooked little man)	6		

The Shadows

Hank Marvin, geb. 28. 10. 1941 in Newcastle, England, g
Bruce Welch, geb. 2. 11. 1941 in Newcastle, England, g
Jet Harris, geb. 6. 7. 1939 in England, b; ersetzt 1962 durch Brian Locking; ersetzt 1963 durch John Rostill, geb. 16. 6. 1942 in England, gest. 26. 11. 1973
Tony Meehan, geb. 2. 3. 1942 in England, dr; ersetzt 1962 durch Brian Bennett, geb. 9. 2. 1940 in England

1957 gründete Hank Marvin in seiner Heimatstadt Newcastle zusammen mit Bruce Welch eine Skiffle-Gruppe, die er The Rail Roaders nannte. 1958 kam Marvin dann als Gitarrist mit den Chesternuts nach London und bekam ein Engagement bei → Cliff Richard, der gerade einen Job als Vorprogramm von den Kalin Twins erhalten hatte und eine Begleitband zusammenstellen mußte. Marvin holte seinen Jugendfreund Welch, und zusammen mit Harris und Meehan entstanden die Drifters, die zu Cliff Richards ständiger Begleitband wurden. Doch als die amerikanischen → Drifters von der Namensgleichheit hörten, mußten die englischen Drifters ihren Namen ändern und entschieden sich für The Shadows. Zunächst tourten sie nur mit Cliff, doch ab 1960 gingen sie auch selbst ins Studio, um Instrumentals aufzunehmen, die oft von Welch oder Marvin geschrieben waren. Bereits die zweite Sngle *Apache* wurde ein weltweiter Millionenseller.

1962 verließen Jet Harris und Tony Meehan die Grupe, um sich als Duo zu versuchen, und hatten ebenfalls großen Erfolg mit Instrumentalaufnahmen wie *Diamonds* oder *Scarlett O'Hara*. Für die beiden kamen Brian Bennett und Brian Locking, wobei Locking 1963 bereits wieder gegen John Rostill ausgetauscht wurde. Die Shadows boten absolut perfekte Instrumentalmusik: nicht zu rokkig, sehr klar, mit eingängigen Melodien, sauber produziert. Hank B. Marvin, ein eher unscheinbarer Typ mit typischer → Buddy-Holly-Brille, war damals das Idol einer ganzen Generation von Nachwuchsgitarristen. Er besaß als einer der ersten britischen Musiker eine weiße Fender Stratocaster! 1968 löste sich die Formation auf. 1970 fanden Marvin und Welch wieder zusammen und spielten zusammen mit dem Australier John Farrar zwei Alben ein. Die nächste Wiedervereinigung fand dann 1973 statt. Diesmal bestanden die Shadows aus den Original-Mitgliedern Marvin, Welch und Bennett und wiederum

Farrar, da Rostill kurz vorher unter mysteriösen Umständen gestorben war. Das Quartett macht immer wieder Alben, von denen ebenso regelmäßig Singles in die Charts gehen. Doch die Shadows sind für die vier nur ein Nebenjob. Welch ist inzwischen hauptberuflich Songwriter und Produzent (in erster Linie für Cliff Richard); John Farrar verhalf mit seinen Kompositionen und seinem produktionstechnischen Können der Australierin OLIVIA NEWTON-JOHN zu Ruhm und Ehren; Brian Bennett ist ein gefragter Studiomusiker.

Jahr	*Titel*	*USA*	*UK*	*D*
1960	Apache		1	10
1960	Man of mystery/ The stranger		5	
1961	F.B.I.		6	
1961	Frightened city		3	
1961	Kon-Tiki		1	29
1961	The savage		10	
1962	Wonderful land		1	23
1962	Guitar tango		4	25
1962	Dance on		1	45
1963	Foot tapper		1	
1963	Atlantis		2	23
1963	Shindig		6	
1963	Geronimo		11	
1964	Theme for young lovers		12	
1964	The rise and fall of Flingel Bunt		5	
1964	Genie with the light brown lamp		17	
1965	Mary Anne		17	
1965	Stingray		19	
1965	Don't make my baby blue		10	
1965	War lord		18	
1975	Let me be the one		12	47
1978	Don't cry for me Argentina		5	
1979	Theme from the deer hunter (Cavatina)		9	
1980	Riders in the sky		12	

The Shadows Of Knight

SIM SOHNS, geb. in Chicago/Illinois, USA, leadvoc, perc
JOSEPH KELLY, geb. in Chicago/Illinois, USA, leadg, b, blues harp
WARREN ROGERS, geb. in Chicago/Illinois, USA, leadg, b
JERRY MCGEORGE, geb. in Chicago/Illinois, USA, g
THOMAS SCHIFFOUR, geb. in Chicago/Illinois, USA, dr

The Shadows Of Knight gehören zu den typischen »Garagen-Bands« der 60er Jahre. Berühmt wurden sie durch ihre engagierten Auftritte in diversen Teenager-Clubs, und das führte wiederum 1965 zu einem Plattenvertrag. Als erstes nahm die Band *Gloria* von → VAN MORRISON und seiner Gruppe → THEM auf. Es wurde ihr erster und einziger großer Hit. Die Nachfolgesingle *Oh yeah* erreichte nur noch Rang 39. 1968 tauchte die Formation dann erstaunlicherweise plötzlich im Bubble-Gum-Stall von KASENETZ-KATZ auf. Mit *Shake* landete sie 1968 auf Platz 46. Danach löste sich die Formation endgültig auf.

Jahr	*Titel*	*USA*	*UK*	*D*
1966	Gloria	10		

The Shangri-Las

MARY WEISS, geb. in New York City, USA, leadvoc
BETTY WEISS, geb. in New York City, USA, voc
MARY ANNE GANSER, geb. in New York City, USA, voc
MARGE GANSER, geb. in New York City, USA, voc; gest.

Die Schwestern Mary und Betty Weiss und die eineiigen Zwillinge Mary Anne und Marge Ganser besuchten gemeinsam die Andrew Jackson Highschool im New Yorker Stadtteil Queens. Zunächst trat das Quartett bei Schulveranstaltungen auf und sang in erster Linie die Tageshits nach. Dann wurde der Produzent GEORGE »SHADOW« MORTON auf die vier aufmerksam und nahm sie unter Vertrag. Er schrieb für sie und produzierte mit ihnen den traurigen Love-Song *Remember (Walkin' in the sand)*, der prompt ein Millionenseller wurde. Dann ließ er → JEFF BARRY mit Ehefrau ELLIE GREENWICH die ebenso traurige Motorrad-Ballade *The leader of the pack* für das Mädchen-Quartett schreiben – und damit hatten die Shangri-Las ihren zweiten Millionenseller. Bis 1967 war diese »Girl-Group«, die zweifellos zu den fortschrittlichsten gehörte und die man fast als »punky« bezeichnen kann, in den internationalen Charts vertreten. Dann machte die Plattenfirma pleite, und die Shangri-Las gingen keinen neuen Vertrag ein. Als Trio treten sie heute noch ab und zu bei Oldie-Veranstaltungen auf. Marge Ganser starb Ende der 70er Jahre an einer Überdosis Rauschgift.

Jahr	*Titel*	*USA*	*UK*	*D*
1964	Remember (Walkin' in the sand)	5	14	
1964	Leader of the pack	1	11	
1965	Give him a great big kiss	18		
1965	I can never go home anymore	6		
1972	Leader of the pack		3	
1976	Leader of the pack		7	

Del Shannon

CHARLES WESTOVER, geb. 30. 12. 1939 in Grand Rapids/Michigan, voc; gest. 10. 2. 1990 in Santa Clarita/Kalifornien

Mit vierzehn Jahren begann Charles Gitarre zu spielen. Nachdem er 1957 die Highschool abgeschlossen hatte, ging er zur Army, wo er schon bald zum Musik-

Del Shannon Foto: RCA

Corps gehörte. Nach seiner Entlassung trat er regelmäßig in kleinen Clubs in der Gegend von Michigan auf. Dort wurde ein Discjockey auf ihn aufmerksam, der ihm 1960 schließlich einen Plattenvertrag verschaffte. Charles Westover gab sich den Künstlernamen Del Shannon und nahm als Debüt seinen selbstgeschriebenen Song *Runaway* auf. Er wurde ein 4-wöchiger Nr.-1-Hit in USA und sein erster Millionenseller. Anschließend lebte Del Shannon mit seiner Familie in Canyon Count/Kalifornien. Ab und zu nahm er noch eine LP auf, sein Erfolg hielt sich aber sehr in Grenzen. Shannon verfiel in Depressionen, und am 10. Februar 1990 fand ihn seine Frau Bonnie in seinem Arbeitszimmer tot auf: Der Sänger hatte sich erschossen.

Jahr	*Titel*	*USA*	*UK*	*D*
1961	Runaway	1	1	
1961	Hats off to larry	5	6	
1961	So long, baby	28	10	
1962	Hey! Little girl	38	2	
1962	Cry myself to sleep	99	29	
1962	Swiss maid	64	2	
1963	Little town flirt	12	4	
1963	Two kinds of teardrops	50	5	
1963	Sue's gotta be mine	71	21	
1964	Handy man	22	36	
1964	Keep searchin' (we'll follow the sun)	9	3	25

Helen Shapiro

geb. 28. 9. 1946 in London, England, voc

Helen Shapiro war die Sensation des Jahres 1961 in England. Anfang 1961 hatte sie mit Gesangsstunden in der Maurice Berman School Of Singing angefangen. John Schroeder, einer der Talent Souts der Plattenfirma EMI, rief dort, wie so oft, an, um sich nach vielversprechenden neuen Talenten zu erkundigen. Er platzte mit seinem Telefonat genau in die Gesangsstunde von Helen, war mehr als nur beeindruckt, holte die Kleine sofort ins Studio und machte Demoaufnahmen mit ihr. Die waren so hervorragend, daß er für sie *Don't treat me like a child* schrieb, das prompt ein UK-Bestseller wurde. Dann folgte *You don't know*, und der Teenager mit der reifen dunklen Stimme hatte 1961 seinen ersten Millionenseller. Der zweite folgte noch im selben Jahr mit *Walking back to happiness*. Noch vor ihrem 15. Geburtstag war Helen Shapiro ein gefeierter Star, der in Dutzenden von Radio- und Fernsehsendungen auftrat. Mit *Frag mich nicht warum* und *Komm, sei wieder gut*, lieferte Helen 1962 auch zwei deutschsprachige Lieder ab, die jedoch nur bis Rang 31 kamen.

Jahr	*Titel*	*USA*	*UK*	*D*
1961	Don't treat me like a child		3	
1961	You don't know		1	
1961	Walkin' back to happiness		1	30
1962	Tell me what he said		2	
1962	Little miss lonely		8	

Dee Dee Sharpe

Dione LaRue, geb. 9. 9. 1945 in Philadelphia/Pennsylvania, voc

Als Kind sang Dee Dee im Kirchenchor ihres Großvaters, lernte Noten zu lesen und Klavier zu spielen. Und so konnte sie sich 1961 auf die Anzeige einer Plattenfirma bewerben, in der ein Mädchen gesucht wurde, das Noten lesen, Klavier spielen und singen konnte. Dee Dee bekam den Job und arbeitete eine Zeitlang als Chorsängerin. Sie war z. B. bei → Chubby Checkers Aufnahme von *Slow twistin* als Backgroundsängerin dabei. 1962 durfte sie ihre erste eigene Platte aufnehmen, den Song *Mashed potatoe time*, der ein Hit wurde und einen neuen Tanz auslöste. Dee Dee heiratete später den Produzenten und Songwriter Kenny Gamble, der, zusammen mit Leon Huff, in den 70er Jahren mit Gruppen wie den → O'Jays dem Phillysound zu Weltruhm verhalf.

Jahr	*Titel*	*USA*	*UK*	*D*
1962	Mashed potatoe time	2		
1962	Gravy (For my mashed potatoes)	9		
1962	Ride!	5		
1963	Do the bird	10	46	

Sandie Shaw

Sandra Goodrich, geb. 26. 2. 1947 in Dagenham/Essex, England, voc

Sandie besuchte die Robert Clack Technical School in Dagenham, als sie 1964, mit 17 Jahren, beschloß, Sängerin zu werden. Sie fuhr nach London zu einem Konzert ihres Lieblingssängers → Adam Faith, schaffte es, hinter die Bühne zu kommen, und sang ihm aus vollem Halse vor. Adam war beeindruckt, und ein paar Wochen später hatte Sandie, die stets barfuß aufzutreten pflegte, einen Plattenvertrag. *As long as you're happy baby* hieß ihre erste Single 1964, doch der Erfolg kam erst im Oktober 1964 mit der → Burt Bacharach/→ Hal David-Nummer *Always something there to remind me*. Dann bekam Sandie einen jungen Songschreiber namens → Chris Andrews zugeteilt, der ihr mit *Girl don't come, Long live love* und *Message understood* die nächsten Bestseller schrieb, ehe er selbst 1966 mit *Yesterday man* einen Millionenerfolg hatte. 1967 gehörte Fräulein Goodrich alias Sandie Shaw zu den erfolgreichsten Pop-Sängerinnen von Großbritannien. So wurde sie auserwählt, England am 8. April in Wien beim Grand Prix D'Eurovision zu vertreten. Sandie sang, barfuß wie immer, *Puppet on a string*, gewann und landete einen Millionenerfolg. Ab 1965 sang Sandie Shaw auch in Deutsch, meist Versionen ihrer englischen Hits. Die Songs wie *Du weißt nichts von deinem Glück* (1965) oder *Wiedehopf im Mai* (1967) waren aber keine großen Erfolge. Bis 1970 war sie in den Charts vertreten, dann verschwand sie. Mitte der 80er Jahre tauchte sie wieder auf. Stephen Morrissey, der Sänger und Kopf der englischen New-Wave-Band The Smiths und ein enger Freund von Sandie, überredete sie, wieder ins Studio zu gehen. Unter seiner Regie nahm sie 1984 den schrillen Pop-Song *Hand in glove* auf und kam in UK bis Rang 27. Seitdem veröffentlicht

Sandie Shaw in unregelmäßigen Abständen Platten, die alle im Trend liegen, mit der Sandie der 60er Jahre aber nichts mehr zu haben.

Jahr	*Titel*	*USA*	*UK*	*D*
1964	(There's) Always something there to remind me	52	1	
1964	Girl don't come	42	3	
1965	I'll stop at nothing		4	
1965	Long live love	97	1	28
1965	Message understood		6	
1966	Tomorrow		9	
1966	Nothing comes easy		14	
1967	Puppet on a string		1	
1967	You've not changed		18	
1969	Monsieur Dupont		6	

Ricky Shayne

Charles Albert Tabet, geb. 4. 6. 1944 in Libanon, voc

Der Sohn eines Libanesen und einer Französin wuchs im Libanon auf und kam mit 15 Jahren nach Paris. Bald schon ging der ausgesprochen attraktive junge Mann mit der gewaltigen Löwenmähne nach Italien, um dort Sänger zu werden. Mit seiner leicht heiseren Stimme sang er in erster Linie internationale Hits auf Italienisch nach und hatte mit *Stanotte* auch einen Hit. Dann wurde der hübsche Jüngling nach Deutschland geholt, spielte mit → Udo Jürgens in dem Film *17 Jahr, blondes Haar* und durfte ab 1967 Platten machen. Er war zwar nie ein Hitlieferant, aber er schmückte jede Fernseh-Show und brachte mit einem tiefen Blick aus seinen blauen Augen reihenweise Mädchen- und Frauenherzen zum Schmelzen. In den 70er und 80er Jahren versuchte der Lebenskünstler, der ständig pleite ist, zwar immer wieder ein Comeback, ober ohne Erfolg. Seinen letzten Versuch startete er 1989 mit einem Lied für die Fernseh-Serie *Rivalen der Rennbahn*.

Jahr	*Titel*	*USA*	*UK*	*D*
1967	Ich sprenge alle Ketten			20
1969	Das hat die Welt noch nicht gesehen			21
1969	Es wird ein Bettler zum König			17
1969	Ich mache keine Komplimente			24
1971	Ginny, komm näher			13
1971	Mamy Blue			7
1972	Delta Queen			20

Shep and The Limelites

James »Shep« Sheppard, geb. in New York, leadvoc; gest. 24. 1. 1970
Clarence Bassett, voc
Charles Baskerville, voc

Zwischen 1956 und 1958 war Shep der Leadsänger der Gruppe The Heartbeats gewesen, die mit *A thousand miles away* einen Hit gehabt hatte. Shep hatte den Song geschrieben, wie fast alle Songs der Heartbeats. 1961 gründete er eine neue Vokalgruppe, The Limelites, und für sie schrieb er als erstes eine »Antwort« auf *A thousand miles away*. Der Song hieß *Daddy's home* und wurde der erste und einzige Hit der farbigen Formation. Am 24. Januar 1970 wurde Shep in Long Island tot in seinem Auto gefunden. Er war das Opfer eines Raubüberfalls geworden.

Jahr	*Titel*	*USA*	*UK*	*D*
1961	Daddy's home	2		

Tony Sheridan

Anthony Esmond Sheridan McGinnity, geb. 12. 5. 1940 in Norwich, England, voc, g

Nach dem Besuch der Kunsthochschule in Norwich gründete Tony Sheridan 1959 einige Bands, die zu den ersten gehörten, die in England aus Skiffle und Blues Rock'n'Roll machten. Sheridan durfte mit seinen Bands amerikanische Rock'n'Roll-Stars wie → Gene Vincent und → Eddie Cochran begleiten und war einer der ersten, die im englischen Fernsehen mit einer Elektrogitarre auftraten. Anfang der 60er Jahre ging Sheridan nach Hamburg und erwarb sich dort besondere Verdienste, als er sich 1961 für Plattenaufnahmen eine junge Nachwuchsband namens → The Beatles als Begleitband ins Studio holte. Sheridan blieb bis 1967 in Hamburg und spielte in diversen Tanz-Schuppen, ging dann zur amerikanischen Truppenbetreuung nach Vietnam, zog sich anschließend für eine Weile nach Australien zurück und kam 1969 wieder nach Deutschland. Sheridan wurde zwar dann in Hamburg beim NDR ein beliebter Radio-Moderator, aber den Anschluß an seine Rock'n' Roll-Vergangenheit konnte er nicht mehr finden.

Jahr	*Titel*	*USA*	*UK*	*D*
1961	My Bonnie (mit den Beatles)			32
1963	Let's slop			10
1963	My Bonnie (mit den Beatles)		48	50
1964	Skinny Minny (mit den Beatles)			3

Allan Sherman

geb. 30. 11. 1924 in Chicago/Illinois, voc; gest. 21. 11. 1973

Nach dem College-Abschluß war Allan Gag-Schreiber für Stars wie Jackie Gleason und Jerry Lester. Gleichzeitig erwies er sich als begabter Produzent für Fernseh-Shows. Unter seiner Regie entstanden vielgesehene Serien wie *Broadway open house* und die *Steve Allen show*. Er war der Erfinder der höchst erfolgreichen TV-Serie *I've got a secret*. 1963 schrieb er einen Gag-Song namens *Hello mudduh, hello fadduh! (A letter from camp)*, den er selbst aufnahm und der ein Hit wurde. Das Lied war eine Adaption vom *Tanz der Stunden* des italienischen Komponisten Amilcare Ponchielli (1934 – 1986). 1965 war Allan Sherman noch einmal in den USA-Charts, und zwar mit einer Persiflage auf den › Petula Clark-Millionenseller *Downtown*. Bei ihm hieß das Stück *Crazy downtown*, aber es erreichte nur Platz 40. Am 21. November 1973 starb Allan Sherman an der Westküste im Alter von nur 48 Jahren.

Jahr	*Titel*	*USA*	*UK*	*D*
1963	Hello mudduh, hello fadduh! (A letter from camp)	2	14	

Bobby Sherman

geb. 22. 7. 1945 in Santa Monica/Kalifornien, USA, voc

Bobby war ein musikalisches Wunderkind. Mit acht Jahren fing er an, Trompete zu spielen, anschließend lernte er begeistert Klavier, French Horn, Tuba, Schlagzeug und Gitarre. Daneben übte er natürlich auch das Singen und das Schauspielern. Denn Bobby hatte nur einen Berufswunsch: Entertainer zu werden. Und das klappte dann auch, als er Mitte der 60er Jahre zu einer Party eingeladen wurde, auf der Stars wie Natalie Wood, Sal Mineo und Roddy McDowall waren und natürlich auch Fernsehproduzenten. Einem der letzteren fiel Bobby auf. Er bekam ein Dauerengagement in der in USA ungemein populären TV-Show *Shindig*, anschließend spielte er in der ebenso beliebten Serie *Here comes the bride* den Jeremy Bolt und wurde für eine Filmkomödie verpflichtet. Zwischendurch versuchte Bobby Sherman immer wieder sein Glück als Sänger, doch erst 1969 winkte ihm auch in dieser Sparte der Erfolg. Mit *Little woman* hatte er seinen ersten Millionenseller, dem noch drei folgten: *La la la*, *Easy come, easy go* und *Julie, do ya love me*. Heute ist Bobby weder Schauspieler noch Sänger. Er lebt mit seiner Frau Patty und seinem Sohn Christopher Noel in Los Angeles, als Mitinhaber einer gutgehenden TV-Produktions-Firma.

Jahr	*Titel*	*USA*	*UK*	*D*
1969	Little woman	3		
1969	La la la (If I had you)	9		
1970	Easy come, easy go	9		
1970	Julie, do ya love me	5		
1971	Cried like a baby	16		

The Shirelles

Shirley Alston (Owens), geb. 10. 6. 1941 in Passaic/New Jersey, voc
Beverly Lee, geb. 3. 8. 1941 in Passaic/New Jersey, USA, voc
Addie »Micki« Harries, geb. 22. 1. 1940 in Passaic/New Jersey, USA, voc; gest. 10. 6. 1982
Doris Kenner (Coley), geb. 2. 8. 1941 in Passaic/New Jersey, voc

Die vier Mädchen waren Schulfreundinnen. In ihrer Klasse saß auch die Tochter von Florence Greenberg, einer Managerin und Besitzerin einer kleinen Plattenfirma. Als Mrs. Greenberg die Mädchen singen hörte, nahm sie sie unter ihre Fittiche und veröffentlichte im März 1958 den Song *I met him on a sun-*

day, den die vier Talente gemeinsam geschrieben hatten. Der Song erreichte einen hoffnungsvollen Platz 49 in USA. Im Juli 1959 folgte der Song *Dedicated to the one I love*, der zu diesem Zeitpunkt total unterging und nur Platz 83 erreichte. Erst als das Lied, bei dem Doris die Leadsängerin war, 1961 wiederveröffentlicht wurde, wurde es ein Hit. (Sechs Jahre später, 1967, hatten die → MAMAS & PAPAS abermals einen Bestseller damit.) 1960 schrieb Shirley dann *Tonight's the night*, mit dem die Shirelles erstmals unter die Top 40 kamen (Platz 39), und mit dem → CAROLE KING/GERRY GOFFIN-Song *Will you love me tomorrow* wurden die Shirelles dann endgültig Stars. Bei diesem Lied war bereits Shirley die Leadsängerin, sie blieb es auch bis Ende der 60er Jahre. Danach traten Doris, Beverly und Micki auch weiterhin als The Shirelles auf, während sich Shirley als Solistin versuchte. Am 10. Juni 1982 starb Micki Harris im Alter von nur 42 Jahren.

Jahr	*Titel*	*USA*	*UK*	*D*
1960	Will you love me tomorrow	1	4	
1961	Dedicated to the one I love	3		
1961	Mama said	4		
1962	Baby it's you	8		
1962	Soldier boy	1	23	
1962	Everybody loves a lover	19		
1963	Foolish little girl		38	

The Shocking Blue

MARISKA VERES, geb. 1. 10. 1948 in Holland, leadvov
ROB VAN LEEUWEN, geb. 24. 10. 1946 in Holland, leadg, sitar
KLAASEJE VAN DER WAL, geb. 1. 12. 1949 in Holland, b
CORNELIUS VAN DER BEEK, geb. 6. 6. 1948 in Holland, dr

Shocking Blue gehörten, wie auch THE TEE SET (*My belle amie*) oder die → GEORGE BAKER SELECTION (*Paloma blanca*), zu jenen niederländischen Formationen, die Ende der 60er, Anfang der 70er Jahre den internationalen Markt erobern konnten. Optischer Mittelpunkt war die schwarzhaarige, blauäugige und ungemein attraktive Sängerin Mariska Veres, die Tochter eines Zigeuner-Geigers und Bandleaders. Kompositorischer und technischer Mittelpunkt war der Schreiber, Gitarrist und Produzent Rob Van Leeuwen. *Venus* hieß die Debüt-Single, mit der Shocking Blue 1969/70 praktisch die ganze Welt eroberten. Bis 1973 wurden von dieser Single an die 14 Millionen Exemplare verkauft. Doch während es weltweit bei diesem einen Hit blieb, hatte die Formation in Deutschland noch bis 1973 Erfolge zu verzeichnen.

Jahr	*Titel*	*USA*	*UK*	*D*
1969	Venus	1	8	2
1970	Mighty Joe	43	43	5
1970	Never marry a railroad man			12
1972	Inkpot			12

Troy Shondell

geb. 14. 5. 1944 in Fort Wayne/Indiana, USA, voc

Troy ist ein musikalisches Allround-Talent. Auf der Universität von Valparaiso/Indiana studierte er Musik. Daneben lernte er Orgel, Gitarre, Trompete, Saxophon und Schlagzeug zu spielen. Im Sommer 1961 versuchte sich Troy auch als Sänger und nahm auf eigene Kosten den Song *This time* auf, den er dann ebenfalls auf eigene Kosten auf seinem eigenen Label veröffentliche. Der Song wurde sein erster und einziger Hit. Erst seit Ende der 70er Jahre ist Troy Shondell immer wieder mit Country-Songs auf den unteren Plätzen der US-Country-Charts zu finden.

Jahr	*Titel*	*USA*	*UK*	*D*
1961	This time	6	22	

The Silkies

SILVIA TATLER, geb. 1945 in Stoke-On-Trent, England, leadvoc
MICHAEL RAMSDEN, geb. 1943 in Devon, England, g
IVORY AYLESBURY, geb. 1943 in Surrey, England, g
JOHN KEVYN CUNNINGHAM, geb. 1940 in Liverpool, England, b

Silvia, Michael und Ivory lernten sich 1963 auf der Universität kennen. Sie taten sich zu einem Folk-Trio zusammen, und als Ende 1963 noch Kevyn zu ihnen stieß, traten sie bei Folk-Festivals als Quartett namens The Silkies auf. Die vier machten sich in den einschlägigen Studenten-Kneipen schnell einen guten Namen, und 1964 wurde der → BEATLES-Manager BRIAN EPSTEIN auf das Quartett aufmerksam. Er nahm sie unter Vertrag und ließ sie die Debüt-Single *Blood red river* veröffentlichen, die allerdings ein Flop wurde. Der Erfolg kam erst, als sich die Beatles der Sache annahmen. 1965 stellten sie den Silkies ihren Song *You've got to hide your love away*, den sie in dem Film *Help!* gesungen hatten, zur Verfügung. Außerdem wirkten → JOHN LENNON, PAUL MCCARTNEY und GEORGE HARRISON bei der Aufnahme des Liedes als Studiomusiker mit, und die Beatles fungierten auch als Produzenten des Songs. Kein Wunder, daß die Aufnahme ein Hit wurde. Es blieb der einzige, und Ende der 60er Jahre lösten sich die Silkies wieder auf.

Jahr	*Titel*	*USA*	*UK*	*D*
1965	You've got to hide your love away	10	28	

Erik Silvester

ERIK HERSCHMANN, geb. 1944 in der Tschechoslowakei, voc

Erik kam bereits als Kind nach Deutschland, machte Abitur, ließ sich als Schauspieler ausbilden und studierte anschließend Musik. Der hochtalentierte junge Mann entwickelte sich zum Multiinstru-

Joe Simon Foto: Polydor

mentalisten und lernte Gitarre, Baß, Schlagzeug, Saxophon und Klavier. Aber schlußendlich blieb er doch beim Singen und machte ab Mitte der 60er Jahre Platten. Der sympathische Entertainer, der viele seiner Songs selbst schreibt, bringt auch heute noch regelmäßig Platten auf den Markt.

Jahr	*Titel*	*USA*	*UK*	*D*
1967	Dann fiel die Tür zu			29
1968	Susanna			29
1969	Ich seh' die Mädchen gern vorübergehn			16
1969	Zucker im Kaffee			14
1976	Wenn die Trommel ruft			11

Joe Simon

geb. 2. 9. 1943 in Shimmesport/Louisiana, USA, voc

Joe wuchs in der Nähe des musikalischen Schmelztiegels New Orleans auf und wurde als Kind natürlich von R & B, Jazz und Gospel beeinflußt. 1958 zog seine Familie nach Oakland/Kalifornien, und dort fing Joe an, regelmäßig im Kirchenchor zu singen. 1960 bekam der farbige Sänger mit der samtweichen Stimme einen Plattenvertrag. Er veröffentlichte etliche Songs, die aber alle nur regionale Erfolge wurden. Bekannter wurde Joe Simon erst 1965 mit dem

R & B-Titel *Let's do it over*. Seinen ersten Erfolg in der Hot 100 feierte Joe Simon dann 1966 mit *Teenager's prayer*, das bis Platz 66 kam. Mit *The chokin' kind*, *Drowning in the sea of love* und *Power of love* hatte Joe Simon jeweils Millionenseller. Daneben entwickelte sich der gutaussehende Interpret zu einem der führenden amerikanischen Bühnenstars des Souls.

Jahr	*Titel*	*USA*	*UK*	*D*
1969	The chokin' kind	13		
1971	Drowning in the sea of love	11		
1972	Power of love	11		
1973	Step by step	37	14	44
1973	Theme from Cleopatra Jones	18		
1975	Get down, get down (get on the floor)	8		

Simon & Garfunkel

PAUL FREDERICK SIMON, geb. 5. 11. 1941 in Newark/New Jersey, voc
ARTHUR GARFUNKEL, geb. 13. 10. 1942 in Queens/New York, USA, voc

Simon & Garfunkel waren die Superstars des Folk-Rock der 60er und 70er Jahre. Die beiden Interpreten, deren Stimmen genauso hinreißend harmonierten wie früher die der → EVERLY BROTHERS, eroberten mit ihren eher sanften Songs innerhalb kürzester Zeit das internationale Publikum. Der Schreiber der zarten und sehr poetischen Lieder war Paul Simon. Die beiden lernten sich Anfang der 50er Jahre in der Schule kennen. Sie wurden Freunde, entdeckten ihr gemeinsames Interesse an Musik und bildeten ein Duo namens TOM & JERRY. Sie nahmen sogar Demos auf, und ihr Song *Hey schoolgirl* fand 1957 einen Abnehmer und kam ein Jahr darauf in den US-Charts bis Platz 49. Doch die nächsten Veröffentlichungen wurden Flops, und so trennten sich die beiden erst einmal. Danach tat sich bei Art Garfunkel musikalisch nicht mehr allzu viel, unter dem Namen ARTIE GARR unternahm er einen eher lahmen Versuch, sich als Künstler zu etablieren. Dafür war Paul Simon um so aktiver. Er nahm mit → CAROLE KING fleißig Demo-Bänder für diverse Plattenfirmen auf. Unter dem Pseudonym JERRY LANDIS schrieb, produzierte und sang er Lieder, die jedoch durchweg nicht von Erfolg gekrönt waren. Lediglich mit *The lone teen ranger* kam er 1963 bis auf einen sehr mickrigen Platz 97 in den US-Charts. Ähnlich erfolglos blieb auch seine Arbeit mit der Formation TICO & THE TRIUMPHS, das von Paul Simon geschriebene *Motor cycle* kam 1962 in den US-Charts nur bis Rang 99. Das Blatt wendete sich erst 1964, als sich Paul Simon nämlich wieder mit Art Garfunkel zu einem Duo zusammentat und die beiden einen Plattenvertrag bekamen. Das erste gemeinsame Werk, ein akustisches Folk-Album namens *Wednesday morning 3 a. m.*, wurde ein glatter Flop. Enttäuscht fuhren die beiden nach England, um sich an ein neues Album namens *The Paul Simon songbook* zu machen. Doch in der Zwischenzeit hatte ihr Produzent TOM WILSON angefangen, mit dem *Wednesday*-Album zu experimentieren. Er ergänzte einen Song namens *Sounds of silence* mit elektronischen Gitarrenklängen und Rhythmen, veröffentlichte das Werk als Single

– und damit hatten Simon & Garfunkel ihren ersten Nr.-1-Hit und Millionenseller. Die beiden staunten nicht schlecht, als sie aus England zurückkamen! Von da an gehörten Simon & Garfunkel bis 1970 zu den internationalen Super-Stars des Folk-Rock. Nicht nur die meisten ihrer Songs, auch ihre vorzüglichen Alben wie *Sounds of silence* (1966), *Parsley, sage, rosemary & thyme* (1966), *Bookends* (1968), der Soundtrack von *The graduate* (1968) mit dem Supersong *Mrs. Robinson* und *Bridge over troubled water* (1970) verkauften sich durch die Bank millionenfach. 1971 trennten sich die beiden. Art Garfunkel entpuppte sich zunächst als hervorragender Schauspieler in Filmen wie *Catch 22* und *Carnal knowledge*, die übrigens beide unter der Regie von Mike Nichols entstanden, der auch bei *The graduate* (*Die Reifeprüfung*) Regie geführt hatte. 1973 veröffentlichte Art Garfunkel dann mit *Angel Clare* sein erstes Solo-Album. Art sang nur Fremd-Material, da er, im Gegensatz zu Paul Simon, nie ein Songschreiber gewesen war. Aber mit seiner wunderschönen, klaren, warmen Stimme machte er die Lieder anderer zu Weltbestsellern: *All I know* (1973), *I only have eyes for you* (1975), *Bright eyes* (1979), allesamt Millionenerfolge. Paul Simon dagegen erwies sich weiterhin als genialer Komponist und Sänger seiner eigenen Lieder. Mit Alben wie *Paul Simon* (1971), *There goes rhymin Simon* (1973), *Still crazy after all these years* (1975), *One trick pony* (1980, ein Soundtrack; in dem Film spielte Simon mit), *Hearts and bones* (1983) und *Graceland* (1987); und mit Songs wie *Mother and child reunion*, *Me and Julio down by the schoolyard*, *Kodachrome*, *Love me like a rock*, *Take me to the mardi gras*, *50 ways to leave your lover*, *Slip sliding away*, *Late in the evening*, *Alleghies*, *The boy in the bubble*, *You can call me Al* und *Graceland* hatte Paul Simon bis heute einen Bestseller und Millionenseller nach dem anderen. Zwischendurch feierten die beiden 1975 kurzzeitig Wiedervereinigung, daraus resultierte der gemeinsame Song *My little town*, der natürlich ebenfalls ein Erfolg wurde. Am 19. September 1981 traten die beiden zu einem mit großer Spannung erwarteten Konzert im New Yorker Central Park an – und rissen ihr Publikum wie ehedem zu Begeisterungsstürmen hin.

Jahr	*Titel*	*USA*	*UK*	*D*
1965	The sounds of silence	1		9
1966	Homeward bound	5	9	
1966	I am a rock	3	17	36
1966	A hazy shade of winter	13		
1967	At the zoo	16		
1968	Scarborough fair/ Canticle	11		
1968	Mrs. Robinson	1	4	39
1969	Mrs. Robinson		9	
1969	The boxer	9	6	19
1970	Bridge over troubled water	1	1	3
1970	Cecilia	4		2
1970	El condor pasa	18		1
1975	My little town	9		

Nina Simone

Eunice Waymon, geb. 21. 2. 1933 in Tryon/North Carolina, voc, p

Das Herz der farbigen Sängerin gehörte von klein auf der Musik. Mit ihren sieben Geschwistern sang sie schon als kleines Mädchen im Chor, mit fünf Jahren lernte sie Klavierspielen, anschließend war sie mit zwei Schwestern im Kirchenchor. Doch ihr Interesse galt weniger dem traditionellen schwarzen Blues und Gospel, sondern mehr dem Jazz und der Unterhaltungsmusik. Da die Waymons arm waren, sammelten alle Nachbarn, um der kleinen Nina das Studium an der berühmten Juilliard School Of Music zu ermöglichen. Mit neunzehn Jahren trat Nina Simone, wie sie sich inzwischen nannte, zum ersten Mal in Atlantic City auf. Ihre ersten Platten waren stark von Jazz-Stars wie Billie Holiday und Sarah Vaughan beeinflußt, gleichzeitig zeigte sich Ninas Talent für schwermütige Balladen. In den 60er Jahren wendete sie sich allmählich mehr dem R & B zu und ließ Balladen wie *Don't let me be misunderstood* oder *I put a spell on you* wieder aufleben, beides Songs, die daraufhin von den britischen → Animals ins Repertoire aufgenommen wurden. Ab Mitte der 60er Jahre gehörte Nina Simone auch zu den führenden Figuren der Black-Power-Bewegung. Obwohl sie Ende der 60er Jahre mit Afro-Look-Frisur und selbstgeschriebenen Protestliedern auch die Rock-Generation beeindruckte, wurde die hochbegabte Künstlerin nie zu einem richtigen Star. Mit *I got no – I got life* aus dem Musical *Hair* und *To love somebody* von den → Bee Gees hatte sie Ende der 60er Jahre in UK Hits. Fast 20 Jahre später, 1987, wurde sie im Zeichen des Oldie-Revivals wiederentdeckt.

Jahr	*Titel*	*USA*	*UK*	*D*
1959	I loves you, Porgy	18		
1968	Ain't got no – I got life/Do what you gotta do		2	
1969	To love somebody		5	
1987	My baby just cares for me		5	

Frank Sinatra

Francis Albert Sinatra, geb. 12. 12. 1915 in Hoboken/New Jersey, USA, voc

In den 30er Jahren fing Frank an, regelmäßig in der Major Bowes Talent-Show aufzutreten. Das wiederum verschaffte ihm ein Engagement als Sänger beim berühmten Harry James Orchestra und anschließend beim ebenso berühmten Tommy Dorsey Orchestra. Er sang in erster Linie bewegende Lieder fürs Herz und war innerhalb kürzester Zeit der Crooner schlechthin. Bei seinen Auftritten fielen seine minderjährigen weiblichen Fans vor lauter Begeisterung ebenso in Ohnmacht wie 30 Jahre später ihre Töchter oder Enkelinnen bei den → Beatles. Seinen ersten Plattenerfolg hatte der sehr schlanke junge Sänger mit der besonderen Stimme dann 1943 mit dem Song *All or nothing at all*, der auch sein erster Millionenseller war. Zu dieser Zeit wurde Frank Sinatra auch für den Film entdeckt; 1953 bekam er für seine Rolle in *Verdammt in alle Ewigkeit* seinen Oscar als bester Nebendarsteller. Damit nahm natürlich auch die Plattenkarriere einen immensen Aufschwung. Etliche seiner Hits kamen jetzt aus seinen Filmen, z. B. *Can I steal a little love* aus *Rock pretty baby*, *All the way* aus *The joker is wild*, *High hopes* aus *A hole in the head* oder *Strangers in the night* aus *A man could get killed*. Der kleingewachsene und inzwischen nicht mehr so schlanke Sänger mit der großen Stimme gehört bis heute zu den erfolgreichsten Interpreten der Welt. Trotz großer Pausen schaffte es Sinatra jedesmal mit schöner Regelmäßigkeit wieder, ein Lied aufzunehmen, das ihn in die Charts brachte. Obwohl »Ole Blue Eyes« mehr als einmal seinen endgültigen Rückzug aus dem Show-Business verkündet hatte, kehrte er immer wieder zurück. Seine Shows gehören auch heute noch zu den Highlights des Show-Business.

Jahr	*Titel*	*USA*	*UK*	*D*
1954	Young at heart	2	12	
1954	Three coins in the fountain		1	
1955	You my love		13	
1955	Learnin' the blues	1	2	
1955	Same old saturday night	13		
1955	Not as a stranger		18	
1955	Love and marriage	5	3	
1955	(Love is) The tender trap	7	2	
1956	(How little it matters) How little we know	13		
1956	Hey! Jealous lover	3		
1957	Can I steal a little love	15		
1957	All the way	2	3	
1958	Witchcraft	6	12	
1959	French foreign legion		18	
1959	High hopes	30	6	
1960	River stay away from my door		18	
1960	Nice 'n' easy		15	
1960	Ol' Mac Donald	25	11	
1961	Granada		15	
1966	Strangers in the night	1	1	1
1966	Summer wind	25	36	34
1966	That's life	4	46	
1967	The world we knew (Over and over)	30	33	37
1969	My way	27	5	
1969	Love's been good to me		8	
1971	I will drink the wine		16	
1980	Theme from »New York, New York«	32	59	
1986	Theme from »New York, New York«		4	

FRANK SINATRA & RAY ANTHONY

1955	Melody of love	19		

FRANK SINATRA & → SAMMY DAVIS JR.

1962	Me and my shadow		20	

FRANK SINATRA & → NANCY SINATRA

1967	Something' stupid	1	1	4

Nancy Sinatra

geb. 8. 6. 1940 in Jersey City/New Jersey, USA, voc

Nancy ist die älteste Tochter von → FRANK SINATRA. Von klein auf wurde sie für ein Leben im Showbusiness vorbereitet: Elf Jahre lang lernte sie Klavier, acht Jahre lang hatte sie Tanzunterricht, fünf Jahre lang Stimmtraining und Gesangsunterricht und ebenso lange Schauspielunterricht. 1960, mit zwanzig Jahren, durfte Nancy dann zum ersten Mal zeigen, was sie gelernt hatte, und zwar bei einem gemeinsamen Auftritt mit ihrem Vater und → ELVIS PRESLEY in einem TV-Special. Mit Elvis stand Nancy Sinatra 1968 in dem Streifen *Speedway* noch einmal vor der Kamera. 1961 bekam Nancy dann von der Plattenfirma ihres Vaters einen Vertrag und veröffentlichte Songs wie *Like I do*, *Tonight you belong to me* und *Think of me*, die in Italien, Holland, Belgien, Japan und Südafrika Hits wurden, aber in ihrer Heimat Amerika völlig unbeachtet blieben. Das änderte sich erst, als Nancy sich 1965 mit dem Songschreiber → LEE HAZLEWOOD zusammentat. Hazlewood war für einen Großteil der Instrumental-Hits von → DUANE EDDY verantwortlich gewesen. Und auch Nancy machte der Songschreiber und Sänger mit der tiefen Stimme zum Star. *These boots are made for walking* hieß ihr erstes gemeinsames Werk, das ein internationaler Millionenseller wurde. Bis 1971 war Nancy, entweder allein oder im Duo mit Hazlewood oder ihrem Vater, in den Charts vertreten. Zu ihren Hits gehörte auch der Titelsong des JAMES-BOND-Films *You only live twice – Man lebt nur zweimal*, in dem SEAN CONNERY zum fünften Mal als James Bond zu sehen war. Heute lebt Nancy, die kurzzeitig mit dem Pop-Sänger TOMMY SANDS verheiratet gewesen war, mit ihrem Ehemann HUGH LAMBERT, einem TV-Produzenten, und ihrer Tochter ANGELA JENNIFER in Los Angeles.

Jahr	*Titel*	*USA*	*UK*	*D*
1966	These boots are made for walkin'	1	1	1
1966	How does that grab you, darlin'?	7	19	10
1966	Friday's child	36		37
1966	Sugar town	5	8	
1967	Love eyes	15		
1967	You only live twice		11	
NANCY SINATRA & LEE HAZLEWOOD				
1967	Jackson	14	11	8
1967	Lady bird	20	47	33
1971	Did you ever		2	
NANCY & FRANK SINATRA				
1967	Somethin' stupid	1	1	4

Sir Douglas Quintet

DOUGLAS SALDANA SAHM »SIR DOUGLAS«, geb. 6. 11. 1942 in San Antonio/Texas, USA, leadvoc, leadg
AUGIE MEYER, geb. in Texas, keyb
JACK BARBER, geb. in Texas, b
LEON BEATTY, geb. in Texas, perc
JOHN PEREZ, geb. in Texas, dr

Doug Sahm begann seine Karriere im Showbiz schon sehr früh: Mit sechs Jahren stand er als »Little Doug« zum ersten Mal in der Radiostation seines Heimatortes vor dem Mikrophon. Dem Blues gehörte seine große Leidenschaft, und er war ein glühender Anhänger von Stars wie T. BONE WALKER und LITTLE WILLIE JOHN. Ab 1957 fing Doug Sahm an, in kleinen Kneipen aufzutreten; schließlich gründete er eine eigene Band, der noch viele folgen sollten. Mit zwei dieser Bands, THE MARKAYS und THE SPIRITS, bekam Doug Sahm auch Plattenverträge bei kleinen Firmen. Das wiederum führte dazu, daß eine der größeren Firmen auf ihn aufmerksam wurde und Doug schließlich 1964 sein Sir Douglas Quintet gründete. Den Namen gab er sich, um der Gruppe, die astreinen Tex-Mex-Rock spielte, einen »britischen« Anstrich zu geben. Warum, weiß keiner. Unter diesem Namen hatte er bis 1971 Hits, ab Mitte der 70er Jahre nannte er sich noch DOUG SAHM AND BAND.

Jahr	*Titel*	*USA*	*UK*	*D*
1965	She's about a mover	13	15	
1969	Mendocino	27		2
1969	Dynamite woman	83		7
1970	Nuevo Laredo			24

Skip and Flip

SKIP: CLYDE BATTIN, geb. in Galipolis/Ohio, USA, voc
FLIP: GARY PAXTON, geb. in Mesa/Arizona, USA, voc

Skip und Flip lernten sich Ende der 50er Jahre auf der Universität von Arizona kennen. Zusammen gründeten sie eine Band namens THE PLEDGES. Im Mai 1959 nahmen sie als Duo unter ihren Spitznamen Skip und Flip das Lied *It was I* auf, das tatsächlich ein Hit wurde. Nach dem zweiten Erfolg *Cherry pie* trennten sie sich 1960. Gary wurde Mitglied der → HOLLYWOOD ARGYLES und war der Leadsänger beim Nr.-1-Hit *Alley oop*. Zwei Jahre später gründete Gary ein eigenes Plattenlabel und nahm als erstes → BOBBY »BORIS« PICKETT unter Vertrag, der mit seinem *Monster mash* 1962 einen Nr.-1-Hit hatte. Clyde gab ein kurzes Gastspiel bei den → BYRDS und spielt heute bei den NEW RIDERS OF THE PURPLE SAGE.

Jahr	*Titel*	*USA*	*UK*	*D*
1959	It was I	11		
1960	Cherry pie	11		

Percy Sledge

geb. 1941 in Leighton/Alabama, USA, voc

Der farbige Soul-Sänger begann mit fünfzehn Jahren zu singen. Doch nach der Schule ließ er sich erst einmal als Krankenpfleger ausbilden und arbeitete im Colbert Country Hospital. Während dieser Zeit war er Mitglied in verschiedenen Kirchenchören. Anfang der 60er Jahre gab er seinen Pfleger-Job auf und wurde festes Mitglied einer Band namens THE ESQUIRES COMBO, die sich in den Staaten Alabama und Mississippi schnell einen guten Ruf ersungen hatte. 1965 überzeugte ihn ein Freund davon, daß er das Zeug zu einem Solosänger hätte. Percy Sledge ging ins Studio und nahm, unter der Regie des populären Discjockeys QUIN IVY, das bluesige Liebeslied *When a man loves a woman* auf. Eine große Plattenfirma kaufte den Song, veröffentlichte ihn, und Percy Sledge hatte gleich mit seiner ersten Single einen Millionenseller. Bis Ende der 60er Jahre war Percy Sledge immer wieder in den Charts vertreten, dann ließ sein Erfolg nach. Heute tingelt Percy im In- und Ausland nur noch durch kleine Clubs.

Jahr	*Titel*	*USA*	*UK*	*D*
1966	When a man loves a woman	1	4	13

Jahr	*Titel*	*USA*	*UK*	*D*
1966	Warm and tender love	17	34	
1966	It tears me up	20		
1968	Take time to know her	11		
1987	When a man loves a woman		2	

Sly & The Family Stone

Sylvester Stewart »Sly Stone«, geb. 15. 3. 1944 in Dallas/Texas, USA, leadvoc, keyb
Fred Stewart »Fred Stone«, geb. 5. 6. 1946 in Dallas/Texas, USA, g
Cynthia Robinson, geb. 12. 1. 1946 in Sacramento/Kalifornien, USA, tp
Jerry Martini, geb. 1. 10. 1943 in Boulder/Colorado, USA, sax
Rose Stewart »Rose Stone«, geb. 21. 3. 1945 in Vallejo/Kalifornien, USA, keyb; ging 1975
Lawrence Graham jr., geb. 14. 8. 1946 in Beaumont/Texas, USA, b; ersetzt 1974 durch Rusty Allen
Gregg Errico, geb. 1. 9. 1946 in San Francisco/Kalifornien, dr; ersetzt 1974 durch Andy Newmark

Sly & The Familiy Stone waren eine der ersten »echten« Psychedelic/Funk/Rock-Bands und auch eine der besten. Kopf der Truppe war Sly Stone. Mit vier Jahren begann der hochtalentierte Musiker, in der Gospel-Gruppe der Familie zu singen. Mit sechzehn Jahren schrieb er mit *Long time away* seinen ersten Song, der regional recht erfolgreich war. Anschließend tat er sich mit seinem Bruder Fred zusammen und gründete diverse Gruppen wie The Stewart Brothers oder The Viscanes. Mitte der 60er Jahre bekam Sly dann einen Job als Discjockey bei einer Radiostation in San Francisco. Dadurch kam er mit einer Plattenfirma in Kontakt, die die Talente des jungen Farbigen schnell erkannte und ihn als Produzenten und Songschreiber engagierte. Und so kam Sly Stone in den Genuß, für damalige Top-Acts wie → The Beau Brummels, → Bobby Freeman und The Majo Men zu schreiben und zu produzieren. 1966 wollte Sly wieder selbst Musik machen und rief eine Band namens The Stoners ins Leben. Das einzig Positive an dieser Sache war, daß er dadurch die Trompeterin Cynthia Robinson kennenlernte. Und als Sly Stone 1967 seine nächste Band Sly & The Family Stone gründete, gehörte, außer Bruder Fred und Schwester Rose, natürlich auch Cynthia von Anfang an dazu. Noch im selben Jahr bekam die Truppe einen Plattenvertrag und veröffentlichte mit *A whole new thing* ein Debüt-Album, das mit *Dance to the music* bereits einen Single-Bestseller enthielt. Ebenso erfolgreich war Album Nr. 2 *Stand!* (1970) mit dem Millionenseller *Everyday people*. Mit dem Song *I want to take you higher* sorgte die Band dann beim Woodstock-Festival für Furore. Auch mit dem 72er Album *There's a riot going on* und der 73er LP *Fresh* gelangen Sly und seiner »Familie Stein« große Würfe. Mit den Songs *Thank you, Family affair* und *If you want me to stay* gelangen Sly Stone auch wieder Millionenerfolge; ebensogut verkaufte sich das 74er Album *Small talk*. Doch dann ließ der musikalische Einfallsreichtum von Mr. Stone nach, personelle Veränderungen minderten die Qualität seiner Band, und die 75er LPs *High energy* und *High on you* reichten nicht mehr an die ersten Alben heran. Sly Stone hatte 1974 auf der Bühne des Madison Square Garden Kathy Silva geheiratet, seine langjährige Freundin und die Mutter seines Kindes. Sly veröffentlichte immer noch in unregelmäßigen Abständen Alben. Larry Graham gründete nach seinem Abgang bei Sly & The Family Stone seine eigene Band, die Soul-Funk-Gruppe Graham Central Station. Seine Schwester Rose versuchte sich nach der Trennung relativ erfolglos als Solistin.

Jahr	*Titel*	*USA*	*UK*	*D*
1968	Dance to the music	8	7	
1969	Everyday people	1	36	
1969	Hot fun in the summertime	2		
1970	Thank you (Falettinme be mice elf again)	1		
1971	Family affair	1	15	42
1972	Runnin' away	23	17	
1973	If you want me to stay	12		

The Small Faces

Steve Marriott, geb. 30. 1. 1947 in England, leadvoc, g, gest. 20. 4. 1991 bei London

Ronald Lane, geb. 1. 4. 1948 in England, b

James Winston, keyb; ersetzt 1966 durch Ian MacLagan, geb. 12. 5. 1946 in England.

Kenneth Jones, geb. 16. 9. 1949 in England, dr

Gegründet wurde die berühmte Band 1965 von dem ehemaligen Kinderschauspieler Steve Marriott und Ronnie Lane, der trotz seiner Jugend bereits einige Jahre als Gitarrist und Songschreiber gearbeitet hatte. Während die → Who damals die Helden des Londoner Westen waren, waren die Small Faces die des Londoner East End. Den Gruppennamen hatten sie gewählt, weil sie alle ziemlich kleingewachsen waren (»Small«) und weil der Name »Faces« damals als Bezeichnung für wichtige Personen galt. Gleich mit ihrer Debütsingle *Watcha gonna do about it?* hatten sie einen Hit, dem bis 1970 noch etliche folgten. Dann waren es sowohl Steve Marriott als auch die Band leid, ständig mit ihren Rocksongs unter den Top 10 zu landen, aber mit ihren Alben wie *Small Faces* (1967), *From the beginning* (1967), *Ogden's nut gone flake* (1968), oder *Autumn stone* (1969) nie künstlerische Anerkennung zu finden. Ende 1968 ging Marriott, um sich Peter Frampton bei dessen Gruppe namens → Humble Pie anzuschließen. McLagan, Lane und Jones kämpften zunächst ums Überleben, aber bereits 1969 hatte sich alles zum Besseren gewendet. Mit Ron Wood und Rod Stewart, beide von → Jeff Beck, kamen zwei Musiker, die Steve Marriott völlig zufriedenstellend ersetzten und der Gruppe ein neues Gesicht gaben. Sie nannte sich daraufhin auch nur noch The Faces. Mit dem Album *First step* (1970) und der Hitsingle *Stay with me* kam die Gruppe in den 70er Jahren auf ihren Erfolgsweg zurück. Am 20. April 1991 starb Steve Marriott einen schrecklichen Tod: Er schlief mit brennender Zigarette ein und verbrannte in seinem Landhaus.

Jahr	*Titel*	*USA*	*UK*	*D*
1965	Watcha gonna do about it?		14	
1966	Sha la la la lee		3	15
1966	Hey girl		10	
1966	All or nothing		1	17
1966	My mind's eye		4	24
1967	Here come the nice		12	24
1967	Itchycoo Park	16	3	17
1967	Tin soldier	73	9	7
1968	Lazy sunday		2	2
1968	Universal		16	35
1975	Itchycoo Park		9	
1976	Lazy sunday		39	

Smith

GAYLE MCCORMICK, geb. 1949 in St. Louis/Missouri, leadvoc
ALAN PARKER, g
JUDD HUSS, b
ROBERT EVANS, dr, perc

Die Gruppe Smith entstand 1969 in St. Louis/Missouri. Es war, neben → BIG BROTHER & THE HOLDING COMPANY mit → JANIS JOPLIN und → JEFFERSON AIRPLANE mit GRACE SLICK, eine der wenigen Hard-Rock-Gruppen mit einer weiblichen Leadsängerin. Noch im selben Jahr bekamen sie einen Plattenvertrag und nahmen *Baby, it's you* auf, eine langsame Version des ehemaligen → SHIRELLES-Hits aus dem Jahr 1962. Es wurde der erste und einzige Hit von Smith, denn bereits Anfang der 70er Jahre löste sich die Formation wieder auf. Gayle McCormick versuchte sich danach zunächst erfolglos als Solistin und schloß sich dann einer Gruppe namens THE HIGH SOCIETY BAND an. Judd Huss ging nach Frankreich und wurde zu einem gesuchten Studiomusiker; Bob Evans ging als Prediger zu den Zeugen Jehovas; Larry Moss wurde Zimmermann in Oklahoma.

Jahr	*Titel*	*USA*	*UK*	*D*
1969	Baby, it's you	5		

O.C. Smith

OCIE LEE SMITH, geb. 21. 6. 1932 in Mansfield/Louisiana, USA, voc

Schon beim Militär gehörte Ocie Smith zum Musik-Corps. Er war von 1951 bis 1955 bei der Air Force und zog mit deren Unterhaltungs-Band von Stützpunkt zu Stützpunkt. Nach seiner Entlassung wurde er zunächst Sänger bei SY OLIVER, und dadurch bekam er einen Plattenvertrag. Im Dezember 1956 nahm Ocie Smith seine erste Platte auf, die gesungene Version von SIL AUSTINS Instrumental *Slow walk*. Smith war auch eine Weile Sänger bei COUNT BASIE, wo er JOE WILLIAMS ersetzte. Seine popmusikalische Karriere begann allerdings erst Ende der 60er Jahre. Aus Ocie war inzwischen O.C. Smith geworden, und sein erster Erfolg war die traurige Geschichte vom *Son of Hickory Hollers tramp*. Mit *Little green apples* hatte O.C. Smith einen Millionenseller. Geschrieben hatte das Lied BOBBY RUSSELL, von dem auch → BOBBY GOLDSBOROS Millionenerfolg *Honey* stammt. Zuerst hatten → ROGER MILLER und → PATTI PAGE den Song im Februar 1968 aufgenommen, aber erst O.C. Smiths Interpretation dieses Liebesliedes machte daraus einen Hit.

Jahr	*Titel*	*USA*	*UK*	*D*
1968	The son of Hickory Hollers tramp	40	2	19
1968	Little green apples	2		

Sœur Sourire (The Singing Nun)

Janine Deckers, geb. in Belgien, voc. g; gest.

Sœur Sourire war tatsächlich eine Ordensschwester. Sie gehörte zum Fichermont Konvent in Belgien. 1963 schrieb die Nonne das Lied über die kleine Dominique, die fröhlich durch die Welt zieht, und pflegte es zur Gitarre in ihrem Kloster zu singen. Die Mit-Schwestern waren davon so begeistert, daß sie sie dazu drängten, das Lied auf Platte aufzunehmen. Sœur Sourire tat es und hatte damit einen internationalen Millionenseller. Die einfache Melodie, gesungen mit ihrer klaren, reinen Stimme, begeisterte die Menschen auf der ganzen Welt. Doch das blieb der einzige Erfolg der »Singenden Nonne«, und so mußte sie danach wieder in das weniger aufregende Klosterleben zurückkehren. Das hielt sie jedoch nicht mehr lange aus, sie trat aus dem Orden aus und begann ein bürgerliches Leben, mit dem sie aber nicht fertig wurde. Schließlich beging sie Selbstmord.

Jahr	*Titel*	*USA*	*UK*	*D*
1963	Dominique	1	7	6

Joanie Sommers

geb. 1942 in Buffalo/New York, USA, voc

Zum ersten Mal trat Joanie als Sängerin in einer Fernseh-Show in ihrem Heimatort Buffalo auf. Dann zog ihre Familie nach Venice/Kalifornien, und Joanie war bald der Gesangsstar ihrer Schule, des Santa Monica City College. Das erste Geld verdiente sie sich mit ihrer Stimme, in dem sie Werbe-Jingles für Pepsi-Cola sang. Das machte so viel Eindruck, daß Joanie 1960 einen Plattenvertrag bekam und ihre erste Platte *One boy* aus dem Musical *Bye bye birdie* aufnehmen durfte, die in USA allerdings nur bis Rang 54 kam. Der große Erfolg stellte sich erst 1962 mit *Johnny get angry* ein. Und dabei blieb's.

Jahr	*Titel*	*USA*	*UK*	*D*
1962	Johnny get angry	7		

Sonny & Cher

Salvatore Phillip Bono, geb. 16. 2. 1935 in Detroit/Michigan, USA, g, voc
→ Cherilyn Sakisian LaPierre, geb. 20. 5. 1946 in El Centro/Kalifornien, USA, voc

Sonny Bono und seine Ehefrau Cher gehörten von Mitte der 60er bis Anfang der 70er Jahre zu den international populärsten und erfolgreichsten Duos.

Sonny hatte seine Karriere im Showbusiness Mitte der 50er Jahre als A & R-Mann und Produzent begonnen. Unter dem Pseudonym Don Christie durfte er auch ein paar (erfolglose) Platten aufnehmen. Mehr Erfolg hatte er, als er Anfang der 60er Jahre sein Talent als Songwriter entdeckte. Die → Righteous Brothers nahmen immerhin sein *Koko Joe* auf und → Jackie DeShannon *Needles & pins*, das anschließend für die englischen → Searchers ein Millionenseller wurde. 1964 hatte Sonny Bono bei dem berühmten Produzenten und Songwriter → Phil Spector einen Job als Background-Sänger. Dort lernte er eine Background-Sängerin namens → Cher kennen, die Tochter einer erfolglosen Hollywoodschauspielern und eines Apachen. Es war Liebe auf den ersten Blick, und bereits am 27. Oktober 1964 machte der eher behäbige Sonny die exotische Schönheit Cher zu seiner Frau. Kurz darauf trennten sich die beiden von Spector und versuchten 1965 ihr Glück als Duo Caesar & Cleo. Das erwies sich als Flop. Aber anschließend bekamen sie als Sonny & Cher einen Plattenvertrag und veröffentlichten im Juli 1965 mit *I got you babe* den ersten einer langen Reihe von internationalen Supersellern. Mit ihrem farbenprächtigen und ungewöhnlichen Outfit und den lässig-larmoyant gesungenen Liedern, die fast ausschließlich aus der Feder von Sonny stammten, wurden die beiden schnell die Idole der Flower-Power-Generation. Zu der ungeheuren Popularität der beiden trug außerdem bei, daß Cher von 1965 an auch als Solistin Hits wie *All I really want to do* oder *Bang bang* veröffentlichte. Anfang der 70er Jahre trugen die beiden dann dem Geschmack ihrer inzwischen älter gewordenen Fangemeinde Rechnung, und aus den Hippie-Klamotten wurden hinreißende und sündhaft teure Designer-Modelle. Doch die Hits blieben, zunächst für beide, dann nur noch für Cher. Inzwischen waren Sonny & Cher so etabliert, daß sie in USA eine gemeinsame TV-Show bekamen, die sehr erfolgreich lief. Doch dann wollte jeder der beiden eine eigene Show, und das ging schief. Also taten sie sich 1975 wieder zusammen. Allerdings nur geschäftlich, denn privat war ihre Ehe bereits 1974 geschieden worden. Cher heiratete anschließend den Rockmusiker Gregg Allman, von dem sie ihren Sohn Elijah Blue hat, während aus der Ehe mit Sonny die Tochter Chastity stammt. Anfang der 80er Jahre baute sich Cher neben ihrer Sangeskarriere noch eine zweite als Schauspielerin auf. 1988 erhielt sie für ihre Hauptrolle in *Moonstruck – Mondsüchtig* den Oscar. Ende der 80er Jahre kam auch ihre Sangeskarriere, die eine Zeitlang eingeschlafen war, wieder ins Rollen. Mit *If I could turn back time* hatte sie 1989 einen internationalen Bestseller. Sonny Bono betätigte sich Ende der 70er/Anfang der 80er Jahre noch eine Zeitlang im Musikgeschäft. Dann stieg er in die Politik ein und bewarb sich 1989 erfolgreich um das Amt als Bürgermeister im Millionärs-Ort Palm Springs in Kalifornien.

Jahr	*Titel*	*USA*	*UK*	*D*
1965	I got you babe	1	1	3
1965	Baby don't go	8	11	
1965	Just you	20		
1965	But you're mine	15	17	
1966	What now my love	14	13	
1966	Little man	21	4	2
1967	The beat goes on	6	29	24
1971	All I ever need is you	7	8	

1972	A cowboys work is never done	8		48

SONNY

1965	Laugh at me		9	

Sopwith Camel

PETER KRAEMER, leadvoc, sax
TERRY MACNEIL, leadg
WILLIAM SIEVERS, g
MARTIN BEARD, b
NORMAN MAYELL, dr
alle aus San Francisco/Kalifornien

Die Gruppe wurde Anfang der 60er Jahre gegründet. Der seltsame Name stammt von einem Flugzeug des 1. Weltkriegs. Sie schuf sich mit ihrer fröhlichen Musik in San Francisco schnell eine große Fangemeinde. Doch der erste und einzige Charts-Erfolg kam erst, als sich Sopwith Camel 1966 mit dem Produzenten von → LOVIN' SPOONFUL zusammentaten. Unter seiner Regie entstand die Single *Hello hello*, die der erste und einzige Hit der Gruppe wurde. Ende 1967 löste sich die Band auf, die Mitglieder arbeiteten als Sessionmusiker. 1973 fanden sich alle, bis auf William Sievers, wieder zusammen. Als »neue« Sopwith Camel veröffentlichten sie die LP *The miraculous bump returns from the moon*, allerdings ohne größeren Erfolg.

Jahr	*Titel*	*USA*	*UK*	*D*
1967	Hello hello	26		

Jimmy Soul

JAMES MCCLEESE, geb. 1942 in Portsmouth/Virginia, USA, voc

Jimmy Soul ist das Produkt von FRANK GUIDA. Guida, Songschreiber und Plattenproduzent, begann seine Erfolgskarriere Mitte der 40er Jahre. 1945 hatte er in Trinidad Urlaub gemacht und war ganz begeistert vom Calypso. Als Urlaubserinnerung brachte er den Song *Matilda* mit, der Anfang der 50er Jahre für HARRY BELAFONTE ein Bestseller wurde. Anschließend hatte er in den 50er Jahren Top-Stars wie TOMMY FACENDA und → GARY U.S. BONDS und deren Songs *High school U.S.A.*, *New Orleans* und *Quarter to three* produziert und auch teilweise geschrieben. 1962 kam er auf den glänzenden Einfall, Latin-Sound mit dem Twist zu koppeln, machte aus der *Matilda* eine *Twistin' Matilda* und engagierte dazu den unbekannten Sänger James McCleese. McCleese war natürlich nicht der richtige Namen für den Interpreten einer Twist-Nummer, und so änderte Guida ihn kurzentschlossen in Jimmy Soul um. 1963 schrieb Guida zusammen mit seiner Frau und seinem Freund JOSEPH ROYSTER das Lied *If you wanna be happy*, das im Grunde genommen nichts anderes war als der etwas umgewandelte Calypso-Standard *Ugly woman*. Der Song wurde ein Millionenerfolg. Danach mußte Jimmy Soul zur Army, und seitdem ist er nie mehr ins Studio gegangen.

Jahr	*Titel*	*USA*	*UK*	*D*
1962	Twistin' Matilda	22		
1963	If you wanna be happy	1	39	

The Soul Survivors

Richard Ingui, voc
Charles Ingui, voc
Michael Burke, g
Paul Venturini, keyb
Joseph Forgione, dr

Die Mitglieder dieser weißen Soul-Band stammten aus New York City und Philadelphila. Gegründet wurde die Formation Mitte der 60er Jahre. 1967 wurde das Produzenten- und Komponisten-Team Kenny Gamble/Leon Huff auf das Quintett aufmerksam. Die beiden schrieben und produzierten für die Band den Song *Expressway to your heart*, der der erste und einzige Hit der Gruppe war. Obwohl die Truppe als Bühnenact recht beliebt war, führte der Mangel an Hits schließlich Ende der 60er Jahre zur Auflösung. Die Gebrüder Ingui versuchten zwar 1972 eine neue Band namens The Soul Survivors ins Leben zu rufen, doch ohne größeren Erfolg.

Jahr	*Titel*	*USA*	*UK*	*D*
1967	Expressway to your heart	4		
1968	Explosion in my soul	33		

Sounds Orchestral

Johnny Pearson, geb. 18. 6. 1925 in London, England, p

Der Star des Pop-Orchesters Sounds Orchestral war der britische Pianist Johnny Pearson. Sein exzellentes Klavierspiel war auch mehr oder weniger für den Erfolg von *Cast your fate to the wind*, den einzigen Hit und Millionenseller der Formation, verantwortlich. Pearson begann mit sieben Jahren Klavierspielen zu lernen, bekam mit neun Jahren ein Stipendium für die Londoner Musikakademie, entwickelte innerhalb kürzester Zeit brillante Spieltechniken und gab bereits mit elf Jahren in der Londoner Westminster Central Hall sein erstes Konzert. Dann erwachte Johnnys Interesse am Jazz, mit sechzehn Jahren war er bereits Profi, und mit siebzehn gründete er seine erste Band, The Rhythm Makers. Als er zur Army mußte, wurde er Pianist und Schlagzeuger in der Royal Artillery Band. Nach seiner Entlassung Mitte der 40er Jahre fing Johnny an, fürs Fernsehen und Radio zu arbeiten, ging mit seiner neuen Gruppe, dem Malcolm Mitchell Trio, auf Tournee und arbeitete mit Stars wie → Shirley Bassey, → Connie Francis und → Cilla Black zusammen. Er fing an Songs zu arrangieren, komponierte Musiken für Radio- und Fernsehserien und bekam schließlich seine eigene TV-Show. 1964 ging er mit dem Orchester Sounds Orchestral ins Studio, um das eigenwillige Instrumental *Cast your fate to the wind* aufzunehmen, das bereits 1960 in Amerika ein Erfolg für den Jazz-Pianisten Vince Guaraldi und sein Trio gewesen war. Damit hatte Pearson seinen ersten und einzigien Millionenseller.

Jahr	*Titel*	*USA*	*UK*	*D*
1964	Cast your fate to the wind	10	5	6

Joe South

geb. 28. 2. 1940 in Atlanta/Georgia, USA, voc, g

Schon als kleiner Junge wollte Joe South unbedingt Entertainer werden. Und so marschierte er ganz kühn in die Radiostation seiner Heimatstadt und verkündete dem Discjockey, er wollte jetzt auch Radio machen. Der Discjockey hatte ein Einsehen und ließ den Kleinen bei der Morgen-Show ans Mikrophon, und so begann Joe South seine Karriere im Showbusiness. Ein paar Jahre später wurde er dann Gitarrist bei der Pete Drake Band, bis er mit der Schule fertig war und auf die Southern Technical ging, wo er Elektronik und Kommunikation studierte. Seine erste Platte nahm Joe South 1958 auf. Es war eine Mischung aus zwei der erfolgreichsten Songs dieses Jahres: dem Nr.-1-Hit *The purple people eater* von Sheb Wooley und dem Nr.-1-Hit *The witch doctor* von David Seville. Joe Souths Song hieß *The purple people eater meets the witch doctor* und kam bis Platz 47 in den US-Charts. Anfang der 60er Jahre begann Joe South in Nashville als Session-Gitarrist zu arbeiten und spielte auch für Leute wie → Simon & Garfunkel und → Bob Dylan. 1961 nahm er seine zweite Platte auf, *You're the reason why*. In den Pop-Charts erreichte der Song zwar nur Platz 87, aber in den Country-Charts kam das Lied immerhin bis Rang 16. Zu dieser Zeit fing Joe South auch an, regelmäßig Lieder zu schreiben. Es entstanden *Down in the boondocks* und *Hush* für → Billy Joe Royal. Außerdem schrieb Joe South *Rose garden*, das 1970 ein Nr.-1-Hit und Millionenseller für Lynn Anderson wurde; und *Birds of a feather*, 1971 ein Erfolg für → Paul Revere & The Raiders; und er schrieb für sich selbst *Games people play*, für das er mit zwei Grammies ausgezeichnet wurde, und *Walk a mile in my shoes*.

Jahr	*Titel*	*USA*	*UK*	*D*
1969	Games people play	12	6	11
1970	Walk a mile in my shoes	12		

Spanky & Our Gang

Elaine »Spanky« McFarlane, geb. 19. 6. 1942 in Peoria/Illionois, USA, leadvoc
Eustace Britchforth »Lefty Baker«, geb. in Roanoke/Virginia, USA, g; gest.
Malcolm Hale, geb. in Butte/Montana, USA, g; gest.
Geoffrey Myers, b; ersetzt durch Kenneth Hodges, geb. in Jacksonville/Florida, USA
John George Seiter, geb. in St. Louis/Missouri, USA, dr
Nigel Pickering, geb. in Pontiac/Missouri, USA
Oz Bach, kazoo

Spanky sang schon als Dreijährige aus vollem Halse die Tageshits nach. Trotzdem ergriff sie später den gutbürgerlichen Beruf einer Versicherungsangestellten. Tagsüber saß sie brav im Büro, aber nachts frönte sie in einem kleinen Jazz-Club weiter ihrem Hobby. Anfang der 60er Jahre wendete sie sich dann ganz dem Singen zu und schloß sich als Folk-Sängerin einer Gruppe namens The

New Wine Singers an, bei der sie übrigens das spätere »Gang«-Mitglied Malcolm Hale kennenlernte. Danach trampte sie allein als Sängerin durch die Lande, bis sie sich Mitte der 60er Jahre schließlich in Chicago niederließ. Dort traf sie Nigel Pickering und Oz Bach wieder, zwei Musiker, die sie in Florida kennengelernt hatte. Das Trio beschloß, eine gemeinsame Band auf die Beine zu stellen, und 1966 entstand Spanky & Our Gang. 1967 bekam die Gruppe einen Plattenvertrag und hatte bereits mit der Debüt-Single *Sunday will never be the same* einen Bestseller. Bis 1969 gehörten die sieben zu den amerikanischen Pop-Stars, dann beschloß Spanky, sich mehr um ihre Familie zu kümmern. 1975 hatte sie dann vom Familienleben genug und wollte ihre alte Truppe wieder zusammentrommeln. Doch zwei ehemalige Mitglieder waren inzwischen gestorben: Malcolm Hale an Lungenentzündung und Lefty Baker an einer Lebervergrößerung. Und die anderen Musiker waren in alle Winde zerstreut. Also gründeten Spanky und Nigel eine komplett neue Band, die zwar als Spanky & Our Gang auftrat, aber in keinster Weise deren Erfolge wiederholen konnte. Nach diesem recht kurzlebigen Projekt schloß sich Spanky 1982 den neuen → Mamas & Papas als Leadsängerin an. Die weiteren Mitglieder waren John Phillips und Dennis Doherty, beide von den Originalen Mamas & Papas, und John Phillips' Tochter Mackenzie Phillips. Doch auch diese Gruppe blieb erfolglos.

Jahr	*Titel*	*USA*	*UK*	*D*
1967	Sunday will never be the same	9		
1967	Lazy day	14		
1968	Like to get to know you	17		

Phil Spector

geb. 25. 12. 1940 in der Bronx/New York, USA

Spector ist heute bereits eine lebende Legende. Er war der »Erste Tycoon der Teens«, wie Tom Wolfe ihn ganz richtig bezeichnete. Spector war und ist eine der einflußreichsten Persönlichkeiten der Nachkriegs-Pop-Musik, ein exzellenter Produzent, hervorragender Songschreiber, unbeirrbarer Entdecker von Talenten. Seine Produktionstechniken beeinflussen noch heute Leute wie Jim Steinman; seine Teenager-Songs gehören noch heute zu den unübertroffenen Meisterwerken der 60er Jahre. Geboren in der New Yorker Bronx, verlor er mit zwölf Jahren den Vater und wurde von seiner Mutter in Los Angeles aufgezogen. Mit achtzehn Jahren, 1958, gründete er ein eigenes Trio, die Teddy Bears, zu denen außer Spector die Sängerin Annette Bard und der Sänger Marshall Lieb gehörten. Spector schrieb für sein Trio den Song *To know him is to love him*, dessen Titelzeile vom Grabstein seines Vaters stammte. Der Song wurde ein Millionenerfolg. Danach beschloß Spector, sich auf das Produzieren von Liedern zu konzentrieren, und ging bei den Hitmachern → Jerry Leiber und Mike Stoller in die Lehre. 1960 machte Spector dann mit → Ray Petersons *Corinna Corinna* seine erste Hit-Produktion. 1961 gründete Spector sein eigenes Label namens Philles und nahm seinen ersten Act unter Vertrag: die farbige Mädchen-Gruppe → THE CRYSTALS. 1962 produzierte er mit ihnen den → GENE-PITNEY-Song *He's a rebel*. Die Single wurde nicht nur eine Nr. 1, sondern zeigte auch schon die ersten Anzeichen für die Art von gewaltiger, bombastischer Produktionstechnik, die später als »The Wall of Sound« in die Popmusik-Geschichte eingehen und ihren Höhepunkt Mitte der 60er Jahre in den Spector-Produktionen der ultimativen Pop-Songs *You've lost that loving feeling* mit den → RIGHTEOUS BROTHERS und *River deep – mountain high* mit → IKE & TINA TURNER finden sollte. Doch zunächst sammelte Spector Millionen: mit seinen Gruppen Crystals, → RONETTES und → BOB B. SOXX AND THE BLUE JEANS lieferte er einen Hit nach dem anderen ab. Aber er verwendete auch immer nur das Beste vom Besten. Als Studiomusiker hatte er First-Class-Leute wie LEON RUSSELL, → GLEN CAMPBELL, → DR. JOHN und SONNY BONO; als Songschreiber, die meist mit ihm zusammen die Lieder verfaßten, standen ihm Stars wie ELLIE GREENWICH, JEFF BARRY und CYNTHIA WEIL zur Verfügung. Und so gelangen Spector mit seinen farbigen Gruppen stets Teenager-Songs, die sämtliche Rassenbarrieren überschritten. Nur einmal tat er damals einen (allerdings unvorhersehbaren) Mißgriff: Er hatte mit seinen farbigen Interpreten ein Album mit Weihnachts-Standards aufgenommen, das *Phil Spector's christmas album*. Doch genau an jenem 23. November 1963, als er es veröffentlichen wollte, wurde Präsident KENNEDY in Dallas erschossen, und kein Mensch hatte Interesse an netten Weihnachtsliedern. Die LP erschien dann offiziell zum ersten Mal 1966, war ein durchschlagender Erfolg und wird seitdem jedes Jahr zu Weihnachten wiederveröffentlicht. Inzwischen wurde der »Ausstoß« von Spector-Werken allmählich weniger, doch seinen Höhepunkt erreichte der Meister des »Wall of Sound« erst 1965 mit den bereits erwähnten *You've lost that loving feeling* und 1966 mit *River deep – mountain high*. Doch während das erste Stück noch ein internationaler Bestseller wurde, floppte das zweite in Amerika. Ein schwerer Schlag für den erfolgsgewohnten Tycoon, der zwar einerseits von unerschütterlichem Selbstbewußtsein und fast unerträglicher Arroganz war, aber andererseits stets von selbstzerfleischenden Zweifeln geplagt wurde. Und natürlich hatte ein Mann, der mit 26 Jahren bereits zu den Größten des Showbiz zählte, auch eine Menge Neider, die seinen Mißerfolg genüßlich ausschlachteten. Verbittert, enttäuscht und von tiefen Depressionen geplagt zog sich Spector in sein schwerbewachtes Haus in Hollywood zurück und löste 1967 seine Firma auf. 1968 heiratete er RONNIE BENNETT von den Ronettes, von der er 1974 wieder geschieden wurde. Spector wurde immer exzentrischer, wurde schwermütig und verließ schließlich sein Heim kaum mehr, gab nur kurze überraschende Gastspiele, wie z. B. in dem Kult-Film *Easy rider*. 1970 holte ihn → JOHN LENNON gegen den Willen von PAUL MCCARTNEY für das → BEATLES-Album *Let it be*, daraus resultierte anschließend eine langjährige enge Zusammenarbeit mit Lennon und GEORGE HARRISON. 1975 stand er wieder im Licht der Öffentlichkeit, als er bei zwei schweren Autounfällen jeweils fast ums Leben kam. In diesem Jahr gründete er auch seine Phil Spector International Plattenfirma, auf der er regelmäßig seine Meisterwerke der Teenagermusik der 60er Jahre wiederveröffentlicht.

Bernd Spier

geb. 6. 4. 1944 in Mecklenburg, voc

Der musikbegeisterte junge Mann gründete mit fünfzehn Jahren seine erste Band, mit achtzehn hatte er dann schon einen Plattenvertrag in der Tasche und 1963, mit neunzehn, konnte er den ersten Nr.-1-Hit verbuchen. Bis 1970 war er erfolgreich, danach verlegte er sich mehr auf gehobene Unterhaltungsmusik für Gala-Auftritte.

Jahr	*Titel*	*USA*	*UK*	*D*
1963	Das kannst du mir nicht verbieten			1
1964	Schöne Mädchen muß man lieben			7
1964	Memphis Tennessee			20
1965	Das war mein schönster Tanz			1
1965	Einmal geht der Vorhang zu			15
1965	Und dann . . .			13
1966	Der neue Tag beginnt			17
1969	Pretty Belinda			22

The Spinners

Robert Smith, geb. 10. 4. 1936 in Ferndale/Michigan, USA, voc
Crathman Spencer, geb. in Ferndale/Michigan, leadvoc; ersetzt 1968 durch Edgar Edwards; ersetzt durch George »G. C.« Cameron; ersetzt 1972 durch Philippe Wynn, geb. 3. 4. 1938, gest. 14. 7. 1984; ersetzt 1977 durch John Edwards, geb. 25. 12. 1944
Billy Henderson, geb. 9. 8. 1939 in Ferndale/Michigan, USA, voc
Henry Fambrough, geb. 10. 5. 1938 in Ferndale/Michigan, USA, voc
Pervis Jackson, geb. 17. 5. 1938 in Ferndale/Michigan, USA, voc

Die fünf Mitglieder lernten sich auf der Schule kennen. 1955 begannen sie unter dem Namen The Dominicos zu singen. Das Quartett nahm an etlichen Talent-Shows teil, trat im Radio auf und ersang sich allmählich einen guten Ruf. 1959 wurde Harry Fuqua auf sie aufmerksam, der Schwager von Berry Gordy, nahm sie unter Vertrag und ließ die farbige Vokalformation 1961 den Song *That's what girls are made for* singen. Das Lied kam in den Pop-Charts immerhin bis Rang 27. Zu diesem Zeitpunkt hatte die Gruppe bereits den Namen The Spinners. Als sie bei Gordys Plattenfirma Motown unter Vertrag genommen wurde, hieß sie dann noch einmal kurzfristig The Motown Spinners. In England und Europa mußte sich die Gruppe ohnehin Detroit Spinners nennen, um die Verwechslung mit den englischen Spinners zu vermeiden. Mitte der 60er Jahre gingen die Spinners zwei Jahre lang mit den → Supremes auf Tournee, anschließend mit → Gladys Knight & The Pips und anderen Motown-Stars. Ihren einzigen kleineren Plattenerfolg hatten die Spinners in dieser Zeit mit *I'll always love you*, das Rang 35 erreichte. Die Glückssträhne dieser Gruppe begann dann 1970 mit dem von → Stevie Wonder produzierten *It's a shame*. Und als sich die Formation 1972 mit dem Songwriter Thom Bell zusammentat, einem der Erfinder des sanften »Philadelphia Sounds«, gehörte sie über Nacht zu den Superacts. Mit *I'll be around*, *Could it be I'm falling in love*, *One of a kind*, *They just can't stop it*, *The rubberband man* und *Working my way back to you* hatten sie jeweils satte Millionenseller.

Jahr	*Titel*	*USA*	*UK*	*D*
1970	It's a shame	14	20	
1972	I'll be around	3		
1973	Could it be I'm falling in love	4	11	
1973	One of a kind (Love affair)	11		
1973	Ghetto child	29	7	
1974	Mighty love Pt. 1	20		
1974	I'm coming home	18		
1974	Love don't love nobody Pt. 1	15		
1975	They just can't stop it (The games people play)	5		
1976	The rubberband man	2	16	
1977	Could it be I'm falling in love		32	
1980	Working my way back to you/ Forgive me girl	2	1	12
1980	Cupid/I've loved you for a long time	4	4	34

Spirit

Jay Ferguson, geb. 10. 5. 1947 in Los Angeles/Kalifornien, USA, leadvoc
Randy California, geb. 20. 2. 1946 in Los Angeles/Kalifornien, USA, leadg
John Locke, geb. 25. 9. 1943 in Los Angeles/Kalifornien, USA, keab
Mark Christopher Andes, geb. in Philadelphia/Pennsylvania, USA, b
Ed Cassidy, geb. 4. 5. 1931 in Chicago/ Illinois, USA, dr

Anfang der 60er Jahre bildeten Ferguson, California und Andes das Folk-Trio The Red Roosters. Als dann 1967 die Session-Musiker Locke und Cassidy (Californias Stiefvater) dazukamen, gab sich das Quintett den Namen Spirit. Es spielte hauptsächlich an der amerikanischen Westküste. 1968 wurden Spirit von Lou Adler unter Vertrag genommen und spielten in den nächsten Jahren hervorragende Alben wie *Spirit* (1968), *The family that plays together* (1968), *Clear* (1969) und *Twelve dreams of Dr. Sardonicus* (1970) ein. Während der Aufnahmen zu der *Dr. Sardonicus* -LP löste sich die Band in der Originalbesetzung jedoch auf. Andes und Ferguson gründeten 1971 die Formation Jo Jo Gunne, die 1972 mit dem Song *Run, run, run* einen Nr.-6-Hit in UK hatte. 1975 lösten sich auch Jo Jo Gunne auf, und Jay Ferguson beschritt erfolgreich Solo-Pfade. 1978 hatte er mit *Thunder island* in USA einen Nr.-9-Hit. Locke und Cassidy holten sich noch 1970 die texanischen Zwillinge Al und Christian Staehely und nahmen mit ihnen 1971 das Spirit-Album *Feedback* auf. Doch danach war das »Aus« für Spirit gekom-

Spirit Foto: Mercury

men. Erst 1974 ließen Cassidy und California den Spirit-Namen wieder aufleben. Mit dem Bassisten Larry Knigh bzw. mit Barry Keene spielten sie die ebenfalls ausgesprochen hörenswerten Alben *Spirit of 76* und *Son of spirit* (beide 1975) ein. 1976 war dann die Gruppe wieder in der Original-Besetzung im Studio, bis auf Ferguson, der als Solist arbeitete; neu war für ihn dazugekommen Matt Andes, der Bruder von Mark. In dieser Besetzung entstand dann die 76er LP *Further along*.

Jahr	*Titel*	*USA*	*UK*	*D*
1969	I got a line on you	25		

Spooky Tooth

Gary Wright, geb. 26. 4. 1943 in USA, keyb, voc; ersetzt 1969 durch Alan Spenner,

Mike Harrison, geb. 30. 9. 1945 in Carlisle, England, keyb, voc

Luther Grosvenor, geb. 23. 12. 1949 in England, g; ersetzt 1969 durch Henry McCulloch, g

Greg Ridley, geb. 23. 10. 1947 in England, b; ersetzt 1969 durch Andy Leigh

Mike Kellie, geb. 24. 3. 1947 in England, dr; ersetzt 1969 durch Chris Stainton, g, p

1966 hatte Mike Harrison in seiner Heimatstadt Carlisle eine Band namens V.I.P.S., zu der auch Kellie und Grosvenor gehörten. Als Harrison mit seiner Truppe nach London übersiedelte, änderte sie den Namen in Art. 1967 lernte Harrison den Amerikaner Gary Wright kennen, der vorher in Berlin Psychologie studiert hatte. Sie holten sich noch den Bassisten Ridley, und fertig war die neue Gruppe Spooky Tooth. Innerhalb kürzester Zeit gehörte die Formation mit ihrem schwerfälligen bluesigen Rock zu den bejubelten englischen Underground-Bands. Auf den beiden ersten Alben *It's all about* (1968) und *Spooky two* (1969) zeigte sie die ganze Bandbreite ihres Könnens, von Blues und Rock bis hin zu Gospel und Pop. Doch Ende 1968 hatte Ridley bereits seinen Abschied eingereicht, um sein Glück bei → Humble Pie zu versuchen. Mit Andy Leigh entstand dann das experimentelle 69er Album *Ceremony*, das sich recht seltsam anhörte, da der französische Elektronik-Experte Pierre Henry, ein Freund von Wright, ziemlich eigenwillig darin herumgemischt hatte. Danach gab's Ärger, und der Henry-Fan Wright verließ Spooky Tooth, um seine Wonderwheel zu gründen. Die restlichen drei holten sich die Grease-Band-Mitglieder McCulloch, Stainton und Spenner und spielten das exzellente 70er Album *The last puff* ein, das mit den eigenständigen Versionen von → Elton Johns *Son of your father* und dem → Beatles-Song *I am the walrus* zwei Titel enthielt, die heute zu den Spooky-Tooth-Klassikern zählen. Danach löste sich die Formation ganz auf. Grosvenor nahm zunächst ein Solo-Album auf und schloß sich danach unter dem Pseudonym Ariel Bender Mott The Hoople an. Kellie ging zu Peter Framptons Camel, und Harrison versuchte sich ebenfalls als Solist. Doch keinem der Mitglieder glückte der große Durchbruch, und so kehrten sie 1972 reumütig zurück. 1973 »stand« die Band dann wieder mit Harrison, Wright, Kellie und den neuen Mitgliedern Mick Jones (g) und Chris Stewart (b). In dieser Besetzung spielte die Band die 73er LPs *You broke my heart so I busted your jaw* und *Witness* ein, für das sehr hörenswerte 74er Album *The mirror* kam der Sänger Mike Patto dazu. Doch kurz danach kam das endgültige »Aus« für Spooky Tooth. Gary Wright versuchte sich abermals als Solist und hatte 1976 in USA mit *Dream weaver* und *Love is alive* zwei Nr.-2-Hits.

The Spotnicks

Bo Winberg, geb. 27. 3. 1939 in Schweden, g
Bob Starander »Bob Lander«, geb. 11. 3. 1942 in Schweden, g
Björn Thelin, geb. 27. 6. 1942 in Schweden, g
ab 1963: Derek Skinner, geb. 5. 3. 1944 in England, g

Die schwedische Instrumental-Formation wurde 1957 von Winberg gegründet. Die Band kopierte erfolgreich den »Twangy«-Gitarren-Sound eines → Duane Eddy. 1962 war sie zum ersten Mal in den britischen Charts mit ihrer Version des Traditional *Orange blossom special* zu finden, die immerhin Rang 29 erreichte. Auch ihre weiteren Singles *Rocket man* (1962) und *Just listen to my heart* konnten sich unter den UK-Top-40 plazieren. Den größten Hit hatte die

Gruppe aber erst 1972, als sie mit der instrumentalen Version von Gordon Lightfoots *If you could read my mind* die Melodie für die Olympischen Spiele in München lieferte. Inzwischen war Derek Skinner gegangen und für ihn Ove Johannesson gekommen. In dieser Besetzung tourten die Spotnicks in den 70er Jahren weiterhin erfolgreich durch die Lande.

Jahr	*Titel*	*USA*	*UK*	*D*
1963	Hava nagila		13	
1972	If you could read my mind			2

Dusty Springfield

Mary Isobel Catherina O'Brien, geb. 16. 4. 1939 in London, England, voc

Die blonde Dusty gehörte in den 60er Jahren zu den erfolgreichsten britischen Sängerinnen. Ihr Bruder Tom war ein recht populärer Folksänger, und bereits als Teenager versuchte Dusty ihm nachzueifern. Sie sang in diversen Gruppen, gründete selbst eine Mädchen-Band namens The Lana Sisters, und landete 1959 schließlich bei den → Springfields, die aus ihrem Bruder Tom und dessen Freund Tim Field bestanden. Die Springfields hatten Anfang der 60er Jahre etliche folkige Hits in UK und USA, lösten sich aber 1963 auf. Danach versuchte sich die temperamentvolle Dusty mit der unverwechselbaren Stimme als Solistin. Noch im selben Jahr hatte sie mit *I only want to be with you* ihren ersten Bestseller. Die Teenager-Band The Bay City Rollers landete damit 1976 abermals einen internationalen Hit. Bis 1969 war Dusty Springfield mit ihren ebenso rokkigen wie poppigen und souligen Songs in den internationalen Charts vertreten. Dann griffen ihre persönlichen Probleme auch auf ihre Arbeit über, und Dusty verschwand für eine lange Zeit aus den Charts. 1979 glückte ihr mit *Baby blue* ein kleiner Erfolg (Platz 61 UK), doch das große Comeback kam erst, als 1987 die Pet Shop Boys »ihre Lieblingssängerin« aus der Versenkung holten und mit ihr den gemeinsamen Bestseller *What have I done to deserve this* produzierten. Von da an gehörte Dusty wieder dazu und lieferte wieder hörenswerte Produktionen ab, wie z. B. *Nothing has been proved,* den Titelsong für den Film *Scandal*, der von der Profumo-Keeler-Affäre handelte, oder *In private* (beide 1989).

Jahr	*Titel*	*USA*	*UK*	*D*
1963	I only want to be with you	12	4	
1964	Stay a while	38	13	
1964	I just don't know what to do with myself		3	
1964	Wishin' and hopin'	6		
1964	Losing you		9	
1965	In middle of nowhere		8	
1965	Some of your lovin'		8	
1966	Little by little		17	
1966	You don't have to say you love me	4	1	
1966	Going back		10	
1966	All I see is you	20	9	
1967	I'll try anything	40	13	
1968	I close my eyes and count to ten		4	
1968	Son of a preacher man	10	9	38

1989	Nothing has been proved		16	
1989	In privat		14	

PET SHOP BOYS AND DUSTY SPRINGFIELD

1987	What have I done to deserve this	2	4	

The Springfields

TOM O'BRIEN »SRINGFIELD«, geb. 2. 7. 1934 in London, England, voc
→ MARY O'BRIEN »DUSTY SPRINGFIELD«, geb. 16. 4. 1939 in London, England, voc
TIM FIELD, voc, ersetzt durch MIKE HURST

1960 sang Tom mit einem Partner als Duo. Sein Partner wurde krank, und Tom bat Tim, für ihn einzuspringen. Tim tat es, und als auch noch Toms jüngere Schwester → DUSTY SPRINGFIELD dazustieß, beschloß man, es als Trio zu versuchen, und nannte sich The Springfields. Die drei sangen internationale Folk-Songs in neun Sprachen und dazu Toms Eigenkompositionen. Innerhalb kürzester Zeit gehörte die Formation zu einer der besten und beliebtesten in England. 1962 ging Dusty, um als Solistin Karriere zu machen. Das bedeutete dann im Oktober 1963 das endgültige »Aus« für das Trio. Dusty wurde ein Solo-Star, Tom und Mike gingen ins Produzenten-Fach. Einer der ersten »Kunden« von Mike war übrigens → CAT STEVENS.

Jahr	*Titel*	*USA*	*UK*	*D*
1961	Bambino		16	
1962	Islands of dreams		5	
1962	Silver threads and golden needles	20		
1963	Say I won't be there		5	

Terry Stafford

geb. in Amarillo/Texas, USA, voc

Terry Stafford hatte nur eine Besonderheit, die ihm den Zugang zu einem Plattenstudio ermöglichte: Er klang fast genauso wie sein großes Idol → ELVIS PRESLEY. Und so war es natürlich auch eine Presley-Nummer, mit der Stafford Erfolg hatte: *Suspicion*, für Elvis ein Flop, für Terry ein Bestseller. Aber da man einzig und allein auf einer Stimmen-Ähnlichkeit keine große Karriere aufbauen kann, war's danach schon wieder vorbei für Terry.

Jahr	*Titel*	*USA*	*UK*	*D*
1964	Suspicion	3	31	30
1964	I'll touch a star	25		

The Standells

LAWRENCE TAMBLYN, leadg
DICK DODD, g
GARY LANE, b
TONY VALENTINO, dr
alle aus Los Angeles/Kalifornien, USA

Die Standells gehörten zu den ersten amerikanischen »White Punk«-Gruppen. Gegründet wurde die Formation Anfang der 60er Jahre. Danach folgten Auftritte in kleinen Clubs, häufige Mitgliederwechsel (eine Zeitlang gehörte Gary Leeds von den → Walker Brothers zu dieser Band), ebenso häufige Wechsel von Plattenfirmen und eine ganze Menge Flops. Erst 1966 kam mit dem Song *Dirty water* ein Hit, der allerdings der einzige blieb. Die nächste Single *Sometimes good guys don't wear white* erreichte nur noch Rang 43. Dafür traten die Standells allerdings erfolgreich in diversen Filmen wie *Get yourself a college girl*, *Zebra in the kitchen*, *When the boys meet the girls* und *Riot on sunset strip* auf. Danach setzten sich die häufigen Mitgliederwechsel fort. Auch heute treten die Standells noch regelmäßig in der Gegend von Los Angeles auf, es gibt aber nur noch ein Original-Mitglied: Tony Valentino. Den Namen gaben sich die Standells übrigens deshalb, weil sie in ihrer Anfangszeit so häufig vor irgendwelchen Schreibtischen »stehen« (= engl. stand) und um Arbeit betteln mußten.

Jahr	*Titel*	*USA*	*UK*	*D*
1966	Dirty water	11		

Edwin Starr

Charles Hatcher, geb. 21. 1. 1942 in Nashville/Tennessee, USA, voc

Edwin Starr wuchs in Cleveland auf und fing mit dem Singen auf der Highschool an. Nach dem Schulabschluß wurde er Mitglied bei einer Gruppe namens The Futuretones. Mitte der 60er Jahre bekam er einen Plattenvertrag als Solist und hatte 1965 mit *Agent double-o-soul* seinen ersten Erfolg. Weltweit bekannt wurde er 1970 mit dem engagierten Anti-Kriegs-Song *War*. Diesen Erfolg konnte Edwin Starr nicht wiederholen, und kurz danach verschwand er für einige Zeit aus den Hitparaden. 1979 startete er ein Comeback, das allerdings nur in England von Erfolg gekrönt war. 1986 brachte Bruce Springsteen erfolgreich eine Live-Version von Starrs *War* auf den Markt.

Edwin Starr Foto: Phonogram

Jahr	*Titel*	*USA*	*UK*	*D*
1965	Agent double-o-soul	21		

1968	Stop her on sight (SOS)/Headline news		11	
1969	Twenty five miles	6	36	
1970	War	1	3	9
1971	Stop the war now	26	33	
1979	Contact		6	
1979	H.A.P.P.Y. radio		9	

The Statler Brothers

Lew DeWitt, geb. 8. 3. 1938 in Roanoke County/Virginia, USA, Tenor; ersetzt 1982 durch Jimmy Fortune
Don Reid, geb. 5. 6. 1945 in Staunton/Virginia, USA, leadvoc
Harold Reid, geb. 21. 8. 1939 in Augusta County/Virginia, Baß
Philip Balsley, geb. 8. 8. 1939 in Augusta County/Virginia, Bariton

Die vier Mitglieder lernten sich bereits auf der Volksschule kennen. Lew, Harold und Philip gründeten 1955 eine Gruppe, die sie The Kingsmen nannten, die aber nichts mit den → Kingsmen von *Louie Louie* zu tun hat. Erst als 1960 Don die Schule ebenfalls abgeschlossen hatte, nannten sie sich als Quartett The Statler Brothers; den Namen hatten sie von einer Schachtel für Papiertaschentücher. Ihre große Vorliebe galt der Country-Musik, und so sangen sie 1963 dem Star → Johnny Cash vor. Cash war sehr angetan von den vokalistischen Fähigkeiten der vier Sänger, und so arbeiteten sie acht Jahre lang, bis 1971, mit Cash zusammen. 1965 schrieb DeWitt ein Lied namens *Flowers on the wall,* und das wurde der erste Bestseller für die Statler Brothers. In den Pop-Charts tauchten sie danach mit ihren Songs nicht mehr auf vorderen Plätze auf, dafür konnten sie in den US-Country-Charts bis heute einen Bestseller nach dem anderen plazieren, darunter Nr.-1-Hits wie *Do you know you are my sunshine*, *Elizabeth*, *My only love* und *Too much on my heart.* 1982 ging DeWitt »in Rente« und wurde durch Jimmy Fortune ersetzt.

Jahr	*Titel*	*USA*	*UK*	*D*
1965	Flowers on the wall	4	38	

The Status Quo

Francis Rossi, geb. 29. 5. 1949 in London, England, voc, leadg
Rick Parfitt, geb. 12. 10. 1948 in England, voc, g
Roy Lynes geb. in London, England, keyb
Alan Lancaster, geb. in London, England, b
John Coghlan, geb. in London, England, dr

1962 gründeten Francis Rossi, der Sohn eines Eisverkäufers, Alan Lancaster und John Coghlan eine Band. Sie spielten mehr zum Spaß in der Umgebung von London zum Tanz und traten in Ferienlagern auf. Doch dann entschlossen sie sich, die Musik zu ihrem Hauptberuf zu machen, holten Parfitt und Lynes dazu, nannten sich The Spectres und begleiteten vor allen Dingen amerikanische Interpreten bei ihren britischen Auftritten. Ende der 60er Jahre nannten sie sich dann kurzfristig Traffic, bekamen aber sofort Schwierigkeiten mit Stevie Win-

WOODS Gruppe gleichen Namens und entschieden sich schließlich für Status Quo. 1968, auf dem Höhepunkt der Psychedelic-Welle, bekamen die fünf einen Plattenvertrag und veröffentlichten die Debüt-LP *Picturesque matchstickable messages*, die mit *Pictures of matchstick men* bereits den ersten Hit enthielt. Auch der zweite Erfolg *Ice in the sun* war noch im Flower-Power-Psychedelic-Stil, erst danach änderten Status Quo 1970 den Sound. Ab sofort gab es bei der Truppe nur noch schweißtreibenden Boogie-Rock mit stampfendem Rhythmus. Das erste Werk in dieser Art war *Down the dustpipe*. Dieser typische Status-Quo-Stil erwies sich bis heute als höchst erfolgreich. Zwar sind von den Original-Mitgliedern nur noch Rossi und Parfitt übrig, aber der Sound änderte sich auch mit wechselnden Mitgliedern nicht, genausowenig wie der Erfolg dieser Truppe.

Jahr	*Titel*	*USA*	*UK*	*D*
1968	Pictures of matchstick men	12	7	7
1968	Ice in the sun		8	17
1970	Down the dustpipe		12	
1973	Paper plane		8	42
1973	Mean girl		20	42
1973	Caroline		5	36
1974	Break the rules		8	18
1974	Down down		1	7
1975	Roll over lay down		9	15
1976	Rain		7	27
1976	Mystery song		11	8
1976	Wild side of life		9	15
1977	Rockin' all over the world		3	7
1978	Again and again		13	18
1979	Accident prone		36	19
1979	Whatever you want		4	12
1979	Living on an island		16	38
1980	What you're proposing		2	3
1980	Lies/Don't drive my car		11	38
1981	Something 'bout you baby I like		9	49
1981	Rock'n roll		8	
1982	Dear John		10	
1982	Caroline (Live at the N.E.C.)		13	
1983	Ol' rag blues		9	47
1983	A mess of blues		15	
1983	Marguerita time		3	52
1984	Going down town tonight		20	
1984	The wanderer		7	
1986	Rollin' home		9	
1986	Red sky		19	
1986	In the army now		2	1
1986	Dreamin'		15	20
1988	Ain't complaining		19	
1988	Running all over the world		17	
1988	Burning bridges (On and off and on again)		5	

Steam

Die Gruppe Steam war keine richtige Band, sondern nur ein loser Zusammenschluß von sechs geübten Sessionmusikern. Der Produzent und Songschreiber PAUL LEKA hatte sie in New York City zusammengetrommelt, um eine Single aufzunehmen. Nachdem die A-Seite fertig war, wurde noch hastig in der verbliebenen knappen Studiozeit die B-Seite aufgenommen. Diese B-Seite hieß *Na, na, hey, hey, kiss him goodbye* und wurde ein Millionenseller. Die Leadsänger bei dieser Aufnahme waren Garrett Scott, Tom Zuke, Hank Schorz und Bill Steer. Nach einem weiteren mittelmäßigen Erfolg löste sich das Sextett wieder auf.

Jahr	*Titel*	*USA*	*UK*	*D*
1969	Na, na, hey, hey, kiss him goodbye	1	9	5
1970	I've gotta make you love me	46		

Tommy Steele

Tommy Hicks, geb. 17. 12. 1936 in London, England, voc

Zunächst war Tommy von Beruf Seemann bei der britischen Handelsmarine. Dann entdeckte er sein Gesangstalent und trat ab Mitte der 50er Jahre in England als britischer → Elvis-Verschnitt auf. Schnell wurde er zum Idol der englischen Teenager und hatte bis Anfang der 60er Jahre auch etliche Hits zu verzeichnen. Als sein Erfolg allmählich nachließ und die Teenies mehr für den dunklen, hingebungsvoll schmachtenden → Cliff Richard schwärmten, besann sich der blonde Tommy auf seine weiteren Talente als Musical-Sänger und Entertainer. Er ging nach Australien und wurde dort zum gefeierten Nightclub-Star. 1963 kehrte er mit dem Musical *Half a sixpence* wieder nach England zurück und feierte dort ein glanzvolles Comeback. Ebenso erfolgreich betätigte sich Tommy Steele anschließend als Schauspieler in Musikfilmen wie *The happiest millionaire* (1967) und *Finian's rainbow* (1968).

Jahr	*Titel*	*USA*	*UK*	*D*
1956	Rock with the caveman		13	
1956	Singing the blues		1	
1957	Knee deep in the blues		15	
1957	Butterfingers		8	
1957	Water water/Handful of songs		5	
1957	Shiralee		11	
1958	Nairobi		3	
1958	Happy guitar		20	
1958	The only man on the island		16	
1958	Come on let's go		10	
1959	Tallahassee Lassie		16	
1959	Little white bull		6	
1960	What a mouth		5	

Steppenwolf

Joachim Krauledat »John Kay«, geb. 12. 4. 1944 in Tilsit/Ostpreußen, Deutschland, leadvoc, g

Michael Monarch, geb. 5. 6. 1946 in Toronto, Kanada, g; ersetzt 1969 durch Larry Byrom, geb. 27. 12. 1948; ersetzt durch Kent Henry

Goldy McJohn, geb. 2. 5. 1945 in Toronto, Kanada, keyb

Rushton Moreve, geb. in Kanada, b; gest. 1. 7. 1981; ersetzt durch John Russell Morgan; ersetzt durch Nick St. Nicholas, geb. 28. 9. 1943; ersetzt durch George Biondo, geb. 3. 9. 1945

Jerry Edmonton, geb. 24. 10. 1946 in Kanada, dr

Kopf der Hard-Rock-Band war John Kay. Er war in der DDR aufgewachsen, floh Ende der 50er Jahre in den Westen, ging nach Kanada und änderte seinen Namen. Er ließ sich in Toronto nieder, formierte etliche Blues-Bands, bis er sich dann Mitte der 60er Jahre einer Gruppe namens THE SPARROW anschloß. Sparrow taten sich mit dem Produzenten GABRIEL MEKLER zusammen, der dafür verantwortlich war, daß sie ihren Namen in Steppenwolf änderten, nach dem damals gerade sehr populären Roman von HERMANN HESSE. 1968 bekamen Steppenwolf einen Plattenvertrag, aber das Debüt *The ostrich* wurde ein glatter Flop. Doch bereits die nächste Single, die Motorrad-Fahrer-Hymne *Born to be wild*, wurde ein internationaler Millionenseller. Künftig wurden sämtliche Steppenwolf-Alben – *Steppenwolf* (1968), *Steppenwolf the second* (1968), *At your birthday party* (1969), *Early Steppenwolf* (1969), *Monster* (1970), *Live Steppenwolf* (1970), *Steppenwolf 7* (1970) und *For ladies only* (1971) – mit Edelmetall ausgezeichnet. Im Februar 1972 gaben Kay, Edmonton und McJohn plötzlich die Auflösung der Star-Gruppe bekannt. John Kay versuchte sich als Solist, die beiden anderen gründeten die Band MANBEAST. Da sich beide Projekte als nicht sehr erfolgreich erwiesen, kamen 1974 die Original-Mitglieder Kay, Edmonton und Biondo wieder zusammen, holten sich den Gitarristen ROBERT COCHRAN und den Keyboarder WAYNE COOK und nahmen als Steppenwolf nicht ganz so erfolgreiche Alben wie *Slow flux* (1974), *Hour of the wolf* (1975) und *Skullduggery* (1976), auf. Danach geriet die Band allmählich in Vergessenheit. Am 1. Juli 1981 starb das Gründungsmitglied Rushton Moreve bei einem Autounfall im Sun Valley in Kalifornien.

Jahr	*Titel*	*USA*	*UK*	*D*
1968	Born to be wild	2	30	20
1968	Magic carpet ride	3		11
1969	Rock me	10		
1969	Move over	31		19

April Stevens and Nino Tempo

APRIL: geb. 29. 4. 1933 in Niagara Falls/New York, USA, voc
NINO: geb. 6. 1. 1935 in Niagara Falls/New York, USA, voc, sax

Trotz der verschiedenen Namen sind die beiden Bruder und Schwester. Beide standen von klein auf auf den Brettern, die angeblich die Welt bedeuten. April hatte mit Songs wie *I'm in love again*, *Gimme a little kiss* und *Teach me tiger* nette Erfolge gehabt; Nino hatte bereits mit sieben Jahren mit dem berühmten BENNY GOODMAN ORCHESTER und anschließend mit GLENN MILLER gesungen. Nino ist außerdem ein Multiinstrumentalist, er spielt Klarinette, Saxophon, Klavier und Gitarre. Außerdem machte er sich einen Namen als Komponist und Arrangeur für Stars wie → STEVE LAWRENCE. Den ganz großen Erfolg hatten die beiden allerdings erst 1963, als sie sich zu einem Duo zusammentaten. Sie nahmen eine gesungene Version des Piano-Klassikers *Deep purple* aus dem Jahr 1934 auf – und hatten damit ihren ersten und einzigen Millionenerfolg. Diese Version ist heute bereits ein Klassiker und wurde inzwischen von vielen Duos kopiert, 1976 z. B. von dem Geschwisterpaar DONNY und MARIE OSMOND.

Jahr	*Titel*	*USA*	*UK*	*D*
1963	Deep purple	1	17	
1963	Whispering	11	20	

Cat Stevens

Stephen Demetri Georgiou, geb. 21. 7. 1948 in London, England, voc, g

Cat Stevens ist der Sohn griechischer Eltern und das jüngste von drei Kindern. Schon in der Schule interessierte er sich lebhaft für Musik aller Art, und 1966, er war noch im College, begann er sich als Gitarrist und Folk-Sänger zu präsentieren. Er sang in kleinen Clubs, und dort wurde Mike Hurst, der kurzfristig auch zu den → Springfields gehört hatte, auf ihn aufmerksam. Er verschaffte dem dunkelgelockten, attraktiven jungen Mann einen Plattenvertrag. *I love my dog* hieß Ende 1966 die erste selbstgeschriebene Cat-Stevens-Single, die es immerhin bereits bis Platz 28 in den UK-Charts schaffte. Bis 1968 folgten noch etliche Hits, und in dieser Zeit erwies sich Stevens auch als erfolgreicher Schreiber für andere. *The first cut is the deepest* wurde 1967 ein Nr.-18-Hit in UK für die US-Sängerin P. P. Arnold und 1977 ein Nr.-1-Hit für Rod Stewart; *Here comes my baby* wurde 1967 ein Nr.-4-Hit in UK für die → Tremeloes. Seine Alben *Matthew and son* (1967) und *New masters* (1968) schufen ihm unter den Anhängern der neuen sensiblen Singer/Songwriter-Generation eine große Fan-Gemeinde. Doch 1968 bekam der nicht sonderlich robuste junge Künstler Tuberkulose und mußte sich für zwei Jahre in ein Sanatorium zurückziehen. In dieser Zeit schrieb er die Songs für sein 3. Album *Mona bone jakon*, das 1970 veröffentlicht wurde und mit dem hinreißenden *Lady d'Arbanville* wieder einen Hit enthielt. Mit den beiden 71er Alben *Tea for the tillerman* und *Teaser and the firecat* und den Songs *Morning has broken*, *Moonshadow* und *Peace train* gelangen ihm richtige Meisterwerke der progressiven und anspruchsvollen Pop-Musik. Danach wendete sich der empfindsame Musiker dem fernöstlichen Mystizismus zu. Unter diesem Einfluß entstanden die LPs *Catch bull at four* (1972) und *Foreigner* (1973), die dem Steuerflüchtling, der sich inzwischen in das günstigere Brasilien abgesetzt hatte, abermals viel Lob einbrachten. Aber mit den Alben *Buddah and the chocolate box* (1974), *Numbers* (1975) und *Izitso* (1976) glitt Cat Stevens immer mehr in eine verwaschene und nicht mehr nachvollziehbare Mysteriösität hinein, die allmählich seine Fans vergraulte. 1977 warf er dann selbst das Handtuch. Er wurde Mohammedaner, nannte sich künftig Yusuf Islam und gab das Plattengeschäft ganz auf.

Jahr	*Titel*	*USA*	*UK*	*D*
1967	Matthew and son		2	36
1967	I'm gonna get me a gun		6	
1967	A bad night		20	
1970	Lady D'Arbanville		8	23
1971	Wild world	11		
1971	Moon shadow	30	22	
1971	Peace train	7		
1972	Morning has broken	6	9	37
1972	Sitting	16		
1972	Can't keep it in		13	36
1974	Oh very young	10		47

Jahr	*Titel*	*USA*	*UK*	*D*
1974	Another saturday night	6	19	37
1977	(Remember the days of the) Old schoolyard	33	44	

Connie Stevens

CONCETTA ANN INGOLIA, geb. 8. 4. 1938 in Brooklyn/New York, voc

Die bezaubernde, attraktive Connie war eigentlich Schauspielerin. Als CRICKET BLAKE war sie der Star der Fernsehserie *Hawaiian eye*. Ihre ersten musikalischen Gehversuche startete Connie Stevens 1959 zusammen mit dem kieksenden ED »KOOKIE« BYRNES (aus *77 Sunset Strip*). Die beiden nahmen 1959 zusammen das Lied *Kookie, Kookie (Lend me your comb)* auf, das in USA eine Nr. 4 wurde. 1960 brachte Connie Stevens dann mit *Sixteen reasons* ihren ersten und einzigen Hit heraus.

Jahr	*Titel*	*USA*	*UK*	*D*
1960	Sixteen reasons	3	9	

Ray Stevens

geb. 24. 1. 1941 in Clarkdale/Georgia, USA, voc

Der musikalische Komiker, der mit leichter Hand sowohl absolute Ulk-Nummern wie *Ahab, the Arab* oder *The streak* singen und schreiben kann als auch höchst melodiöse country-artige Soft-Nummern wie *Everything is beautiful* oder *Turn your radio on*, begann seine Karriere 1956. Als Fünfzehnjähriger wurde Ray Discjockey, mit sechzehn hatte er seine eigene Show und nahm mit *Silver bracelet* seine erste Platte auf. Den ersten Erfolg hatte er dann 1961 mit zwanzig. Er fabrizierte den Song mit dem längsten Namen, der jemals in den US-Charts gelistet wurde: *Jeremiah Peabody's poly unsaturated quick dissolving fast action pleasant tasting green and purple pills* erreichte immerhin Platz 35. Von da an konnte der Sänger und Songschreiber mit dem schier unerschöpflichen Einfallsreichtum Hit an Hit reihen. Mit Songs wie *Gitarzan*, *Everything is beautiful* und dem Flitzer-Song *The streak* gelangen ihm Millionenseller. Ray Stevens ist aber ein Mann mit vielen Talenten: Er spielt auch Klavier, Trompete, Saxophon, Klarinette, Schlagzeug, Tuba und Geige. Und auch die HENHOUSE FIVE PLUS TOO, die 1977 mit einer gegackerten Version von *In the mood* in den Hitparaden auftauchten, waren auf seinem Mist gewachsen.

Jahr	*Titel*	*USA*	*UK*	*D*
1962	Ahab, the Arab	5		
1963	Harry, the hairy ape	17		
1969	Gitarzan	8		
1970	Everything is beautiful	1	6	
1971	Bridget the midget (The queen of the blues)		2	39
1974	The streak	1	1	43
1975	Misty	14	2	

Billy Stewart

geb. in Washington/D.C., voc; gest. 17. 1. 1970

Billy begann seine Karriere als Sänger bei den RAINBOWS, mit denen er 1955 den Hit *Mary Lee* hatte. 1956 verließ er die Rainbows und versuchte sich als Solosänger. Seine erste Solosingle erschien 1956 und hieß *Billy's blues*. Auf Erfolge mußte der schwergewichtige farbige Sänger allerdings bis Mitte der 60er Jahre warten. Billy Stewart starb am 17. Januar 1970, zusammen mit einigen Musikern seiner Band, bei einem Autounfall.

Jahr	*Titel*	*USA*	*UK*	*D*
1966	Summertime	10	39	

Stephen Stills

geb. 3. 1. 1945 in Dallas/Texas, USA, voc, g, keyb, dr

Der hochbegabte Texaner ließ das Universitäts-Studium sausen, um in New York mit kleinen Gruppen Musik zu machen. Zu dieser Zeit lernte er RICHIE FURAY kennen. Doch New York gefiel Stephen auf die Dauer auch nicht, und so zog er ins sonnige Kalifornien, nach Los Angeles um. Dort bewarb er sich 1966 für einen Job bei den → MONKEES, wurde abgelehnt und überredete Furay dazu, mit ihm die → BUFFALO SPRINGFIELD zu gründen. Als sich die Band Mitte 1967 auflösten, spielte Stills zunächst für → JUDY COLLINS und für JONI MITCHELL, ließ sich von → JIMI HENDRIX »Gitarren-Unterricht« geben und nahm schließlich mit → AL KOOPER und MIKE BLOOMFIELD die LP *Supersession* auf. Im Dezember 1968 tat sich Stills dann mit → DAVID CROSBY und GRAHAM NASH zu dem berühmten Trio → CROSBY, STILLS AND NASH zusammen. Noch während dieser Zeit nahm Stills 1970 das Solo-Album *Stephen Stills* auf, bei dem ihm andere Stars wie Jimi Hendrix, → ERIC CLAPTON, JOHN SEBASTIAN und David Crosby als Musiker zur Verfügung standen. Tragischerweise starb Hendrix zwischen der Fertigstellung und der Veröffentlichung der LP. Das Album wurde ein voller Erfolg, während die 71er LP *Stephen Stills 2* nicht so gut war. Ende 1971 gründete der Workaholic dann abermals eine Gruppe, MANASSAS, der mit Leuten wie dem ehemaligen → BYRDS- und → FLYING-BURRITO-BROTHERS-Mitglied CHRIS HILLMAN wieder etliche Musiker-Stars angehörten. Manassas veröffentlichten 1972 das hochgelobte Doppel-Album *Manassas* und die ebenfalls hörenswerte 73er LP *Down the road*. Danach löste sich die Gruppe auf, weil Hillman ging, die Mitglieder AL PERKINS und PAUL HARRIS mitnahm und mit ihnen die SOUTHER-HILLMAN-FURAY-BAND gründete. Das nächste Mal machte Stills, der inzwischen die französische Rock-Sängerin VERONIQUE SANSON geheiratet hatte, von sich reden, als sich im Mai 1974 unter großem Medienrummel CROSBY, STILLS, NASH AND YOUNG reformierten.

Jahr	*Titel*	*USA*	*UK*	*D*
1970	Love the one you're with	14	37	

Doch im Februar 1975 trennte sich das Quartett bereits wieder, und Stills machte als Solist weiter. Sein Erfolg hielt und hält sich aber sehr in Grenzen.

Crispian St. Peters

Robin Peter Smith, geb. 5. 4. 1944 in Swanley/Kent, England, voc, g

Robin sammelte seine ersten Erfahrungen als Sänger in diversen Jugendgruppen, dort lernte er auch Gitarre spielen. Der lange, dünne junge Mann wollte eigentlich zunächst Session-Gitarrist werden, versuchte es dann jedoch als Sänger. Mitte der 60er Jahre bekam er unter dem Künstlernamen Crispian St. Peters einen Plattenvertrag, seine Songs wurden jedoch alle Flops. Das Blatt wendete sich erst 1966, als er *You were on my mind* aufnahm, ein Lied, mit dem die Gruppe → We Five 1965 in USA einen Nr.-3-Hit gehabt hatte. Auch sein zweiter großer Erfolg, *The pied piper*, war ein Remake. Im Original stammte das Lied von der Gruppe Changin' Times, die damit 1965 in USA aber lediglich bis Rang 87 gekommen war.

Jahr	*Titel*	*USA*	*UK*	*D*
1966	You were on my mind		2	23
1966	The pied piper	4	5	11
1966	Changes	57	47	
1967	You were on my mind	36		

The Strangeloves

Robert Feldman
Jerry Goldstein
Richard Gottehrer
alle aus Brooklyn/New York, USA

Feldman, Goldstein und Gottehrer sind drei Songwriter und Produzenten aus New York, die sich durch ihre Arbeit mit Stars wie → The Angels (*My boyfriend's back*) oder → The McCoys (*Hang on Sloopy*) einen Namen machten. Mitte der 60er Jahre taten sie sich als Trio zusammen, nannten sich The Strangeloves und nahmen unter diesem Namen einige erfolgreiche Singles auf. Danach gingen sie 1967 wieder in ihre Berufe zurück und schrieben und produzierten für andere.

Jahr	*Titel*	*USA*	*UK*	*D*
1965	I want Candy	11		
1965	Cara-Lin	39		
1966	Night time	30		

The Strawberry Alarm Clock

Edward King, leadg
Lee Freeman, g, harm
Mark Weitz, keyb
Gary Lovetro, b
George Bunnell, b
Randy Seol, dr
alle aus Los Angeles/Kalifornien, USA

Die Strawberry Alarm Clock gehörte zu den Psychedelic-Gruppen der US-Westküste. Gegründet wurde das Sextett Mitte der 60er Jahre. Ihren ersten und einzigen Hit hatten sie dann 1967 mit dem Millionenseller *Incence and peppermints*. Anfang der 70er Jahre löste sich die Band mangels Erfolg auf. Edward King ging daraufhin Mitte der 70er zur Southern-Rock-Band Lynard Skynard und wurde dort Leadgitarrist. Anfang der 80er Jahre sammelte Lee Freeman einige Original-Mitglieder der Strawberry Alarm Clock um sich und versuchte ein Comeback, das aber im Sande verlief.

Jahr	*Titel*	*USA*	*UK*	*D*
1967	Incense and peppermints	1		
1968	Tomorrow	23		

Barbra Streisand

geb. 24. 4. 1942 in Brooklyn/New York, USA, voc

Barbra Steisand gehört zweifellos zu den wenigen internationalen Superstars. Sie ist eine hervorragende Schauspielerin, eine hinreißende Sängerin, sie komponiert und textet Songs, sie produziert Filme und führt mit sicherer Hand Regie. Die Künstlerin mit dem eigenwilligen Gesicht beschloß bereits als kleines Mädchen, ein Star zu werden. Mit fünfzehn Jahren trat sie in kleinen Theaterstücken auf, arbeitete sich langsam aber sicher von Amateur-Aufführungen über Off-Broadway-Inszenierungen bis zum Broadway vor. 1962 trat sie dort zum ersten Mal in der Rolle der Miss Marmelstein in dem Stück *I can get it for you wholesale* auf. Dort lernte sie auch den Schauspieler Elliott Gould kennen, den sie später heiratete, von dem sie inzwischen aber wieder geschieden ist. Den großen Durchbruch feierte Miß Streisand dann 1964 als Star des Broadway-Musicals *Funny girl*. Der Song *People* aus diesem Musical wurde Barbra Streisands erster Top-5-Erfolg in USA. 1968 übernahm sie auch die Hauptrolle in der Verfilmung von *Funny girl*, wurde dafür mit dem Oscar als »Beste Hauptdarstellerin« ausgezeichnet und gehörte von da an zu den absoluten Mega-Stars. Sie war der Star von Kassenknüllern wie *Hello Dolly*, *Die Eule und das Kätzchen*, *Is' was Doc?*, *The way we were* und *A star is born*, in dem sie nicht nur die Hauptrolle spielte, sondern auch ihr Debüt als Regisseurin und Produzentin gab. Diese bemerkenswerte Leistung lieferte sie auch in *Yentl* ab. Ab 1965 pflegte Miß Streisand ebenso erfolgreich ihre Karriere als Interpretin von meist gehobenen Songs. Ob allein oder im Duett mit anderen Superstars wie → Neil Diamond oder Barry Gibb, ihre Songs erreichen fast immer die Spitze der Hitparaden und verkaufen sich millionenfach. Noch erfolgreicher ist sie als Album-Künstlerin.

Jahr	*Titel*	*USA*	*UK*	*D*
1964	People	5		
1966	Second hand rose	32	14	
1970	Stoney end	6	27	
1973	The way we were	1	31	
1977	Evergreen	1	3	
1977	My heart belongs to me	4		

Jahr	Titel	USA	UK	D
1979	The main event/ Fight	3		
1980	Woman in love	1	1	1
1981	Comin' in and out of your life	11	66	
1984	Memory		34	30
BARBRA STREISAND & NEIL DIAMOND				
1978	You don't bring me flowers	1	5	
BARBRA STREISAND & DONNA SUMMER				
1979	No more tears (Enough is enough)	1	3	31
BARBRA STREISAND & BARRY GIBB				
1980	Guilty	3	34	15
1981	What kind of fool	10		
BARBRA STREISAND & DON JOHNSON				
1988	Till I loved you		16	

The String-A-Longs

KEITH MCCORMACK, geb. 19. 10. 1940 in Clovis/New Mexico, voc, g
JIMMY TORRES, geb. 2. 10. 1939 in Clovis/New Mexico, USA, leadg
RICHARD STEPHENS, geb. 20. 9. 1940 in Clovis/New Mexico, USA, g
AUBREY LEE DECORDOVA, geb. 20. 11. 1941 in Clovis/New Mexico, b
DON ALLAN, geb. 18. 7. 1938 in Clovis/New Mexico, USA, dr

Die fünf lernten sich auf der Highschool kennen. Sie entdeckten ihre gemeinsame Vorliebe für Musik und fingen an, gemeinsam Musik zu machen. Sie traten auf Parties und bei Schulveranstaltungen auf und schrieben sich schließlich auch selbst Lieder. Im Herbst 1960 spielten sie bei NORMAN PETTY, dem Entdecker und Produzenten von → BUDDY HOLLY, vor. Der war von dem Quintett sehr angetan und nahm mit ihm *Wheels* auf. Dieses Instrumental, das Jimmy und Richard geschrieben hatten, wurde 1961 ein internationaler Millionenseller.

Jahr	Titel	USA	UK	D
1961	Wheels	3	8	8

Barrett Strong

geb. 5. 2. 1941 in Mississippi, USA, voc

Anfang der 50er Jahre zog Barrett mit seiner Familie nach Detroit. Dort war sein Cousin NOLAN STRONG Leadsänger bei der Formation THE DIABLOS. Auch Barrett wollte Sänger werden und lernte bei einem Auftritt Ende der 50er Jahre einen jungen Songwriter namens BERRY GORDY JR. kennen. Berry gab Barrett seine Eigenkomposition *Money (that's what I want)*. Der Song erschien im Januar 1960 und wurde einer der ersten Hits für Berry Gordy jr. der anschließend mit Tamla Motown eines der größten Plattenimperien der Welt aufbaute. Ende 1960 bot Gordy Barrett Strong einen Song aus der Feder eines jungen, unbekannten Komponisten an, mit dem er schon einige Zeit ziemlich erfolglos zusammenarbeitete. Der Komponist hieß → SMOKEY ROBINSON, und das Lied war *Shop around*. Doch Strong erschien nicht zur Aufnahme, also ging Smokey mit seiner Begleitband → The Miracles ins Studio und hatte anschließend mit *Shop around* seinen ersten Millionenseller. Mitte der 60er Jahre verlegte sich Barrett Strong mehr auf das Schreiben von Songs und war beteiligt an Supersellern wie *I wish it would rain* und *Papa was a rolling stone* für die Temptations. Übrigens hatte → Bern Elliott mit seinen Fenman 1963 in England einen Nr.-14-Hit mit einer Neuaufnahme von *Money*, und in Amerika waren 1964 die → Kingsmen mit ihrer Version auf Platz 14 in den US-Charts zu finden.

Jahr	*Titel*	*USA*	*UK*	*D*
1960	Money (that's what I want)	23		

Sunny And The Sunglows

Sunny Ozuna, leadvoc
Jesse Villanueva
Oscar Villanueva
Ray Villanueva
Tony Tostado
Gilbert Fernandez
Alfred Luna
alle geb. in San Antonio/Texas, USA

Alle sieben besuchten die Burbank Vocational Highschool in San Antonio. Dort taten sie sich 1959 zu einer Band zusammen und fingen an, in der Umgebung von San Antonio aufzutreten. 1960 engagierten sie einen Manager, und der machte sie in ganz Texas bekannt. Sie bekamen einen Plattenvertrag und hatten mit Songs wie *Golly gee* und *Just a moment* kleine lokale Erfolge. Den Durchbruch schaffte das Septett dann 1963 mit dem Little-Willie-John-Klassiker *Talk to me*. Doch die nächsten Songs *Rags to riches* (1963) und *Out of sight – out of mind* (1964) rangierten nurmehr unter »ferner liefen«. Danach änderte die Formation zwar den Namen in Sunny And The Sunliners, aber der Erfolg stellte sich nicht mehr ein.

Jahr	*Titel*	*USA*	*UK*	*D*
1963	Talk to me	11		

The Supremes

Diana Ross, geb. 26. 3. 1944 in Detroit/Michigan, USA; voc; ersetzt 1969 durch Jean Terrell; ersetzt durch Shari Payne, geb. 14. 11. 1944
Florence Ballard, geb. 30. 6. 1943 in Detroit/Michigan, USA, voc, gest. 22. 2. 1976; ersetzt 1967 durch Cindy Birdsong, geb. 15. 12. 1939
Mary Wilson, geb. 4. 3. 1944 in Detroit/Michigan, USA, voc

Diana, Florence und Mary kannten sich von der Schule her und fingen 1960 unter dem Namen The Primettes zu singen an. Das Trio trat bei einem Talentwettbewerb der Highschool auf und gewann den 1. Preis. Dadurch wurde Berry Gordy jr., der Chef von Motown Records, auf sie aufmerksam. Er bestand jedoch darauf, daß die drei hübschen Teenager erst einmal die Schule fertigmachten. Danach gab Gordy sowohl Florence als auch Mary sofort einen Vertrag, bei Diana zögerte er eine ganze Weile, weil sie so seltsam durch die Nase sang und er sich nicht sicher war, ob er sie überhaupt als Sängerin gebrauchen konnte. Also mußte Diana zunächst als Sekretärin arbeiten, ehe sie dann 1962 endgültig eine der drei Supremes, wie sich das Trio inzwischen nannte, wurde. Im Sommer 1962 erschien mit *Your heart belongs to me* die erste Supremes-Single. Sie erreichte mit Ach und Krach Platz 95 der Hot 100. *Let me go the right way* kam 1963 auf Platz 90, *A breath taking guy* erreichte im Herbst 63 schon Platz 75, und mit *When the lovelight starts shining through his eyes* hatten die drei jungen Damen Anfang 1964 immerhin einen Nr.-23-Erfolg. Aber das waren alle nur kleine Fische gegen das, was sich ab Juli 1964 abspielte: Bis 1968 folgten insgesamt zehn Nr.-1-Hits in USA. Und die ungemein attraktive Diana erwies sich mit ihrer Un-Stimme als der Star des Trios, für das das Komponisten-Team → Holland/Dozier/Holland einen Bestseller nach dem anderen schrieb. Ihr Song *Where did our love go* wurde sogar zur Unterhaltung der US-Raumfahrer Charles Conrad und Gordon Cooper von der NASA ins All gesendet. Die bildhübschen attraktiven Supremes machten innerhalb kürzester Zeit den farbigen Detroit-Soul weltweit salonfähig. Diese Art von geglättetem und auf Hochglanz poliertem Plastik-Soul hatte mit dem echten, erdigen, von starken Gefühlen erfüllten Memphis-Soul einer → Aretha Franklin nicht viel zu tun, war aber ein weiteres wichtiges Stück auf dem Weg, der den Schwarzen die Gleichberechtigung brachte. Diana rückte immer mehr in den Vordergrund, sowohl in der Gruppe als auch in der Gunst von Berry Gordy. Doch in Florence hatte Diana eine große Konkurrentin in der Gruppe. »Flo« sah ebenfalls sehr gut aus und hatte, im Gegensatz zu Diana, eine unglaublich umfangreiche und reine Stimme. Und so kam es, wie es kommen mußte: Bei den Supremes war kein Platz für zwei Leadsängerinnen; Florence hatte die schlechteren Karten und mußte gehen. Die sensible Künstlerin hat das nie überwunden und starb 1976 verarmt, vergrämt und verlassen im Alter von nur 32 Jahren. Für Florence kam Cindy Birdsong von Patty And The Bluebelles. Ab 1967 wurde Diana auch vom Gruppennamen her in den Vordergrund gestellt: das Trio hieß jetzt Diana Ross & The Supremes. Zwei Jahre lang lieferten Diana, Cindy und Mary weiterhin Hits ab, dann trennte sich die ehrgeizige Diana von der Gruppe und versuchte sich ab 1970 als Solo-Act. Nach ein paar Anlauf-Schwierigkeiten etablierte sich Diana Ross sehr schnell als Superstar und hatte internationale Millionenseller mit Songs wie *Ain't no mountain high enough* (1970), *Touch me in the morning* (1973), *Love hangover* (1976), *Upside down* (1980) und *Missing you* (1985). Für Diana kam Ende 1969 Jean Terrell, die Schwester des Schwergewicht-Boxers Eddie Terrell, zu den Supremes. Doch die Hits blieben langsam aber sicher aus, und ab Mitte der 70er Jahre war das farbige Damen-Trio aus den internationalen Hitparaden verschwunden. Dafür hatten dann andere mit ehemaligen Supremes-Hits abermals Bestseller: Phil Collins war 1982 Nr. 1 in UK mit *You can't hurry love*; Kim Wilde war 1986 Nr. 2 in UK mit *You keep me hanging on*.

Jahr	*Titel*	*USA*	*UK*	*D*
1964	Where did our love go	1	3	16

Jahr	Titel	USA	UK	D
1964	Baby love	1	1	15
1964	Come see about me	1	27	
1965	Stop! In the name of love	1	7	3
1965	Thank you darling (deutsch)			18
1965	Back in my arms again	1	40	34
1965	Nothing but heartaches	11		
1965	I hear a symphony	1	39	
1966	My world is empty without you	5		
1966	Love is like an itching in my heart	9		
1966	You can't hurry love	1	3	
1966	You keep me hanging on	1	8	
1967	Love is here and now you're gone	1	17	
1967	The happening	1	6	

Diana Ross & The Supremes

Jahr	Titel	USA	UK	D
1967	Reflections	2	5	
1967	In and out of love	9	13	
1968	Forever came today	28	28	
1968	Some things you never get used to	30	34	
1968	Love child	1	15	
1969	I'm livin' in shame	10	14	
1969	No matter what sign you are	31	37	
1969	Someday we'll be together	1	13	

The Supremes

Jahr	Titel	USA	UK	D
1970	Up the ladder to the roof	10	6	
1970	Stoned love	7	3	
1971	Nathan Jones	16	5	
1972	Floy joy	16	9	
1972	Automatically sunshine	37	10	
1974	Baby love		12	

The Supremes & → The Temptations

Jahr	Titel	USA	UK	D
1968	I'm gonna make you love me	2	3	
1969	I second that emotion		18	

The Supremes & → The Four Tops

Jahr	Titel	USA	UK	D
1970	River deep – mountain high	14	11	

The Surfaris

Jim Pash, geb. 1949 in Glendora/Kalifornien, USA, sax
Jim Fuller, geb. 1947 in Glendora/Kalifornien, USA, leadg
Bob Berryhill, geb. 1947 in Glendora/Kalifornien, USA, g
Pat Connolly geb. 1947 in Glendora/Kalifornien, USA, b
Ron Wilson, geb. 1945 in Glendora/Kalifornien, USA, dr

Das kalifornische Quintett gehörte ebenfalls zu den typischen Surf-Bands. Alle Mitglieder gingen noch zur Schule und waren natürlich fanatische Surfer, als sie sich 1963 den Song *Wipe out* einfallen ließen. *Wipe out* bedeutet in der Surfer-Sprache, daß man vom Brett gefallen ist oder von der Welle heruntergespült wurde. Die Eigenkomposition wurde für die Teenager-Band ein Millionenseller, den sie mit den beiden nächsten Songs *Surfer Joe* und *Point panic* nicht mehr wiederholen konnten.

Jahr	*Titel*	*USA*	*UK*	*D*
1963	Wipe out	2	5	46
1966	Wipe out	16		

Suzie

Maria Carina Pereboom, geb. 21. 8. 1946 in Tilburg, Holland, voc

Suzie stammt aus einer Zirkusfamilie. So wurde sie zunächst Artistin, bis sie davon Anfang der 60er Jahre die Nase voll hatte, sich mit ihrer Familie im schwedischen Stockholm niederließ und mit dem Singen anfing. Die energische junge Dame, die bei ihren Zirkusreisen so nebenbei sechs Fremdsprachen lernte (Schwedisch, Dänisch, Deutsch, Englisch, Französisch, Holländisch), schloß sich einer Beatgruppe als Sängerin an und nannte sich fortan Suzie, da Maria Carina zu »Beat« nicht sonderlich paßte. Schnell war die hübsche Kleine (sie ist nur 1.54 m groß) der Liebling der Stockholmer Teenager, und das blieb auch einer Plattenfirma nicht verborgen. 1963 bekam Suzie einen Plattenvertrag und veröffentlichte in Schweden die ersten Platten. Es folgten Fernseh- und Radioauftritte, und dann schrieb der Sänger → Larry Finnegan, der 1962 mit *Dear one* in USA einen Nr.-11-Hit gehabt und sich inzwischen in Schweden niedergelassen hatte, für sie das Lied *Johnny loves me*. Der Song wurde ins Deutsche übersetzt und war unter dem Titel *Johnny komm* für Suzie 1964 der erste Hit in Deutschland.

Jahr	*Titel*	*USA*	*UK*	*D*
1964	Johnny, komm			13
1964	Du, du gehst vorbei			5
1965	Max und Moritz			17
1965	Ich war allein			6
1966	Ich will immer nur dich			7

The Sweet Inspirations

Emily »Cissy« Drinkard Houston
Myrna Smith
Sylvia Shamwell
Estelle Brown

Ende der 50er/Anfang der 60er Jahre gab es eine Gospel-Gruppe namens The Drinkard Singers, bei der spätere Stars wie → Dionne Warwick und Judy Clay sangen, aber auch Cissy Houston und Sylvia Shamwell. Als sich die Drinkard Singers auflösten, gründete Cissy Houston, die Mutter des späteren Superstars Whitney Houston, die Sweet Inspirations. Die farbige Truppe mit den exzellenten Stimmen ersang sich schnell einen hervorragenden Ruf und gehörte bald zu den begehrtesten Studio-Vokalgruppen. The Sweet Inspirations sind auf Hunderten von berühmten Soul-Aufnahmen der 60er Jahre zu hören, vor allen Dingen von Künstlern wie → Aretha Franklin. Ende der 60er Jahre wagte sich die Vokal-Formation dann auch mit eigenen Platten an die Öffentlichkeit und war damit recht erfolgreich. Anfang der 70er Jahre verließ Cissy Houston die Gruppe, um eine Solokarriere zu starten.

Jahr	*Titel*	*USA*	*UK*	*D*
1968	Sweet inspiration	18		

The Swingin' Bluejeans

Ray Ennis, geb. 26. 5. 1942 in Liverpool, England, leadg, voc

Ralph Ellis, geb. 8. 3. 1942 in Liverpool, England, g, voc
Les Braid, geb. 15. 9. 1941 in Liverpool, England, b, voc
Norman Kuhlke, geb. 17. 6. 1942 in Liverpool, England, dr

Ennis und Kuhlke spielten Ende der 50er Jahre in einer Skiffle Group zusammen. 1959 trennten sich die beiden von dieser Band und gründeten eine eigene Gruppe, die sie zunächst The Bluegenes nannten. Anfang der 60er Jahre erspielten sich die Bluegenes in und um Liverpool einen sehr guten Ruf und wurden auch für den berühmten Star-Club in Hamburg engagiert. 1963 bekamen sie, auf Grund der Popularität der → Beatles, einen Plattenvertrag und nannten sich von nun an The Swingin' Bluejeans. *It's too late* hieß Mitte 1963 ihre Debüt-Single, die es nur bis Rang 30 in den UK-Charts schaffte. Doch mit der nächsten Veröffentlichung, dem unverwüstlichen *Hippy hippy shake*, hatten sie einen internationalen Bestseller. Bis Mitte der 60er Jahre waren die Swingin' Bluejeans immer wieder in den Charts zu finden, zu ihren Hits gehörte auch *You're no good*, das im Original 1963 von → Betty Everett veröffentlicht wurde und 1975 ein Nr.-1-Hit für → Linda Ronstadt wurde. Dann begannen ständige Mitgliederwechsel bei den Swingin' Bluejeanes, eine Zeitlang gehörte auch Terry Sylvester von den → Hollies dazu. Ende der 60er Jahre versank die Gruppe dann langsam aber sicher in Vergessenheit.

Jahr	*Titel*	*USA*	*UK*	*D*
1963	Hippy hippy shake	24	2	9
1964	Good golly Miss Molly		11	35
1964	You're no good		3	

The Syndicate of Sound

Donald Baskin, leadvoc, sax
James »Bo« Sawyers, leadg
John Sharkey, g, keyb
Robert Gonzales, b
John Duckworth, dr
alle aus San Jose/Kalifornien, USA

The Syndicate of Sound gehört zu den amerikanischen Garagen-Bands, die »Punk«-Musik spielten. Gegründet wurde die Formation Mitte der 60er Jahre. Sie waren schnell in der Gegend von San Jose die Stars und bekamen von einer kleinen Plattenfirma einen Vertrag. Ihr Debüt war eine Eigenkomposition namens *Little girl*, die sich in Rekordzeit zu einem lokalen Hit entwickelte. Daraufhin wurde der Song von einer großen Firma national veröffentlicht und entwickelte sich zu einem Bestseller. Die nächste Single *Rumors* erreichte zwar nurmehr Rang 55, trotzdem gehörte The Syndicate of Sound noch jahrelang zu den Top-Acts in Kalifornien. 1970 glückte ihnen mit *Brown paper bag* sogar wieder ein kleiner Hit.

Jahr	*Titel*	*USA*	*UK*	*D*
1966	Little girl		8	

The Tams

CHARLES POPE, geb. 7. 8. 1936 in Atlanta/Georgia, USA, Bariton
JOSEPH POPE, geb. 6. 11. 1933 in Atlanta/Georgia, USA. leadvoc
ROBERT SMITH, geb. 18. 3. 1936 in Atlanta/Georgia, USA, Baß
FLOYD ASHTON, geb. 15. 8. 1933 in Atlanta/Georgia, USA, voc
HORACE KEY, geb. 13. 4. 1934 in Atlanta/Georgia, USA, Tenor

Charles, Joseph, Robert und Horace kannten sich bereits von der Schule her. Um der Armut im Ghetto zu entkommen, beschlossen sie per R & B Karriere zu machen. Mit großer Ausdauer arbeiteten sie an ihrem Bühnenact, probten unablässig ihre Songs, arbeiteten sich von kleinen Kneipen in die großen Clubs hoch und bekamen schließlich Anfang der 60er Jahre einen Plattenvertrag. *Untie me* hieß 1962 ihre Debütsingle, die bis auf Nr. 60 in den Hot 100 kam. Ab 1964 waren sie regelmäßig in den Hitparaden vertreten, wobei die Gruppe mit dem farbenprächtigen Outfit ab den 70er Jahren hauptsächlich in England erfolgreich war.

Jahr	*Titel*	*USA*	*UK*	*D*
1964	What kind of fool (do you think I am)	9		
1964	Hey girl don't bother me	41		
1968	Be young be foolish be happy	61		
1970	Be young be folish be happy		32	
1971	Hey girl don't bother me		1	
1987	There ain't nothing like shaggin'		21	

Taste

RORY GALLAGHER, geb. 2. 3. 1949 Ballyshannon/Donegal, Irland, voc, g
RICHARD MCCRACKEN, geb. 26. 6. 1948 in Belfast, Irland, b
JOHN WILSON, geb. in Belfast, Irland, dr

Kopf und Schreiber dieser irischen Blues-Rock-Band war Rory Gallagher. Rory wuchs in Cork auf, bekam mit neun Jahren seine erste Gitarre, gründete bereits in der Schule etliche Gruppen und schloß sich schließlich mit fünfzehn Jahren der FONTANA-SHOW-BAND an. Bei dieser Gruppe, die sich später dann THE IMPACT nannte, blieb er zweieinhalb Jahre und tourte damit durch Irland, England und Europa. Als sich die Formation 1965 auflöste, blieb Gallagher mit dem Bassisten und Trommler der Gruppe zusammen, bis dann 1966 die Gruppe Taste entstand. Mit den Alben *First Taste* (1967), *Taste* (1969) und *On the boards* (1970) schuf sich das hervorragende Blues-Rock-Trio eine große Fangemeinde, ohne jedoch jemals ganz an die Spitze zu kommen. 1970, nach ihrem umjubelten und frenetisch gefeierten

Auftritt beim Isle Of Wight Festival, gaben The Taste ihre Auflösung bekannt. Als Gründe wurden finanzielle Schwierigkeiten und die unüberwindliche Dominanz von Gallagher genannt, der die beiden anderen angeblich zu reinen Begleitmusikern degradierte. Gallagher trat daraufhin mit Alben wie *Rory Gallagher* oder *Deuce* (beide 1971) eine höchst erfolgreiche Solokarriere an und wurde bald als Gitarrist auf die gleiche Stufe wie → Eric Clapton gestellt. McCracken und Wilson gründeten mit zwei weiteren Musikern die Gruppe Stud, die recht einfachen Hardrock machte und sich bald wieder auflöste.

Johnnie Taylor

geb. 5. 5. 1937 in West Memphis/Arkansas, USA, voc

Johnnie Taylor machte seine ersten Sangeserfahrungen, wie so viele farbige Interpreten, in einem Kirchenchor. 1956 wurde Johnnie Profi-Sänger. *You'll need another favour* hieß seine Debüt-Single, die sich recht gut verkaufte. Als Leadsänger → Sam Cooke die Gospel-Gruppe The Soul Stirrers verließ, wurde er 1960 von Johnnie Taylor ersetzt. 1963 versuchte sich Johnnie abermals als Solist und hatte mit *Baby, we 've got love* einen Song, der sich sogar in den Hot 100 plazieren konnte, wenn auch nur auf Rang 98. Johnnies großer Durchbruch kam 1968 mit dem Millionenseller *Who's making love*, den zweiten Millionenerfolg hatte er dann 1973 mit *I believe in you* und den dritten 1976 mit seiner *Disco lady*, die vier Wochen auf Platz 1 war.

Jahr	*Titel*	*USA*	*UK*	*D*
1968	Who's making love	5		
1969	Take care of your homework	20		
1973	I believe in you (You believe in me)	11		
1973	Cheaper to keep her	15		
1976	Disco lady	1	25	43

R. Dean Taylor

geb. in Toronto, Kanada, voc

Taylor begann seine musikalische Karriere in Kanada als Countrysänger. Mitte der 60er Jahre bekam er erstaunlicherweise vom Soul-Konzern Tamla Motown ein Angebot als Produzent und Songwriter, das er natürlich annahm. R. Dean Taylor war z. B. 1968 Mitschreiber des → Supremes-Nr.-1-Hits *Love child.* In diesem Jahr durfte er auch als erster weißer Interpret für den schwarzen Konzern Platten machen. Seine Debüt-Single *Gotta see Jane*, mehr ein Pop- als ein Soul-Song, wurde allerdings zuerst in England ein Hit. Bis Mitte der 70er Jahre veröffentlichte er immer wieder erfolgreiche Singles, dann trennte er sich von Motown, und die Erfolge blieben aus.

Jahr	*Titel*	*USA*	*UK*	*D*
1968	Gotta see Jane		17	
1970	Indiana wants me	5	2	

Jahr	*Titel*	*USA*	*UK*	*D*
1971	Gotta see Jane	67		
1974	There's a ghost in my house		2	
1974	Window shopping		36	35

The Temptations

Otis Miles ›Williams‹, geb. 30. 10. 1949 in Texarkana/Texas, voc
Melvin English ›Franklin‹, geb. 12. 10. 1942 in Montgomery/Alabama, voc
Edward James Kendricks, geb. 17. 12. 1939 in Birmingham/Alabama, voc; ersetzt 1971 durch Damon Otis Harris, geb. 3. 7. 1950 in Baltimore/Maryland; ersetzt 1975 durch Glenn Leonard
Paul Williams, geb. 2. 7. 1939 in Birmingham/Alabama, voc; gest. 17. 8. 1973; ersetzt 1971 durch Richard Street, geb. 5. 10. 1942 in Detroit/Michigan
→ David Ruffin, geb. 18. 1. 1941 in Meridian/Mississippi, voc; ersetzt 1968 durch Dennis Edwards, geb. 3. 2. 1943 in Birmingham/Alabama; ersetzt durch Louis Price

Die Geschichte dieser Vokal-Formation, die zu den dienstältesten Soul-Gruppen überhaupt gehört, begann bereits in den 50er Jahren. Damals gehörten die diversen Mitglieder verschiedenen Gruppen wie The Distants und The Primes an. Die Primes hatten übrigens ein weibliches Gegenstück, die Primettes, aus denen dann später die → Supremes hervorgingen. 1960 taten sich Otis, Mel, Eddie und Paul zusammen und nannten sich The Elgins. Sie bewarben sich beim aufstrebenden Motown Label von Berry Gordy jr. und bekamen einen Plattenvertrag. Als sich ihnen kurz danach David anschloß, änderten sie ihren Namen in The Temptations, die ›Verführer‹. 1964 hatten sie dann einen ersten Hit mit der → Smokey-Robinson-Nummer *The way you do the things you do,* und von da an ging es nur noch bergauf. 1968 gehörten die Temps, wie sie auch kurz genannt wurden, zu den führenden Soul-Acts, deren Platten sich weltweit millionenfach verkauften und die auf der Bühne hervorragende Shows mit gekonnten Tanzeinlagen ablieferten. 1968 gab es zwei wichtige Veränderungen: David Ruffin ging, um sich als Solist zu versuchen; 1969 hatte er dann auch einen Bestseller mit *My whole world ended.* Und zum zweiten änderte sich der Sound der Temps. Aus Soul wurde ab dem Song *Cloud nine* der ›Psychedelic Soul‹, eine produktionstechnische ›Erfindung‹ ihres Produzenten Norman Whitfield. Dieser neue Sound löste eine Entwicklung im Bereich des Soul und R & B aus, die schließlich in den 70er Jahren in der ›Disco‹-Musik mündete. 1971 ging dann auch Eddie Kendricks, um als Solist Karriere zu machen, was ihm ebenfalls gelang. Mit den Songs *Keep on truckin* (1973) und *Boogie down* (1974) hatte er zwei Millionenseller zu verzeichnen. Paul Williams ging ebenfalls 1971, allerdings aus gesundheitlichen Gründen. Er verübte zwei Jahre später Selbstmord. Anfang der 80er fanden sich die übrigen Original-Mitglieder wieder zusammen und nahmen von neuem LPs auf, ohne allerdings ganz an den früheren Erfolg anschließen zu können.

Jahr	*Titel*	*USA*	*UK*	*D*
1964	The way you do the things you do	11		

1965	My girl	1	43	
1965	It's growing	18	45	
1965	Since I lost my baby	17		
1965	My baby	13		
1966	Ain't too proud to beg	13	21	
1966	Beauty is only skin deep	3	18	
1966	(I know) I'm losing you	8	19	
1967	All I need	8		
1967	You're my everything	6	26	
1967	(Loneliness made me realize) It's you that I need	14		
1968	I wish it would rain	4	45	
1968	I could never love another (after loving you)	13	47	
1968	Cloud nine	6	15	
1969	Run away child, running wild	6		
1969	Get ready		10	
1969	Don't let the Joneses get you down	20		
1969	I can't get next to you	1	13	
1970	Psychedelic shack	7	33	
1970	Ball of confusion (that's what the world is today)	3	7	
1971	Just my imagination (running away with me)	1	8	
1971	Superstar (remember how you got where you are)	18	32	
1972	Take a look around	30	13	
1972	Papa was a rollin' stone	1	14	11
1973	Masterpiece	7		21
1984	Treat her like a lady		12	

Diana Ross And The Supremes And The Temptations

1969	I'm gonna make you love me	2	3
1969	I second that emotion		18

Ten Years After

Alvin Lee, geb. 19. 12. 1944 in Nottingham, England, g, voc
Leo Lyons, geb. 30. 11. 1943 in England, b
Chick Churchill, geb. 2. 1. 1942 in England, keyb
Ric Lee, geb. 20. 10. 1945 in England, dr

Alvin und Leo lernten sich in Nottingham kennen, gingen zusammen zu Auftritten nach Hamburg, trafen dann Ric Lee, der mit Alvin nicht verwandt ist, und gründeten schließlich The Jaybirds. Als Mitte der 60er Jahre Chick dazukam, änderten sie ihren Namen in Ten Years After und wurden schnell zu einer der berühmtesten britischen Blues-Rock-Bands. Bei ihrem Auftritt beim Windsor Blues Festival 1966 ernteten sie stehenden Beifall. Glanzlicht der Gruppe war der hervorragende Gittarist Alvin Lee, der auf seinem Instrument geradezu artistisches Können entwickelte. *Ten Years After* hieß das 67er Debüt-Album, das von Publikum und Kritik hoch gelobt wurde, mit den LPs *Undead* (1968) und *Stonedhenge* (1969) gelang ihnen dann der weltweite Durchbruch. Nach dem Auftritt beim Woodstock Festival 1968 waren Ten Years After, und vor allen Dingen der Kopf und Schreiber Alvin Lee, die Superstars. Es erschienen die ausgezeichneten LPs *Ssshh* (1969), *Cricklewood Green* (1970) und *Watt* (1970); beim 72er Album *A space in time* experimentierten sie mit elektronischen Effekten, was den Fans nicht so gut gefiel. Ab 1972 war Alvin Lee mit seiner Band unzufrieden, nannte sie eine ›reisende Jukebox‹ und konzentrierte sich fortan mehr auf eine Solokarriere. 1973 veröffentlichte er bereits das Solo-Album *On the road to freedom*, das er in seinem eigenen Studio in seinem Haus in Berkshire mit dem amerikanischen Gospel-Sänger Mylon LeFevre aufgenommen hatte. Auch Churchill wandelte 1973 mit dem Album *You and me* auf Solopfaden. Von Ten Years After hatte es 1972 die LP *Rock and roll music to the world* gegeben und 1973 lediglich das Live-Album *Recorded live*. 1974 kam dann das ›Aus‹ für Ten Years After. Sie gaben im ausverkauften Rainbow Theater in London ein Abschiedskonzert, veröffentlichten mit *Positive vibrations* noch ein letztes Album, und das war's dann, obwohl die Band nie offiziell aufgelöst wurde. Alvin Lee formierte danach seine eigene Band Alvin Lee & Co., Ric Lee gründete eine eigene Produktionsfirma; Chick Churchill wurde Manager der Plattenfirma Chrysalis; und Leo Lyons wurde Produzent und arbeitete mit Gruppen wie Ufo. 1989 tauchten Ten Years After dann abermals auf, veröffentlichten ein höchst erfolgreiches Album und tourten ebenso erfolgreich durch die Lande.

Jahr	*Titel*	*USA*	*UK*	*D*
1970	Love like a man		10	9

Joe Tex

Joseph Arrington jr., geb. 8. 8.1933 in Rogers/Texas, voc; gest. 13. 8.1982

Mitte der 50er Jahre nahm der gutaussehende Joe in Baytown/Texas, an einem Talentwettbewerb teil. Er gewann den 1. Preis, d. h. eine Reise nach New York und einen Auftritt im berühmten Apollo Theater. Das Publikum war von dem jungen Farbigen so begeistert, daß Joe gleich ein längeres Engagement bekam. Und daraus resultierte wiederum ein Plattenvertrag. Bis 1964 veröffentlichte Joe Tex nun eine ganze Reihe von Platten, die allerdings alle Flops wurden. Doch ab 1965 und dem Song *Hold what you 've got* änderte sich das so nachhaltig, daß Joe Tex zum erfolgreichsten Soulsänger der 60er und frühen 70er Jahre wurde. Seine Songs erklommen grundsätzlich die Spitze der Black-Charts und konnten sich meist auch in den Pop-Charts plazieren. Mit *Skinny legs and all*, *I gotcha* und *Ain't gonna bump no more* gelangen Joe Tex auch satte Millionenseller. Am 13. August 1982, fünf Tage nach seinem 49. Geburtstag, starb Joe Tex in seinem Haus in Navasota/Texas an einem Herzanfall.

Jahr	*Titel*	*USA*	*UK*	*D*
1965	Hold what you've got	5		
1967	Skinny legs and all	10		
1972	I gotcha	2		33
1977	Ain't gonna bump no more (with no big fat woman)	12	2	25

Them

→ Van Morrison, geb. 31. 8. 1945 in Belfast, Irland, leadvoc; ersetzt durch Ken McDowell
William Harrison, geb. in Irland, g; ersetzt durch Joe Baldi
Alan Henderson, geb. in Irland, b
Jack McAuley, geb. in Irland, p, org.; ersetzt durch Peter Bardens; ersetzt durch Ray Elliot
Ronnie Milling, geb. in Irland, dr; ersetzt durch John McAuley; ersetzt durch Terry Noon; ersetzt durch David Harfey

1963 taten sich Harrison, Henderson und Milling, drei Musiker aus der Band von → Chris Andrews, zu einem Trio zusammen und nannten sich, nachdem ihnen nichts besseres einfiel, einfach nur Them. 1964 schlossen sich ihnen ihre Freunde Van Morrison und Jack McAuley an, die bei den Monarchs gespielt hatten. In dieser Besetzung spielte die Formation eine Weile in einem R & B-Club in Belfast. Dann ging Milling, und für ihn kam Jacks Bruder John, und das war der erste einer langen Reihe von Mitgliederwechseln. Die Band spielte (stets mit wechselnden Mitgliedern) hervorragenden R & B, Gospel und Blues. Ende 1964 ging die Truppe nach London und bekam umgehend einen Plattenvertrag. *Baby please don't go* hieß die Debüt-Single, die Them sofort einen Hit bescherte. Der zweite Hit *Here comes the night* war von Bert Berns geschrieben worden, der Van Morrison auch unter seine Fittiche nahm, als er sich 1967 von den Them trennte. Them machten dann ohne ihren berühmten Leadsänger bis 1969 weiter, allerdings ohne größeren Erfolg. Von den Original-Mitgliedern war bei der Auflösung nur noch Henderson übrig. 1973 feierten Them in der deutschen Hitparade ein Comeback, nachdem ihr *It's all over now baby blue* in dem Fernseh-Krimi *Die Rocker* als Begleitmusik gelaufen war. *Gloria* ein Titel, mit dem die Them 1966 in USA nur Platz 71 erreicht hatten, brachte die Shadows Of Knight noch im gleichen Jahr bis auf Platz 10.

Jahr	*Titel*	*USA*	*UK*	*D*
1965	Baby please don't go		10	
1965	Here comes the night	24	2	
1973	It's all over now baby blue		13	

B. J. Thomas

Billy Joe Thomas, geb. 7. 8. 1942 in Hugo/Oklahoma, USA, voc

Obwohl B. J. Thomas ein weißer Sänger ist, begann auch seine musikalische Karriere im Kirchenchor. Während seiner Schulzeit wurde der dünne Jüngling Leiter des Highschool-Chors, schloß sich aber gleichzeitig einer Formation namens The Triumphs an, mit der er häufig in kleinen Clubs auftrat. Mit seiner angenehmen Bariton-Stimme bekam der junge Mann bald einen Plattenvertrag, der ihm allerdings lediglich regionale Erfolge wie *Billy & Sue* bescherte. 1965 trat B. J. Thomas beim Independance Day im Rahmen eines Konzerts in Houston auf. Dort hörte ihn der Chef einer großen Firma, nahm ihn sofort unter Vertrag und ließ ihn den HANK-WILLIAMS-Song *I'm so lonesome I could cry* aufnehmen, und B. J. Thomas hatte seinen ersten Bestseller. Pop-Songs mit Country-Feeling waren fortan seine Spezialität. Seinen größten Hit hatte er, als ihm 1969 der Titelsong *Raindrops keep falling on my head* für den Film *Butch Cassidy and the Sundance Kid* mit ROBERT REDFORD, PAUL NEWMAN und KATHARINE ROSS in den Hauptrollen angeboten wurde. → BURT BACHARACH und → HAL DAVID hatten dieses Lied geschrieben, ursprünglich für → BOB DYLAN, der es aber empört abgelehnt hatte. B. J. Thomas nahm diese Nummer und hatte damit seinen zweiten Millionenseller nach *Hooked on a feeling*. Außerdem bekam der Song einen Oscar für den ›Besten Filmsong des Jahres 1969‹. *Hooked on a feeling* war übrigens 1974 für das schwedische Sextett BLUE SWEDE abermals ein Millionenseller in Amerika. 1972 nahm B. J. Thomas das Lied *Rock and roll lullaby* auf, bei dem → DUANE EDDY die Gitarre spielte. Und 1975 hatte Mr. Thomas dann seinen dritten Millionenseller mit *Another somebody done somebody wrong song*. Dieses Lied war zudem ein Nr.-1-Hit in den US-Country-Charts, und seit 1975 ist B. J. Thomas auch ein gefeierter Country-Sänger. Mit *Whatever happened to old fashioned love* und *New looks from an old lover* gelangen ihm 1983 abermals zwei Nr.-1-Hits in den Country-Charts.

Jahr	*Titel*	*USA*	*UK*	*D*
1966	I'm so lonesome I could cry	8		
1968	Hooked on a feeling	5		
1969	Raindrops keep fallin' on my head	1	38	
1970	I just can't help believing	9		
1971	No love at all	16		
1972	Rock and roll lullaby	15		
1975	(Hey won't you play) Another somebody done somebody wrong song	1		
1977	Don't worry baby	17		

Carla Thomas

geb. 21. 12. 1942 in Memphis/Tennessee, USA, voc

Carla ist die hochbegabte Tochter von → RUFUS THOMAS. Rufus war nicht nur selbst Sänger, sondern auch ein recht populärer Discojockey in Memphis. In dieser Doppel-Funktion gingen natürlich bei ihm zu Hause die Stars ein und aus, und für Carla war das Musikgeschäft, mit allem was dazu gehört, von klein auf ein wichtiger Bestandteil des täglichen Lebens. Klein-Carla zeigte schon früh großes Talent und war das Glanzlicht jeder Schulaufführung. 1960 verschaffte Rufus seinem Töchterchen einen Plattenvertrag, und als Debüt nahm sie zusammen mit ihrem Vater das Duett *'Cause I love you* auf, das sich recht gut verkaufte. Doch den Durchbruch hatte die farbige Interpretin 1961 mit der Eigenkomposition *Gee whiz*. Die bildhübsche junge Dame wurde schnell zur begehrten Nachtclub-Attraktion und füllte mühelos die Häuser. Ihren zweiten großen Erfolg als Solistin hatte Carla 1966 mit *Baby*, einem Lied aus der Feder von → Isaac Hayes. 1967 war sie dann mit → Otis Redding als Duett-Partner im Studio. Doch danach begann ihr Stern langsam aber sicher zu verblassen.

Jahr	*Titel*	*USA*	*UK*	*D*
1961	Gee whizz (Look at his eyes)	10		
1966	Baby	14		
Otis & Carla				
1967	Tramp	26	18	
1967	Knock on wood	30	35	

Irma Thomas

geb. in New Orleans/Louisiana, USA, voc

Irma wurde Anfang der 60er Jahre entdeckt. Die farbige Sängerin verdiente sich gerade ihren Lebensunterhalt als Bedienung in einem Club in New Orleans, als sie unter den Gästen einen wichtigen Platten-Mann entdeckt. Sie bat den Club-Besitzer um die Erlaubnis, auf der Bühne singen zu dürfen. Sie durfte und hatte anschließend einen Plattenvertrag in der Tasche. Innerhalb kurzer Zeit entwickelte sich Irma Thomas zu einer der besten und wichtigsten R & B-Sängerinnen der Region von New Orleans. Ihre Songs wurden, bis auf einen, allerdings nur regionale Hits. Und Irmas wichtigstes Lied überhaupt kam nie in die Charts: *Time is on my side*, 1964 ein Nr.-6-Hit in USA für die → Rolling Stones.

Jahr	*Titel*	*USA*	*UK*	*D*
1964	Wish someone would care	17		

Rufus Thomas

geb. 1918 in Memphis/Tennessee, USA, voc

Rufus ist der Vater der Soul-Sängerin → Carla Thomas. In seiner Jugend sang er im Kirchenchor, als Teenager interessierte ihn dann mehr der Blues. Anfang der 30er Jahre tourte er zunächst mit The Rabbit Foot Show und dann mit der Royal American Show durch die Lande, zwei Shows, die einen kirchlichen Anstrich hatten. In den 50er Jahren wurde er zum populärsten farbigen Discojokkey, nicht nur bei seinen Leuten, sondern auch bei den Weißen. Spätere weiße R & B-Stars wie Steve Cropper (→ Booker T & The M. G.'s) und Don Nix führten ihr Interesse an schwarzer Musik auf die gekonnten Radioshows von Rufus Thomas zurück. Neben seinem Radio-Job sang Rufus regelmäßig bei R & B-Shows und machte 1953 auch ein paar Platten für das legendäre Sun-Label. Anfang der 60er Jahre ging er zu dem neugegründeten Memphis-Label Stax Records. Dort veröffentlichte er auch die Debüt-Single, das Duett *'Cause I love you* mit seiner Tochter Carla. 1963 hatte er seinen Durchbruch mit *Walking the dog*. Anfang der 70er Jahre entwikkelte sich Rufus dann zu einem wahren

Tanz-Erfinder. *Do the funky chicken* war der erste einer Reihe von neuen Tänzen, wie *Do the push & pull* (1971 Nr. 1 der R & B-Charts), *The breakdown, Do the funky penguin* (1972 Top 10 R & B-Charts).

Jahr	*Titel*	*USA*	*UK*	*D*
1963	Walking the dog	10		
1970	Do the funky chikken	28	18	

Sue Thompson

EVA SUE MCKEE, geb. 19. 7. 1926 in Nevada/Missouri, USA, voc

Sue fing im zarten Alter von sieben Jahren mit dem Singen und Gitarrespielen an. Dann zog ihre Familie nach Sheridan in Kalifornien, und Sue nahm an einem Talentwettbewerb teil. Sie gewann ein zweiwöchiges Engagement und eine kleine Rolle in einem Film. Die hübsche Blondine kam hervorragend an, bekam Auftritte im Radio und Fernsehen und konnte schließlich 1960 einen Plattenvertrag unterzeichnen. 1961 nahm sie den → JOHN-D.-LOUDERMILK-Song *Sad movies* auf, der sich zu einem Millionenseller entwickelte. Ihre zweite Single war der Loudermilk-Song *Norman*, der ebenfalls ein Millionenseller wurde. Bis Mitte der 60er Jahre war Sue Thompson in den internationalen Charts immer wieder vertreten, dann ließ ihr Erfolg nach. In Großbritannien war die englische Sängerin CAROL DEENE mit *Norman* erfolgreich (Platz 24), die deutsche Version von DANNY MANN erreichte ebenfalls Platz 27.

Jahr	*Titel*	*USA*	*UK*	*D*
1961	Sad movies (make me cry)	5	46	
1962	Norman	3		27
1962	James (hold the ladder steady)	17		
1965	Paper tiger	23	30	

Three Dog Night

CHARLES WILLIAM NEGRON, geb. 8. 6. 1942 in der Bronx/New York, USA, leadvoc
DANIEL ANTHONY HUTTON, geb. 10. 9. 1942 in Buncrana, Irland, leadvoc
CORY JULIUS WELLS, geb. 5. 2. 1942 in Buffalo/New York, leadvoc
MICHAEL RAND ALLSUP, geb. 8. 3. 1947 in Modesto/Kalifornien, leadg; ersetzt durch JAMES ›SMITTY‹ SMITH
JAMES BOYD GREENSPOON, geb. 7. 2. 1948 in Los Angeles/Kalifornien, keyb
JOSEPH SCHERMIE, geb. 12. 2. 1948 in Madison/Wisconsin, b; ersetzt 1973 durch JACK RYLAND, geb. 7. 6. 1949; ersetzt 1975 durch DENNIS BELFIELD
FLOYD CHESTER SNEED, geb. 22. 11. 1943 in Calgary/Alberta, Kanada, dr, perc; ersetzt 1975 durch MICKEY MCMEEL
ab 1974: SKIP KONTE, geb. in Canyon City/Colorado, keyb

Diese Formation, die zu den erfolgreichsten amerikanischen Gruppen der späten 60er/frühen 70er Jahre gehörte, wurde 1968 von Danny Hutton gegründet. Hutton war schon vorher für etliche Plattenfirmen tätig gewesen, entweder als Sänger oder als Produzent. Für eine dieser Firmen hatte er die Gruppe THE ENEMIES produziert, bei der Cory Wells Sänger war. Bei den Aufnahmen, die

Three Dog Night Foto: Teldec/Bildarchiv

Hutton leitete, setzte er regelmäßig einen Begleitchor ein, in der ein Mann namens Chuck Negron sang. Mit diesen beiden bildete Hutton einen exzellenten Vokal-Act, für den es leicht war, eine vierköpfige Begleitband zu finden. Den Namen Three Dog Night holte sich die Band von einem australischen Brauch: Dort verwendet man nämlich bei Übernachtungen im Busch Hunde, um sich warm zu halten. Eine Nacht, in der man einen Hund braucht, ist kühl; bei zwei Hunden ist es schon recht kalt; und bei drei Hunden ist es sehr kalt! Three Dog Night erwarben sich schnell in den Clubs einen hervorragenden Ruf und bekamen einen Plattenvertrag. *Three Dog Night* hieß die Debüt-LP, die mit dem von → Harry Nilsson geschriebenen *One* bereits einen Millionenseller enthielt. Von da an war die Gruppe bis Mitte der 70er Jahre ständig in den Charts vertreten. Mit *Mama told me (not to come), Joy to the world, An old fashioned love song, Black and white, Shambala* und Leo Sayers *The show must go on* hatte die Formation einen Millionenseller nach dem anderen. Ebenso hervorragend verkauften sich Alben wie *Framing, It ain't easy* oder *Naturally*. Bis 1975 blieb die Besetzung in etwa stabil, dann gingen Sneed, Ryland und Allsup, um die Gruppe S. S. Fools zu gründen. Von diesem Zeitpunkt an blieben auch die Hits aus, und die Gruppe löste sich schließlich auf. Alle drei Leadsänger versuchten sich als Solisten, aber ohne größeren Erfolg.

Jahr	Titel	USA	UK	D
1969	One	5		
1969	Easy to be ward	4		
1969	Eli's coming	10		
1970	Celebrate	15		
1970	Mama told me (not to come)	1	3	23
1970	Out in the country	15		
1970	One man band	19		
1971	Joy to the world	1	24	17
1971	Liar	7		
1971	An old fashioned love song	4		
1972	Never been to Spain	5		
1972	The family of man	12		38
1972	Black & white	1		24
1972	Pieces of april	19		
1973	Shambala	3		38
1973	Let me serenade you	17		
1974	The show must go on	4		12
1974	Sure as I'm sittin' here	16		

Johnny Thunder

geb. 1941 in Leesburg/Florida, USA, voc

Johnny begann mit dem Singen im Kirchenchor. Dort hörte ihn der Songschreiber Teddy Vann und bat ihn, ein Lied von ihm aufzunehmen. Der Song hieß *Loop de loop* und wurde Johnny Thunders erster und einziger Hit. In Deutschland kam die Version von Jerry Williams 1963 auf Rang 15.

Jahr	Titel	USA	UK	D
1963	Loop de loop	4		

Thunderclap Newman

John ›Speedy‹ Keen, voc, dr
James McCulloch, geb. 4. 6. 1952 in Schottland, leadg; gest. 27. 9. 1979
Andy Newman, keyb, sax

Pete Townshend von den → Who gründete diese Band 1969 in London. Andy Newman war ein ehemaliger Postangestellter, der sich zum Jazz-Pianisten entwickelt hatte. Jimmy McCulloch war ein damals sechzehnjähriger Gitarrist aus Schottland, den Townshend bei der Gruppe One In A Million gehört hatte. Und Speedy Keen schließlich war ein Songwriter, der vorher als Roadie für → John Mayall gearbeitet hatte. Diese drei stellte Pete Townshend unter dem seltsamen Namen Thunderclap Newman zusammen und ließ sie die Keen-Komposition *Something in the air* aufnehmen. Townshend selbst war der Produzent und spielte bei der Aufnahme unter dem Pseudonym Bijou Drains Baß. Die Nummer wurde ein weltweiter Erfolg, und Pete schickte das Trio auf Tournee, verstärkt durch den Bassisten Jim Avery und McCullochs Bruder Jack als Trommler. Die Tournee der drei Musiker, die im Grunde nichts miteinander anfangen konnten, wurde ein Disaster und führte zur Auflösung. Übrig blieb nur das hervorragende Album *Hollywood dream*, das 1970 herauskam. Keen versuchte sich anschließend als Solist und veröffentlichte die Alben *Previous convictions* (1971) und *Y' know wot I mean?* (1976), die ihm zwar viel Kritikerlob, aber keinen kommerziellen Erfolg brachten. Andy Newman veröffentlichte 1971 die Solo-LP *Rainbow*, die vor allen Dingen dadurch glänzte, daß Newman darauf eine Unmenge üblicher und unüblicher Instrumente spielte. Der Teenager Jimmy McCulloch spielte anschließend kurzfristig bei Mayall, STONE THE CROWS und BLUE, ehe er 1974 zu PAUL McCARTNEYS WINGS ging. Dort blieb er bis 1977, machte dann einen kleinen Abstecher zu den → SMALL FACES und wollte 1979 gerade eine eigene Band namens DUKES gründen, als er am 27. September 1979 unter mysteriösen Umständen in London starb. Er war gerade 27 Jahre alt geworden.

Jahr	*Titel*	*USA*	*UK*	*D*
1969	Something in the air	37	1	13

Johnny Tillotson

geb. 20. 4. 1939 in Jacksonville/Florida, USA, voc

Johnny sang von Kindesbeinen an, und mit neun Jahren war er bereits regelmäßig Gast bei einer lokalen Radiostation. Dann lernte er Gitarre- und Ukulelespielen, und als er in die Highschool kam, hatte er bereits eine eigene Band, mit der er ebenfalls regelmäßig in einer lokalen Fernsehshow auftrat. Ende der 50er Jahre fing er mit dem Journalismus-Studium auf der Universität von Florida an, aber als er 1959 einen Plattenvertrag bekam, gab er das Studium wieder auf. *Dreamy eyes* hieß seine Debüt-Single, die es immerhin bis Platz 63 schaffte. Tillotson fuhr weiter fort, sehr gekonnt Country und Pop zu mischen, wie es später auch Stars wie → GLEN CAMPBELL und → BOBBY GOLDSBORO machten, und hatte 1960 seinen ersten Superseller mit *Poetry in motion*. Bis Mitte der 60er Jahre war er regelmäßig in den Charts vertreten, dann verschwand er allmählich. Tillotson entwickelte sich zum begehrten Entertainer, der Engagements in den Vergnügungs-Hofburgen wie Las Vegas und Lake Tahoe bekam. Ende der 60er Jahre versuchte er sich, allerdings erfolglos, als Schauspieler; Anfang der 70er Jahre versuchte er, ebenso erfolglos, ein musikalisches Comeback.

Jahr	*Titel*	*USA*	*UK*	*D*
1960	Poetry in motion	2	1	38
1961	Jimmy's girl	25	43	
1961	Without you	7		
1962	It keeps right on a-hurtin'	3	31	
1962	Send me the pillow you dream on	17	21	
1962	I can't help it	24	41	
1963	Out of my mind	24	34	
1963	You can never stop me loving you	18		21
1963	Talk back trembling lips	7		

Tiny Tim

HERBERT KHAURY, geb. 12. 4. 1933 in New York City, voc

Der Interpret mit der langen Nase, der wallenden Lockenpracht und der extrem hohen Kopfstimme war keine ›Overnight-Sensation‹. Er war mit seiner Show jahrelang durch die Gegend getingelt, teilweise buchstäblich für ein paar Pfennige Lohn, und hatte dabei reihenweise Phantasie-Namen wie LARRY LOVE,

Derry Dover, The Human Canary und Judas K. Foxglove verbraucht. 1965 bekam Tiny Tim trotzdem einen Plattenvertrag, und zwar bei der Firma, bei der sein Schwiegervater beschäftigt war. Seine Platten waren grandiose Flops, bis er eines Tages 1968 in einer Fernseh-Show auftreten durfte und soviel Erfolg hatte, daß er für länger gebucht wurde. Er machte das Album *God bless Tiny Tim*, das sich als Superseller entwickelte und das Lied enthielt, das bald das Markenzeichen von Tiny Tim wurde: *Tip toe thru the tulips*. Doch bereits ein Jahr später, 1969, war es mit Tiny Tims Erfolgen bereits vorbei, und er mußte wieder tingeln gehen.

Jahr	*Titel*	*USA*	*UK*	*D*
1968	Tip toe thru the tulips	17		
1969	Great balls of fire	85	45	

The Tokens

Jay Siegal, geb. 20. 10. 1939 in Brooklyn/New York, leadvoc
Mitchell Margo, geb. 25. 5. 1947 in Brooklyn/New York, 1. Tenor, p, dr
Philip Margo, geb. 1. 4. 1942 in Brooklyn/New York, Bariton, p, dr, g
Henry Medress, geb. 19. 11. 1938 in Brooklyn/New York, 2. Tenor, p, b

→ Neil Sedaka stellte die Teenager-Band 1958 zusammen. Als er sie kurze Zeit später verließ, um sich als Solist zu profilieren, schwenkten die Tokens von Rockmusik zu Folkmusik um. *Tonight I fell in love* hieß 1961 ihre Debüt-Single. Der große Durchbruch kam noch im selben Jahr mit *The lion sleeps tonight*. Im Original stammt dieses Lied aus Südafrika. Es ist ein Volkslied der Zulus und heißt richtig *M Bube*. → Karl Denver übernahm es als *Wimoweh*, bei den Tokens wurde *The lion sleeps tonight* daraus, ›Wimoweh‹ kam nur noch im Refrain vor. Henri Salvador kam 1962 mit der deutschen Version *Der Löwe schläft heut' nacht* bis Rang 23. Es blieb der einzige ganz große Erfolg für die Tokens.

Jahr	*Titel*	*USA*	*UK*	*D*
1961	Tonight I fell in love	15		
1961	The lion sleeps tonight	1	11	23

Tom & Jerry

siehe → Simon & Garfunkel

Mel Torme

Melvin Howard, geb. 13. 9. 1925 in Chicago/Illinois, USA, voc

Im zarten Alter von nur vier Jahren trat der Sänger zum ersten Mal öffentlich auf: In einem Restaurant, wo er mit seinen Eltern zum Essen war, bestand er darauf, mit der Kapelle ein Lied zu singen. Anschließend lernte er als Teenager Klavier- und Schlagzeugspielen und versuchte sich auch ab und zu als Songwriter. Als Trommler kam er nach Hollywood, wo er seine eigene Band, die MEL-TONES, zusammenstellte und die Backgroundmusik für etliche Filme lieferte. Mitte der 40er Jahre mußte er zur Army, und nach seiner Entlassung betätigte er sich nur noch als Solist und erfolgreicher Songwriter. Aus seiner Feder stammt das berühmte Weihnachtslied *Christmas song* (. . . *Chestnuts roasting on an open fire* . . .), mit dem zuerst → NAT KING COLE und nach ihm noch etliche Interpreten große Erfolge feierten. Tormes größter Erfolg in den 40er Jahren war *Careless hands* (1949). Der höchst talentierte Entertainer gehört zu den Amerikanern, die am erfolgreichsten in Großbritannien waren.

Jahr	*Titel*	*USA*	*UK*	*D*
1956	Mountain greenery		4	
1962	Coming home baby	36	13	

The Tornados

CLEM CATTINI, geb. 28. 8. 1939 in London, England, dr
ALAN CADDY, geb. 2. 2. 1940 in London, England, g
GEORGE BELLAMY, geb. 8. 10. 1941 in Sunderland, England, g
ROGER JACKSON, geb. 11. 11. 1938 in Kidderminster, England, p, org
HEINZ BURT, geb. 24. 7. 1942 in Hargin, Deutschland, b

Das Quintett wurde Anfang der 60er Jahre von dem Produzenten und Songschreiber JOE MEEK per Inserat zusammengestellt. Die vier Engländer hatten Erfahrungen in kleinen Skiffle-Groups gesammelt, Heinz Burt war Mitglied diverser kleiner Bands in Deutschland gewesen. Meek setzte die Formation als Backing Group für Stars wie → JOHNNY LEYTON und → BILLY FURY ein. Als Mitte 1962 die USA den Kommunikations-Satelliten ›Telstar‹ in die Erdumlaufbahn schossen, war Meek davon so beeindruckt, daß er einen Titel darüber schrieb. Er ließ dieses Instrumental namens *Telstar* von den Tornados aufnehmen, die damit ihren ersten Hit und einen Millionenseller hatten. Bis Mitte der 60er Jahre war die Formation erfolgreich, dann löste sie sich auf. Heinz Burt war bereits 1963 ausgestiegen und hatte sich als Sänger versucht. Mit *Just like Eddy*, einer Hommage an den verstorbenen → EDDIE COCHRAN, hatte er 1963 einen Nr.-5-Hit in UK.

Jahr	*Titel*	*USA*	*UK*	*D*
1962	Telstar	1	1	6
1963	Globetrotter		5	
1963	Robot		17	
1963	The ice cream man		18	

Vico Torriani

geb. 21. 9. 1920 in Genf, Schweiz, voc

Vico war gelernter Koch und Skilehrer, arbeitete auch als Kellner und betrieb das Singen nur als Hobby. Doch 1946 nahm er an einem Talentwettbewerb in

Zürich teil, den er gewann. Danach bekam er ab und zu Engagements in kleinen Clubs, bis ihn der Bandleader CEDERIC DUMONT zu Plattenaufnahmen nach Basel holte. Ab 1948 trat Torriani auch in Deutschland regelmäßig auf, z. B. bei PETER FRANKENFELD und JOACHIM KULENKAMPF. *Addio donna grazia* hieß Ende der 40er Jahre seine erste deutsche Platte, die ein Erfolg wurde. Der sympathische Sänger wurde natürlich auch für den Film entdeckt und spielte in netten Streifen wie *Straßenserenade* oder *Gitarren der Liebe*. In den 50er und 60er Jahren war Torriani dann Gastgeber erfolgreicher TV-Show-Serien wie *Hotel Viktoria* und *Der Goldene Schuß*. In der deutschen Hitparade war Torriani in erster Linie mit humorvollen Liedern vertreten. Auch heute tritt der unermüdliche Entertainer immer wieder in diversen Fernseh- und Radioshows auf.

Jahr	*Titel*	*USA*	*UK*	*D*
1955	In der Schweiz			2
1956	Grüß mir die Damen			2
1957	Ein Mannequin aus Paris			11
1957	Verlieb dich in Lissabon			13
1957	Siebenmal in der Woche			1
1957	Ananas aus Caracas			3
1958	Schön und kaffeebraun			3
1960	Ave Maria no moro			21
1960	Kalkutta liegt am Ganges			1
1961	Cafe Oriental			8
1962	Renatta			21
1963	Pepino			7

The Toys

BARBARA HARRIS, geb. 18. 8. 1945 in Elizabeth/New Jersey, voc
BARBARA PARRITT, geb. 1. 10. 1944 in Wilmington/North Carolina, voc
JUNE MONTEIRO, geb. 1. 7. 1946 in Jamaica/New York, voc

Die drei Mädchen lernten sich auf der Highschool kennen und fingen an, zusammen zu singen. Auch nach dem Schulabschluß trennten sie sich nicht, sondern beschlossen, sich auf eine Karriere im Showbiz zu konzentrieren. Zunächst bekamen sie kleine Jobs als Backgroundsängerinnen, dann erhielten sie einen Plattenvertrag. Als erster Song wurde ihnen das Lied *A lover's concerto* angeboten, eine Adaption von BACHS *Menuett in G-dur* aus dem *Notenbüchlein der Anna Magdalena Bach*. Es wurde der erste und einzige Millionenseller des farbigen Mädchentrios. Sie bekamen daraufhin zahlreiche Auftritte in TV-Shows, durften auch in dem Film *The girl in daddy's bikini* mitspielen, aber Ende 1966 waren sie bereits wieder in der Versenkung verschwunden.

Jahr	*Titel*	*USA*	*UK*	*D*
1965	A lover's concerto	2	5	
1966	Attack	18	36	

Traffic

STEVE WINWOOD, geb. 12. 5. 1948 in Birmingham, England, keyb, g, voc

Chris Wood, geb. 24. 6. 1944 in Birmingham, England, sax, fl
Dave Mason, geb. 10. 5. 1946 in Worcestershire, England, g
Jim Capaldi, geb. 24. 8. 1944 in Eversham/Worchestershire, England, dr

Als Steve Winwood 1967 seinen Job als Leadsänger bei der → Spencer Davis Group aufgab, spielte er zunächst kurze Zeit mit → Eric Clapton bei Powerhouse. Anschließend gründete er seine eigene Rock-Band Traffic. *Mr. Fantasy* hieß das Debüt-Album 1967, das mit *Paper sun* und *Hole in my shoe* zwei Single-Hits enthielt. Ende 67 ging Mason, um aber im Frühjahr 68 wiederzukommen und das Album *Traffic* miteinzuspielen. Im Dezember 68 löste sich Traffic auf, und Anfang 69 erschien das Abschiedsalbum *Last exit*, das teils Live- und teils Studioaufnahmen enthielt. Winwood ging danach zu → Blind Faith, Chris Wood spielte bei → Dr. John, Mason veröffentlichte das Solo-Album *Alone together*. Nach der Auflösung von Blind Faith wollte Winwood Ende 1969 ein Soloalbum aufnehmen, das den Titel *Mad shadows* tragen sollte. Wood und Capaldi kamen zur Aufnahme dazu, und als Ergebnis wurde Traffic wieder ins Leben gerufen, diesmal als Trio. In dieser Formation entstand das 70er Album *John Barleycorn must die*. Im November 70 schloß sich dem Trio noch der ehemalige Blind-Faith-Bassist Rick Grech an, Anfang 71 kam Reebop Kwaka Baah, und Jim Gordon übernahm das Schlagzeug von Capaldi, außerdem erschien mal wieder Dave Mason, und in dieser Besetzung entstanden das 71er Live-Album *Welcome to the canteen* und die hochgelobte Studio-LP *Low spark of high heeled boys*. Doch Winwood gefiel das alles nicht besonders, vor allen Dingen die Rhythm-Section erweckte seinen Unmut, und so löste sich die Band Ende 1971 mal wieder auf. Doch bereits 1972 gingen Winwood, Wood, Capaldi und Reebop als Traffic wieder in Amerika auf Tournee, unterstützt von den Muscle-Shoal-Session-Musikern David Hood (b) und Roger Hawkins (dr). Dann wurde Winwood ernstlich krank, und Traffic machten erst wieder Anfang 1973 von sich reden. Unter viel Applaus wurde das Album *Shoot out at the fantasy factory* veröffentlicht, daran schloß sich eine ausverkaufte und umjubelte Welt-Tournee an. Bei den Auftritten in Deutschland wurde das 74er Live-Doppel-Album *On the road* mitgeschnitten. Für die 74er US-Tournee bestand Traffic aus Winwood, Wood, Capaldi und dem Bassisten Rosco Gee, der Reebop ersetzte, der irgendwann spurlos verschwunden war. In dieser Besetzung entstand 1974 auch das endgültig letzte Traffic-Album *When the eagle flies*. Winwood und Capaldi widmeten sich fortan ihren höchst erfolgreichen Solo-Karrieren.

Jahr	*Titel*	*USA*	*UK*	*D*
1967	Paper sun	96	5	
1967	Hole in my shoe		2	21
1967	Here we go round the mulberry bush		8	

The Trashmen

Tony Andreason
Dal Winslow
Bob Reed
Steve Wahres
alle aus Minneapolis/Minnesota, USA

Die Gruppe wurde Ende 1962 in Minneapolis gegründet. Das Quartett erspielte sich mit hartem und ungewöhnlichem Rock und Pop schnell eine große Fangemeinde und bekam Mitte 1963 einen Plattenvertrag. *Surfin' bird* hieß die Debüt-Single, eine absolut verrückte Nummer, deren Markenzeichen ein irres und halbersticktes Atemholen war. Es blieb der einzige Hit der ›Müllmänner‹.

Jahr	*Titel*	*USA*	*UK*	*D*
1963	Surfin' bird	4		25
1964	Bird dance beat	30		

The Tremeloes

RICHARD CHARLES WESTWOOD ›RICKY WEST‹, geb. 7. 5. 1943 in Dagenham/Essex, England, voc, leadg
ALAN BLAKELY, geb. 1. 4. 1942 in Bromley/Kent, England, g, voc
LEONARD DONALD ›CHIP‹ HAWKES, geb. 2. 11. 1946 in London, England, b, voc
DAVID CHARLES MUNDEN, geb. 2. 12. 1943 in Dagenham/Essex, England, dr. voc

Nachdem → BRIAN POOLE 1966 seine Begleitband The Tremeloes verlassen hatte, um eine (erfolglose) Solokarriere zu starten, holten sich die Tremeloes als Ersatz den Sänger Hawkes und machten unbeirrbar als Hitparaden-Band weiter. Sie orientierten ihren mehrstimmigen Harmonie-Gesang an amerikanischen Erfolgs-Gruppen wie z. B. den → FOUR SEASONS und holten sich melodiebetonte Songs, vor allen Dingen aus Italien. Das Rezept ging auf, und die Tremeloes waren bis Anfang der 70er Jahre ständig in den Hitparaden vertreten. Dann wollten sie nicht mehr nur einfaches Hitparaden-Material liefern, sondern Anspruchsvolles veröffentlichen. Daraufhin ließ das Interesse der Fans schlagartig nach. Außerdem machte die Band, die bislang durch Stabilität geglänzt hatte, etliche Mitgliederwechsel durch. 1972 ging West, für ihn kam BOB BENHAM. 1974 kehrte West zurück, weil Hawkes nach einem schweren Autounfall seine Musikerkarriere beenden mußte. 1975 ging Blakely, für ihn kam AARON WOOLEY, und in dieser Besetzung treten die Tremeloes auch heute noch in Oldie-Shows auf.

Jahr	*Titel*	*USA*	*UK*	*D*
1967	Here comes my baby	13	4	14
1967	Silence is golden	11	1	8
1967	Even the bad times are good	36	4	18
1968	Suddenly you love me	44	6	
1968	Helule helule		14	20
1968	My little lady		6	3
1969	Hello world		14	
1969	(Call me) Number one		2	3
1970	Me and my life		4	6
1971	Hello buddy		32	16
1973	Ride on			16

T. Rex

MARC FELD ›BOLAN‹, geb. 30. 9. 1948 in London, England, leadvoc, g; gest. 16. 9. 1977
STEVE PEREGRINE TOOK, geb. 28. 7. 1949 in

London, England, voc; ersetzt 1969 durch Mickey Finn, perc, voc

Die Geschichte von T. Rex ist die Geschichte von Marc Bolan. Der hübsche Jüngling verdiente sich zunächst sein Geld als männliches Model und zog ein paar Jahre lang durch Frankreich, ehe er Mitte der 60er Jahre mit dem Musikmachen anfing. Er bekam einen Plattenvertrag und machte zwei nicht sonderlich erfolgreiche Singles, ehe er sich der Gruppe John's Children anschloß, die vermutlich Englands erste Glamour-Rock-Band war. *Desdemona* und *Go go girl* hießen zwei Singles dieser Band, die allerdings nur unter ›ferner liefen‹ zu finden waren. Danach trennte sich Marc Bolan von den Children und ging ins Studio, um Songs für das Solo-Album *Beginning of doves* aufzunehmen, das allerdings erst 1974 veröffentlicht wurde. Dann hatte Bolan die Idee, eine fünfköpfige Formation auf die Beine zu stellen. Doch diese Band löste sich schnell wieder auf, und übrig blieben Marc und Steve, die daraufhin 1978 das Akustic-Duo Tyrannosaurus Rex gründeten. Die ersten beiden Alben, *My people were fair and had sky in their hair but now they're content to wear stars on their brows* (1968) und *Prophets seers and sages, the angles of the ages* (1969), waren, wie die phantasievollen Titel schon vermuten lassen, voll mit mysteriösen, sagenumwobenen Songs aus der privaten Mythologie von Marc Bolan, alle sehr sparsam instrumentiert. Auf dem 69er Album *Unicorn* wurde die Instrumentierung schon üppiger und die Lieder verständlicher. Es war das letzte Album mit Took, der sich immer mehr zu einem politischen Radikalen entwikkelte und nur noch entsprechendes Material veröffentlichen wollte. Mit Mickey Finn entstand dann die 70er LP *Beard of stars*, auf der Bolan wieder zur Elektro-Gitarre zurückkehrte. Inzwischen hatte das Duo bereits eine zwar kleine, aber sehr treue Gefolgschaft, die sich schlagartig um ein Vielfaches vergrößerte, als 1970 die Single *Ride a white swan* und das Album *T. Rex* herauskamen. Beide Veröffentlichungen wurden Bestseller. Und von da an ging es mit T. Rex, wie sich die Band inzwischen nannte, nur noch bergauf. Nach und nach kamen der Bassist Steve Currie, der Trommler Bill Legend und der Gitarrist Jack Greene dazu, und T. Rex entwickelten sich, mit dem lockenköpfigen, attraktiven Marc als Galionsfigur, zu der Teeny-Bopper-Band der 70er Jahre. Glitter-Rock war angesagt, und die perfekt produzierten T.-Rex-Alben mit den eingängigen animierenden Tanz-Songs verkauften sich international millionenfach. Doch Marc Bolan war mit dieser Teenager-Musik unzufrieden, er wollte mehr, und er wollte es besser. 1975, als er von seiner Ehefrau June Child den Sohn Rolan Bolan bekam, löste er die Gruppe auf. 1976 versuchte er mit der amerikanischen Sängerin Gloria Jones, mit der er inzwischen zusammenlebte, ein Comeback mit anspruchsvollerem Material. Er war gerade dabei, ein paar seiner neuen Ideen zu verwirklichen, als er am 16. September 1977, vierzehn Tage vor seinem 29. Geburtstag, mit dem Auto in einer regnerischen Nacht tödlich verunglückte.

Jahr	*Titel*	*USA*	*UK*	*D*
1968	Debora		34	
1968	One inch rock		28	
1970	Ride a white swan		2	34
1971	Hot love		1	3
1971	Get it on	10	1	3
1971	Jeepster		2	3

Jahr	Titel	USA	UK	D
1972	Telegram Sam		1	4
1972	Debora/One inch rock		7	45
1972	Metal guru		1	1
1972	Children of the revolution		2	4
1972	Solid gold easy action		2	6
1973	20th century boy		3	8
1973	The groover		4	5
1973	Truck on (Tyke)		12	17
1974	Teenage dream		13	39
1975	New York City		15	
1976	I love to boogie		13	

The Troggs

REGINALD MAURICE ›REG PRESLEY‹, geb. 12. 6. 1943 in Andover/Hampshire, England, leadvoc
CHRIS BRITTON, geb. 21. 6. 1945 in Watford, England, leadg; ersetzt durch RICHARD MOORE
PETER STAPLES, geb. 3. 5. 1944 in Andover/Hampshire, England, b; ersetzt durch TONY MURRAY
RONALD BULLIS ›RONNIE BOND‹, geb. 4. 5. 1942 in Andover/Hampshire, England, dr

Reg Presley, der sich seinen Künstlernamen aus Verehrung für → ELVIS PRESLEY gab, war gelernter Maurer und spielte nebenbei Gitarre. Ronnie Bond war gelernter Zimmermann und spielte nebenbei Schlagzeug. Beide wollten gerne Profimusiker werden, und als sie sich kennenlernten, gaben sie ihre Berufe auf, holten noch zwei Mitspieler und gründeten eine Gruppe namens THE TROGLODYTES. Der Erfolg hielt sich in Grenzen, die Mitglieder wechselten, bis schließlich Mitte der 60er Jahre der Schulfreund (und Elektriker) Peter Staples und Chris Britton zu Reg und Ronnie stießen. Man verkürzte den Namen auf Troggs und fing an eine Art von Musik zu spielen, die später als ›früher britischer Punk‹ in die Musikgeschichte eingehen sollte. Mit *Wild thing* startete 1966 der Siegeszug der Troggs, der bis 1969 anhielt. Wobei die Troggs allerdings ab 1967 mit Songs wie *Hi hi hazel* oder *Love is all around* viel sanfter klangen als in ihrer Anfangszeit. Ab 1969 ließ der Erfolg nach, und heute werden die Troggs nur noch bei Oldie-Festivals bejubelt.

Jahr	Titel	USA	UK	D
1966	Wild thing	1	2	7
1966	With a girl like you	29	1	2
1966	I can't control myself	43	2	2
1966	Anyway that you want me		8	13
1967	Give it to me		12	10
1967	Night of the long grass		17	23
1967	Hi hi hazel		42	36
1967	Love is all around	7	5	15
1968	Little girl		37	22
1968	Hip hip hooray			18

Doris Troy

geb. 6. 1. 1937 in New York/New York, USA, voc

Doris ist die Tochter eines Predigers. Im Kirchenchor ihres Vaters sang sie zum ersten Mal. Nach der Schule bekam Doris einen Job als Platzanweiserin im berühmten »Apollo Theater« in New York, und als sie die Auftritte der ganzen Stars miterlebte, beschloß sie, ebenfalls Sängerin zu werden. Zunächst schloß sie sich einem Trio namens → THE HALOS an, die nach ihrem Weggang 1961 einen Hit mit *Nag* hatten; danach wurde sie Background-Sängerin für → SOLOMON BURKE und → CHUCK JACKSON. 1960 versuchte sich Doris Troy auch als Songschreiberin und verfaßte für → DEE CLARK den Nr.-33-Erfolg *How about that*. 1963 bekam die farbige Interpretin einen Plattenvertrag und nahm den Song *Just one look* auf, der ihr einziger Hit wurde. Die britischen → HOLLIES veröffentlichten den Song 1964 in UK und kamen damit auf Rang 2. Doris Troy war dann erst 1973 wieder an einer Produktion beteiligt, die sich allerdings zu einer der erfolgreichsten aller Zeiten entwickelte: Sie war Backgroundsängerin bei dem → PINK-FLOYD-Album *Dark side of the moon*.

Jahr	*Titel*	*USA*	*UK*	*D*
1963	Just one look	10		
1964	Whatcha gonna do about it		37	

Ike & Tina Turner

IKE TURNER, geb. 5. 11. 1933 in Clarksdale/Mississippi, p, g, voc
TINA TURNER, geb. 25. 11. 1939 in Brownsville/Tennessee, voc

Ike Turner brachte sich als Teenager selbst das Gitarre- und Klavierspielen

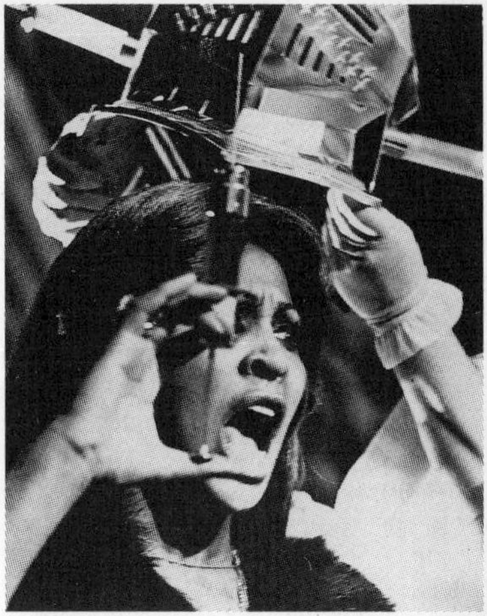

Tina Turner Foto: Polydor

bei. Nach der Highschool stellte er eine Gruppe namens THE KINGS OF RHYTHM auf die Beine, mit der er ab 1956 auch durch andere Staaten auf Tournee ging. Schließlich ließ er sich mit seinen Musikern in St. Louis nieder, wo die Band bald den Ruf hatte, einer der heißesten Acts der Gegend zu sein. ANNIE MAE BULLOCK, genannt Tina, wuchs auf dem Land auf, war aber von klein auf musikbegeistert. Mit ihrer gewaltigen Stimme erregte sie schon als kleines Mädchen im Kirchenchor Aufmerksamkeit. Als sie schließlich sechzehn Jahre alt war, schlich sie sich häufig heimlich nach St. Louis, um dort die aufregenden Gruppen und Musiker zu sehen, die es in ihrem Dorf nicht gab. Wie es in ihrem Dorf aussah, erzählte Tina 1973 in dem autobiographischen Song *Nutbush city limits,* den sie selbst schrieb. In einem Club in St. Louis lernte sie Ike kennen, war von ihm begeistert und drangsalierte ihn so lange, bis er sie bei seiner Band mitsingen ließ. Der Profi erkannte schnell das Talent der kleinen Annie Mae und machte sie zuerst zum festen Mitglied seiner Band und 1958 zu seiner Frau. 1960 hatten die beiden einen ersten Erfolg mit dem Song *A fool in love*, der in den US-Charts bis Rang 27 kam, doch die beiden machten im übrigen weniger durch ihre Chartserfolge als durch ihre ungewöhnlich heißen Bühnenauftritte von sich reden. Zusammen mit der Begleitband The Family Vibes und den attraktiven Sängerinnen und Tänzerinnen The Ikettes lieferten Ike und Tina Turner Shows ab, die ihresgleichen suchten. Vor allen Dingen die graziöse und unermüdliche Tina war auf der Bühne sowohl als Sängerin wie auch als Tänzerin unschlagbar. Teilweise waren ihre Shows so ›heiß‹, daß die Truppe Auftrittverbot ›wg. Unmoral‹ erhielt. Bis 1976 waren Ike und Tina verheiratet, wobei Ike derjenige war, der absahnte und den feinen Macker spielte, während Tina entweder zu gehorchen hatte oder Prügel bezog, wenn sie es wagte, den Mund aufzumachen. Nach der Trennung mußte Tina mit ihren Kindern wieder ganz von vorne anfangen. Keiner wollte sie als Solo-Act haben, und teilweise verdiente sich die erstklassige Entertainerin ihr Geld damit, daß sie bei Betriebsausflügen als Unterhalterin während des Mittagessens auftrat. In Amerika wollte niemand mehr etwas von ihr wissen, nur England und Europa hielten ihr die Treue. Und das führte dann 1984 zu dem mehrfach ausgezeichneten Weltklasse-Album *Private dancer*, das Tina Turner ein grandioses internationales Comeback bescherte. Von Ike Turner war nach der Trennung nicht mehr viel zu hören, der exzellente Musiker und unerträgliche Macho sackte immer mehr ab.

Jahr	*Titel*	*USA*	*UK*	*D*
1961	It's gonna work out fine	14		
1966	River deep – mountain high	88	3	
1966	A love like yours		16	
1971	Proud Mary	4		21
1973	Nutbush city limits	22	4	2

Spyder Turner

Dwight D. Turner, geb. in Beckley/West Virginia, USA, voc

Turner begann seine musikalische Karriere als Sänger in kleinen Clubs, gründete dann eine eigene Band namens The Nonchalants und arbeitete nach deren Auflösung ab Mitte der 60er Jahre wieder als Solist. Anfang 1967 hatte er seinen ersten und einzigen Hit mit einer Version von → Ben E. Kings *Stand by me*, bei der er die Stimmen von → Jackie Wilson, → David Ruffin, → Billy Stewart, → Smokey Robinson und → Chuck Jackson ertönen ließ.

Jahr	*Titel*	*USA*	*UK*	*D*
1967	Stand by me	12		

The Turtles

HOWARD LAWRENCE KAPLAN ›HOWARD KAYLAN‹, geb. 22. 6. 1947 in New York City, USA, leadvoc
MARK VOLMAN, geb. 19. 4. 1947 in Los Angeles/Kalifornien, voc
G. ALLEN NICHOL, geb. 31. 3. 1946 in Winston-Salem/North Carolina, leadg
JAMES RAY TUCKER, geb. 17. 10. 1946 in USA, g
CHARLES M. PORTZ, geb. 28. 3. 1945 in USA, b; ersetzt durch JIM PONS, geb. in Santa Monica/Kalifornien
DONALD RAY MURRAY, geb. 8. 11. 1945 in USA, dr; ersetzt durch JOHN BARBATA, geb. in Passaic/New Jersey; ersetzt durch JOHN SEITER

1963 gehörten Kaylan, Nichol, Tucker und Portz in Los Angeles zu einer Surfband namens THE NIGHTRIDERS. Als der Saxophonist Volman dazustieß, änderten sie ihren Namen in THE CROSSFIRES. 1965 lernte die Truppe den Discjockey und Club-Besitzer REB FOSTER kennen, der ihnen zum einen empfahl, ihren Namen in THE TYRTLES zu ändern, ähnlich den gerade sehr erfolgreichen → BYRDS, und ihnen zum zweiten einen Plattenvertrag verschaffte. Die Band wählte lieber die übliche Schreibweise The Turtles und nahm 1965 als Plattendebüt die Folk-Rock-Nummer *It ain't me babe* auf, ein Lied aus der Feder von → BOB DYLAN. Es war der erste einer langen Reihe von Bestsellern, mit denen sich die Turtles bis 1970 in den internationalen Hitparaden etablieren konnten, wobei sie allerdings ihren anfänglichen Folk-Rock bald auf besserverkäuflichen Pop umstellten. Während dieser Zeit gab es etliche Mitgliederwechsel. So wurde Ende 1965 Murray durch Barbata ersetzt; Ende der 60er Jahre kamen für Portz, Tucker und Barbata der Bassist Pons von THE LEAVES und der Trommler Seiter von → SPANKY & OUR GANG. 1970 löste sich die Band wegen ständiger Unstimmigkeiten auf. Volman und Kaylan gingen anschließend zunächst zu → FRANK ZAPPA'S MOTHERS OF INVENTION, danach gründeten sie 1972 eine Band namens PHLORESCENT LEECH & EDDIE, zu der auch der frühere Turtles-Bassist Pons gehörte. 1973 löste sich die Formation wieder auf, und Volman und Kaylan führten ihre satirischen Singer/Songwriter-Shows unter dem Namen FLO & EDDIE fort. Das Duo arbeitete auch häufig als Backgroundsänger, so bei den → T.-REX-Alben *T. Rex* (1970), *Electric warrior* (1971) und *The Slider* (1972).

Jahr	*Titel*	*USA*	*UK*	*D*
1965	It ain't me babe	8		
1966	You baby	20		
1967	Happy together	1	12	11
1967	She'd rather be with me	3	4	23
1967	You know what I mean	12		40
1967	She's my girl	14		
1968	Elenore	6	7	
1969	You showed me	6		

Conway Twitty

HAROLD LLOYD JENKINS, geb. 1. 9. 1933 in Friars Point/Mississippi, USA, voc, g

Conway Twittys Musikerleben begann im Alter von zehn Jahren: Da trat er zum ersten Mal in einer Radiostation auf und gründete seine erste Band, THE PHILLIPS COUNTRY RAMBLERS. Anfang der 50er Jahre mußte er zur Army und schloß sich der Army-Band THE CIMARRONS an. Nach seiner Entlassung tourte er mit diversen Country-Shows durch die Gegend, bis er 1957 einen Plattenvertrag bekam. Zu diesem Zeitpunkt entschied der junge Mann, daß Harold Lloyd Jenkins nicht der richtige Name für einen zukünftigen Star wäre. Er sah verschiedene Straßenkarten durch, fand das Städtchen Conway in Arkansas und das Städtchen Twitty in Texas, und fertig war sein Künstlername. *I need your loving* hieß 1957 seine erste Single, die es allerdings nur bis Rang 93 schaffte. Der große Durchbruch kam 1958 mit der Eigenkomposition *It's only make believe*, einer hinreißenden Edelschnulze, die eine Mischung aus Country und Pop ist. Das Lied, das ein internationaler Millionenseller wurde und bis heute immer wieder gecovert wird, entstand angeblich während einer Pause in der Flamingo Lounge in Hamilton in der Rekordzeit von nur sieben Minuten!! Nach diesem zweiwöchigen Nr.-1-Hit war Twitty ein gefragter Mann. Er gab sein Debüt als Schauspieler in dem Film *Sexpot goes to college*, dem andere Streifen wie *Platinum high school* und *College confidental* folgten. Ab 1960 ließ der Erfolg von Mr. Twitty auf dem Pop-Sektor nach, deshalb beschloß der Sänger und Songwriter 1965, sich nun als Country-Sänger zu versuchen. Das war ein weiser Entschluß, denn ab 1968 gehörte Conway Twitty zu den amerikanischen Country-Superstars. Fast jeder Song, den er bis heute veröffentlichte, wurde in den Country-Charts ein Nr.-1-Hit oder konnte sich zumindest unter den Top 5 plazieren. Zwischen 1968 und 1988 konnte Conway Twitty allein oder im Duett mit LORETTA LYNN insgesamt sage und schreibe vierzig Nr.-1-Hits in den US-Country-Charts plazieren. Conway Twitty dürfte wohl zu den reichsten Country-Sängern gehören. In Hendersonville/Tennessee gehört ihm eine ganze Touristen-Stadt namens ›Twitty City‹.

Jahr	*Titel*	*USA*	*UK*	*D*
1958	It's only make believe	1	1	
1959	The story of my love	28	30	
1959	Mona Lisa	29	5	
1959	Danny boy	10		
1960	Lonely blue boy	6		
1960	Is a blue bird blue	35	43	
1961	C'est si bon	22	40	

The Tymes

DONALD BANKS, voc
AL BERRY, dr
NORMAN BURNETT, g
GEORGE HILLIARD, p
GEORGE WILLIAMS JR., tp
alle aus Philadelphia/Pennsylvania, USA

Norman und George Hilliard lernten sich im Sommer 1956 in einem Ferienlager kennen. Sie stellten ihre gemeinsame Vorliebe für das Singen fest und blieben als Duo zusammen. Noch im selben Jahr stießen Don, Al und George

Williams zu den beiden, und damit war die farbige Gruppe namens The Tymes geboren. Das Quintett sang bis 1963 in regionalen Clubs und bei Tanzveranstaltungen, bis es im April 1963 an einer Talentshow teilnahm. The Tymes gewannen zwar nicht, aber der Verantwortliche einer Plattenfirma hörte sie und war von den fünfen so angetan, daß er sie sofort unter Vertrag nahm. Als ersten Song nahmen sie das Lied *So much in love* auf, das George Williams geschrieben hatte. Es wurde der erste Hit der Formation, die sich mit ihrem ›Sweet Soul‹ bis weit in die 70er Jahre in der Gunst des Publikums halten konnte.

Jahr	*Titel*	*USA*	*UK*	*D*
1963	So much in love	1	21	
1963	Wonderful! Wonderful!	7		
1964	Somewhere	19		
1968	People	39	16	
1974	You little trustmaker	12	18	
1974	Ms. Grace	91	1	

U

Union Gap

siehe → Gary Puckett & The Union Gap

Unit 4 + 2

Peter ›The Count‹ Moules, leadvoc
David ›Buster‹ Meikle, g
Howard ›Lemss‹ Lubin, g
Thomas ›Sweat‹ Moeller, keyb
Rod ›Humble‹ Garwood, b
Hugh ›Pigmy‹ Halliday, dr
alle aus Herfordshire, England

Die Ursprünge dieser Formation liegen im Jahr 1963. Damals wurde aus einer folk-orientierten Formation eine vierköpfige Rockband, die aus Moules, Meikle, Lubin und Moeller bestand. Sie nannte sich Unit 4. Als dann noch Garwood und Halliday dazukamen, änderten sie den Gruppennamen der Einfachheit halber nur in Unit 4 + 2. Die Debüt-Single war Anfang 1964 *Green fields*, sie erreichte allerdings nur Rang 48. Der große Knüller kam mit dem unkonventionellen *Concrete and clay*. In USA brachte Eddie Rambeau eine Coverversion heraus, die es bis Rang 35 schaffte. Unit 4 + 2 blieben bis 1968 zusammen, obwohl es ab 1966 etliche Mitgliederwechsel gab. Auch die späteren → Argent-Mitglieder Bob Henrit und Russ Ballard waren zeitweilig Mitglieder von Unit 4 + 2.

Jahr	*Titel*	*USA*	*UK*	*D*
1965	Concrete and clay	28	1	
1965	You've never been in love like this before	95	14	

V

Ricky Valance

geb. 10. 4. 1940 in England, voc

Der britische Sänger machte nur einmal von sich reden, als er nämlich 1960 → Ray Petersons Millionenseller *Tell Laura I love her* für den englischen Markt sang. Obwohl sich die BBC weigerte, den tränenreichen Song über einen tragischen Autounfall zu spielen, hatte Valance damit einen Bestseller.

Jahr	*Titel*	*USA*	*UK*	*D*
1960	Tell Laura I love her		1	

Ritchie Valens

Ritchie Valenzuela, geb. 13. 5. 1941 in Los Angeles/Kalifornien, voc, g; gest. 3. 2. 1959

Ritchie war der Sohn armer mexikanischer Einwanderer. Schon sehr früh trat der hochbegabte Junge bei Veranstaltungen als Sänger und Gitarrist auf. Dabei gab er auch eigene Rock'n'Roll-Songs zum Besten, die 1958 zu einem Plattenvertrag führten. *Come on, let's go* hieß seine Debüt-Single, seinen größten Hit hatte er mit dem softigen Liebeslied *Donna*, das er seiner großen Liebe widmete, einem für ihn unerreichbaren weißen Mädchen. Sein wichtigstes Lied war allerdings *La bamba*, bei dem Ritchie Valens als einer der ersten weiße Rock-Musik mit mexikanischer Folklore mischte und damit den sogenannten Latin-Rock ›erfand‹, der später verfeinert durch Gruppen wie → Santana weltweit Furore machte. Im Winter 1958/59 ging Ritchie Valens unter anderem mit The Big Bopper und → Buddy Holly auf Tournee. Und er durfte auch bei den Superstars im Flugzeug mitfliegen, um stundenlanges Fahren durch die tiefverschneite Gegend bis zum nächsten Auftrittsort zu vermeiden. Und so gehörte Ritchie Valens zu den Todesopfern, als das Flugzeug am 3. Februar 1959 bei dichtem Schneegestöber abstürzte. Ritchie war nur siebzehn Jahre alt geworden.

Jahr	*Titel*	*USA*	*UK*	*D*
1958	Donna	2	29	
1959	La bamba	22		

Caterina Valente

geb. 14. 1. 1931 in Paris, Frankreich, voc

Caterina stammt aus einer italienischen Artistenfamilie. Ihre Mutter MARIA wurde von vielen als einer der weltbesten Clowns betrachtet und hatte den Beinamen ›Der weibliche Grock‹, ihr Vater war unter dem Pseudonym DI ZAZZO als hervorragender Akkordeon-Spieler bekannt, und einer ihrer Brüder war Meister auf insgesamt 33 verschiedenen Instrumenten. Da Caterina von Kindesbeinen an viel in der Welt herumkam, sprach sie auch ohne Probleme etliche Sprachen wie Englisch, Spanisch, Französisch, Italienisch, Deutsch und Schwedisch. Zunächst arbeitete sie in der Truppe ihrer Eltern, aber 1953 sang sie dem Orchesterchef KURT EDELHAGEN vor, und der war so begeistert von ihr, daß er sie sofort unter seine Fittiche nahm. 1955 veröffentlichte Caterina mit *The breeze and I*, der englischen Version des kubanischen Liedes *Andalucia* aus dem Jahr 1928, ihren ersten großen Hit und Millionenerfolg. Die höchst attraktive und hochbegabte junge Dame eroberte mit ihren vielsprachigen Standards in den nächsten Jahren die ganze Welt, am erfolgreichsten war Caterina Valente allerdings in Deutschland, wo ihre Songs als Solistin, mit ihrem Bruder SILVIO FRANCESCO oder mit einer ihrer zahlreichen Gruppen wie CLUB INDONESIA, CLUB ITALIA, CLUB ARGENTINA etc. mehr als nur einmal die Spitze der Hitparade eroberten. Caterina, die eine versierte Tänzerin ist und beachtliches schauspielerisches Können besitzt, war zudem der Star diverser Unterhaltungsfilme. Auch heute veröffentlicht Caterina Valente immer noch regelmäßig Platten, auch wenn sie nicht mehr an der Spitze der Hitparaden stehen, und gibt ab und zu noch umjubelte Konzerte oder Auftritte im Fernsehen.

Jahr	*Titel*	*USA*	*UK*	*D*
1955	The breeze and I	8	5	
1955	Fiesta Cubana			6
1955	Casanova			7
1955	Es ist so schön bei dir			2
1955	Eventuell (mit → PETER ALEXANDER)			1
1955	Sing Baby Sing (mit Peter Alexander)			5
1956	Die Bim Bam Bim Bam Bina			8
1956	Bonjour Kathrin			10
1956	Das hab' ich gleich gewußt			8
1957	Tipitipitipso			3
1957	Dich werd ich nie vergessen			2
1957	Wo meine Sonne scheint			1
1958	Spiel noch einmal für mich Habanero			2
1958	Diu-Du-Du-Dei			14
1959	Mal sehn, Kapitän			7
1959	Tschau, tschau, Bambina			2
1959	La strada del amore			20
1959	Schau ich zum Himmelszelt			18
1960	Einen Ring mit zwei blutroten Steinen			6
1960	Ein Schiff wird kommen			1
1960	Rosalie mußt nicht weinen			7

Jahr	Titel	USA	UK	D
1961	Pepe			3
1961	Ein Seemannsherz			5
1961	Der Sheriff von Arkansas			6
1961	Kommt ein Schiff nach Amsterdam			9
1961	Ich mach mir nix aus Prinzen und aus Grafen			12
1962	Mein Ideal			14
1962	Rosen sind rot			7
1978	Manuel			16
Caterina Valente & Silvio Francesco				
1956	Komm ein bißchen mit nach Italien			11
1956	Es geht besser, besser, besser			15
1956	Steig in das Traumboot der Liebe			1
1956	Wie wär's			15
1956	Die goldenen Spangen			9
1956	Oh Billy Boy			1
1957	Ich wär so gern bei dir			2
1958	Ich laß dich niemals mehr allein			13
1958	Roter Wein			9
1959	Sonnenschein			9
1960	Itsy Bitsy Teenie Weenie Honolulu Strand Bikini			1
1962	The Peppermint Twist			8
1962	Popocatepetl-Twist			18
1962	Einmal weht der Südwind wieder			2
1962	Quando quando quando			9
1962	Madison in Mexico			4
1963	Lup-di-lu			11
1963	I love you			17

Frankie Valli

Frank Castelluccio, geb. 3. 5. 1937 in Newark/New Jersey, voc

Frankie Valli ist der Leadsänger der amerikanischen Vokaltruppe → The Four Seasons, die ab 1962 bis weit in die 70er Jahre hinein einen Millionenseller nach dem anderen hatten. Ab 1966 fuhr Frankie zweigleisig und baute daneben mit sehr großem Erfolg auch eine Karriere als Solosänger auf. Mit *Can't take my eyes off you*, *My eyes adored you* und *Grease*, dem Titelsong aus dem gleichnamigen Film mit John Travolta und Olivia Newton-John, hatte er auch als Solist jeweils Millionenerfolge.

Jahr	Titel	USA	UK	D
1967	Can't take my eyes off you	2		
1967	I make a fool of myself	18		
1970	You're ready now		11	
1975	My eyes adored you	1	5	
1975	Swearin' to god	6	31	
1975	Our day will come	11		
1976	Fallen angel	36	11	
1978	Grease	1	3	24

Leroy van Dyke

geb. 4. 10. 1929 in Spring Fork/Mississippi, USA, voc, g

Nach der Schule betätigte sich der junge Mann als Zeitungs-Reporter. Anfang der 50er Jahre mußte er zur Army, wo er mit dem Gitarrespielen und Singen anfing. Als er nach zwei Jahren entlassen wurde, ließ er sich zum Auktionator ausbilden und arbeitete lange Zeit als Vieh-Auktionator. Er kam auf die Idee, über seinen Job ein Lied zu schreiben und mit der für diesen Beruf typischen verbalen Schnelligkeit auch zu singen. *Auctioneer* wurde sein erster Hit. Danach hörte man nichts mehr von ihm, bis Leroy van Dyke 1961 den Song *Walk on by* veröffentlichte, der sich nicht nur in den Pop-Charts plazieren konnte, sondern auch in den US-Country-Charts ein Nr.-1-Hit wurde. Ab 1961 konnten sich seine Songs zwar nicht mehr in den Hot 100 plazieren, dafür aber bis weit in die 70er Jahre hinein immer wieder in den Country-Charts.

Jahr	*Titel*	*USA*	*UK*	*D*
1956	Auctioneer	19		
1961	Walk on by	5	5	14

Vanilla Fudge

TIM BOGERT, geb. 27. 8. 1944 in Richfield/New Jersey, g, b, voc
MARK STEIN, geb. 11. 3. 1947 in Bayonne/New Jersey, keyb, voc
VINCENT MARTELL, geb. 11. 11. 1945 in der Bronx/New York City, g, b
CARMINE APPICE, geb. 15. 12. 1946 in Brooklyn/New York City, dr

Bogert, Stein und Appice hatten sich 1966 in New York City zu einer Band namens THE PIGEONS zusammengetan. Einziges Ergebnis dieses äußerst kurzlebigen Trios: die LP *While the world was eating vanilla fudge*. Martell machte kurz darauf aus dem Trio ein Quartett, das sich, in Anlehnung an den Album-Titel, Vanilla Fudge nannte. Spezialität der Truppe waren eigenwillige Versionen von Tageshits, die sie sehr hart und schwer und mit fast alptraumhafter Zeitverzögerung spielten und zerdehnten. So wurde die Gruppe einerseits als ›die erste der Heavy Bands‹, aber auch als ›Doyens des mysteriösen Punk‹ gefeiert, während sie die Fachzeitschrift ›Billboard‹ respektlos nur als ›psychedelisches Fruchteis‹ bezeichnete. Vanilla Fudges erster und einziger Hit war die extravagante Version des → SUPREMES-Hits *You keep me hanging on*, das in UK 1967, Amerika jedoch erst bei der Wiederveröffentlichung 1968 ein Hit wurde. 1967 erschien auch das Debüt-Album *Vanilla Fudge,* das weitere Fudge-Versionen von Hits wie *Eleanor Rigby, Tikket to ride, Bang, bang* und *People get ready* enthielt. Auf dem zweiten Album *The beat goes on* (1968) lieferten sie in 12 Minuten einen Zeitrafferüberblick über die vergangenen 25 Jahre Popmusik, bei dem alles, was gut und teuer war in dieser Zeit, zu Worte und zu Tone kam. Beim dritten Album *Renaissance* noch im gleichen Jahr zeigte sich schließlich, daß die Truppe ihr mysteriöses Punk-Rezept nur bei Fremdkompositionen erfolgreich anwenden konnte. Die LP enthielt in erster Linie Eigenkompositionen, die einfach uninteressant waren. Aber zu diesem Zeitpunkt war die Gruppe bereits aus den Augen des öffentlichen Pop-Interesses verschwunden. Nach dem Abschieds-Album *Rock and roll* (1970) lösten sich Vanilla Fudge auf. Bogert und Appice gründeten daraufhin die Gruppe → CACTUS, die sie 1972 wieder verließen, um mit → JEFF BECK das Trio BECK, BOGERT, APPICE zu gründen. Stein gründete die Band BOOMERANG, die sich bald wieder auflöste, und Martell verschwand spurlos von der Bildfläche.

Jahr	*Titel*	*USA*	*UK*	*D*
1967	You keep me hangin' on		18	
1968	You keep me hangin' on	6		

Vanity Fair

TREVOR BRICE geb. 12. 2. 1945 in Strood/Kent, England, leadvoc,
ANTHONY GOLDEN, geb. 21. 11. 1944 in Rochester/Kent, England, leadg, voc
ANTHONY JARRETT, geb. 4. 9. 1944 in Rochester/Kent, England, b, voc
BARRY LANDEMAN, geb. 25. 10. 1947 in Woodbridge/Suffolk, England, p
RICHARD ALLIX, geb. 3. 6. 1945 in Gravesend/Kent, England, dr

Die britische Band wurde Anfang der 60er Jahre gegründet. 1965 hatte die Formation, die ihren Namen von THACKERAYS Buch gleichen Namens genommen hatte, ihre ersten Radio- und Fernsehauftritte. Mit ihren leichtfüßigen und sonnigen Pop-Songs eroberten sie sich Ende der 60er Jahre schnell die Herzen der Hörer. Mit *Early in the morning* und *Hitchin' a ride* hatte das Quintett jeweils Millionenseller.

Jahr	*Titel*	*USA*	*UK*	*D*
1968	I live for the sun		20	
1969	Early in the morning	12	8	
1969	Hitchin' a ride	5	16	

Billy Vaughn

geb. 12. 4. 1931 in Bowling Green/Kentucky, USA, sax

Billy begann seine musikalische Karriere 1952 als Mitglied der Vokalformation THE HILLTOPPERS, die auf dem College von Bowling Green gegründet worden war. Mit dieser Gruppe schrieb und produzierte er 1952 den Song *Trying*. Daraufhin bekam das Quartett einen Vertrag und hatte 1953 mit *P. S. I love you* einen Millionenseller. 1954 verließ Vaughn die Gruppe, weil er einen Job als musikalischer Direktor einer Plattenfirma bekommen hatte. Und damit begann die Karriere eines der erfolgreichsten und beständigsten Hit-Produzenten und Orchesterchefs der Welt. 1954 spielte Billy Vaughn mit seinem Orchester und den FONTANE SISTERS den Millionenseller *Hearts of stone* ein; 1957 schaffte er zusammen mit → PAT BOONE gleich vier Millionenerfolge: *Love letters in the sand*, *Don't forbid me*, *Why, baby, why?* und *April love*, die alle durch den unverwechselbaren Sound des Billy Vaughn Orchesters hervorstachen. Vaughn selbst veröffentlichte die Millionenseller *Melody of love*, *Sail along sil'vry moon*, *La paloma* und *Wheels*, das im Original von den → STRING-A-LONGS stammt.

Jahr	*Titel*	*USA*	*UK*	*D*
1954	Melody of love	2		

1955	The shifting, whispering sands (Pt. 1 + 2)	5	20	
1956	Theme from The Threepenny Opera	37	12	
1956	When the white lilacs bloom	18		
1957	Raunchy	10		
1958	Sail along sil'vry moon	5		1
1958	La paloma	20		1
1959	Cimarron			14
1959	Blue Hawaii	37		3
1959	Aloha-Oe			8
1959	Morgen			5
1959	Unter dem Doppeladler			17
1960	Look for a Star	19		35
1961	Wheels	28		1
1961	Berlin melody			16
1961	Zwei Gitarren am Meer			14
1962	Lili Marleen			9
1962	A swingin' safari	13		24

Bobby Vee

Robert Thomas Velline, geb. 30. 4. 1943 in Fargo/North Dakota, USA, voc, g

Bobby stammt aus einer ausgesprochen musikalischen Familie: Sein Vater spielte Geige und Klavier, sein Onkel Saxophon, seine zwei älteren Brüder Gitarre. Bobby selbst lernte in der Highschool das Gitarrespielen und schloß sich Ende der 60er Jahre einer Gruppe namens The Shadows (haben nichts mit den englischen → Shadows zu tun) an. Als am 3. Februar 1959 → Buddy Holly, The Big Bopper und → Ritchie Valens auf ihrem Weg zu einem Gastspiel in Fargo mit dem Flugzeug abstürzten, wurden die Shadows vom örtlichen Veranstalter gebeten, einzuspringen. Bobby sollte dabei singen, denn er kannte die Texte von sechs Buddy-Holly-Songs auswendig. Das Publikum war davon so begeistert, daß Bobby anschließend einen Plattenvertrag bekam. *Suzy baby* hieß 1959 seine Debüt-Single, die immerhin schon bis Platz 77 kam. Den ersten Bestseller hatte er mit seinem zweiten Song *Devil or angel*, einem Remake des Clovers-Hits aus dem Jahr 1956, das sich prompt auch zu einem Millionenseller entwickelte. Weitere Millionenerfolge hatte Bobby Vee mit *Rubber ball*, *Take good care of my baby*, *Run to him*, *The night has a thousand eyes* und *Come back when you're grown up*.

Jahr	*Titel*	*USA*	*UK*	*D*
1960	Devil or angel	6		
1960	Rubber ball	6	4	
1961	More than I can say		4	
1961	How many tears		10	
1961	Take good care of my baby	1	3	
1961	Run to him	2	6	
1962	Please don't ask about Barbara	15	29	
1962	Sharing you	15	10	
1962	Punish her	20		
1962	A forever kind of love		13	
1962	The night has a thousand eyes	3	3	
1963	Charms	13		
1967	Come back when you're grown up	3		

Velvet Underground

LOUIS FIRBANK ›LOU REED‹, geb. 2. 3. 1943 in USA, leadg, voc
STERLING MORRISON, g
JOHN CALE, geb. 9. 3. 1942 in USA, b, keyb, voc
MAUREEN TUCKER, dr

Das Quartett war 1965 in Syracuse/New Jersey gegründet worden und nannte sich zunächst THE FALLING SPIKES. Dann wurde es vom inzwischen verstorbenen Pop-Papst ANDY WARHOL für seine Multi-Media-Show *The exploding plastic inevitable* engagiert, und dafür gab er der Gruppe den Namen Velvet Underground, den er sich einem Sado-/Maso-Pulp-Magazin entliehen hatte. Das Quartett, das bald durch das Warhol-Film-Model NICO als Sängerin – oder besser gesagt als Haucherin – verstärkt wurde, machte eine Musik von eigenartig schöner Häßlichkeit. Dabei wurden sowohl die Instrumente als auch die Nerven und Toleranz der Zuhörer bis an die Grenzen der Belastbarkeit getrieben. Das absolut beste Album der Formation war die 67er LP *The Velvet Underground and Nico*. Danach ging Nico, und das nachfolgende Album *White light/White heat* 1967 war wesentlich weniger provokativ. 1969 verließ John Cale die Band, um als Solist Karriere zu machen, und wurde durch DOUG YULE ersetzt. In dieser Besetzung entstand das 69er Album *Velvet Underground*, auf dem die mysteriöse Lyrik von Lou Reed dominierte. Danach erlosch das Interesse an dieser ungewöhnlichen Band allmählich, das folgende Album *Loaded* (1970) war nicht mehr der Rede wert. 1970 löste sich die Gruppe auf. Lou Reed versuchte sich danach als Solist und hatte mit Songs wie *Walk on the wild side* Erfolg; Morrison reihte sich als Lehrer in Texas ins Establishment ein. Noch Anfang 70 war die Trommlerin Tucker durch BILLY YULE ersetzt worden, und die beiden Yule-Brüder versuchten jetzt, Velvet Underground mit neuen Mitgliedern wieder ins Leben zu rufen. Doch mit dem 72er Album *Squeeze* bewiesen sie, daß die Einmaligkeit dieser Formation nicht kopiert werden konnte. Und so löste sich Velvet Underground Mitte der 70er Jahre endgültig auf.

The Ventures

NOKIE EDWARDS, geb. 9. 5. 1939, leadg
DON WILSON, geb. 10. 2. 1937, g
BOB BOGLE, geb. 16. 1. 1937, g
HOWIE JOHNSON, geb. 1938, dr; ersetzt durch JOWE BARILI; ersetzt durch MEL TAYLOR
alle aus Tacoma/Washington, USA

Don und Bob begannen 1959 mit dem Gitarren-Unterricht und fingen kurz danach an, in der Gegend von Tacoma als Gitarren-Duo aufzutreten. Anfang 1960 kamen Nokie und Howie dazu, und das Quartett gab sich den Namen The VERSATONES. Im selben Jahr nahmen sie zu Hause mit einem Tonbandgerät das Instrumental *Walk – don't run* auf und boten es BOB REISDORFF, dem Manager der → FLEETWOODS an. Reisdorff fand den Titel induskutabel. Doch die vier gaben nicht auf. Sie gingen in ein Studio, nahmen das Instrumental unter professionellen Voraussetzungen unter dem Namen The Ventures auf und gaben es einem befreundeten Discjockey. Der spielte es jeden Tag nach den Nachrichten, und siehe da, Reisdorff rief den Sender an und fragte, von wem denn dieses interessante Stück stammen würde. Er war höchst überrascht, als er hörte, daß es dasjenige war, das er abgelehnt hatte. Diesmal griff er zu, verschaffte den Ventures einen Plattenvertrag, und daraufhin war die Instrumental-Formation bis 1970 immer wieder in den Hitparaden vertreten. Auch heute gehen die Ventures noch regelmäßig auf Tour und veröffentlichen neue Platten.

Jahr	*Titel*	*USA*	*UK*	*D*
1960	Walk – don't run	2	8	
1960	Perfidia	15	4	
1961	Ram-bunk-shush	29	45	
1964	Walk – don't run '64	8		
1969	Hawaii five-o	4		

Billy Vera & Judy Clay

William McCord jr. ›Billy Vera‹, geb. 28. 5. 1944 in Riverside/Kalifornien, USA, voc
Judy Clay, geb. in Fayetteville/North Carolina, USA, voc

Billys Eltern waren im Showbusiness, und so tourte Billy schon im Kindesalter mit seinen Eltern durch die Lande. Mit zehn Jahren fing Billy an, sich für den neuen Rock'n Roll zu interessieren. Er brachte sich selbst das Gitarre- und Klavierspielen bei und schloß sich noch als Teenager einer Gruppe namens The Knight-Riders an, mit der er auch etliche (erfolglose) Platten aufnahm. Erfolgreicher erwies sich Billys Talent als Songschreiber: Für → Rick Nelson ließ er sich 1965 *Mean old world* einfallen und für → Barbara Lewis 1966 den Nr.-28-Erfolg *Make me belong to you.* 1967 bekam der attraktive Billy einen Plattenvertrag und wurde mit Judy Clay zu einem Duo zusammengespannt. Auch Judy stammt aus einer musikalischen Familie: ihre Tante ist → Cissy Houston (die Mutter von Whitney Houston), ihre Kusine ist → Dionne Warwick, und ihre Schwester Sylvia Shamwell war Gründerin der Vokalgruppe → The Sweet Inspirations. Nach zwei Singles trennten sich die beiden wieder. Judy zog sich aus dem Showbiz zurück, während Billy als Solist weitermachte mit Alben wie *Out of the darkness* und nicht sonderlich erfolgreichen Singles. Heute lebt Billy in Los Angeles und macht mit seiner Begleitband The Beaters Platten.

Jahr	*Titel*	*USA*	*UK*	*D*
1967	Storybook children	54		
1968	Country girl – city man	36		
Billy Vera				
1968	With pen in hand	43		
Billy & The Beaters				
1981	I can take care of myself	39		

Larry Verne

geb. 8. 2. 1936 in Minneapolis/Minnesota, USA, voc, p, g

Als Teenager lernte Larry Klavier, anschließend griff er zur Gitarre, und schließlich wurde er ein Country- und Western-Sänger. Im August 1960 nahm er ein Lied auf, das einen historischen Hintergrund hatte: *Mister Custer*, ein Song über Custers letztes Gefecht. Es wurde ein Millionenseller.

Jahr	*Titel*	*USA*	*UK*	*D*
1960	Mister Custer	1		

The Vibrations

siehe → The Marathons

The Village Stompers

Frank Hubbell
Joe Muranyi
Dick Brady
Don Coates
Mitchell May
Al McManus
Ralph Casale
Lenny Pogan

Die achtköpfige Dixieland-Band spielte Anfang der 60er Jahre erfolgreich im New Yorker Greenwich Village. Im August 1963 nahm sie ein Instrumental namens *Washington Square* auf, das sich zu einem internationalen Bestseller entwikkelte. Ihre zweite Single *From Russia with love* war nicht mehr so erfolgreich.

Jahr	*Titel*	*USA*	*UK*	*D*
1963	Washington Square	2		29

Gene Vincent

Vincent Eugene Craddock, geb. 11. 2. 1935 in Norfolk/Virginia, USA, voc; gest. 12. 10. 1971 in Kalifornien

Gene begann mit dem Singen als Kind in der Kirche. Als Teenager lernte er dann Gitarrespielen. Als er zur Army mußte, kam er mit der Navy nach Korea, wo sein linkes Bein so schwer verletzt wurde, daß die Ärzte eine Amputation in Erwägung zogen. Doch Gene weigerte sich und wollte lieber ein Leben lang mit einem lahmen und schmerzenden Bein herumlaufen als mit einer Prothese. Nach seiner Entlassung kehrte er nach Norfolk zurück und formierte dort eine Band namens The Blue Caps. Dieser Name kam daher, daß alle fünf Mitglieder blaue Mützen trugen, die gleichen, die der damalige Präsident Eisenhower immer beim Golfspielen zu tragen pflegte. Anfang 1956 hörte Gene von einem Talentwettbewerb in Los Angeles. Mit seinem Freund Sheriff Tex Davis hatte Gene den Rock'n'Roll-Titel *Be bop-a-*

lula geschrieben, der auf einer Comic-Strip-Figur namens ›Lulu‹ basierte, und mit diesem Lied ging Gene nach Los Angeles. Er gewann den ersten Preis, bekam einen Plattenvertrag und hatte mit *Be-bop-a-lula* im Sommer 1956 seinen ersten Hit und Millionenseller. Bis Anfang der 60er Jahre war er immer wieder in den Charts vertreten, dann ließ der Erfolg nach. Seit 1960 lebte Gene Vincent in London, da er in England sehr viel erfolgreicher war als in Amerika. Doch auch in England klappte es in den 60er Jahren nicht mehr so richtig, und Gene litt unter schweren Depressionen. Diese Depressionen führten zu mehreren blutenden Magengeschwüren, an denen der Sänger und Songschreiber schließlich am 12. Oktober 1971 in Newhall/Kalifornien starb. Gene Vincent, einer der führenden Rock'n'Roller der späten 50er Jahre, wurde nur 36 Jahre alt.

Jahr	*Titel*	*USA*	*UK*	*D*
1956	Be-bop-a-lula	7	16	
1956	Blue Jean bop		16	
1957	Lotta lovin'	13		
1960	Wild cat		21	
1960	My heart		16	
1960	Pistol packin' mama		15	
1961	She she little Sheila		22	

Bobby Vinton

STANLEY ROBERT VINTON, geb. 16. 4. 1941 in Canonsburg/Pennsylvania, USA, voc

Als Teenager spielte Bobby Klarinette und war ein großer Fan von Big-Band-Musik, wie sie Orchester wie LES BROWN und STAN KENTON spielten. Dazu kam, daß sein Vater der Leiter eines großen Orchesters war. So war es kein Wunder, daß Bobby Ende der 50er Jahre, als er noch auf die Highschool ging, selbst ein Orchester gründete. 1960 bekam er mit diesem Orchester einen Plattenvertrag und veröffentlichte die LPs *Dancing at The Hop* und *Bobby Vinton plays for li'l darlin's*. Doch diese Art von Tanzmusik wollte keiner hören. Bobby war schon dabei, seinen Plattenvertrag zu verlieren, als er feststellte, daß ihm, laut Vertrag, noch die Aufnahme von zwei Titeln offenstand. Er schlug vor, dieses Mal keine Tanzmusik zu machen, sondern ihn als Sänger auszuprobieren. Die Plattenfirma stimmte zu, und Bobby sang *Mr. Lonely* und *Roses are red*. Im Mai 1962 kam *Roses are red* auf den Markt und wurde innerhalb kürzester Zeit zu Bobbys erstem Nr.-1-Hit, der insgesamt vier Wochen lang die Spitze der US-Charts belegte, und zu seinem ersten Millionenerfolg. Weitere hatte er mit den Soft-Songs *Blue Velvet*, *There I've said it again, I love how you love me* und *My melody of love*. Diesen letzteren Song nahm Bobby Vinton zweisprachig, in Englisch und Polnisch, auf. Bobby spricht recht gut Polnisch, da er diese Sprache acht Jahre lang auf der Schule gelernt hatte. Das brachte ihm unter den Polen Amerikas soviel Ehre ein, daß er den Beinamen ›Der Polnische Prinz‹ bekam. Seit 1971 lebt Bobby Vinton mit seiner Frau und seinen vier Kindern in Los Angeles.

Jahr	*Titel*	*USA*	*UK*	*D*
1962	Roses are red (My love)	1	15	18
1962	Rain rain go away	12		

Jahr	*Titel*	*USA*	*UK*	*D*
1963	Blue on blue	3		
1963	Blue velvet	1		
1963	There! I've said it again	1	34	
1964	My heart belongs to only you	9		
1964	Tell me why	13		
1964	Clinging vine	17		
1964	Mr. Lonely	1		
1965	Long lonely nights	17		
1966	Coming home soldier	11		
1967	Please love me forever	6		
1968	I love how you love me	9		
1972	Sealed with a kiss	19		
1974	My melody of love	3		
1990	Blue velvet		2	

The Vogues

WILLIAM BURKETTE, geb. 1943, leadvoc
HUGH GEYER, geb. 1943, erster Tenor
CHARLES BLASKO, geb. 1943, zweiter Tenor
DON MILLER, geb. 1943, Bariton
alle aus Turtle Creek/Pennsylvania

Die vier Vogues waren schon in der Schule Freunde. 1960 taten sie sich zu einer Rock'n'Roll-Gruppe namens THE VAL-AIRES zusammen und spielten bei diversen Veranstaltungen. Da die vier aber modisch immer sehr ›en vogue‹ waren, nannten sie sich bald The Vogues. Dann bekamen sie einen Plattenvertrag bei einer kleinen Firma und nahmen als erstes *You 're the one* auf, ein Lied, mit dem → PETULA CLARK 1965 in UK bis Platz 23 gekommen war. Der Song wurde ein regionaler Hit, dann veröffentlichte ihn eine größere Firma amerikaweit – und die Vogues hatten ihren ersten Bestseller. Bis 1966 war das Quartett mit gemäßigten Rock-Songs erfolgreich. Dann wechselten sie die Firma und ihren Sound, und ab 1968 gehörten die Vogues zu jenen Bands, die sehr gekonnt mit perfekten Vokalharmonien sanfte Balladen und echte Schnulzen sangen. Mit ihrem *Turn around, look at me* hatten sie einen Millionenseller.

Jahr	*Titel*	*USA*	*UK*	*D*
1965	You're the one	4		
1965	Five o'clock world	4		
1968	Turn around, look at me	7		
1968	My special angel	7		

W

Adam Wade

geb. 17. 3. 1937 in Pittsburgh/Pennsylvania, USA, voc

Der farbige Interpret arbeitete zuerst mit DR. JONAS SALK in einem Team zur

Erforschung der Kinderlähmung. Aber das Singen interessierte ihn mehr, und so unterschrieb Wade Ende 1959 einen Plattenvertrag. Anfang 1960 erschien mit *Tell her for me* seine Debüt-Single, die immerhin in USA schon bis Platz 66 kam. Doch erst ab 1961 waren seine eher softigen Songs richtig erfolgreich.

Jahr	*Titel*	*USA*	*UK*	*D*
1961	Take good care of her	7	38	
1961	The writing on the wall	5		
1961	As if I didn't know	10		

Jerry Jeff Walker

PAUL CROSBY, geb. 14. 3. 1942 in Oneonta/New York, voc, g

Jerry, der in den Catskill Bergen aufwuchs, war von Jugend an Fan von Folksängern wie WOODIE GUTHRIE und PETE SEEGER. Ende der 50er Jahre begann er dann selbst als Folksänger durch die Lande zu ziehen. Er arbeitete mit den LOST SEA DREAMERS, und als er Mitte der 60er Jahre den Musiker BOB BRUNO traf, gründete er mit ihm eine Band namens CIRCUS MAXIMUS. Sie bekamen einen Plattenvertrag und veröffentlichten 1967 das Debüt-Album *Circus Maximus*. Doch den großen Ruhm erntete Jerry Jeff Walker mit seiner Eigenkomposition *Mr. Bojangles*, die er zum ersten Mal 1968 in einer New Yorker Radiostation zum Besten gab. Der Song über einen alten Tänzer, den es übrigens tatsächlich gegeben hatte und den Walker bei einem Gefängnisaufenthalt kennengelernt hatte, gehört heute zu den Klassikern. Jeder Sänger, der etwas auf sich hält, hat *Mr. Bojangles* im Repertoire. Die → NITTY GRITTY DIRT BAND hatte damit 1971 in USA einen Nr.-9-Hit. Jerry selbst kam mit seiner Version 1968 lediglich auf Platz 77. Der Singer/Songwriter entwickelte sich schnell zu einem Bühnen-Act, der stets für volle Häuser sorgte. Von 1972 bis 1977 hatte er eine Begleitband namens THE LOST GONZO BAND, seitdem tritt er wieder solo auf.

Junior Walker & The All Stars

AUTRY DEWALT JR. ›JUNIOR WALKER‹, geb. 1942 in Blytheville/Arkansas, sax, p, voc
WILLIE WOODS, g
VIC THOMAS, keyb
JAMES GRAVES, geb. in Cleveland/Ohio, USA, dr

Junior Walker begann seine musikalische Karriere, als er in der Highschool mit dem Saxophon anfing. Er spielte bald so gut, daß er sich einer Band namens THE JUMPING JACKS anschließen konnte, die dann zu THE STIX NIX wurde. Bis Anfang der 60er Jahre arbeitete Junior Walker erfolgreich als Session-Musiker, dann ließ er sich in Battle Creek/Michigan nieder, wo er heute noch lebt. Er hatte dort seine All Stars zusammen und tourte mit ihnen durch die Lande. Er bekam mit seiner Band einen Plattenvertrag und brachte, nach etlichen

Flops, 1965 die Single *Shotgun* heraus, die der erste einer langen Reihe von Hits wurde. Junior Walker wurde schnell, neben → BOOKER T. & THE M. G. s., zu einem der führenden Instrumental-Interpreten des Soul, setzte allerdings bei etlichen Titeln auch Refrain-Gesang ein.

Jahr	*Titel*	*USA*	*UK*	*D*
1965	Shotgun	4		
1966	(I'm a) Road runner	20		
1966	How sweet it is (to be loved by you)	18	22	
1969	(I'm a) Road runner		12	
1969	What does it take (to win your love)	4	13	
1969	These eyes	16		
1972	Walk in the night		16	
1973	Take me girl, I'm ready		16	

Scott Walker

siehe → WALKER BROTHERS

The Walker Brothers

JOHN MAUS, geb. 12. 11. 1943 in New York City, voc, g
SCOTT ENGEL, geb. 9. 1. 1944 in Hamilton/Ohio, voc, b
GARY LEEDS, geb. 3. 9. 1944 in Glendale/Kalifornien, voc, dr

John Maus ging in Kalifornien aufs College und nannte sich bereits als Schüler Walker, weil er den Nachnamen Maus nicht mochte. Scott Engel hatte als Kinderdarsteller in dem RODGERS- und HAMMERSTEIN-Musical *Pipe dream* am Broadway Bühnenerfahrung gesammelt, war anschließend nach Hollywood gegangen, um Kunst zu studieren, und spielte in einer Amateurband namens THE ROUTERS. Gary Leeds lernte John Maus durch einen Autounfall kennen, und der wiederum kannte die Band, in der Engel spielte. 1964 beschlossen die drei in Los Angeles, sich künftig The Walker Brothers zu nennen und als Popstars Karriere zu machen. Im Nachtclub ›Hollywood A Go-Go‹ ersangen sie sich mit ihren perfekt harmonierenden Stimmen schnell ein großes Publikum, bekamen einen Plattenvertrag und fingen an Platten zu machen. Doch in Amerika hatte man an ihren bombastischen, im Stil von → PHIL SPECTORS ›Wall Of Sound‹ produzierten Songs kein Interesse. Also ging das Trio 1965 nach England und probierte dort sein Glück. Und die Engländer waren begeistert, innerhalb kürzester Zeit waren die Walker Brothers Großbritanniens Superstars. Mit dem ehemaligen → JERRY-BUTLER-Erfolg *Make it easy on yourself‹* begann eine zweijährige Bilderbuchkarriere. Doch bereits 1967 trennte sich das Trio wegen ständiger Querelen. Scott Walker war dann erfolgreich mit getragenen Pop-Songs; John Walker heiratete die Sängerin KATHY YOUNG *(A thousand stars)* und versuchte sich als Filmkomponist; was Gary Leeds machte, wußte keiner. 1976 taten sich die Walker Brothers noch einmal zusammen und hatten mit *No regrets* in UK abermals Erfolg. MIDGE URE nahm übrigens den Titel 1982 noch einmal auf und hatte in UK einen Nr.-9-Hit damit.

Jahr	Titel	USA	UK	D
1965	Love her		20	
1965	Make it easy on yourself	16	1	
1965	My ship is coming	63	3	
1966	The sun ain't gonna shine anymore	13	1	4
1966	(Baby) You don't have to tell me		13	21
1966	Another tear falls		12	
1976	No regrets		7	
Scott Walker				
1968	Joanna		7	
1969	Lights of Cincinatti		13	

Jerry Wallace

geb. 15. 12. 1938 in Kansas City/Missouri, USA, voc

Jerrys Vater hatte einen Lebensmittelladen, seine Mutter war Hobby-Sängerin, und Jerry selbst fing mit vierzehn Jahren zu singen an, als er zu seinem Geburtstag eine Gitarre erhielt. 1958 bekam Jerry einen Plattenvertrag, und im Sommer veröffentlichte er seine Debüt-Single *How the time flies*. Mit seinem Lied *Primrose Lane* hatte der Interpret eher sanfter Songs 1959 einen Millionenseller.

Jahr	Titel	USA	UK	D
1958	How the time flies	11		
1959	Primrose Lane	8		
1964	In the misty moonlight	19		

Dale Ward

In den 50er Jahren war Dale Ward Leadsänger der Gruppe The Crescendos aus Nashville. Besonderes Markenzeichen der Formation war, daß Dale wie → Elvis Presley klang und die Crescendos wie sein Begleitchor. 1958 hatte das Quartett mit *Oh Julie* einen Nr.-5-Hit und Millionenseller in USA. 1963 tauchte Dale Ward plötzlich wieder auf – als Solist. Er nahm den Song *A letter from Sherry* auf und hatte damit abermals einen Millionenerfolg. Danach hörte man wieder nichts mehr von diesem Sänger. Anfang der 70er Jahre versuchte sich Dale dann als Country-Interpret, aber auch da blieb ihm der Erfolg versagt.

Jahr	Titel	USA	UK	D
1963	A letter from Sherry	25		

Robin Ward

Jackie Ward, geb. in Nebraska/USA, voc

Als Teenager in Nebraska sang Jackie bei diversen kleinen Bands mit. Dann zog sie nach Los Angeles, lernte den Mann ihres Lebens kennen, heiratete, bekam Kinder und kümmerte sich fortan nur noch um ihre Familie. Doch 1963 wurde ihr das zu langweilig. Sie ›lieh‹ sich von ihrer Tochter Robin den Vornamen und sang unter dem Pseudonym Robin Ward ein nettes Popliedchen über einen ›wunderschönen Sommer‹. Der Song wurde ein Hit, und Robin Ward verlegte sich nach diesem Erfolg auf das Singen von Werbespots für Radio und Fernsehen.

Jahr	*Titel*	*USA*	*UK*	*D*
1963	Wonderful summer	14		

Dionne Warwick

geb. 12. 12. 1940 in East Orange/New Jersey, USA, voc

Dionne Warwick Foto: Ariola/Arista

Die ungemein attraktive Sängerin mit der außergewöhnlichen Stimme fing als Sechsjährige mit dem Singen im Kirchenchor und bei ortsansässigen Gospelgruppen an. Anfang der 60er Jahre ging sie nach New York und bekam einen Job als Sängerin von Demo-Kassetten. Dabei hörte sie ein junger, unbekannter Songschreiber namens → Burt Bacharach. Er war von ihr und ihrer Stimme begeistert, setzte alles daran, daß Dionne einen Plattenvertrag bekam, und fing an, Songs für sie zu schreiben. *Don't make me over* hieß der erste dieser Songs, den Dionne Ende 1962 aufnahm. Es wurde der erste von einer ganzen Reihe von Bestsellern, die das Team Bacharach/→ David für ihre kehlige Stimme schrieb. Nebenbei hatte Miß Warwick natürlich auch mit den Songs anderer Komponisten Erfolge zu verzeichnen. Mit *Anyone who had a heart, Walk on by, I say a little prayer, Valley of the dolls, Then came you, I'll never love this way again* und der Benefizplatte *That's what friends are for*, die sie mit → Elton John, → Gladys Knight und → Stevie Wonder zugunsten der Aids-Hilfe einspielte, hatte Dionne Warwick Millionenseller. *Anyone who had a heart* war 1964 in UK ein Nr.-1-Hit für → Cilla Black, mit *I say a little prayer* hatte → Aretha Franklin 1968 in USA ebenfalls einen Millionenerfolg. Dionne Warwick, die hochgewachsene, sehr damenhafte Tante von Whitney Houston war auch jahrelang Gastgeberin diverser TV-Shows und wirkte in etlichen Filmen mit.

Jahr	*Titel*	*USA*	*UK*	*D*
1963	Don't make me over	21		
1964	Anyone who had a heart	8	42	42

Jahr	Titel	USA	UK	D
1964	Walk on by	6	9	
1964	You'll never get to heaven	34	20	
1964	Reach out for me	20	23	
1966	Message to Michael	8		
1967	Alfie	15		
1967	I say a little prayer	4		
1968	(Theme from) Valley of the dolls	2	28	
1968	Do you know the way to San Jose	10	8	
1968	Promises, promises	19		
1969	This girl's in love with you	7		
1969	You've lost that loving feeling	16		
1970	I'll never fall in love again	6		
1979	I'll never love this way again	5		
1979	Deja vu	15		
1982	Heartbreaker	10	2	10
1982	All the love in the world		10	50
1985	That's what friends are for	1	16	36

DIONNE WARWICK & THE DETROIT → SPINNERS

1974	Then came you	1	29	

Dinah Washington

RUTH JONES, geb. 29. 8. 1924 in Tuscaloosa/Alabama, USA, voc; gest. 14. 12. 1963 in Detroit/Illinois

Bereits als kleines Mädchen fing die spätere ›Queen Of Blues‹ mit dem Singen an. Mitte der 30er Jahre zog ihre Familie nach Chicago, und Ruth sang und spielte Klavier in einer Baptisten-Kirche. Mit fünfzehn Jahren nahm sie an einem Talentwettbewerb teil, den sie natürlich gewann, und daraufhin folgten etliche Engagements in kleinen Clubs. 1942 änderte Ruth ihren Namen in Dinah Washington und schaffte es, durch einen Freund ein Engagement bei der berühmten Band von LIONEL HAMPTON zu bekommen. Bis 1946 war sie dort Sängerin, dann beschloß die attraktive Farbige, es als Solistin zu versuchen. Mit ihrer rauchigen, dunklen Stimme war Dinah bald Glanzpunkt vieler Veranstaltungen und Nachtclubs. 1949 bekam sie einen Plattenvertrag, daraufhin veröffentlichte sie zahllose Platten, deren erfolgreichste der 59er Hit *What a diff'rence a day makes* war. 1960 tat sie sich mit → BROOK BENTON zu einem Duo zusammen und hatte ebenfalls zwei Bestseller. Im Juli 1963 heiratete Dinah zum siebten Mal, dieses Mal war es ein amerikanischer Football-Star aus Detroit; am 14. Dezember des gleichen Jahres fand man sie tot in ihrem Haus in Detroit. Sie hatte eine Überdosis Schlaftabletten genommen. Dinah Washington war 39 Jahre alt geworden.

Jahr	*Titel*	*USA*	*UK*	*D*
1959	What a diff'rence a day makes	8		
1959	Unforgettable	17		
1961	September in the rain	23	35	

BROOK BENTON & DINAH WASHINGTON

1960	Baby (you've got what it takes)	5		
1960	A rockin' good way	7		

We Five

Beverly Bivens, geb. in Santa Ana/Kalifornien, leadvoc
Peter Fullerton, geb. in Claremont/Kalifornien, Tenor
Jerry Burgan, geb. in Kansas City/Kansas, Tenor
Robert Jones, geb. in Honolulu/Hawaii, Bariton
Michael Stewart, geb. in Riverside/Kalifornien, Baß

Alle fünf Mitglieder dieser Vokalgruppe besuchten zusammen das kalifornische Mt. San Antonio College. Dort gründeten sie 1965 die Gruppe We Five. Da Michael Stewart der kleine Bruder von John Stewart (→ Kingston Trio) war, bekam das Quintett schnell einen Plattenvertrag. 1965 hatten We Five ihren ersten und einzigen großen Hit mit *You were on my mind*, einer temperamentvollen Folk-Rock-Nummer. Ein Jahr später nahm → Crispian St. Peters eine gestylte Version dieses Songs auf und hatte damit in England und Deutschland einen Hit. Auf Grund des mangelnden weiteren Erfolgs, – ihre zweite Single *Let's get together* erreichte Ende 65 nur noch Rang 31 – löste sich die Gruppe 1966 auf.

Jahr	*Titel*	*USA*	*UK*	*D*
1965	You were on my mind	3		

Lenny Welch

geb. 15. 5. 1938 in Asbury Park/New Jersey, USA, voc

Ab 1958 war Lenny in seinem Heimatort Asbury Park professioneller Sänger. Ende 1958 ging er nach New York, nahm etliche Demos auf, und 1959 bekam er einen Plattenvertrag. *You don't know me* hieß Anfang 1960 seine Debüt-Single, die es bis Platz 45 schaffte. 1963 hatte er seinen ersten großen Hit *Since I fell for you*, dann war es schon wieder aus. 1970 versuchte Lenny Welch ein Comeback mit *Breaking up is hard to do*, das ebenso ein Flop wurde wie sein zweiter Anlauf 1972 mit *A sunday kind of love*.

Jahr	*Titel*	*USA*	*UK*	*D*
1973	Since I fell for you	4		

Lawrence Welk

geb. 11. 3. 1903 in Strasburg/North Dakota, USA

Welks Familie wanderte 1878 vom Elsaß nach Amerika aus, um Bismarcks Einmarsch in Frankreich zu entgehen. Die Familie hatte vier Söhne und vier Töchter, Lawrence war der zweite Sohn. Der ganze Stolz der Familie war ein Akkordeon, das seit Generationen immer weitergegeben wurde. Lawrence war der einzige, der das musikalische Interesse der Vorfahren geerbt hatte, und er erlernte das Instrument und spielte darauf die Polkas und Volksweisen, die sein Vater ihm beibrachte. Mit dreizehn Jahren trat er bereits bei lokalen Tanzveranstaltungen auf, mit 21 Jahren verließ er die Familie, schloß sich zunächst anderen Kapellen an und gründete schließlich selbst eine. 1925 trat er mit seiner Kapelle, der ›größten kleinen Band in Amerika‹, regelmäßig im Radio auf, dann dehnte er seinen Wirkungskreis auch auf Ballsäle und große Hotels aus, und 1928 zählte Lawrence Welks Orchester zu den beliebtesten Kapellen, die später auch regelmäßig im Fernsehen zu bewundern waren. 1951 z. B. bekam er ein sechswöchiges Engagement für den Aaragon Ballroom in Pacific Ocean/Kalifornien; auf Grund des überwältigenden Erfolges wurde das Engagement auf neun Jahre ausgedehnt! Ab 1955 hatte Welk auch eine eigene Fernseh-Show, bei der er natürlich hervorragend Werbung für seine Platten treiben konnte, die er seit Anfang der 50er Jahre veröffentlichte. ›The Champagne Sound‹ nannte Welk selbst seine Instrumentals, die sich tatsächlich durch einen fröhlichen, ›prickelnden‹ Sound auszeichneten. 1961 hatte Welk einen Millionenseller mit dem Song *Calcutta*. Das war ein Lied mit Geschichte: Der deutsche Komponist Heino Gaze hatte die Melodie 1958 unter dem Titel *Tivoli Melodie* geschrieben; danach wurde der Song in *Take me dreaming* umgetauft; anschließend wurde eine Piano-Version davon veröffentlicht, die den Namen *Nicolette* trug; 1960 brachte → Vico Torriani eine gesungene Version davon heraus, die *Kalkutta liegt am Ganges* hieß und ein Nr.-1-Hit wurde; und last not least wurde die Melodie in Amerika eben als *Calcutta* veröffentlicht.

Jahr	*Titel*	*USA*	*UK*	*D*
1956	Moritat (A theme from The threepenny opera)	17		
1956	The poor people of Paris	17		
1960	Last date	21		
1960	Calcutta	1		

Mary Wells

geb. 13. 5. 1943 in Detroit/Michigan, USA, voc

Von klein auf hatte die hübsche Mary nur einen Berufswunsch: Sängerin zu werden. Und so marschierte sie 1960 mit klopfendem Herzen zu Berry Gordy jr. und seiner neugegründeten Plattenfirma Motown und sang die Eigenkomposition *Bye bye baby* vor. Gordy war sehr angetan, nahm Mary unter Vertrag, und ab 1962 gehörte die Sängerin zu den Stars seiner Firma. Mit *Two lovers* und *My guy* hatte Mary Millionenseller. Beide Lieder waren von → Smokey Robinson für sie geschrieben worden. Ebenso erfolgreich war Mary Wells als Duo-Partnerin von → Marvin Gaye. Heute ist Mary mit Cecil Womack verheiratet, dem Bruder von → Bobby Womack, und lebt in Los Angeles.

Jahr	*Titel*	*USA*	*UK*	*D*
1962	The one who really loves you	8		
1962	You beat me to the punch	9		
1962	Two lovers	7		

Jahr	*Titel*	*USA*	*UK*	*D*
1963	Laughing boy	15		
1964	My guy	1		

Marvin Gaye & Mary Wells

Jahr	*Titel*	*USA*	*UK*	*D*
1964	Once upon a time	19		
1964	What's the matter with you baby	17		

Gerhard Wendland

geb. 1. 9. 1921 in Berlin, Deutschland, voc

Der Sänger begann seine Karriere Ende der 30er Jahre, die dann allerdings für ein paar Jahre vom 2. Weltkrieg unterbrochen wurde. Nach dem Krieg mußte Wendland praktisch von vorne anfangen, aber mit seiner warmen Bariton-Stimme ersang er sich schnell ein breites Publikum. Von 1955 bis Mitte der 60er Jahre war Wendland erfolgreich in der deutschen Hitparade vertreten. Auch heute macht der Interpret ab und zu noch Auftritte bei Galas.

Jahr	*Titel*	*USA*	*UK*	*D*
1955	Bei uns in Laramie			3
1956	Arrivederci Roma			9
1957	Immer wieder lieb ich dich			18
1958	Die Welt war nie so schön für mich			16
1959	Sie			15
1961	Tanze mit mir in den Morgen			1
1962	Schau mir noch mal in die Augen			3
1962	Schläfst du schon			5
1962	Mary-Rose			3
1963	Ich hab so oft an dich gedacht			19
1964	Mach die Augen zu			8
1964	Tränen und Rosen			19
1964	Bald klopft das Glück auch mal an deine Tür			20
1965	Tanz die ganze Nacht mit mir			11

Kim Weston

geb. in Detroit/Michigan, USA, voc

Kim Weston ist, wie → Mary Wells, eine Entdeckung vom Motown-Chef Berry Gordy jr. Gordy gefiel ihre Stimme, und so nahm er sie 1963 unter Vertrag. *Love me all the way* hieß ihre Debüt-Single im Juli 1963, die es allerdings nur bis Rang 88 schaffte. Ihre bekannteste Nummer als Solo-Sängerin dürfte 1966 *Helpless* gewesen sein, die bis Platz 56 kam; ihre erfolgreichste Nummer war *Take me in your arms (and rock me a little while)* aus dem Jahr 1965, die zwar damals nur bis Rang 50 kam, aber zehn Jahre später, 1975, in der Version der Doobie Brothers ein Nr.-11-Hit in USA wurde. Die höchste Chartsnotierung hatte sie im Duett mit → Marvin Gaye.

Jahr	*Titel*	*USA*	*UK*	*D*
1967	It takes two (mit Marvin Gaye)	14	16	

Whistling Jack Smith

Billy Moeller, geb. 2. 2. 1946 in Liverpool, England, voc

Die Entstehungsgeschichte des gekonnten Pfeif-Instrumentals mit dem Titel *I was Kaiser Bill's batman* ist etwas seltsam. Denn eigentlich stammt die Aufnahme von einem Fernseh-Chor namens The Mike Sammes Singers, die Mitte der 60er Jahre in England große Popularität genossen. Die Gruppe hatte diese Melodie aus der Feder von Roger Greenaway und Roger Cooke (→ David & Jonathan) nur so zum Spaß aufgenommen und als Interpret den phantasievollen Namen Whistling Jack Smith gewählt. Als die Single in England ein Hit wurde, brauchte man schnellstens einen leibhaftigen ›pfeifenden Jack Smith‹ – und ausgewählt wurde der Sänger Billy Moeller, der künftig mit dieser Nummer pfeifend durch die Lande zog. Der Titel wurde ein internationaler Millionenseller.

Jahr	*Titel*	*USA*	*UK*	*D*
1967	I was Kaiser Bill's batman	20	5	4

Ian Whitcomb

geb. 10. 7. 1941 in Woking/Surrey, England, voc

In seiner Jugend lernte Whitcomb etliche Instrumente wie Akkordeon und Ukulele und spielte in diversen Skiffle-Groups. Dann ging Whitcomb in Dublin aufs College und lernte dort den Musiker Barry Richardson kennen, mit dem er eine Band namens The Bluesville Mfg. gründete. Sie erspielten sich in kleinen Clubs schnell einen guten Namen und nahmen zu Hause einige Amateur-Demos auf. Als Whitcomb 1965 seine Ferien in Amerika verbrachte, lernte er dort den Produzenten Jerry Dennon (→ The Kingsmen, The Raiders) kennen. Er spielte Dennon ein paar der Demos vor, der war so begeistert, daß er Whitcomb gleich dabehielt, um Platten mit ihm zu machen. Die ersten beiden Singles, *Soho* und *This sporting life*, waren Flops, aber dann kam *You turn me on*, das ein Bestseller wurde. Ende der 60er kehrte Whitcomb nach England zurück, um sein Buch *After the ball, A history of pop* zu schreiben, das 1972 erfolgreich veröffentlicht wurde. Whitcomb lebt heute in Los Angeles.

Jahr	*Titel*	*USA*	*UK*	*D*
1965	You turn me on (Turn on song)	8		

Tony Joe White

geb. 23. 7. 1943 in Oak Grove/Louisiana, USA, voc, g

Tony ist ein typischer Vertreter des ›Swamp Rock‹, einer Mischung aus Country, Rock und Blues, die in den 60ern aus dem Süden der USA kam. Als Teenager lernte Tony Gitarrespielen,

Tony Joe White Foto: Phonogram

anschließend gründete er eine Band namens Tony & The Mojos, die später Tony & The Twilights hieß. Doch Mitte der 60er Jahre arbeitete er nur noch als Solist. Er trat in kleinen Clubs auf und schrieb eine ganze Menge Songs. 1965 ging er nach Nashville, um einige seiner Songs anzubieten, und bekam selbst einen Plattenvertrag. *Georgia pines* und *Watching the trains go by* hießen seine ersten Veröffentlichungen, die allerdings nur regional erfolgreich waren. Den Durchbruch hatte Tony Joe White 1969 mit *Polk salad Annie*. Danach war der junge Mann mit dem schwarzen Lockenkopf auch als Songwriter gefragt. Für → Brook Benton schrieb er 1970 den Millionenseller *Rainy night in Georgia*; für → Elvis Presley ließ er sich 1974 *I've got a thing about you baby* einfallen, das bis Platz 4 der Country-Charts kam. Heute ist Tony Joe White ein gefragter Songwriter und Produzent, der z. B. für einen Großteil von → Tina Turners 89er Album *Foreign affair* verantwortlich zeichnet.

Jahr	*Titel*	*USA*	*UK*	*D*
1969	Polk salad Annie	8		
1969	Roosevelt and Ira Lee	44		
1970	Groupie girl		22	

The Who

Roger Daltrey, geb. 1. 3. 1944 in London, England, leadvoc
Peter Townshend, geb. 19. 5. 1945 in London, England, g, voc
John Entwhistle, geb. 10. 9. 1944 in London, England, b, voc
Keith Moon, geb. 23. 8. 1946 in London, England, dr; gest. 7. 9. 1978; ersetzt durch Kenny Jones, geb. 16. 9. 1944 in England

Anfang der 60er Jahre spielten Daltrey, Entwhistle und Townshend unter dem Namen The Detours zusammen; später stieß auch Keith Moon dazu. Als die Formation den Publizisten Peter Meaden kennenlernte, änderte der ihren Namen in The Highnumbers und verschaffte ihnen einen Plattenvertrag. Er steckte die vier Jungs in Mod-Kleidung und änderte für sie Slim Harpos *Live if you want it* in *I'm the face* um, das die Debüt-Single wurde. Doch obwohl in London gerade R & B angesagt war, wurde der Song ein Flop, woraufhin Mr. Meaden sich verabschiedete. Aber das Quartett spielte unermüdlich weiter in kleinen Clubs, und so wurden Kit Lambert und Chris Stamp auf die Highnumbers aufmerksam. Sie übernahmen das Management, änderten den Namen in The Who und ermutigten die Band, sich auf der Bühne ganz besonders aggressiv zu geben. Das Rezept ging auf, 1965 platzten die Who wie eine Bombe in den britischen Musikmarkt. *I can't explain* war der erste einer langen Reihe von internationalen Supersellern, der die vier Musiker zu Mega-Stars der Mod-Bewegung machte. Der blondgelockte Daltrey mit seinem unschuldigen Engelsblick war der Traum der Mädels, Townshend lieferte einen Hitparadenstürmer nach dem anderen ab, wie z. B. *My generation*, die Teenagerhymne schlechthin; Entwhistle war der Geheimnisvolle im Hintergrund und Keith Moon der unermüdliche Clown am Schlagzeug. Die Who-Alben *My generation* (1965), *A quick one* (1966) und *The Who sell out* (1967) waren internationale Bestseller. 1969 erfüllte sich dann Peter Townshend einen langgehegten Traum und schrieb die erste erfolgreiche Rock-Oper der Welt: *Tommy*. Die Geschichte des blinden und taubstummen Flipper-Königs ist inzwischen ein unerreichter Klassiker auf diesem Gebiet. Inspiriert worden war Peter Townshend dabei von den → Pretty Things, die sich mit *S. F. sorrow* bereits vorher an dieses Unternehmen gewagt hatten, damit aber gescheitert waren. Danach gab's zunächst 1970 mit *Live at Leeds* ein Live-Album zu hören, und erst 1971 mit *Who's next* die nächste LP mit neuen Songs. Die Who schienen das Interesse am Zusammenspielen verloren zu haben, fast alle ergingen sich nun in Solo-Aktivitäten. John Entwhistle brachte 1971 mit *Smash your head against the wall* als erster Who-Musiker ein Solo-Album heraus. Townshend veröffentlichte 1972 mit *Who came first* seine erste Solo-LP; Entwhistle folgte mit dem Album *Whistle rhymes*. Das 73er Who-Album *Quadrophenia* setzte diese Entwicklung eigentlich noch fort, denn auf diesem Doppel-Album, das ein Psychogramm eines Mods der Mittsechziger Jahre und seiner Generation darstellte, präsentiert jedes Mitglied der Band eine Seite seines Wesens. Die Solo-Ausflüge gingen auch 73 weiter. Und so ist es nicht weiter verwunderlich, daß Townshend und Entwhistle für das 74er Album *Odds & sods* lediglich die Schubladen nach bisher unveröffentlichten Who-Material durchstöberten. Erst für die 75er LP *The Who by numbers* ließ sich Townshend wieder Neues einfallen. 1975 kam auch der *Tommy*-Film heraus, in dem natürlich Roger Daltrey die Titelrolle spielte. Neben ihm agierten weitere Top-Stars wie → Elton John als ›Pinball Wizzard‹ und → Tina Turner als ›Acid Queen‹. 1977 begannen die Dreharbeiten zu dem Who-Film *The kids are alright*. Während der Dreharbeiten traf die Gruppe ein schwerer Schlag: Keith Moon, der irrwitzige und verrückte Trommler, starb am 7. September 1978 im Krankenhaus an einer Überdosis Tabletten, die ihm ein Arzt irrtümlich verordnet hatte! Doch die Who machten unbeirrbar weiter. Sie veröffentlichten die LP *Who are you*, sie begannen mit der Verfilmung von *Quadrophenia*, sie brachten den Film *The kids are alright* heraus. Und als neuen Schlagzeuger engagierten sie Kenny Jones von den Faces. Dann gab es mal wieder ein neues Who-Album, dann veröffentlichten die einzelnen Musiker wieder mal ein Solo-Album, dann gingen sie wieder auf Tournee, dann hieß es, die

Who hätten sich wirklich endgültig aufgelöst. 1989 packten die Who dann ihre eingemotteten Instrumente wieder aus und gingen tatsächlich abermals auf Tournee, und zwar für einen guten Zweck: Zugunsten der internationalen Hilfswerke für Kinder führten sie in Amerika und England ihre Rockoper *Tommy* noch einmal in einer konzertanten Version auf. Auch diesmal wimmelte es bei den einzelnen Rollen nur von Stars: Elton John, Billy Idol, Stevie Winwood, Phil Collins und Patti LaBelle machten, neben den Who natürlich, jede Aufführung zu einem Höhepunkt.

Jahr	*Titel*	*USA*	*UK*	*D*
1965	I can't explain		8	
1965	Anyway, anyhow, anywhere		10	
1965	My generation		2	6
1966	Substitute		5	19
1966	I'm a boy		2	10
1966	Happy Jack	24	3	4
1967	Pictures of lilly		4	5
1967	I can see for miles	9	10	37
1968	Magic bus	25	26	20
1969	Pinball wizzard	19	4	25
1969	I'm free	37		18
1970	The seeker		19	18
1970	Summertime Blues	27	38	29
1970	See me, feel me	12		
1971	Won't get fooled again	15	9	27
1971	Let's see action		16	43
1972	Join together	17	9	23
1973	Relay	39	21	28
1973	5.15		20	46
1976	Squeeze box	16	10	
1976	Substitute		7	
1978	Who are you	14	18	
1981	You better you bet	18	9	

Andy Williams

Howard Andrew Williams, geb. 3. 12. 1927 in Wall Lake/Iowa, voc

Andy begann mit dem Singen, als seine Eltern mit ihm und seinen drei Brüdern einen Kirchenchor auf die Beine stellten. Als die Familie dann nach Des Moines umzog, sangen die vier Brüder professionell zusammen und waren im Radio bald als die Williams Brothers bekannt und beliebt. 1948 zog die Familie nach Kalifornien, und im Team mit der Komikerin Kay Thompson entwickelten sich die Williams Brothers schnell zu einem beliebten Nachtclub-Act. 1952 löste sich das Quartett auf, nachdem die drei älteren Brüder geheiratet hatten. Andy versuchte sich als Solist und wurde regelmäßig Gast in der *Steve Allen show*. 1955 bekam er einen Plattenvertrag und veröffentlichte Anfang 1956 mit *Walk hand in hand* seine Debüt-Single, die bis Platz 54 kam. 1957 hatte er mit der Rock-Nummer *Butterfly* seinen ersten Millionenseller, dem mit *Hawaiian wedding song, Moon river, Can't get used to losing you, Days of wine and roses* und *Love story* noch etliche folgten. Allerdings hatte Williams inzwischen vom Rock zum softigen MOR-Sound gewechselt. 1964 gab der attraktive Interpret in dem Film *I'd rather be rich* sein Debüt als Schauspieler. Auch heute noch gehört Andy Williams mit seinem relaxten Gesangsstil zu den wenigen internationalen Superstars.

Jahr	*Titel*	*USA*	*UK*	*D*
1956	Canadian sunset	7		
1957	Butterfly	1	1	

1957	I like your kind of love	8	16	
1957	Lips of wine	17		
1958	Are you sincere	3		
1958	Promise me, love	17		
1959	The Hawaiian wedding song	11		
1959	Lonely street	5		
1959	The village of St. Bernadette	7		
1963	Can't get used to losing you	2	2	39
1963	Hopeless	13		
1964	A fool never learns	13	40	
1965	Almost there		2	
1966	May each day		19	
1967	Music to watch girls by	34	33	
1968	Can't take my eyes off you		5	
1969	Happy heart	22	19	
1970	Can't help falling in love		3	
1970	It's so easy		13	
1970	Home lovin' man		7	
1971	(Where do I begin) Love story	9	4	38
1972	Love theme from The godfather (Speak softly love)	34	42	
1973	Solitaire		4	

Mason Williams

geb. 24. 8. 1938 in Abilene/Texas, USA, g

Mason Williams studierte an der Oklahoma City University Mathematik, und um sich abends von diesem trockenen Thema abzulenken, lernte er in seiner Freizeit Gitarrespielen. Das machte ihm so viel Spaß, daß er sich dem Folk-Trio The Wayfarers anschloß und mit ihm auch Tourneen unternahm. Dann mußte er zur Army, schrieb aber in seiner Freizeit Lieder für alle nur möglichen Gelegenheiten und sang in kleinen Folkclubs. Nach seiner Entlassung gelang es ihm, ein paar seiner Lieder zu verkaufen, und bald sangen eine ganze Menge Stars seine Songs: → The Kingston Trio, → Gale Garnett, Jonny Desmond, → Petula Clark. Für das Duo → Abi und Esther Ofarim ließ sich Mason Williams das ungewöhnliche *Cinderella Rockefella* einfallen, das den beiden Israelis internationalen Erfolg einbrachte. Seinen größten musikalischen Erfolg hatte Mason Williams 1968 mit der Eigenkomposition *A classical gas*, in dem er munter alles mischte, was an Stilrichtungen gut und teuer ist: Rock, klassische Kammermusik, Bluegrass. Mike Post produzierte das Instrumental und verwendete dafür ebenso ungewöhnliche Instrumente: vier Cellos (um den Sound eines Fender-Baß zu bekommen), Geigen (um den Sound von Gitarren zu bekommen), zwei Hörner (um den Sound eines Schlagzeugs zu bekommen), dazu zwei Posaunen, zwei Klaviere, Percussion, drei Gitarren und einen Baß. Das ungewöhnliche Instrumental wurde ein Millionenseller und erhielt 1968 drei Grammies: für ›das beste instrumentale Arrangement‹, für ›die beste zeitgenössische Pop-Platte‹ und für ›die beste Instrumental-Nummer des Jahres 1968‹. Daneben machte sich der vielbegabte Mason Williams aber auch einen Namen als Schriftsteller, er hat an die fünfzehn Bücher über alle möglichen Themen geschrieben, und als darstellender Künstler. Er ließ sich nämlich das Buch *The bus book* einfallen, das lediglich das Foto eines Greyhound-Busses in Originalgröße enthält – kunstvoll auf Buchgröße zusammengefaltet. Das ›Werk‹ hängt heute im New Yorker Museum Of Modern Art.

Jahr	*Titel*	*USA*	*UK*	*D*
1968	Classical gas	2	9	

Maurice Williams And The Zodiacs

Maurice Williams, geb. 26. 4. 1938, voc, p
Henry Gasten, g
Willie Bennet, b
Charles Thomas, dr
alle aus Lancaster/South Carolina, USA

Williams und seine Schulfreunde nannten sich als Band The Royal Charms. 1955 nahmen sie an einem Talentwettbewerb ihrer Highschool teil, den sie gewannen. Dann gingen sie nach Nashville, wo sie auf einen Plattenvertrag hofften. 1957 schrieb Maurice einen Rock-Song namens *Little darlin*, den die Gruppe unter dem Namen The Gladiolas aufnahm und mit dem sie bis Rang 41 kam. Im gleichen Jahr brachten die Diamonds eine Coverversion davon heraus und landeten damit auf Rang 2. 1958 änderten sie schon wieder ihren Namen, diesmal in Excellos, und als auch das nicht den großen Durchbruch brachte, einigte man sich 1959 endgültig auf The Zodiacs. 1960 schrieb Maurice den Song *Stay*, den die Formation im September 1960 herausbrachte und der ein Millionenseller wurde. 1978 holte Jackson Browne den Song noch einmal aus der Versenkung hervor und hatte damit in USA einen Nr.-20-Erfolg.

Jahr	*Titel*	*USA*	*UK*	*D*
1960	Stay	1	14	

Roger Williams

Louis Weertz, geb. 1925 in Omaha/Nebraska, USA, p

Noch vor seinem dritten Geburtstag spielte der kleine Louis nur nach dem Gehör Klavier; mit vier Jahren schrieb er seine erste kleine Komposition; mit acht Jahren beherrschte der hochmusikalische Knabe insgesamt zwölf Instrumente und war der Leiter des Schulorchesters und -chors. Nach dem Highschool-Abschluß mußte er zum Militär, zur U. S. Navy. Nach seiner Rückkehr 1945 setzte er seine Klavierstudien fort, bekam eine eigene Radioshow und gab bereits im ganzen Mittelwesten umjubelte Konzerte. 1951 machte er seinen Doktor in Musik, ein Jahr später schrieb er sich in New York auf der berühmten Juillard-Musikschule ein. Er studierte, spielte in Cocktail-Lounges, trat bei Konzerten auf, gewann Talentwettbewerbe, und 1954 bekam der junge Pianist einen Plattenvertrag. *The boy next door* hieß 1955 sein Debüt-Album, im selben Jahr veröffentlichte er mit seiner Version des berühmten *Autumn leaves* seinen ersten Millionenseller. Im Laufe der Jahre entwickelte sich Roger Williams, wie er sich inzwischen der Einfachheit halber nannte, zum bestverkaufenden und populärsten Pianisten Amerikas.

Jahr	*Titel*	*USA*	*UK*	*D*
1955	Autumn leaves	1		
1957	Almost paradise	15		
1958	Near you	10		
1966	Born free	7		

Jackie Wilson

geb. 9. 6. 1934 in Detroit/Michigan, USA, voc; gest. 21. 1. 1984 in New Jersey

Eigentlich wollte Jackie ja Boxer werden. 1950, mit sechzehn Jahren, nahm er an einem Titelkampf im Welter-Gewicht teil, was er nur deshalb durfte, weil er vorgab, bereits achtzehn Jahre alt zu sein. Er gewann die ›Golden Gloves‹ des Welter-Gewichts, aber dann lag ihm seine Mutter ständig in den Ohren, doch etwas anderes, weniger Gefährliches zu machen. Die einzige Alternative zu Sport bestand für einen farbigen Jungen Anfang der 50er Jahre nur in der Musik. Also wurde Jackie Sänger. Als 1953 die von ihm sehr bewunderte Formation The Dominoes in die Stadt kam und Jackie erfuhr, daß → Clyde McPhatter gerade dabei war, die Gruppe zu verlassen, um eine neue Band namens → The Drifters zu gründen, bewarb sich Jackie sofort um den Job als Leadsänger – und bekam ihn. Bis 1957 war der sehr gutaussehende Jackie Wilson der Leadsänger der Dominoes, dann ging er, um sich als Solist zu versuchen. Sein Debüt-Song 1957 war *Reet petite*, das ein junger Mann namens Berry Gordy jr. geschrieben hatte. Aus der Feder dieses unbekannten Songschreibers stammte auch *Lonely teardrops*, 1959 Jackie Wilsons erster Millionenseller. Aber da hatte Gordy jr. bereits seine kleine Plattenfirma gegründet, aus der später der gigantische Weltkonzern Tamla-Motown werden sollte. 1960 hatte Jackie dann mit *Night* und *Doggin' around* abermals Millionenerfolge. 1961 wäre die Karriere des hervorragenden Interpreten beinahe vorzeitig zu Ende gewesen. Er wurde nämlich von einem weiblichen Fan in den Bauch geschossen, als er sie daran hindern wollte, Selbstmord zu begehen. Doch Jackie erholte sich wieder, obwohl er die Kugel nicht herausoperieren ließ. Bis Anfang der 70er Jahre war Jackie immer wieder in den Charts zu finden und gab am laufenden Band umjubelte Konzerte. Als er am 29. September 1975 im Latin Casino in Cherry Hill/New Jersey auftrat, bekam er einen Herzanfall. Er fiel in ein Koma, aus dem er bis zu seinem Tode am 21. Januar 1984 nicht mehr erwachte. Mitte der 80er Jahre wurden seine Songs in England wiederveröffentlicht und konnten sich abermals hoch in den Charts plazieren. Der vorzügliche Sänger, der einen Rock-Song genauso überzeugend interpretieren konnte wie eine sanfte Ballade, war und ist das Vorbild von ganzen Generationen von Sängern.

Jahr	*Titel*	*USA*	*UK*	*D*
1957	Reet petite		6	
1958	To be loved	22	23	
1958	Lonely teardrops	7		

Jahr	*Titel*	*USA*	*UK*	*D*
1959	That's why (I love you so)	13		
1959	I'll be satisfied	20		
1960	Night	4		
1960	Doggin' around	15		
1960	(You were made for) All my love	12	33	
1960	A woman, a lover, a friend	15		
1960	Alone at last	8	50	
1961	My empty arms	9		
1961	Please tell me why	20		
1961	I'm comin' on back to you	19		
1963	Baby workout	5		
1966	Whispers (gettin' louder)	11		
1967	(Your love keeps lifting me) Higher and higher	6		
1969	Higher and higher		11	
1972	I get the sweetest feeling		9	
1986	Reet petite		1	4
1987	I get the sweetest feeling		3	
1987	Higher and higher		15	

J. Frank Wilson And The Cavaliers

J. Frank Wilson, geb. 1941 in Lufkin/Texas, USA, voc
Phil Trunzo, geb. in Geneva/New York
Jerry Graham, geb. in Flint/Michigan
Bobby Wodds, geb. in Memphis/Tennessee
Gene Croyle, geb. in San Antonio/Texas

Wilson ging nach seinem Highschool-Abschluß zur U. S. Air Force und wurde in San Antonio stationiert. Dort wurde er der Leadsänger der Cavaliers. Bald war die Formation mit dem hübschen, dunkelgelockten Frank die Teenager-Attraktion Nr. 1 der gesamten Gegend. Nach der Entlassung aus der Army beschlossen die Bandmitglieder, weiterhin zusammenzubleiben und ihr Glück im richtigen Showbiz zu versuchen. Über ein Jahr lang nagte die Truppe mehr oder weniger am Hungertuch, dann gelang es ihrem Manager, für den Song *The last kiss* einen Abnehmer zu finden. Doch dieses Lied über einen jungen Mann, der mit seiner Freundin nachts eine Autotour unternimmt und dabei in einen Unfall verwickelt wird, bei dem seine Freundin nach einem ›letzten Kuß‹ stirbt, stand zunächst unter keinem guten Stern. Als der Song gerade ein Hit war, verunglückte der Manager mit dem Auto. Er wurde getötet, etliche Gruppenmitglieder schwer verletzt. Doch der Song wurde ein Millionenseller, der erste und einzige für J. Frank Wilson und seine Cavaliers, von denen man anschließend nie mehr etwas hörte.

Jahr	*Titel*	*USA*	*UK*	*D*
1964	Last kiss	2		

Nancy Wilson

geb. 20. 2. 1940 in Chillicothe/Ohio, USA, voc

Anfang der 60er Jahre trat Nancy in Columbus/Ohio bei diversen Fernsehstationen auf. Dort lernte sie Cannonball Adderley kennen, der von ihrer Stimme so beeindruckt war, daß er ihr einen Plattenvertrag beschaffte. 1963 veröffentlichte Nancy mit *Tell me the truth* ihre Debüt-Single, die es bis Platz 73 schaffte. Bis Ende der 60er Jahre veröffentlichte die exzellente Jazz-Stilistin Platten, die sich immer wieder in den Charts plazieren konnten, wenn auch nicht auf den oberen Plätzen.

Jahr	*Titel*	*USA*	*UK*	*D*
1964	(You don't know) How glad I am	11		

Kai Winding

geb. 18. 3. 1923 in Dänemark, Posaune; gest. 6. 5. 1983

Der dänische Musiker war Posaunist bei Stan Kenton und bildete jahrelang zusammen mit J. J. Johnson das populäre Jazz-Duo J & K. 1963 kam der Film *Mondo cane* in die Kinos, der die Gemüter nicht nur ob seiner Brutalität erregte, sondern auch mit der äußerst eingängigen Titelmelodie *More*. Kai Winding machte eine Instrumental-Version dieser Melodie und hatte damit seinen ersten und einzigen Hit. Winding starb am 6. Mai 1983 im Alter von 60 Jahren.

Jahr	*Titel*	*USA*	*UK*	*D*
1963	More	8		

The Winstons

Richard Spencer, leadvoc, sax
Phil Tolotta, org, leadvoc
Quincy Mattison, leadg, voc
Ray Maritano, sax, voc
Sonny Peckrol, b, voc
G. C. Coleman, dr, voc

Die Mitglieder dieser farbigen Band hatten alle bereits musikalische Erfahrungen gesammelt, als sie sich Ende der 60er Jahre in Washington D. C. zusammentaten. Die meisten waren Begleitmusiker von Stars wie → Otis Redding und → Arthur Conley gewesen. Entdeckt wurde die hervorragend getrimmte Formation von den → Impressions, die sie zunächst als Begleitband bei ihren Tourneen verwendeten. Doch schon bald waren die Winstons selbst die Stars, bekamen einen Plattenvertrag und veröffentlichten mit der softigen Soul-Ballade *Color him father* einen Millionenseller. Außerdem bekam das Lied den Grammy für den ›besten Rhythm & Blues Song des Jahres‹. Ihre nächste Veröffentlichung, *Love of the common people*, erreichte 1969 nur mehr Rang 54.

Jahr	*Titel*	*USA*	*UK*	*D*
1969	Color him father	7		

David Alexander Winter

geb. in Holland, voc

Der Holländer war mit seinem Song *Oh lady Mary* der Star des Antibes Song Festivals im Jahr 1969. Der Song wurde im August in Frankreich veröffentlicht, und bereits im September näherten sich die Verkäufe der Millionengrenze, die dann im November erreicht war. Insgesamt war der Song in Frankreich fünf Wochen lang die Nr. 1, in Italien erreichte das Lied Platz 4, während in Deutschland nur die deutsche Version von → Peter Alexander erfolgreich war. Diese Version hieß ebenfalls *Oh lady Mary*, kam 1970 heraus und erreichte in der deutschen Hitparade Platz 5.

Johnny Winter

geb. 23. 2. 1944 in Leland/Mississippi, USA, g, voc

Die beiden Albino-Brüder Johnny und Edgar Winter begannen bereits als Teenager, miteinander zu spielen. Ende der 50er Anfang der 60er gehörten die beiden, die ob ihres seltsamen Aussehens von den Schulkameraden gemieden und gehänselt wurden, zu Gruppen wie Johnny & The Jammers oder Johnny Winter & The Black Plague. Anfang der 60er fing Johnny an, sich für den Blues zu interessieren. Er wurde Begleitmusiker bei diversen Blues-Interpreten und erspielte sich einen hervorragenden Ruf, der ihm wiederum eine erstklassige Beurteilung in der Fachzeitschrift ›Rolling Stone‹ einbrachte. Daraufhin wurde Steve Paul sein Manager, organisierte eine ganze Menge ausverkaufter Konzerte für ihn und verschaffte Johnny schließlich auch einen Plattenvertrag. *Johnny Winter* hieß 1969 sein Debüt-Album, dem 1970 die hochgelobte LP *Second Winter* folgte, bei der Bruder Edgar Keyboards und Saxophon spielte. Für die 71er LP *Johnny Winter and* hatte der fast blinde Musiker drei ehemalige Mitglieder der → McCoys als Begleitband geholt: → Rick Derringer (g/voc), Randy Jo Hobbs (b) und Randy Z (dr). Ebenso hervorragend wurde das Live-Album *Johnny Winter and live* (1971). Doch danach zehrten Drogenprobleme an der Schaffenskraft des ohnehin stets kränklichen Musikers. Als er, nach längerer Erholungspause, 1973 die ausgezeichnete LP *Still alive and well* herausbrachte, schien er seine Probleme fest in den Griff bekommen zu haben. Seitdem veröffentlicht Johnny Winter in sehr unregelmäßigen Abständen Alben von ebenso unbeständiger Qualität, teilweise wirklich hörenswert und teilweise mehr als nur ärmlich.

Bobby Womack

geb. 4. 3. 1944 in Cleveland/Ohio, USA, voc

Zusammen mit seinen vier Brüdern gründete Bobby Womack Anfang der

Bobby Womack Foto: WEA

60er Jahre eine Gruppe. Die vier nannten sich THE WOMACK BROTHERS. Als sie von → SAM COOKE für sein neugegründetes Plattenlabel Sar Records unter Vertrag genommen wurden, änderte Cooke ihren Namen in THE VALENTINOS. Das Quartett konnte sich zwar nie in den Pop-Charts plazieren, aber von ihm stammen etliche Songs, die später Hits für andere wurden: *It's all over now*, 1964 ein Nr.-1-Hit in UK für die → ROLLING STONES oder *Lookin for a love*, 1972 ein Erfolg für die J. GEILS BAND. Nach Sam Cookes Tod hatte Bobby Womack 1964 die Valentinos verlassen, um sich als Solist zu versuchen. Zunächst betätigte er sich als Songwriter und schrieb für → WILSON PICKETT *I'm in love* und *Midnight mover*; dann arbeitete er als Sessionmusiker für Stars wie → JANIS JOPLIN und → ARETHA FRANKLIN und war eine ganze Zeit lang Leader der Begleitband von Wilson Pickett. 1968 bekam er einen Plattenvertrag als Solist und kam mit seiner Debüt-Single *Fly me to the moon* bis Rang 52. Seinen ersten Millionenseller hatte Bobby Womack 1973 mit *Harry hippie*, obwohl das Lied in den Hot 100 nur bis Rang 31 kam; der zweite folgte dann 1974 mit dem ehemaligen Valentinos-Song *Lookin for a love*. Heute gehört Bobby Womack immer noch zu den Nachtclub-Attraktionen der Sparte Soul.

Jahr	*Titel*	*USA*	*UK*	*D*
1974	Lookin' for a love	10		

Stevie Wonder

STEVELAND MORRIS HARDAWAY (Judkins?), geb. 13. 5. 1950 in Detroit/Michigan, USA, voc, keyb, Munfharmonika

Der weltweite Superstar wurde blind geboren und war das dritte von sechs Kindern. Seine Behinderung war für den quirligen Kleinen allerdings nie ein Problem, er tobte genauso herum wie seine Geschwister, und seine Lieblingsbeschäftigung war es, auf allen nur möglichen Gegenständen herumzutrommeln. Mit drei Jahren bekam er eine Kinder-Mundharmonika, die er bald trefflich beherrschte. Mit neun Jahren zog er mit dieser Harmonika durch die Straßen seines Viertels und spielte den Leuten darauf eine eigenwillige Mischung aus den gängigen Tageshits und eigenen Kompositionen vor. Klein-Stevie war natürlich auch, wie es sich für einen ordentlichen farbigen Jungen gehörte, im Kirchenchor, aber dort flog er hinaus, als er einen Rock 'n' Roll-Song anstimmte. Einer seiner Nachbarn war Ronnie White von → Smokey Robinsons → Miracles. Und der war von Stevies Können so angetan, daß er ihn seiner Plattenfirma, Berry Gordys Tamla-Motown Konzern, empfahl. Stevie wurde auch tatsächlich Anfang der 60er Jahre als Little Stevie Wonder unter Vertrag genommen und hatte 1963, im zarten Alter von dreizehn Jahren, seinen ersten Millionenseller mit *Fingertips Pt. 2*, einem Song, der bei einem Live-Auftritt mitgeschnitten worden war. Seitdem gehört Stevie Wonder zu den ganz großen Stars der schwarzen Musik. Als Teenager machte er mit seiner überschäumenden, ständig freudig juchzenden Stimme praktisch jeden Song zum Hit. Mitte der 60er Jahre fing Stevie Wonder an, seine Songs selbst zu schreiben, und ließ sich einen Superseller nach dem anderen einfallen, wobei er sich, trotz seiner angeborenen musikalischen Genialität, weiterbildete und brav die Schulbank drückte, um Musiktheorie und Kompositionslehre zu lernen. 1971 heiratete der 21jährige Mehrfach-Millionär Syreeta Wright, ein junges Mädchen, das bei Motown gearbeitet hatte. In diesem Jahr beschloß er auch, daß ihn ab sofort Hitparaden nicht mehr interessierten und daß er nur noch das singen würde, was ihm Spaß machte. *Super woman, Superstition* und *You are the sunshine of my life* waren, mit dem Album *Talking book*, die ersten Anti-Hitparaden-Songs von Stevie Wonder – und sie eroberten prompt die Charts. Was auch immer Stevie an Singles veröffentlichte, es ging in die Charts, was auch immer Stevie als Album herausbrachte, es wurde ein Millionenseller. LPs wie *Fullfillingness first finale* (1974), das Doppelalbum *Songs in the key of life* (1976), *Journey through the secret life of plants* (1979) oder *Hotter than july* (1980) gehören heute schon zu den Klassikern. Auch heute veröffentlicht Stevie Wonder regelmäßig Alben und Singles, die teilweise hervorragend, teilweise aber auch zu extravagant sind, um das breite Publikum zu faszinieren. Aber seine beeindruckenden Konzerte finden immer noch vor stets ausverkauften Häusern statt.

Jahr	*Titel*	*USA*	*UK*	*D*
1963	Fingertips – Pt. 2	1		
1966	Uptight (Everything's alright)	3	14	
1966	Nothing's too good for my baby	20		
1966	Blowin' in the wind	9	36	
1966	A place in the sun	9	20	
1967	I' was made to love her	2	5	
1967	I'm wondering	12	22	
1968	Shoo-be-doo-be-doo-da-day	9	46	
1968	For once in my life	2	3	
1969	I don't know why	39	14	
1969	My cherie amour	4	4	
1969	Yester-me, yester-you, yesterday	7	2	15
1970	Never had a dream come true	26	6	
1970	Signed, sealed, delivered I'm yours	3	15	
1970	Heaven help us all	9	29	
1971	We can work it out	13	27	
1971	If you really love me	8	20	
1972	Superstition	1	11	21
1973	You are the sunshine of my life	1	7	42

1973	Higher ground	4	29	
1973	Living for the city	8	15	20
1974	Don't you worry 'bout a thing	16		
1974	He's misstra know it all		10	
1974	You haven't done nothin	1	30	49
1974	Boogie on Reggae woman	3	12	
1976	I wish	1	5	30
1977	Sir Duke	1	2	10
1979	Send one your love	4	52	
1980	Master blaster (Jammin')	5	2	9
1981	I ain't gonna stand for it	11	10	50
1981	Lately		3	64
1981	Happy birthday		2	18
1982	That girl	4	39	
1982	Do I do	13	10	
1984	I just called to say I love you	1	1	1
1984	Love light in flight	17	44	54
1985	Part-time lover	1	3	12
1985	Go home	10	67	
1986	Overjoyed	24	17	

PAUL McCARTNEY & STEVIE WONDER

1982	Ebony and ivory	1	1	1

→ DIONNE WARWICK, → GLADYS KNIGHT, → ELTON JOHN & STEVIE WONDER

1985	That's what friends are for	1	16	36

The Wonderland

ACHIM REICHEL, geb. 28. 1. 1944 in Deutschland, g, org, p, b, voc
FRANK DOSTAL, org, b, voc
REINHARD ›DICKIE‹ TARRACH, geb. 21. 9. 1944 in Deutschland, dr
HELMUTH FRANKE, b, bj, sitar; ersetzt 1970 durch KALLE TRAPP
LES HUMPHRIES, geb. 10. 8. 1940 in England, p, org, cl, sax; ersetzt 1970 durch ROBERT KRUSE

1966 verließ Achim Reichel seine 1960 gegründete und höchst erfolgreiche Beat-Band → THE RATTLES. Er mußte zur Bundeswehr. Nach seiner Entlassung versuchte er sich zunächst als Interpret deutscher Schlager. Als das nicht klappte, gründete er 1968 abermals eine Beat-Band, The Wonderland. Mit von der Partie war das ehemalige Rattles-Mitglied Dickie Tarrach. *Moscow* hieß die erfolgreiche Debüt-Single, danach kam eine ebenso erfolgreiche Tournee als Vorgruppe der → BEE GEES, und 1969 landetete Wonderland bei der Wahl der besten deutschen Formation durch Fachjournalisten auf Platz 3. Mit am Erfolg beteiligt war ihr gewiefter Produzent JAMES LAST. 1970 hatte Achim Reichel dann schon wieder das Interesse an Wonderland verloren und ging auf einen Elektroniktrip, der ihm außer wohlmeinenden Kritiken nicht viel einbrachte. Erst als er Ende der 70er Jahre wieder deutschsprachige Rockmusik machte, kam auch der Erfolg wieder. Les Humphries verließ die Gruppe 1969, um seine Erfolgs-Truppe LES HUMPHRIES SINGERS zu gründen, die Anfang der 70er Jahre mit temperamentvollen Gruppengesängen wie *Mexico* oder *Mama Loo* Bestseller landen konnte. Dickie Tarrach entwickelte sich zum gesuchten Stu-

Jahr	*Titel*	*USA*	*UK*	*D*
1968	Moscow			15

diomusiker und machte in den 80er Jahren sowohl als Solist *(Tarraco)* wie auch als Mitglied von Moti Special *(Cold days – hot nights')* von sich reden.

The Wonder Who?

Wer einmal eine Platte der Wonder Who? gehört hat, fragt sich keineswegs, wer das sein könnte. Es sind eindeutig und unüberhörbar die → Four Seasons. → Frankie Valli war der Initiator dieses ›Pseudonyms‹. Er war und ist ein begeisterter Anhänger des Scat-Gesangs, wie er in den 40er Jahren von Stars wie Nellie Lutcher und Rose Murphy praktiziert wurde. Als die Four Seasons eines Tages im Studio waren, um eine LP mit → Dylan-Songs aufzunehmen, intonierte Valli auf diese Art den Titel *Don't think twice*. Das gefiel allen Anwesenden so gut, daß sie diese Version aufnahmen. Die LP mit Dylan-Songs entstand zwar nie, aber der Song wurde unter dem Pseudonym The Wonder Who? veröffentlicht. Künftig war dieses Pseudonym für die Four Seasons eine Möglichkeit, Songs, die nicht in das Four-Seasons-Konzept paßten, unter anderem Namen zu veröffentlichen. Ende 1966 ›verschwanden‹ die Wonder Who? dann wieder.

Jahr	*Titel*	*USA*	*UK*	*D*
1965	Don't think twice	12		

Brenton Wood

geb. 26. 7. 1941 in Shreveport/Louisiana, USA, voc, p

Als Brenton zwei Jahre alt war, zog seine Familie nach Kalifornien. Dort entwickelte sich der farbige Interpret zunächst zu einem erstklassigen Sportler. Doch Mitte der 60er Jahre wendete sich Brenton der Musik zu und wurde Pianist. 1967 bekam er einen Plattenvertrag und veröffentlichte als erstes *The oogum boogum song*, der es in den Hot 100 bis Rang 34 schaffte. Mit der zweiten Single *Gimme little sign* hatte Brenton seinen ersten und einzigen großen Hit. Er tourte noch eine Weile mit seiner Begleitband Kent & The Candidates durch die Lande und verschwand dann wieder.

Jahr	*Titel*	*USA*	*UK*	*D*
1967	Gimme little sign	9	8	25

Tammy Wynette

Wynette Pugh, geb. 5. 5. 1942 in Itawamba County/Mississippi, USA, voc

Die Sängerin, die den Beinamen ›The First Lady Of Country Music‹ trägt, arbeitete Anfang der 60er Jahre zunächst in einem Schönheitssalon. Dann durfte die attraktive Hobby-Sängerin in der TV-Show *Country boy Eddi* auftreten, verdiente sich erste Meriten als Duo-

Partnerin von Porter Wagoner und ging 1966 nach Nashville. Sie bekam einen Plattenvertrag und veröffentlichte 1966 mit *Apartment Nr. 9* ihre Debüt-Single, die in den Country-Charts bis Rang 44 kam. Mit der zweiten Single *Your good girl's gonna bad* erreichte sie schon Platz 3, und ihre nächsten Veröffentlichungen belegten in den Country-Charts grundsätzlich Platz 1. Ihr Top-Hit *D-I-V-O-R-C-E* konnte sich 1968 in den Pop-Charts auf Rang 63 plazieren. Auch in den folgenden Jahren lieferte Tammy Wynette wieder einen Country-Erfolg nach dem anderen ab. Sie heiratete 1968 den Country-Sänger George Jones, von dem sie sich 1975 wieder scheiden ließ. Und 1975 war auch das Jahr, in dem Tammy plötzlich in Großbritannien und Deutschland interessant wurde und ihre 68er Hits dort Eingang fanden. Ihr *Stand by your man*, das 1968 in den Country-Charts ein Nr.-1-Hit gewesen war und zu den bestverkauften Platten einer weiblichen Sängerin in der Geschichte der Country-Music gehört, wurde 1975 auch in England die Nr. 1. Seit 1978 ist Tammy mit ihrem Manager George Richey verheiratet und lebt in Nashville.

Jahr	*Titel*	*USA*	*UK*	*D*
1968	Stand by your man	19		
1975	Stand by your man		1	36
1975	D-I-V-O-R-C-E		12	

Y

Glenn Yarbrough

geb. 12. 1. 1930 in Milwaukee/Wisconsin, USA, voc

1959 wurde in Los Angeles ein Trio gegründet, das The Limelighters hieß, nach einem populären Nachtlokal im Ferienort Aspen. Mitglieder waren Lou Gottlieb, Alex Hassilev und Glenn Yarbrough. Ihren einzigen Erfolg hatte die Gruppe 1961 mit dem Song *A dollar down*, der es in USA bis Rang 60 schaffte. 1963 trennte sich Yarbrough von den Limelighters und versuchte sich als Solist. 1965 durfte er den Titelsong des Films *Baby the rain must fall* singen, der sein erster und einziger Erfolg wurde. Die nächste Single *It's gonna be fine* erreichte nurmehr Rang 54. 1973, genau zehn Jahre nach der Trennung, kamen die Original Limelighters wieder zusammen und nannten sich jetzt Glenn Yarbrough & The Limelighters. Als Mitspieler engagierte das Trio u. a. das ehemalige First-Edition-Mitglied Mike Settle und Tony Gottlieb, den Sohn von Limelighter Lou Gottlieb.

Jahr	*Titel*	*USA*	*UK*	*D*
1965	Baby, the rain must fall	12		

The Yardbirds

Keith Relf, geb. 22. 3. 1943 in Richmond/Surrey, England, leadvoc, gest. 14. 11. 1976; ersetzt durch Robert Plant, geb. 20. 8. 1948 in Bromwich/Staffordshire, England
Anthony ›Top‹ Topham, geb. in England, leadg; ersetzt 1964 durch → Eric Patrick Clapton, geb. 30. 3. 1945 in Ripley/Surrey, England; ersetzt 1965 durch → Jeff Beck, geb. 24. 6. 1944 in Surrey, England; ersetzt 1966 durch James Patrick Page, geb. 9. 1. 1944 in Heston/Middlesex, England
Chris Dreja, geb. 11. 11. 1945 in Surbiton/Surrey, England, g
Paul ›Sam‹ Samwell-Smith, geb. 8. 5. 1943 in London, England, b; ersetzt 1966 durch John Paul Jones, geb. 3. 1. 1946 in London, England
James McCarty, geb. 25. 7. 1943 in Liverpool, England, dr; ersetzt 1967 durch John Bonham, geb. 31. 5. 1947 in Birmingham, England, gest. 25. 9. 1980 in Windsor, England

Die Mitglieder-Liste dieser Band aus Surrey liest sich wie eine Best-Of-List der englischen Rock- und Bluesmusiker. Die Yardbirds (ein Slang-Ausdruck für Landstreicher, die auf fahrende Züge aufspringen) gehören auch, trotz der zahlreichen Mitgliederwechsel, zu den wichtigsten britischen Bands der 60er Jahre. 1963 wurde von Dreja, Samwell-Smith, Relf und McCarty das Metropolis Blues Quartett gegründet. Dann nahmen sie noch den Gitarristen Topham dazu, nannten sich The Yardbirds und spielten ausschließlich Chicago-Blues, mit dem sie sich bald eine große Fangemeinde schufen. Doch noch ehe sie 1964 das Debüt-Album *Five live Yardbirds* einspielten, tauschten sie Topham gegen Eric Clapton aus. Sie bekamen Auftritte in den legendären Londoner R & B-Clubs ›Crawdaddy‹ und ›Marquee‹ und waren bald der heißeste Tip Londons. Als der amerikanische Bluesman Sonny Boy Williamson eine Europa-Tournee unternahm, waren die Yardbirds seine Begleitband. Das Ereignis wurde auf der 65er LP *Sonny Boy Williamson & The Yardbirds* festgehalten. 1964 waren die Yardbirds mit ihrer ersten Single *Good morning little schoolgirl* in UK lediglich bis Rang 44 gekommen, aber 1965 starteten sie mit *For your love* eine lange Reihe von Single-Hits. Nach *For your love* ging Clapton zu → John Mayall und für ihn kam Jeff Beck, mit dem die Gruppe das ganz hervorragende 66er Album The Yardbirds einspielte. Doch damit begann bereits der Abstieg der Formation, die heute zu den typischen englischen Gitarrenbands, aber auch zu den ersten Heavy-Metal/Psychedelic Groups gezählt wird. Die Mitglieder wechselten ab 1966 ständig. Samwell-Smith ging, um Produzent, z. B. für → Cat Stevens, zu werden; Dreja ging zum Baß über, und Plant wurde Rhythmus-Gitarrist; Beck ging, um es zunächst als Solist zu versuchen und anschließend zusammen mit Rod Stewart und Ron Wood die Jeff Beck Group zu gründen. Es entstand das seltsame 67er Album *Little games*, das eine wilde Mischung aus Demos, unbearbeiteten Erst-Aufnahmen und Titeln enthielt, die die Yardbirds eigentlich gar nicht hatten veröffentlichen wollen. Am 30. März 1968 gaben die Yardbirds im »Anderson Theatre« in New York ein Konzert, das mitgeschnitten und 1971 unter dem Titel *Live Yardbirds* veröffentlicht wurde.

Die LP ist heute eine Rarität, da sie kurze Zeit nach Veröffentlichung wieder zurückgezogen wurde, weil die Band ihre Zustimmung für die Veröffentlichung nicht gegeben hatte. Mitte 68 war es dann endgültig soweit: Nach einem Auftritt im Luton Tech im Juli 1968 gaben die Yardbirds ihre Auflösung bekannt. Anschließend tat sich Relf, der bereits während der Yardbirds-Zeit zwei Solo-Singles gemacht hatte, mit McCarty zusammen, und die beiden gründeten zunächst das Folk-Duo TOGETHER und anschließend, mit Samwell-Smith als Dritten im Bunde, die Band RENAISSANCE. Keith Relf wurde am 14. November 1976 auf der Bühne von einem Stromschlag aus einer ungesicherten Leitung getötet. Er war nur 33 Jahre alt geworden. Dreja wurde nach der Auflösung der Yardbirds Fotograf; Jimmy Page, der sich die Rechte an dem Namen *The Yardbirds* gesichert und auch die wenig dankbare Verpflichtung übernommen hatte, die unerfüllten Gigs der Yardbirds in Skandinavien zu erfüllen, tat sich mit Jones, Bonham und Plant zu den NEW YARDBIRDS zusammen, aus denen kurz danach → LED ZEPPELIN entstand. Eric Clapton und Jeff Beck gehören heute bekanntlich zu den weltbesten Gitarristen.

Jahr	*Titel*	*USA*	*UK*	*D*
1965	For your love	6	3	21
1965	Heart full of soul	9	2	24
1965	Evil hearted you/ Still I'm sad		3	19
1965	I'm a man	17		
1966	Shapes of things	11	3	22
1966	Over under sideways down	13	10	35
1966	Happenings ten years time ago	30	43	

Yes

JON ANDERSON, geb. 25. 10. 1944 in Accrington/Lancashire, England, leadvoc
PETER BANKS, leadg; ersetzt 1970 durch STEVE HOWE, geb. 8. 4. 1947 in London, England
TONY KAYE, keyb; ersetzt 1971 durch RICK WAKEMAN, geb. 18. 5. 1949 in England; ersetzt 1974 durch PATRICK MORAZ, geb. 24. 6. 1948 in der Schweiz
CHRIS SQUIRE, geb. 4. 3. 1948 in London, England, b
WILLIAM BRUFORD, geb. 17. 5. 1950 in England; dr; ersetzt 1972 durch ALAN WHITE, geb. 14. 6. 1949 in County Durham, England

1968 lernten sich Anderson und Squire in einer Musiker-Bar kennen und beschlossen, eine Band zu gründen. So entstand mit Anderson, Squire, Banks, Kaye und Bruford die spätere Star-Formation Yes. Zunächst kopierten Yes in erster Linie den gerade aktuellen Klassik-Sound der → NICE. In dieser Art entstanden die Alben *Yes* (1969) und *Time and a word* (1970). Erst auf der 71er LP *The Yes album* ließ die Gruppe einen eigenen Stil erkennen. Zu diesem Zeitpunkt verließ Banks die Formation, um seine eigene, kurzlebige Band FLASH zu gründen. Für ihn kam Steve Howe von der Gruppe TOMORROW, die mit dem Psychedelic-Titel *My withe bicycle* einen kleinen Hit gehabt hatte. (1975 hatte die Hard-Rock-Band NAZARETH damit einen Nr.-14-Hit in UK). Genauso wie bei den → ROLLING STONES und den → YARDBIRDS, kam auch für Yes der große Durchbruch durch ihre umjubelten Auftritte im Londoner ›Marquee‹-Club. 1971 ging Kaye, um seine Band BADGER zu gründen, und für ihn kam **Rick Wakeman**, der mit seinem Sinn fürs Theatralische und Gigantisch-Bombastische den Stil der Gruppe nachhaltig beeinflussen sollte. Alle Tasteninstrumente feierten künftig wahre Klangorgien, mit technischen Effekten wurde der Sound der Band ins Abnorme aufgeblasen, jeder noch so kleine musikalische Einfall wurde opernhaft-breit ausgewalzt. Den Leuten gefiels, und die Alben *Fragile* (1971) und *Close to the edge* (1972) wurden große Erfolge. Zu diesem Zeitpunkt reichte es dem Trommler Bruford, er ging zu → KING CRIMSON, und für ihn kam Alan White von der PLASTIC ONO BAND. Mit ihm entstand das 73er Dreifach-Album *Yessongs*, das Live-Versionen der vorherigen drei Alben enthielt. Nach dem 73er Doppel-Album *Tales from topographic oceans* verließ, nach langen musikalischen Auseinandersetzungen, Wakeman die Band. Der Wagner-Fan Wakeman war mit dem Chopin-Anhänger Anderson nicht klargekommen. Seine Nachfolge trat der Schweizer Moraz an; aber bereits 1976 war Wakeman wieder da und regierte wieder als exzentrischer, ganz in Gold und Silber gehüllter Tastenpapst über seine Musiker. Die Songs wurden immer bombastischer, die Konzerte immer gigantischer, die Alben immer erfolgreicher. Bis zum 80er Album *Drama*, das mit TREVOR HORN (voc) und GEOFFREY DOWNES (keyb) von den BUGGLES eingespielt worden war und seinem Namen alle Ehre machte. 1981 gab die Formation dann die Auflösung bekannt, nur um sich 1983 wieder zusammenzufinden und mit Supersongs wie *Owner of a lonely heart* und Alben wie *90125* wieder an die früheren Erfolge anzuknüpfen.

Jahr	*Titel*	*USA*	*UK*	*D*
1972	Roundabout	13		
1977	Wonderous stories		7	
1983	Owner of a lonely heart	1	28	10
1984	Leave it	24	56	

Faron Young

geb. 25. 2. 1932 in Shreveport/Louisiana, USA, g

Der Country-Star Faron Young fing bereits als Kind mit dem Gitarrespielen an. Auf der Higschool gründete er eine eigene Band, mit der er bei kleinen Tanzveranstaltungen aufspielte. Er wurde so populär, daß er einen Auftritt in der berühmten Radio-Show *Louisiana hayride* bekam, aus der dann eine mehrjährige Zusammenarbeit mit WEBB PIERCE, dem Star dieser Show, resultierte. 1951 bekam er einen Plattenvertrag, mußte aber seine Sangeskarriere wegen des Korea-Krieges für zwei Jahre unterbrechen. Mit *Goin' steady* hatte Faron Young dann 1953 seinen ersten Bestseller in den US-Country-Charts, in denen er ohne Unterbrechung bis zum heutigen Tag vertreten ist. 1956 drehte Faron Young den Film *Hidden guns*. Durch seine Rolle in diesem Western bekam er seinen Spitznamen THE YOUNG SHERIFF und seine Begleitband den Namen HIS COUNTRY DEPUTIES. Außerdem wirkte Young in Filmen wie *Stampede, Daniel Boone* und *Raiders of the old California* mit. Seinen größten Hit hatte Faron Young 1961 mit dem WILLIE-NELSON-Song

Hello walls, der in den US-Country-Charts neun Wochen lang die Nr. 1 war und sich auch in den Pop-Charts plazieren konnte.

Jahr	*Titel*	*USA*	*UK*	*D*
1961	Hello walls	12		
1972	It's four in the morning		3	

Kathy Young And The Innocents

KATHY YOUNG, geb. 21. 10. 1945 in Long Beach/Kalifornien, voc

Kathy pflegte bei Tanzveranstaltungen der Schule zu singen, aber das war ihr auf die Dauer zu wenig. Sie marschierte mutig zu einer Plattenfirma, bekam prompt einen Vertrag und nahm 1960 den Song *A thousand stars* auf, der ihr erster und einziger Hit wurde. Ihr Begleitchor The Innocents hatte 1960 mit *Honest I do* und 1962 mit *Gee whiz* jeweils einen Nr.-28-Erfolg gehabt. Kathy Youngs nächste Single *Happy birthday blues* kam 1961 nur noch bis Rang 30.

Jahr	*Titel*	*USA*	*UK*	*D*
1960	A thousand stars	3		

The Youngbloods

PERRY MILLER ›JESSE COLIN YOUNG‹, geb. 11. 11. 1944 in New York City, USA, leadvoc, b
JERRY CORBITT, ledag, b
LOWELL LEVINGER ›BANANA‹, geb. 1946 in Cambridge/Massachusetts, USA, g, keyb
JOSEPH BAUER, geb. 26. 9. 1941 in Memphis/Tennessee, USA, dr

Young begann seine musikalische Karriere Anfang der 60er Jahre als Folk-Sänger. Er brachte die zwei erfolglosen Alben *Song for a city boy* und *Youngblood*, beide 1964, heraus, ging dann nach Cambridge und lernte dort Corbitt kennen. Die beiden beschlossen eine Band zu gründen, holten sich die restlichen Musiker, und damit waren 1965 die Youngbloods entstanden. 1966 bekam die Formation einen Plattenvertrag und veröffentlichte die Debüt-LP *The Youngbloods*, die mit *Grizzly bear* eine Single erhielt, die es bis Rang 52 in USA schaffte. Der große Durchbruch kam erst 1969, als der Youngbloods-Song *Get together* zur Hymne des ›Nationalen Treffens der Christen und Juden‹ gewählt wurde. Innerhalb kürzester Zeit war das Lied, das im Original bereits 1967 herausgekommen war, ein Hit und Millionenseller. 1971 verließ Corbitt die Band, um künftig als unabhängiger Produzent zu arbeiten. Die Youngbloods machten noch eine Weile als Trio weiter, bis sie sich 1972 dann auflösten.

Jahr	*Titel*	*USA*	*UK*	*D*
1969	Get together	5		

Jesse Colin Young versuchte sich erneut ebenso erfolglos als Solist, während Levinger mit Bauer die auch nicht gerade sehr erfolgreiche Band BANANA & THE BUNCH formierte.

Young-Holt Unlimited

ELDEE YOUNG, geb. 7. 1. 1936 in Chicago/Illinois, USA, b
ISAAC ›RED‹ HOLT, geb. 16. 5. 1932 in Rosedale/Mississippi, dr

Dreizehn Jahre lang waren Young und Holt, zusammen mit RAMSEY LEWIS, das RAMSEY LEWIS TRIO gewesen. 1966 verließen sie den Pianisten, um sich als Duo selbständig zu machen. Bereits 1967 hatten sie ihren ersten Hit mit dem Instrumental *Wack wack*, 1968 folgte der instrumentale Millionenseller *Soulful strut*. 1974 trennten sich die beiden wieder. Holt formierte seine eigene Band, RED HOLT UNLIMITED.

Jahr	*Titel*	*USA*	*UK*	*D*
1967	Wack wack	40		
1968	Soulful strut	3		

The Young Rascals

siehe → THE RASCALS

Timi Yuro

ROSEMARIE YURO, geb. 4. 8. 1941 in Chicago/Illinois, voc

Timis Familie kommt aus Italien. 1952 zog sie mit ihrer Familie nach Los Angeles, wo sie im Restaurant ihrer Mutter als Sängerin auftrat. 1960 bekam Timi, die wegen ihrer tiefen, rauhen Stimme oft für einen Mann gehalten wird, einen Plattenvertrag. Bis Mitte der 60er Jahre war sie mit ihren dramatischen, im Stil von PHIL SPECTORS ›Wall Of Sound‹ produzierten Songs in den Charts. Ihr größter Hit *Hurt* war auch in der italienischen Version *A chi* von FAUSTO LEALI ein Bestseller. In den 80er Jahren wurde dieser Song plötzlich wieder ausgekramt und veröffentlicht, und Timi konnte ein kurzes Comeback feiern.

Jahr	*Titel*	*USA*	*UK*	*D*
1961	Hurt	4		
1962	What's a matter baby (Is it hurting you)	12		

Z

Zager & Evans

DENNY ZAGER, geb. 14. 2. 1944 in Wymore/Nebraska, USA, voc, g
RICK EVANS, geb. 20. 1. 1943 in Lincoln/Nebraska, USA, voc, g

Zager und Evans lernten sich 1962 in der Gruppe THE ECCENTRICS kennen. 1965 verließ Zager die Formation, um sich der Gruppe THE DEVILLES anzuschließen. Evans blieb bis 1967 bei den Eccentrics. 1968 trafen sich die beiden durch Zufall wieder und beschlossen, künftig als Duo aufzutreten. Sie bekamen ein paar Engagements in kleinen Clubs, wo sie auch häufig das Weltuntergangs-Lied *In the year 2525* sangen, das Evans bereits 1964 geschrieben hatte. Der Song kam so gut an, daß sie ihn auf eigene Kosten aufnahmen und pressen ließen. Die Single wurde ein so großer Erfolg, daß auch eine große Plattenfirma darauf aufmerksam wurde und sich der Sache professionell annahm. Innerhalb kürzester Zeit war das hoffnungslose *In the year 2525 (›If men are still alive, if women can survive‹)* ein internationaler Bestseller und verkaufte sich weltweit über fünf Millionen Mal. Die Nachfolgeplatten des Duos wurden alle Flops. Denny Zager tritt heute mit einem Trio in Nebraska auf, während Rick Evans im Hauptberuf Immobilienmakler ist und Musik nur noch nebenbei macht.

Jahr	*Titel*	*USA*	*UK*	*D*
1969	In the year 2525 (Exordium & terminus)	1	1	1

Frank Zappa

geb. 21. 12. 1940 in Baltimore/Maryland, USA, voc, g

Frank Zappas Eltern sind griechisch--sizilianischer Abstammung, sein Vater war Chemiker. In den 50er Jahren zog seine Familie nach Kalifornien. Auf der Schule gründete Frank eine achtköpfige Kapelle, die er THE BLACKOUTS nannte. Anschließend spielte er zehn Monate in diversen anderen Bands und schrieb das Drehbuch für einen billigen Western. Mit dem Geld, das er damit verdiente, kaufte er sich ein Studio. Einer der ersten, die er darin produzierte, war sein Schulfreund DON VAN VLIET, dem Zappa den Künstlernamen CAPTAIN BEEFHART verpaßte. Dann brauchte Zappa wieder Geld und drehte einen Porno-Film. Dabei wurde er prompt von der Polizei von San Bernadino erwischt, mußte für zehn Tage ins Gefängnis und bekam drei Jahre Bewährung. Diese Strafe bewahrte ihn später übrigens vor der Army. Das Mädchen, das Zappa für den Pornofilm engagiert hatte, holte er natürlich auch aus dem Knast. Die Kaution für sie bezahlte er mit dem Geld, das er für den Song *Memories of El Monte* bekam. Dann schloß er sich einer Band namens

THE SOUL GIANTS an, die er sofort in THE MOTHERS umtaufte. Dazu gehörten ROY ESTRADA (b), JIMMY CARL BLACK (dr), RAY COLLINS (voc), DAVE CORONADO (sax). Als die Mothers im berühmten ›Whiskey-A-Go-Go‹-Club auftraten, wurden sie von TOM WILSON, dem → BOB-DYLAN- und → VELVET-UNDERGROUND-Produzenten, entdeckt und bekamen einen Plattenvertrag. *Freak out* hieß 1966 das Debüt-Doppel-Album der Formation, dessen Produktion eine Unmenge Geld gekostet hatte. Aber schließlich waren daran nicht nur Zappa und seine Mothers beteiligt gewesen, sondern weitere 24 Musiker, die so ungefähr das ›Who Is Who‹ der Underground-Scene von Los Angeles repräsentierten. Doch Zappa hatte seine Musik gefunden, in der er ohne Rücksicht auf Verluste und konventionelles Geschmacksempfinden alles mischte, was es so im musikalischen Angebot der letzten 200 Jahre gab: Von STRAWINSKI über Rock'n-Roll und JOHN CAGE bis hin zu Free Jazz und elektronischem Gekreische war bei ihm alles vertreten. Das Ganze servierte der wortgewandte Künstler mit satirischen, bösartigen, obszönen, witzigen und selten normalen Texten. Er war der ungekrönte König der Underground-Musik, der sich stolz fast lebensgroß auf dem Klosett fotografieren ließ und mit diesem Poster viel Geld verdiente. Und erfolgreich waren auch seine LPs wie *Absolutely free* (1967), *We're only in it for the money* (1967, da war das Cover eine Parodie auf das *Sgt.-Pepper's*-Album der → BEATLES), *Lumpy gravy* (1967, sein Solo-Album Zappas), *Cruisin' with Reuben and the jets* (1968, eine Parodie auf den Rock'n-Roll der 50er Jahre), *Uncle meat* (1968; der Soundtrack eines Films, der nie gedreht wurde), *Burnt weenie sandwich* (1970; das letzte Album mit den Mothers) und *Weasel's ripped my flesh* (1970; Live-Mitschnitte und bislang unveröffentlichtes Studiomaterial von 1967 bis 1969). 1969 wurden die Mothers (das ›Of Invention‹ war lediglich ein Promotion-Gag der Plattenfirma) offiziell für aufgelöst erklärt. 1970 veröffentlichte Zappa sein zweites Solo-Album *Hot pats*, das allgemein als Zappas bestes Album betrachtet wird, da es erstaunlich melodiös ist und Zappas Können als Gitarrist zeigt. Im Mai 1970 stellte Zappa dann bereits die neue Ausgabe der Mothers zusammen, die er in erster Linie brauchte, um seinen Film *200 motels* drehen zu können, der das Leben der Mothers ›on the road‹ beschreibt. Mit dabei waren IAN UNDERWOOD, (p, woodwinds), GEORGE DUKE (keyb, trombone), AYNSLEY DUNBAR (dr), HOWARD KAYLAN (voc), MARK VOLMAN (voc), beide ehemals → TURTLES. Der Film *200 motels*, gedreht von Regisseur TONY PALMER in London, wurde mit sehr gemischten Gefühlen aufgenommen, ebenso das dazugehörige Album, das 1971 erschien. Anschließend ging es entsprechend bis heute weiter: Zappa machte immer mal wieder ein Solo-Album, produzierte gleichzeitig für seine zahlreichen Freunde LPs, spielte mit den Mothers Alben ein (wobei die Mitglieder ständig wechselten, manchmal waren es auch gar nicht die Mothers, sondern nur eine Begleitband, bei der ein paar Mothers-Mitglieder dabei waren), ging mit Begeisterung auf Tourneen und genoß ansonsten sein Leben als internationaler Superstar. Seinen einzigen Single-Hit hatte Frank Zappa 1980 in Deutschland mit dem ungemein obszönen Song *Bobby Brown*.

Jahr	*Titel*	*USA*	*UK*	*D*
1980	Bobby Brown			4

The Zombies

Colin Edward Michael Blunstone, geb. 24. 1. 1945 in Lempsford/Herts, England, leadvoc, g
Paul Atkinson, geb. 19. 3. 1946 in Cuffley/Herts, England, g
Rodney Terence Argent, geb. 14. 6. 1945 in St. Albans/Herts, England, keyb
Christopher Taylor White, geb. 7. 3. 1943 in Barnet/Herts, England, b
Hugh Birch Grundy, geb. 6. 3. 1945 in Winchester/Herts, England, dr

1962 gründeten die drei Schulfreunde Argent, Atkinson und Grundy eine Band, zu der dann etwas später auch Blunstone und White stießen und die sie The Zombies nannten, weil das so schön gruselig klang. 1964 gewannen die Zombies den Talentwettbewerb einer Zeitung, der ihnen eine Plattenvertrag einbrachte. *She's not there* hieß die Debüt-Single, die sofort ein Hit wurde. Geschrieben hatte sie Rod Argent, der anschließend praktisch alle Zombies-Hits schrieb. *Begin here* hieß 1965 das Debüt-Album, 1967 nahmen sie die zweite LP *Odyssey and oracle* auf – und lösten sich auf. Dieses zweite Album erschien 1968 und enthielt den Song *Time of the season*, der 1969 in USA ein Millionenseller wurde. Doch die einzelnen Mitglieder hatten sich inzwischen schon ganz anderen Aufgaben zugewendet: Rod Argent hatte seine Band Argent gegründet, Blunstone versuchte sich recht erfolgreich als Solist, und die drei anderen Mitglieder waren ebenso erfolgreich in die geschäftliche Seite des Showbiz eingestiegen. 1983 war Juice Newton mit ihrer Version von *Tell her no* in USA ebenfalls erfolgreich.

Jahr	*Titel*	*USA*	*UK*	*D*
1964	She's not there	2	12	
1965	Tell her no	6	42	
1969	Time of the season	3		

Quellennachweis

The New Musical Express Book Of Rock, Edited by Nick Logan and Bob Woffinden, Paperback Division Of W. H. Allen & Co., Ltd., London, Großbritannien, 1973
Irwin Stambler, Encyclopedia Of Pop, Rock & Soul, St. Martian's Press, New York, USA, 1974, 1977
Norm N. Nite, Rock On – The Solid Gold Years, Vol 1, Harper & Row, Publishers, New York, USA, 1982
Norm N. Nite, Rock On – The Years Of Change, Vol 2, Harper & Row, Publishers, New York, 1984
Lillian Roxon, Rock Encyclopedia, Grosset & Dunlap, Workman Publishing Company, New York, USA, 1969
Siegfried Schmidt-Joos/Barry Graves, Rock Lexikon, Rowohlt Taschenbuch Verlag Reinbek bei Hamburg, 1975
Frank Laufenberg, Pop Almanach, Bastei Lübbe Verlag, Bergisch Gladbach, 1987
Christian Graf, Rock Musik Lexikon, Europa, Band 1 und 2, Taurus Press, Hamburg, 1986
Joel Whitburn, The Billboard Book Of Top 40 Hits, Billboard Publications Inc., New York, USA, 1987
Joel Whitburn, Top Artists & Singles 1955 – 1978, Records Research Inc., Menomee Falls, Wisconsin, USA, 1979
Paul Gambaccini/Tim Rice/Jo Rice, Britisch Hit Singles, GRR Publications Ltd. and Guinness Publishing Ltd., Enfidle, Middlesex, Großbritannien, 1989
Hit Bilanz, Deutsche Chart Singles 1956 – 1981, Taurus Press, Hamburg, 1982

Register

Biographie

Als Band mit der Bestellnummer 61 207 erschien:

Als Sänger und Musiker erstürmte er den Starhimmel der Rockmusik; auch als Schauspieler in Spielfilmen erlangte er internationale Anerkennung.
Dies ist die Geschichte einer sagenhaften Karriere – und eines Menschen, der bei allem Erfolg immer er selbst blieb.

BASTEI
LÜBBE